浙江大學地方歷史文書編纂與研究中心資料叢刊

龍泉司法檔案選編

第一輯　晚清時期　下

浙江大學地方歷史文書編纂與研究中心
浙江省龍泉市檔案局　編

主　編　包偉民
本輯主編　吴錚强　杜正貞

中華書局

一四　宣統元年郭王輝等控葉大炎等涎謀湊錦案

一、内容提要

「宣統元年（一九零九）郭王輝等控葉大炎等涎謀湊錦案」相關檔案保存於1900、2536、2561、2800、3627、5739、9651、9653、10026、10628、10898、13785、14035、15375號卷宗。其中包括宣統元年七月初三日至民國二年（一九一三）五月十三日訴訟過程中形成的各式狀紙三十六件、票（稿）四件、信票一件、稟四件、結狀及點名單各二件，又有民國期間浙江第十一法院、審判廳、檢察廳致龍泉縣知事的照會五件及龍泉縣知事回復的咨呈（稿）三件。該案案情，郭夢程、郭夢璧等互爭南鄉四都西山頭回頭岡等處山場，晚清時涉訟四年而未得訊斷。由於當事雙方均無法提供充分有效的證據，民國時期法院以官府登記墾山田爲依據判決山場所屬。該案的訴訟過程可以分爲多個階段，檔案保存情况比較獨特，大量訴訟内容以抄件得以保存。

現存宣統元年九月十三日以前的文書可以歸爲第一階段，其中時間最早的「宣統元年四月初八日郭王輝等爲涎謀湊錦串賣强墾事呈狀」保存於「宣統二年（一九一零）十月廿八日郭王輝等爲控葉大炎等串謀抵宕横波疊起事呈狀」的所附抄件中，可能是該案的新詞。現存最早的檔案是七月初三日郭王輝的呈狀，七月初九日曾有一次堂審，除差役的提訊回稟與點名單外，堂諭以抄件形式保存於宣統二年十月廿八日郭王輝呈處州府呈狀附件。生員周師望可能在七月初九日的堂審後奉諭調查并調解此案，因此郭王輝十月廿八日呈狀所附抄件中又有周師望的相關稟文。第二階段訴訟的主要内容是郭王氏呈控郭夢程等縱火燒林，郭夢程等請求勘詳，署理龍泉縣典史奉札勘詳未果，檔案文書均保存於宣統二年十月廿八日郭王輝呈狀附件中，包括宣統二年三月郭王輝呈狀、五月郭王氏呈狀、典史稟文等。第三階段是郭夢璧一方呈控郭夢程等搶砍木段，現存檔案時間爲宣統二年八月至宣統三年（一九一一）二月，其中宣統二年十一月廿八日郭夢璧等呈狀中提到「是案自去年起，經身等三十八叩在卷」，現存檔案中此間的呈狀遠不及三十八件，檔案缺失非常嚴重。這階段的最後一件文書是「宣統三年二月十四日知縣周琛爲勒限嚴催葉大炎等事信票」，這是一件信票正本，但傳訊未果。第四階段是宣統三年五月至七月，郭夢璧一方呈控郭夢程等又有縱火情節，最後有差役李和等爲提到葉大炎等事稟文。據「民國元年（一九一二）三月十日郭夢璧等爲控葉大炎等案久宕延冤連禍結事呈狀」，該案在晚清曾經「涉訟三年，庭訊四次，終未斷結」。民國年間的訴訟又可以分爲兩個階段。民國元年六月廿七日堂審前是一個階段，堂諭及郭夢程遵結狀内容保存在10026號卷宗内涉及該案的一系列抄件中。據遵結狀稱雙方同意「山場財産各照未訟以前收管，不准變更」，關於「毒燒山場」則「俟查明再辦」。民國元年十二月至民國二年五月爲另一階段，在此期間郭夢程以「執法員偏斷勒結，冤抑莫白」上訴浙江第十一地方法院。判决抄件保存在5739號卷宗中，可能是「民國二年二月廿六日郭夢璧等爲控葉大炎等抄册宗譜經院核明事民事狀」的附件，判决時間則依據「民國二年二月十四日縣知事朱光奎爲飭吊官册宗譜事票（稿）」可知爲民國二年二月二日。

二、檔案索引

編號	時　間	作　者	内　容	類　型	卷宗號	原卷宗頁碼
1	宣統元年七月初三日	郭王輝等	爲控葉大炎等投俟聽訊事	呈狀	10898	6—7、4
2	宣統元年七月初七日	原差李和等	爲稟提到葉大炎等事	稟	10898	5、2—3

3	(宣統元年)七月初九日		點名單	點名單	10898	1
4	宣統二年八月廿二日	郭夢程等	爲控郭夢壁等佃奸謀佔串伐運銷事	呈狀	2800	2
5	宣統二年八月廿二日	郭夢程等	爲控郭夢壁等久佃生奸刁訟混佔事	呈狀	2800	3
6	宣統二年八月廿二日	郭夢貞等	爲控葉大炎等前搶未懲疊肆糾搶事	呈狀	2800	4–5
7	宣統二年八月廿八日	郭士森等	爲控葉大炎等恃控莫何蠻横愈甚事	呈狀	2800	6–8
8	宣統二年八月廿八日	郭王輝等	爲控葉大炎等業管兩朝疊被遭毁事	呈狀	2800	9–13
9	時間不詳[一]	郭夢程等	爲控郭夢壁等揑造謀佔佃伐欺吞事	呈狀	2800	14–17
10	宣統二年十月廿五日	郭夢程等	爲控郭夢壁等種奸謀佔勢佃欺吞事呈處州府	呈狀	3627	15–16
11	宣統二年十月廿八日	郭夢瑚	爲控郭夢程等城内失火殃及池魚事	呈狀	3627	17–20
12	宣統二年十月廿八日	郭王輝等	爲控葉大炎等層冤疊枉愈積愈深事	呈狀	3627	21–24
13	宣統二年十月廿八日	郭王輝等	爲控葉大炎等串謀抵宕横波疊起事呈處州府	呈狀	3627	11
			附1 呈狀等抄件之一	粘呈	3627	2
			附2 呈狀等抄件之二	粘呈	3627	3
			附3 呈狀等抄件之三	粘呈	3627	4
			附4 呈狀等抄件之四	粘呈	3627	5
			附5 呈狀等抄件之五	粘呈	3627	6
			附6 呈狀等抄件之六	粘呈	3627	7
			附7 呈狀等抄件之七	粘呈	3627	8–9
			附8 呈狀等抄件之八	粘呈	3627	10
14	宣統二年十一月初八日	郭夢程	爲控郭夢壁等勢佃欺佔揑造栽殃事呈處州府	稟狀	3627	12–13
15	宣統二年十一月十八日	知縣王	爲再限嚴催葉大炎等事	票(稿)	3627	14
16	宣統二年十一月廿八日	郭王輝等	爲謹遵票傳投候聽審事	民事訴訟狀	3627	32–35
17	宣統二年十二月十八日	郭王輝等	爲控郭夢程等逞刁宕訊恃強肆害事	民事訴訟狀	3627	36–38

〔一〕時間缺失，惟據原卷宗頁碼排序。雖不能推測具體日期，但批詞日期爲「十二」日，宣統二年八月廿二日郭夢程呈狀批詞時間爲廿九日，八月廿二日郭夢貞呈狀批詞時間爲廿八日，宣統二年八月廿八日郭士森、郭王輝呈狀時批詞時間爲(次月)初三日，故不可能在八月廿二日至廿八日之間。

18	時間不詳〔一〕	郭夢貞等	爲控郭夢程前搶自認後搶倒誣事	民事辯訴狀	3627	25—27
19	宣統三年正月廿三日	郭士森	爲控郭夢程等貨被搶阻延久未追事	民事訴訟狀	3627	28—30
			附1 (宣統二年)七月初八日至九月十八日各憲批抄件	粘呈	3627	31
20	宣統三年正月廿三日	郭夢程等	爲控郭夢壁等種奸噬民佃謀欺佔事	刑事訴訟狀	3627	39—41
			附1 憲批抄件	粘呈	3627	42
21	宣統三年二月十四日	知縣周琛	爲勒限嚴催葉大炎等事	信票	10628	29
22	宣統三年五月初七日	郭士管等	爲控郭夢程等前燒未究後燒更甚事	民事辯訴狀	2561	1—4
23	宣統三年六月十三日	郭王輝等	爲控郭夢程等案延冤結禍患無了事呈處州府	呈狀	13785	2—4
			附1 憲批、堂諭抄件	粘呈	14035	6、3—4、5
24	(宣統三年六月十三日)〔二〕	郭夢程等	爲控郭夢壁等案蒙訊供諭繪復訊事	民事訴訟狀	9653	1—2
25	(宣統三年閏六月初八日)〔三〕	郭夢壁等	爲控郭夢程等攔踞山腰兩山鐵界事	刑事辯訴狀	2536	2—5
26	宣統三年閏六月十三日	郭王輝等	爲控郭夢程等故宕肆害層冤疊出事	民事訴訟狀	9653	3—4
27	宣統三年七月廿一日	知縣周琛	爲飭提葉大炎等事	票(稿)	14035	1—2
28	時間不詳〔四〕	原役李和等	爲稟提到葉大炎等事	稟	14035	8
29	時間不詳〔五〕	原役李和等	爲稟提到葉大炎等事	稟	15375	11—13
30	民國元年三月十日	郭夢壁等	爲控葉大炎等案久宕延冤連禍結事	呈狀	15375	6—10
31	民國元年四月廿四日	郭夢程等	爲控郭夢壁等混狡謀佔愍訟曚天事	呈狀	15375	1—5
32	民國元年六月廿四日	郭夢壁等	爲控郭夢程等搶砍毒燒復肆强運事	刑事狀	9651	14—18、12—13
33	民國元年六月廿五日	郭夢壁等	爲控郭夢程等糾搶私戳强運噬民事	民事狀	9651	7—9、6
34	時間不詳〔六〕	郭士森	不詳	刑事狀狀頭	9651	10—11

〔一〕時間缺失，批詞時間爲「初七」日，據原卷宗頁碼排序。
〔二〕時間缺失，此據批詞内稱「已批同日郭王輝等詞内」推斷。
〔三〕日期見於狀頭「非曰能之」戳記，據宣統三年閏六月十三日郭王輝民事訴訟狀等，此戳主要用於宣統三年閏六月，故推測此狀時間爲宣統三年六月初八日。
〔四〕時間缺失，乃宣統三年七月廿一日知縣周琛簽票的稟復，故列於其後。
〔五〕時間缺失，内容與前稟相同，是前稟之草稿，故列於此。
〔六〕僅存狀頭，時間不詳，據原頁碼列於此。

35	民國元年十二月十日	浙江第十一地方法院	爲將該案卷宗檢齊彙送事照會龍泉縣知事	照會	5739	33
36	民國元年十二月十八日	縣知事朱光奎	爲飭傳解訊郭夢璧等事	票(稿)	5739	31
37	民國元年十二月廿二日	縣知事朱光奎	爲檢齊卷宗備文呈送事呈浙江第十一地方法院	咨呈(稿)	5739	32
38	民國二年二月初八日	浙江第十一地方法院	爲飭吊原丈官册兩造宗譜事照會龍泉縣知事	照會	5739	27、28, 30
39	民國二年二月十四日	縣知事朱光奎	爲飭吊官册宗譜事	票(稿)	5739	21
40	民國二年二月廿六日	郭夢璧等	爲控葉大炎等抄册宗譜經院核明事	民事狀	5739	15–18, 20
			附1 浙江第十一地方法院判决抄件	粘呈	5739	19
41	民國二年三月四日	浙江第十一地方檢察廳	爲請煩查照事照會龍泉縣知事	照會	5739	23–26
42	民國二年三月十日	郭夢程等	爲控郭夢璧等奉令呈送譜册事	民事狀	5739	7–14
43	民國二年三月廿一日	縣知事朱光奎	爲查卷核辦事呈浙江第十一地方檢察廳	咨呈(稿)	5739	22
44	民國二年三月廿一日	縣知事朱光奎	爲官册遺失無從檢呈事呈浙江第十一地方審判廳	咨呈(稿)	5739	29
45	民國二年四月三日	浙江第十一地方審判廳	爲查照判决切實執行事照會龍泉縣知事	照會	5739	2
46	民國二年四月九日	浙江第十一地方檢察廳	爲查明確情事照會龍泉縣知事	照會	5739	1
47	民國二年四月十二日	郭夢璧等	爲控郭夢程等業雖判定燒搶未辦事	刑事狀	5739	3–6
48	民國二年四月廿七日	郭夢璧等	爲飭警沿河封禁以保物權事	呈狀	1900	42–46
49	民國二年四月廿九日	郭夢璧等	爲控郭夢程等奉批聲叙迫叩作主事	呈狀	1900	20–21、16–19
50	民國二年五月二日	郭夢謝	爲控郭夢璧藉控羅織牽涉無辜事(新詞)	民事狀	1900	27–28, 22–26
51	民國二年五月七日	法警陳功	爲奉諭密查事	禀	1900	47–50
52	民國二年五月九日	郭夢璧等	爲控郭夢程等飾詞揑訴希圖僥幸事	刑事狀	1900	1–7
53	民國二年五月十日	郭夢謝	爲控郭夢璧木阻河埠片刻難安事	民事狀	1900	8–12, 15
			附1 嘉慶十六年二月廿二日郭正巽立賣契抄件	粘呈	1900	13
			附2 順治十年十月初十日郭張護立賣契抄件	粘呈	1900	14
54	(民國二年)五月十三日	郭夢璧等	爲控郭夢程等鐵據鑿鑿遵批叙明事	刑事狀	1900	51–57
55	(民國二年)五月十三日		點名單	點名單	1900	31–32
56	民國二年五月十三日	郭夢璧	遵結狀	結狀	1900	33–34

57	民國二年五月十三日	郭夢謝	遵結狀	結狀	1900	35—36
58	時間不詳〔一〕		憲批抄件	粘呈	1900	37—39
59	時間不詳〔二〕		堂諭等抄件	粘呈	10026	2
60	時間不詳		契約等抄件	粘呈	10026	3
61	時間不詳		呈狀等抄件	粘呈	10026	4—16

〔一〕不知其所屬，據原卷宗頁碼排序。

〔二〕59—61所列10026號卷宗内檔案全部爲該案有關的堂諭、狀紙和契約抄件，因無法判定附於哪份狀紙之後，故集中放在最後。

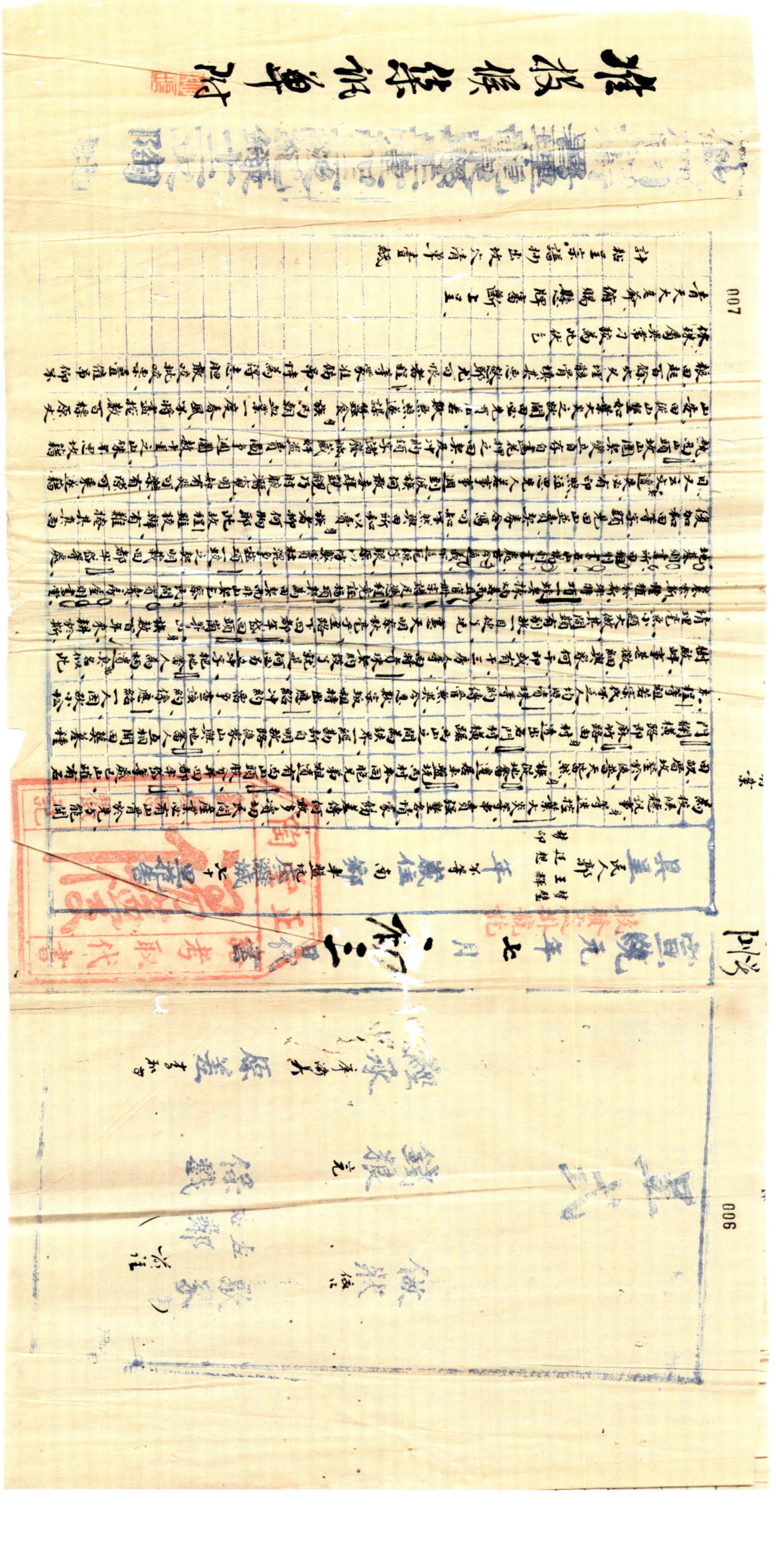

1.宣統元年七月初三日郭王輝等爲控葉大炎等投候聽訊事呈狀 （10898：6–7）27.2×54.3cm；（10898：4）27.5×35.5cm 圖版裁狀式條例

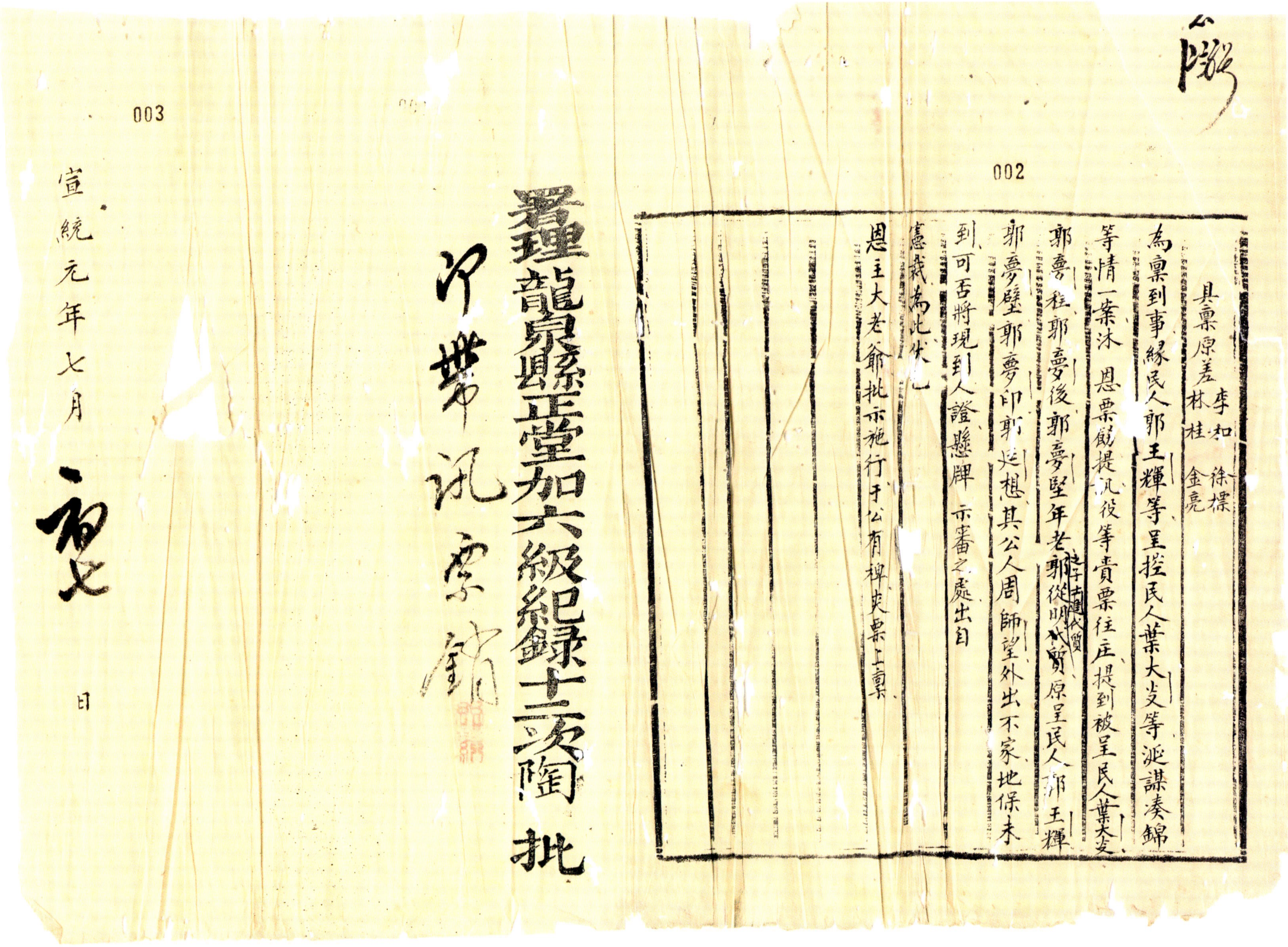

具稟原差李和 徐標 林桂 金亮
為稟到事緣民人郭王輝等呈控民人葉大炎等涎謀湊錦
等情一案沐 恩票飭提訊役等賫票往庄提到被呈民人葉大炎
郭夢祖郭夢後郭夢堅年老郭從明代質原呈民人郭王輝
郭夢壁郭夢印郭廷想其公人周師望外出不家地保未
到可否將現到人證懸牌 示審之處出自
憲裁為此伏乞
恩主大老爺批示施行 計公有秤夾票上稟

署理龍泉縣正堂加六級紀録十二次陶 批
即帶訊察銷
宣統元年七月 初七 日

2.宣統元年七月初七日原差李和等爲稟提到葉大炎等事稟　(10898：5) 27.2×17.0cm；(10898：2–3) 28.8×40.0cm　圖版裁封頁

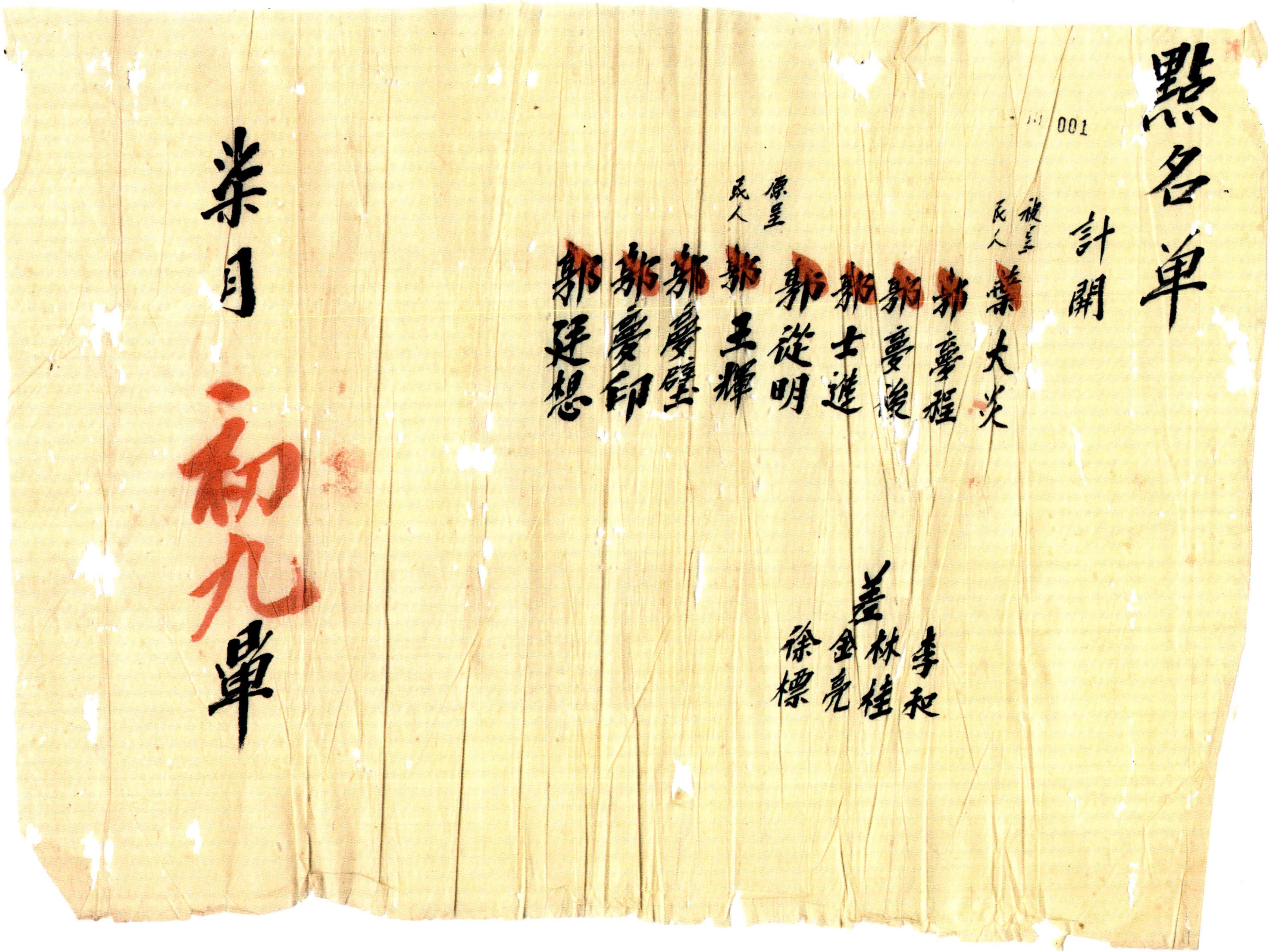
點名單

計開

被告民人 葉大光

郭章程

郭夢懷

郭士進

郭從明

原呈民人 郭玉輝

郭慶璧

郭慶印

郭廷想

差 李和 林桂 金亮 徐標

柒月初九單

3.(宣統元年)七月初九日點名單　(10898：1) 27.3×37.8cm

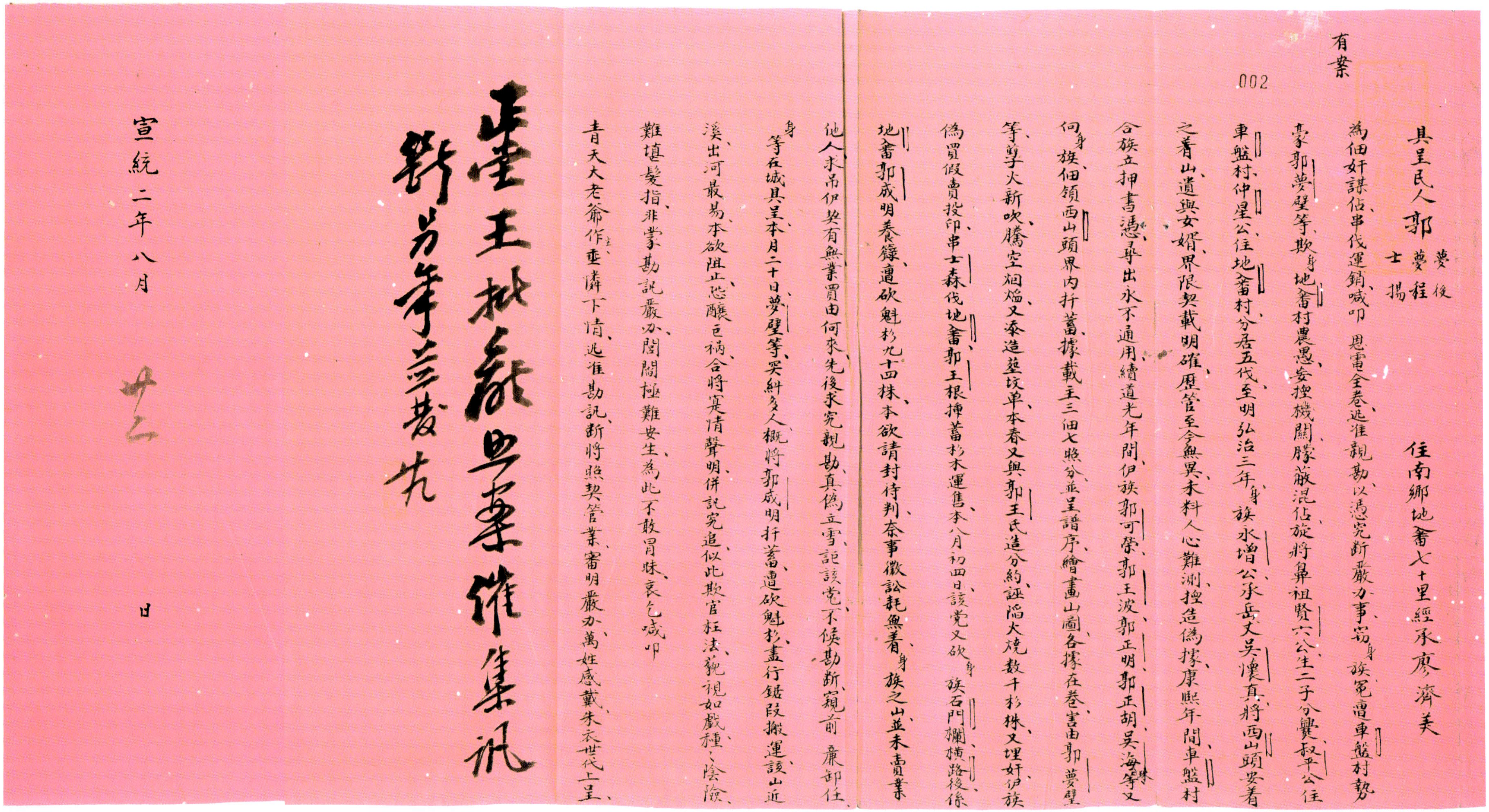
有案

002

具呈民人郭夢程、夢後、士揚，任南鄉地畬七十里經承廖濟美

為佃奸謀佔、串伐運銷、喊叩恩電全卷、迅准親勘、以憑究斷、嚴办事。竊身族冤遭車盤村勢

豪郭夢壁等欺身地畬村農愚、妄捏機關、朦蔽混佔、旋將身鼻祖賢六公生二子分爨，叔平公住

車盤村、仲星公住地畬村、分居五代、至明弘治三年、身族永增公承岳丈吳懷真將西山頭安着

之着山、遺與女婿、界限契載明確、歷管至今無異、未料人心難測、捏造偽據、康熙年間車盤村

合族立押書憑、身出永不通用、續道光年間、伊族郭可榮、郭王波、郭正明、郭正胡、吳海等又

何身族佃領西山頭界內扦蓄、據載主三佃七照分、並呈譜序、繪畫山圖、各據在卷、害由郭夢壁

等孽火新吹、騰空烟焰、又添造墓坟、單本春又與郭王氏造分約、誣謟大燒數千杉株、又埋奸伊族

偽買假賣、投印串士森伐地畬郭王根插蓄杉木運售、本八月初四日、該党又砍身族石門欄、橫路後係

地畬郭成明養籙、遭砍魁杉九十四株、本欲請封待判、奈事徵訟耗無着、身族之山並未賣業

他人、求吊伊契有無業買、由何來先後、求究親勘、真偽立雪、詎該党不候勘斷、覬覦廉卸任、

身等在城具呈、本月二十日夢壁等罘糾多人、概將郭成明扦蓄、遭砍魁杉、盡行鋸段、搬運該山近

溪、出河最易、本欲阻止、恐釀巨禍、合將冤情聲明、併訊究追、似此欺官枉法、藐視如戲、種種陰險、

難填髮指、非掌勘訊嚴办、閭閻極難安生、為此不敢冒昧、哀乞喊叩

青天大老爺作主、垂憐下情、迅准勘訊、斷將照契管業、審明嚴办、萬姓感戴、朱衣世代上呈、

臺王批叔呈案候集訊
對芳等三發先

宣統二年八月廿二日

4. 宣統二年八月廿二日郭夢程等爲控郭夢璧等佃奸謀佔串伐運銷事呈狀　（2800：2）25.5×61.5cm

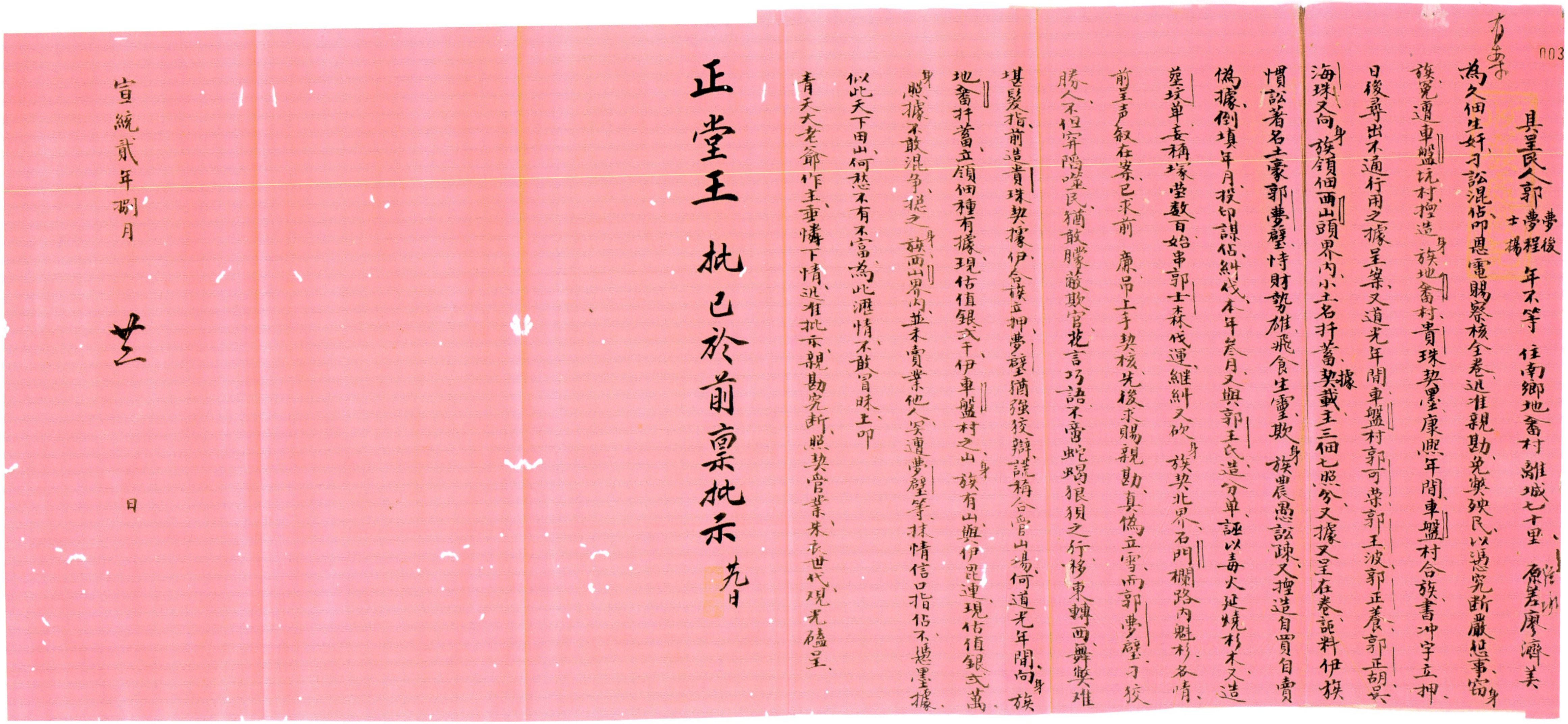

具呈民人郭夢程 夢俊 士楊 年不等 住南鄉地畬村 離城七十里 原差廖濟美
爲久佃生奸、刁訟混佔，叩恩電賜察核全卷，迅准親勘，免累殃民，以憑究斷嚴懲事。竊身
族冤遭車盤坑村揑造身族地畬村貴珠契墨。康熙年間，車盤村合族書冲字立押
日後尋出不適行用之據呈案。又道光年間，車盤村郭可棠、郭王波、郭正蒼、郭正胡、吳
海珠又向身族領佃西山頭界內小土名扦蓄，據契載主三個七照分，又據又呈在卷，詎料伊族
慣訟著名土豪郭夢璧，恃財勢雄，飛食生靈，欺身族農愚訟疎，又揑造自買自賣
僞據，倒填年月，揑叩謀佔，糾伐，本年叁月又與郭王氏造分單，誣以毒火延燒杉木，又造
塋坟單，妄稱塚塋數百，始串郭士森伐運，繼糾又砍身族契北界石門欄路內魁杉各情，
前呈聲叙在案。已求前 康吊上手契核先後，求賜親勘真僞，立雪兩郭夢璧刁狡
勝人，不但穿陷噬民，猶敢朦蔽欺官，花言巧語，不啻蛇蝎狠狽之行，移東轉西，舞弊難
堪髮指。前造貴珠契據伊合族立押，夢璧猶强狡辯，謊稱合管山場，何道光年間向身族
地畬扦蓄立領佃種有據，現估值銀弍千，伊車盤村之山，身族有山與伊毘連，現估值銀弍萬，
身照據不敢混爭，揔之身族西山界內並未賣業他人，冤遭夢璧等抹情信口指佔，不憑墨據，
似此天下田山何愁不有不富，爲此瀝情不敢冒昧，上叩
青天大老爺作主垂憐下情，迅准批示親勘究斷，照契管業，朱衣世代，現光磕呈。

正堂王 批已於前禀批示 九廿日

宣統貳年捌月 日

艺

5.宣統二年八月廿二日郭夢程等爲控郭夢璧等久佃生奸刁訟混佔事呈狀 （2800：3）25.7×59.3cm

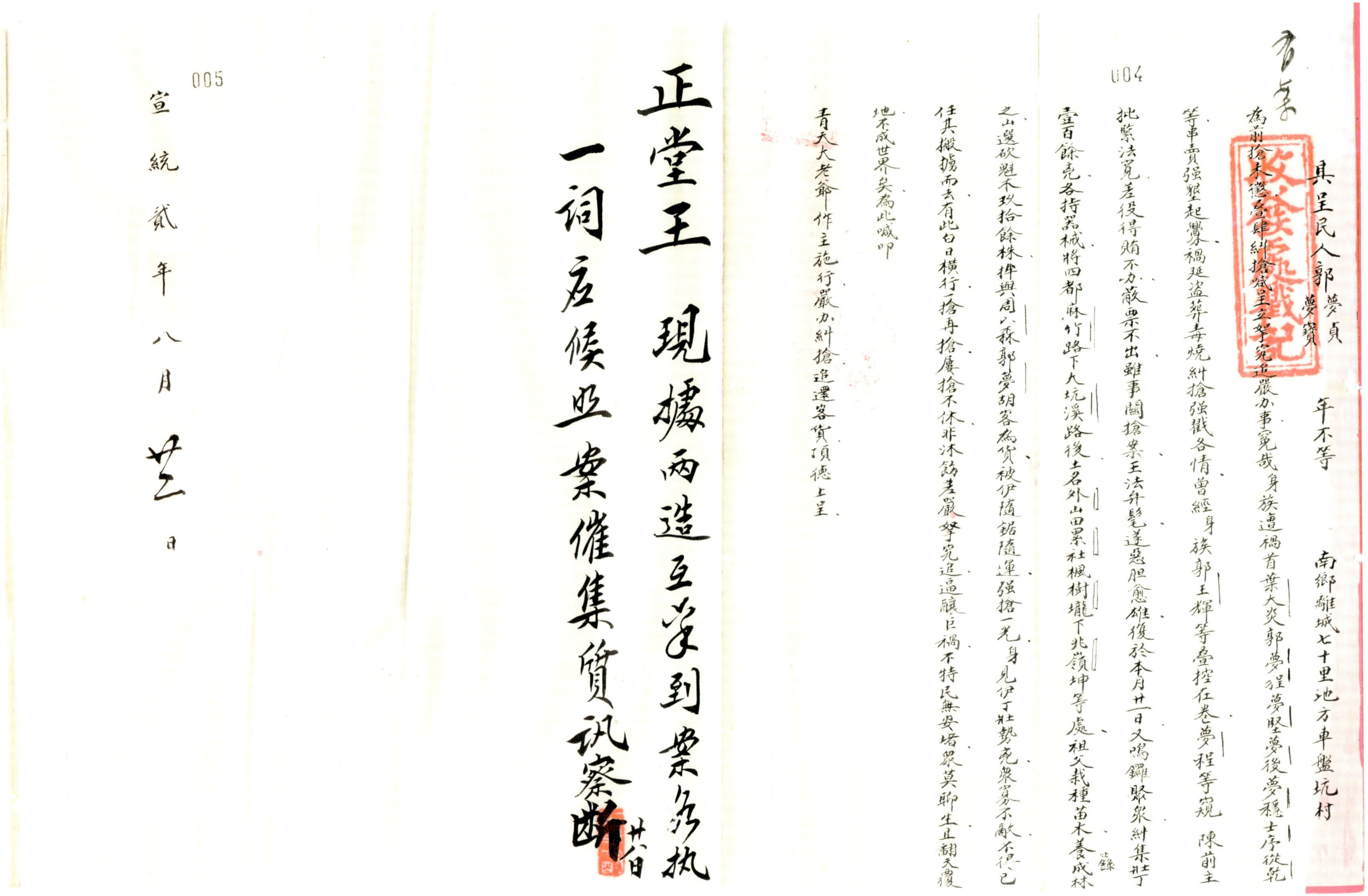

具呈民人郭夢貞 年不等 南鄉離城七十里地方車盤坑村

爲前搶未懲疊肆糾搶呈乞究追嚴办事

收發戳記

竊哉身族遭禍首葉大炎、郭夢猩、夢堅、夢後、夢穩、士序、從乾等串賣強契，起釁禍延，盜葬毒燒，糾搶強截各情，曾經身族郭王輝等疊控在卷。夢程等竊 陳前主 批緊法究，差役得賄不办，藐票不出。雖事關搶案，王法弁髦，遂惡胆愈雄。復於本月廿一日又鳴鑼聚眾，糾集廿壹百餘兇，各持器械，將四都麻竹路下九坑溪路後土名外山田累杜楓樹壠下兆嶺坤等處，祖父栽種苗木、養成林之山，選砍魁不玖拾餘株，拌與周八森、郭夢胡客爲貨，被伊隨鋸隨運，強搶一光。身見伊丁壯勢兇，眾寡不敵，不得已任其擄掠而去。有此白日橫行，搶再搶，屢搶不休，非沐飭差嚴拏究追，遺釀巨禍，不特民無安堵，眾莫聊生，且翻天覆地，不成世界矣。爲此喊叩

青天大老爺作主施行，嚴办糾搶，追還器貨，頂德上呈。

正堂王 現據兩造互呈到案，各執一詞，應候照案催集質訊察斷。廿二日

宣統貳年八月廿二日

6.宣統二年八月廿二日郭夢貞等爲控葉大炎等前搶未懲疊肆糾搶事呈狀　（2800：4–5）25.0×59.8cm

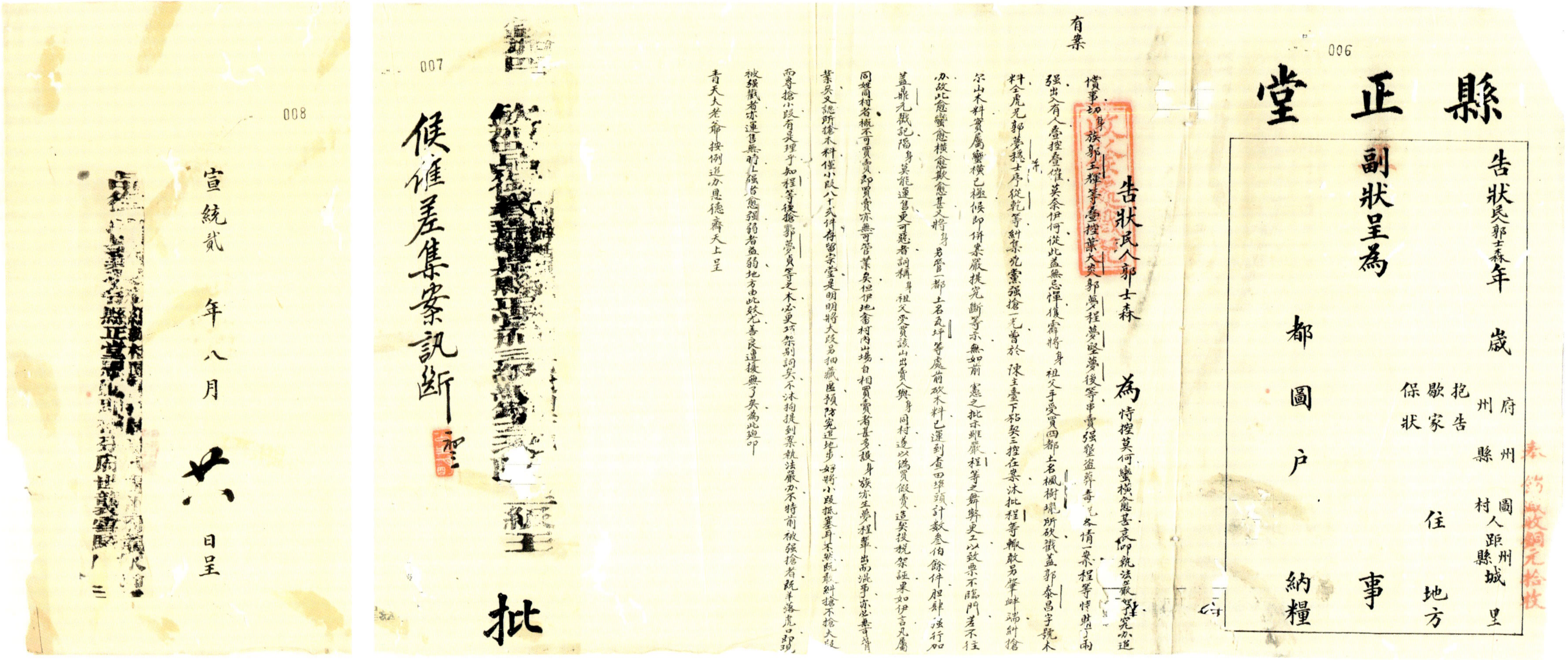

7.宣統二年八月廿八日郭士森等爲控葉大炎等恃控莫何蠻橫愈甚事呈狀　(2800：6) 26.0×48.2cm；(2800：7–8) 26.1×31.4cm

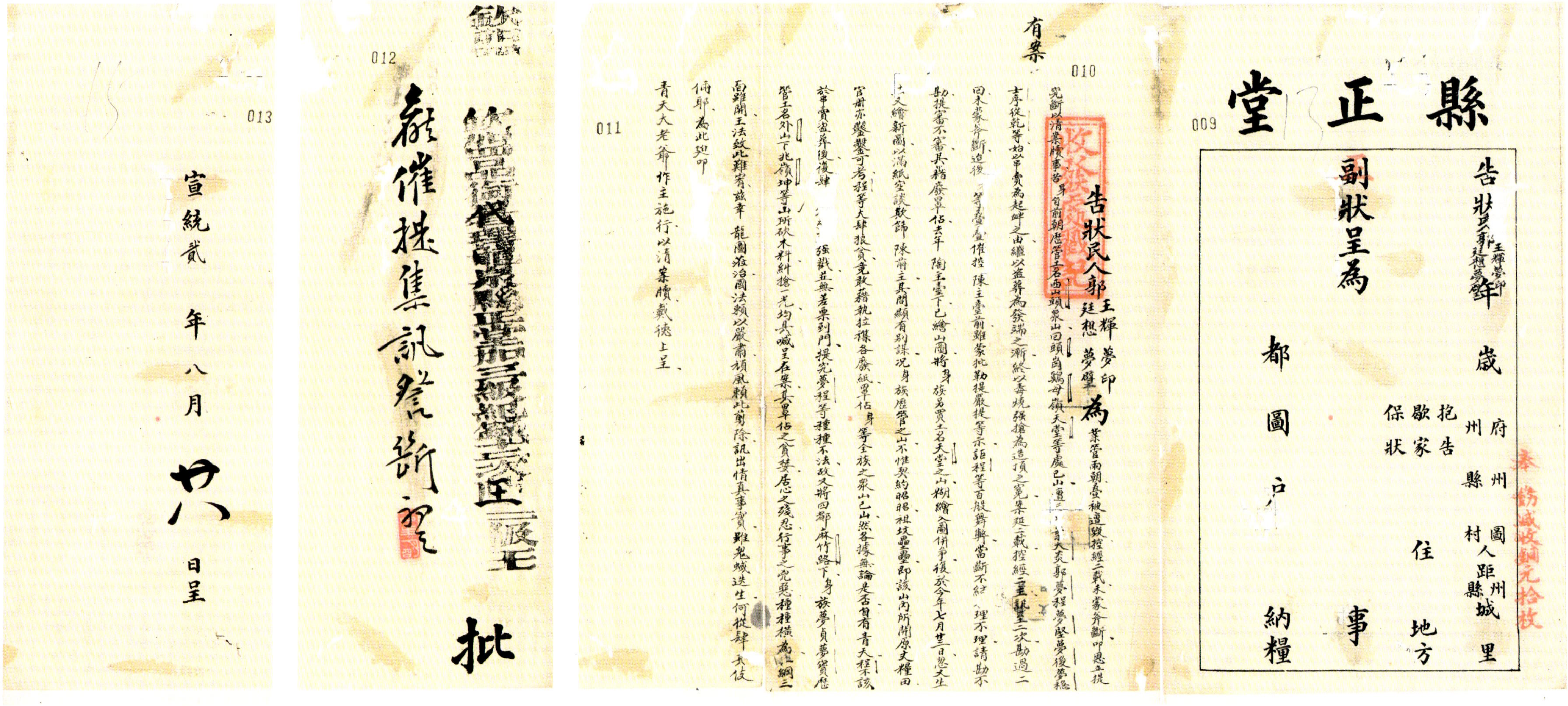

8.宣統二年八月廿八日郭王輝等爲控葉大炎等業管兩朝疊被遭毁事呈狀
（2800：9–10）26.0×34.7cm；（2800：11–12）26.0×31.4cm；（2800：13）26.0×34.1cm　圖版裁空白頁

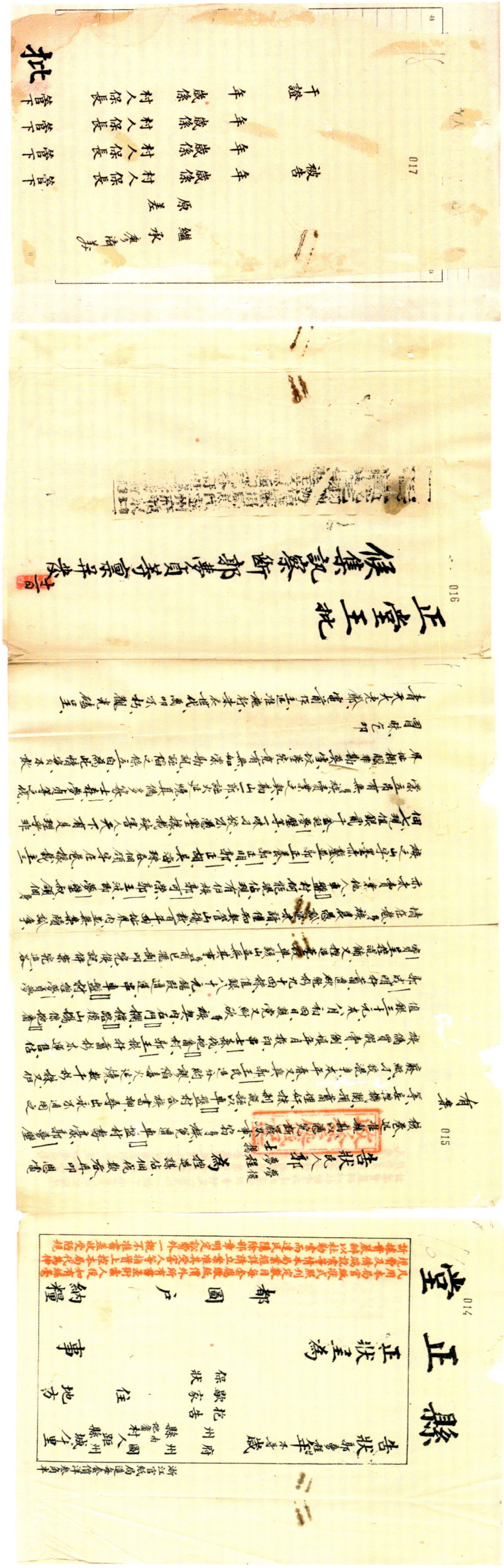

9.(時間不詳) 郭夢程等爲控郭夢璧等捏造謊佔佃伐欺吞事呈狀 (2800：14–16) 25.9×68.7cm；(2800：17) 26.0×17.5cm

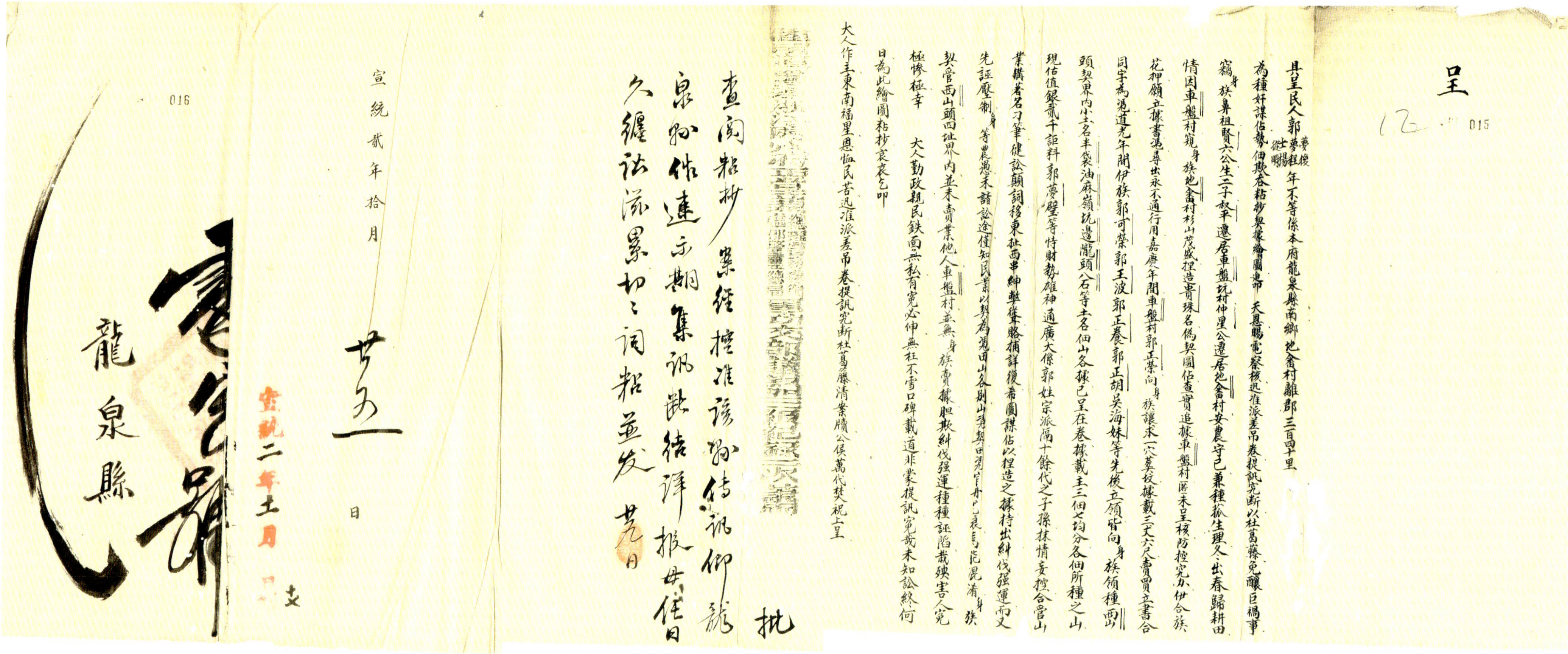

呈

具呈民人郭夢程 夢棪 士揚 從明 年不等係本府龍泉縣南鄉地畬村離郡三百四十里
爲種奸謀佔勢佃欺吞粘抄契據繪圖匍叩 天恩賜電察核迅准派差吊卷提訊究斷以杜葛藤免釀巨禍事
竊身族鼻祖賢六公生二子叔平遷居車盤坑村仲星公遷居地畬村安農守已兼種菰生理冬出春歸耕田
情因車盤村窺身族地畬村杉山茂盛捏造貴珠名僞契圖佔查實追據車盤村匿未呈核防控究亦伊合族
花押願立據書憑尋出永不通行用嘉慶年間車盤村郭正榮向身族讓求一穴葬坟據載三丈六尺賣買立書合
同字爲憑道光年間伊族郭可榮郭王波郭正養郭正胡吳海妹等先後立領皆向身族領種西山
頭契界內小土名半袋油麻嶺坑邊隴頭八石等土名佃山各據已呈在卷據載主三佃七均分各佃所種之山
現估值銀貳千詎料郭夢璧等恃財勢雄神通廣大係郭姓宗派傳十餘代之子孫抹情妄控合嘗山
業構著名刀筆健訟顛詞移東扯西串紳擊聳賂捕詳復希圖謀佔以捏造之據持出糾伐強運而又
先誣壓制身等農愚未諳訟途僅知民業以契爲憑田山各別山憑契田憑官冊乃袁馬花昆清身族
契管西山頭四址界內並未賣業他人車盤村並無身族賣據胆欺糾伐強運種種誣陷栽殃害人冤
極慘極幸 大人勤政親民鐵面無私有冤必伸無枉不雪口碑載道非蒙提訊究裁未知訟終何
日爲此繪圖粘抄哀哀乞叩
大人作主東南福星恩恤民苦迅准派差吊卷提訊究斷杜葛藤清案牘公侯萬代焚祝上呈

批
查閱粘抄業經控准該縣傳訊仰龍
泉縣作速示期集訊斷結詳報毋任
久纏訟累切切詞粘並發 廿九日

宣統貳年拾月 廿五 日

宣統二年十一月

龍泉縣

10.宣統二年十月廿五日郭夢程等爲控郭夢璧等種奸謀佔勢佃欺吞事呈處州府呈狀 （3627：15－16）30.2×84.0cm

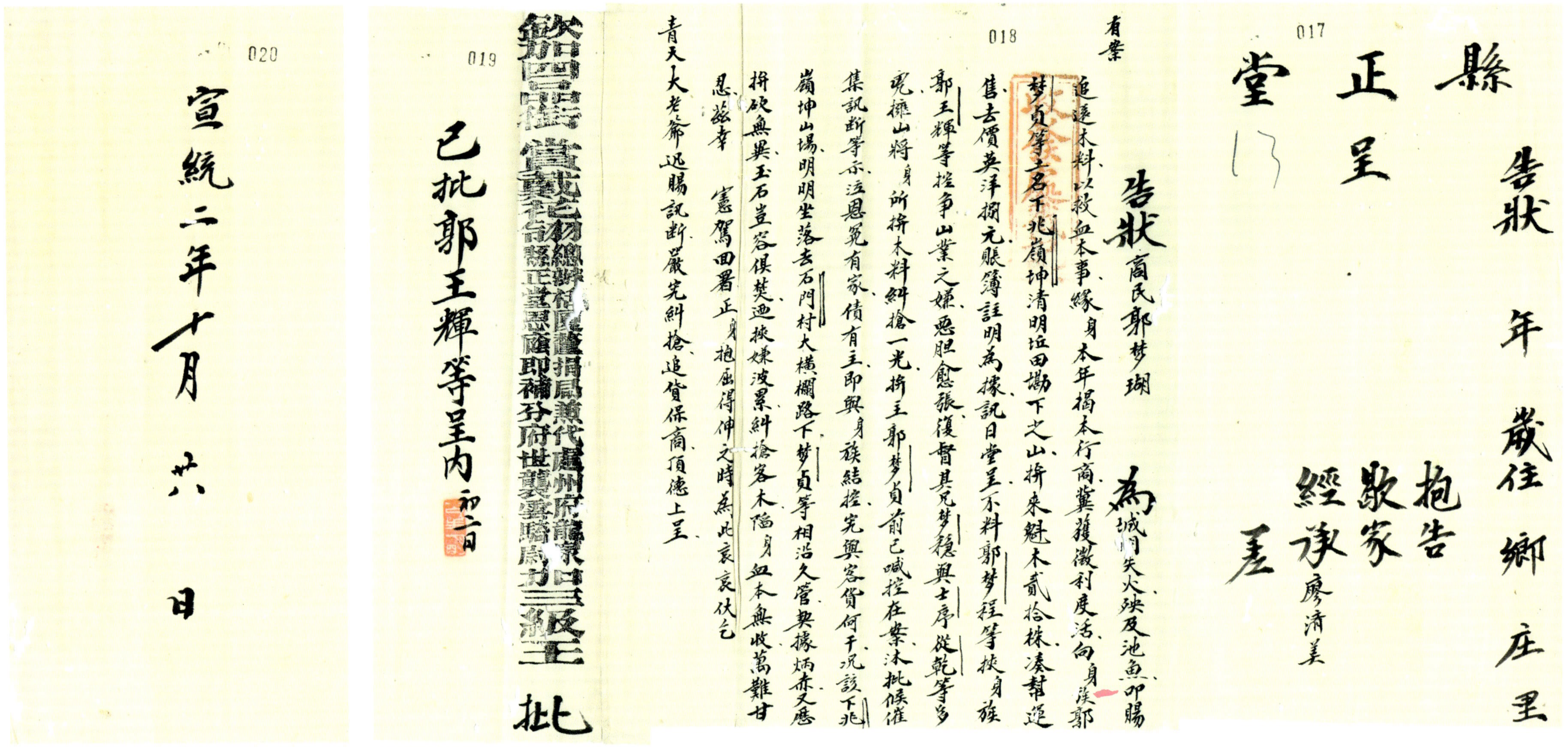
縣正堂
告狀　年　歲　住　鄉　庄　里
抱告
歇家
經承　廖清美
差

有業
告狀　商民郭夢瑚　為城內失火殃及池魚叩賜追還木料、以救血本事。緣身本年揭本行商，冀獲微利度活。向身族郭夢貞等土名下北嶺坤清明垃田塆下之山，拚來樹木貳拾株，湊幫逆售去價英洋捌元，賬簿註明為據。詎日堂呈，不料郭夢程等挾身族郭王輝等控爭山業之嫌，惡胆愈張，復嗇(?)其兄夢德與士序、從乾等多兇，擁山將身所拚木料糾搶一光。拚主郭夢貞前已喊控在案，沐批候催集訊斷，等示。泣思冤有家，債有主，即與身族結控，究與客貨何干？況該下北嶺坤山塲明明坐落去石門村大橫欄路下，夢貞等相沿久管，契據炳赤，又歷拚砍無異，玉石豈容俱焚？迺挾嫌波累，糾搶客木，陷身血本無收，萬難甘忍。發(?)幸
憲駕田署正，身抱屈得伸，之時無此哀哀伏乞
青天大老爺迅賜訊斷，嚴究糾搶，追貨保商，頂德上呈。

批
已批郭王輝等呈內

宣統二年十月廿六日

11.宣統二年十月廿八日郭夢瑚爲控郭夢程等城内失火殃及池魚事呈狀　（3627：17—20）24.1×78.0cm　圖版裁空白頁

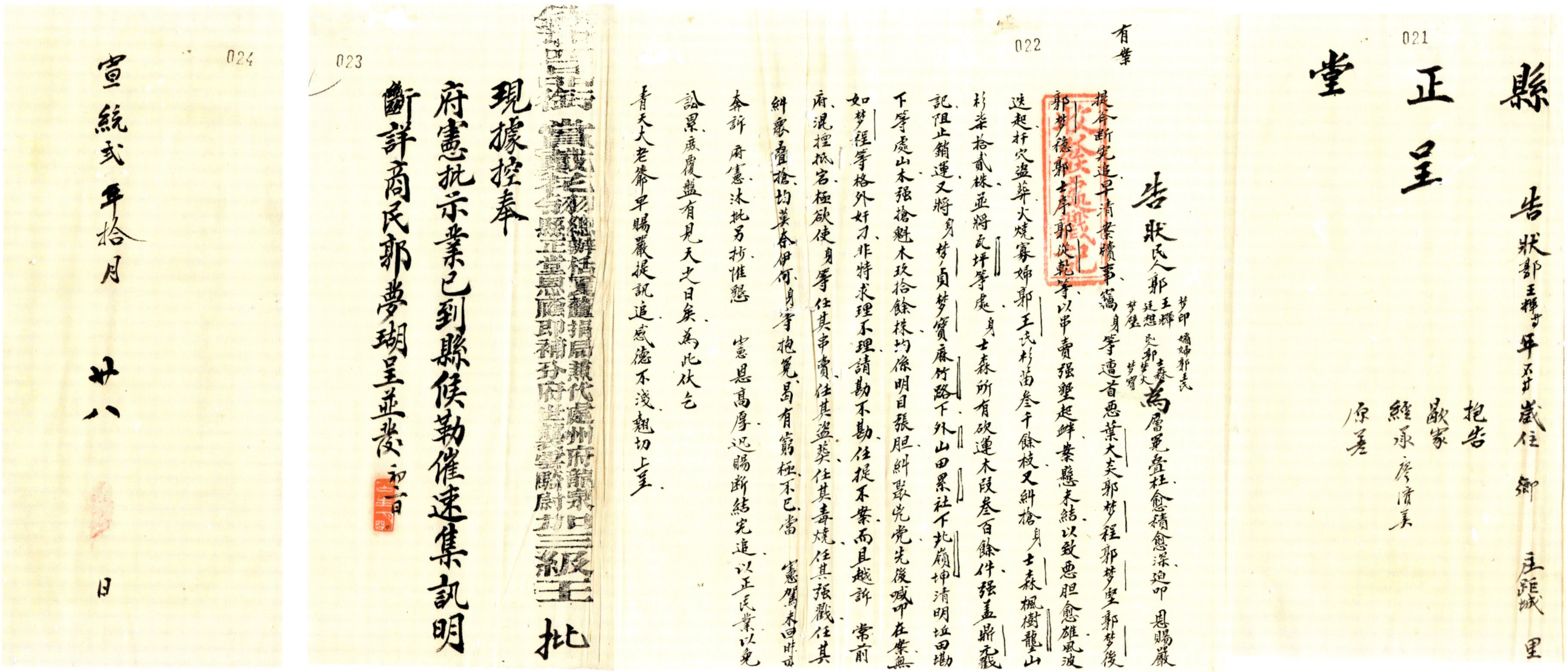
縣正堂 呈

告狀郭王輝年八十歲住卿庄距城里

抱告 歐家

經承 廖清美

原差

有葉

告狀民人郭王輝 孀婦郭王氏 郭夢印 郭延想 郭士森 郭夢壁 郭夢寶 又郭夢大 為層冤疊枉愈積愈深迫叩 恩賜嚴提斷究追早清業牘事。竊身等遭首惡葉大炎、郭夢程、郭夢望、郭夢後、郭夢德、郭士厚、郭從乾等以串賣强墾起衅，案懸未結，以致惡胆愈雄，風波迭起，扦穴盜葬，火燒寡婦郭王氏杉苗叁千餘枝，又糾搶身士森楓樹、龍山杉柴拾貳株，並將瓦坪等處身士森所有砍運木段叁百餘件，强蓋鼎戳記阻止銷運，又將身夢貞、夢寶麻竹路下、外山田、眾社下、北嶺坤、清明垃田坳下等處山木强搶魁木玖拾餘株，均係明目張胆，糾眾兇黨，先後喊叩在案。無如夢程等格外奸刁，非特求理不理，請勘不勘，任提不案，而且越訴 常前 府，混控抵宕，極欲使身等任其串賣，任其盜葬，任其毒燒，任其强戳，任其糾眾疊搶，均莫奈伊何。身等抱冤曷有窮極，不已，當 憲駕未回時，奔訴 府憲，沐批另抄催懇 憲恩高厚，迅賜斷結究追，以正民業，以免訟累屢覆，盤有見天之日矣。為此伏乞

青天大老爺早賜嚴提訊追，感德不淺，翹切上呈。

批 現據控奉 府憲批示，業已到縣，候勒催速集訊明斷詳。商民郭夢瑚呈並發 初十日

宣統貳年拾月廿八日

12.宣統二年十月廿八日郭王輝等爲控葉大炎等層冤疊枉愈積愈深事呈狀　(3627：21–24) 23.7×77.0cm　圖版裁空白頁

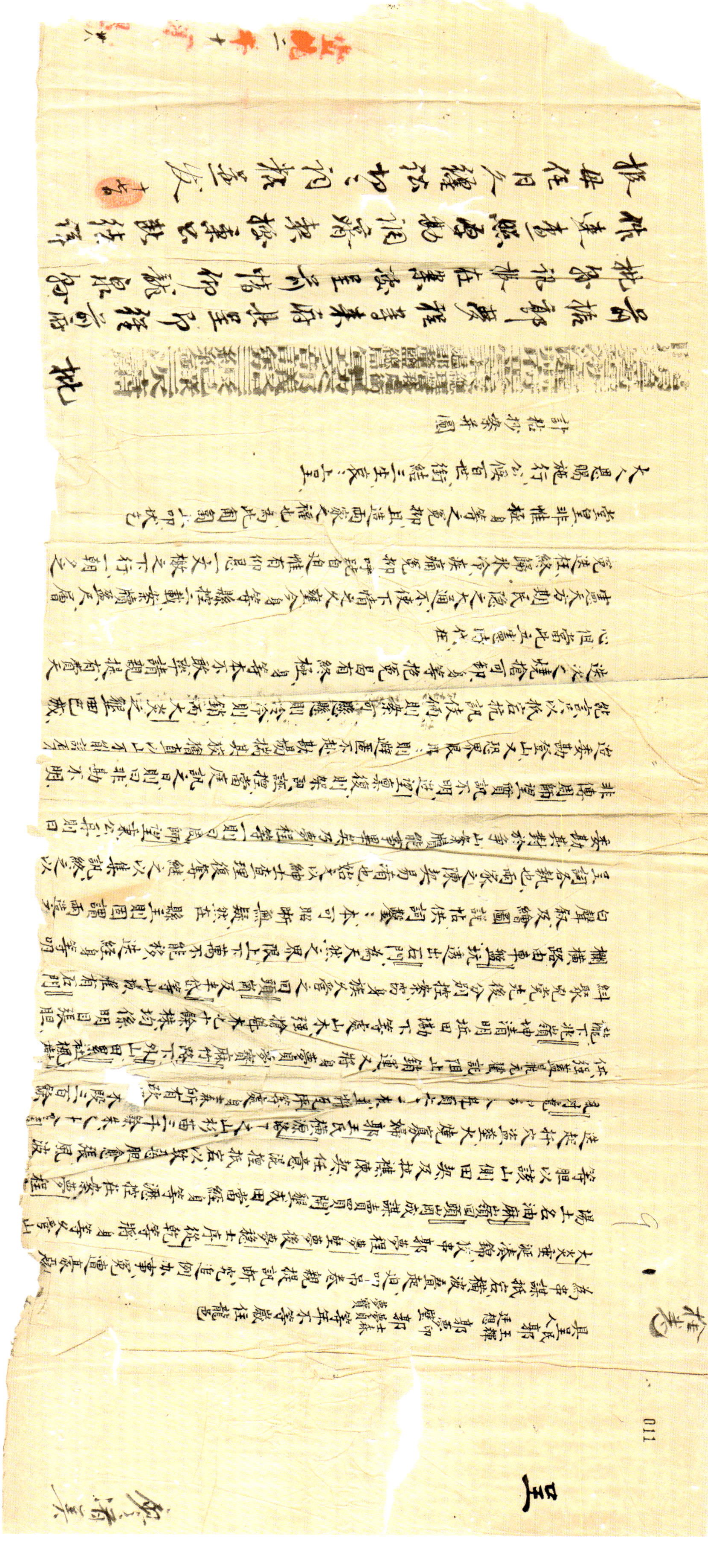

13.宣統二年十月廿八日郭王輝等爲控葉大尖等串謀抵宕橫波釁起事呈處州府呈狀（3627：11）27.5×66.7cm

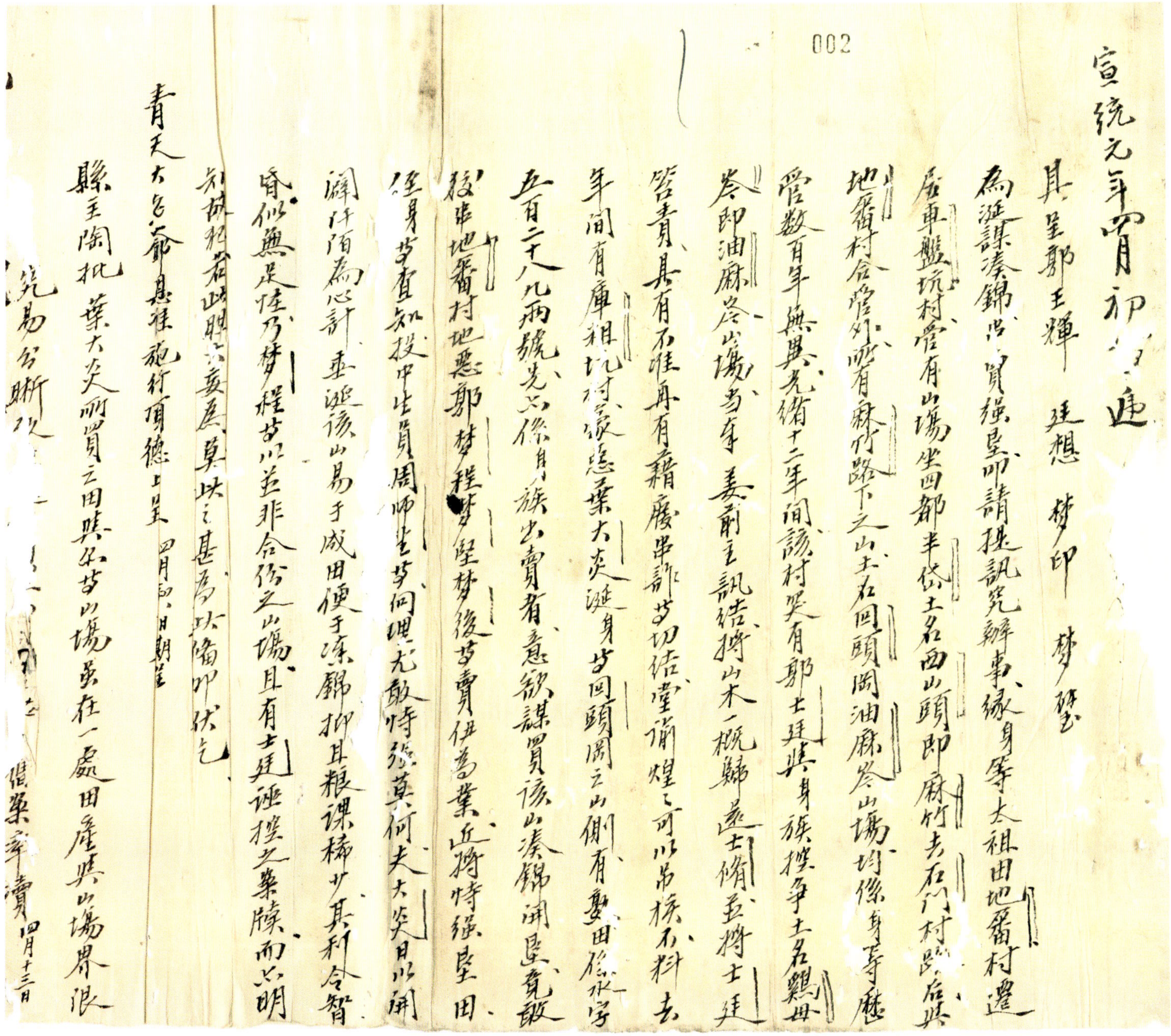

宣統元年四月初[illegible]遞
具呈郭王輝　廷想　梦印　梦墜
為涎謀湊錦、出買強墾，叩請提訊究辦事。緣身等太祖由地番村遷
居車盤坑村，曾有山場坐西郡半嶺土名西山頭即麻竹去石门村路后與
地番村合管外，亦有麻竹路下之山土名回頭崗油麻岺山場，均係身等歷
管數百年無異。光緒十二年間，該村吳有郭士廷與身族控爭土名鷄母
岺即油麻岺山場，当年姜前主訊結，將山木一概歸還士脩，並將士廷
笞責，具有不准再有藉磨串詐等切結，堂諭煌煌，可以吊核。不料去
年間有庫租坑村豪惡葉大炎涎身等回頭崗之山側有晏田係水字
五百二十八九兩號，光亦係身族出賣者，意欲謀買該山湊錦，開墾，竟敢
投串地番村地惡郭梦程、梦堅、梦後等賣伊為業，近將恃強墾田，
經身等查知，投中生員周师聖等向理，尤敢恃強莫何。夫大炎日以開
闢仟陌為心計，垂涎該山易于成田，便于湊錦，抑且粮課稀少，其利令智
昏，似無足怪；乃梦程等以並非合份之山場，且有士廷誣控之案牘，而亦明
知故犯，若此肆行妄為，莫此之甚。為此繙叩伏乞
青天大老爺恩准施行，頂德上呈。　四月初八日朝呈
縣主陶批：葉大炎所買之田與爾等山場是在一處，田屋與山場界限
究易分晰，[illegible]集案審[illegible]。　四月十三日

13附1—1.呈狀等抄件粘呈之一　（3627：2）24.5×95.2cm；（3627：2-1）24.0×43.6cm

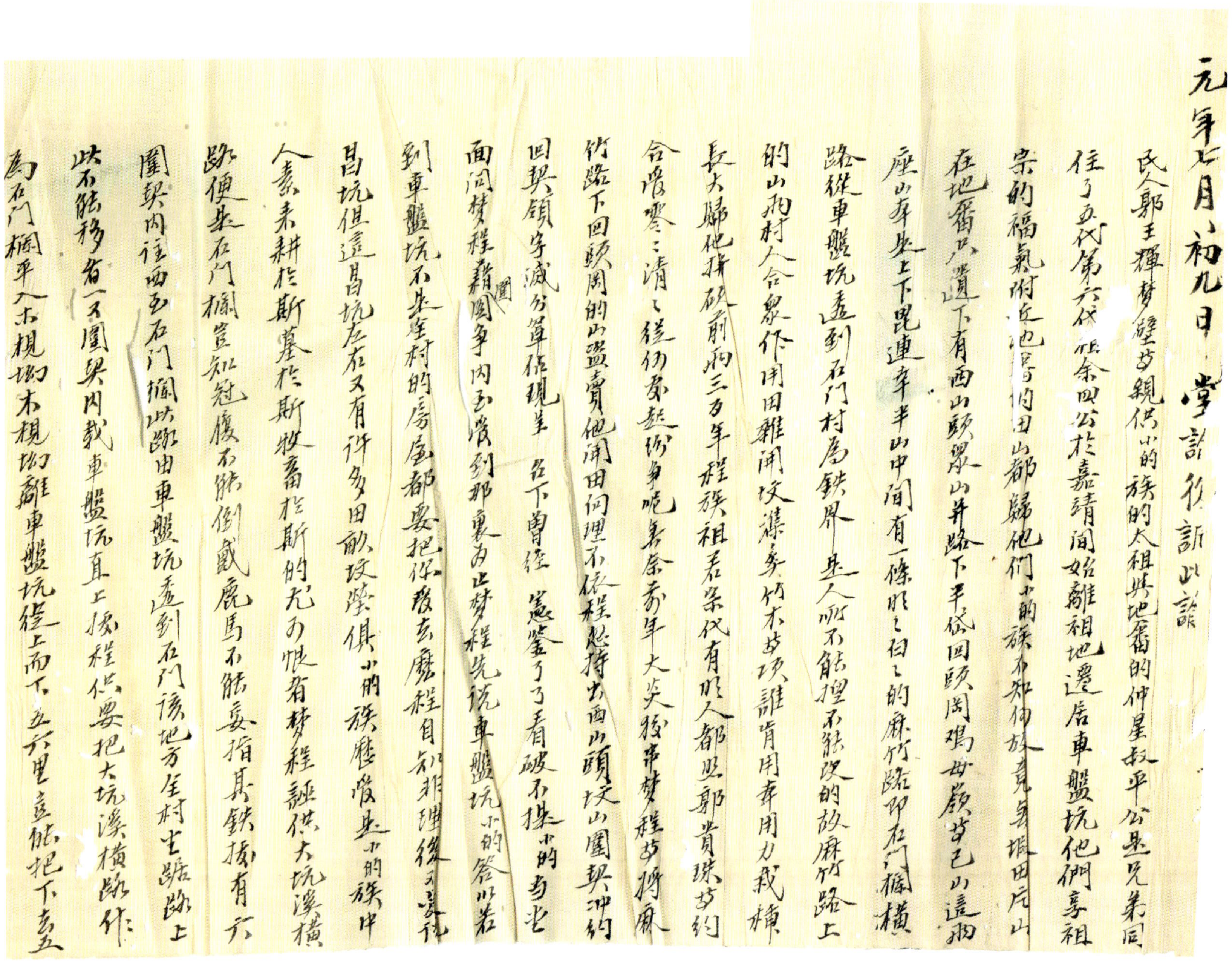
元年七月初九日 堂訊 後訊 此訊
氏人郭王輝芳璧芳親供：小的族的太祖共地審的仲星叔平公是兄弟同
住了五代，第六代祖余四公於嘉靖間始離祖地，遷居車盤坑。他們享祖
宗的福氣，附近地審的田山都歸他們，小的族不知仰放，竟無垠田尻山
在地審，只遺下有西山頭衆山并路下半條回頭周雞母嶺，皆已小這兩
座山本是上下毗連，半山中間有一條路，小的麻竹路卽在門檻橫
路。從車盤坑直到石門村為鉄界，是人所不能埋，不能改的。故麻竹路上
的山兩村人合衆作用，田雜開墳葬，竹木無坟，誰肯用本用力栽種
長大歸他拼砍。前兩三百年，程族祖若宗代有明人都與郭貴珠等約
合，嘗零零清清，從仍無起釁。乃忽本年大炎掇串，梦程芳將麻
竹路下回頭周的山盜賣他開田，何理不依？程懋持出西山頭坟山圍契，冲約
回契領字減分算作現在。名下曾往蒐鑒了了，看破不採，小的为此
面同梦程，藉圍事肉玉瓊到那裏。為此梦程先坑車盤坑，小的答以若
到車盤坑，不是在村的房屋都要把保，發去處程自知非理，從不是坑
昌坑但這昌坑左右又有許多田畝坟塋，俱小的族歷管，是小的族中
人素未耕於斯，葬於斯，牧畜於斯的，尤可恨者，梦程誣供大坑溪橫
路，便是在門檻，豈知冠履不能倒置，鹿馬不能妄指。其鉄據有六
圍契內註西至石門檻，此路由車盤坑直到石門，係地方全村出路，路上
此不能移；有一乃圍契內載車盤坑直上係程供要把大坑溪橫路作
為石門檻，平人亦視此木視此，離車盤坑從上而下五六里，豈能把下去五

13附1-2.呈狀等抄件粘呈之一

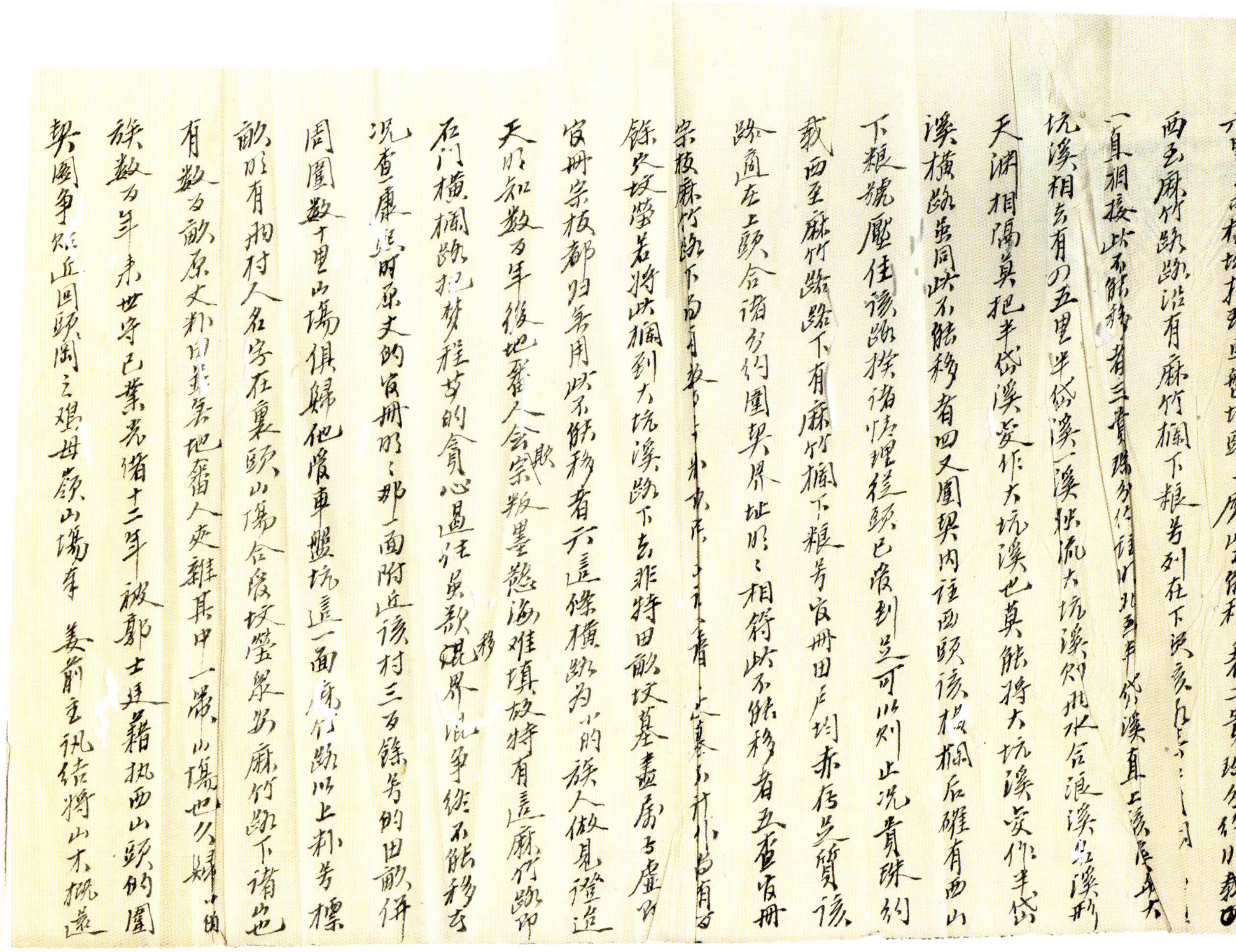
六里之示槻坳抬到車盤坑頭上處此不能移者二貴珠分約明載
西至麻竹路路沿有麻竹欄下粮号列在下洪亥[illegible]
一直相接此不能移者三貴珠分約注明北至半岱溪直上溪底至大
坑溪相去有叨五里半岱溪一溪狀流大坑溪外飛水合浪溪至溪形
天淵相隔莫把半岱溪妄作大坑溪也莫能將大坑溪妄作半岱
溪横路並同此不能移者四又圍契内注西頭該横欄后碓有西山
下粮號壓住該路挨諸情理從頭已後到底可以刈止況貴珠約
載西至麻竹路路下有麻竹欄下粮号官冊田户均亦存呈質該
路適在上頭合諸分約圍契界址明〻相符此不能移者五查官冊
宗枝麻竹路下面有[illegible]尚有方
餘火坟塋若將此欄到大坑溪路下去非特田畝坟墓盡屬子虛此
官冊宗枝都歸無用此不能移者六這條横路爲小的族人做見證造
天明知數百年後地番人會欺宗叛墨慾海难填故特有這麻竹路即
在門横欄路把梦程芳的貪心遏往其欺混界移混爭從不能移否
況查康熙時原丈的官冊明〻那一面附近該村三百餘号的田畝併
周圍數十里山塲俱歸他從車盤坑這一面麻竹路以上杉苗標
畝明有相村人名字在裏頭山塲合及坟塋衆多麻竹路下諸山也
有數百畝原丈都田裴契地番人爽雜其中一帶山塲也久歸小的
族數百年未世守已業光緒十二年被郭士廷藉執西山頭的圍
契圖爭然近回頭閱之娘母嶺山塲事　姜前主执结將山木概還

13附1–3.呈狀等抄件粘呈之一

002-1

小的

族郭士脩不准再有籍廣串作等切結堂前班班而且祖坟壘壘

乃程供坟塋一節他的祖宗大兆歷代送小的族人出葬去祭他自立自

押自在回契兩良坟地一併去要讓豈有這樣兆肯送五六百欠不敢合

文不由行較廣又勤声小的名按混争天下只有有契的人敢混争無契

的業那有無契的人敢妄爭有[illegible]文契不

背故越半山横欄鉄界段到山脚的斷勘不明小的一求 憲勘

程逆脅求差勘豈 憲天明 憲不及差役廉明知皆难徇私差易

舜樂若蒙 憲勘孤尾露出知难遮羞故不敢求 憲而求差從

立坟籍山出田從山出如葉大炎之款開田必先買山古今不易之理

憲早洞明若荷 憲自親勘該山的在門横欄斷即麻竹斷以及田

畝坟塋郭梦程等盜賣的山冡然在目片言折獄万代戴 恩奉

具塞在親供呈案

堂諭俟照會周紳師望查理此諭

照會事據民人郭梦堃等與郭梦程等控爭南鄉四都土名西山頭

等處山場一案業經傳訊查核郭梦程等呈送老契内載西至在門横為

界郭梦堃等供在門横即麻竹嶺郭梦程等供另有一處名在門横

並非麻竹嶺孰是孰非非土人不能明晰並據兩造供稱

貴紳事素秉公正此案前曾代為理處現在情願仍聽理處等語

自應照准除當前外擬合照會 為此照會 知

貴紳請煩查照希即核明契[illegible]秉公理息見復施行須至照會者

計照送

郭梦程等呈粘正契壹紙沖字壹紙合同契稿壹紙欠字四紙系圖壹本

郭梦堃等呈粘加契壹紙分約壹紙又圖弍紙

右 照 會

紳士生員周師望

宣統元年七月十七日

13附1-4.呈狀等抄件粘呈之一

具禀周師望

為不理不義，違據實禀復事。緣生奉　憲台照会内開：據民人郭夢壁等與郭夢程等控爭南鄉四都西山頭等處山場一案，業經傳訊郭夢壁等供：石門楓即麻竹嶽。郭夢程等供：另有处名石門楓，並非麻竹嶽。孰是孰非，非士人不能明晰。除出諭外，照會查照，核明契據，妥為理息見復等因。禀奉之下，生恐一人不足以服眾論，而仰副

憲台息訟安民之深心，曾經邀同監生毛應麟、生員李忠獻等同登山内，踏明界址，回舍妥理。據王輝等云：石門楓即是麻竹嶽，因該嶽由東盤坑透出石門村，故名石門楓。據夢程等云：山脚一条大坑溪嶽乃是石門楓。生等謹核契約根由，吳姓出賣麻竹嶽、石門楓，註明界異，而該嶽橫踞兩山之間，當日所賣，至此為止，所分以此為址，乃事理之當然，限以甚明。雖復查該橫嶽有三：一名橫源嶽，一名麻竹嶽，一名大坑溪嶽，並無麻竹參，但須頂一条，能控爭之處，不復究叙。惟麻竹嶽乃房坦邊山脚一条，名大坑溪嶽，原係歷經本處士人老少周知，其中条嶽上兩造俱有粮田杉木坟墓，而嶽下星散粮田，概是王輝等高曾原丈人塋杉，亦出房少生奉

憲飭查理，不避嫌疑，竭力排解，勸兩造各照老契，不必競爭，有傷族誼。奈兩年不可破，苦勸不義，違合將兩造契據系圖原件存繳

台下，併查明實在情形，徹底直陳，伏乞

憲台察核，從寬斷結施行。上禀　元年九月十三日

批：來牒已悉。既兩造各執一詞，理合候再傳訊察斷，所送契據系圖各件附卷此復　元年十月

003

13附2.呈狀等抄件粘呈之二　（3627：3）24.3×38.1cm

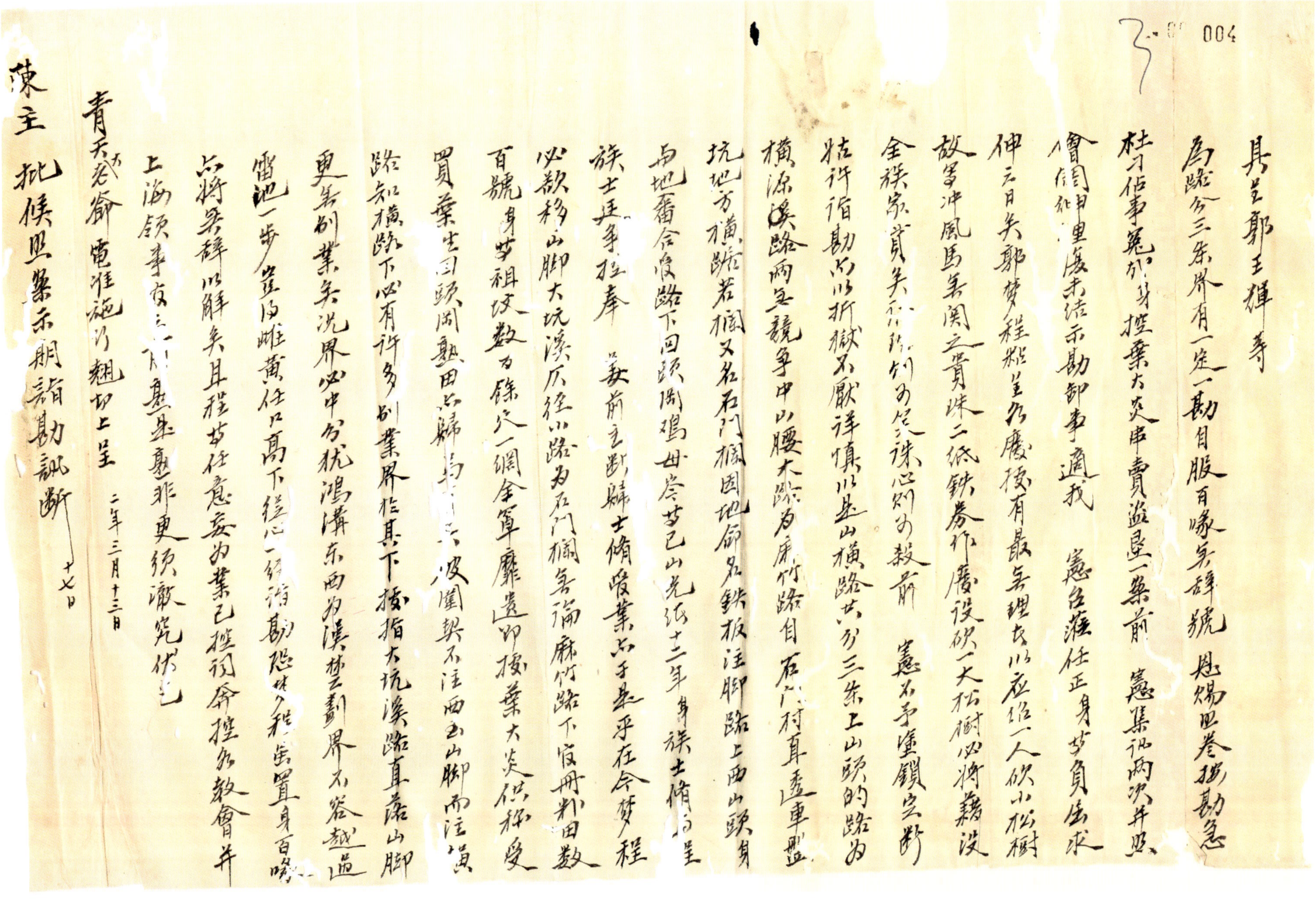

具呈郭王祥等
為踞分三条界有一定一勘自服百喙奚辭號懇賜恩卷提勘急
杜刁佔事。竊身等控葉大炎串賣盗墾一案，前憲集訊兩次，并恩
會同紳士里役未結，示勘，卸事。適我　憲台蒞任，正身等負屈求
伸之日矣。郭夢程粘呈，仍屢捷有最奚理，長以在伊一人砍小松樹
故等冲風馬牛關之貫珠二紙，鉄券作屢，設砍一大松樹，必將藉沒
全族家貲矣。殊不知外[illegible]合珠，必分外殺前　憲，為爭虛鎖定斷
粘祈　宿勘，以折獄為慎，詳審以是山横路卄分三条，上山頭的路為
横源溪路，兩造競爭中山腰大路，為麻竹路，自石門村直透車盤
坑地方，横路若欄，又名石門欄，因地命名。鉄板注脚路，上西山頭，身
與地畨合，後路下回頭閘鴨母岺，葉已于光緒十二年身族士倚呈
族士廷争控，奉　前主斷，歸士倚管業，亦于是乎在。今夢程
必欲移山脚大坑溪仄徑小路為石門欄，嗇論麻竹路下官冊料田數
百號，身等祖坟數百餘穴，一綱全算，靡遺。即按葉大炎供稱受
買葉生回頭閘熟田，亦歸身等[illegible]波圍契不注西至山脚，而注嶺
路，知横路下必有許多别業，界在其下，按指大坑溪，路直落山脚
更無别業矣。况界必中分，猶鴻溝東西為漢楚劃界，不容越過
雷池一步，豈仍雌黄任口，高下從心，一經宿勘，恐夢程置身百喙
亦將奚辭以解矣。且程等任意妄為，業已捏詞命控，為教會并
上海領事衙[illegible]其志非更須徹究，伏乞
青天大老爺　電准施行，翹切上呈
二年三月十三日
陳主　批：候照案示期諭勘訊斷
十七日

13附3.呈狀等抄件粘呈之三　（3627：4）24.3×38.4cm

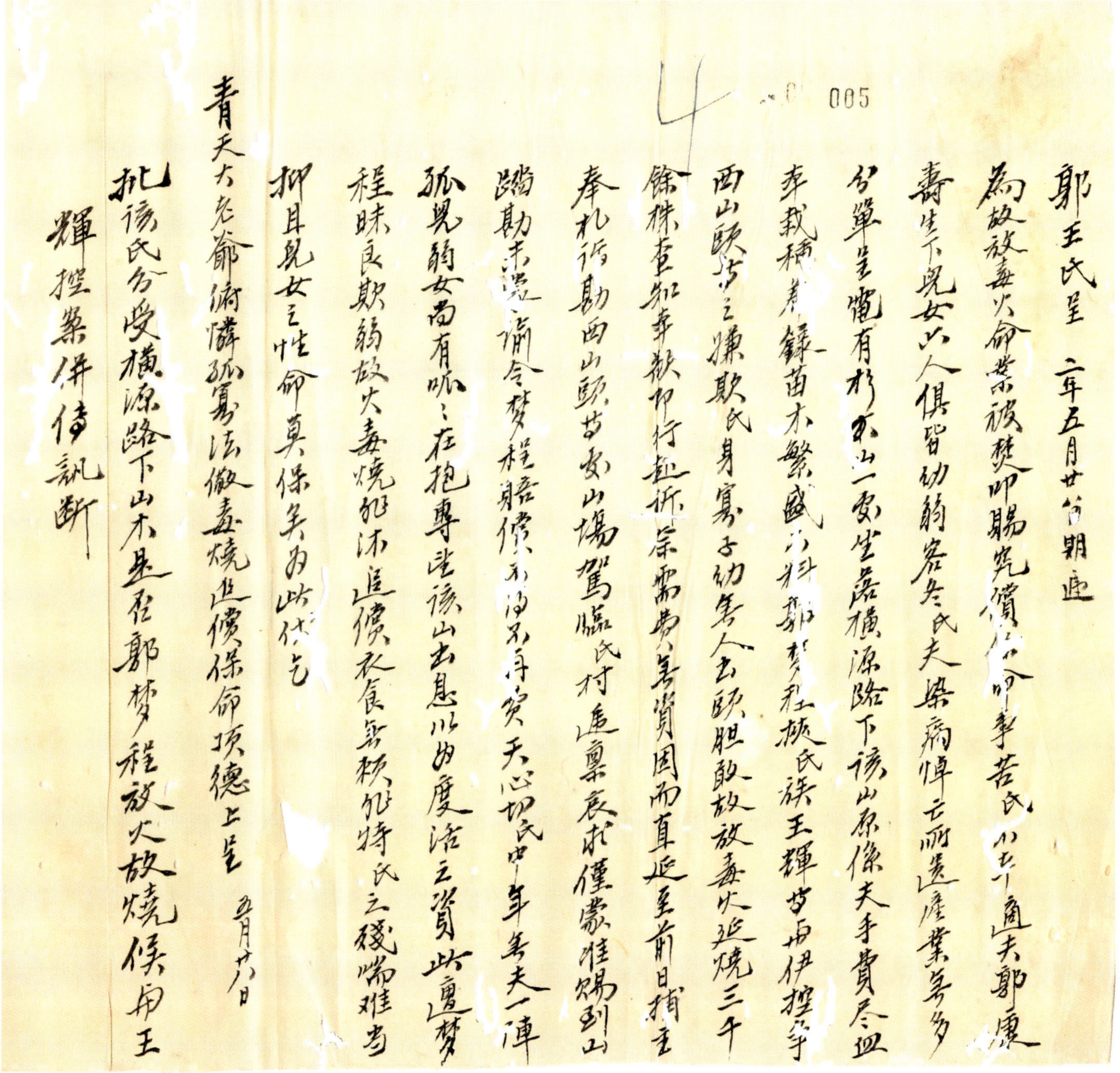
郭王氏呈　二年五月廿六日朔遞
爲故放毒火命業被焚叩賜究償仰命事苦氏小年適夫郭康
壽生下兒女六人俱皆幼弱客冬氏夫染病悼亡所遺產業無多
分單呈電有於本山一處坐落橫源路下該山原係夫手費盡血
本栽種杉錄苗木繁盛不料郭夢程挾氏族王輝等與伊控爭
西山頭等之嫌欺氏身寡子幼無人出頭胆敢故放毒火延燒三千
餘株查知本欸即行赴祈宗需費無資因而耳延至前日措呈
奉札衙勘西山頭等處山場駕臨氏村匍匐稟哀求僅蒙准賜到山
踏勘未蒙諭令夢程賠償亦何不再資天心切氏中年無夫一陣
孤兒弱女尚有嗷嗷在抱專望該山出息以為度活之資此遭夢
程昧良欺弱故火毒燒能沐追償衣食無賴能特氏之殘喘難為
抑且兒女之性命莫保矣爲此伏乞
青天大老爺俯憐孤寡法徽毒燒追償保命頂德上呈　五月廿八日
批該氏分受橫源路下山木是否郭夢程放火故燒候飭王
輝控案併傳訊斷

13附4.呈狀等抄件粘呈之四　（3627：5）24.1×26.1cm

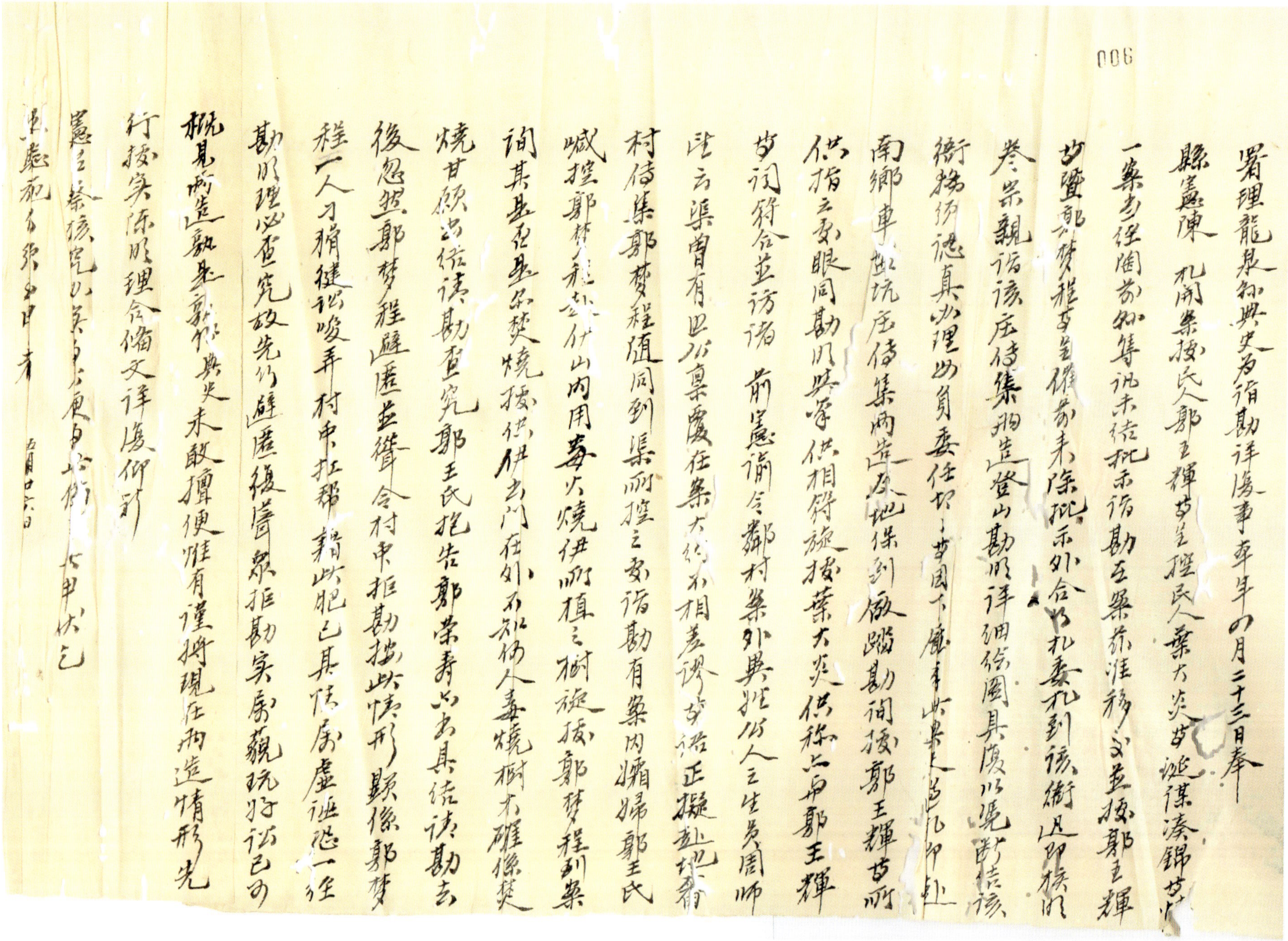

006

署理龍泉縣知縣典史爲遵勘詳復事本年四月二十三日奉
縣憲陳 札開案據民人郭王輝等呈控民人葉大炎等誣謀湊錫等情
一案當經閣前縣知縣等訊未結批示諭勘在案茲准移交並據郭王輝
等暨郭夢程等呈催前來除批示外合行札委札到該衙即便協同
參案親詣該處傳集兩造登山勘明詳細繪圖具復以憑斷結該
衙務須認真辦理毋負委任切切等因下廳奉此當即卯赴
南鄉東坑處傳集兩造及地保到庭蹈勘詢據郭王輝等所
供指定要眼同勘明與等供相符旋據葉大炎供稱六房郭王輝
等詞符合並訪諸前憲諭令鄰村案外與控爭人王生員周師
陞云渠曾有四房稟覆在案大約不相差謬等語正擬赴坋看
村傳集郭夢程隨同到渠所控之處諸勘有案內孀婦郭王氏
喊控郭夢程私在伊山內用毒火燒伊所植之樹旋據郭夢程到案
詢其是否焚燒據供伊出門在外不知何人毒燒樹木確係焚
燒甘願出結請勘查究郭王氏抱告郭榮壽亦出具結請勘去
後忽然郭夢程避匿並聳令村中拒勘按此情形顯係郭夢
程一人刁猾縱恐唆弄村中扛帮藉此肥己其情虛誣恐一經
勘明理必查究故先行避匿復嗾衆拒勘實屬藐玩好訟已可
概見兩造孰是孰非典史未敢擅便惟有謹將現在兩造情形先
行據實陳明理合備文詳復仰祈
憲台察核究辦以冀早結爲此具申伏乞
東廳施行須至申者
五月廿六日

13附5.呈狀等抄件粘呈之五 （3627：6）24.1×36.0cm

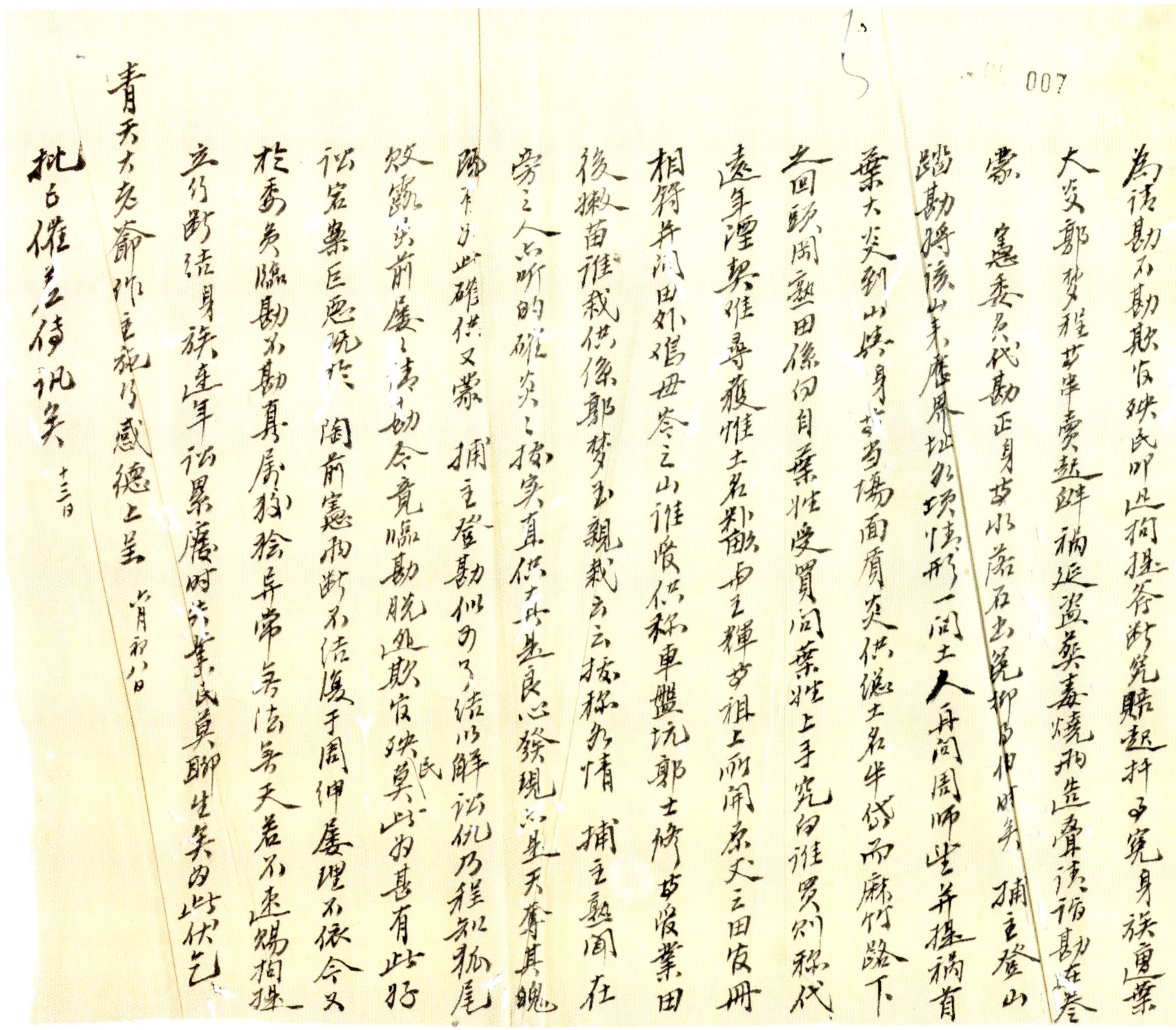
郭王輝等呈
為請勘不勘欺官殃民叩恩拘提吊斷究賠起扦追究身族黨遏葉
大炎郭夢程等串賣墳跡禍延盜葬毒燒殃造遵憤禍勘在卷
崇　憲委員代勘正身等以落石出詎抑月餘時矣　捕主登山
踏勘將該山未應界址外現情形一問土人再問周師出并提禍首
葉大炎到山俟身等當場面質炎供繳土名半岱而麻竹路下
之田頭閒熟田係伊自葉姓受買問葉姓上手究向誰買則稱代
遠年湮契難尋獲惟土名界址與王輝等祖上所開原丈之田皮冊
相符并問田外塘毋怎之山誰管供稱車盤坑郭士修等管業田
後嫩苗誰栽供係郭夢玉親栽云云据稱外情　捕主熟閒在
旁之人亦所的確炎之据實直供亦出良心發現亦是天奪其魄
隨亦以此確供又蒙　捕主登勘似可了結以解訟仇乃程知狐尾
敗露若前屢屢請勘今竟臨勘脫逃欺官殃民莫此為甚有此狡
訟宕案巨惡既於　閣前憲兩斷不結後于周伸屢理不依今又
於委員臨勘不勘真屬狡捨異常無法無天若不速賜拘提
立行斷結身族連年訟累屢時荒業民莫聊生矣為此伏乞
青天大老爺作主施行感德上呈　六月初八日
批已催差傳訊矣　十三日

13附6.呈狀等抄件粘呈之六　（3627：7）24.1×31.0cm

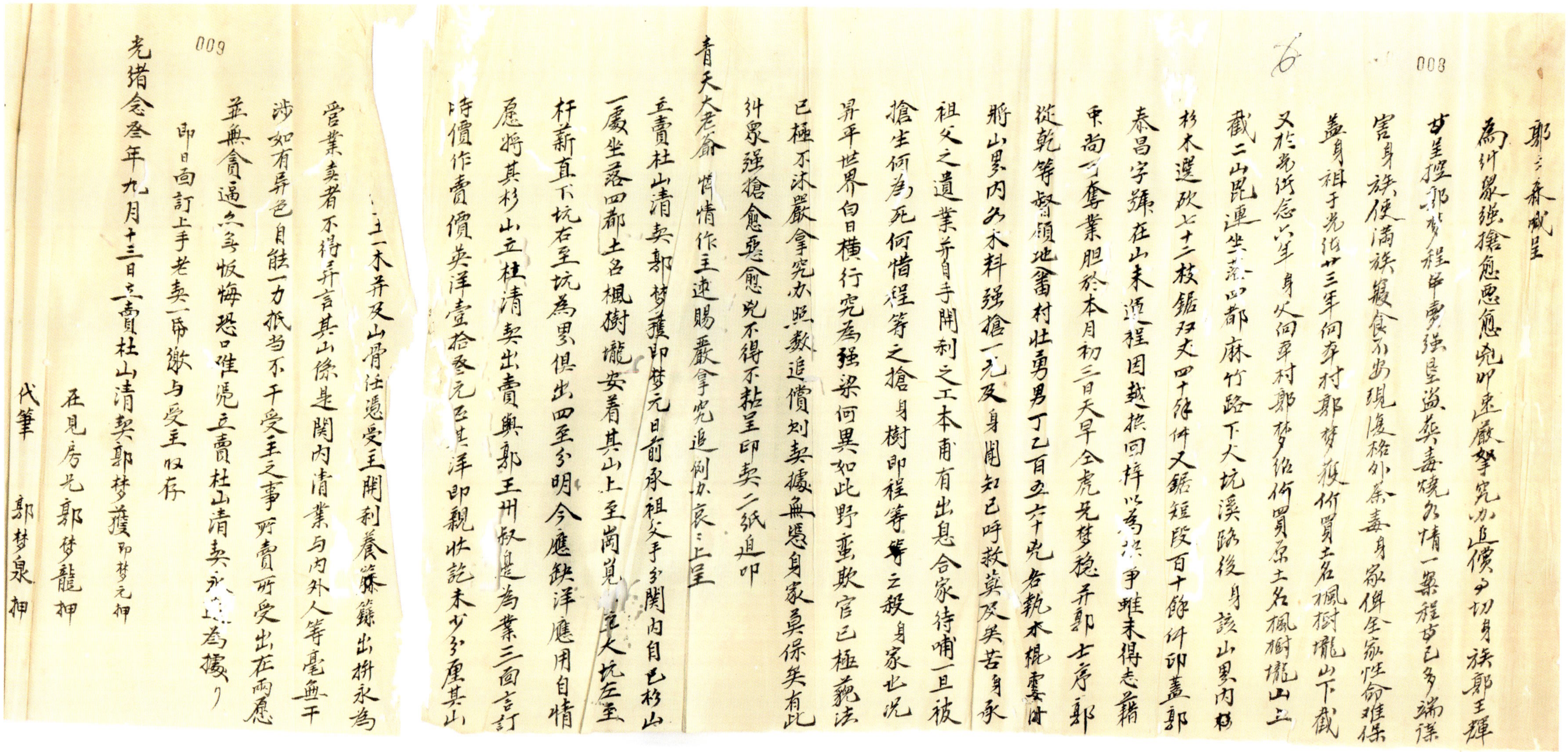

13附7-1.呈狀等抄件粘呈之七　(3627：8) 24.1×38.5cm；(3627：9) 24.2×69.2cm

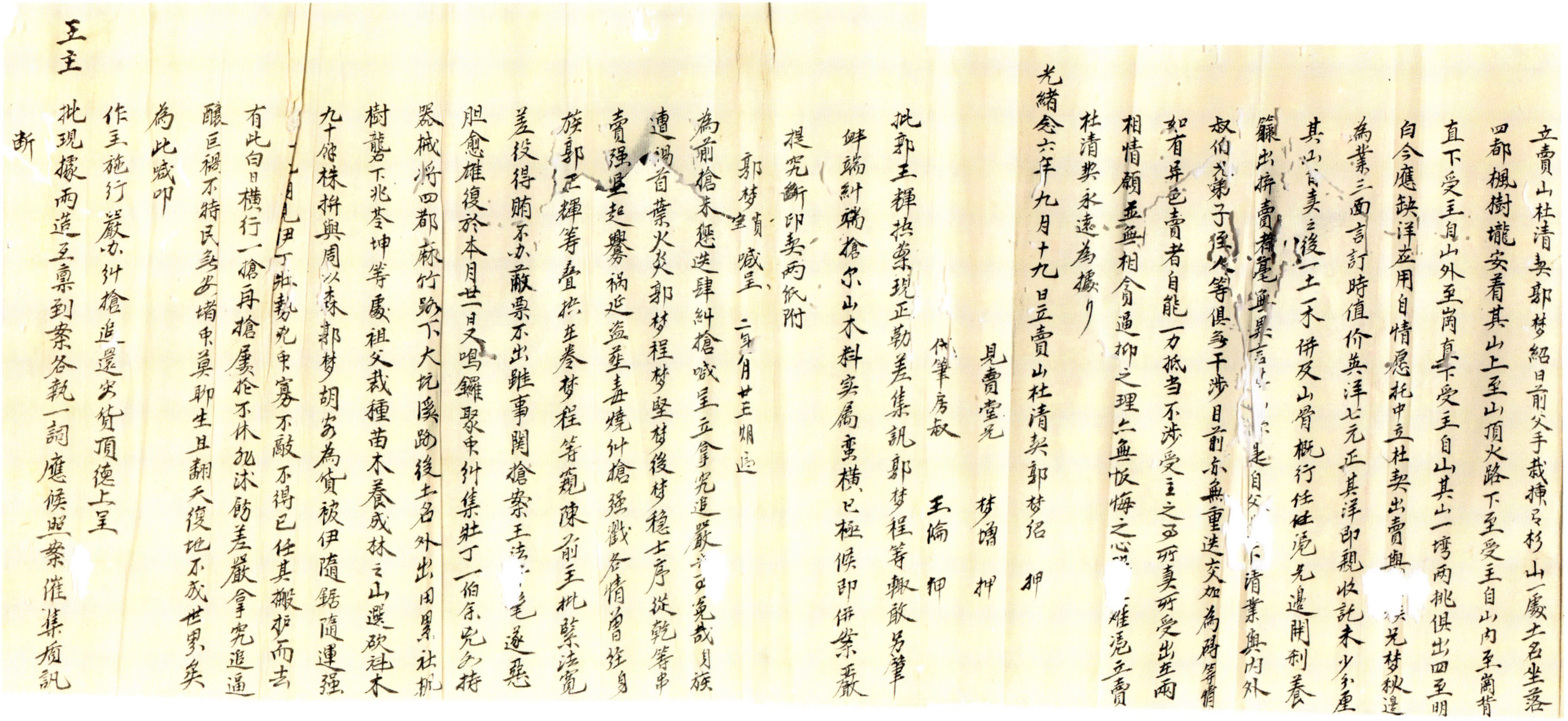

立賣山杜清契郭梦紹，日前父手栽插杉山一處，土名坐落
四都楓樹壠安着，其山上至山頂大路，下至受主自山，內至崗背
直下受主自山，外至崗直下受主自山，其山一塆兩排，俱出四至明
白。今應缺洋应用，自情愿托中立杜契出賣與[illegible]兄梦秋邊
為業，三面言訂時值价英洋七元正，其洋即親收訖，未少分厘。
其山自賣之後，一土一木，併及山骨，概行任從兄邊開剃養
籙出拚賣，本毫無異言。[illegible]是自父[illegible]下清業，與內外
叔伯兄弟子侄人等俱無干涉，日前亦無重迭交加為碍等情。
如有異色，賣者自能一力抵当，不涉受主之事。所賣所受，出在兩
相情願，並無相貪逼抑之理，亦無反悔之心。[illegible]難憑，立賣
杜清契永遠為據。
光緒念六年九月十九日立賣山杜清契郭梦紹　押
見賣堂兄　梦增　押
代筆房叔　王倫　押

批：郭王輝控案，現正勒差集訊郭梦程等，輒敢另筆
舞端糾搶，尔山木料實屬蠻橫已極，候即併案嚴
提究斷，印契兩紙附。

郭梦寶　喊呈　二年　月廿三日[illegible]
為前搶未懲，迭肆糾搶，喊呈立拿究追，嚴[illegible]免截（?）身族
遭禍。首葉火炎、郭梦程、梦堅、梦後、梦穩、士序、從乾等串
賣強墾，起釁禍延，盜葬毒燒，糾搶強戳，各情曾经身
族郭正輝等疊控在卷。梦程等竊陳前主，批禁法寬，
差役得賄，不亦蔽票不出，雖事閱搶案，王法[illegible]毫，遂惡
胆愈雄，復於本月廿一日又鳴鑼聚衆，糾集壯丁一伯余兇，各持
器械，將四都麻竹路下大坑溪路後土名外出田果社后（?）
樹龍（?）下兆苓坤等處，祖父栽種苗木，養成林之山，選砍杉木
九十餘株，拚與周以森、郭梦胡安為貨，被伊隨鋸隨運。強
[illegible]見伊丁壯勢兇，衆寡不敵，不得已任其搬拖而去。
有此白日橫行，一搶再搶，屢控不休，抗沭（?）飭差嚴拿究追，逼
釀巨禍，不特民無安堵，衆莫聊生，且翻天覆地，不成世界矣。
為此喊叩
作主施行，嚴飭糾搶追還，安貧頂德上呈。
批：現據兩造互稟到案，各執一詞，應候照案催集質訊
斷。
王主

13附7–2.呈狀等抄件粘呈之七

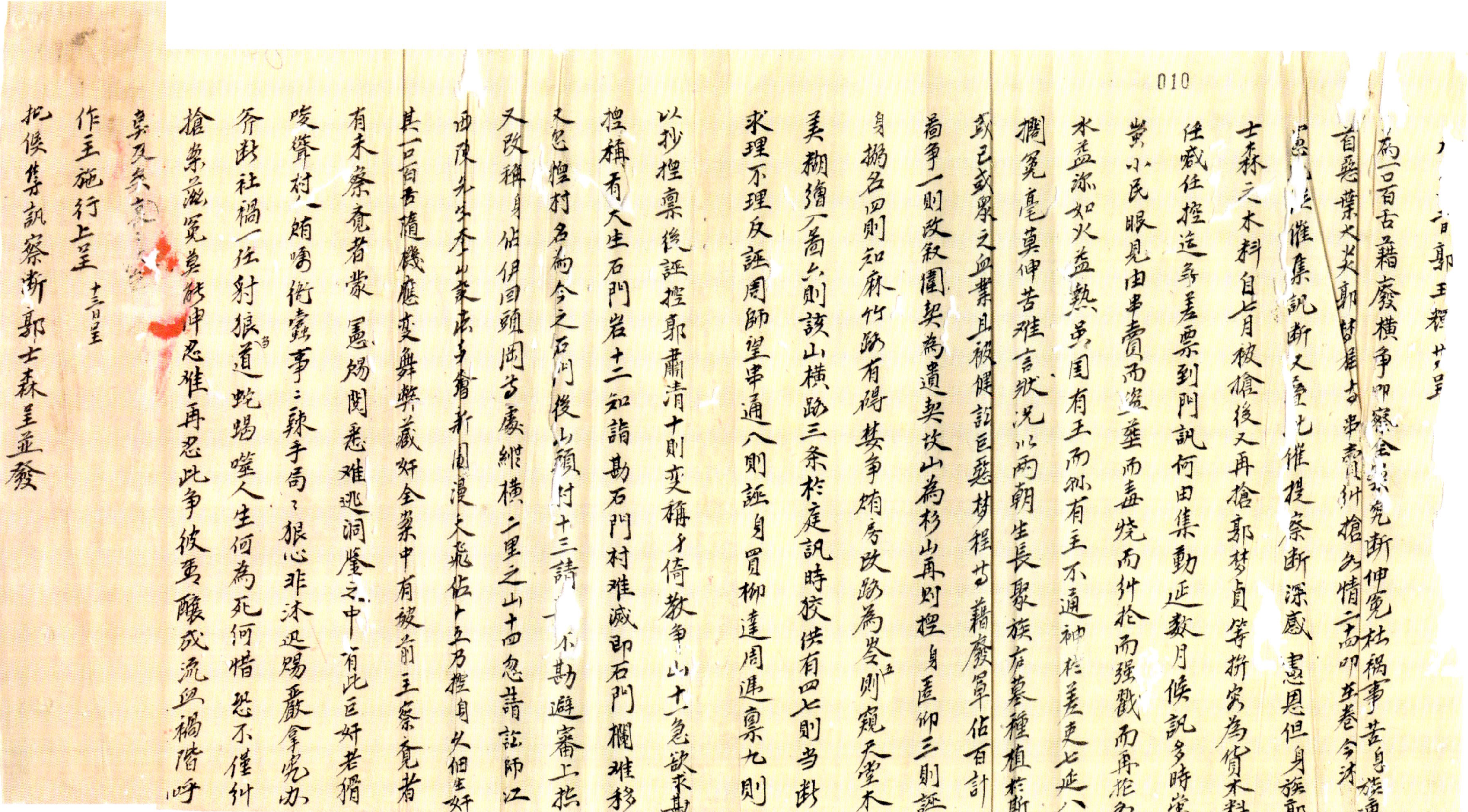

13附8.呈狀等抄件粘呈之八（3627：10）24.1×43.5cm

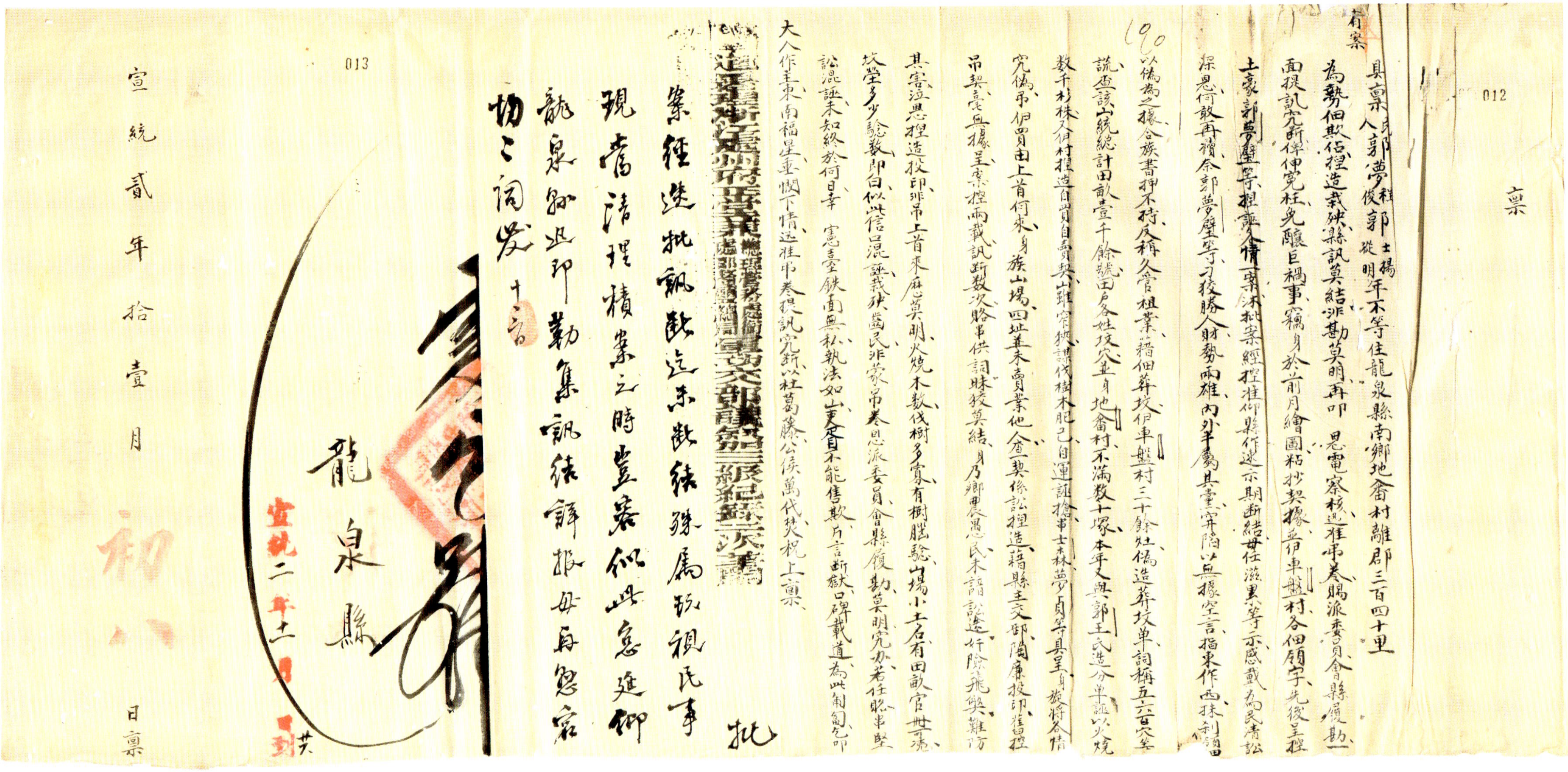

14. 宣統二年十一月初八日郭夢程爲控郭夢璧等勢佃欺佔捏造栽殃事呈處州府稟狀　（3627：12–13）30.6×77.0cm　圖版裁空白頁

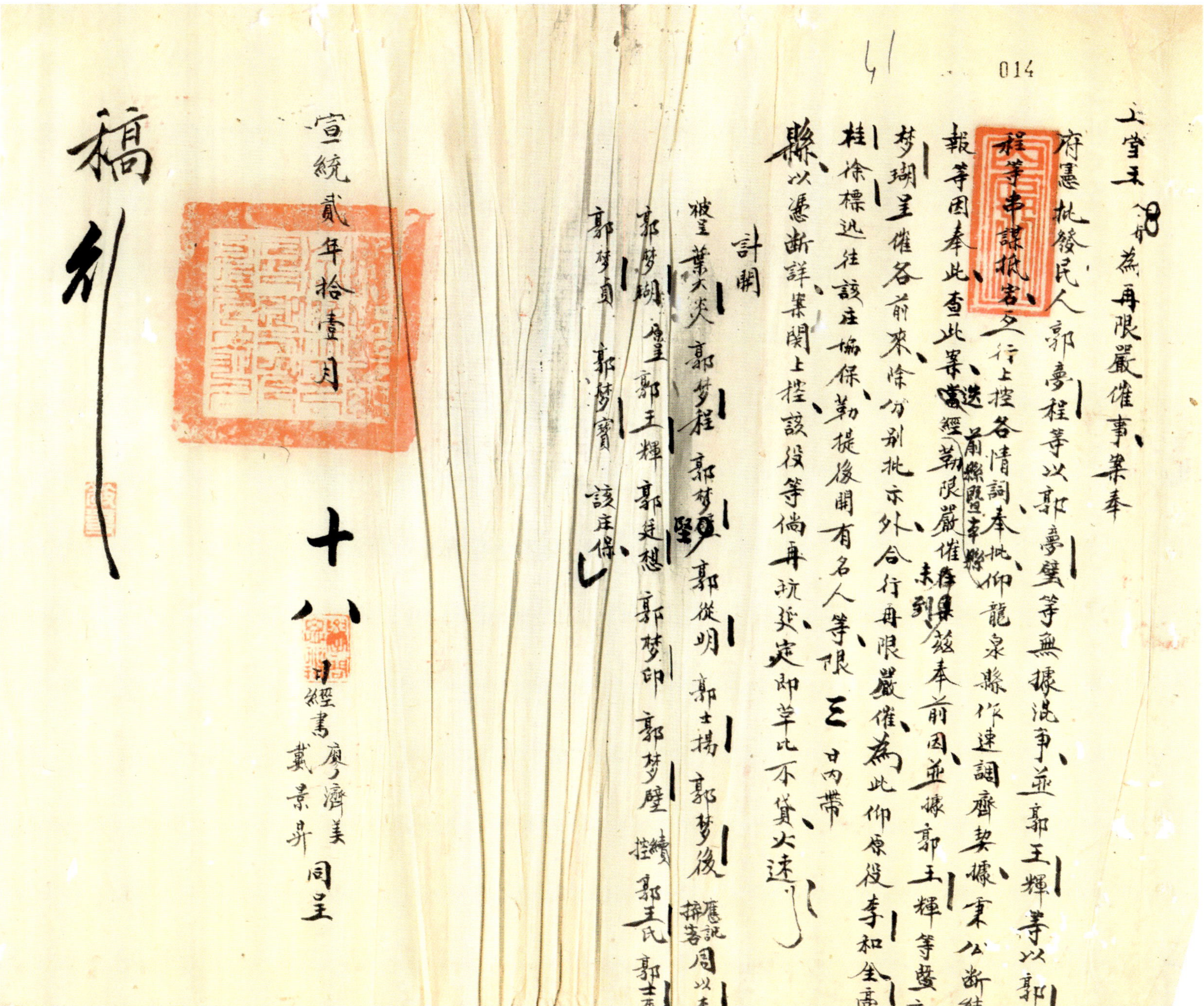
41　014

正堂王　為再限嚴催事。案奉

府憲批發民人郭夢程等以郭夢璧等無據混爭，並郭王輝等以郭夢程等串謀抵害，又行上控各情詞奉批，仰龍泉縣作速調齊契據，秉公斷結詳報等因。奉此。查此案送前縣暨本縣經勒限嚴催，未到。茲奉前因，並據郭王輝等暨郭夢瑚呈催各前來，除分別批示外，合行再限嚴催。為此仰原役李和、金亮林、桂，除標迅往該庄協保，勒提後開有名人等，限三日內帶

縣，以憑斷詳。案關上控，該役等倘再玩延，定即革比不貸。火速。

計開

被呈　葉大炎　郭夢程　郭夢堅　郭從明　郭士揚　郭夢後　應訊摘箸　周以森

郭夢瑚　原呈　郭王輝　郭廷想　郭夢卯　郭夢壁　續控　郭王氏　郭士森

郭夢貞　郭夢寶　該庄保

宣統貳年拾壹月十八日經書廖濟美、戴景昇同呈

稿　行

15.宣統二年十一月十八日知縣王爲再限嚴催葉大炎等事票(稿)（3627：14）29.5×32.7cm

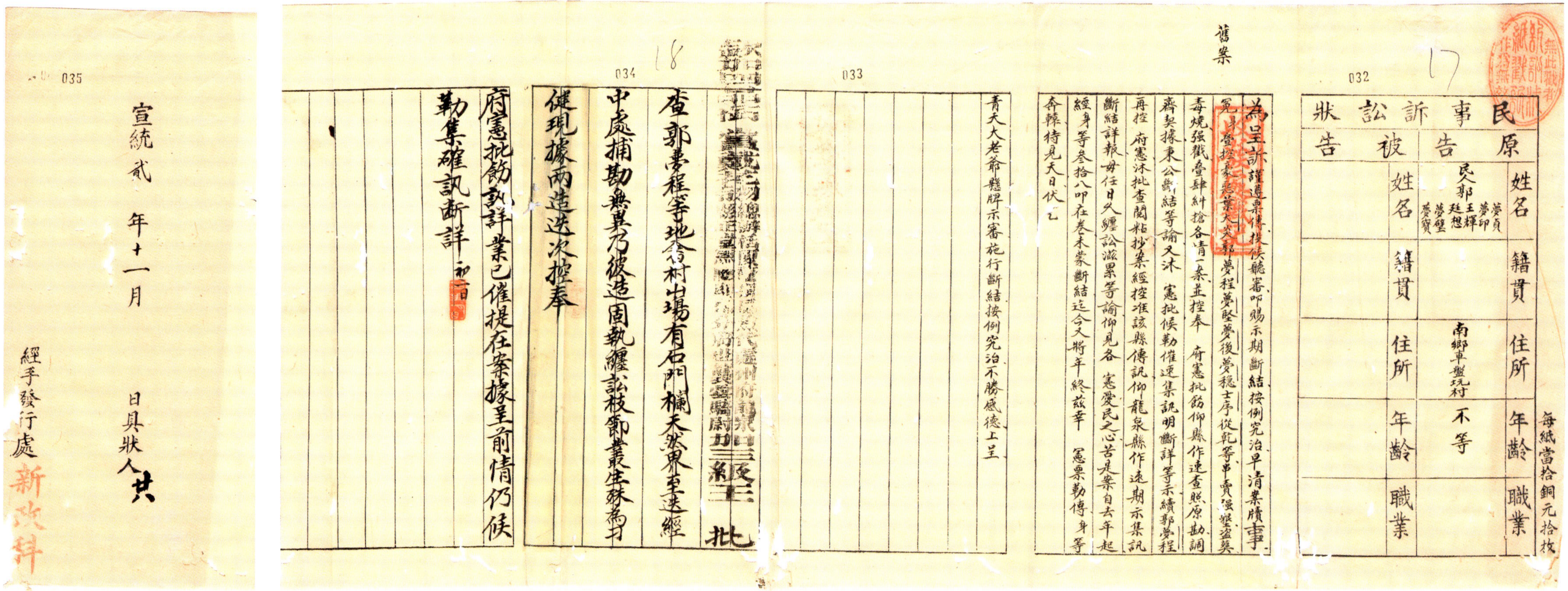

民事訴訟狀	原告	被告
姓名	民郭王輝 夢貞 夢印 廷想 夢寶 夢璧	
籍貫		
住所	南鄉車盤坑村	
年齡	不等	
職業		

每紙當拾銅元拾枚

舊案

為呈訴謹遵票傳投候聽審叩賜示期斷結按例究治早清案牘事。竊身控豪惡葉大炎、郭夢程、夢堅、夢後、夢穩、士孝、從乾等串賣強墾盜葬毒燒強戳疊肆糾搶各情一案，並控奉府憲批飭仰縣作速查照原勘調齊契據東公斷結等諭。又沐憲批候勒催速集訊明斷詳等示，續郭夢程再控府憲，沐批查閱粘抄案經控准該縣傳訊，仰龍泉縣作速期示集訊斷結詳報，毋任日久纏訟滋累等諭，仰見各憲愛民之心，苦是案自去年起經身等叁拾八叩，在卷未蒙斷結，迄今又將年終，茲幸憲票勒傳，身等奔轅待見天日，伏乞

青天大老爺懸牌示審施行，斷結按例究治，不勝感德上呈

批

查郭夢程等地名村山場有石門欄天然界至，迭經中處捕勘無異，乃彼造固執纏訟，枝節叢生，殊爲刁健。現據兩造迭次控奉府憲批飭孰詳，業已催提在案，據呈前情，仍候勒集確訊斷詳。初一日

宣統貳年十一月　日具狀人共

經手發行處　新改科

16.宣統二年十一月廿八日郭王輝等爲謹遵票傳投候聽審事民事訴訟狀　（3627：32–35）27.1×102.8cm　圖版裁空白頁

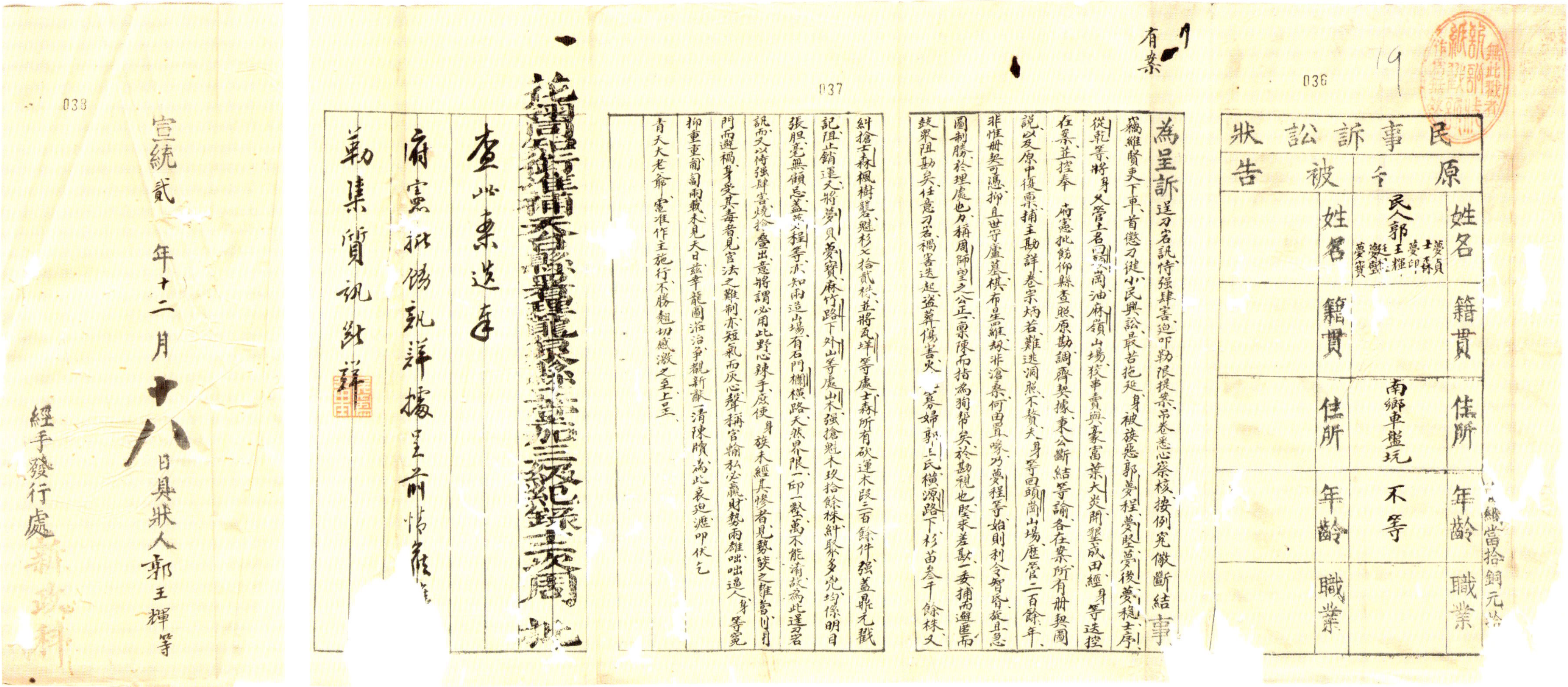

民事訴訟狀

原告		被告	
姓名	民人郭王輝、夢貞、士森、夢印、廷魁、夢鼇、夢寶	姓名	
籍貫		籍貫	
住所	南鄉車盤坑	住所	
年齡	不等	年齡	
職業		職業	

有案

為呈訴逞刁宕訊、恃强肆害、迫叩勒限提案、吊卷悉心察核、按例究儆斷結事。竊維賢吏下車，首懲刁徒；小民興訟，最苦拖延。身被族惡郭夢程、夢堅、夢後、夢穩、士學、從乾等，將身父管土名[illegible]岡油麻嶺山場，狡串賣與豪富葉大炎開墾成田。經身等迭控在案，並控奉府憲批飭仰縣查照原勘，調齊契據，秉公斷結等諭，各在案。所有冊契圖說，以及原中復稟，捕主勘詳，卷宗炳若，難逃洞照，不贅。夫身等回頭崗山場，歷管二百餘年，非惟冊契可憑，抑且世守廬墓，棋布星羅，奴非滄桑，何由置喙？乃夢程等始則利令智昏，旋且急圖制勝，於理處也，力稱周歸望之公正；稟陳而指為狗幫矣，於勘視也，堅求差馱一委；捕而避匿，而鼓眾阻勘矣，任意刁宕，禍害迭起。盜葬傷害，火[illegible]寡婦郭王氏横源路下杉苗叁千餘株，又糾搶士森楓樹、碧魁杉七拾貳株，並將瓦坪等處士森所有砍運木段三百餘件，强蓋匪元戳記，阻止銷運；又將夢貝、夢寶麻竹路下外山等處山木，强搶魁木玖拾餘株，糾聚多兇，均係明目張胆，毫無顧忌。蓋夢程等亦知兩造山場，有石門欄橫路天然界限，一印一墾，萬不能淆，故為此逞刁宕訊，而又以恃强肆害燒搶疊出，意將謂必用此野心辣手，庶使身族未經其慘者見勢畏之，離當[illegible]門而避禍；身受其毒者見官法之難制，亦短氣而灰心，聲稱官輸私必贏，財勢兩雄，咄咄逼人，身等冤抑重重，[illegible]兩載，未見天日。茲幸龍圖涖治，爭覩新猷，一清陳牘，為此哀廹瀝叩，伏乞

青天大老爺憲准作主施行，不勝翹切感激之至。上呈。

[illegible]周 批

查此案迭奉

府憲批飭訊詳，據呈前情，[illegible]

勒集質訊斷詳。

宣統貳年十二月十八日具狀人郭王輝等

經手發行處

17.宣統二年十二月十八日郭王輝等爲控郭夢程等逞刁宕訊恃强肆害事民事訴訟狀　（3627：36–38）27.0×100.2cm　圖版裁空白頁

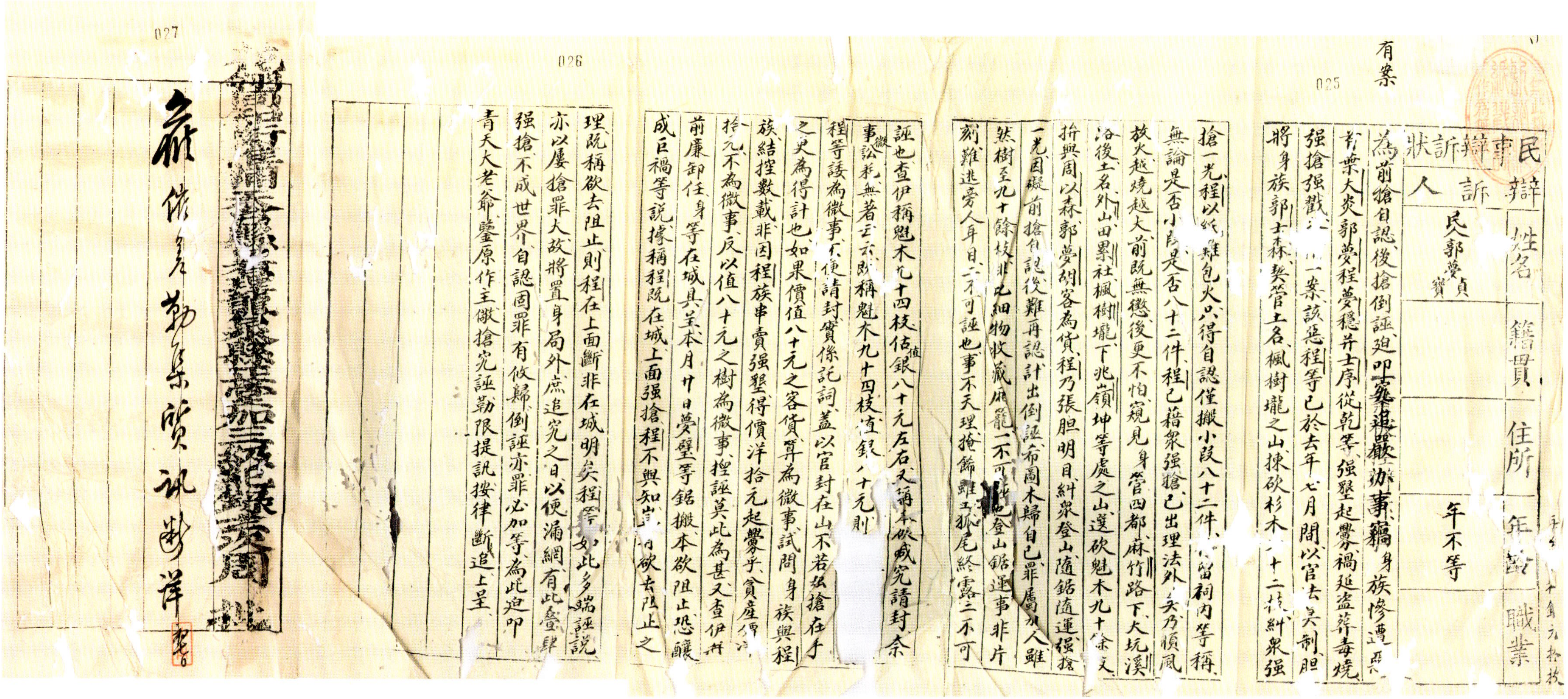

民事辯訴狀

辯訴人　民人郭夢貞、寶

姓名　籍貫　住所　年齡　職業

年不等

為前搶自認後搶倒誣迫叩察追嚴勒事。竊身族慘遭惡棍葉大炎、郭夢程、夢穩并士序、從乾等强墾起釁，禍延盜葬、毒燒、强搶、强戳[illegible]一案。該惡程等已於去年七月間以官去矣，制胆將身族郭士森契管土名楓樹壠之山揀砍杉木[illegible]十二枝，糾衆强搶一光。程以[illegible]雖包火，只得自認，僅搬小段八十二件，留祠內等稱。無論是否小段，是否八十二件，程已藉衆强搶，已出理法外矣。乃順風放火，越燒越大，前既無懲，後更不怕。竊見身管四都麻竹路下大坑溪沿後土名外山田墘社、楓樹壠下、兆嶺坤等處之山，選砍魁木九十餘支，拚與周以森、郭夢朗客為貨。程乃張胆明目，糾衆登山，隨鋸隨運，强搶一光。因礙前搶自認，後難再認，計出倒誣，希圖木歸自己，罪屬他人。雖然樹至九十餘枝，非比細物，收藏何能？一不可[illegible]。登山鋸運，事非片刻，難逃旁人耳目，二不可誣也。事不天理，搶飾難[illegible]，狐尾終露，三不可誣也。查伊稱魁木九十四枝，估值銀八十元左右，又稱本欲戚究請封，余事訟私無着云云。既稱魁木九十四枝值銀八十元，則程等誣為微事，不便請封，實係託詞。蓋以官封在山，不若私搶在手之更為得計也。如果價值八十元之客貨尚為微事，試問身族與程族結控數載，非因程族串賣强墾得價洋拾元起釁乎？實産價拾元不為微事，反以值八十元之樹為微事，揑誣莫此為甚。又查伊稱前廉卸任，身等在城具呈，本月廿日夢璧等鋸搬，本欲阻止，恐釀成巨禍等說。據稱程既在城，上面强搶程不與知，尚欲去阻止之理？既稱欲去阻止，則程在上面，斷非在城明矣。程等如此多端誣說，亦以屢搶罪大，故將置身局外，庶追究之日以便漏網。有此疊肆强搶，不成世界。自認罔罪有攸歸，倒誣亦罪必加等。為此迫叩

青天大老爺鑒原作主，徵搶究誣，勒限提訊，按律斷追。上呈

飭候差勘集質訊斷詳

18.(時間不詳)郭夢貞等爲控郭夢程前搶自認後搶倒誣事民事辯訴狀　（3627：25–27）26.8×66.0cm

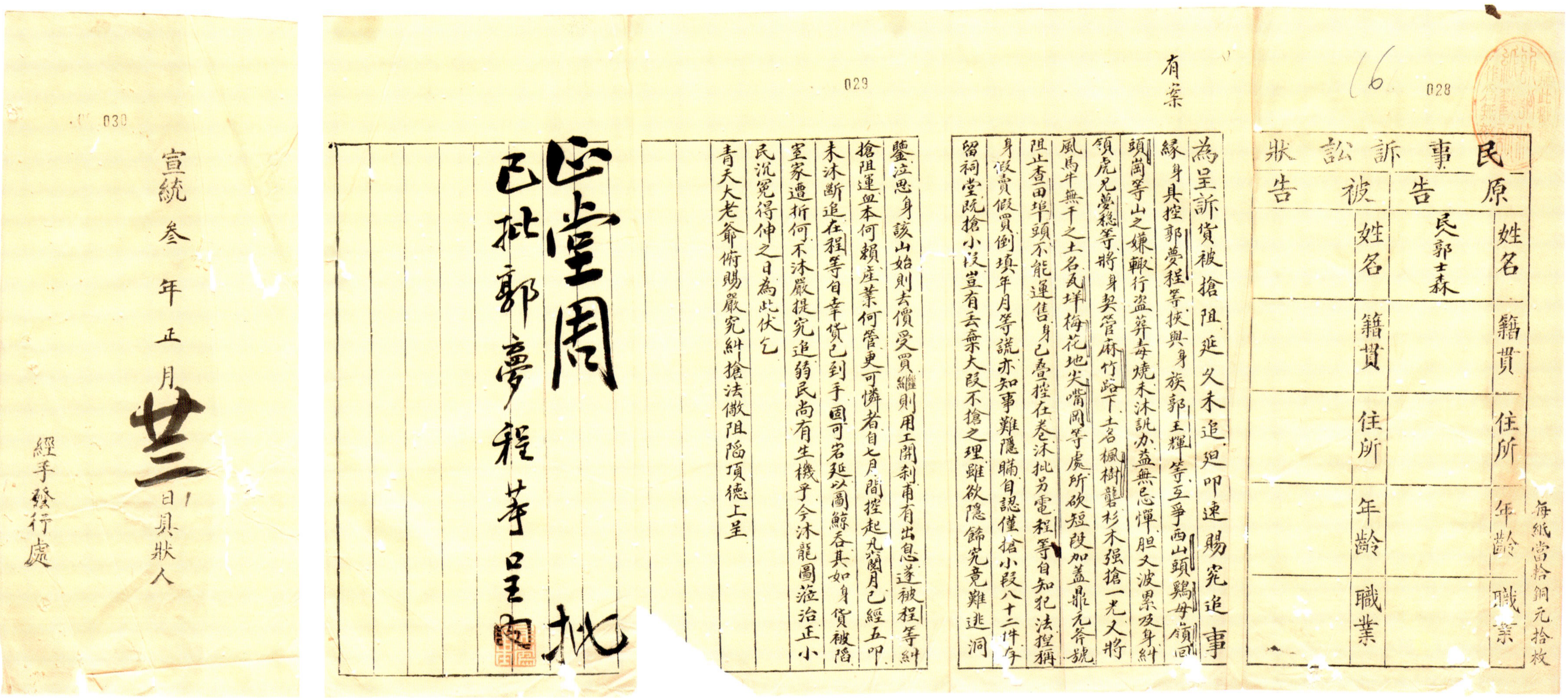

民事訴訟狀

原告		被告	
姓名	民郭士森	姓名	
籍貫		籍貫	
住所		住所	
年齡		年齡	
職業		職業	

每紙當拾銅元拾枚

16

有案

為呈訴貨被搶阻延久未追，迫叩速賜究追事。
緣身具控郭夢程等扶與身族郭玉輝等互爭西山頭鷄母嶺富
頭崗等山之嫌，輒行盜葬毒燒，未沐訊辦，益無忌憚，胆又波累及身糾
領虎兄夢總等將身契管麻竹路下土名楓樹聾杉木强搶一光，又將
風高中無干之土名瓦埠梅花地尖嘴岡等處所砍短段，加蓋鼎元斧號
阻止查田畢頭，不能運售。身已疊控在卷，沐批另電程等自知犯法，捏稱
身假賣假買，倒填年月等謊，亦知事難隱瞞，自認僅搶小段八十二件，存
留祠堂。既搶小段，豈有丟棄大段不搶之理？雖欲隱飾，究竟難逃洞
鑒。泣思身該山始則去價受買，繼則用工開剤，甫有出息，遂被程等糾
搶阻運，血本何賴，産業何管，吏可憐者，自七月間控起，凡閱月已經五叩，
未沐斷追，在程等自幸貨已到手，國可宕延，以圖鯨吞，其如身貨被阻，
室家遭折何？不沐嚴提究追，弱民尚有生機乎？今沐龍圖蒞治，正小
民沉冤得伸之日，為此伏乞
青天大老爺俯賜嚴究，糾搶法懲，阻陷頂德上呈。

正堂周 批
已批郭夢程等呈內

宣統叁年正月廿三日具狀人
經手發行處

19.宣統三年正月廿三日郭士森爲控郭夢程等貨被搶阻延久未追事民事訴訟狀　（3627：28–30）26.8×100.4cm　圖版裁空白頁

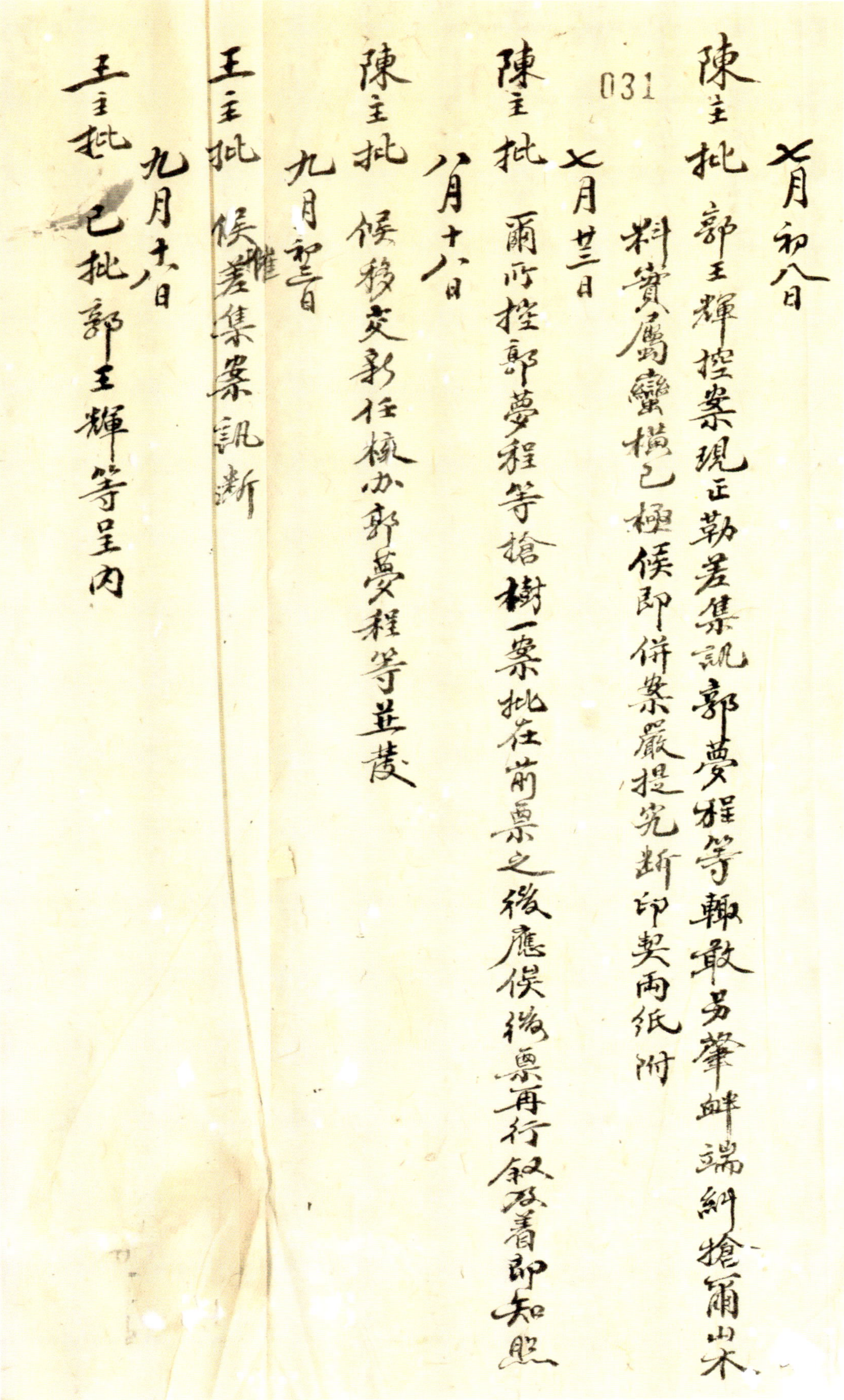

031

陳主批　郭王輝控案現正勒差集訊郭夢程等輙敢另肇衅端糾搶爾山木料實屬蠻横已極候即併案嚴提究斷印契兩紙附

七月初八日

陳主批　爾所控郭夢程等搶樹一案批在前稟之後應俟後稟再行叙及着即知照

七月廿三日

陳主批　候移交新任核办郭夢程等並茇

八月十八日

王主批　候催差集案訊斷

九月初三日

王主批　已批郭王輝等呈內

九月十八日

19附1.(宣統二年)七月初八日至九月十八日各憲批抄件粘呈
(3627：31) 24.6×14.4cm

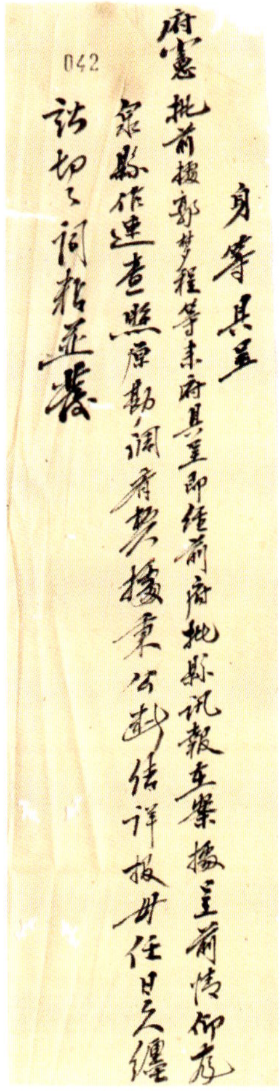

身等具呈

府憲批：前據郭夢程等來府具呈，即經前府批飭訊報在案。據呈前情，仰龍泉縣作速查照原飭，調齊契據，秉公斷結詳報，毋任日久纏訟。切切。詞粘並發。

20附1.憲批抄件粘呈
（3627：42）
28.5×7.8cm

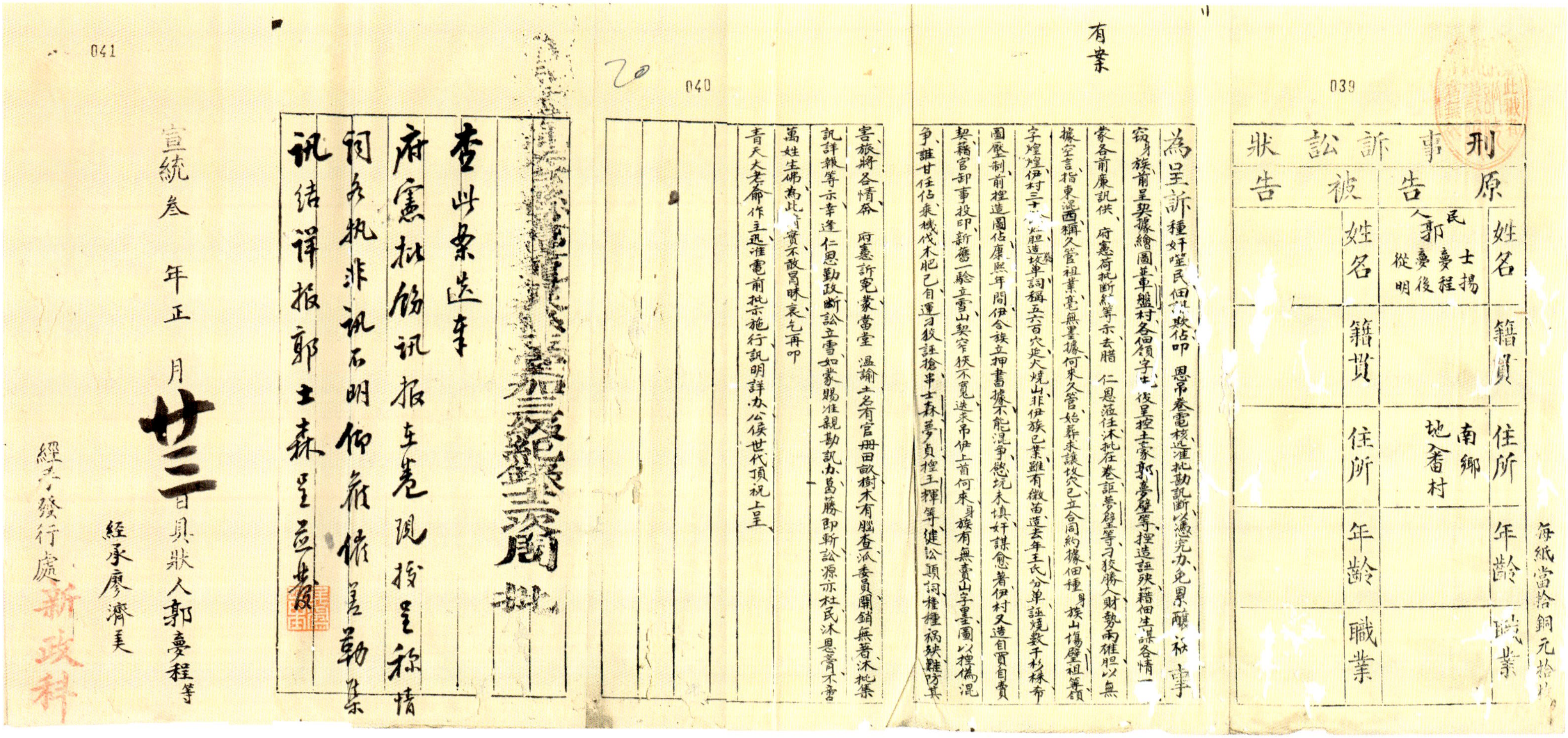

刑事訴訟狀

原告	姓名	籍貫	住所	年齡	職業
	民人郭士揚 夢程 夢後 從明		南鄉地畬村		

被告	姓名	籍貫	住所	年齡	職業

每紙當拾銅元拾枚

有業

為呈訴種奸噬民佃謀欺佔叩 恩吊卷電核、迅准批勘訊斷，以憑究辦、免累釀禍事。竊身族前呈契據繪圖並車盤村各佃領字，去後呈控土豪郭夢璧等捏造誣賴藉佃生謀各情一案，各前康訊供，府憲荷批斷紛等示去牘。仁恩蒞任，沐批在卷，詎夢璧等刁狡勝人，財勢兩雄，膽以無據空言，指東混西，稱久管祖業，毫無墨據，何來久管；始葬未讓坟穴，已立合同約據佃種，身族山塢壁祖等領字煌煌，伊村三十[illegible]膽造坟單，詞稱五六百穴，延火燒山，非伊族已業，雖有微苗，遺去年王氏分單，誣燒數千杉株，希圖壓制，前捏造圖佔康熙年間伊合族立押書據，不能混爭，慾坑未填，奸謀愈著，伊村又造自買自賣契藉官印事投印，新舊一驗，立雪山契窄挾不寬，迭來吊伊上首何來，身族有無賣山字墨圖，以捏偽混爭，誰甘任佔，乘機伐木肥己，自運刁狡誣搶，串士森、夢貞、煌王、輝等健訟頑詞，種種禍殃，難防其害，族將各情奔 府憲訴冤，蒙當堂溫諭，土名有官冊田畝樹木有腦查，派委員開銷無著，沐批集訊詳報等示。幸逢 仁恩勤政斷訟，立雪如蒙賜准親勘訊辦，萬勝即斬訟源，亦杜民沐恩膏，不啻萬姓生佛。為此，情實不敢冒昧，哀乞再叩

青天大老爺作主，迅准電前批示施行，訊明詳辦，公侯世代頂祝上呈。

批：查此案迭奉 府憲批飭訊報在案，現投呈稱情詞各執，非訊不明，仰候催集訊結詳報。郭士森呈並發。

宣統叁年正月廿三日 具狀人郭夢程等

經承廖濟美

經發行處 新政科

20.宣統三年正月廿三日郭夢程等爲控郭夢璧等種奸噬民佃謀欺佔事刑事訴訟狀 （3627：39−41）27.3×100.2cm 圖版裁空白頁

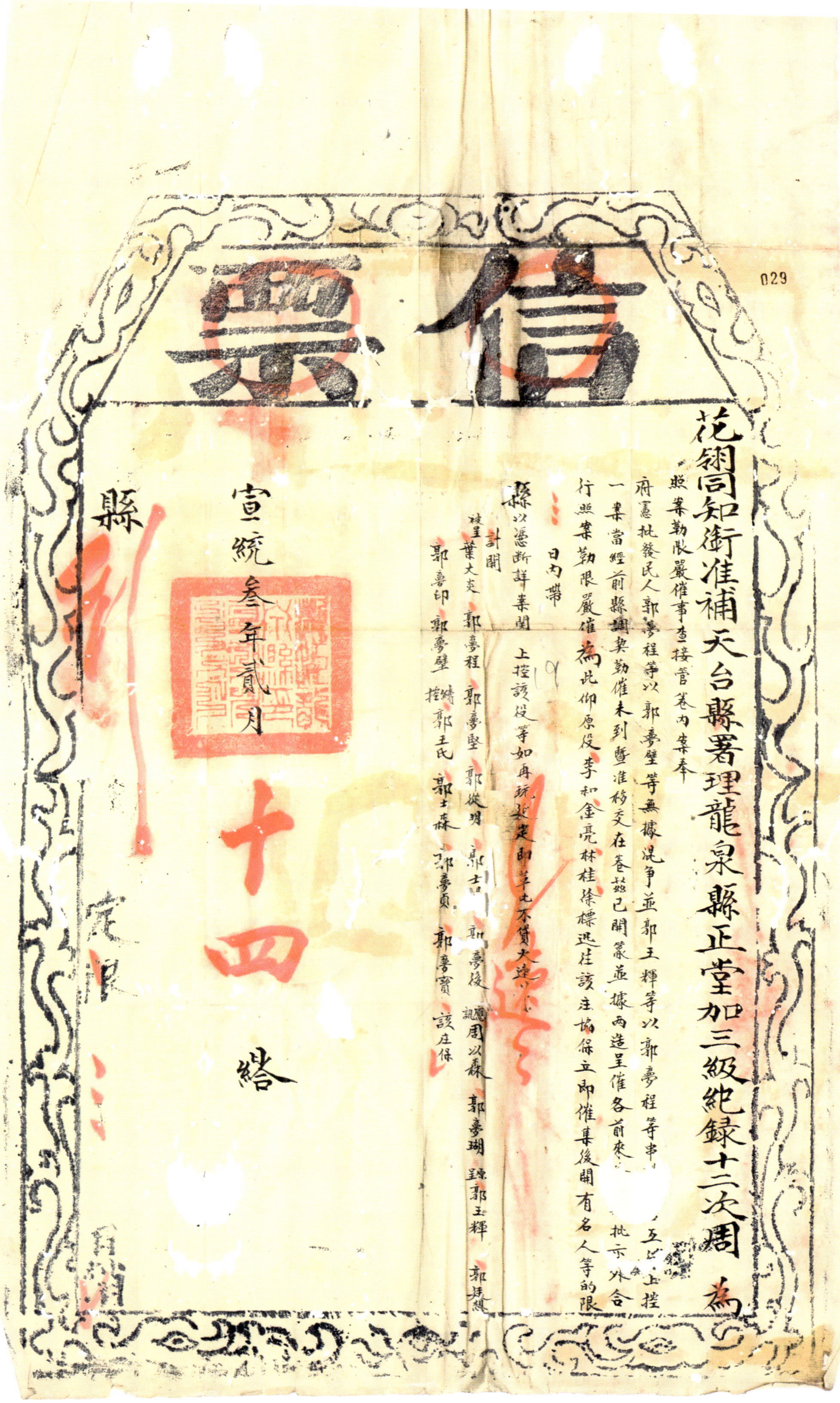
信票

花翎同知銜准補天台縣署理龍泉縣正堂加三級紀録十二次周 爲

照案勒限嚴催事。查接管卷内案奉

府憲批發民人郭夢程等以郭夢壁等無據混爭，並郭王輝等以郭夢程等串[illegible]互[illegible]上控

一案，當經前縣調案勒催，未到，暨准移交在卷。茲已聞蒙，並據兩造呈催各前來。[illegible]批示外，合

行照案勒限嚴催。爲此仰原役李和、金亮、林桂、徐標，迅往該庄，協保立即催集後開有名人等，限

日内帶

縣，以憑斷詳，案關

上控，該役等如再玩延，定即革比，不貸，火速！

計開

被呈 葉大炎 郭夢程 郭夢堅 郭從明 郭士[illegible] 郭夢俊 應訊 周以森 郭夢瑚 原呈 郭王輝 郭拜想

郭夢印 郭夢壁 續控 郭王氏 郭士森 郭夢貞 郭夢寶 該庄保

宣統叁年貳月 十四 給

縣 [illegible] 限

21.宣統三年二月十四日知縣周琛爲勒限嚴催葉大炎等事信票 （10628：29）58.2×31.6cm

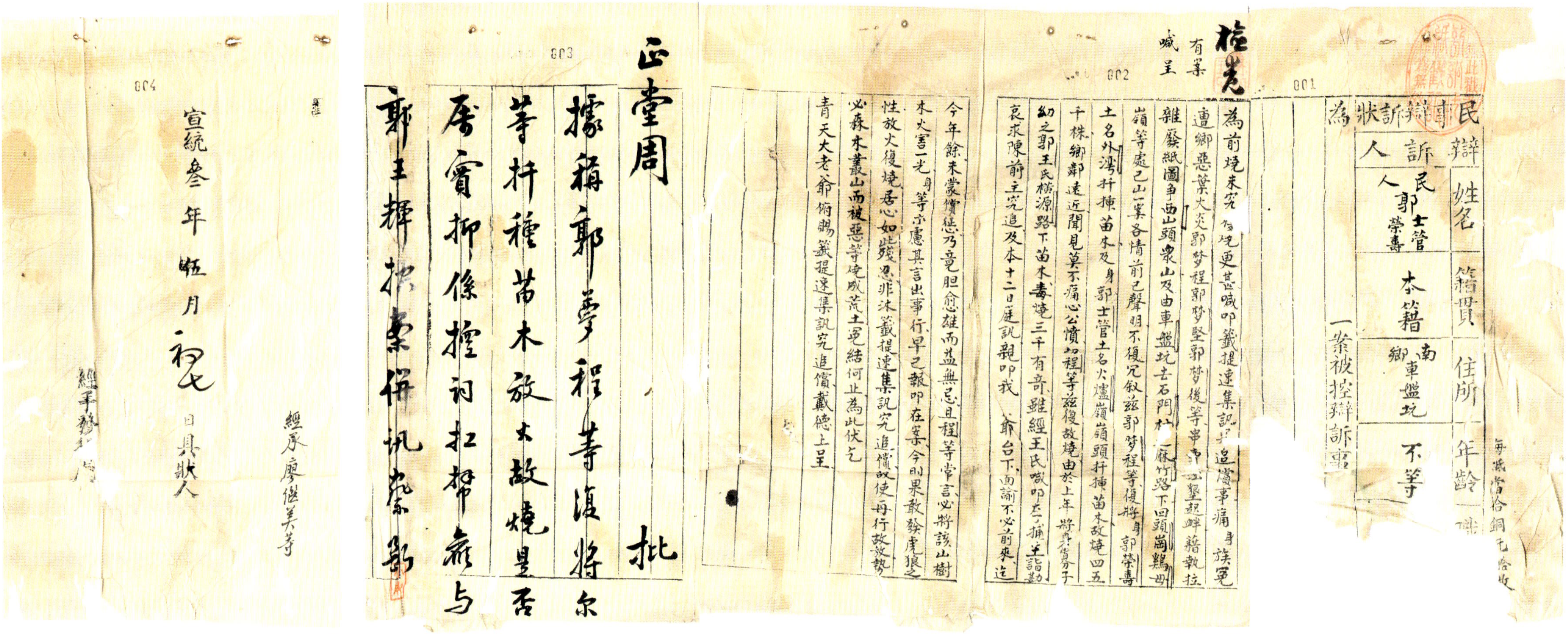

22.宣統三年五月初七日郭士管等爲控郭夢程等前燒未究後燒更甚事民事辯訴狀　（2561：1−4）26.2×101.3cm　圖版裁空白頁

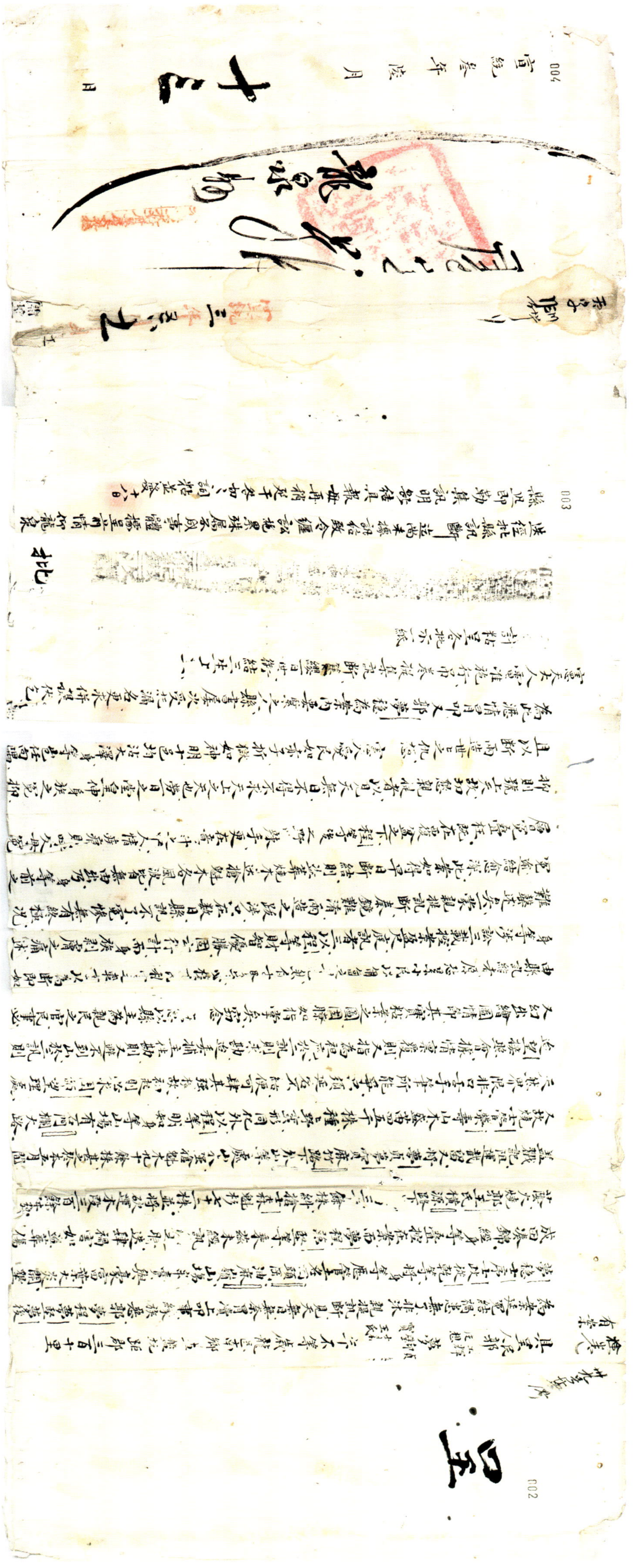

23. 宣統三年六月十三日郭王輝等爲控郭夢程等案延冤結禍患無了事呈處州府呈狀　（13785：2–4）29.4×83.2cm　圖版裁空白頁

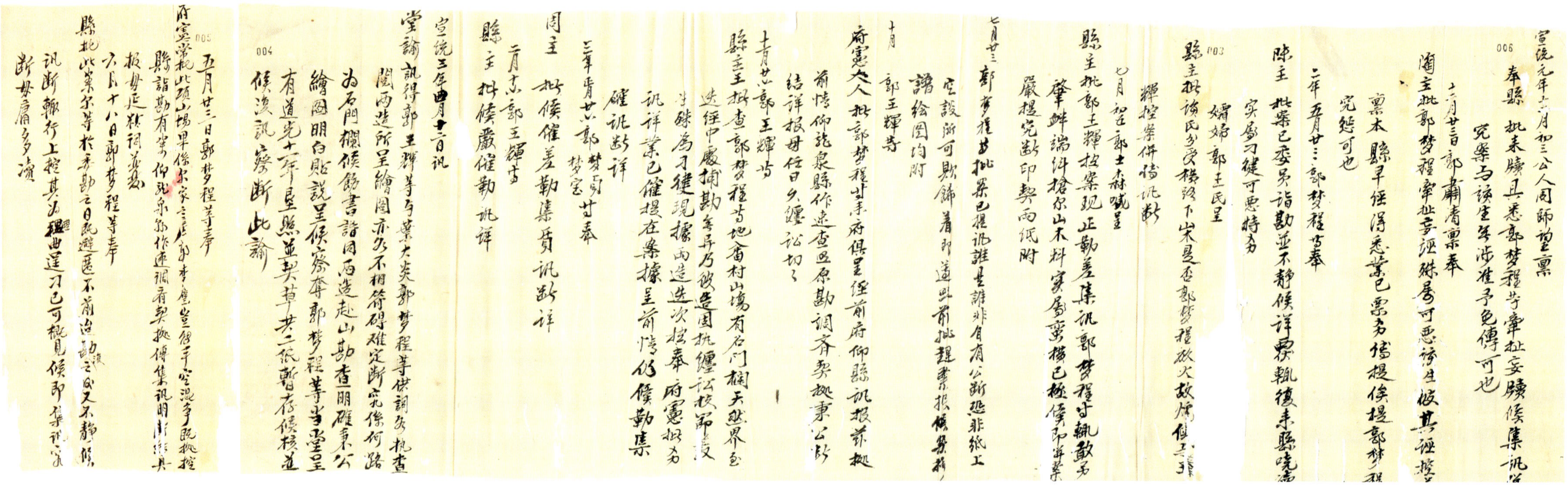

23附1.憲批、堂諭抄件粘呈　（14035：6）27.3×20.3cm；（14035：3—4）27.5×60.2cm；（14035：5）27.3×14.7cm

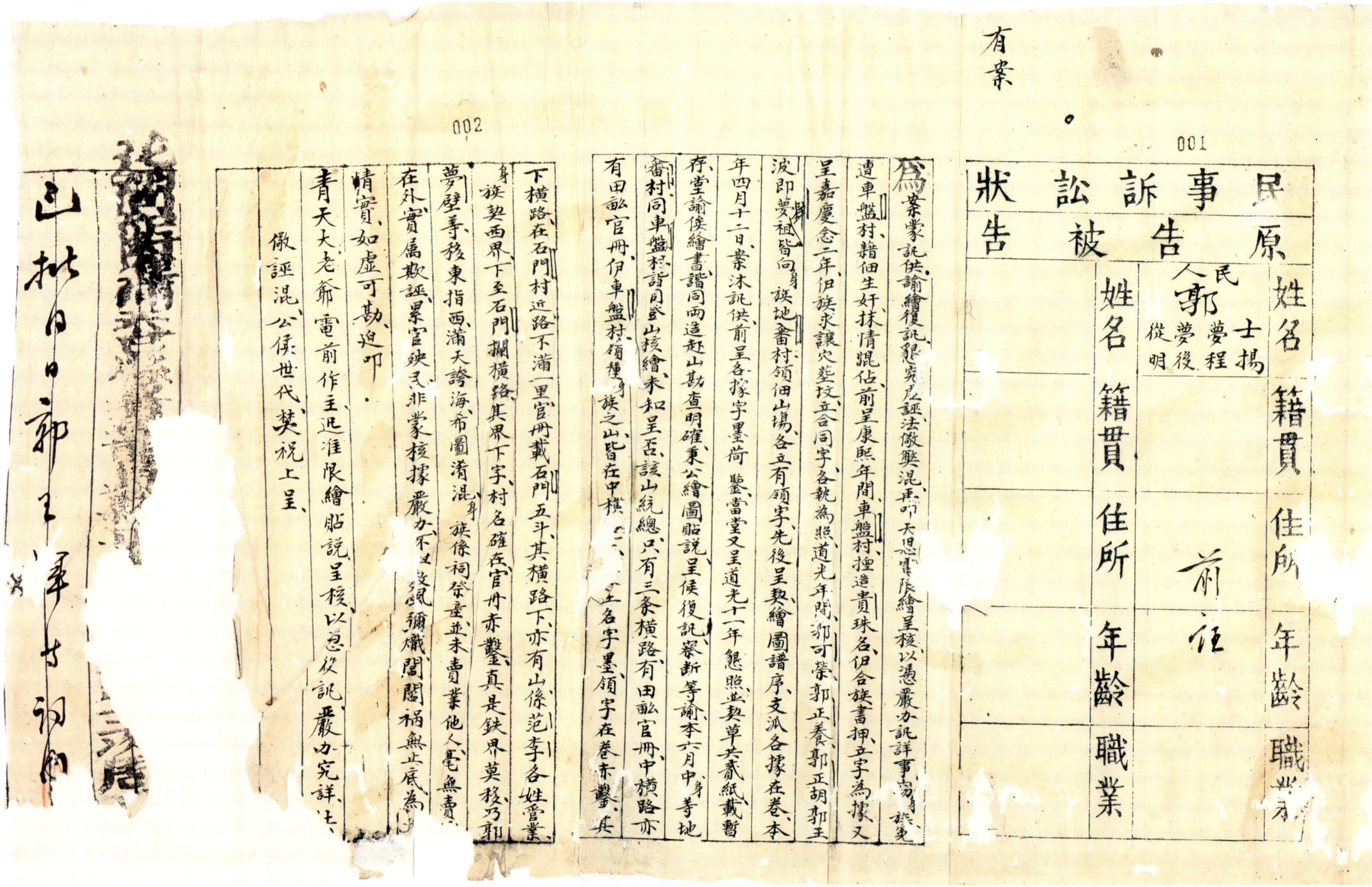
有案

001

民事訴訟狀

原告 姓名 籍貫 住所 年齡 職業

被告 姓名 籍貫 住所 年齡 職業

民人郭夢程 士揚 夢從 從明

前往

為案蒙訊供諭繪復訊懇究庇誣法儆弊混事叩天恩准給呈核以憑嚴办訊詳事竊身族先

遺車盤村籍佃生奸抹情混佔前呈康熙年間車盤村揑造貴珠名伊合族書押立字為據又

呈嘉慶念二年伊族求讓穴葬坟立合同字各執為照道光年間郭可榮郭正養郭正胡郭王

波即夢祖皆向身族地畬村領佃山場各立有領字先後呈契繪圖譜序支派各據在卷本

年四月十二日蒙沐訊供前呈各據字墨荷 鑒當堂又呈道光十一年懇照與契草共叁紙載暫

存堂諭俟繪書譜同兩造赴山勘查明確秉公繪圖貼說呈候復訊察斷等諭本六月中身等地

畬村同車盤村詣同武山核繪未知呈否該山統總只有三条横路有田畝官冊中横路亦

有田畝官冊伊車盤村領種身族之山皆在中横[illegible]立名字墨領字在卷亦鑿其

002

下横路在石門村近路下滿一里官冊載石門五斗其横路下亦有山係范李各姓管業

身族契西界下至石門攔横路其界下字村名確在官冊亦鑿真是鉄界莫移乃郭

夢壁等移東指西滿天誇海希圖淆混身族係祠祭產並未賣業他人毫無賣

在外實屬欺誣果官峽民非業核據嚴办不足以儆刁風彌熾鬧閧禍無止底為

情實如虛可勘迫叩

青天大老爺電前作主迅准限繪貼說呈核以憑從訊嚴办究詳法

儆誣混公侯世代 莫祝上呈

山林日日郭王輝等[illegible]

24.(宣統三年六月十三日)郭夢程等爲控郭夢璧等案蒙訊供諭繪復訊事民事訴訟狀 (9653：1–2) 28.0×46.9cm

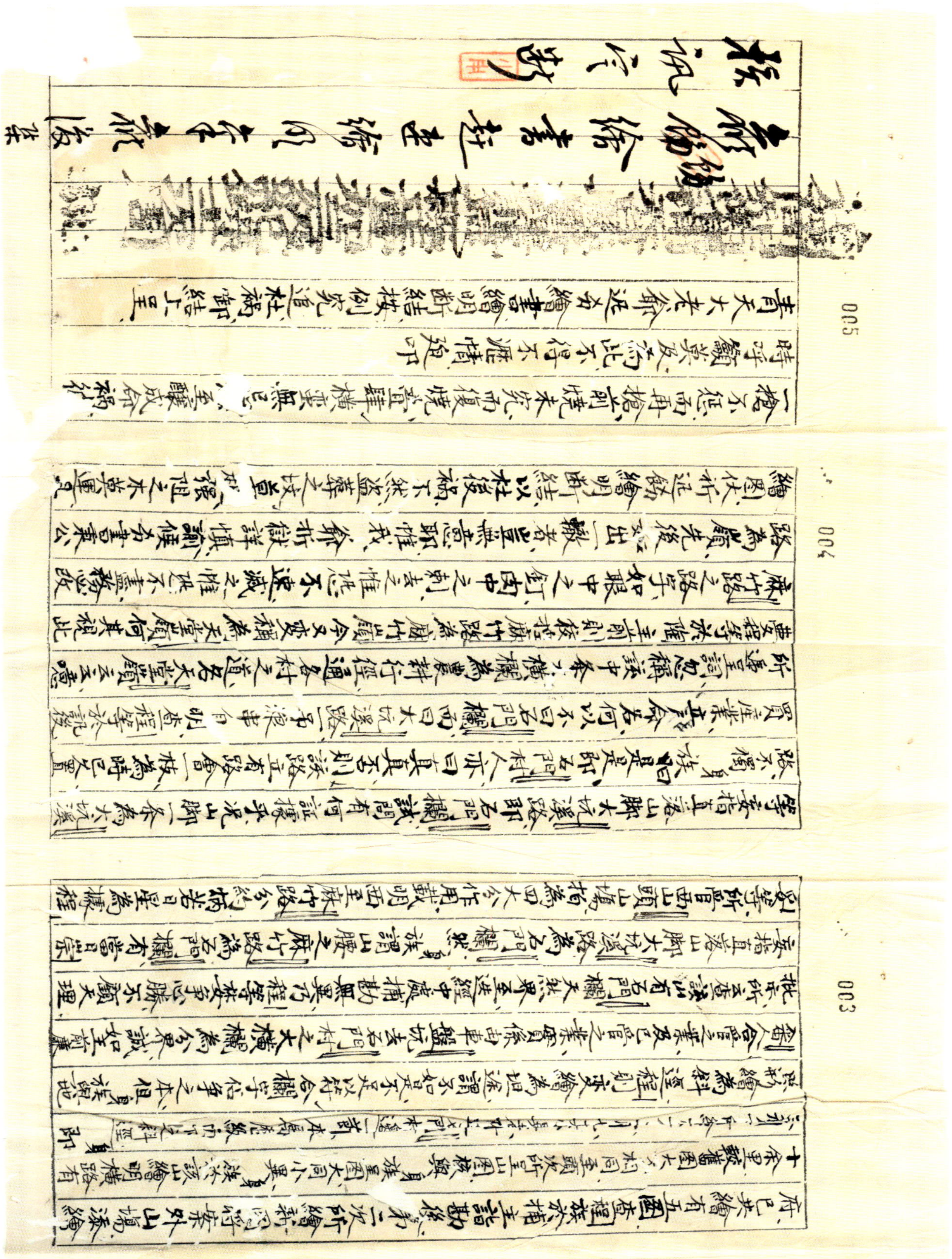

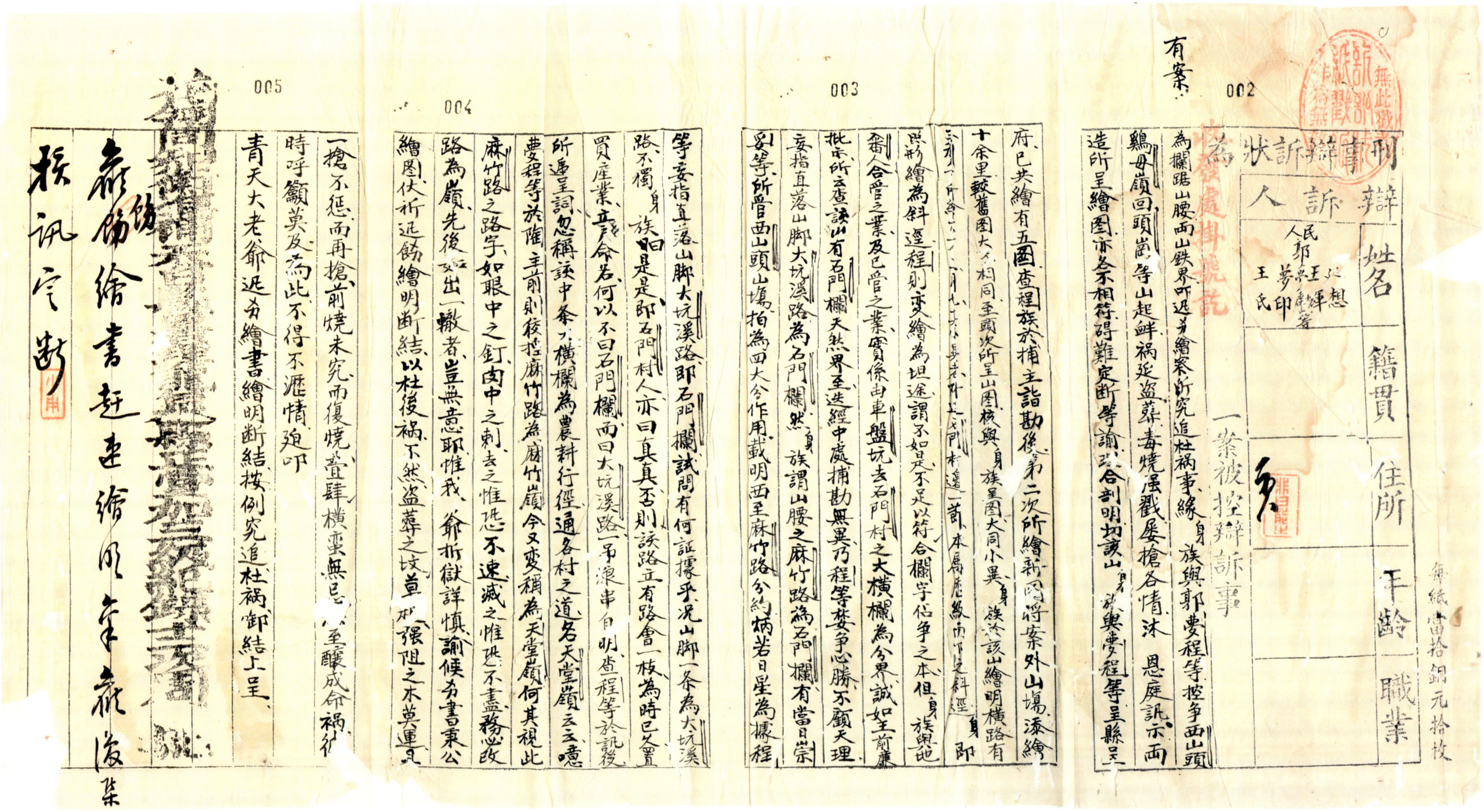

25.(宣統三年閏六月初八日)郭夢璧等爲控郭夢程等攔睬山腰兩山鐵界事刑事辯訴狀　（2536：2–5）26.8×51.8cm

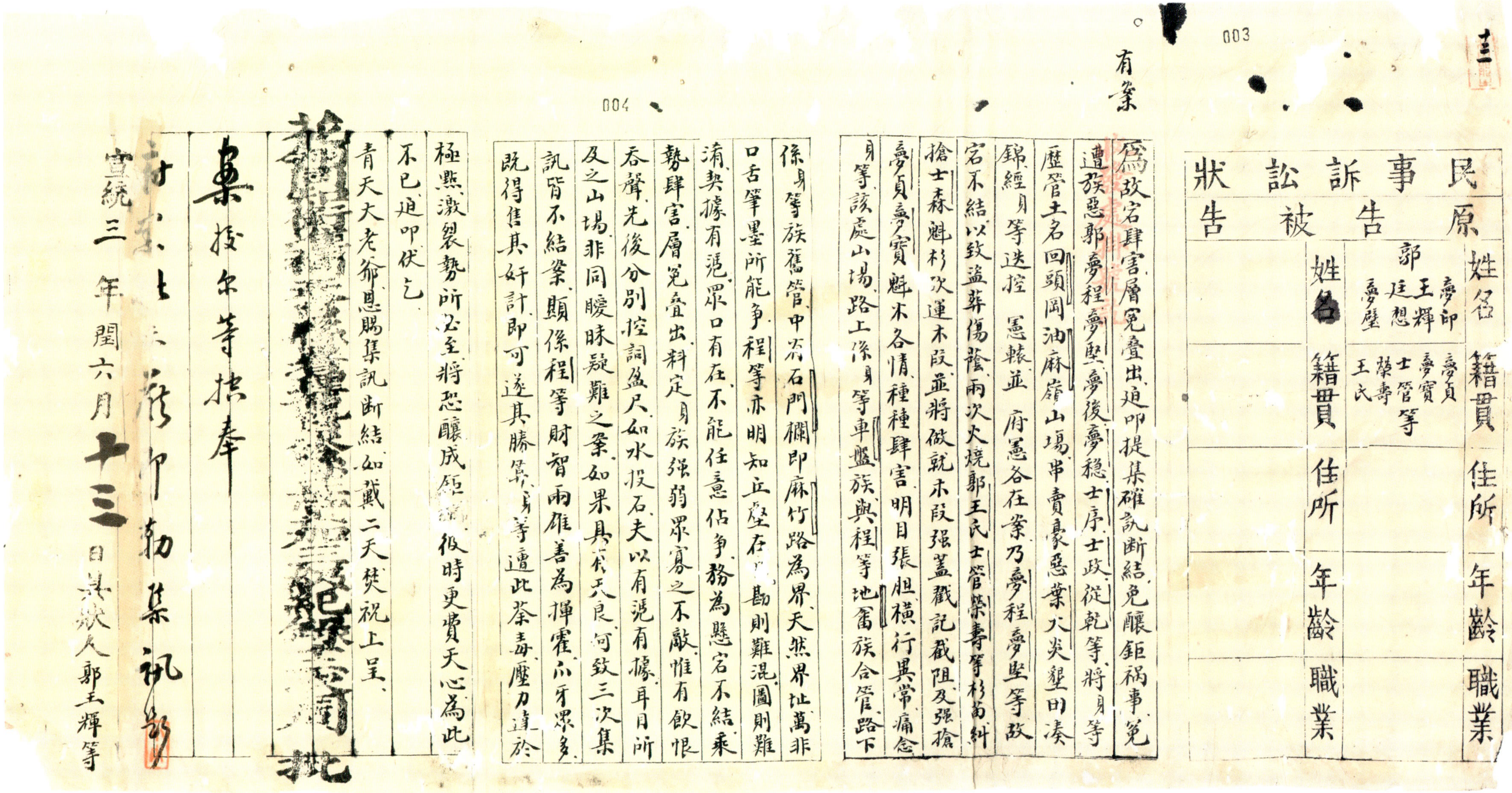
民事訴訟狀

原告 姓名 郭夢卿 王輝 庭想 夢璧 籍貫 住所 年齡 職業

被告 姓名 夢員 夢寶 士管等 葉壽 王氏 籍貫 住所 年齡 職業

有案

003

004

爲故宕肆害，層冤疊出，迫叩提集確訊斷結，免釀鉅禍事。冤遭族惡郭夢程、夢熙、夢後、夢穩、士序、士政、從乾等，將身等歷管土名回頭岡油麻嶺山場，串賣豪惡葉大炎、塑田湊錦。經身等迭控 憲轅並 府憲，各在案。乃夢程、夢堅等故宕不結，以致盜葬傷蔭，兩次火燒郭王氏、士管、榮壽等杉苗，糾搶士森斛杉，次運木段，並將傚就木段强蓋戳記，截阻及强搶夢員、夢寶斛木各情，種種肆害，明目張胆，横行異常。痛念身等該處山場路上，係身等專管，族與程等地面族合管。路下係身等族舊管，中有石門欄即麻竹路爲界，天然界址，萬非口舌筆墨所能争。程等亦明知正壁在[illegible]勘則難混，圖則難淆，契據有憑，衆口有在，不能任意佔争，務爲懸宕不結，乘勢肆害，層冤疊出，料定身族强弱衆寡之不敵，惟有飲恨吞聲，先後分别控詞盈尺，如水投石。夫以有憑有據，耳目所及之山場，非同曖昧疑難之案，如果具有天良，何致三次集訊，皆不結案，顯係程等財智兩雄，善爲揮霍，爪牙衆多，既得售其奸計，即可遂其勝算。身等遭此荼毒，壓力違於極點，激裂勢所必至，將恐釀成鉅禍，彼時更貴天心。爲此不已，迫叩伏乞

青天大老爺恩賜集訊斷結，如戴二天，焚祝上呈。

[illegible] 批

集按[illegible]等[illegible]奉

[illegible]飭[illegible]勒集訊

宣統三年閏六月十三日具狀人郭王輝等

26.宣統三年閏六月十三日郭王輝等爲控郭夢程等故宕肆害層冤疊出事民事訴訟狀　(9653：3–4) 27.8×54.8cm

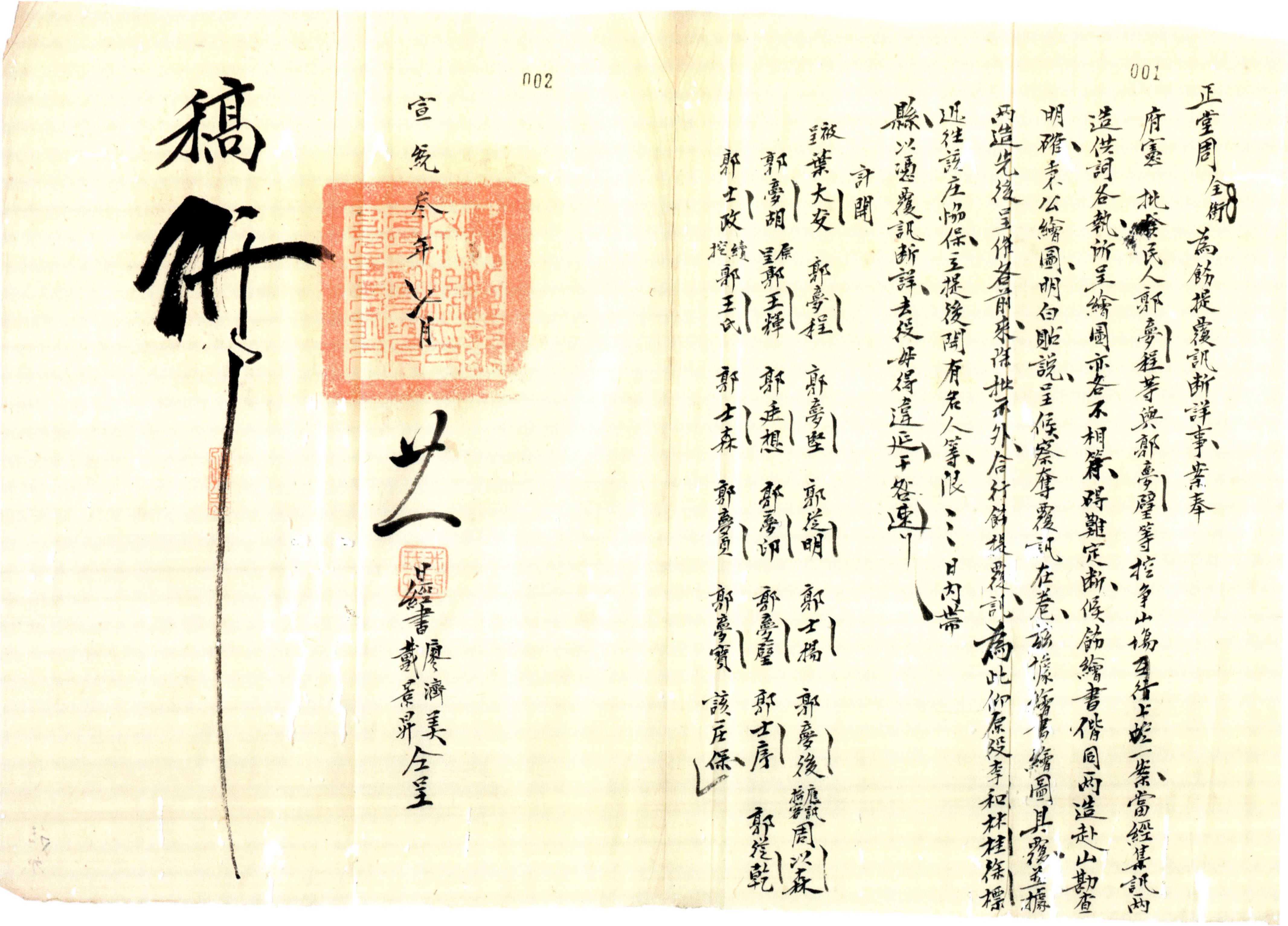

001

正堂周（全銜） 爲飭提覆訊斷詳事。案奉
府憲批：據民人郭夢程等與郭夢璧等控爭山場互傷上控一案，當經集訊兩
造供詞各執，所呈繪圖亦各不相符，礙難定斷，候飭繪書偕同兩造赴山勘查
明確，秉公繪圖明白貼說呈候察奪覆訊在卷。茲據繪書繪圖具覆，並據
兩造先後呈催各前來，除批示外，合行飭提覆訊。爲此仰原役李和、林桂、徐標
迅往該庄協保，立提後開有名人等，限三日內帶
縣，以憑覆訊斷詳。去役毋得違延干咎。速速。

計開

被呈 葉大安 郭夢程 郭夢堅 郭從明 郭士福 郭夢後

郭夢胡 原呈 郭王輝 郭廷想 郭夢卯 郭夢璧 郭士序 應訊繪書 周以森

郭士政 續控 郭王氏 郭士森 郭夢貞 郭夢寶 該庄保 郭從乾

002

宣統叁年七月廿一日

經書 廖濟美 戴景昇 仝呈

稿 行

27.宣統三年七月廿一日知縣周琛爲飭提葉大炎等事票(稿) （14035：1–2）27.4×42.5cm

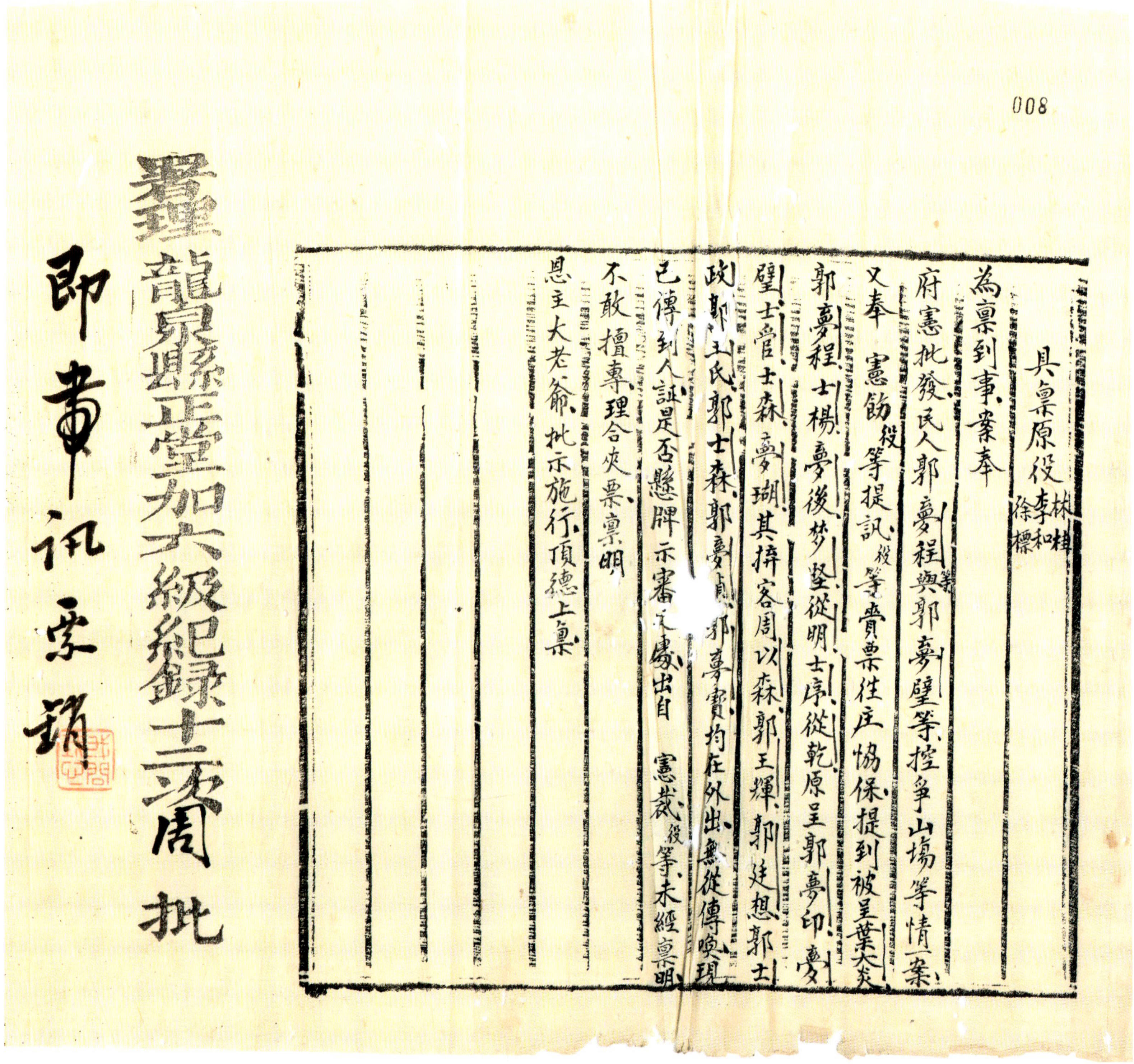

008

具稟原役李和 林桂 徐標

為稟到事。案奉

府憲批發民人郭夢程與郭夢璧等控爭山場等情一案，

又奉　憲飭役等提訊，役等賫票往庄協保提到被呈葉大炎、

郭夢程、士楊、夢後、夢堅、從明、士序、從乾，原呈郭夢印、夢

璧、士曾、士森、夢瑚，其拚客周以森、郭王輝、郭廷想、郭士

政、郭王氏、郭士森、郭夢貞、郭夢賓，均在外出，無從傳喚。現

已稟到人証，是否懸牌示審之處，出自　憲裁。役等未經稟明，

不敢擅專，理合夾票稟明

恩主大老爺批示施行。須徳上稟

署理龍泉縣正堂加六級紀錄十次周　批

即審訊　票銷

28.(時間不詳)原役李和等爲稟提到葉大炎等事稟　(14035：8) 27.2×52.5cm　圖版裁封頁

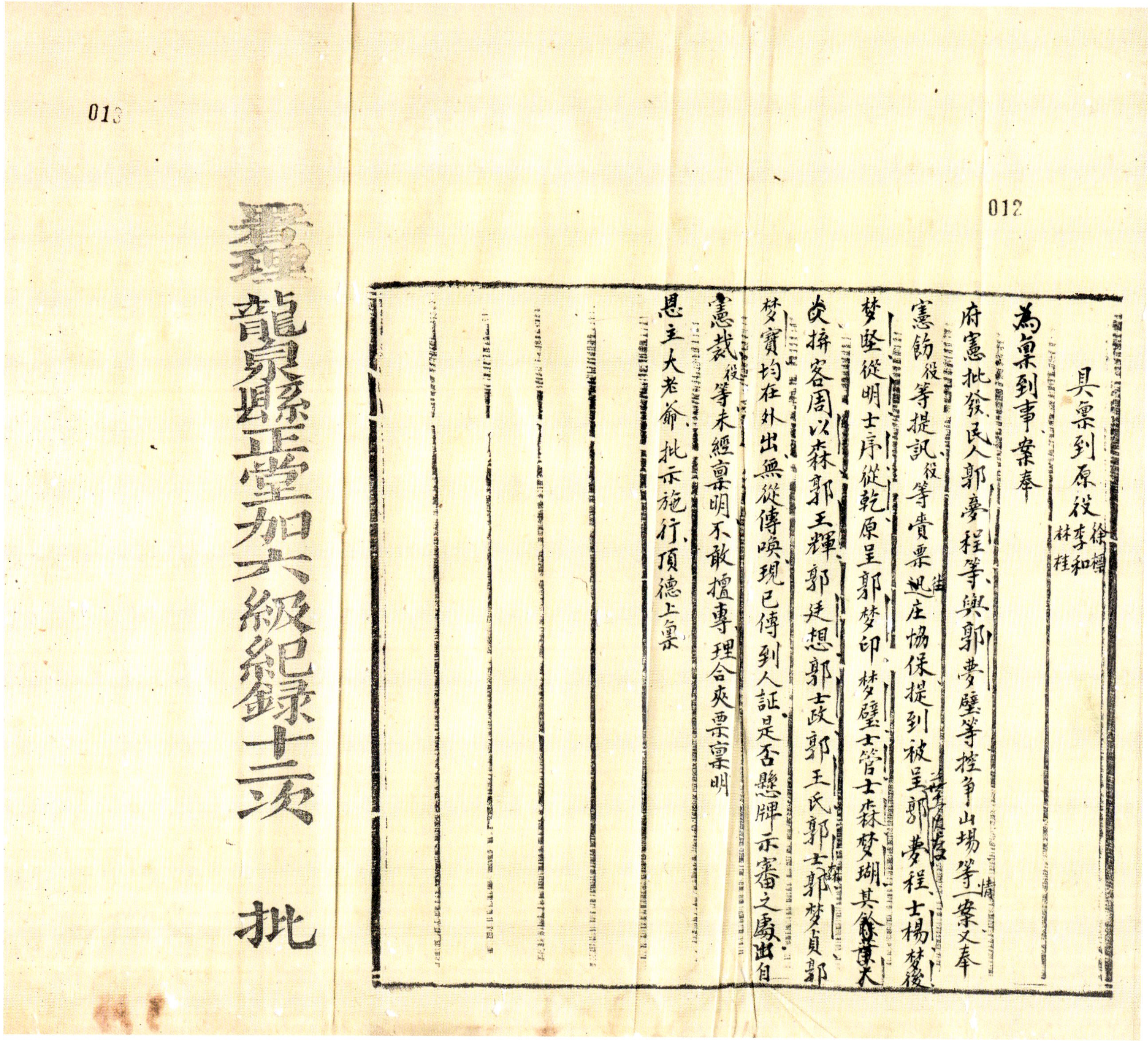
013

012

具稟到原役徐標 李和 林桂

為稟到事。案奉

府憲批發民人郭夢程等與郭夢璧等控爭山場等情一案，又奉

憲飭役等提訊，役等賫票赴庄協保提到被呈郭[illegible]、夢程、士楊、夢後、

夢堅、從明、士序、從乾，原呈郭夢印、夢璧、士管、士森、夢瑚，其餘葉大

炎、梓容、周以森、郭王輝、郭廷想、郭士政、郭王氏、郭士郭、夢貞、郭

夢寶均在外出，無從傳喚。現已傳到人証，是否懸牌示審之處，出自

憲裁。役等未經稟明，不敢擅專，理合夾票稟明

恩主大老爺批示施行。頂德上稟

龍泉縣正堂加六級紀錄十二次　批

29.(時間不詳)原役李和等爲稟提到葉大炎等事稟　（15375：11–13）29.0×52.0cm　圖版裁封頁

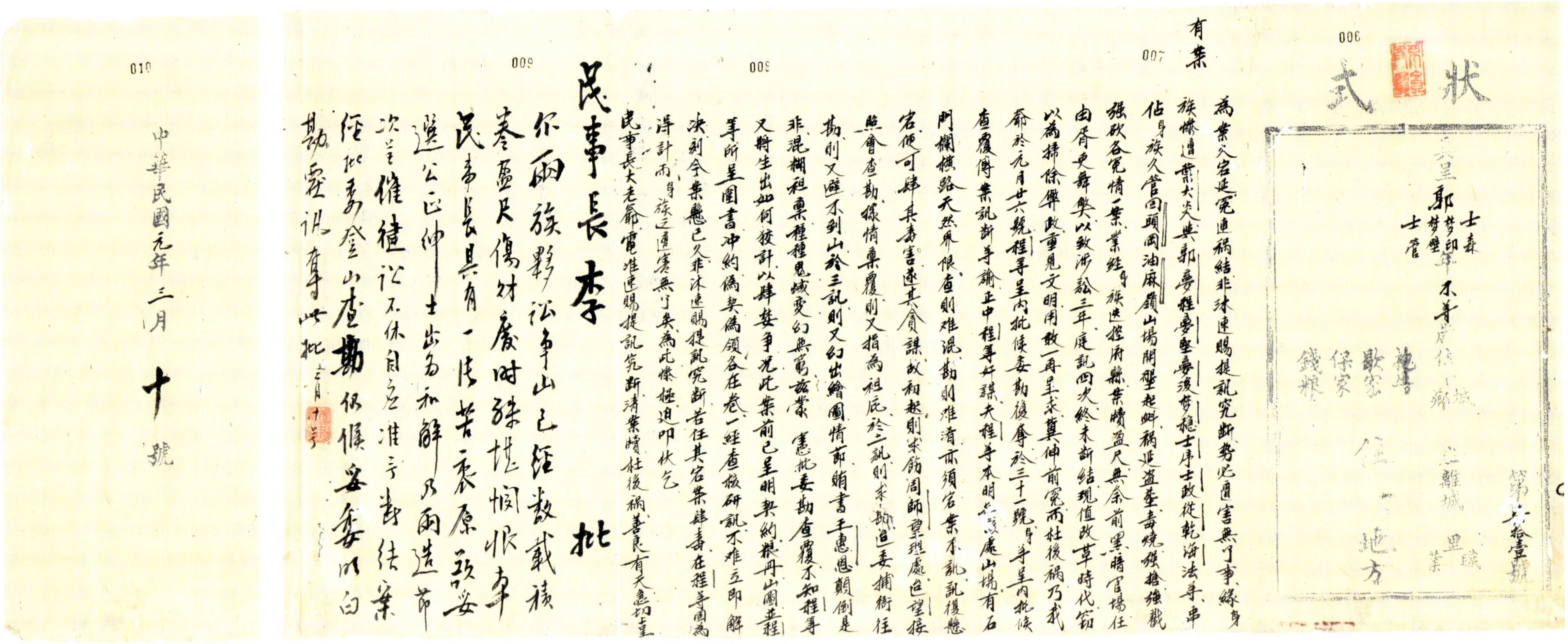

30.民國元年三月十日郭夢璧等爲控葉大炎等案久宕延冤連禍結事呈狀　（15375：6–7）27.1×28.8cm；（15375：8–10）27.1×61.7cm　圖版裁空白頁

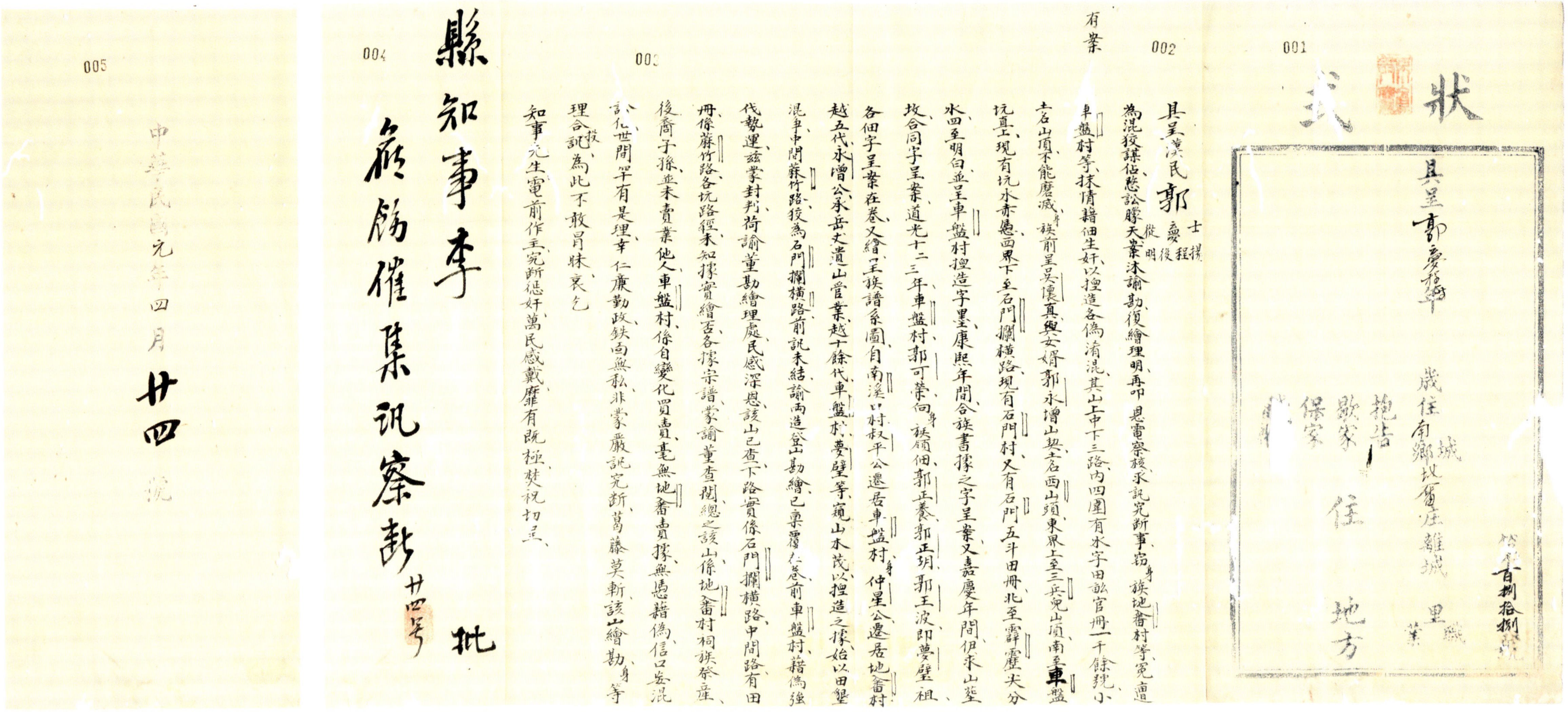

31.民國元年四月廿四日郭夢程等爲控郭夢璧等混狡謀佔懸訟朦天事呈狀 （15375：1–5）27.4×87.2cm 圖版裁空白頁

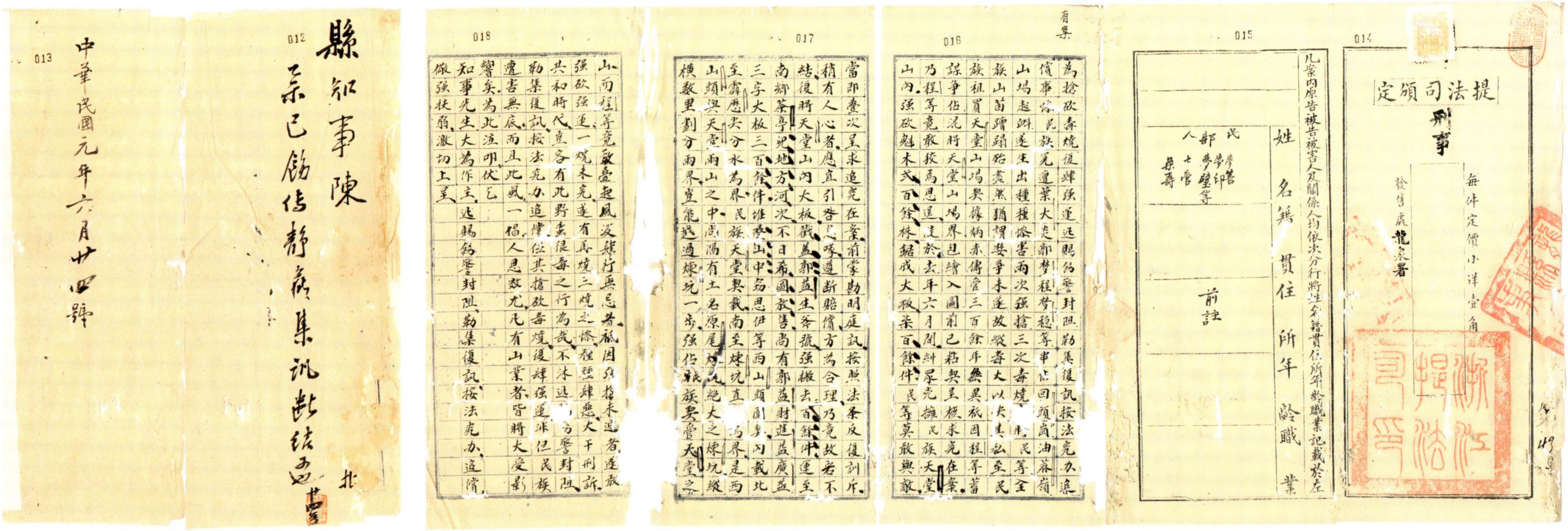
014
提法司頒定
刑事
每件定價小洋壹角
發售處龍泉署

015
凡案內原告被告被害人及關係人均依次分行將姓名籍貫住所年齡職業記載於左
姓名 籍貫 住所 年齡 職業
民人 郭夢營 郭夢印 郭夢璧等 七管 柴壽
前註

016
有案
為搶砍毒燒復肆強運迭賜飭警封阻勒集復訊按法究辦追
償事 民族兄運葉大炎郭夢程郭夢穗等串[illegible]回頭崗油麻嶺
山場起衅遂生出種種烙害兩次強搶三次毒燒[illegible] 民等全
族山茵蹧蹋殆盡然猶謂婪爭未遂故縱毒火以[illegible]其私至 民
族祖買天堂山場契據炳赤傳管三百餘年無異祇因程等蓄
謀爭佔混將天堂山場界包繪入圖前已粘契呈核求究在案
乃程等竟敢狡為思逞遂於去年六月間糾眾兇擁 民族天堂
山內強砍魁木弍百餘株鋸成大板柒百餘件 民等莫敢與敵

017
當郎臺次呈求追究在案前蒙勘明庭訊按照法條反復訓斥
稍有人心者應宜引咎息嘐遵斷賠償方為合理乃竟故若不
結復將天堂山內大板戳蓋郭益生斧號強搬去百餘件運至
南鄉茶亭兜地方河次不日希圖放售尚有郭益財進益廣益
三字大板三百餘件堆叠山中忽思伊等西山頭圖界內載北
至霹歷尖分水為界 民族天堂界載南至煉坑直下為界是西
山頭與天堂兩山之中尚隔有土名原尾[illegible]坑絕大之煉坑縱
橫數里劃分兩界豈能越過煉坑一步強佔 民族要管天堂之

018
山而程等竟敢叠起風波肆行無忌者祇因從搶未追遂敢
強砍強運一燒未究遂有再燒三燒之慘種種肆惡大干刑訴
共和時代豈容有此野蠻狠毒之行為哉不沐迭[illegible]飭警封阻
勒集復訊按法究辦追償任其搶砍毒燒復肆強運非但 民族
遭害無底而且此風一倡人思效尤凡有山業者皆將大受影
響矣為此泣叩伏乞
知事先生大為作主迭賜飭警封阻勒集復訊按法究辦追償
儆強扶弱激切上呈

012
縣知事陳
呈已飭傳靜候集訊斷結可也
批

013
中華民國元年六月廿四號

32.民國元年六月廿四日郭夢璧等爲控郭夢程等搶砍毒燒復肆强運事刑事狀 （9651：14—15）28.0×25.8cm；（9651：16—17）28.0×25.6cm；（9651：18）28.0×26.4cm；（9651：12）27.4×14.6cm；（9651：13）27.7×13.7cm 圖版裁空白頁

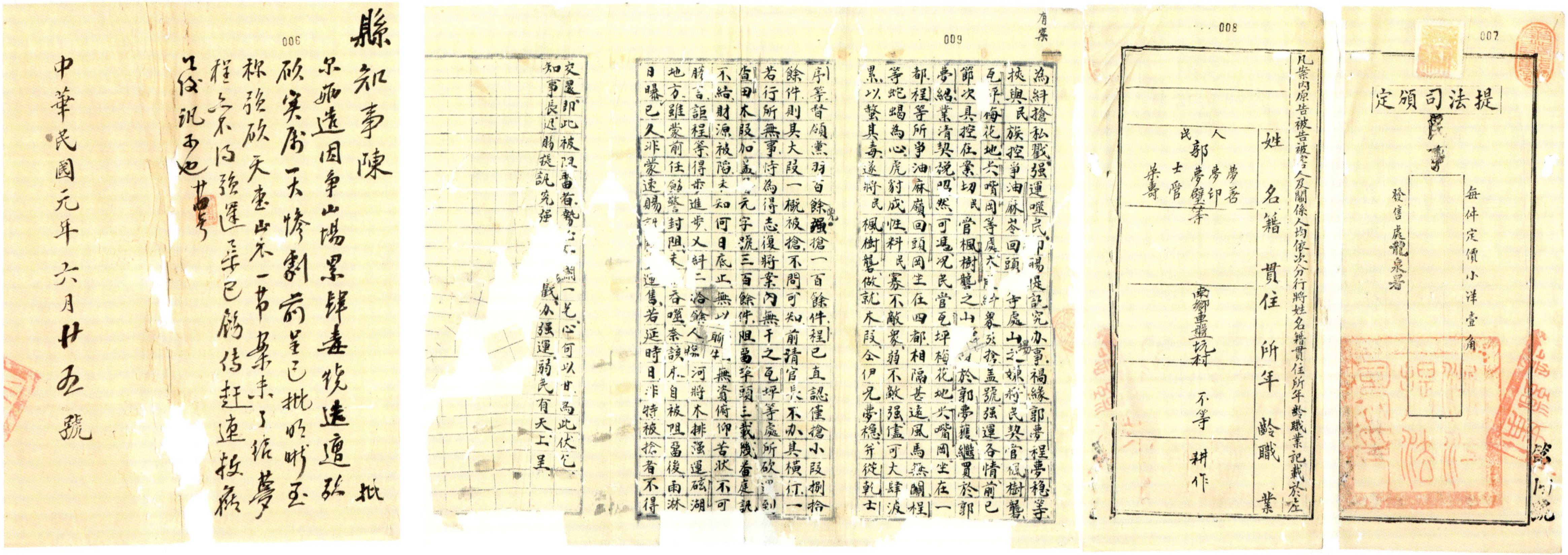

縣知事陳　批

爾兩造因爭山場，累肆毒殴，迭遭殺斫，實屬一大慘劇。前呈已批明晰。至稱強砍天壺山木一節，案未了結，夢程等不得強運，業已飭傳趕速核辦，候訊可也。

中華民國元年六月廿五號

有案

為糾搶私戳强運噬民，叩賜提訊究辦事。竊緣郭夢程、夢穩等挾與民族控爭油麻岺回頭寺處山場之嫌，將民契管楓樹礱瓦坪、梅花地、尖嘴岡等處大[illegible]糾衆斫搶，蓋號强運，各情前已節次具控在案。切民管楓樹礱之山[illegible]於郭夢獲繼買於郭夢紹，業清契税，昭然可據。況民管瓦坪、梅花地、尖嘴岡坐在一都，程等所爭油麻嶺回頭岡坐在四都，相隔甚遠，風馬無關。程等蛇蝎為心，虎豹成性，料民寡不敵衆，弱不敵强，儘可大肆波累，以螫其毒，遂將民楓樹礱做就木段，仝伊兄夢穩並從軌士引等督領黨羽百餘[illegible]搶一百餘件，程已直認僅搶小段捌拾餘件，則其大段一概被搶，不問可知。前請官長不辦，其橫行一若行所無事，恃為得志，復將案內無干之瓦坪等處所砍[illegible]查田木段加蓋[illegible]元字號三百餘件，阻留華頭三載，幾番庭訊不結，財源被陷，未知何日底止，無以聊生，無資術仰，苦狀不可勝言。詎程等得步進步，又糾二[illegible]餘人[illegible]河將木排强運硋湖地方，雖蒙前任飭警封阻，未[illegible]吞噬，奈該木自被阻留後，雨淋日曝已久，非蒙速賜[illegible]運售，若延時日，非特被搶者不得……

凡案內原告被告及關係人均依次分行將姓名籍貫住所年齡職業記載於左

姓名	籍貫住所	年齡	職業
民 郭夢璧等	東鄉車盤坑村	不等	耕作

提法司頒定

發售處龍泉縣

每件定價小洋壹角

33.民國元年六月廿五日郭夢璧等爲控郭夢程等糾搶私戳强運噬民事民事狀

（9651：7–8）28.0×28.8cm；（9651：9）28.0×34.7cm；（9651：6）28.0×72.3cm　圖版裁空白頁

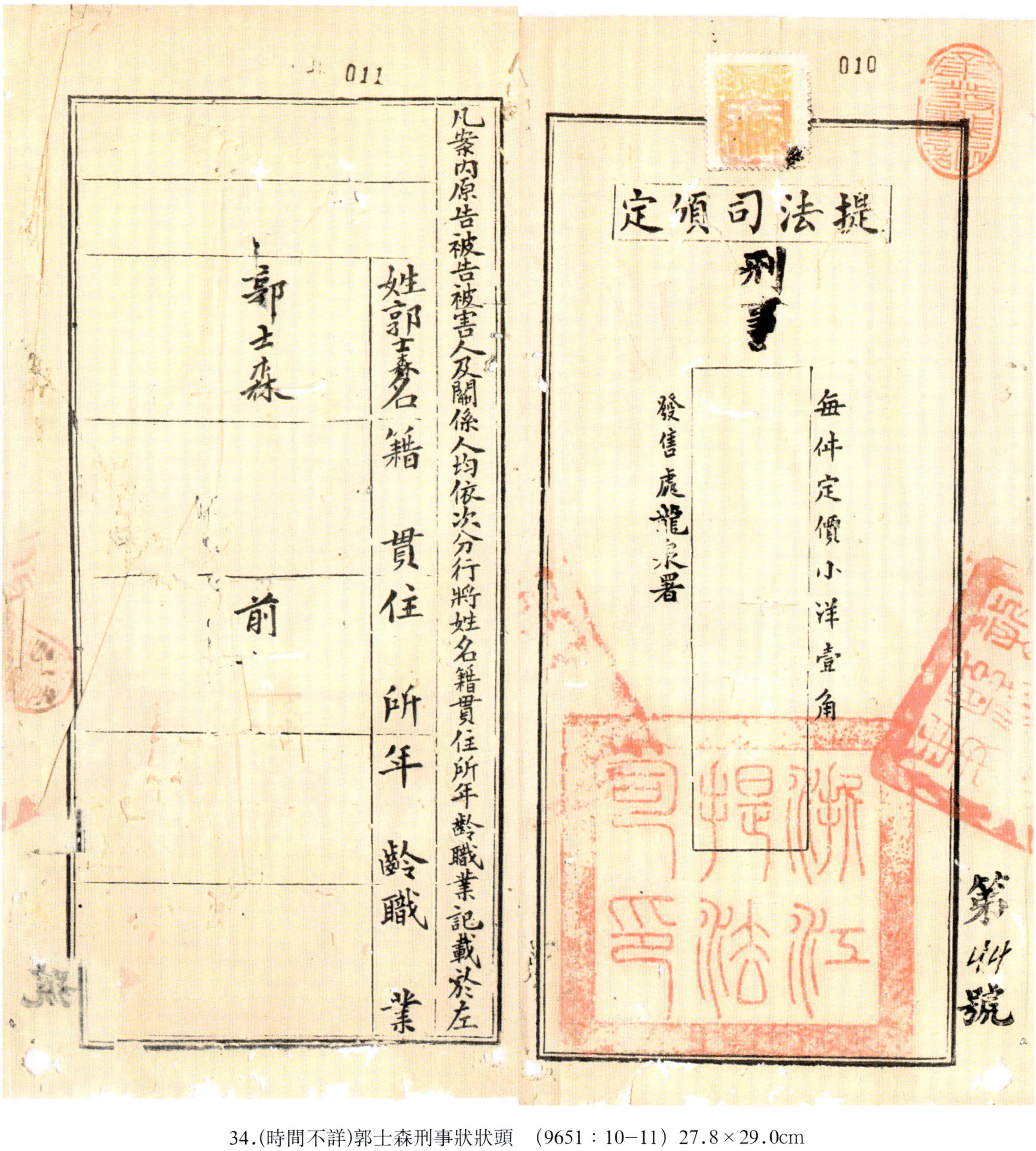

010

提法司頒定

刑事

每件定價小洋壹角

發售處龍泉署

第卅號

011

凡案内原告被告被害人及關係人均依次分行將姓名籍貫住所年齡職業記載於左

姓名郭士森　籍貫　住所　年齡　職業

郭士森

前

34.(時間不詳)郭士森刑事狀狀頭　（9651：10—11）27.8×29.0cm

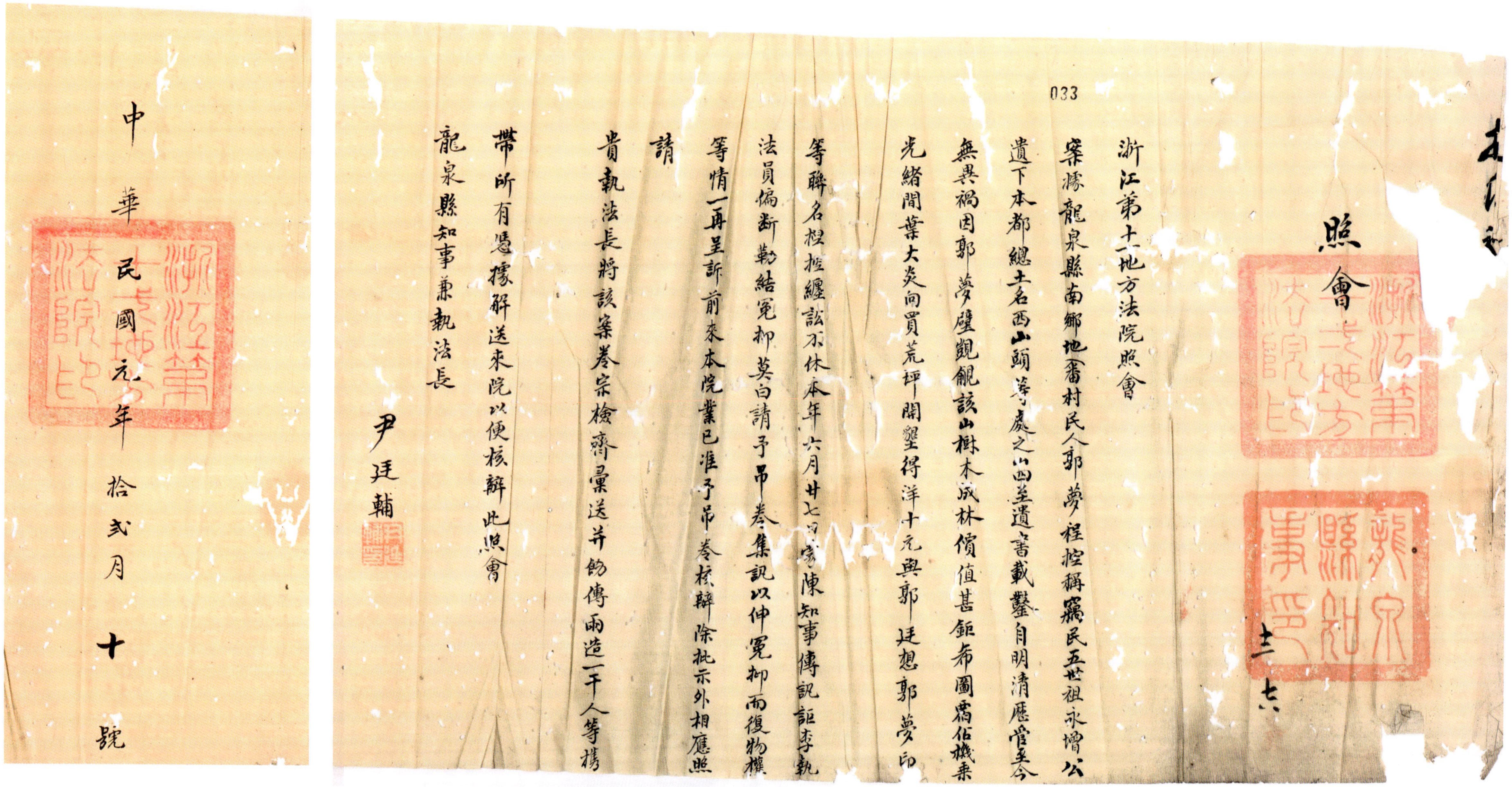
照會
033
浙江第十一地方法院照會
案據龍泉縣南鄉地畬村民人郭夢程控稱竊民五世祖永增公
遺下本都總土名西山頭等處之山四至遺書載鑿自明清歷管至今
無異禍因郭夢壁覬覦該山樹木成林價值甚鉅希圖霸佔濺乘
光緒間葉大炎向買荒坪開墾得洋十元與郭廷想郭夢印
等聯名捏控纏訟不休本年六月廿七日蒙陳知事傳訊詎李執
法員偏斷勒結冤抑莫白請予吊卷集訊以伸冤抑而復物權
等情一再呈訴前來本院業已准予吊卷核辦除批示外相應照
請
貴執法長將該案卷宗檢齊彙送并飭傳兩造一干人等携
帶所有憑據解送來院以便核辦此照會
龍泉縣知事兼執法長
尹廷輔
中華民國元年拾弍月十號

35.民國元年十二月十日浙江第十一地方法院爲將該案卷宗檢齊彙送事照會龍泉縣知事照會　（5739：33）25.2×74.0cm　圖版裁空白頁

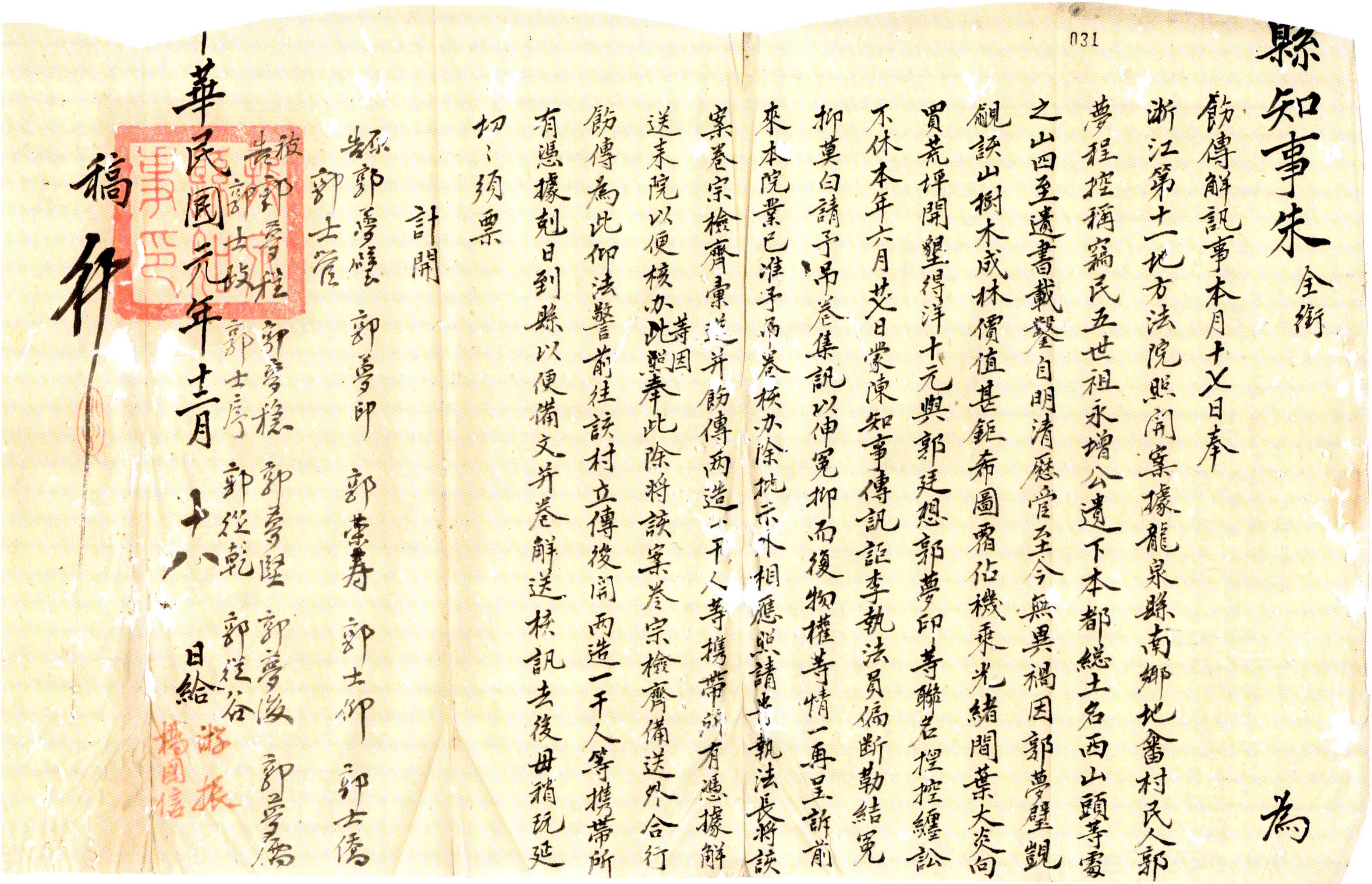
縣知事朱 全銜 為
飭傳解訊事。本月十七日奉
浙江第十一地方法院照開：案據龍泉縣南鄉地畲村民人郭
夢程控稱：竊民五世祖永增公遺下本都總土名西山頭等處
之山，四至遺書載鑿，自明清歷管至今無異。禍因郭夢璧覬
覦該山樹木成林，價值甚鉅，希圖霸佔，乘光緒間葉大炎向
買荒坪開墾，得洋十元，與郭廷想、郭夢印等聯名捏控纏訟
不休。本年六月廿三日蒙陳知事傳訊，詎李執法員偏斷勒結，冤
抑莫白，請予吊卷集訊，以伸冤抑而復物權等情。一再呈訴前
來。本院業已准予吊卷核辦，除批示外，相應照請貴執法長將該
案卷宗檢齊彙送，并飭傳兩造一干人等攜帶所有憑據解
送來院，以便核辦。等因。准此，奉此，除將該案卷宗檢齊備送外，合行
飭傳。為此仰法警前往該村立傳後開兩造一干人等攜帶所
有憑據剋日到縣，以便備文并卷解送核訊。去後毋稍玩延。
切切須票。
計開
原告郭夢程 郭夢印 郭榮壽 郭士仰 郭士儒
郭士管
被告郭夢璧 郭夢椽 郭夢堅 郭夢後 郭夢儒
郭士玫 郭士序 郭從乾 郭從谷
中華民國元年十二月十八日給
稿 行

36. 民國元年十二月十八日縣知事朱光奎爲飭傳解訊郭夢璧等事票(稿) （5739：31）28.9×48.1cm

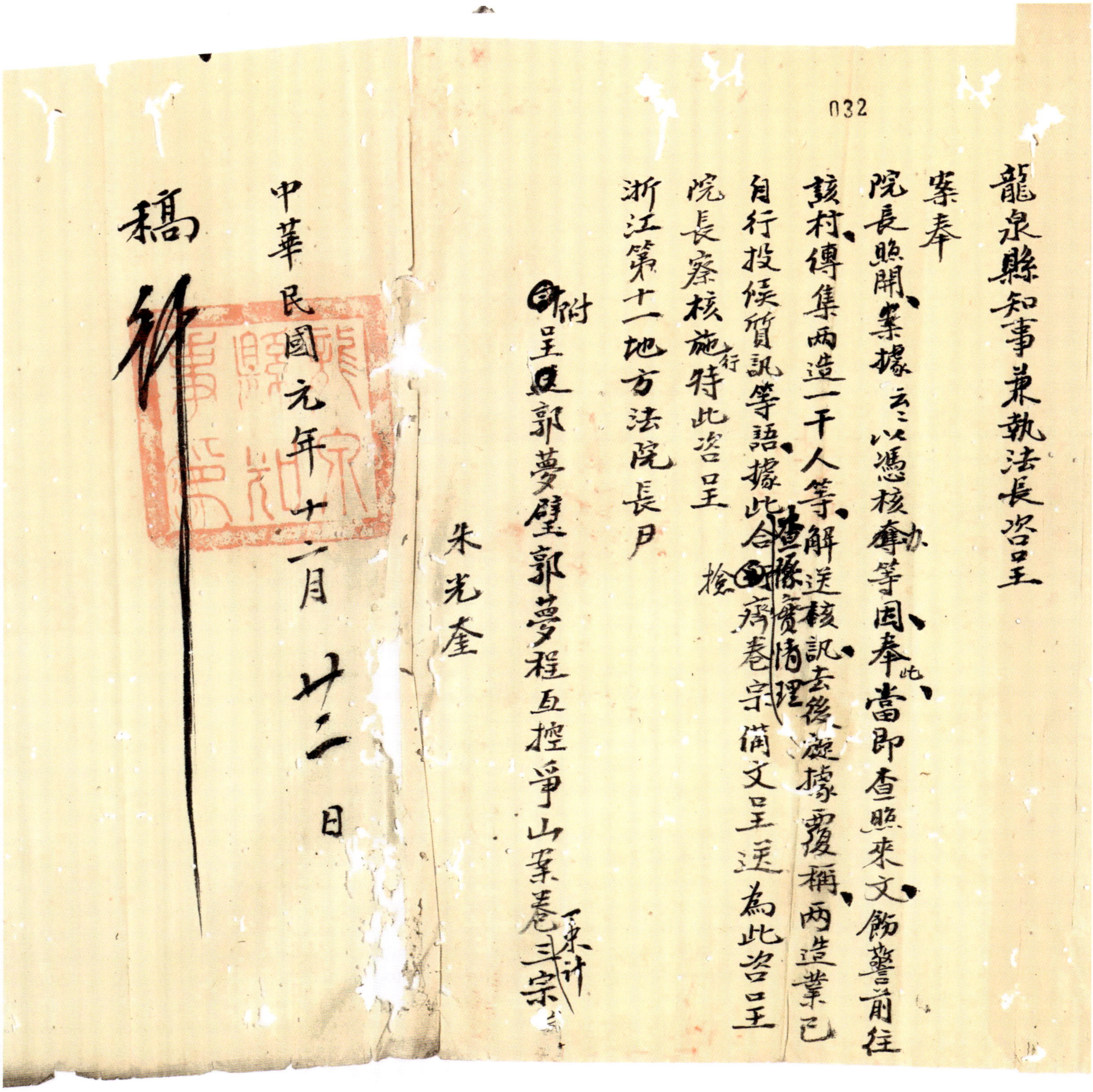
032

龍泉縣知事兼執法長咨呈

案奉

院長照開案據云云以憑核辦等因奉此當即查照來文飭警前往

該村傳集兩造一干人等解送核訊去後旋據覆稱兩造業已

自行投候質訊等語據此合~~查核實情理~~檢齊卷宗備文呈送為此咨呈

院長察核施行特此咨呈

浙江第十一地方法院長

附呈郭夢璧郭夢程互控爭山案卷三宗計一束

朱光奎

中華民國元年十二月廿二日

稿

37.民國元年十二月廿二日縣知事朱光奎爲檢齊卷宗備文呈送事呈浙江第十一地方法院咨呈(稿)

（5739：32）26.8×33.2cm

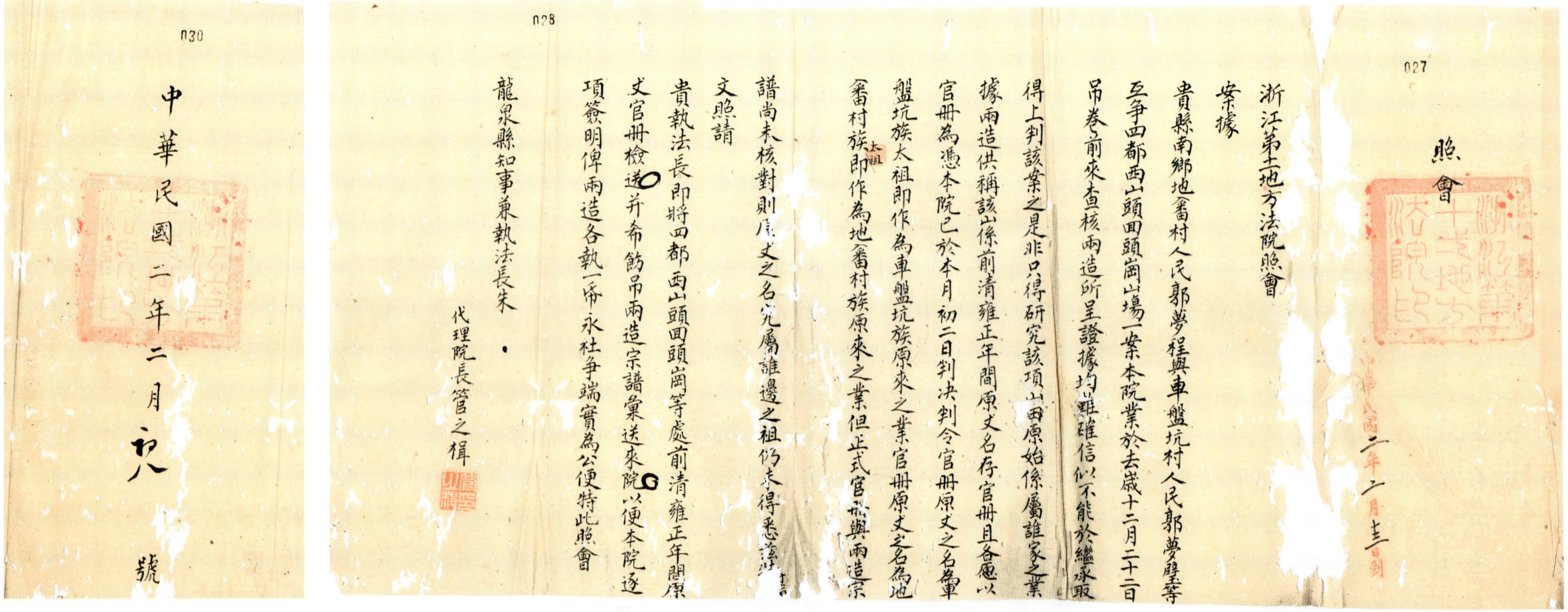

38.民國二年二月初八日浙江第十一地方法院爲飭吊原丈官册兩造宗譜事照會龍泉縣知事照會　(5739：27×28、30) 25.5×92.3cm　圖版裁空白頁

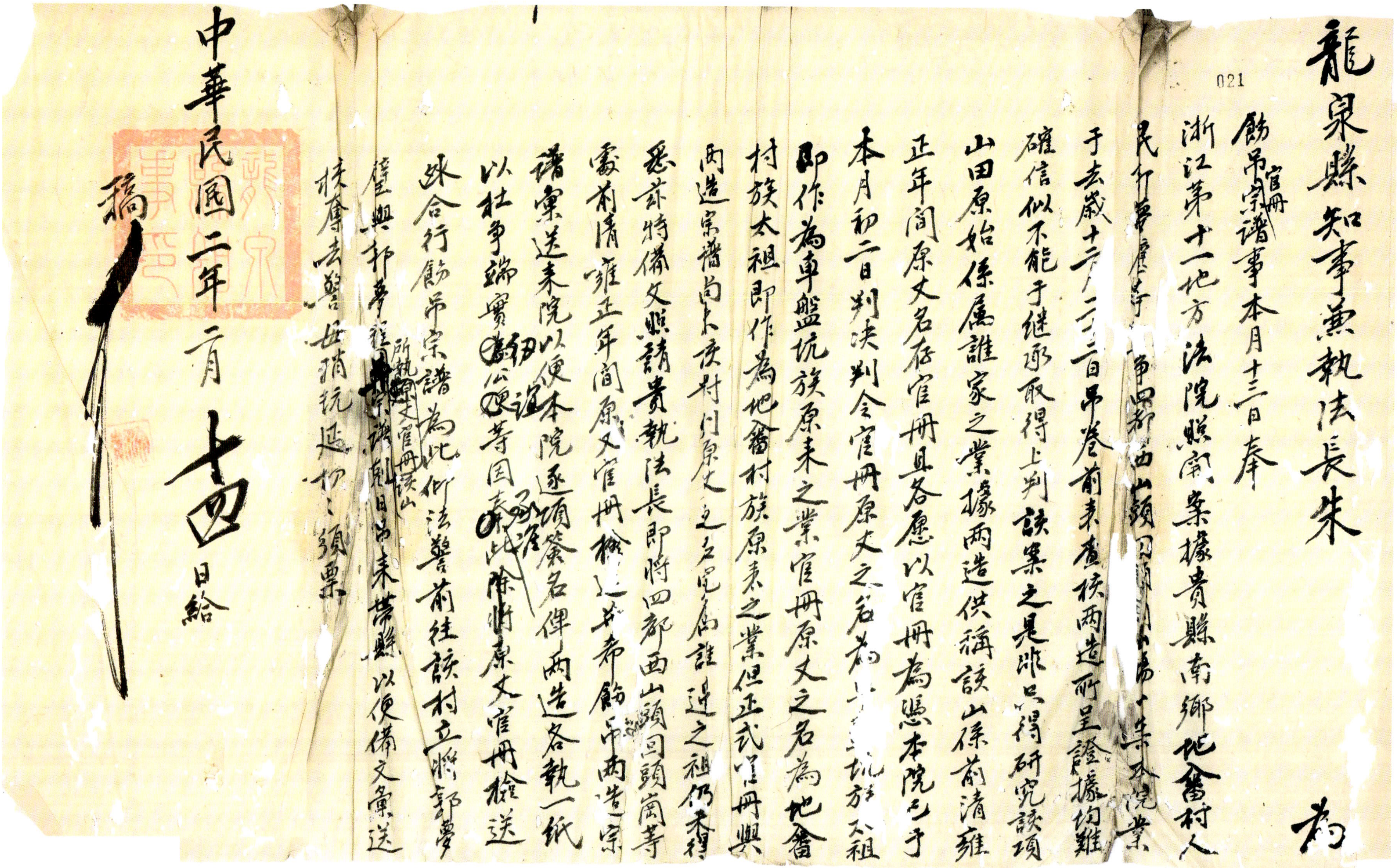

021

龍泉縣知事兼執法長朱　爲

飭吊官冊宗譜事。本月十三日奉

浙江第十一地方法院照案據貴縣南鄉地畬村人

民[illegible]等[illegible]四都西山頭[illegible]業

于去歲十二月二十二日呈卷前來，查核兩造所呈證據均難

確信，似不能于繼承取得上判該案之是非，只得研究該項

山田原始係屬誰家之業，據兩造供稱該山係前清雍

正年間原文名存官冊，且各願以官冊爲憑。本院已于

本月初二日判決，判令官冊原文之名爲[illegible]坑族太祖

即作爲車盤坑族原來之業，官冊原文之名爲地畬

村族太祖即作爲地畬村族原來之業。但正式官冊與

兩造宗譜尚未交付，原文之名究係誰造之祖，仍未得

悉，亟特備文照請貴執法長即將四都西山頭、回頭崗等

處前清雍正年間原文官冊檢送，并希飭吊兩造宗

譜彙送來院，以便本院逐項參名，俾兩造各執一紙

以杜爭端，實紉公誼。等因到[illegible]。准此，除將原文官冊檢送

外，合行飭吊宗譜，爲此仰法警前往該村，立將郭夢

[illegible]、興邦等所執[illegible]宗譜剋日吊來帶縣，以便備文彙送

核奪。去警毋稍抗延，切切。須票。

中華民國二年二月十四日給

稿

39.民國二年二月十四日縣知事朱光奎爲飭吊官冊宗譜事票(稿)　(5739：21) 29.3×47.5cm

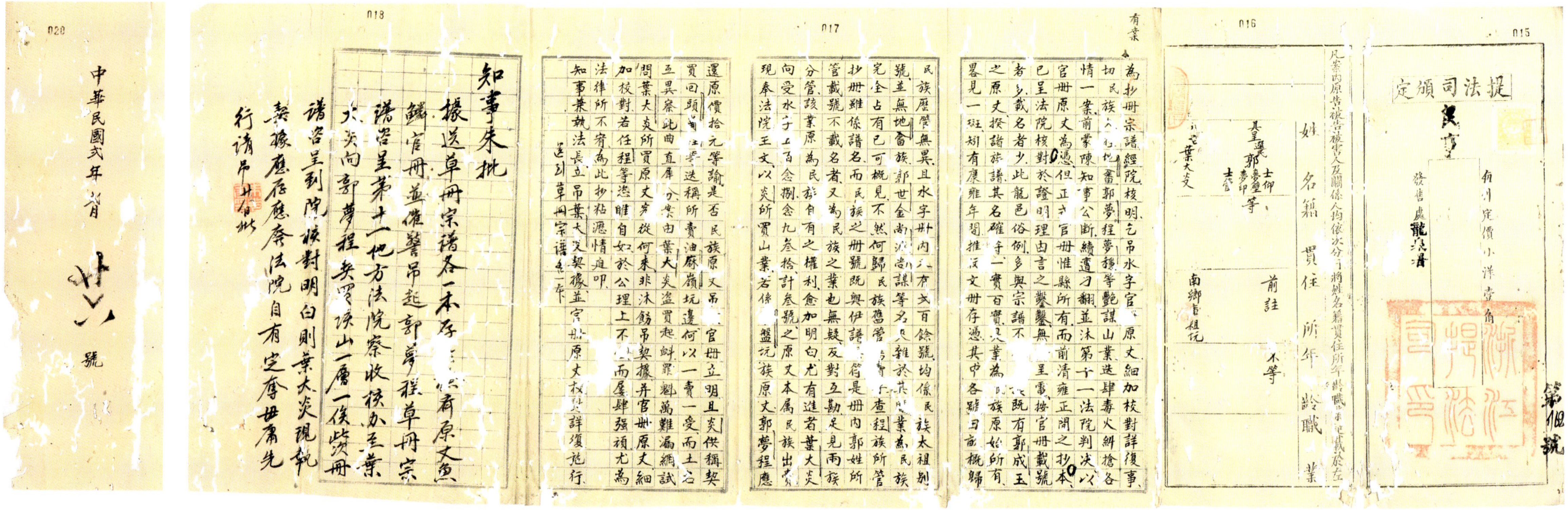

40. 民國二年二月廿六日郭夢璧等爲控葉大炎等抄册宗譜經院核明事民事狀

（5739：15–16）27.7×30.9cm；（5739：17–18、20）27.8×80.4cm　圖版裁空白頁

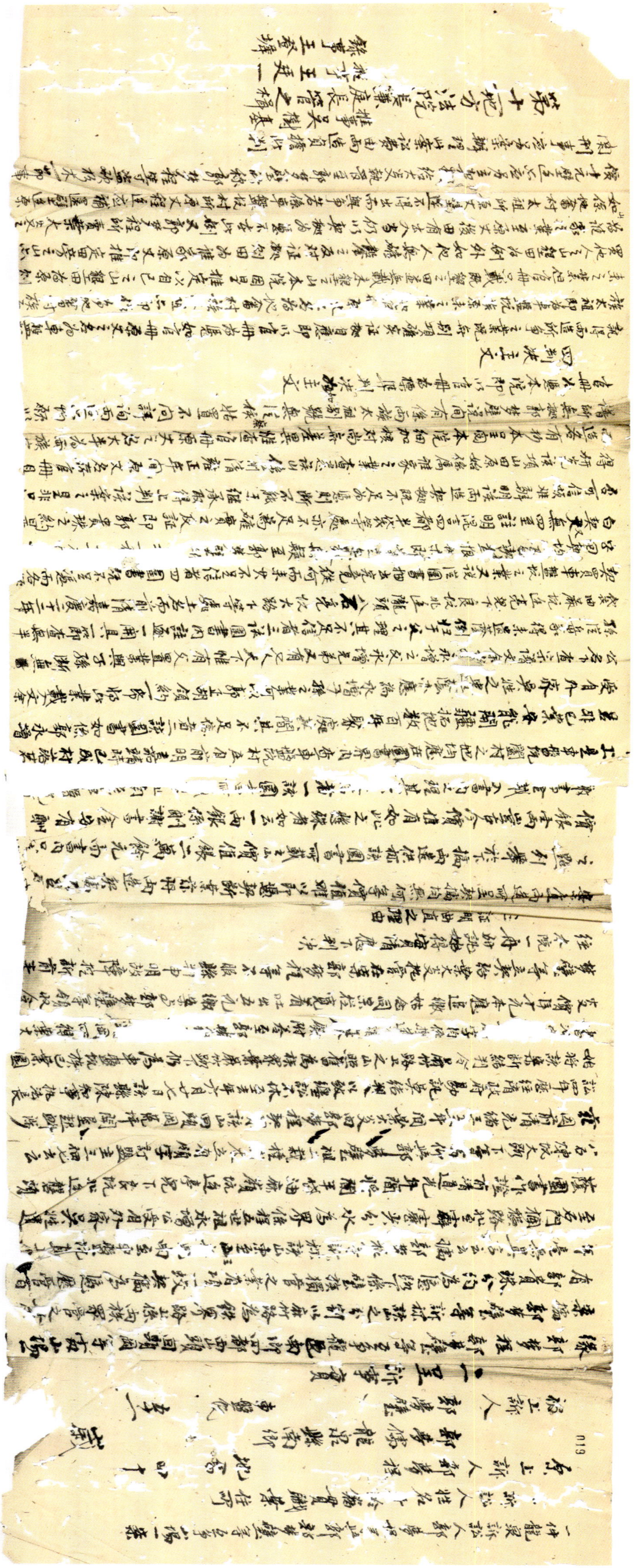

40附1.浙江第十一地方法院判決抄件粘呈　（5739：19）29.7×78.2cm

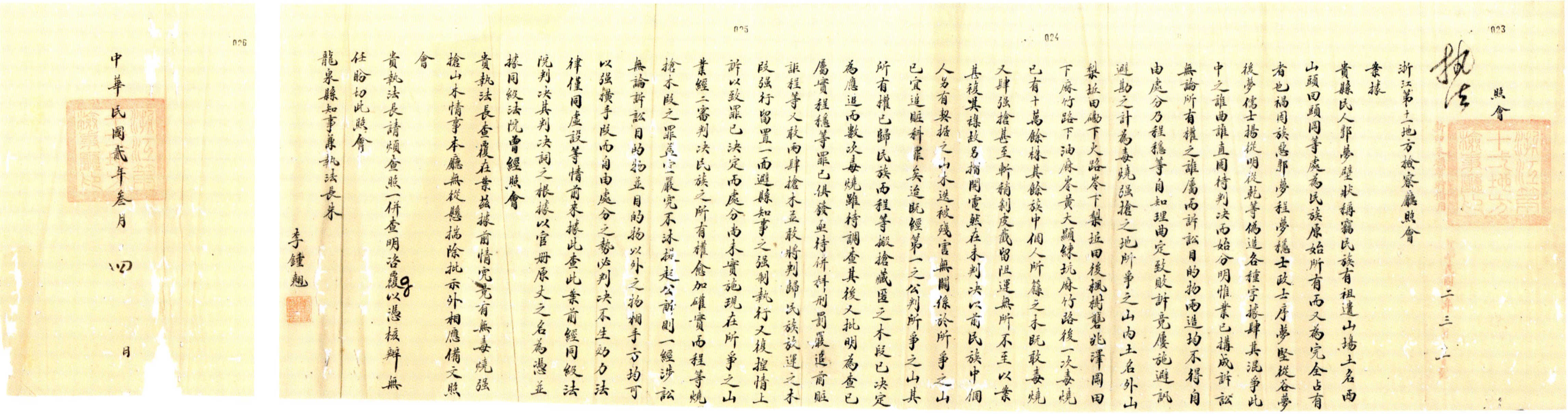
浙江第十一地方檢察廳照會
案據
貴縣民人郭夢壁狀稱竊民族有祖遺山場土名西
山頭田頭岡等處爲民族原始所有而又爲完全占有
者也禍因族惡郭夢程夢穩士政士序夢堅從谷夢
後夢儒士揚從明從乾等僞造各種字據肆其混爭此
中之誰曲誰直間待判決而始分明惟業已搆成訴訟
無論所有權之誰屬而訴訟目的物兩造均不得自
由處分乃程穩等自知理曲定致敗訴竟屢施避訊
避勘之計爲毒燒強搶之地所爭之山內土名外山
梨垅田嶴下火路岑下梨垅田後楓樹甏兆澤岡田
下麻竹路下油麻岑黃大顯練坑麻竹路後一次毒燒
已有十萬餘株其餘族中個人所蓄之木既敢毒燒
又肆強搶甚至斬稍剝皮截留阻運無所不至以案
甚複其條款另摺開電然在未判決以前民族中個
人另有契據之山木迭被殘害無關係於所爭之山
已宜追賍科罪矣追既經第一之公判所爭之山其
所有權已歸民族而程等擅搶藏匿之木已決定
爲應追而數次毒燒雖待調查其後又批明爲查已
屬實程穩等罪已俱發亟待併拼刑罰嚴追前賍
詎程等又敢而肆搶木並敢將判歸民族放運之木
段強行留置一面避縣知事之強制執行又復揑情上
訴以致罪已決定而處分尚未實施現在所爭之山
業經二審判決民族之所有權愈加確實而程等燒
搶木段之罪益宜嚴究不沐擬趕公斷則一經涉訟
無論訴訟目的物並目的物以外之物相手方均可
以強横手段而自由處分之勢必判決不生効力法
律僅同虛設等情前來據此查此案前經同級法
院判決其判決詞之根據以官册原丈之名爲憑並
據同級法院曾經照會
貴執法長查覆在案茲據前情究竟有無毒燒強
搶山木情事本廳無從懸揣除批示外相應備文照
會
貴執法長請煩查照一併查明洛覆以憑核辦無
任盼切此照會
龍泉縣知事兼執法長朱
李鍾翹
中華民國貳年叁月 四 日

41.民國二年三月四日浙江第十一地方檢察廳爲請煩查照事照會龍泉縣知事照會　（5739：23–26）26.8×107.8cm　圖版裁空白頁

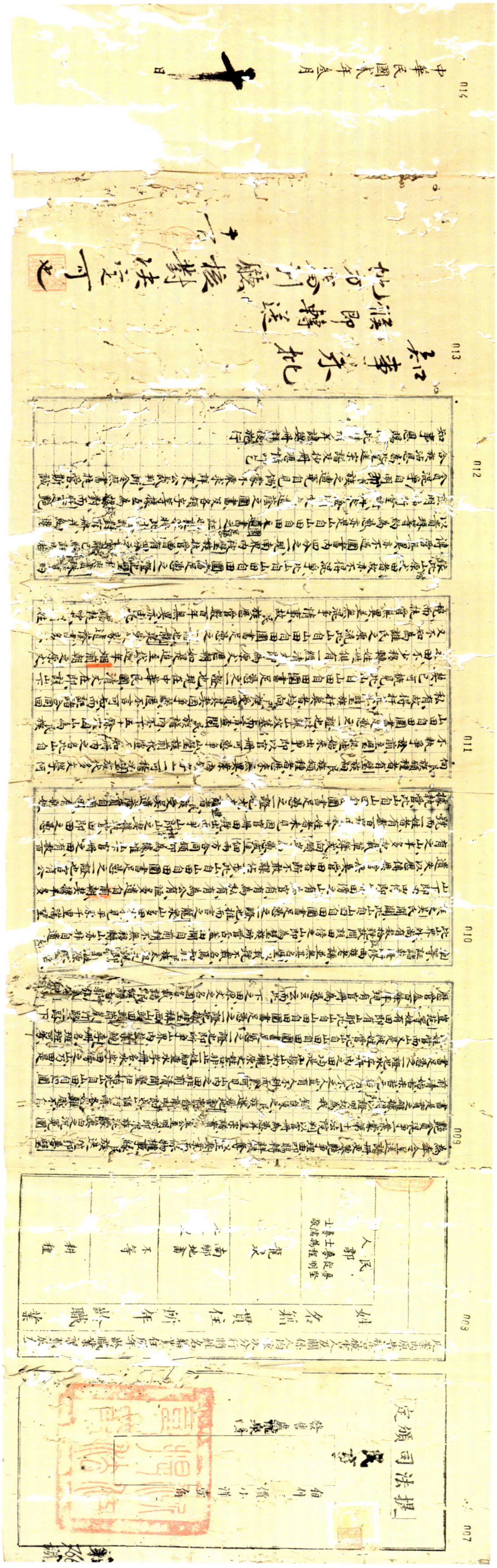

42.民國二年三月十日郭夢程等爲控郭夢璧等奉令呈送譜冊事民事狀　（5739：7–8）28.1×32.8cm；（5739：9–14）28.0×85.9cm　圖版裁空白頁

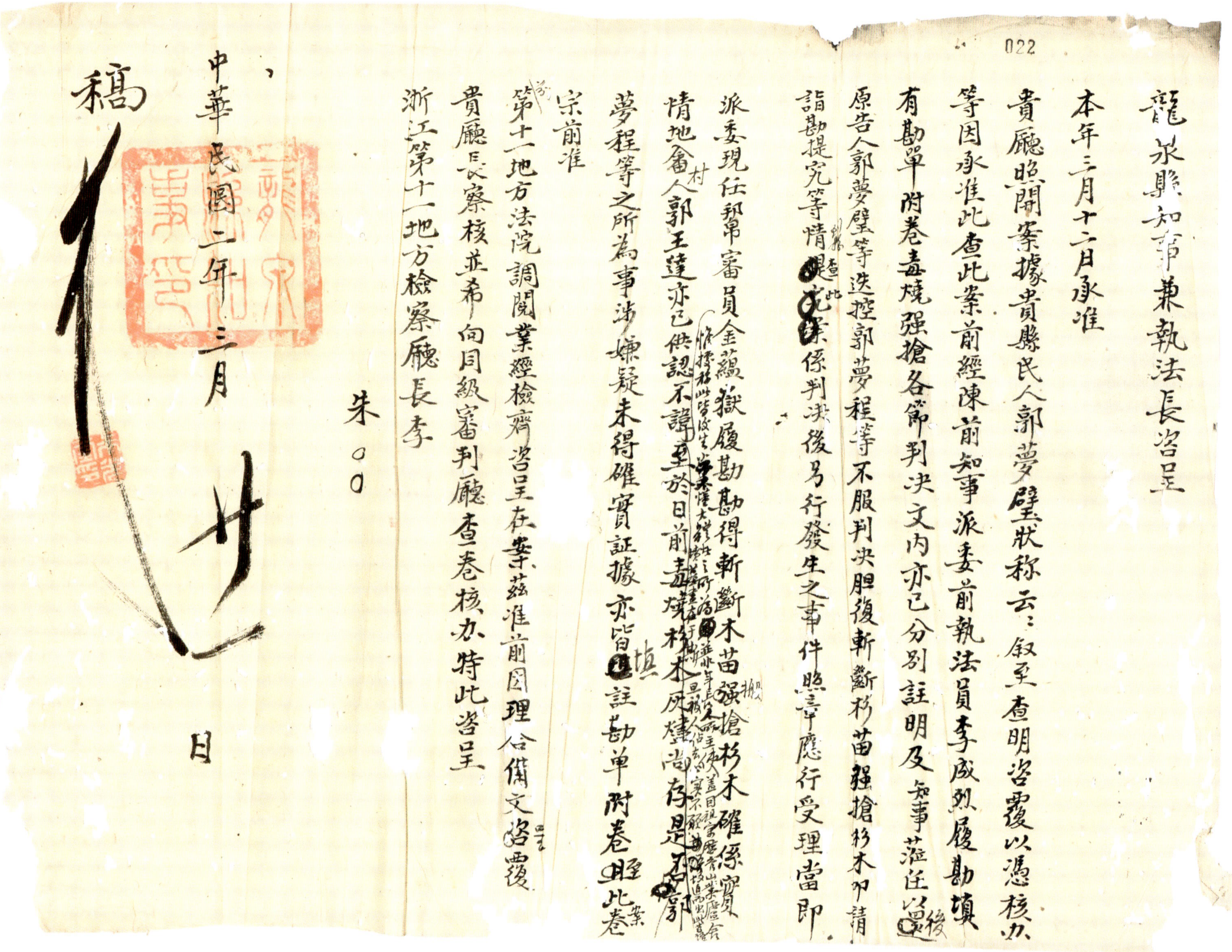
龍泉縣知事兼執法長咨呈
本年三月十二日承准
貴廳照開案據貴縣民人郭夢璧狀稱云云，叙至查明咨覆以憑核办
等因，承准此。查此案前經陳前知事派委前執法員李成烈履勘，填
有勘單附卷，燒燬強搶各節，判決文内亦已分别註明。及知事蒞任以後，
原告人郭夢璧等迭控郭夢程等不服判决，胆復斬斲杉苗，强搶杉木，叩請
詣勘提究等情。據此，查係判决後另行發生之事件，照章應行受理，當即
派委現任承審員金藴嶽履勘，勘得斬斲木苗，强搶杉木確係實
情，地鄰村人郭王蓬亦已供認不諱。至於日前燒燬杉木，尚存，是否郭
夢程等之所爲，事涉嫌疑，未得確實証據，亦皆填註勘單，附卷。此案
宗前准
第十一地方法院調閱，業經檢齊咨呈在案，茲准前因，理合備文咨覆
貴廳長察核，並希向同級審判廳查卷核办，特此咨呈
浙江第十一地方檢察廳長李
朱〇〇
中華民國二年三月廿一日
稿

43.民國二年三月廿一日縣知事朱光奎爲查卷核辦事呈浙江第十一地方檢察廳咨呈(稿)（5739：22）29.5×40.0cm

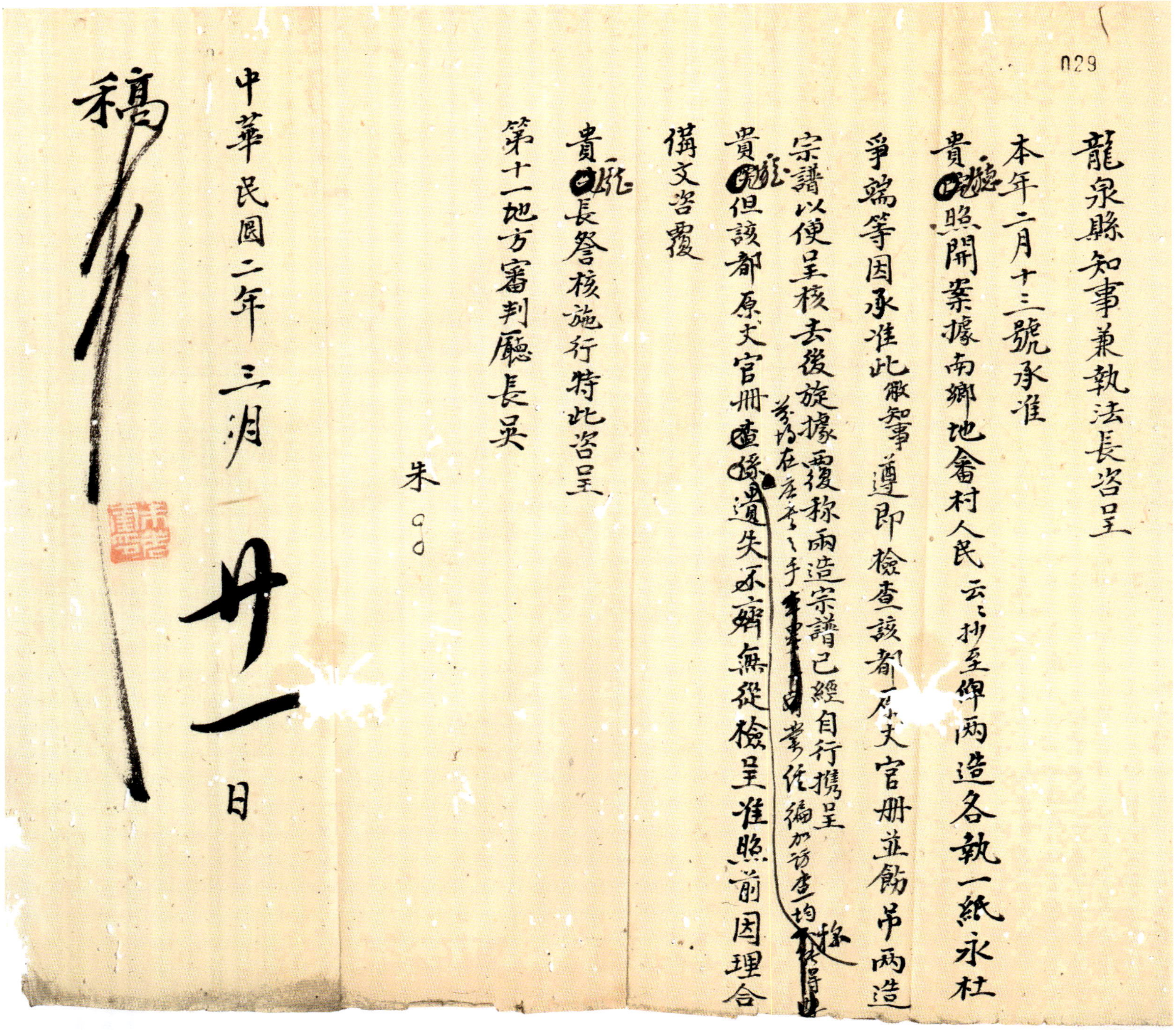
龍泉縣知事兼執法長咨呈
本年二月十三號承准
貴廳照開案據南鄉地畬村人民云云抄呈仰兩造各執一紙永杜
爭端等因承准此敝知事遵即檢查該都原丈官册並飭吊兩造
宗譜以便呈核去後旋據覆稱兩造宗譜已經自行携呈
貴廳但該都原丈官册查係遺失不齊無從檢呈准照前因理合
備文咨覆
貴廳長察核施行特此咨呈
第十一地方審判廳長吳
朱
中華民國二年三月廿一日
稿

44.民國二年三月廿一日縣知事朱光奎爲官册遺失無從檢呈事呈浙江第十一地方審判廳咨呈(稿)
（5739：29）29.3×33.3cm

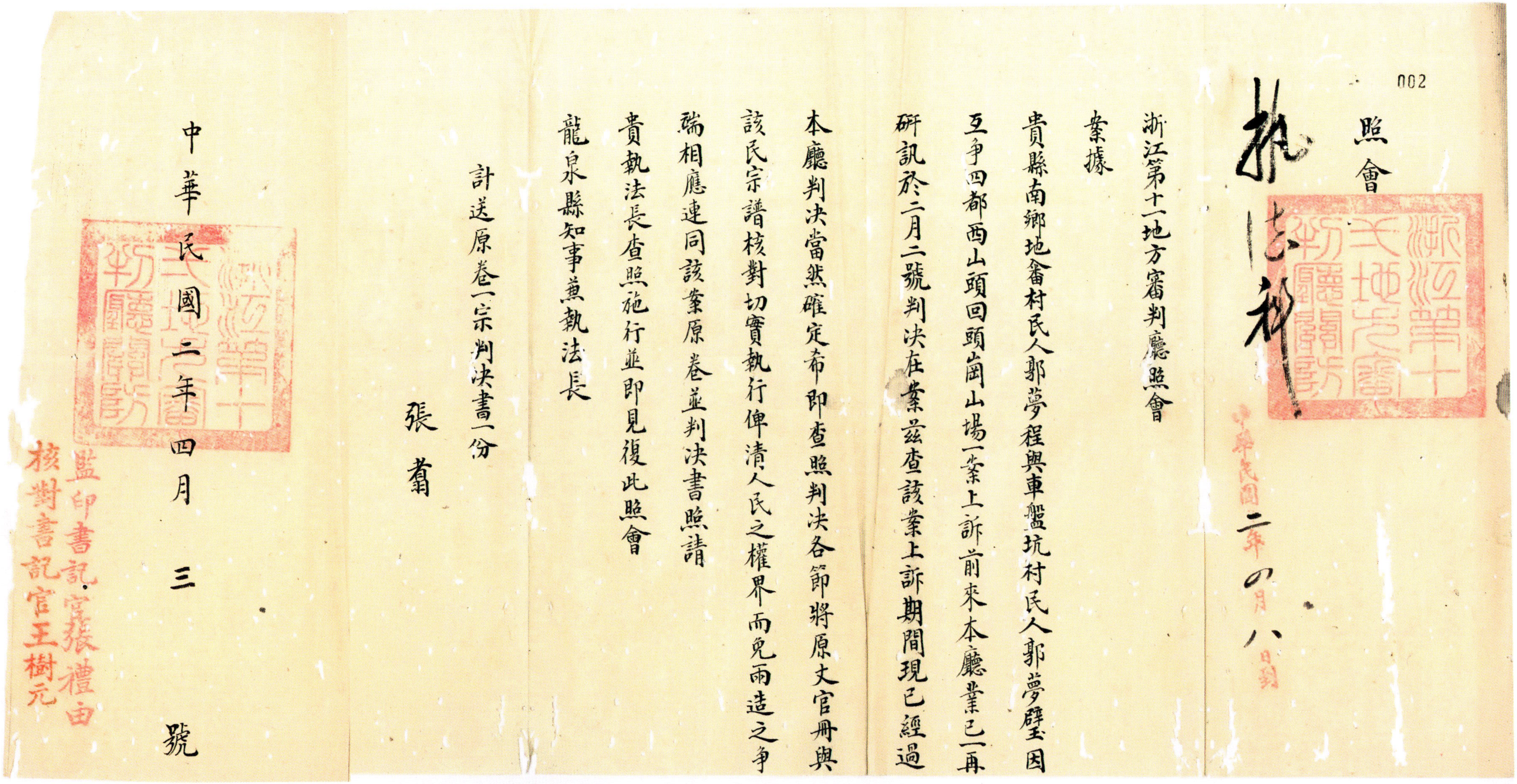
照會

浙江第十一地方審判廳照會

案據

貴縣南鄉地畬村民人郭夢程與車盤坑村民人郭夢璧因
互爭四都西山頭回頭崗山場一案上訴前來本廳業已一再
研訊於二月二號判決在案茲查該案上訴期間現已經過
本廳判決當然確定希即查照判決各節將原丈官冊與
該民宗譜核對切實執行俾清人民之權界而免兩造之爭
端相應連同該案原卷並判決書照請
貴執法長查照施行並即見復此照會

龍泉縣知事兼執法長

計送原卷一宗判決書一分

張翥

中華民國二年四月三號

監印書記官張禮由

核對書記官王樹元

中華民國二年四月八日到

45.民國二年四月三日浙江第十一地方審判廳爲查照判決切實執行事照會龍泉縣知事照會　(5739：2) 25.5×60.0cm

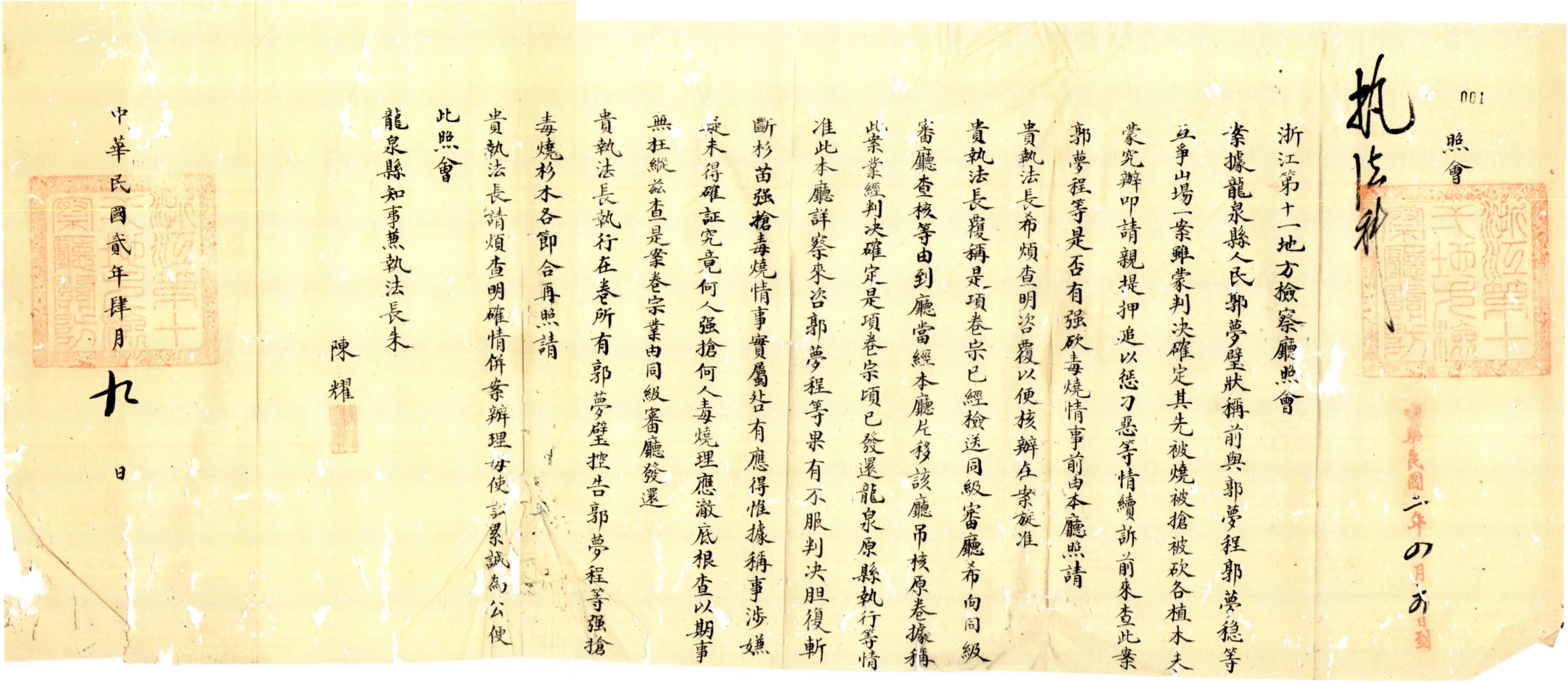

001

照會

執法

浙江第十一地方檢察廳照會

案據龍泉縣人民郭夢璧狀稱前與郭夢程郭夢穗等

互爭山場一案雖蒙判決確定其先被燒被搶被砍各植木夫

蒙究辦叩請親提押追以懲刁惡等情續訴前來查此案

郭夢程等是否有強砍毒燒情事前由本廳照請

貴執法長希煩查明咨覆以便核辦在案旋准

貴執法長覆稱是項卷宗已經檢送同級審廳希向同級

審廳查核等由到廳當經本廳片移該廳吊核原卷據稱

此案業經判決確定是項卷宗頃已發還龍泉原縣執行等情

准此本廳詳察來咨郭夢程等果有不服判決胆復斬

斷杉苗強搶毒燒情事實屬咎有應得惟據稱事涉嫌

疑未得確証究竟何人強搶何人毒燒理應澈底根查以期事

無枉縱茲查是案卷宗業由同級審廳發還

貴執法長執行在卷所有郭夢璧控告郭夢程等強搶

毒燒杉木各節合再照請

貴執法長請煩查明確情併案辦理毋使訟累誠為公便

此照會

龍泉縣知事兼執法長朱

陳耀

中華民國貳年肆月九日

中華民國二年四月十日到

46.民國二年四月九日浙江第十一地方檢察廳爲查明確情事照會龍泉縣知事照會　（5739：1）25.3×69.0cm

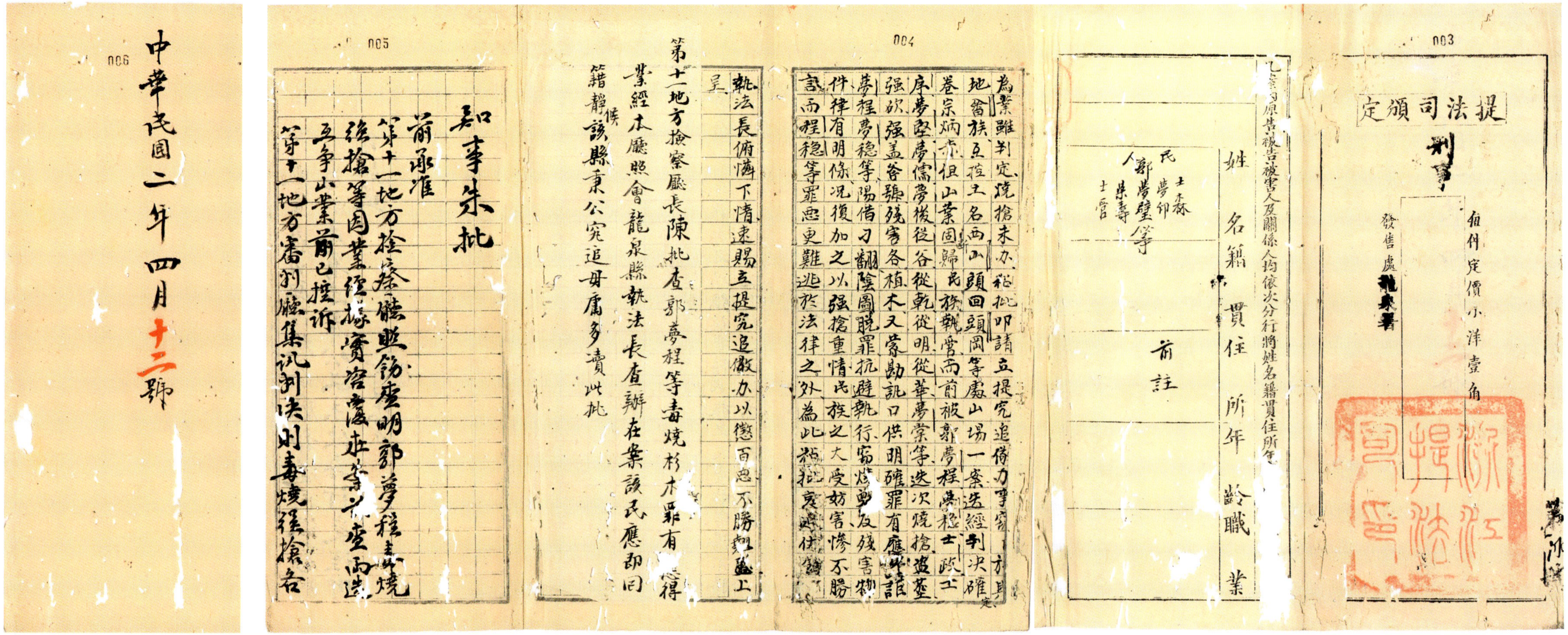

提法司頒定

刑事

每件定價小洋壹角

姓 名 籍 貫 住 所 年 齡 職 業

民人 郭夢卯 士森 郭夢璧等 朱壽 士晉

前註

知事朱批

中華民國二年四月十二號

47.民國二年四月十二日郭夢璧等爲控郭夢程等業雖判定燒搶未辦事刑事狀

（5739：3）28.2×31.2cm；（5739：4–5）28.2×47.3cm；（5739：6）28.2×25.5cm　圖版裁空白頁

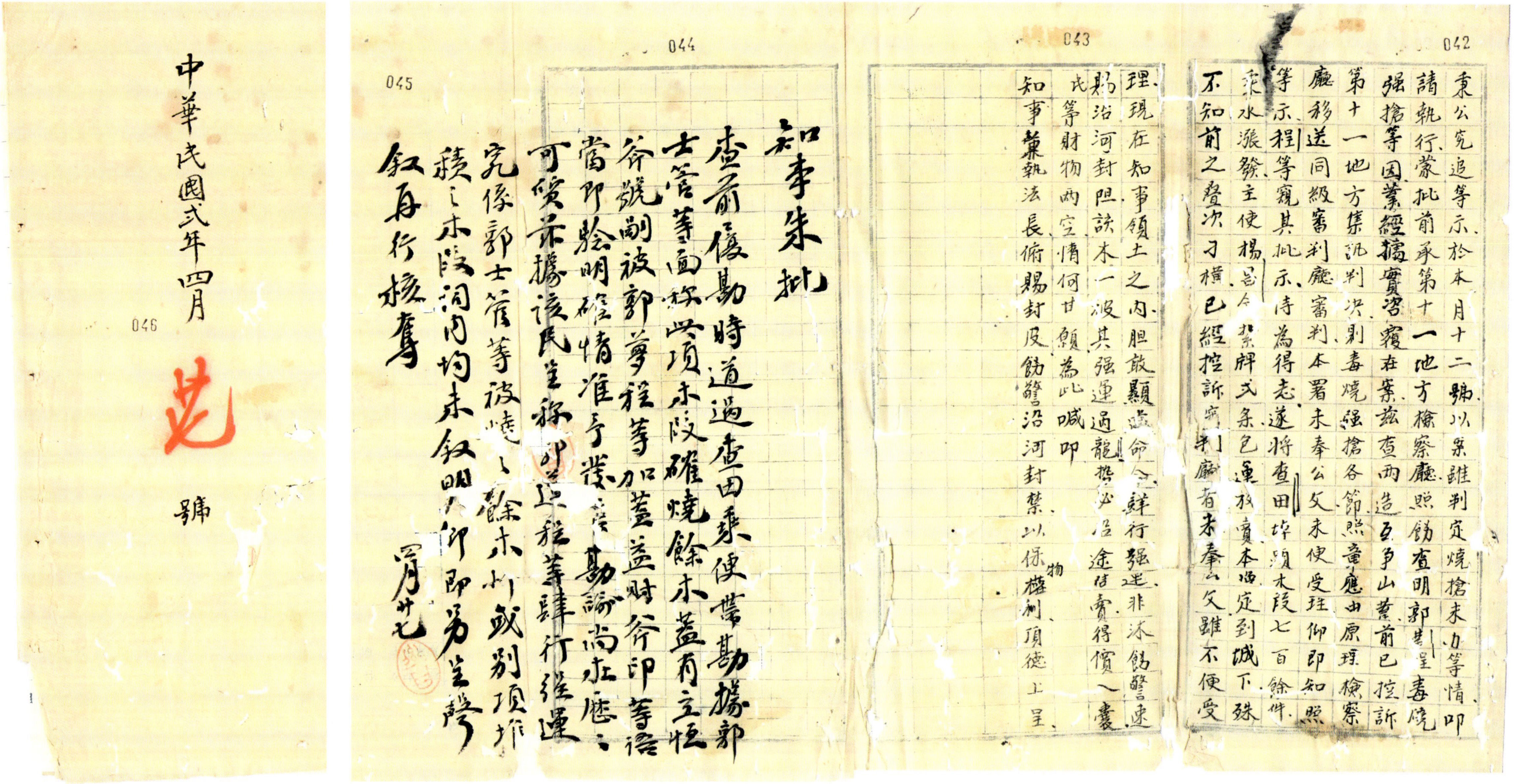

48.民國二年四月廿七日郭夢璧等爲飭警沿河封禁以保物權事呈狀　（1900：42–46）28.0×72.0cm　圖版裁空白頁

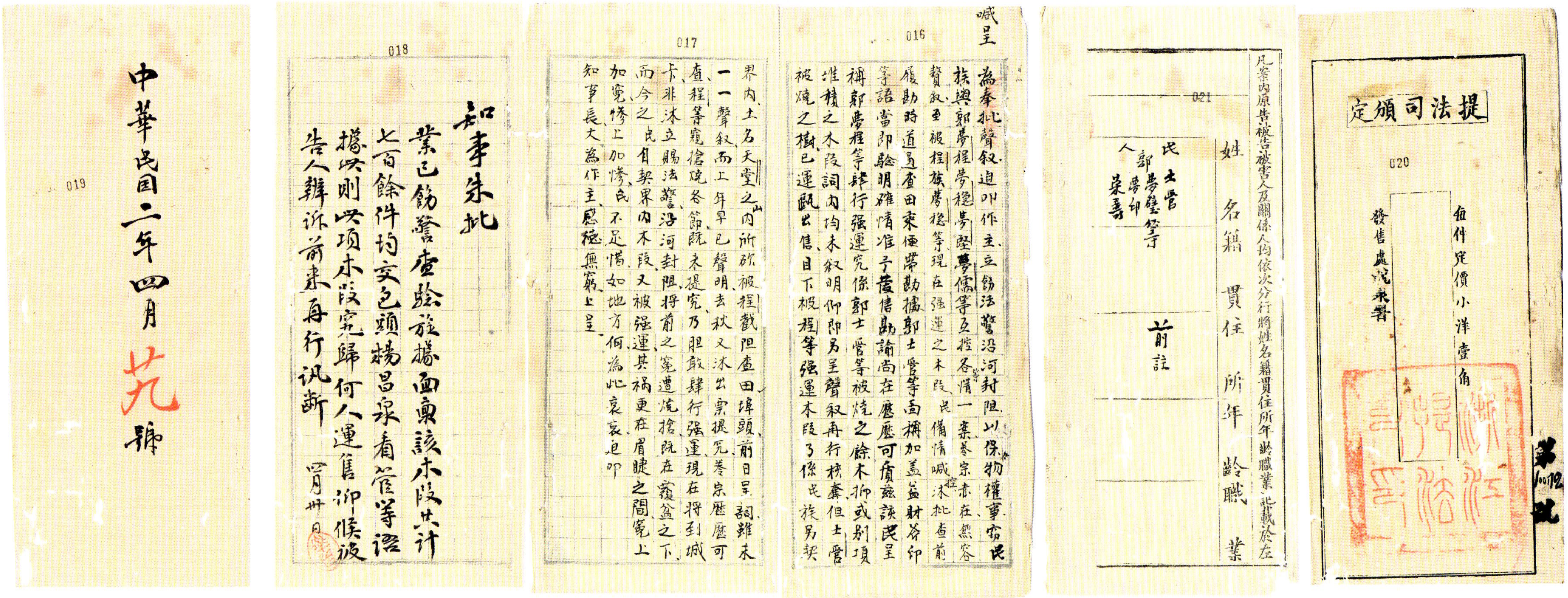
提法司頒定

每件定價小洋壹角

發售處 [illegible] 承辦

凡案內原告被告證人及關係人均依次分行將姓名籍貫住所年齡職業逐載於左

姓名 籍貫 住所 年齡 職業

民 郭夢璧等 士嘗 夢卬 榮壽 人

前註

為奉批聲叙、迫叩作主、立飭法警沿河封阻、以保物權事。竊民族與郭夢程、夢穩、夢堅、夢儒等互控各情一案，卷宗赤在，無容贅叙。至被程、族、夢穩等現在強運之木段，民備情喊控，沐批查前履勘時，道憲查田來便帶勘，據郭士嘗等面稱加蓋財谷印等語，當即驗明確情，准予蓋售，勘諭尚在，歷歷可質。茲該民呈稱郭夢程等肆行強運，究係郭士嘗等被燒之餘木，抑或別項堆積之木段，詞內均未叙明，仰即另呈聲叙，再行核奪。但士嘗被燒之樹，已運甌出售，目下被程等強運木段，乃係民族另契界內、土名天堂之山內所砍，被程截阻，查田埠頭，前日呈詞雖未一一聲叙，而上年早已聲明。去秋又沐出票提究，卷宗歷歷可查。程等竊搶燒各節，既未提究，乃胆敢肆行強運，現在將到城卡。非沐立賜法警沿河封阻，將前之冤遭燒搶，既在覆盆之下，而今之民自契界內木段，又被強運，其禍更在眉睫之間。冤上加冤，慘上加慘，民不足惜，如地方何？為此哀哀迫叩知事長大為作主，感德無窮。上呈。

知事朱批

業已飭警查驗，旋據函稱該木段共計七百餘件，均交已頭楊昌泉看管等語。據此，則此項木段究歸何人運售，仰候被告人辯訴前來，再行訊斷。

四月卅日

中華民國二年四月廿九日

49. 民國二年四月廿九日郭夢璧等爲控郭夢程等奉批聲叙迫叩作主事呈狀 （1900：20–21）27.8×27.4cm；（1900：16–17）28.0×25.0cm；（1900：18）28.0×25.6cm；（1900：19）28.1×27.4cm 圖版裁空白頁

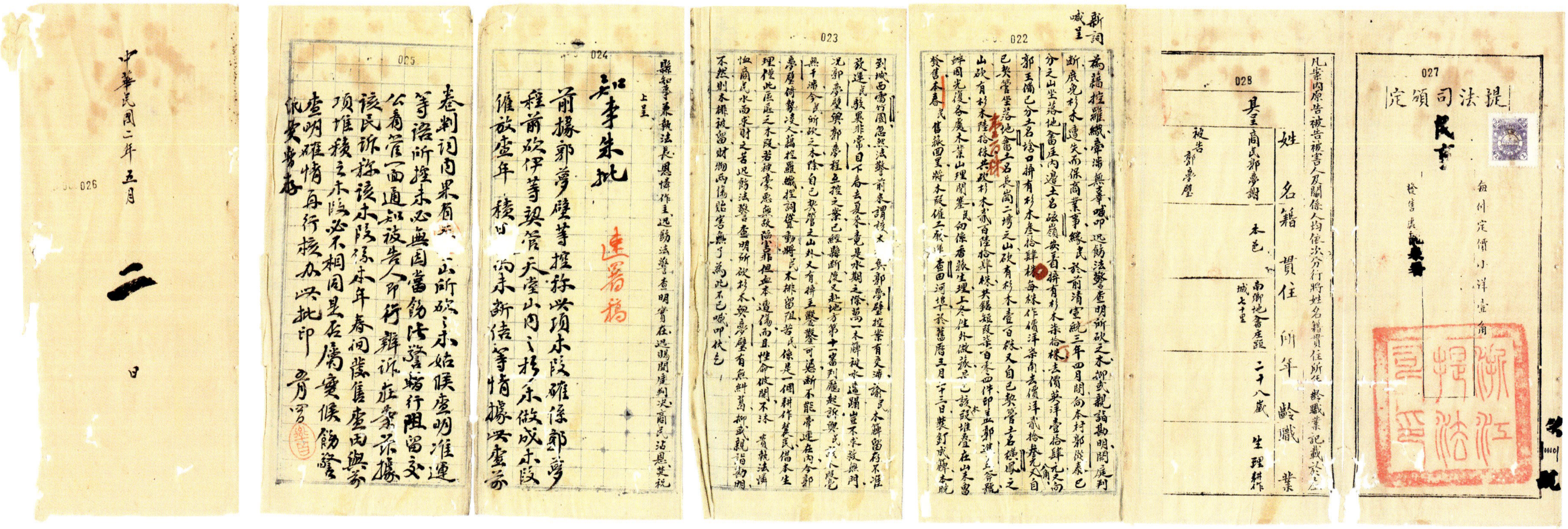

50.民國二年五月二日郭夢謝爲控郭夢璧藉控羅鐵奉涉無辜事民事狀

（1900：27–28）28.0×25.0cm；（1900：22–23）28.0×24.0cm；（1900：24–25）28.0×24.0cm；（1900：26）28.1×24.6cm　圖版裁空白頁

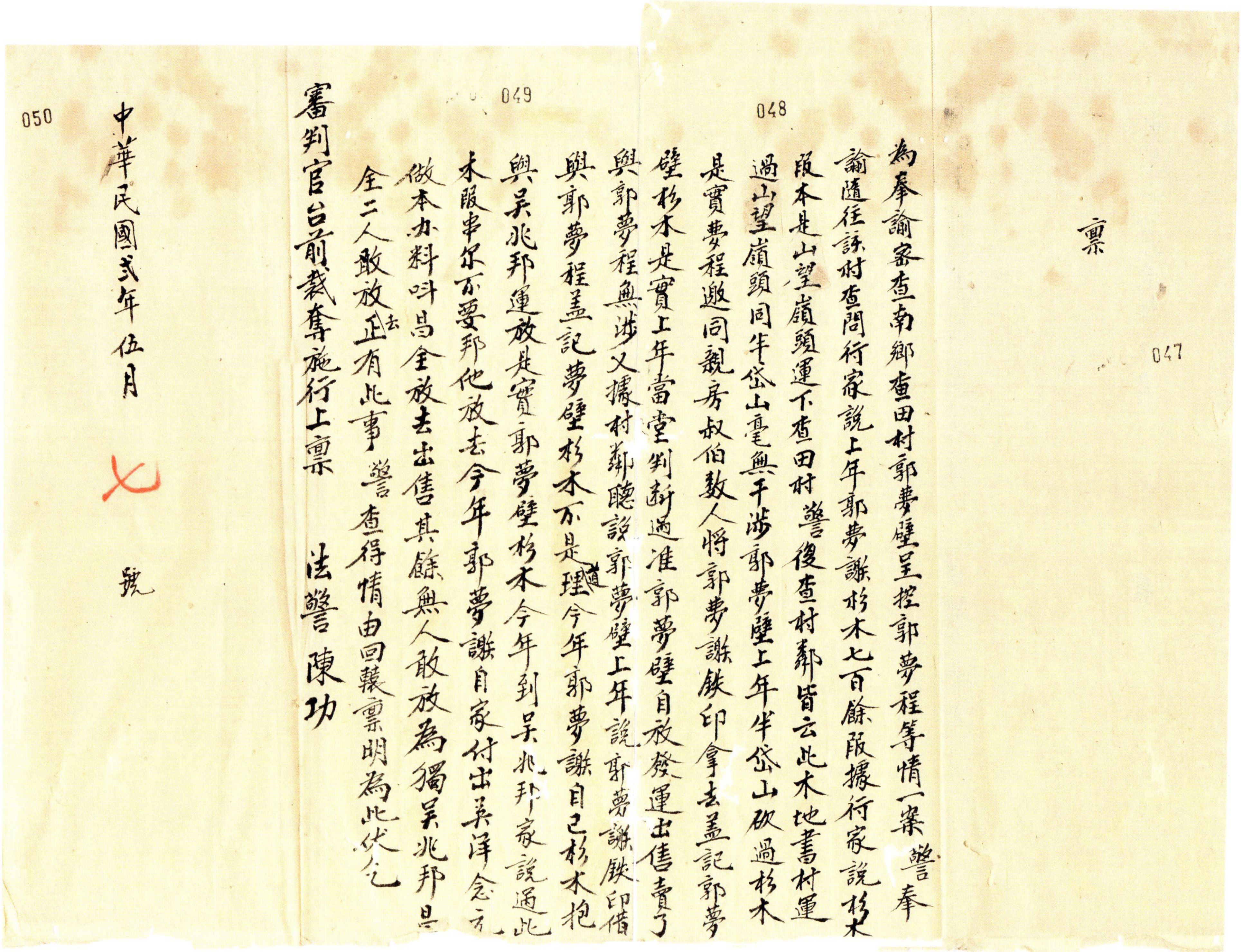

稟

為奉諭密查南鄉査田村郭夢璧呈控郭夢程等情一案警奉
諭隨往該村查問行家說上年郭夢謙杉木七百餘段據行家說杉木
段本是山望嶺頭運下查田村警後查村鄰皆云此木地書村運
過山望嶺頭同年半岔山毫無干涉郭夢璧上年半岔山砍過杉木
是實夢程邀同親房叔伯數人將郭夢謙鉄印拿去蓋記郭夢
璧杉木是實上年當堂判斷過准郭夢璧自放發運出售賣了
與郭夢程無涉又據村鄰聽說郭夢璧上年說郭夢謙鉄印借
與郭夢程蓋記夢璧杉木不是道理今年郭夢謙自己杉木抱
與吳兆邦運放是實郭夢璧杉木今年到吳兆邦家說過此
木段串尔不要邦他放去今年郭夢謙自家付出吳洋念元
做本加料叫昌全放去出售其餘無人敢放為獨吳兆邦是
全二人敢放去止有此事警查得情由回稟禀明為此伏乞
審判官台前裁奪施行上禀　法警陳功
中華民國弍年伍月　七　號

51.民國二年五月七日法警陳功爲奉諭密查事稟　（1900：47–50）29.0×58.5cm　圖版裁空白頁

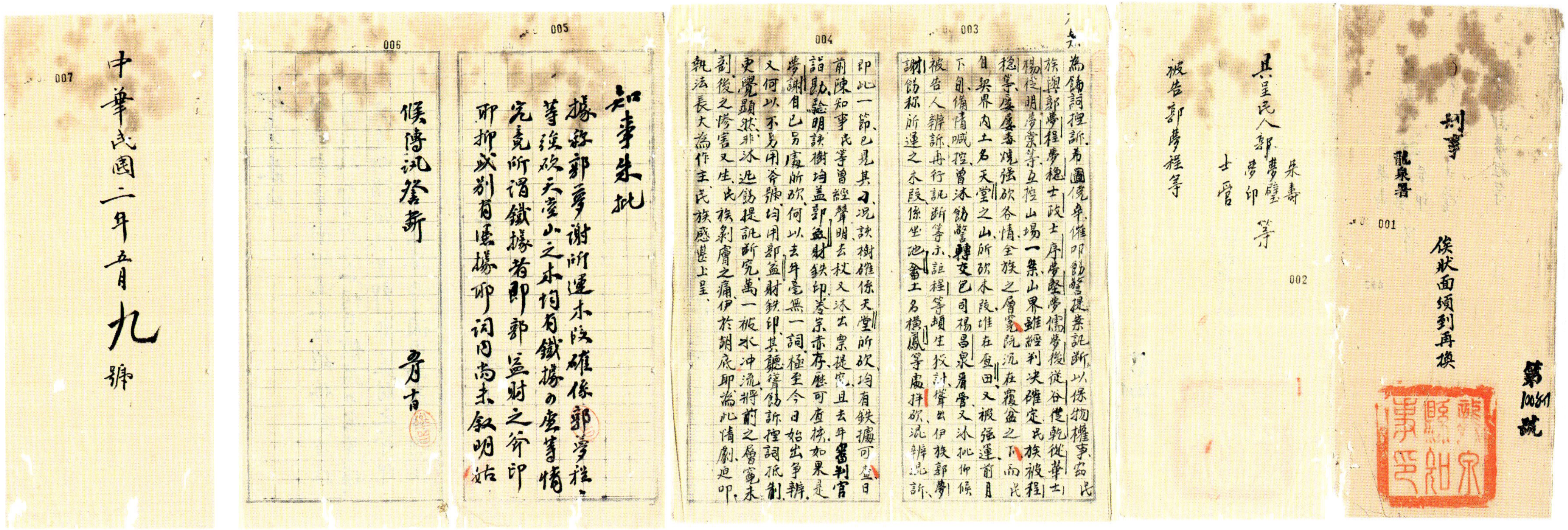

刑事

龍泉署

俟狀面須到再換

具呈民人郭夢璧、朱壽、夢印、士管等

被告郭夢程等

為飾詞捏訴，希圖僥幸，催叩飭警提案訊斷，以保物權事。竊民族與郭夢程、夢槐、士政、士序、夢璧、夢儒、夢俊、從谷、從乾、從華、士楊、從明、夢棠等互控山場一案，山界雖經判決確定，民族被程槐等屢屢毒燒強砍，各情全族之層寃沉沉在覆盆之下，而民自契界內土名天堂之山，所砍木段堆在塰田，又被強運，前月下旬，備情喊控，曾沐飭警轉交巴司楊昌泉看管，又沐批仰候被告人辯訴，再行訊斷等示，詎程等頓生狡計，賛出伊族郭夢謝飾稱所運之木段係坐池畬土名橫鳳等處拼砍，混辯混訴。即此一節，已見其刁。況該樹確係天堂所砍，均有鉄據可查，日前陳知事民等曾經聲明，去秋又沐出票提究，且去年審判官詣勘，驗明該樹均蓋郭益財鉄印，卷宗赤存，歷可查核，如果是夢謝自己另處所砍，何以去年毫無一詞，極至今日始出爭辯，又何以不另用斧號，均用郭益財鉄印，其聽嗾飾訴捏詞抵制，更覺顯然。非沐迅飭提訊斷究，萬一被水冲流，將前之層寃未剖，後之慘害又生，民族剝膚之痛，伊於胡底。即為此情，劇迫叩執法長大為作主，民族感甚。上呈。

知事朱批

據叙郭夢謝所運木段確係郭夢程等強砍天堂山之木，均有鐵據可處等情。究竟所謂鐵據者，即郭益財之斧印耶？抑或別有憑據耶？詞內尚未叙明。姑候傳訊察斷。

中華民國二年五月九號

52.民國二年五月九日郭夢璧等爲控郭夢程等飾詞捏訴希圖僥幸事刑事狀　（1900：1–2）27.5×24.5cm；（1900：3–4）27.6×23.9cm；（1900：5–6）27.5×24.2cm；（1900：7）27.7×48.0cm　圖版裁空白頁

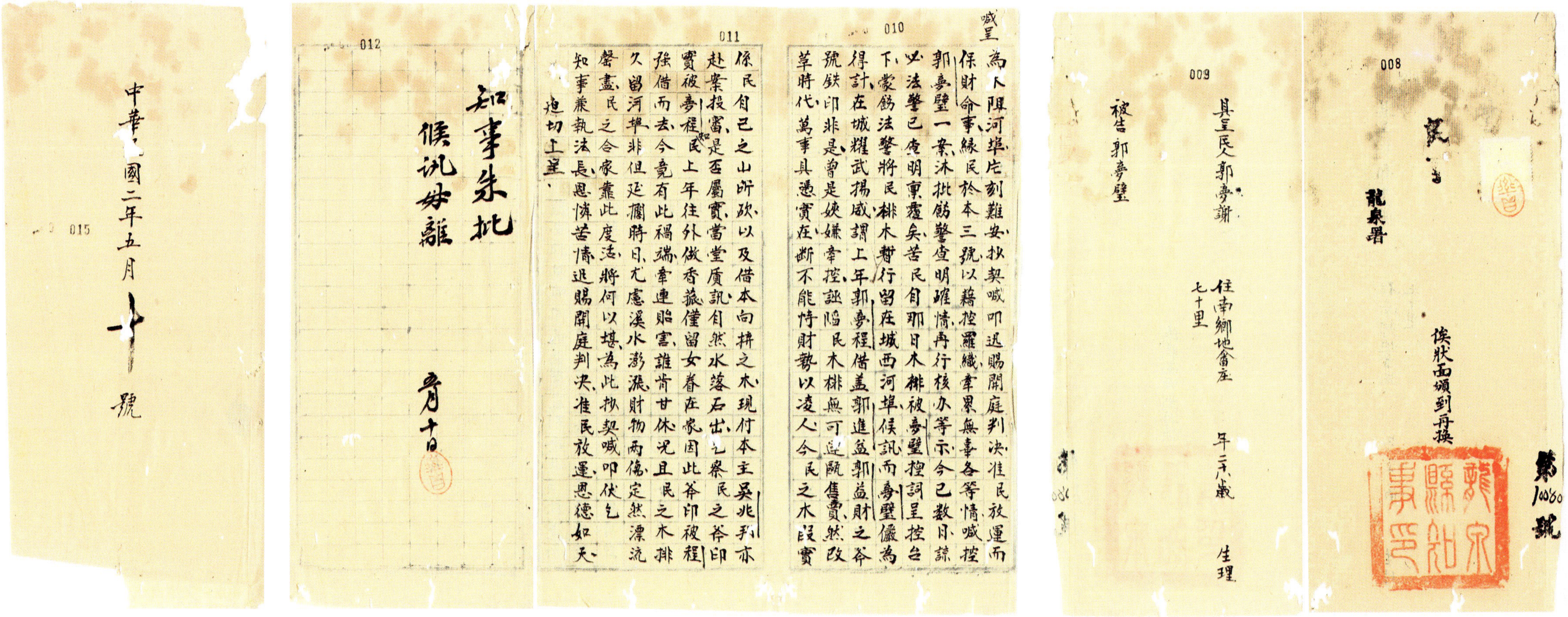

第1080號

龍泉署

傒狀面頒到再換

具呈民人郭夢謝　年三十八歲　生理

住南鄉地畲庄　七十里

被告郭夢壁

喊呈

為卜阻河埠片刻難安，抄契喊叩迅賜開庭判決，准民放運而保財命事。緣民於本三號以藉控羅織、牽累無辜各等情喊控郭夢壁一案，沐批飭警查明確情，再行核辦等示。今已數日，諒必法警已查明稟覆矣。苦民自那日木排被夢壁控詞呈控台下，蒙飭法警將民排木暫行留在城西河埠，候訊。而夢壁儼為得計，在城耀武揚威，謂上年郭夢程借蓋郭進益、郭益財之斧號鉄印，非是，曾是挾嫌牽控，誣陷民木排無可近，既售賣，然改革時代，萬事具憑實在，斷不能恃財勢以凌人。今民之木，段實係民自己之山所砍，以及借本向拚之木，現付本主吴兆升亦赴案投審，是否屬實，當堂質訊，自然水落石出。乞察民之斧印實被夢程（知）民上年往外做香菰，僅留女眷在家，因此斧印被程强借而去。今竟有此禍端，牽連貽害，誰肯甘休。况且民之木排久留河埠，非但延擱時日，尤慮溪水澎漲，財物兩傷，定然漂流罄盡，民之合家靠此度活，將何以堪。為此抄契喊叩伏乞
知事兼執法長恩憐苦情，迅賜開庭判決，准民放運，恩德如天。
迫切上呈。

知事朱批
候訊毋離
五月十日

中華民國二年五月十號

53.民國二年五月十日郭夢謝爲控郭夢壁木阻河埠片刻難安事民事狀　（1900：8–9）27.8×23.5cm；（1900：10–11）27.7×23.0cm；（1900：12）27.6×23.8cm；（1900：15）27.6×48.0cm　圖版裁空白頁

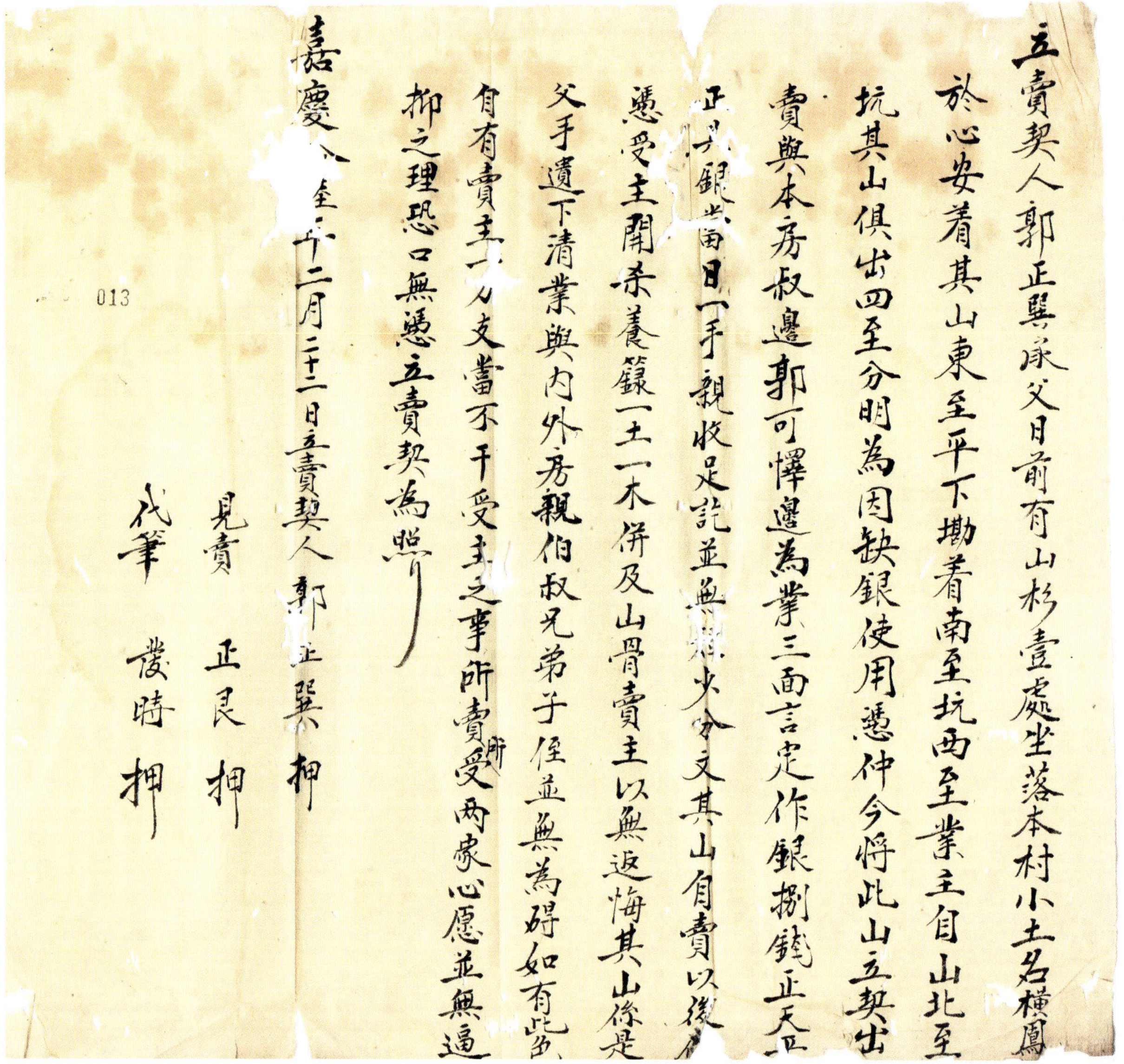
立賣契人郭正巽承父日前有山杉壹處坐落本村小土名橫鳳
於心安着其山東至平下坳着南至坑西至業主自山北至
坑其山俱出四至分明為因缺銀使用憑仲今將此山立契出
賣與本房叔邊郭可懌邊為業三面言定作銀捌錢正天平
正其銀當日一手親收足訖並無欠少分文其山自賣以後
憑受主開掘養籙一土一木併及山骨賣主以無返悔其山係是
父手遺下清業與內外房親伯叔兄弟子侄並無為碍如有此色
自有賣主一力支當不干受主之事所賣受兩家心愿並無逼
抑之理恐口無憑立賣契為照
嘉慶十六年二月二十二日立賣契人郭正巽 押
見賣 正艮 押
代筆 發時 押
013

53附1.嘉慶十六年二月廿二日郭正巽立賣契抄件粘呈（1900：13）29.2×31.6cm

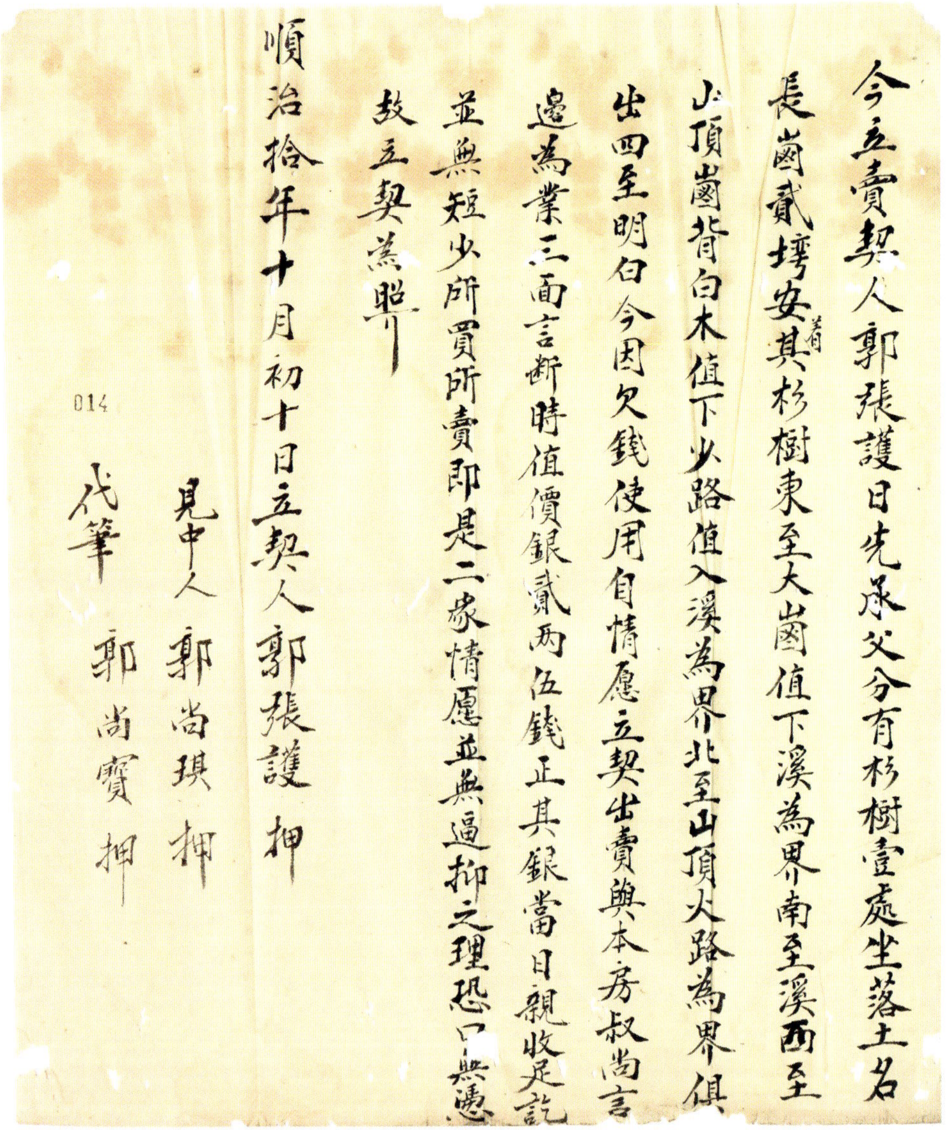
今立賣契人郭張護日先承父分有杉樹壹處坐落土名
長崗貳塆安着其杉樹東至大崗值下溪為界南至溪西至
山頂崗背白木值下山路值入溪為界北至山頂大路為界俱
出四至明白今因欠錢使用自情愿立契出賣與本房叔尚言
邊為業三面言斷時值價銀貳兩伍錢正其銀當日親收足訖
並無短少所買所賣即是二家情愿並無逼抑之理恐口無憑
故立契為照
順治拾年十月初十日立契人郭張護 押
見中人 郭尚琪 押
代筆 郭尚寶 押
014

53附2.順治十年十月初十郭張護立賣契抄件粘呈　（1900：14）29.8×26.6cm

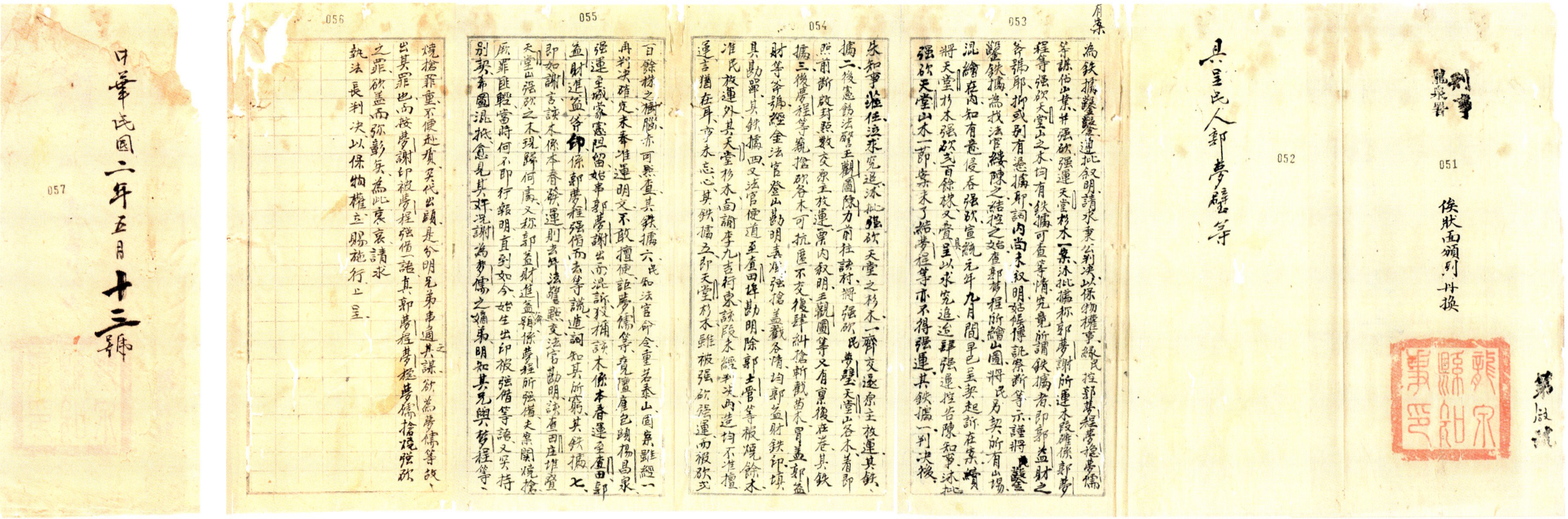

刑事
龍泉縣署

候狀面頒

具呈民人郭夢璧等

為鐵據鑿鑿遵批叙明請求秉公判決以保物權事緣民控郭夢程夢穗夢儒
等謀佔山業、并強砍強運天堂杉木一案，沐批據稱郭夢謝所運木段確係郭夢
程等強砍天堂山之木，均有鐵據可查等情，究竟所謂鐵據者，即郭益財之
斧號耶，抑或別有憑據耶，詞內尚未叙明，姑候傳訊察斷等示。謹將鑿
鑿鐵據為我法官縷陳之。緣控之始，查郭夢程所繪山圖，將民另契所有山場
混繪在內，知有意侵吞，強砍宣統元年九月間早已呈契起訴在案，續
將天堂杉木強砍弍百餘株，又叠具呈以求究追，迨肆強運，控哲陳和事沐批
強砍天堂山木一節，案未了結，夢程等亦不得強運，其鐵據一，判決後
朱知事准任，泣求究追，沐批強砍天堂之杉木一齊交還原主放運，其鐵
據二，後憲飭法警王觀圖陳力前往該村，將強砍民夢璧天堂山各木着即
照前斷啟封，點數交原主放運，票內叙明，王觀圖等又有稟，後在卷，其鐵
據三，後夢程等竊搶砍各木，可抗匿不交，復肆糾搶斬截苗木，冒蓋郭益
財等斧號，經金法官登山勘明，委屬強搶蓋戳各情，均郭益財鉄印填
具勘單，其鐵據四，又法官便道至查田坪勘明，除郭士管等被燒餘木
准民放運外，其天堂杉木面諭李九吉衍東該段木經判決內造，均不准擅
運，言猶在耳，亦未忘心，其鐵據五，即天堂杉木雖被強砍強運而被砍弍
百餘株之樹腦，亦可點查，其鐵據六，民知法官命令重若泰山，固案雖經一
再判決確定，未奉准運明文，不敢擅便，詎夢儒等竟膽屠包頭楊昌泉
強運至城，蒙憲扣留，始串郭夢謝出而混訴，狡稱該木係本春運至查田郭
益財進益斧印係郭夢程強借而去等謊，遣詞知其所窮，其鐵據七，
即如謝言該木係本春發運，則去年法體點交，法官勘明該查田庄堆
天堂山強砍之木現歸何處，又稱郭益財進益號係夢程所強借，夫案関燒搶
厥罪匪輕，當時何不即行報明，直到如今，始生出印被強借等語，又冥持
別契希圖混抵，愈見其奸，況謝為夢儒之嫡弟，明知其兄與夢程等
燒搶罪重，不便赴質，冥代出頭，是分明兄弟串通之謀，欲為夢儒等故
出其罪也，而按夢謝印被夢程強借一語，真郭夢程夢穗夢儒搶燒強砍
之罪，欲蓋而彌彰矣，為此哀哀請求
執法長判決，以保物權，立賜施行。上呈

中華民國二年五月十三號

54.民國二年五月十三日郭夢璧等爲控郭夢程等鐵據鑿鑿遵批叙明事刑事狀　（1900：51–57）27.1×109.5cm　圖版裁空白頁

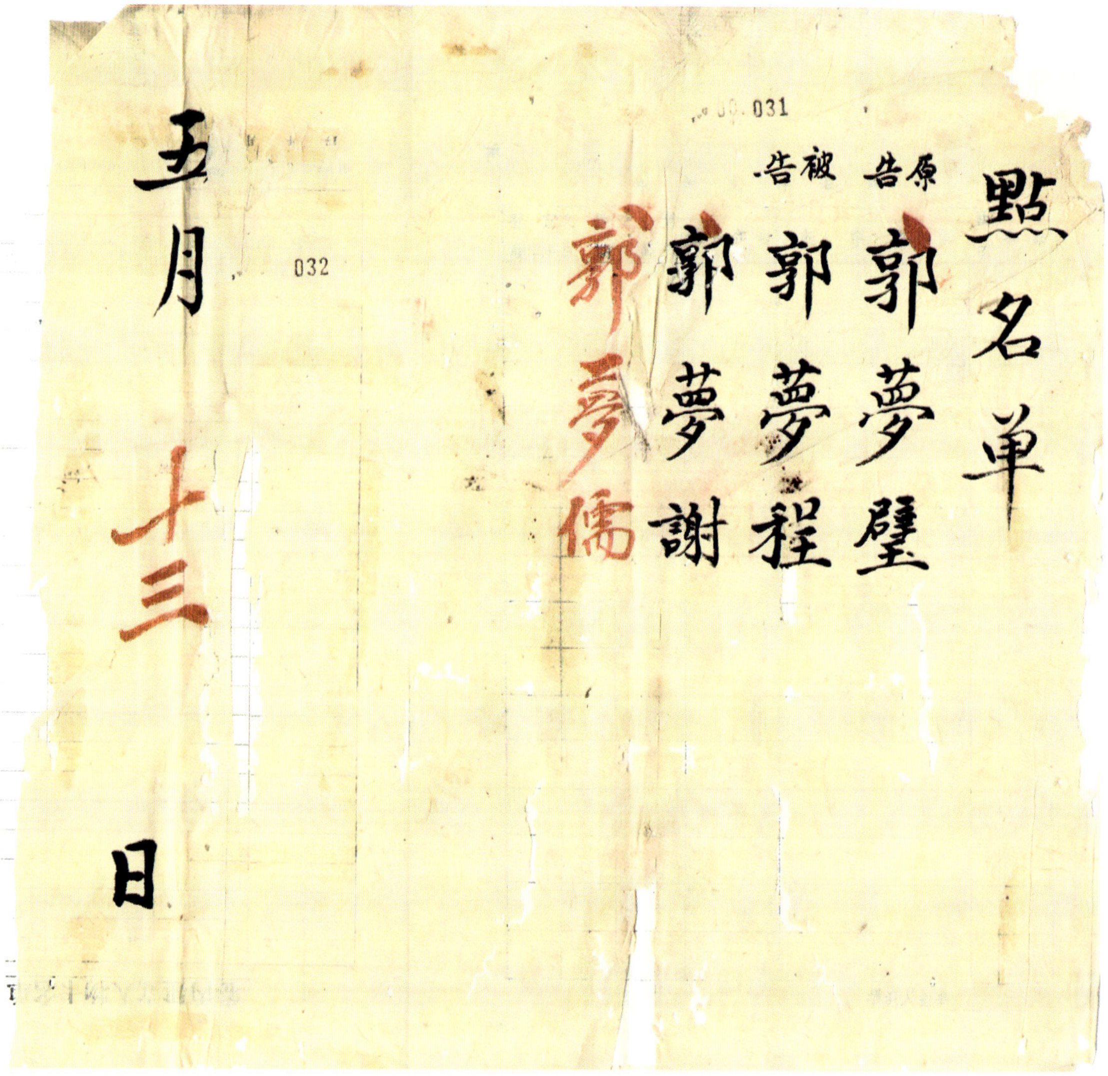

點名單
原告 郭夢璧
被告 郭夢程
郭夢謝
郭夢儒
五月十三日

55.(民國二年)五月十三日點名單　(1900：31–32) 29.4×30.6cm

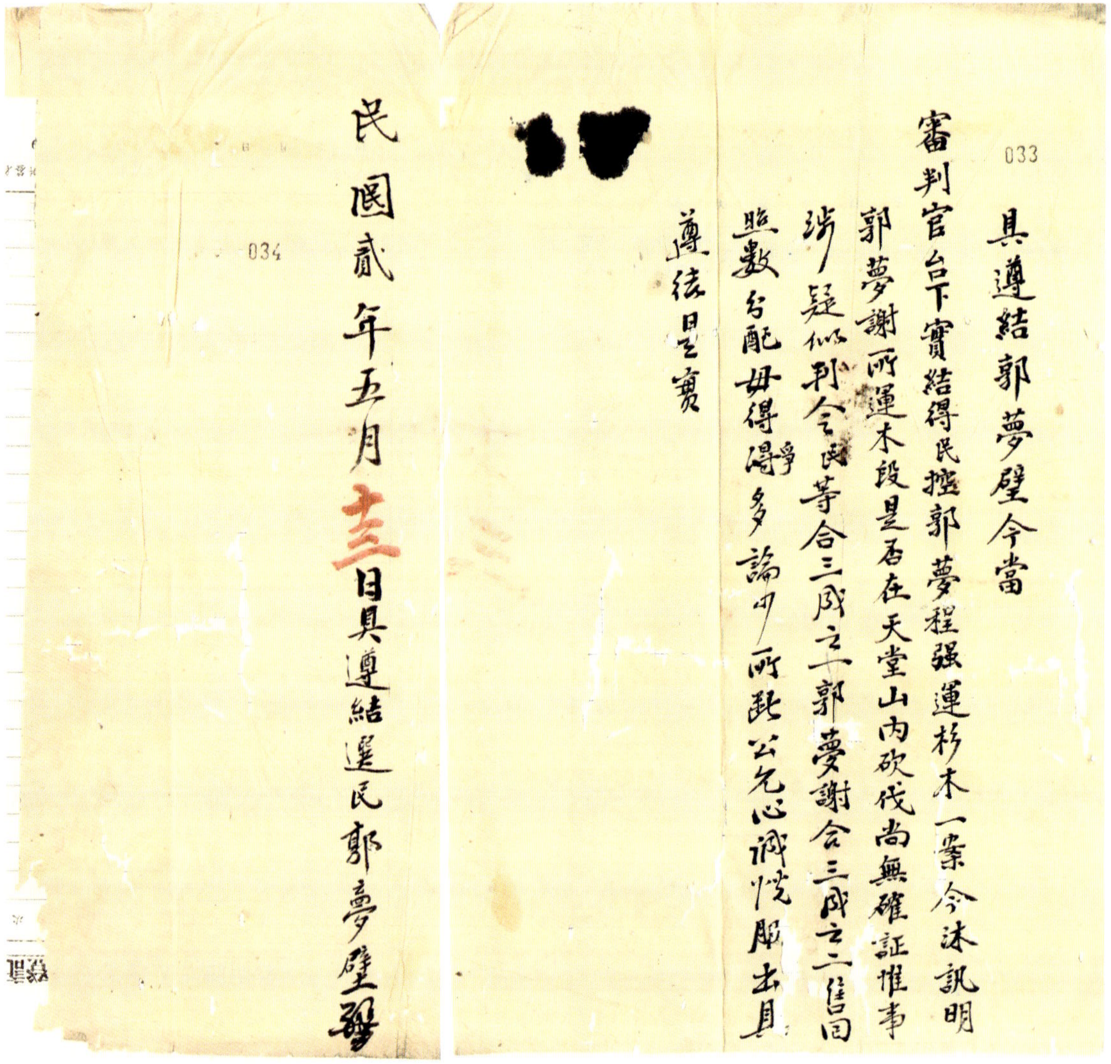

具遵結郭夢璧今當
審判官台下實結得民控郭夢程强運杉木一案今沐訊明
郭夢謝所運木段是否在天堂山内砍伐尚無確証惟事
涉疑似判令民等合三成之一郭夢謝合三成之二售回
照數分配毋得爭多論少所斷公允心誠悅服出具
遵結是實
民國貳年五月十三日具遵結選民郭夢璧

56.民國二年五月十三日郭夢璧遵結狀　(1900：33–34) 29.2×31.3cm

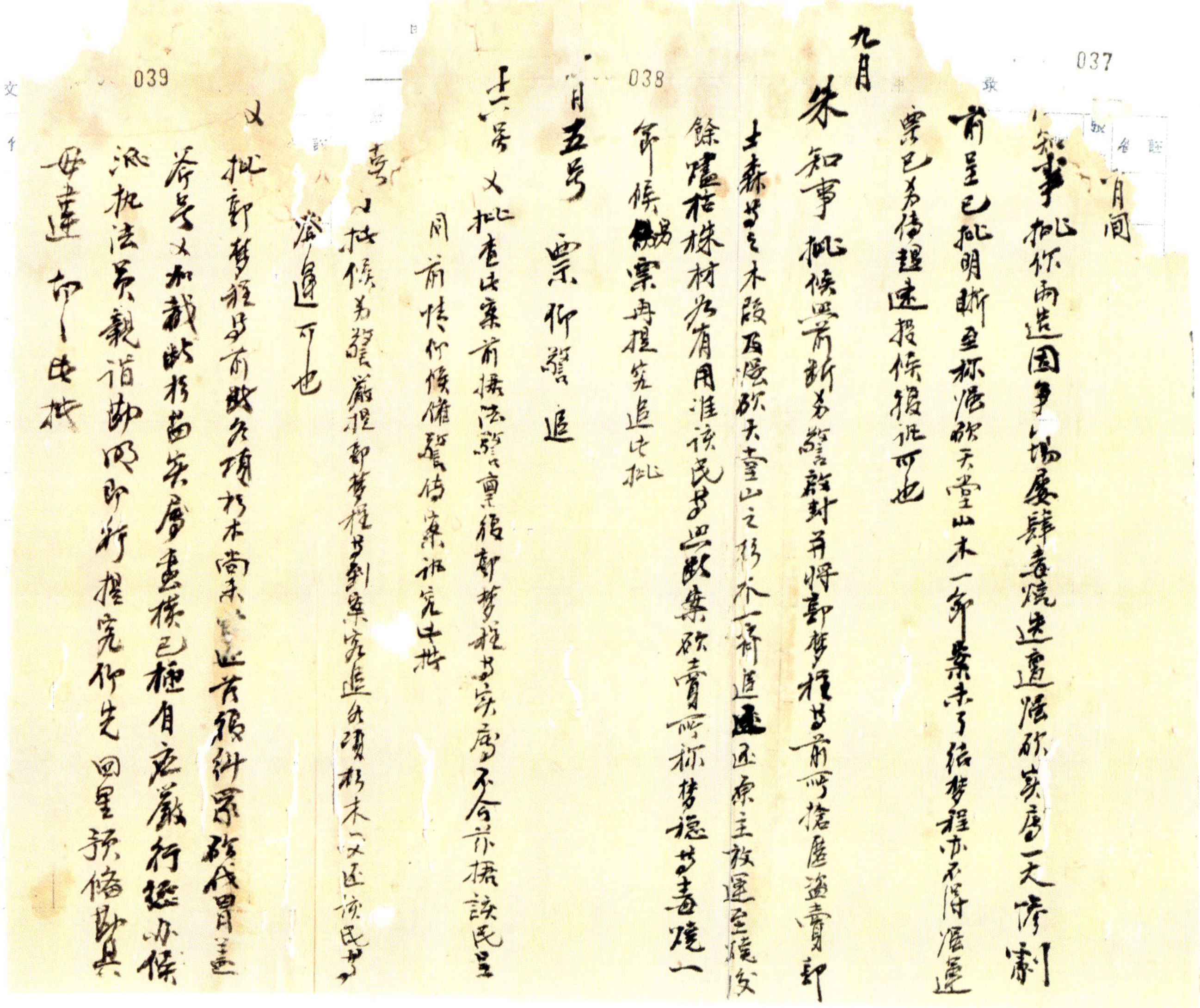

58.(時間不詳)憲批抄件粘呈　(1900：37–39) 25.8×32.1cm

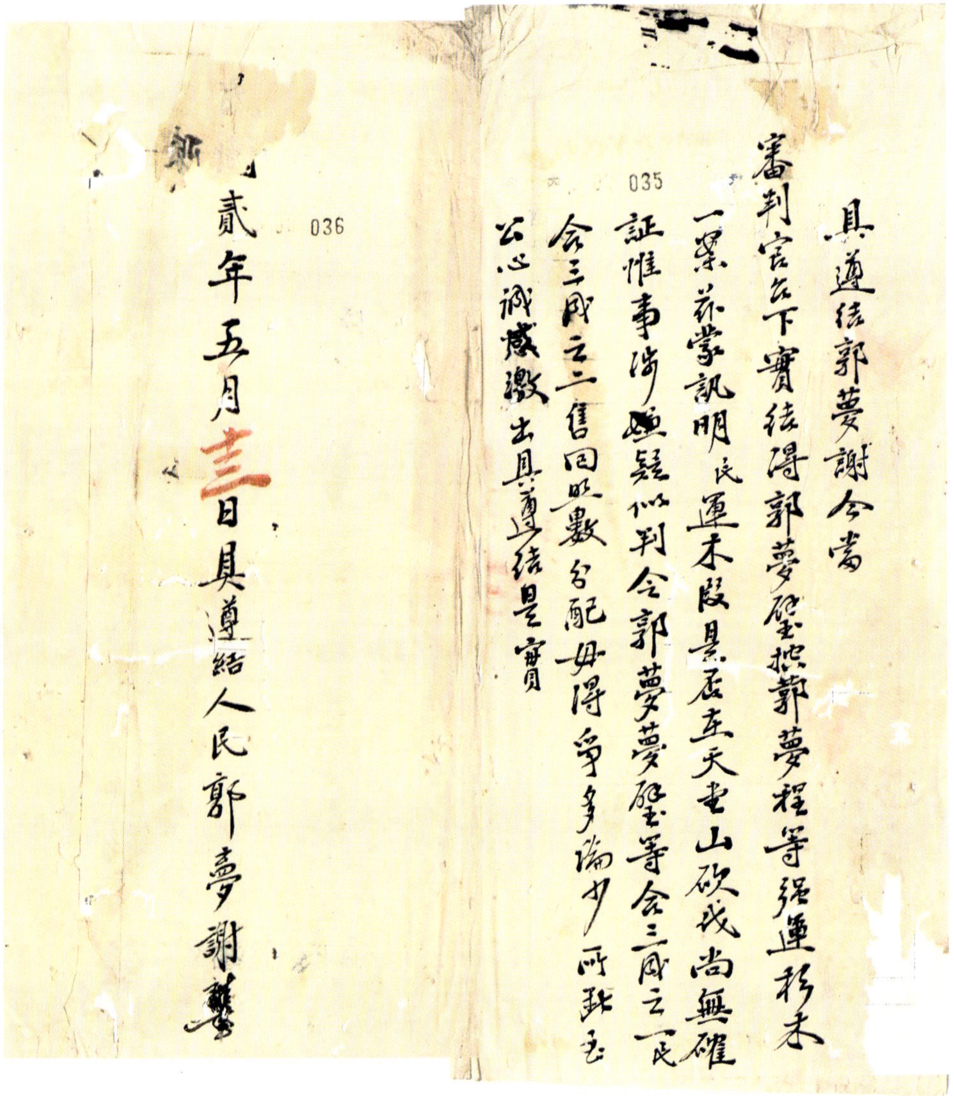

57.民國二年五月十三日郭夢謝遵結狀　(1900：35–36) 29.0×28.5cm

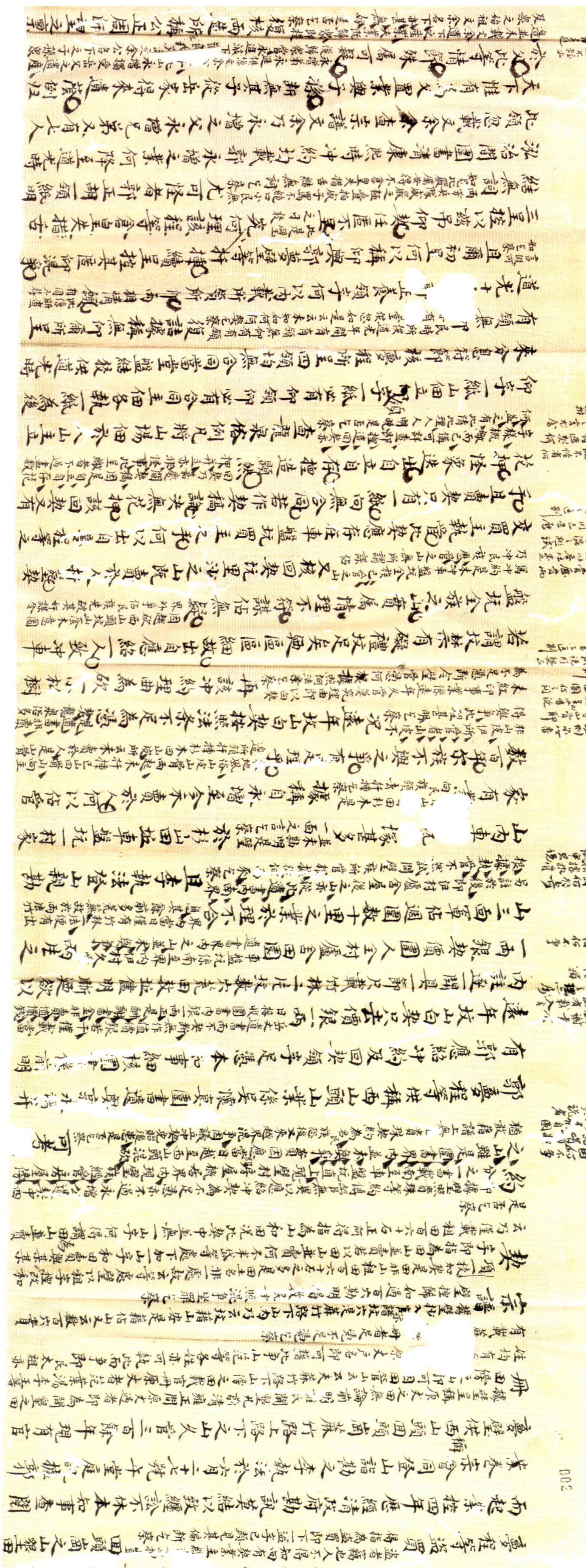

59-1.(時間不詳)堂諭等抄件粘呈　（10026：2）24.4×135.7cm

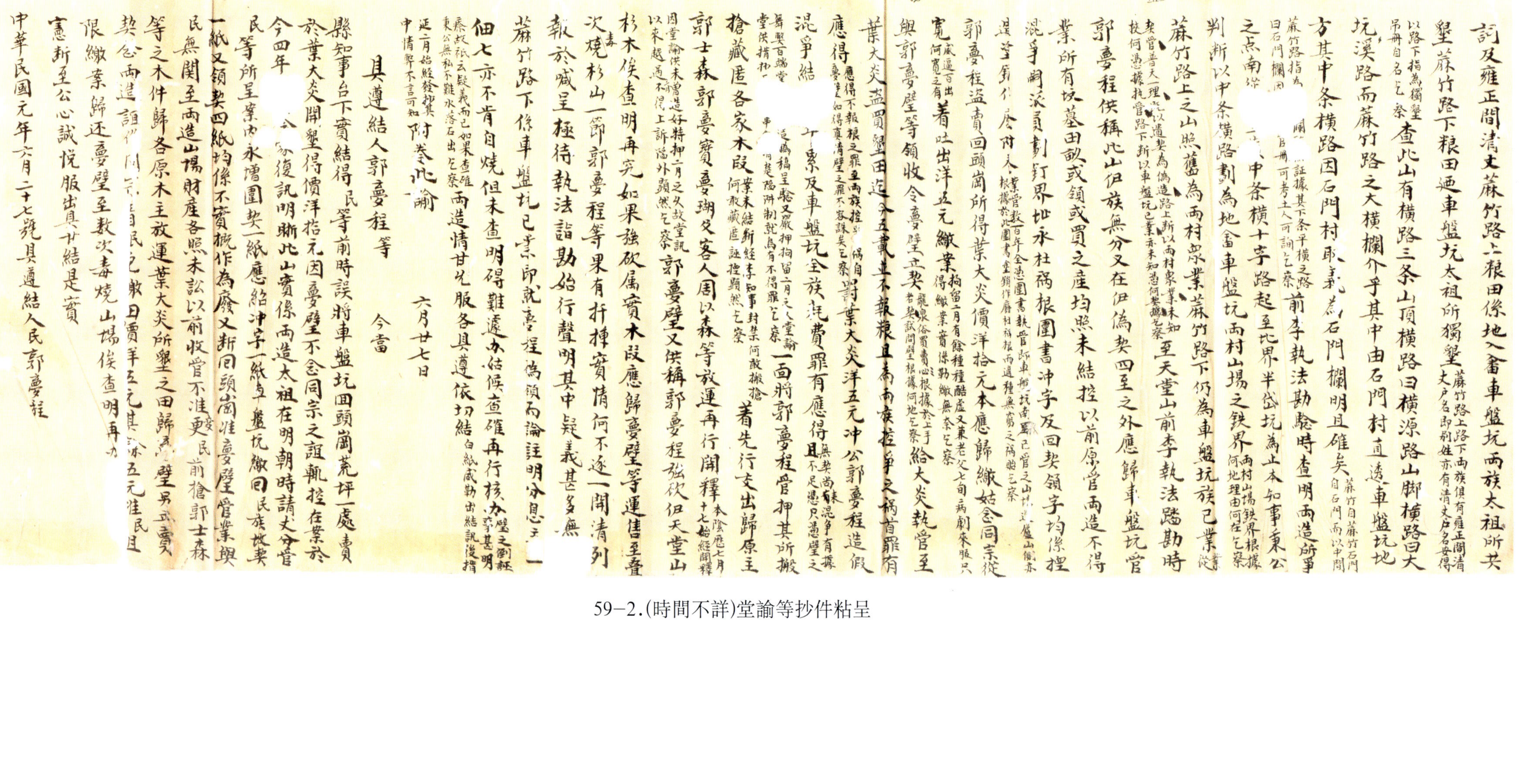

討及雍正間清丈蔴竹路上粮田係地入畲車盤坑兩族太祖所共
墾蔴竹路下粮田廼車盤坑太祖所獨墾（蔴竹路上路下兩族俱有雍正間清丈户名即別姓亦有清丈户名安得以路下指為獨墾吊冊自名乞察）查此山有横路三条山頂横路曰横源路山脚横路曰大
坑溪路而蔴竹路之大横欄介乎其中由石門村直透車盤坑地
方其中条横路因石門村取義為石門欄明且確矣（蔴竹自蔴竹石門自石門而以中間蔴竹路指為石門欄因[…]證據其下条平横之路白冊可考土人可詢乞察）前李執法勘驗時查明兩造所爭
之点南[…]中条横十字路起至北界半岱坑為止本知事秉公
判斷以中条横路劃為地畲車盤坑兩村山場之鉄界（兩村山場鉄界根據何地理由何在乞察）
蔴竹路上之山照舊為兩村衆業蔴竹路下仍為車盤坑族已業（從業）至天堂山前李執法踏勘時（契管普天一理既以遺契為偽造路上斷以兩村衆業未知扶何憑據執管路下斷以車盤坑已業亦未知憑何契據乞察）
郭夢程供稱此山伊族無分又在伊偽契四至之外應歸車盤坑管
業所有坟墓田畝或領或買之產均照未結控以前原管兩造不得
混爭嗣派員劃釘界址永杜禍根圖書冲字及回契領字均係捏
造塗銷作廢附卷（業管數百年全憑圖書執管距車盤坑南[…]已管之山場[…]蓋山僻亦根據於此圖書塗銷作廢枉禍根而遺種無窮之禍胎乞察）
郭夢程盜賣回頭崗所得葉大炎價洋拾元本應歸繳姑念同宗從
寬（厥遍百出何寬之有）着吐出洋五元繳案（拘留二月有餘種種酷虐又兼老父七旬之病劇來販只得繳案實係勒繳無奈乞察）
與郭夢璧等領收令夢璧立契（龍泉俗買賣必根據於上手老契試問璧王根據何地乞察）給大炎執管至
葉大炎盜買墾田迄今五載並不報粮且為兩族控爭之禍首罪有
應得（應得不報粮之罪至兩族控爭偶自夢璧之如得真清璧之罪不容誅矣乞察）訝葉大炎洋五元冲公郭夢程造假
混爭結[…]案及車盤坑全族耗費罪有應得且（無契尚未混爭有據不足憑只憑璧之）
（舞契百端堂供措抑[…]造偽稿呈驗又嚴押拘留二月之久堂諭何楚陷拼制就為有不得罪乞察）一面將郭夢程管押其所搬
搶藏匿各家木段（業未結斷經李知事封禁何敢搬搶何敢藏匿誣捏顯然乞察）着先行交出歸原主
郭士森郭夢寶夢瑚及客人周以森等放運再行開釋（本陰歷七月十七始經開釋）
（因堂諭供未曾造好特押二月之久故堂訊以來越過不得上訴滔外顯然乞察）郭夢璧又供稱郭夢程強砍伊天堂山
杉木俟查明再究如果強砍屬實木段應歸夢璧等運售至叠
次（毒）燒杉山一節郭夢程等果有扦揀實情何不逐一聞清列
報於喊呈極待執法詣勘始行聲明其中疑義甚多無
蔴竹路下係車盤坑已業即就夢程為頭而論註明分息之[…]一
佃七亦不肯自燒但未查明礙難遽爲估俟查確再行核办（璧之劉枉[…]甚明）
（藤故祇云疑義而已如果查確秉公無私不難水落石出乞察）兩造情甘允服各具遵依切結（白紙威勒出結訊後措）
附卷此諭（延二月始經發抄其中情弊不言可知）

六月廿七日

具遵結人郭夢程等　今當

縣知事台下實結得民等前時誤將車盤坑田頭崗荒坪一處賣
於葉大炎開墾得價洋拾元因夢璧不念同宗之誼輒控在案於
今四年[…]公[…]復訊明晰此山實係兩造太祖在明朝時請丈分管
民等所呈案內永遭圖契一紙應給冲字一紙車盤坑鄉回民族故契
一紙又領契四紙均係不實概作為廢又斷回頭崗准夢璧管業與
民無関至兩造山場財產各照未訟以前收管不准更變民前搶郭士森
等之木件歸各原木主放運葉大炎所墾之田歸夢璧另立賣
契念兩造誼[…]同宗[…]自民已繳日價洋五元其[…]五元准民且
限繳案歸还夢璧至數次毒燒山場俟查明再办
憲斷至公心誠悅服出具甘結是實
中華民國元年六月二十七號具遵結人民郭夢程

59−2.(時間不詳)堂諭等抄件粘呈

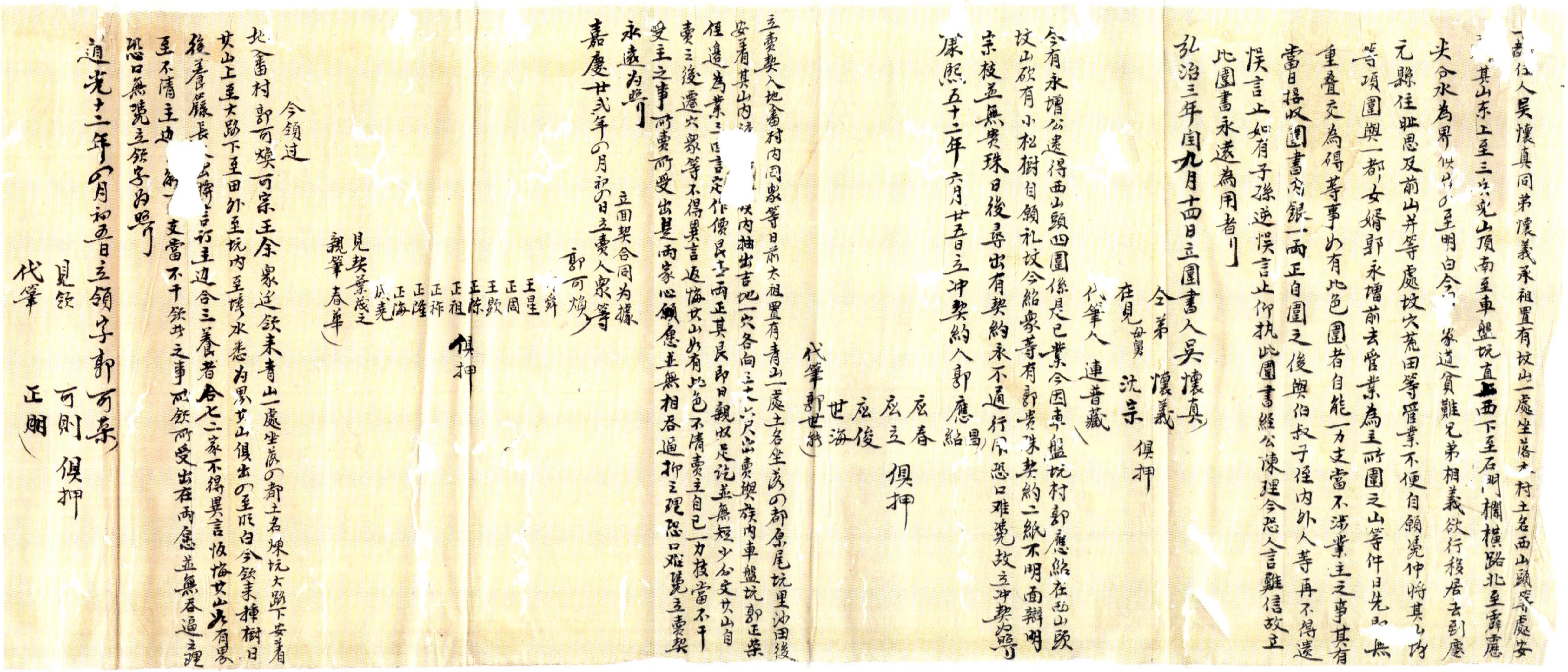

60–1.(時間不詳)契約等抄件粘呈　(10026：3) 24.7×106.1cm

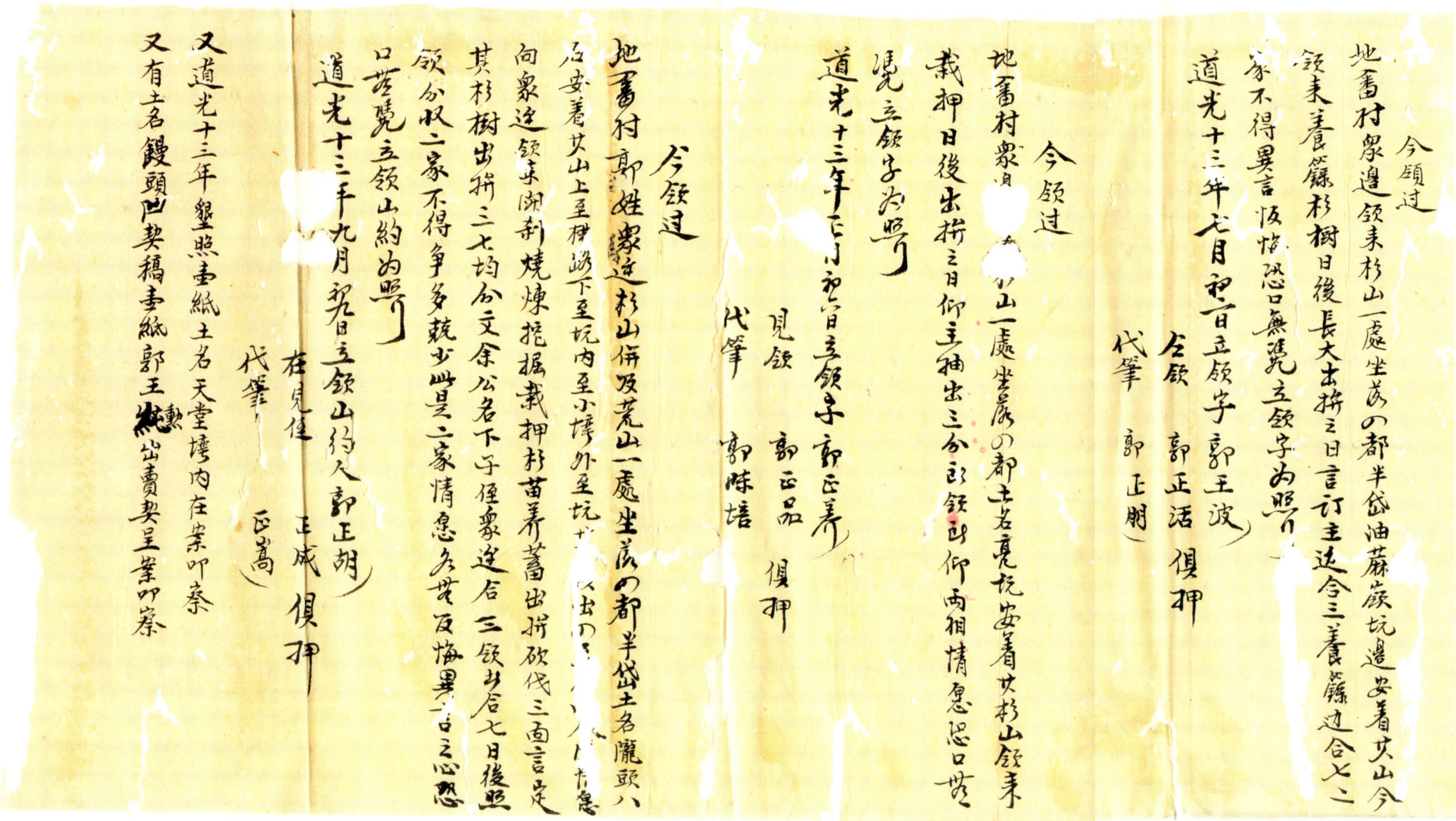

今領過
地畬村衆邊領來杉山一處坐落の都半岱油蘇嶺坑邊安着大山今
領來養蘇杉樹日後長大出拚之日言訂主迭合三養蘇迭合七之
家不得異言悔恨恐口無憑立領字為照
道光十三年七月初十日立領字郭王波
合領　郭正活　俱押
代筆　郭正朋

今領過
地畬村衆[illegible]杉山一處坐落の都土名覓坑安着大杉山領來
栽押日後出拚之日仰主抽出三分已領[illegible]仰兩相情愿恐口無憑
立領字為照
道光十三年正月初一日立領字郭正壽
見領　郭正品　俱押
代筆　郭味培

今領過
地畬村郭姓衆邊杉山併及荒山一處坐落の都半岱土名隴頭八
石安着大山上至横路下至坑內至小塆外至坑[illegible]為界
向衆邊領來開斬燒煉挖掘栽押杉苗養蓄出拚砍伐三面言定
其杉樹出拚三七均分文余公名下子侄衆邊合三領山合七日後照
領分收二家不得爭多競少此是二家情愿各無反悔異言之心恐
口無憑立領山約為照
道光十三年九月初九日立領山約人郭正胡
在見侄　正成　俱押
代筆　正嵩

又道光十三年契照壹紙土名天堂塆內在案叩察
又有土名鑊頭凹契稿壹紙郭王勳出賣契呈案叩察

60−2.(時間不詳)契約等抄件粘呈

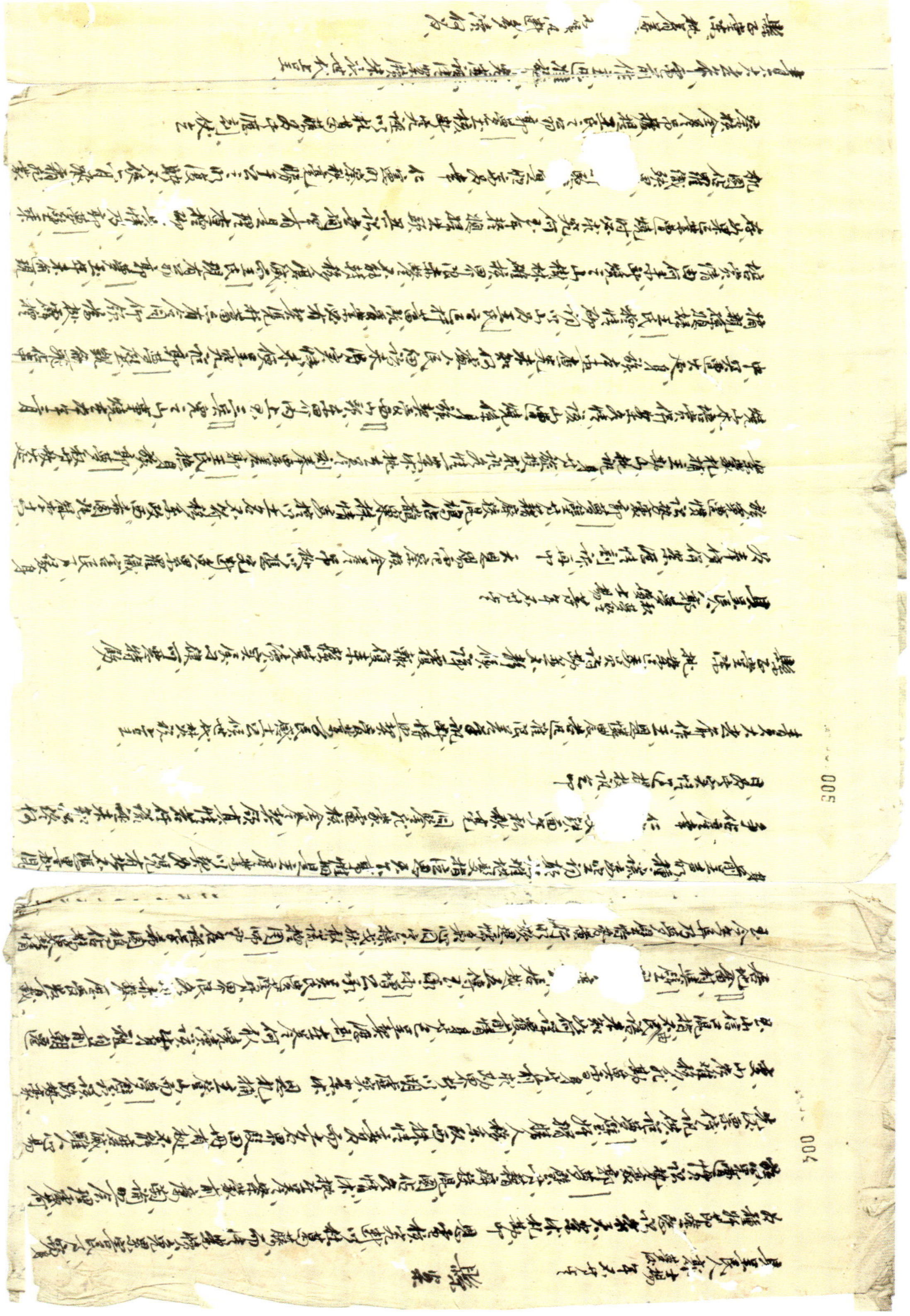

61-1.(時間不詳)呈狀等抄件粘呈

（10026：4–9）28.8×97.8cm；（10026：10–11）28.8×53.4cm；（10026：12–16）28.8×127.2cm

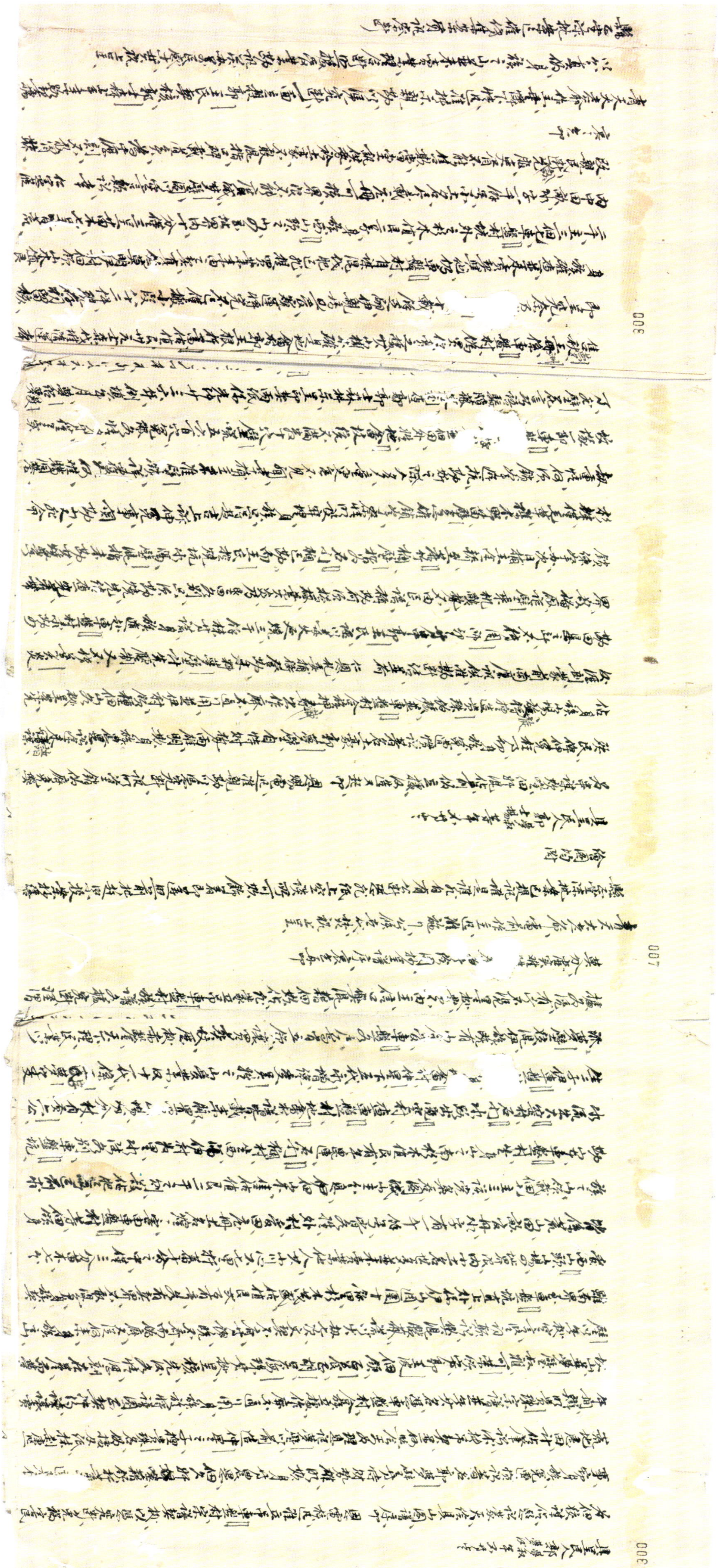

61–2.(時間不詳)呈狀等抄件粘呈

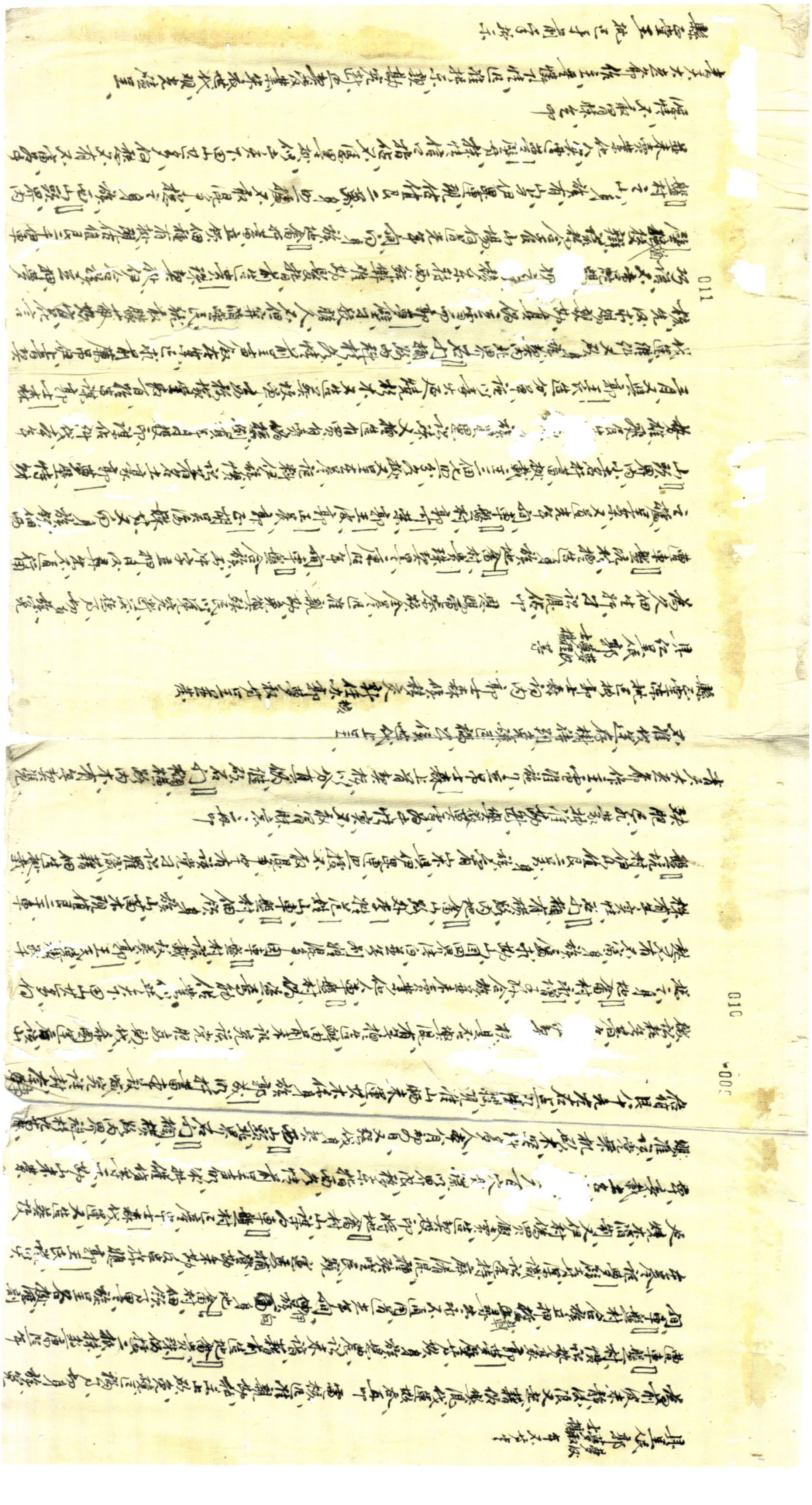

61–3.(時間不詳)呈狀等抄件粘呈

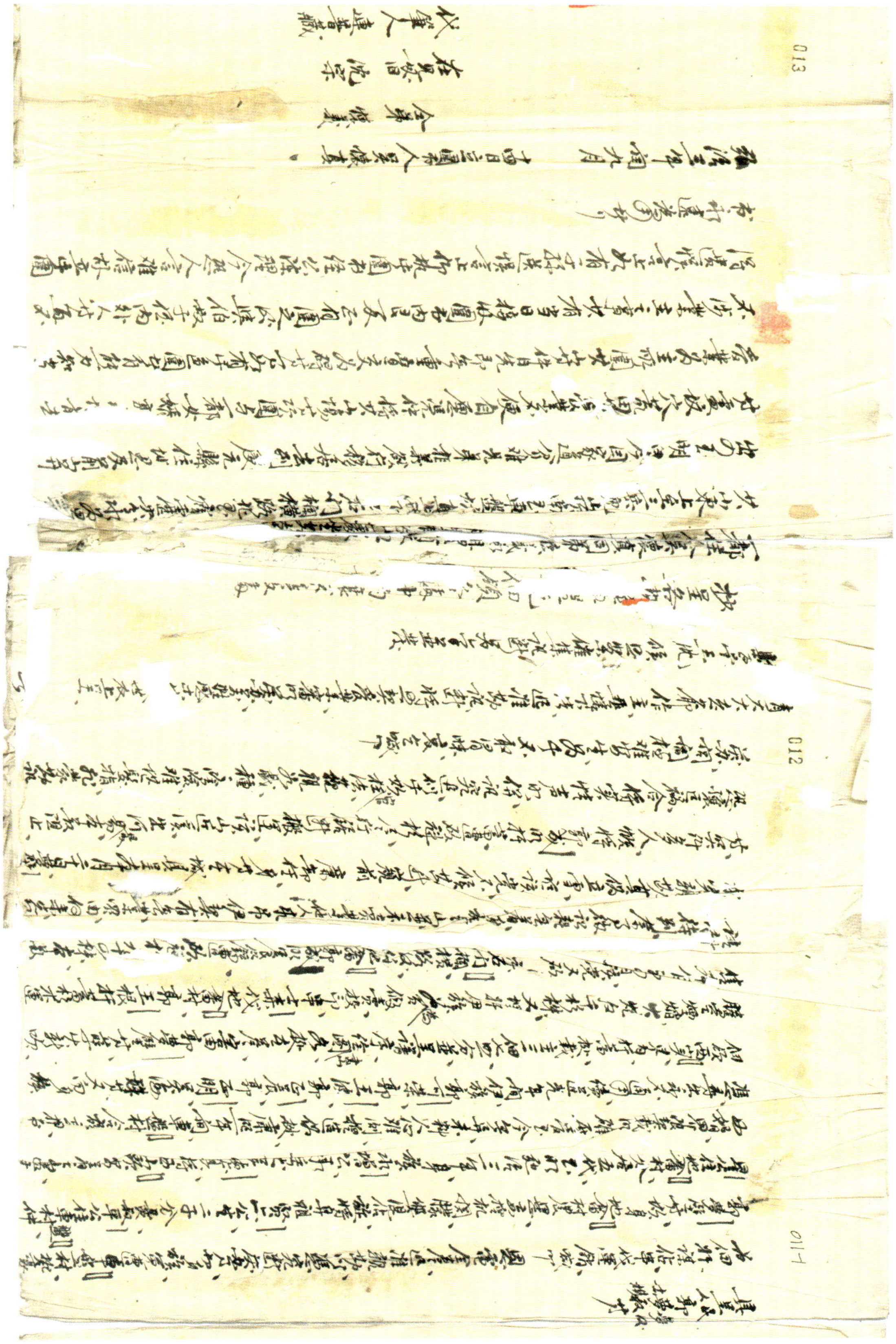

61–4.(時間不詳)呈狀等抄件粘呈

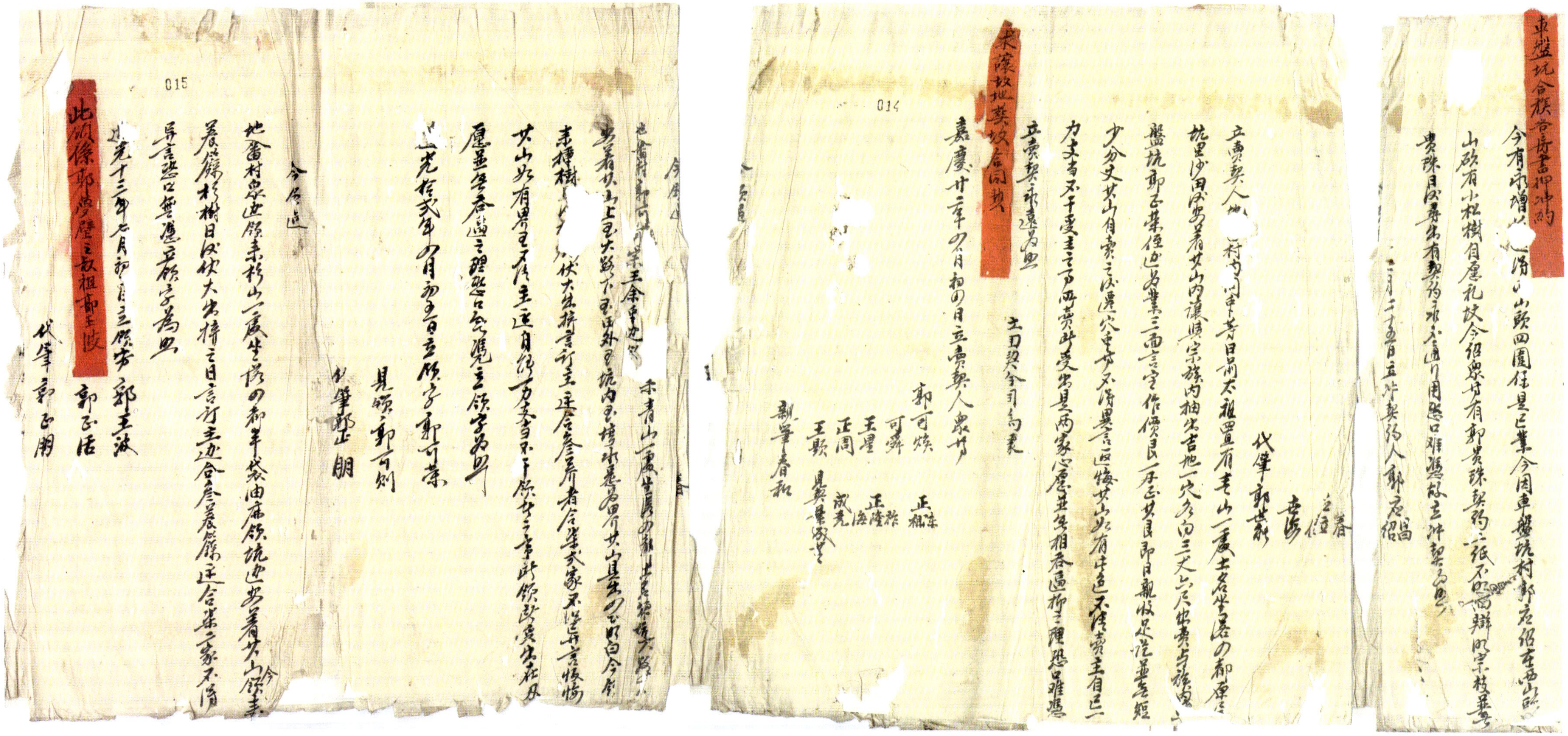

61-5.(時間不詳)呈狀等抄件粘呈

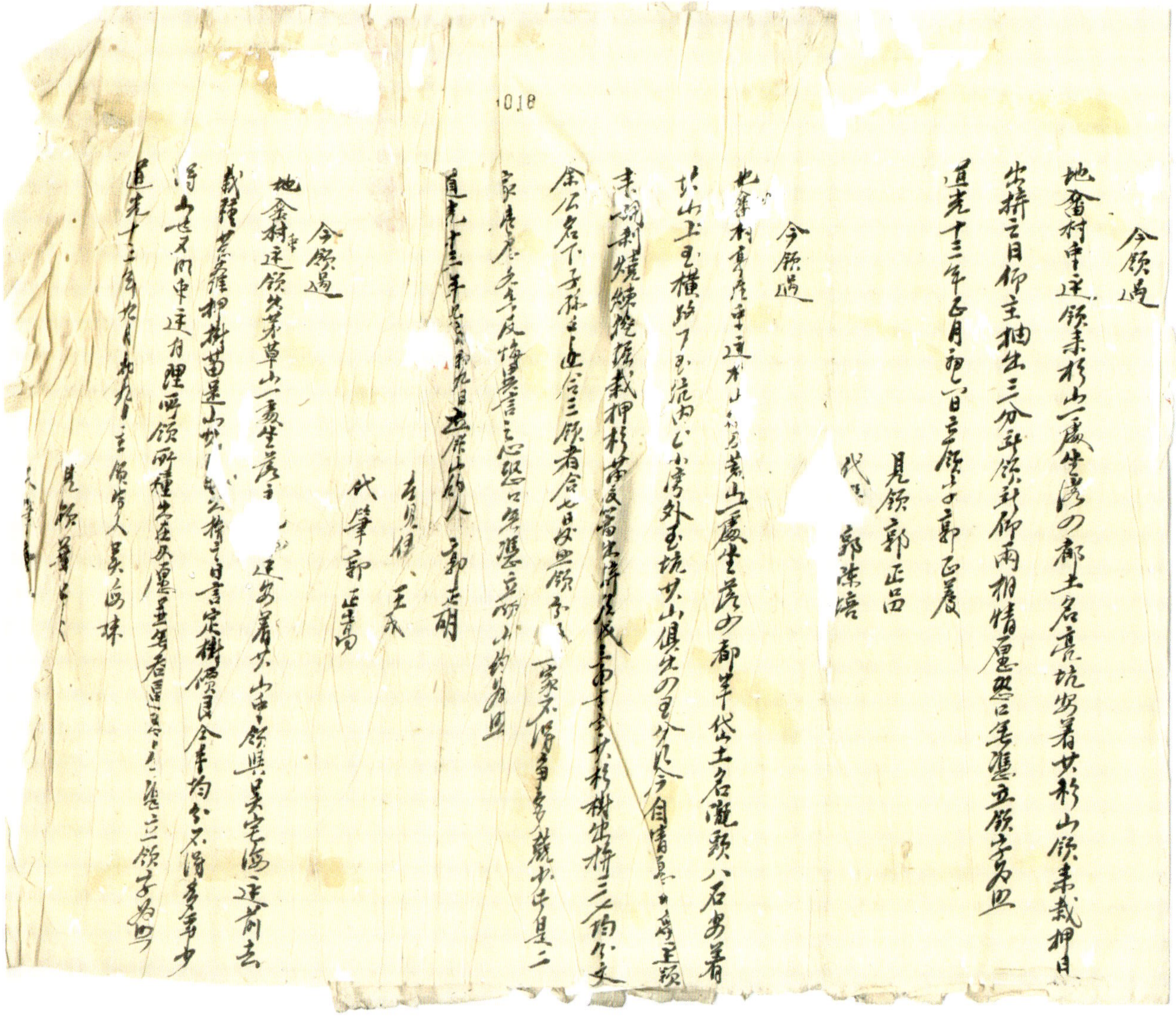
今領過
地畲村申廷領來杉山一處坐落〇都土名[illegible]坑安着廿杉山領來栽押日
出拚之日仰主抽出三分并領[illegible]仰兩相情愿恐口無憑立領字爲照
道光十三年五月初一日立領字郭正履
見領　郭正品
代筆　郭[illegible]
今領過
地畲村[illegible]申廷[illegible]荒山一處坐落〇都半岱山土名瀧頭八石安着
[illegible]山上至橫路下至[illegible]外至坑[illegible]山俱[illegible]自情[illegible]
來[illegible]栽押杉[illegible]出拚[illegible]三七均分文
余〇名下子孫[illegible]合三領者合七日后[illegible]一家不得[illegible]
[illegible]恐口無憑立[illegible]爲照
道光十三年[illegible]初九日立承山領人郭[illegible]明
在見侄　[illegible]
代筆　郭正[illegible]
今領過
地畲村申廷領出茅草山一處坐落〇[illegible]安着大山[illegible]與吳宅[illegible]廷前去
栽種[illegible]柳樹苗[illegible]日言定樹價[illegible]均分不得多寡少
得[illegible]申廷[illegible]恐口無憑立領字爲照
道光十三年九月初[illegible]日立領字人吳[illegible]
見領　[illegible]

61–6.(時間不詳)呈狀等抄件粘呈

一五　宣統元年毛樟和控毛景隆昧良賴債案

一、內容提要

「宣統元年（一九零九）毛樟和控毛景隆昧良賴債案」相關檔案保存於13527號卷宗，其中包括宣統元年八月至宣統二年（一九一零）八月訴訟過程中形成的各式狀紙十九件、票（稿）五件、稟一件結狀四件。該案檔案保存情況相當完整。「宣統元年八月初三日毛樟和爲控毛景隆昧良賴債墨據莫憑事呈狀」是新詞，毛樟和指控毛景隆（即毛鴻）以兩張土地賣、找契據爲抵押向他借款，此後未能在規定期限內還債，反而將所抵押土地賣給第三方卓心田（即卓文浩）爲業。該狀附有兩張毛景隆父親毛先球向卓培松買到田地的賣、找契的抄件，以及毛景隆借款抵押憑票的抄件。知縣陶霦駁回訴訟請求，要求毛樟和「自行邀族理追，不必涉訟」。「宣統元年八月廿八日卓文浩爲控周高立等違禁搶割目無法紀事呈狀」也是一件新詞，卓文浩呈控周高立、姜永祥等盜割該田田穀，知縣准理，并簽發傳票。該狀附有四件契約，其中三件是卓文浩從毛景隆處買得田地的賣契和加找契抄件，另一件是毛景隆之父毛先球向卓培松買地加找契的抄件，同時在呈狀中説明所買田地只是原有田産中的一部分，因此并沒有獲得該田所有上手契。毛樟和隨即呈狀，對卓文浩沒有獲得毛景隆受買該田的契約提出質疑。不久被呈毛景隆也呈狀（又一件新詞），否認曾以契約爲抵押向毛樟和借款，聲稱毛樟和所持契約乃數年前因自己疏忽而被人所竊，同時呈控姜永年等盜割其輪值祭田田穀。此後知縣陶霦將三案併爲一案，并再次傳訊周高立等人而未果。自宣統元年十月至十二月，毛樟和、卓文浩及毛徐氏（毛徐氏爲毛景隆孀婦，毛景隆於宣統元年十一月去世）互有呈控或辯訴，但訴訟并無進展。至宣統二年知縣陳啓謙到任，在卓文浩等人的多次催呈下，兩次簽發傳票。六月初五日差役回稟稱傳到周高立等人。六月十二日堂審材料中未見點名單、供詞及堂諭，但保留了周高立等人的結狀。據此可知縣裁令周高立等十日之內向卓文浩繳回穀九籮，價英洋十二元六角。但周高立等并未執行堂諭內容，因此自六月廿八日至八月廿八日，卓文浩與毛徐氏等又多次呈控周高立等「藐斷抗繳」。知縣雖然批准了這些呈狀，但未見該案八月廿八日以後的文書，最終結果不得而知。

二、檔案索引

編號	時間	作者	內容	類型	卷宗號	原卷宗頁碼
1	宣統元年八月初三日	毛樟和	爲控毛景隆昧良賴債墨據莫憑事(新詞)	呈狀	13527	12—13
			附1　道光二十八年九月卓培松等立賣田契抄件	粘呈	13527	14
			附2　道光二十八年十一月卓培松等立找契抄件	粘呈	13527	15
			附3　光緒三十一年十二月廿六日毛景隆立憑票抄件	粘呈	13527	11
2	宣統元年八月廿八日	卓文浩	爲控周高立等違禁搶割目無法紀事(新詞)	呈狀	13527	8—10
			附1　道光二十八年十一月卓培松立杜截找清契抄件	粘呈	13527	29
			附2　光緒三十二年十一月毛景隆立杜截賣契等抄件	粘呈	13527	30—31

3	宣統元年九月初五日	知縣陶霖	爲飭提周高立等事	票(稿)	13527	5–6
4	宣統元年九月十三日	毛樟和	爲控毛景隆貪謀串買包攬昧噬事	呈狀	13527	3–4、7
5	宣統元年九月廿八日	毛鴻	爲控姜永祥疊肆盜割大干法紀事(新詞)	呈狀	13527	18–20
6	宣統元年十月初三日	卓文浩	爲控周高立等搶割田穀買戚替訟事	呈狀	13527	21–23
7	宣統元年十月初八日	毛鴻	爲控姜永祥等盜割情虧串黨搶訴事	呈狀	13527	24–26
8	宣統元年十月十三日	毛樟和	爲控卓文浩票立契抵實無糾葛事	呈狀	13527	27–28、1–2
9	宣統元年十月十五日	知縣陶霖	爲併案催傳周高立等事	票(稿)	13527	16
10	宣統元年十一月廿三日	毛樟和	爲控卓文浩等租穀不交不訴不案事	禀狀	13527	32–33
11	宣統元年十一月廿八日	卓文浩	爲控周高立等抗提不到藐法异常事	呈狀	13527	67–69
12	宣統元年十二月初三日	毛徐氏	爲控姜永祥等竊契情實拴孤搶訴事	呈狀	13527	70–72
			附1　揭單	呈狀	13527	76
13	宣統二年三月十八日	卓文浩	爲控周高立等案已批訊抗提不到事	呈狀	13527	73–75
14	宣統二年四月初八日	知縣陳啓謙	爲照案催傳周高立等事	票(稿)	13527	103
15	宣統二年五月十三日	卓文浩	爲控周高立等不案不訴故意宕延事	呈狀	13527	98–101
16	宣統二年五月廿二日	知縣陳啓謙	爲勒傳周高立等事	票(稿)	13527	102
17	宣統二年五月廿八日	毛樟和	爲控卓文浩平空插入包攬欺孤事	呈狀	13527	94–97
18	宣統二年六月初三日	毛徐氏	爲控姜永祥等盜割未究飾訴脱罪事	呈狀	13527	85–90
			附1　副狀	副狀	13527	91–93
19	宣統二年六月初五日	差役柳發等	爲禀傳到周高立等事	禀	13527	77–78
20	宣統二年六月初八日	卓文浩	爲控周高立等被告未到案難斷結事	呈狀	13527	79、82–84
			附1　副狀	副狀	13527	80–81
21	宣統二年六月十二日	卓厚承等	切結狀	結狀	13527	63
22	宣統二年六月十二日	周高立等	甘結狀	結狀	13527	64
23	宣統二年六月十二日	毛樟和	甘結狀	結狀	13527	65
24	宣統二年六月十二日	卓文浩	遵依狀	結狀	13527	66

25	宣統二年六月廿八日	卓文浩	爲控周高立等斷繳不繳包搶包噬事	呈狀	13527	53—55、57—62
			附1　副狀	副狀	13527	56
26	宣統二年七月初六日	知縣陳啓謙	爲飭交穀事	票(稿)	13527	46—47
27	宣統二年七月十三日	毛徐氏	爲控姜永祥等藐斷抗繳非法莫追事	呈狀	13527	48—52
28	宣統二年七月廿三日	卓文浩	爲控周高立等任催不繳藐法無忌事	呈狀	13527	40—44
			附1　副狀	副狀	13527	45
29	宣統二年八月廿八日	卓文浩	爲控周高立等抗斷不繳差玩不提事	呈狀	13527	34—38
			附1　副狀	副狀	13527	39

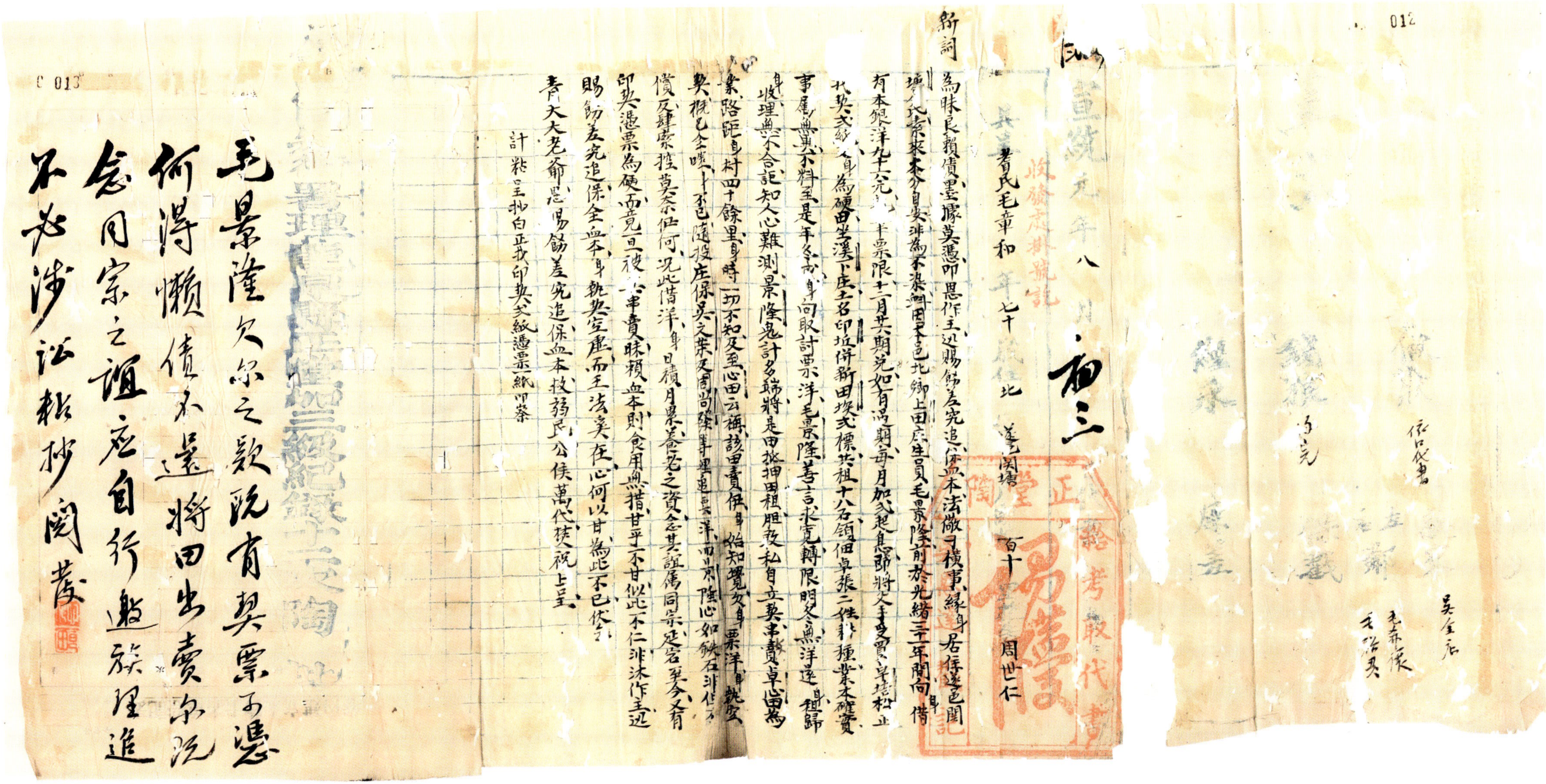

1. 宣統元年八月初三日毛樟和爲控毛景隆昧良賴債墨據莫憑事(新詞)呈狀　(13527：12–13) 27.5×60.6cm

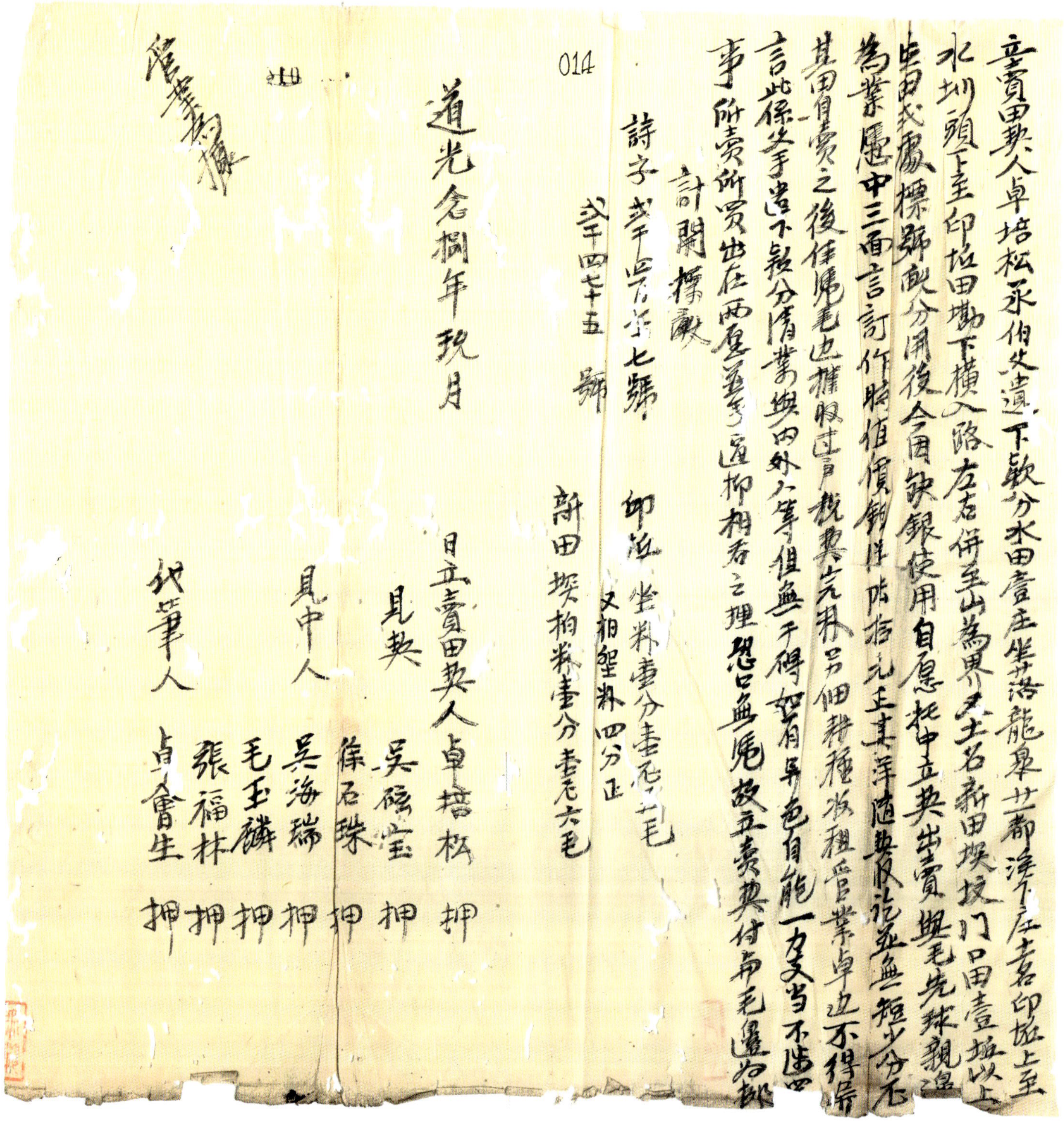

立賣田契人卓培松承伯父遺下款分水田壹庄，坐落龍泉廿都淩下庄，土名印垢，上至水圳頭，下至印垢田塝，下橫入路，左右併至山為界；又土名新田垅坟门口田壹坵，以上共田弍處，標號與分開後。今因缺銀使用，自愿托中立契出賣與毛先球親邊為業，憑中三面言訂，作時值價銀洋陸拾元正，其洋隨契收訖，並無短少分文。其田自賣之後，任憑毛邊推收過戶，執契完糧，另佃耕種，收租管業，卓邊不得異言。此係父手遺下鬮分清業，與內外人等俱無干碍。如有異色，自能一力支當，不涉買事。所賣所買出在兩愿，並無逼抑相吞之理。恐口無憑，故立賣契付與毛邊為據。

計開標號

詩字弍千四百六十七號，印垢，坐料壹分壹厘二毛

弍千四百七十五號，又相坐料四分正

新田垅柏料壹分壹厘六毛

道光念捌年玖月　日立賣田契人　卓培松　押

見契　吳頌宝　押

徐石珠　押

見中人　吳海瑞　押

毛玉麟　押

張福林　押

代筆人　卓會生　押

管業存據

014

1附1.道光二十八年九月卓培松等立賣田契抄件粘呈　（13527：14）28.7×28.8cm

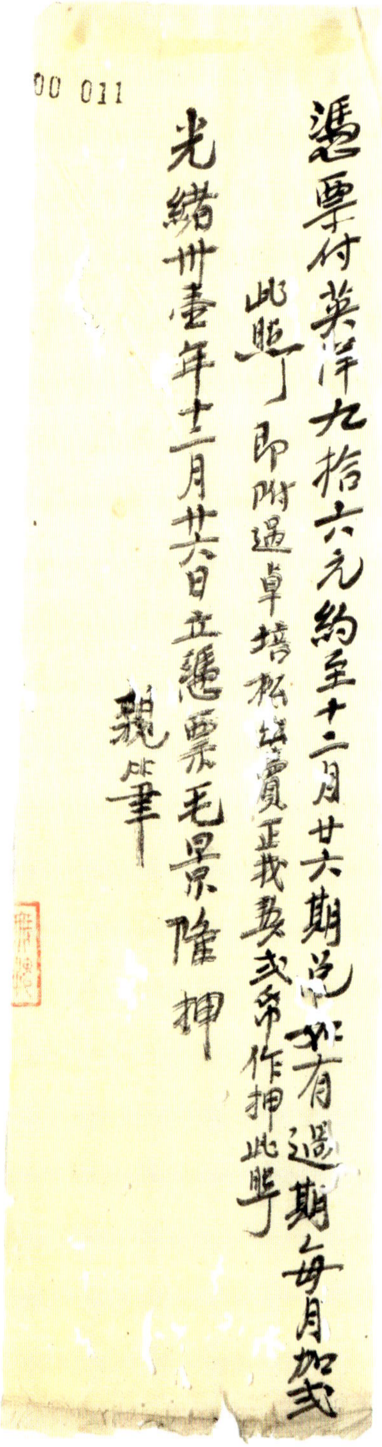
憑票付英洋九拾六元約至十二月廿六期照兌如有逾期每月加貳
此照丁　即附還卓培松找賣正找契式帋作押此照
光緒卅壹年十二月廿六日立憑票毛景隆押
親筆

1附3.光緒三十一年十二月二十六日毛景隆立
憑票抄件粘呈（13527：11）28.4×7.4cm

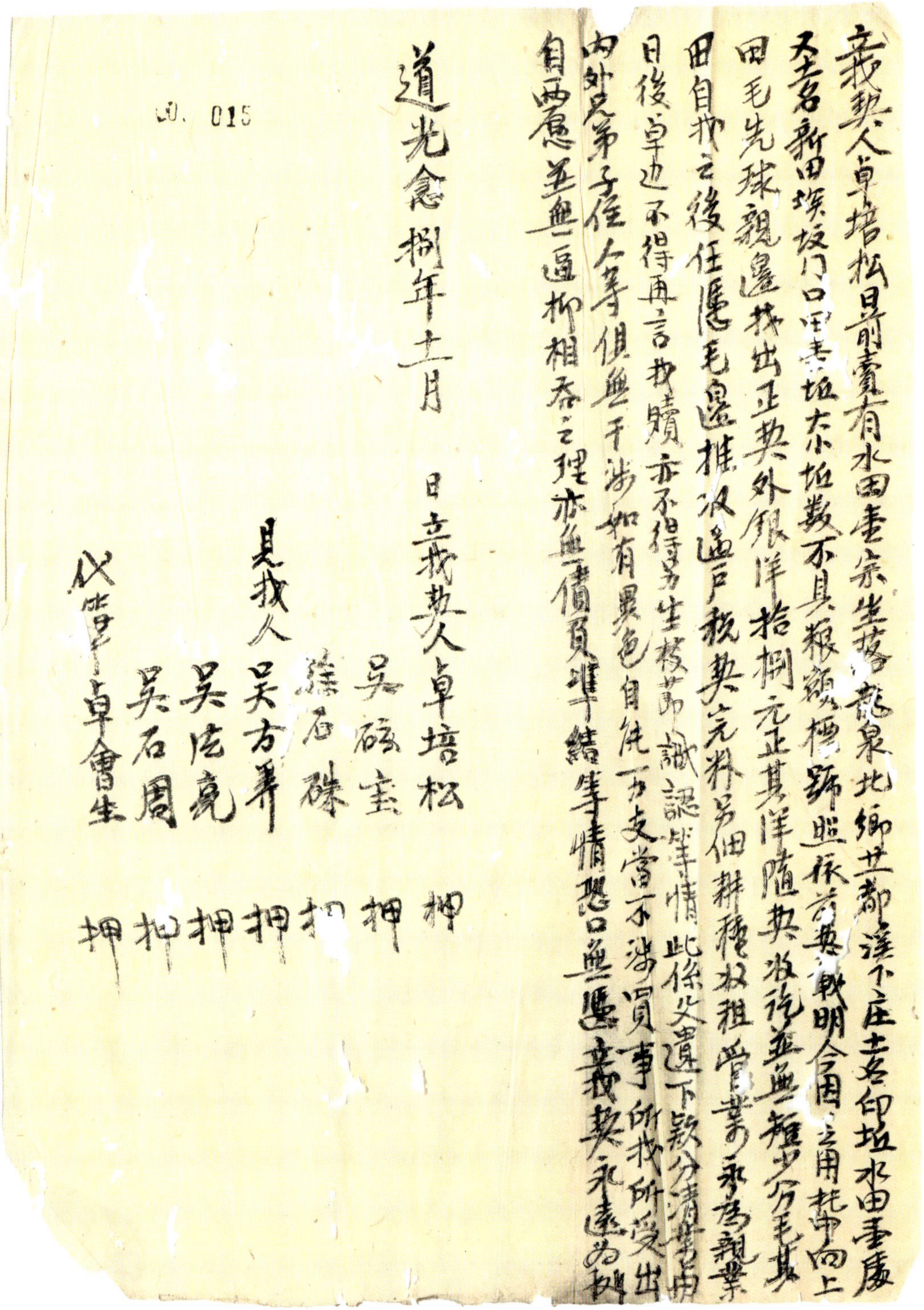
立找契人卓培松日前賣有水田壹宗坐落龍泉北鄉廿都溪下庄土名印垭水田壹處
土名新田垟坟门口田壹坵大小坵數不具粮額標號照依前契載明今因乏用托中向上
田毛先球親邊找出正契外銀洋拾捌元正其洋隨契收訖並無短少分毛其
田自找之後任憑毛邊推收過戶换契完粮另佃耕種收租管業永為親業
日後卓邊不得再言找贖亦不得另生枝節識認等情此係父遺下穀分清出
內外兄弟子侄人等俱無干涉如有異色自能一力支當不涉買主所找所受出
自兩愿並無逼抑相吞之理亦無一價貝準結等情恐口無憑立找契永遠為照

道光念捌年十一月　日立找契人卓培松押
吳磋奎押
孫石磔押
見找人吳方并押
吳法亮押
吳石周押
代筆卓會生押

1附2.道光二十八年十一月卓培松等立找契抄件粘呈　（13527：15）28.7×21.5cm

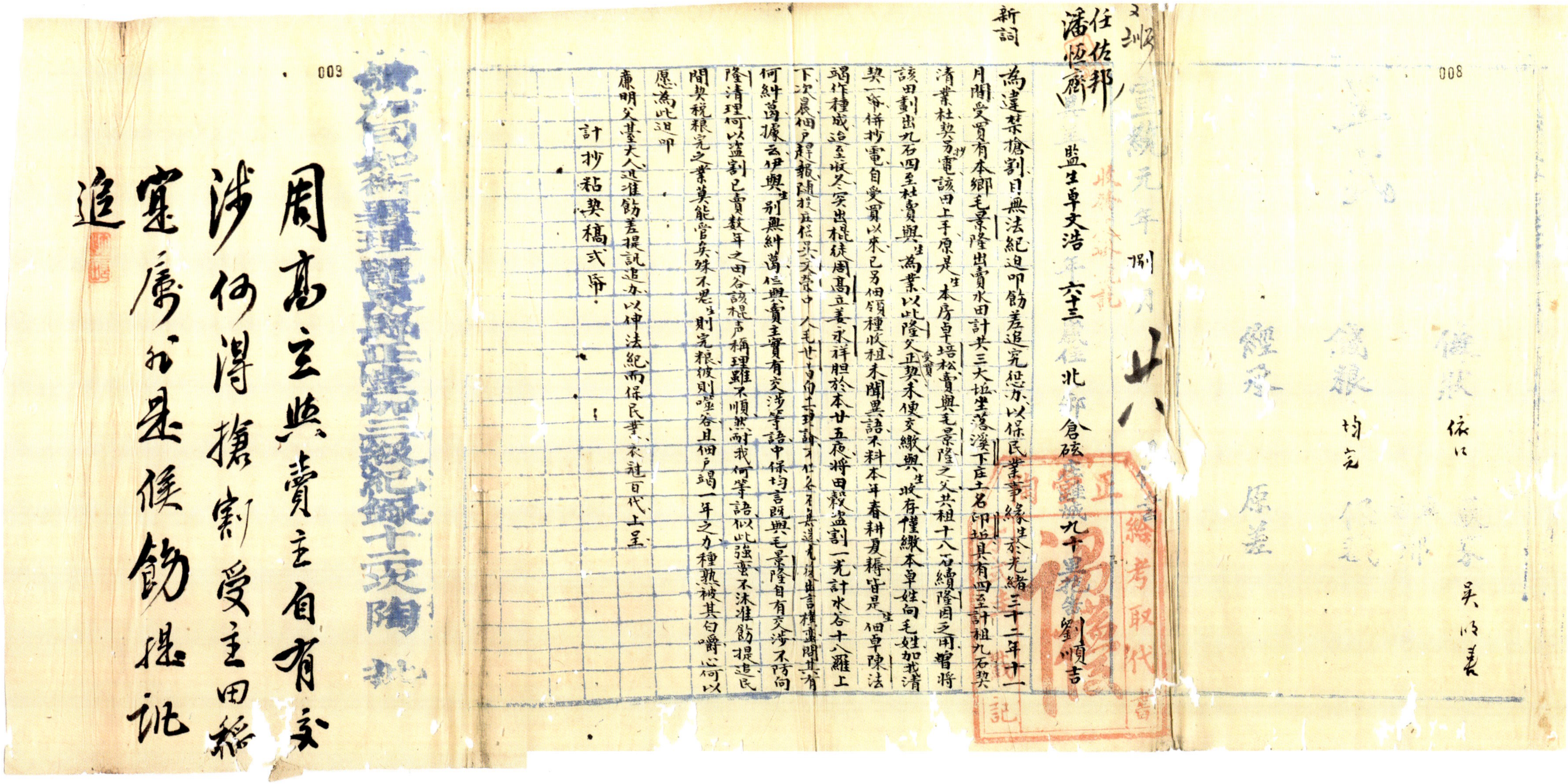

任佐邦
潘恆齋

新詞

監生卓文浩 六十三 北鄉倉碪 九十 劉順吉

為違禁搶割目無法紀迫叩飭差追究懲办，以保民業事。緣生於光緒三十二年十一月間受買有本鄉毛景隆出賣水田，計共三大坵，坐落溪下庄土名卯坵，具有四至，計租九石，契清業杜，契另抄電。該田上手原是生本房卓培松賣與毛景隆之父，共租十八石，續隆因乏用，曾將該田劃出九石，四至杜賣與生為業。以此隆父正契未便交繳與生收存，僅繳本卓姓向毛姓加找清契一紙，并抄電。自受買以來，已另佃領種收租，未聞異語。不料本年春耕夏耨，皆是生佃卓陳法竭作種成，迨至收冬，突出棍徒周高立、姜永祥胆於本廿五夜將田穀盜割一光，計水谷十八籮。上下次晨佃戶趕報，隨投庄保吳文蔡中人毛廿[illegible]出言橫蠻，聞其有何糾葛，據云伊與生別無糾葛，但與賣主實有交涉等語。中保均言既與毛景隆自有交涉，不妨向隆清理，何以盜割已賣數年之田谷？該棍声稱理雖不順，然奈我何等語。似此強蠻，不沐准飭提追，民間契稅粮完之業，莫能管矣。殊不思生則完粮，彼則嚥谷，且佃戶竭一年之力，種熟被其白嚼，心何以愿。為此迫叩

康明父臺大人迅准飭差提訊追办，以伸法紀而保民業，永銘百代。上呈。

計抄粘契稿弍紙。

周高立與賣主自有交涉，何得擄割受主田穀？實屬不是。候飭提訊追。

2.宣統元年八月廿八日卓文浩爲控周高立等違禁搶割目無法紀事(新詞)呈狀　(13527：8–9) 28.4×64.6cm；(13527：10) 27.5×39.5cm　圖版裁狀式條例

立杜截找清契人卓培松仝弟等原前出賣有水田與上田毛先球親邊為業坐
落溪下庄土名印垃水田一項又土名新田哭坆門口田一坵粮額界址前契註
明日前已經找過業輕價重理無可言今因缺銀使用再托憑中勸諭
向毛先球親邊再找出正找二契外價銀洋伍元四角正其洋隨契收訖並
無短少分厘其田自杜截找后不拘田頭地角荒熟一應任憑毛邊永遠
管業卓邊不得識認異言等情此係父手遺下欵內清業與內外人等
無碍如有重典文墨異端卓邊自能一力支當不干買事找受兩愿並無
杳逼恐口無憑立杜截找清契附與毛邊永遠掌管為據

即日面批中資銀洋壹角六分正

道光念捌年十一月　日立杜截找清契人卓培松　押

仝弟　貞權　押
貞銘　押
貞鋕　押
貞坤　押
貞璠　押

見找人　毛玉麟　押
吳方崧　押

代筆人　卓會生　押

永遠為據

2附1.道光二十八年十一月卓培松立杜截找清契抄件粘呈　（13527：29）24.0×41.3cm　圖版裁空白頁

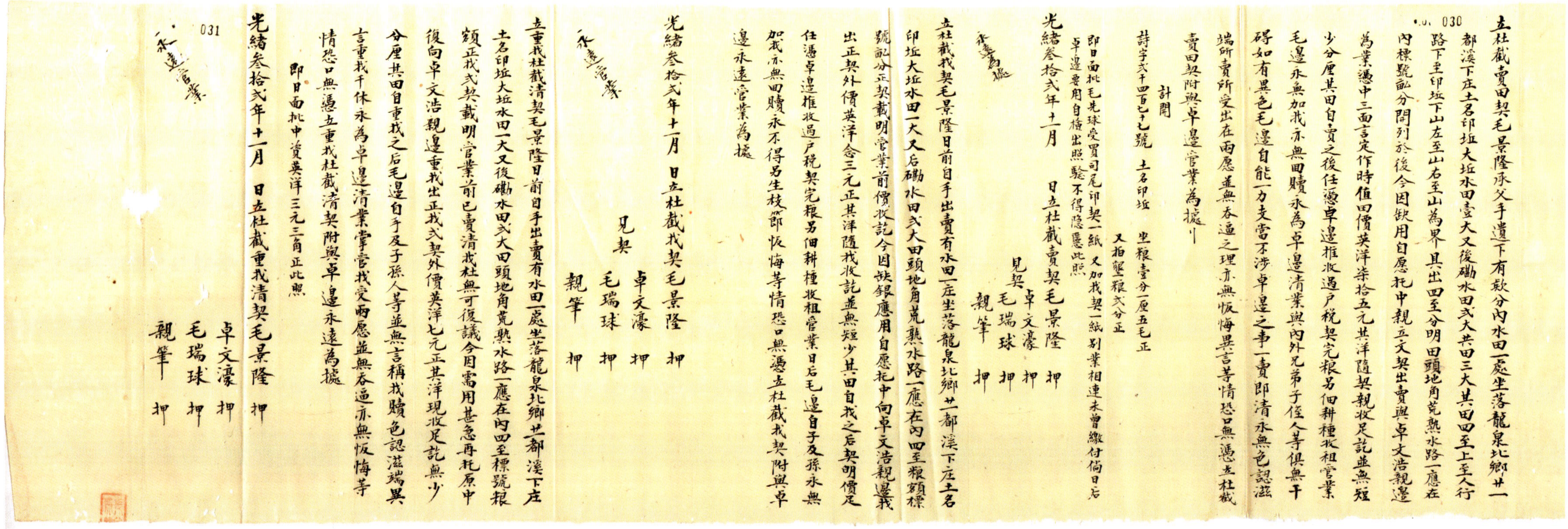

030

立杜截賣田契毛景隆承父手遺下有款分內水田一處坐落龍泉北鄉廿一
都溪下庄土名印垟大垟水田壹大又後磡水田弍大共田三大其田四至上至人行
路下至印垟下山左至山右至山為界具出四至分明田頭地角荒熟水路一應在
內標號畝分開列於後今因缺用自愿托中親立文契出賣與卓文浩親邊
為業憑中三面言定作時值田價英洋柒拾五元其洋隨契親收足訖並無短
少分厘其田自賣之後任憑卓邊推收過戶稅契完粮另佃耕種收租管業
毛邊永無加找亦無回贖永為卓邊清業與內外兄弟子侄人等俱無干
碍如有異色毛邊自能一力支當不涉卓邊之事一賣即清永無色認滋
端所賣所受出在兩愿並無吞逼之理亦無恢悔異言等情恐口無憑立杜截
賣田契附與卓邊管業為據リ

計開

詩字弍千四百七十七號　土名印垟　坐粮壹分一厘五毛正
又拍壟粮弍分正

即日面批毛先球受買司尾印契一紙　又加找契一紙　別業相連未曾繳付倘日后
卓邊要用自檢出照驗不得隱匿此照

光緒叁拾弍年十一月　日立杜截賣契毛景隆　押
見契　卓文濠　押
毛瑞球　押
親筆　押

永遠為據

立杜截找契毛景隆日前自手出賣有水田一庄坐落龍泉北鄉廿一都溪下庄土名
印垟大垟水田一大又后磡水田弍大田頭地角荒熟水路一應在內四至粮額標
號畝分正契載明管業前價收訖今因缺銀應用自愿托中向卓文浩親邊找
出正契外價英洋念三元正其洋隨找收訖並無短少其田自找之后契明價足
任憑卓邊推收過戶稅契完粮另佃耕種收租管業日后毛邊自子及孫永無
加找亦無回贖永不得另生枝節恢悔等情恐口無憑立杜截找契附與卓
邊永遠管業為據

光緒叁拾弍年十一月　日立杜截找契毛景隆　押
見契　卓文濠　押
毛瑞球　押
親筆　押

永遠管業

立重找杜截清契毛景隆日前自手出賣有水田一處坐落龍泉北鄉廿一都溪下庄
土名印垟大垟水田一大又後磡水田弍大田頭地角荒熟水路一應在內四至標號粮
額正找弍契載明管業前已賣清找杜無可復議今因需用甚急再托原中
復向卓文浩親邊重找出正找弍契外價英洋七元正其洋現收足訖無少
分厘其田自重找之后毛邊自手及子孫人等並無言稱找贖色認滋端異
言重找千休永為卓邊清業掌管找受兩愿並無吞逼亦無恢悔等
情恐口無憑立重找杜截清契附與卓邊永遠為據

即日面批中資英洋三元三角正此照

光緒叁拾弍年十一月　日立杜截重找清契毛景隆　押
卓文濠　押
毛瑞球　押
親筆　押

031

永遠管業

2附2.光緒三十二年十一月毛景隆立杜截賣契等抄件粘呈　（13527：30–31）24.0×79.8cm

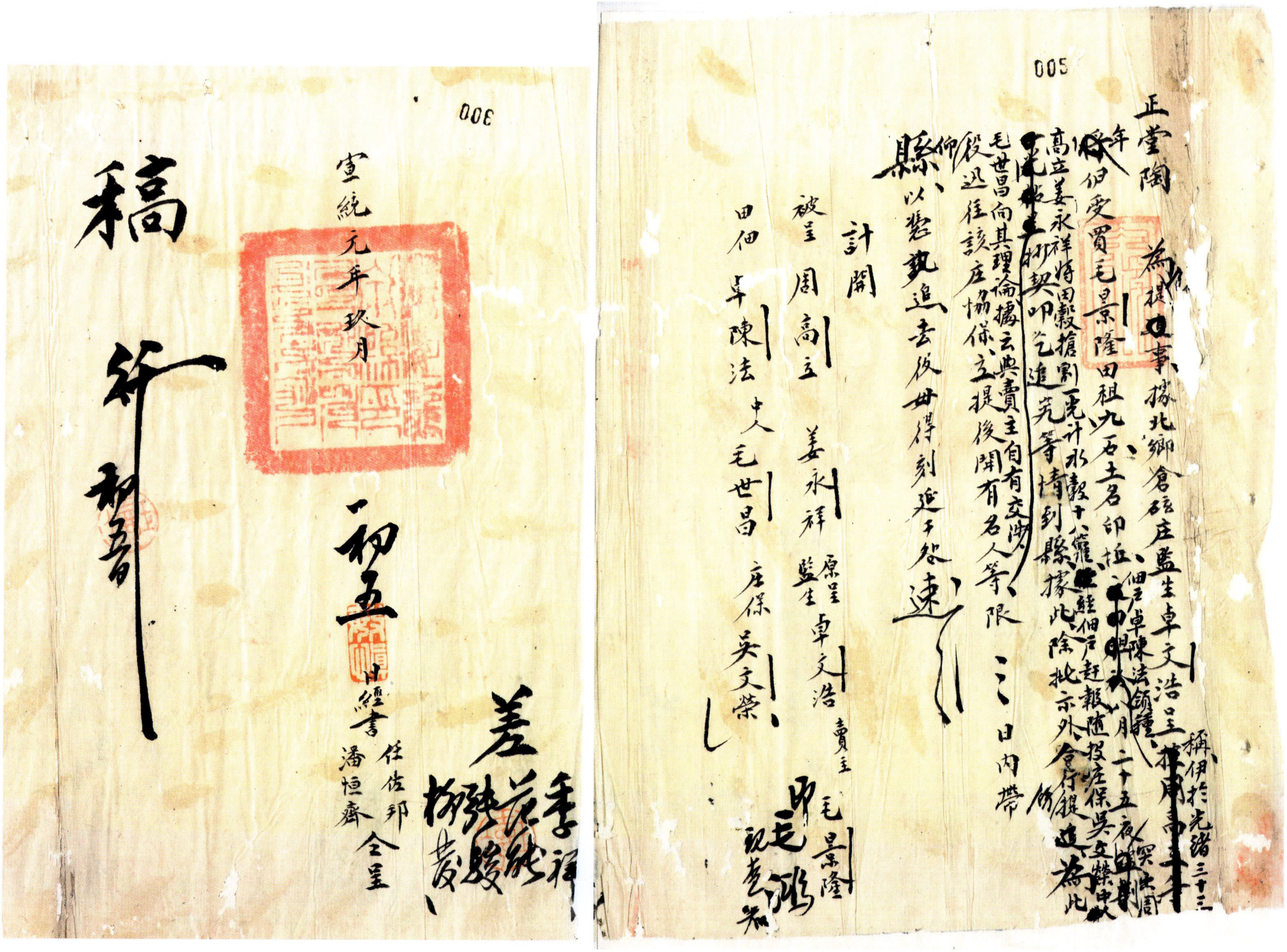

稿

宣統元年玖月　初五日

經書 潘恒齋 仝呈

任佐邦

差 季福 [illegible]

行

初五日

正堂陶

為提訊事。據北鄉倉碕庄監生卓文浩呈稱，伊於光緒三十三年[illegible]伊受買毛景隆田租九石，土名印坵，佃戶卓陳法領種。[illegible]月二十五夜[illegible]突出周高立、姜永祥將田穀搶割，計水穀十八籮。佃戶赶報，隨投庄保吳文榮[illegible]毛世昌向其理論，據云與賣主自有交涉[illegible]契叩乞追究等情到縣。據此，除批示外，合行提追。為此仰役迅往該庄，協保立提後開有名人等，限三日內帶縣，以憑執追。去役毋得刻延干咎。速速。

計開

被呈 周高立 姜永祥

原呈 監生 卓文浩

田佃 卓陳法　中人 毛世昌　庄保 吳文榮

賣主 毛景隆

3.宣統元年九月初五日知縣陶霦爲飭提周高立等事票(稿)　(13527：5–6) 25.1×37.1cm

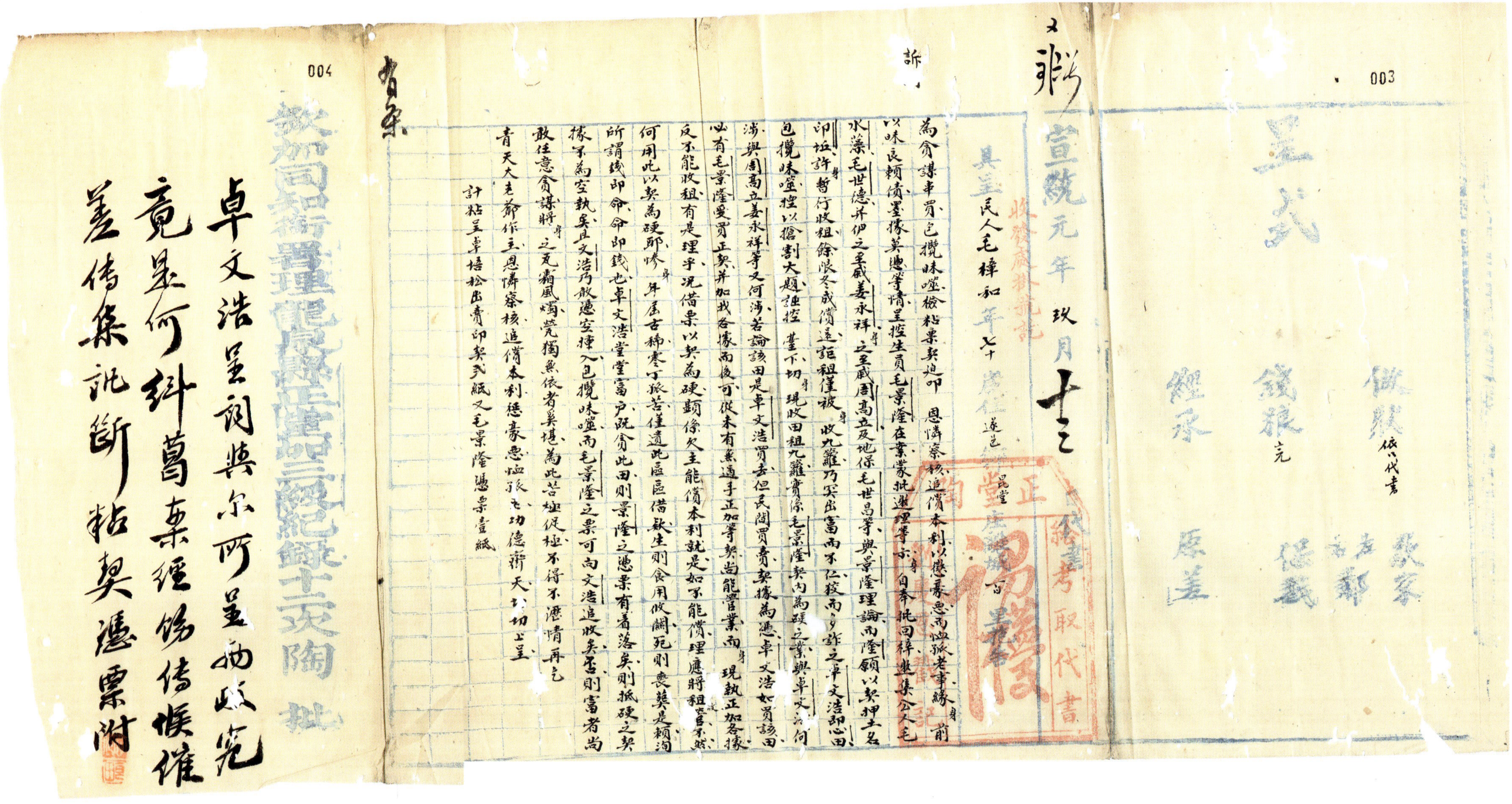

呈式

做狀 依心代書

錢糧 完

經承

原差

訴

宣統元年玖月十三日 具呈民人毛樟和，年七十歲，住遂邑

爲貪謀串買、包攬昧噬，檢粘票契，迫叩恩憐察核，追償本利，以懲豪惡而恤孤老事。緣身前以味良賴債、墨據莫憑等情呈控生員毛景隆在案，蒙批邀理等示。身自奉批回，稟邀集公人毛水藻、毛世德，並伊之至戚姜永祥、身之至戚周高立及地保毛世昌等，與景隆理論，而隆願以契押土名印坵，許身暫行收租，餘限冬成償還。詎租僅被身收九籮，乃突出富而不仁、狡而多詐之卓文浩即心田包攬昧噬，控以搶割大題，誣控臺下。切身現收田租九籮，實係毛景隆契内爲硬之業，與卓文浩何涉，與周高立、姜永祥等又何涉？若論該田是卓文浩買去，但民間買賣，契據爲憑，卓文浩如買該田，必有毛景隆買正契，並加找各據，而後可。從未有無過手正加等契，尚能管業，而身現執正加各據，反不能收租，有是理乎？況借票以契爲硬，顯係欠主能償本利，就是如不能償，理應將租□息，不然，何用此以契爲硬耶？慘身年屆古稀，零丁孤苦，僅遺此區區借款，生則食用攸關，死則喪葬是賴，洵所謂錢即命、命即錢也。卓文浩堂堂富户，既貪此田，則景隆之憑票有着落矣，則抵硬之契據不爲空執矣。且文浩乃敢憑空插入，包攬昧噬，而毛景隆之票可向文浩追收矣，否則富者尚敢任意貪謀，將身之瓦霜風燭、煢獨無依者奚堪？爲此苦極促極，不得不瀝情再乞

青天大老爺作主，恩憐察核，追償本利，懲豪恤孤，已功德齊天。切上呈。

計粘呈卓培松出賣印契弍紙，又毛景隆憑票壹紙

有案

欽加同知銜署理龍泉縣正堂加三級紀錄十次陶 批

卓文浩呈詞與爾所呈兩歧，究竟是何糾葛，業經飭傳，候催差傳集訊斷。粘契憑票附。

4.宣統元年九月十三日毛樟和爲控毛景隆貪謀串買包攬昧噬事呈狀　（13527：3–4）28.7×61.0cm；（13527：7）28.4×40.8cm　圖版裁狀式條例

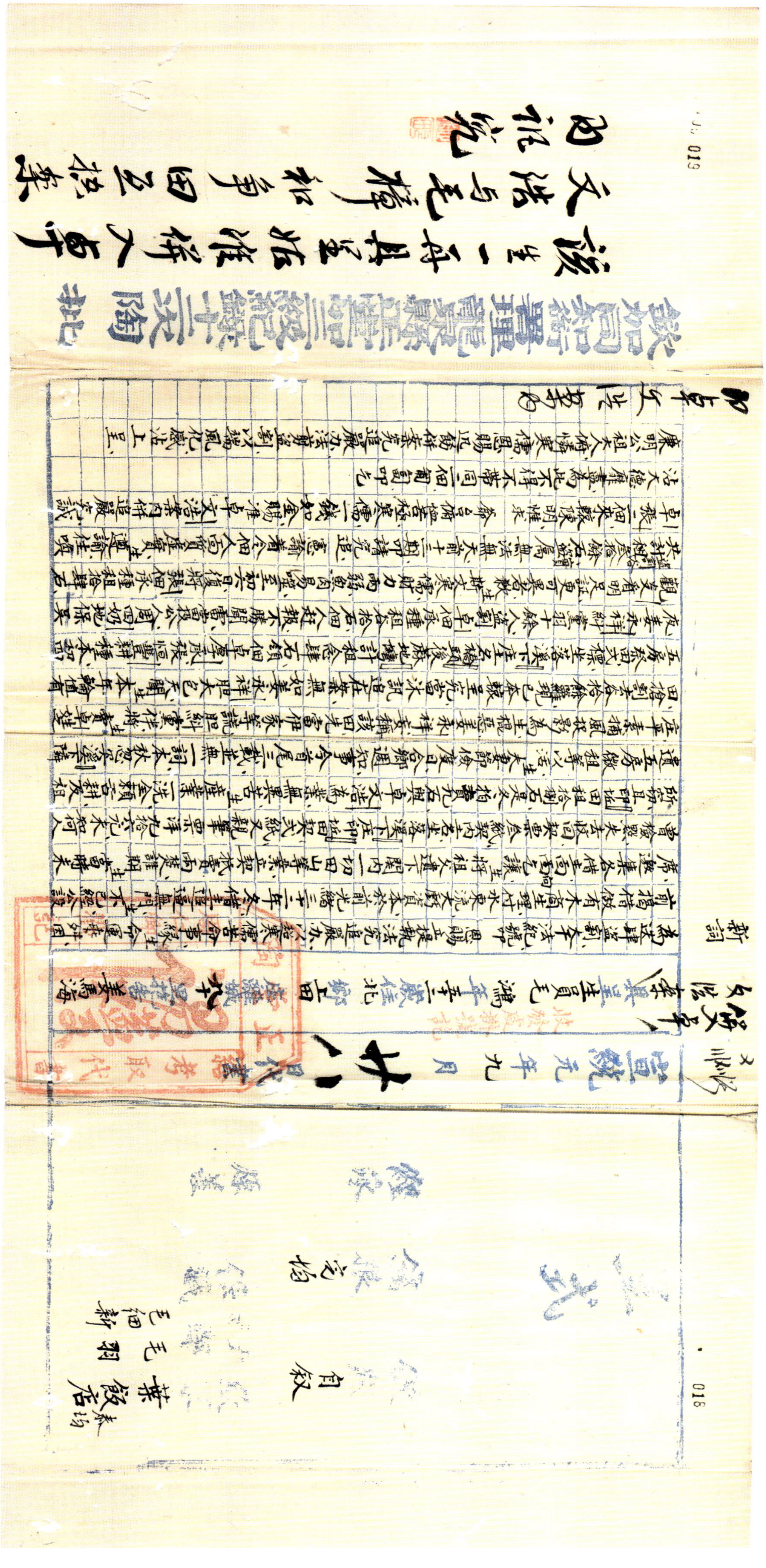

5.宣統元年九月廿八日毛鴻爲控姜永祥疊肆盜割大干法紀事(新詞)呈狀　(13527：18–19) 28.5×77.5cm；(13527：20) 28.5×48.4cm　圖版裁狀式條例

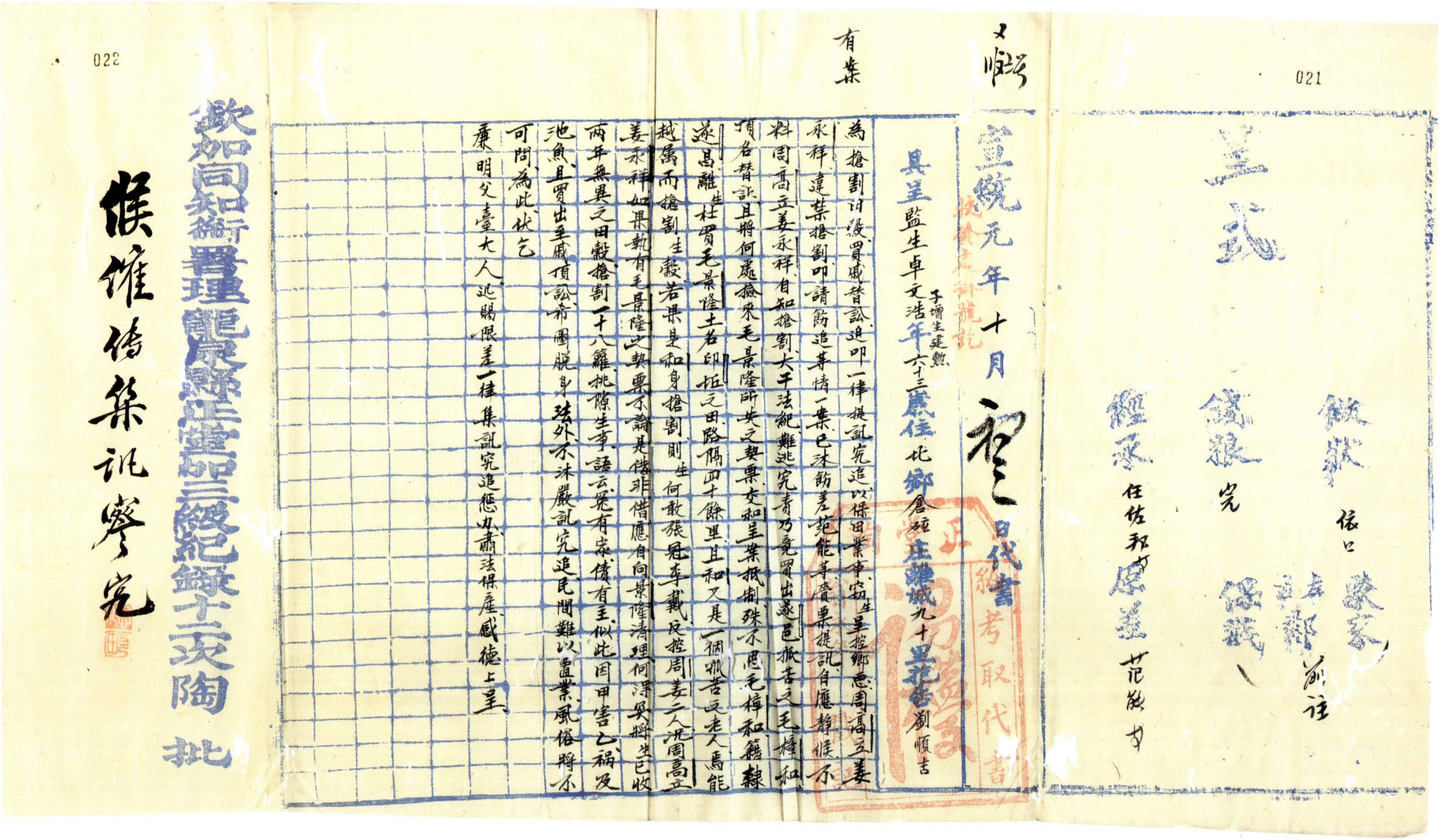

有案

宣統元年十月初三日代書

具呈監生卓文浩，年六十三歲，住北鄉倉頭莊，離城九十里，抱告劉順吉

子增生廷勳

為搶割田穀、買戚替訟，迫叩一律提訊究追，以保田業事。竊生呈控鄉惡周高立、姜
永祥違禁搶割，叩請飭追事情一案，已沐飭差范能等賫票提訊，自應靜候，不
料周高立、姜永祥自知搶割大干法紀，難逃究責，乃竟買出遠邑[illegible]之毛棒和，藉[illegible]
捐名替訟，且將何處撿來毛景隆所失之契票交和呈案抵搪。殊不思毛棒和籍
隸遂昌，離生杜買毛景隆土名印坵之田，路隔四十餘里，且和又是一個孤苦衰老之人，焉能
越縣而搶割生穀？若果是和身搶割，則生何敢張冠李戴，反控周、姜二人？况周高立、
姜永祥如果執有毛景隆之契票，不論是偽非偽，應自向景隆清理，何得與生已收
兩年無異之田穀搶割一十八籮？挑隙生事，語云冤有頭債有主，似此因田害己，禍及
池魚，且買出至戚頂訟，希圖脫身，法外不沐嚴訊究追，民間難以置業，風俗將不
可問。為此伏乞
廉明父臺大人，迅賜限差一律集訊，究追懲儆，肅法保產，感德上呈。

欽加同知銜署理龍泉縣正堂加三級紀錄十二次陶 批

候催差集訊察究。

呈式

6.宣統元年十月初三日卓文浩爲控周高立等搶割田穀買戚替訟事呈狀 (13527：21–22) 28.6×76.5cm；(13527：23) 28.7×48.5cm 圖版裁狀式條例

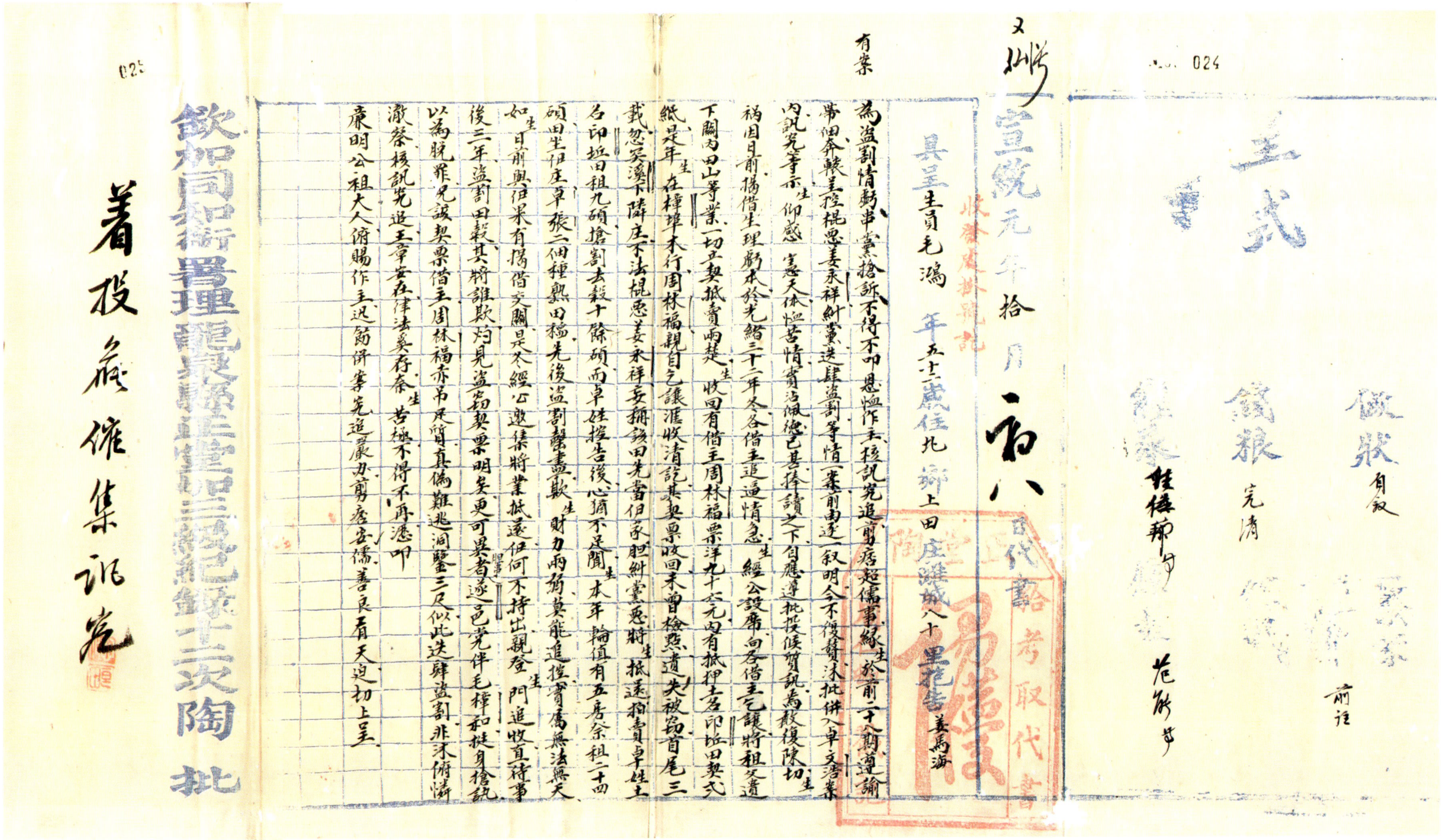
有案

具呈生員毛鴻 年五十二歲 住北鄉上田庄 離城八十里 抱告姜馬海

宣統元年拾月初八日

爲盜割情虧串黨搶訴不得不叩懇恤作主核訊究追剪痞超儒事。緣生於前二十八期遵諭帶佃奔赣至控棍惡姜永祥糾黨迭肆盜割等情（案前由逐）叙明，今不復贅。沐批併入卑文浩案内訊究等示。生仰感憲天体恤苦情，實沾佩德，已甚捧讀之下，自應遵批投候質訊，爲敢復陳切。生祖因日前僞借生理虧本，於光緒三十二年冬各借主追逼情急，生經公設席向各借主乞讓，將祖父遺下關內田山等業一切立契抵賣兩楚，生收回有借主周林福票洋九十六元，內有抵押土名印垣田契式紙。是年生在樟埠木行周林福親自乞讓滙收清訖，其契票收回未曾檢點，遺失被竊首尾三載。忽妥溪下隣庄不法棍惡姜永祥妄稱該田先當伊家，胆糾黨惡將生抵遂指責卑姓土名印垣田祖九碩搶割去穀十餘碩，而卑姓控告後心猶不足，聞本年輪值有五房余祖二十四碩田，生佃庄卑張二佃種熟田稻先後盜割罄盡。欺生財力兩窮莫能追控，實屬無法無天。如生日前與伊果有僞借交關，是冬經公邀集將業抵遂，伊何不持出親登門追收，直待事後三年盜割田穀，其將誰欺，灼見盜竊契票明矣。更可異者，遂邑莠伴毛樟和挺身搶訴，以爲脱罪，兇誣契票借主周林福亦弔足質真僞，難逃洞鑒三尺。似此迭肆盜割，非沐俯賜澈察核訊究追，王章安在，律法奚存。奈生苦極不得不再懇叩康明公祖大人俯賜作主，迅飭併案究追，嚴办剪痞安儒，善良有天。迫切上呈。

欽加同知銜署理龍泉縣正堂加三級紀錄十二次陶 批

著投候催集訊究

呈式

7.宣統元年十月初八日毛鴻爲控姜永祥等盜割情虧串黨搶訴事呈狀　（13527：24–25）28.6×77.5cm；（13527：26）28.6×50.8cm　圖版裁狀式條例

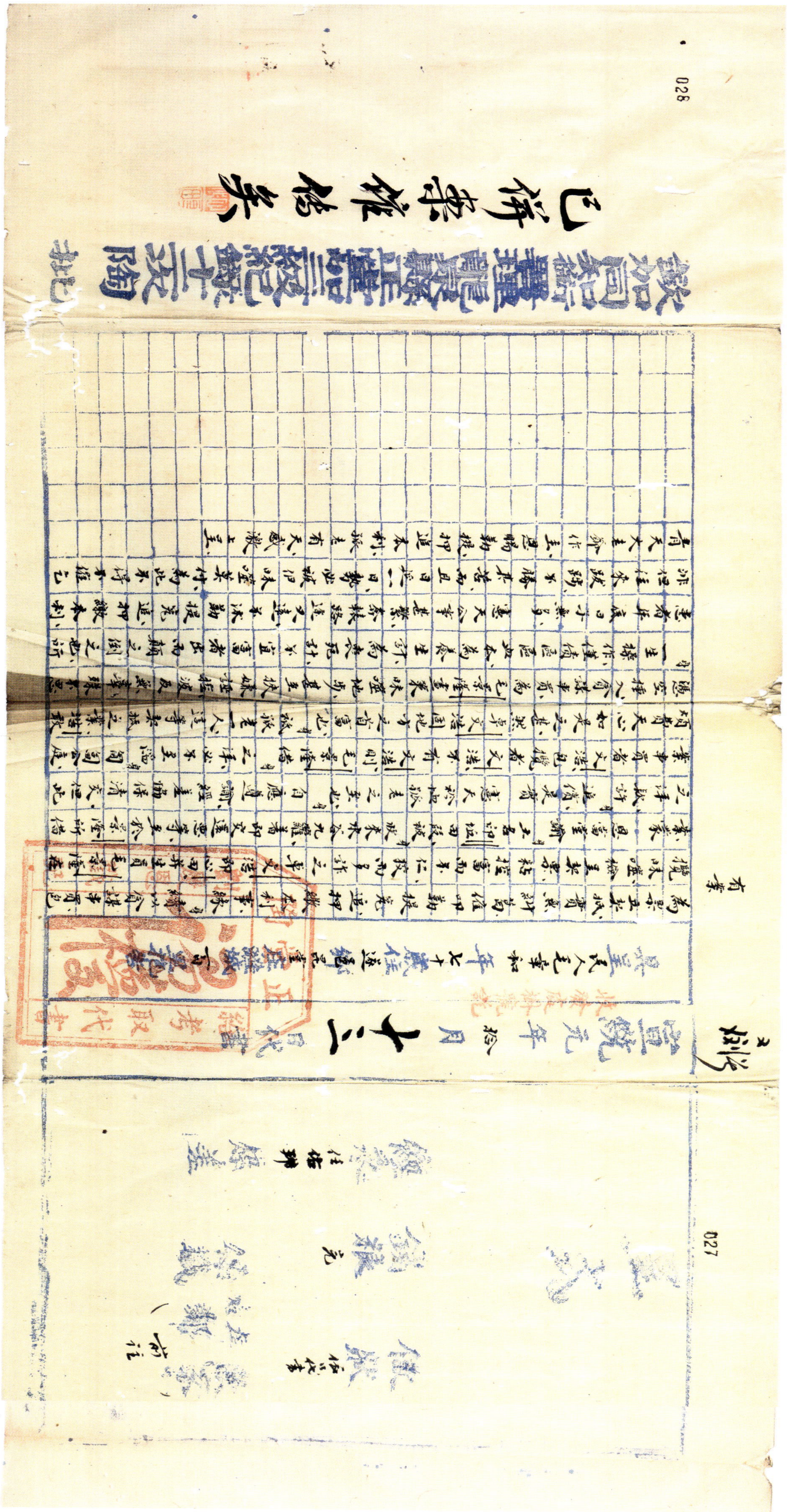

8. 宣統元年十月十三日毛樟和爲控卓文浩票立契抵賣無糾葛事呈狀　（13527：27–28）28.6×88.4cm；（13527：1–2）28.7×40.4cm　圖版裁狀式條例

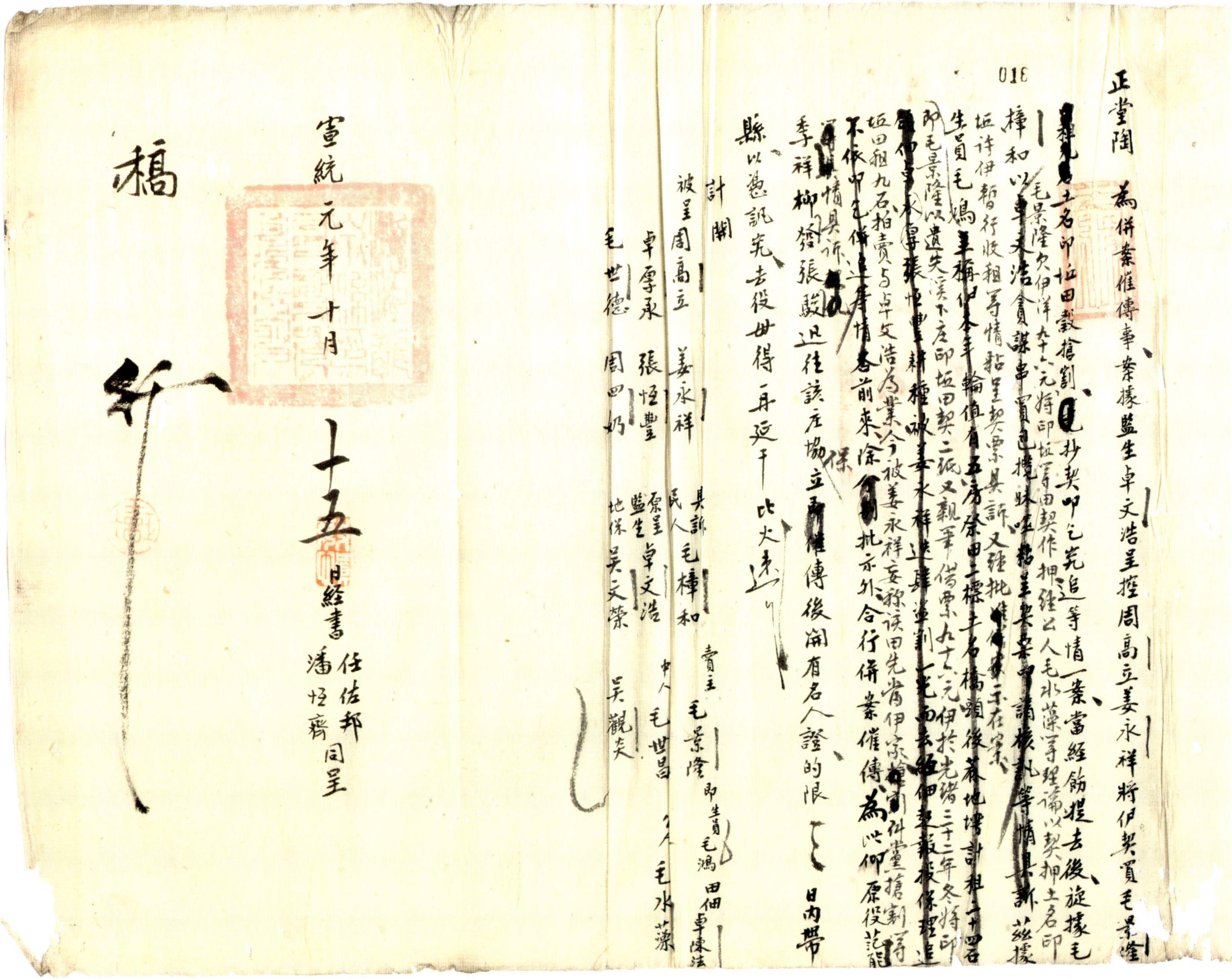

正堂陶
爲併案催傳事。案據監生卓文浩呈控周高立、姜永祥將伊契買毛景隆
[illegible]土名印垣田穀搶割，已抄契叩乞究追等情一案，當經飭提去後，旋據毛
毛景隆欠伊洋九十六元，將印垣等田契作押，經公人毛水藻等理論，以契押土名印
棒和以卓文浩貪謀串買，包攬昧噬，粘呈契票，叩請核訊等情具訴。茲據
垣，許伊暫行收租等情，粘呈契票具訴。又經批[illegible]示在案。
生員毛鴻呈稱，伊本年輪值有五房祭田一標，土名橋頭後蔴地墘，計租一十四石
即毛景隆以遺失溪下庄印垣田契二紙，又親筆借票九十六元，伊於光緒三十二年冬將印
[illegible]
垣田租九石賣與卓文浩爲業，今被姜永祥妄稱該田先當伊家[illegible]搶割[illegible]
不依[illegible]等情前來。除[illegible]批示外，合行併案催傳。爲此仰原役范能
季祥、柳發、張駿，迅往該庄協[illegible]催傳後開有名人證，的限[illegible]日內帶
縣，以憑訊究。去役毋得再延干比，火速。

計開
被呈 周高立 姜永祥
具訴民人 毛棒和
賣主 毛景隆
即生員 毛鴻
田佃 卓陳法
卓學承 張恆豐
原呈監生 卓文浩
中人 毛世昌
公人 毛水藻
毛世德 周四奶
地保 吳文榮
吳觀奕

宣統元年十月 十五 日 經書 任佐邦 潘恆齋 同呈

稿

行

9.宣統元年十月十五日知縣陶霦爲併案催傳周高立等事票(稿)　(13527：16) 29.4×40.5cm

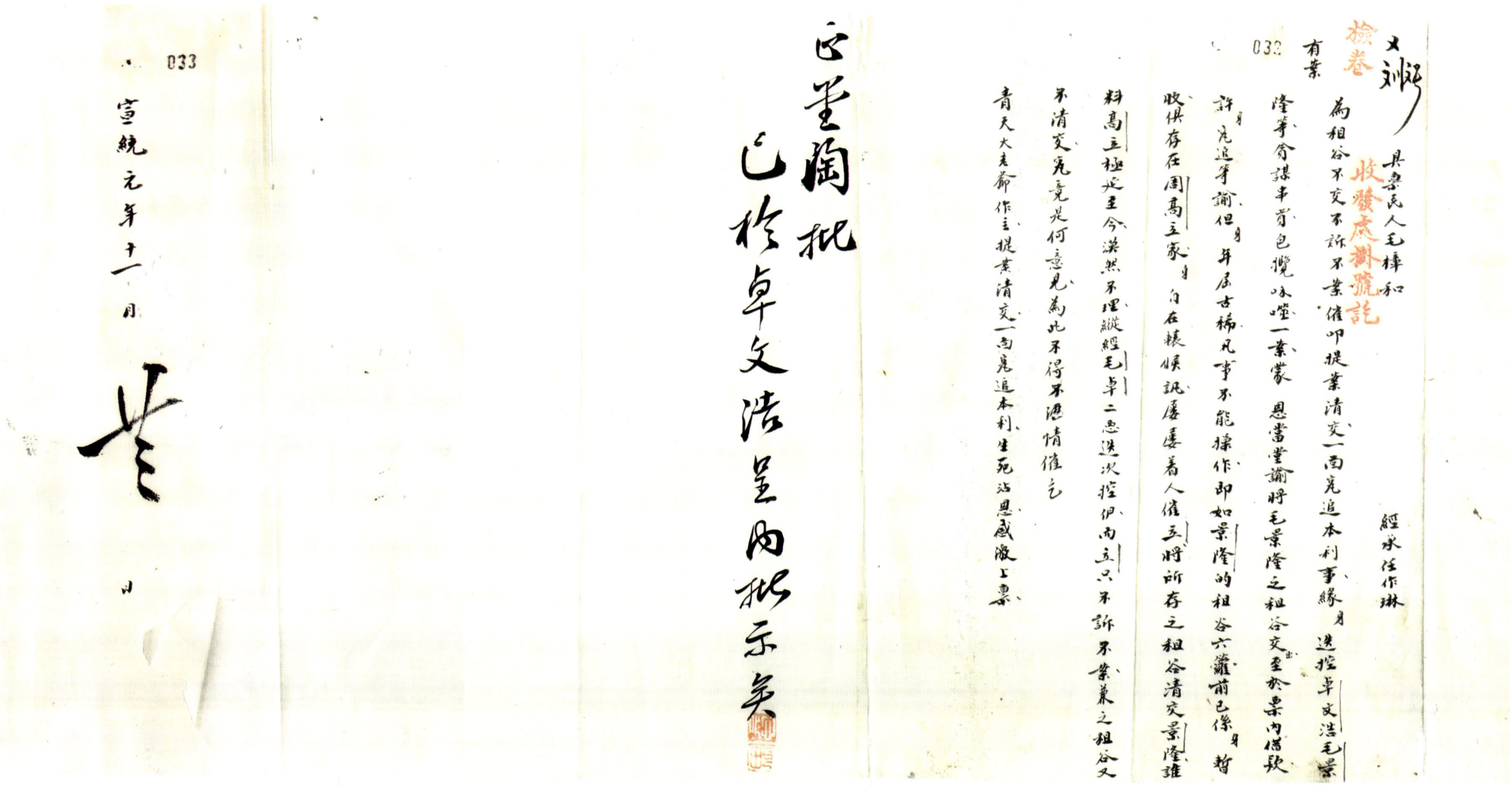

檢卷　收發處掛號訖

文淵

具稟民人毛樟和

經承任作琳

有業

爲租谷不交、不訴不業，僅叩提業清交、一面究追本利事。緣身迭控卓文浩、毛景

隆等奇謀串背、包攬吮噬一業、蒙　恩當堂諭將毛景隆之租谷交出、至於票內備款

許身究追等諭、但身年屆古稀、凡事不能操作、即如景隆的租谷六籮前已係身暫

收、俱存在周高五家、身自在粮候訊、屢屢着人催五將所存之租谷清交、景隆誰

料高五極延至今、漠然不理、縱經毛卓二惡迭次控伊、而五只不訴、不業、兼之租谷又

不清交、究竟是何意見、爲此不得不懇情催乞

青天大老爺作主、提業清交、一面究追本利、生死沾恩、感激上禀。

已查閱卓文浩呈內批示矣

宣統元年十一月　　日

10.宣統元年十一月廿三日毛樟和爲控卓文浩等租穀不交不訴不案事稟狀　（13527：32–33）24.8×59.0cm

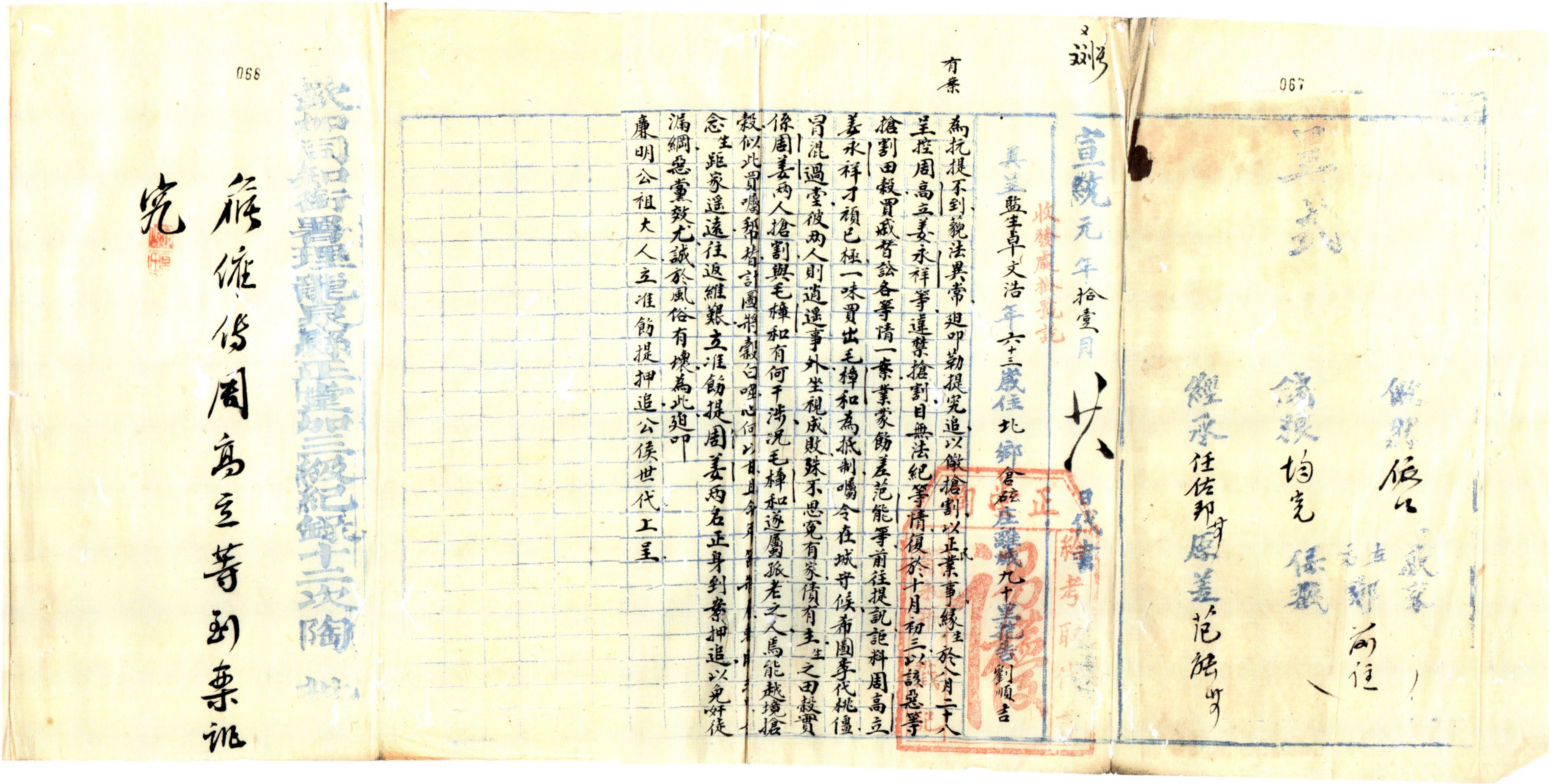

11.宣統元年十一月廿八日卓文浩爲控周高立等抗提不到藐法异常事呈狀

（13527：67–68）28.6×77.0cm；（13527：69）28.6×46.7cm　圖版裁狀式條例

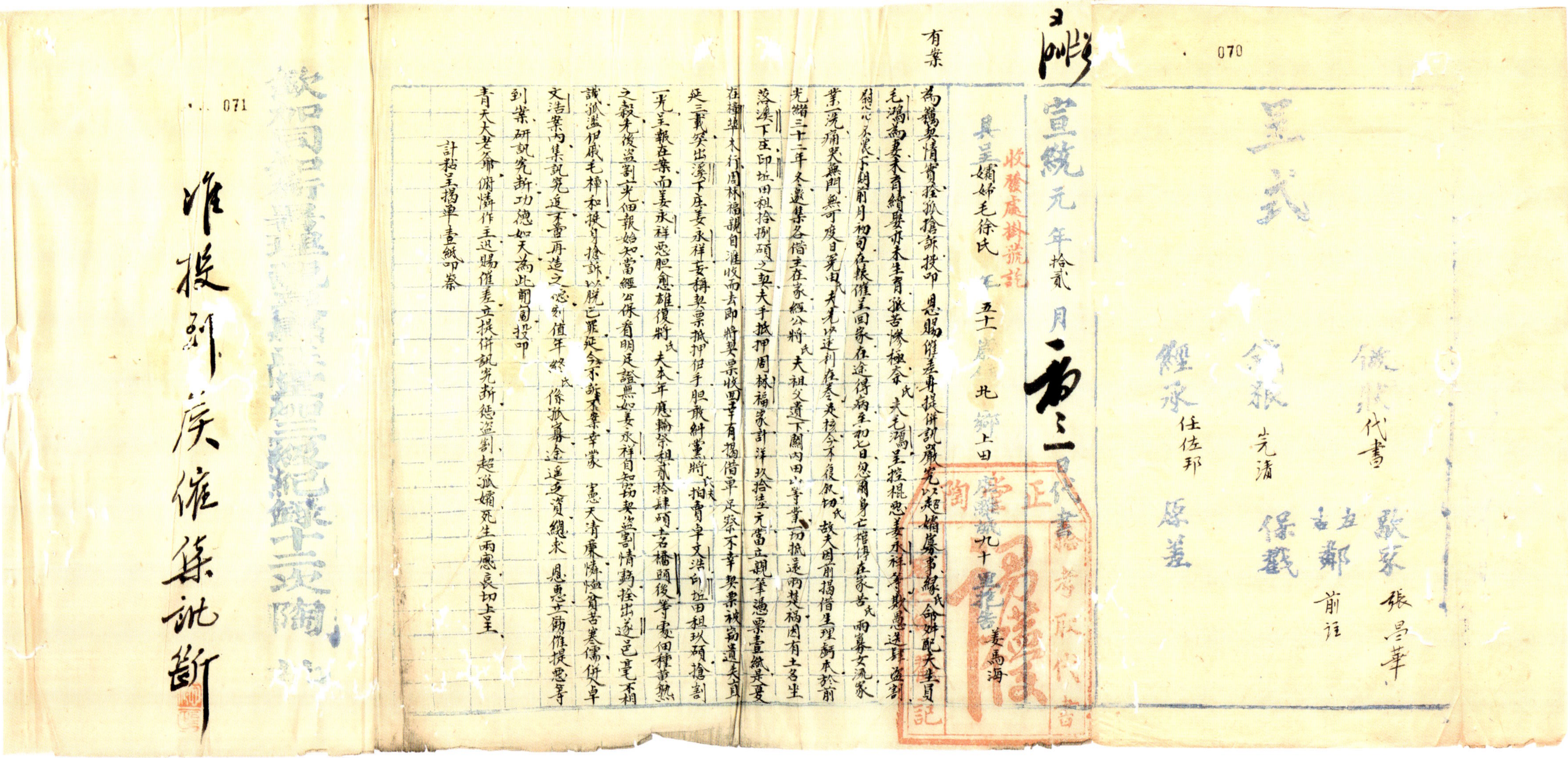

12.宣統元年十二月初三日毛徐氏爲控姜永祥等竊契情實拴孤搶訴事呈狀

（13527：70–71）28.6×76.0cm；（13527：72）28.5×48.5cm　圖版裁狀式條例

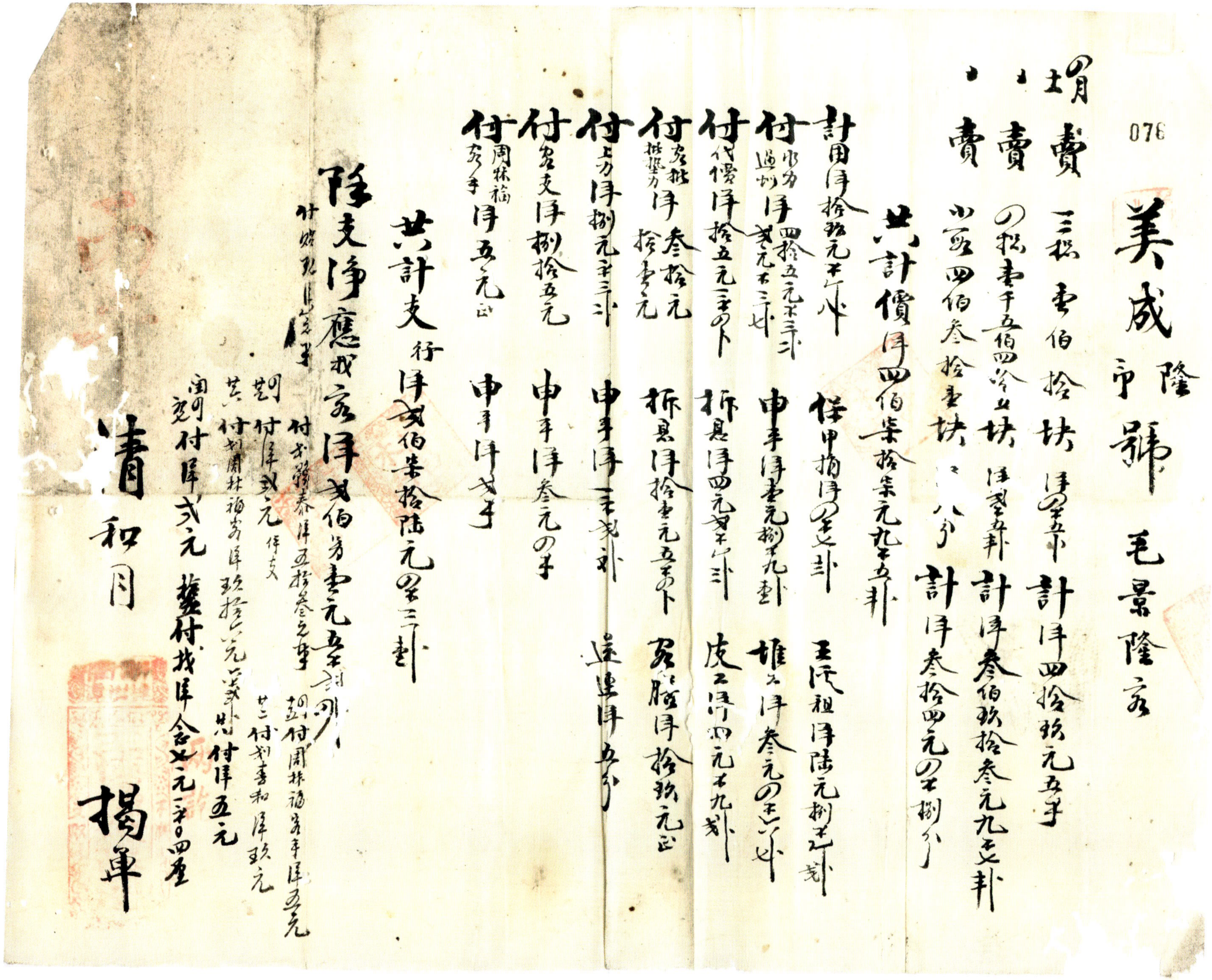

12附1.揭單粘呈　(13527：76) 27.2×33.7cm

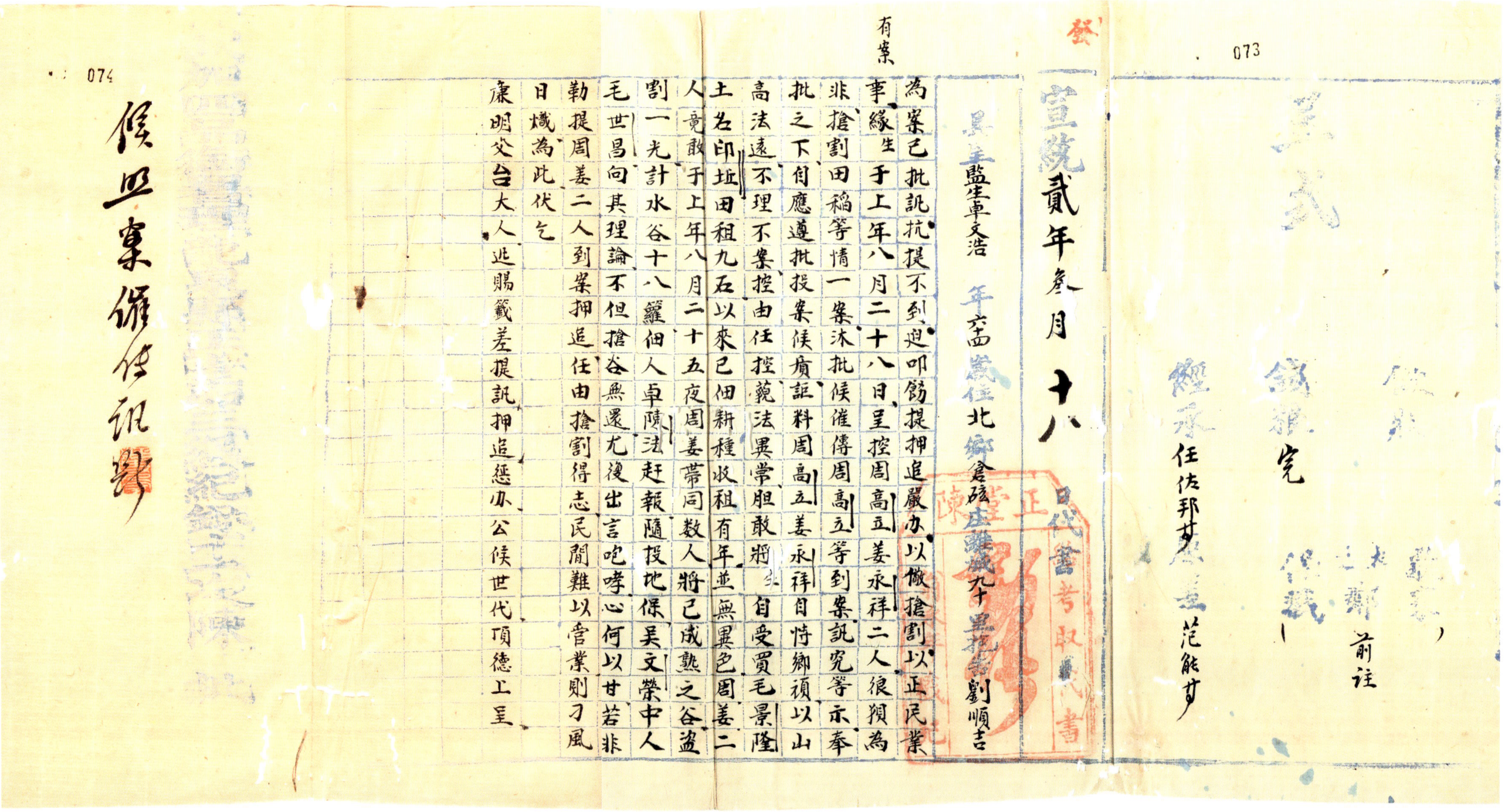

發

宣統貳年叁月十八日

具呈監生卓文浩，年六十岁，住北鄉倉硋庄，離城九十里，抱告劉順吉

有案

為案已批訊抗提不到，迭叩飭提押追嚴办，以儆搶割，以正民業事。緣生于上年八月二十八日呈控周高立、姜永祥二人狠預為非，搶割田稻等情一案，沐批候催傳周高立等到案訊究等示，奉批之下，自應遵批投案，候質証。料周高立、姜永祥自恃鄉頑，以山高法遠，不理不案。控由任控，藐法異常，胆敢將自受買毛景隆土名印垃田租九石，以來已佃耕種收租有年，並無異色。周姜二人竟敢于上年八月二十五夜，周姜帶同数人將已成熟之谷盜割一光，計水谷十八籮。佃人卓陵法赶報，隨投地保吳文榮、中人毛世昌向其理論，不但搶谷無還，尤復出言咆哮，心何以甘。若非勒提周姜二人到案押追，任由搶割，得志民閒，難以嘗業，則刁風日熾。為此伏乞
康明父台大人，迅賜籤差提訊押追，懲办公侯世代，頂德上呈

候並案催訊

13.宣統二年三月十八日卓文浩爲控周高立等案已批訊抗提不到事呈狀
（13527：73–74）27.8×75.6cm；（13527：75）27.8×47.1cm　圖版裁狀式條例

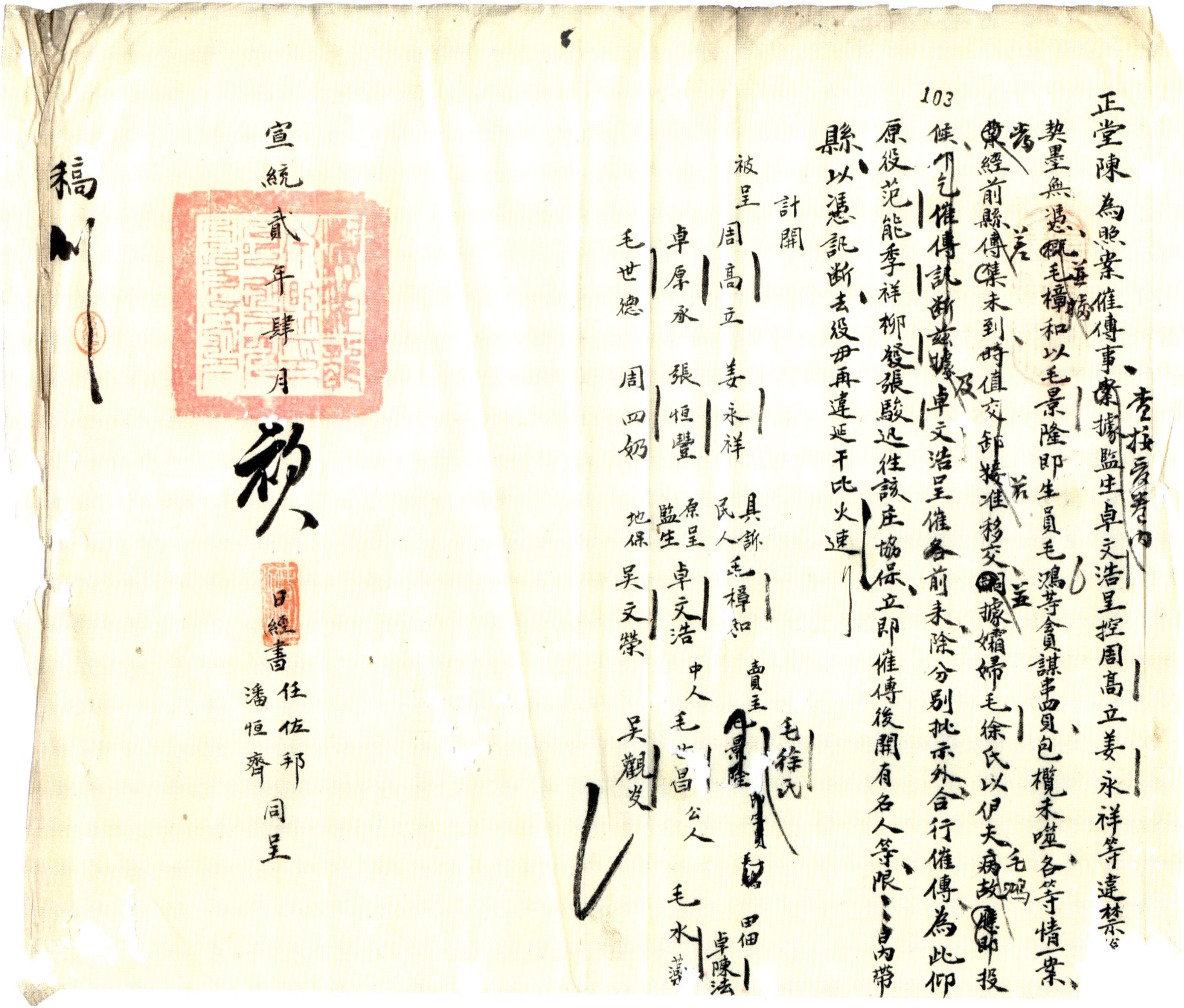
正堂陳　為照案催傳事、案據監生卓文浩呈控周高立、姜永祥等違禁
契墨無憑、毛樟和以毛景隆即生員毛鴻等貪謀串四員包攬未嗤各等情一案、
業經前縣傳集未到、時值交卸、旋准移交、兹據孀婦毛徐氏以伊夫病故、懇即投
候、仍乞催傳訊斷、兹據卓文浩呈催各前來、除分別批示外、合行催傳、為此仰
原役范能、李祥、柳發、張駿迅往該庄協保、立即催傳後開有名人等、限日內帶
縣、以憑訊斷、去役毋再違延干比、火速。
計開
被呈　周高立　姜永祥　卓原承　張恒豐　毛世德　周四奶
具訴民人　毛樟和
原呈監生　卓文浩
地保　吳文榮
賣主　毛景隆　毛徐氏
中人　毛世昌　吳觀光
公人　毛永藻
宣統貳年肆月　初八　日　經書　任佐邦　潘恒齊　同呈
稿

14.宣統二年四月初八日知縣陳啓謙爲照案催傳周高立等事票(稿)（13527：103）29.3×37.3cm

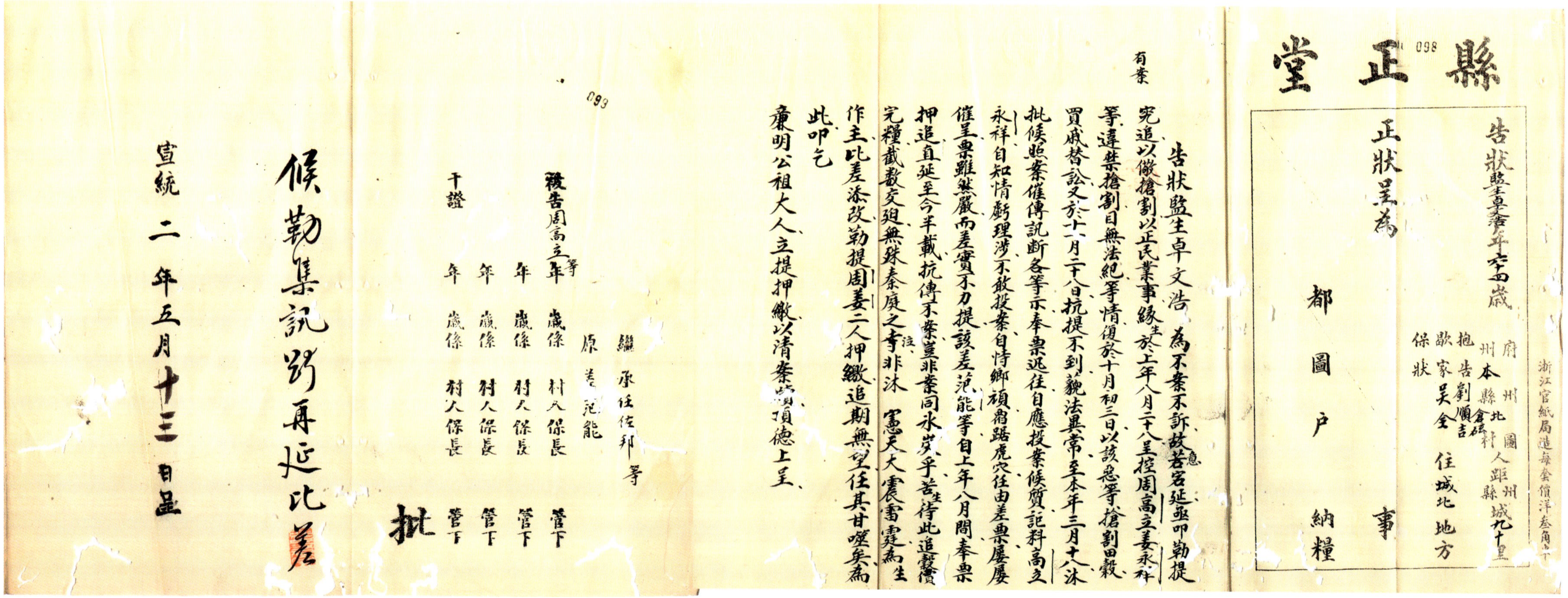
縣正堂
告狀監生卓文浩年六十四歲
府州縣北 圖 村人距州縣城九十里
抱告 劉順吉
歇家 吳全 住城北地方
保狀
正狀呈爲 事
都 圖 戶 納糧
浙江官紙局造每套價洋叁角十

有案
告狀監生卓文浩，爲不案不訴，故意宕延，亟叩勒提究追，以儆搶割，以正民業事。緣生於上年八月二十八呈控周高立、姜永祥等違禁搶割田穀，無法紀等情，復於十月初三日以該惡等搶割田穀買戚替訟，又於十一月二十八日抗提不到，藐法異常，至本年三月十八沐批：候照案催傳訊斷。各等不奉票迅往自應投案候質，詎料高立、永祥自知情虧理涉，不敢投案，自恃鄉頑，竟踞虎穴，任由差票屢屢催呈，票雖然嚴，而差實不力，提該差范能等自上年八月間奉票押追，直延至今半載，抗傳不案，莫非案同永炭乎？苦生待此追繳賠完糧，截數交廻，無殊秦庭之哭，非沐憲天大震雷霆，爲生作主，比差添改勒提周姜二人押繳追，期無望，任其甘噬矣。爲此叩乞
廉明公祖大人立提押繳，以清案牘，頂德上呈。

被告 周高立等 年 歲 係 村人保長 管下
年 歲 係 村人保長 管下
年 歲 係 村人保長 管下
原差 范能
繼承 任佳邦等
干證 年 歲 係 村人保長 管下
批
候勒集訊，飭再延比差。
宣統二年五月十三日呈

15.宣統二年五月十三日卓文浩爲控周高立等不案不訴故意宕延事呈狀

（13527：98）26.0×68.6cm；（13527：99–101）26.0×99.7cm　圖版裁狀式條例

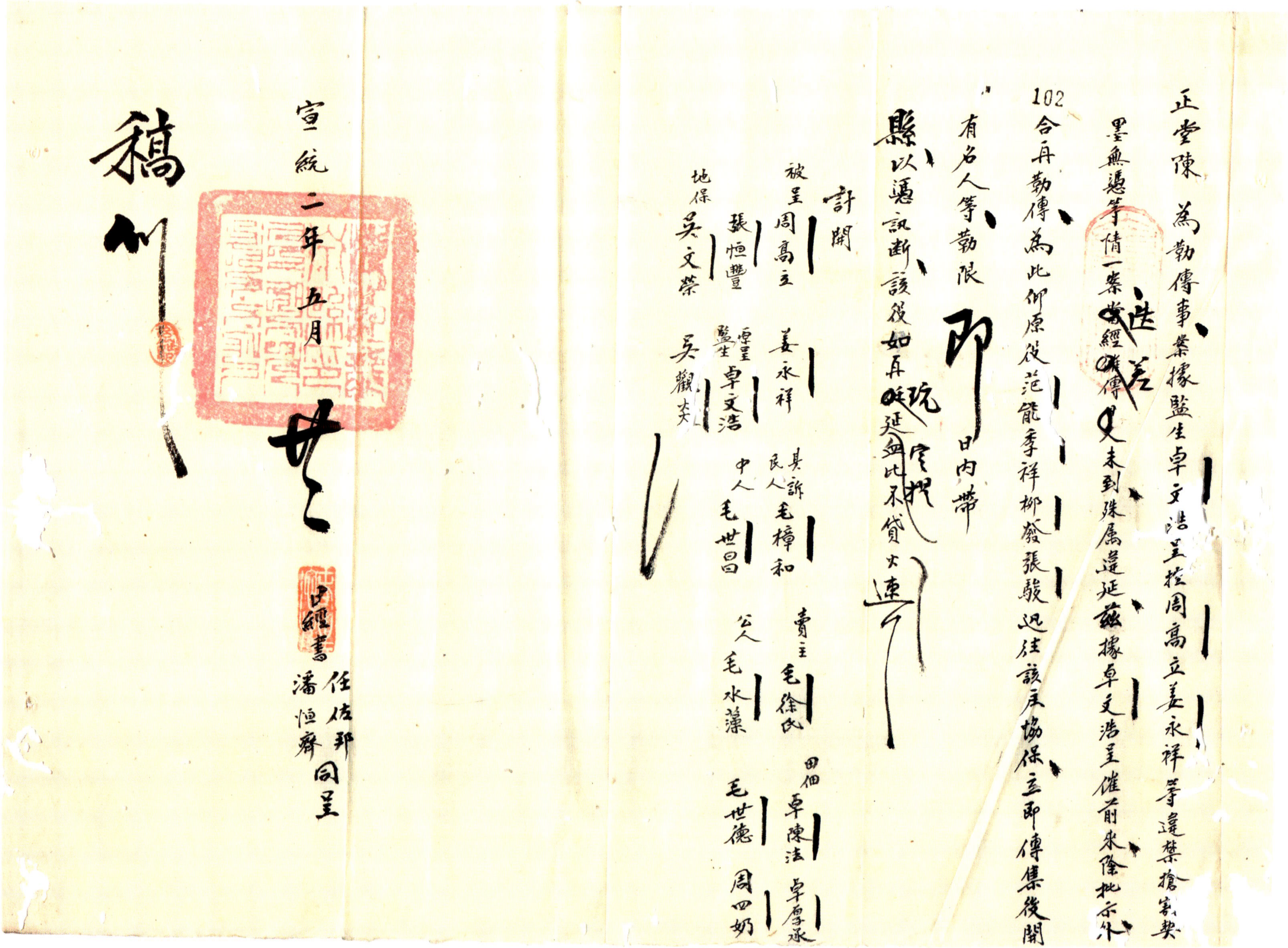
正堂陳　爲勒傳事。案據監生卓文浩呈控周高立、姜永祥等違禁搶寫契
墨無憑等情一案。迭經差傳，又未到，殊屬違延。茲據卓文浩呈催前來，除批示外，
102
合再勒傳。爲此仰原役范龍、李祥、柳發、張駿迅往該莊，協保立即傳集後開
有名人等，勒限即日內帶
縣，以憑訊斷。該役如再玩延，定提並比不貸。火速。速。

計開
被呈　周高立　姜永祥
具訴民人　毛樟和
賣主　毛徐氏
田佃　卓陳法　卓厚丞
張恒豐
原呈監生　卓文浩
中人　毛世昌
公人　毛水藻
毛世德　周四奶
地保　吳文榮　吳觀奕

宣統二年五月廿二日
經書　任佐邦　潘恒齋　同呈

稿
行

16.宣統二年五月廿二日知縣陳啓謙爲勒傳周高立等事票(稿)（13527：102）26.8×38.3cm

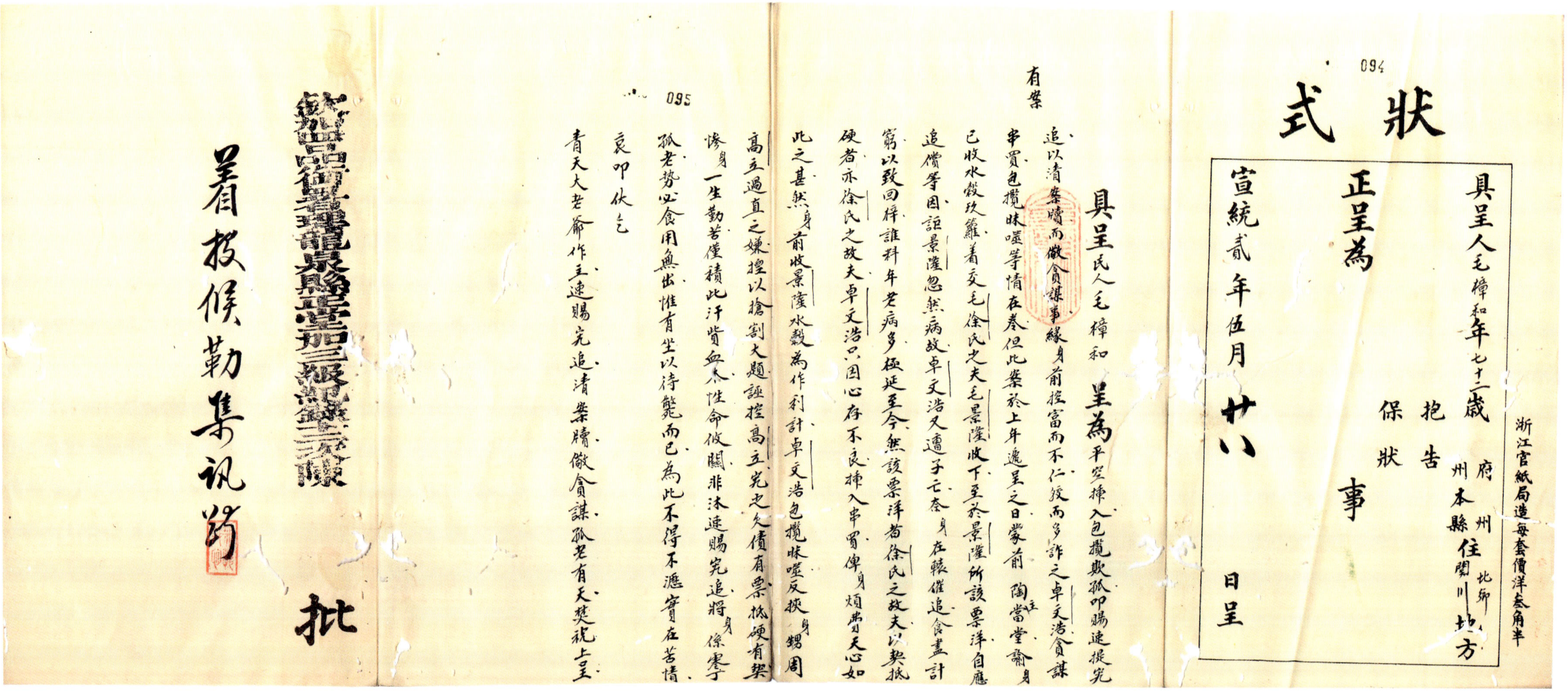

17.宣統二年五月廿八日毛樟和爲控卓文浩平空插入包攬欺孤事呈狀

（13527：94–95）26.0×72.0cm；（13527：96–97）26.1×68.2cm　圖版裁狀式條例

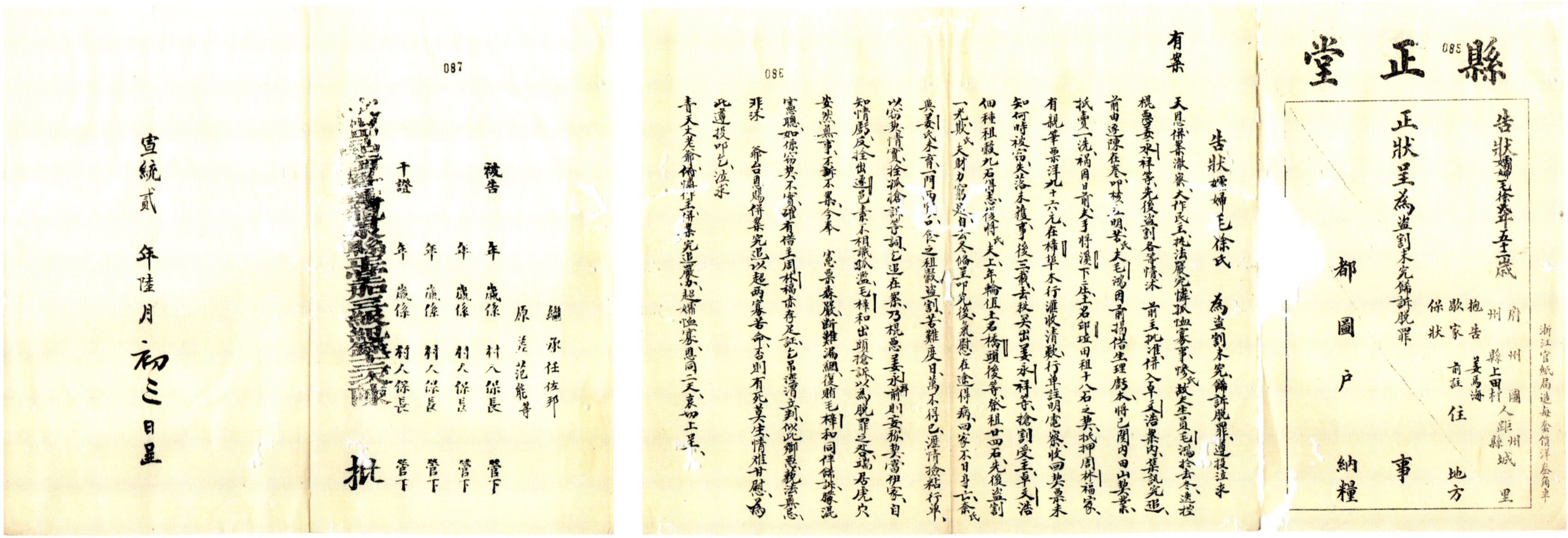

18.宣統二年六月初三日毛徐氏爲控姜永祥等盜割未究飾訴脱罪事呈狀

（13527：85–86）26.0×62.8cm；（13527：87–88）26.0×52.1cm；（13527：89–90）26.0×46.6cm　圖版裁空白頁、狀式條例

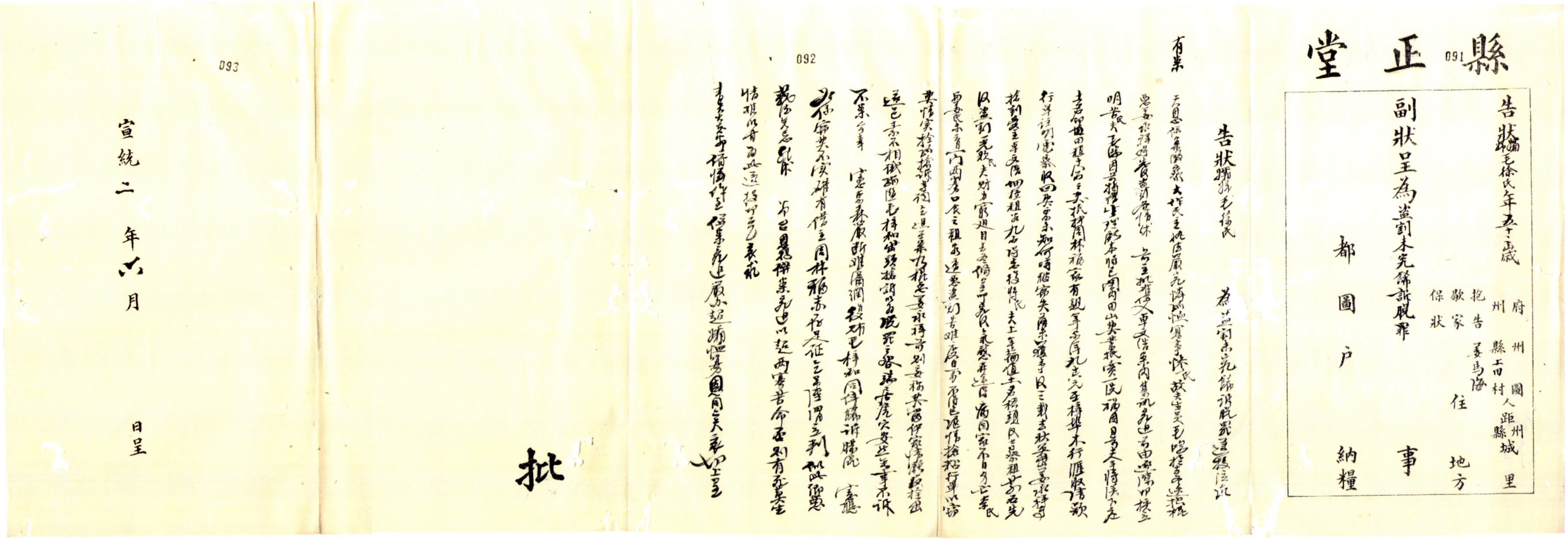
縣正堂

091

告狀 孀婦毛徐氏年五十一歲

副狀呈為盜割未先歸詐脫罪事

府 州 縣 都 圖 戶 納糧

抱告 姜馬海

事

092

告狀 孀婦毛徐氏

有業

093

宣統二年六月 日呈

批

18附1.副狀 （13527：91–93）26.0×77.9cm

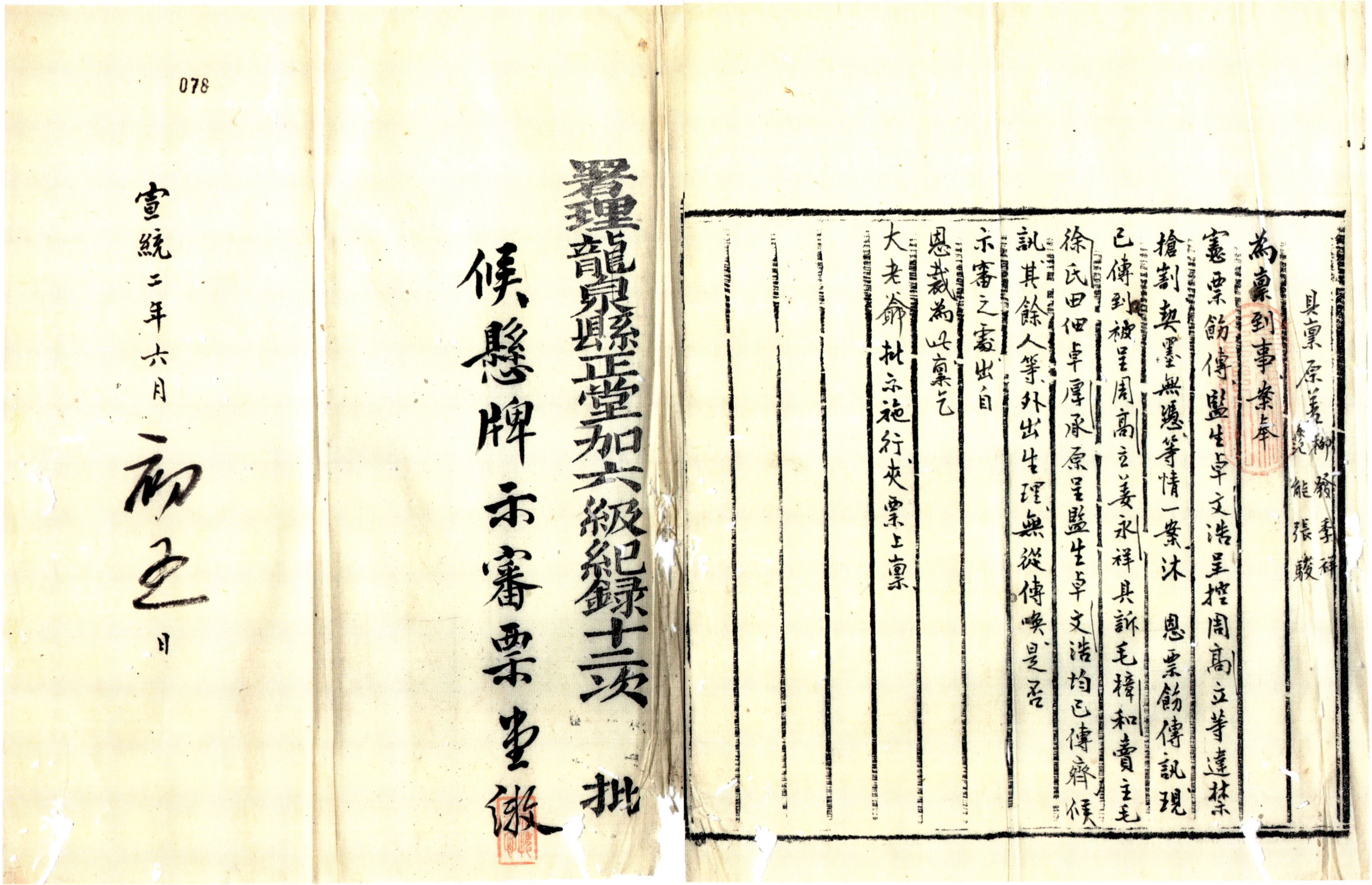

078

宣統二年六月初五日

署理龍泉縣正堂加六級紀錄十二次 批

候懸牌示審。票出徼

具稟原差柳發 李祥 能 張駿

為稟到事。案奉

憲票飭傳監生卓文浩呈控周高立等違禁

搶割契墨無憑等情一案。沐 恩票飭傳訊。現

已傳到被呈周高立、姜永祥具訴毛樟和、賣主毛

徐氏、田佃卓厚承、原呈監生卓文浩均已傳齊候

訊。其餘人等外出生理，無從傳喚。是否

示審之處，出自

恩裁。為此稟乞

大老爺批示施行。失稟上稟

19.宣統二年六月初五日差役柳發等爲稟傳到周高立等事稟　（13527：77–78）29.2×58.9cm　圖版裁封頁

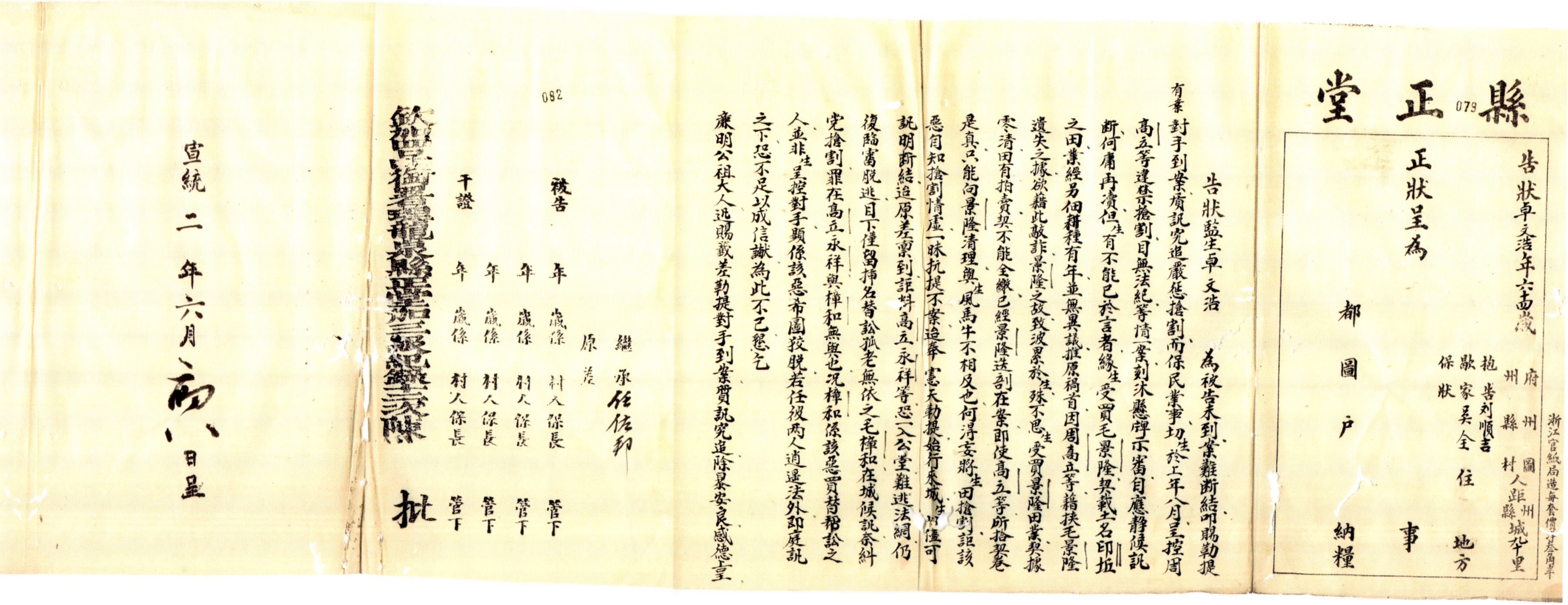

縣正堂　079

告狀卓文浩年六十四歲

府州　州縣　圖　村人距州縣城廿里

抱告刘順書

歇家吴全　住　地方

保狀

正狀呈為　事

都　圖　戶　納糧

浙江官紙局造每套價[illegible]叁角半

告狀監生卓文浩　為被告未到案難斷結叩賜勒提

有案對手到案質訊究追嚴懲搶割而保民業事。切生於上年八月呈控周

高立等違禁搶割目無法紀等情一案，刻沐懸牌示審，自應靜候訊

斷，何庸再瀆。但生有不能已於言者，緣生受買毛景隆契載土名印坵

之田業，經另佃耕種有年，並無異議。摧原禍首因周高立等藉挾毛景隆

遺失之據，欲藉此敲詐景隆之故，致波累於生，殊不思生受買景隆田業契據

零清，田有拍賣，契不能全繳，已經景隆送剳在案，即使高立等所拾契卷

是真，只能向景隆清理，與生風馬牛不相及也，何得妄將生田搶割。詎該

惡自知搶割情虛，一昧抗提不案，迨奉憲天勒提，始行來城，生以僅可

訊明斷結，迨原差稟到，詎料高立、永祥等恐一入公堂，難逃法網，仍

復臨審脫逃，目下僅留捍名替訟孤老無依之毛樟和在城候訊。奈糾

党搶割，罪在高立、永祥，與樟和無與也，況樟和係該惡買替帮訟之

人，並非生呈控對手，顯係該惡希圖狡脫，若任彼兩人逍遥法外，即庭訊

之下，恐不足以成信讞，為此不已，懇乞

廉明公祖大人迅賜戳差勒提對手到案質訊究追，除暴安良，感德上呈

082

繼承任佐邦

原差

被告　年　歲係　村人保長　管下

年　歲係　村人保長　管下

年　歲係　村人保長　管下

干證　年　歲係　村人保長　管下

批

宣統二年六月初八日呈

20. 宣統二年六月初八日卓文浩爲控周高立等被告未到案難斷結事呈狀

（13527：79）26.1×68.0cm；（13527：82）26.1×51.6cm；（13527：83−84）26.0×46.9cm　圖版裁狀式條例

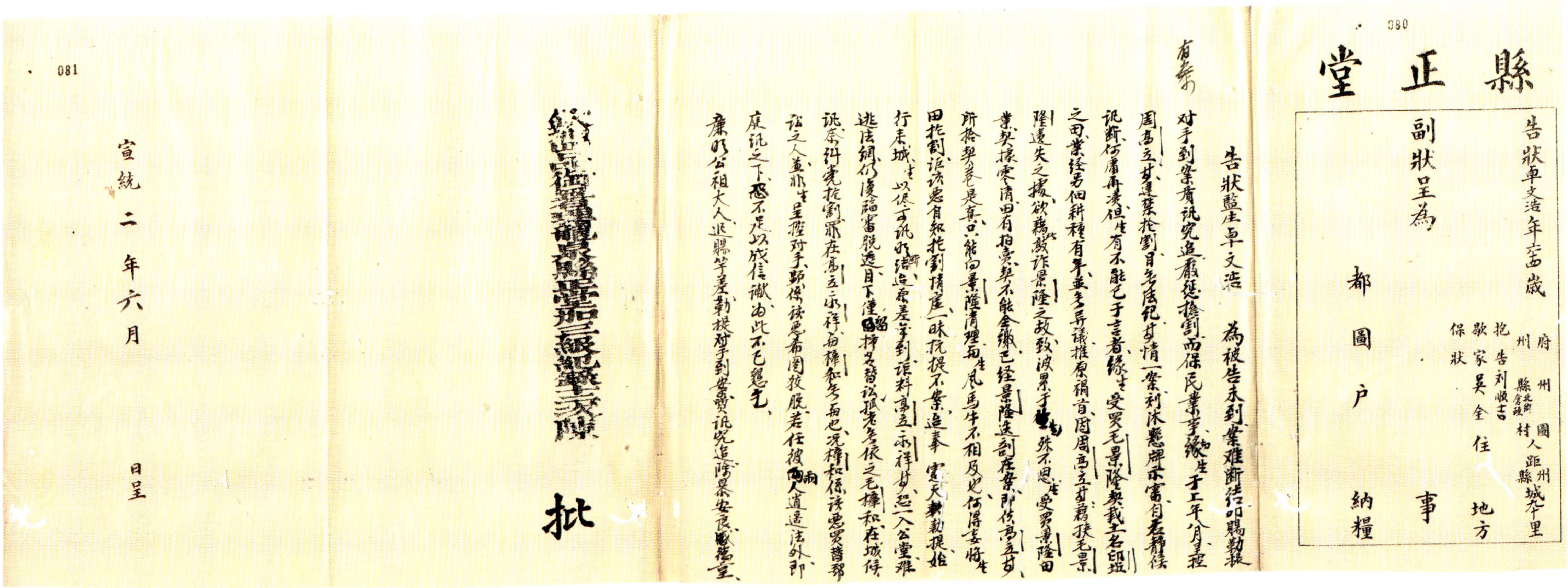

縣正堂

副狀呈為

都　圖　戶　事

納糧

宣統二年六月　日呈

批

20附1.副狀　（13527：80–81）26.1×82.1cm　圖版裁空白頁

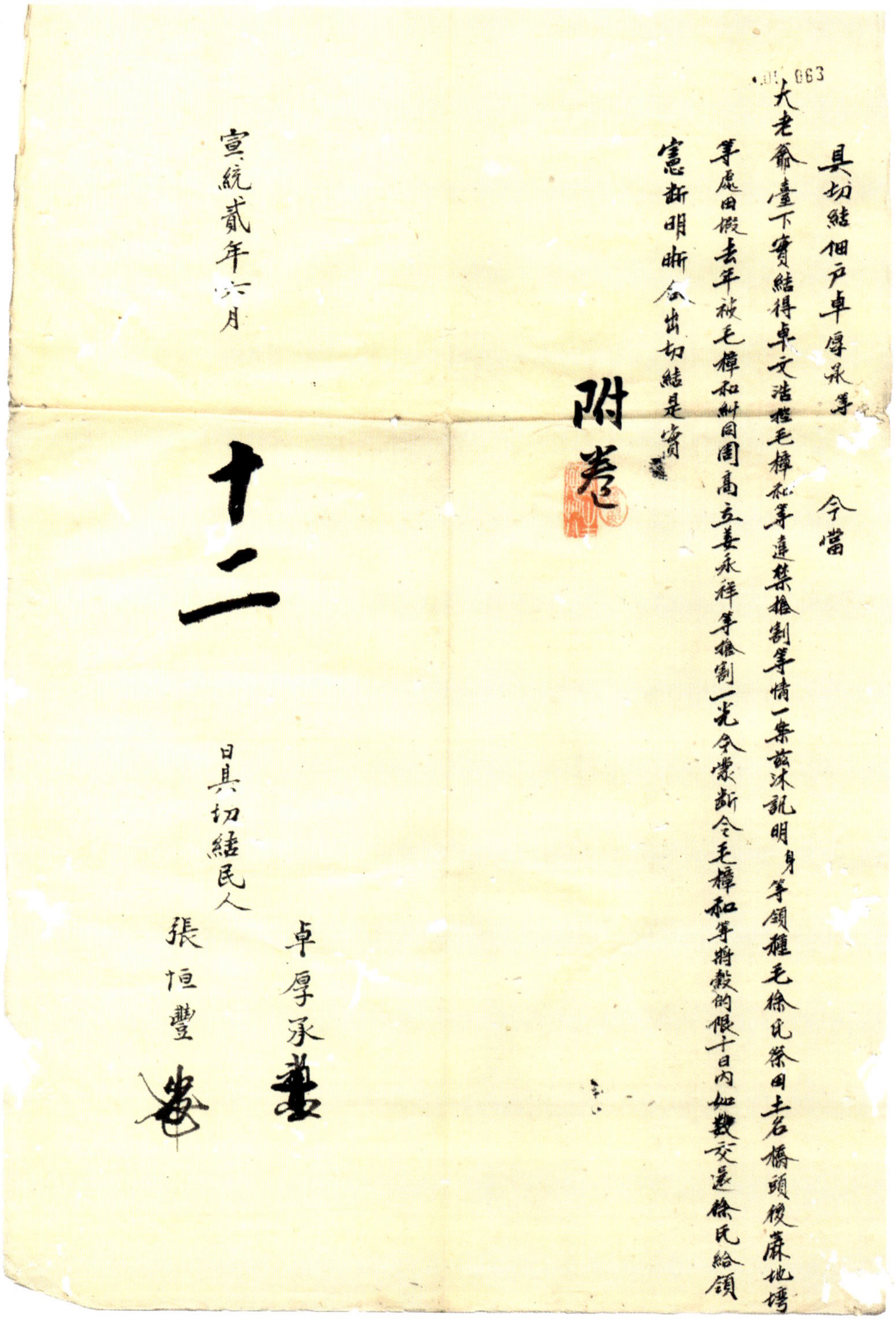

具切結佃户卓厚承等，今當

大老爺臺下，實結得卓文浩控毛樟和等違禁搶割等情一案，茲沐訊明，身等領種毛徐氏祭田土名橋頭俊蔴地塝等處田，做去年被毛樟和糾同周高立、姜永祥等搶割一光，今蒙斷令毛樟和等將穀的限十日內如數交還徐氏給領

憲斷明晰，合出切結是實。

宣統貳年六月 十二 日具切結民人 卓厚承 張恒豐

附卷

21.宣統二年六月十二日卓厚承等切結狀 （13527：63）43.0×29.2cm

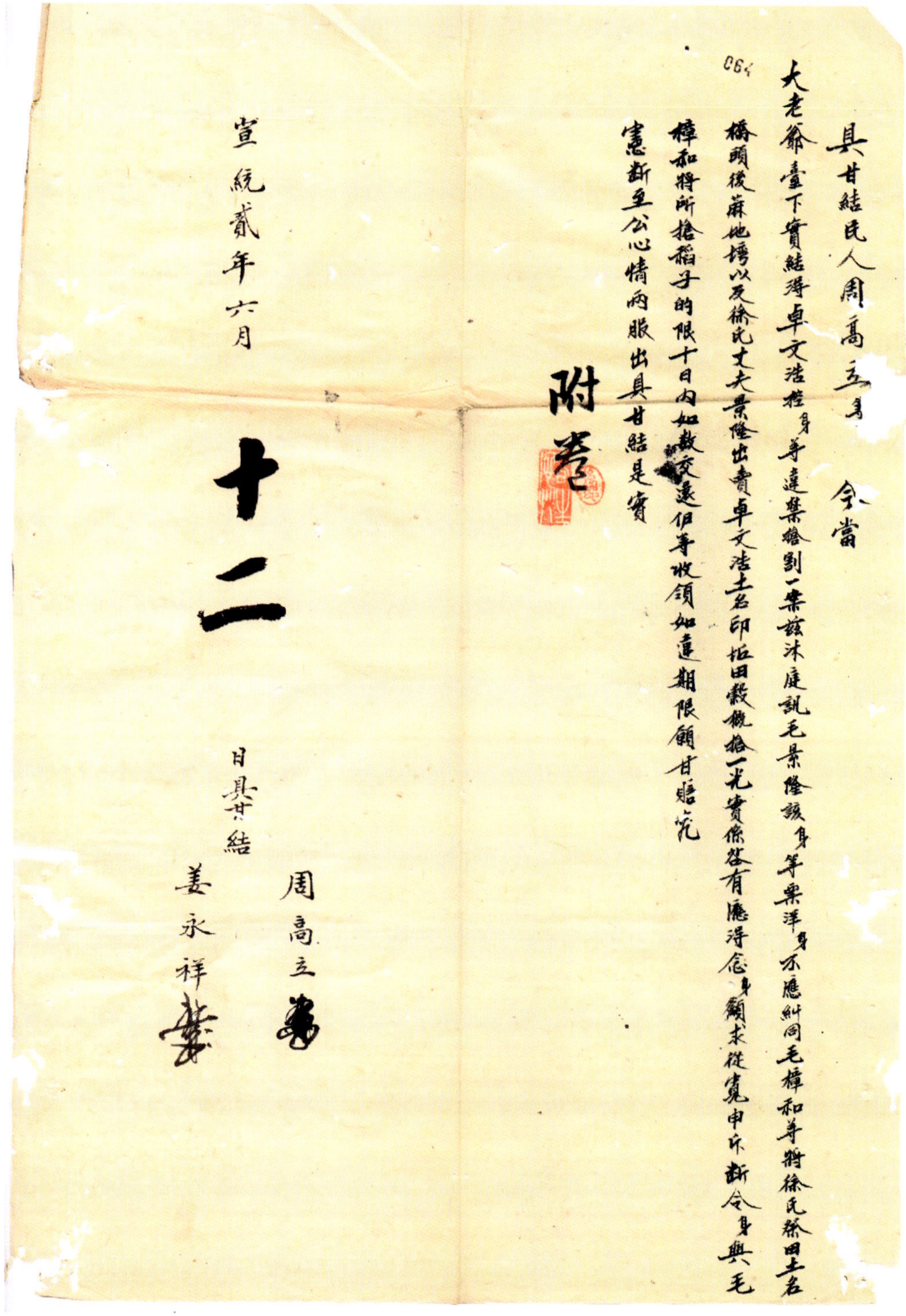

具甘結民人周高立等，今當

大老爺臺下，實結得卓文浩控身等違禁搶割一案，茲沐庭訊，毛景隆與身等素洋，身不應糾同毛樟和等將徐氏祭田土名橋頭俊蔴地塝以及徐氏丈夫景隆出賣卓文浩土名印坵田穀搶割一光，實係咎有應得，危身願求從寬申斥，斷令身與毛樟和將所搶稻子的限十日內如數交還，伊等收領，如違期限，願甘賠究

憲斷至公，心情兩服，出具甘結是實。

宣統貳年六月 十二 日具甘結 周高立 姜永祥

附卷

22.宣統二年六月十二日周高立等甘結狀 （13527：64）43.0×29.5cm

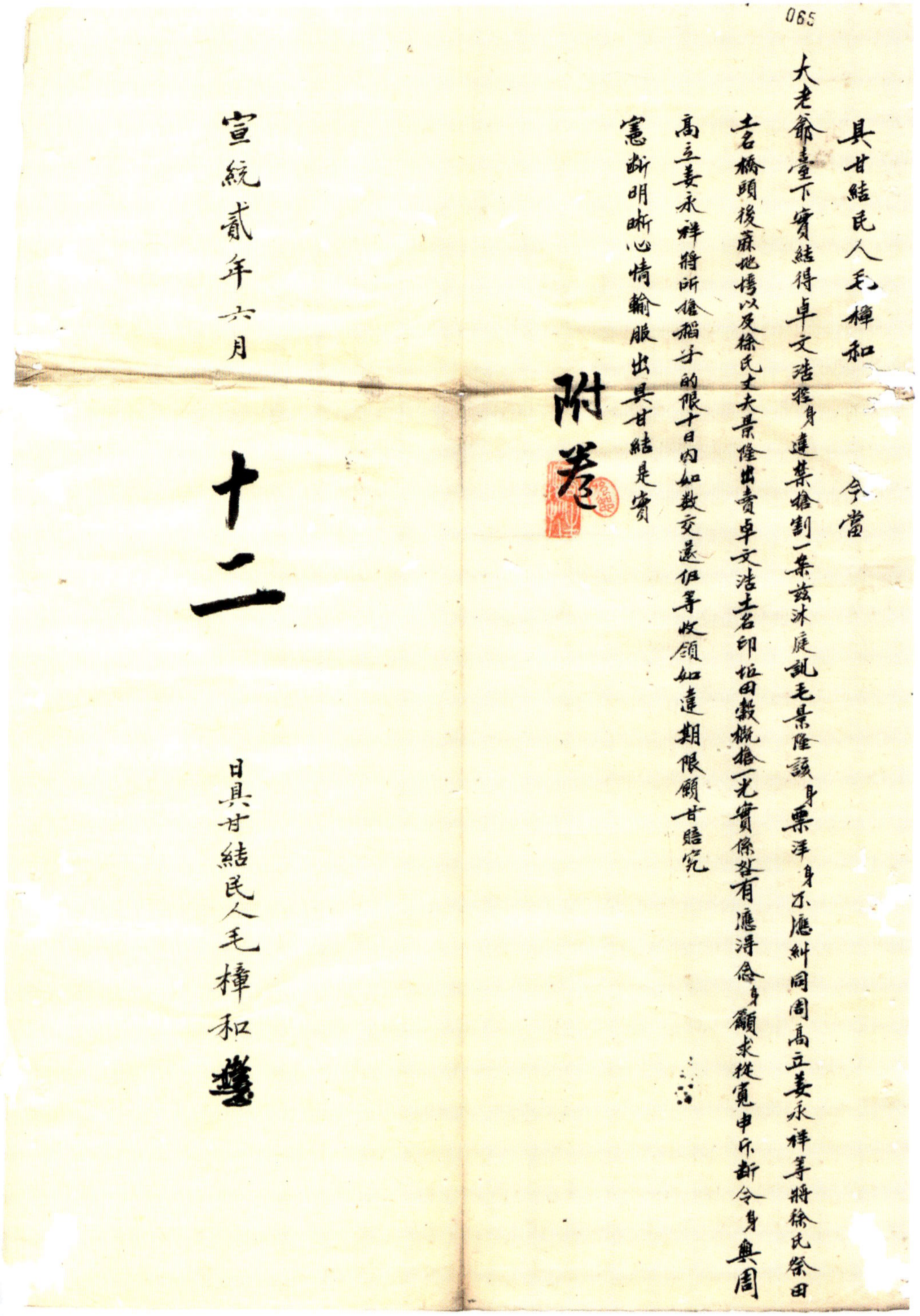

具甘結民人毛樟和　今當
大老爺臺下實結得卓文浩控身違禁搶割一案，茲沐庭訊毛景隆該身粟洋，身不應糾同周高立姜永祥等將徐氏祭田
土名橋頭後蔴地塝以及徐氏夫景隆出賣卓文浩土名印坵田穀概搶一光，實係咎有應得，念身懇求從寬申斥，斷令身與周
高立姜永祥將所搶稻子約限十日內如數交還伊等收領，如違期限，願甘賠究。
憲斷明晰，心情輸服，出具甘結是實。
附卷
宣統貳年六月十二日具甘結民人毛樟和

23.宣統二年六月十二日毛樟和甘結狀　（13527：65）43.0×29.5cm

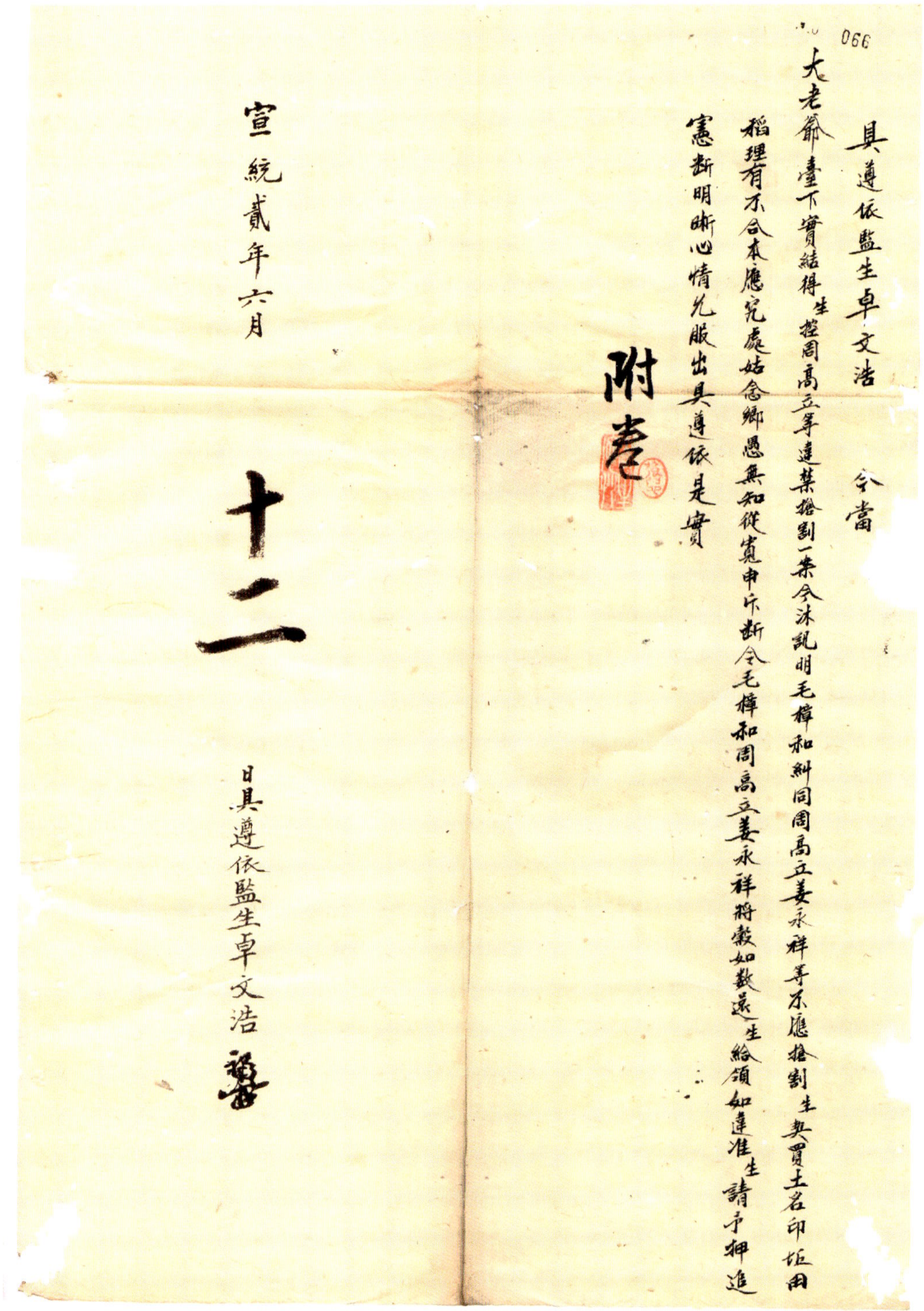

具遵依監生卓文浩　今當
大老爺臺下實結得生控周高立等違禁搶割一案，今沐訊明毛樟和糾同周高立姜永祥等不應搶割生契買土名印坵田
稻，理有不合，本應究處，姑念鄉愚無知，從寬申斥，斷令毛樟和周高立姜永祥將穀如數還生給領，如違，准生請予押追。
憲斷明晰，心情允服，出具遵依是實。
附卷
宣統貳年六月十二日具遵依監生卓文浩

24.宣統二年六月十二日卓文浩遵依狀　（13527：66）43.0×29.3cm

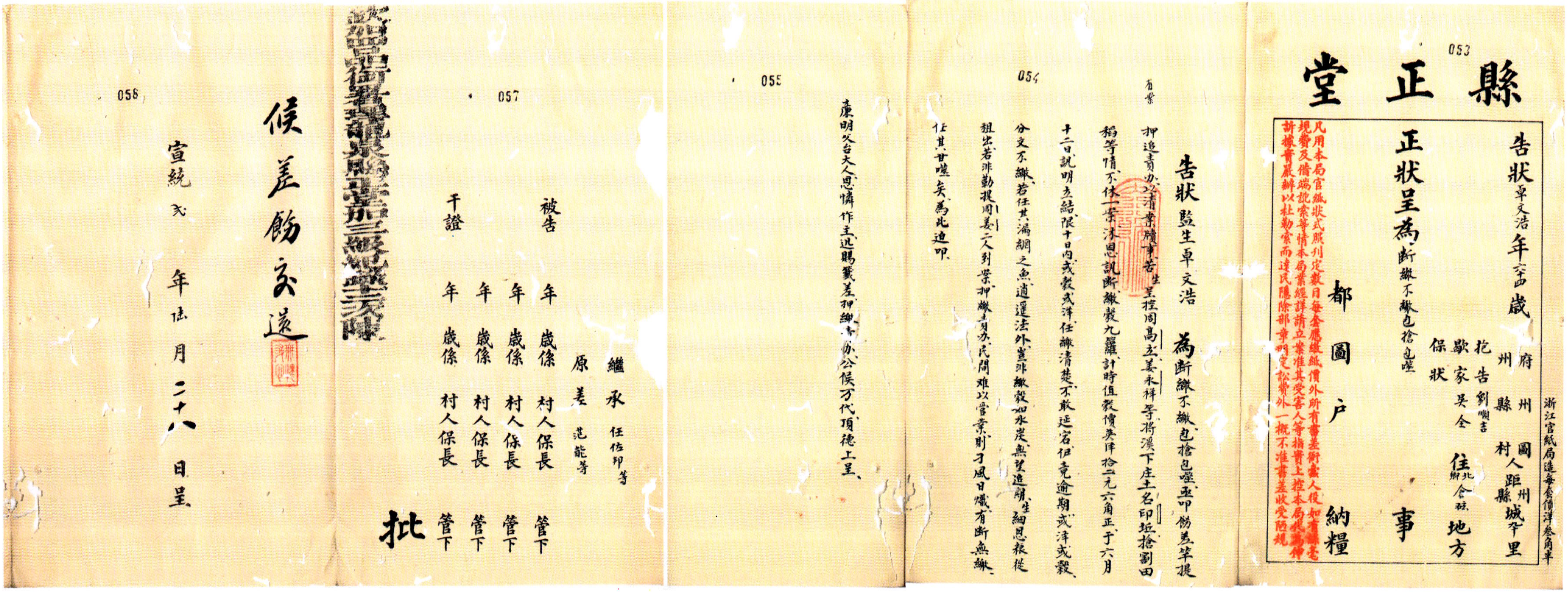

25.宣統二年六月廿八日卓文浩爲控周高立等斷繳不繳包搶包噬事呈狀

（13527：53–55）26.1×62.4cm；（13527：57–62）26.1×123.7cm　圖版裁狀式條例

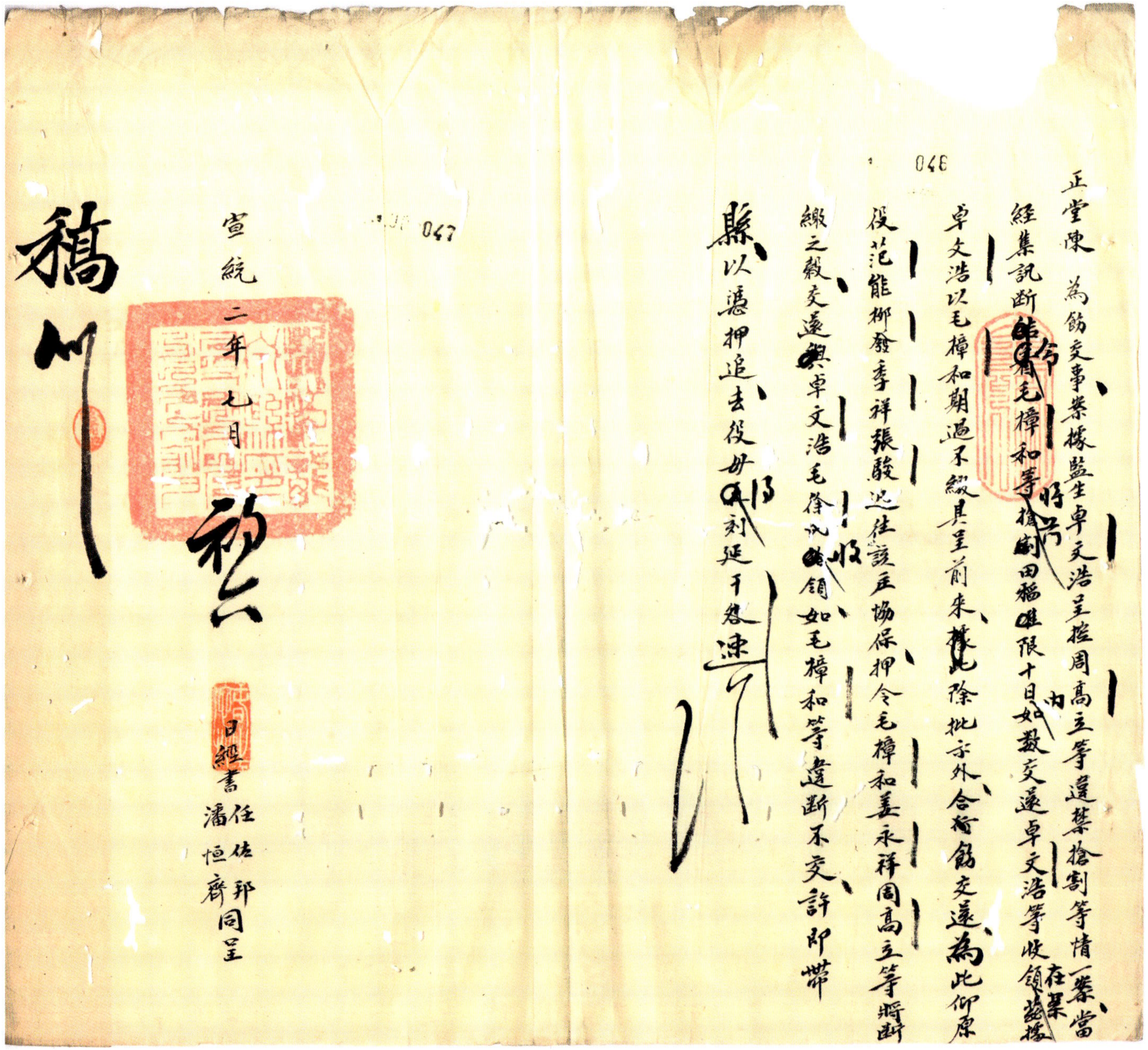

26.宣統二年七月初六日知縣陳啓謙爲飭交穀事票(稿)（13527：46–47）29.1×36.9cm

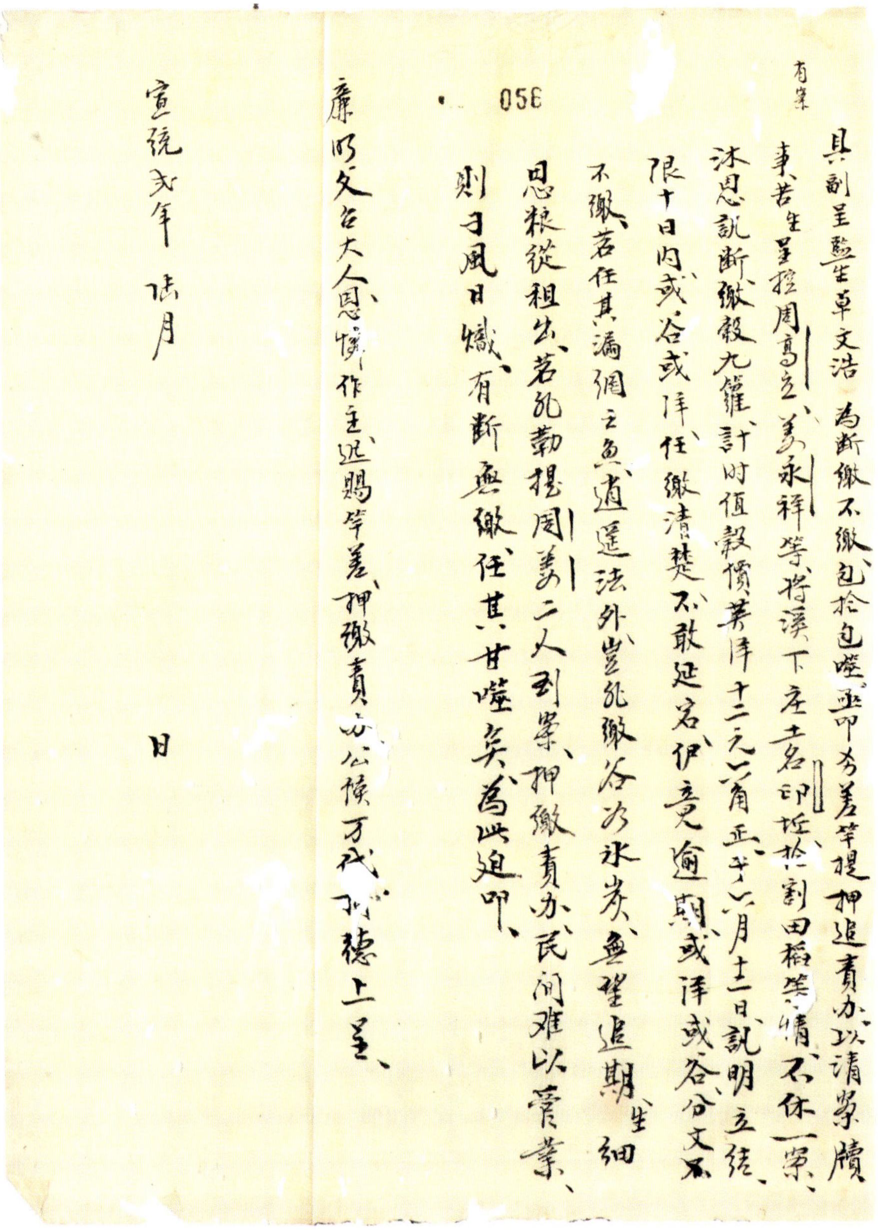

25附1.副狀　（13527：56）26.2×19.7cm

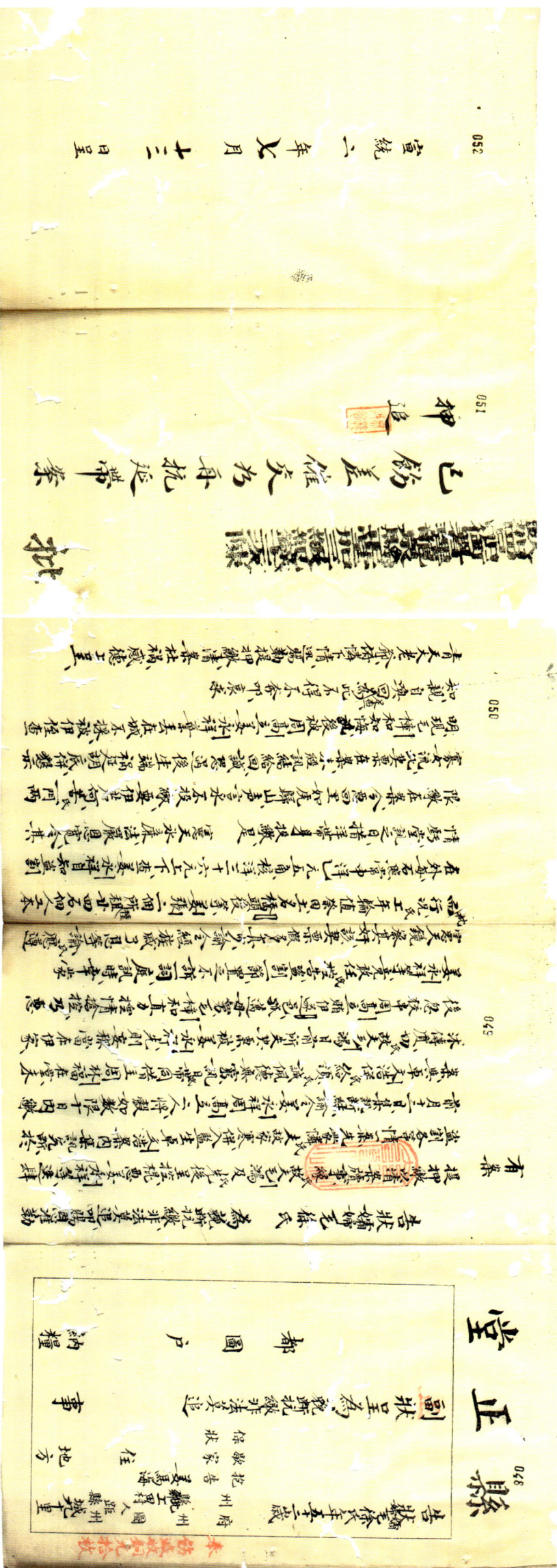

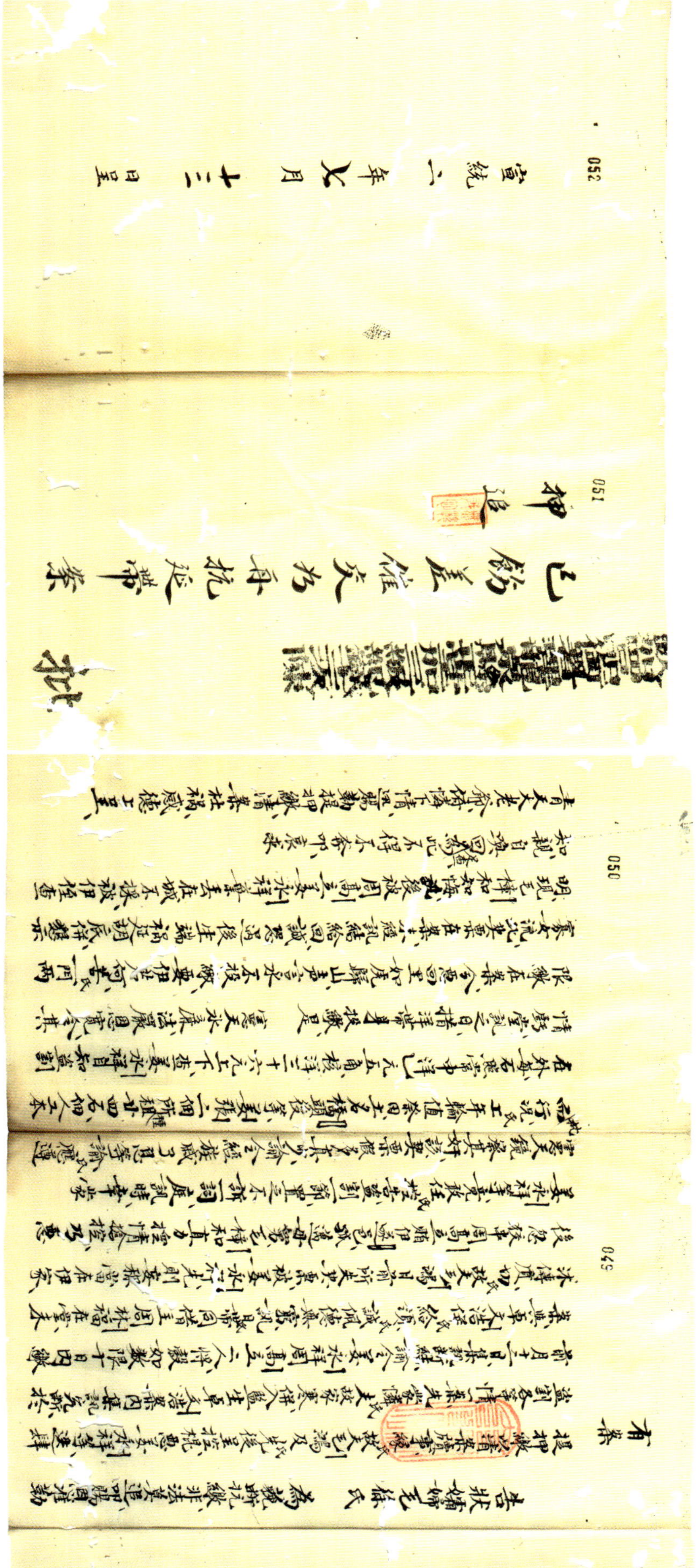

27.宣統二年七月十三日毛徐氏爲控姜永祥等藐斷抗繳非法莫追事呈狀

（13527：48–50）26.1×53.3cm，（13527：51–52）25.5×30.8cm

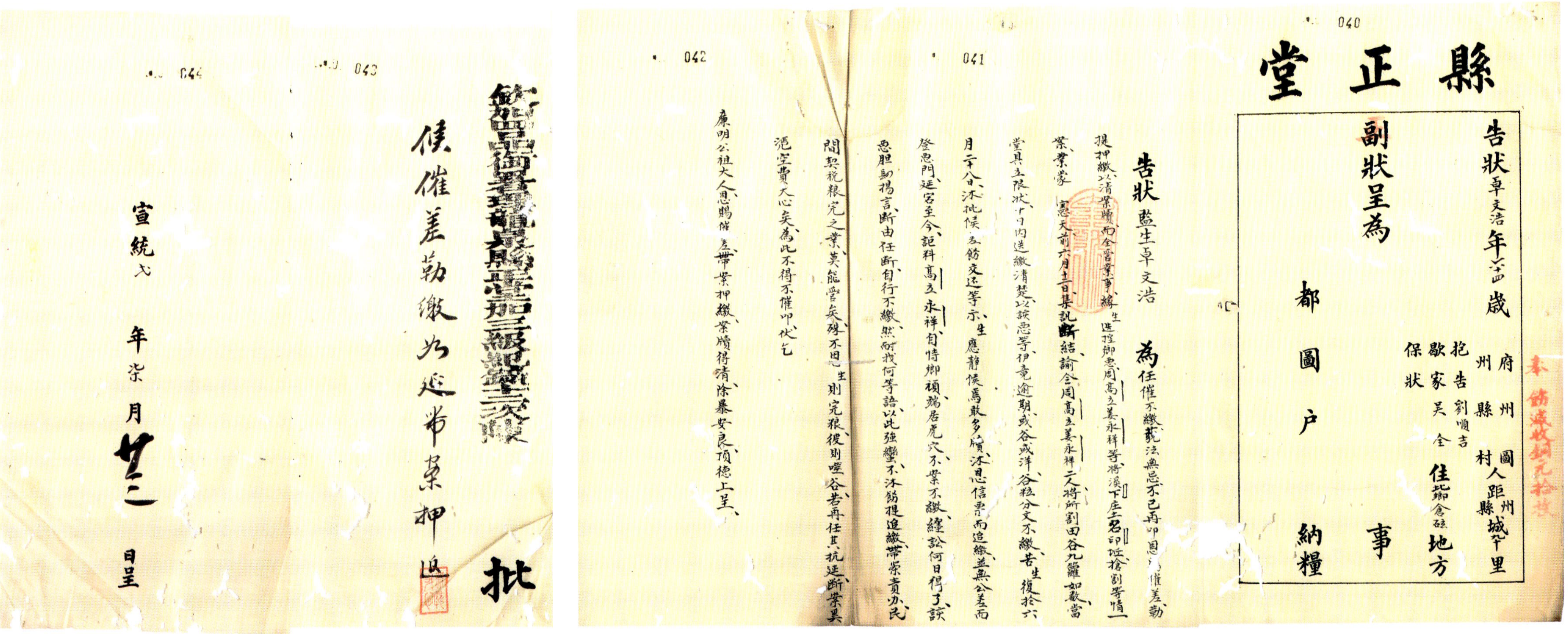

28.宣統二年七月廿三日卓文浩爲控周高立等任催不繳藐法無忌事呈狀
（13527：40–42）26.1×53.0cm；（13527：43–44）26.0×30.7cm

045

具副呈監生章文浩

為任催不繳、藐法無忌、不已再叩恩賜催差、勒提押繳、以清案牘而全營業事。

緣生迭控御恩周高立、姜永祥等、將溪下庄土名印坵搶割等情一案、業蒙

憲天前六月十二日集訊斷結、諭令周高立、姜永祥二人將所搶割田谷九籮之數、

當堂具立限狀、十日內送繳清楚、以詠恩等、伊竟逾期、或谷或洋、谷粒分文不繳、

若生復於六月廿八、沐批候差飭交還等示、生在靜候、焉敢多牘、沐恩信票

而追繳、並無公差而登憲门、延宕至今、詎料高立、永祥自恃御頑、端居虎

穴、不案不繳、纏訟何日得了、該恩胆敢揚言、斷由任斷、自行不繳、其奈我何等

語、以此強蠻、不沐飭提追繳、帶案責辦、民間無稅粒完之業、莫能言矣、殊

不思、生則完粮、彼則噬谷、若再任其抗延、斷案莫憑、空費天心矣、為此不得

不催叩伏乞

康明公祖大人恩賜催差、帶案押繳、案牘得清、除暴安良、頂德上呈、

經承 任佐邦 押

原差 范 […] 押

28附1.副狀　（13527：45）24.1×25.0cm

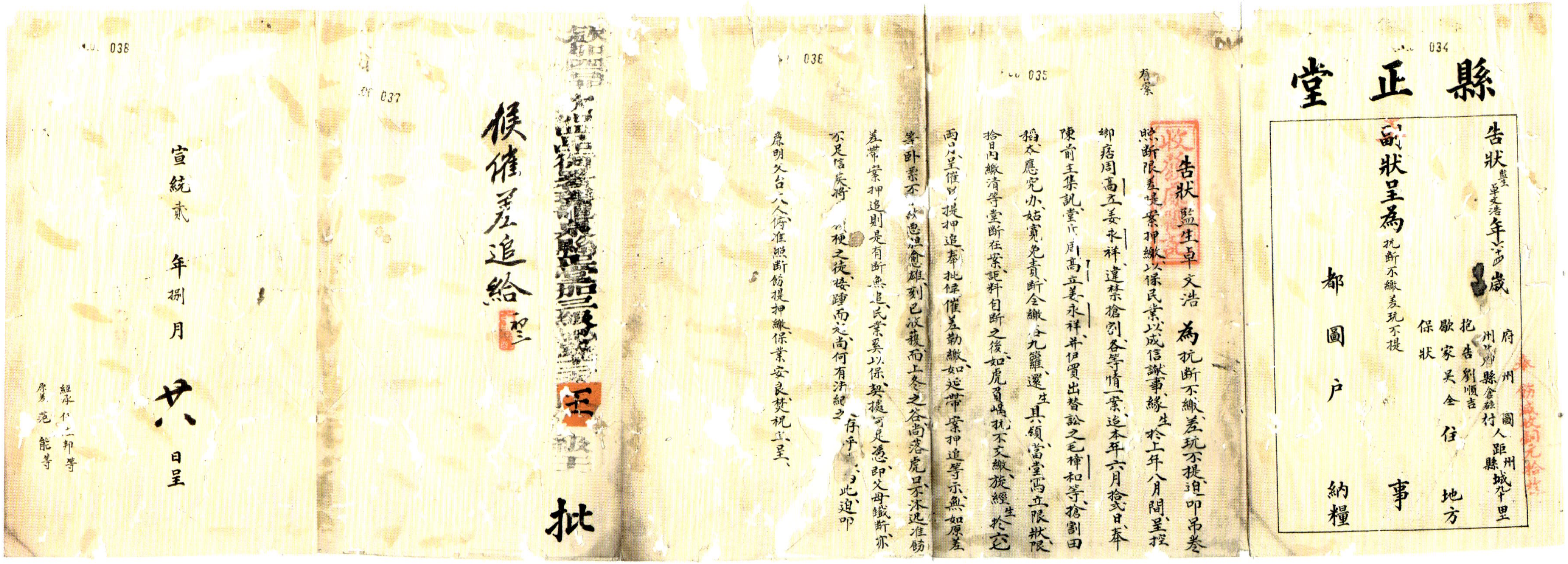

29.宣統二年八月廿八日卓文浩爲控周高立等抗斷不繳差玩不提事呈狀　(13527：34–38) 26.0×62.1cm

具副呈監生卓文浩　為抗斷不繳、差玩不提，迫叩飭差照斷
限差提案押繳，以保民業以成信讞事。緣生於上年八月間呈控鄉
痞周高五、姜永祥違禁搶割各等情一案，迨本年六月十二，奉陳前
主集訊，當斥周高五、姜永祥并伊買出替訟之毛榜和等搶割田稻本
應究办，姑寬免責，斷令繳出九羅迅還生具領，當堂寫立限狀，限十日
内繳清等，堂斷在案。詎料自斷之後，如虎負嵎，抗不交繳，旋經生於
六七兩月呈催，飭提押追，奉批候催差勒繳，为延帶案押追等示。
無为原差等卧票不办，故惡胆愈雄，刻已收獲，而上冬之米尚落
虎口，不沐迅准飭差帶案押追，則是有斷無追，民業奚以保，契據
何足憑，即父母鐵斷，亦不足信矣。將見頑梗之徒，接踵而起，尚何有
法紀之存乎哉。為此迫叩
康明父台大人俯准照斷，飭提押繳，保業安良，焚祝上呈。

宣統貳年八月　　日呈

經承　任佐邦　等
原差　范　駢　等

29附1.副狀　（13527：39）25.0×23.7cm

一六　宣統元年李師福控季錫璜藉連糾搬案

一、內容提要

「宣統元年（一九零九）李師福控季錫璜藉連糾搬案」相關檔案保存於2416號卷宗，其中包括宣統元年至二年的呈狀、點名單、供詞堂諭、諭（稿）各一件，稟二件，以及結狀四件。

該案因季錫璜私自在李師福所管高坪篩姑垟山場內栽培杉木而引發糾紛，最後裁定雙方重新訂立山界，李師福收回所争杉木。該案檔案缺失嚴重，現存最早的文書是宣統元年十一月十六日陳觀林、季盛吉的切結狀，陳、季兩人是李師福的拚客，該切結狀應該是兩人請求勘查的呈狀的附件。十二月十三日監生李師福呈狀請求復訊，此後有原差洪祥等提到相關人證的稟文、堂審供詞、兩造及拚客所具依結狀，以及縣衙派員重新訂界的相關文書。

二、檔案索引

編號	時間	作者	內容	類型	卷宗號	原卷宗頁碼
1	宣統元年十一月十六日	陳觀林等	請勘切結狀	結狀	2416	16
2	宣統元年十二月十三日	李師福	爲控季錫璜等藉毘罩佔蒙勘必明事	呈狀	2416	8—9、3
3	宣統元年十二月廿日	原差洪祥等	爲稟傳到季錫璜(孫季祥和代)等事	稟	2416	1—2
4	(宣統元年)十二月廿一日		點名單	點名單	2416	12
5	(宣統元年)十二月廿一日		供詞、堂諭	供詞、堂諭	2416	6—7
6	宣統元年十二月廿二日	季錫璜(孫季祥和代)	遵結狀	結狀	2416	13
7	宣統元年十二月廿二日	李師福等	遵依狀	結狀	2416	14
8	宣統元年十二月廿二日	陳觀林	切結狀	結狀	2416	15
9	宣統元年十二月廿三日	知縣陶霦	諭刑書王克昌知悉事	諭(稿)	2416	10—11
10	宣統二年二月廿八日	刑書王克昌	爲奉諭釘界稟復事	稟	2416	4—5

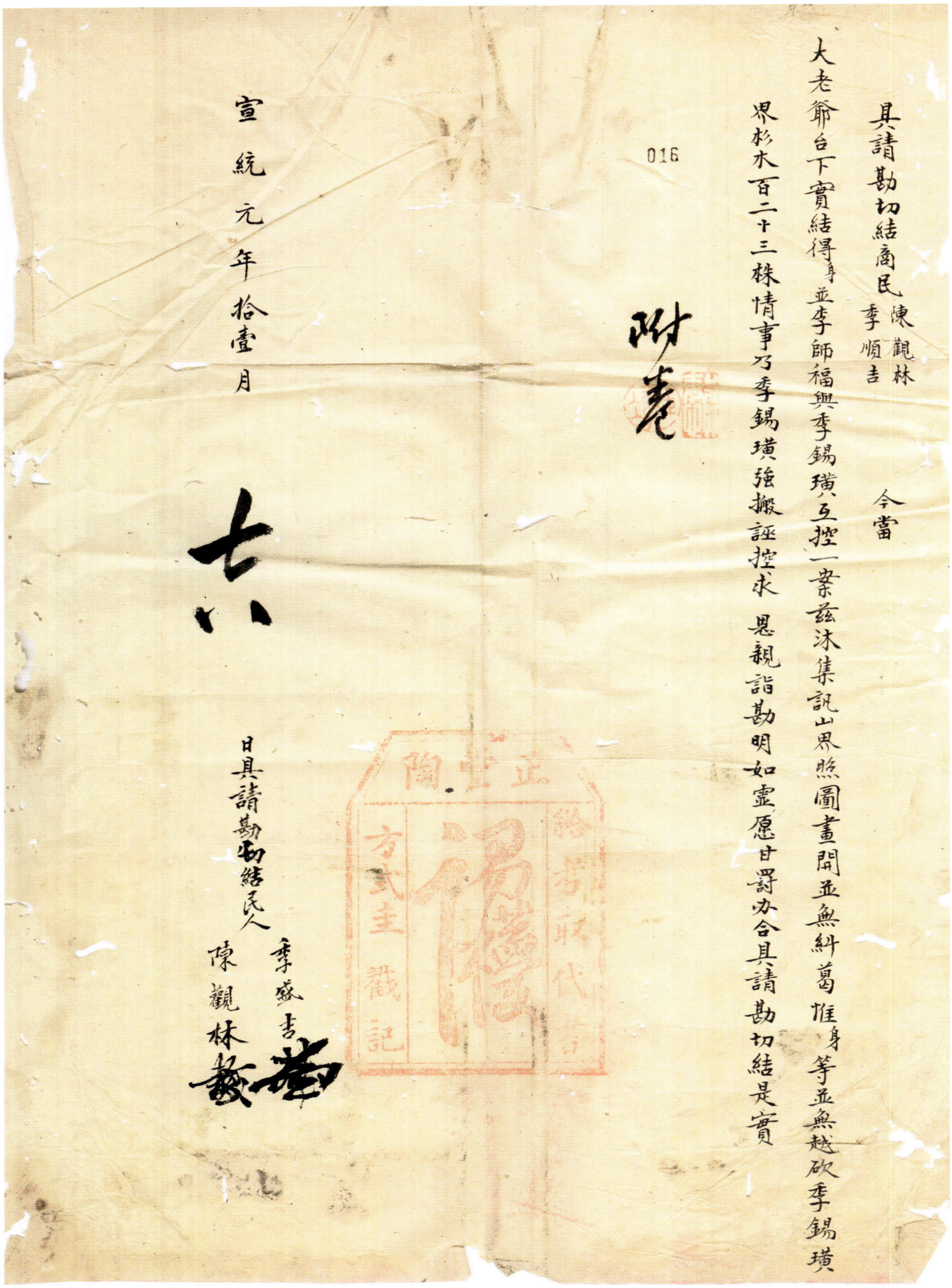

具請勘切結商民陳觀林
李順吉
今當
大老爺台下實結得身並李師福與李錫璜互控一案茲沐集訊山界照圖畫開並無糾葛惟身等並無越砍李錫璜
界杉木百二十三株情事乃李錫璜強搬誣控求 恩親詣勘明如虛愿甘罰办合具請勘切結是實

附卷

宣統元年拾壹月 十六 日具請勘切結民人 李順吉 陳觀林

1.宣統元年十一月十六日陳觀林等請勘切結狀 （2416：16）39.4×29.2cm

宣統元年拾貳月十三

監生李師福年七十

此已勘明靜候集訊斷

2.宣統元年十二月十三日李師福爲控季錫璜等藉毘罩佔蒙勘必明事呈狀　（2416：8–9）28.0×58.2cm；（2416：3）28.1×33.5cm　圖版裁狀式條例

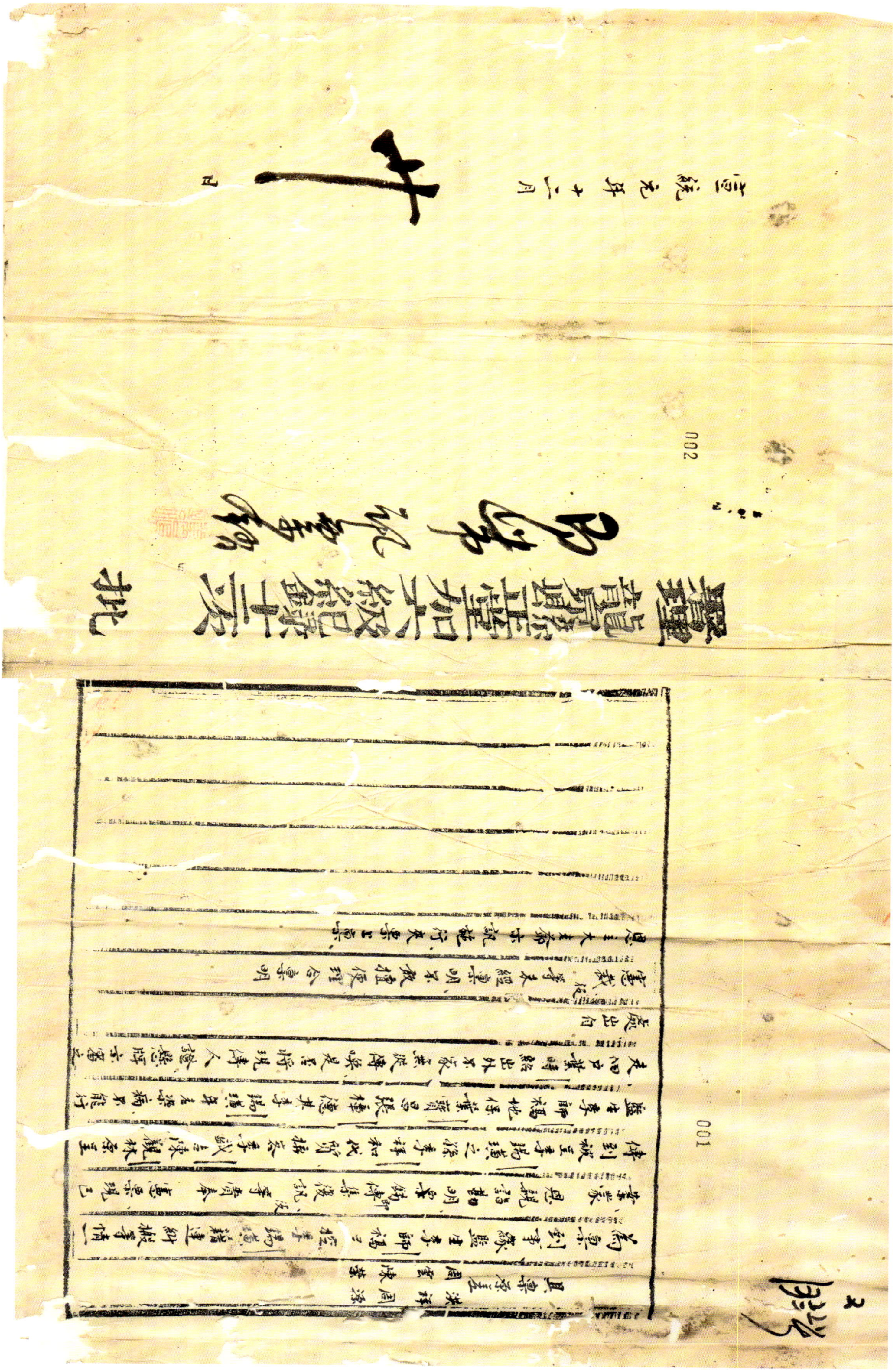

3.宣統元年十二月廿日原差洪祥等爲稟傳到季錫璜(孫季祥和代)等事稟　(2416：1–2) 29.0×58.2cm　圖版裁封頁

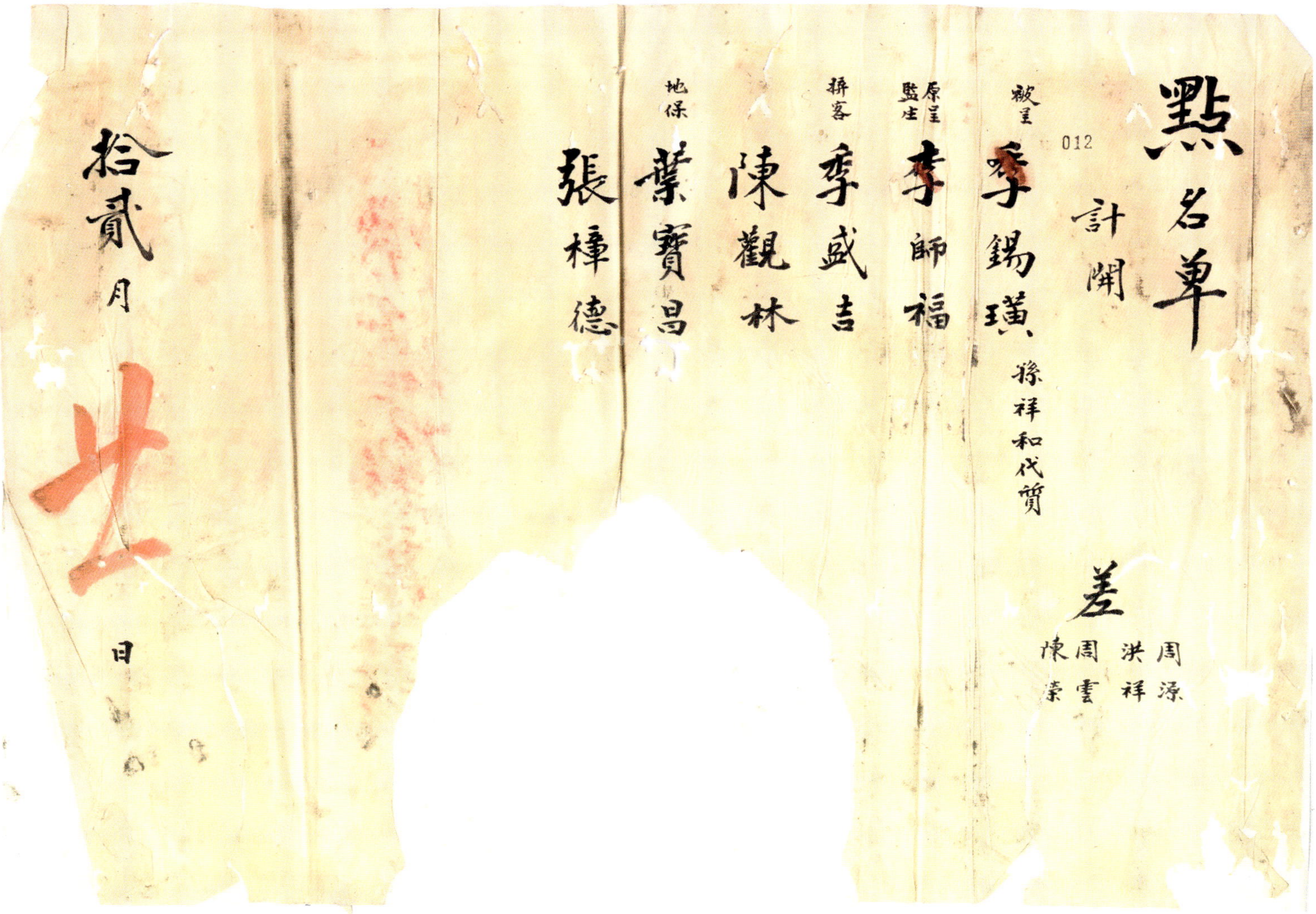

點名單

012

計開

被呈　李錫璜　孫祥和代質

原呈監生　李師福

拚客　李盛吉

陳觀林

地保　葉寶昌

張棒德

差　周添　洪祥　周雲　陳棠

拾貳月　廿　日

4.(宣統元年)十二月廿一日點名單　(2416：12) 28.9×41.0cm

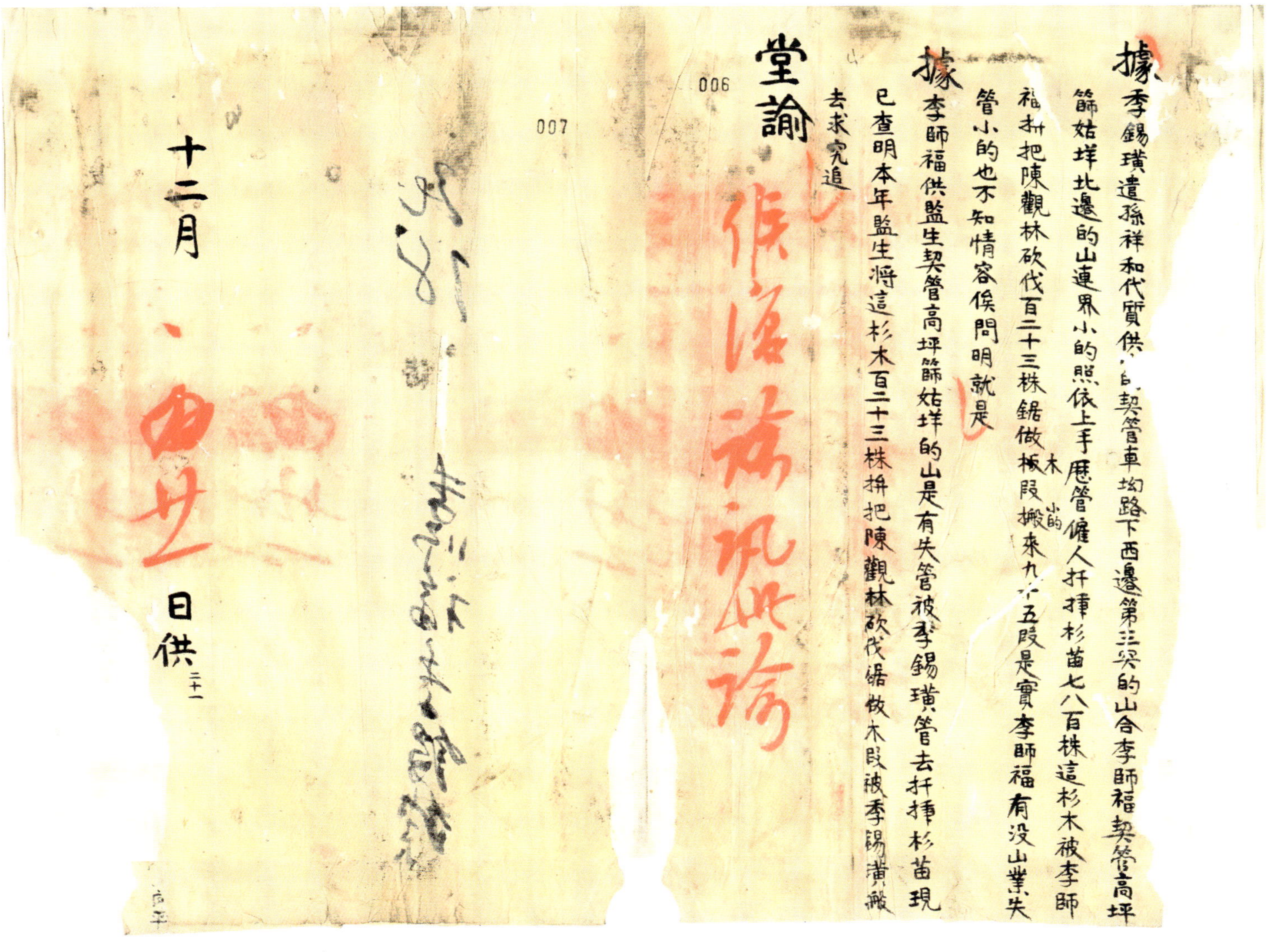

據李錫璜遣孫祥和代質供，[illegible]契管車坳路下西邊第三𡍯的山，合李師福契管高坪篩姑垟北邊的山連界，小的照依上手歷管，僱人扦插杉苗七八百株，這杉木被李師福私把陳觀林砍伐百二十三株，鋸做板木段，小的搬來九十五段是實。李師福有没山業，失管小的也不知情，容俟問明就是。

據李師福供：監生契管高坪篩姑垟的山，是有失管，被李錫璜管去扦插杉苗，現已查明本年監生將這杉木百二十三株拚把陳觀林砍伐鋸做木段，被李錫璜搬去，求究追。

006

堂諭

候添訊再諭

007

十二月廿一日供

二十一

5.(宣統元年)十二月廿一日供詞、堂諭　(2416：6—7) 29.2×38.6cm

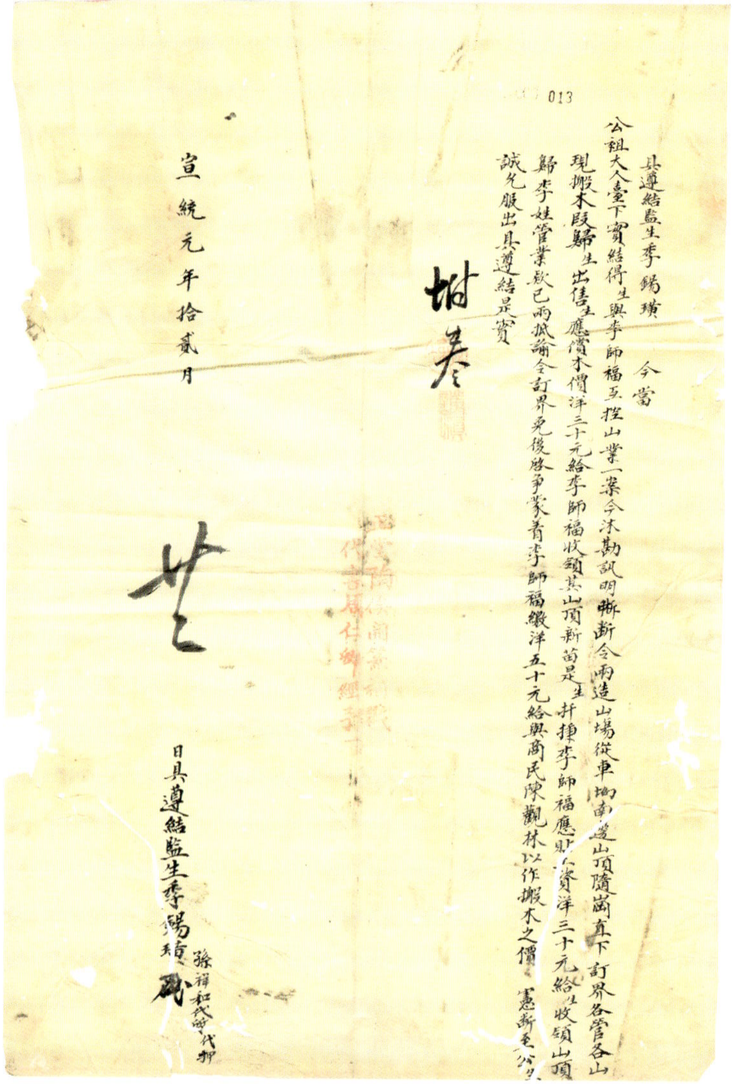

具遵結監生李錫璜 今當
公祖大人臺下實結得生與李師福互控山業一案今沐勘訊明晰斷令兩造山場從東坳南邊山頂隨崗直下訂界各管各山
現搬木段歸生出售生應償木價洋三十元給李師福收領其山頂新苗是生扦插李師福應貼生工資洋三十元給生收領山頂
歸李姓管業款已兩訊諭令訂界免後啓爭蒙着李師福繳洋五十元給與商民陳觀林以作搬木之價 憲斷至公生
誠允服出具遵結是實

附卷

宣統元年拾貳月 廿二 日具遵結監生李錫璜 孫祥和代押

6.宣統元年十二月廿二日季錫璜(孫季祥和代)遵結狀
（2416：13）41.8×29.0cm

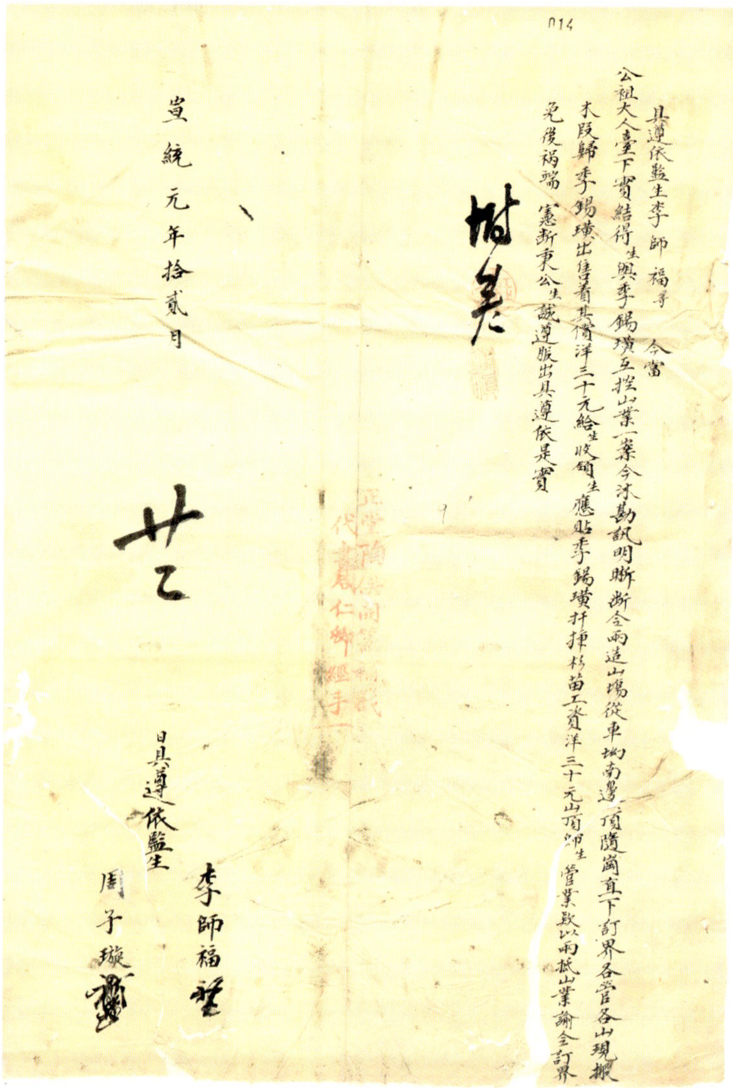

具遵依監生李師福等 今當
公祖大人臺下實結得生與李錫璜互控山業一案今沐勘訊明晰斷令兩造山場從東坳南邊山頂隨崗直下訂界各管各山現搬
木段歸李錫璜出售着其償洋三十元給生收領生應貼李錫璜扦插杉苗工資洋三十元山頂歸生管業款以兩訊山業諭令訂界
免後禍端 憲斷秉公生誠遵服出具遵依是實

附卷

宣統元年拾貳月 廿二 日具遵依監生 李師福 周子璣

7.宣統元年十二月廿二日李師福等遵依狀
（2416：14）42.3×29.2cm

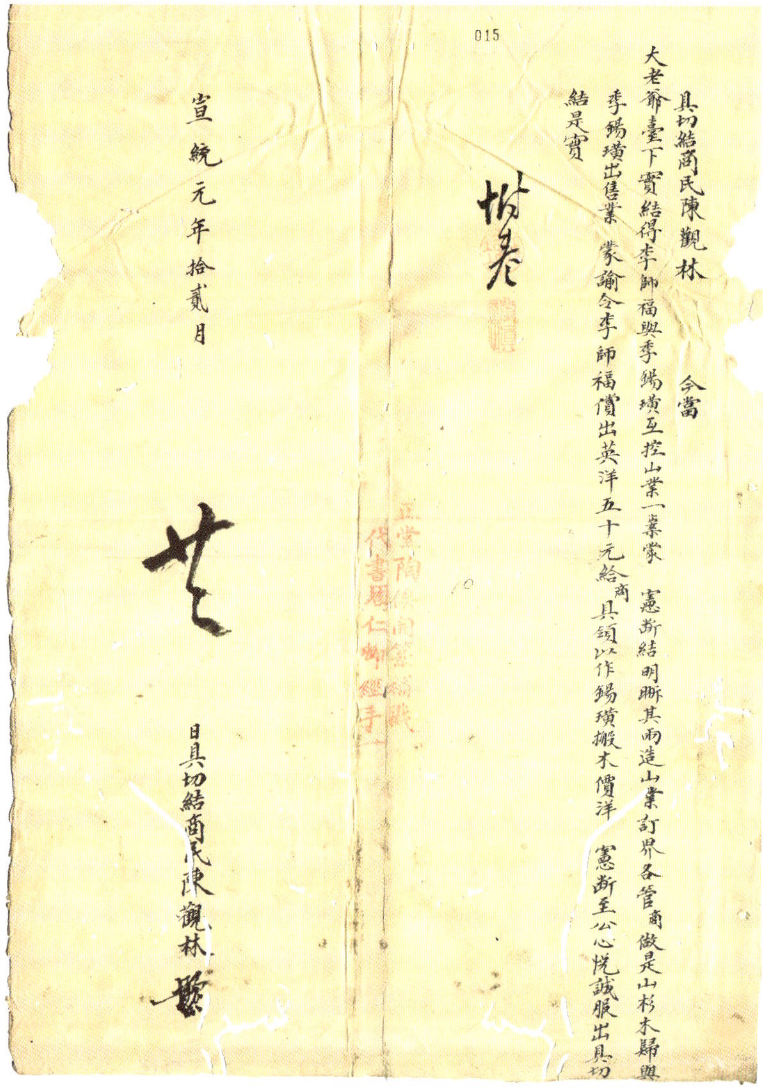

具切結商民陳觀林 今當
大老爺臺下實結得李師福與李錫璜互控山業一案蒙 憲斷結明晰其兩造山業訂界各管商繳是山杉木歸與
李錫璜出售業 蒙諭令李師福償出英洋五十元給商具領以作錫璜搬木價洋 憲斷至公心悅誠服出具切
結是實

附卷

宣統元年拾貳月 廿二 日具切結商民陳觀林

8.宣統元年十二月廿二日陳觀林切結狀
（2416：15）42.0×29.0cm

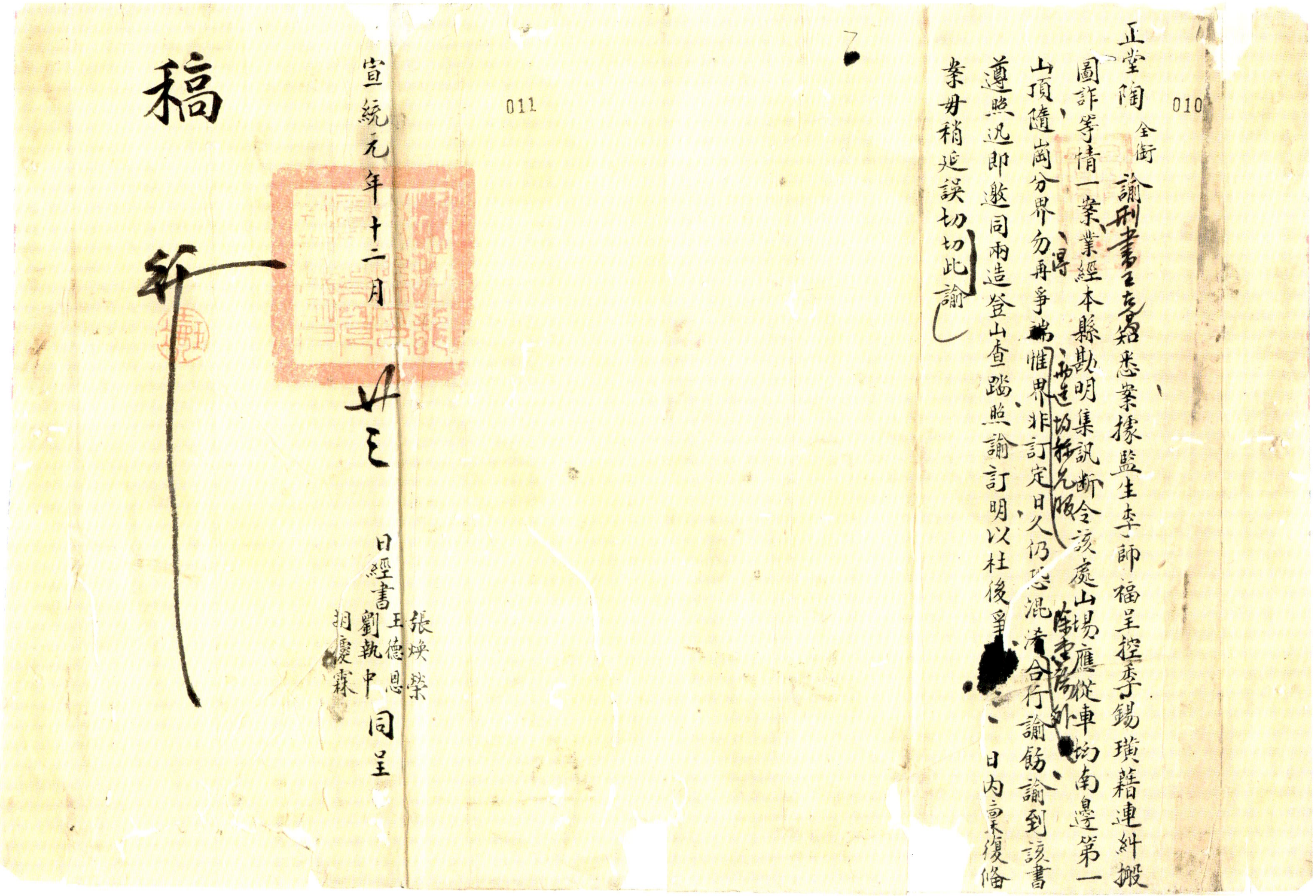

正堂陶 全銜 諭刑書王克昌知悉案據監生李師福呈控李錫璜藉連糾搬
圖詐等情一案業經本縣勘明集訊斷令該處山場應從東坳南邊第一
山頂隨崗分界毋再爭端惟界非訂定日久仍恐混淆合行諭飭諭到該書
遵照迅即邀同兩造登山查踏照諭訂明以杜後釁日內稟覆備
案毋稍延誤切切此諭

宣統元年十二月廿三日

日經書 張煥榮 王德恩 劉執中 胡慶霖 同呈

稿

行

9.宣統元年十二月廿三日知縣陶霦諭刑書王克昌知悉事諭(稿)（2416：10–11）27.4×40.2cm

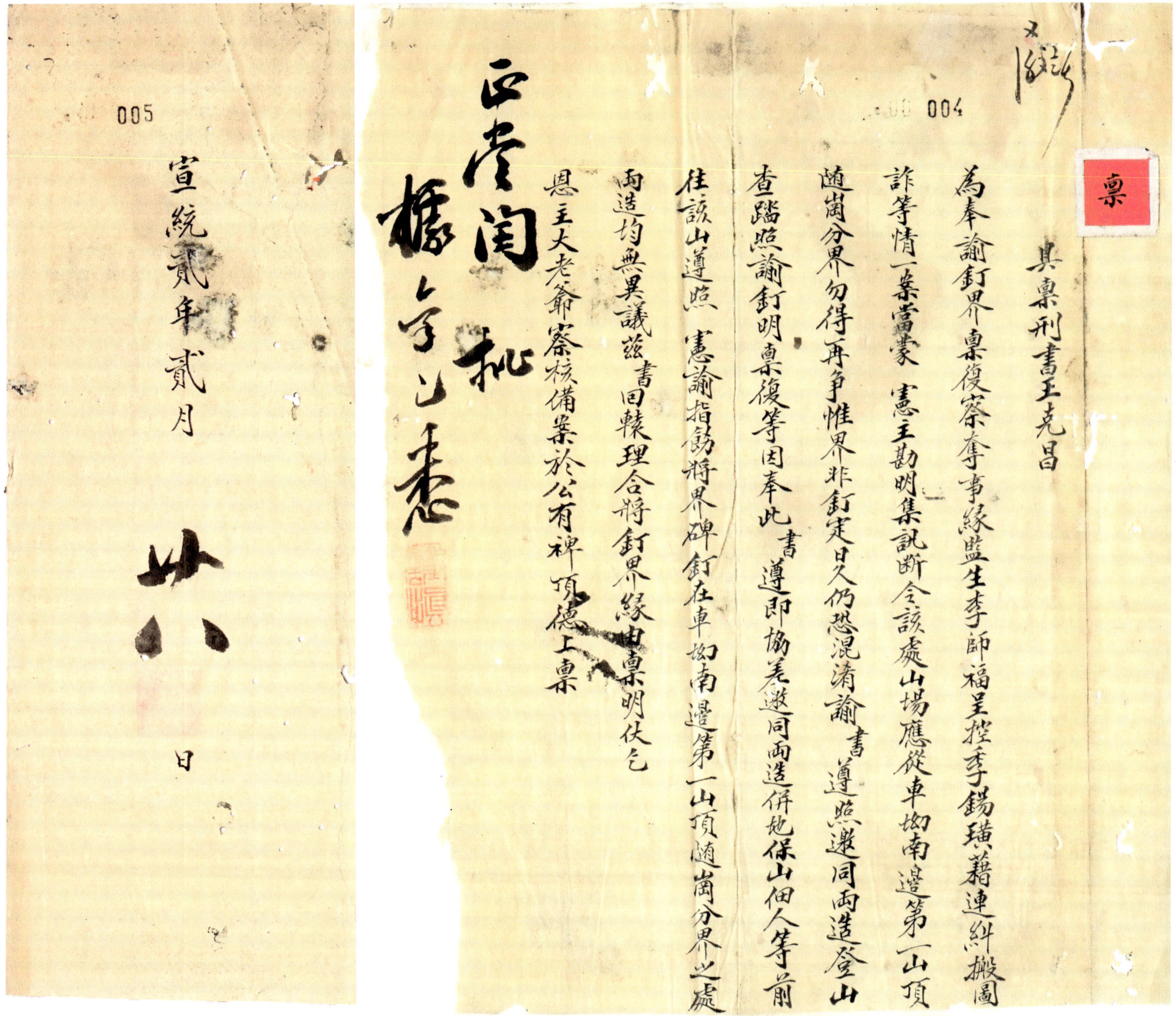

稟

具稟刑書王克昌

為奉諭釘界稟復察奪事。緣監生李師福呈控李錫璜藉連糾搬圖

詐等情一案，當蒙憲主勘明集訊，斷令該處山場應從車坳南邊第一山頂

隨崗分界，勿得再爭。惟界非釘定，日久仍恐混淆，諭書遵照邀同兩造登山

查踏，照諭釘明稟復等因。奉此，書遵即協差邀同兩造併地保、山佃人等，前

往該山，遵照憲諭指飭將界碑釘在車坳南邊第一山頂隨崗分界之處，

兩造均無異議。茲書回轅，理合將釘界緣由稟明，伏乞

恩主大老爺察核備案，於公有裨。頂德上稟。

正堂閔批　據稟已悉

宣統貳年貳月廿八日

10.宣統二年二月廿八日刑書王克昌爲奉諭釘界稟復事稟　（2416：4）25.5×21.0cm；（2416：5）25.1×37.0cm　圖版裁空白頁

一七　宣統元年葉天茂控廖立漢一業兩賣案

一、内容提要

「宣統元年（一九零九）葉天茂控廖立漢一業兩賣案」相關檔案保存於2527號卷宗。其中包括宣統元年十二月至宣統三年（一九一一）閏六月訴訟過程中形成的各式狀紙十三件、票（稿）五件、稟一件。

該案案情，據原呈葉天茂稱，廖立漢曾將該山十六分之一股份立契賣與龔遠親，龔遠親之子龔紹樑又將此股份轉賣與己。此後廖立漢又將此股份賣與張石德（即張景文），侵吞葉天茂股息。但據廖立漢稱，其父曾將該股份活賣於龔遠親，此後兩次出價准備贖回，不料葉天茂向龔姓增價奪買，並控告張石德與自己。張石德則稱，葉天茂只是山佃，並無股份。

由於檔案保存不全，該案案情及訴訟過程難以復原。現存最早一件文書是宣統元年十二月葉天茂的呈狀。之後廖立漢遞呈訴詞，陶霦簽發信票飭令差役調查。宣統二年（一九一零）二月初七日原差的稟復支持葉天茂的呈詞。此後葉天茂與張石德呈狀互控，歷任知縣陶霦、陳啓謙與周琛先後簽發傳票，但均無結果。及至宣統三年閏六月，葉天茂兩次呈狀，聲稱當月初十日張石德强砍他所管土名塆潭坑杉木，並將其子葉長騰毆傷等，這是該案現存最晚的兩件文書。

二、檔案索引

編號	時間	作者	内容	類型	卷宗號	原卷宗頁碼
1	(宣統元年十二月)〔一〕	葉天茂	爲控廖立漢等慘遭凌弱情出無奈事	呈狀	2527	7—8
			附1　葉天茂切結狀	結狀	2527	6
2	宣統二年正月廿八日	廖立漢	爲控葉天茂措贖串賣知情奪買事	呈狀	2527	15—16
3	時間不詳〔二〕	知縣陶霦	爲飭查事	票(稿)	2527	25—26
4	宣統二年二月初七日	原差吴填等	爲奉票飭差據實稟復事	稟	2527	43—44
5	宣統二年二月初八日	葉天茂	爲控廖立漢豪惡横詐民不聊生事	呈狀	2527	45
6	宣統二年二月初八日	張景文	爲控葉天茂揑誣串噬圖掩己辜事	呈狀	2527	1—3

〔一〕時間缺失，據所附切結狀時間推定。
〔二〕時間缺失，該簽票的稟復時間是宣統二年二月初七日，故列於其前。

7	宣統二年二月十五日	葉天茂	爲控廖立漢等串詐聳誣囑避不訊事	呈狀	2527	9–10
8	宣統二年二月十□日〔一〕	知縣陶霦	爲飭吊傳訊廖立漢等事	票(稿)	2527	35
9	宣統二年二月廿三日	張景文	爲控葉天茂蒙蔽誣指公然舞弊事	呈狀	2527	41–42
10	宣統二年三月初三日	葉天茂	爲控廖立漢等串賣噬價買□肆鋒事	呈狀	2527	19–20
11	時間不詳〔二〕	知縣陳啓謙	爲照案催吊傳訊廖立漢等事	票(稿)	2527	4
12	宣統二年四月十三日	吳(張)景文	爲控葉天茂業未受買契莫檢呈事	呈狀	2527	11–13
13	宣統二年十二月十八日	葉天茂	爲控廖立漢等盜買盜賣厥罪維均事	刑事訴訟狀	2527	21–24
14	宣統三年二月十六日	知縣周琛	爲照案催吊提訊張景文等事	票(稿)	2527	14
15	宣統三年三月十八日	葉天茂	爲控廖立漢等案控兩載抗吊抗提事	民事辯訴狀	2527	17–18
16	宣統三年三月廿三日	葉天茂	爲控廖立漢等情虛抗吊求伸莫伸事	刑事訴訟狀	2527	31–34
17	宣統三年四月	知縣周琛	爲勒催吊契提訊廖立漢等事	票(稿)	2527	36–37
18	宣統三年閏六月十八日	葉天茂	爲控張石德既已抗提復肆强砍事	民事訴訟狀	2527	38–39
			附1 光緒二十七年六月初三日廖立漢立領字抄件	粘呈	2527	40
19	宣統三年閏六月廿一日	葉天茂	爲控張石德事實情真冤極迫極事	□事訴訟狀	2527	27–30
			附1 葉天茂甘結狀	結狀	2527	5

〔一〕原件殘爲十□日，據宣統二年二月十五日葉天茂呈狀批詞，稱「候催提集訊」，此票當簽發於其後。

〔二〕時間缺失，宣統二年四月十三日張景文呈狀批詞内稱「着即遵傳投案備質可也」，據此推測此前有信票飭傳，故列於其前。

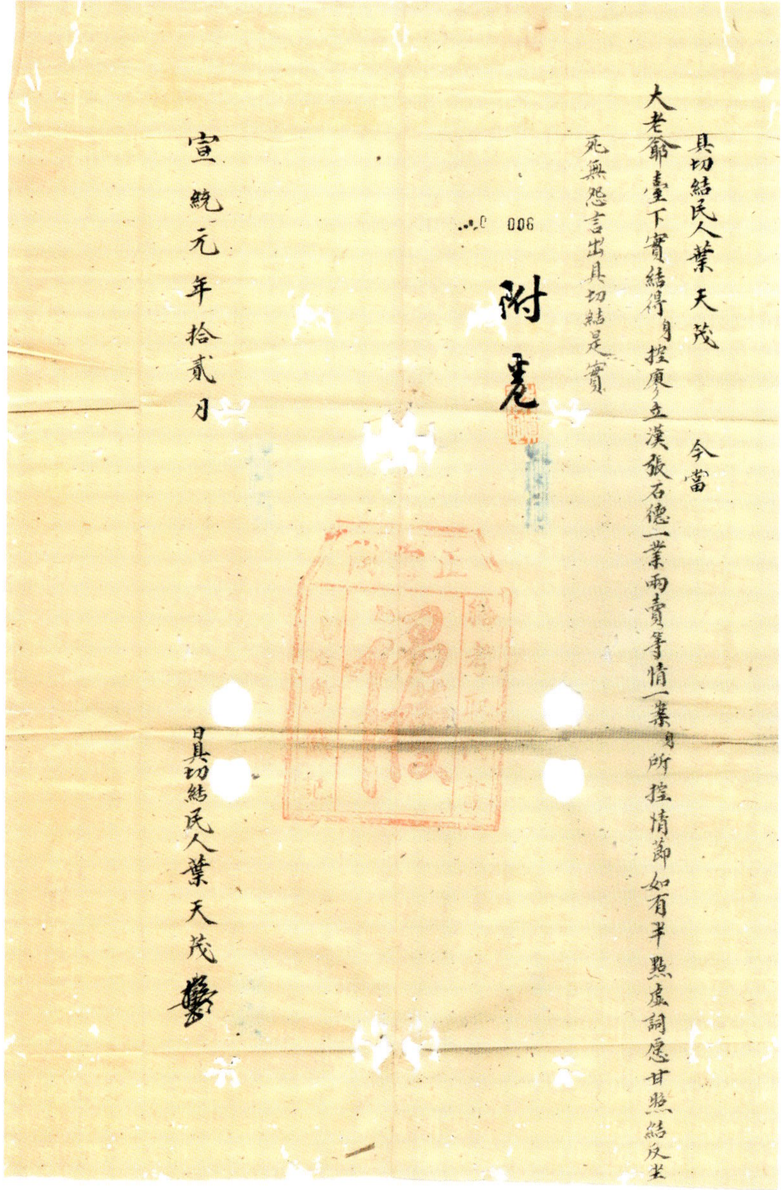

具切結民人葉天茂
今當
大老爺臺下實結得身控廖立漢張石德一業兩賣等情一案身所控情節如有半點虛詞愿甘照結反坐
死無怨言出具切結是實
附卷
宣統元年拾貳月　日具切結民人葉天茂

1附1．葉天茂切結狀　（2527：6）43.7×28.7cm

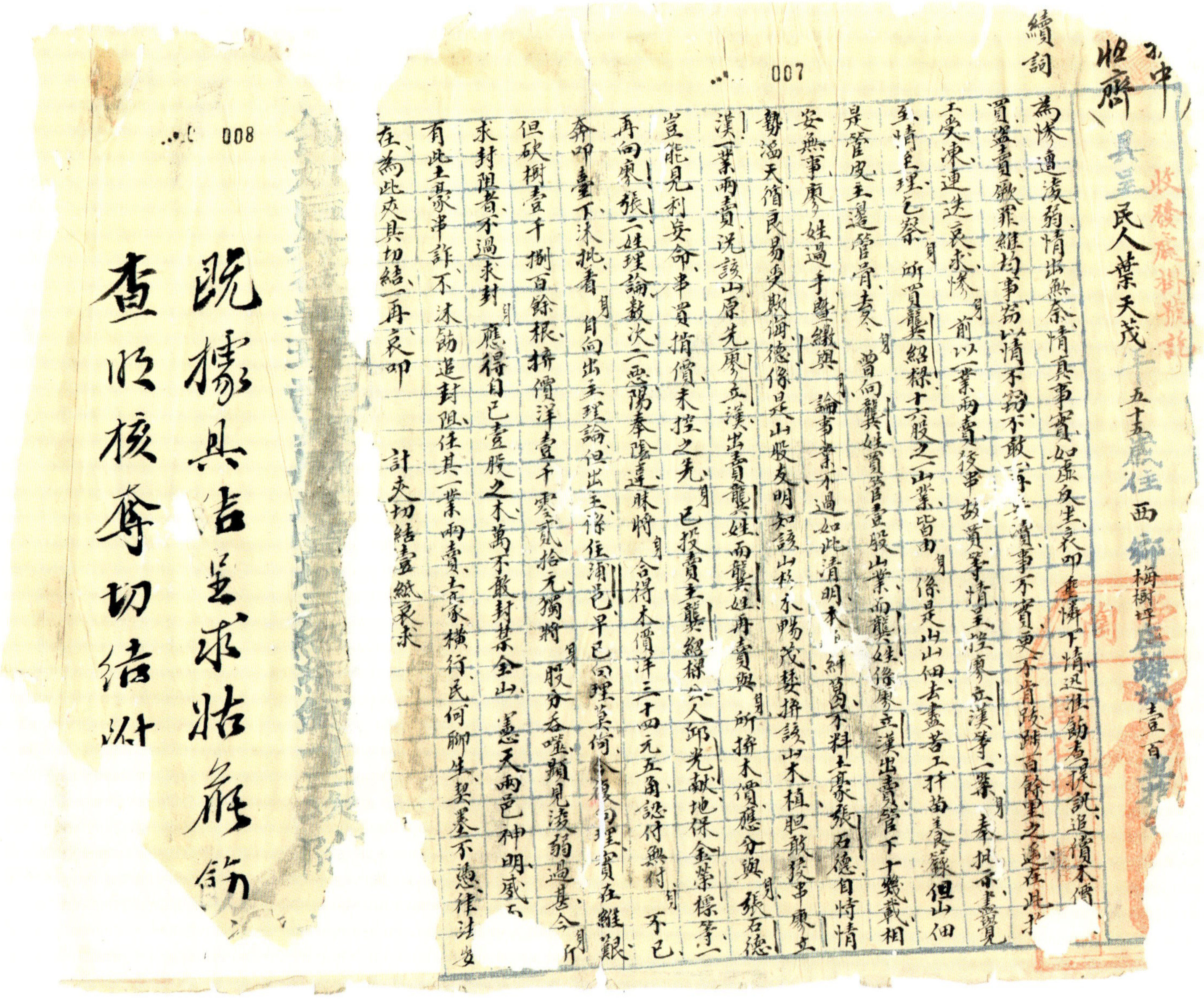

既據具結呈求候飭
查收核奪切結附

收發處掛號訖
收中
具呈民人葉天茂年五十五歲住西鄉梅樹坪離城壹百
續詞
為慘遭凌弱情出無奈情真事實如虛反坐哀叩垂憐下情迅賜勘驗飭追償木價
買盜賣鐵案難翻事因以情不得不敢瀆事不實更不實跋涉百餘里之遙在此守
憂凍連迭哀求慘身前以一業兩賣後串故買等情具控廖立漢等一案奉批示盡覺
至情至理已察身所買龔紹標十六股之一山業皆由身係是山佃去盡苦工扦苗養蓄但山佃
是管皮主還管骨去冬曾向龔姓買得壹股山業而龔姓係廖立漢出賣管下十幾載相
安無事廖姓過手盤繳與身論事業不過如此清明未斜甚不料土豪張石德自恃情
勢謟天昧良易受欺侮德係是山股友明知該山松木暢茂婪拚該山木植胆敢投串廖立
漢一業兩賣況該山原先廖立漢出賣龔姓而龔姓再賣與身所拚木價應分與身張石德
豈能見利安命串買指價未控之先身已投賣主龔紹標六人邱光猷地保金榮標等一
再向廖張二姓理論數次二惡陽奉陰違昧將合得木價洋三十四元五角諉付無付不已
奔叩臺下沐批着身自向出主理論但出主係住浦邑早已回理莫何[illegible]回理實在維艱
但砍樹壹千捌百餘根拚價洋壹千零貳拾元獨將身股分吞噬顯見凌弱過甚今身
求封阻者不過求封身應得自己壹股之木萬不敢封某全山懇天兩邑神明威不
有此土豪串詐不沐飭追封阻任其一業兩賣土豪橫行民何聊生契墨不憑律法安
在為此哀具切結一再哀叩
計夾切結壹紙哀求

1．(宣統元年十二月)葉天茂爲控廖立漢等慘遭凌弱情出無奈事呈狀　（2527：7–8）27.9×35.2cm

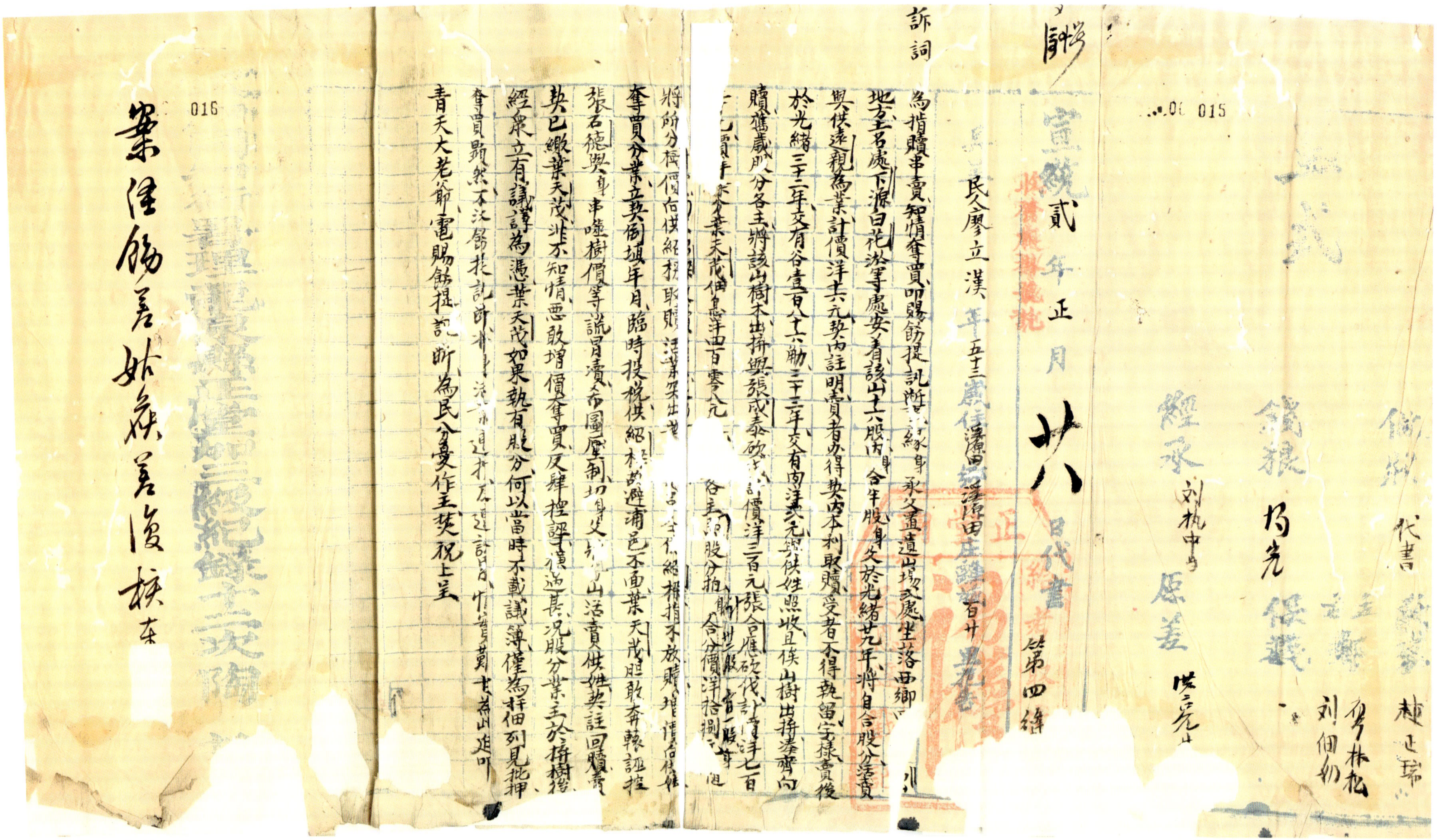
訴詞

民人廖立漢，年五十三歲，住濛源田莊，離城一百廿里，第四維

為揹贖串賣、知情奪買，叩賜飭提訊斷事。緣身承父遺山場一處，坐落西鄉[illegible]地方，土名處下源白花淤等處安着。該山十六股內，身合半股。身父於光緒廿九年，將自合股分活賣與侯遠親為業，計價洋十六元，契內註明賣者亦得契內本利取贖，受者不得執留字樣。賣後於光緒三十二年，又有谷壹百八十六觔；三十三年，又有洋[illegible]元，與侯姓照收。且侯山樹出拚，湊齊向贖。舊歲股分各主，將該山樹木出拚與張成泰砍伐，計價洋三百元，張合應砍伐，計價洋七百[illegible]

將所分樹價向侯紹[illegible]取贖[illegible]

奪買分業，立契倒填年月，臨時投稅，侯紹[illegible]避逋邑，不面葉天茂，胆敢奔轅誣控

張右德與身串噬樹價等謊，冒瀆，希圖壓制。切身父[illegible]山活賣侯姓，契註回贖，

契已繳，葉天茂非不知情，惡敢增價奪買，反肆捏誣，[illegible]甚。況股分業主於拚樹

經衆立有議簿為憑，葉天茂如果執有股分，何以當時不載議簿？僅為拚佃列見批押。

奪買顯然，不[illegible]飭[illegible]

青天大老爺電賜飭提訊斷，為民公憂作主。焚祝上呈

宣統貳年正月廿八日代書

2.宣統二年正月廿八日廖立漢爲控葉天茂揹贖串賣知情奪買事呈狀　（2527：15–16）28.0×55.8cm

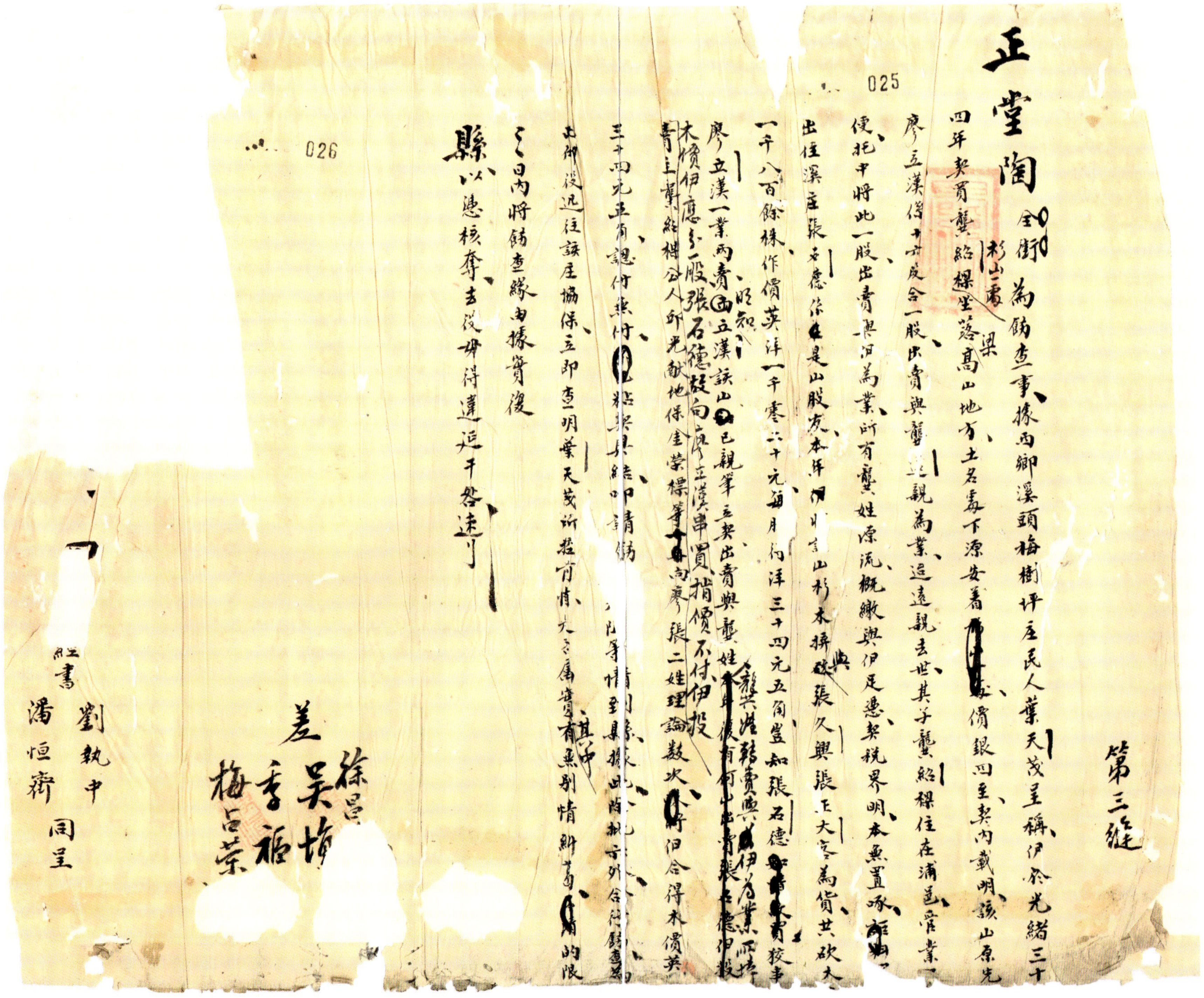

025

正堂陶

全銜　為飭查事。據西鄉溪頭梅樹坪庄民人葉天茂呈稱，伊於光緒三十

四年契買龔紹樑坐落高山地方土名毒下源安着杉山壹[illegible]，價銀四至，契内載明。該山原先

廖立漢偕[illegible]合一股出賣與龔[illegible]親為業。迨遠親去世，其子龔紹樑住在浦邑管業[illegible]

便，托中將此一股出賣與伊為業，所有龔姓源流概繳與伊足憑，契稅界明，本無異[illegible]

出住溪庄張石德係是山股友，本年[illegible]山杉木拚與張久興、張大[illegible]為貨，共砍大

一千八百餘株，作價英洋一千零六十元，每月[illegible]洋三十四元五角。豈知張石德[illegible]

廖立漢一業兩賣。[illegible]立漢該山已親筆立契出賣與龔姓[illegible]

木價伊應得一股，張石德[illegible]向廖立漢串買，指價不付伊股

青上龔紹樑公人所見[illegible]地保[illegible]向廖張二姓理論數次，伊合得木價英

026

三十四元，并有認付[illegible]

出御役迅往該庄協保立即查明葉天茂所控前情，[illegible]實有無別情[illegible]的限

三日內將飭查緣由據實稟復

縣以憑核奪，去役毋得違延干咎。速。

差　徐昌　吳埈　李福　梅占榮

經書　劉執中　潘恒齋　同呈

3.(時間不詳)知縣陶霦爲飭查事票(稿)　(2527：25–26) 27.7×34.9cm

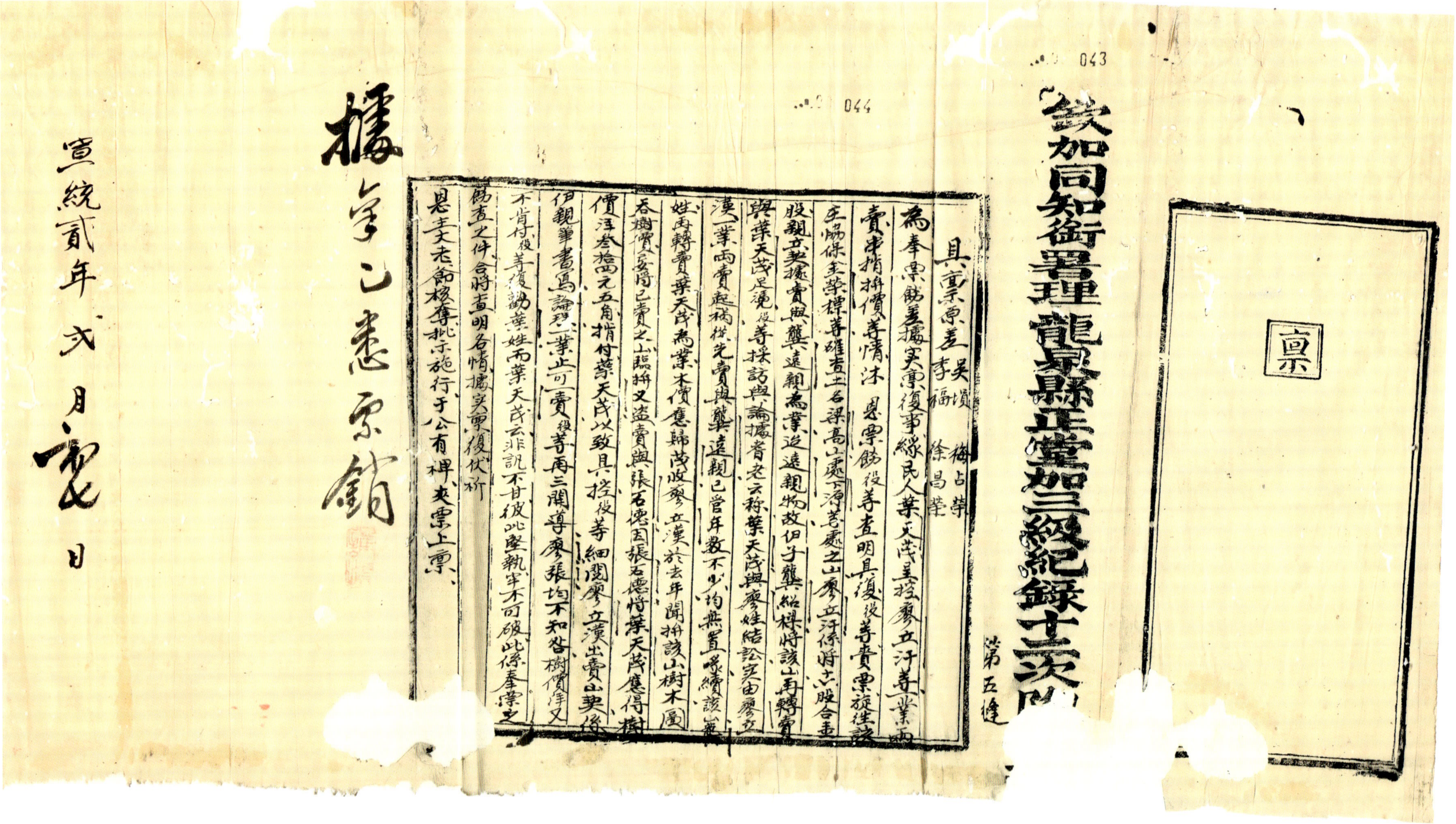
稟

欽加同知銜署理龍泉縣正堂加三級紀錄十二次

第五[illegible]

具稟原差吳垍、李福、梅占榮、徐昌榮
爲奉票飭差據實禀復事。緣民人葉天茂呈控麥立汗等一業兩
賣串指拼價等情，沐 恩票飭役等查明具復。役等賚票旋往該
庄協保金榮標等確查土名梁高山處下源等處之山，麥立汗係將十六股合壹
股親立契據賣與龔遠親爲業，迨遠親物故，伊子龔[illegible]將該山再轉賣
與葉天茂足[illegible]。役等採訪與論，據耆老云稱，葉天茂與麥姓結訟，實由麥立
漢一業兩賣起禍。伊先賣與龔遠親已曾年數不少，均無[illegible]，[illegible]續該山[illegible]
姓再轉賣葉天茂爲業，木價應歸茂收。麥立漢於去年聞拼該山樹木，圖
吞樹價，妄將已賣之山臨拼，又盜賣與張石德，張石德將葉天茂應得樹
價洋叁拾四元五角指付葉天茂，以致具控。役等細閱麥立漢出賣山契，係
伊親筆書寫，論理一業止可一賣。役等再三開導，麥、張均不知咎，樹價洋又
不肯付。役等復勸葉姓，而葉天茂云非訛，不甘。彼此堅執，牢不可破。此係奉 票之
飭查之件，合將查明各情據實禀復，伏祈
恩主大老爺核奪批示施行，于公有裨。爲此稟上稟。

據稟已悉，票銷。

宣統貳年弍月[illegible]日

4.宣統二年二月初七日原差吴垍等爲奉票飭差據實禀復事禀　（2527：43–44）27.3×56.5cm

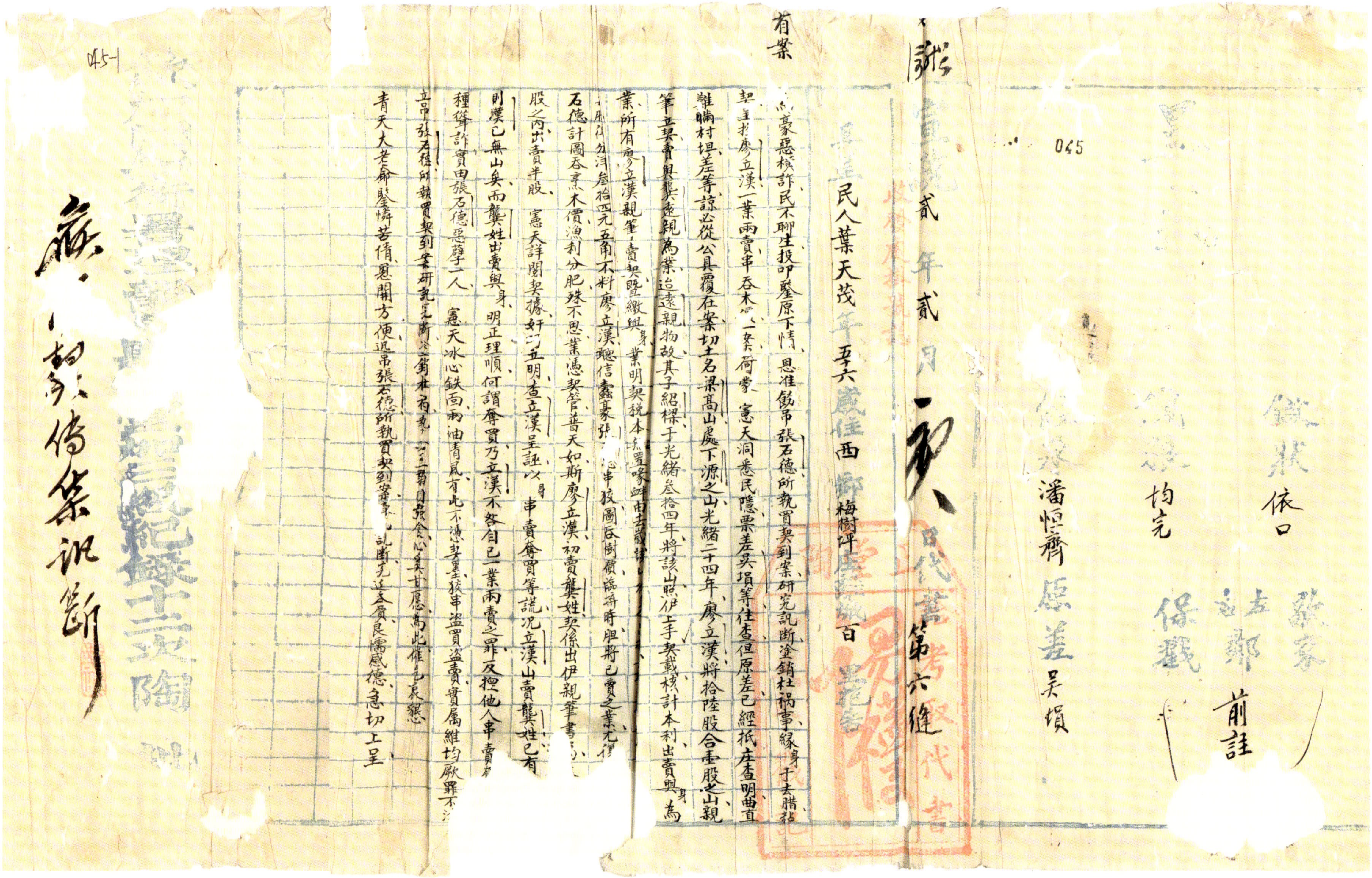

5.宣統二年二月初八日葉天茂爲控廖立漢豪惡橫詐民不聊生事呈狀　（2527：45）28.0×54.2cm

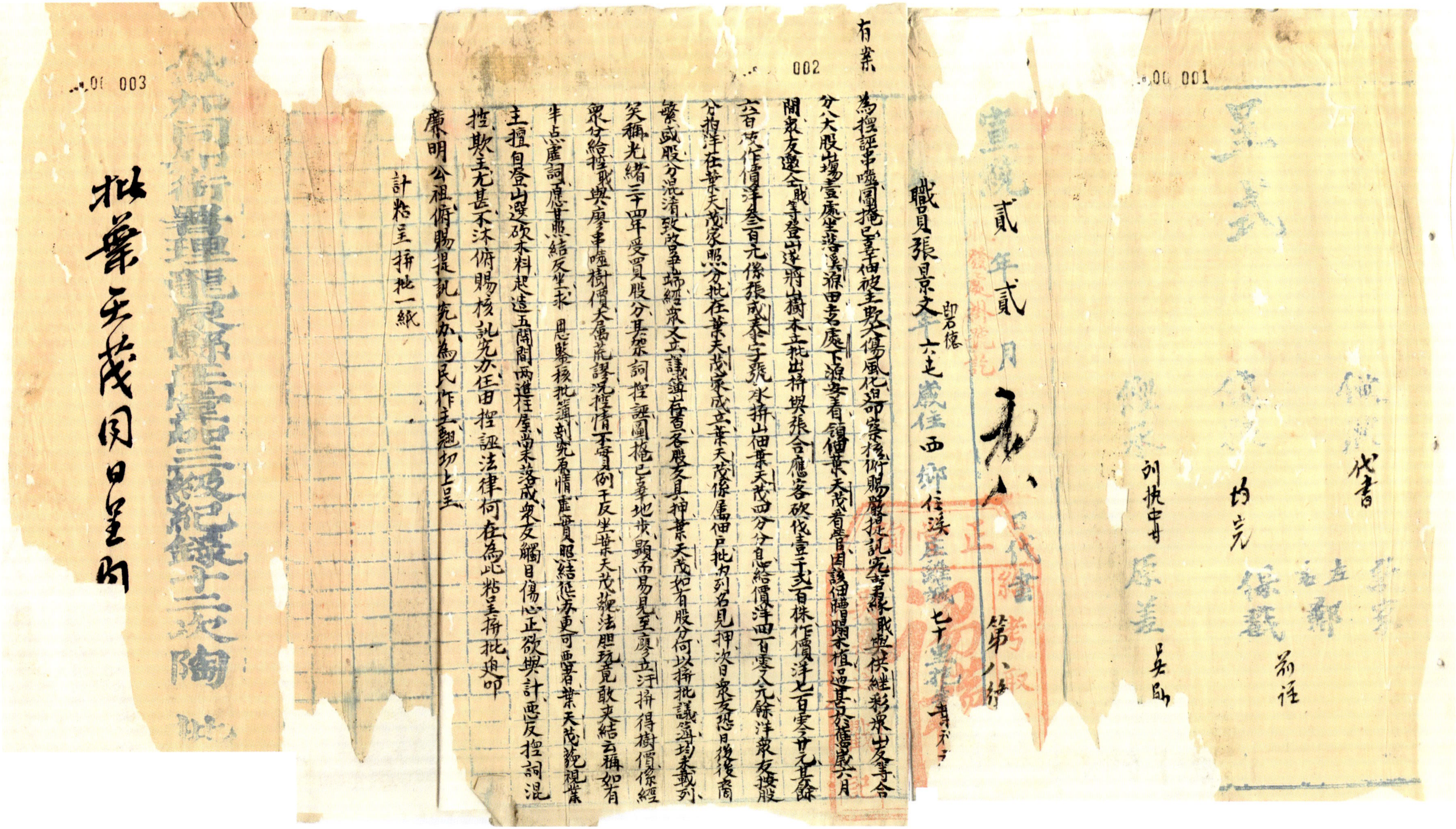

有案

為揑誣串噬圖掩己辜，佃被主欺，大傷風化，迫叩察核，俯賜嚴提訊究事。緣職與侯繼彩、眾山友等合分八大股山場壹處，坐落溪源田者處，下源安着，額佃葉天茂看管。因該佃禮蹋，木植過甚，於舊歲六月間眾友邀仝職等登山，遂將山樹木立批出拚與張合應客砍伐，壹千弍百株，作價洋七百零廿元，其餘六百支作價洋叁百元，係張成奎字號承拚。山佃葉天茂四分，分息，總結價洋四百零八元，餘洋眾友按股分拍。洋在葉天茂家照分，批在葉天茂家成立，葉天茂係屬佃戶，批內列名見押。次日眾友恐日後復啇繁盛，股分混淆，致啓爭端，經眾又立議簿存查，各股友具押，葉天茂如有股分，何以拚批議簿均未載列。笑稱光緒三十四年受買股分，其架詞揑誣圖掩己辜地步，顯而易見。至廖立汗拚得樹價，係經眾分給，揑職與廖串噬樹價，大屬荒謬，況揑情不實，例干反坐。葉天茂藐法胆玩，竟敢夾結，云稱如有半点虛詞，愿甘照結反坐。求 恩鑒核，批簿剖究，原情虛實，照結懲辦，更可惡者，葉天茂藐視業主，擅自登山，遂砍木料，起造五間，兩進住屋，尚未落成，眾友觸目傷心，正欲與計，恶反揑詞混控，欺主尤甚，不沐 俯賜核訊究办，任田揑誣，法律何在，為此粘呈拚批，迫叩

廉明公祖 俯賜提訊究办，為民作主，感切上呈。

計粘呈拚批一紙

6.宣統二年二月初八日張景文爲控葉天茂捏誣串噬圖掩己辜事呈狀 （2527：1–3）27.9×51.1cm

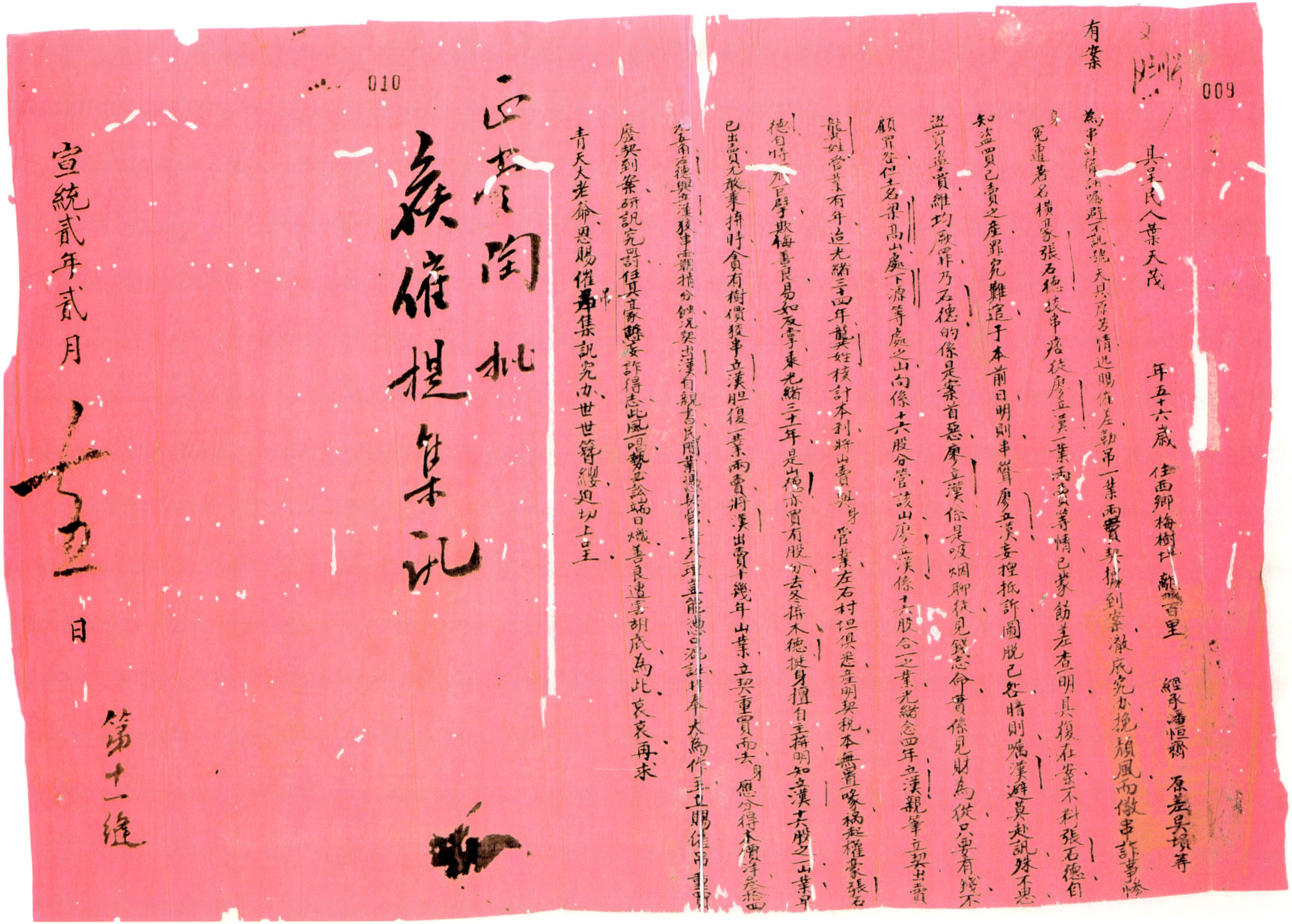

有案

009

具呈民人葉天茂 年五十六歲 住西鄉梅樹圳 離城百里 經承潘恒齋 原差吳境等

為串詐聳誣囑避不訊號天具原苦情迅賜催差勒吊一業兩賣契據到案澈底究办挽頹風而儆串詐事慘

身冤遭著名横豪張石德技串痞徒廖立漢一業兩賣等情已蒙飭差查明具覆在案不料張石德自

知盜買已賣之產罪究難逭于本前日明則串聳廖立漢妄捏抵詐圖脫己咎暗則囑漢避莫赴訊殊不思

盜買盜賣維均厥罪乃石德的係是案首惡廖立漢係是吸烟聊徒見錢忘命貴係見財為從只要有錢不

顧買否但土名梁高山處下源等處之山向係十六股合管該山廖立漢係十六股合一之業光緒念四年立漢親筆立契出賣

龔姓管業有年迨光緒三十四年龔姓核計本利將山賣與身管業左右村坦俱悉產明契稅本無置喙禍起權豪張石

德自恃一死官學欺侮善良易如反掌乘光緒三十年是山德亦買有股分去冬拚木德挺身擅自主拚明知立漢十六股之一山業早

已出賣尤敢乘拚時貪有樹價狡串立漢胆復一業兩賣將漢出賣十幾年山業立契重買而去身應分得木價洋叁拾四

元石德與立漢狡串需覇掯分蝕況契出漢自親書民間業憑契管普天通宜豈能憑口混誣非奉大爲作主立賜催吊重賣

廢契到案研訊究詰任其豪横妄詐得志此風一唱勢必訟端日熾善良遭害胡底為此哀哀再求

青天大老爺恩賜催吊集訊究办世世簪纓迫切上呈

010

正在閘 批

候催提集訊

宣統貳年貳月 十五 日

第十一號

7.宣統二年二月十五日葉天茂爲控廖立漢等串詐聳誣囑避不訊事呈狀 （2527：9–10）25.3×36.8cm

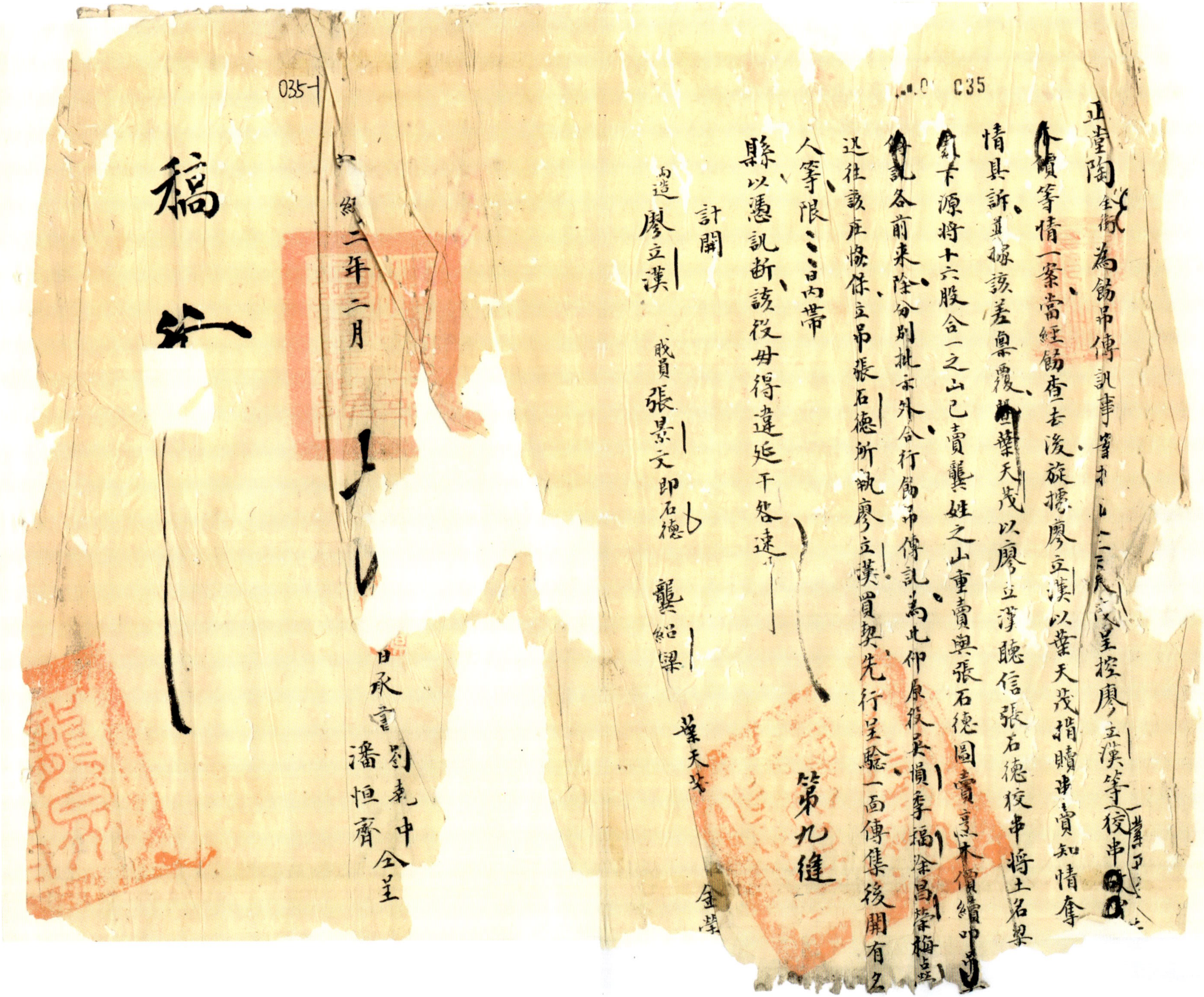

035-1　C35

正堂陶（全銜）爲飭吊傳訊事。案據[illegible]呈控廖立漢等狡串[illegible]

賣等情一案，當經飭查去後，旋據廖立漢以葉天茂捐贖串賣知情奪

情具訴，並據該差稟覆，[illegible]葉天茂以廖立漢聽信張石德狡串，將土名梨

樹下源將十六股合一之山已賣龔姓之山重賣與張石德，圖賣[illegible]木價，續叩

[illegible]訊各前來，除分別批示外，合行飭吊傳訊。爲此仰原役吳順、季福、金昌、葉梅[illegible]

迅往該庄，協保立吊張石德所執廖立漢買契先行呈驗，一面傳集後開有名

人等，限[illegible]日內帶

縣，以憑訊斷。該役毋得違延干咎，速速。

計開

原告　廖立漢

被(?)　張景文即石德

龔紹梁

葉天茂

金榮

第九縫

宣統二年二月　日承　劉秉中　潘恒齋　仝呈

稿

行

8.宣統二年二月十□日知縣陶霦爲飭吊傳訊廖立漢等事票(稿)　(2527：35) 27.2×36.5cm

有案

爲蒙蔽誆指公然舞弊粘簿叩核俯賜催集訊斷以分涇渭事。竊差役舞弊猖

深，凡遇查覆票覆之案，即視爲利藪，不顧事之曲直，專論錢之多少。自 憲天莅[illegible]

稍知斂迹，聞升遷在即，故態復萌，莫此爲甚。有不能已於言者：葉天茂一山佃也，任意砍

木建造五間兩進大廈，被股友鈁知，元年六月始將此山樹木拚出，隨立議簿存查。天茂如番

此山[illegible]及其爲拚後串買倒填年月，已屬顛

[illegible]觀得價[illegible]餘元，而龔與紹[illegible]出賣與天茂，得價洋五十餘元，民

[illegible]豈能擅自增價至數倍之多，意圖奪買。[illegible]情形，具[illegible]該差梅[illegible]

等絕迹未往[illegible]一業兩賣，此山盜賣與

[illegible]價不付，苦戰未買，此山[illegible]契呈驗，未收此價，無價可付。該差一味誆指，有得不[illegible]

臨詞哥陳 天聽，伏祈俯[illegible]催集訊斷，自然水落石出，該差之舞弊[illegible]

該佃之[illegible]自明矣。前呈所云主被佃欺，主佃二字倒置，合併声明。爲此粘[illegible]

又叩

康明公祖大人，迅賜鑒[illegible]催集訊斷，爲民作主，涇渭自分，匏切上呈。

職員張景文，年六十七歲，住西鄉住溪[illegible]

代書 葉李福

宣統貳年[illegible]月廿三日 第十進

9.宣統二年二月廿三日張景文爲控葉天茂蒙蔽誆指公然舞弊事呈狀 （2527：41–42）26.8×37.1cm

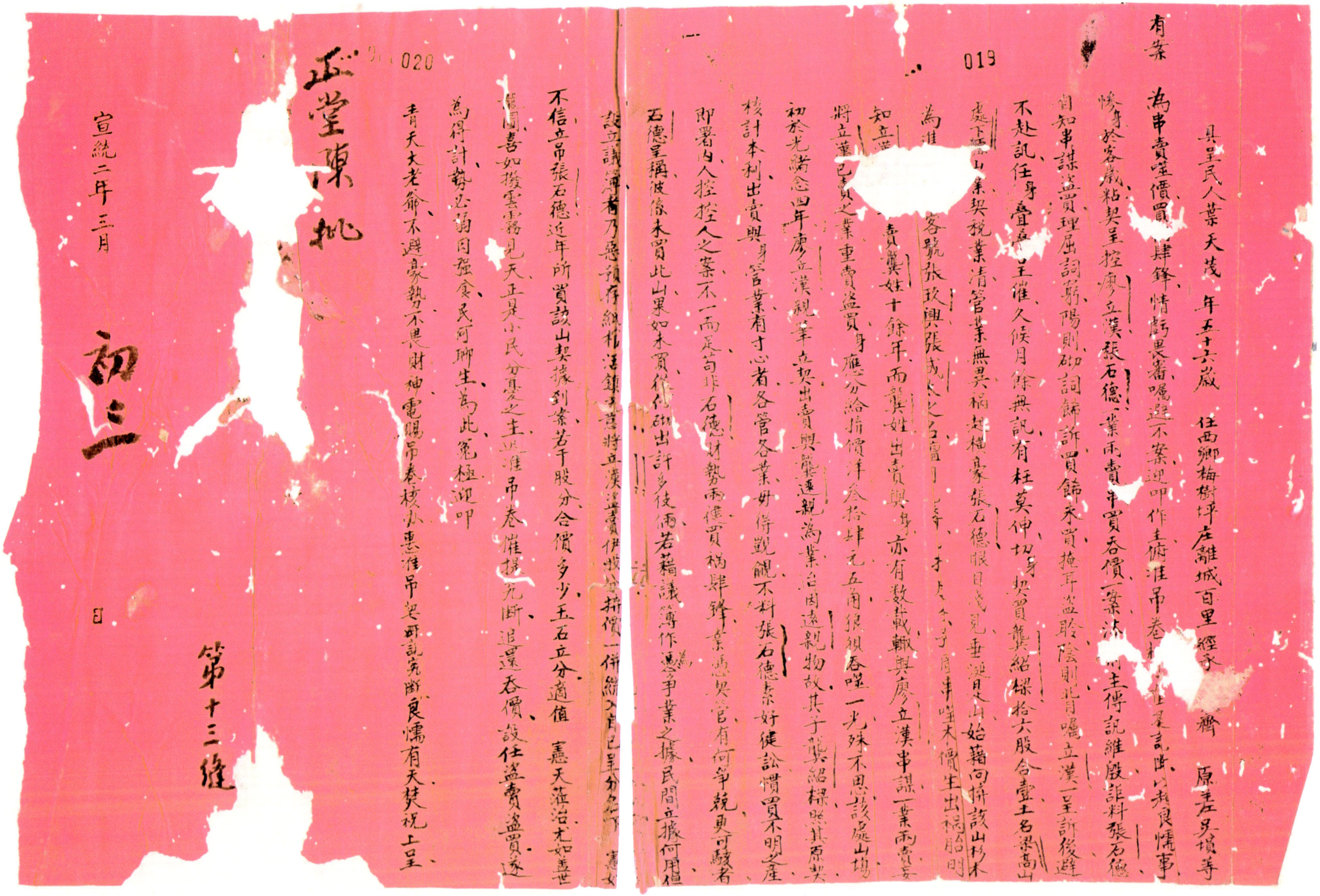
具呈民人葉天茂，年五十六歲，住西鄉梅樹坪庄，離城百里，經承 齊 原差 吳垠等
有案
爲串賣噬價，買[illegible]肆鋒，情彭異審，囑匿不案，迎叩作主，俯准吊卷[illegible]訊，[illegible]以救良懦事。
慘身於客歲粘契呈控廖立漢、張石德、葉雨青串賣吞價一案，沐[illegible]主傳訊，雖殷詎料張石德
自知串謀盜賣，理屈詞窮，陽則砌詞飾詐，買飾承買，拖耳盜聆，陰則托囑立漢一呈，訐後避
不赴訊，任身[illegible]主催，久候月餘無訊，有杜莫伸，切身契買龔紹棵拾六股合壹土名梁畝山
處[illegible]山業契稅葉清管業無異，極其權豪張石德眼日[illegible]見垂涎是山，始藉向拼該山杉木
爲[illegible]客號張玖興、張成[illegible]人之名冒[illegible]
知立[illegible]賣與葉姓十餘年，而葉姓出賣與身，亦有數載，輒與廖立漢串謀一業兩賣，妄
將立漢已賣之業重賣盜買，身應分給拼價洋六拾肆元五角，很個吞噬一光，殊不思該處山場
初於光緒念四年廖立漢親筆立契出賣與葉廷輝爲業，各因遠親物故，其子葉紹棵照其原契
核計本利出賣與身，管業有寸心者，各管各業，毋得覬覦，不料張石德素好健訟，慣買不明產
即署內人控控人之案不一而足，苟非石德財勢兩健，買柄肆鋒，葉惡契管有何爭競，更可駭者
石德呈稱彼係未買此山，果如未買，何能砌出許多伎倆，若藉議簿作憑爭業之據，民間立據何用，但
設立議簿者，乃恐預存縱私活鎮之意，將立漢盜賣伊拼分拼價一併繳入，方已呈分[illegible] 憲如
不信，立吊張石德近年所買該山契據到案，若干股分合價多少，五石立分，適值 憲天蒞治，尤如普世
甘霖，喜如撥雲霧見天，正是小民分冤之主，迎准吊卷，催提究斷，追還吞價，設任盜賣盜買，逐
爲得計，勢必萌同強食，民何聊生，爲此冤極，迎叩
青天大老爺，不避豪勢，不畏財神，電賜吊卷，核示，惠准吊[illegible]訊究斷，良懦有天，焚祝上呈。
正堂陳 批
宣統二年三月 初三 日
第十三[illegible]

10.宣統二年三月初三日葉天茂爲控廖立漢等串賣噬價買□肆鋒事呈狀 （2527：19–20）25.7×38.2cm

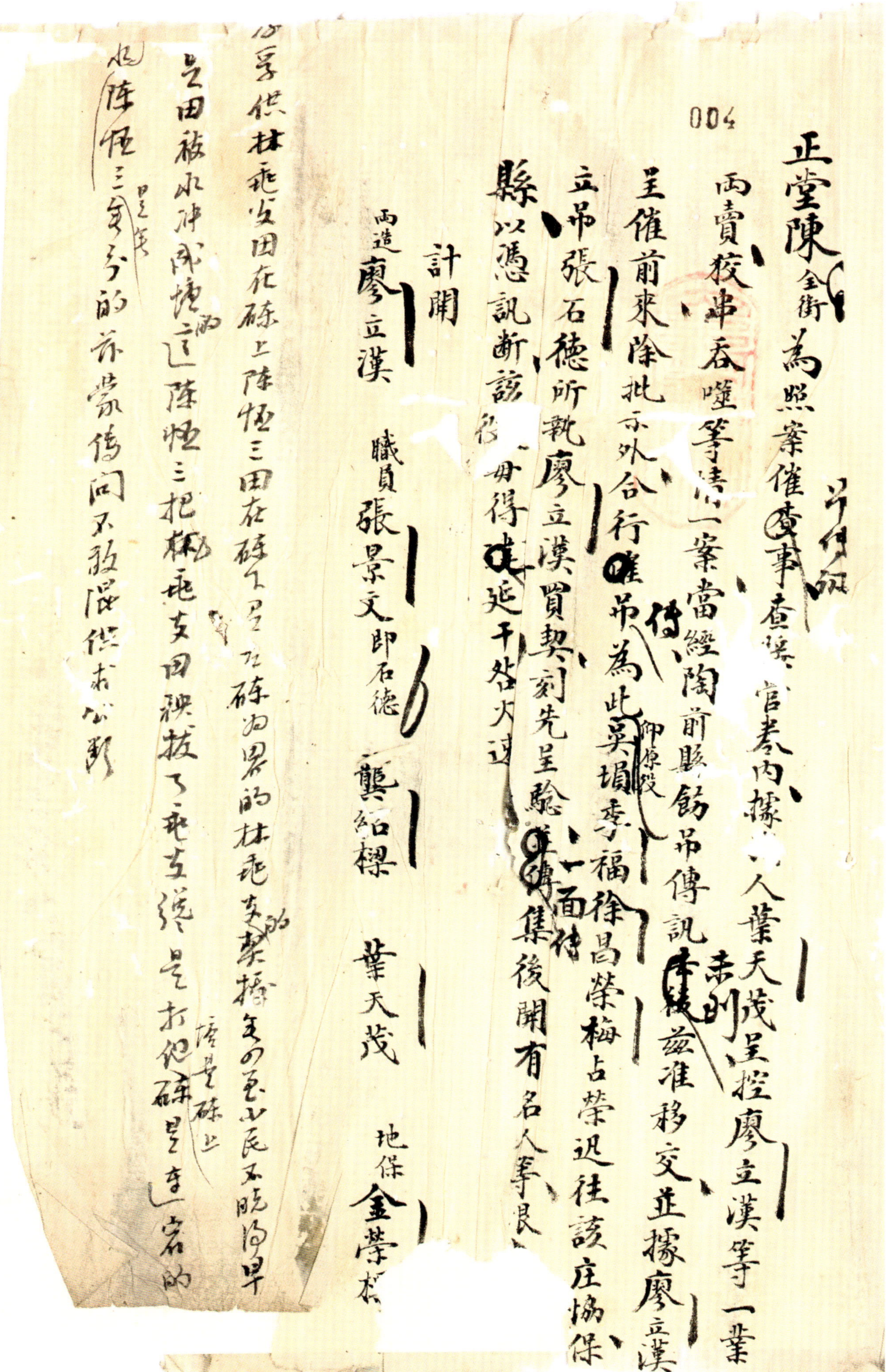

正堂陳全銜　為照案催吊事。查案、官卷內據人葉天茂呈控廖立漢等一業
兩賣、狡串吞噬等情一案，當經陶前縣飭吊傳訊未判，茲准移交，並據廖立漢
呈催前來，除批示外，合行催吊。為此，票仰原役吳堉、李福、徐昌榮、梅占榮迅往該庄協保
立吊張石德所執廖立漢買契，刻先呈驗，一面傳集後開有名人等限
縣，以憑訊斷。該役毋得遲延干咎。火速。

計開
西遺　廖立漢
職員　張景文即石德
龔紹標
葉天茂
地保　金學材

何寡供：林兆安田在硃上，陳恒三田在硃下，是在硃內界的林兆安的梨樹，係的墓山，民不曉得。早
是田被水沖成塘，而這陳恒三把林兆安田硃拔了，兆安說是於他硃是本人宕的
問陳恒三是年分的，亦嘗傳問，不敢混供，求公斷

11.(時間不詳)知縣陳啓謙爲照案催吊傳訊廖立漢等事票(稿)　(2527：4)　28.0×19.1cm

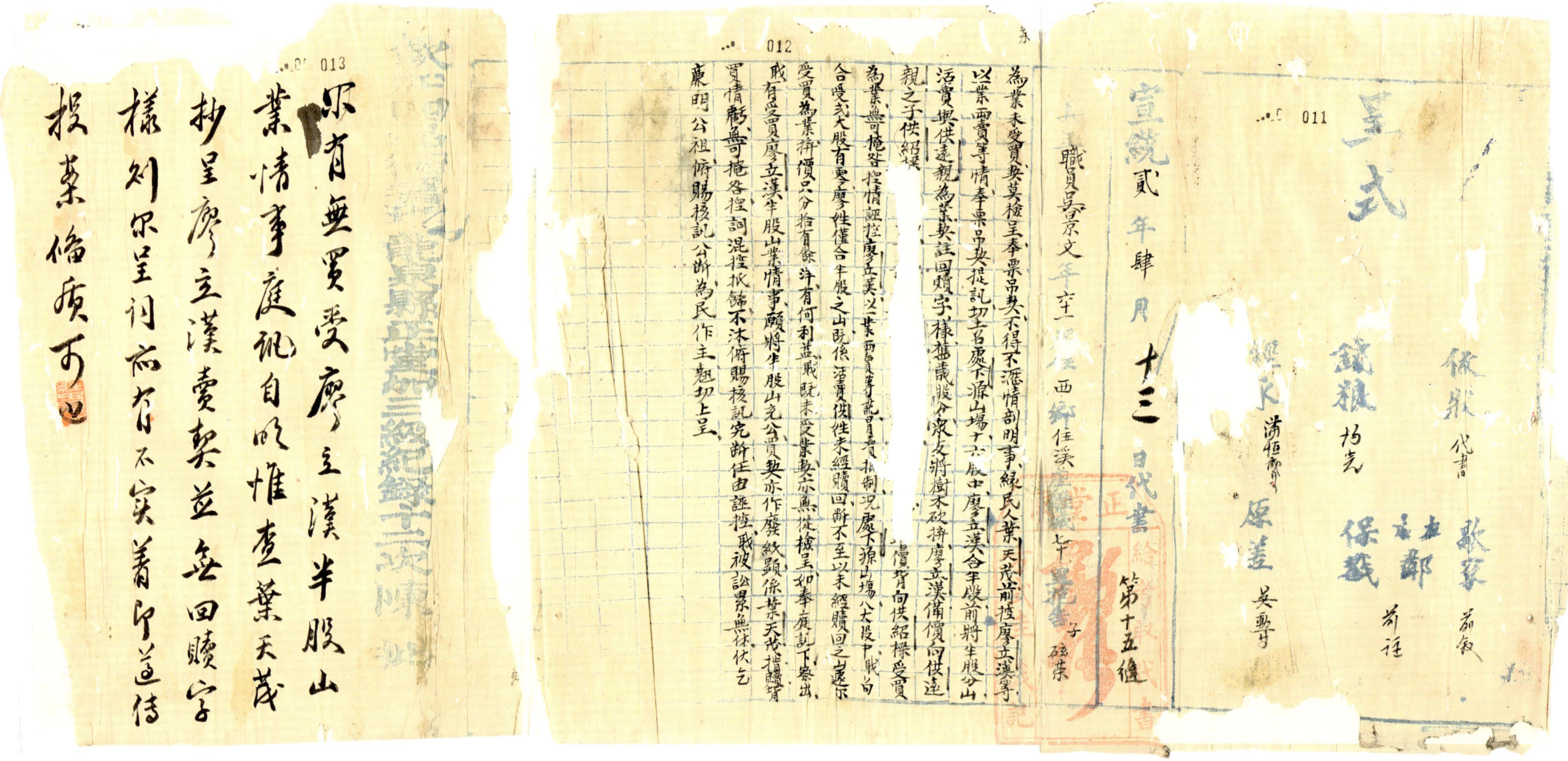
爾有無買受廖立漢半股山業情事，庭訊自明。惟查葉天茂抄呈廖立漢賣契，並無回贖字樣，則爾呈詞所指不實，着即遵傳候案備質可也。

12.宣統二年四月十三日吳(張)景文爲控葉天茂業未受買契莫檢呈事呈狀　(2527：11–12) 27.4×40.6cm；(2527：13) 27.5×19.7cm

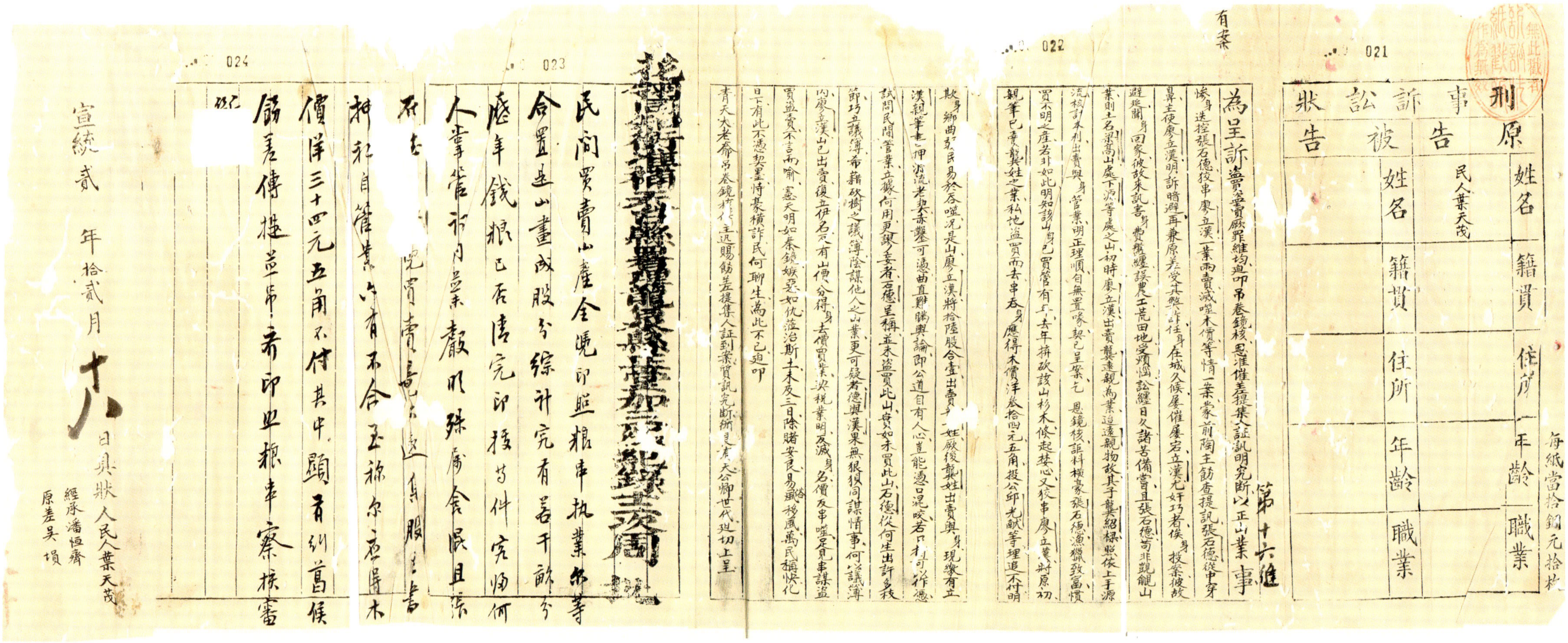

13.宣統二年十二月十八日葉天茂爲控廖立漢等盜買盜賣厥罪維均事刑事訴訟狀　（2527：21–24）27.0×66.6cm

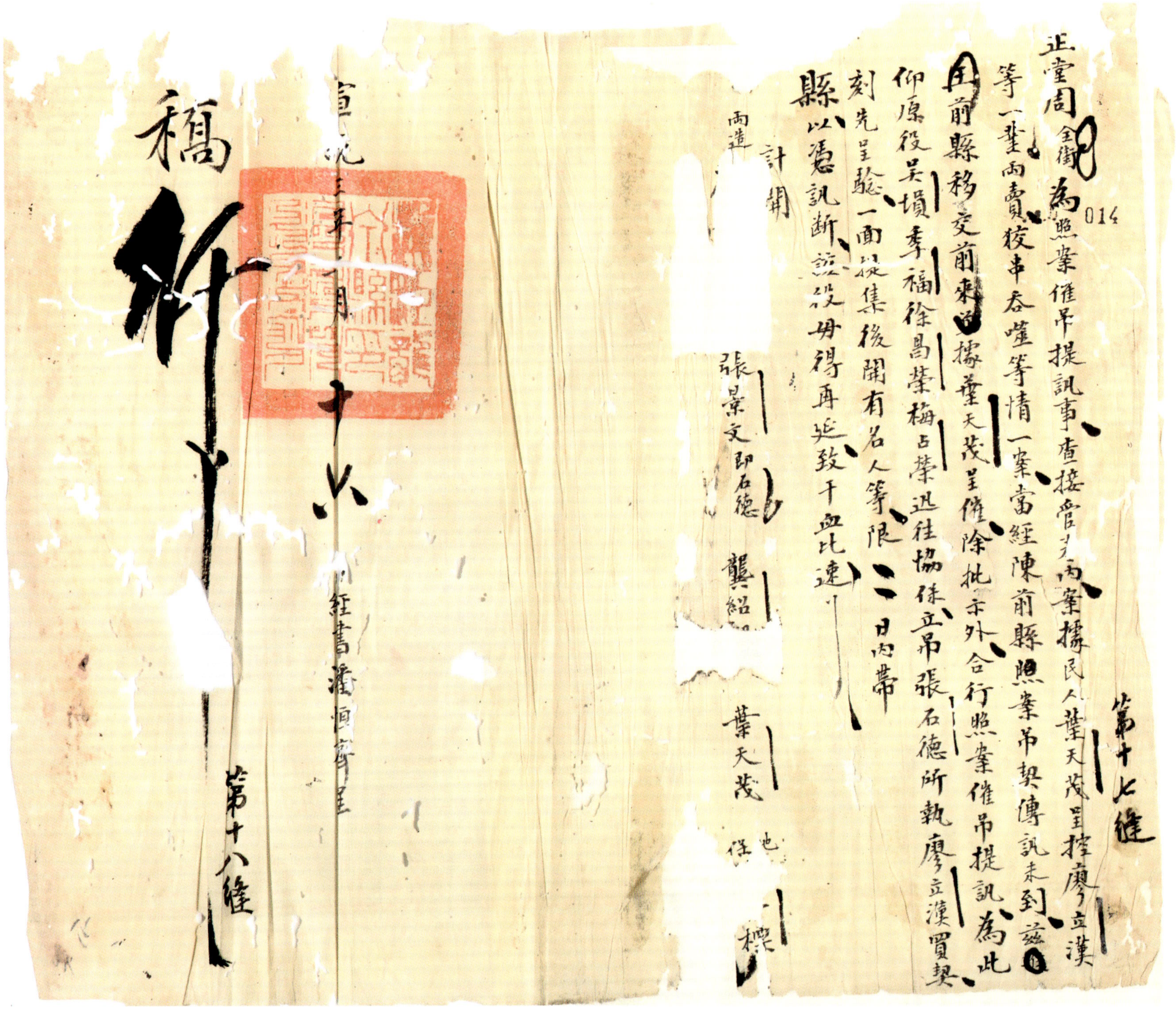

14.宣統三年二月十六日知縣周琛爲照案催吊提訊張景文等事票(稿)　(2527：14)　27.0×33.0cm

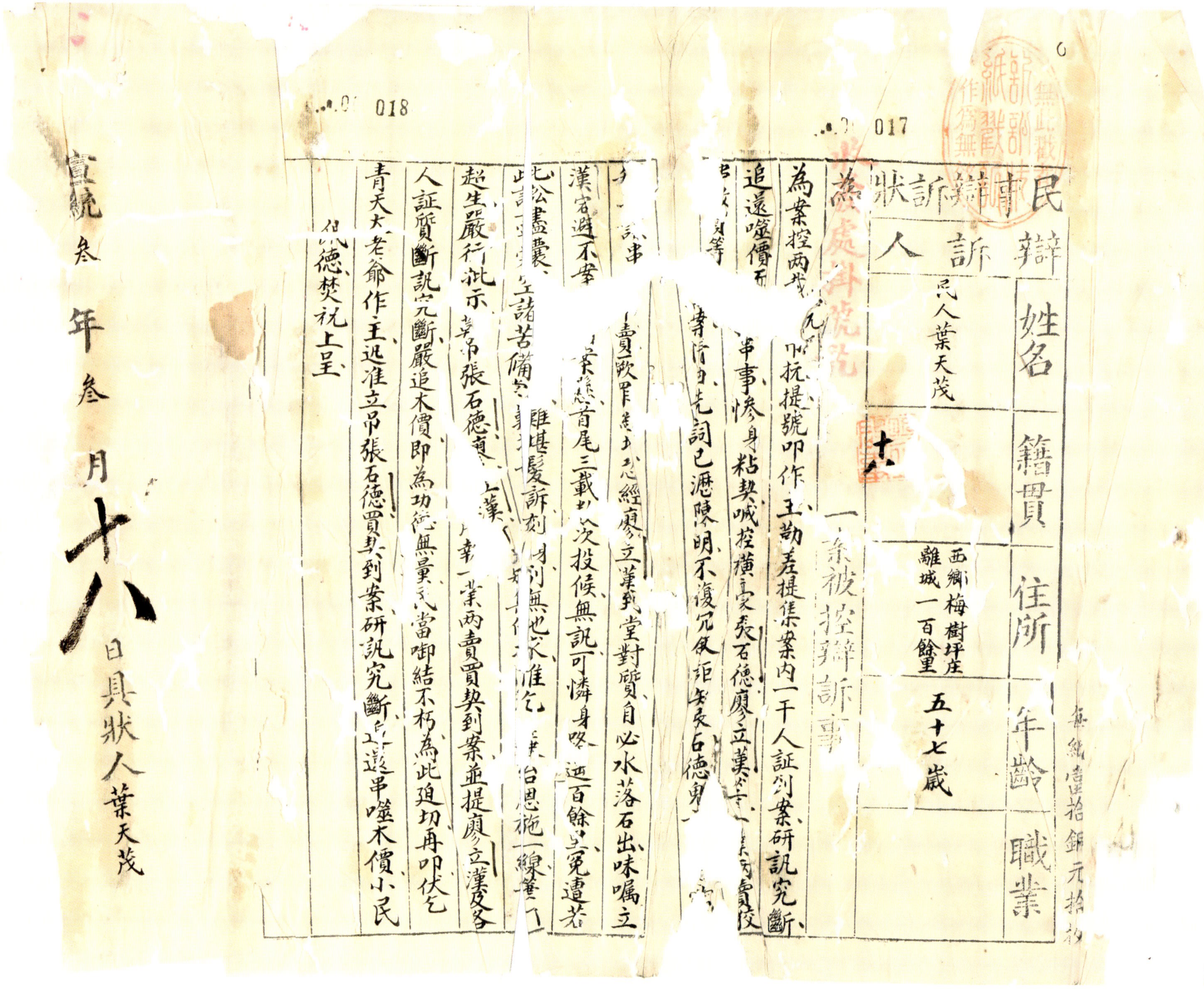
民事辯訴狀

辯訴人	
姓名	民人葉天茂
籍貫	
住所	西鄉梅樹坪庄 離城一百餘里
年齡	五十七歲
職業	

一件被控辯訴事

爲案控兩載[illegible]抗提號叩作主勒差提集案內一干人證到案研訊究斷、追還噬價[illegible]串事慘身粘契喊控[illegible]石德廖立漢[illegible]等[illegible]清白先詞已瀝陳明不復冗叙[illegible]一賣[illegible]經廖立漢到堂對質自必水落石出味囑立[illegible]首尾三載[illegible]次投候無訊可憐身[illegible]延百餘里冤遭若漢宕避不案[illegible]雖堪[illegible]訴[illegible]無[illegible]准[illegible]台恩施一線[illegible]此[illegible]公盡囊[illegible]諸苦備[illegible]超生嚴行批示[illegible]張石德[illegible]漢[illegible]一業兩賣買契到案並提廖立漢及各人証質斷訊究斷嚴追木價即爲功德無量[illegible]當啣結不朽爲此迫切再叩伏乞青天大老爺作主迅准立吊張石德買契到案研訊究斷[illegible]追串噬木價小民[illegible]德焚祝上呈

宣統叁年叁月十八日具狀人葉天茂

15.宣統三年三月十八日葉天茂爲控廖立漢等案控兩載抗吊抗提事民事辯訴狀　（2527：17–18）26.8×34.4cm

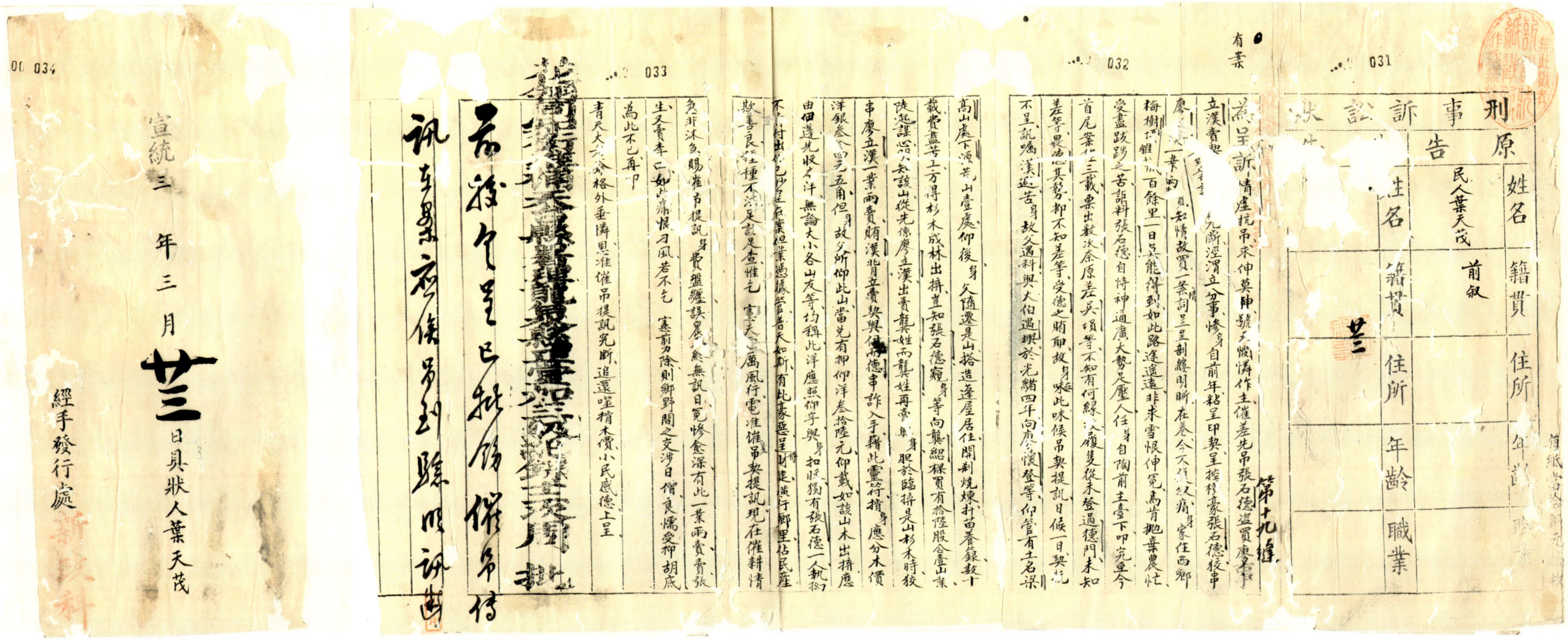

031

刑事訴訟狀

原告

姓名	民人葉天茂
籍貫	前叙
住所	
年齡	
職業	

姓名	
籍貫	
住所	
年齡	
職業	

廿三

有案

第十九號

爲呈訴情虛抗吊求伸莫伸，號天憐憫作主，催差先吊張石德盗買廖立漢賣契，[illegible]先斷涇渭立分事。慘身自前年粘呈印契，呈控積豪張石德狡串廖立漢一業兩賣，[illegible]身知情故買一案，詞呈剖縷明晰在卷。今又從紋痛。身家住西鄉梅樹坑，離城百餘里，一日莫能得到，如此路途遥遠，非求雪恨伸冤，焉肯拋棄農忙，受盡跋踄之苦。詎料張石德自恃神通廣大，勢足壓人，任身自陶前主臺下叩究，至今首尾案經三載，票出數次，奈原差吳頊等不知有何緣故，復隻從未登過德門，未知差等畏德之其勢，抑不知差等受德之賄賂，故身[illegible]此味候吊契提訊，日候一日，契抗不呈，訊竭漢延。

032

苦身故父遇科與大伯遇璵於光緒四年向廖懷登等仰管有土名梁高山處下源其山壹處，仰後身父隨遷是山，搭造蓬屋居住，開剝燒煉，扦苗養籙數十載，費盡苦工，方得杉木成林出拚。豈知張石德窺身等向龔紹棵買有拾陸股合畫山業，陡起謀心，知該山從先係廖立漢出賣龔姓，而龔姓再賣與身，身胆於臨拚是山杉木時，狡串廖立漢一業兩賣，賄漢背立賣契與伊，而德串詐入手，藉此靈符措身應分木價洋銀叁[illegible]四元五角。但身故父所仰此山，當先有押仰洋叁拾陸元，仰載如該山木出拚，應由佃邊先收本洋，無論大小各山友等均稱此洋應照仰字與身扣收，獨有張石德一人執拗不付，[illegible]在案，但業憑據，[illegible]天如斯，有此豪惡匪徒，[illegible]横行鄉里，佔民産，欺善良，種種不法，足設足查。惟乞憲天立厲風行，電准催吊契提訊。現在催耕情急，非沐多賜催吊提訊，身費盤纏，誤農終無訊日，冤慘愈深。有此一業兩賣，賣張

033

生又賣李，如此痛恨刁風，若不乞憲剪除，則鄉野間之交涉，日僧良懦受抑胡底。爲此不已，再叩

青天大老爺格外垂憐，恩准催吊提訊，究斷追還，噬措木價，小民感德。上呈

[illegible]

批：[illegible]

034

宣統三年三月廿三日具狀人葉天茂

經手發行處

16.宣統三年三月廿三日葉天茂爲控廖立漢等情虛抗吊求伸莫伸事刑事訴訟狀　（2527：31–33）27.0×54.0cm；（2527：34）27.0×12.8cm

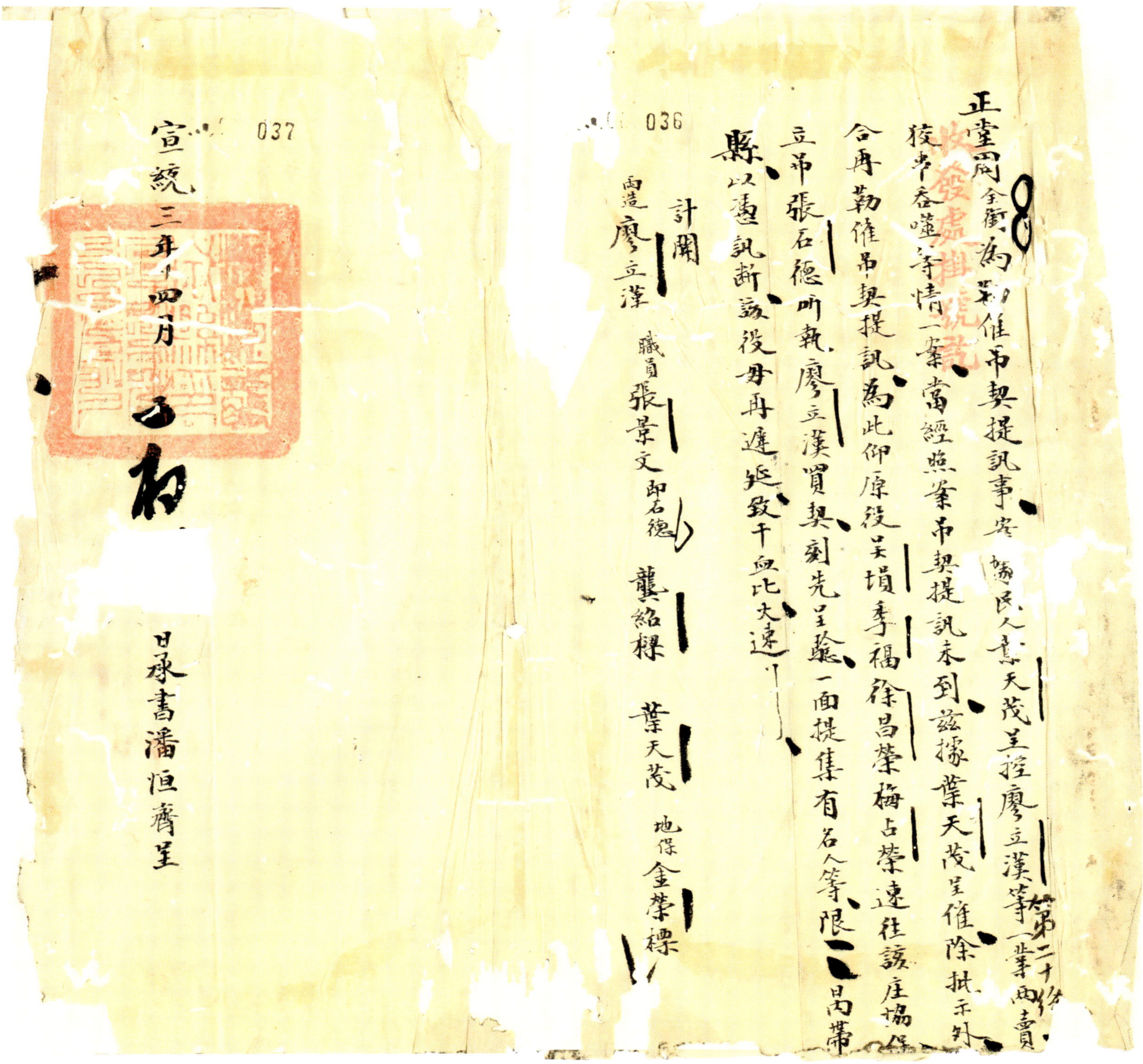
正堂周全銜爲勒催吊契提訊事。案據民人葉天茂呈控廖立漢等一業兩賣〔第二十份〕狡串吞噬等情一案，當經照案吊契提訊，未到。茲據葉天茂呈催，除批示外，合再勒催吊契提訊。爲此仰原役吳崑、李福、徐昌、榮梅占、榮遠往該庄協保立吊張石德所執廖立漢買契，剋先呈驗，一面提集有名人等，限□日內帶縣，以憑訊斷。該役毋再遲延，致干血比。火速。

計開

兩造　廖立漢

職員　張景文即石德

龔紹棵

葉天茂

地保　金榮標

宣統三年四月　日承書潘恒齋呈

收發處掛號訖

17.宣統三年四月知縣周琛爲勒催吊契提訊廖立漢等事票(稿)　(2527：36—37) 28.0×29.5cm

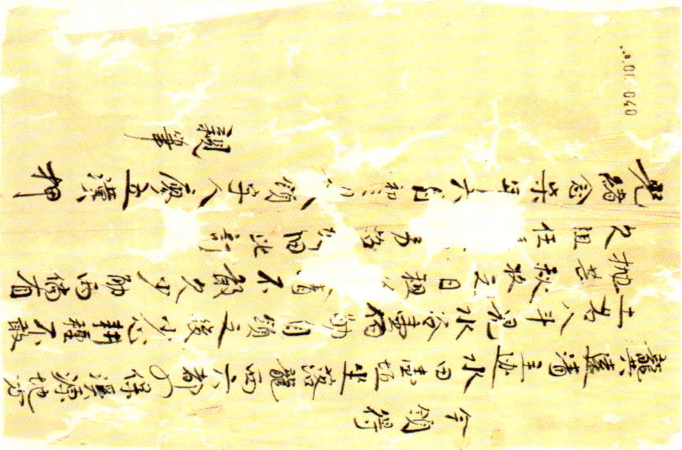

18附1.光緒二十七年六月初三日廖立漢立領字抄件粘呈
（2527：40）25.6×18.0cm

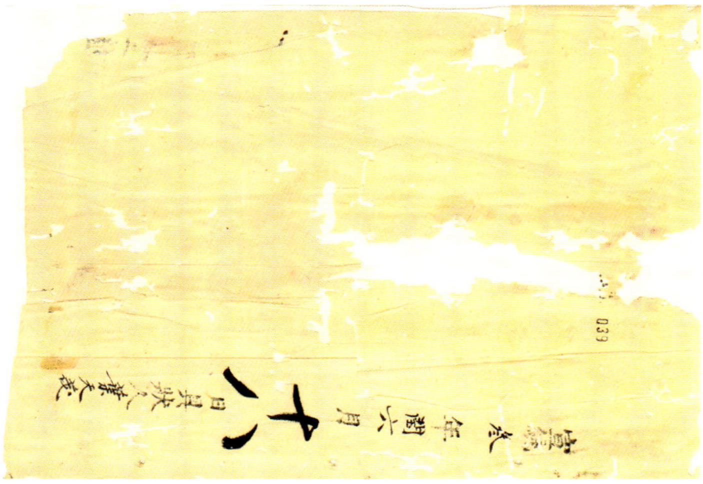

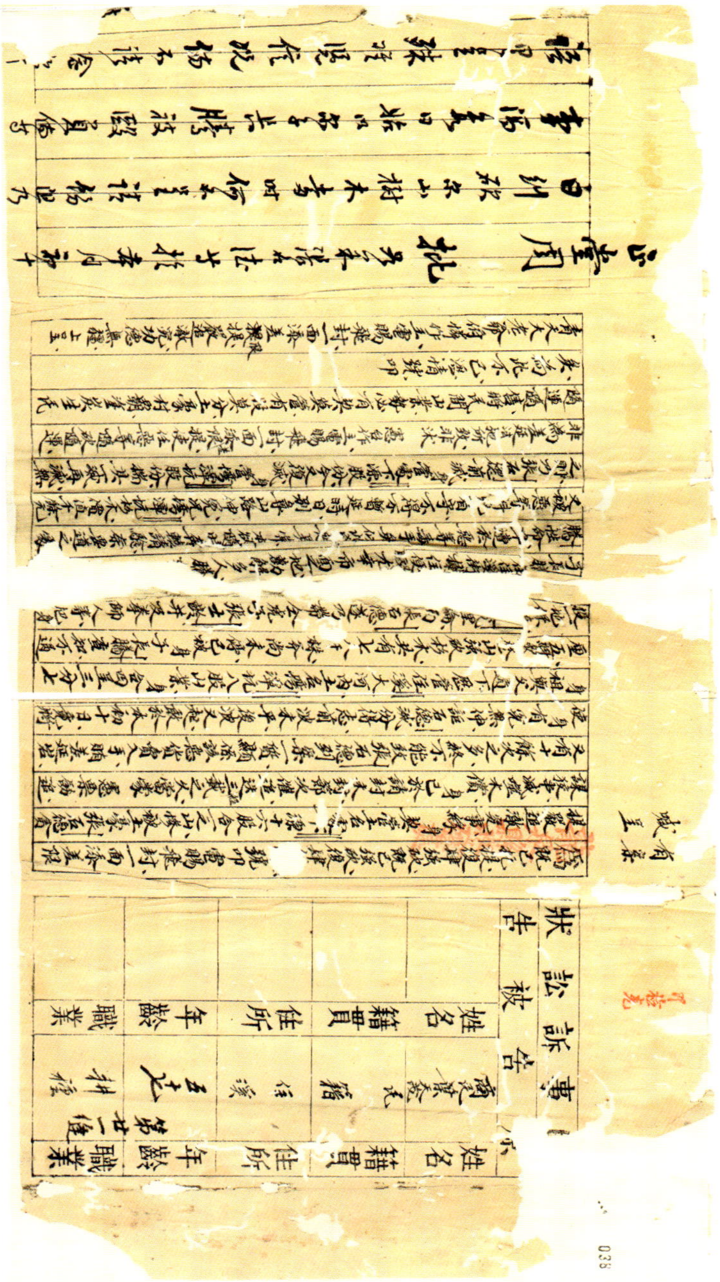

18.宣統三年閏六月十八日葉天茂爲控張石德既已抗提復肆强砍事民事訴訟狀
（2527：38）27.0×50.8cm；（2527：39）27.0×22.7cm

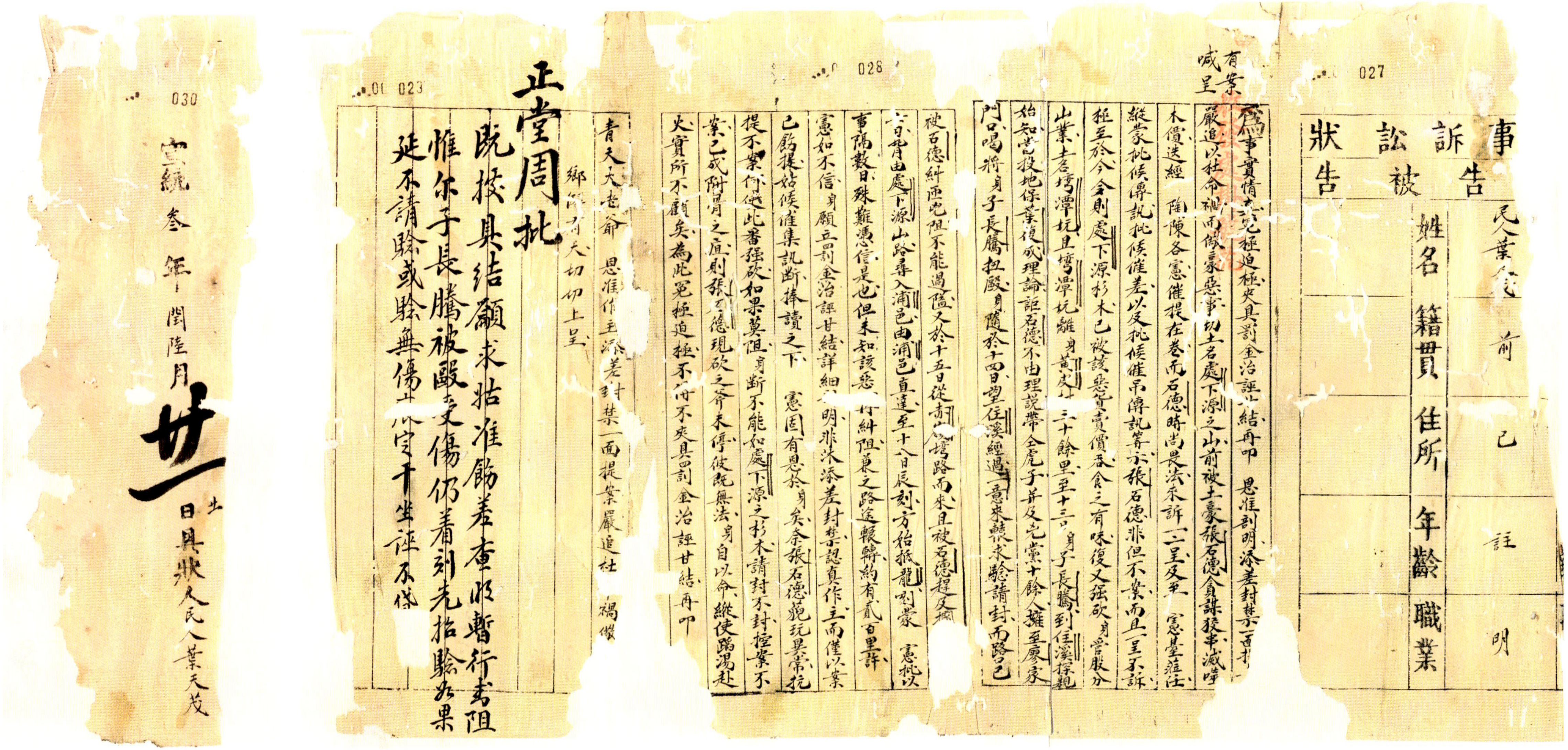

事 訴 告
訴訟 被 告
狀 告
姓名 籍貫 住所 年齡 職業

正堂周批
既據具結願求姑准飭差查收嚴行查阻
惟爾于長騰被毆之傷仍着刻先指驗爲果
延不請驗或驗無傷出以寔十坐誣不貸

宣統叁年閏陸月廿一日具狀人民人葉天茂

19.宣統三年閏六月廿一日葉天茂爲控張石德事實情真冤極迫極事□事訴訟狀

（2527：27–28）26.9×36.8cm；（2527：29）26.7×11.5cm；（2527：30)27.1×9.0cm

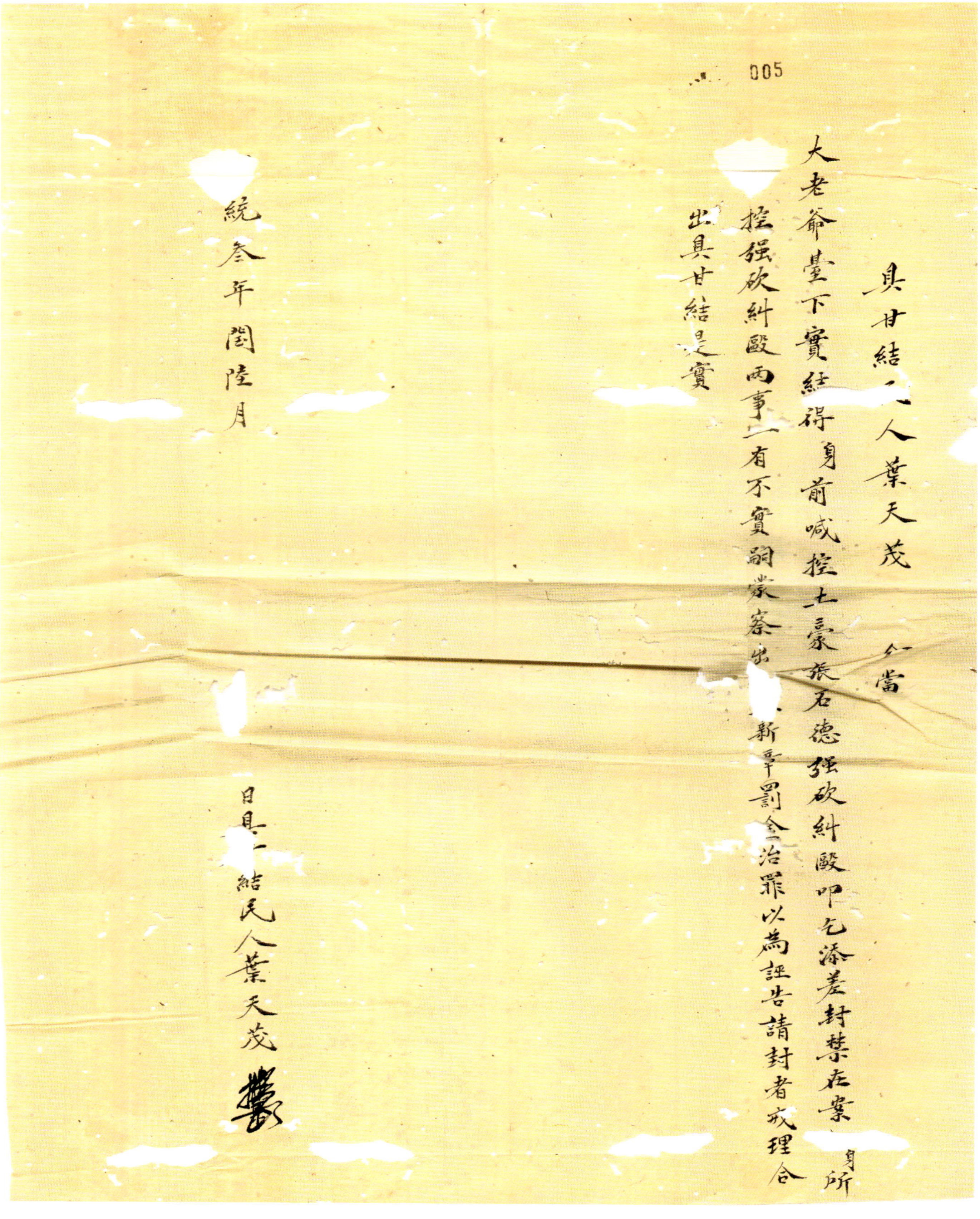
005

具甘結人葉天茂，今當

大老爺臺下實結得身前喊控土豪張石德强砍糾毆，叩乞添差封禁在案。身所

控强砍糾毆兩事，一有不實，嗣蒙察出，□新章罰金治罪，以為誣告請封者戒。理合

出具甘結是實。

統叁年閏陸月　　日具甘結民人葉天茂（押）

19附1.葉天茂甘結狀　（2527：5）38.5×29.8cm

一八　宣統二年季慶元控吴榮昌等藉買混争案

一、内容提要

「宣統二年（一九一零）季慶元控吴榮昌等藉買混争案」相關檔案保存於495、986、1042、3745、4288、10087、15239號卷宗。其中包括宣統二年至民國二年（一九一三）訴訟過程中形成的各類狀紙二十二件、票（稿）十三件、信票二件、禀七件、點名單二件、結狀二件，以及供詞堂諭、供狀、收管狀、領狀各一件。

該案案情可據「宣統三年（一九一一）八月季慶麒爲叩恩核奪事供狀」了解大概。光緒二十二年（一八九六）季慶麒與季慶元兄弟分家時，季慶麒分得「墙甲地方陰邊山場」，季慶元分得「墙甲陽邊山場」，因爲陰邊較陽邊寬闊，季慶麒抽出陰邊山場土名下塢補給季慶元執管。光緒三十四年（一九零八）三月，季慶麒將所管山場「除抽元弟下塢四至界址外，立契賣與吴如昌兄弟爲業」。季慶元於宣統元年（一九零九）六月將下塢界内砍下杉木砍運發售，遭遇吴榮昌兄弟搶奪。季慶元因此呈控吴榮昌兄弟。宣統二年五月初三日季慶元第三次呈狀方獲知縣陳啓謙受理，經多次催傳，該案於宣統三年八月堂審，但由於山佃季春旺缺席而未能訊結。民國二年五月縣知事朱光奎訊斷此案，吴榮昌兄弟賠償季慶元筲樹價洋，并重新確定山界。此後季慶元又以錯判山界爲由再次興訟。

二、檔案索引

編號	時間	作者	内容	類型	卷宗號	原卷宗頁碼
1	時間不詳〔一〕	季慶元	爲控吴榮昌等吊據提訊核斷究懲事	呈狀	1042	19–20
2	宣統二年四月十三日	季慶元	爲控吴榮昌等界不遵理影圖罩佔事	呈狀	1042	21–23
3	宣統二年五月初三日	季慶元	爲控吴榮昌等奉批邀理罩佔愈雄事	呈狀	1042	16–18、77–79
4	宣統二年五月十二日	知縣陳啓謙	爲傳訊吴榮昌等事	票(稿)	1042	81–82
5	宣統二年六月十八日	吴如昌等	爲控季慶元藉圖佔山倚勢欺弱事	呈狀	495	2–3、22–25
6	宣統二年六月廿八日	季慶元	爲控吴榮昌等知情混佔管不遵界事	呈狀	495	17–18、4–8
7	宣統二年七月初八日	知縣陳啓謙	爲催傳吴榮昌等事	票(稿)	495	21
8	時間不詳〔二〕	季慶元	爲控吴榮昌等奸謀罩佔蛇足顯然事	呈狀	495	19–20

〔一〕時間缺失，批詞稱「毋庸涉訟，分關發還」，宣統二年四月十三日季慶元呈狀批詞則稱「既允發還」，據此列於其前。

〔二〕時間缺失，呈詞内容與宣統二年六月二十八日季慶元呈狀基本相同，又宣統二年九月初九日知縣王票(稿)内稱「據季慶元呈催前來」，據此推測此呈狀爲新知縣王赴任後，季慶元將前事再次呈狀，故列於此。

9	宣統二年九月初九日	知縣王	爲照案催傳吳榮昌等事	票(稿)	1042	9—10
10	宣統三年正月廿三日	季慶元	爲控吳榮昌等蛇足已露混佔不休事	民事訴訟狀	1042	11—15
11	時間不詳〔一〕	季慶元	爲控吳榮昌等賄飽差囊抗票不辦事	稟狀	3745	2
12	宣統三年六月十三日	季慶元	爲控吳榮昌案被差延候訊無日事	稟狀	4288	2
13	宣統三年六月廿二日	知縣周琛	爲飭催吳榮昌等事	票(稿)	1042	59—60
14	宣統三年六月廿七日	知縣周琛	爲飭催吳榮昌等事	信票	1042	31
15	時間不詳〔二〕	吳昭陞(吳如昌)	爲控季慶元繪呈圖説叩請察核事	民事訴訟狀	1042	26—27
16	宣統三年七月初四日	原差孫榮等	爲稟傳到吳榮昌等事	稟	15239	8—11
17	宣統三年七月初四日	原役孫榮等	爲稟送管押吳榮昌等事	稟	15239	4—7
18	時間不詳〔三〕	原役孫榮等	爲稟送管押吳榮昌等事	稟	1042	35
19	(宣統三年)[八]月廿日		點名單	點名單	15239	1
20	(宣統三年)八月廿日		供詞、堂諭	供詞、堂諭	15239	2—3
21	(宣統三年八月)〔四〕	季慶麒	爲叩恩核奪事	供狀	1042	30
22	宣統三年九月十四日	知縣周琛	爲補提季春旺事	票(稿)	1042	24—25
23	黄帝紀元四六零九(宣統三年)十一月十六日	民事長周琛	爲飭催覆訊吳榮昌等事	票(稿)	1042	28—29
24	民國元年元月廿六日	季慶元	爲控吳榮昌等賄差抗票非法莫行事	稟狀	4288	3
25	民國元年二月三日	季慶元	爲控吳榮昌等賄差抗案非法莫行事	呈狀	4288	6—10
26	民國元年二月十一日	民事長李爲蛟	爲勒提吳榮昌等事	票(稿)	4288	4—5
27	民國元年四月十三日	季慶元	爲控吳榮昌等玩法抗提反糾盜挖事	呈狀	1042	32—34
28	民國元年四月十五日	縣知事李爲蛟	爲添警再行勒提吳榮昌等事	票(稿)	1042	54—55
29	民國元年五月五日	季慶元	爲控吳榮昌等玩法盜挖叩請發封事	呈狀	1042	36—38
30	民國元年五月十七日	縣知事李爲蛟	爲飭查提訊吳榮昌等事	票(稿)	1042	39—40

〔一〕時間缺失，狀紙格式、内容與宣統三年六月十三日季慶元稟狀相似，且狀紙右上角所注「十一」或爲日期，故列於此。

〔二〕時間缺失，呈詞内稱「奉飭差催傳，自應投候訊斷」，批詞内稱「案已提集，虛實庭質自明」，故列於信票之後。

〔三〕時間不詳，内容與宣統三年七月初四日原役孫榮等稟文相同，當爲草稿，故列於此。

〔四〕時間缺失，據宣統三年八月廿日供詞中稱，「據季慶麒抱告吳達書供：小的係季慶麒抱告，餘供另單呈電求公斷」，所稱「餘共另單呈」當即指此供狀，據此推斷爲「宣統三年八月」。

31	民國元年六月十三日	季慶元	爲控吴榮昌等玩法盗挖叩請發封事	民事狀	1042	41—44
32	民國元年六月十七日	縣知事陳蔚	爲飭查阻提吴榮昌等事	票(稿)	1042	52
33	民國元年六月廿日	縣知事陳蔚	爲飭查阻提吴榮昌等事	信票	1042	51
34	民國元年六月廿六日	警游標等	爲查明稟報事	稟	1042	49—50
35	民國元年七月卅一日	縣知事陳蔚	爲催查提訊吴榮昌等事	票(稿)	1042	47—48
36	民國元年八月	警游振等	爲奉票催提據實稟報事	稟	1042	45—46
37	民國元年九月七日	縣知事朱光奎	爲加封提訊吴榮昌等事	票(稿)	986	29—30
38	民國元年九月十八日	季慶元	爲控吴榮昌等案蒙屢提法外不案事	民事狀	1042	73—76
39	民國元年九月十九日	地保季時祥	收管狀	收管狀	1042	83
40	民國元年九月廿一日	吴榮昌等	爲控季慶元指東作西藉勢誣陷事	民事狀	986	23—28
41	民國元年十月一日	季慶元	爲控吴榮昌等藐法毁封意圖盗運事	民事狀	10087	1—4
42	民國元年十月十二日	司法警察王國卿等	爲稟覆事	稟	986	19—20
43	民國二年四月廿九日	季慶元	爲控吴榮昌等一味宕延屢提不案事	民事狀	1042	2—8
44	民國二年五月四日	縣知事朱光奎	爲飭勘傳訊吴榮昌等事	票(稿)	986	50—51
45	民國二年五月十三日	法警王寶榮等	爲奉票飭勘傳訊事	稟	986	21—22
46	民國二年五月廿日	季慶元	爲控吴榮昌等藉買[罩][佔][毁]封抗傳事	民事狀	986	52—57
47	民國二年五月廿一日	季慶元	爲控吴榮昌等投候質訊叩請核據事	民事狀	986	9—14
48	(民國二年五月)廿六日〔一〕		點名單	點名單	1042	80
49	民國二年五月廿六日	季慶[元]	遵結狀	結狀	1042	61
50	民國二年五月廿六日	吴榮[昌]等	遵結狀	結狀	1042	62
51	民國二年五月	季慶元	領狀	領狀	1042	63
52	民國二年十月十四日	季慶元	爲判界錯譌請予更正事	民事訴訟狀	1042	64—66

〔一〕末行殘有「月廿六日」，筆跡與民國二年五月廿六日季慶元、吴榮昌等遵結狀同，可推斷爲「民國二年五月廿六日」。

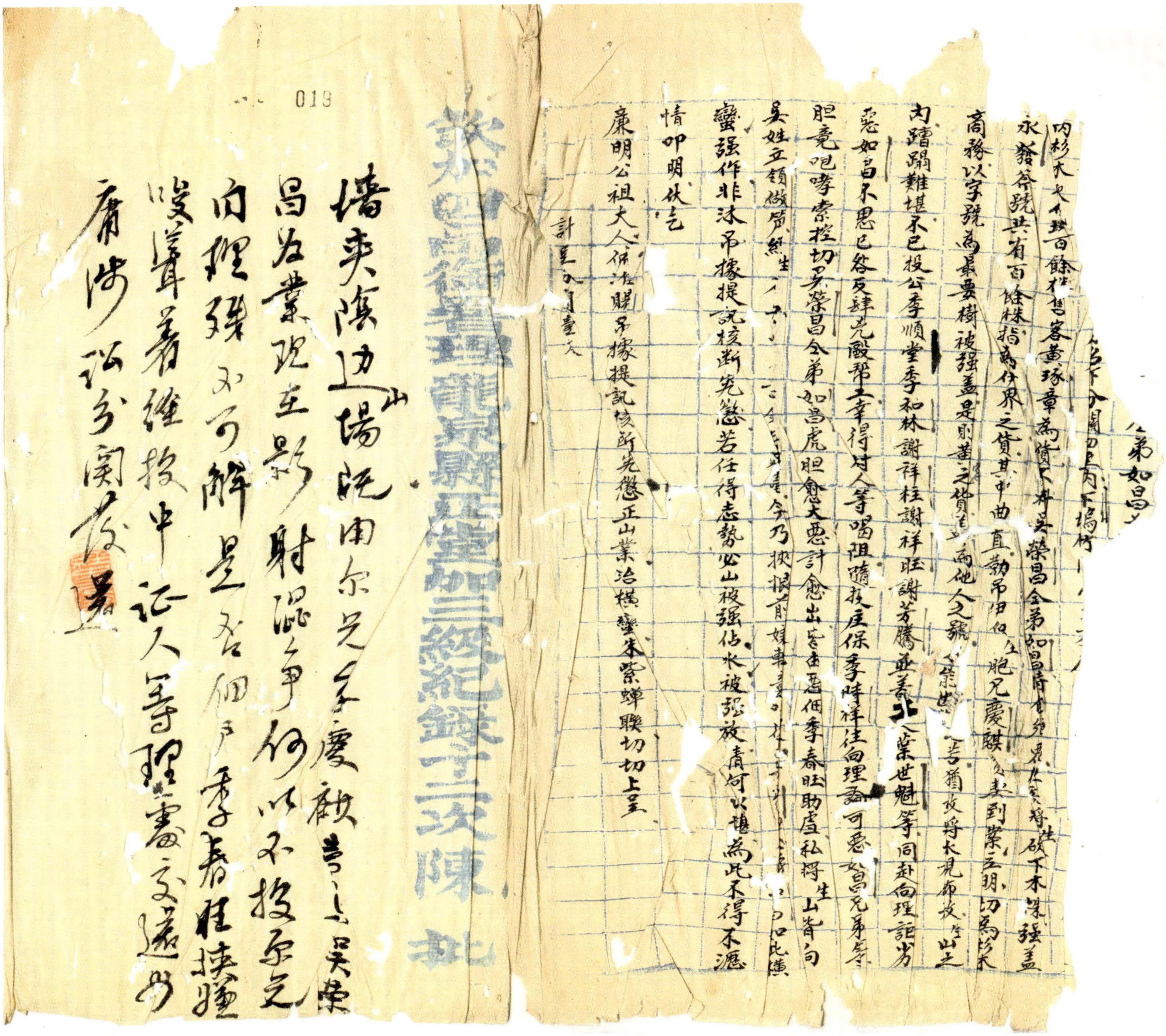

1.(時間不詳)季慶元爲控吴榮昌等吊據提訊核斷究懲事呈狀　(1042：19—20) 28.0×95.0cm　圖版裁狀式條例

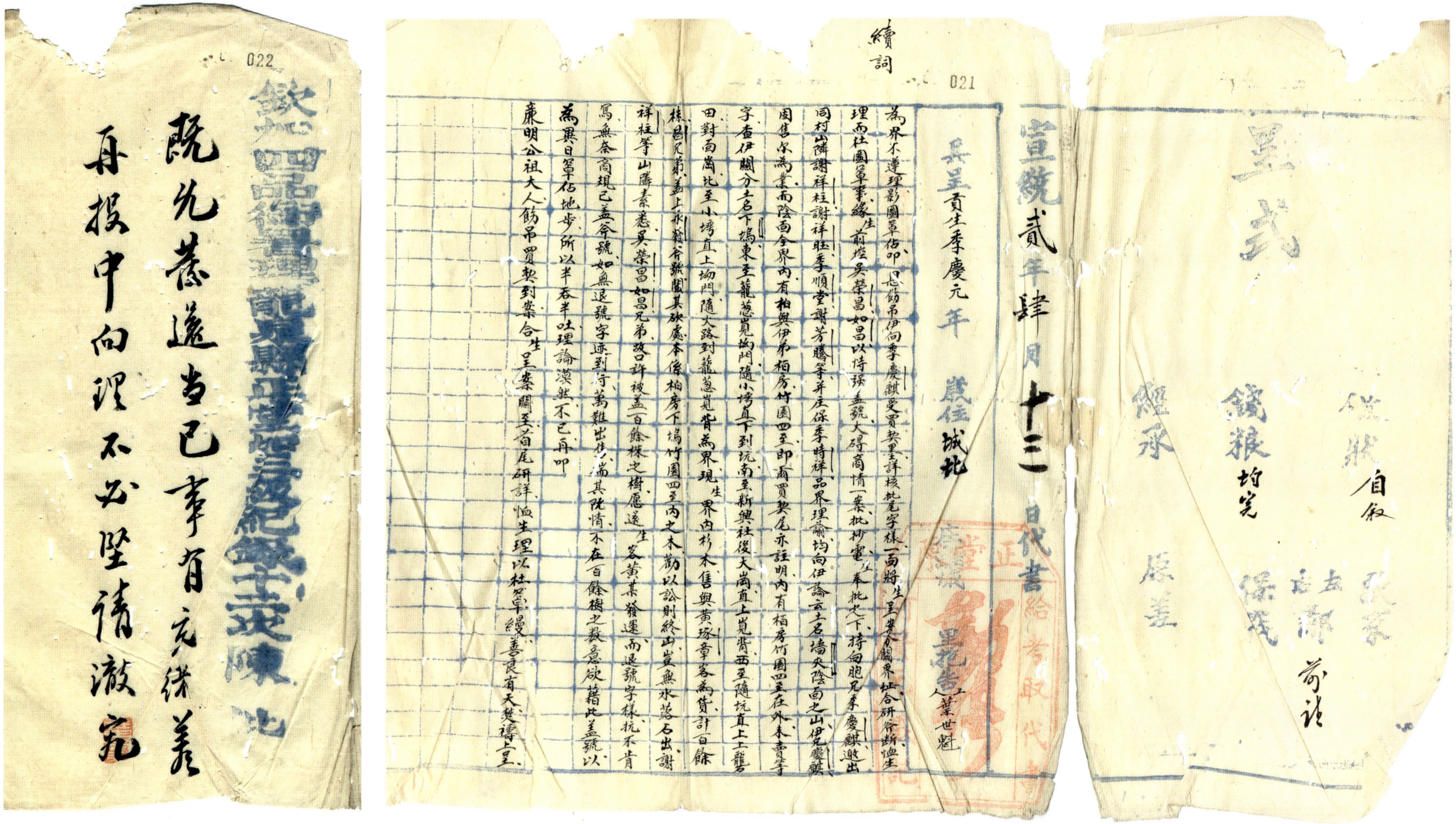

呈式

保狀 自敘

錢粮 均完

經承

原差

保人 前註

宣統貳年肆月十三日代書

具呈貢生季慶元年 歲住城北

代書人葉世魁

續詞

021

爲界不遵理影圖罩佔叩恩飭吊伊向季慶麒受買契據詳核批尾字樣一面將生呈案分剖界址合研斧斷恤生

理而杜圖罩事緣生前控吳榮昌、如昌以恃强盖號、大碍商情一案，批抄電奉批之下，持向胞兄季慶麒邀出

同村山隣謝祥柱、謝祥旺、季順堂、謝芳騰等并庄保季時祥品界理論，均向伊論云土名墻夾陰面之山伊兄慶麒

因售你爲業，而陰面全界內有柏與伊弟栢房竹園四至，即兩買契尾亦註明內有栢房竹園四至在外未賣等

字。查伊䦨分土名下塢東至龍蔥嶺坳門隨小塆直下到坑，南至新興社後大崗直上嶺背，西至隨坑直上上龍

田對面崗比至小塆直上坳門隨大路到龍蔥嶺背爲界。現生界內杉木售與黃琢章客爲貨，計百餘

株。昌兄弟盖上永發斧號，䦨其砍處本係栢房下塢竹園四至內之木，勸以訟則終，山豈無水落石出。謝

祥柱等山隣素悉吳榮昌、如昌兄弟䦨口許被盖百餘株之樹，愿遂生客黃某發運，而退號字樣抗不肯

寫。無奈商規已盖斧號，如無退號字迹，到行萬難出售。揣其陀情，不在百餘樹之數，意欲藉此盖號以

爲異日罩佔地步。所以半吞半吐，理論漠然。不已，再叩

廉明公祖大人飭吊買契到案，合生呈案䦨至首尾研詳，恤生理以杜罩纍，善良有天。焚禱上呈。

既先蓋號當已事有允從着

再投中向理不必堅請徹究

022

2. 宣統二年四月十三日季慶元爲控吳榮昌等界不遵理影圖罩佔事呈狀　（1042：21–23）28.4×122.3cm　圖版裁空白頁、狀式條例

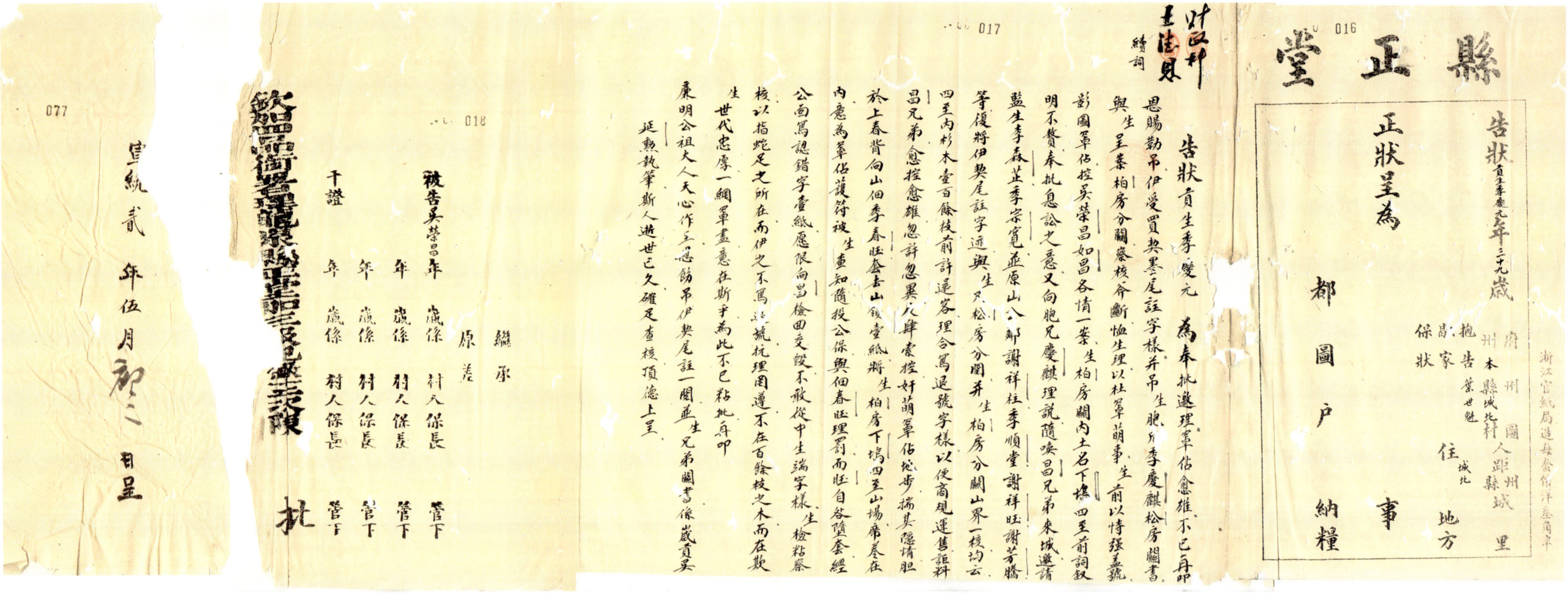

3.宣統二年五月初三日季慶元爲控吴榮昌等奉批邀理詈佔愈雄事呈狀

（1042：16–18）26.0×84.2cm；（1042：77）25.7×27.7cm；（1042：78–79）26.0×52.0　圖版裁狀式條例

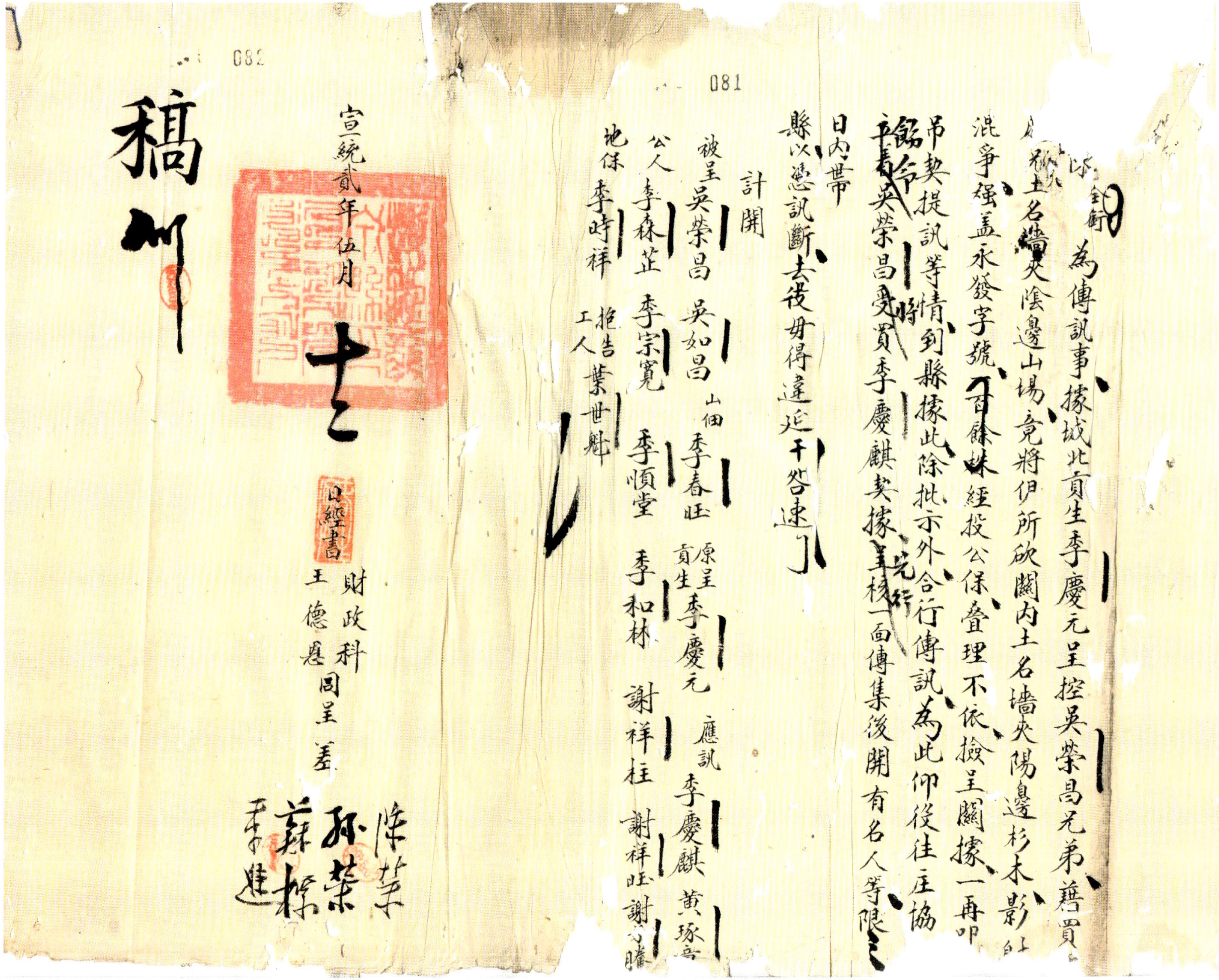

爲傳訊事。據城北貢生李慶元呈控吳榮昌兄弟藉買

土名墻夾陰邊山場，竟將伊所砍關内土名墻夾陽邊杉木影射

混争，强蓋永發字號，百餘株，經投公保查理不依，撿呈關據，一再叩

弔契提訊等情。到縣，據此，除批示外，合行傳訊。爲此，仰役往庄協

同鄉保吳榮昌交買李慶麒契據呈核，一面傳集後開有名人等，限

日内帶

縣以憑訊斷。去役毋得違延，干咎。速

計開

被呈 吳榮昌 吳如昌 山佃 李春旺

公人 李森芷 李宗寬 李順堂

地保 李時祥 抱告工人 葉世魁

原呈貢生 李慶元 李和林

應訊 李慶麒 謝祥柱 黃琢□ 謝祥旺 謝□

宣統貳年伍月 十二 日

財政科 王德恩 同呈 稿

稿

4.宣統二年五月十二日知縣陳啓謙爲傳訊吳榮昌等事票(稿)（1042：81–82）29.5×42.0cm

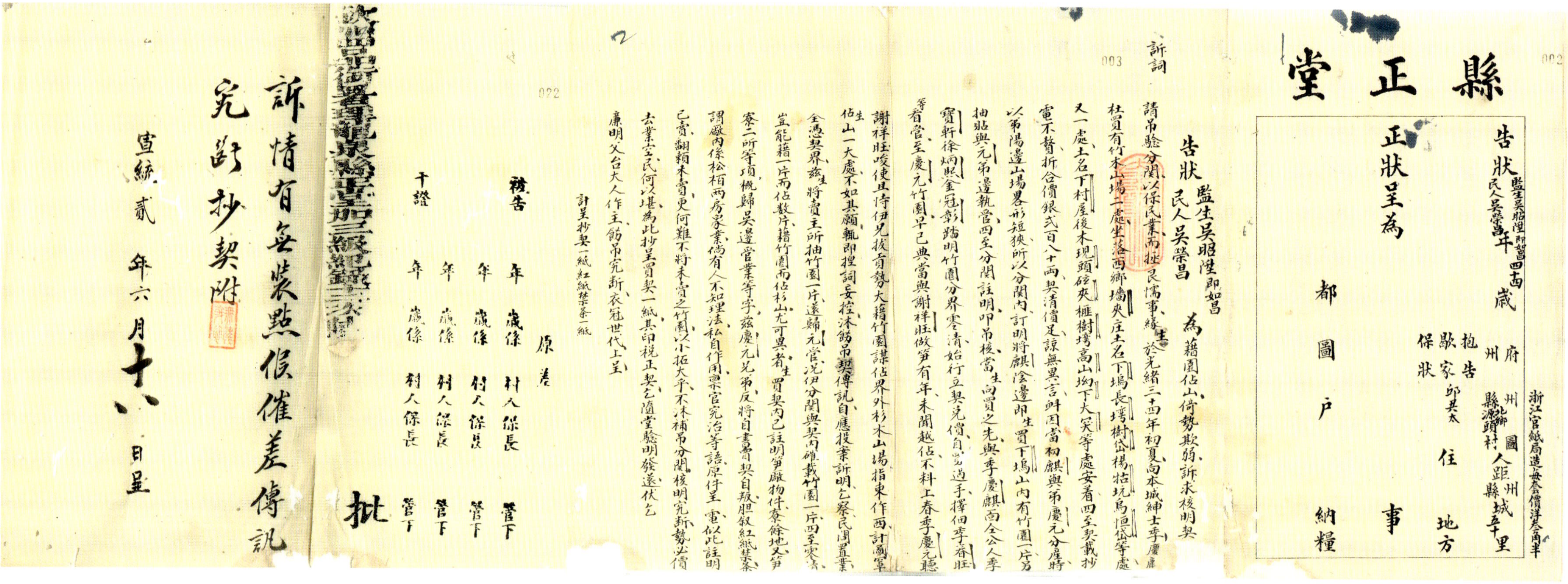

縣正堂

浙江官紙局造每套價洋叁角半

告狀 監生吳昭陞即如昌 民人吳榮昌 年四十　歲

府州 州縣 圖 距 州縣城 五十里

抱告 歇家邱吳太 保狀

住 地方

正狀呈爲　事

都　圖　戶　納糧

訴詞

告狀 監生吳昭陞即如昌 民人吳榮昌 爲藉園佔山、倚勢欺弱，訴求核明契
請吊驗分關，以保民業而拯良懦事。緣生於光緒三十四年初夏向本城紳士季慶康
杜買有竹木山場二處，坐落西鄉墻夾庄，土名下塢長壙樹岱楊桔坑烏垣岱等處，
又一處土名下村屋後木現頭砼夾榧樹壙高山坳下大宊等處，安着四至契載抄
電，不贅，折合價銀弍百八十兩，契清價足，諒無異言。蚪因當初麒與弟慶元分產時，
以弟陽邊山場畧形短狹，所以分關內訂明將麒陰邊郎生買下塢山內有竹園一片另
抽貼與元弟邊執管，四至分關註明，叩吊核當。生向買之先，與季慶麒而仝公人季
寶軒、徐炳熙、金冠彰踏明竹園分界，零清，始行立契，兌價自當過手，擇佃季春旺
等看管。至慶元竹園早已典當與謝祥旺做筍有年，未聞越佔。不料上春季慶元聽
謝祥旺唆使，且恃伊兄拔貢勢大，藉竹園謀佔界外杉木山場，指東作西，討圖罩
佔生山一大處，不如其願，輒即捏詞妄控，沐飭吊契傳訊，自應投案訴明。乞察民間置業，
全憑契界，茲生將賣主所抽竹園一片，遂歸元管，況伊分關與契內確載竹園一片，四至零清，
豈能藉一片而佔數片，藉竹園而佔杉山，尤可異者，生買契內已註明筍厰物件、寮餘地、又筍
寮二所等項概歸吳邊管業等字，茲慶元兄弟反將自書賣契自叛，胆敘紅紙禁条
謂厰內係松栢兩房家業，倘有人不知理法，私自作用，稟官究治等語，原件呈電。似此註明
已賣，翻賴未賣，更何難不將未賣之竹園以小拓大乎。不沐補吊分關，核明究斷，勢必價
去業空，民何以堪。爲此抄呈買契一紙，其印稅正契乞隨堂驗明，發還，伏乞
廉明父台大人作主，飭吊究斷，衣冠世代上呈。

計呈抄契一紙、紅紙禁条一紙

原差

被告　年　歲係　村人　保長　管下

年　歲係　村人　保長　管下

年　歲係　村人　保長　管下

干證　年　歲係　村人　保長　管下

批

訴情有無裝點，候催差傳訊究斷。抄契附。

宣統貳年六月十八日呈

5.宣統二年六月十八日吴如昌等爲控季慶元藉圖佔山倚勢欺弱事呈狀

（495：2–3）26.0×69.5cm；（495：22）26.1×46.2cm；（495：23–25）21.6×51.6cm　圖版裁狀式條例

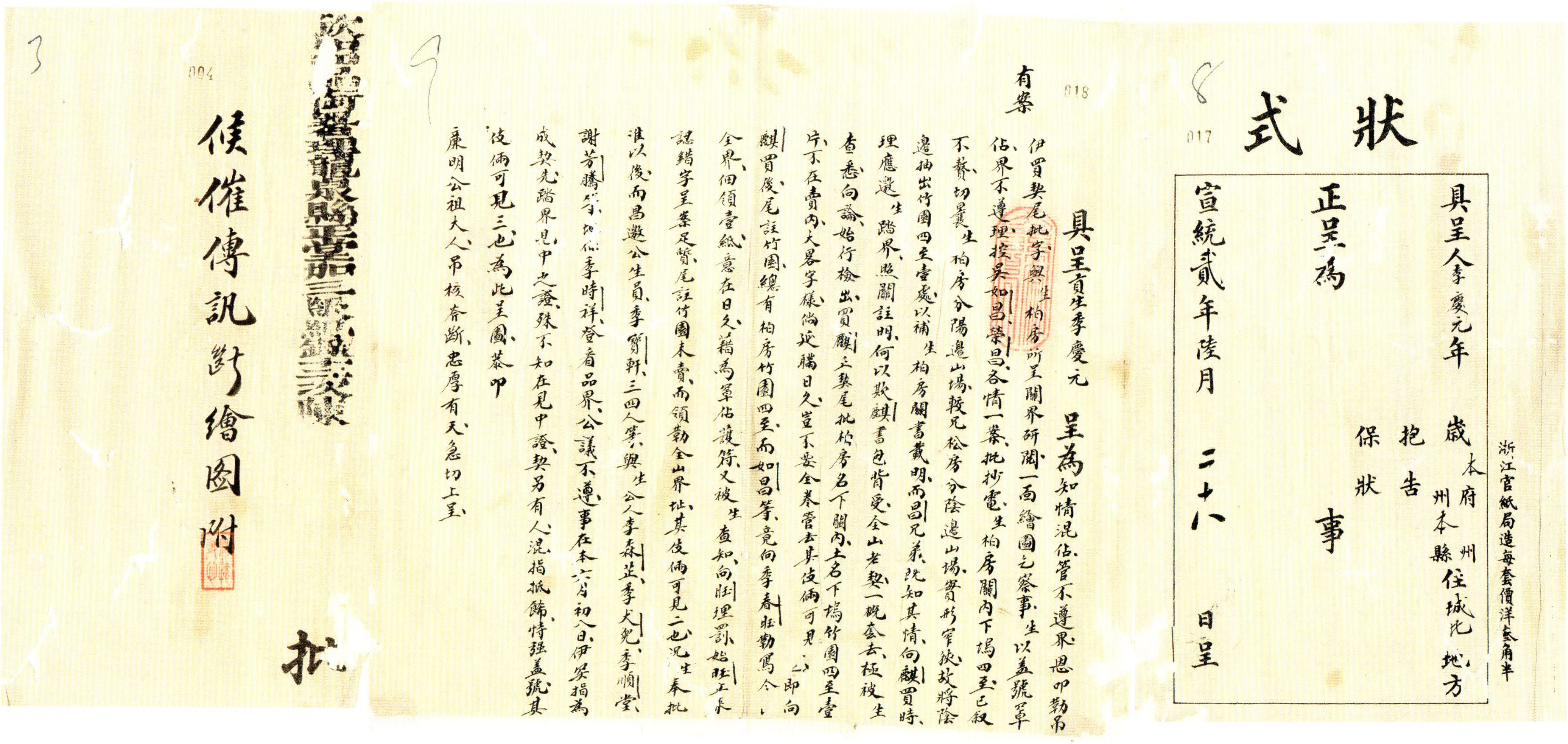
狀式

具呈人李慶元年　歲　本府州本縣　住城北地方

抱告

保狀

正呈爲　事

宣統貳年陸月　二十八　日呈

浙江官紙局造每套價洋叁角半

有案

具呈貢生李慶元　呈爲知情混佔管不遵界戀叩勒吊

伊買契尾批字與生柏房所呈關界研閱一面繪圖乞察事。生以益號羣

佔界不遵理控吳如昌、榮昌各情一案，批抄電。生柏房關内下塢四至已叙

不贅。切囊生柏房分陽邊山塢，幹兄松房分陰邊山塢，實形窄狹，故將陰

邊抽出竹園四至壹處，以補生柏房關書載明，而昌兄弟既知其情，向麒買時，

理應邀生踏界照關註明，何以欺麒書包背受全山老契一紙，套去，拯被生

查悉，向論，始行檢出買麒立契尾批於房名下關内土名下塢竹園四至壹

片，不在賣内，大畧字樣尚延瞞日久，豈不要全業管去，其伎倆可見一也。即向

麒買後，尾註竹園總有柏房竹園四至，而如昌等竟向季春壯勸罵令

全界，佃領壹紙，意在日久藉為羣佔護符，又被生查知，向腳理罰，始肯立

認蹟字呈案。及贅尾註竹園未賣，而領勤全山界址，其伎倆可見二也。况生奉批

准以後，而昌邀公生員季寶軒、三四人等，與生公人季森芷、季大兜、季順堂、

謝芳騰等，如仰季時祥，登看品界，公議不遵，事在本六月初八日，伊吳指為

成契，先踏界見中之證，殊不知在見中證，契另有人，混指抵飾，情強益號其

伎倆可見三也。為此呈圖，恭叩

康明公祖大人，吊核，奇斷，忠厚有天，急切上呈。

候催傳訊斷繪圖附

批

6.宣統二年六月廿八日季慶元爲控吳榮昌等知情混佔管不遵界事呈狀

（495：17–18）26.0×53.0cm；（495：4–8）26.0×116.5cm　圖版裁狀式條例

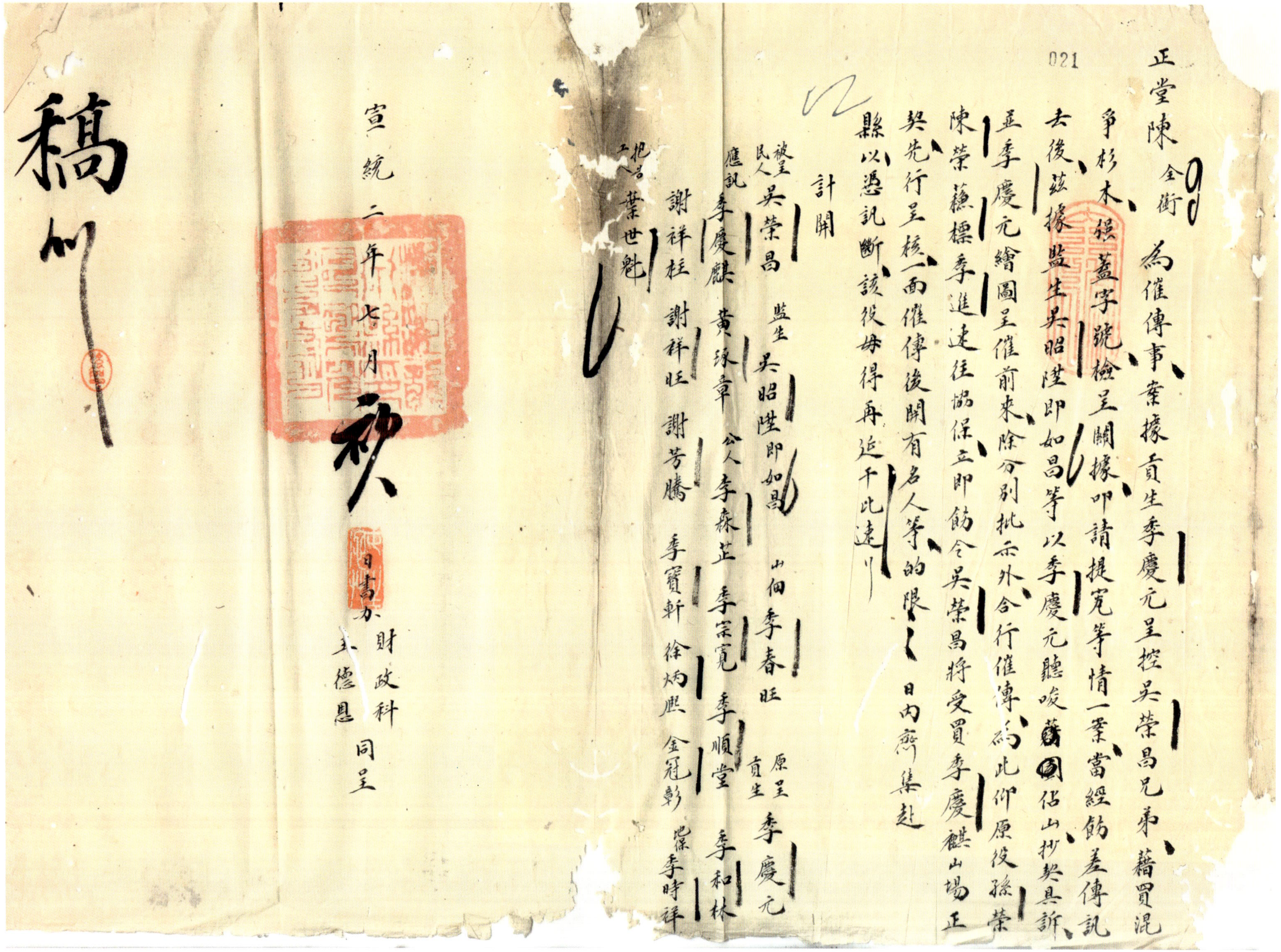

正堂陳 全銜 爲催傳事。案據貢生季慶元呈控吳榮昌兄弟藉買混
爭杉木，援蓋字號檢呈關據，叩請提究等情一案，當經飭差傳訊
去後。茲據監生吳昭陞即如昌等以季慶元聽唆藉佔山抄契具訴，
並季慶元繪圖呈催前來。除分別批示外，合行催傳。爲此仰原役孫榮
陳榮藻、標季進速往協保，立即飭令吳榮昌將受買季慶麒山場正
契先行呈核，一面催傳後開有名人等，勒限 日內齊集赴
縣，以憑訊斷。該役毋得再延干比。速。

計開
被呈民人 吳榮昌　監生 吳昭陞即如昌　山佃 季春旺　原呈貢生 季慶元
應訊 季慶麒　黃錄章　公人 季森芷　季宗寬　季順堂　季和林
謝祥柱　謝祥旺　謝芳騰　季寶軒　徐炳熈　金冠彰　地保 季時祥
葉世魁

宣統二年七月 初八 日書办
財政科
王德恩 同呈

稿

7.宣統二年七月初八日知縣陳啓謙爲催傳吳榮昌等事票(稿)（495：21）29.5×44.0cm

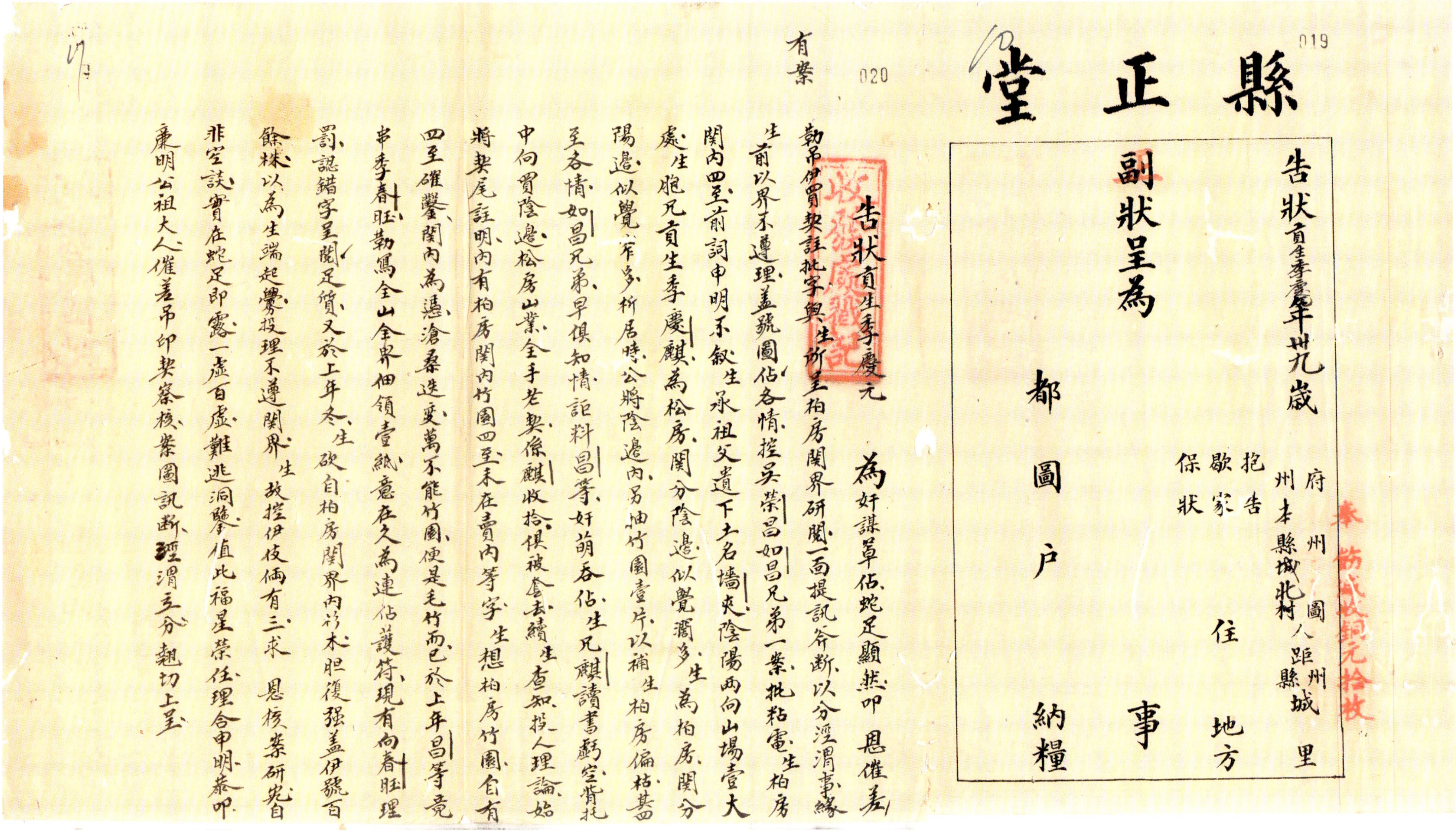
縣正堂

告狀貢生季慶元年卅九歲　府州　州圖　本縣城北村人距州縣城　里
抱告　歇家　保狀　住　地方
副狀呈爲　都　圖　户　事　納糧
奉飭收銅元拾枚

告狀貢生季慶元　爲奸謀罩佔蛇足顯然叩恩催差
勒吊伊買契註批字與生所呈柏房閧界研閱一面提訊斧斷以分涇渭事緣
生前以界不遵理蓋號圖佔各情控吳榮昌如昌兄弟一案批粘電生柏房
閧内四至前詞申明不叙生承祖父遺下土名墻夾陰陽西向山場壹大
處生胞兄貢生季慶麒爲松房閧分陰邊似覺潤多生爲柏房閧分
陽邊似覺窄多析居時公將陰邊内另抽竹園壹片以補生柏房偏枯其四
至各情如昌兄弟早俱知情詎料昌等奸萌吞佔生兄麒讀書虧空背托
中向買陰邊松房山業全手老契係麒收拾俱被奪去續生查知投人理論始
將契尾註明内有柏房閧内竹園四至未在賣内等字生想柏房竹園旨有
四至確鑿閧内爲憑滄桑迭更萬不能竹園便是毛竹而已於上年昌等竟
串季春旺勒寫全山全界佃領壹紙意在久爲連佔護符現有向春旺理
罰認錯字呈閱足質又於上年冬生砍自柏房閧界内杉木胆復强蓋伊號百
餘株以爲生端起釁投理不遵閧界生故控伊伎倆有三求恩核案研究自
非空談實在蛇足即露一虛百虛難逃洞鑒値此福星榮任理合申明泰叩
康明公祖大人催差吊印契察核案圖訊斷涇渭立分翹切上呈

有案　020　019

8.(時間不詳)季慶元爲控吳榮昌等奸謀罩佔蛇足顯然事呈狀　（495：19–20）26.0×52.5cm

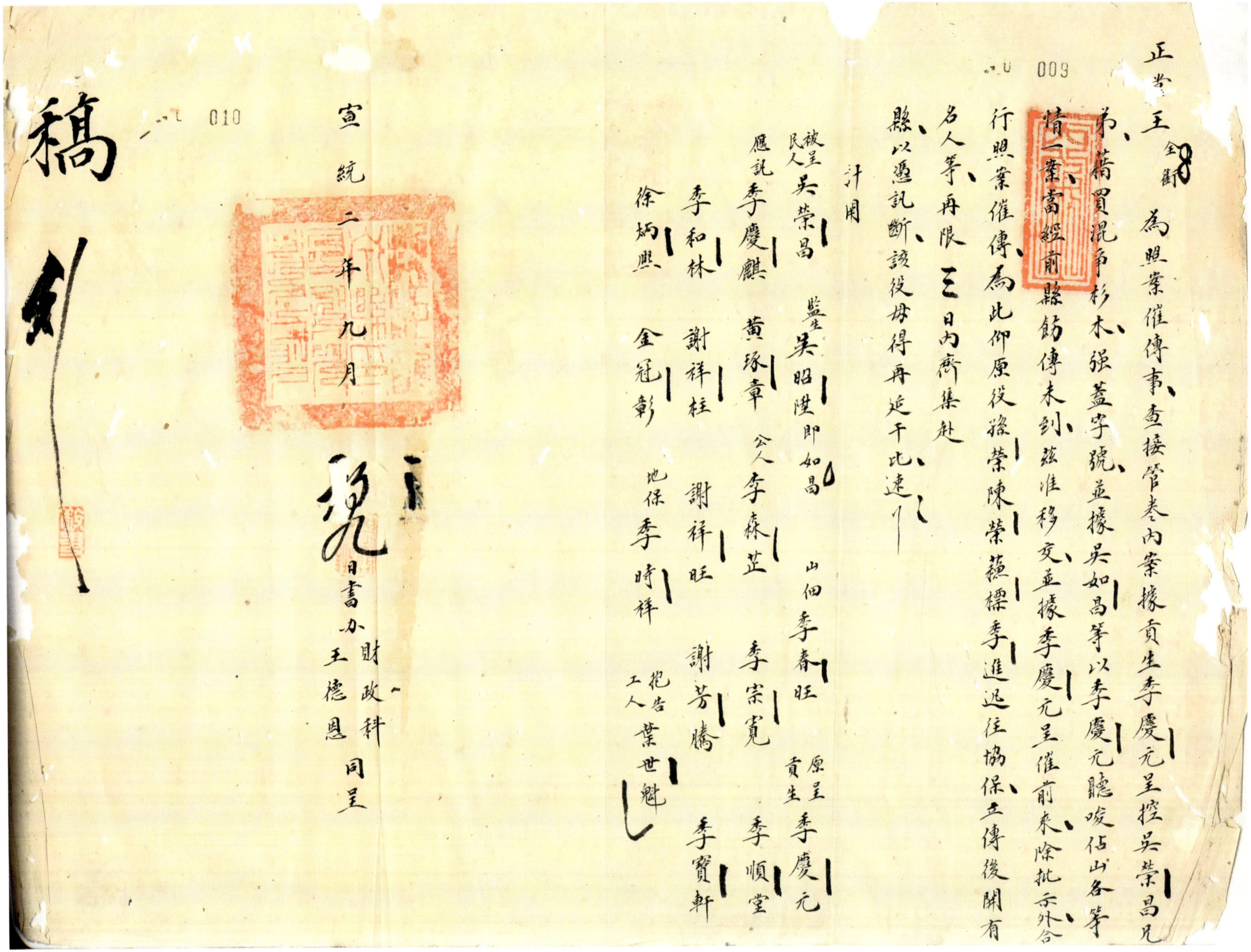

正堂王　全銜　爲照案催傳事。查接管卷內案據貢生李慶元呈控吳榮昌兄弟藉買混爭杉木、强盖字號，並據吳如昌等以李慶元聽唆佔山各等情一案，當經前縣飭傳未到。茲准移交，並據李慶元呈催前來。除批示外，合行照案催傳。爲此仰原役孫榮、陳榮、藍標、李進迅往協保立傳後開有名人等，再限三日內齊集赴縣，以憑訊斷。該役毋得再延干比。速速。

計開

被呈民人　吳榮昌　　監生　吳昭陞即如昌　　山佃　李春旺　　原呈貢生　李慶元

應訊　李慶麒　黃琢章　公人　李森芷　李宗寬　李順堂

李和林　謝祥桂　謝祥旺　謝芳騰　李寶軒

徐炳熙　金冠彰　地保　李時祥　抱告工人　葉世魁

宣統二年九月　初九　日書

財政科　辦　王德恩　同呈

稿

行

9.宣統二年九月初九日知縣王爲照案催傳吳榮昌等事票(稿)（1042：9–10）29.3×41.0cm

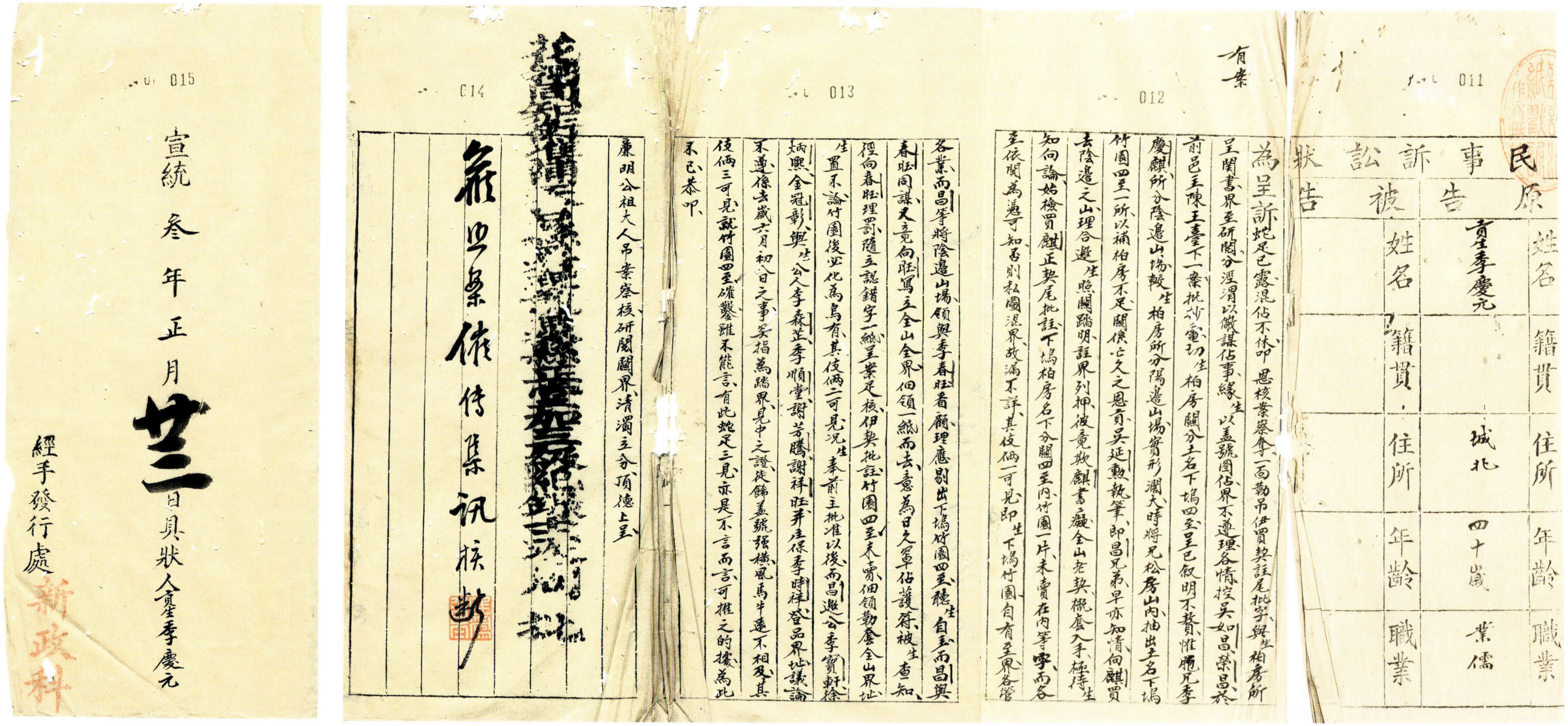

民事訴訟狀

	姓名	籍貫	住所	年齡	職業
原告	童生李慶元		城北	四十歲	業儒
被告					

有案

為呈訴蛇足已露混佔不休叩懇核業察奪一面勒吊伊買契註尾批字與生柏房所呈閱書界至研閱分涇渭以儆謀佔事緣生以盖號圖佔界不遵理各情控吳如昌、榮昌於前邑主陳王臺下一案批抄電切生柏房鬮分土名下塢四至呈已叙明不贅惟胞兄李慶麒所分陰邊山場較生柏房所分陽邊山場實形濶大時將兄松房山内抽出土名下塢竹園四至一所以補柏房不足鬮係亡久之恩貢吳延勳執筆即昌兄弟早亦知情向麒買去陰邊之山理合遵生照鬮踏明註界列押彼竟欺麒書癡全山老契概套入手極待生知向論始檢買麒正契尾批註下塢柏房名下分鬮四至内竹園一片未賣在内等字而各至依閱為遁可知否則私圖混界故漏不詳其伎倆一可見即生下塢竹園自有至界各管各業而昌等將陰邊山場領與李春旺看顧理應剔出下塢竹園四至聽生自主而昌與春旺同謀又竟向旺寫立全山全界佃領一紙而去意爲日久罩佔護符被生查知逕向春旺理罰隨立認錯字一紙呈案足核伊契批註竹園四至未賣佃領勒套全山界址生置不論竹園後必化爲烏有其伎倆二可見况生奉前主批准以後而昌邀公李寶軒徐炳煇、金冠彰與生公人李森芷、李順堂、謝芳騰、謝祥旺并庄保李時祥登品界址議論不遵係去歲六月初八日之事妄指爲踏界見中之證徒飾盖號强横風馬牛遠不相及其伎倆三可見就竹園四至確鑿雖不能言有此蛇足三見亦是不言而言可推之的據爲此不已恭叩

康明公祖大人吊業察核研閱關界清濁立分頂德上呈

宣統叁年正月廿三日具狀人童生李慶元

經手發行處

新政科

10.宣統三年正月廿三日季慶元爲控吳榮昌等蛇足已露混佔不休事民事訴訟狀　（1042：11–15）27.8×91.0cm　圖版裁空白頁

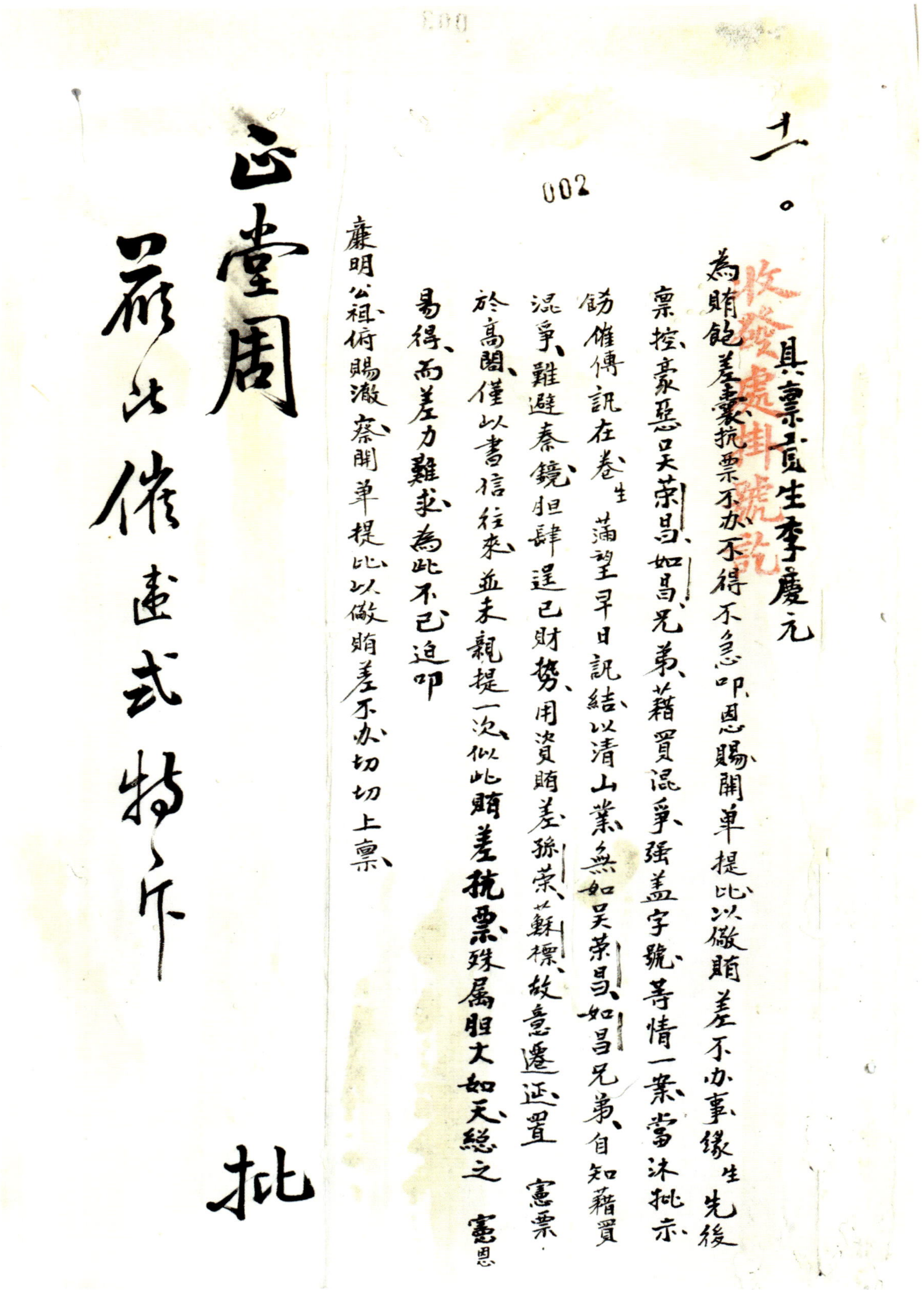

十一。

具稟貢生李慶元

爲賄飽差囊抗票不辦不得不急叩恩賜開單提比以儆賄差不辦事。緣生先後
稟控豪惡吴榮昌、如昌兄弟藉買混爭强蓋字號等情一案，當沐批示
飭催傳訊在卷。生蒲望早日訊結，以清山業。無如吴榮昌、如昌兄弟自知藉買
混爭，難避秦鏡，胆肆逞已財勢，用資賄差孫榮、蘇標，故意遷延，置憲票
於高閣，僅以書信往來，並未親提一次。似此賄差抗票，殊屬胆大如天。總之憲恩
易得，而差力難求。爲此不已，迫叩
廉明公祖俯賜徹察，開單提比，以儆賄差不辦，切切上稟。

正堂周

嚴比催速式特斥

批

11.(時間不詳)季慶元爲控吴榮昌等賄飽差囊抗票不辦事稟狀　(3745：2) 25.5×21.0cm

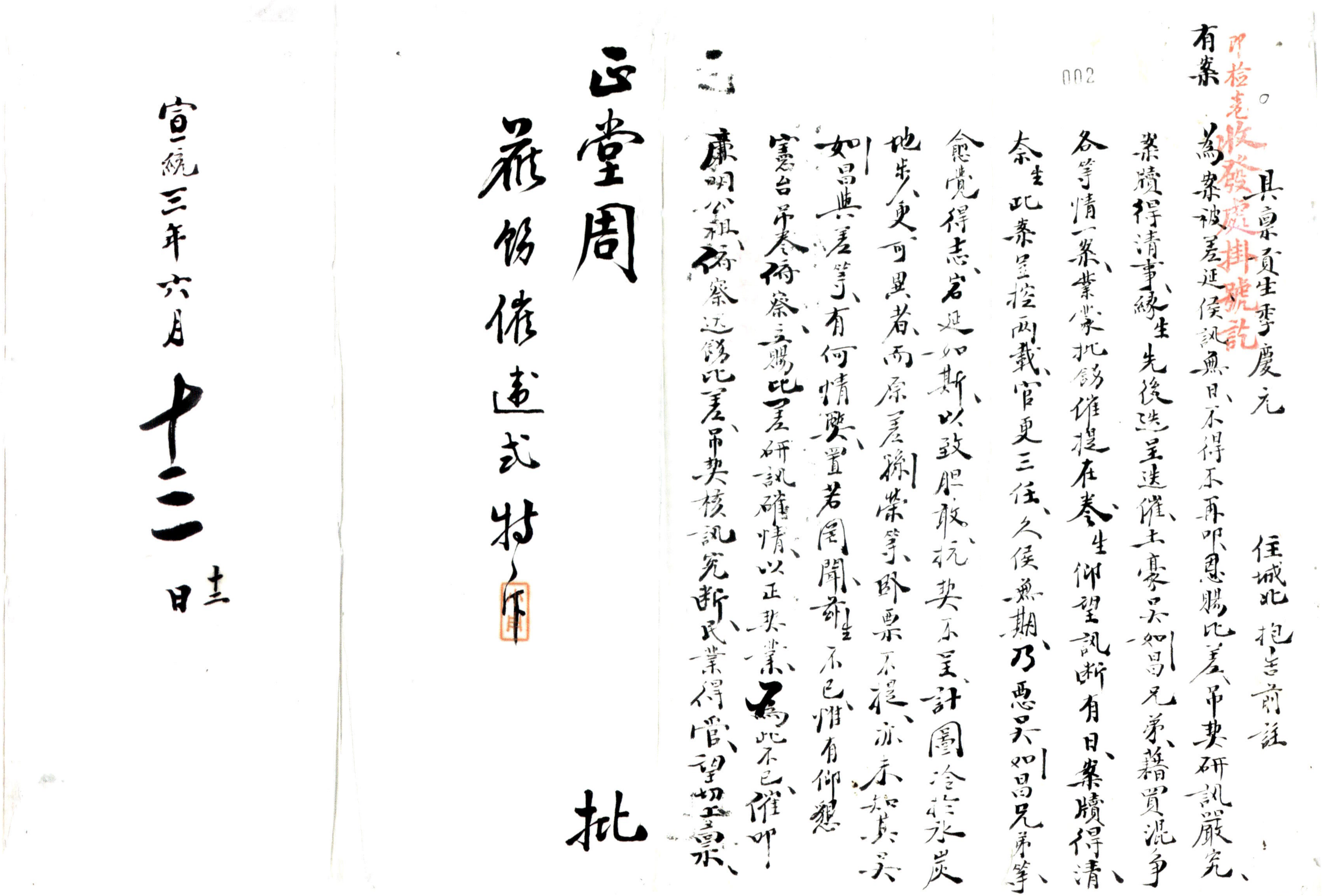

12.宣統三年六月十三日季慶元爲控吳桀昌案被差延候訊無日事禀狀　（4288：2）25.5×63.5cm　圖版裁空白頁

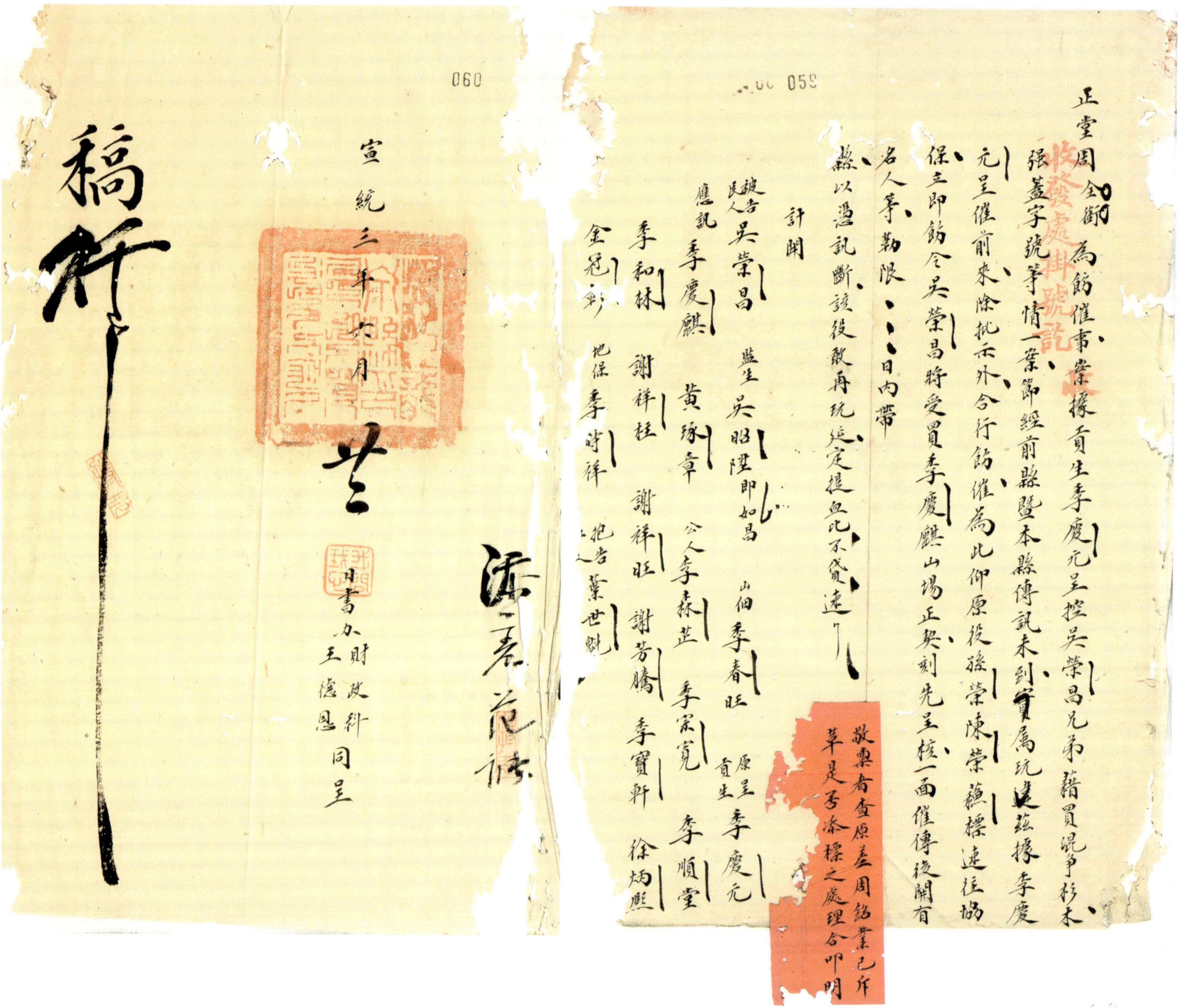

正堂周 全銜 爲飭催事。案據貢生李慶元呈控吳榮昌兄弟藉買混爭杉木、張蓋字號等情一案。節經前縣暨本縣傳訊未到，實屬玩延。茲據李慶元呈催前來，除批示外，合行飭催。爲此仰原役孫榮、陳榮、蕭標，速往協保立即飭令吳榮昌將受買李慶麒山場正契刻先呈核，一面催傳後開有名人等，勒限　日內帶縣以憑訊斷。該役敢再玩延，定提血比不貸。速速。

計開

被告民人吳榮昌　監生吳昭陞即如昌　山佃李春旺

應訊李慶麒　黃琢章　公人李森芷　原呈貢生李慶元

李和林　謝祥桂　謝祥旺　謝芳騰　李宗寬　李順堂

金冠彩　地保李時祥　抱告葉世魁　李寶軒　徐炳熙

敬稟者，查原差周銘業已斥革，是否添標之處，理合叩明。

稿　行

宣統三年六月廿二日

書辦王德恩　財政科　同呈

添蕭標

13.宣統三年六月廿二日知縣周琛爲飭催吳榮昌等事票(稿)（1042：59）29.2×21.2cm；（1042：60）29.2×20.0cm

信票

花翎同知銜准補天台縣署理龍泉縣正堂加三級紀録十二次周　為

飭催事。案據[illegible]生李慶元呈控吴榮昌兄弟藉買混争杉木强蓋字號等情一案，節經前縣暨本縣傳訊未到。茲據李慶元呈催前來，除批示外，合行飭催。為此仰原役孫榮、陳榮、繆標速往協保，立即飭令吴榮昌將受買李慶麒山場正契刻先呈核，一面催傳後開有名人等，勒限三日内帶

縣以憑訊斷。該役敢再玩延，定提血比不貸。速速。

計開

被告民人　吴榮昌　監生　吴昭陞　即如昌　山佃　李春旺　原呈貢生　李慶元　應訊　李慶麒　黄琢章　公人　李森芷　李宗寬　李順堂

李和林　謝祥桂　謝祥旺　謝芳騰　李寶軒　徐炳興　金冠彰　地保　李時祥　抱告工人　葉世魁

宣統叁年陸月　日

縣

14.宣統三年六月廿七日知縣周琛爲飭催吴榮昌等事信票　（1042：31）57.7×31.5cm

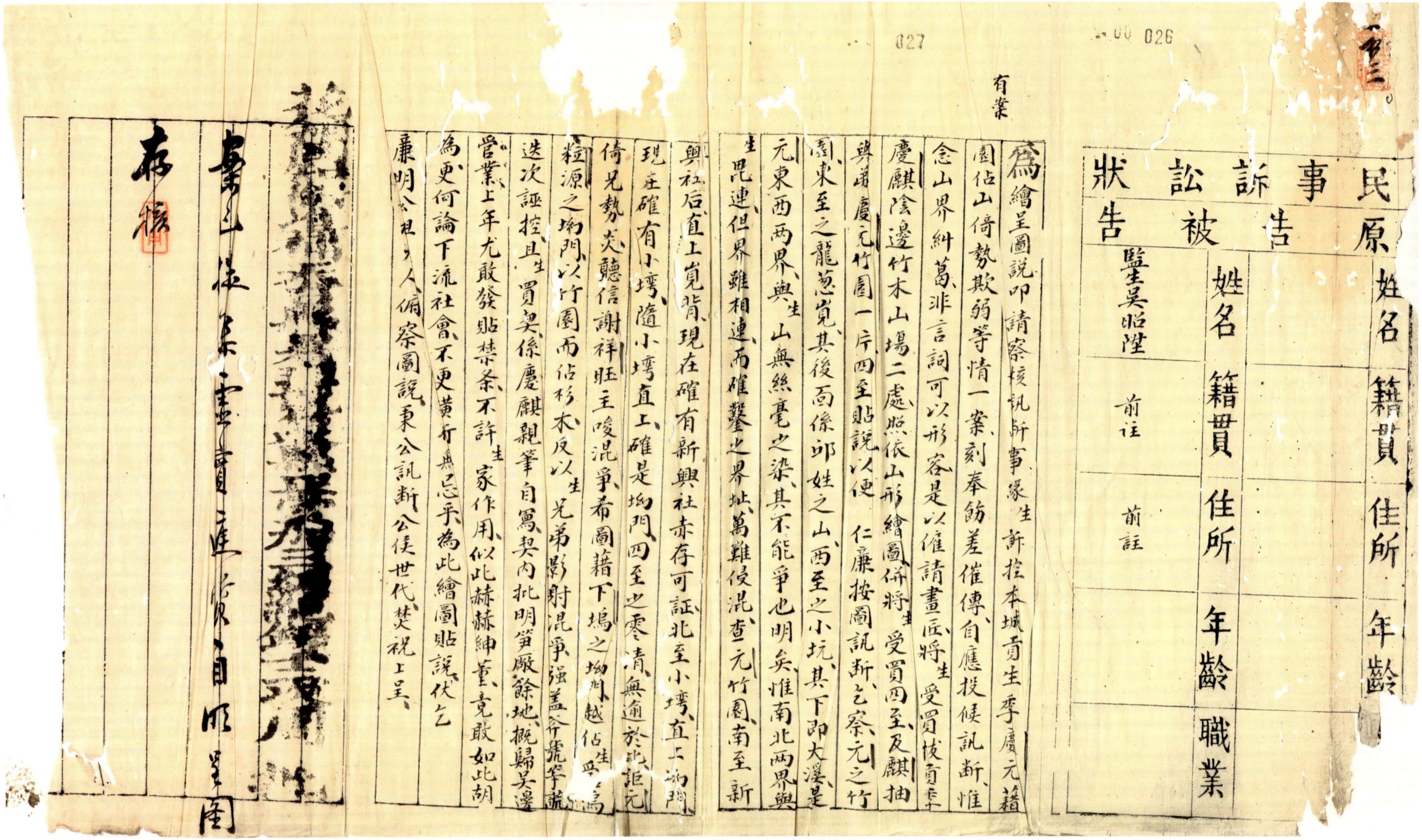

民事訴訟狀

原告　姓名　籍貫　住所　年齡

被告　姓名　監生吴昭陞　籍貫　前注　住所　前註　年齡　職業

有案

爲繪呈圖説叩請察核訊斷事。緣生訴控本城貢生季慶元藉園佔山、倚勢欺弱等情一案，刻奉飭差催傳，自應投候訊斷。惟念山界糾葛，非言詞可以形容，是以僱請畫匠，將生受買拔貢季慶麒陰邊竹木山場二處，照依山形繪圖，併將生受買四至及麒抽與弟慶元竹園一片四至貼説，以便仁廉按圖訊斷。乞察元之竹園東至之龍蔥崀，其後面係邱姓之山，西至之小坑，其下即大溪，是元東西兩界，與生山無絲毫之染，其不能爭也明矣。惟南北兩界與生毘連，但界雖相連，而確鑿之界址，萬難侵混。查元竹園南至新興社后，直上崀背，現在確有新興社亦存可証；北至小塆，直上坳門，現在確有小塆，隨小塆直上，確是坳門，四至之零清，無逾於此。詎元倚兄勢炎，聽信謝祥旺主唆，混爭希圖，藉下塢之坳門越佔生[illegible]粒源之坳門，以竹園而佔杉木，反以生兄弟影射混爭，强蓋[illegible]，迭次誣控。且生買契係慶麒親筆自寫，契内批明留厰餘地，概歸吴邊管業。上年尤敢發貼禁条，不許生家作用，似此赫赫紳董，竟敢如此胡爲，更何論下流社會，不更横行無忌乎？爲此繪圖貼説，伏乞

廉明公祖大人俯察圖説，秉公訊斷，公侯世代，焚祝上呈。

[illegible]

15.(時間不詳)吴昭陞(吴如昌)爲控季慶元繪呈圖説叩請察核事民事訴訟狀　(1042：26-27) 27.4×50.0cm

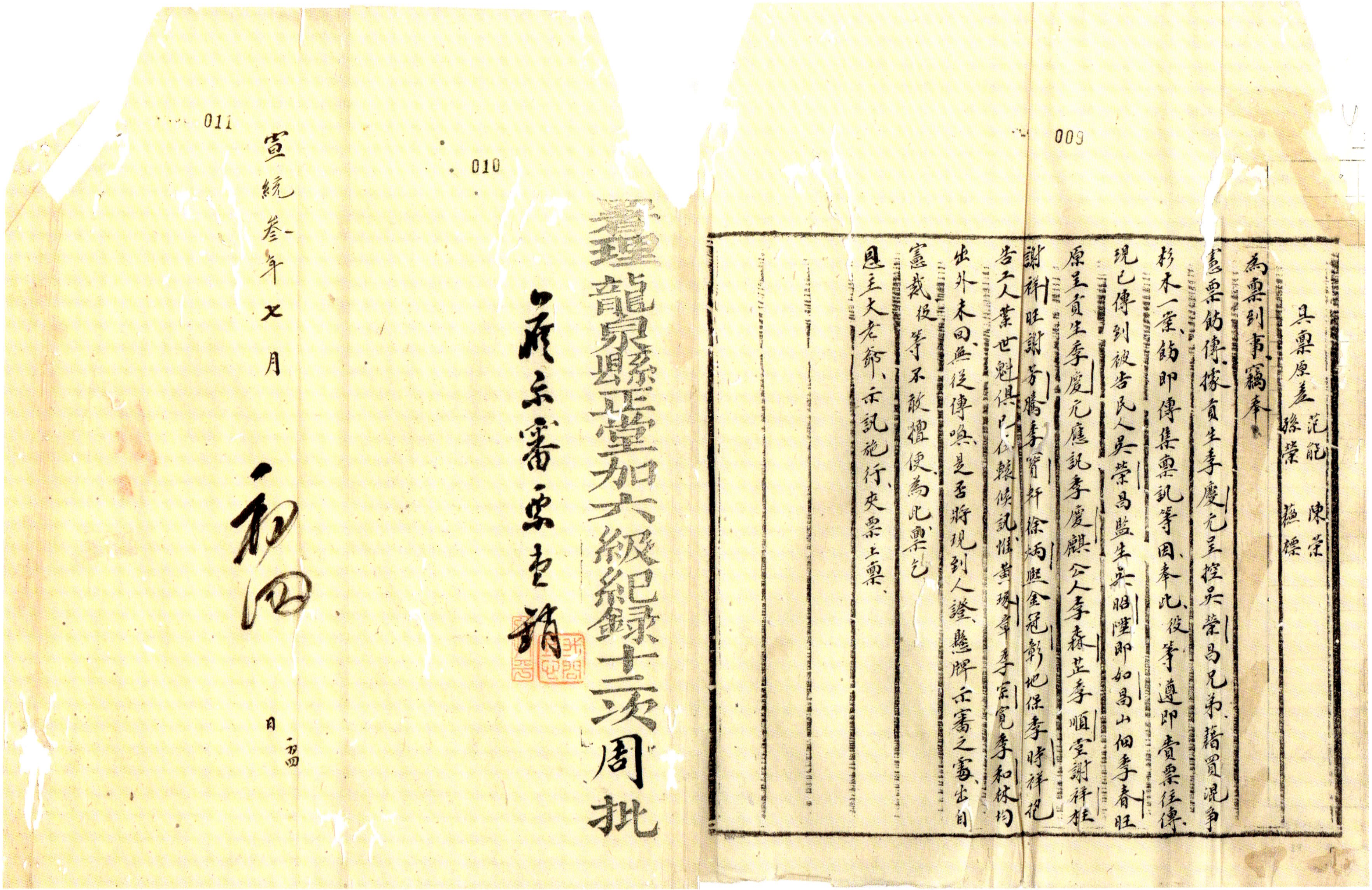
具稟原差范龍、陳榮、孫榮、藴標
為稟到事。竊奉
憲票飭傳，據貢生李慶元呈控吳榮昌兄弟藉買混争
杉木一案，飭即傳集稟訊等因。奉此，役等遵即齎票往傳。
現已傳到被告民人吳榮昌、監生吳昭陞即如昌、山佃李春旺，
原呈貢生李慶元，應訊李慶麒，公人李森芷、李順笙、謝祥柱、
謝祥旺、謝芳騰、李賢軒、徐炳興、金冠彰，地保李時祥，抱
告王人業世魁，俱已在轅候訊。惟黄琢章、李宗寬、李和林均
出外未回，無從傳唤，是否將現到人證懸牌示審之處，出自
憲裁。役等不敢擅便，為此稟乞
恩主大老爺示訊施行。上稟。

署理龍泉縣正堂加六級紀録十二次周　批
候示審。票查銷

宣統叁年七月　初四　日

16.宣統三年七月初四日原差孫榮等爲稟傳到吳榮昌等事稟　（15239：8–11）29.0×63.0cm　圖版裁封頁

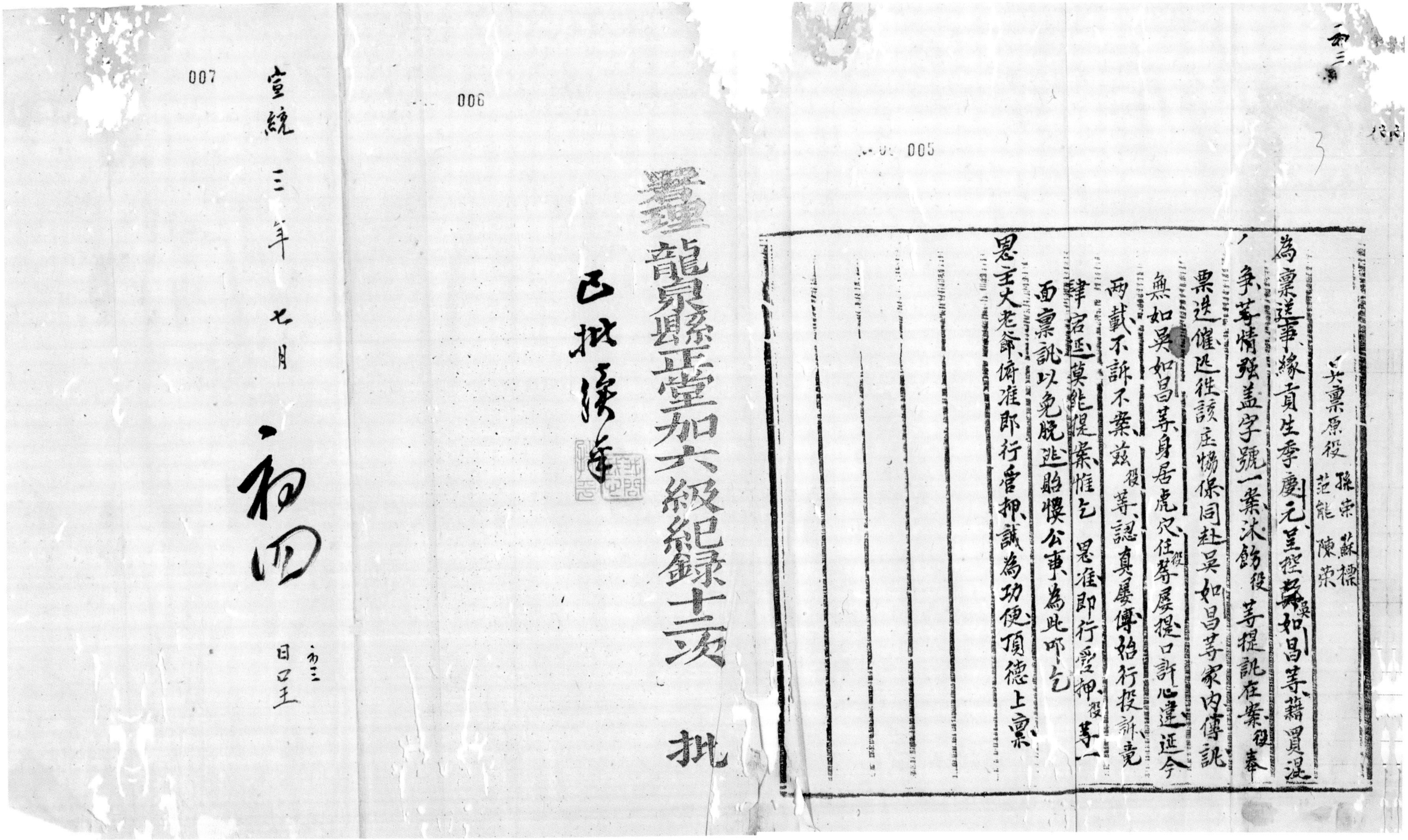
具稟原役 孫榮 蘇標 范能 陳榮
爲稟送事。緣貢生季慶元呈控吳如昌等藉買混
爭等情，强蓋字號一案，沐飭役等提訊在案。役奉
票進催，迭往該莊協保同赴吳如昌等家內傳訊。
無如吳如昌等身居虎穴，任役等屢提，口許心違，延今
兩載不訴不案。茲役等認真屢傳，始行投訴，竟
肆宕延，莫能提案。惟乞 恩准即行管押，役等一
面稟訊，以免脫逃貽悮公事。爲此叩乞
恩主大老爺俯准即行管押，誠爲功便。頂德上稟。

龍泉縣正堂加六級紀錄十二次 批
已批續牌
宣統三年七月初四日呈

17.宣統三年七月初四日原役孫榮等爲稟送管押吳榮昌等事稟 （15239：4-7）29.1×63.0cm 圖版裁封頁

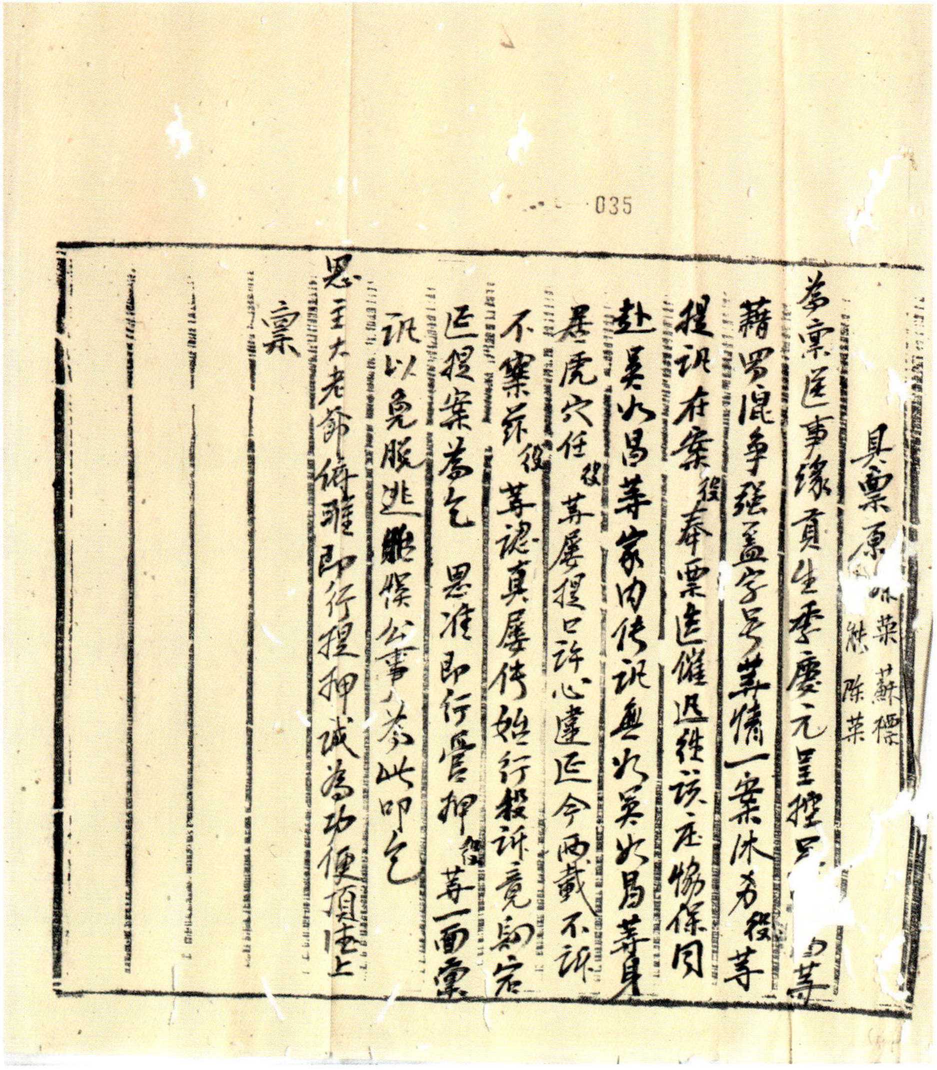
具稟原役孫榮 蕭標 陳榮
為稟送事。緣貢生季慶元呈控吳榮昌等
藉買混爭強蓋字号等情一案，沐分役等
提訊在案。役奉票追催，迅往該庄，惟係因
赴吳以昌等家內傳訊，無如吳以昌等身
居虎穴，任役等屢提口訴，心違延今兩載不訊
不案訴，役等認真屢傳，始行投訴，竟敢宕
延提案。為乞　恩准即行管押，役等一面稟
訊，以免脫逃，貽誤公事。為此叩乞
恩主大老爺俯准，即行提押，誠為功便，頂上
稟

18.(時間不詳)原役孫榮等爲稟送管押吳榮昌等事稟
(1042：35) 29.1×32.0cm　圖版裁封頁

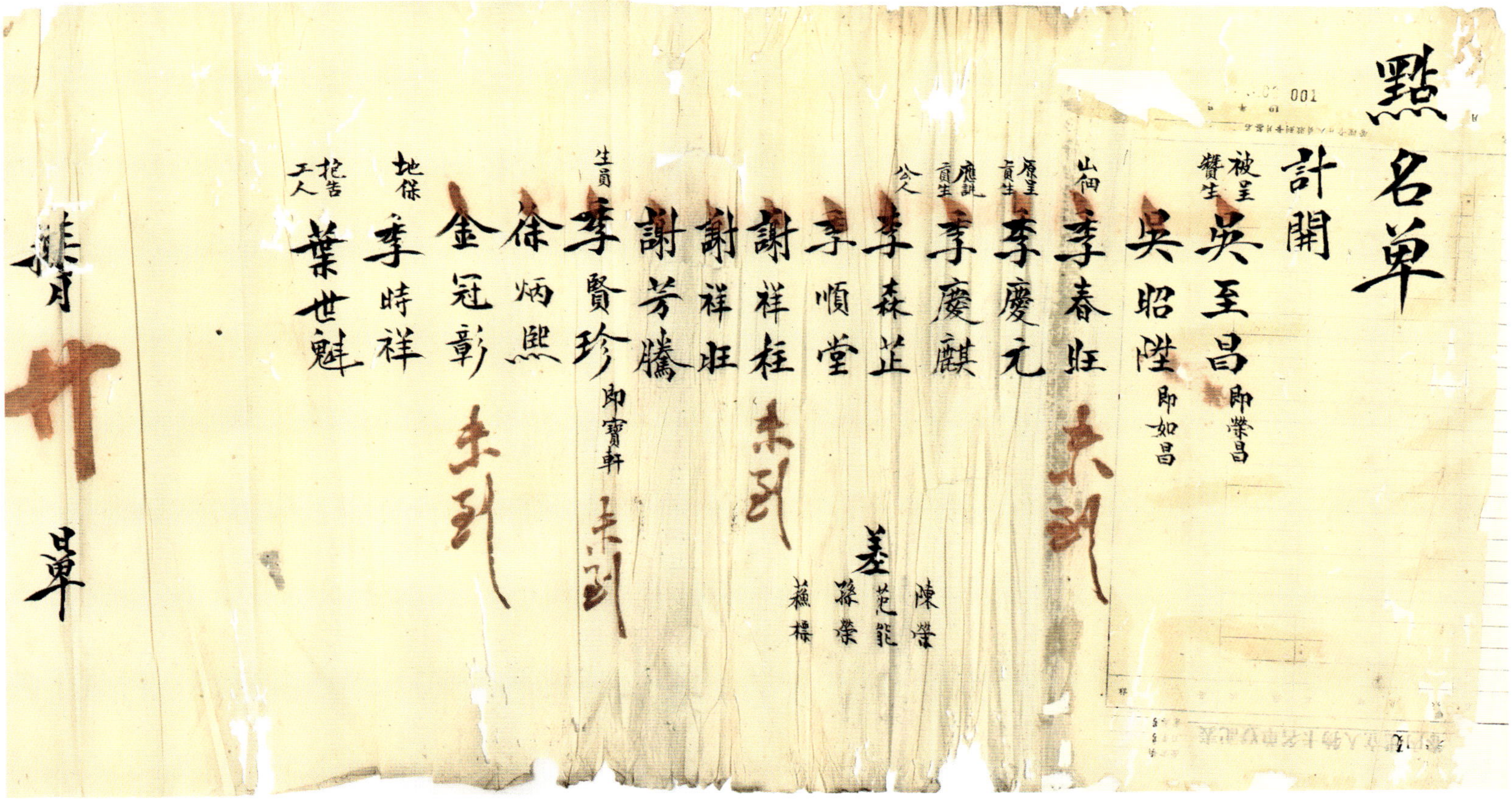
點名單
計開
被呈 贅生 吳王昌 即榮昌
吳昭陞 即如昌
山西 季春旺 未到
原呈 貢生 季慶元
應訊 貢生 季慶麒
公人 季森芷
季順堂
謝祥桂 未到
謝祥旺
謝芳騰
生員 季賢珍 即寶軒 未到
徐炳熙
金冠彰 未到
地保 季時祥
抱告 工人 葉世魁
差 陳榮 范能 孫榮 蕭標
八月廿日單

19.(宣統三年)八月廿日點名單　(15239：1) 29.0×61.5cm

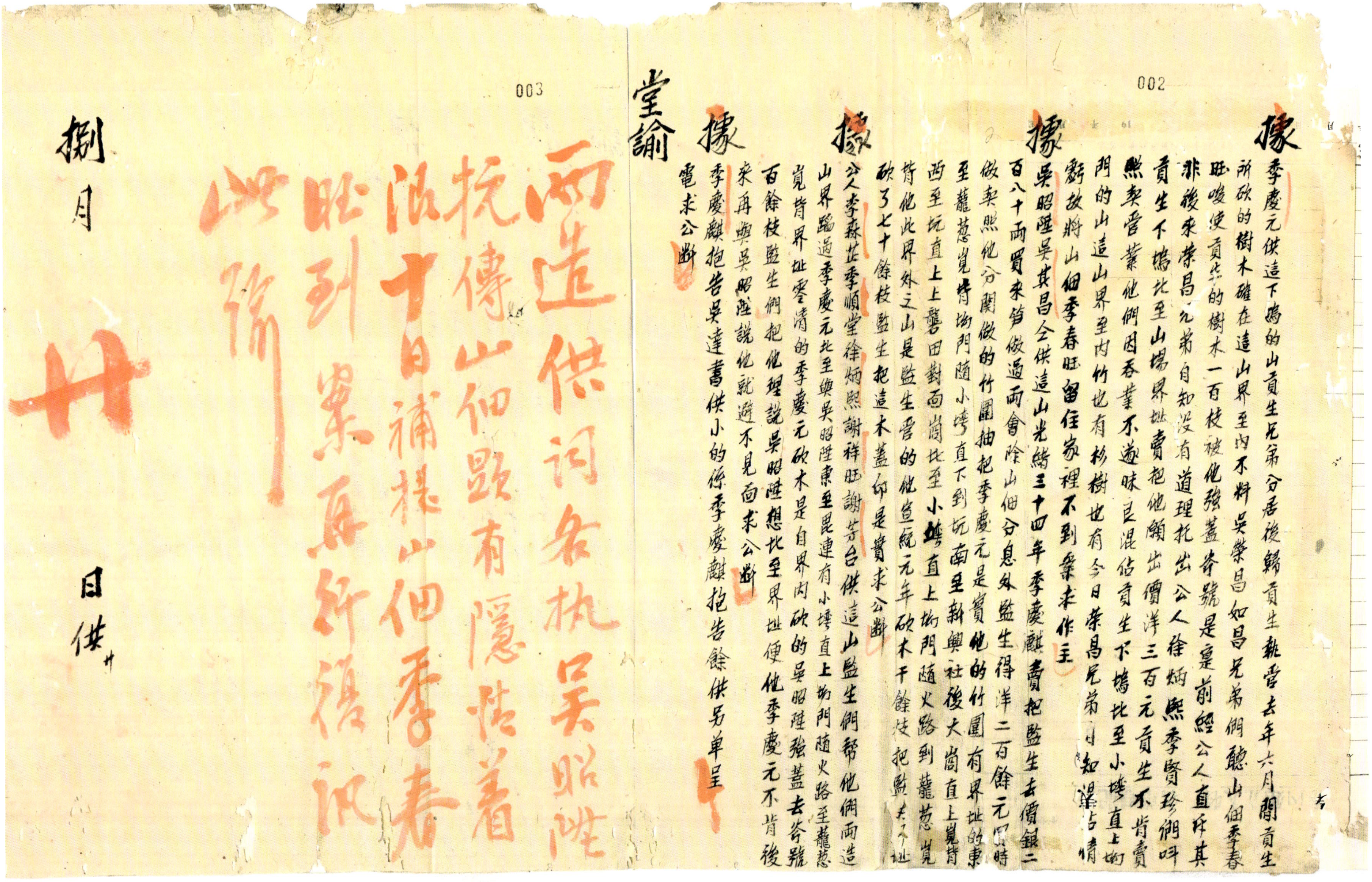

據季慶元供：這下嶴的山貢生兄弟分居後歸貢生執管。去年六月間貢生所砍的樹木確在這山界至內，不料吳榮昌、如昌兄弟們聽山佃季春旺唆使，貢生的樹木一百枝被他強蓋斧號是實。前經公人直斥其非，後來榮昌兄弟自知沒有道理，托出公人徐炳熙、季賢珍們叫貢生下塢北至山塲界址賣把他，願出價洋三百元，貢生不肯賣，照契管業。他們因吞業不遂，昧良混佔貢生下塢北至小嶴直上衕門的山，這山界至內竹也有，杉樹也有。今日榮昌兄弟[illegible]知強占情虧，故將山佃季春旺留住家裡，不到案來，作主。

據吳昭陞、吳其昌仝供：這山光緒三十四年季慶麟賣把監生，去價銀二百八十兩，買來管做，過兩會，除山佃分息外，監生得洋二百餘元。那時做契照他分關做的，竹園抽把季慶元是實。他的竹園有界址的，東至龍蔥崀背，衕門隨小嶴直下到坑，南至新興社後大崗直上崀背，西至坑直上上壟田對面崗，北至小嶴直上衕門隨火路到龍蔥崀背。他此界外之山是監生管的。他宣統元年砍木千餘枝，把點[illegible]址砍了七十餘枝，監生把這木蓋印是實。求公斷。

據公人季森芷、季順堂、徐炳熙、謝祥旺、謝芳台供：這山監生們幫他們兩造山界踏過，季慶元北至與吳昭陞東至毘連，有小嶴直上衕門隨火路至龍蔥崀背界址，零清的。季慶元砍木是自界內砍的，吳昭陞強蓋去斧號百餘枝。監生們把他理說，吳昭陞想北至界址便他，季慶元不肯。後來再與吳昭陞說，他就避不見面。求公斷。

據季慶麟抱告吳達書供：小的係季慶麟抱告，餘供另單呈電。求公斷。

堂諭

兩造供詞各執，吳昭陞抗傳，山佃顯有隱情，着限十日補提山佃季春旺到案，再行覆訊。此諭。

捌月廿日供

20.(宣統三年)八月廿日供詞、堂諭　(15239：2—3) 29.6×51.2cm

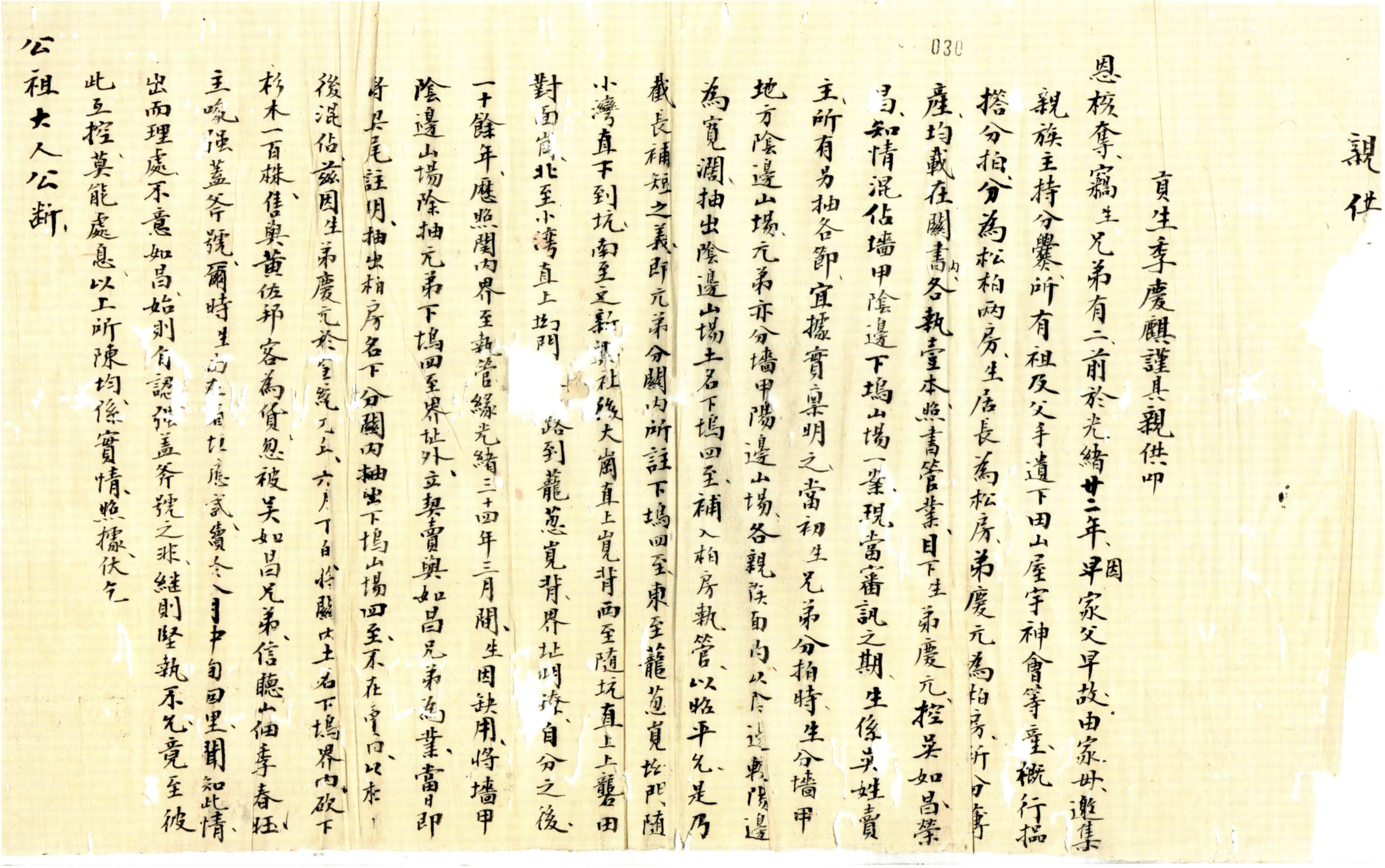
親供
貢生季慶麟謹具親供叩
恩核奪事。竊生兄弟有二，前於光緒廿二年，因父早故，由家母邀集
親族主持分爨，所有祖及父手遺下田山屋宇神會等產，概行搊
搭分拍，分爲松柏兩房，生居長爲松房，弟慶元爲柏房，所分膏
產均載在鬮書內，各執壹本，照書管業。目下生弟慶元控吳如昌、榮
昌知情混佔墻甲陰邊下塢山場一案，現當審訊之期，生係吳姓賣
主，所有另抽各節，宜據實稟明之。當初生兄弟分拍時，生分墻甲
地方陰邊山場，元弟亦分墻甲陽邊山場，各親除面內以陰邊、陽邊
爲寬潤，抽出陰邊山場土名下塢四至，補入柏房執管，以昭平允，是乃
截長補短之義。即元弟分鬮內所註下塢四至，東至龍蔥崀坵[illegible]隨
小灣直下到坑，南至又新興社後大崗直上崀背，西至隨坑直上上壟田
對面崀，北至小灣直上坳門路到龍蔥崀背界址明确，自分之後
一十餘年，歷照鬮內界至執管。緣光緒三十四年三月間，生因缺用，將墻甲
陰邊山場除抽元弟下塢四至界址外，立契賣與如昌兄弟爲業，當日即
將其尾註明，抽出柏房名下分鬮內抽出下塢山場四至不在賣內，以來
後混佔。茲因生弟慶元於宣統元年六月下旬將鬮內土名下塢界內砍下
杉木一百株，售與黃佐邦客爲貨，忽被吳如昌兄弟信聽山佃李春旺
主唆，強蓋斧號。爾時生尚在省垣應試，遺至八月中旬回里，聞知此情，
出而理處，不意如昌始則自認強蓋斧號之非，繼則堅執不允，竟至彼
此互控，莫能處息。以上所陳均係實情，照據伏乞
公祖大人公斷。

21.(宣統三年八月)季慶麟爲叩恩核奪事供狀　(1042：30) 24.6×50.0cm　圖版裁空白頁

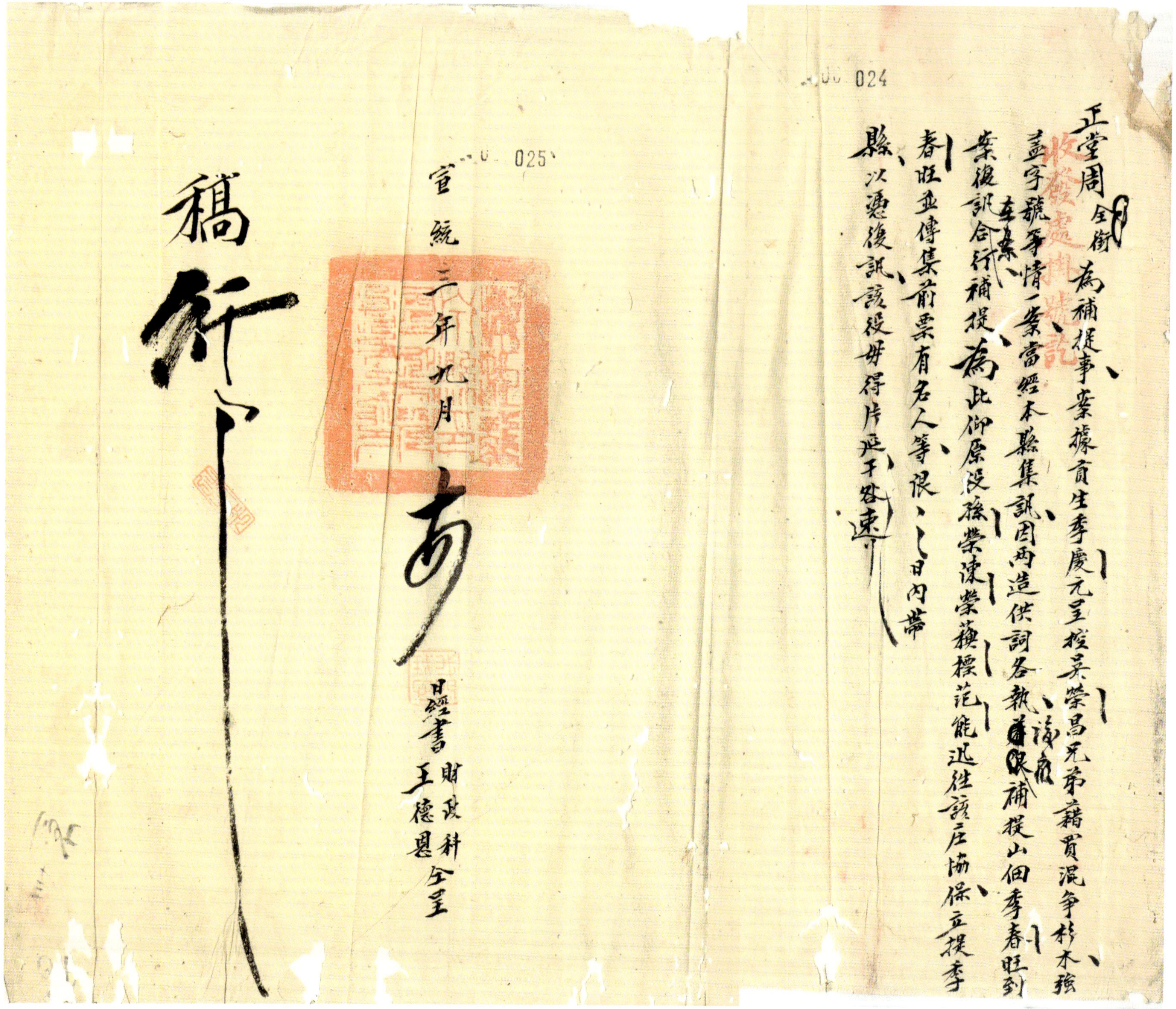

正堂周　全銜　爲補提事。案據貢生季慶元呈控吳榮昌兄弟藉買混爭杉木強盍字號等情一案，當經本縣集訊，因兩造供詞各執，諭飭補提山佃季春旺到案復訊。合行補提。爲此仰原役孫榮、陳榮、蘇標、范能迅往該庄協保立提季春旺，並傳集前票有名人等，限□日內帶縣，以憑復訊。該役毋得片延干咎。速。

宣統三年九月　日

稿行

經書王德恩　財政科全呈

22.宣統三年九月十四日知縣周琛爲補提季春旺事票(稿)　(1042：24–25) 29.2×43.2cm

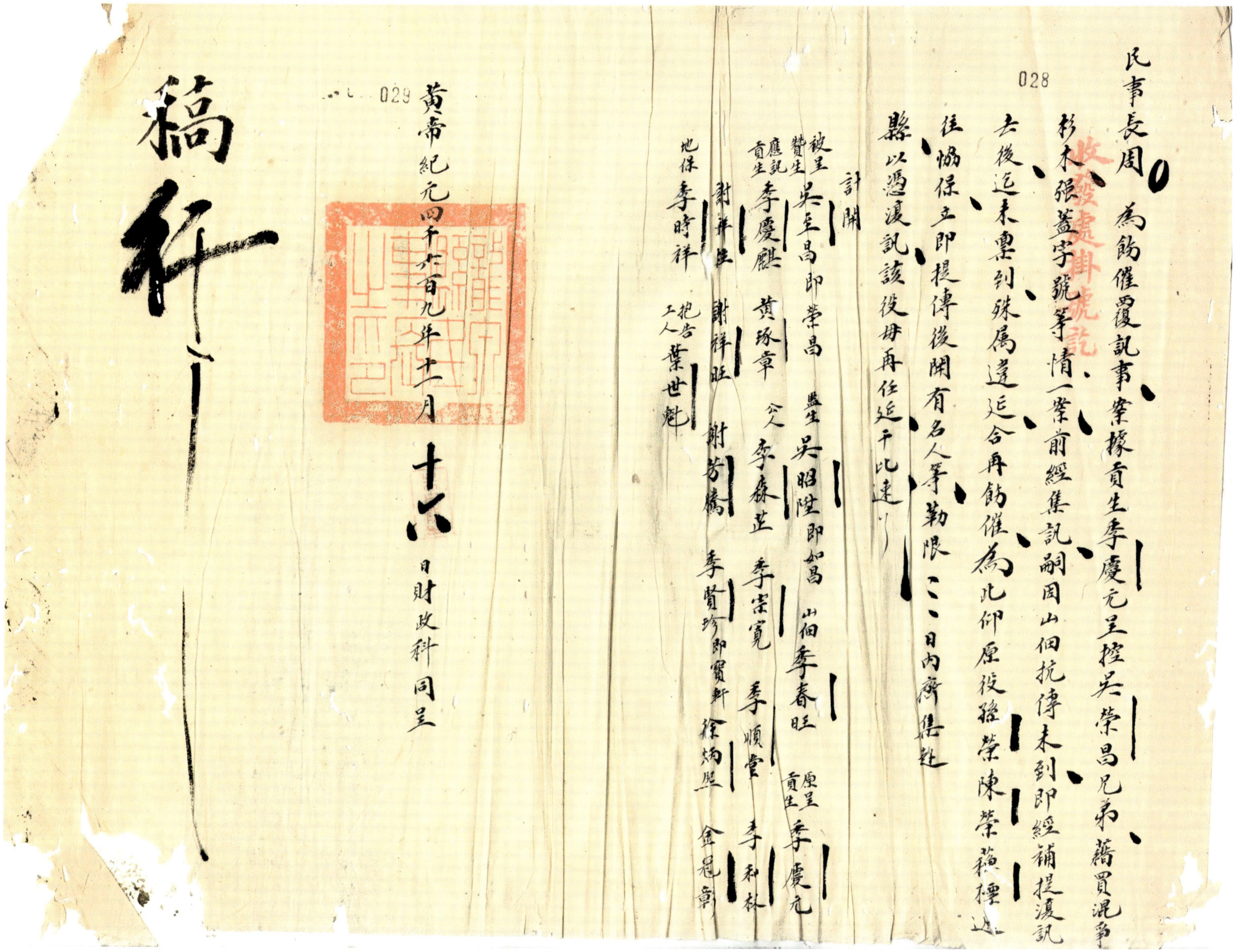
民事長周　爲飭催覆訊事。案據貢生李慶元呈控吳榮昌兄弟藉買混爭
杉木、張蓋字號等情一案，前經集訊，嗣因山佃抗傳未到，即經補提覆訊
去後，迄未稟到，殊屬遲延，合再飭催。爲此仰原役孫榮、陳榮、蘇標迅
往協保，立即提傳後開有名人等，勒限三日內齊集赴
縣，以憑覆訊。該役毋再任延干比，速速。
收發處掛號訖
計開
被呈贊生吳呈昌即榮昌　監生吳昭陞即如昌　山佃李春旺
應訊貢生李慶麒　黃琢章　公人李森芷　李宗寬　李順堂　原呈貢生李慶元
謝祥生　謝祥旺　謝芳騰　李賢珍即寶軒　徐炳熙　李和林　金冠章
地保李時祥　抱告工人葉世魁
黃帝紀元四千六百九年十一月十六日財政科同呈
稿行
028
029

23. 黃帝紀元四六零九年(宣統三年)十一月十六日民事長周琛爲飭催覆訊吳榮昌等事票(稿)　(1042：28–29) 29.2×42.0cm

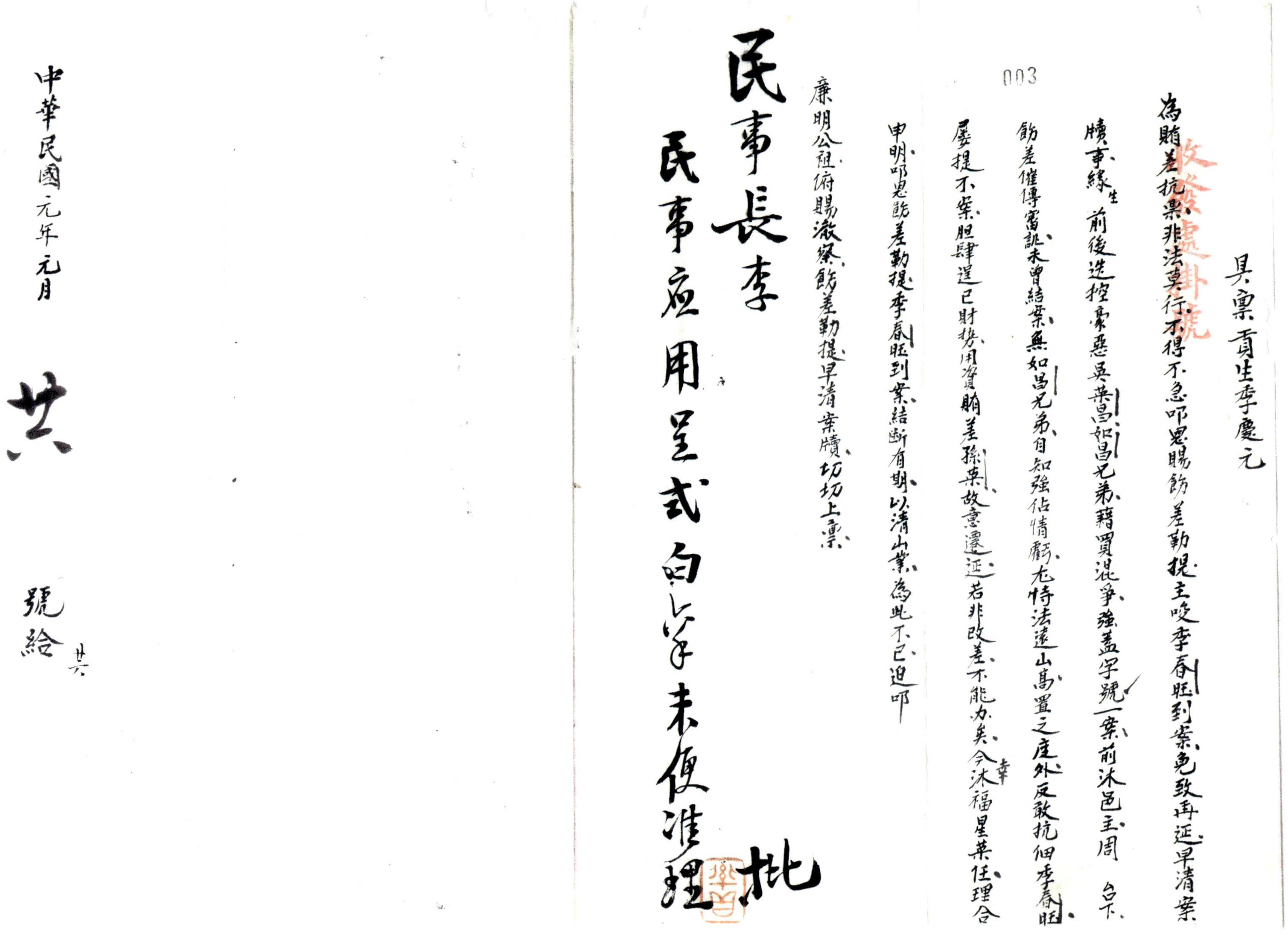
003

收發處掛號

吳稟 貢生季慶元

為賄差抗票，非法莫行，不得不急叩恩賜飭差勒提主唆季春旺到案，免致再延，早清案牘事。緣生前後迭控豪惡吳榮昌、如昌兄弟藉買混爭強蓋字號一案，前沐邑主周 臬下飭差催傳審訊，未曾結案。無如昌兄弟自知強佔情虧，尤恃法遠山高，置之度外，反敢抗佃季春旺屢提不案，胆肆違已財勢，用資賄差孫榮，故意遷延。若非改差，不能办矣。今幸沐福星莅任，理合申明叩恩飭差勒提季春旺到案結斷，有期以清山業。為此不已迫叩

廉明公祖俯賜澈察，飭差勒提，早清案牘，切切上稟。

民事長李

民事應用呈式，白呈未便准理。批

中華民國元年元月 廿六

號給 廿六

24.民國元年元月廿六日季慶元爲控吳榮昌等賄差抗票非法莫行事稟狀 （4288：3）25.5×62.0cm 圖版裁空白頁

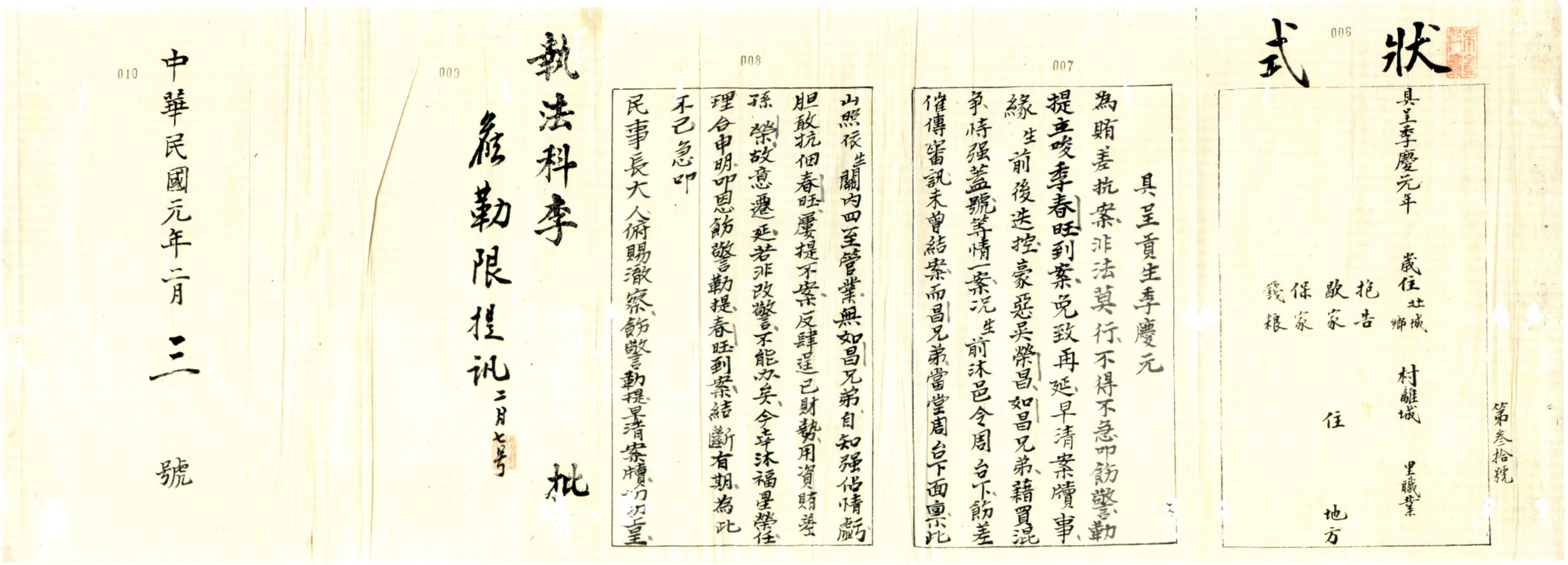

狀式

具呈季慶元年　歲住壯城鄉　村離城　里職業

抱告　住

歇家

保家　地方

錢粮

第叁拾號

具呈貢生季慶元

為賄差抗案非法莫行不得不急叩飭警勒

提并唆季春旺到案免致再延早清案牘事

緣生前後迭控豪惡吴榮昌如昌兄弟藉買混

爭恃强盖號等情一案，况生前沐邑令周台下飭差

催傳審訊，未曾結案，而昌兄弟當堂周台下面禀，比

山照依生關内四至管業，無如昌兄弟自知强佔情虧，

胆敢抗佃春旺屢提不案，反肆逞己財勢，用資賄差

孫榮故意遷延，若非改警，不能办矣。今幸沐福星蒞任，

理合申明，叩恩飭警勒提春旺到案，結斷有期。為此

不已急叩

民事長大人俯賜澈察，飭警勒提，早清案牘，切[illegible]呈

執法科李

嚴勒限提訊　二月七号

批

中華民國元年二月　三　號

25.民國元年二月三日季慶元爲控吴榮昌等賄差抗案非法莫行事呈狀　（4288：6–10）26.0×93.0cm　圖版裁空白頁

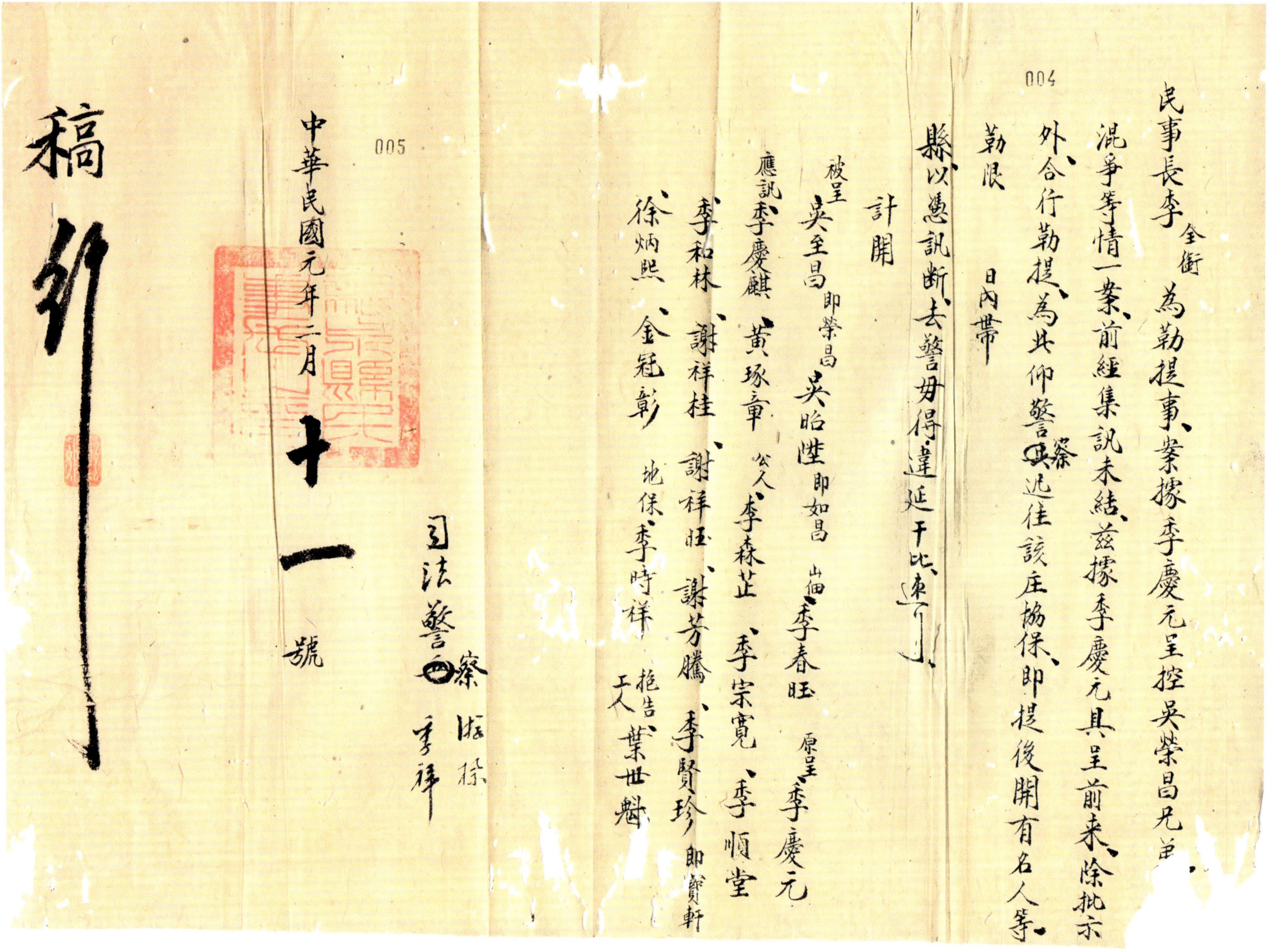

民事長李（全銜）為勒提事。案據李慶元呈控吳榮昌凡弟混爭等情一案，前經集訊未結，茲據李慶元具呈前來，除批示外，合行勒提，為此仰警察迅往該庄協保，即提後開有名人等，勒限日內帶縣，以憑訊斷，去警毋得違延干比，速！

計開

被呈 吳全昌（即榮昌）、吳昭陞（即如昌）、山佃 李春旺、原呈 李慶元

應訊 李慶麒、黃琢章、公人 李森芷、李宗寬、李順堂

李和林、謝祥桂、謝祥旺、謝芳騰、李賢珍（即寶軒）

徐炳熙、金冠彰、地保 李時祥、抱告工人 葉世魁

中華民國元年二月 十一 號

司法警察 吳 臨栐 李祥

稿 行

26.民國元年二月十一日民事長李爲蛟爲勒提吴榮昌等事票(稿) （4288：4–5）28.5×42.5cm

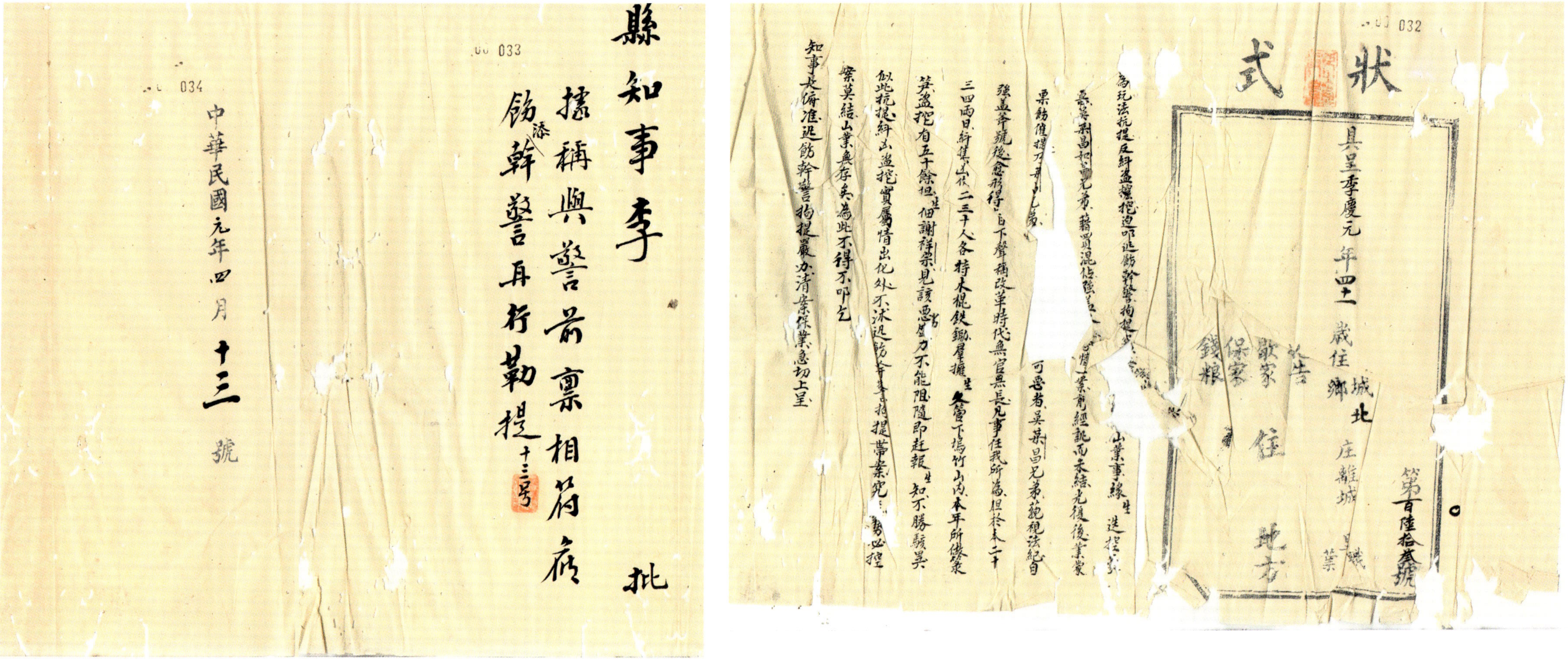
縣知事李批
據稱與警前禀相符，候飭添幹警再行勒提。十三号
中華民國元年四月十三號

狀式
具呈季慶元，年四十一歲，住城北鄉，庄離城　里
歇家　保家　錢粮　住　地方
第百陸拾叁號
爲玩法抗提反糾盗挖，迫叩迅飭幹警拘提[illegible]山業事。緣生[illegible]進控[illegible]吴榮昌[illegible]兄弟藉買混佔強[illegible]情[illegible]業，前經訊而未結，光復後業蒙票飭催提，乃[illegible]可惡者，吴榮昌兄弟藐視法紀，自強蓋斧號後，愈形得[illegible]下，聲稱改革時代，無官無長，凡事任我所爲，但於本二十三四兩日，糾集山佃二三十人，各持木棍鐵鋤，羣擁生冬管下塢竹山內，本年所僱衆笋盗挖有五十餘担，生佃謝祥榮見該惡等勢力不能阻，隨即赶報生知，不勝駭異。似此抗提糾山盗挖，實屬情出化外，不沐迅飭[illegible]拘提帶案究[illegible]，勢必控案莫結，山業無存矣。爲此不得不叩乞
知事長俯准迅飭幹警拘提嚴辦，清案保業。急切上呈。

27.民國元年四月十三日季慶元爲控吴榮昌等玩法抗提反糾盗挖事呈狀　（1042：32–34）27.3×90.5cm　圖版裁空白頁

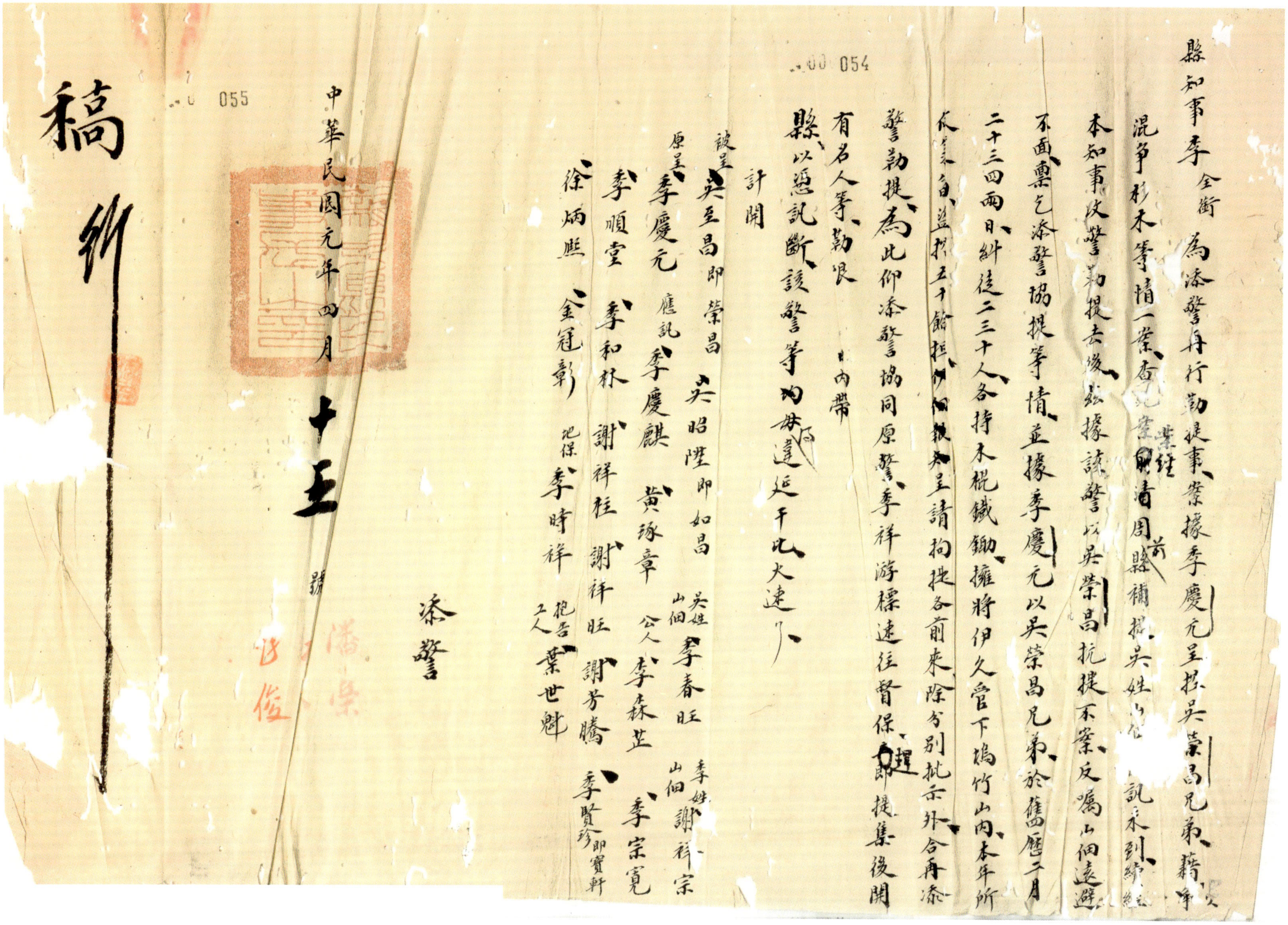

28.民國元年四月十五日縣知事李爲蛟爲添警再行勒提吴榮昌等事票(稿) （1042：54–55）28.2×47.0cm

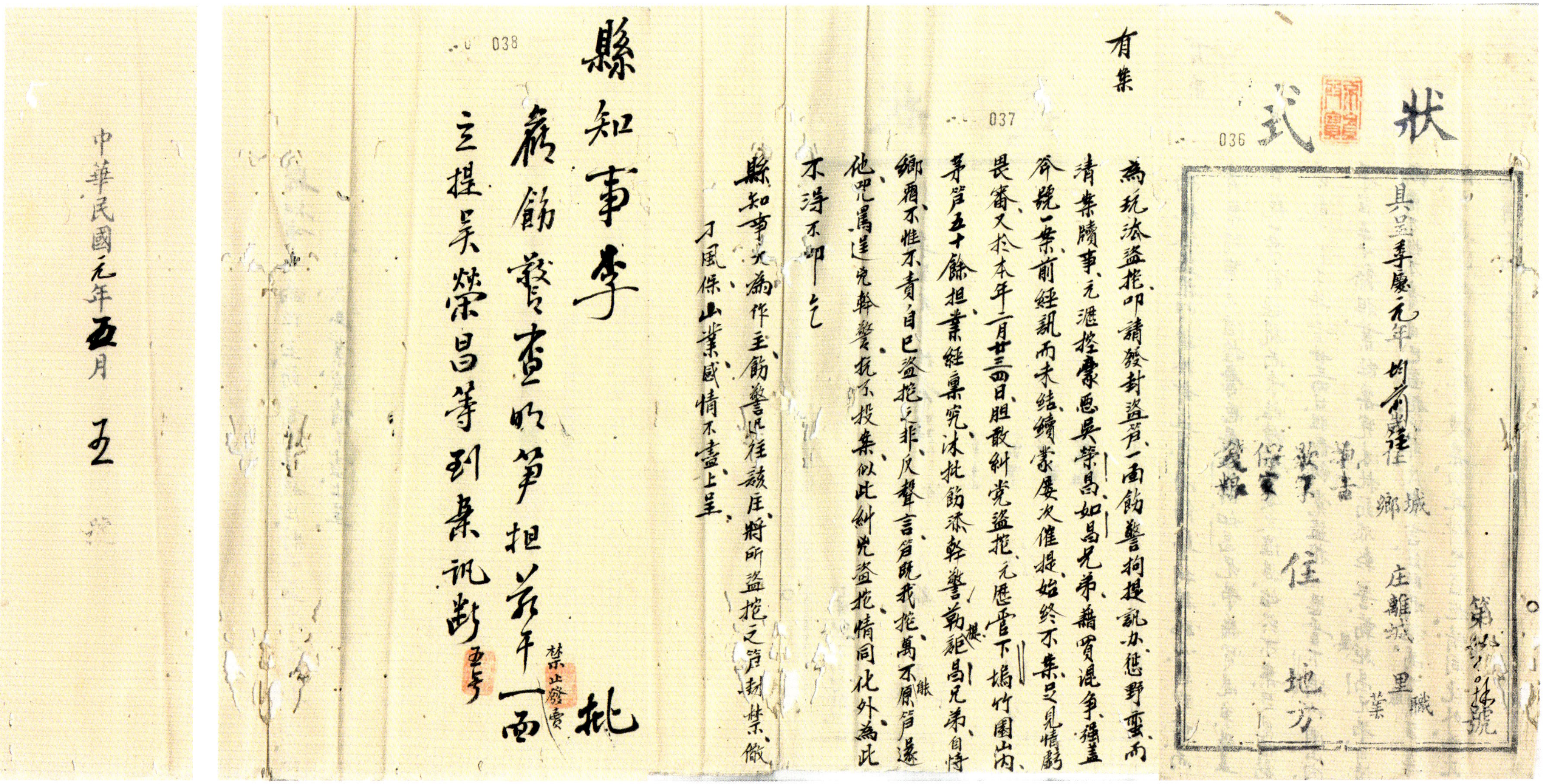
狀式

具呈季慶元 年 歲 住 城鄉 庄離城 里 業

第 號

有案

為玩法盜挖叩請發封盜笋、一面飭警拘提訊辦、懲野蠻而
清案牘事。元泚控蒙邑吳榮昌、如昌兄弟藉買混爭、殲盡
斧號一案、前經訊而未結、續蒙屢次催提、始終不案、足見情虧
畏審。又於本年二月廿三四日、胆敢糾黨盜挖元歷管下塢竹園山內
茅笋五十餘担、業經稟究、沐批飭添幹警勒提昌兄弟、自恃
鄉痞、不惟不責自己盜挖之非、反聲言笋既我挖、萬不能原笋遂
他、吧罵違究幹警、抗不投案、似此糾黨盜挖、情同化外。為此
不得不叩乞
縣知事大爲作主、飭警往該庄、將所盜挖之笋封禁、儆
刁風、保山業、感情不盡。上呈。

縣知事李 批
候飭警查明笋担若干、一面
提吳榮昌等到案訊斷。

中華民國元年五月 五 號

29.民國元年五月五日季慶元爲控吳榮昌等玩法盜挖叩請發封事呈狀 （1042：36–38）27.5×86.0cm 圖版裁空白頁

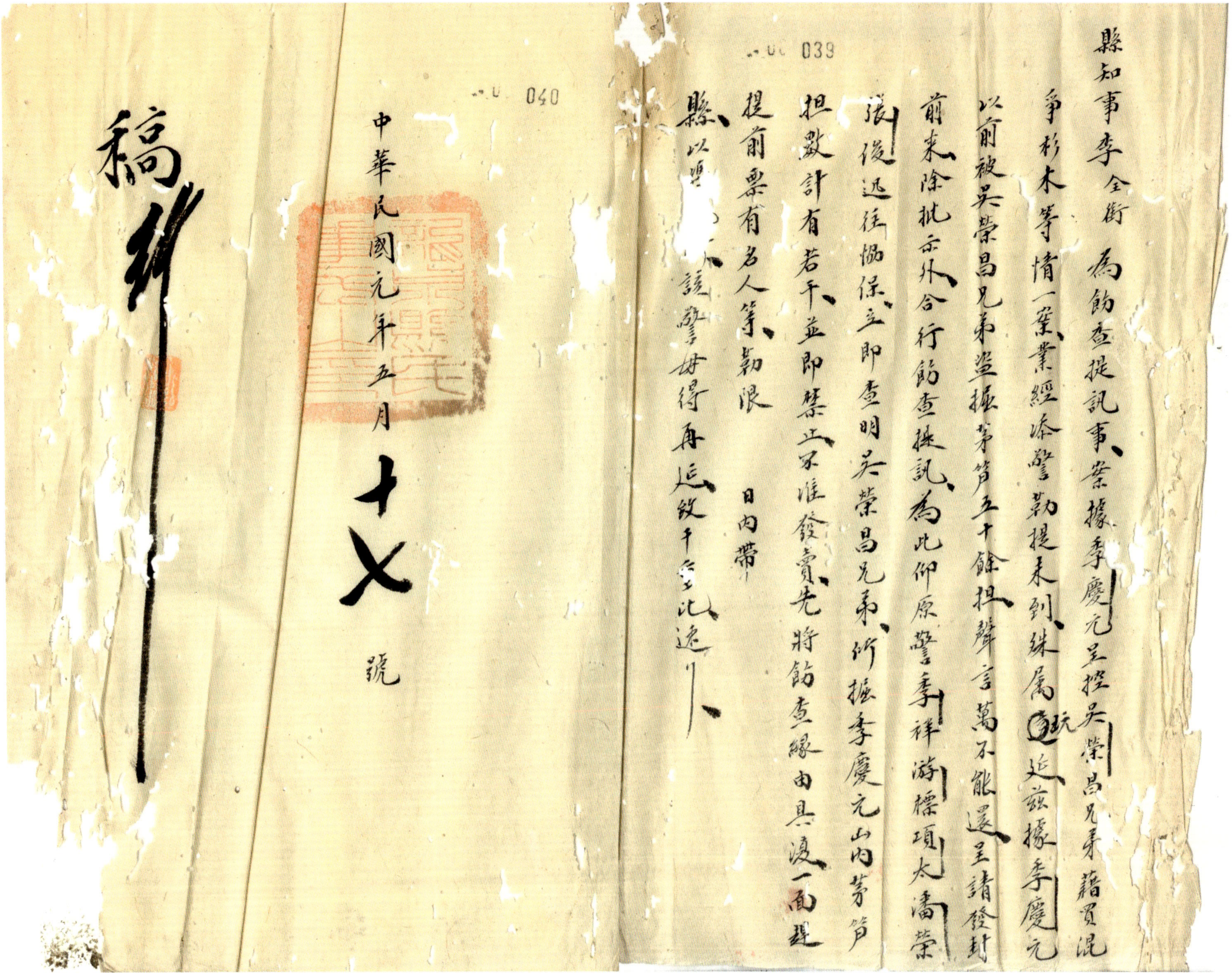

縣知事李　全銜　爲飭查提訊事。案據李慶元呈控吳榮昌兄弟藉買混
爭杉木等情一案，業經添警勒提未到，殊屬延玩。茲據李慶元
以前被吳榮昌兄弟盜撬茅笋五十餘担，聲言萬不能還，呈請發封
前來。除批示外，合行飭查提訊。爲此仰原警李祥游標項太濤榮
張，後迅往協保，立即查明吳榮昌兄弟所撬李慶元山內茅笋
担數計有若干，並即禁止不准發賣，先將飭查緣由具復，一面速
提前票有名人等，勒限　日內帶
縣，以憑[illegible]訊。該警毋得再延，致干並比，速速。

中華民國元年五月　十七　號

稿

行

040

039

30.民國元年五月十七日縣知事李爲較爲飭查提訊吳榮昌等事票(稿)（1042：39−40）28.7×39.0cm

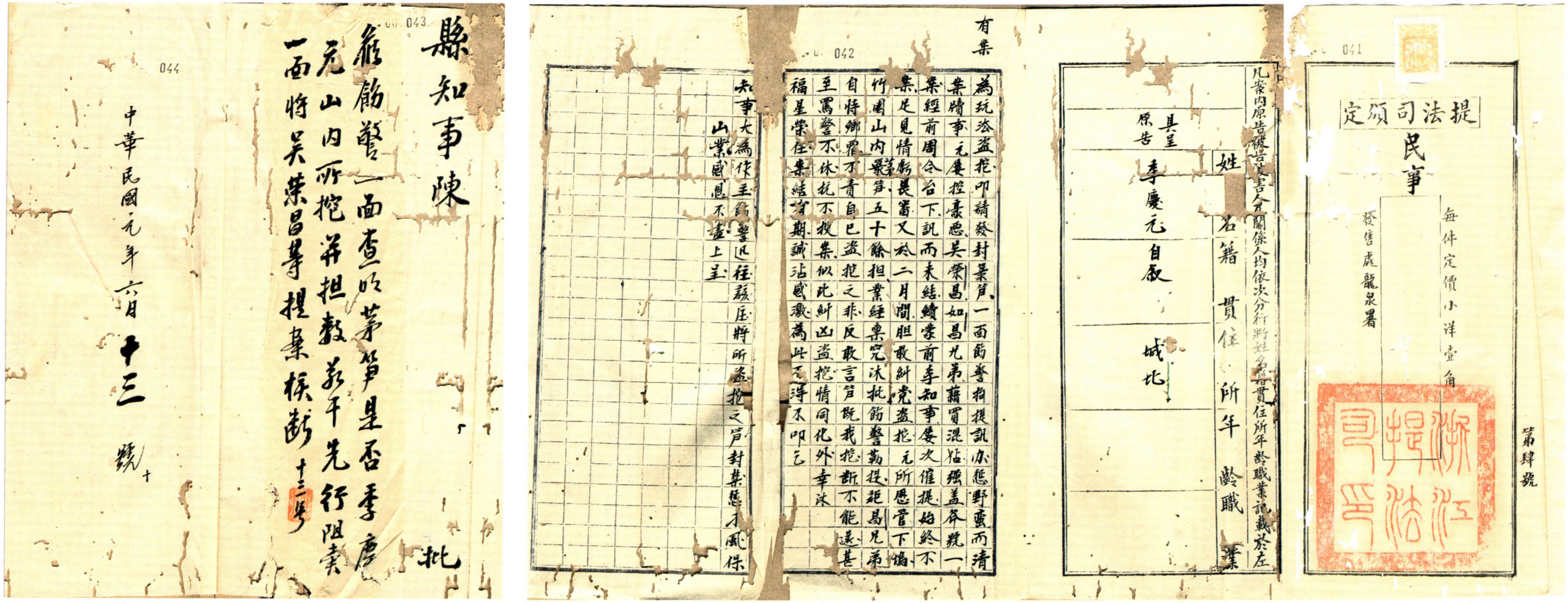

提法司頒定
民事
每件定價小洋壹角
發售處龍泉署
第肆號

凡案内原告被告及書人各關係人均依次分行將姓名籍貫住所年齡職業記載於左

具呈原告　姓名　季慶元　自叙
籍貫住所　城北
年齡職業

有案

為玩法盜挖叩請發封墓茓一面飭警拘提訊办懲野蠻而清
業牘事。元慶控豪惡吴榮昌如昌兄弟藉買混佔强蓋吞蝕一
業經前周令台下訊而未結，續當前季知事屢次催提始終不
案。足見情虧畏審。又於二月間胆敢糾党盜挖元所歷管下偏
竹園山内墓茓五十餘担，業經稟究，沐批飭警勒提，詎昌兄弟
自恃鄉霸，不責自己盜挖之非，反敢言茓既我挖，斷不能遠甚
至罵詈不休，抗不投案，似此糾凶盜挖，情同化外，幸沐
福星榮任，案結有期，誠沾感激，為此不得不叩乞
知事大爲作主，飭警迅往該茓，將所盜挖之茓封禁，懲不風保
山業，感恩不盡。上呈。

縣知事陳批：候飭警一面查明茅笋是否季慶元山内所挖，并担數若干，先行阻禁；一面將吴榮昌等提集核斷。十三號

中華民國元年六月十三號

31.民國元年六月十三日季慶元爲控吴榮昌等玩法盜挖叩請發封事民事狀　（1042：41–44）28.0×155.0cm　圖版裁空白頁

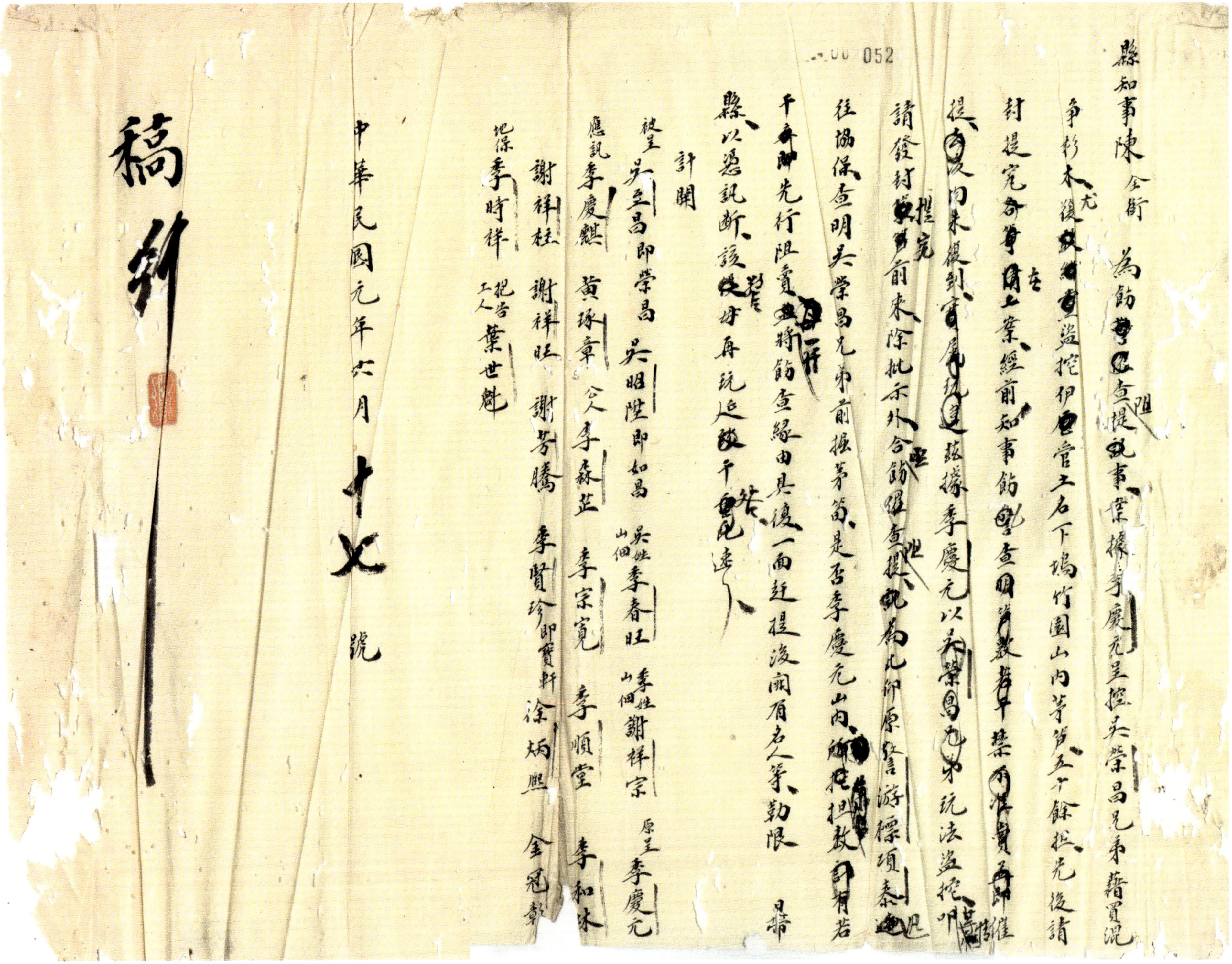
縣知事陳 仝銜 為飭查阻提事。案據李慶元呈控吳榮昌兄弟藉買混
爭杉木，並復盜挖伊曾管土名下塢竹園山內竹筍五十餘担，先後請
封提究各等情在案，經前知事飭查明覆數年，禁不准買吳即催
提，乃該內未覆到，實屬玩延。茲據李慶元以吳榮昌兄弟玩法盜挖叩
請發封提究前來，除批示外，合飭查提。為此仰原差游標、項泰照
往協保查明吳榮昌兄弟前掘筍筍，是否李慶元山內所挖，担數計有若
干，並其先行阻賣，並將飭查緣由具復，一面赶提後開有名人等，勒限
縣，以憑訊斷。該差毋再玩延，致干[illegible]。日繳

計開
被呈 吳榮昌即學昌 吳昭陞即如昌 吳姓山佃 李春旺 李姓山佃 謝祥宗 原呈 李慶元
應訊 李慶麟 黃琢章 公人 李森茳 李宗寬 李順堂 李和沐
謝祥柱 謝祥旺 謝芳騰 李賢珍即賢軒 徐炳熙 金冠章
地保 李時祥 抱告工人 葉世彪

中華民國元年六月 十七 號

稿 行

32.民國元年六月十七日縣知事陳蔚爲飭查阻提吳榮昌等事票(稿)（1042：52）28.5×42.0cm

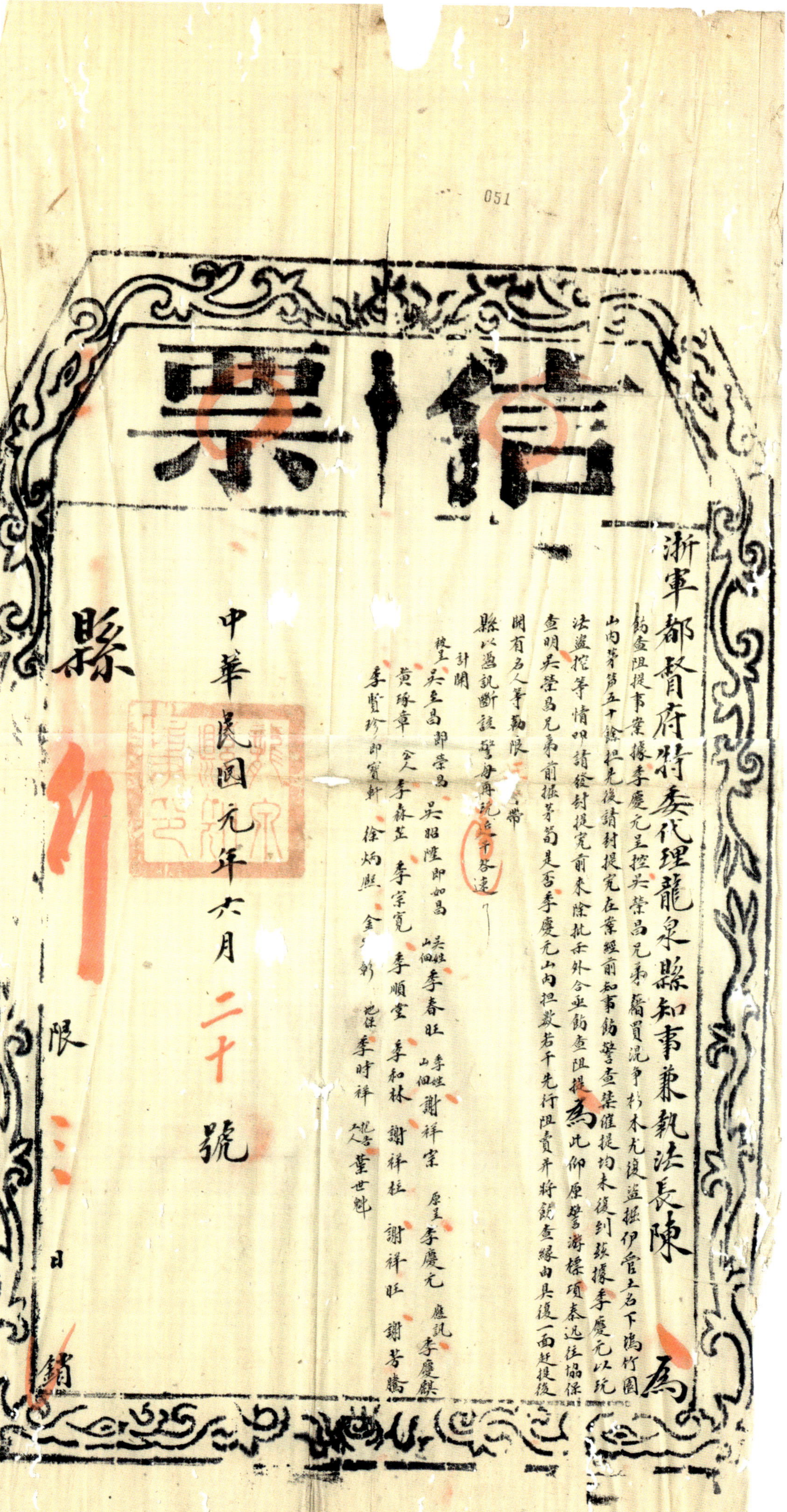

051

信票

浙軍都督府特委代理龍泉縣知事兼執法長陳　爲

飭查阻提事。案據季慶元呈控吴榮昌兄弟藉買混争杉木充復盜掘伊管土名下鴻竹園

山内茅笋五十餘担。先後請封提究在案。經前知事飭警查禁，催提均未復到。兹據季慶元以玩

法盜挖等情，叩請發封提究前來。除批示外，合亟飭查阻提。爲此仰原警游標、項泰迅往協保

查明吴榮昌兄弟前掘茅笋是否季慶元山内，担數若干，先行阻賣，并將飭查緣由具復，一面赶提後

開有名人等，勒限三日内帶

縣，以憑訊斷。該警毋再玩延，干咎。速

計開

被呈　吴榮昌即崇昌　吴昭陞即如昌　吴姓山佃　季春旺　季姓山佃　謝祥宗　原呈　季慶元　應訊　季慶麒

黄琢章　公人　季森茳　季宗寬　季順堂　季和林　謝祥柱　謝祥旺　謝芳騰

季賢珍即寶軒　徐炳熙　金□彰　地保　季时祥　北吉人　葉世彪

中華民國元年六月二十號

縣　行

限三日銷

33.民國元年六月廿日縣知事陳蔚爲飭查阻提吴榮昌等事信票　（1042：51）58.0×31.5cm

稟

閱悉，候飭辦。

具稟警游標、項泰

爲查明稟報事。緣季慶元呈控吳榮昌兄弟藉買混争、盜挖篆笋等一案，警等奉票迅往該庄協保同赴墻夷地方，確查伊所挖做就之篆笋，榮昌兄弟所云實有三百餘斤，存在季春旺倉内，屬實。榮昌現今在樟埠未回，伊弟云此是冷案，恃自鄉僻莫何，警等誠恐被其私行出售，不能阻賣，惟乞

恩惠先行發封，以免悮公於

後。爲此伏乞

知事恩主察核施行。夾票上稟。

知事長陳　批

所挖之笋是否在季慶元山内，等未敘明，殊覺含混。吳榮昌不在家，准添發將笋查明封存，一面速提季春旺及榮昌之弟到案訊斷可也。廿六。

民國元年六月　廿六　號

34.民國元年六月廿六日警游標等爲查明稟報事稟　（1042：49–50）24.5×58.0cm

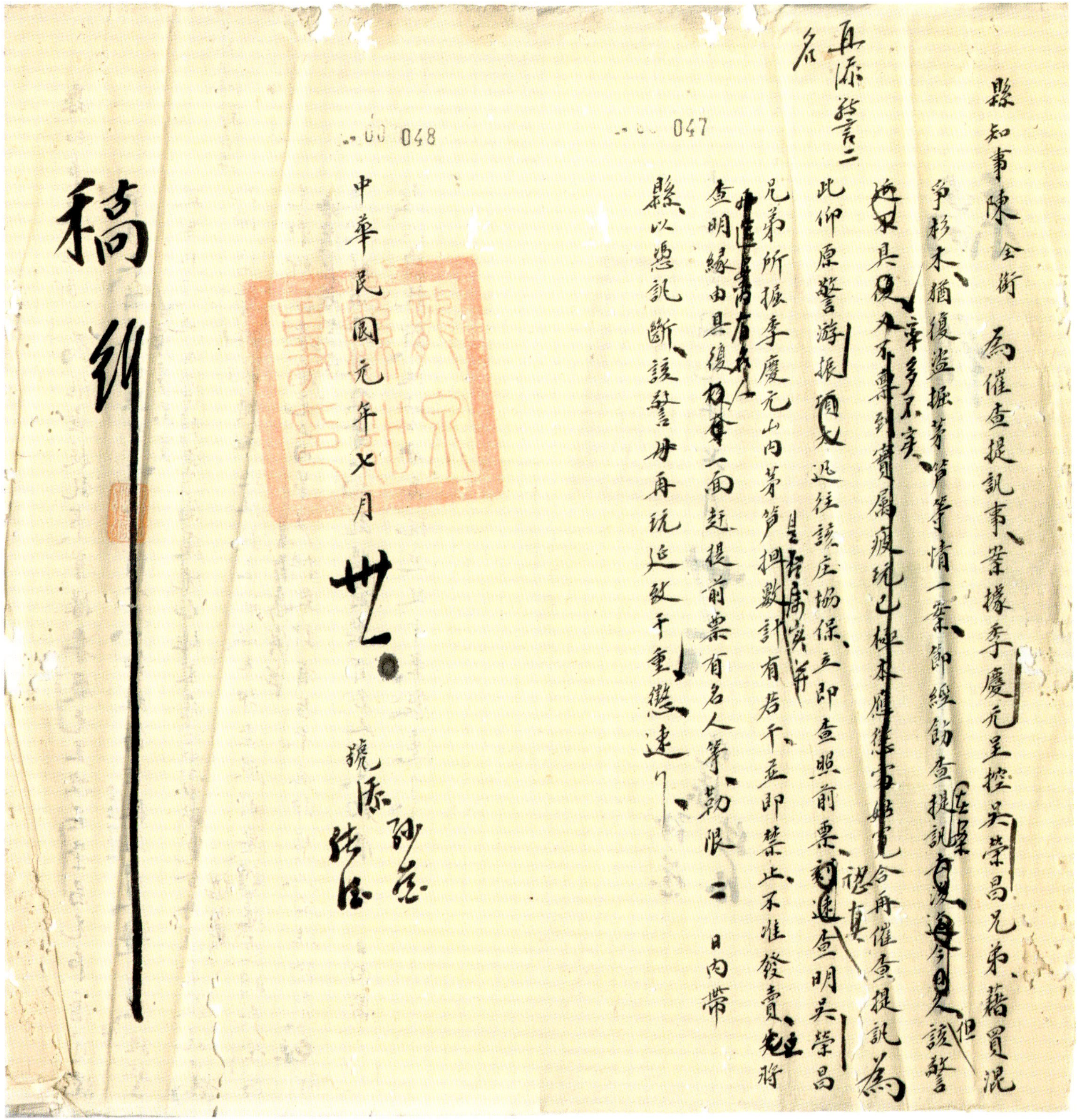
縣知事陳　全銜　爲催查提訊事。案據李慶元呈控吴榮昌兄弟藉買混
争杉木，猶復盗掘筍等情一案，節經飭查提訊在案。[illegible]迄今日久，該警
延不具覆，又不票到，實屬疲玩已極，[illegible]合再催查提訊。爲
此仰原警游振楣，迅往該庄協保，立即查照前票，速查明吴榮昌
兄弟所掘李慶元山内筍節捌數斤有若干，並即禁止不准發賣，[illegible]將
查明緣由具覆，一面迅提前票有名人等，勒限二日内帶
縣，以憑訊斷。該警毋再玩延，致干重懲。速速。
再添[illegible]名
中華民國元年七月卅一日
號添[illegible]
稿

35.民國元年七月卅一日縣知事陳蔚爲催查提訊吴榮昌等事票(稿)（1042：47-48）29.2×34.0cm

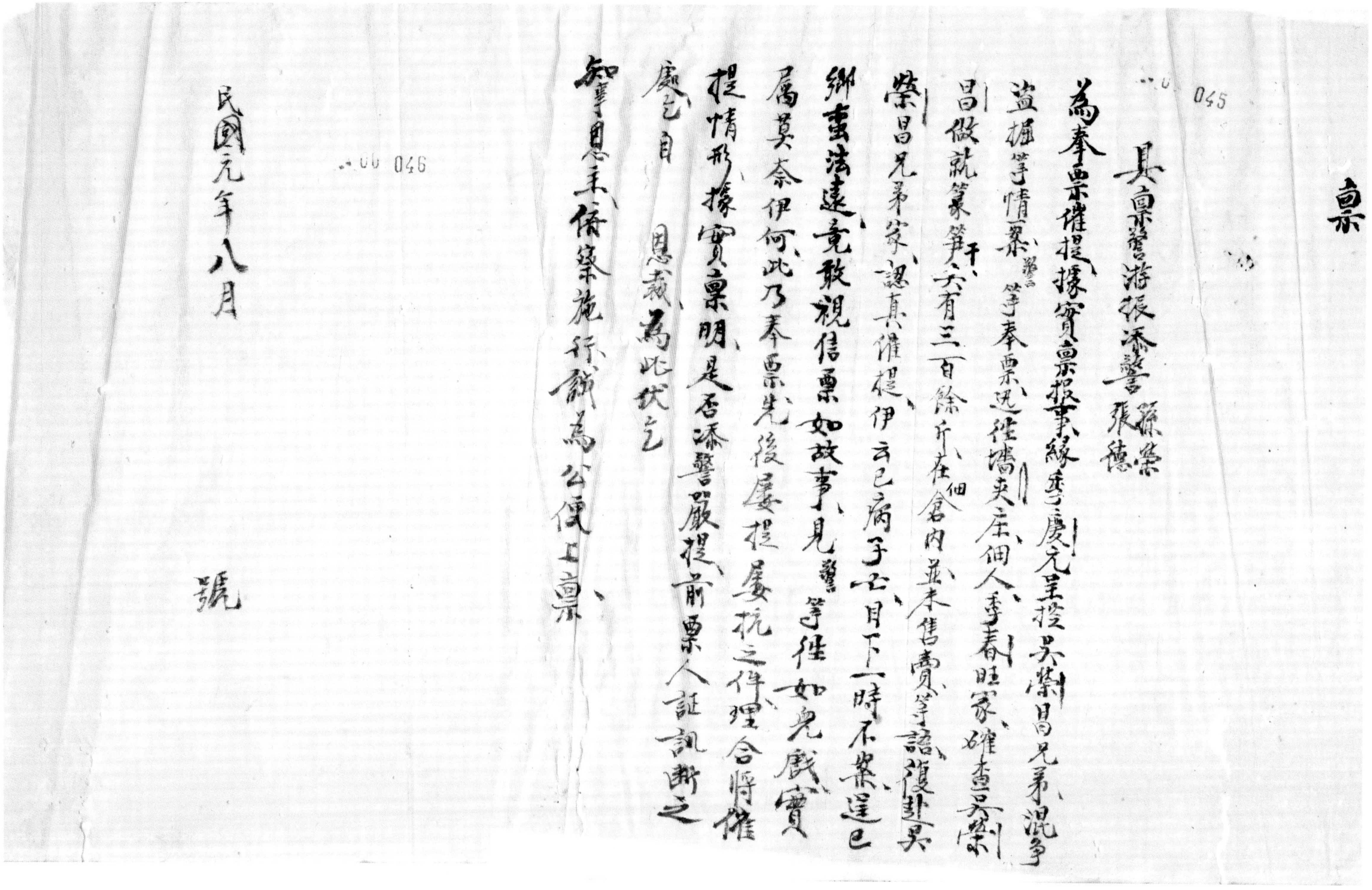

稟

具稟警游振、添、孫榮、張德

爲奉票催提據實稟報事。緣季慶元呈控吳榮昌兄弟混爭

盜掘等情案，警等奉票迅往壩夾莊佃人季春旺家，確查吳榮

昌做就簝筍干，共有三百餘斤，在佃倉内，並未售賣等語。復赴吳

榮昌兄弟家，認真催提，伊云已病了七日，下一時不能逞，已

鄉董法遠竟敢視信票如故事，見警等徑如兒戲，實

屬莫奈伊何。此乃奉票先後屢提屢抗之件，理合將催

提情形據實稟明，是否添警嚴提，俾票人証訊斷之

處，自 恩裁。爲此伏乞

知事恩准，俯察施行，爲公便。上稟。

民國元年八月　號

36.民國元年八月警游振等爲奉票催提據實稟報事稟 （1042：45–46）24.5×54.0cm 圖版裁空白頁

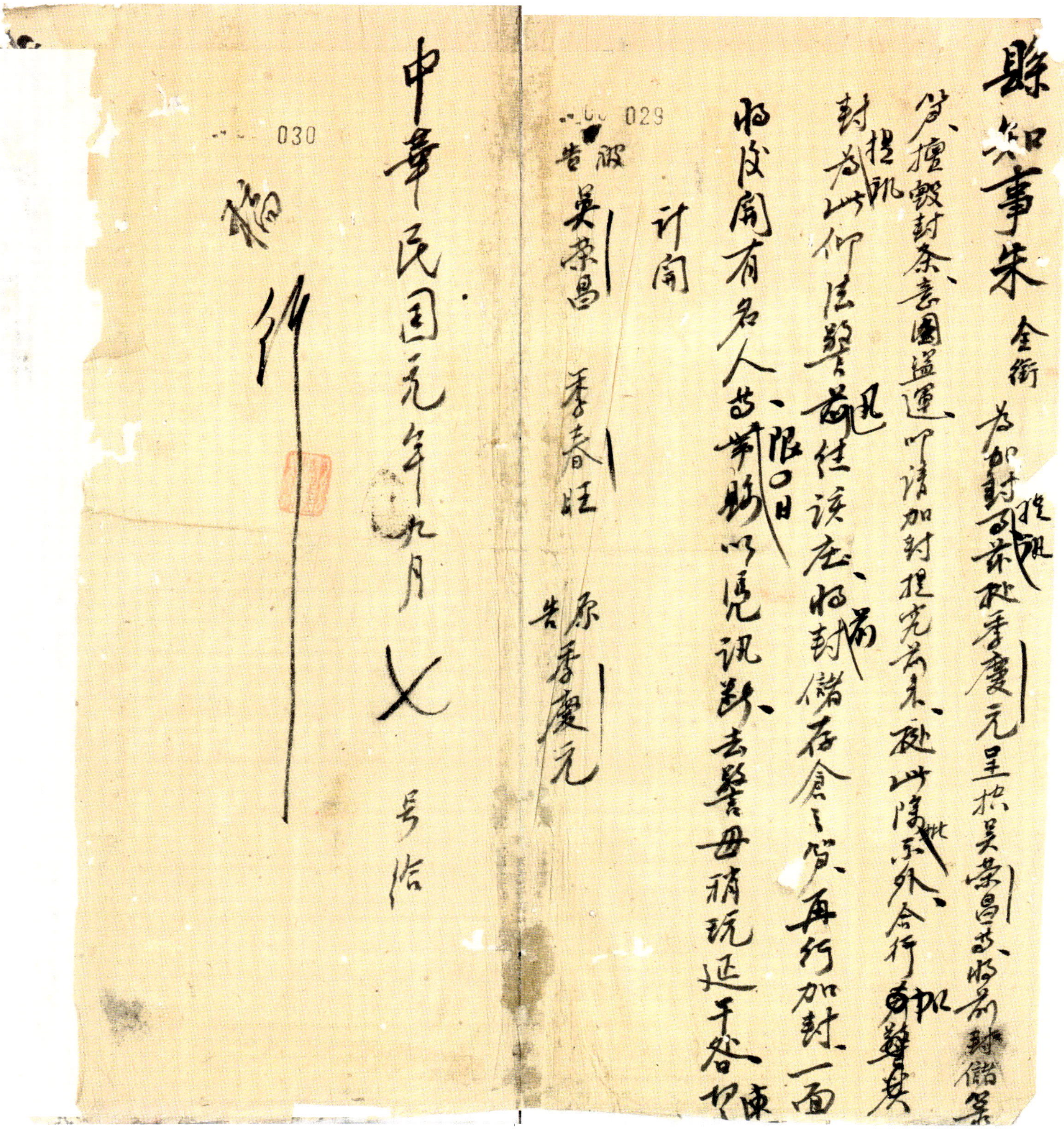
縣知事朱　全銜

為加封提訊事。案據季慶元呈控吳榮昌等將前封儲茶葉擅毀封條，意圖盜運，叩請加封提究前來。據此，除批示外，合行飭差提訊。為此仰該警前往該莊，將前封儲存倉之貨再行加封，一面將後開有名人等，限□日帶縣，以憑訊斷。去警毋稍玩延干咎，切速。

計開

被告　吳榮昌　季春旺

原告　季慶元

中華民國元年九月　七　日

稿

行

037. 民國元年九月七日縣知事朱光奎爲加封提訊吳榮昌等事票(稿)　(986：29—30) 28.3×24.0cm

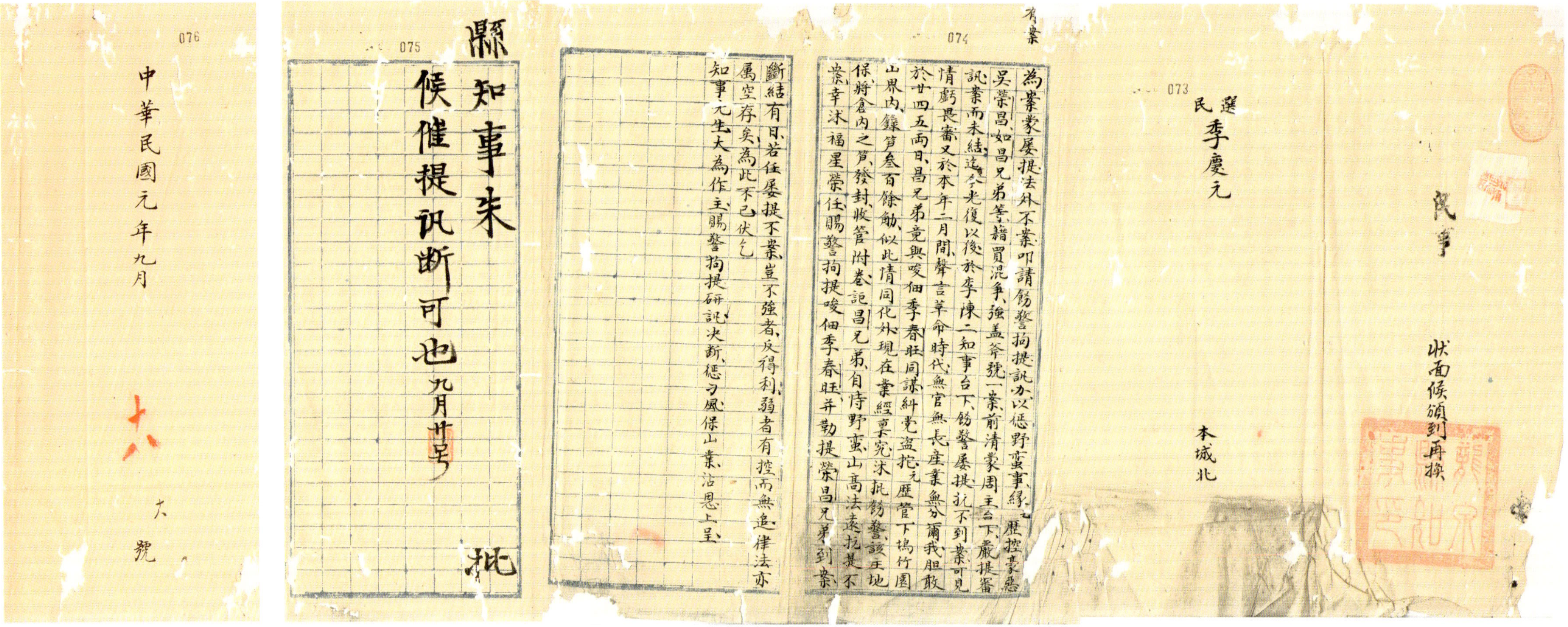
民事
狀面候領到再換
選民季慶元
本城北
為業蒙屢提法外不業叩請飭警拘提訊分以懲野蠻事。緣民歷控蒙恩吴榮昌如昌兄弟等藉買混爭強蓋斧號一案，前清業蒙周主台下嚴提審訊，業而未結。迨今光復以後，於李陳二知事台下飭警屢提，抗不到案，可見情虧畏審。又於本年二月間聲言革命時代無官無長，產業無分爾我，胆敢於廿四五兩日，昌兄弟竟與唆佃季春旺同謀糾黨，盜扢民歷管下塢竹園山界內鞭笋叁百餘觔。似此情同化外，現在業經票究，沐批飭警。該王地保將倉內之笋發封收管附卷，詎昌兄弟自恃野蠻山高法遠，抗提不案。幸沐福星榮任，賜警拘提唆佃季春旺，並勒提榮昌兄弟到案斷結。有日若任屢提不案，豈不強者反得利，弱者有控而無追，律法亦屬空存矣。為此不已，伏乞
知事先生大為作主，賜警拘提研訊決斷，懲刁風，保山業，沾恩上呈。
縣知事朱批：候催提訊斷可也。九月廿一日
中華民國元年九月十八日
大號

38.民國元年九月十八日季慶元爲控吴榮昌等案蒙屢提法外不案事民事狀 （1042：73-76）28.2×124.0cm 圖版裁空白頁

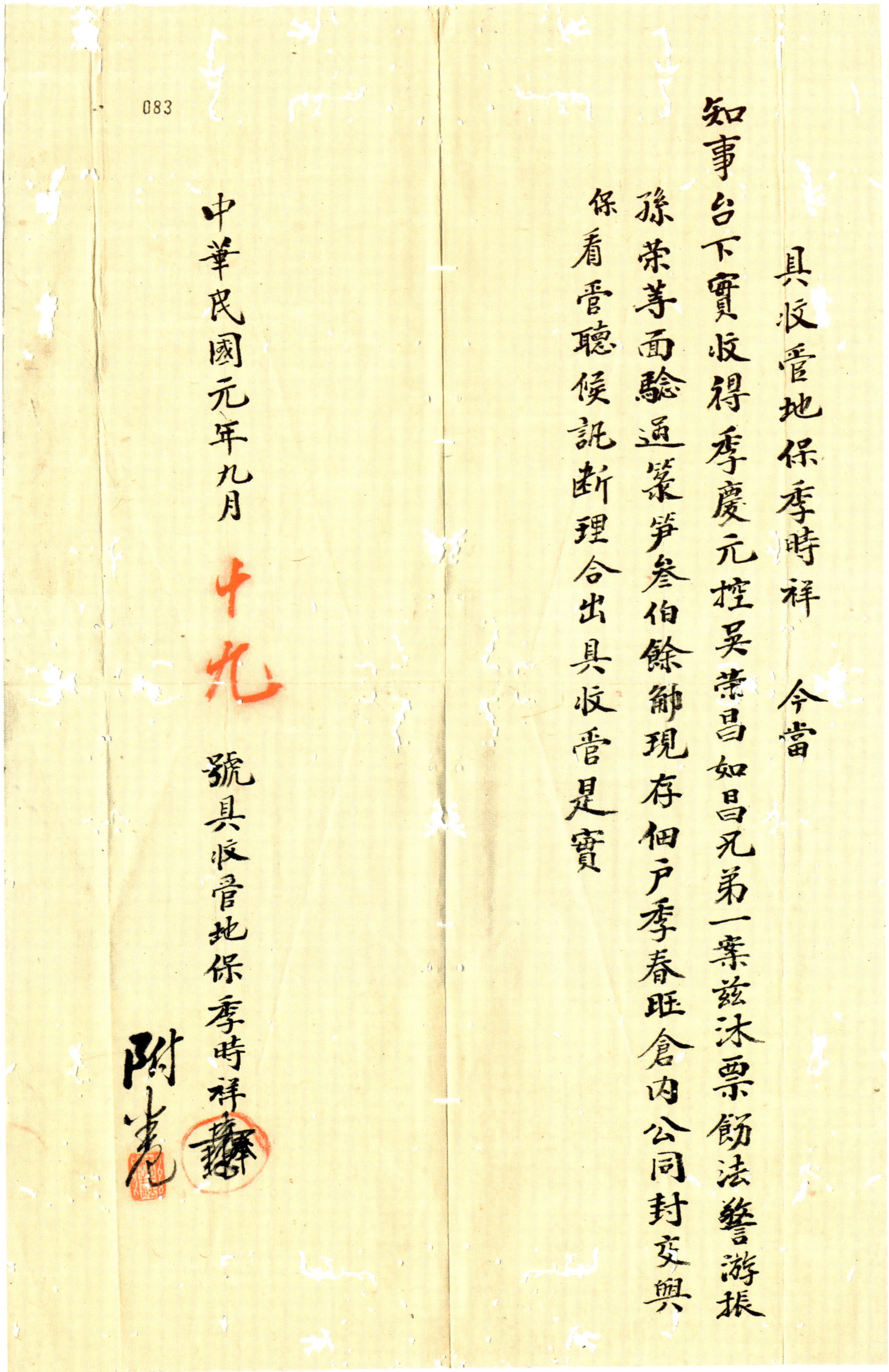

083

具收管地保季時祥　今當

知事台下實收得季慶元控吴荣昌如昌兄弟一案兹沐票飭法警游振

孫荣等面驗通篆笋叁伯餘觔現存佃户季春旺倉内公同封交與

保看管聽候訊断理合出具收管是實

中華民國元年九月十九號具收管地保季時祥

附卷

39.民國元年九月十九日地保季時祥收管狀　（1042：83）46.0×29.0cm

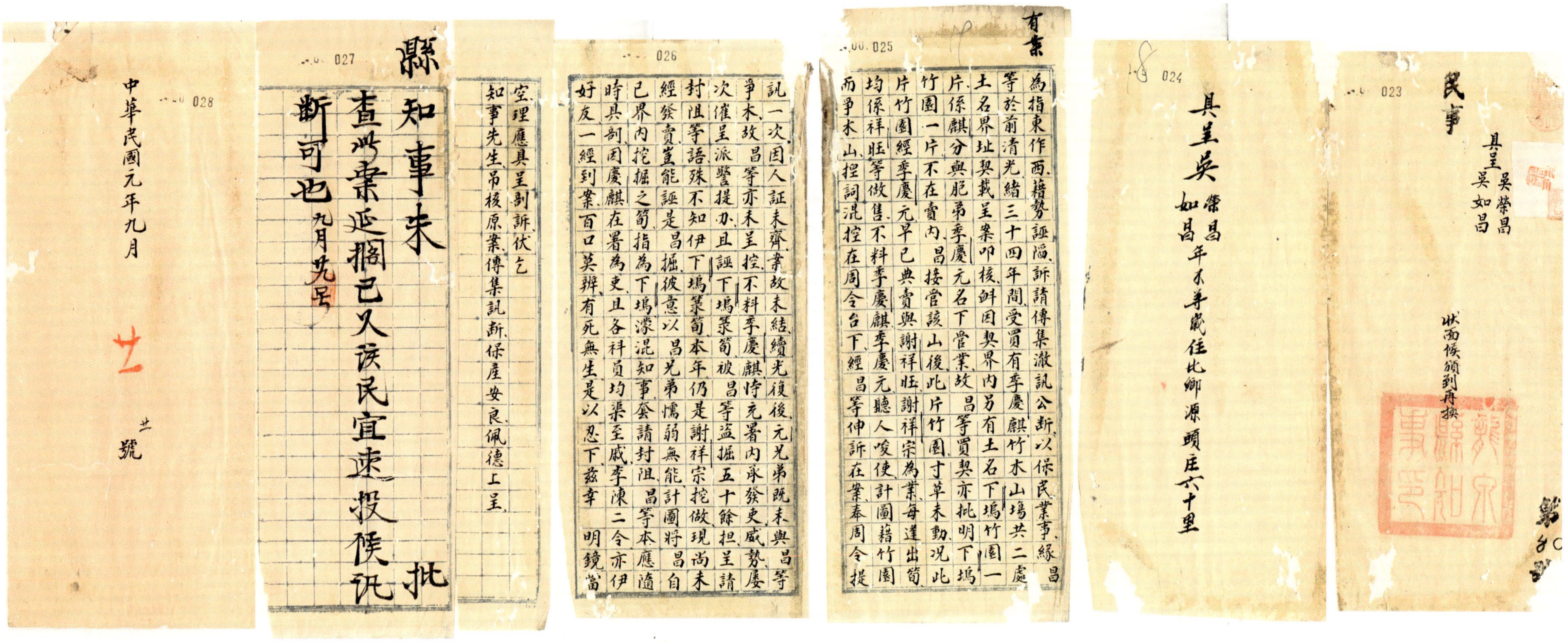
民事

具呈 吳桊昌 吳如昌

狀面候頒刊再換

具呈吳桊昌 如昌 年不等歲 住北鄉源頭庄 六十里

有案

為指東作西、藉勢誣陷、訴請傳集澈訊公斷、以保民業事。緣昌等於前清光緒三十四年間、受買有季慶麒竹木山塢共二處、土名界址契載呈案叩核、餅因契界內另有土名下塢竹園一片、係麒分與胞弟季慶元名下管業、故昌等買契亦批明下塢竹園一片不在賣內、昌接管該山後、此片竹園寸草未動、況此片竹園經季慶元早已典賣與謝祥旺、謝祥宗為業、每逢出筍、均係祥旺等做售、不料季慶麒、季慶元聽人唆使、計圖藉竹園而爭木山、捏詞混控在周令台下、經昌等伸訴在案、奉周令提訊一次、因人証未齊、案故未結、續光復後、元兄弟既未與昌等爭木、故昌等亦未呈控、不料季慶麒恃充署內承發吏、威勢、屢次催呈派警提办、且誣下塢棠筍、被昌等盜掘五十餘担、呈請封阻等語、殊不知伊下塢棠筍、本年仍是謝祥宗挖做、現尚未經發賣、豈能誣是昌掘、彼意以昌兄弟懦弱無能、計圖將昌自己界內挖掘之筍、指為下塢、濛混知事、銮請封阻、昌等本應隨時具剖、因慶麒在署為吏、且各科員均渠至戚、李陳二令亦伊好友、一經到案、百口莫辯、有死無生、是以忍下、茲幸明鏡當空、理應具呈剖訴、伏乞

知事先生吊核原案、傳集訊斷、保產安良、佩德上呈。

縣知事未 批

查此案延擱已久、該民宜速投候訊斷可也。九月廿五日

中華民國元年九月 廿 日

廿 號

40.民國元年九月廿一日吳桊昌等爲控季慶元指東作西藉勢誣陷事民事狀

（986：23–24）28.3×24.0cm；（986：25–26）28.3×24.0cm；（986：27–28）28.3×26.0cm

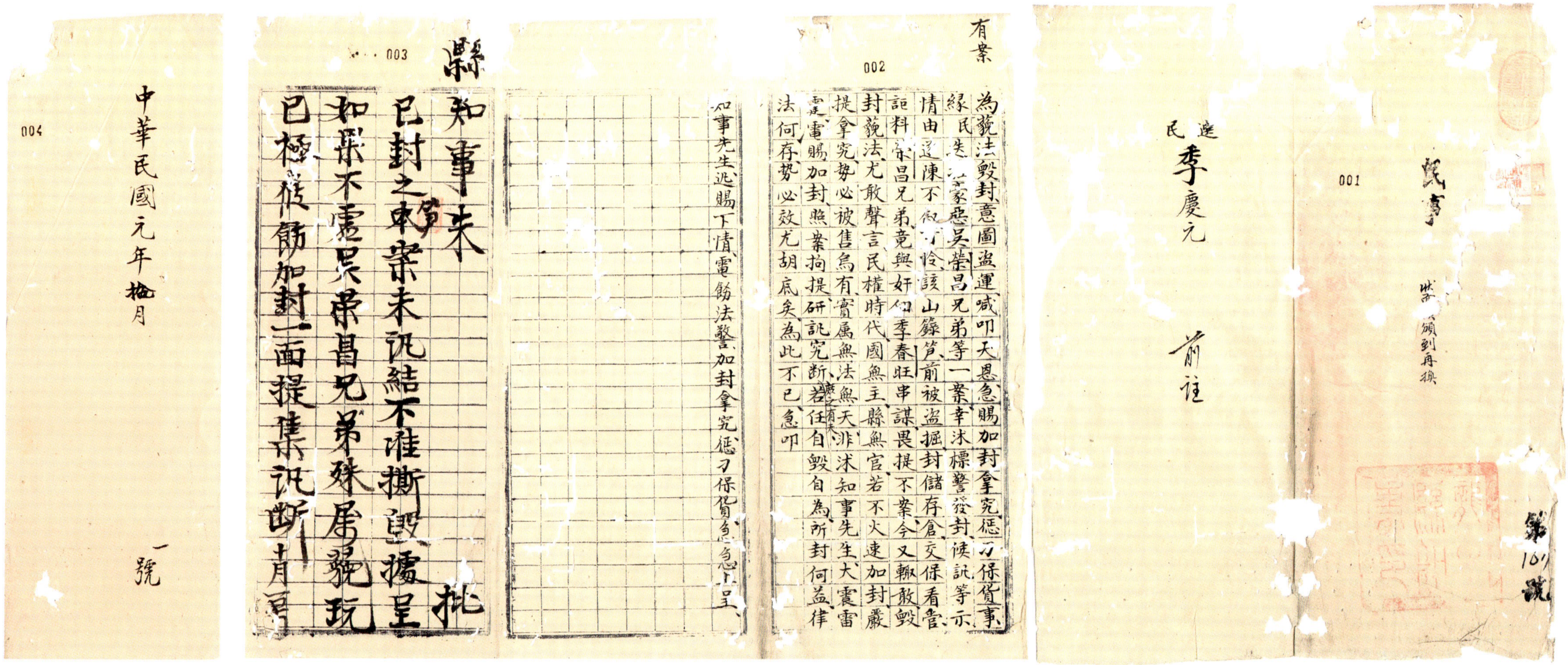

41.民國元年十月一日季慶元爲控吴榮昌等藐法毁封意圖盜運事民事狀

（10087：1）28.6×24.5cm；（10087：2）28.6×24.5cm；（10087：3）28.6×24.5cm；（10087：4）28.6×51.7cm　圖版裁空白頁

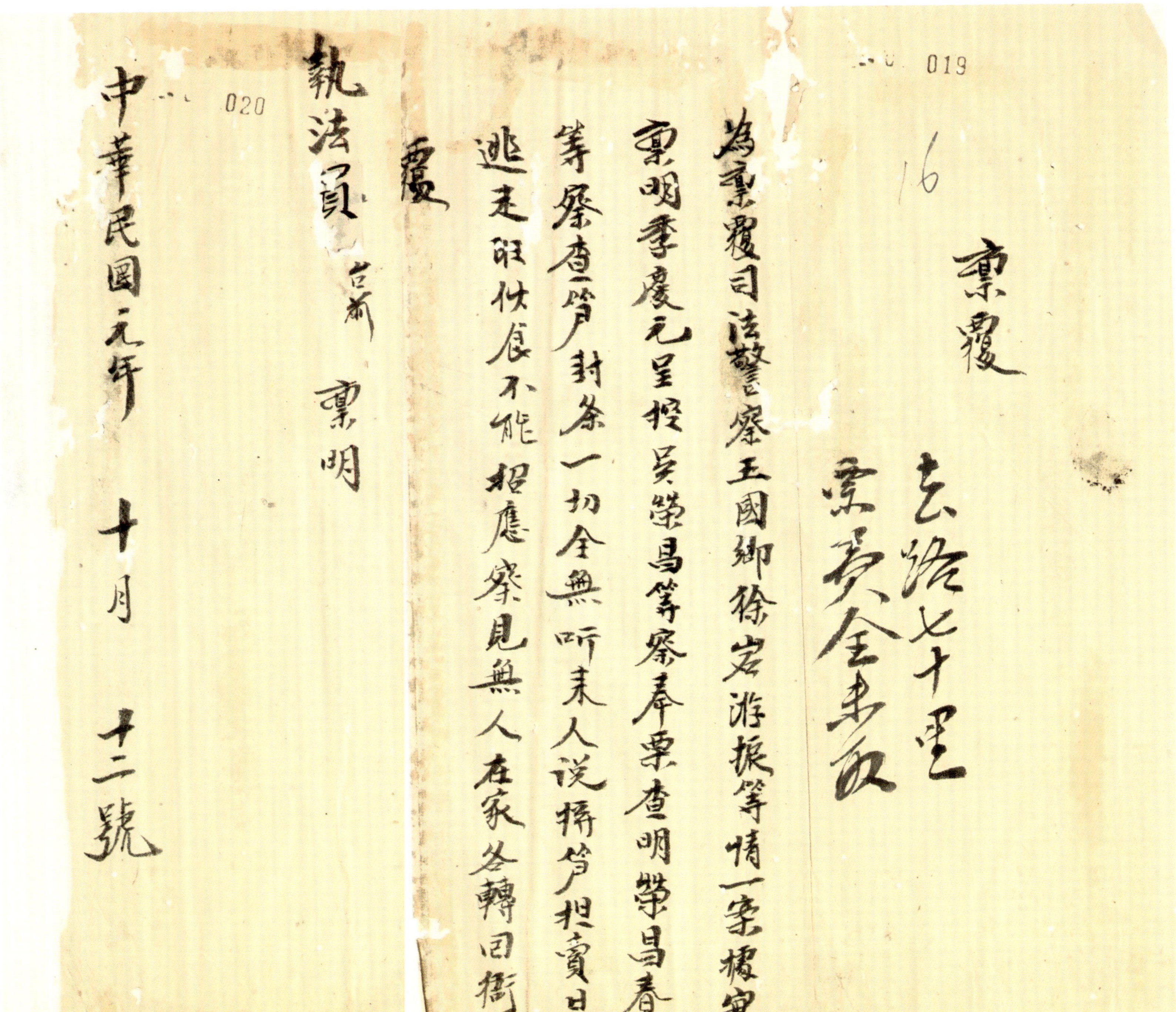

016

019

稟覆

去路七十里
票費全未取

爲稟覆司法警察王國卿徐岩游振等情一案據實
稟明季慶元呈控吳榮昌等案奉票查明榮昌春班
等察查笋戶封條一切全無听來人説稱笋戶担賣昌
逃走躲伏匿不能拘應察見無人在家各轉回衙稟
覆

020

執法員 古前 稟明

中華民國元年 十月 十二號

42.民國元年十月十二日司法警察王國卿等爲稟覆事稟 （986：19—20）26.7×28.0cm

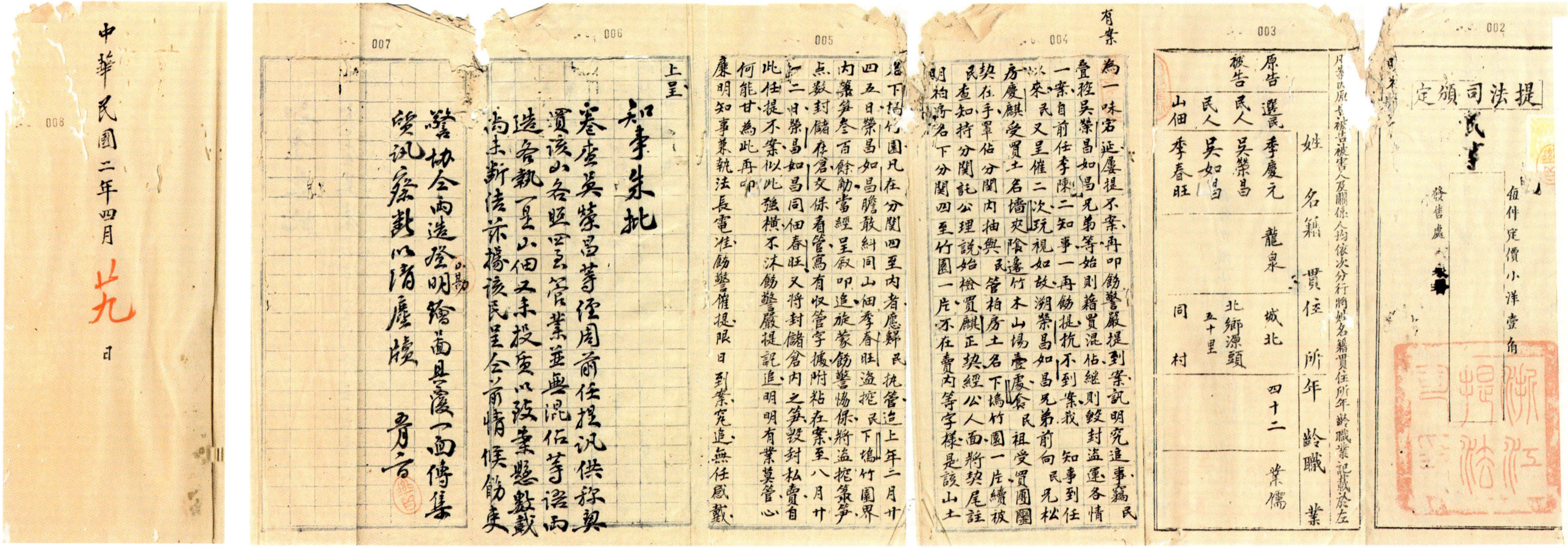

43.民國二年四月廿九日季慶元爲控吴榮昌等一味宕延屢提不案事民事狀　（1042：2–8）28.0×124.0cm　圖版裁空白頁

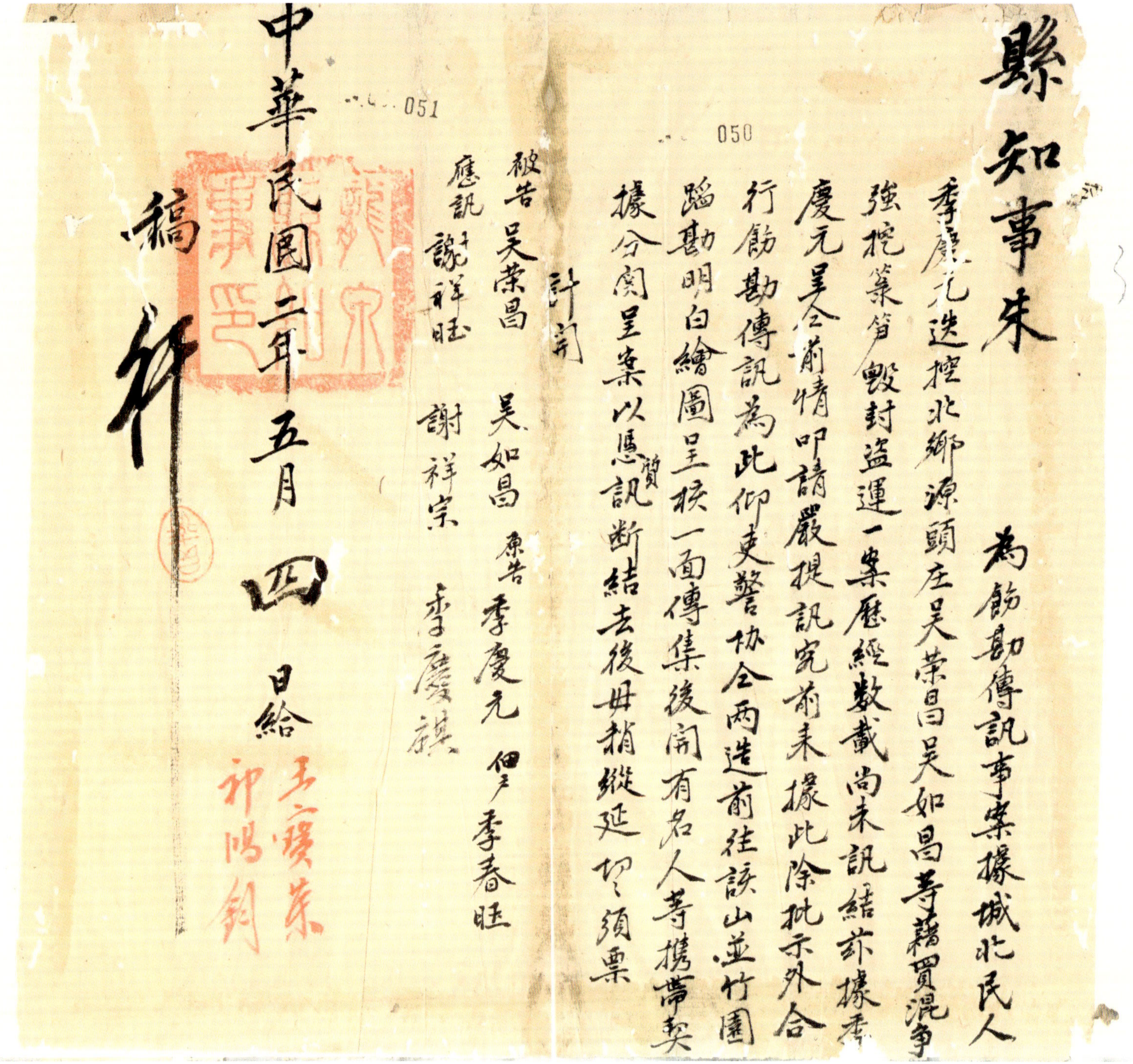

縣知事朱

爲飭勘傳訊事。案據城北民人李慶元迭控北鄉源頭庄吳榮昌、吳如昌等藉買混爭強挖篆笋，毀封盜運一案，歷經數載，尚未訊結。茲據李慶元呈仝前情，叩請嚴提訊究前來。據此，除批示外，合行飭勘傳訊。爲此仰吏警協仝兩造前往該山並竹園踏勘明白，繪圖呈核，一面傳集後開有名人等，携帶契據分閱呈案，以憑(質)訊斷結。去後毋稍縱延。切切，須票。

計開

被告 吳榮昌 吳如昌

應訊 謝祥旺 謝祥宗

原告 李慶元 伊戶 李春旺 李慶祺

中華民國二年五月四日給

稿

王贊榮

祁鳴鈞

44.民國二年五月四日縣知事朱光奎爲飭勘傳訊吳榮昌等事票(稿) （986：50–51）28.0×29.3cm

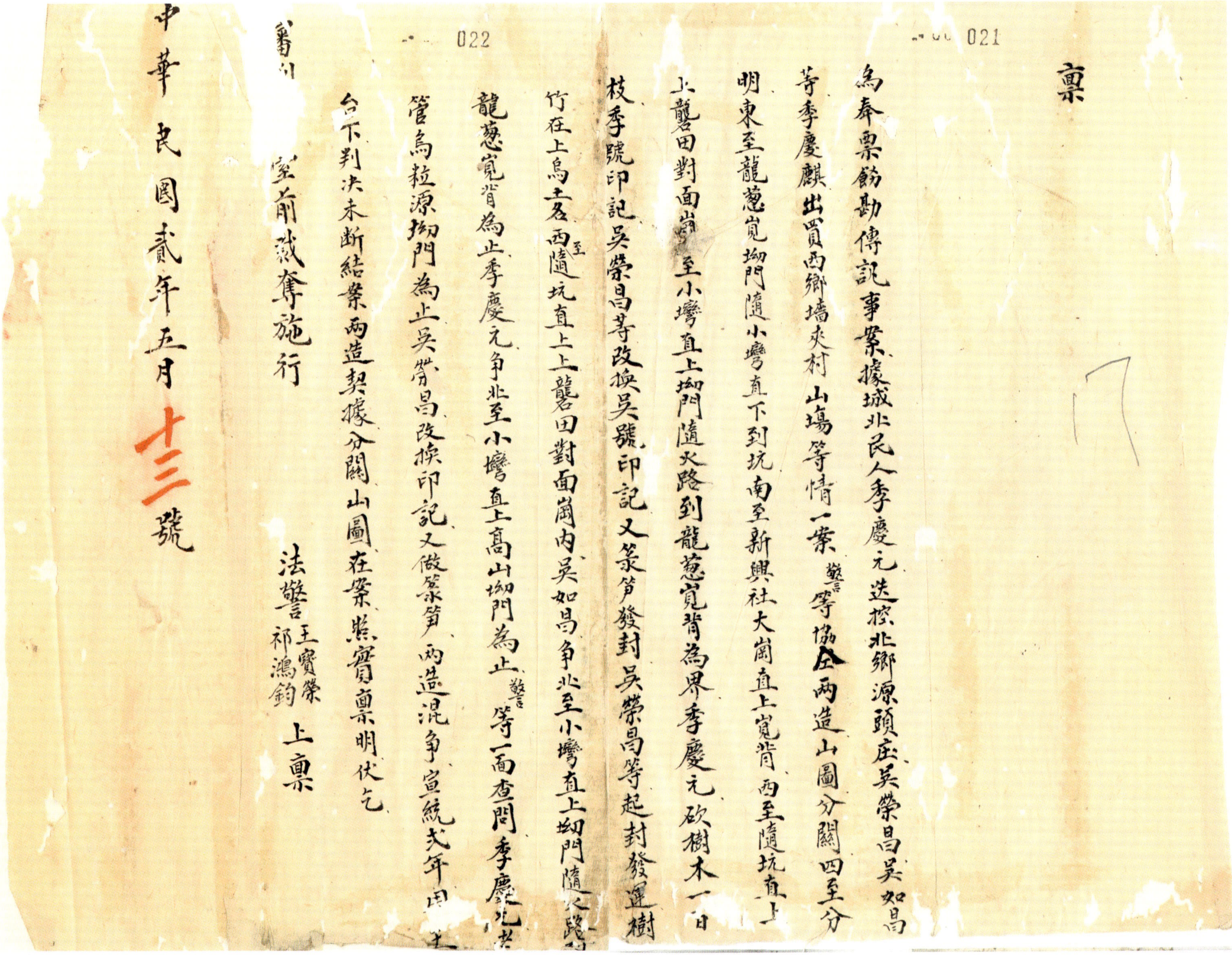
022
021
稟
為奉票飭勘傳訊事案據城北民人季慶元迭控北鄉源頭庄吳榮昌吳如昌
等季慶麒出買西鄉墻夾村山塲等情一案警等協仝兩造山圖分闗四至分
明東至龍葱崀坳門隨小灣直下到坑南至新興社大崗直上崀背西至隨坑直上
上壟田對面崗至小灣直上坳門隨大路到龍葱崀背為界季慶元砍樹木一日
枝季號印記吳榮昌等改換吳號印記又筞笋發封吳榮昌等起封發運樹
竹在上烏𡸁西至隨坑直上上壟田對面崗內吳如昌争北至小灣直上坳門隨大路
龍葱崀背為止季慶元争北至小灣直上高山坳門為止警等一面查問季慶元
管烏粒源坳門為止吳榮昌改換印記又做筞笋兩造混争宣統弍年因
台下判決未斷結案兩造契據分闗山圖在案照實稟明伏乞
審判
室前裁奪施行
法警 王寶榮 祁鴻鈞 上稟
中華民國貳年五月十三號

45.民國二年五月十三日法警王寶榮等爲奉票飭勘傳訊事稟　（986：21–22）27.0×35.6cm

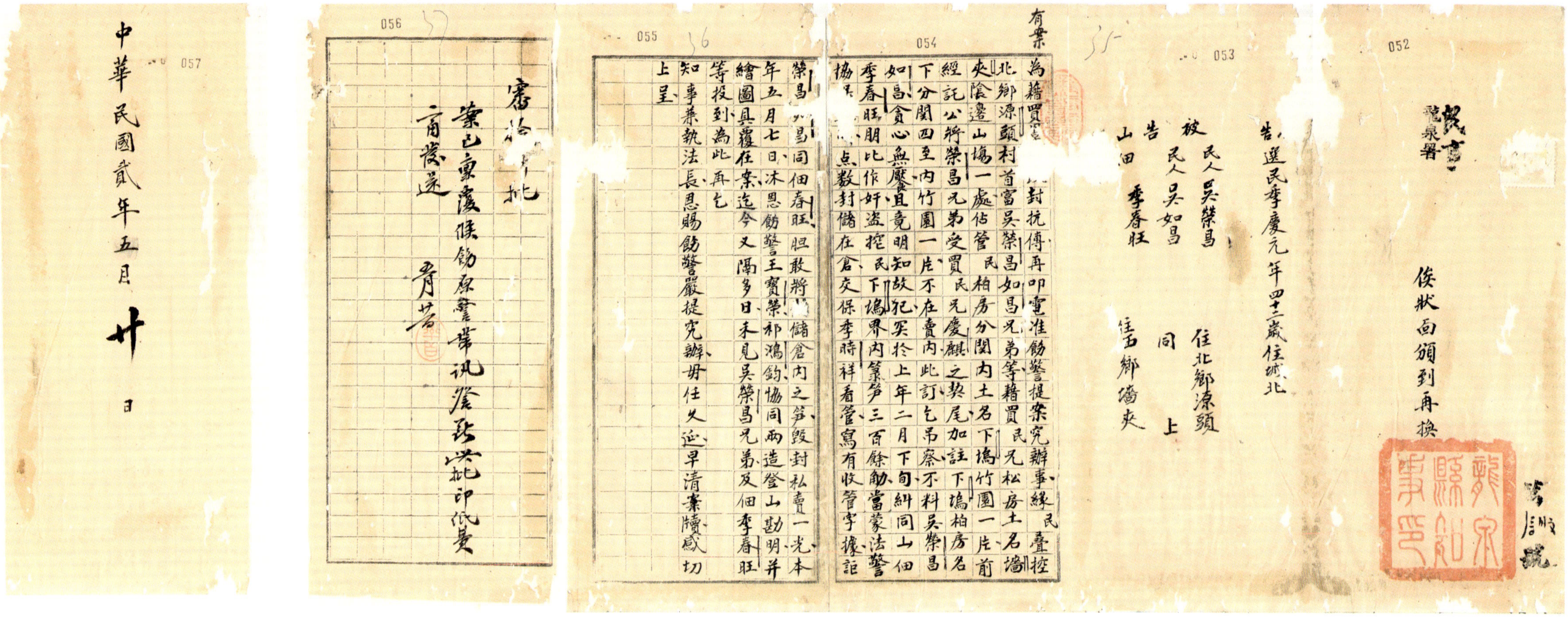

46.民國二年五月廿日季慶元爲控吳榮昌等藉買▢佔▢封抗傳事民事狀 （986：52–53）27.8×24.0cm；（986：54–55）27.8×24.5cm；（986：56）27.8×12.5cm；（986：57）28.5×12.0cm

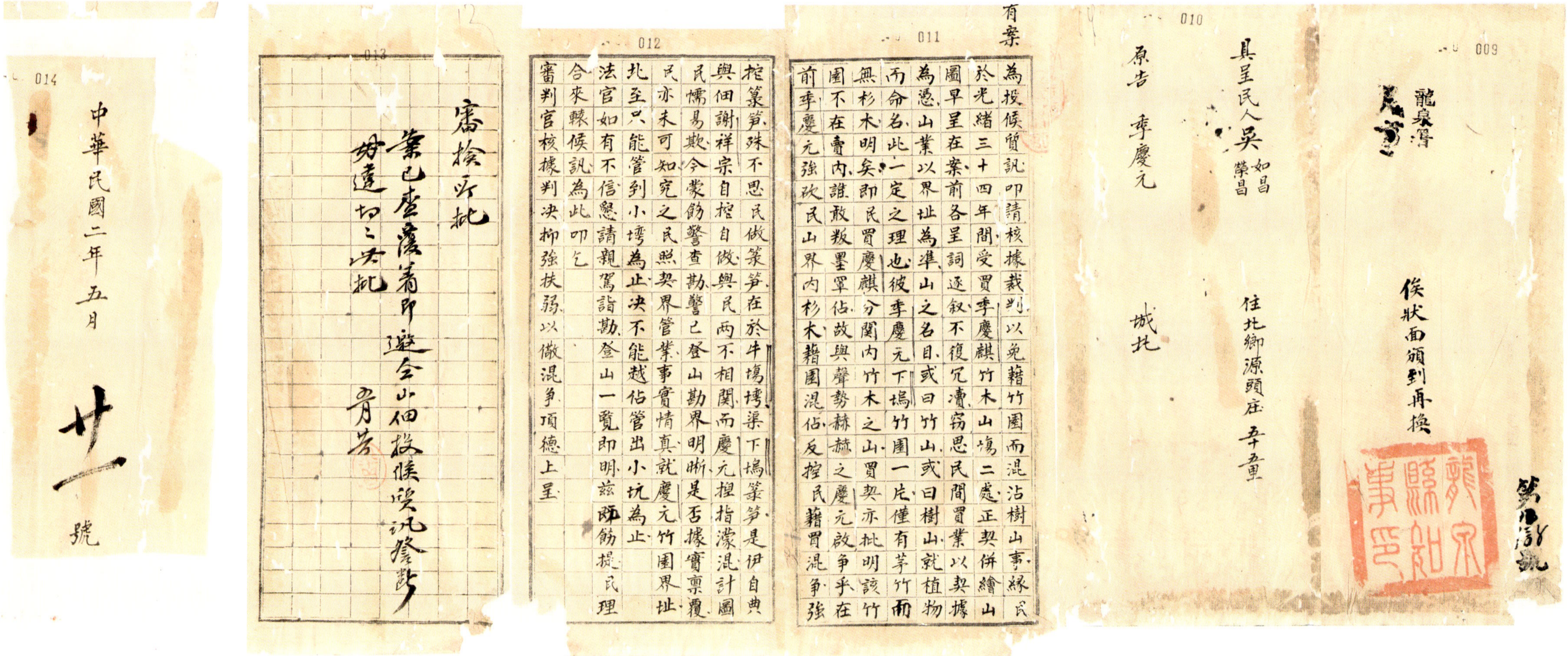

龍泉審 [illegible]

候狀面領到再换

具呈民人吴如昌、榮昌

住北鄉源頭庄 五十五里

原告 季慶元

城北

有案

為投候質訊叩請核據裁判，以免藉竹園而混沾樹山事。緣民於光緒三十四年間受買季慶麒竹木山塢二處，正契併繪山圖早呈在案，前各呈詞逐叙不復冗瀆。竊思民間買業以契據為憑，山業以界址為準，山之名目，或曰竹山，或曰樹山，就植物而命名，此一定之理也。彼季慶元下塢竹園一片，僅有茅竹而無杉木，明矣。即民買慶麒分闗内竹木之山，買契亦批明該竹園不在賣内，詎敢叛墨罣佔，故與聲勢赫赫之慶元啟爭乎？在前季慶元強砍民山界内杉木，藉園混佔，反控民藉買混爭，強挖篆笋，殊不思民做篆笋在於牛塢塆渠下塢篆笋，是伊自典與佃謝祥宗自挖自做，與民兩不相關，而慶元揑指濛混，計圖民懦易欺。今蒙飭警查勘，警已登山勘界明晰，是否據實禀覆，民亦未可知，究之民照契界管業，事實情真，就慶元竹園界址，北至只能管到小塆為止，決不能越佔管出小坑為止。法官如有不信，懇請親駕詣勘，登山一覽，即明。茲[illegible]飭提民理合來轅候訊，為此叩乞

審判官核據判決，抑強扶弱，以儆混爭，頂德上呈。

審檢所批

業已查覆，着即邀全山佃投候覆訊察奪，毋違。切切此批。

月 日

中華民國二年五月廿一號

47.民國二年五月廿一日季慶元爲控吴榮昌等投候質訊叩請核據事民事狀

（986：9–10）27.7×24.0cm；（986：11–12）27.7×24.0cm；（986：13）27.7×12.5cm；（986：14）20.7×9.4cm

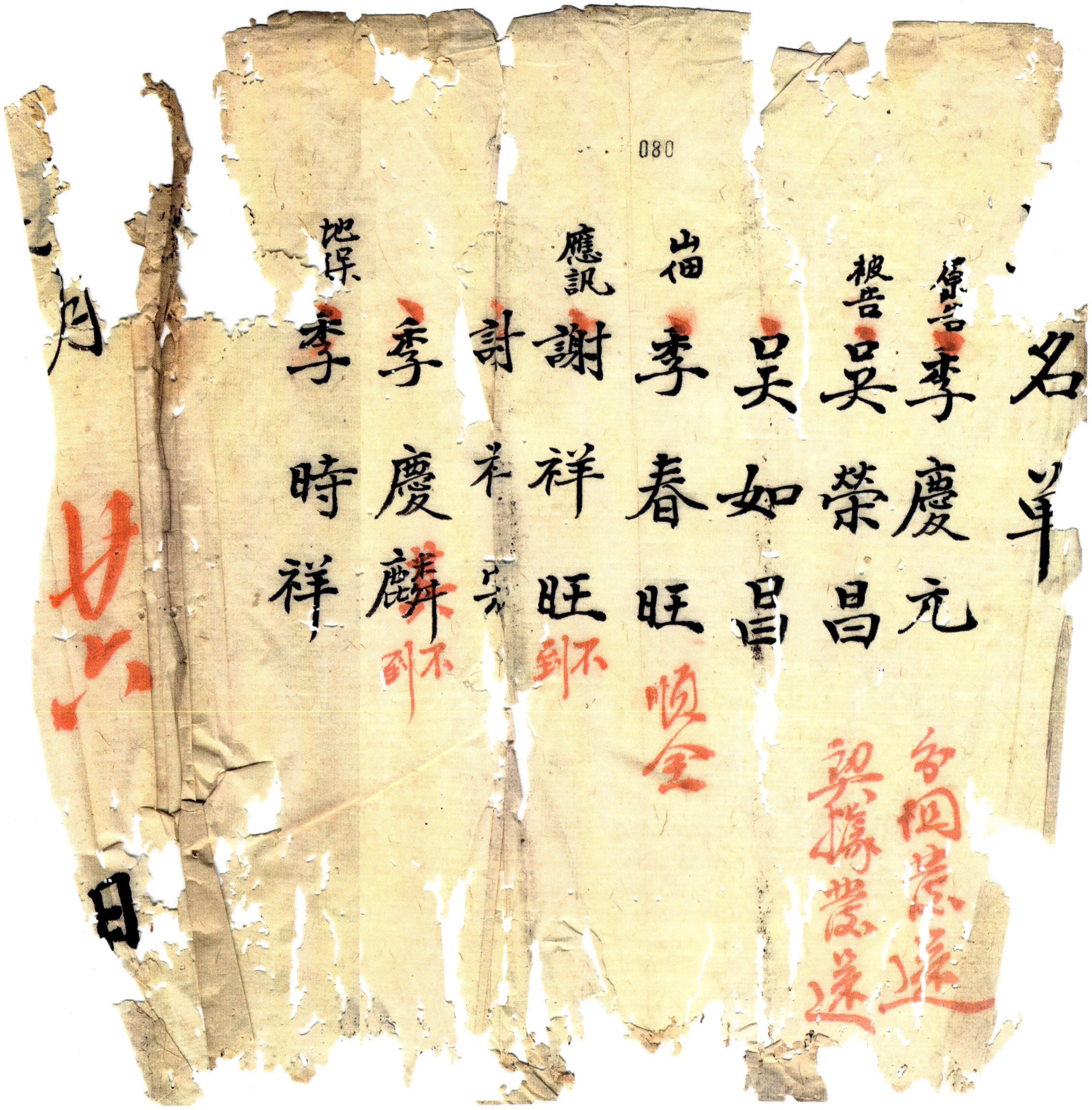

48.(民國二年五月)廿六日點名單　(1042：80) 28.5×31.0cm

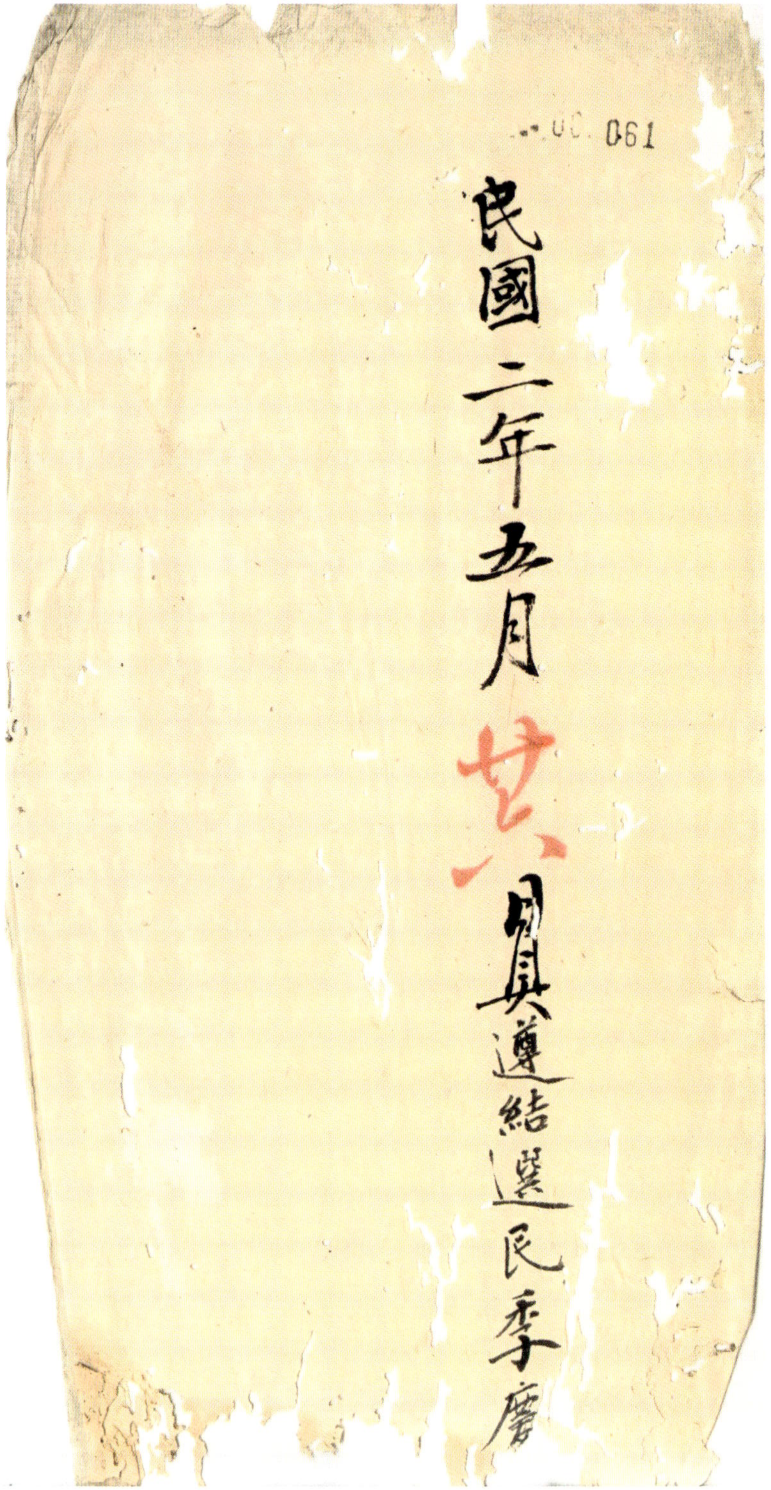
民國二年五月廿六日具遵結選民季慶

49.民國二年五月廿六日季慶元遵結狀
（1042：61）27.0×15.4cm

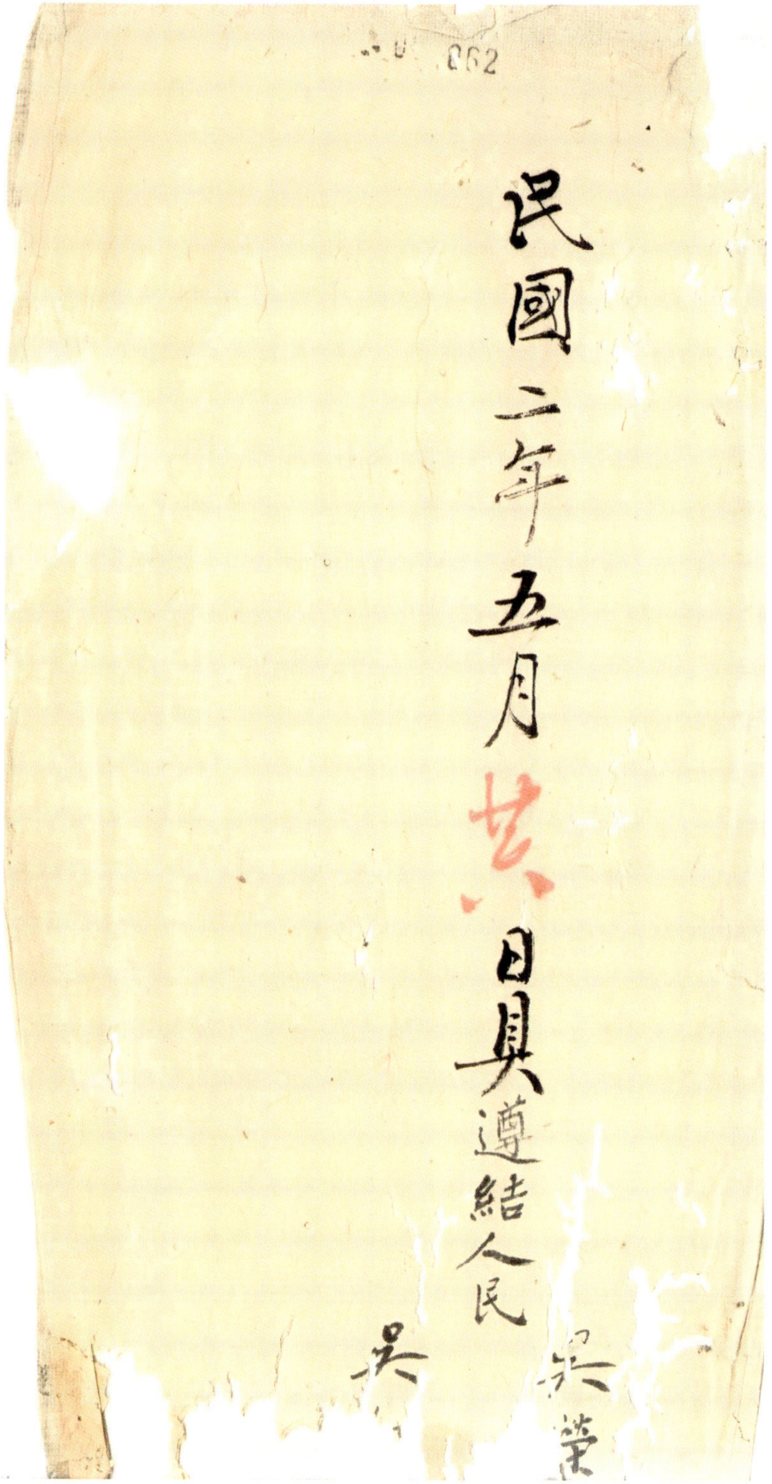
民國二年五月廿六日具遵結人民吳 吳榮

50.民國二年五月廿六日吳榮昌等遵結狀
（1042：62）27.0×15.4cm

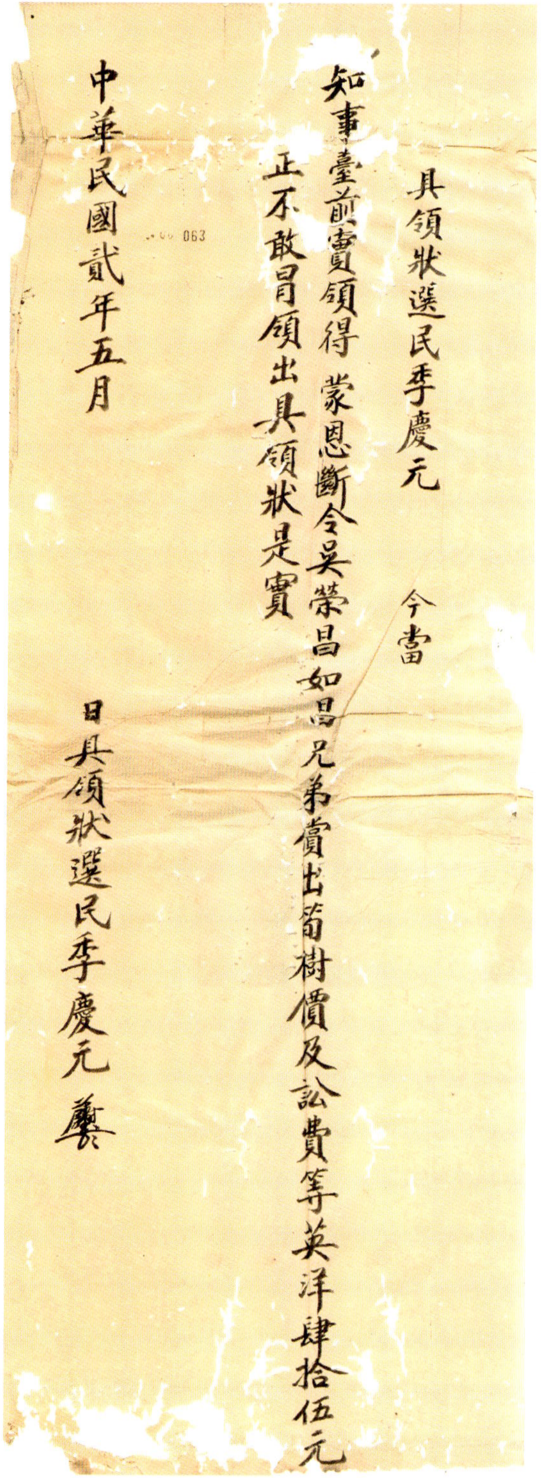
具領狀選民季慶元今當
知事臺前實領得蒙恩斷令吳榮昌如昌兄弟賞出葡樹價及訟費等英洋肆拾伍元
正不敢冒領出具領狀是實
中華民國貳年五月
日具領狀選民季慶元

51.民國二年五月季慶元領狀
（1042：63）63.0×25.0cm

52.民國二年十月十四日季慶元爲判界錯譌請予更正事民事訴訟狀　（1042：64–66）27.0×114.5cm　圖版裁空白頁

一九　宣統二年劉煥新控劉嘉旺恃强混佔案

一、内容提要

「宣統二年（一九一零）劉煥新控劉嘉旺恃强混佔案」相關檔案保存於3498、4519、8554、9854、13570、15215號卷宗，其中包括宣統二年四月初三日至民國元年（一九一二）十月初八日訴訟過程中形成的狀紙十七件、票（稿）三件。

該案始自宣統二年四月初三日劉煥新呈控劉嘉旺搶奪木段，呈狀被駁回後，劉煥新再次喊呈而獲受理。此後劉嘉旺反控劉煥新，雙方反復催呈，縣官屢次催傳，直至民國元年劉煥新仍有呈狀，但訴訟始終未見進展。

二、檔案索引

編號	時間	作者	内容	類型	卷宗號	原卷宗頁碼
1	宣統二年四月初三日	劉煥新	爲控劉加(嘉)旺恃强混佔妄蓋字號事(新詞)	呈狀	3498	17–18
2	宣統二年四月初十日	劉煥新等	爲控劉嘉旺糾衆强運非封莫阻事	呈狀	3498	19–21
			附 1　劉煥新等甘結狀	結狀	3498	22
3	宣統二年四月十三日	劉嘉旺	爲控劉煥新乘機敲詐飾詞害商事	呈狀	13570	5–6、9
4	宣統二年四月十八日	劉煥新	爲控劉加(嘉)旺木被搶運冤未得伸事	呈狀	13570	1–4
5	宣統二年四月廿二日	知縣陳啓謙	爲止運傳訊劉嘉旺等事	票(稿)	13570	10
6	宣統二年五月十三日	劉嘉旺	爲奉提投案懇賜懸牌事	呈狀	4519	25〔1〕–26、24–25、21–23
			附 1　乾隆五十年五月十三日李世胡立賣契抄件	粘呈	13570	7–8
7	宣統二年五月廿五日	知縣陳啓謙	爲催訊劉嘉旺等事	票(稿)	4519	27–28
8	宣統二年五月廿八日	劉嘉旺	爲控劉煥新案沐准投蒙催訊斷事	呈狀	4519	2–7、9–10、8
9	宣統二年五月廿八日	劉煥新	爲控劉加(嘉)旺違批運售人財兩回事	呈狀	4519	14–18、11–13
10	宣統二年七月初八日	劉煥新	爲控劉嘉旺木售人回抗傳延宕事	呈狀	4519	20–22、19
11	宣統二年八月初三日	劉煥新	爲懇賜催傳事	呈狀	9854	10–18
12	宣統二年八月廿八日	劉煥新	爲控劉嘉旺情虧避延案懸莫結事	呈狀	9854	2–8

13	宣統二年九月初八日	劉嘉旺	爲控劉焕新妄揑混飾串陷殃民事	呈狀	8554	2–5、7–8
14	宣統三年正月廿八日	劉焕新	爲控劉加(嘉)旺强搬强運木售價吞事	民事辯訴狀	15215	4–7
15	宣統三年二月十四日	知縣周琛	爲照案勒催劉嘉旺等事	票(稿)	15215	2–3
16	宣統三年二月十八日	劉嘉旺	爲控劉焕新等揑砌朦蔽串陷殃民事	刑事辯訴狀	3498	1–3
17	宣統三年二月廿八日	劉焕新	爲懇請催審事	民事辯訴狀	3498	4–6
18	宣統三年三月廿三日	劉嘉旺	爲控劉焕新等詐未填慾慼訟蒙天事	民事辯訴狀	3498	7–11
19	民國元年正月十六日	劉焕新	爲控劉加(嘉)旺强鋸强運屈久未伸事	民事辯訴狀	3498	12–16
20	民國元年陽十月初八日	劉焕新	爲控劉嘉旺木被搶運冤沉未伸事	呈狀	15215	8–11

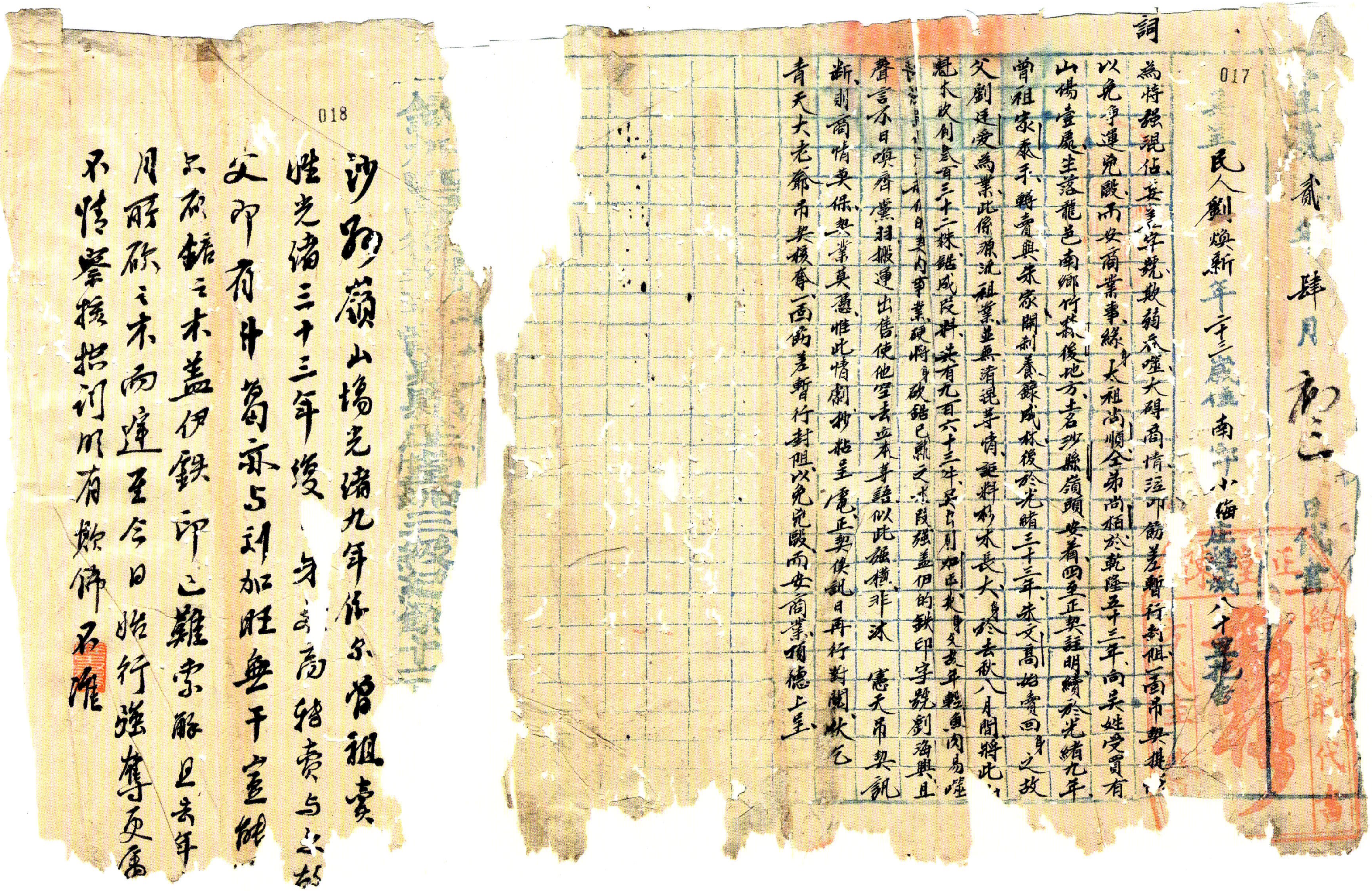

1.宣統二年四月初三日劉焕新爲控劉加(嘉)旺恃强混佔妄蓋字號事(新詞)呈狀　(3498：17) 26.8×28.5cm；(3498：18) 28.5×16.5cm

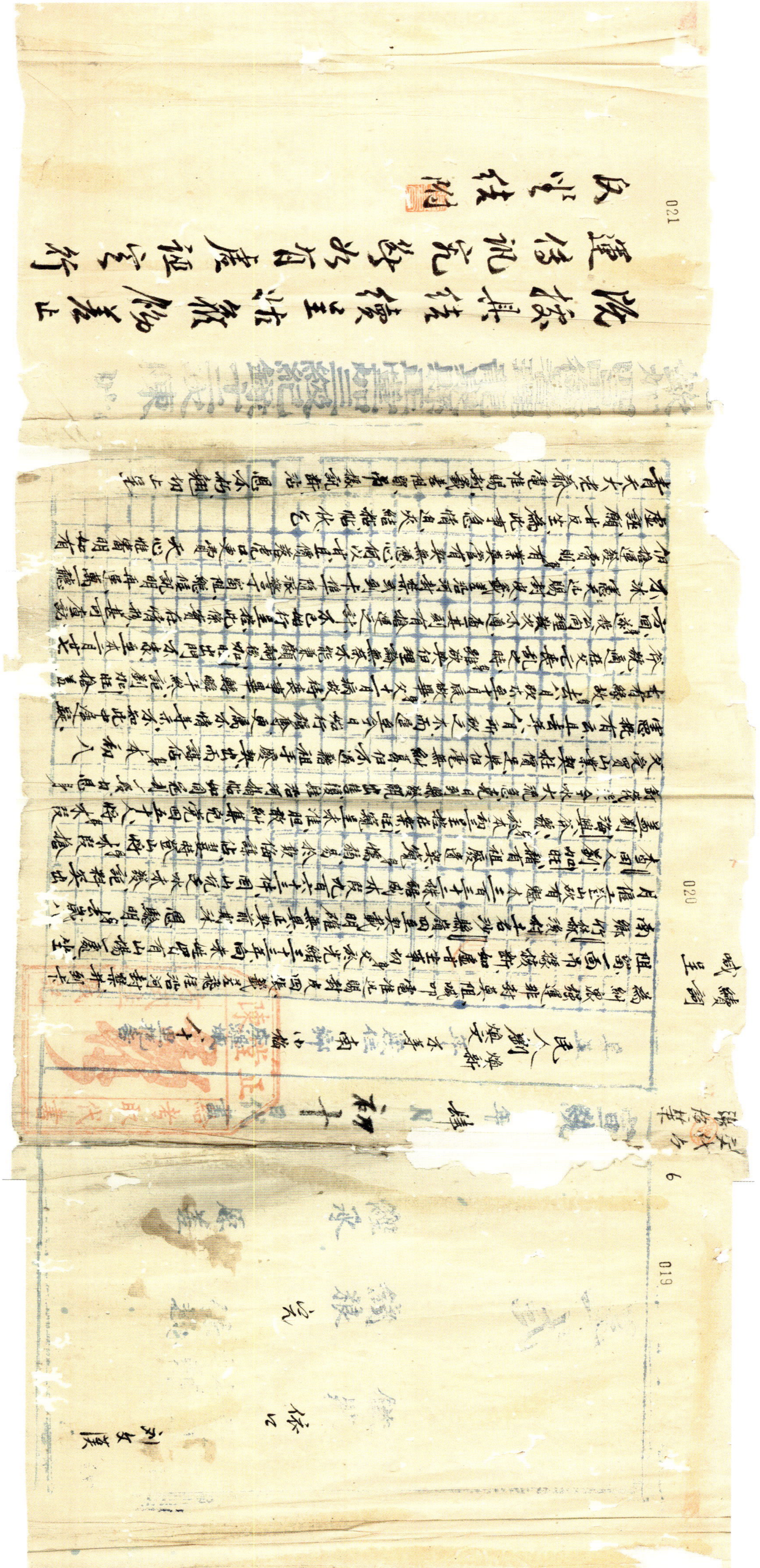

2.宣統二年四月初十日劉煥新等爲控劉嘉旺糾衆强運非封莫阻事呈狀　（3498：19–21）28.5×76.0cm　圖版裁狀式條例

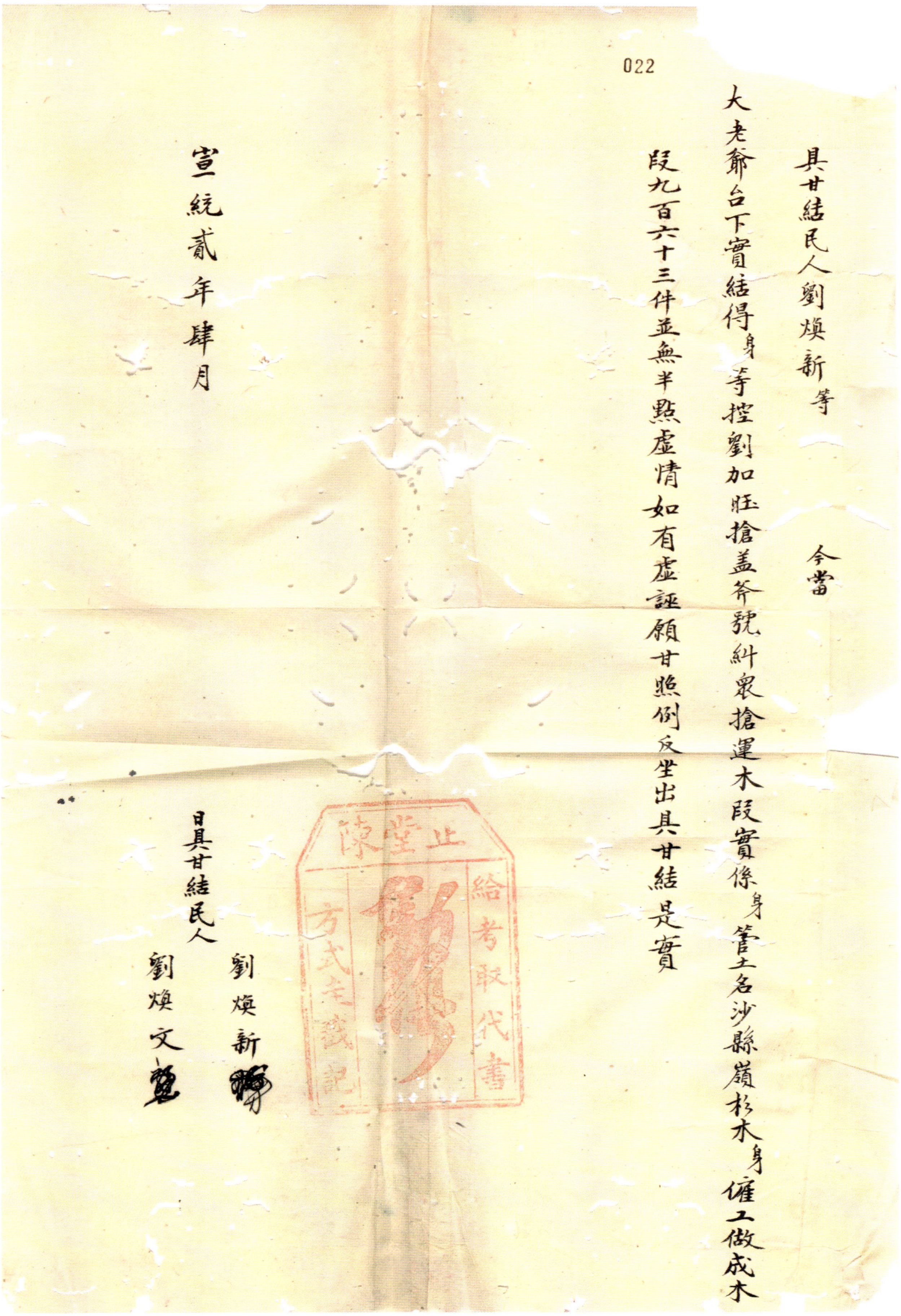

022

具甘結民人劉焕新等

今當

大老爺台下實結得身等控劉加旺搶蓋斧號糾衆搶運木段實係身管土名沙縣嶺杉木身僱工做成木段九百六十三件並無半點虛情如有虛誣願甘照例反坐出具甘結是實

宣統貳年肆月　　日具甘結民人

劉焕新

劉焕文

2附1.劉焕新等甘結狀　（3498：22）42.3×28.8cm

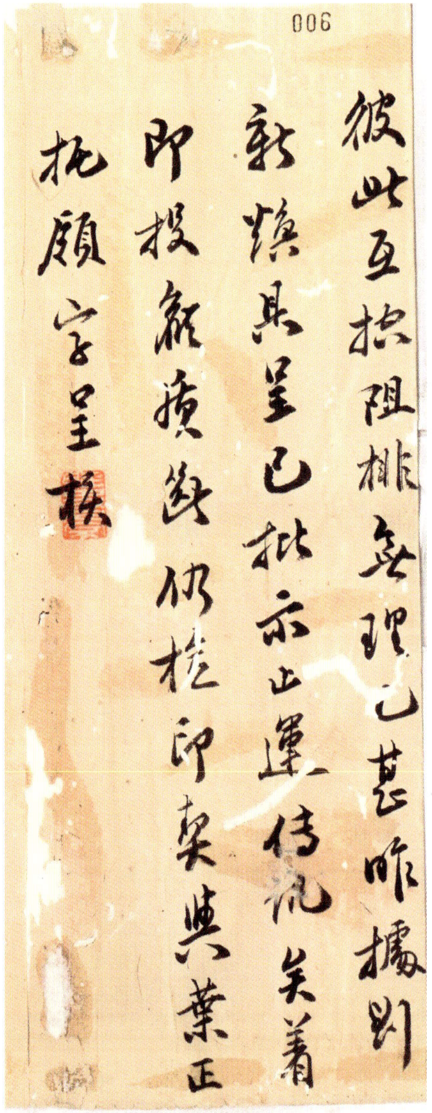

彼此互控，阻排無理已甚。昨據劉煥新具呈，已批示止運候訊矣。著即投繳[illegible]，仍抄印契與葉正扦領字呈核。

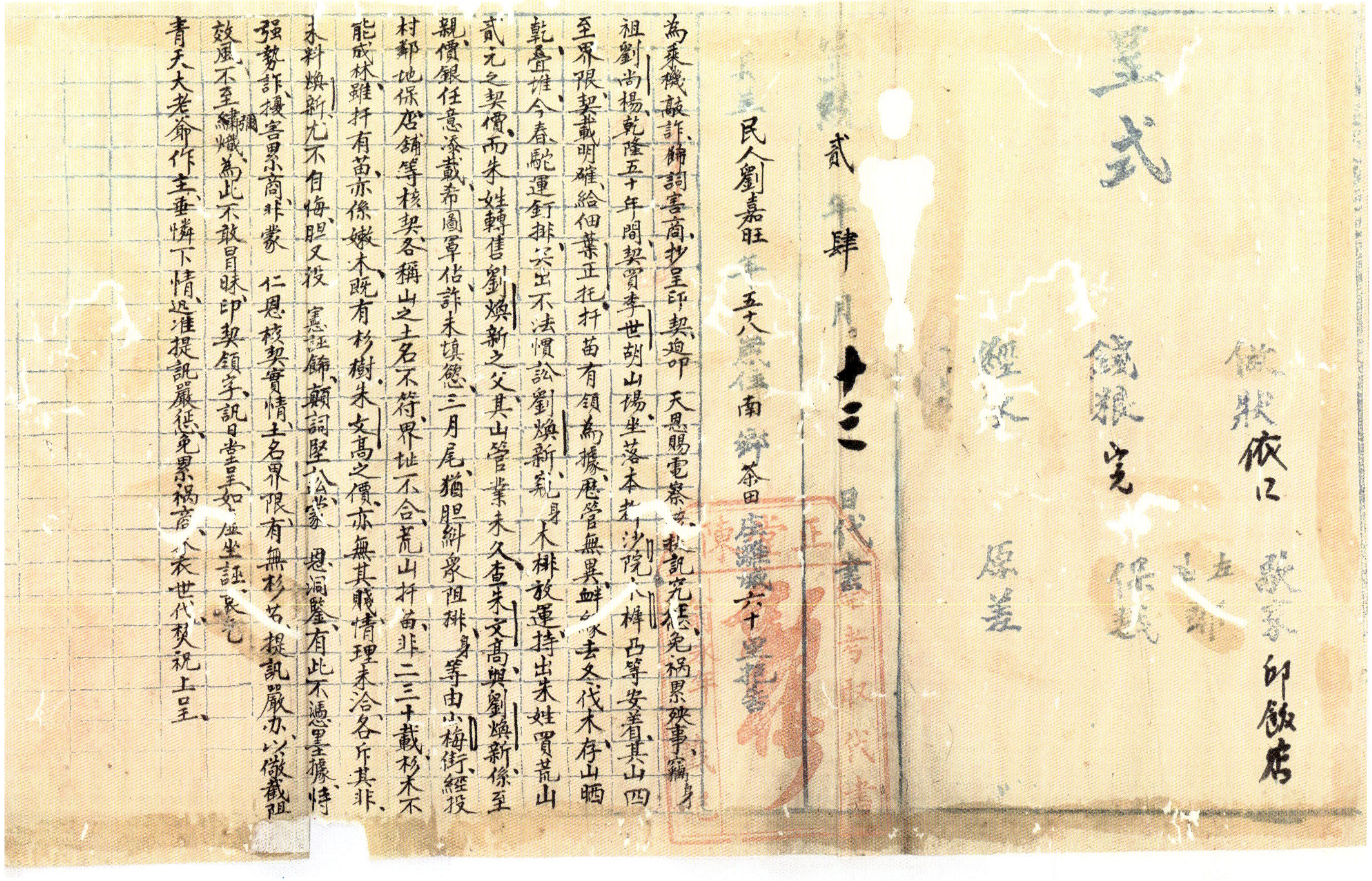

呈式

做狀 依口　歇家 [illegible]

錢糧 完　保載 [illegible]

經承　原差

民人劉嘉旺 年五十八歲 住南鄉茶田 離城六十里

為乘機敲詐、飾詞害商，抄呈印契，迫叩天恩賜電察奪，核訊究懲，免禍累殃事。竊身祖劉尚楊，乾隆五十年間契買李世胡山場，坐落本都沙院八樟凸等安着，其山四至界限，契載明確，給佃葉正托扦苗有領為據，歷管無異。蚪緣去冬伐木存山晒乾，疊堆今春駝運，釘排突出不法慣訟劉煥新氣身木排，放運持出朱姓買荒山貳元之契價，而朱姓轉售劉煥新之父，其山管業未久。查朱文高與劉煥新係至親，價銀任意添載，希圖罩佔，詐未填慾，三月尾猶膽糾衆阻排，身等由小梅街經投村鄰地保店舖等，核契各稱山之土名不符，界址不合，荒山扦苗非二三十載杉木不能成林，雖扦有苗，亦係嫩木；既有杉樹，朱文高之價亦無其賤，情理未洽，各斥其非。未料煥新尤不自悔，膽又投憲誣飾，顛詞堅訟，亦家恩洞鑒，有此不憑墨據，恃强勢詐擾，害累小商非淺。仁恩核契實情、土名界限、有無杉苗，提訊嚴辦，以儆截阻效尤，不至彌纏織。為此不敢冒昧，印契領字，訊日當呈，如虛坐誣，哀乞青天大老爺作主，垂憐下情，迅准提訊嚴懲，免累禍商，永衣世代，頂祝上呈。

貳年肆月十三日代書

3.宣統二年四月十三日劉嘉旺爲控劉煥新乘機敲詐飾詞害商事呈狀　(13570：5) 25.2×45.4cm；(13570：6) 26.5×14.3cm；(13570：6〔1〕) 26.4×30.1cm；(13570：9) 24.7×29.7cm　圖版裁空白頁、狀式條例

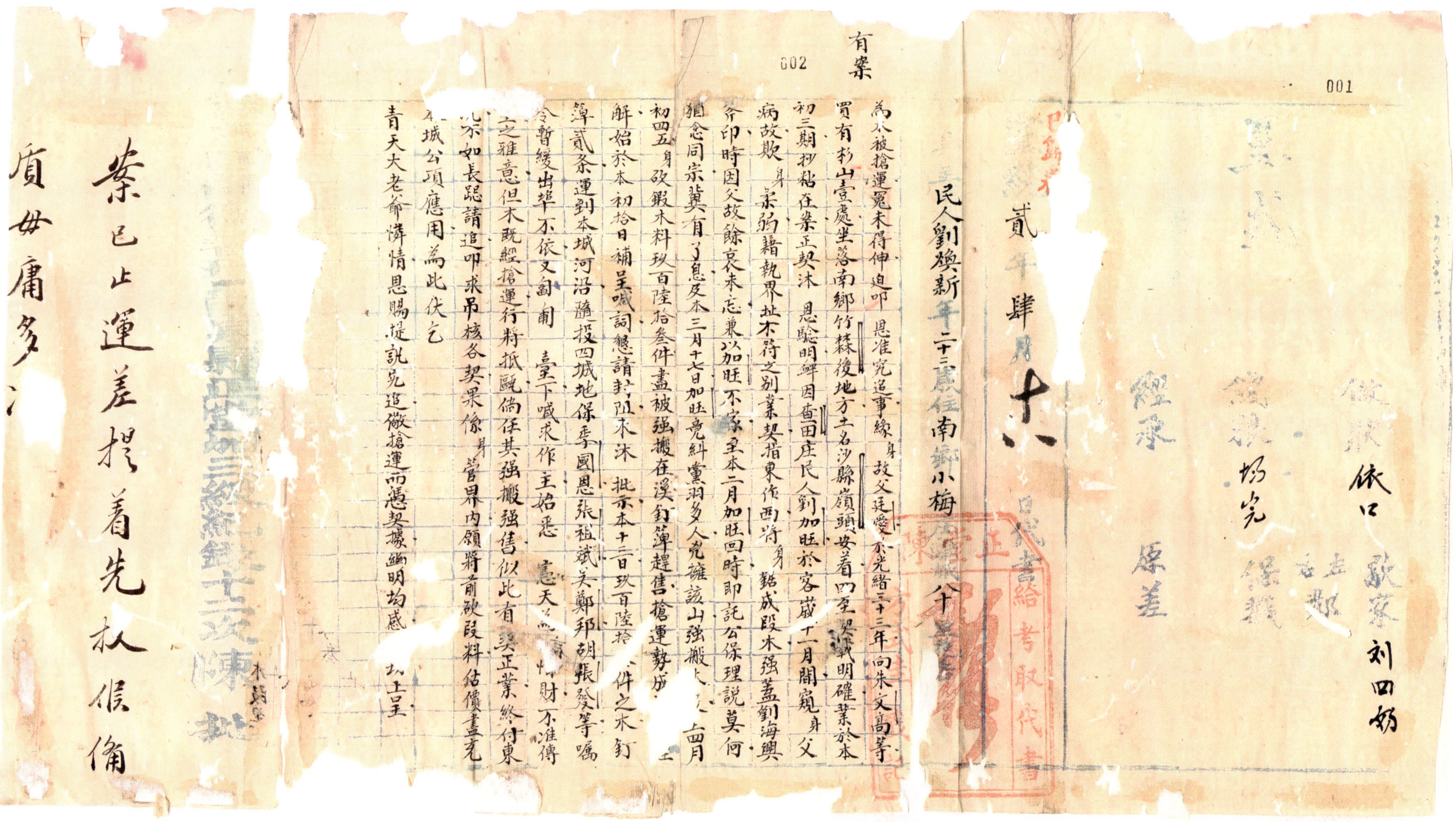
有案
爲木被搶運冤未得伸追叩　恩准究追事緣身故父廷愛於光緒二十三年向朱文高等
買有杉山壹處坐落南鄉竹林後地方土名沙縣嶺頭安着四至契載明確業於本
初三期杉秧在案正契沐　恩驗明舞因當田庄民人劉加旺於客歲十一月間窺身父
病故欺身恭弱藉執界址不符之別業契指東作西將身銘成段木強蓋劉海興
斧印時因父故餘哀未忘兼以加旺不家至本二月加旺回時即託公保理說莫何
猶念同宗莫有了息及本三月十七日加旺竟糾黨羽多人允擁該山強搬　四月
初四五身砍毀木料玖百陸拾叁件盡被強搬在溪釘簰趕售搶運勢
解始於本初拾日補呈喊詞懇請封阻木沐　批示本十三日玖百陸拾　件之木釘
簰貳条運到本城河沿隨投四城地保季國恩張祖斌吳鄭邦胡張發等囑
令暫緩出卑不依又到　臺下喊求作主始悉憲天　情財不准傳
之雖意但木既經搶運行將抵甌倘任其強搬強售似此有吳正業終付東
流不如長跽請追叩求吊核各契果係身管界內頒將前砍段料估價盡充
本城公項應用爲此伏乞
青天大老爺憐情恩賜提訊究追徼搶運而憑契據鏹明均感
上呈
案已止運差提着先扒候備
質毋庸多瀆
貳年肆月十八
民人劉焕新年二十三歲住南鄉小梅
給考取代書
依口
協充
經承
原差

4.宣統二年四月十八日劉焕新爲控劉加(嘉)旺木被搶運冤未得伸事呈狀

（13570：1–2）28.7×53.5cm；（13570：3–4）26.7×31.3cm　圖版裁狀式條例

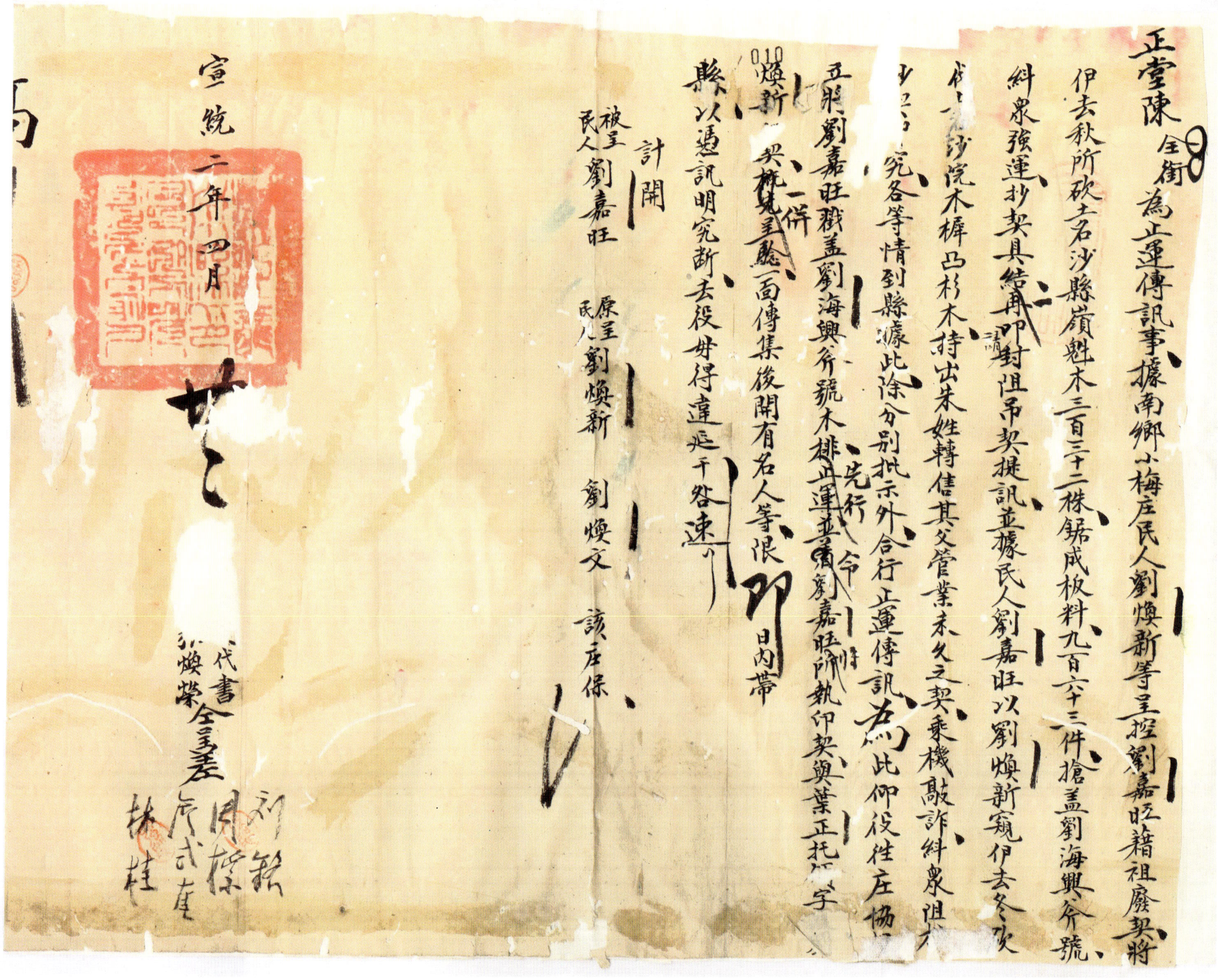

正堂陳　全銜　爲止運傳訊事。據南鄉小梅庄民人劉煥新等呈控劉嘉旺籍祖廢契，將
伊去秋所砍土名沙縣嶺魁木三百三十二株，鋸成板料九百六十三件，搶盖劉海興斧號，
糾衆強運，抄契具結，再叩請封阻，吊契提訊，並據民人劉嘉旺以劉煥新窺伊去冬砍
伐土名沙院木稈凸杉木，持出朱姓轉售其父管業未久之契，乘機敲詐，糾衆阻木
[illegible]究各等情到縣。據此，除分别批示外，合行止運傳訊。爲此仰役，往庄協同
[illegible]劉嘉旺戳盖劉海興斧號木排先行止運，並責令劉嘉旺將所執印契與葉正托[illegible]字
劉煥新將契據呈驗，一併傳集，後開有名人等，限　日內帶
縣，以憑訊明究斷。去役毋得違延干咎。速。

計開

被呈民人　劉嘉旺

原呈民人　劉煥新　劉煥文　該庄保

宣統二年四月廿二日

代書劉煥榮　全呈

5.宣統二年四月廿二日知縣陳啓謙爲止運傳訊劉嘉旺等事票(稿)　（13570：10）26.4×37.1cm

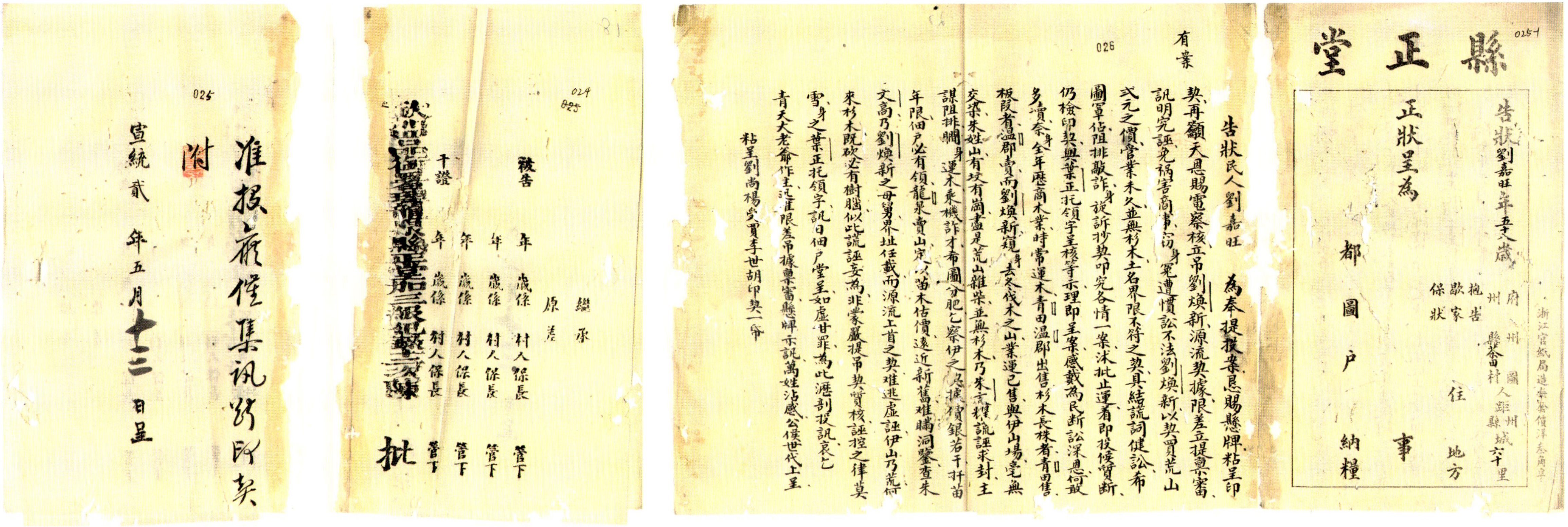

6.宣統二年五月十三日劉嘉旺爲奉提投案懇賜懸牌事呈狀　（4519：25-1）25.8×36.4cm；（4519：26）25.8×31.5cm；（4519：24）26.0×15.4cm；（4519：25）25.3×15.8cm；（4519：21）25.9×15.6cm；（4519：22）25.9×30.9cm；（4519：23）25.9×21.2cm　圖版裁狀式條例

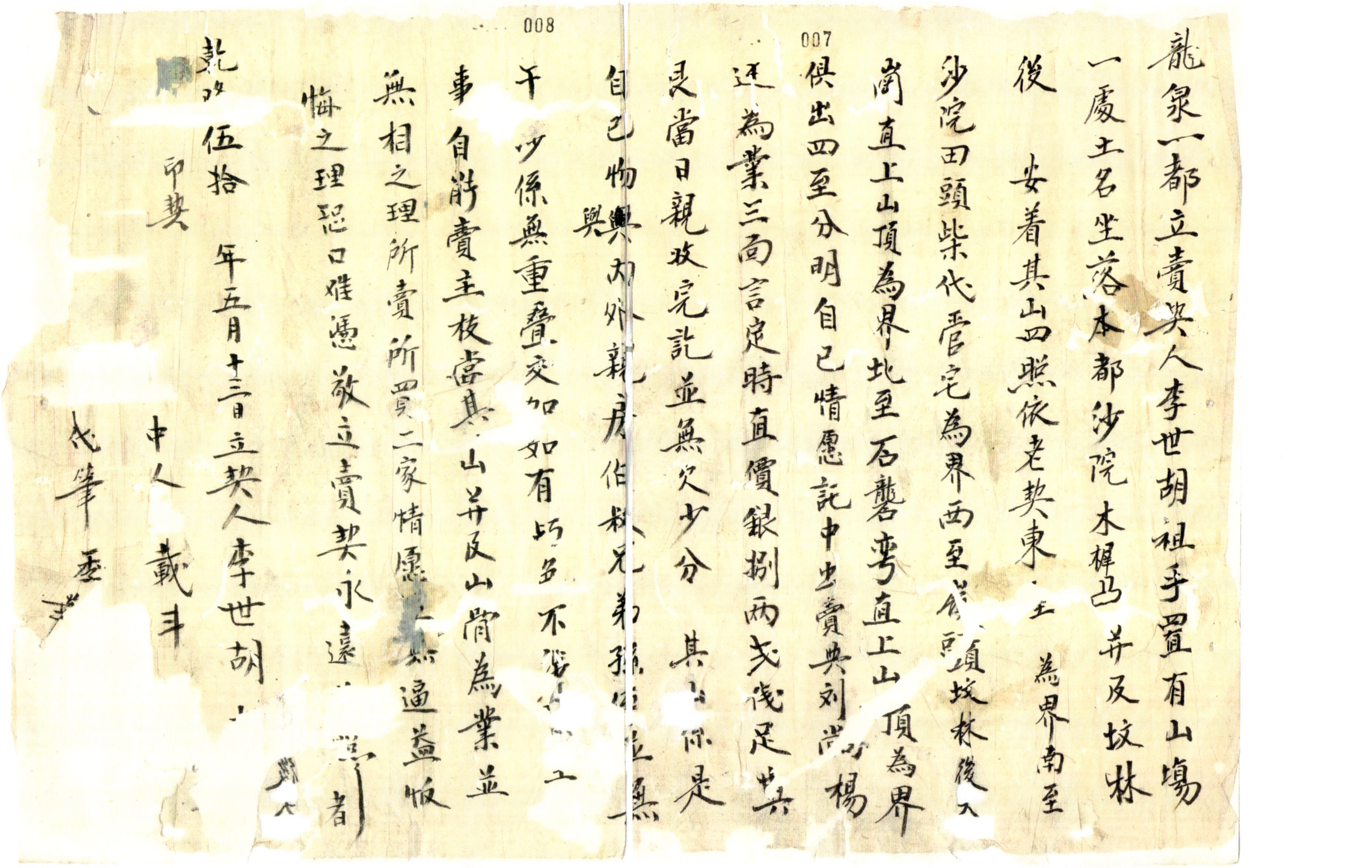

008 007

龍泉一都立賣契人李世胡祖手置有山塲
一處土名坐落本都沙院木榍凸并及坟林
後安着其山四照依老契東上為界南至
沙院田頭柴代晉宅為界西至□□頂坟林後入
崗直上山頂為界北至石礱弯直上山頂為界
俱出四至分明自己情愿託中出賣與刘□楊
廷為業三面言定時值價銀捌兩戈足其
艮當日親收完訖並無欠少分其山係是
自己物業與內外親房伯叔兄弟孫侄並無
干少係無重疊交加如有坊多不□□□上
事自前賣主枝當其山并及山背為業並
無相之理所賣所買二家情愿無逼益悔
悔之理恐口難憑敬立賣契永遠□者
乾隆伍拾年五月十三日立契人李世胡
印契　中人戴丰
代筆

6附1.乾隆五十年五月十三日李世胡立賣契抄件粘呈　(13570：7—8)　26.0×38.9cm

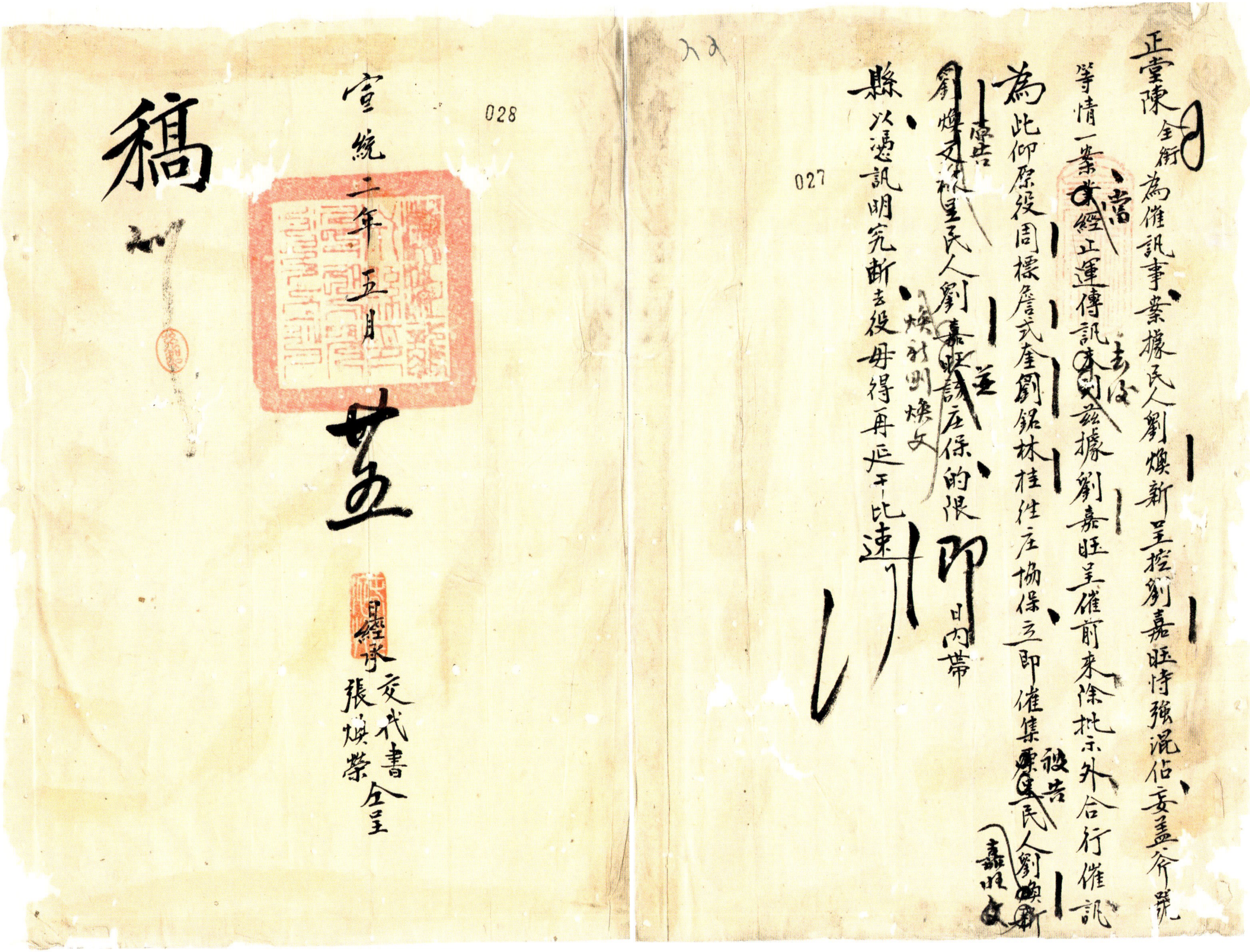
正堂陳 全銜 為催訊事。案據民人劉煥新呈控劉嘉旺恃強混佔、妄蓋斧號
等情一案，當經正運傳訊去後，茲據劉嘉旺呈催前來，除批示外，合行催訊。
為此仰原役周標、詹式奎、劉銘林、桂佳、庄協保，立即催集被告民人劉煥新、嘉旺、文
劉煥文、原告民人劉嘉旺，並族約劉煥文，該庄保的限即日內帶
縣，以憑訊明究斷。去役毋得再延干比。速速
宣統二年五月廿五日
稿
經承 張煥榮 交代書 仝呈

7.宣統二年五月廿五日知縣陳啓謙爲催訊劉嘉旺等事票(稿)（4519：27—28）26.7×36.3cm

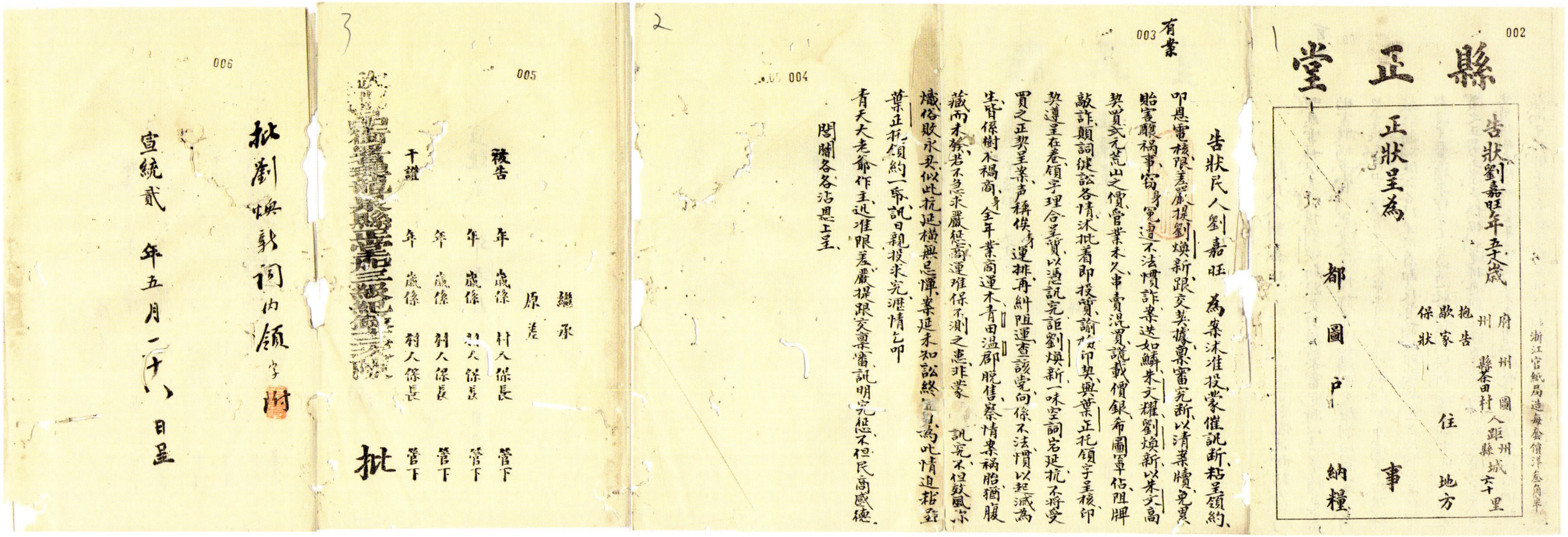

縣正堂

告狀劉嘉旺年五十八歲
府 州 縣 茶田村 人 距州縣城六十里
州 圖
抱告
歇家
保狀
住
地方
正狀呈爲
事
都
圖
户
納糧

浙江官紙局造每套價洋叁角半

有業

告狀民人劉嘉旺　爲案沐准投，蒙催訊斷，粘呈領約，
叩恩電核，限差嚴提劉煥新跟交契據稟審究斷，以清案牘，免累
貽害釀禍事。竊身寃遭不法慣詐，案迭如鱗，朱文耀、劉煥新以朱文高
契買式元荒山之價，曾業木久串賣混買，謊載價銀，希圖冒佔阻牌
敲詐，頗詞健訟各情，沐批着即投質，諭[illegible]印契，與葉正托領字呈核。印
契遵呈在卷，領字理合呈質，以憑訊究。詎劉煥新一味空詞宕延，抗不將受
買之正契呈案，声稱俟身運排再糾阻運。查該党向係不法，慣以起滅爲
生，皆係樹木稱商。身全年業商，運木青田溫郡脫售，察情案禍，胎猶腹
藏而未發，若不急求嚴提懲鋤，運難保不測之患。非蒙訊究，不但致風不
熾，俗敗永兵，似此抗延橫無忌憚，案延未知訟終。爲此情迫，粘呈
葉正托領約一紙，訊日親投，求究瀝情，乞叩
青天大老爺作主，迅准限差嚴提跟交稟審，訊明究懲，不但民商感德，
閭閻各各沾恩上呈。

被告　年　歲係　村人保長　管下
年　歲係　村人保長　管下
干證　年　歲係　村人保長　管下
年　歲係　村人保長　管下
原差
繼承

批

批劉煥新詞內領字附

宣統貳年五月二十八日呈

8.宣統二年五月廿八日劉嘉旺爲控劉煥新案沐准投蒙催訊斷事呈狀

（4519：2—7）25.9×113.0cm；（4519：9—10）25.9×36.2cm；（4519：8）25.9×15.4cm　圖版裁狀式條例

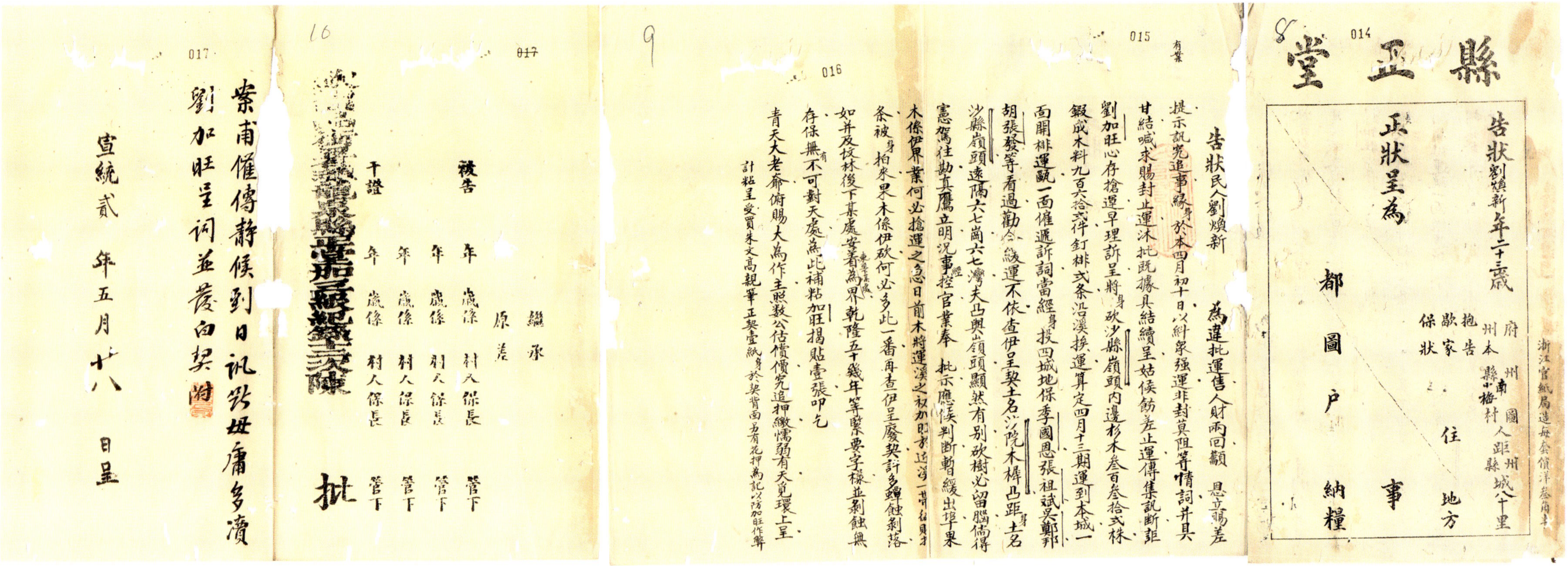

縣正堂

告狀劉煥新年二十三歲
府州本州南圖小梅村人距州縣城八十里
抱告
歇家
保狀
住　地方
正狀呈為　事
都　圖　戶　納糧
浙江官紙局遵每套價洋叁角

告狀民人劉煥新　為違批運售人財兩回顯　懇立賜差
提示訊究追事。緣身於本四月初十日以糾衆强運非封莫阻等情詞并具
甘結喊求賜封止運。沐批既據具結續呈，姑候飭差止運傳集訊斷。詎
劉加旺心存搶運，早理訴呈，將身砍沙縣嶺頭內邊杉木叁百叁拾弍株，
鍛成木料九百六拾弍件，釘排弍条，沿溪换運，算定四月十三期運到本城一
面開排運甌，一面催遞訴詞。當經身投四城地保季國恩、張祖斌、吳鄭邦、
胡張發等看過勸令緩運，不依。查伊呈契土名沙院木樺凸，距身土名
沙縣嶺頭遠隔六七嵩六七灣，夫凸與嶺頭顯然有別，砍樹必留腦，倘得
憲駕往勘，真贋立明。况事經控官業奉　批示應候判斷，暫緩出埠。果
木係伊界業，何必搶運之急？日前木將運溪之初，加旺於近溪一帶[illegible]
条被身拍來，果木係伊砍，何必多此一番？再查伊呈廢契，許多蟫蝕剝落，
如并及坟林後下某處安着為界（東至某處），乾隆五十幾年等緊要字樣並剝蝕無
存，保無有不可對天處。為此補粘加旺揭貼壹張，叩乞
青天大老爺俯賜大為作主，照數公估償價，究追押繳，懦弱有天，覔環上呈
計粘呈受買朱文高親筆正契壹紙，身於契背面另有花押為記，以防加旺作弊

被告　年　歲係　村人　係長　管下
　　　年　歲係　村人　保長　管下
　　　年　歲係　村人　保長　管下
干證　年　歲係　村人　保長　管下
原差
繼承
[illegible]
批

紫甫催傳静候到日訊究毋庸多瀆
劉加旺呈詞並發白契附
宣統貳年五月廿八日呈

9.宣統二年五月廿八日劉煥新爲控劉加(嘉)旺違批運售人財兩回事呈狀　(4519：14–16) 25.9×62.8cm；(4519：17–18) 25.9×48.0cm；(4519：11) 25.9×15.4cm；(4519：12–13) 25.9×36.5cm　圖版裁狀式條例

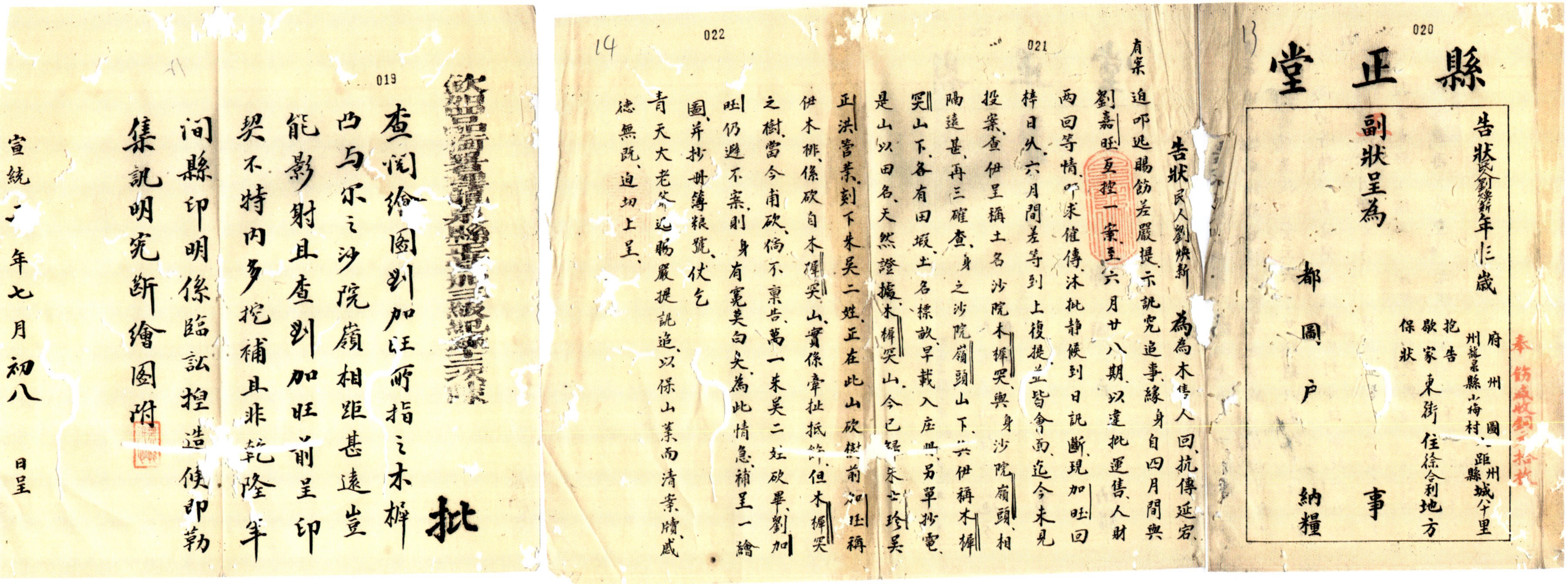

10.宣統二年七月初八日劉煥新爲控劉嘉旺木售人回抗傳延宕事呈狀　（4519：20–22）26.1×50.8cm；（4519：19）26.1×25.8cm

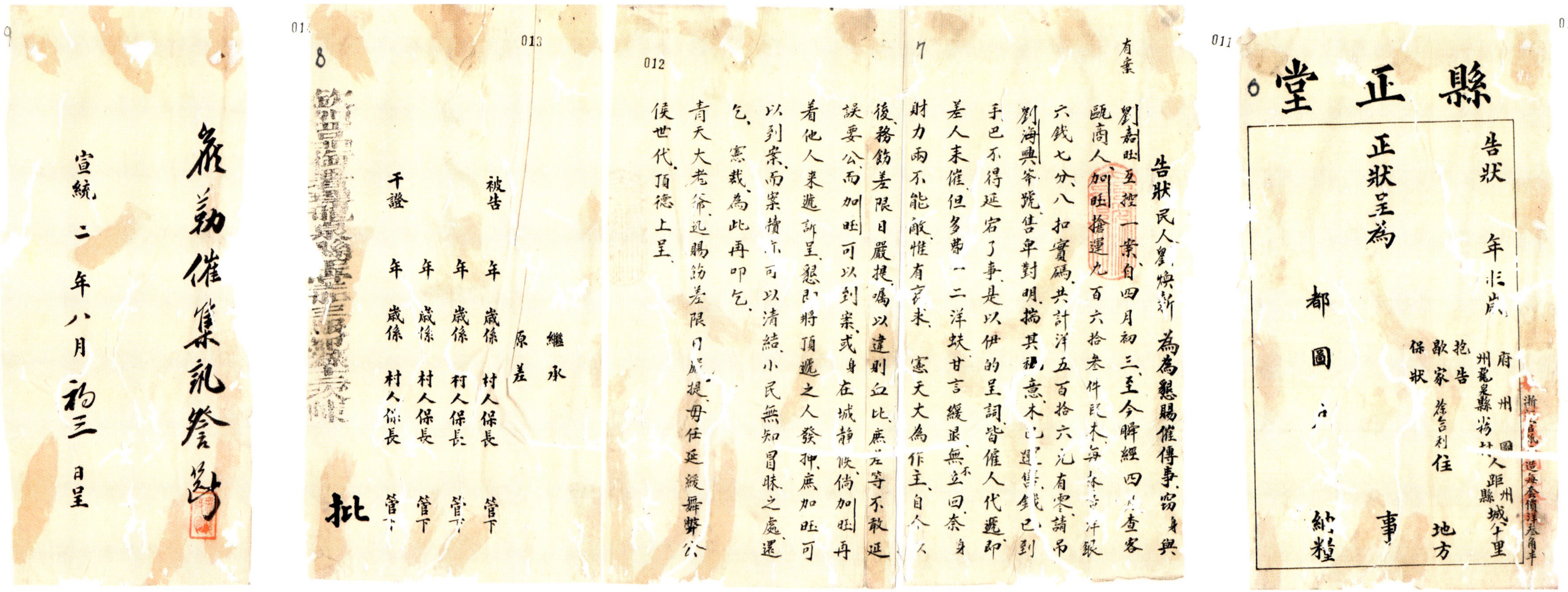

縣正堂

告狀　年　歲

正狀呈為　事

府　州　縣　都　圖　人　距州縣城　里

抱告　歇家　保狀　地方

有案

告狀民人劉煥新為懇賜催傳事。竊身與
劉嘉旺互控一案，自四月初三至今，瞬經四月。查客
甌商人劉加旺擔運九百六拾叁件紀木，每條合洋銀
六錢七分八扣，實碼共計洋五百拾六元有零，請吊
劉海興爷號售單對明，揣其私意，木已運售，錢已到
手，巴不得延宕了事，是以伊的呈詞皆催人代遞，即
差人來催，但多帶一二洋蚨，甘言緩退，無不立回，奈身
財力兩不能敵，惟有哀求
憲天大為作主，自今以
後務飭差限日嚴提，囑以違則立比，庶差等不敢延
誤要公，而加旺可以到案，或身在城靜候，倘加旺再
着他人來遞訴呈，懇即將頂遞之人發押，庶加旺可
以到案，而案牘亦可以清結，小民無知冒昧之處，還
乞
憲裁，為此再叩乞
青天大老爺迅賜飭差限日嚴提，毋任延緩舞弊，公
侯世代，頂德上呈。

被告　年　歲係　村人保長　管下

年　歲係　村人保長　管下

干證　年　歲係　村人保長　管下

原差

繼承

批

嚴飭催案訊奪

宣統二年八月初三日呈

11.宣統二年八月初三日劉煥新爲懇賜催傳事呈狀　（9854：10）25.5×14.5cm；（9854：11–12）26.0×27.6cm；（9854：13）26.0×14.6cm；（9854：14）26.0×11.2cm；（9854：15）25.0×12.8cm；（9854：16）26.0×14.0cm；（9854：17）26.0×13.8cm；（9854：18）22.7×14.2cm　圖版裁狀式條例

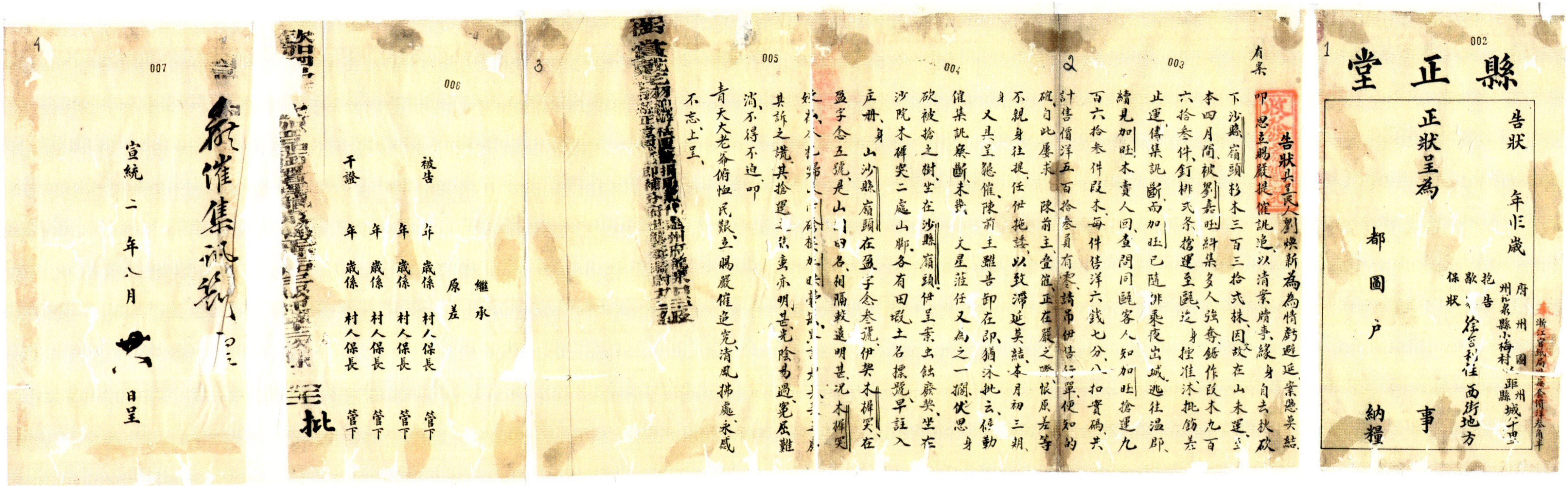
縣正堂

告狀

正狀呈為

有案

告狀具呈民人劉煥新為為情虧避延、案懸莫結，叩恩立賜嚴提催訊追、以清案牘事。緣身自去秋砍下沙縣嶺頭杉木三百三拾弍株，因故在山未運，去本四月間，被劉嘉旺糾集多人強奪，鋸作段木九百六拾叁件，釘排弍條，搶運至甌，迨身控准，沐批飭差止運，傳集訊斷，而加旺已隨排乘夜出城，逃往温郡，續見加旺木賣人回，查問同甌客人，知加旺搶運九百六拾叁件段木，每件售洋六錢七分，八扣實碼，共計售價洋五百拾叁員有零，請吊伊售行單，便知的確。自此屢求陳前主查催，正在嚴之際，恨原差等不親身往提，任伊拖諉，以致滯延莫結。本月初三期，身又具呈懇催，陳前主雖告卸在即，猶沐批云：傳勒催集訊察斷，未幾文星蒞任，又為之一擱。伏思身砍被搶之樹，坐在沙縣嶺頭，伊呈案出蝕廢契，坐在沙阬木𥖸奀二處山腳，各有田塅土名標號，早註入莊冊。身山沙縣嶺頭在盈字念叁號，伊契木𥖸奀在盈字念五號，是山[illegible]田名，相隔較遠，明甚，況木𥖸奀[illegible]其詐之謊，其搶運之[illegible]亦明甚。光陰易過，冤屈難消，不得不迫叩青天大老爺俯恤民艱，立賜嚴催追究，清風拂處，永感不忘。上呈。

被告

原差

干證

批

宣統二年八月廿八日呈

12.宣統二年八月廿八日劉煥新爲控劉嘉旺情虧避延案懸莫結事呈狀　（9854：2）26.1×14.5cm；（9854：3–4）26.0×30.1cm；（9854：5–6）26.0×32.2cm；（9854：7–8）26.0×29.4cm　圖版裁狀式條例

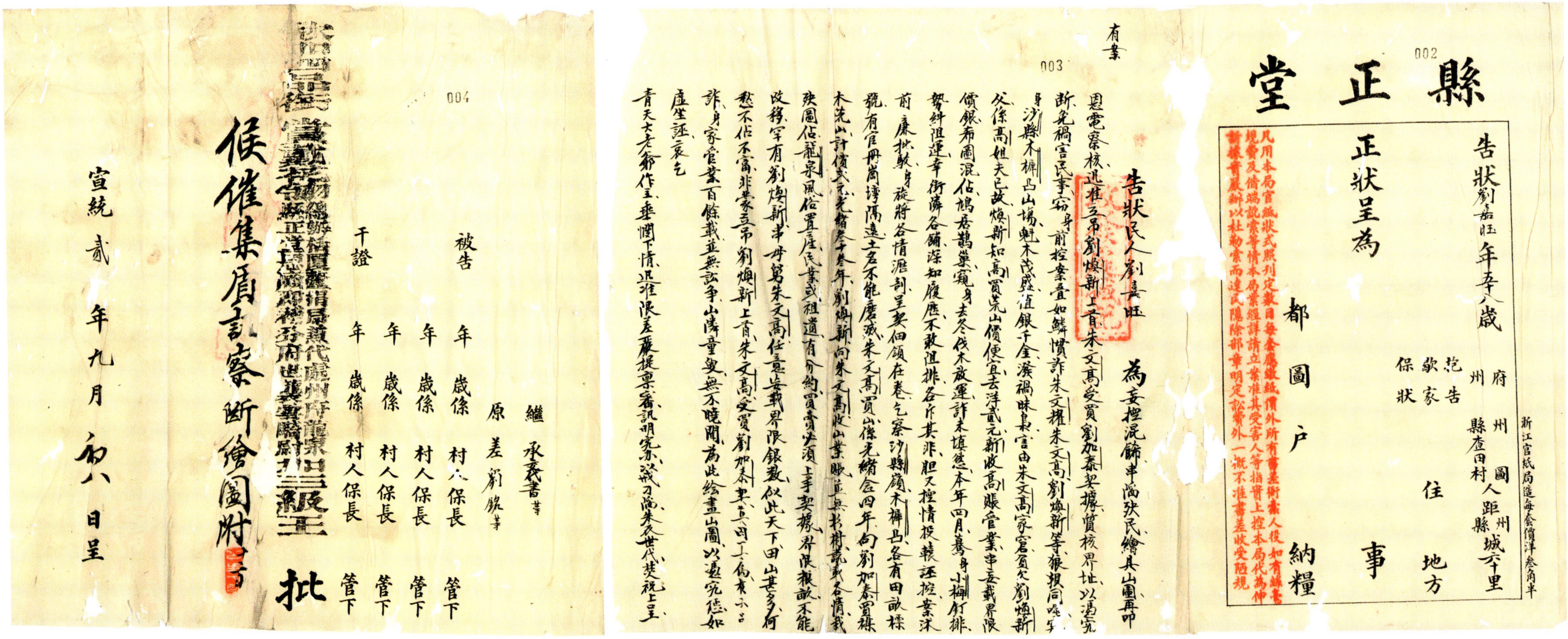

13.宣統二年九月初八日劉嘉旺爲控劉煥新妄捏混飾串陷殃民事呈狀　（8554：2–3）26.0×44.5cm；（8554：4–5）26.0×62.0cm；（8554：6）26.0×15.0cm；（8554：7）26.0×14.0cm；（8554：8）26.0×18.3cm　圖版裁狀式條例

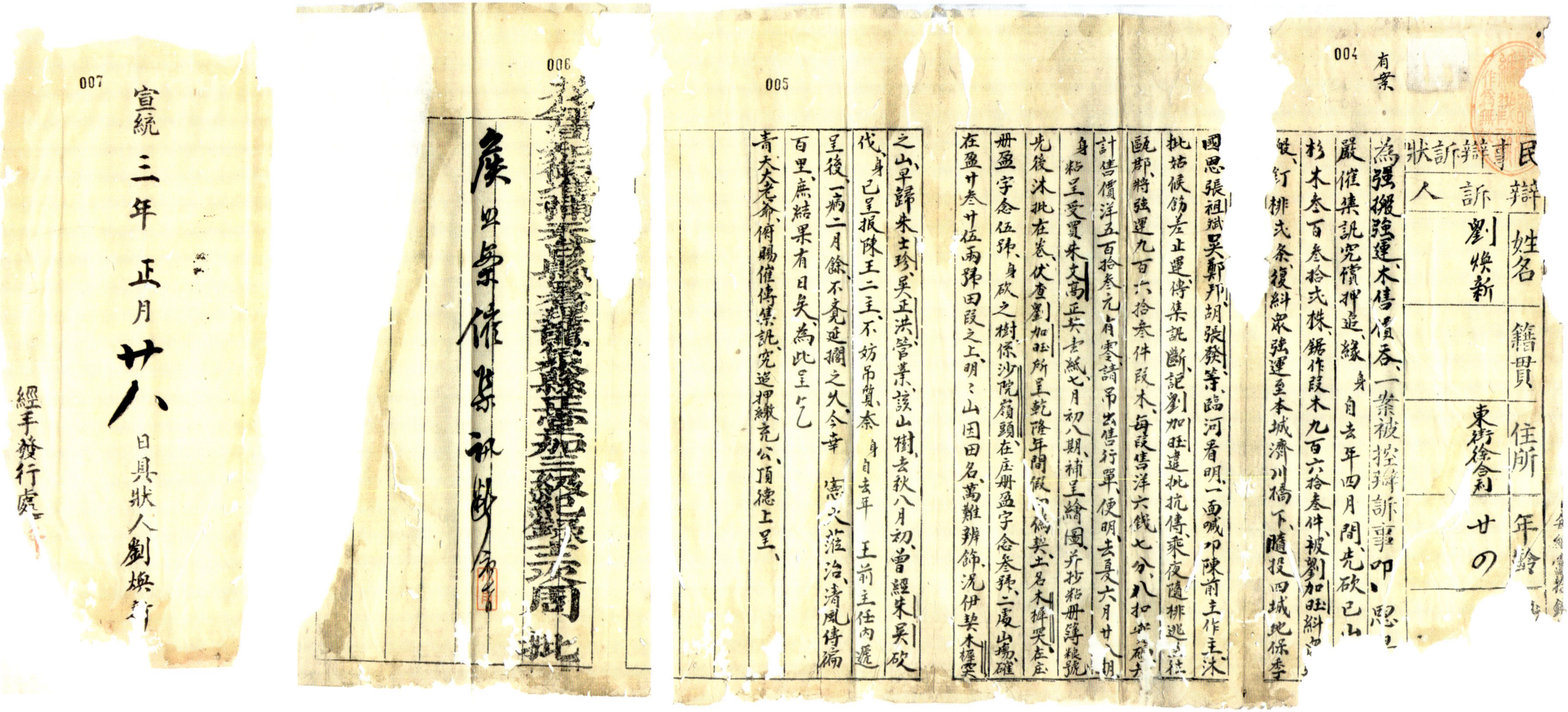

民事辯訴狀

辯訴人　姓名　劉焕新　籍貫　住所　東街徐合利　年齡　廿の

為强搬强運木售價吞，一案被控辯訴事。叩恩

嚴催集訊究償押追。緣身自去年四月間，先砍己山

杉木叁百叁拾弍株，鋸作段木九百六拾叁件，被劉加旺糾

夥，釘排弍条，復糾衆强運至本城濟川橋下，隨投四城地保李

國恩、張祖斌、吳鄭邦、胡張發等，臨河看明，一面喊叩陳前主作主，沐

批：姑候飭差止運，傳集訊斷。詎劉加旺違批抗傳，乘夜隨排逃往

甌郡，將强運九百六拾叁件段木，每段售洋六錢七分，八扣[illegible]

計售價洋五百拾叁元[illegible]零，請吊出售行單，便明。去夏六月廿[illegible]日

身粘呈受買朱文高正契，去歲七月初八期，補呈繪圖，并抄粘册簿糧號，

先後沐批在卷。伏查劉加旺所呈乾隆年間假[illegible]偽契，土名木[illegible]坪、在庄

册盈字念伍號，身砍之樹係沙院嶺頭，在庄册盈字念叁號，二處山場確

在盈廿叁、廿伍兩號田段之上，明明山因田名，萬難狡飾，况伊契木[illegible]

之山，早歸朱士琇、吳正洪管業，該山樹，去秋八月初，曾經朱吳砍

代，身已呈報陳王二主，不妨吊質。奈身自去年　王前主任内遞

呈後，一病二月餘，不克延擱之久。今幸　憲臺涖治，清風傳徧

百里，庶結果有日矣。為此呈乞

青天大老爺，俯賜催傳集訊，究追押繳充公，頂德上呈。

[illegible]

[illegible]候集訊[illegible]

宣統三年正月廿八日具狀人劉焕新

經手發行處

14.宣統三年正月廿八日劉煥新爲控劉加(嘉)旺强搬强運木售價吞事民事辯訴狀　（15215：4–6）27.0×41.3cm；（15215：7）24.6×11.4cm

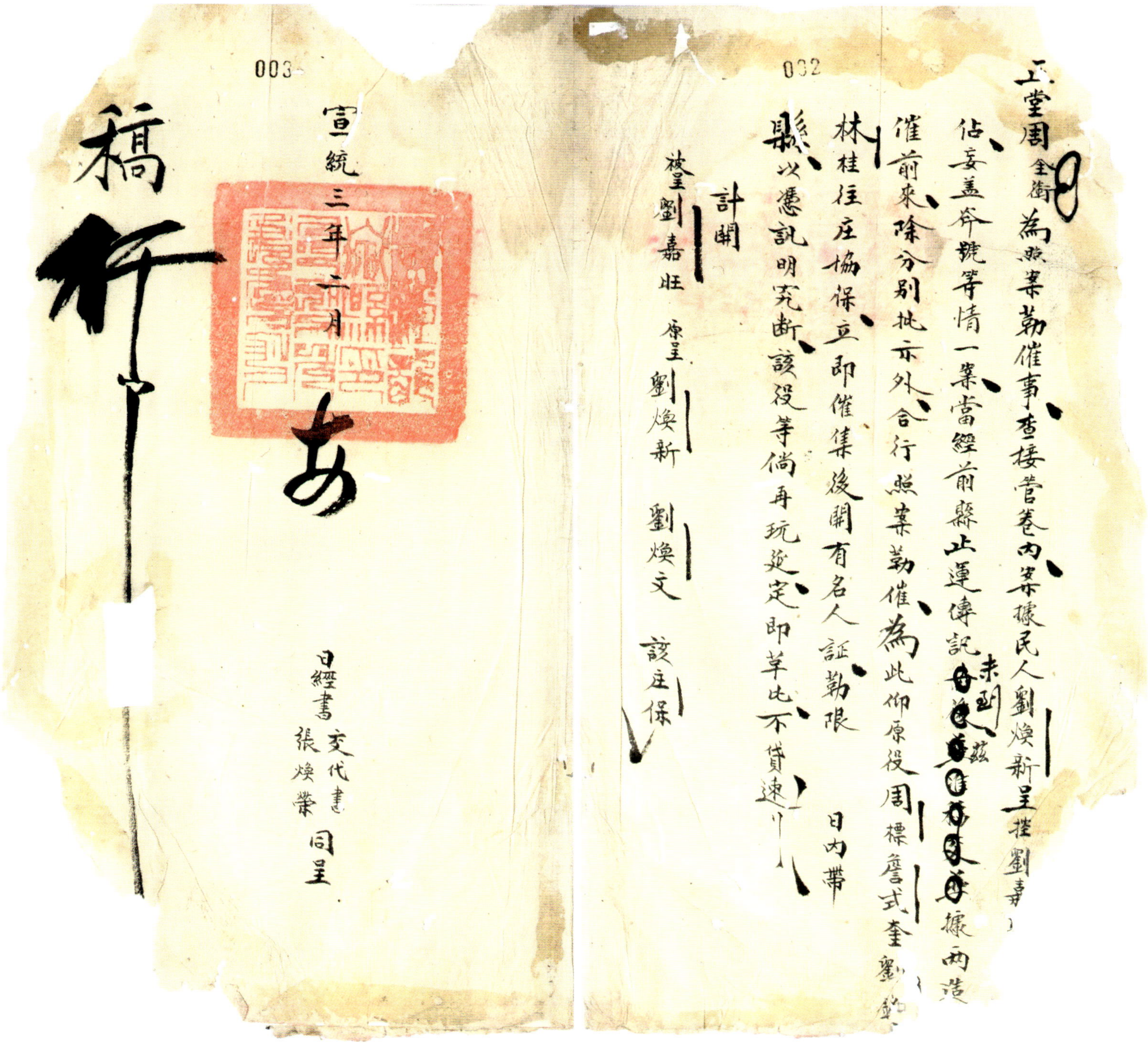
正堂周全銜　為照案勒催事。查接管卷內，案據民人劉煥新呈控劉嘉
佔妄蓋奔跳等情一案，當經前縣正堂傳訊，未到。茲據兩造
催前來。除分別批示外，合行照案勒催。為此仰原役周標、詹式奎、劉鈞
林桂，住庄協保，立即催集後開有名人證，勒限　日內帶
縣，以憑訊明究斷。該役等倘再玩延，定即革比不貸。速。
計開
被呈　劉嘉旺
原呈　劉煥新　劉煥文
該庄保
宣統三年二月　日
經書　張煥棠　交代書　同呈
稿　行

15.宣統三年二月十四日知縣周琛爲照案勒催劉嘉旺等事票(稿)　(15215：2-3)27.0×29.3cm

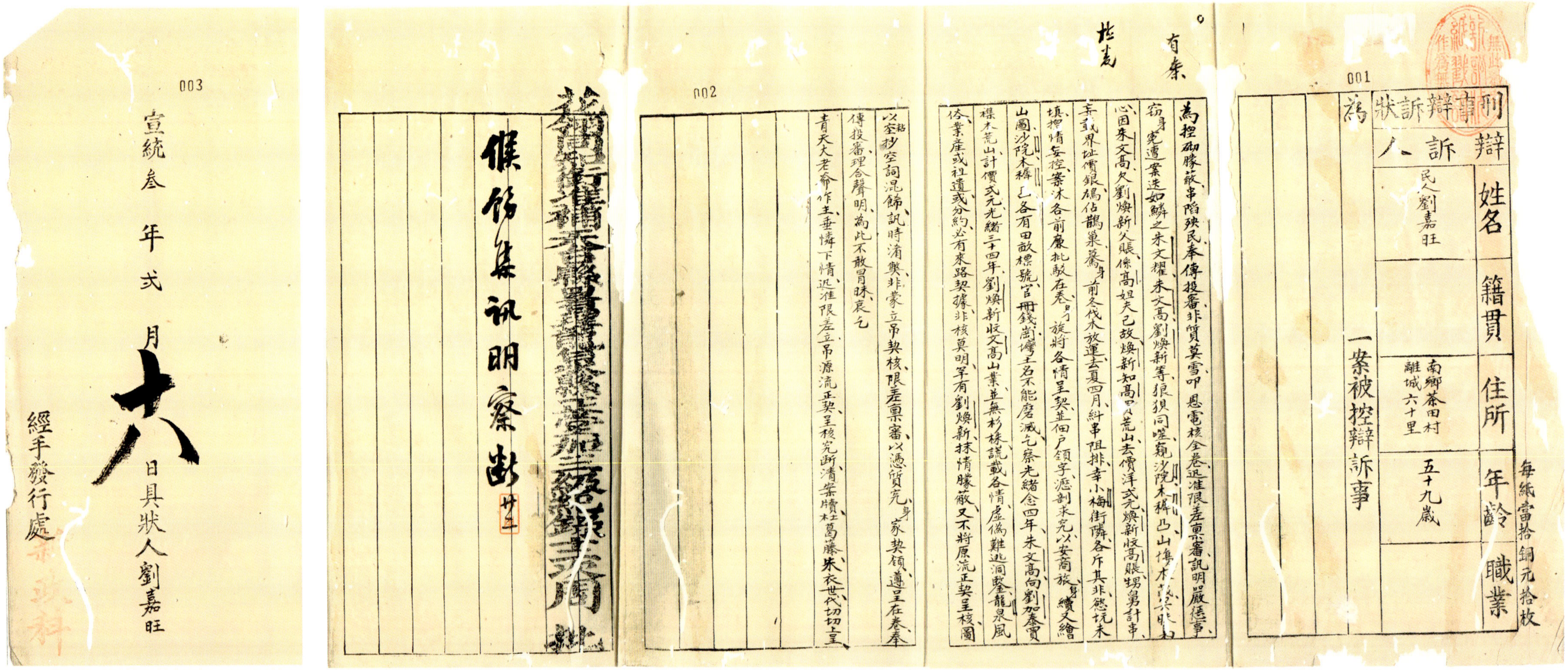
刑事辯訴狀
辯訴人
姓名 民人劉嘉旺
籍貫
住所 南鄉茶田村 離城六十里
年齡 五十九歲
職業
每紙當拾銅元拾枚
爲一案被控辯訴事
有案。
批悉
候飭集訊明察斷
宣統叁年弍月十八日具狀人劉嘉旺
經手發行處

16.宣統三年二月十八日劉嘉旺爲控劉煥新等捏砌朦蔽串陷殃民事刑事辯訴狀

（3498：1–2）26.9×54.8cm；（3498：3）26.9×48.9cm　圖版裁空白頁

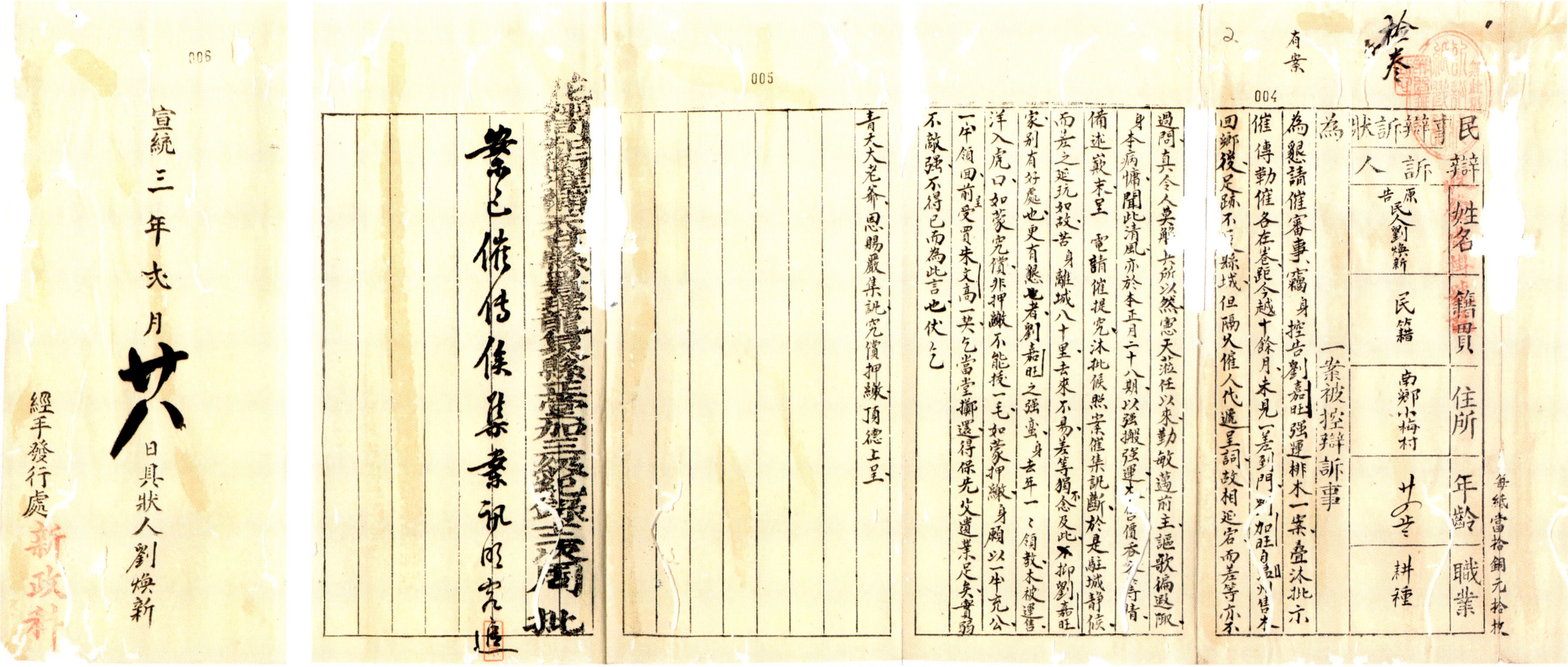

檢卷
有案

民事辯訴狀

辯訴人	姓名	籍貫	住所	年齡	職業
	原告民人劉煥新	民籍	南鄉小梅村	廿七歲	耕種

每紙當拾銅元拾枚

為一案被控辯訴事

為懇請催審事、竊身控告劉嘉旺強運排木一案，叠沐批示催傳勤催，各在卷。距今越十餘月，未見一差到門，劉加旺自[illegible]售木回鄉後，足跡不[illegible]縣城，但隔火催人代遞呈詞，故相延宕，而差等亦不過問，真令人莫[illegible]其所以然。憲天蒞任以來，勤敏邁前，主謳歌徧遐陬，身本病慵，聞此清風，亦於本正月二十八期以強搬強運木[illegible]價吞[illegible]等情備述籲呈。電請催提究沐批候照案催集訊斷，於是駐城靜候，而差之延玩如故。苦身離城八十里，去來不易，差等獨不念及此。抑劉嘉旺家別有好處也，更有懇也者。劉嘉旺之強蠻，身去年一一領教，木被運售，洋入虎口，如蒙究償，非押繳不能拔一毛，如蒙押繳，身願以一半充公，一半領回，前受買朱文高一契，乞當堂擲還，得保先父遺業，足矣。身貧弱不敵強，不得已而為此言也。伏乞

青天大老爺恩賜嚴集訊究，償押繳，頂德上呈。

[illegible]批

案已催傳集案訊明究追

宣統三年弍月廿八日具狀人劉煥新

經手發行處新政社

17.宣統三年二月廿八日劉煥新爲懇請催審事民事辯訴狀　（3498：4）27.1×29.4cm；（3498：5–6）27.1×63.4cm　圖版裁空白頁

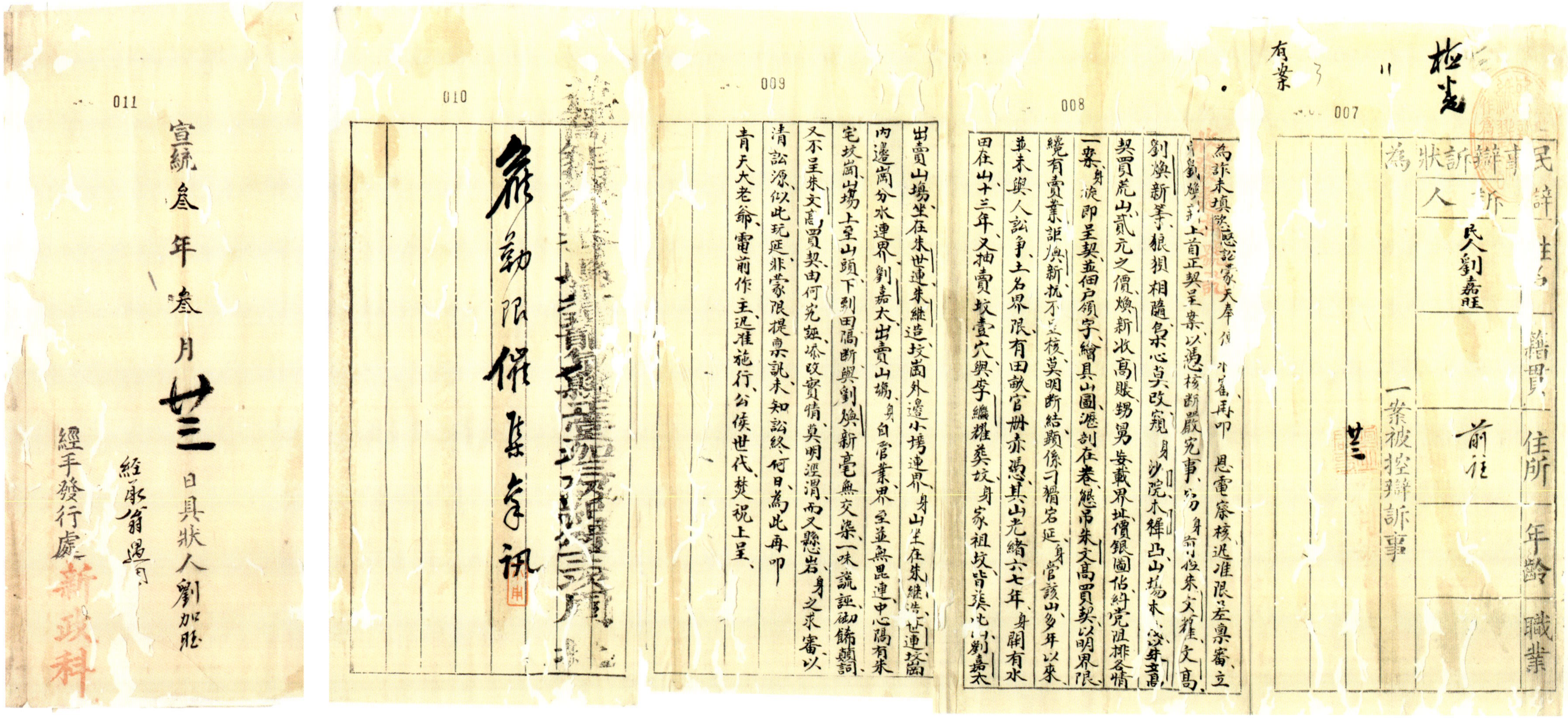

民事辯訴狀

辯訴人 民人劉嘉旺

住所 前往

爲狀訴一案被控辯訴事

廿三

有案

爲詐未填慾慫訟蒙天恩電察核，迅准限差稟審，立

劉煥新上首正契呈案，以憑核斷，嚴究事。竊身前於朱文雅、文高

契買荒山，貳元之價，煥新收高賬，甥舅妄載界址，價銀圖佔，糾黨阻排各情

一案，身旋即呈契並佃戶領字、繪具山圖，湮剖在卷，懇吊朱文高買契，以明界限

繞有賣業，詎煥新抗不呈核，莫明斷結，顯係刁猾宕延。身嘗該山多年以來

並未與人訟爭。土名界限，有田畝官冊亦憑。其山光緒六七年，身嗣有水

田在山十三年，又抽賣坟壹穴與李繼耀葬坟，身家祖坟皆葬此，劉嘉太

出賣山場，坐在朱世連、朱繼造坟崗外邊小塆連界，身山坐在朱繼造、世連坟崗

內邊崗分水連界，劉嘉太出賣山場，身自管業界至並無毘連，中心隔有朱

宅坟崗，山場上至山頭，下到田隔斷，與劉煥新毫無交染。一味謊誣，砌飾顛詞

又不呈朱文高買契，由何究誣？添改實情，莫明涇渭，而又懸宕。身之求審以

清訟源。似此玩延，非蒙限提稟訊，未知訟終何日。爲此再叩

青天大老爺電前作主，迅准施行。公侯世代，焚祝上呈。

飭勒限催集審訊

宣統叁年叁月廿三日具狀人劉加旺

經承翁遇

經手發行處 新政科

18.宣統三年三月廿三日劉嘉旺爲控劉焕新等詐未填慾慫訟蒙天事民事辯訴狀

（3498：7）27.0×16.3cm；（3498：8–10）26.9×37.5cm；（3498：11）26.9×51.9cm　圖版裁空白頁

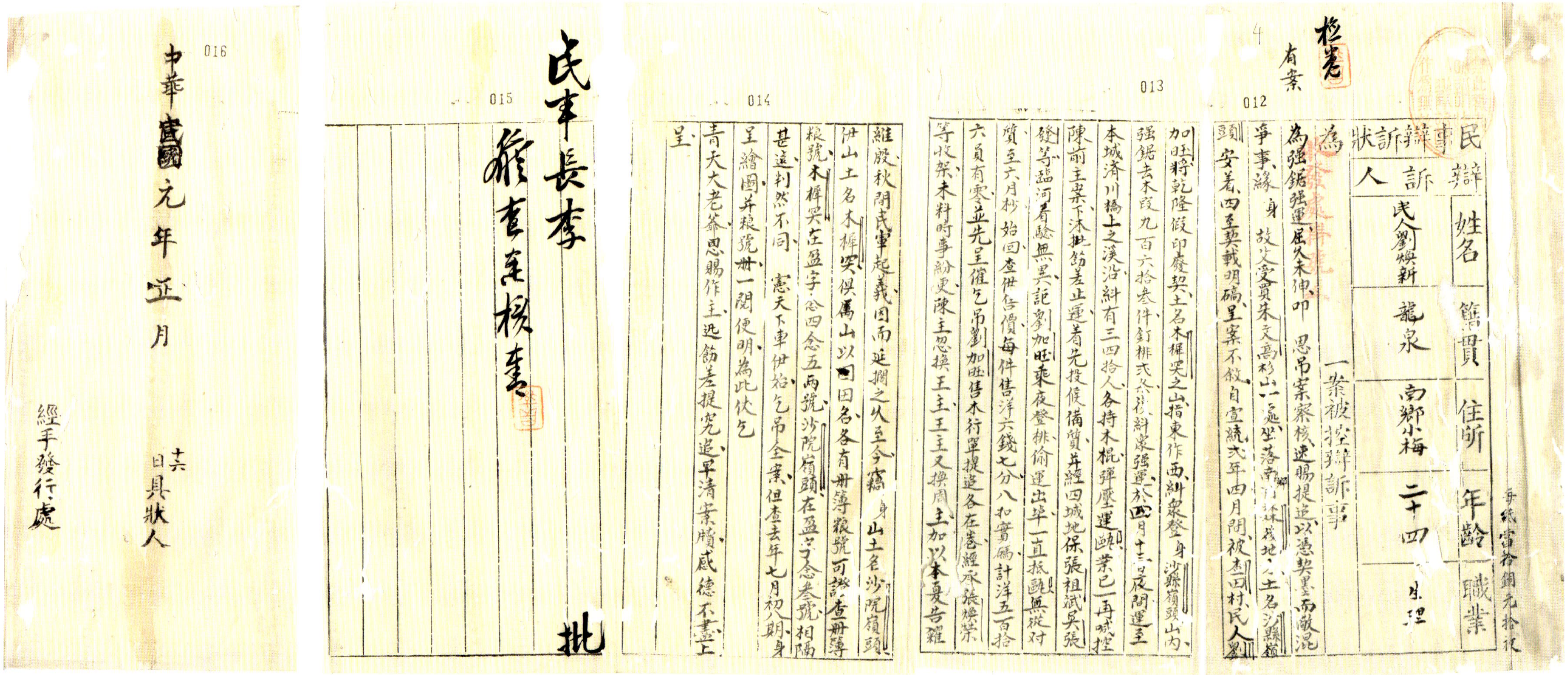

每紙當拾銅元拾枚

民事辯訴狀

辯訴人	姓名	籍貫	住所	年齡	職業
	民人劉煥新	龍泉	南鄉小梅	二十四	生理

為一案被控辯訴事

為强鋸强運，屈久未伸，叩恩吊案察核，速賜提追，以憑契墨而儆混爭事。緣身故父受買朱文高杉山一處，坐落南鄉小梅林後地，土名沙縣嶺頭，安着四至，契載明確，呈案不敘。自宣統弍年四月間，被杢田村民人劉加旺將乾隆假印廢契，土名木樨岙之山，指東作西，糾衆登身沙縣嶺頭山內，强鋸去木段九百六拾叁件，釘排弍各，後糾衆强運，於四月十三日夜間運至本城濟川橋上之溪沿，糾有三四拾人，各持木棍彈壓運甌。業已一再呈控，陳前主案下沐批，飭差止運，着先投候備質。并經四城地保張祖斌、吳張發等臨河看驗無異，記劉加旺乘夜盜排偷運出境，一直抵甌，無從対質。至六月杪始回，查伊售價每件售洋六錢七分八，扣實確計洋五百拾六員有零。並先呈催乞吊劉加旺售木行單提追，各在卷。經承張煥榮等收架，未料時事紛更，陳主忽換王主，王主又換周主，加以本夏吿糴，雖殷秋間民軍起義，因而延擱之以至今。竊身山土名沙院嶺頭，伊山土名木樨岙，俱屬山以口田名，各有冊簿粮號可證。查冊簿粮號，木樨岙在盈字念四、念五兩號，沙院嶺頭在盈字念叁號，相隔甚遠，判然不同。憲天下車伊始，乞吊全案，但查去年七月初八期身呈繪圖并粮號冊一閱，便明。為此伏乞青天大老爺恩賜作主，迅飭差提究追，早清案牘，感德不盡。上呈。

有案

民事長李

[illegible]查案核奪

批

中華民國元年正月十六日具狀人

經手發行處

19.民國元年正月十六日劉煥新爲控劉加(嘉)旺强鋸强運屈久未伸事民事辯訴狀　(3498：12–16) 27.0×103.5cm　圖版裁空白頁

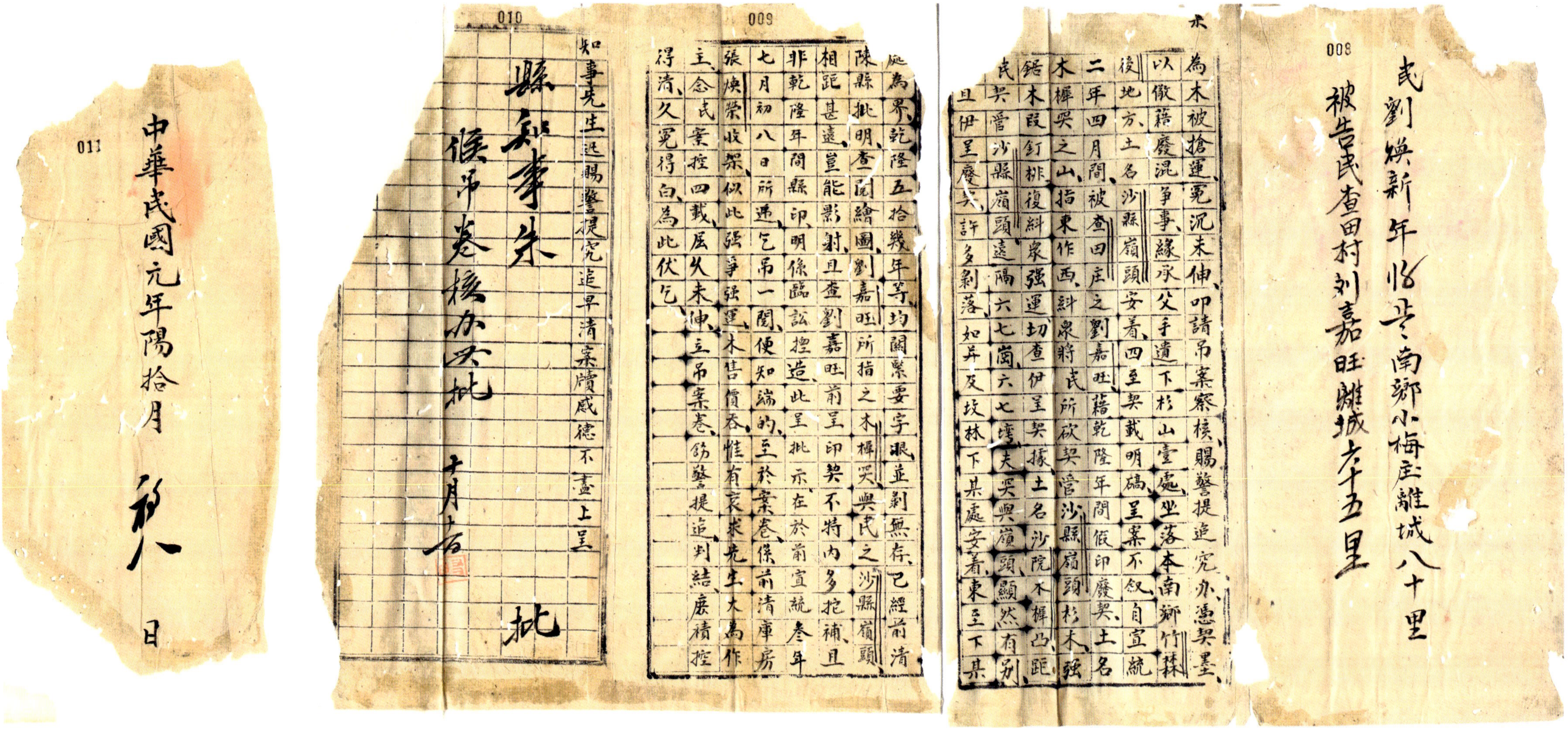
民劉煥新年[illegible]南鄉小梅庄離城八十里
被告民查田村劉嘉旺離城七十五里

為木被搶運冤沉未伸，叩請吊案察核，賜警提追究，办憑契墨以儆藉廢混爭事。緣承父手遺下杉山壹處，坐落本南鄉竹林後地方，土名沙縣嶺頭安着，四至契載明確，呈案不敘。自宣統二年四月間，被查田庄之劉嘉旺藉乾隆年間假印廢契，土名木樨[illegible]之山，指東作西，斜界將民所砍契管沙縣嶺頭杉木强鋸木段，釘排復斜眾强運。切查伊呈契據土名沙院木樨凸，距民契管沙縣嶺頭遠隔六七崗、六七灣，夫[illegible]與嶺頭顯然有別。且伊呈廢契許多剝落，如弃及坟林下某處安着，東至下某處為界，乾隆五拾幾年等均關緊要字眼並剝無存，已經前清陳縣批明查閱繪圖，劉嘉旺所指之木樨[illegible]與民之沙縣嶺頭相距甚遠，豈能影射。且查劉嘉旺前呈印契，不特內多挖補，且非乾隆年間縣印，明係臨訟捏造。此呈批示在於前宣統叁年七月初八日所递，乞吊一閱，便知端的。至於案卷，係前清庫房張煥榮收架。似此强爭强運，木售價吞，惟有哀求知事先生大為作主，念民案控四載，屈久未伸，立吊案卷，飭警提追判結，庶積控得清，久冤得白。為此伏乞
知事先生迅賜警提究追，早清案牘，感德不盡。上呈
縣知事朱
候吊卷核办此批
十月十日
批
中華民國元年陽拾月初八日

20.民國元年陽十月初八日劉煥新爲控劉嘉旺木被搶運冤沉未伸事呈狀　（15215：8–10）27.6×48.9cm；（15215：11）23.3×11.4cm

二〇　宣統二年葉佐邦控周繼明聽唆棚詐案

一、內容提要

「宣統二年（一九一零）葉佐邦控周繼明聽唆棚詐案」相關檔案保存於12627號卷宗，其中包括宣統二年四月至宣統三年（一九一一）六月訴訟過程中形成的各式狀紙十一件，票（稿）五件，稟一件。該案案情，據原呈葉佐邦稱，周繼明於宣統二年三月下旬盜砍其山場杉木三株，被葉佐邦拏獲，經投甲長武生葉登鰲理罰。後因周繼明挾嫌，聽信金奕正唆弄，於四月初二日糾集棍徒到葉佐邦家敲詐勒索，毀壞財物。該案新詞未見，宣統二年四月十一日知縣陳啓謙簽發信票，調查葉佐邦所控情況是否屬實。據毛吉等差役稟復，陳啓謙認爲所控不實，并將該案注銷。此後葉佐邦、周繼明、金奕正均有呈狀被駁回，直至五月廿八日周繼明呈控葉佐邦强佔田業的呈狀獲准理。葉佐邦則反控周繼明搶割田稻，歷任知縣陳啓謙、王某與周琛等多次簽票傳訊，周繼明抗票不案，葉佐邦反復催呈，均無結果。

二、檔案索引

編號	時間	作者	內容	類型	卷宗號	原卷宗頁碼
1	宣統二年四月十一日	知縣陳啓謙	爲飭查押退事	票(稿)	12627	2
2	(時間不詳)〔一〕	差役毛吉等	爲飭查押退回轅稟明事	稟	12627	4
3	(時間不詳)〔二〕	葉佐邦	控周繼明	呈狀	12627	3
4	宣統二年四月廿三日	周繼明	爲控葉佐邦黑夜綑縛倒累反誣事	呈狀	12627	6—7、5、8
5	宣統二年四月廿八日	葉佐邦	爲控周繼明棚詐情虧捏詞飾訴事	呈狀	12627	9—10、51—52
6	宣統二年五月廿三日	金奕正	爲控葉佐邦霹遭綑縛沉冤未伸事	呈狀	12627	48—50、26—28
7	宣統二年五月廿八日	周繼明	爲控葉佐邦背買强佔返肆逞兇事	呈狀	12627	29—32
8	宣統二年六月初七日	知縣陳啓謙	爲提訊周繼明等事	票(稿)	12627	47、46

〔一〕時間缺失，因該文書是差役執行「宣統二年四月十一日知縣陳啓謙爲飭查押退事票(稿)」的回稟，故列於其後。

〔二〕時間缺失，批詞內稱「此案昨據差稟查訪村鄰周繼明并無坐家吵鬧之事」，故列於前稟之後。

9	宣統二年六月廿三日	葉佐邦	爲控周繼明聽唆誣控契業莫憑事	呈狀	12627	43–45、41–42、33–34
			附1 光緒十九年六月廿九日李正榮割單抄件	粘呈	12627	35
			附2 光緒十一年十二月十六日周國選立杜清契抄件	粘呈	12627	36–38
			附3 光緒五年十二月十六日周國選立賣契抄件	粘呈	12627	39–40
10	宣統二年七月初五日	(知縣陳啓謙)	爲提訊葉佐邦等事	票(稿)	12627	54–55
11	時間不詳〔一〕	葉佐邦	爲控周繼明抗契不呈膽敢搶割事	呈狀	12627	53、11
12	宣統二年十一月十二日	(知縣陳啓謙)	爲飭吊催提葉佐邦等事	票(稿)	12627	15–16
13	宣統三年三月十八日	葉佐邦	爲控周繼明迅賜飭差吊契事	民事訴訟狀	12627	13–14
14	(宣統三年三月十八日)〔二〕	周繼明	爲控葉佐邦揑造契據愈佔愈强事	民事辯訴狀	12627	19–22
15	宣統三年四月初八日	知縣周琛	爲照案催吊勒提葉佐邦等事	票(稿)	12627	17–18
16	宣統三年四月十八日	葉佐邦	爲控周繼明抗吊不呈藐法實甚事	民事訴訟狀	12627	23–25
17	宣統三年六月卅日	葉佐邦	爲控周繼明賄差蕩案冀圖搶割事	稟狀	12627	12

〔一〕時間缺失，呈詞内稱「六月廿三期訴控地惡周繼明等……不料周繼明……膽敢本十四日聽信王錦生……」，據此推測時間至少在七月十四日之後，故列於此。

〔二〕時間缺失，狀頭書有日期「十八」，批詞内稱「批葉佐邦呈内，該民即檢管業契據先行呈驗，勿延」，宣統三年三月十八日葉佐邦民事訴訟狀批詞稱「候照案吊契傳訊察斷，周繼明呈詞并發」，據此推定時間爲宣統三年三月十八日。

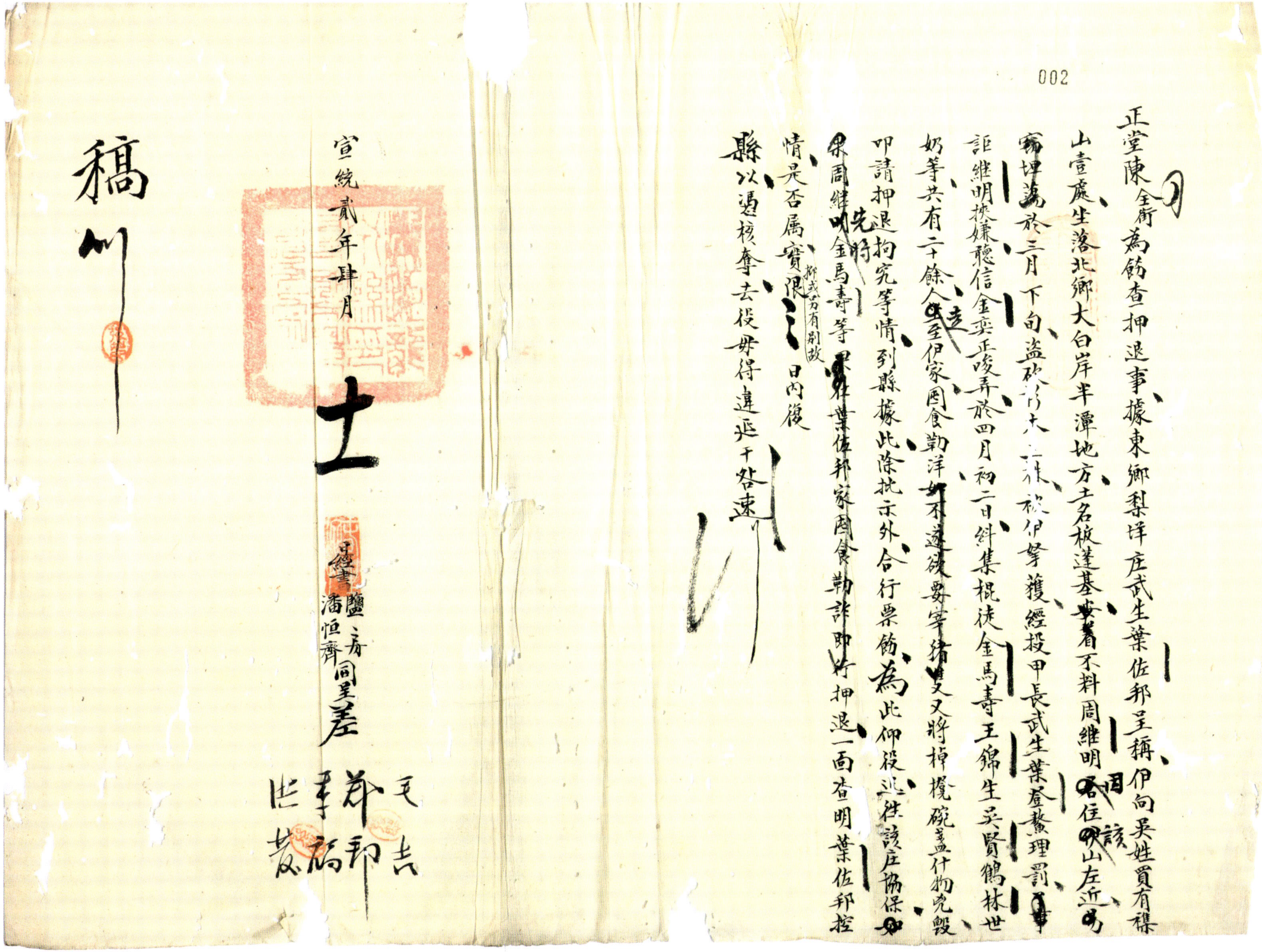
正堂陳全銜　爲飭查押退事。據東鄉梨洋庄武生葉佐邦呈稱，伊向吳姓買有樣
山壹處，坐落北鄉大白岸半潭地方，土名板蓮基安着。不料周繼明同住該山左近，勾
串押蕩於三月下旬盜砍杉木三株，被伊拏獲，經投甲長武生葉奮鰲理罰了事。
詎繼明挾嫌，聽信金要正唆弄，於四月初二日糾集棍徒金馬壽、王錦生、吳賢鶴、林世
奶等共有二十餘人，至伊家圖食勒洋，如不遂欲，要挙豬隻，又將棹椅碗盞什物毀
叩請押退拘究等情到縣。據此，除批示外，合行票飭。爲此仰役迅往該庄，協保
果周繼明先將金馬壽等串在葉佐邦家圖食勒詐，即行押退，一面查明葉佐邦控
情是否屬實，限三日內復
縣以憑核奪。去役毋得違延干咎。速。
宣統貳年肆月　十一　日
稿

1.宣統二年四月十一日知縣陳啓謙爲飭查押退事票(稿)　(12627：2) 29.0×42.5cm

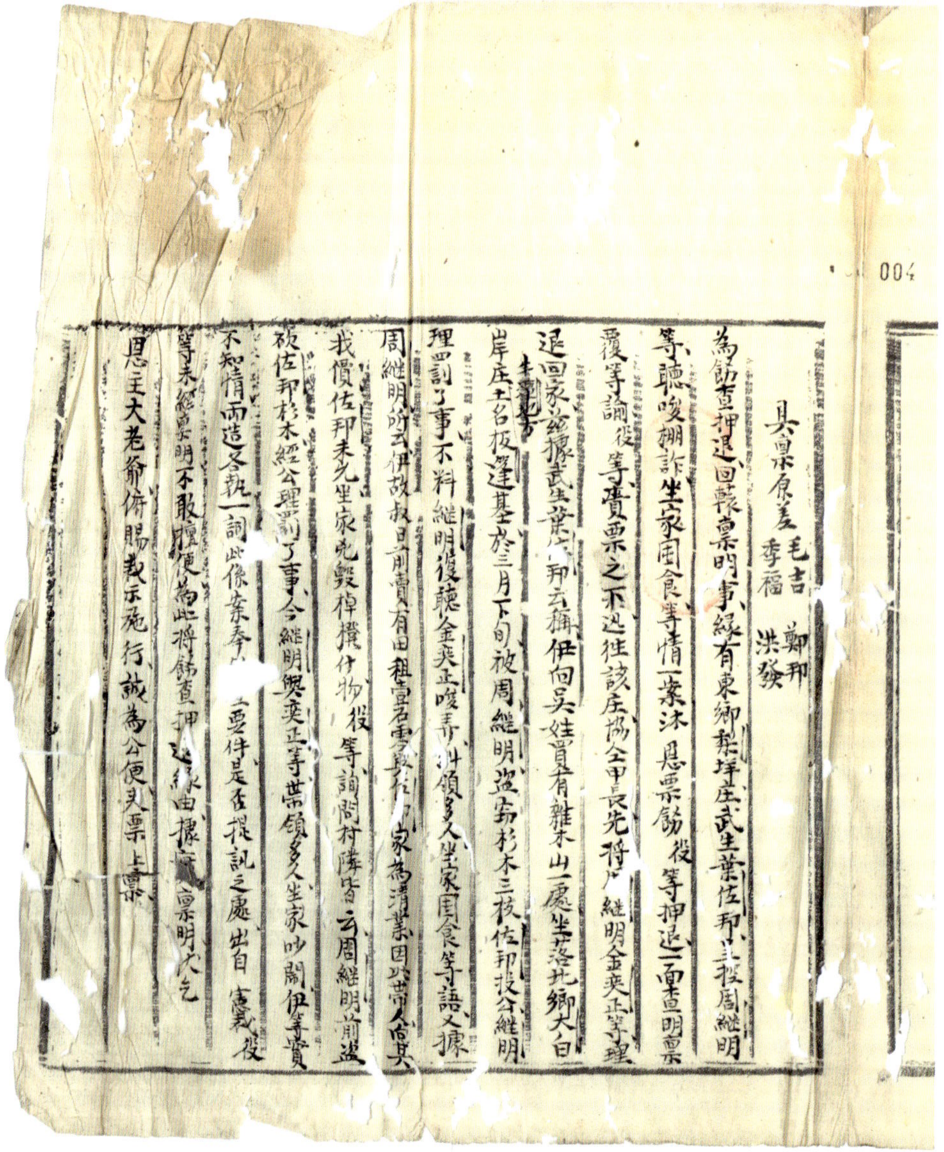

具稟原差毛吉 季福 鄭邦 洪發

為飭查押退回轅稟明事。緣有東鄉梨垟庄武生葉佐邦主控周繼明等聽唆捌詐、坐家囤食等情一案，沐恩票飭役等押退，一面查明稟覆。等諭役等賫票之下，迅往該庄協仝甲長先將周繼明、金奕正等押退回家。茲據武生葉佐邦云稱，伊向吳姓買有雜木山一處，坐落北鄉大白岸庄，土名枚逢基，於三月下旬被周繼明盜砍杉木三枝，佐邦投公，繼明理罰了事。不料繼明復聽金奕正唆弄，糾領多人坐家囤食等語。又據周繼明所云，伊故叔日前賣有田租壹石零與佐邦家為清業，因以其找價佐邦未允，坐家免毀擾什物。役等詢問村鄰，皆云周繼明前盜砍佐邦杉木，經公理罰了事。今繼明與奕正等帶領多人坐家吵鬧，伊等實不知情而造各執一詞。此係案奉□要件，是否捏訛之處，出自憲裁。役等未經稟明，不敢擅便。為此將飭查押退緣由據實稟明，伏乞

恩主大老爺俯賜裁示施行，誠為公便。具稟上稟

2.(時間不詳)差役毛吉等爲飭查押退回轅稟明事稟

（12627：4）29.0×30.2cm　圖版裁封頁

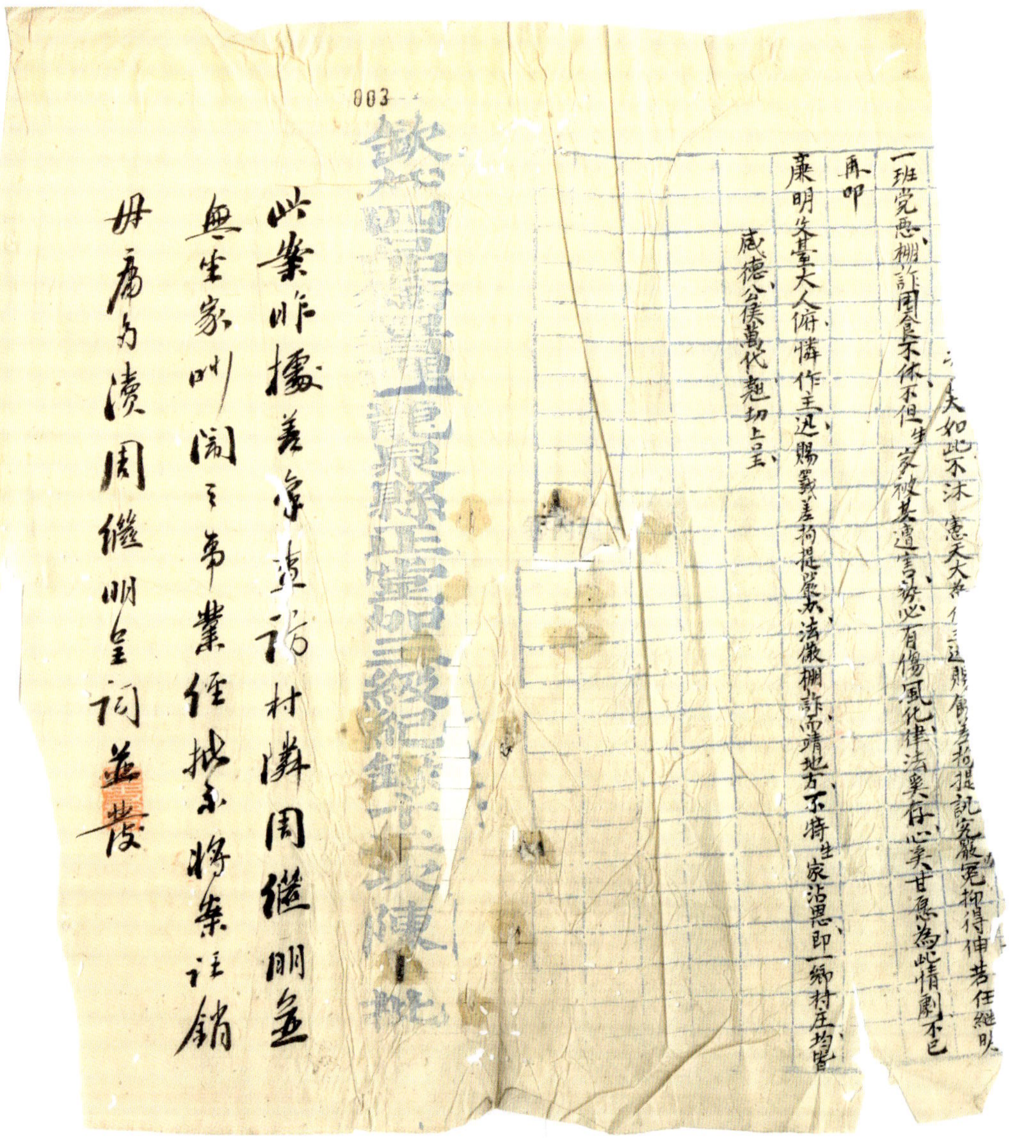

……矣。如此不沐憲天大老爺迅賜飭差拘提訊究，嚴冤抑得伸，若任繼明

一班党惡捌詐，囤食不休，不但生家被其遭害，勢必有傷風化，律法奚存，心奚甘息。為此情急不已，

再叩

廉明父臺大人俯憐作主，迅賜飭差拘提，以蔽法徽捌詐而靖地方，不特生家沾恩，即一鄉村庄均皆

感德公侯萬代，匍切上呈。

龍泉縣正堂加三級紀錄□次陳　批

此案昨據葉佐邦遣訴村鄰周繼明呈，

無生家吵閙之事，業經批示，將案註銷，

毋庸另瀆。周繼明呈詞並發。

3.(時間不詳)葉佐邦控周繼明呈狀

（12627：3）28.2×26.5cm

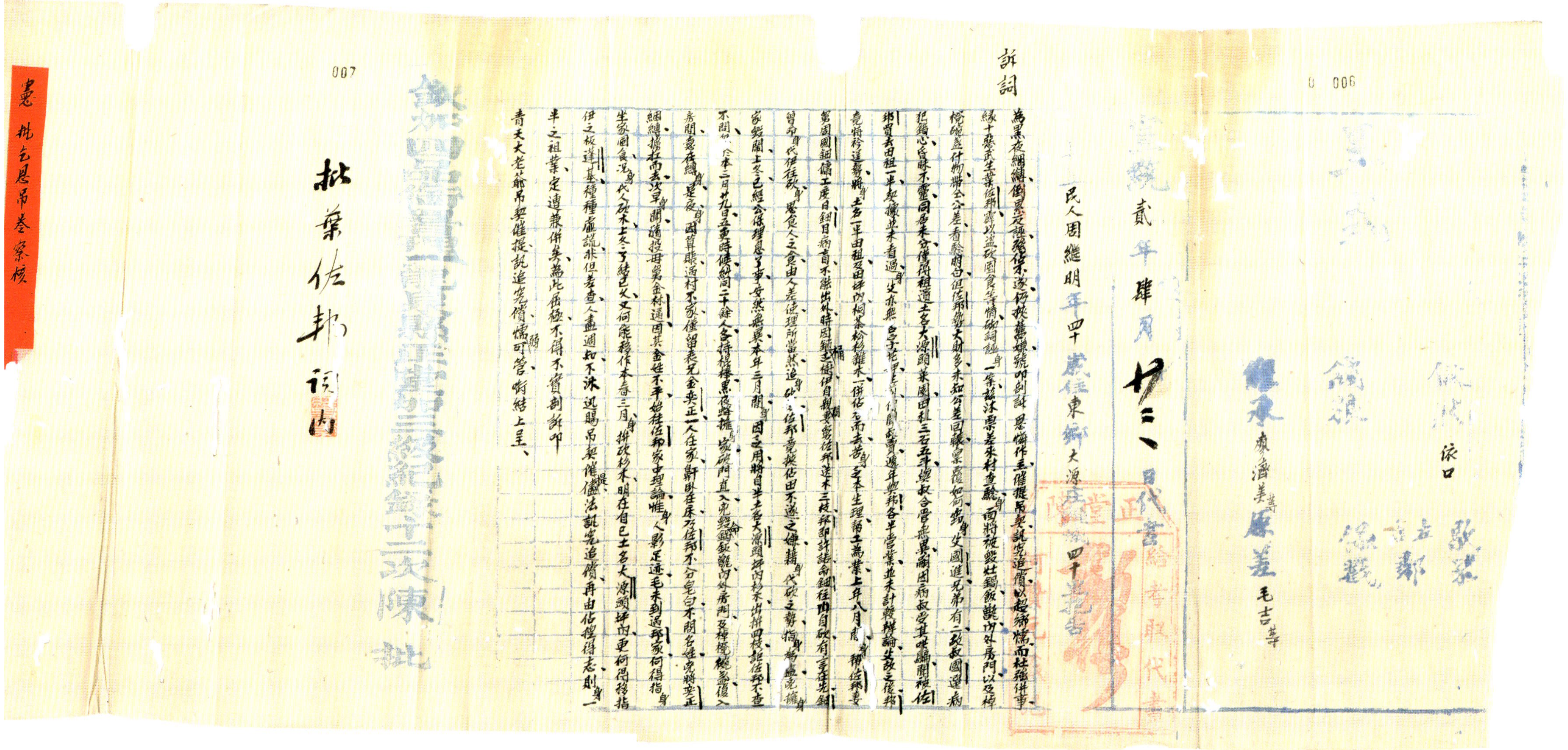

4.宣統二年四月廿三日周繼明爲控葉佐邦黑夜綑縛倒彚反誣事呈狀

（12627：6–7）28.7×66.0cm；（12627：5）28.4×13.5cm；（12627：8）28.5×34.4cm　圖版裁狀式條例

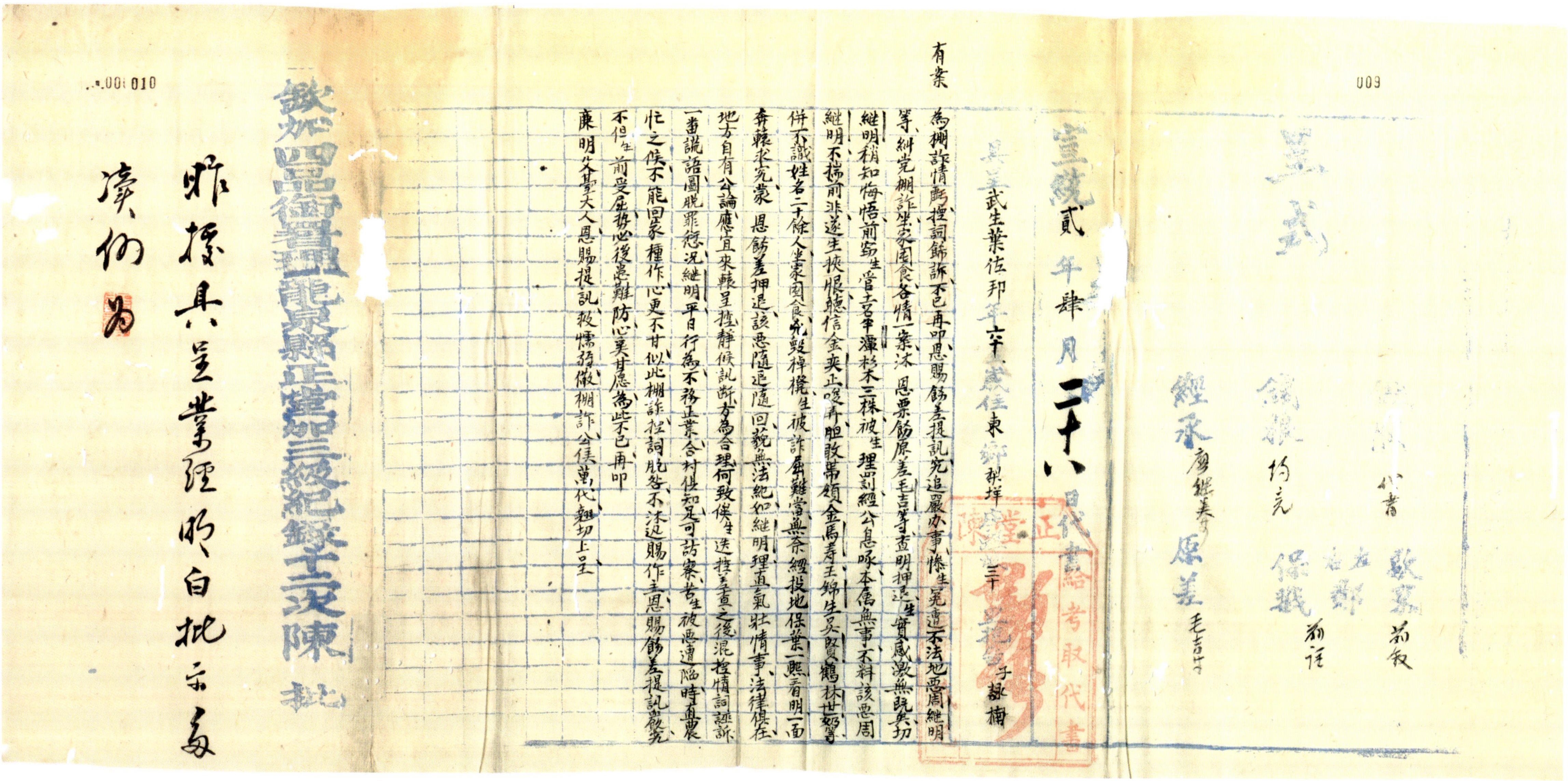

5.宣統二年四月廿八日葉佐邦爲控周繼明棚詐情虧捏詞飾訴事呈狀

（12627：9–10）28.5×64.3cm；（12627：51–52）28.6×36.0cm　圖版裁狀式條例

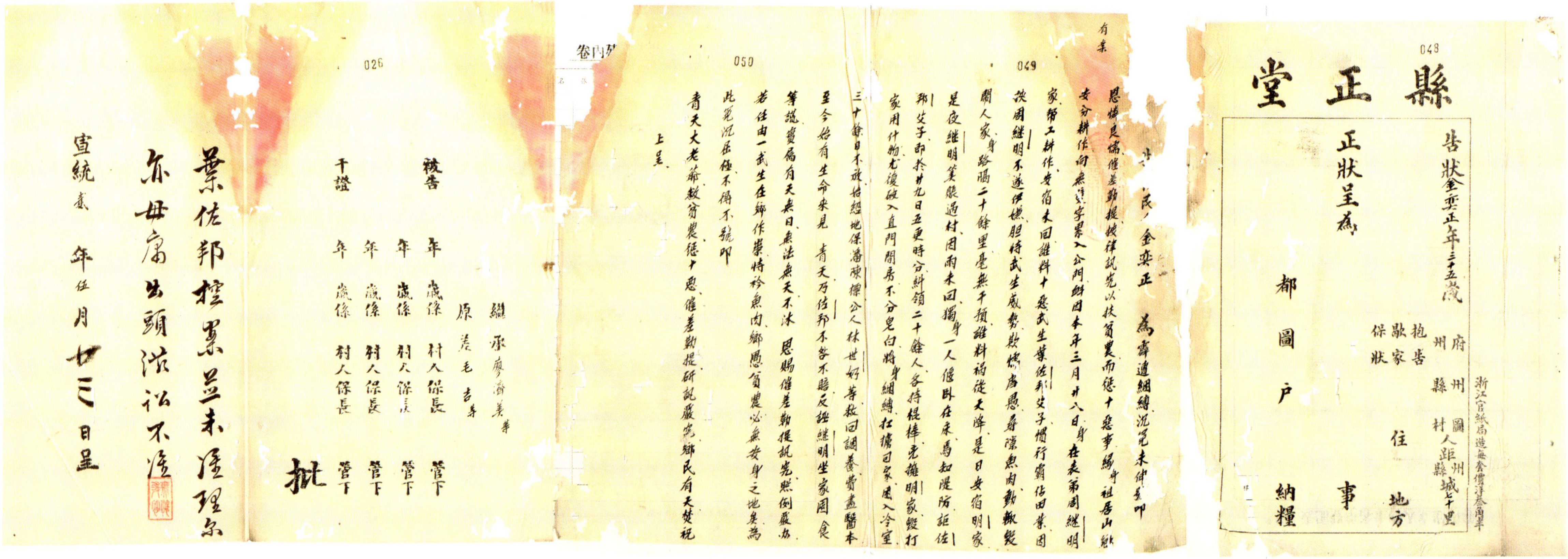

6.宣統二年五月廿三日金奕正爲控葉佐邦霹遭綑縛沉冤未伸事呈狀

（12627：48）26.0×20.0cm；（12627：49–50）26.0×31.5cm；（12627：26–28）26.0×104.0cm　圖版裁狀式條例

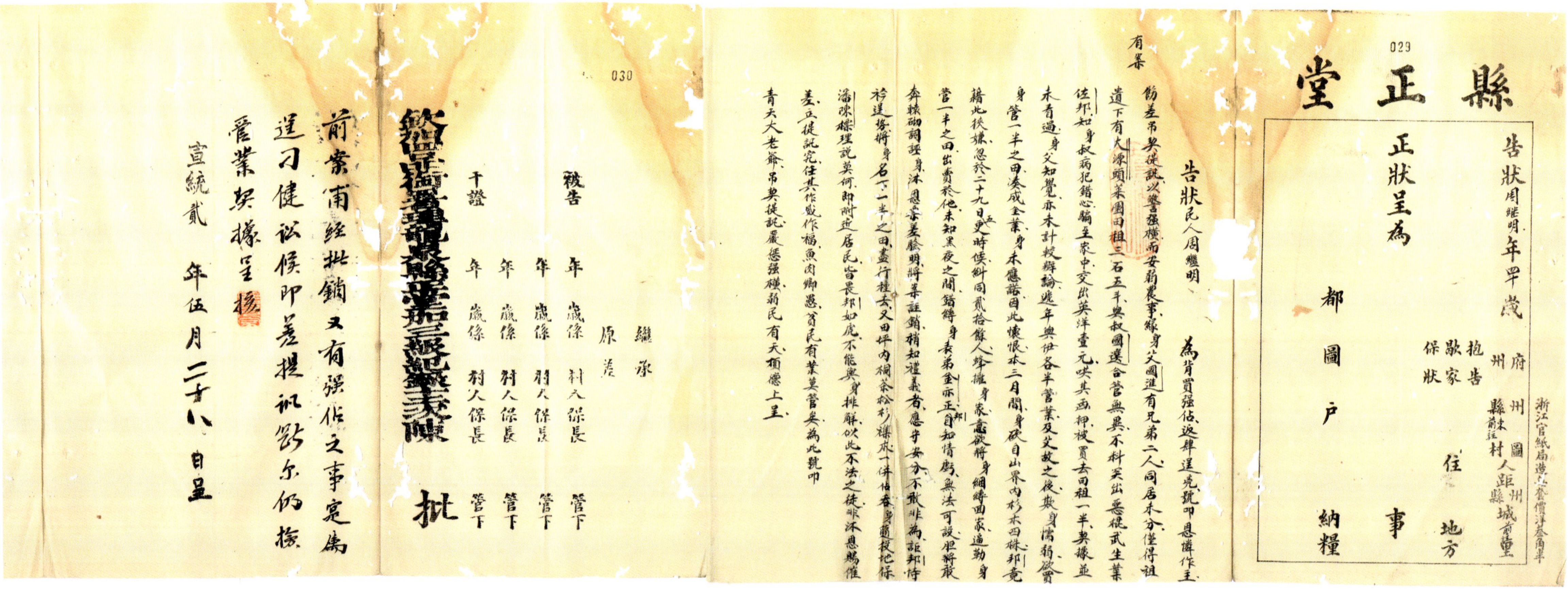

縣正堂

告狀周繼明年　歲

正狀呈為

都　圖　戶　事

納糧

抱告　歇家　保狀

住

地方

浙江官紙局

有呆

告狀民人周繼明，為背買强佔、返肆逞兇，號叩恩憐作主，飭差吊契、提訊，以警强橫而安弱農事。緣身父國進有兄弟二人，同居未分，僅得祖遺下有大深頭菜園田租三石五斗，與叔國選合管無異。不料突出惡棍武生葉佐邦，知身叔病犯錯心，騙至家中，交出英洋壹元，哄其畫押，被買去田租一半，契據並未看過。身父知覺，亦未計較，歸諭逃年，與伊各半管業。及父故之後，欺身懦弱，欲買身管一半之田，湊成全業。身未應諾，因此懷恨。本三月間，身砍自山界內杉木四株，邦竟藉此挾嫌，忽於二十九日五更時候，糾同貳拾餘人，蜂擁身家，意欲將身細縛回家逼勒，身管一半之田出賣於他。未知黑夜之間，錯縛身表弟金亦正，邦自知情虧，無法可設，胆將敢奔赴砌詞誣身，沐恩委差驗明，將案註銷。稍知禮義者，應守安分，不敢非為。詎邦恃矜逞勢，將身名下一半之田盡行種去，又田坪內桐茶松杉樑木一併佔吞，身邀投地保潘陳樑理說，莫何。即附近居民皆畏邦如虎，不能與身排解。似此不法之徒，非沐恩賜催差，立提訊究，任其作威作福，魚肉鄉愚，貧民有業莫管矣。為此號叩

青天大老爺，吊契提訊，嚴懲强橫，弱民有天，頂德上呈。

被告　年　歲係　村人係長　管下

干證　年　歲係　村人係長　管下

原差

繼承

批

前案甫經批銷，又有强佔之事，寔屬逞刁健訟。候即差提訊斷，示仍候管業契據呈核。

宣統貳年五月二十八日呈

7.宣統二年五月廿八日周繼明爲控葉佐邦背買强佔返肆逞兇事呈狀

（12627：29）26.0×51.0cm；（12627：30–32）26.0×103.5cm　圖版裁狀式條例

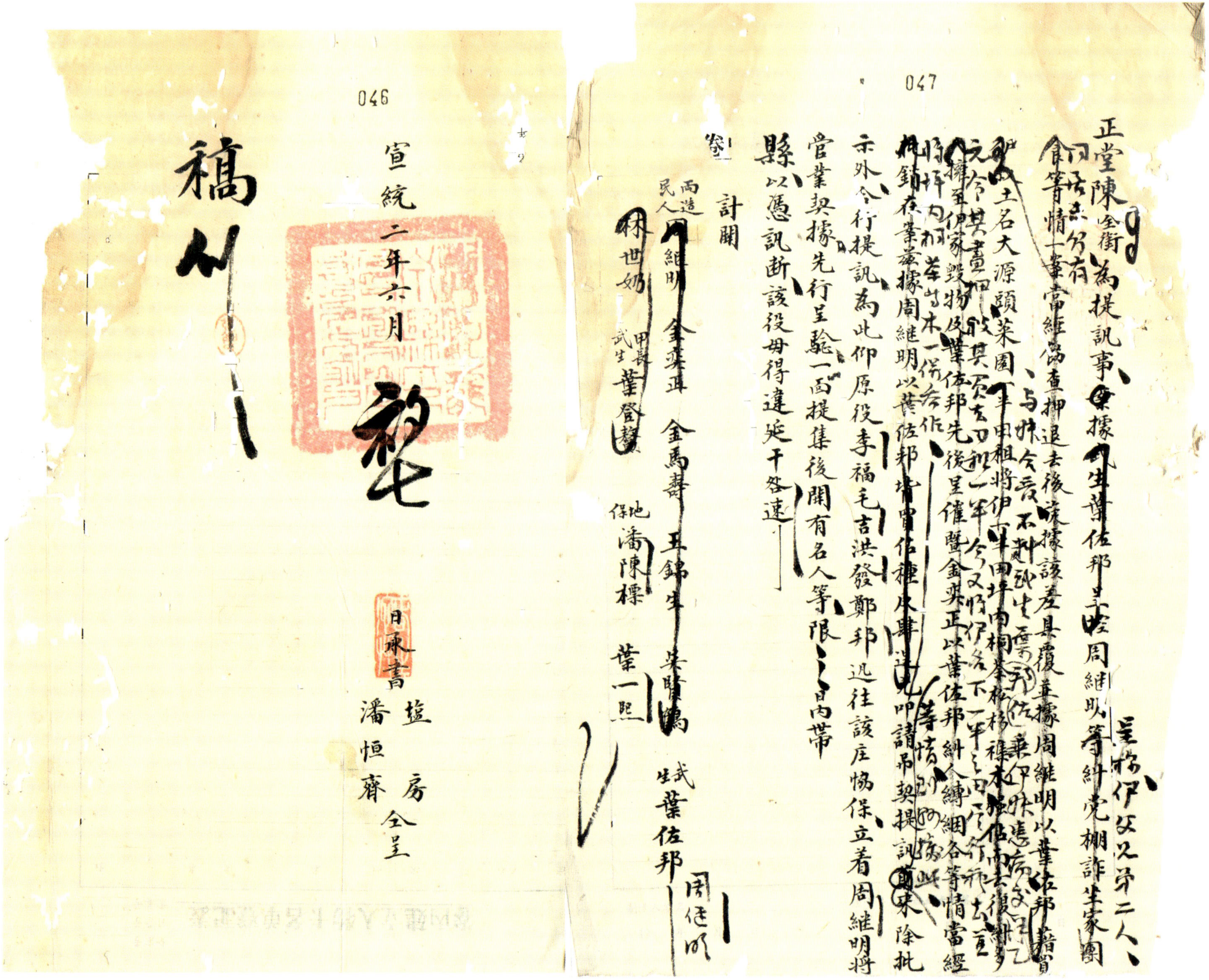

正堂陳（全銜）為提訊事。案據武生葉佐邦呈控周繼明等糾党棚詐生家

示外，合行提訊。為此仰原役李福、毛吉、洪發、鄭邦迅往該庄協保，立着周繼明將

管業契據先行呈驗，一面提集後開有名人等，限三日內帶

縣，以憑訊斷。該役毋得違延干咎，速速！

計開

兩造民人：周繼明、林世妳、金蘂、金馬壽、王錦生、朱暗鳴

甲長武生：葉登鰲

保地：潘陳標、葉一熙

武生：葉佐邦

宣統二年六月初七

稿

日承書　潘恒齋

塩房全呈

8.宣統二年六月初七日知縣陳啓謙爲提訊周繼明等事票(稿)
(12627：47) 29.5×19.3cm；(12627：46) 29.5×20.6cm

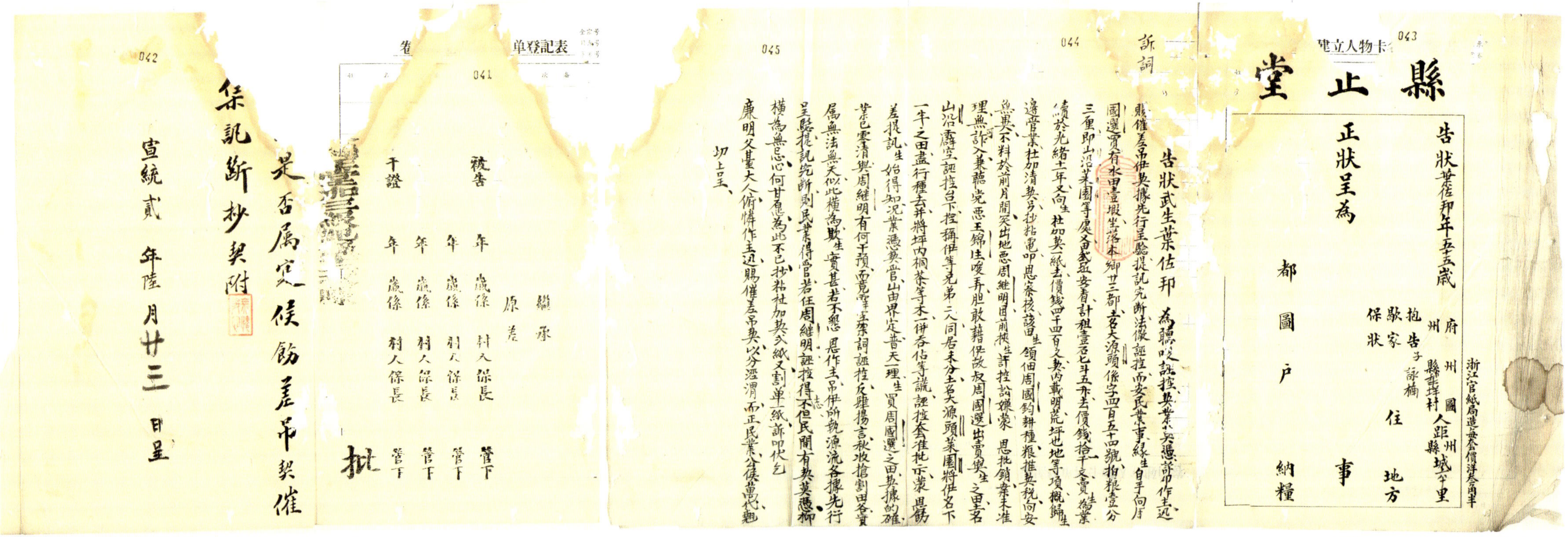

9.宣統二年六月廿三日葉佐邦爲控周繼明聽唆誣控契業莫憑事呈狀

（12627：43）26.0×19.0cm；（12627：44—45）26.0×31.5cm；（12627：41—42）26.0×33.0cm；（12627：33—34）26.0×73.0cm　圖版裁狀式條例

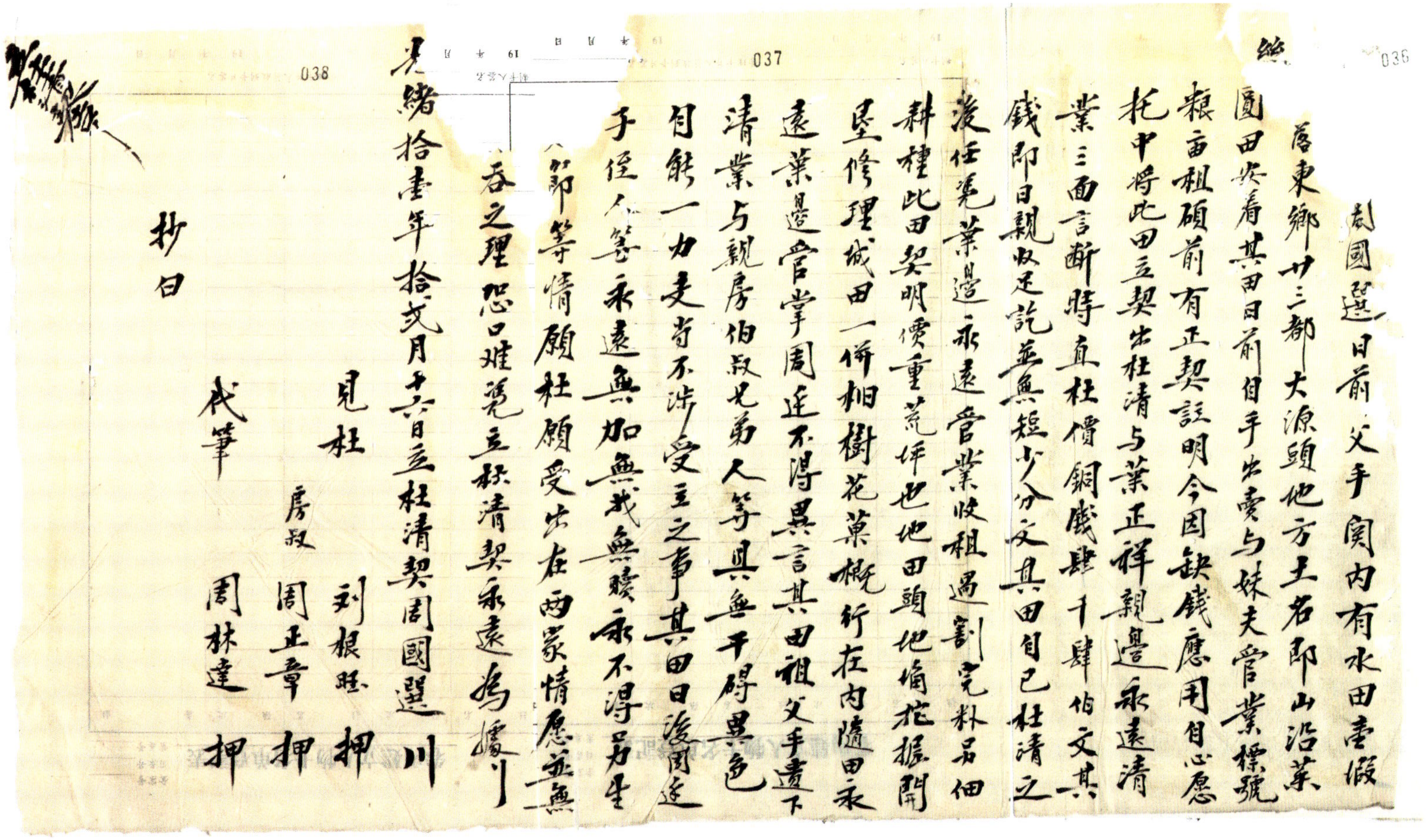

周國選日前父手買内有水田壹段
坐落東鄉廿三都大源頭地方土名即山沿葉
園田安着其田日前自手出賣与妹夫管業標號
粮面租碩前有正契註明今因缺錢應用自心愿
托中將此田立契出杜清与葉正祥親邊永遠清
業三面言斷時直杜價銅錢肆千肆伯文其
錢即日親收足訖並無短少分文其田自己杜清之
後任凭葉邊永遠管業收租過割完粮另佃
耕種此田契明價重荒坪也地田頭地角拒振開
墾修理成田一併相樹花菓概行在内隨田永
遠葉邊管掌周邊不得異言其田祖父手遺下
清業与親房伯叔兄弟人等具無干碍異色
自能一力是肯不涉受主之事其田日後周邊
子侄人等永遠無加無找無贖永不得另生
枝節等情願杜願受出在兩家情愿並無
吞之理恐口難凭立杜清契永遠為據
光緒拾壹年拾貳月十六日立杜清契周國選 押
見杜 劉根旺 押
房叔 周正章 押
代筆 周林達 押
抄白

9附2.光緒十一年十二月十六日周國選立杜清契抄件粘呈
（12627：36–37）26.0×29.2cm；（12627：38）26.0×17.4cm

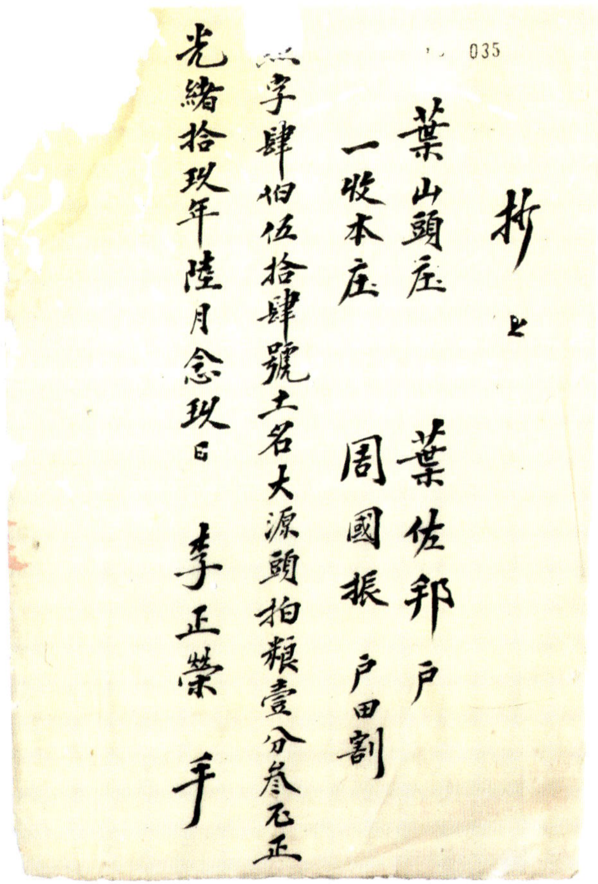

抄 上
葉山頭庄 葉佐邦 戶
一收本庄 周國振 戶田割
字肆佰伍拾肆號土名大源頭拍粮壹分叁厘正
光緒拾玖年陸月念玖日 李正榮 手

9附1.光緒十九年六月廿九日李正榮割單抄件粘呈
（12627：35）26.3×18.3cm

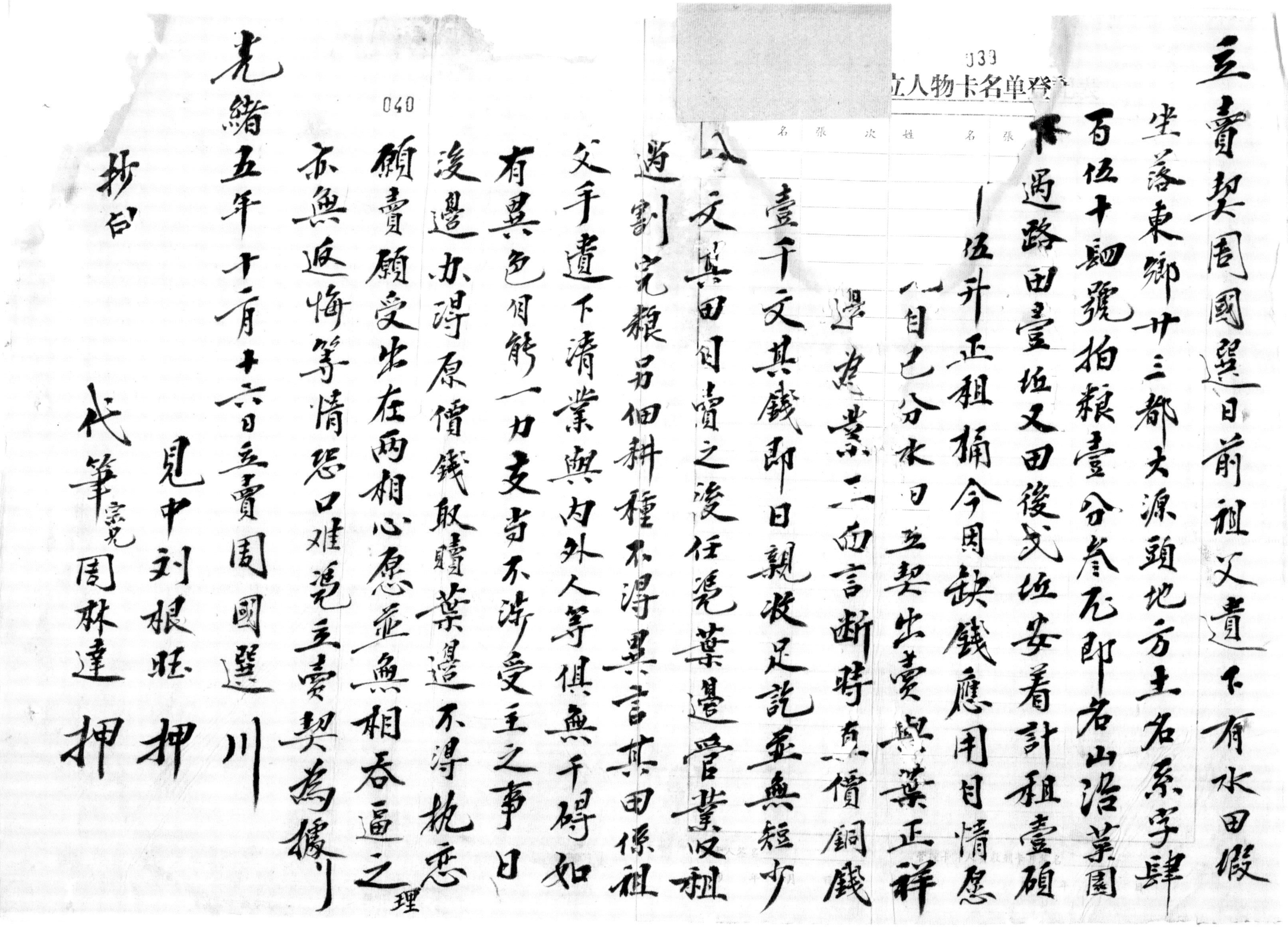

立賣契周國選日前祖父遺下有水田假
坐落東鄉廿三都大源頭地方土名系字肆
百伍十捌號柏糧壹分叁厘即名山沿菜園
下過路田壹坵又田後式坵安着計租壹碩
一伍升正租桶今因缺錢應用自情愿
八自己分水田立契出賣與葉正祥
邊為業三面言斷時值價銅錢
壹千文其錢即日親收足訖並無短少
八文其田自賣之後任憑葉邊管業收租
過割完糧另佃耕種不得異言其田係祖
父遺下清業與內外人等俱無干碍如
有異色自能一力支當不涉受主之事日
後邊亦得原價錢取贖葉邊不得執恋
願賣願受出在兩相心愿並無相吞逼之理
亦無返悔等情恐口難憑立賣契為據
光緒五年十二月十六日立賣周國選 川
抄白
見中 刘根旺 押
代筆 宗兄 周林達 押

9附3.光緒五年十二月十六日周國選立賣契抄件粘呈 （12627：39–40）26.0×38.5cm

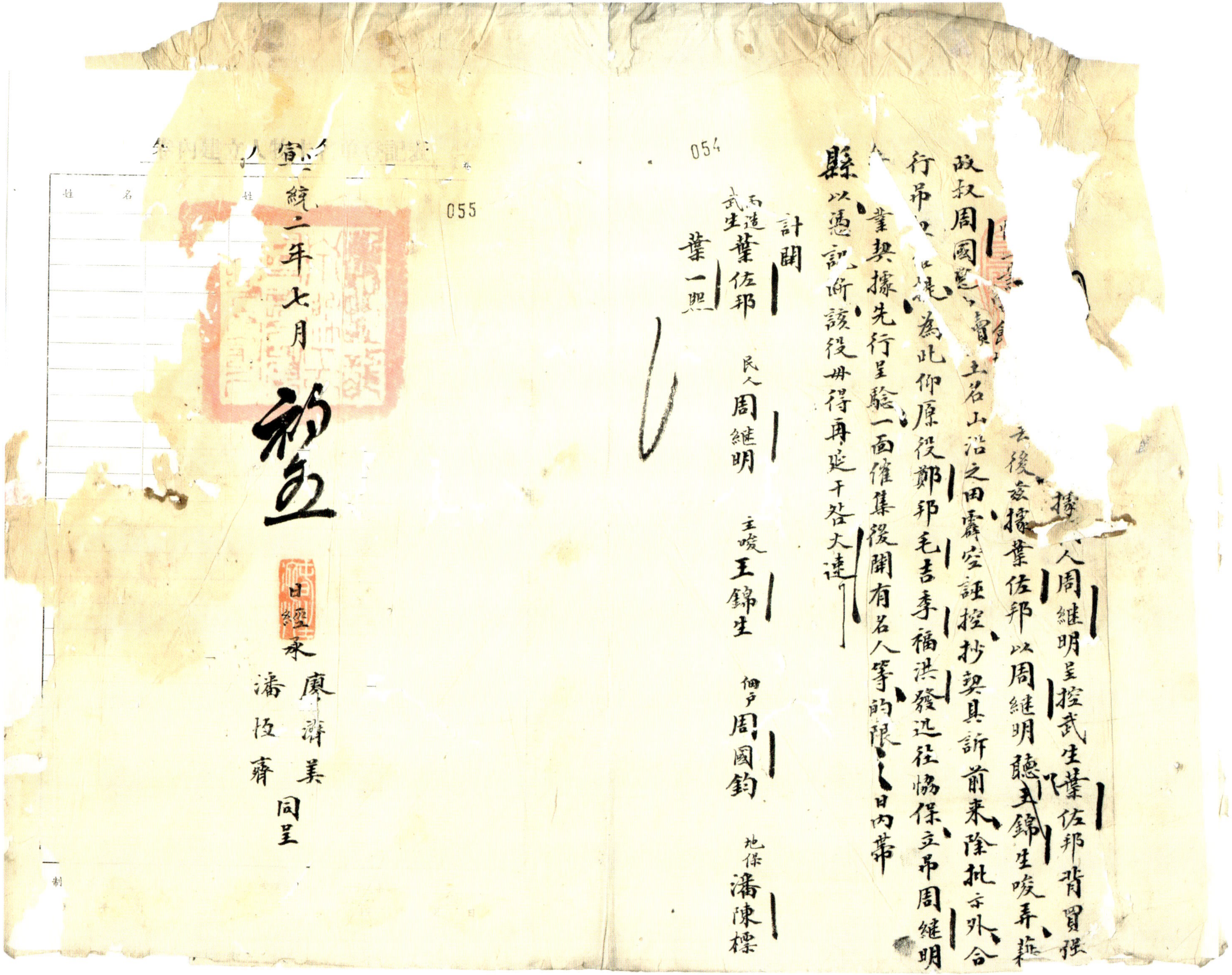

據□人周繼明呈控武生葉佐邦背買強
去後茲據葉佐邦以周繼明聽王錦生唆弄藉
政叔周國[illegible]賣[illegible]土名山沿之田霹空誣控抄契具訴前來除批示外合
行吊[illegible]為此仰原役鄭邦毛吉李福洪發迅往協保立吊周繼明
業契據先行呈驗一面催集後開有名人等勒限□日內帶
縣以憑訊斷該役毋得再延干咎大違

計開

武生葉佐邦

民人周繼明

主唆王錦生

佃戶周國鈞

地保潘陳標

葉一熙

054

055

宣統二年七月初五

日經承 廖濟美 潘俊齊 同呈

10.宣統二年七月初五日(知縣陳啓謙)爲提訊葉佐邦等事票(稿)（12627：54—55）29.3×38.0cm

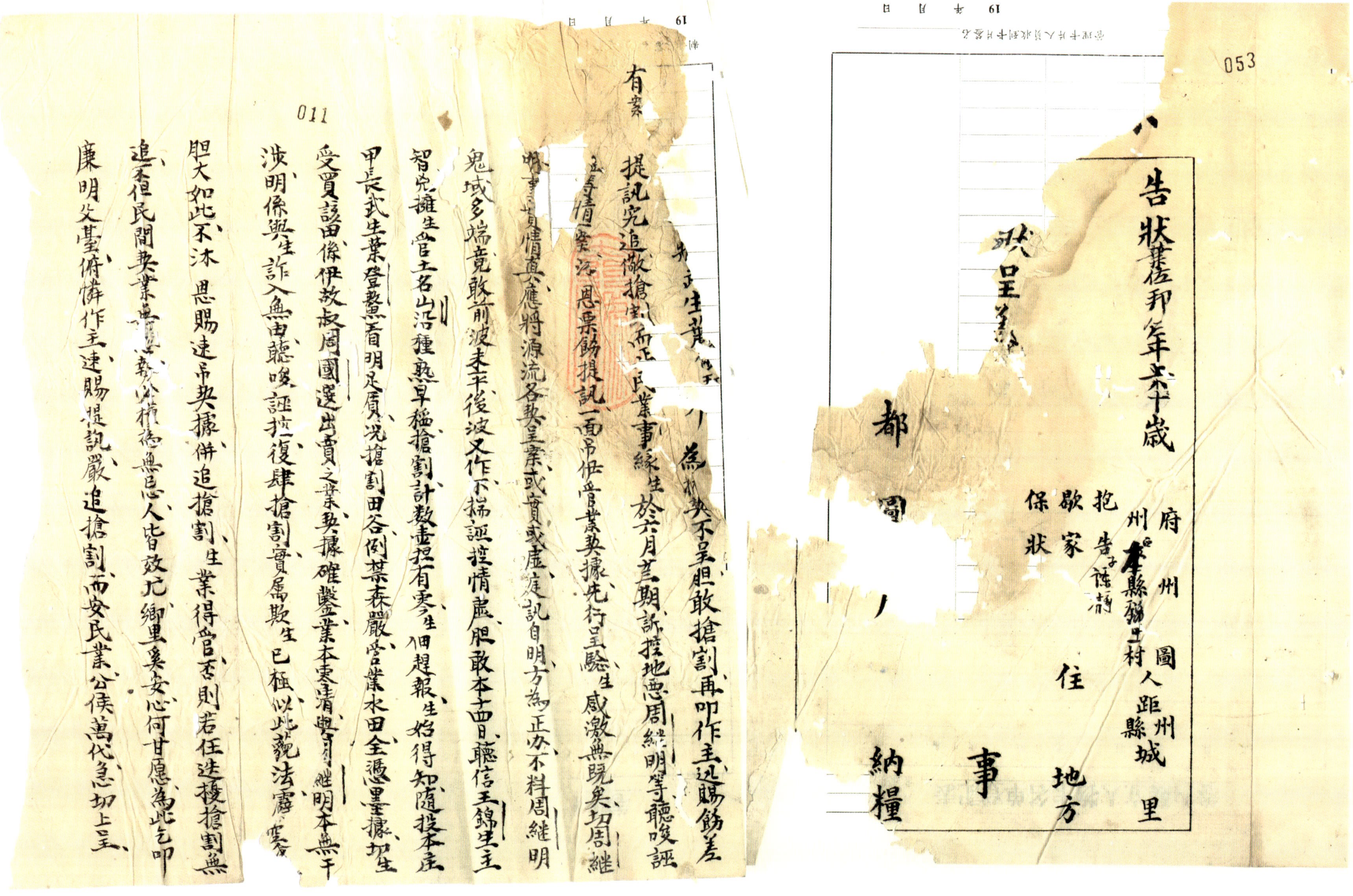

011

[illegible]正生葉[illegible]爲抗契不呈膽敢搶割再叩作主迅賜飭差
有案 提訊究追儆搶割而正民業事緣生於六月廿期訴控地惡周繼明等聽唆誣
五等情一案沐 恩票飭提訊一面吊伊晉業契據先行呈驗生 感激無既奚切周繼
明事[illegible]情真應將源流各契呈案或實或虛庭訊自明方爲正辦不料周繼明
鬼域多端竟敢前波未平後波又作不揣誣控情虛胆敢本十四日聽信王錦生主
智究擁生管土名山沿種熟旱稻搶割計數壹担有零生 佃趕報生始得知隨投本莊
甲長武生葉登鰲看明是實况搶割田谷例禁森嚴管業水田全憑墨據切生
受買該田係伊故叔周國選出賣之業契據確鑿業本爽清與周繼明本無干
涉明係與生詐入無由聽唆誣控復肆搶割實屬欺生已極似此藐法露[illegible]
胆大如此不沐 恩賜速吊契據併追搶割生業得管否則若任迭援搶割無
追不但民間契業無[illegible]勢必[illegible]惡之人皆效尤鄉里奚安心何甘愿爲此乞叩
廉明父臺俯憐作主速賜提訊嚴追搶割而安民業公侯萬代急切上呈

053

八

告狀 葉佐邦 年六十歲
府 州 圖
州 本縣 [illegible]村人 距州縣城 里
抱告 [illegible]
歇家 住
保狀 地方
狀呈[illegible]
都 圖
事
納糧

11.(時間不詳)葉佐邦爲控周繼明抗契不呈膽敢搶割事呈狀　（12627：53）25.5×18.5cm；（12627：11）25.4×22.0cm

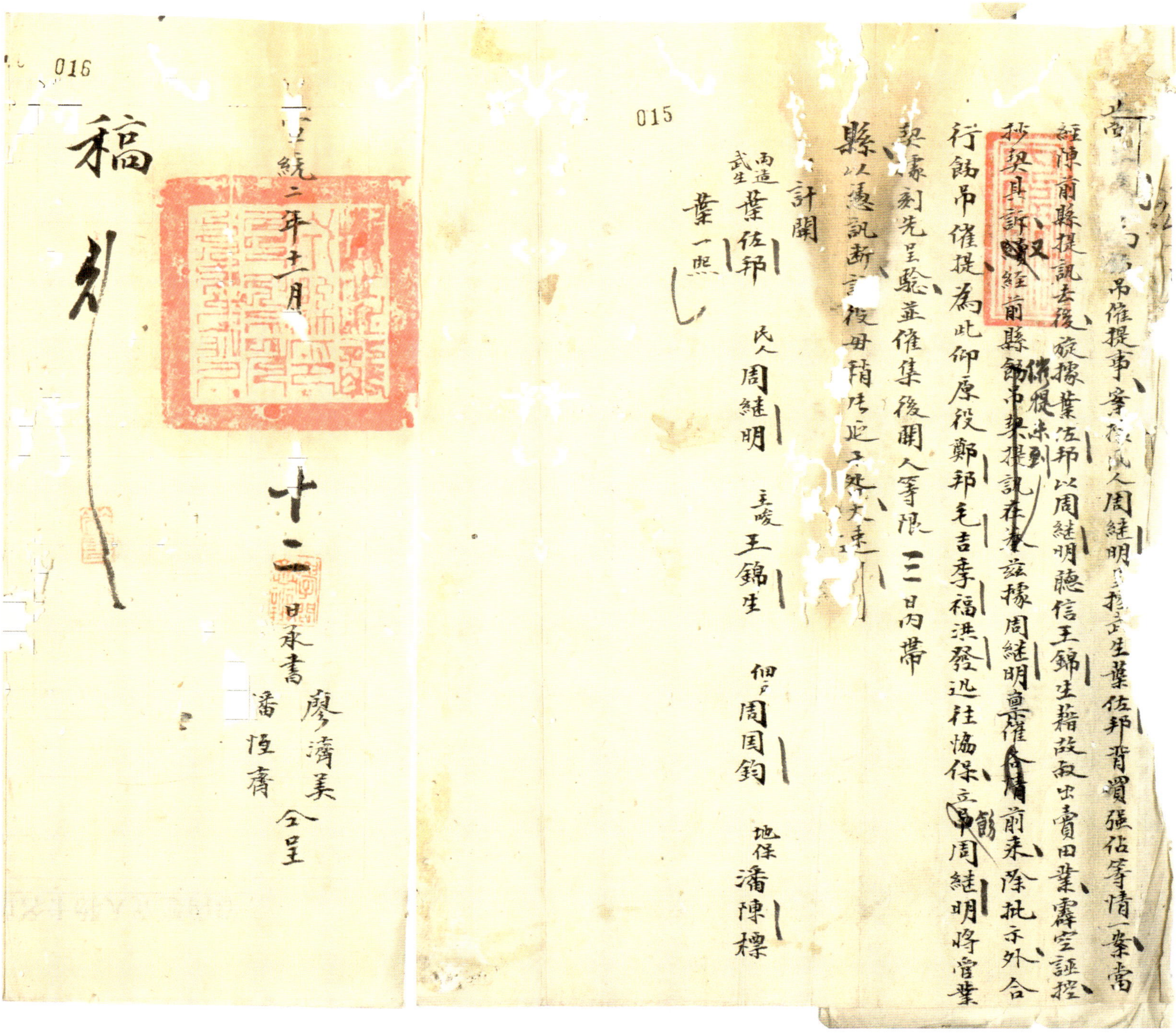
爲飭吊催提事。案據民人周繼明具控武生葉佐邦背買强佔等情一案，當
經陳前縣提訊去後，旋據葉佐邦以周繼明聽信王錦生藉故敲出賣田業霸空誣控
抄契具訴，經前縣飭吊契據提訊在案。茲據周繼明稟催前來，除批示外，合
行飭吊催提。爲此仰原役鄭邦毛吉李福洪發迅往協保立飭周繼明將曾葉
契據刻先呈驗，並催集後開人等限三日內帶
縣以憑訊斷。該役毋得稍延干咎。速速。
計開
武生葉佐邦　葉一照
民人周繼明
主唆王錦生
佃戶周國鈞
地保潘陳標
宣統二年十一月十二日承書廖濟美　潘恆齋　仝呈
稿

12.宣統二年十一月十二日（知縣陳啓謙）爲飭吊催提葉佐邦等事票（稿）
（12627：15—16）27.0×45.0cm　圖版裁空白頁

宣統三年三月　日具狀人葉佐邦

經手發行處

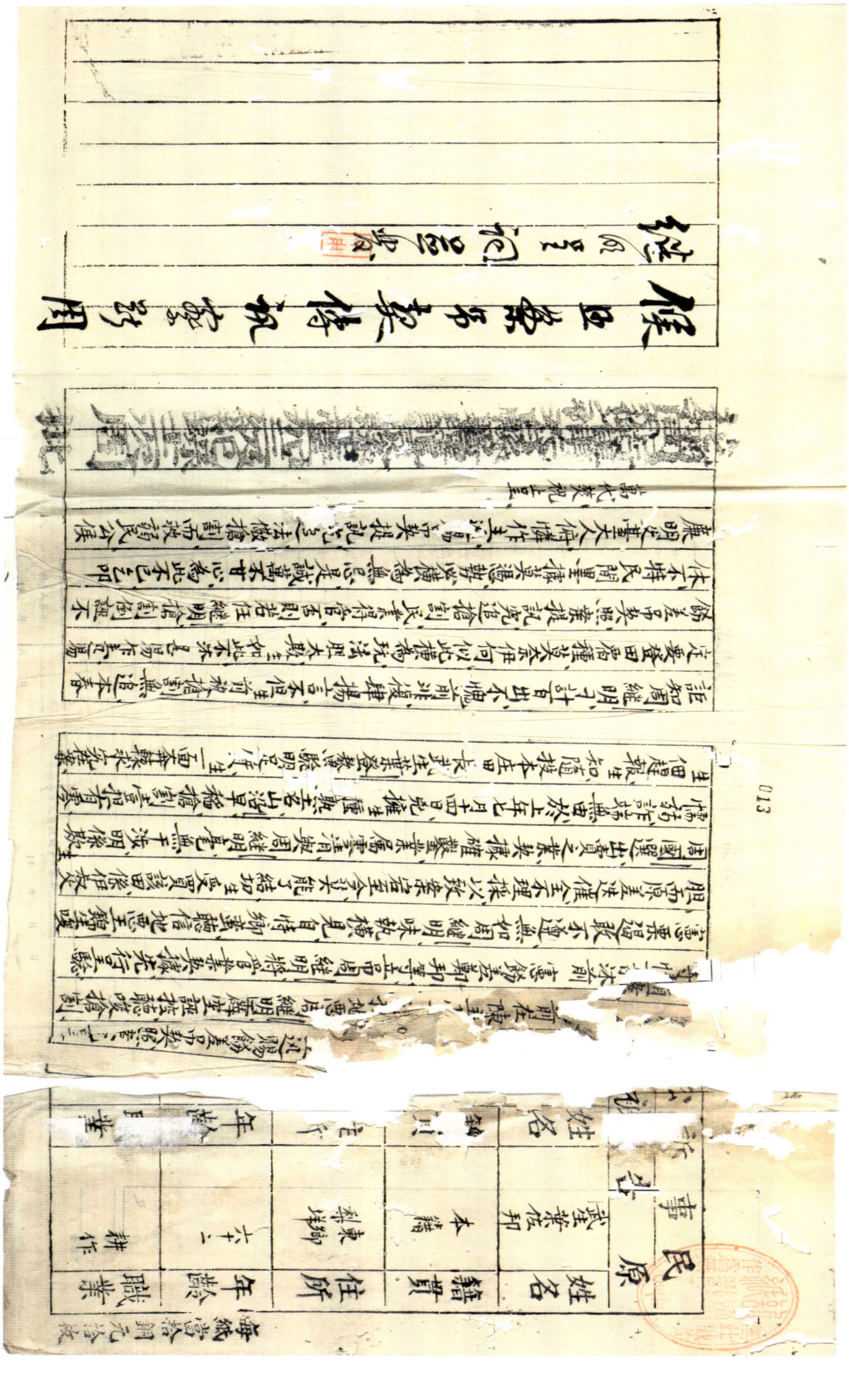

民事 原告	
姓名	葉佐邦
籍貫	本籍
住所	東鄉
年齡	六十二
職業	耕作

13.宣統三年三月十八日葉佐邦爲控周繼明迅賜飭差吊契事民事訴訟狀

（12627：13）27.2×42.0cm；（12627：14）27.2×37.5cm　圖版裁空白頁

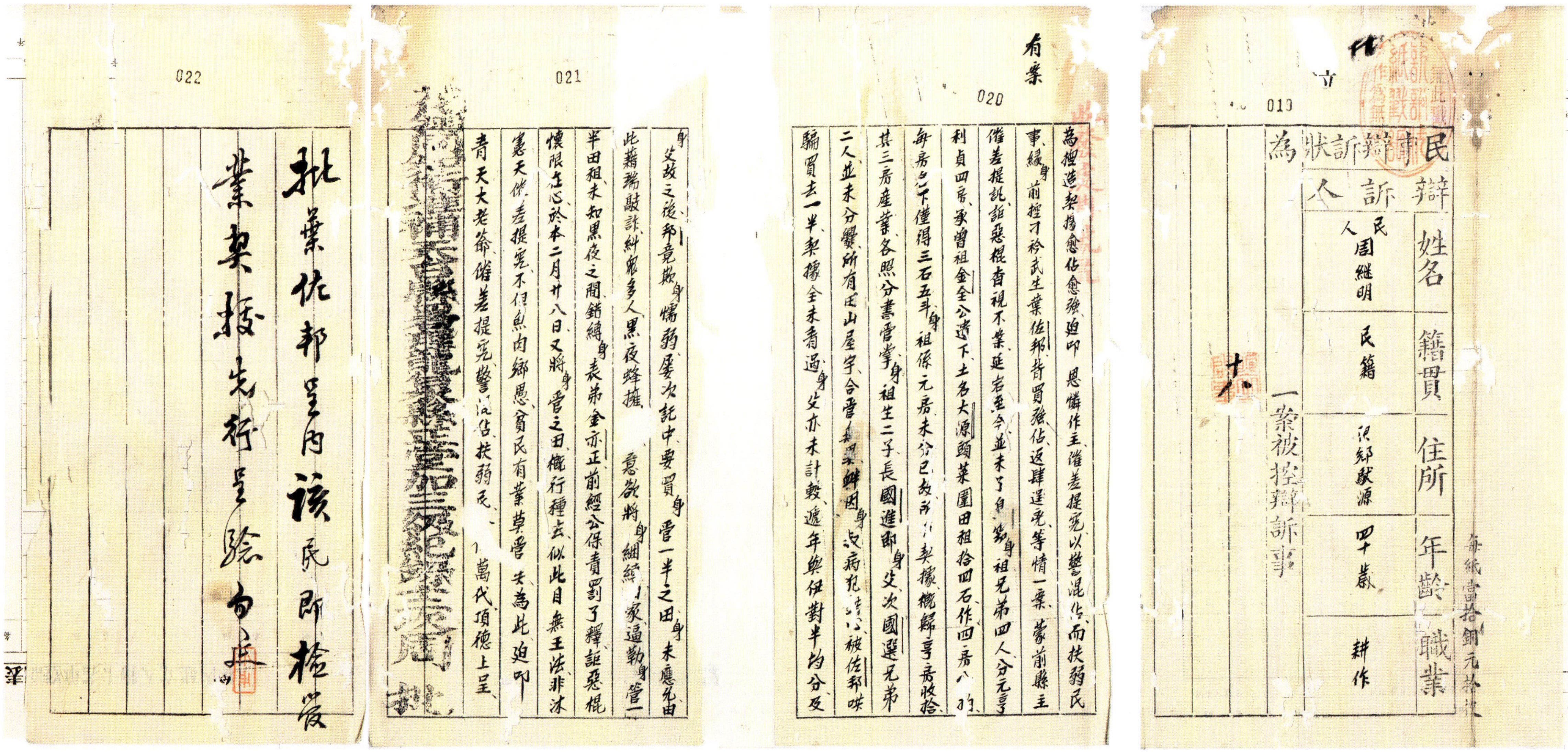
民事辯訴狀

辯訴人 姓名 民人周繼明 籍貫 民籍 住所 [illegible]鄉猷源 年齡 四十歲 職業 耕作

為一案被控辯訴事

每紙當拾銅元拾枚

有案

為捏造契據愈佔愈強，迫叩恩憐作主，催差提究，以警混佔，而扶弱民事。緣身前控刁衿武生葉佐邦背買強佔，返肆逞兇等情一案，蒙前縣主催差提訊，詎惡棍杳視不案，延宕至今，並未了息。身祖兄弟四人，分元亨利貞四房，承曾祖金全公遺下土名大源頭菜園田租拾四石，作四房八[illegible]，每房名下僅得三石五斗。身祖係元房，未分已故，所有契據概歸亨房收拾。其三房產業各照分書管掌。身祖生二子，長國進，即身父，次國選。兄弟二人並未分爨，所有住山屋宇合管無異。因身父病犯[illegible]心，被佐邦哄騙買去一半契據，全未看過。身父亦未計較，遞年與伊對半均分。及身父故之後，邦竟欺身懦弱，屢次託中要買身管一半之田。身未應允，由此藉端敲詐，糾衆多人黑夜蜂擁，意欲將身綑縛，[illegible]家逼勒身管一半田租。未知黑夜之間錯縛身表弟金亦正，前經公保責罰了釋。詎惡棍懷恨在心，於本二月廿八日又將身管之田概行種去。似此目無王法，非沐憲天俯差提究，不但魚肉鄉愚，貧民有業莫管。失為此迫叩青天大老爺俯差提究，警混佔，扶弱民，[illegible]萬代頂德上呈。

批：葉佐邦呈內該民所控，葉契據先行呈驗，勿延。

14.(宣統三年三月十八日)周繼明爲控葉佐邦捏造契據愈佔愈强事民事辯訴狀 （12627：19—22）27.0×56.3cm

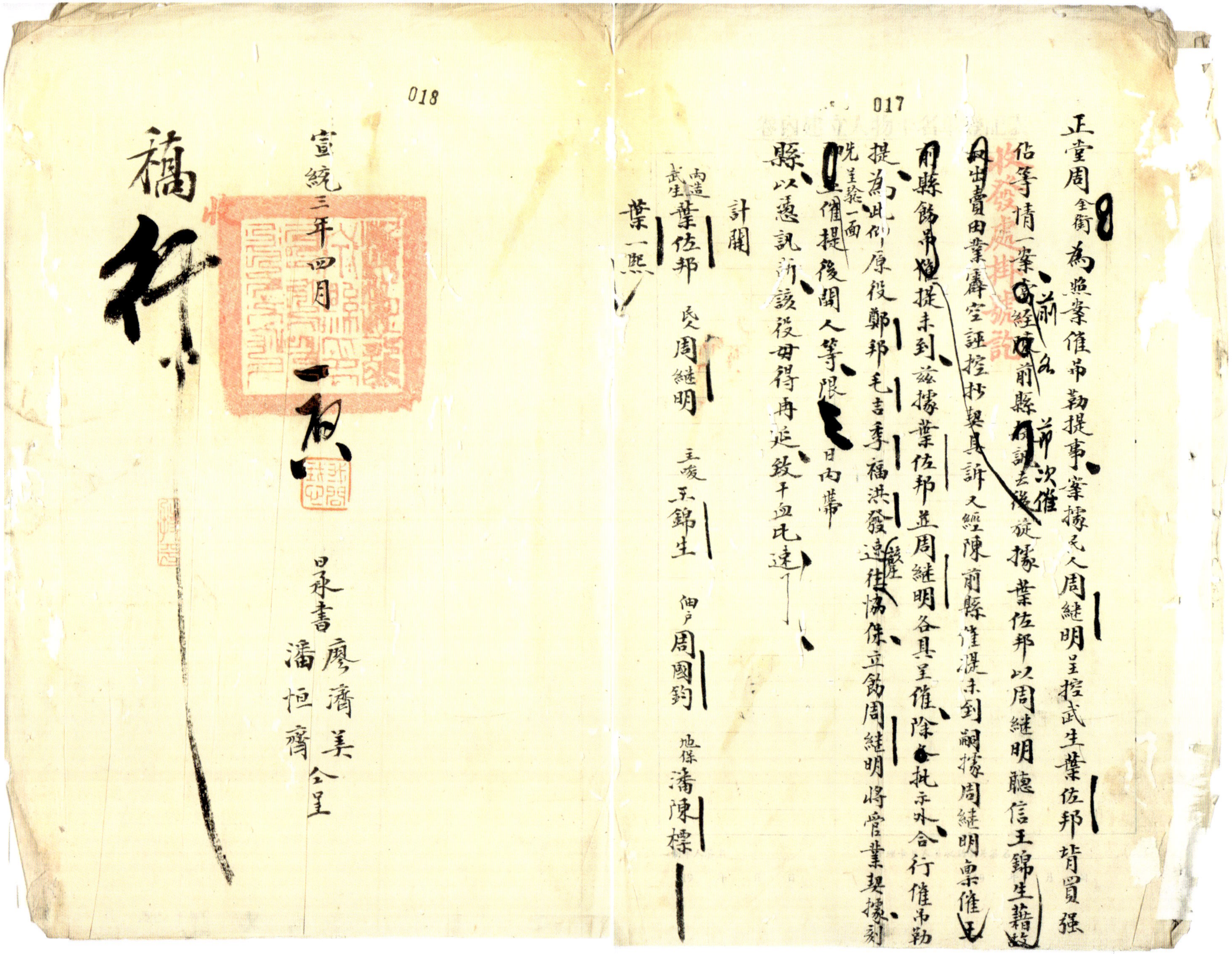

017

正堂周（全銜）爲照案催吊勒提事。案據民人周繼明呈控武生葉佐邦背買强
佔等情一案，業經前縣節次催提，據葉佐邦以周繼明聽信王錦生藉斂
向出賣田業，篡空誣控抄契具訴。又經陳前縣催提未到，嗣據周繼明稟催王
前縣飭吊催提未到，茲據葉佐邦並周繼明各具呈催，除批示外，合行催吊勒
提。爲此仰原役鄭邦、毛吉、季福、洪發遵照，協保立飭周繼明將管業契據刻
先呈驗，一面立催提後開人等，限三日內帶
縣以憑訊斷。該役毋得再延，致干血比。速速。

計開

武生（丙造）葉佐邦
民人周繼明
主唆王錦生
佃戶周國鈞
地保潘陳標
葉一熙

018

宣統三年四月初八日

稿

行

承書 廖濟美
潘恒齋 仝呈

15.宣統三年四月初八日知縣周琛爲照案催吊勒提葉佐邦等事票(稿)（12627：17–18）28.8×37.5cm

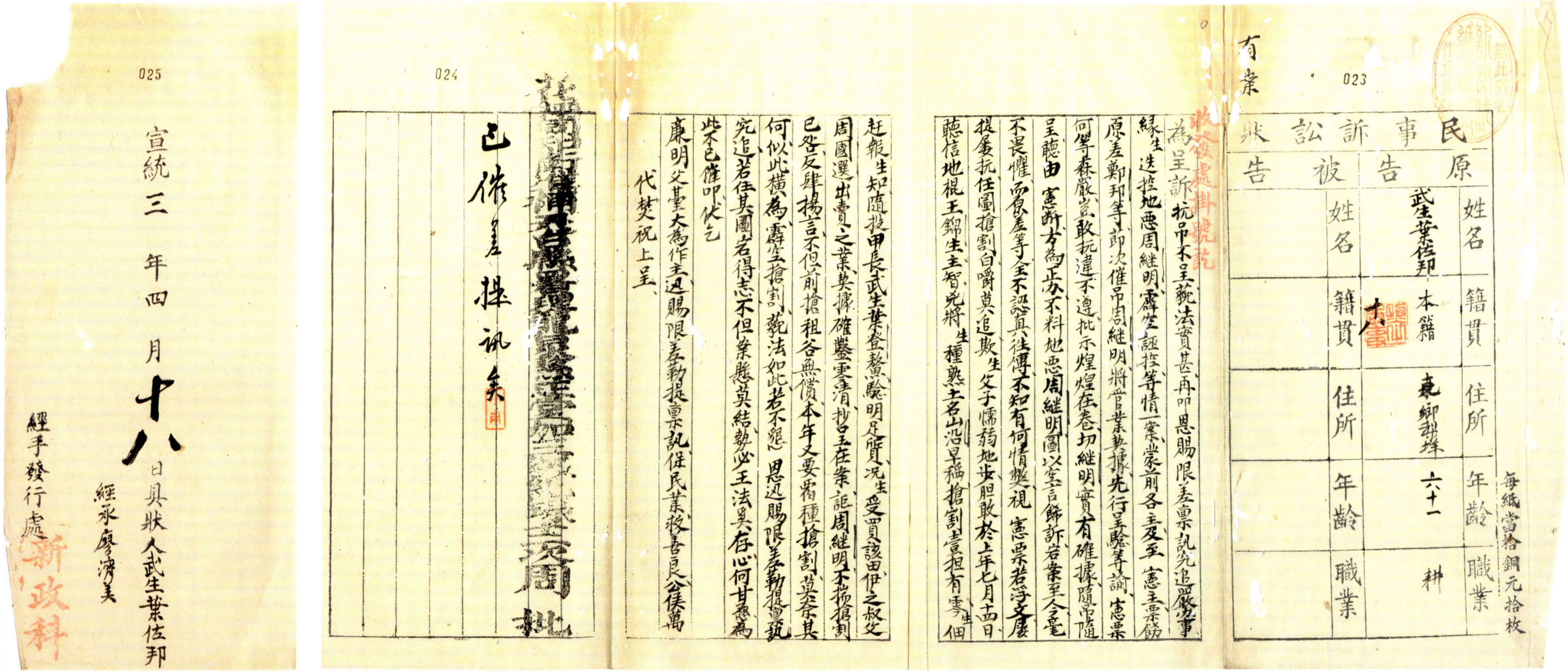

有案

民事訴訟狀

	原告	被告
姓名	武生葉佐邦	
籍貫	本籍	
住所	東鄉讌埠	
年齡	六十一	
職業	耕	

每紙當拾銅元拾枚

收發處掛號訖

為呈訴抗吊不呈藐法實甚再叩恩賜限差票訊究追田廢事

緣生迭控地惡周繼明霸空誣控等情一案，蒙前各主及主憲主票飭原差鄭邦等于節次催吊，周繼明將管業契據先行呈驗，等諭。憲票何等森嚴，豈敢抗違不遵，批示煌煌在卷。切繼明實有確據，隨即隨呈聽由憲斷，方為正分。不料地惡周繼明圖以空言飾詐，若案至今毫不畏懼，而原差等全不認真傳，不知有何情弊，視憲票若浮文，屢投差抗任圖搶割，白嚼莫追，欺生父子懦弱，地安胆敢於上年七月十四日聽信地棍王錦生主智兜將生種熟土名山沼早稻搶割壹担有零，生佃赶報，生知隨投甲長武生葉岱蓋，驗明足實。況生受買該田，伊之叔父周國選出賣之業，契據確鑿，更清抄呈在案。詎周繼明不揣搶割已空，反肆揚言不但前搶租谷無償，本年又要畧種搶割，莫奈其何。似此橫為霸空搶割，藐法如此，若不懇恩迅賜限差勒提票訊究追，若任其圖若得志，不但案懸莫結，勢必王法奚存，心何甘，為此叩乞

康明父臺大為作主，迅賜限差勒提票訊，俾民業救，害良公僕萬代焚祝上呈。

已催差提訊矣

宣統三年四月十八日具狀人武生葉佐邦

經承廖濟美

經手發行處

新政科

16.宣統三年四月十八日葉佐邦爲控周繼明抗吊不呈藐法實甚事民事訴訟狀　（12627：23–25）27.0×104.5cm　圖版裁空白頁

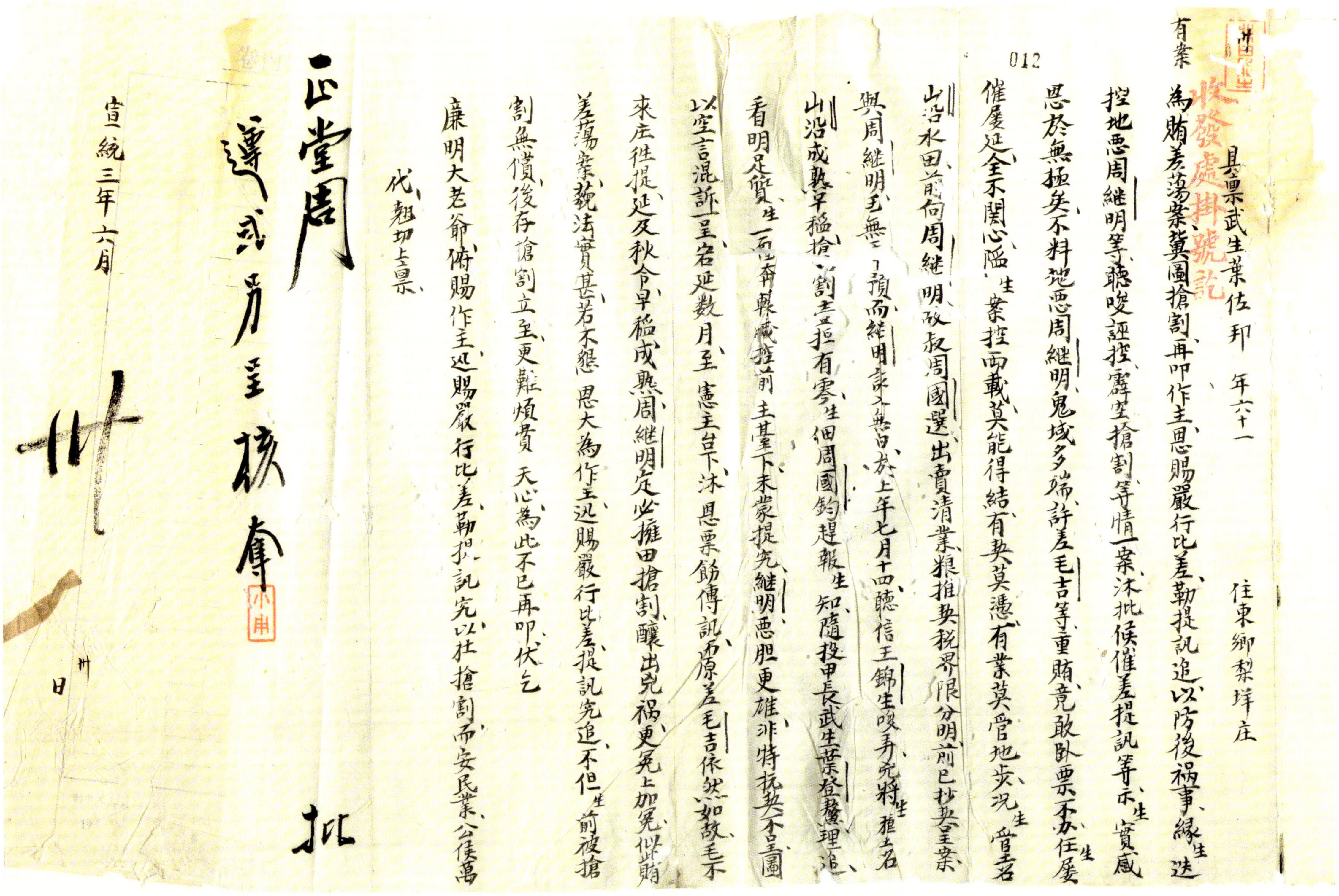

有案

具稟武生葉佐邦　年六十一　住東鄉梨垟庄

為賄差蕩案，冀圖搶割，再叩作主，恩賜嚴行比差，勒提訊追，以防後禍事。緣生迭控地惡周継明等聽唆誣控、霸業搶割等情一案，沐批候催差提訊等示。生實感恩於無極矣。不料地惡周継明鬼域多端，許差毛吉等重賄，竟敢臥票不辦。生屢催屢延，全不関心。臨生案控而載莫能得結，有契莫憑，有業莫管，地方況生晉君山沿水田，前向周継明叔周國選出賣清業，粮推契稅，界限分明，前已抄契呈案。與周継明毫無瓜葛，而継明妄生無由，於上年七月十四聽信王錦生唆弄，究將生推名山沿成熟早稻搶割，生去拒，有零佃周國鈞趕報，生知，隨投甲長武生葉登鰲理追。看明，足質生一百之奔稟搣控前主台下，未蒙提究，継明悪胆更雄，非特抗契不呈圖以空言混訴，呈宕延數月，至憲主台下沐恩票飭傳訊，而原差毛吉依然如故，毛不來庄，往提延及秋令，早稻成熟，周継明定必擁田搶割，釀出兇禍，更冤上加冤，似此賄差蕩案，藐法實甚，若不懇恩大為作主，迅賜嚴行比差提訊，究追不但生前被搶割無償，後存搶割立至，更難煩費天心，為此不已再叩，伏乞

廉明大老爺俯賜作主，迅賜嚴行比差，勒提訊究，以杜搶割而安民業。公侯萬代。翹切上稟。

正堂周

違式另呈核奪

批

宣統三年六月卅日

收發處掛號訖

小串

012

17.宣統三年六月卅日葉佐邦爲控周繼明賄差蕩案冀圖搶割事稟狀　（12627：12）25.5×44.5cm

二一　宣統二年朱光榮控吳正蘭挾嫌搶蓋案

一、内容提要

「宣統二年（一九一零）朱光榮控吳正蘭挾嫌搶蓋案」相關檔案保存於1367、1824、5213、13439、15314、17098號卷宗，其中包括宣統二年六月至民國元年（一九一二）十二月訴訟過程中形成的各式狀紙十六件、票（稿）三件、稟二件、點名單、供詞堂諭各一件。該案晚清時未得訊結，民國元年似經訊斷，但相關文書未能保留，訴訟結果不得而知。該案案情，據「宣統二年六月十八日郭夢思爲奉批呈契亟應辯明事呈狀」稱，吳梅氏之子早逝，立姪子吳有盛爲嗣子，祖業鮑坑山場本應由吳有盛繼承。但葉大榮串通吳梅氏寡媳朱氏之弟朱光榮（即朱文善），入贅朱氏，蒙騙吳梅氏，霸佔吳梅氏故夫遺下田山屋宇契據，其中就包括鮑坑山的老契。當時吳有盛已將該山賣與吳正蘭。吳正蘭於光緒三十二年（一九零六）砍木，被朱光榮等阻攔，後經郭夢思調解，由吳正蘭出洋一百三十元向朱光榮贖買各契，不料朱光榮「抽匿老契壹紙，遂於洋交契繳以後，復與葉大榮串捏賣契，於去秋阻蘭木段并蓋號興訟」。由於檔案缺失嚴重，該案的訴訟過程無從完整還原。「（宣統二年六月初三日）朱光榮請瀝攔奪各情事稟」該稟文聲稱二月初五時曾遭吳正蘭、郭夢思綑縛勒索，要求以洋一百三十元贖回契據。此後雙方相互控辯，同時又有郭夢思、吳有盛等證人的呈狀。七月初二日曾有一次堂審，但未能訊斷。八月初，雙方各遞催呈，地保朱廷邦、劉步高等匯報朱光榮等强運杉木情形，知縣陳啓謙簽發「遏止勒提」的傳票，該傳票是晚清時期最後一件文書。民國元年雙方舊案重提，催呈訊結，民事長朱光奎因此簽發兩件傳票。「（民國元年）十二月十五日（批）朱光榮爲控吳正蘭山已勘明界定不易事民事狀」批詞聲稱「業已訊供堂斷矣」，説明之前曾有訊斷，但内容不得而知。

二、檔案索引

編號	時間	作者	内容	類型	卷宗號	原卷宗頁碼
1	宣統二年六月初八日	吳正蘭	爲堂呈源流印契叩恩驗明發還事	呈狀	1367	36—41
			附1　光緒二十八年九月十四日吳梅氏立當契等抄件	粘呈	1367	53—55
2	宣統二年六月初八日	朱光榮	爲控吳正蘭領字不追串漏莫辨事	呈狀	1367	42—47
			附1　宣統二年六月朱光榮甘結狀	結狀	1367	56
			附2（宣統二年六月初三日）朱光榮請瀝攔奪各情事稟[一]	稟	1367	52
3	宣統二年六月十八日	朱光榮	爲控吳正蘭扶同抗藐非法莫追事	呈狀	1367	48—51、6—8
4	宣統二年六月十八日	郭夢思	爲奉批呈契亟應辯明事	呈狀	1367	11—18

〔一〕時間缺失，本件首行「請瀝攔奪各情」，宣統二年六月朱光榮甘結狀内稱「已於本初三期另粘酌瀝一紙直叙各節冤情」，據此推斷本件時間爲宣統二年六月初三日。

5	宣統二年六月廿日	吴有盛	爲狡串捏賣貪婪過甚事	禀狀	1367	9–10
6	宣統二年六月廿八日	吴正蘭	爲控朱光榮等貨陷已久萬難再誤事	呈狀	1367	19–24
7	宣統二年六月(廿八日)〔一〕	朱光榮	爲控吴正蘭既繳勒續破綻已露事	呈狀	1367	30–35
			附1 副狀	副狀	1367	2–5
8	(宣統二年)七月初二日		點名單	點名單	1367	25–26
9	(宣統二年)七月初二日		供詞、堂諭	供詞、堂諭	1367	27–29
10	宣統二年八月初三日	吴正蘭	爲控朱文善緊箍啟運隨堂帶審事	呈狀	13439	2–6
11	時間不詳〔二〕	朱光榮	爲控吴正蘭不吊領字涇渭難分事	呈狀	13439	11、9–10
12	宣統二年八月初七日	地保朱廷邦	爲禀報事	禀	17098	11–14
13	宣統二年八月初七日	地保劉步高	爲强運杉木據實禀報事	禀	17098	15
14	宣統二年八月十三日	知縣陳啓謙	爲遏止勒提吴正蘭等事	票(稿)	1824	1–2
15	宣統二年八月十三日	吴正蘭	爲控朱文善案蒙訊而未結事	呈狀	1824	5、3–4
16	(民國元年)九月十六日(批)	吴正蘭	爲控朱光榮等藉廢混捏疊搶延燒事	呈狀	15314	19–22
17	民國元年〔三〕	縣知事朱光奎	爲飭提事	票(稿)	15314	23
18	民國元年十月四日	朱光榮	爲控吴正蘭繳一佔二糾兇擄勒事	民事狀	5213	5–9
19	民國元年十月七日	吴正蘭	爲控朱光榮蒙批提訊狡串宕延事	民事狀	5213	2–4
20	民國元年十一月三日	吴正蘭	爲控朱文善以一化三當堂直認事	呈狀	15314	11–15
21	民國元年十一月十一日	縣知事朱光奎	爲票飭諧勘事	票(稿)	15314	18
22	(民國元年)十二月十一日(批)	吴正蘭	爲控朱光榮既賣既繳[又]肆横争事	民事狀	15314	1–5
23	(民國元年)十二月十五日(批)	朱光榮	爲控吴正蘭山已勘明界定不易事	民事狀	15314	6–10

〔一〕日期不詳，呈狀内稱「此案已沐懸牌示審，奚敢多瀆」，據此推測呈狀時間在七月二日堂訊之前，故列於此，六月二十八日是堂訊前最後一個告期，故推測時間爲宣統二年六月二十八日。

〔二〕時間缺失，宣統二年八月初三日吴正蘭呈狀批詞稱「朱光榮呈并發」當即指此狀，故列於此。

〔三〕時間缺失，票内稱「吴正蘭呈催(稱含冤未伸，叩請嚴提訊究)」，考民國年間吴正蘭呈狀，唯民國元年九月十六日(批)吴正蘭呈狀内「冤沉四載，未沐伸雪，叩賜勒限嚴提，徹底究辦」等與此票内容相關，故列於此。

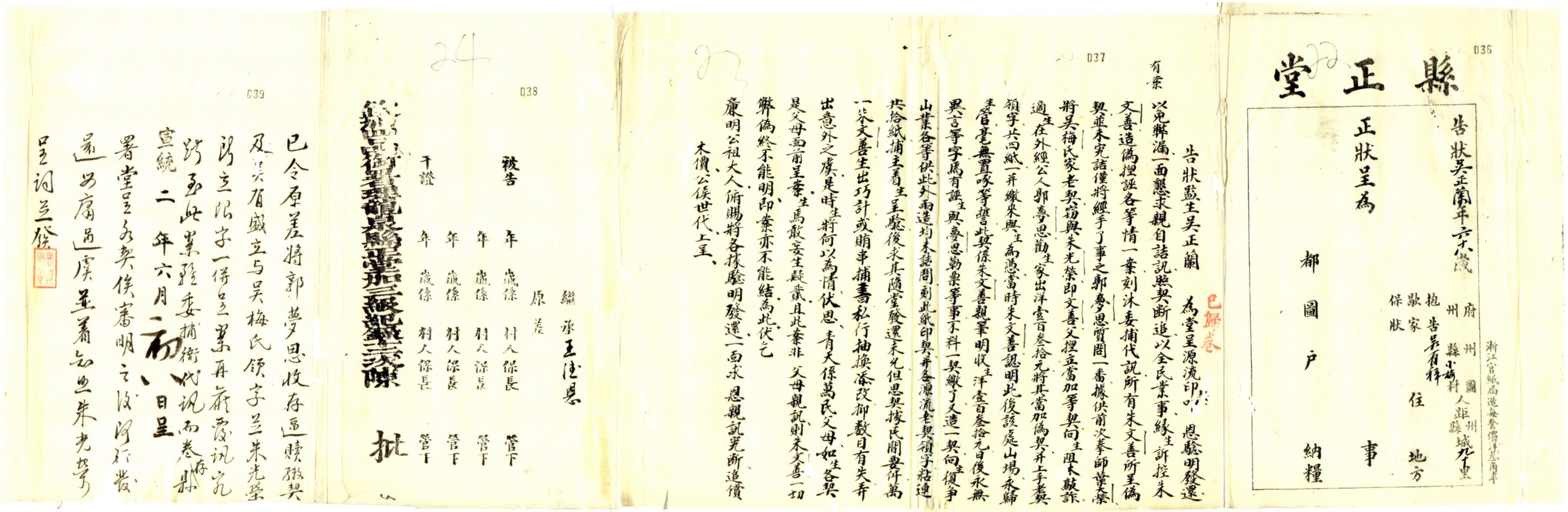

1.宣統二年六月初八日吴正蘭爲堂呈源流印契叩恩驗明發還事呈狀

（1367：36–37）26.0×60.8cm；（1367：38–39）26.0×51.5cm；（1367：40–41）26.0×51.5cm　圖版裁狀式條例

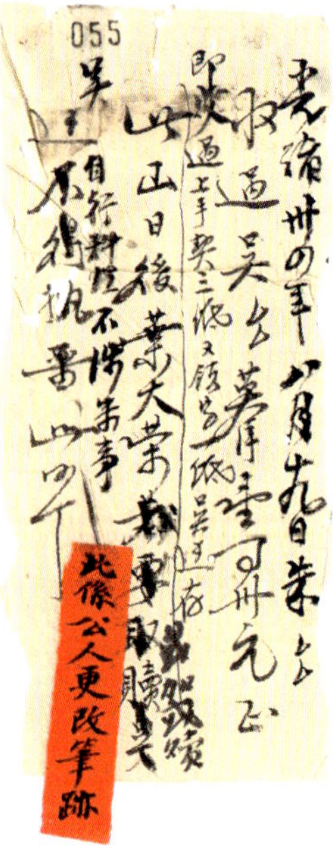

光緒卅四年八月廿九日朱文善收過吴邊英洋壹佰卅元正
即交過上手契三紙又領字一紙吴邊收存
此山日後葉大榮取贖
吴邊自行料理不涉朱事
不得執留
此照

此係公人更改筆跡

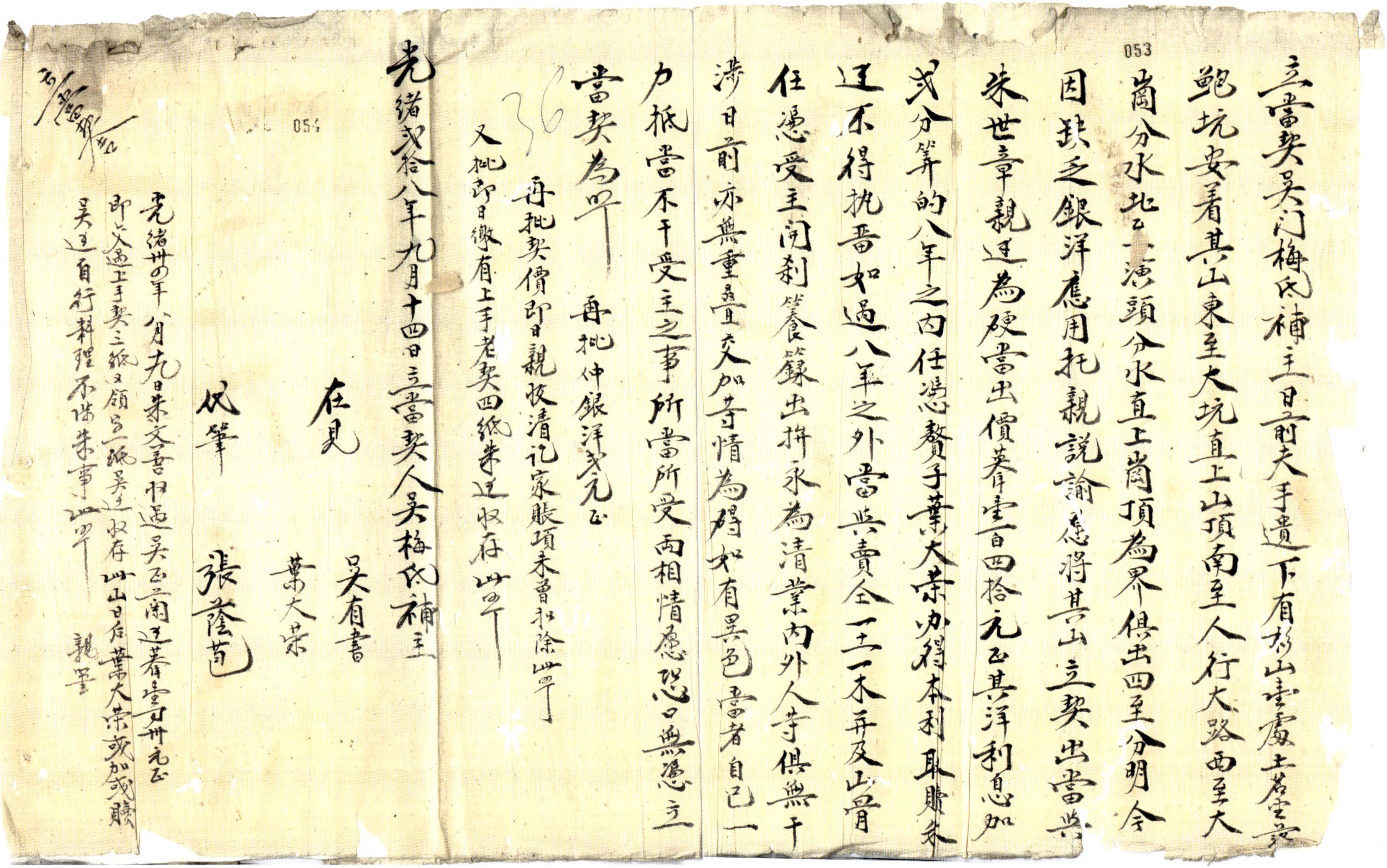

立當契吴門梅氏補主，日前夫手遺下有杉山壹處，土名坐落鮑坑安着。其山東至大坑直上山頂，南至人行大路，西至大崗分水，北至小漈頭分水直上崗頂為界，俱出四至分明。今因缺乏銀洋應用，托親說諭，愿將其山立契出當與朱世章親邊為硬當，出價英洋壹百四拾元正。其洋利息加弍分算的，八年之內任憑贅子葉大榮办得本利取贖，永遠不得執吝。如過八年之外，當與賣仝一土一木并及山骨，任憑受主開剥養蓄籙出拚，永為清業，内外人等俱無干涉。日前亦無重叠交加等情，為得如有異色，當者自己一力抵當，不干受主之事。所當所受，兩相情愿，恐口無憑，立當契為照。

再批：仲銀洋弍元正。

再批：契價即日親收清訖，家賬項未曾扣除，此照。

又批：即日繳有上手老契四紙，朱邊收存，此照。

光緒弍拾八年九月十四日立當契人吴梅氏補主

在見 吴有書 葉大榮

代筆 張蔭芑

光緒卅四年八月九日朱文善中過吴邊□閘邊英洋壹佰卅元正，即交過上手契三紙，又領字一紙，吴邊收存。此山日后葉大榮或加或贖，吴邊自行料理，不涉朱事，此照。

親筆

1附1.光緒二十八年九月十四日吴梅氏立當契等抄件粘呈　（1367：53–54）29.0×48.0cm；（1367：55）13.7×6.1cm

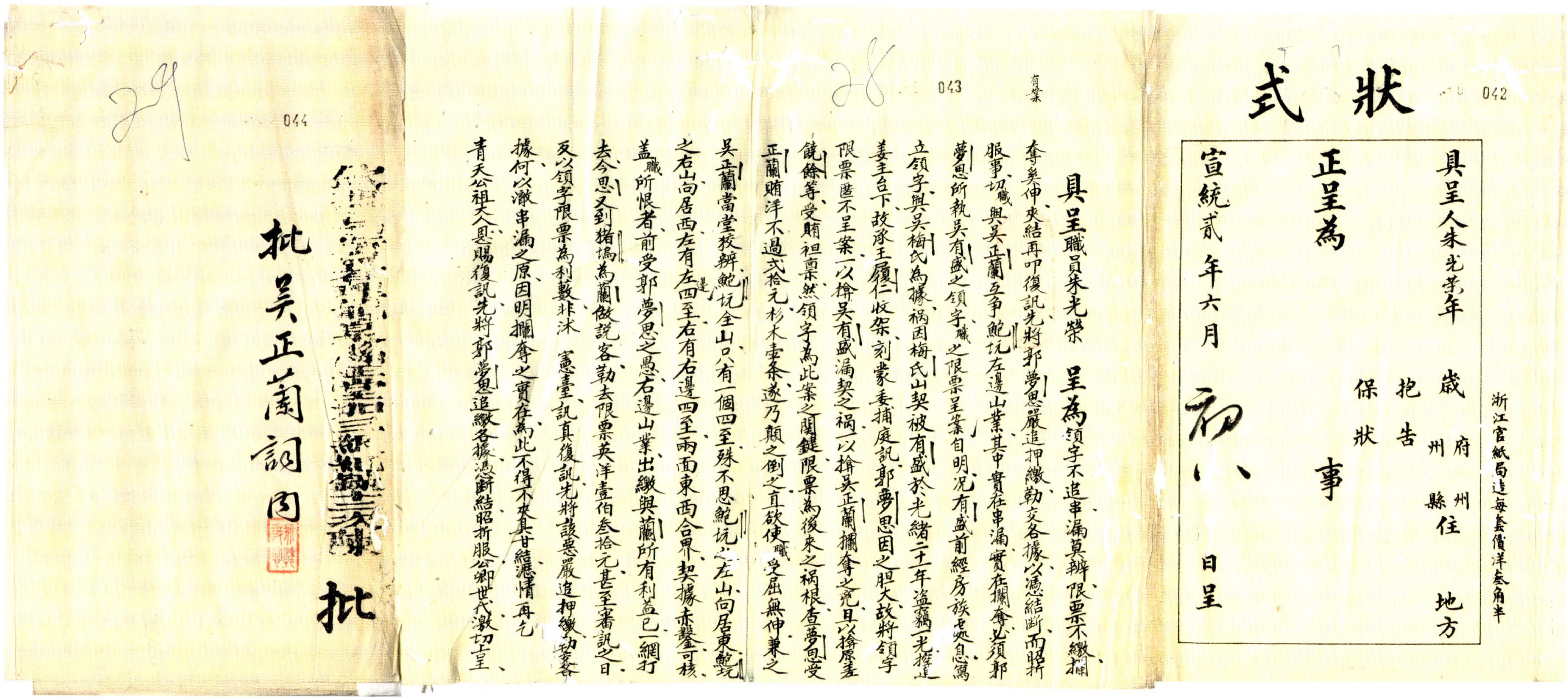
浙江官紙局造每套價洋叁角半

狀式

具呈人朱光榮年　歲　府州　州縣住　地方

正呈爲　事

抱告

保狀

宣統貳年六月初八日呈

具呈職員朱光榮　呈爲領字不追，串漏莫辨，限票不繳，擱奪吳仲夾結，再叩復訊，先將郭夢恩嚴追押繳，勒交各據，以憑結斷，而昭折服事。切職與吳正蘭互爭鮑坑左邊山業，其中實在串漏，實在擱奪，必須郭夢恩所執吳有盛之領字，職之限票呈案自明。況有盛前經房族乏嗣息，寫立領字與吳梅氏爲據，禍因梅氏山契被有盛於光緒二十年盜竊，光控追姜主台下，故承王履仁收粲，刻蒙委捕庭訊，郭夢恩因之胆大，故將領字限票匿不呈案，一以捺吳有盛漏契之禍，一以捺吳正蘭擱奪之亮，且以捺原差饒餘等受賄袒稟，然領字爲此案之關鍵，限票爲後來之禍根，查夢恩受正蘭賄洋不過弍拾元、杉木壹条，遂乃顛之倒之，直欲使職受屈無伸，兼之吳正蘭當堂狡辯，鮑坑全山只有一個四至，殊不思鮑坑之左山向居東，鮑坑之右山向居西，左有左邊四至，右有右邊四至，兩面東西合界，契據赤鑿可核。盖職所恨者，前受郭夢恩之愚，右邊山業出繳與蘭所有，利益已一網打去，今恩又到猪塢爲蘭做說客，勒去限票英洋壹伯叁拾元，甚至審訊之日又以領字限票爲利藪，非沐憲臺訊真復訊，先將該惡嚴追押繳，勒交各據，何以澈串漏之原因，明擱奪之實在？爲此不得不來具甘結，瀝情再乞青天公祖大人恩賜復訊，先將郭夢恩追繳各據，憑斷結，昭折服，公卿世代，激切上呈。

批　吳正蘭詞　批

2.宣統二年六月初八日朱光榮爲控吳正蘭領字不追串漏莫辨事呈狀

（1367：42–43）26.0×53.6cm；（1367：44–45）25.9×48.4cm；（1367：46–47）26.0×30.8cm　圖版裁狀式條例

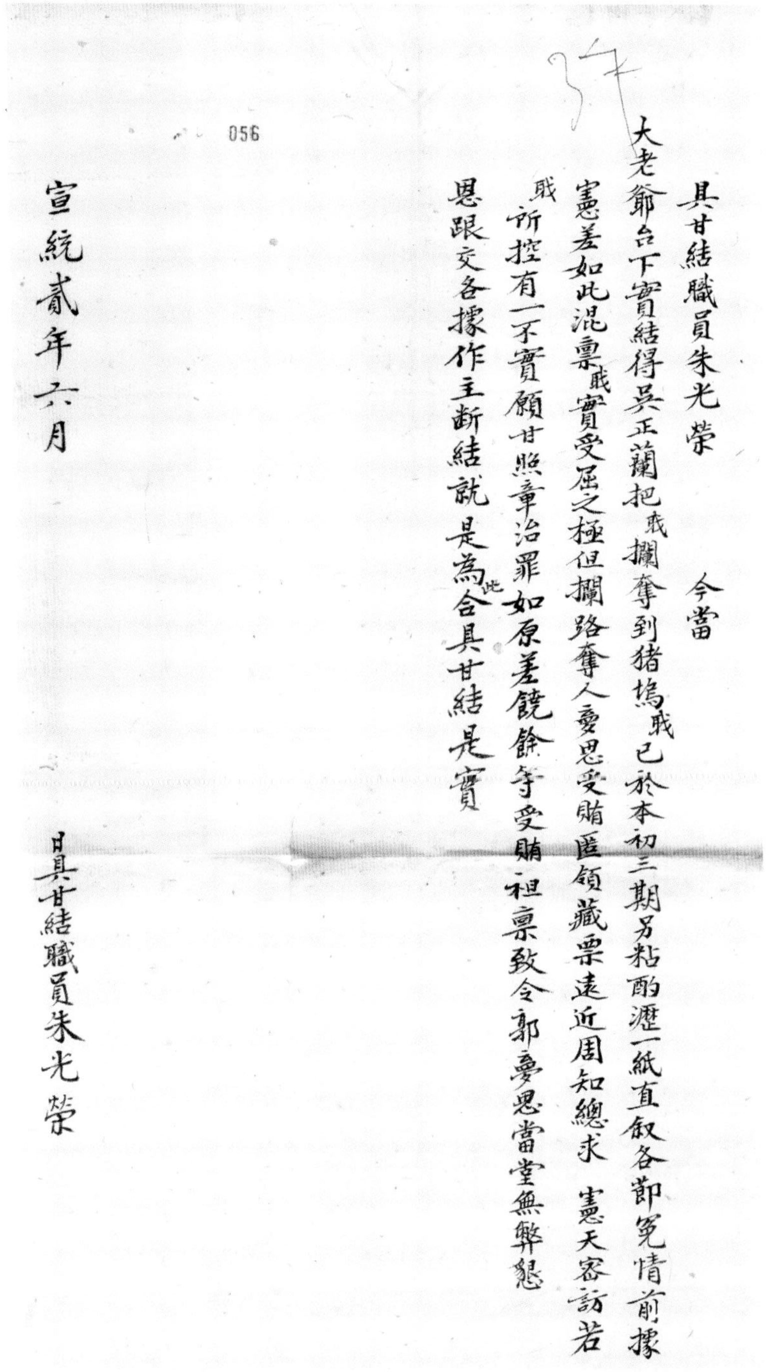
具甘結職員朱光榮　今當
大老爺台下實結得吴正蘭把戕攔奪到猪塢，戕已於本初三期另粘稟瀝一紙，直叙各節冤情。前據
憲差如此混稟，戕實受屈之極。但攔路奪人，夢思受賄，匿領藏票，遠近周知。總求　憲天容訪。若
戕所控有一不實，願甘照章治罪；如原差饒餘等受賄袒稟，致令郭夢思當堂無弊，懇
恩跟文各據作主斷結，就是。爲此合具甘結是實。
宣統貳年六月　日具甘結職員朱光榮

2附1.宣統二年六月朱光榮甘結狀　(1367：56) 40.7×28.7cm

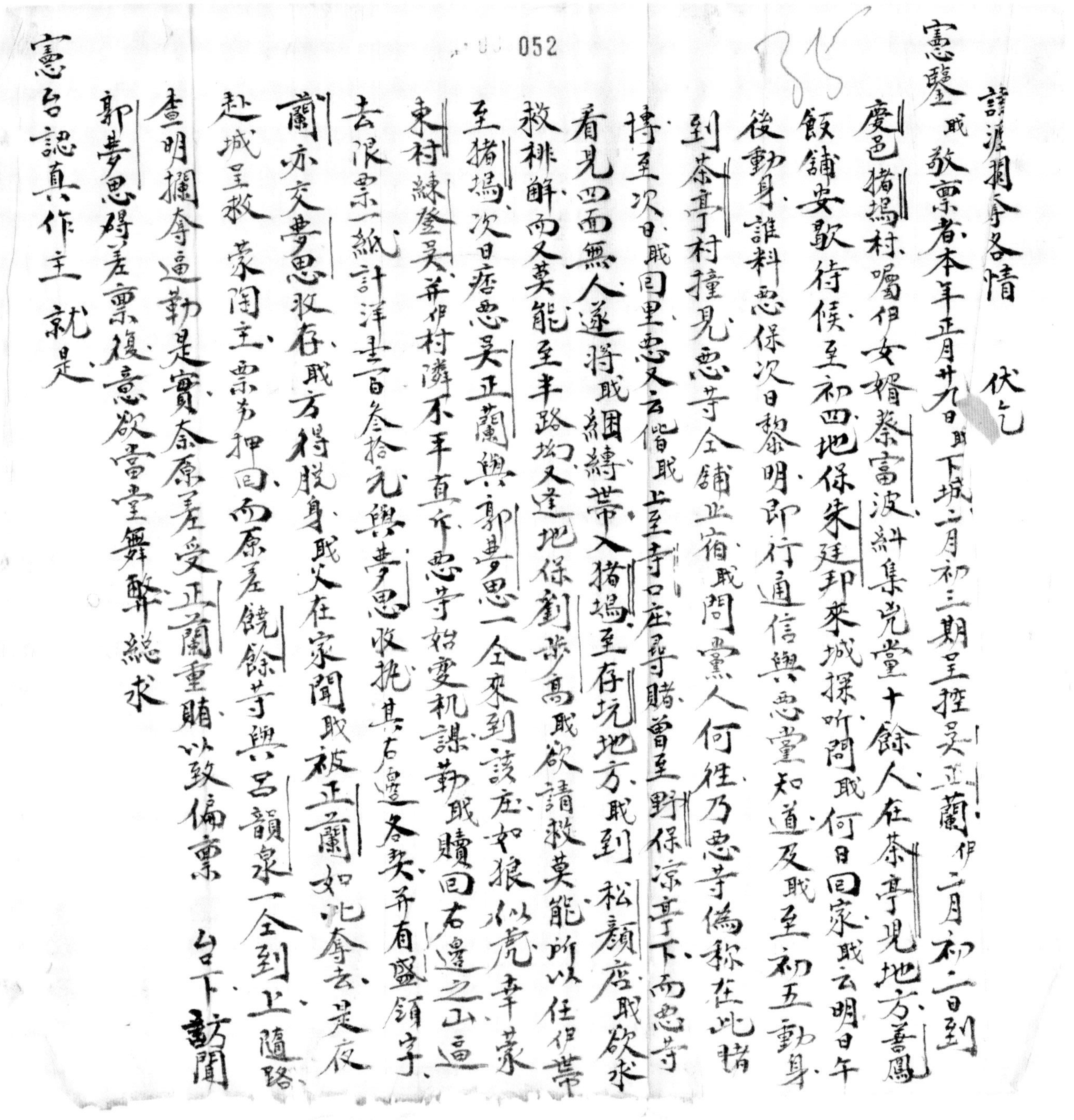
請瀝攔奪各情　伏乞
憲鑒事。戕敬稟者：本年五月廿九日戕下城，六月初三期呈控吴正蘭，伊六月初二日到
慶邑猪塢村，囑伊女婿蔡富波糾集光堂十餘人在茶亭見地方姜鳳
飯鋪安歇，待候至初四，地保朱廷邦來城探听，問戕何日回家，戕云明日午
後動身。誰料惡保次日黎明即行通信與惡黨知道，及戕至初五動身
到茶亭村，撞見惡等全鋪止宿，戕問黨人何往，乃惡等僞称在此搭
博，至次日戕回里，惡又云偕戕上至寺口庄尋賭，曾至野保凉亭下，而惡等
看見四面無人，遂將戕綑縛帶入猪塢至存坑地方，戕到松顏店，戕欲求
救排解，而又莫能。至半路拗又逢地保劉步高，戕欲請救，莫能。所以任伊帶
至猪塢，次日痞惡吴正蘭與郭夢思一仝來到該庄，如狼似虎，幸蒙
東村練叅吴弁伊村隣不平，直斥惡等，始變机謀，勒戕贖回，右邊之山逼
去，限票一紙，計洋壹百叁拾元，與夢思收執，其右邊各契弁有盛領字，
蘭亦交夢思收存，戕方得脱身。戕父在家聞戕被正蘭如此奪去，是夜
赴城呈救，蒙陶主票差押回，而原差饒餘等與呂韻泉一仝到上，隨路
查明攔奪逼勒是實，奈原差受正蘭重賄，以致偏稟　台下訪聞
郭夢思得差稟，復意欲當堂舞弊，總求
憲台認真作主，就是。

2附2.(宣統二年六月初三日)朱光榮請瀝攔奪各情事稟　(1367：52) 26.5×26.9cm

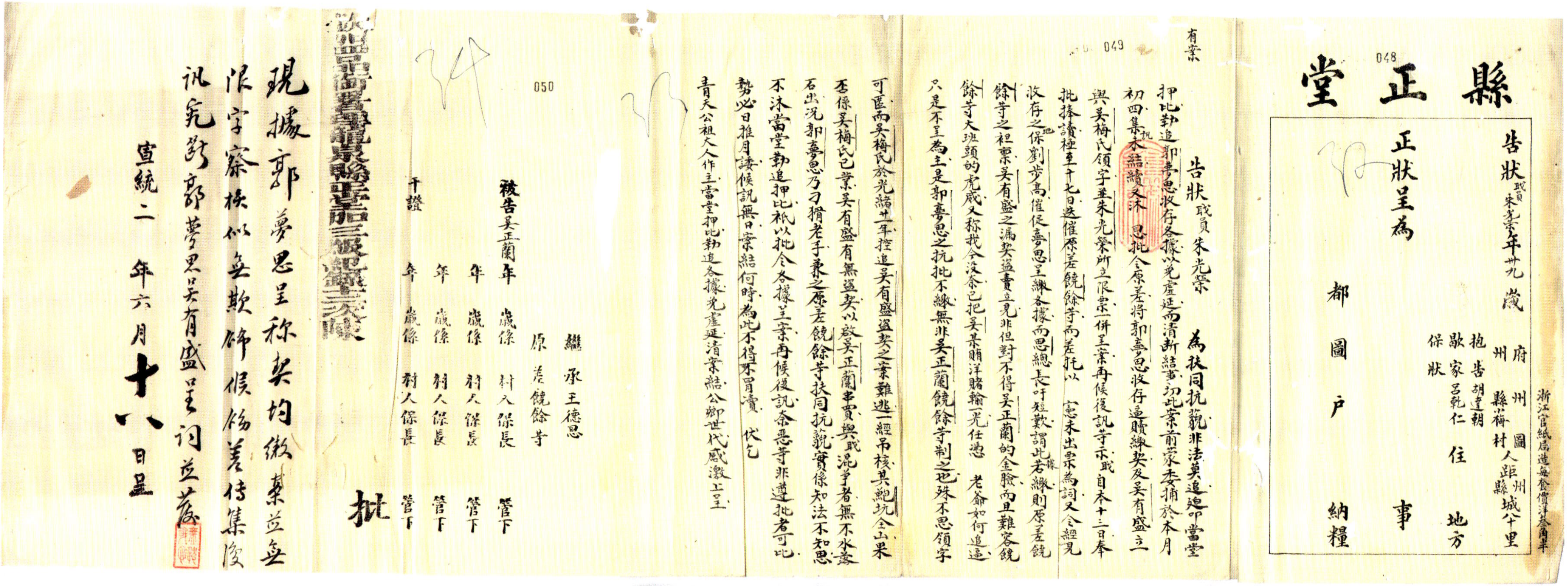

3.宣統二年六月十八日朱光榮爲控吳正蘭扶同抗藐非法莫追事呈狀

（1367：48–49）25.9×70.0cm；（1367：50–51）26.0×46.3cm；（1367：6–8）25.9×46.3cm　圖版裁狀式條例

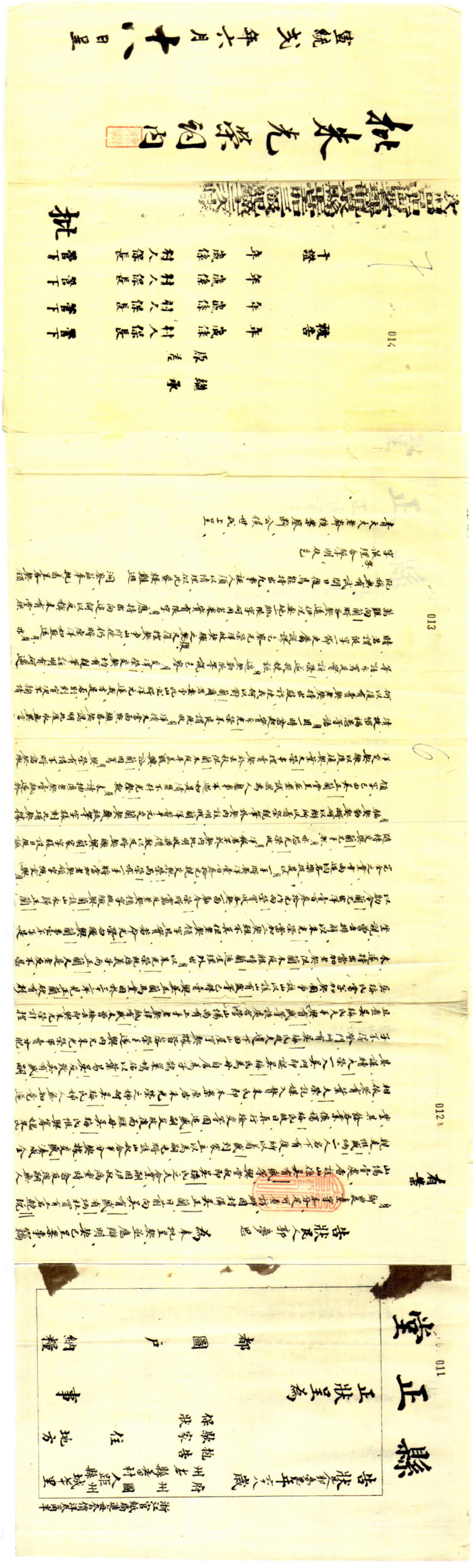

4. 宣統二年六月十八日郭夢思爲奉批呈契亟應辯明事呈狀

（1367：11–13）26.1×69.1cm；（1367：14–15）26.1×51.2cm；（1367：16–18）26.1×46.2cm　圖版裁狀式條例

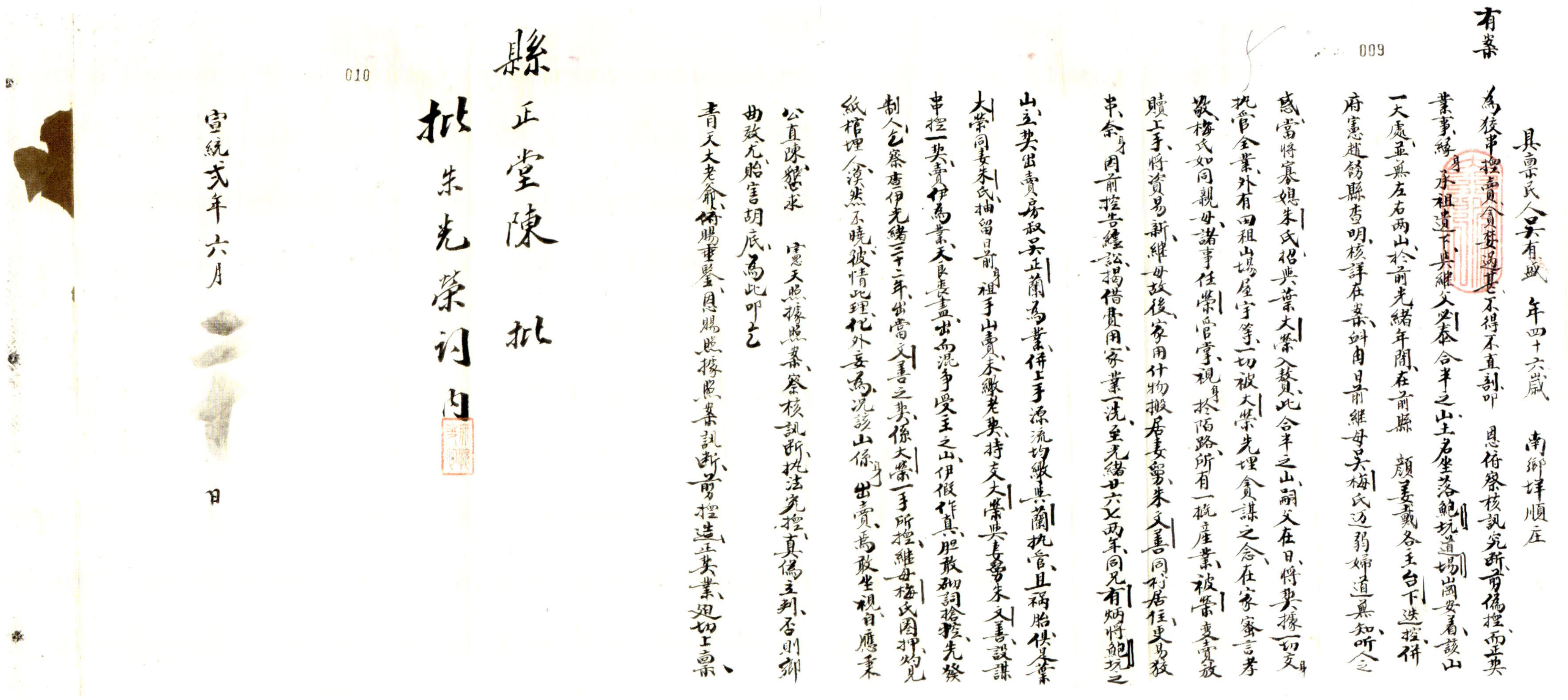
有案

009

具稟民人吴有盛　年四十六歲　南鄉坪順庄
爲狡串捏賣貪婪過甚，不得不直剖叩　恩俯察核訊究斷，前僞捏而正典
業事。緣身承祖遺下與繼父劉泰合半之山土，名坐落鮑坑道場崗安着，該山
一大處並無左右兩山。於前光緒年間，在前縣　顔、姜、戴各主台下迭控，併
府憲趙飭縣查明，核詳在案。斜因日前繼母吴梅氏迈弱，婦道無知，所以
感當將寡媳朱氏招典葉大榮入贅，此合半之山，嗣父在日，將契據一切交身
執管全業。外有田租山場屋宇等一切，被大榮先埋貪謀之念，在家審言孝
敬梅氏如同親母，諸事任榮管掌，視身於陌路，所有一概産業，被榮變賣放
贖上手，將資易新。繼母故後，家用什物搬居妻舅朱文善同村居住，更易狡
串。奈身因前控告纏訟，揭借費用，家業一洗。至光緒廿六七兩年，同兄有炳將鮑坑之
山立契出賣房叔吴正蘭爲業，併上手源流均繳與蘭執管，且稱胎俱某業
大榮同妻朱氏抽留日前身祖手山賣未繳老契，持交大榮與妻舅朱文善設謀
串控一契賣伊爲業，天良喪盡，出而混爭受主之山，伊假作真，胆敢砌詞捻控，先發
制人。乞察叔伊光緒三十二年出當文善之契，係大榮一手所捏，繼母梅氏圖押灼見，
紙棺埋人，漠然不曉彼情此理，化外妄爲。況該山係身出賣，焉敢坐視。自應秉
公直陳，懇求　憲天照據照案察核，訊斷執法究捏，真僞立判。否則鄉
曲效尤，貽害胡底。爲此叩乞
青天大老爺俯賜垂鑒，恩賜照據照案訊斷，前捏造正契業，迫切上稟。

010

縣正堂陳　批
批朱光榮詞内

宣統弍年六月　　日

5.宣統二年六月廿日吴有盛爲狡串捏賣貪婪過甚事稟狀　（1367：9–10）24.9×63.0cm

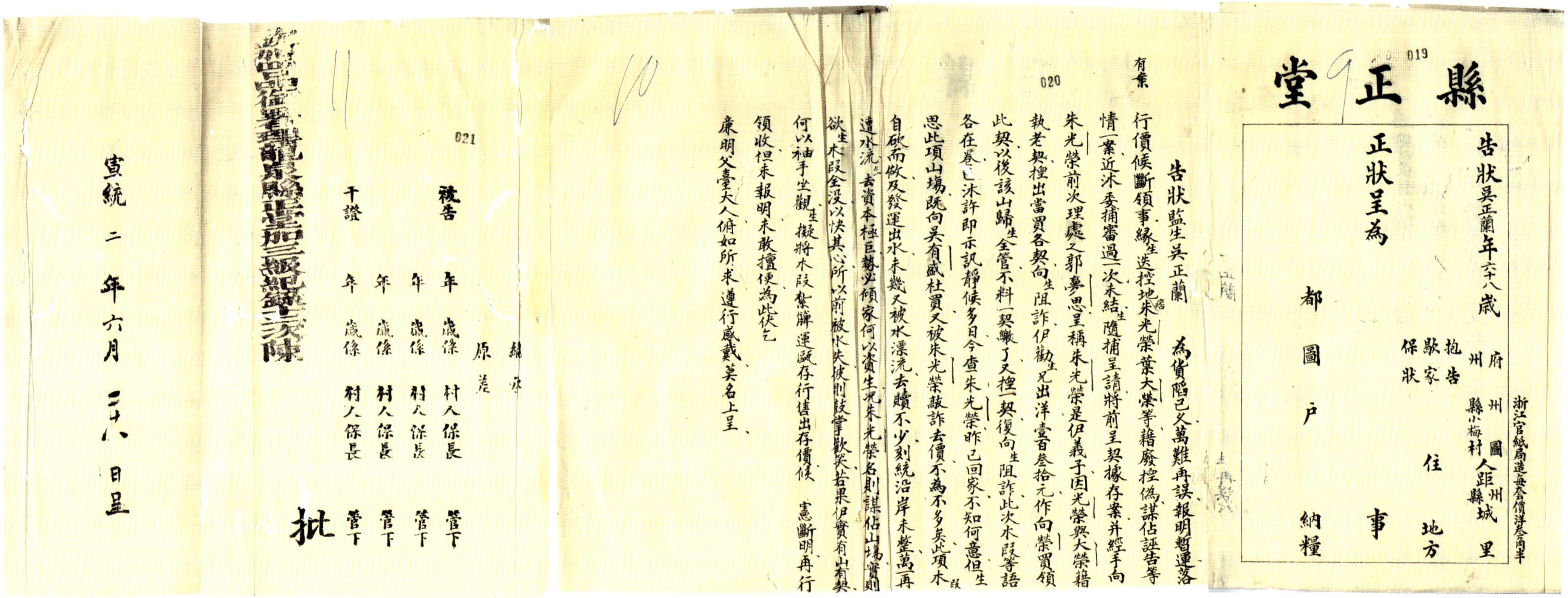

縣正堂

告狀吳正蘭年六十八歲

正狀呈為

都 圖 戶

事

納糧

有案

告狀監生吳正蘭 為貨陷已久、萬難再誤、報明暫運、落行價候斷領事。緣生迭控地棍朱光榮、葉大榮等藉廢控僞、謀佔誣告等情一案，近沐委捕審過一次未結，生隨捕呈請將前呈契據存案，并經手向朱光榮前次理處之鄭夢思呈稱朱光榮是伊義子，因光榮與大榮藉執老契，控出當買各契，向生阻詐，伊勸生兄出洋壹百叁拾元，作向榮買領此契，以後該山歸生全管。不料一契繳了，又控一契，復向生阻詐此次木段等語，各在卷。已沐許即示訊，靜候多日，今查朱光榮昨已回家，不知何意。但生思此項山場既向吳有盛杜買，又被朱光榮敲詐去價不為不多，矣此項木段自砍而做，及發運出水，未幾又被水漂流，去贖不少，刻統沿岸未整萬一再遭水流，生去資本極巨，勢必傾家，何以資生？況朱光榮名則謀佔山場，實則欲生木段全沒，以快其心，所以前被水失，彼則鼓掌歡笑，若果伊實有山有契，何以袖手坐觀？生擬將木段紮簰運甌，存行售出，存價候憲斷明，再行領收，但未報明，未敢擅便，為此伏乞

康明父臺大人俯如所求，遵行感戴。莫名上呈。

被告 年 歲係 村人保長 管下

干證 年 歲係 村人保長 管下

原差

稿承

宣統二年六月二十八日呈

批

6.宣統二年六月廿八日吴正蘭爲控朱光榮等貨陷已久萬難再誤事呈狀

（1367：19–20）26.0×68.9cm；（1367：21–22）26.1×50.5cm；（1367：23–24）26.0×45.4cm　圖版裁狀式條例

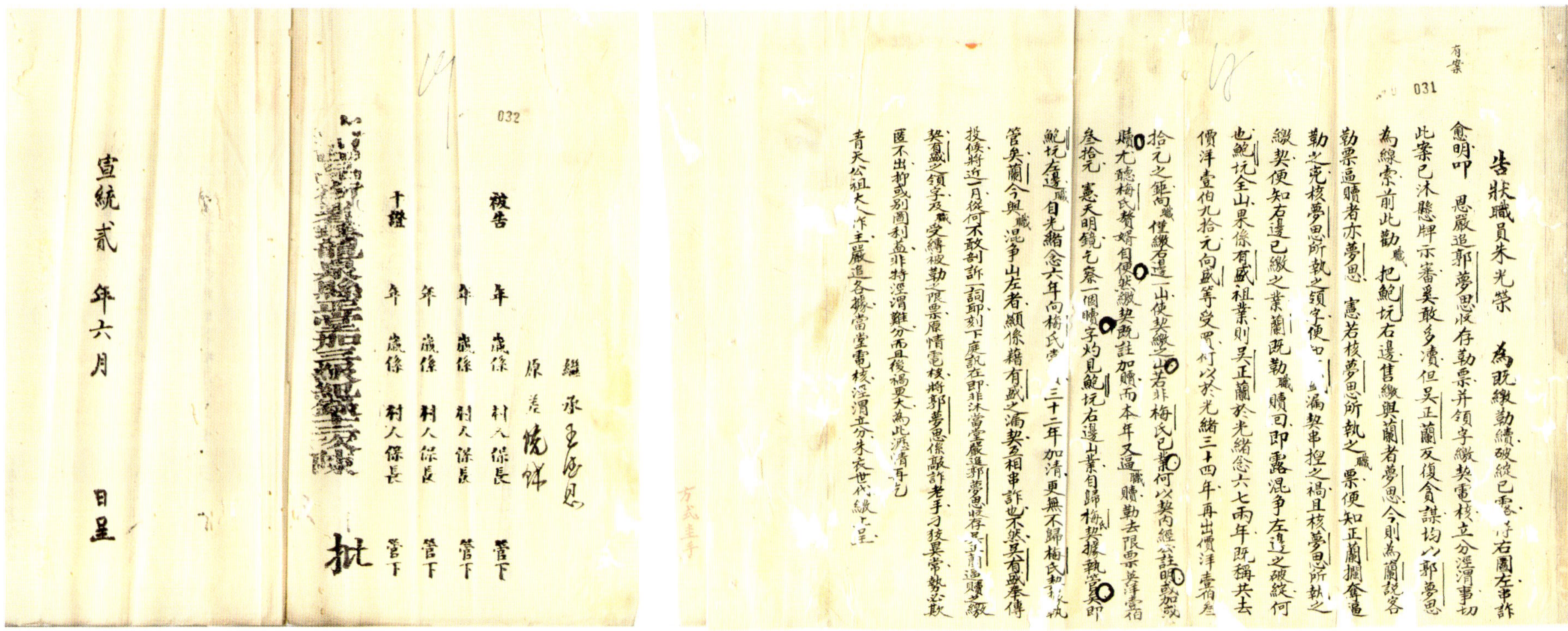

030

縣正堂

告狀朱光榮年[illegible]歲
府州縣
抱告
歇家
保狀
住
距州縣城　里
地方

正狀呈為　事

都　圖　戶
納糧

031

有案

告狀職員朱光榮　為既繳勒續破綻已露、[illegible]右圖左串詐
僉明叩　恩嚴追郭夢思收存勒票并領字繳契電核立分涇渭事切
此案已沐懸牌示審奚敢多瀆但吴正蘭反復貪謀均以郭夢思
為線索前此勒職把鮑坑右邊售繳與蘭者夢思今則為蘭說客
勒票逼贖者亦夢思　憲若核夢思所執之職票便知正蘭攔奪逼
勒之[illegible]核夢思所執之領字便知[illegible]濫契串控之禍且核夢思所執之
繳契便知右邊已繳之業蘭既勒職贖曰即露混爭左邊之破綻何
也鮑坑全山果係有盛祖業則吴正蘭於光緒念六七兩年既稱共去
價洋壹伯九拾元向盛等受買何以於光緒三十四年再出價洋壹伯叁
拾元之鉅向職僅繳右邊一山使契繳之山若非梅氏已業何以契內經公註明或加找
贖尤聽梅氏贅婿自便然繳契既註加贖而本年又逼職贖勒去限票英洋壹伯
叁拾元　憲天明鏡乞察一個贖字灼見鮑坑右邊山業自歸梅氏契據執管即
鮑坑左邊職自光緒念六年向梅氏[illegible]三十二年加清更無不歸梅氏執
管吴正蘭今與職混爭山左者顯係藉有盛之濫契互相串詐也不然吴有盛奉傳
投候將近一月從何不敢剖訴一詞即刻下庭訊在即非沐當堂嚴追郭夢思收存吴正蘭逼贖之繳
契有盛之領字及職受縛被勒之限票原情電核將郭夢思係敲詐老手刁狡異常勢必欺
匿不出抑或別圖利益非特涇渭難分而且後禍更大為此瀝情再乞
青天公祖大人作主嚴追各據當堂電核涇渭立分朱衣世代緘上呈

032

被告　年　歲係　村人保長　管下
　　　年　歲係　村人保長　管下
　　　年　歲係　村人保長　管下
干證　年　歲係　村人保長　管下

繼承[illegible]
原差[illegible]

批

宣統貳年六月　日呈

7.宣統二年六月(廿八日)朱光榮爲控吴正蘭既繳勒續破綻已露事呈狀

（1367：30–31）25.9×54.3cm；（1367：32–33）25.9×51.3cm；（1367：34–35）25.9×51.2cm　圖版裁狀式條例

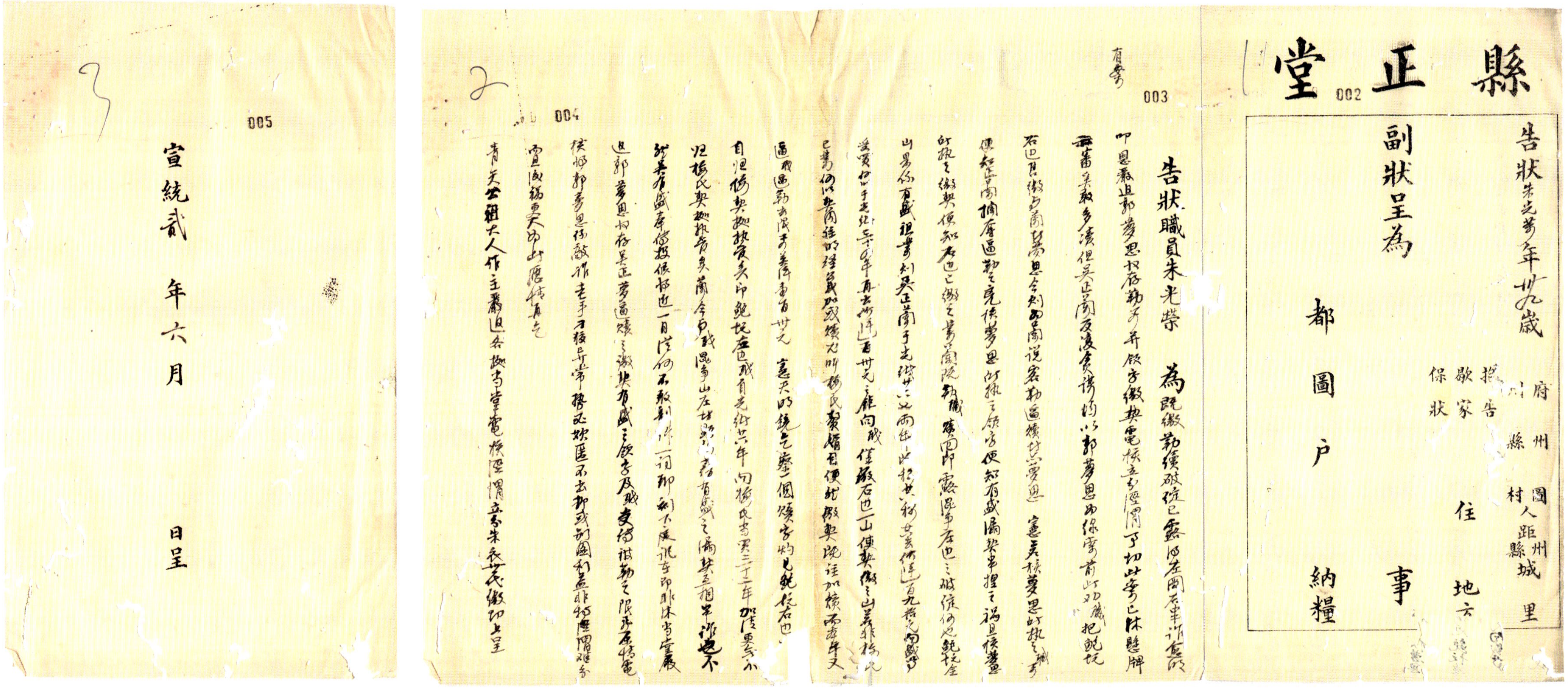

7附1.副狀　（1367：2–3）26.0×29.9cm；（1367：4）26.0×34.1cm；（1367：5）25.8×34.3cm　圖版裁空白頁

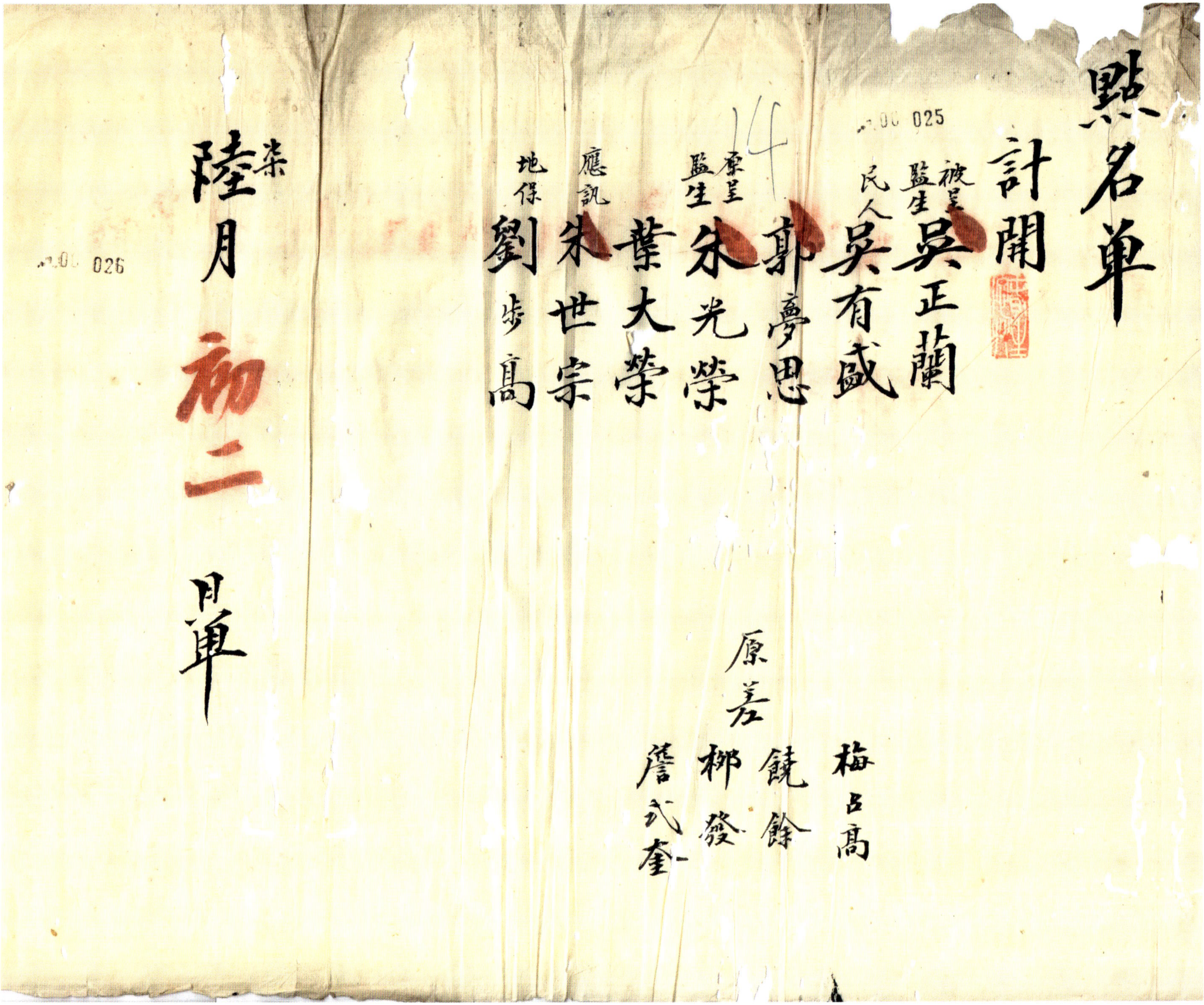

點名單

計開

被呈監生吴正蘭

民人吴有盛

郭夢思

原呈監生朱光榮

葉大榮

應訊朱世宗

地保劉步高

原差　梅占高

饒餘

柳發

詹弍奎

柒月初二日單

8.(宣統二年)七月初二日點名單　(1367：25—26) 29.5×38.9cm

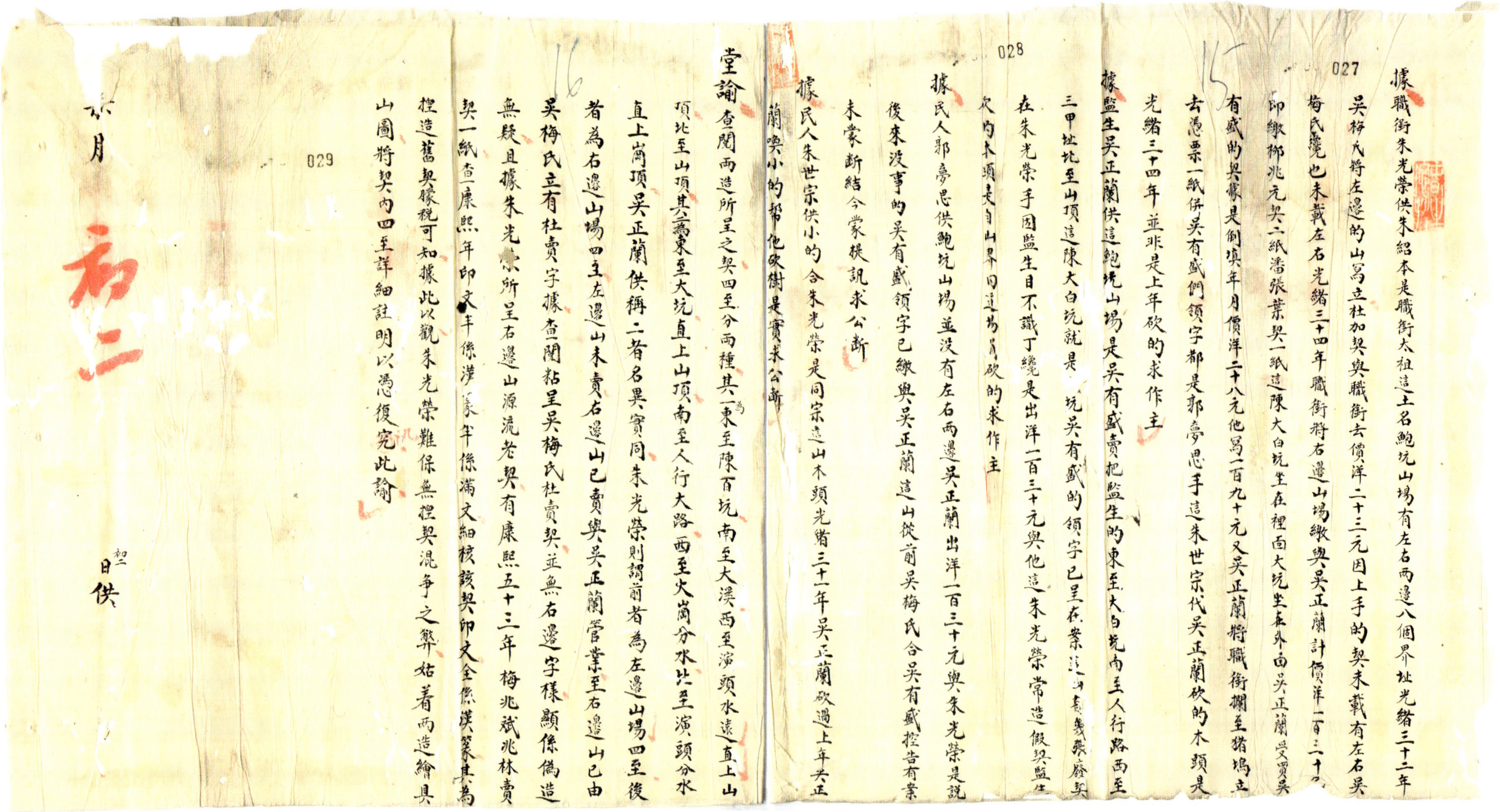
據職銜朱光榮供朱紹本是職銜太祖這土名鮑坑山場有左右兩邊八個界址光緒三十二年
吳梅氏將左邊的山寫立杜加契與職銜去價洋二十三元因上手的契未載有左右吳
梅氏纔也未載左右光緒三十四年職銜將右邊山場繳與吳正蘭計價洋一百三十
即繳郁兆元契二紙潘張葉契一紙這陳大白坑坐在裡面大坑坐在外面吳正蘭受買吳
有盛的契據是倒填年月價洋二十八元他寫一百九十元又吳正蘭將職銜攔至豬塢立
去憑票一紙併吳有盛們領字都是郭夢思手這朱世宗代吳正蘭砍的木頭是
光緒三十四年並非是上年砍的求作主
據監生吳正蘭供這鮑坑山場是吳有盛賣把監生的東至大白坑南至人行路西至
三甲址坑北至山頂這陳大白坑就是坑吳有盛的領字已呈在案山長幾張廢契
在朱光榮手因監生目不識丁纔是出洋一百三十元與他這朱光榮常造假契監生
的木頭是自山界內這塢背砍的求作主
據民人郭夢思供鮑坑山場並沒有左右兩邊吳正蘭出洋一百三十元與朱光榮是說
後來沒事的吳有盛領字已繳與吳正蘭這山從前吳梅氏合吳有盛控告有案
未蒙斷結今蒙提訊求公斷
據民人朱世宗供小的合朱光榮是同宗這山木頭光緒三十一年吳正蘭砍過上年吳正
蘭喚小的幫他砍樹是實求公斷
堂諭查閱兩造所呈之契四至分兩種其一為東至陳百坑南至大溪西至演頭水遠直上山
頂北至山頂其一為東至大坑直上山頂南至人行大路西至大崗分水北至演頭分水
直上崗頂吳正蘭供稱二者名異實同朱光榮則謂前者為左邊山場四至後
者為右邊山場四至左邊山未賣右邊山已賣與吳正蘭管業至右邊山已由
吳梅氏立有杜賣字據查閱粘呈吳梅氏杜賣契並無右邊字樣顯係偽造
無疑且據朱光榮所呈右邊山源流老契有康熙五十三年梅兆斌兆林賣
契一紙查康熙年印文係滿漢篆文細核該契印文全係漢篆其為
捏造舊契朦稅可知據此以觀朱光榮難保無捏契混爭之弊姑着兩造繪具
山圖將契內四至詳細註明以憑復究此諭
七月初二日供
初二

029
028
027
15
16

9.(宣統二年)七月初二日供詞、堂諭　(1367：27–29) 27.4×54.0cm

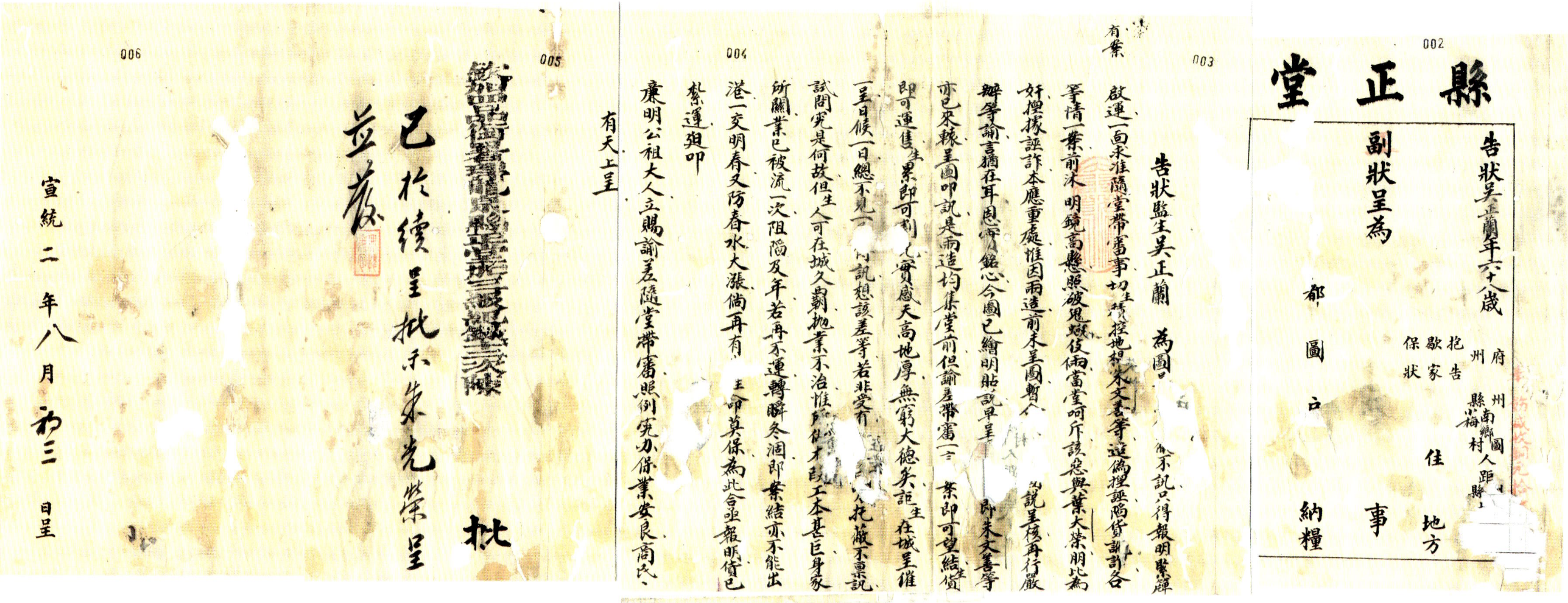

縣正堂

告狀吴正蘭年六十八歲　府州　州縣南鄉圖梅村人距縣[illegible]

抱告　歇家　保狀　住　地方

副狀呈為　事

都　圖　户　納糧

有案

告狀監生吴正蘭　爲圖[illegible]不訊只得報明緊簰

啟運一面求准隨堂帶審事。切生積控地棍朱文善等逆僞捏誣陷貨誣訐各

等情一案，前沐明鏡高懸，照破鬼蜮，伊倆當堂呵斥，該惡與葉大榮朋比爲

奸，捏據誣詐，本應重處，惟因兩造前未呈圖，暫[illegible]說呈核再行嚴

辦等諭，言猶在耳，恩[illegible]銘心。今圖已繪明貼說，早呈[illegible]即朱文善等

亦已來轅呈圖叩訊，是兩造均集堂前，但諭差帶審一[illegible]案即可望結，生貨

即可運售，生累即可[illegible]，實感天高地厚無窮大德矣。詎生在城呈催

一呈，日候一日，總不見一[illegible]訊，想該差等若非受有[illegible]托蔽不稟訊，

試問究是何故。但生人可在城久羈，拋業不治，惟[illegible]工本甚巨，身家

所關，業已被流一次，阻陷及年，若再不運，轉瞬冬涸，即案結亦不能出

港，一交明春，又防春水大漲，倘再有[illegible]生命莫保，爲此合亟報明，貨已

緊運，迫叩

廉明公祖大人立賜諭差隨堂帶審，照例究辦，俾業安良商民、

有天上呈

批　已於續呈批示朱光榮呈並發

宣統二年八月初三日呈

10.宣統二年八月初三日吴正蘭爲控朱文善緊簰啟運隨堂帶審事呈狀　（13439：2–6）26.1×70.2cm

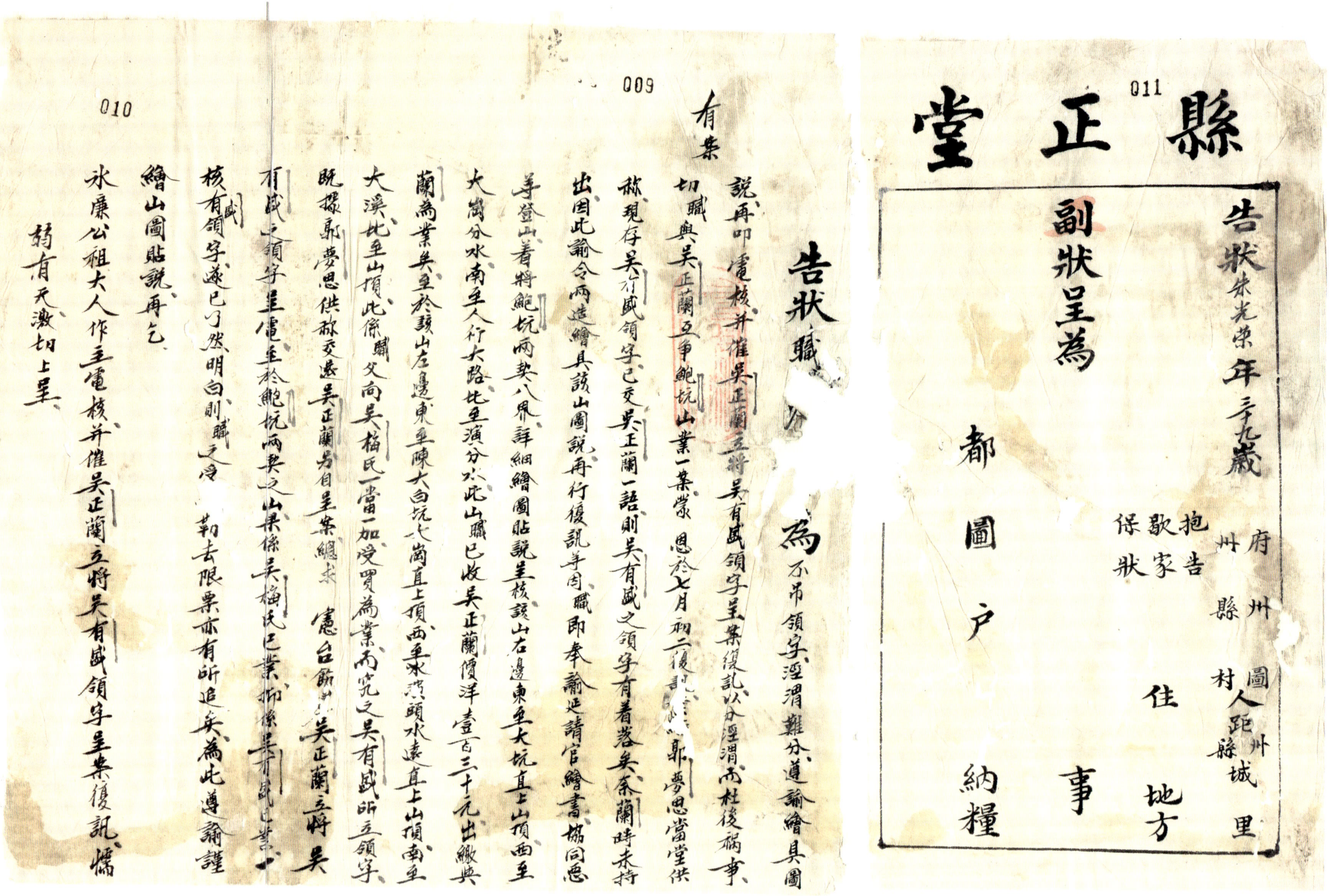
011

縣正堂

告狀　朱光榮　年三十九歲

副狀呈爲

府　州　縣　州　圖　村人距縣城　里

抱告　歌家　保狀

住　地方

事

都　圖　户

納糧

009

有案

告狀　爲不吊領字涇渭難分，違諭繪具圖

說再叩電核并催吴正蘭立將吴有盛領字呈案復訊，以分涇渭而杜後禍事。

切職與吴正蘭互爭鮑坑山業一案，蒙恩於七月初二復訊[illegible]郭夢思當堂供

稱現存吴有盛領字已交吴正蘭一語，則吴有盛之領字有着落矣。奈蘭時未持

出，因此諭令兩造繪具該山圖說再行復訊。等因。職即奉諭延請官繪書協同恩

等登山看將鮑坑兩契八界詳細繪圖貼說呈核。該山右邊東至大坑直上山頂，西至

大崗分水，南至人行大路，北至演分水。此山職已收吴正蘭價洋壹百三十元出繳典

蘭爲業。吴至於該山左邊東至陳大白坑之崗直上頂，西至水蕩頭水遠直上山頂，南至

大溪，北至山頂。此係職父向吴梅氏一當一加受買爲業，而究之吴有盛所立領字

既據郭夢思供稱交還吴正蘭，另自呈案總求

憲台飭[illegible]吴正蘭立將吴

010

有盛之領字呈電至於鮑坑兩契之山果係吴梅氏已業，抑係吴有盛已業，一

核有盛領字遂已了然明白，則職之冤[illegible]

勒去限票亦有所追矣。爲此遵諭謹

繪山圖貼說再乞

氷廉公祖大人作主電核并催吴正蘭立將吴有盛領字呈案復訊，[illegible]

[illegible]有天激切上呈

11.(時間不詳)朱光榮爲控吴正蘭不吊領字涇渭難分事呈狀　(13439：11) 25.5×15.9cm；(13439：9–10) 25.5×26.5cm

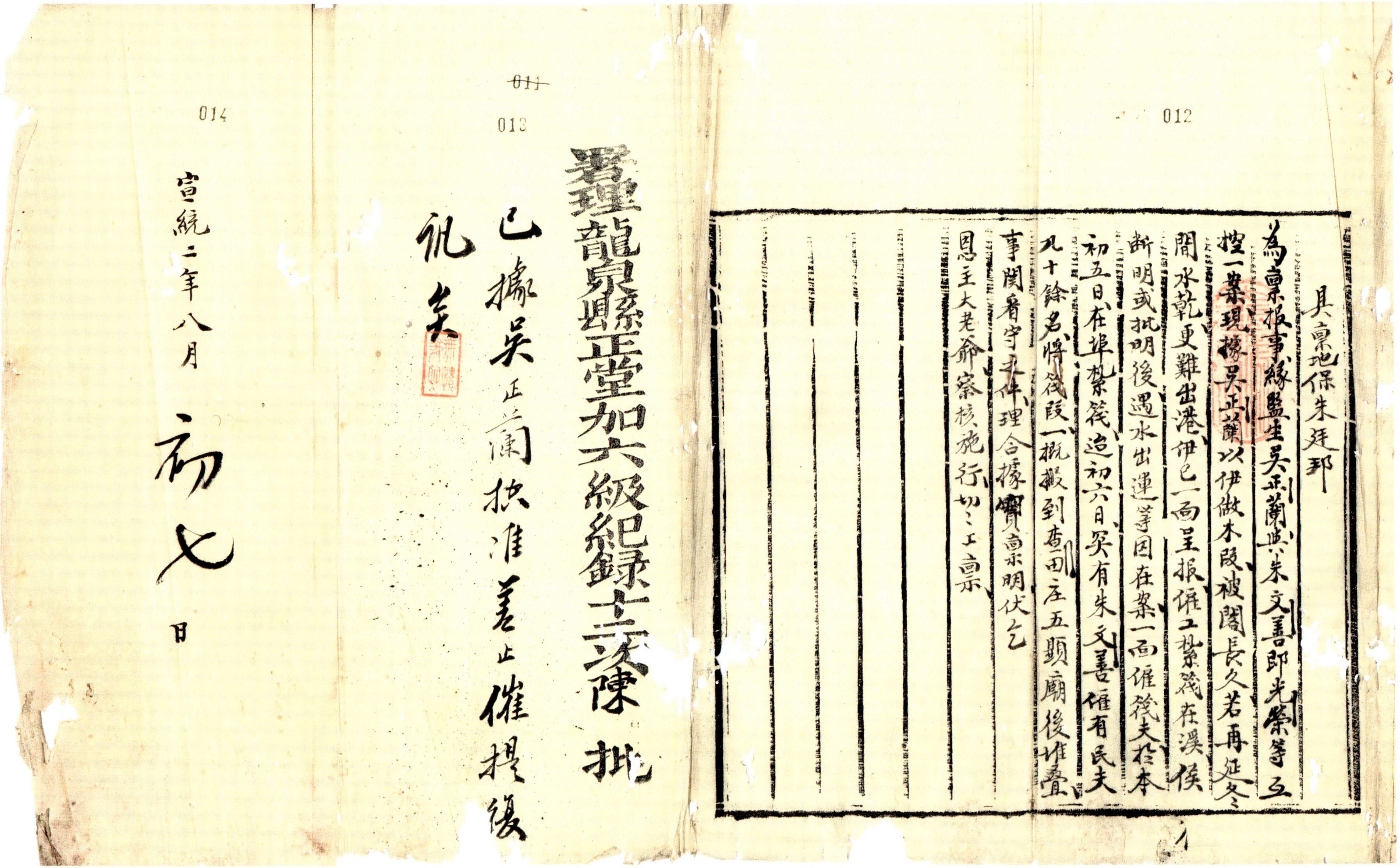

12.宣統二年八月初七日地保朱廷邦爲稟報事稟 （17098：11–14）28.4×62.0cm 圖版裁封頁

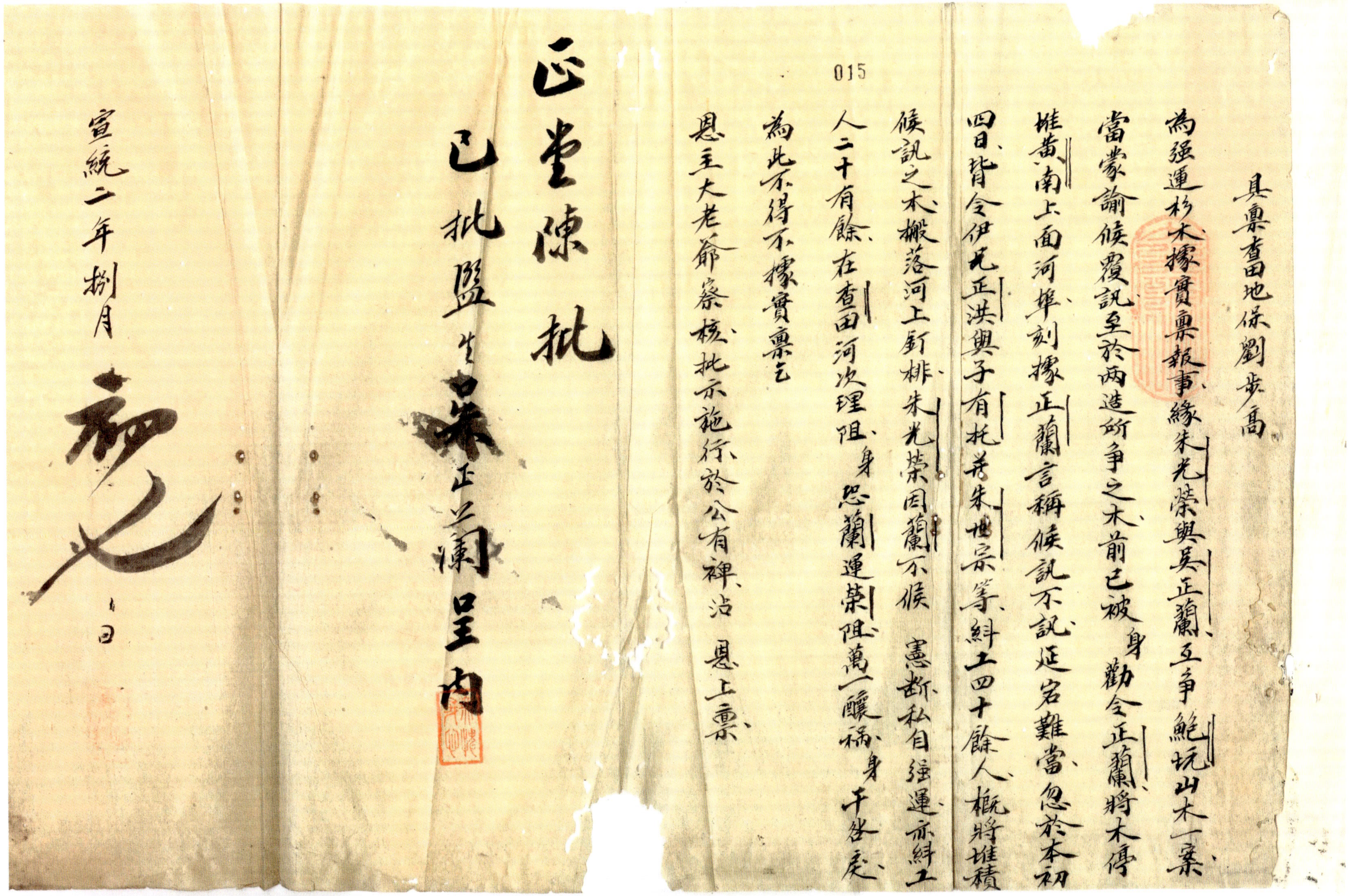

015

具禀查田地保劉步高

為强運杉木據實禀報事。緣朱光榮與吳正蘭互爭䲵坑山木一案，當蒙諭候覆訊。至於兩造所爭之木，前已被身勸令正蘭將木停堆黄南上面河埠，刻據正蘭言稱候訊不訊，延宕難當，忽於本初四日，背令伊兄正洪與子有杞並朱世宗等，糾工四十餘人，概將堆積候訊之木搬落河上釘排。朱光榮因蘭不候憲斷，私自强運，亦糾工人二十有餘，在查田河次理阻。身恐蘭運榮阻，萬一釀禍，身干咎戾。為此不得不據實禀乞

恩主大老爺察核，批示施行，於公有裨。沾恩上禀。

正堂陳批：

已批監生吳正蘭呈內。

宣統二年捌月初七日

13.宣統二年八月初七日地保劉步高爲强運杉木據實禀報事禀　（17098：15）25.0×39.6cm

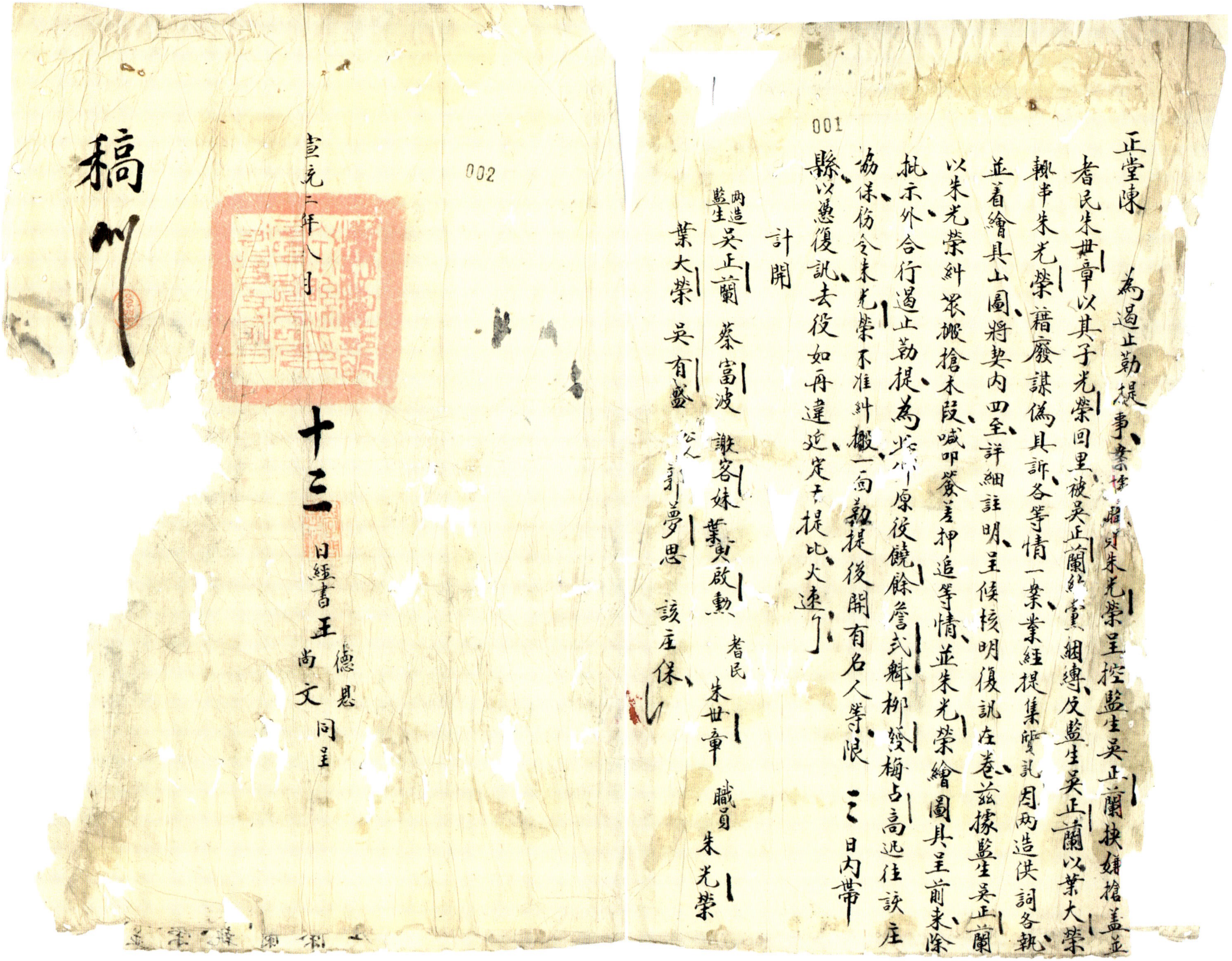
正堂陳　爲遏止勒提事。案據朱光榮呈控監生吳正蘭挾嫌搶蓋並
耆民朱世章以其子光榮回里，被吳正蘭糾黨捆縛，及監生吳正蘭以葉大榮
輒串朱光榮藉廢謀僞具訴各等情一案，業經提集質訊，因兩造供詞各執，
並着繪具山圖，將契內四至詳細註明，呈候核明復訊在卷。茲據監生吳正蘭
以朱光榮糾衆搬搶木段，喊叩發差押追等情，並朱光榮繪圖具呈前來，除
批示外，合行遏止勒提。爲此，票仰原役饒餘、詹式彝、柳綬、梅占高迅往該庄
協保，飭令朱光榮不准糾搬，一面勒提後開有名人等，限三日內帶
縣，以憑復訊。去役如再違延，定干提比。火速。
計開
兩造監生吳正蘭　蔡富波　謝容妹　葉貞啟勳　耆民朱世章　職員朱光榮
葉大榮　吳有盛　公人郭夢思　該庄保

稿
川
宣統二年八月十三日經書王德懸、尚文同呈

14.宣統二年八月十三日知縣陳啓謙爲遏止勒提吳正蘭等事票(稿)（1824：1–2）29.5×40.0cm

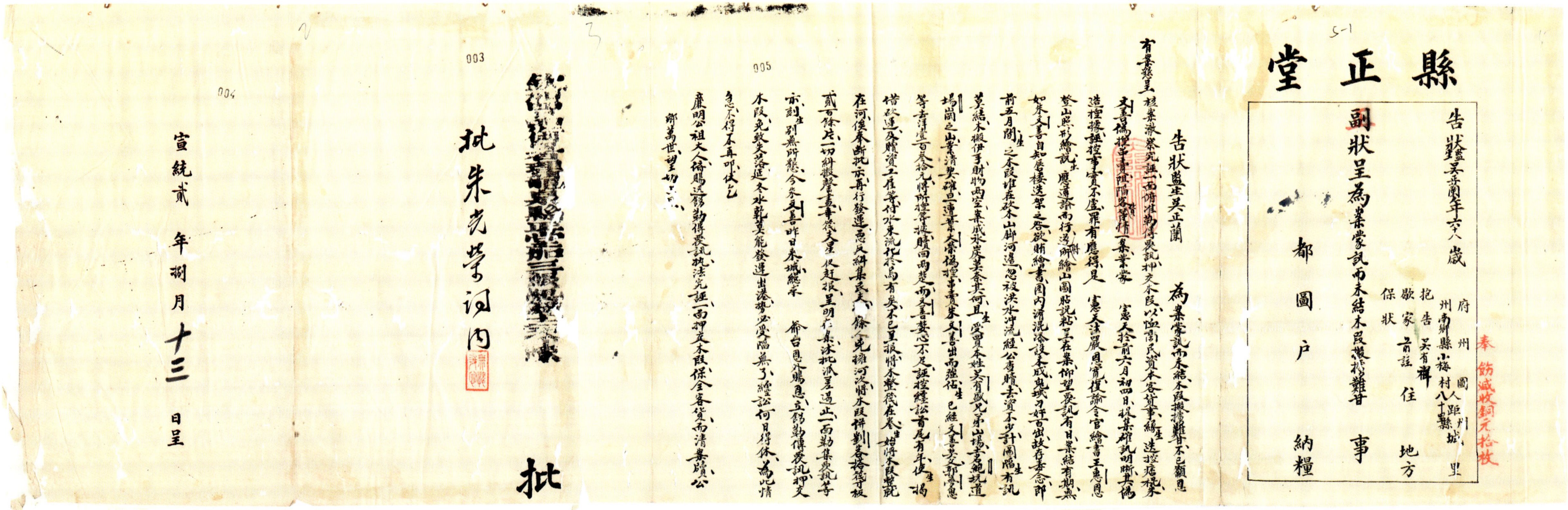

縣正堂

告狀監生吴正蘭年六十八歲

府 州 圖 人 距州城 里

州 南鄉 縣 小梅村 八十里

抱告 吴有禪

歇家 前註 住

保狀 地方

副狀呈爲案蒙訊而未結木段搬擱難昔事

都 圖 戶 納糧

奉飭減收銅元拾枚

告狀監生吴正蘭 爲案蒙訊而未結、木段搬擱難昔、不已籲恩

有案懇呈 核案徹察究誣、一面俯准勒傳要訊押交本段、以恤阖氏資本客貨事。緣生迭控痞棍朱

文善僞捏串賣阻陷客貨情一案、業蒙

憲天於前六月初四日提集確訊、明晰其僞

造捏據誣控事實不虛、罪有應得、是

憲天法嚴恩寬、復諭令官繪書王惠恩

登山照形繪說、生應遵諭而行、遂附繪山圖貼說粘呈在案、仰望要訊有日、案結有期、無

如朱文善自知屢樓迭架之咎、欲賄繪書圖內淆混、添設未成、鬼蜮刁奸、百出鼓存毒念、郎

前五月間生之木段堆在砍木山腳河邊、忽被洪水冲流、經公估贖、去資不少、計圖陷生有訊

莫結、木搬伊手、財物兩空、案成冰炭、莫奈其何、且生受買本姓吴有盛兄弟山場、吉龍坑道

場崗之山、業清契確、旦連業大崇、僞捏串賣、朱文善出而強佔、生已經文善契交鄭會恩

等去洋壹百叁拾元、將所捏串拔贖回、兩楚、而文善婪心不足、誣控纏訟、首尾有年、使生揭

借砍運、及贖資工雇等、付水東流、化於烏有矣、不已呈報、將木整筏在卷、生始將木段整就

在河、候奉斷批、示再行發運、惡反糾集民夫、係今兇擁河次、將木段拼劃、各搭筏寸板

貳百餘片、一切糾搬罄盡、章筏支星、仅趕報呈明在案、沐批派差遏止、一面勒集要訊等

示、刻生別無所懇、今朱文善昨日來城、縱求

爺台恩外賜恩、立飭勒傳要訊、押交

木段、免致失落延冬、水乾莫能發運出港、勢必受陷無了、纏訟何日得休、爲此情

急、不得不再叩、伏乞

廉明公祖大人、俯賜迅飭勒傳要訊、執法究誣、一面押交木段、保全客貨、而清案牘、公

鄉萬世、望切上呈。

[illegible]

批朱光棠詞內

宣統貳年捌月十三日呈

批

15.宣統二年八月十三日吴正蘭爲控朱文善案蒙訊而未結事呈狀 （1824：5）26.1×53.9cm；（1824：3–4）26.0×31.5cm

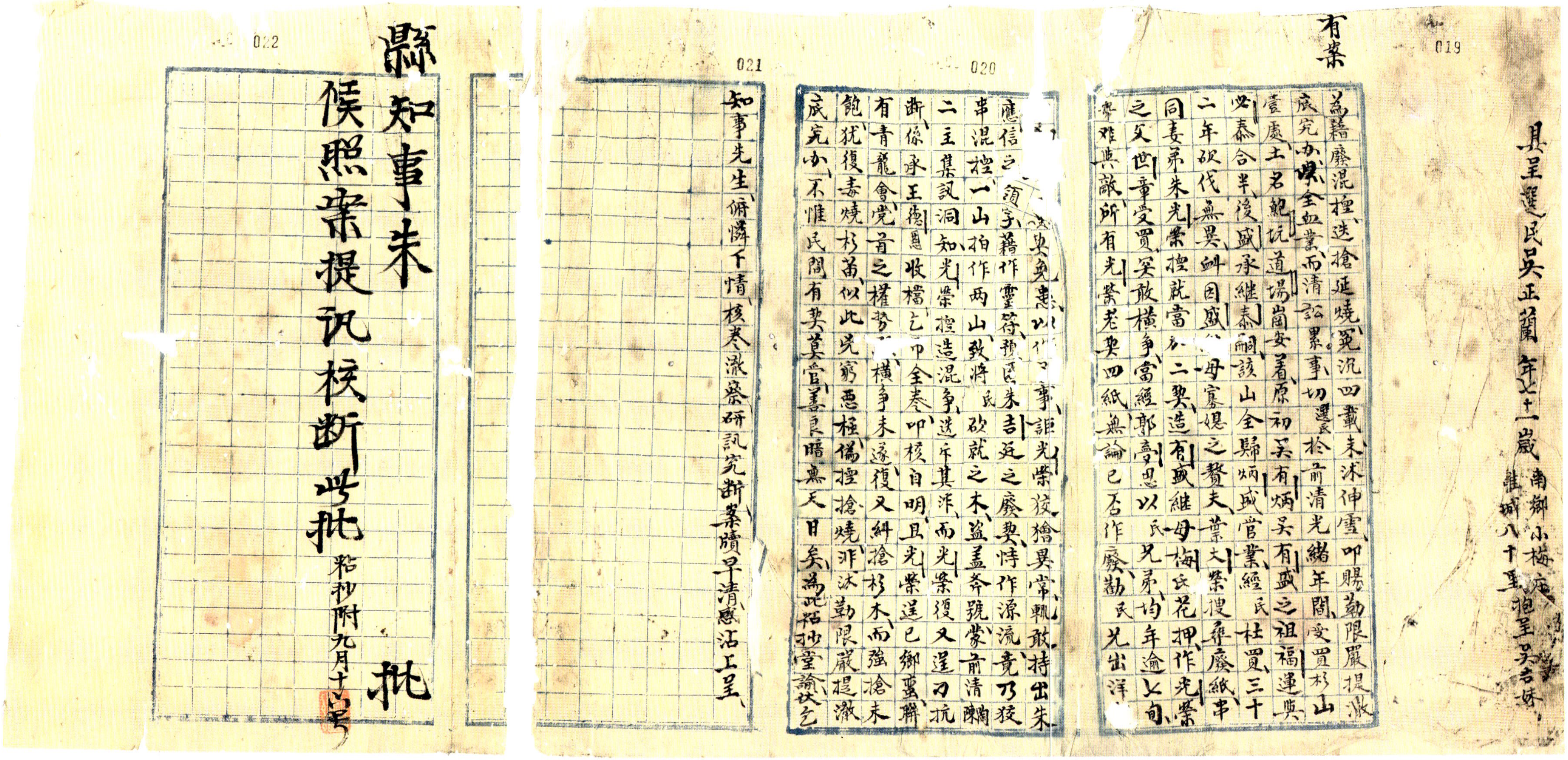

16.(民國元年)九月十六日(批)吴正蘭爲控朱光榮等藉廢混捏疊搶延燒事呈狀　(15314：19–21) 27.7×39.5cm；(15314：22) 28.1×18.8cm

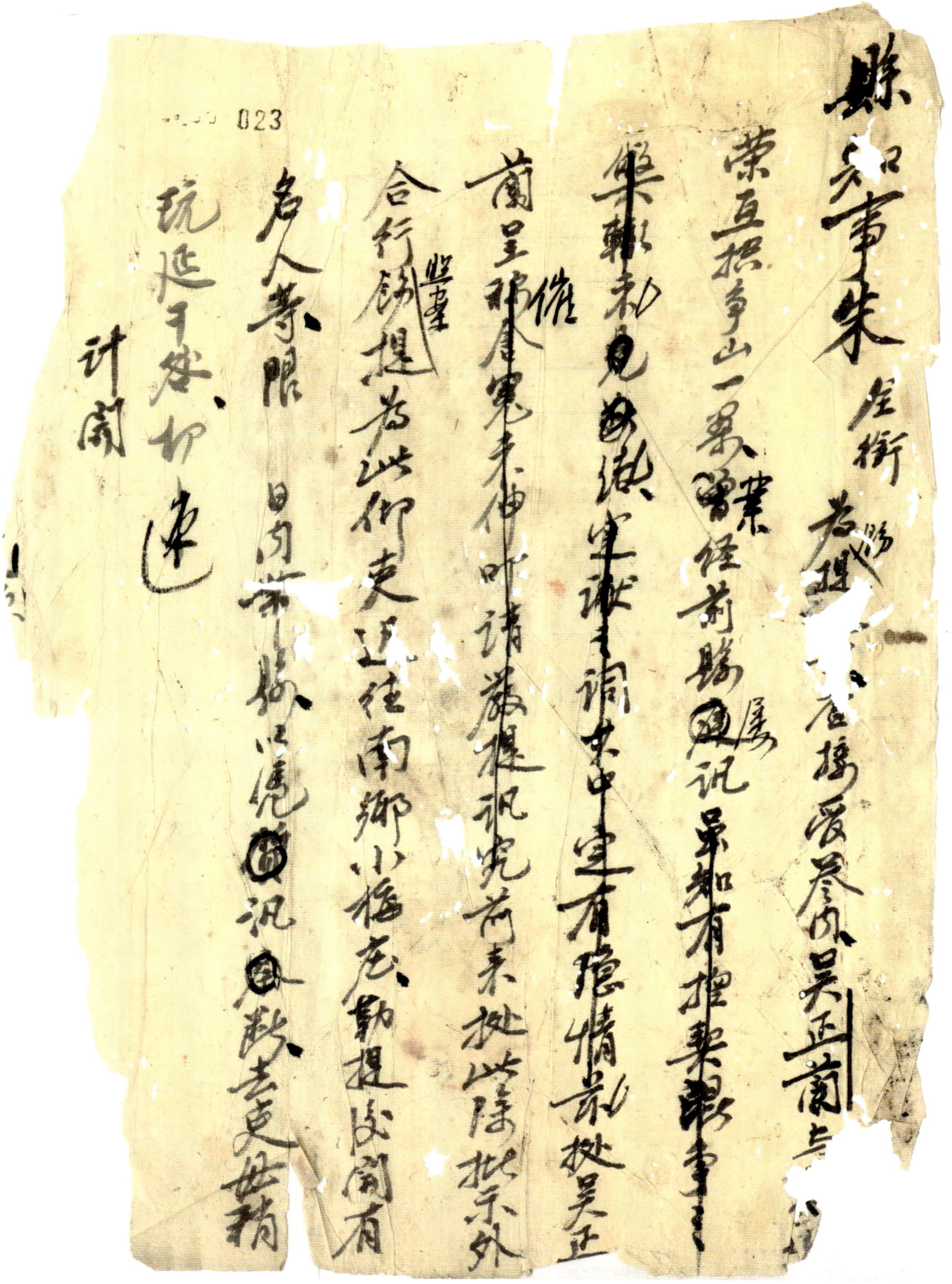
023

縣知事朱

全銜　為提訊事。案據[illegible]吳正蘭与

榮互控爭山一案，業經前縣屢訊，案知有控案隱情，

吳軾和見在，宜諭之詞，未定有隱情，彰批吳正

蘭呈稱以仲呼請，發提訊究前來。批此，除批示外，

合行飭提。為此仰吏即迳往南鄉小梅庄，勒提開有

名人等，限日內帶縣，以憑訊究。去吏毋稍

玩延干咎。切速。

計開

17.(民國元年)縣知事朱光奎爲飭提事票(稿)（15314：23）28.2×20.4cm

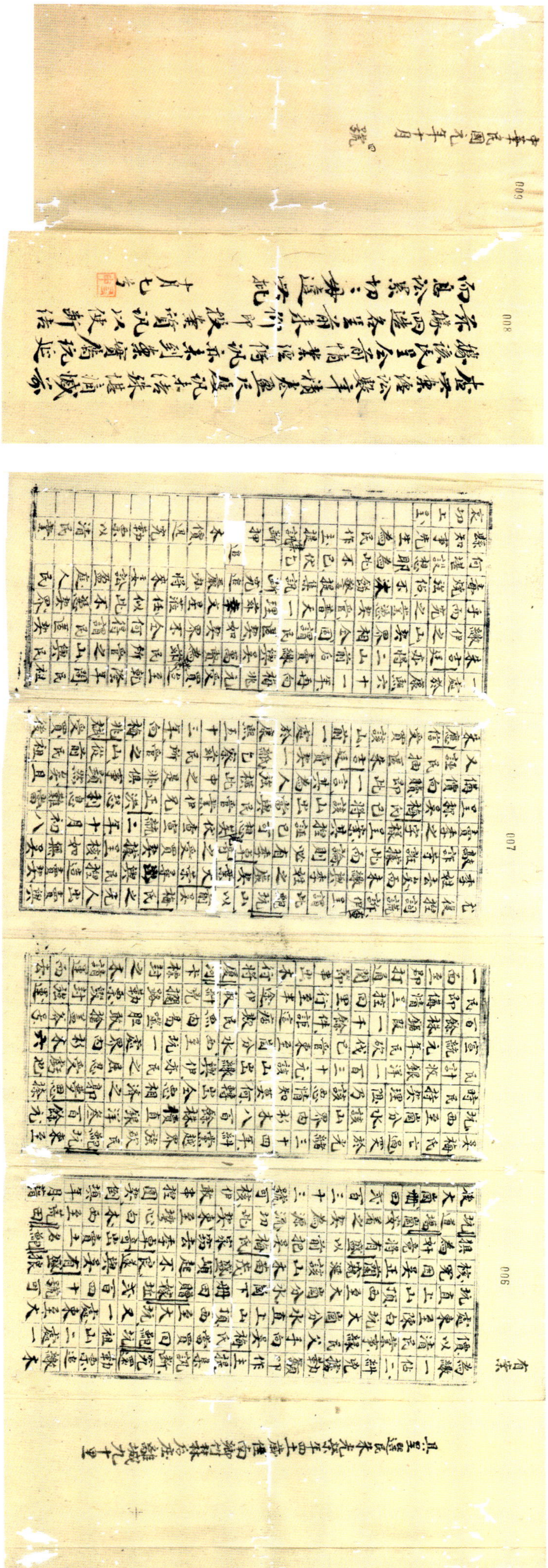

18.民國元年十月四日朱光燊爲控吴正蘭藉一佔二糾兇擄勒事民事狀　(5213：5–7) 28.8×76.3cm；(5213：8–9) 28.8×48.1cm　圖版裁空白頁

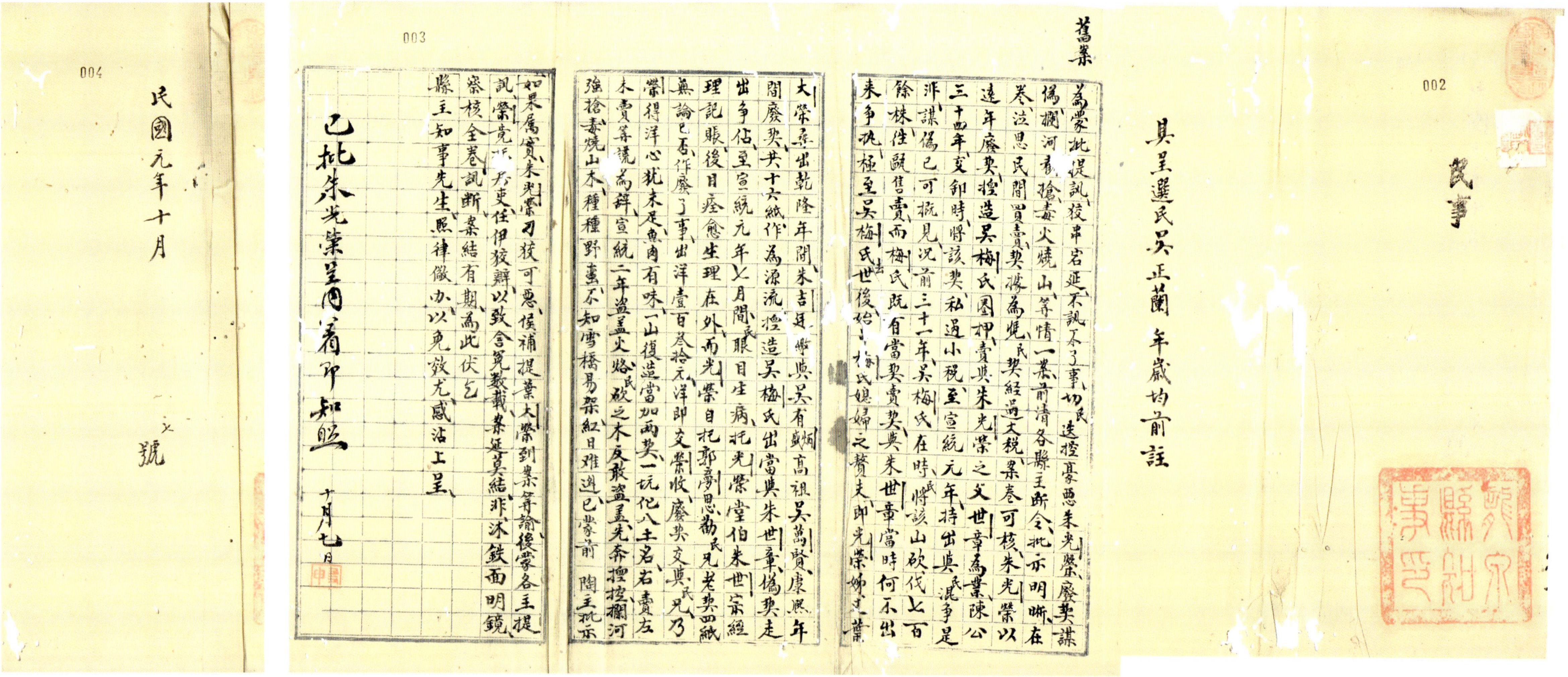

民事

具呈選民吳正蘭 年歲均前註

舊案

爲蒙批提訊狡串宕延不訊不了事。切民遂控豪惡朱光榮廢契謀偽、攔河霸搶、毒火燒山等情一案，前清各縣主斷令、批示明晰在卷。泣思民間買賣契據爲憑，民契經過大稅，案卷可核，朱光榮以遠年廢契，捏造吳梅氏圖押，賣與朱光榮之父世章爲業，陳公三十四年交卸時，將該契私過小稅，至宣統元年，持出與民混爭，是非謀偽，已可概見。況前三十一年，吳梅氏在時，民將該山砍伐七百餘株，住鬮售賣，而梅氏既有當契、賣契與朱世章，當時何不出來爭執？極至吳梅氏去世後，始以梅氏媳婦之贅夫即光榮姊丈葉大榮拿出乾隆年間朱吉廷與吳有炳高祖吳萬賢康熙年間廢契，共十六紙，作爲源流，捏造吳梅氏出當與朱世章，偽契走出爭佔。至宣統元年七月間，民眼目生病，托光榮堂伯朱世宗經理記賬，後目痊愈，生理在外，而光榮自托郭彥思勸民兄老契四紙無論已否作廢了事，出洋壹百叁拾元，洋即交榮收，廢契交與民兄，乃榮得洋心猶未足，魚肉有味，一山復造，當加兩契，一坑化八土名，右賣左木賣等謊爲辭。宣統二年，盜蓋火烙民砍之木，反敢盜蓋，先奔擅控攔河強搶、毒燒山木，種種野蠻，不知雪橋易架，紅日難逃，已蒙前 陶主批示如果屬實，朱光榮刁狡可惡，候補提葉大榮到案等諭。後蒙各主提訊，榮竟[illegible]吏任伊狡辯，以致含冤數載，案延莫結，非沐鉄面明鏡察核全卷，訊斷案結有期。爲此伏乞

縣主知事先生照律儆辦，以免效尤，感沾上呈。

已批朱光榮呈，同着即知照。

十月七日

民國元年十月 七 號

19.民國元年十月七日吳正蘭爲控朱光榮蒙批提訊狡串宕延事民事狀　(5213：2-4) 28.2×119.5cm　圖版裁空白頁

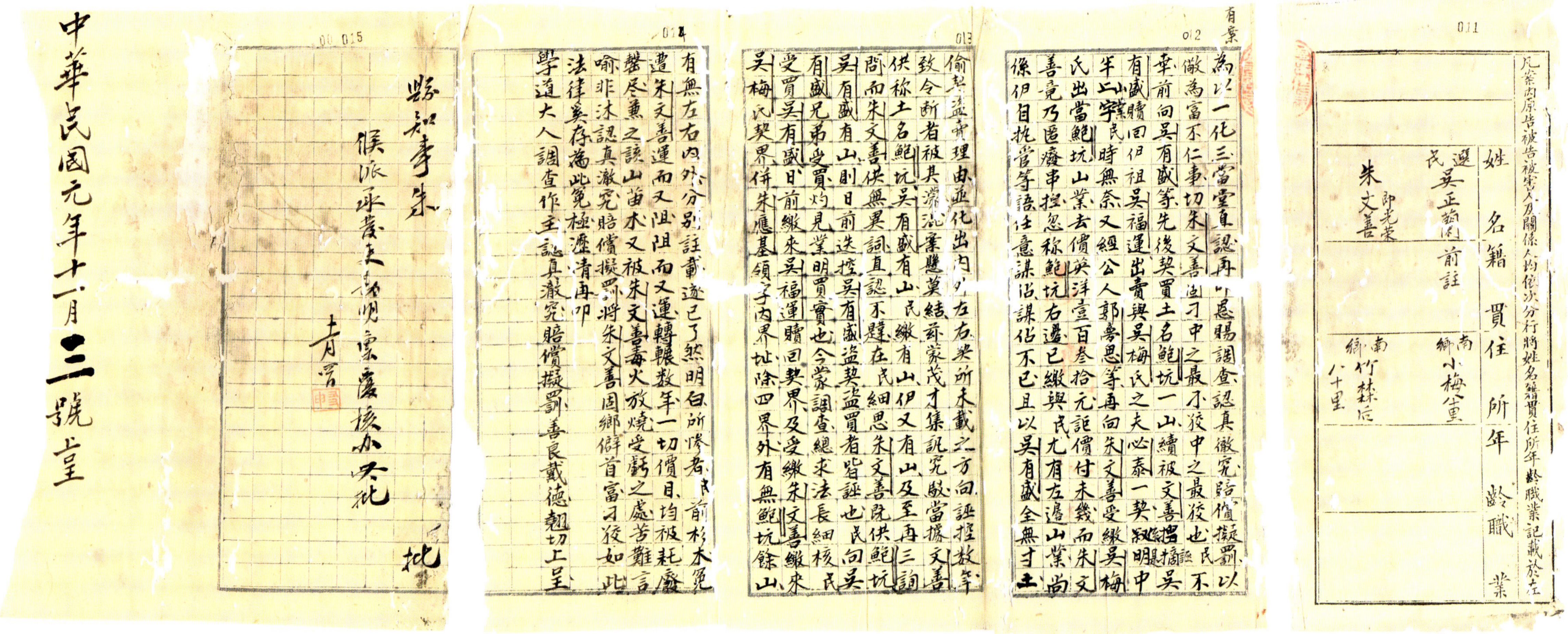
有案

凡案內原告被告被害人及關係人均依次分行將姓名籍貫住所年齡職業記載於左

姓名	籍貫住所	年齡職業
選民吳正蘭	前註 南鄉小梅里	
朱文善即光榮	南鄉竹林后八十里	

為以一化三當堂直認再叩懇賜調查認真徹究賠償擬罰以儆為富不仁事切朱文善恃刁中之最不狡中之最狡也民不幸前向吳有盛等先後契買土名鮑坑一山續被文善摺摘誣吳有盛贖回伊祖吳福運出賣與吳梅氏之夫心泰一契叙明中半山字業民時無奈又經公人郭壽恩等再向朱文善受繳吳梅氏出當鮑坑山業去價英洋壹百叁拾元詎價付未幾而朱文善竟乃匿廢串控忽稱鮑坑右邊已繳與民尤有左邊山業尚係伊自挑管等語任意謀佔謀佔不已且以吳有盛全無寸土偷契盜賣理由並化出內外左右契所未載之方向誣控數等致令斷者被其濛混案懸莫結荷蒙茂才集訊究駁當據文善供稱土名鮑坑吳有盛有山民繳有山伊又有山及至再三詰問而朱文善供無異詞直認不諱在民細思朱文善既供鮑坑吳有盛有山則日前迭控吳有盛盜契盜買者皆誣也民向吳有盛兄弟受買灼見業明買實也今蒙調查總求法長細核民受買吳有盛日前繳來吳福運贖回契界及受繳朱文善繳來吳梅氏契界併朱應基領字內界址除四界外有無鮑坑餘山有無左右內外分別註載遂已了然明白所慘者民前杉木兜遭朱文善運而又阻阻而又運轉輾數年一切價目均被耗廢罄盡薰之談山苗木又被朱文善毒火放燒受虧之處苦難言喻非沐認真澈究賠償擬罰將朱文善固鄉僻首富刁狡如此法律奚存為此冤極瀝情再叩

學道大人調查作主認真澈究賠償擬罰善良戴德頓切上呈

縣知事朱　批

候派承審員訊明察覆核辦。此批

青

中華民國元年十一月三號呈

20.民國元年十一月三日吳正蘭爲控朱文善以一化三當堂直認事呈狀

（15314：11）27.8×13.0cm；（15314：12–14）27.5×36.2cm；（15314：15）27.0×20.3cm

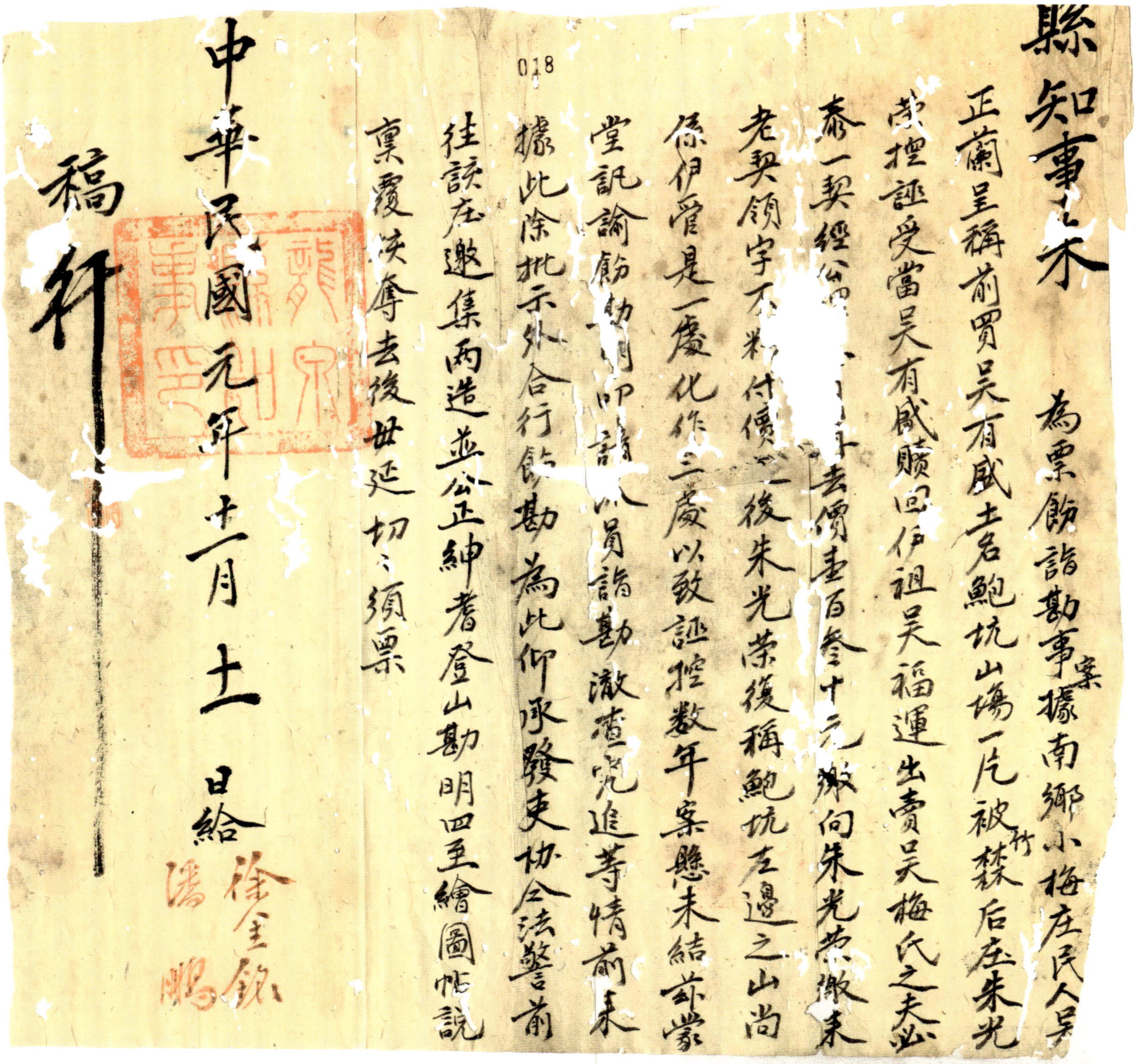

018

縣知事朱

為票飭詣勘事案據南鄉小梅庄民人吳
正蘭呈稱前買吳有威土名鮑坑山塢一片被竹棎后庄朱光
崇捏誣受當吳有威贖回伊祖吳福運出賣吳夭梅氏之夫必
泰一契經公[illegible]去價壹百叁十元鄉向朱光崇撒未
老契領字不[illegible]付價[illegible]後朱光榮復稱鮑坑左邊之山尚
係伊買是一處化作三處以致誣控數年案懸未結　茲蒙
堂訊諭飭勘[illegible]即諭[illegible]以員詣勘澈查究追等情前來
據此除批示外合行飭勘　為此仰承發吏協同法警前
往該庄邀集兩造並公正紳耆登山勘明四至繪圖帖說
稟覆候奪去後毋延切切須票

中華民國元年十一月十一日給

徐金欽
潘鵬

稿
行

21.民國元年十一月十一日縣知事朱光奎爲票飭詣勘事票(稿)　(15314：18) 27.8×20.1cm

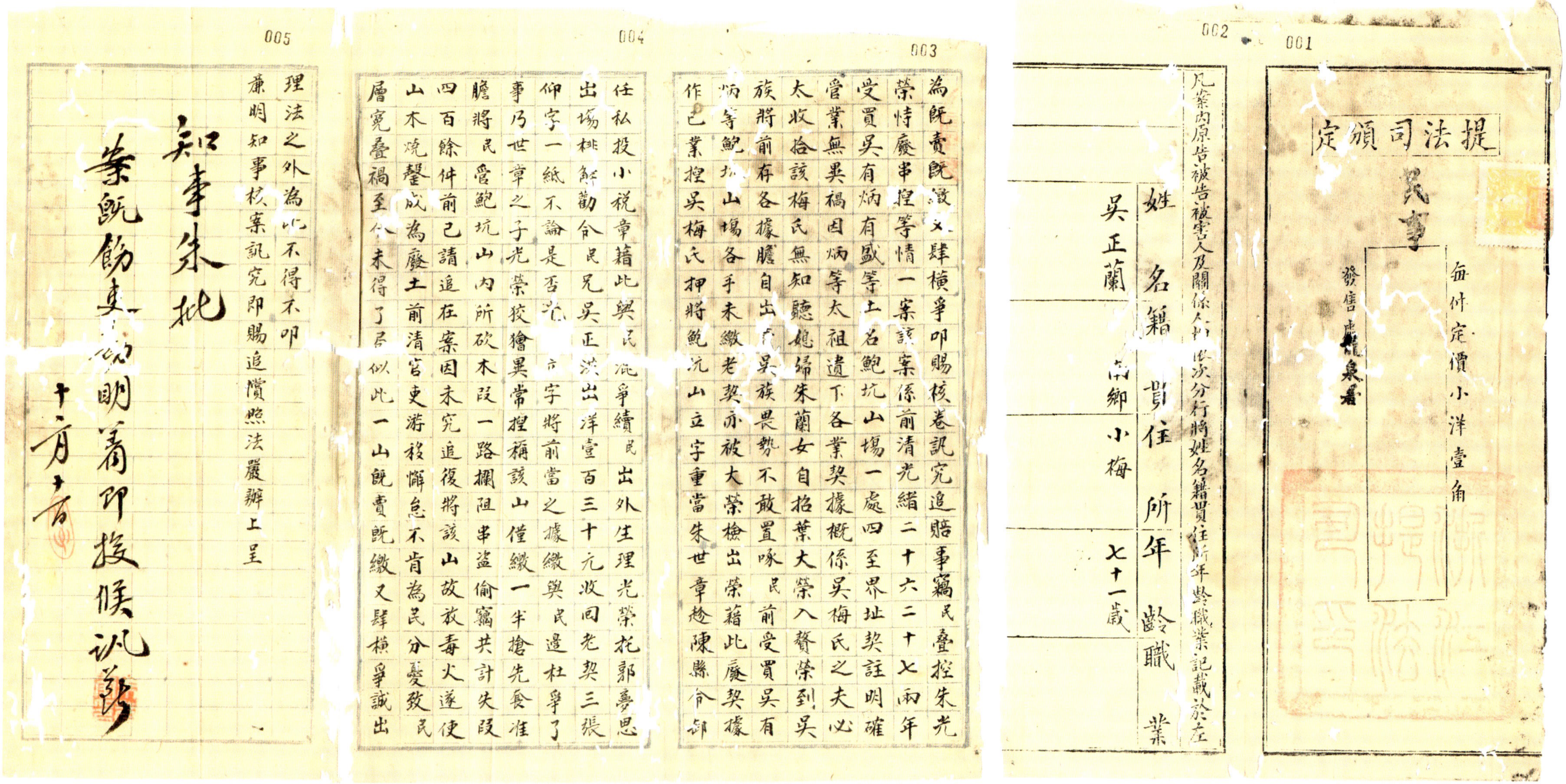
提法司頒定

民事

每件定價小洋壹角

發售處□□泉書

凡案內原告被告被害人及關係人均依次分行將姓名籍貫住所年齡職業記載於左

姓名	籍貫	住所	年齡	職業
吳正蘭	南鄉	小梅	七十一歲	

為既賣既繳又肆橫爭叩賜核卷訊究追賠事竊民叠控朱光榮特廢串控等情一案該案係前清光緒二十六二十七兩年受買吳有炳有盛等土名鮑坑山塲一處四至界址契註明確嘗業無異吳有炳等太祖遺下各業契據概係吳梅氏之夫必太收盜該梅氏無知聽媳婦朱蘭女自招葉大榮入贅榮到吳族將前存各據贓自出交吳族畏勢不敢置喙民前受買吳有炳等鮑坑山塲各手未繳老契亦被大榮檢出榮藉此廢契據作已業控吳梅氏押將鮑坑山立字重當朱世章赴陳縣令部任私投小稅章藉此與民爭續民出外生理光榮於郭夢思出塲挑解勸合民兄吳正洪出洋壹百三十元收回老契三張仰字一紙不論是否光字將前當之據繳與民還杜爭了事乃世章之子光榮狡獪異常控稱該山僅繳一半搶先奏准膽將民鮑坑山內所砍木段一路攔阻串盜偷竊共計失段四百餘件前已請追在案因未究追復將該山放放毒火遂使山木燒罄成為廢土前清官吏游移懈怠不肯為民分憂致民層冤叠禍至今未得了局似此一山既賣既繳又肆橫爭誠出理法之外為此不得不叩

廉明知事核案訊究即賜追償照法嚴辦上呈

知事朱批

案既飭吏查明簡即投候訊奪

十二月十一日

22.(民國元年)十二月十一日(批)吳正蘭爲控朱光榮既賣既繳〼肆横争事民事狀

（15314：1–2）27.6×19.8cm；（15314：3–5）27.6×49.5cm　圖版裁空白頁

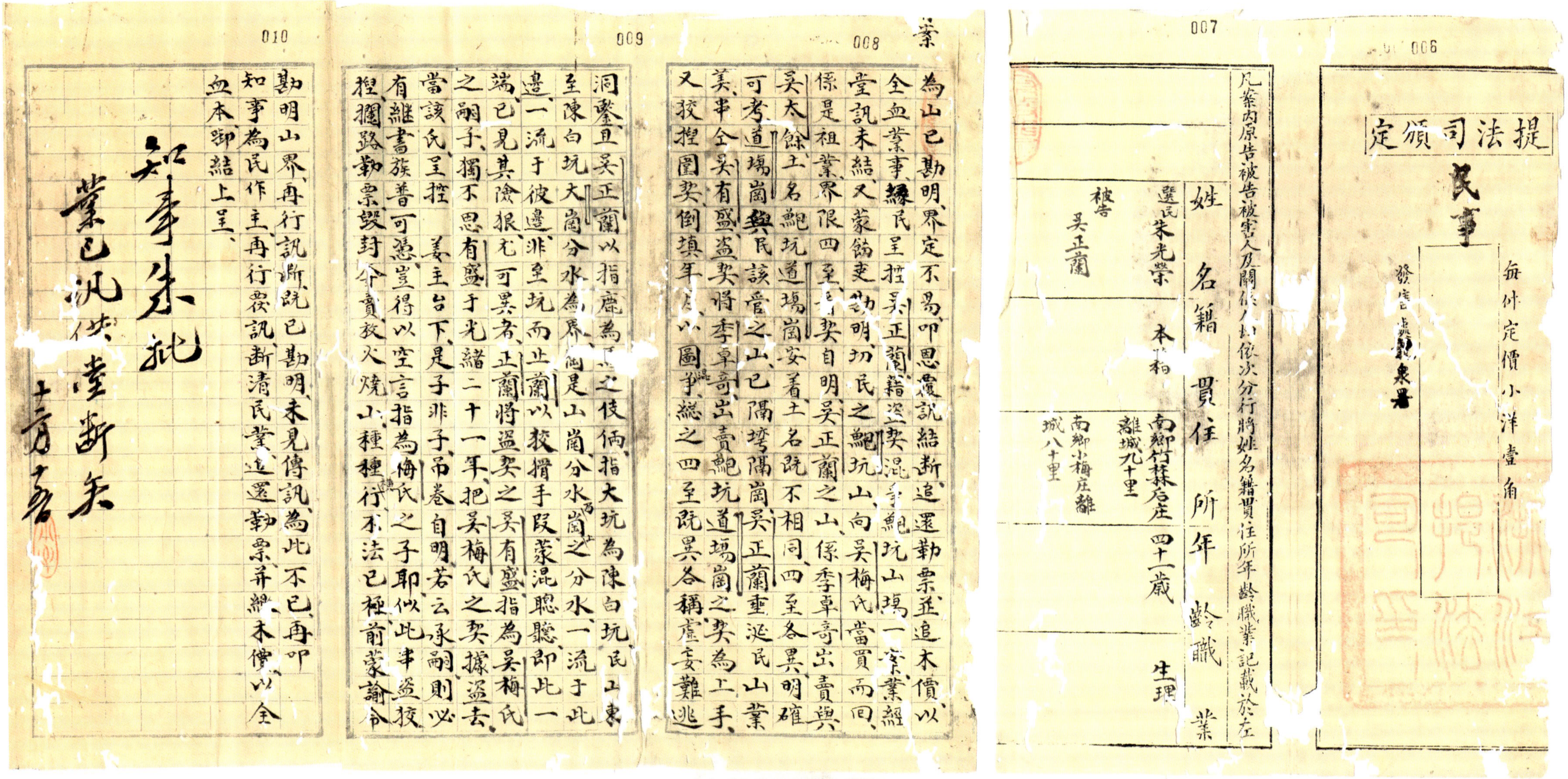

提法司頒定

民事

每件定價小洋壹角

發售處

凡案內原告被告被害人及關係人均依次分行將姓名籍貫住所年齡職業記載於左

姓名	籍貫	住所	年齡	職業
選民 朱光榮	本籍	南鄉竹蓧店庄 離城九十里	四十一歲	生理
被告 吴正蘭		南鄉小梅庄 離城八十里		

為山已勘明界定不易叩恩覆訊結斷追還勤票並追木價以全血業事。緣民呈控吴正蘭籍迷契混爭鮑坑山塢一案，業經堂訊未結，又蒙飭吏勘明，切民之鮑坑山，向吴梅氏當買，而回係是祖業，界限四至，有契自明，吴正蘭之山，係季阜奇出賣與吴太餘土名鮑坑道塢崗安着土名既不相同，四至各異，明確可考。道塢崗與民該管之山已隔壠隔崗，吴正蘭垂涎民山業美，串仝吴有盛盜契，將季阜奇出賣鮑坑道塢崗之契為工手，又狡捏圖契，倒填年月，以圖爭混。總之四至既異，各稱虛妄難逃洞鑒。且吴正蘭以指鹿為馬之伎倆，指大坑為陳白坑，民山東至陳白坑大崗分水為界，崗是山崗分水，崗之分水，一流于此邊，一流于彼邊，非至坑而止。蘭以狡猾手段，蒙混聽聰，即此一端，已見其陰狠，尤可異者，正蘭將盜契之吴有盛指為吴梅氏之嗣子，獨不思有盛于光緒二十一年把吴梅氏之契據盜去，當該氏呈控，蒙主台下，是子非子，吊卷自明，若云承嗣則必有繼書族善可憑，豈得以空言指為梅氏之子耶，似此串盜狡捏攔路勤票毀封，今賣故火燒山種種行不法已極，前蒙諭令勘明山界，再行訊斷，既已勘明，未見傳訊，為此不已，再叩知事為民作主，再行飭訊斷清，民業追還勤票，并繳木價，以全血本，御結上呈。

知事朱批：

業已訊供，堂斷矣。

十二月十五日

23.(民國元年)十二月十五日(批)朱光榮爲控吴正蘭山已勘明界定不易事民事狀　(15314：6–7) 27.2×20.4cm；(15314：8–10) 27.2×48.5cm　圖版裁空白頁

二二　宣統二年項火仁控項周氏糾黨綑縛案

一、內容提要

「宣統二年（一九一零）項火仁控項周氏糾黨綑縛案」相關檔案保存於3872、10235、16863、17214號卷宗，其中包括宣統二年八月至九月雙方及相關人呈狀八件、稟一件，以及王知縣簽發票（稿）二件。據「宣統二年八月廿七日項火仁爲控項周氏糾黨綑縛人搶身傷事呈狀」，項火林於光緒三十四年（一九零八）去世，孀婦項周氏將項火林名下契據等交由嫡伯項火仁（即項正冠〔觀〕）保管。至宣統二年，項火仁與項周氏因契據發生衝突，項火仁控稱領過契據之後交由姐丈楊至珍保管，而項周氏「少艾好淫」，與族姪項國養通姦，又邀同周姓親戚逼勒交還契據，項火仁在交還契據時，「尚被奪去合分衆契一紙」。後項周氏招贅楊枝懷，項火仁勸説項國養斷絶與周氏往來，方知合分衆契已交到項國養之手，而後項國養又糾衆「將身綑縛扛抬而去」。同時，瞿源莊甲長葉慶祐呈稟支持項火仁。於是王知縣簽發傳票，傳訊項國養等十人。九月初八日，項周氏呈遞訴詞，聲稱其夫項火林病故之後，項火仁勒其將契據檢去，并將其財產「强賣分肥」，當年宗祠纂修家譜，項火仁又試圖賄囑修譜先生將其故夫項火林撥挑空承，計謀敗露之後便「捏誣喊控串黨綑縛大題壓制」。同時族長項廷作等五人也有公呈支持項周氏。不久項周氏與項火仁妻又發生衝突，據項周氏喊呈稱「逆姪樟福等要將氏二子奪去砍死」，她因此「將伯父母扭住」，解救幼子。而吴守泰等十人公呈則稱，當日是項周氏與項國養扭打項火仁妻，又「倒誣兇毀」。因檔案不全，該案訴訟結果不詳。

二、档案索引

編號	時間	作者	內容	類型	卷宗號	原卷宗頁碼
1	宣統二年八月廿七日	項火仁	爲控項周氏糾黨綑縛人搶身傷事(新詞)	呈狀	17214	218—220
			附1　宣統元年十二月初三日項正觀立領字抄件	粘呈	17214	221
2	宣統二年八月廿八日	項火仁	爲控項周氏綑搶[救]回歸家不得事	呈狀	17214	212—215
3	(宣統二年八月)廿九日(批)	甲長葉慶祐	爲稟報事	稟	17214	181—182
4	宣統二年九月初二日	知縣王	爲提訊項國養等事	票(稿)	17214	216—217
5	宣統二年九月初八日	項周氏	爲控項火仁欺寡滅姪乘死鯨吞事	呈狀	17214	227—230
6	宣統二年九月初八日	項火仁	爲控項國養姦孀毆尊罪□典刑事	呈狀	17214	210—211、204
7	宣統二年九月初八日	項廷作	爲控項火仁滅倫敗俗國例家章事	呈狀	17214	205—209
8	宣統二年九月十一日	項周氏	爲控項火仁前波未平後浪愈猛事	呈狀	3872	2—8

9	宣統二年九月十八日	吴守泰等	爲慮後釀禍累及村鄰聯名公叩事	呈狀	10235	2—4
10	宣統二年九月廿三日	項周氏	爲控項火仁誣姦敗節姦究何憑事	呈狀	16863	4—8
11	宣統二年十月初八日	知縣王	爲催提項國養等事	票(稿)	16863	2—3

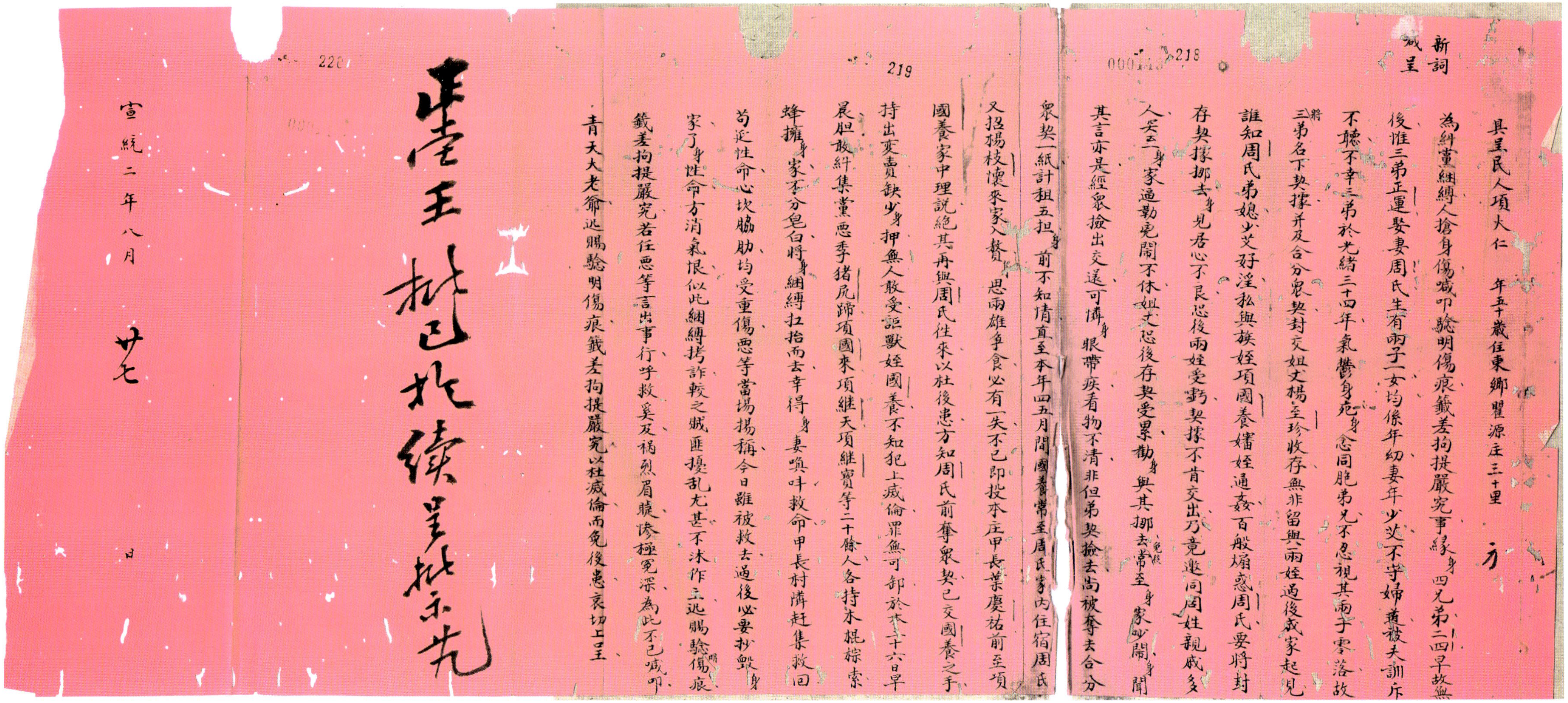

新詞

具呈民人項火仁　年五十歲住東鄉瞿源庄三十里

為糾黨綑縛人搶身傷喊叩驗明傷痕籤差拘提嚴究事緣身四兄弟二四早故無後惟三弟正運娶妻周氏生有兩子一女均係年幼妻年少艾不守婦道被夫訓斥不聽不幸三弟於光緒三十四年氣鬱身死身念同胞弟兄不忍視其兩子零落故將三弟名下契據并及合分衆契封交姐丈楊至珍收存無非留與兩姪過後成家起見誰知周氏弟媳少艾好淫私與族姪項國養嫿姪通姦百般煽惑周氏要將封存契據挪去身見居心不良恐後兩姪受害契據不肯交出乃竟邀同周姓親戚多人吳三身家逼勒免鬧不休姐丈恐後存契受累勸身與其挪去免後常至身家吵鬧身聞其言亦是經衆撿出交遞可憐身衹帶疾看物不清非但弟契撿去尚被奪去合分衆契一紙計租五担身前不知情直至本年四五月間國養常至周氏家內住宿周氏又招楊枝懷來家入贅思兩雄爭食必有一失不已即投本庄甲長葉慶祐前至項國養家中理說絕其再與周氏往來以杜後患方知周氏前奪衆契已交國養之手持出變賣缺少身押無人敢受詎猷姪國養不知犯上滅倫罪無可卸於本月二十六日早晨胆敢糾集黨惡季猪𡱁蹄項國來項繼天項繼寶等二十餘人各持木梶棕索蜂擁身家不分皂白將身綑縛扛抬而去幸得身妻喚叫救命甲長村隣赶集救回苟延性命心坎脇肋均受重傷惡等當場揚稱今日雖被救去過後必要抄毀身家了身性命方消氣恨似此綑縛搕詐較之賊匪擾亂尤甚不沐作主迅賜驗明傷痕籤差拘提嚴究若任惡等言出事行呼救奚及禍烈眉睫慘極冤深為此不已喊叩

青天大老爺迅賜驗明傷痕籤差拘提嚴究以杜滅倫而免後患哀切上呈

宣統二年八月　廿七　日

1.宣統二年八月廿七日項火仁爲控項周氏糾黨綑縛人搶身傷事(新詞)呈狀　(17214：218–220) 25.5×60.2cm

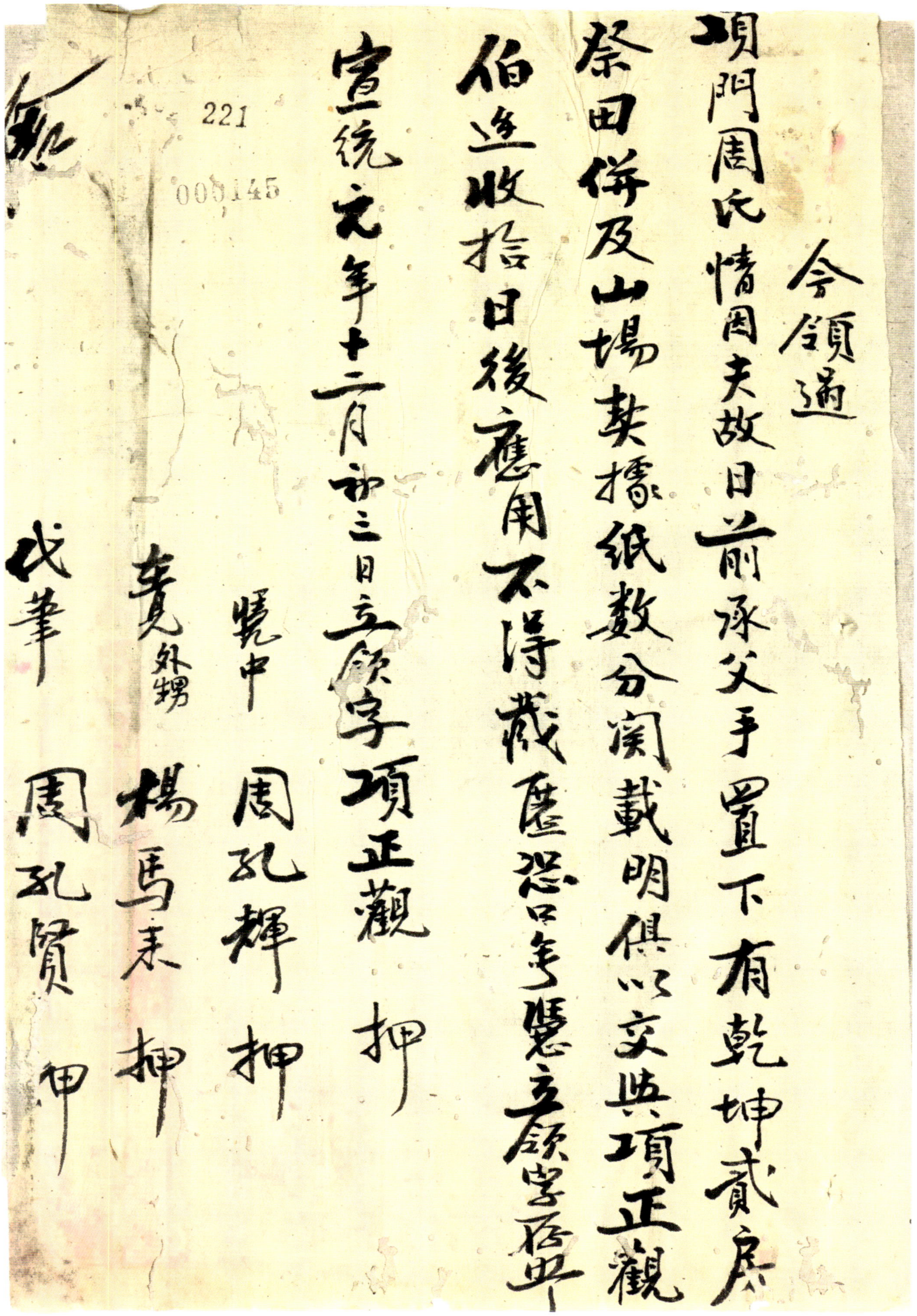

221

000145

合領通

項門周氏情因夫故日前承父手置下有乾坤貳戶祭田併及山塲契據紙數分閱載明俱以交與項正觀伯邊收指日後應用不得藏匿恐口無憑立領字存照

宣統元年十二月初三日立領字項正觀 押

憑中 周孔輝 押

見外甥 楊馬來 押

代筆 周孔賢 押

1附1.宣統元年十二月初三日項正觀立領字抄件粘呈 （17214：221）27.5×18.5cm

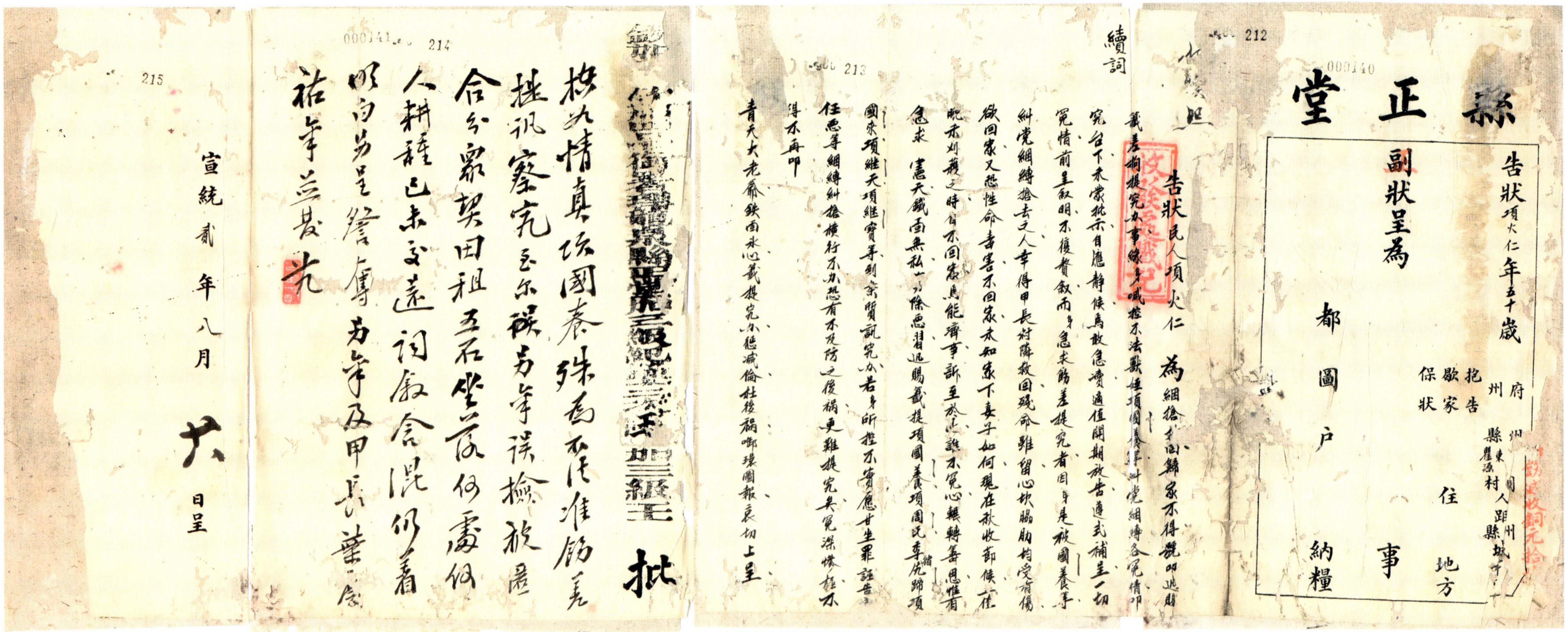

2.宣統二年八月廿八日項火仁爲控項周氏綑搶㧾回歸家不得事呈狀　(17214：212—213) 26.0×38.5cm；(17214：214—215) 26.0×30.0cm

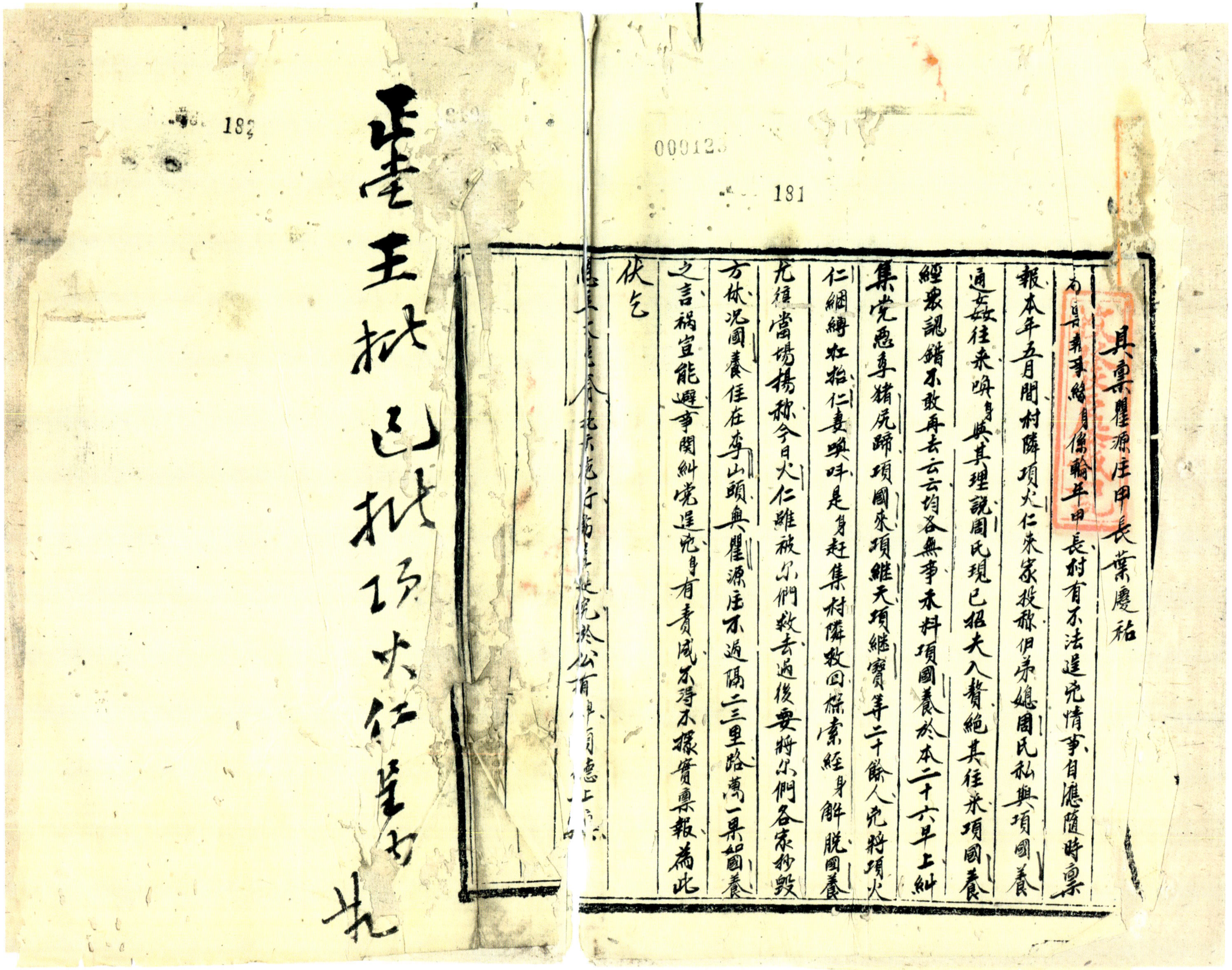

具稟瞿源庄甲長葉慶祐

爲稟報事緣身係瞿源庄甲長村有不法違究情事自應隨時稟
報本年五月間村鄰項火仁來家投稱伊弟媳周氏私與項國養
通姦往來喚身與其理說周氏現已招夫入贅絕其往來項國養
經衆說錯不敢再去云云均各無事亦料項國養於本二十六早上糾
集党惡鄭猪尻歸項國來項繼天項繼寶等二十餘人兇將項火
仁綑縛扛抬仁妻喚呼是身赶集村鄰救回探索經身解脫國養
尤復當場揚称今日火仁雖被你們救去過後要將你們各家抄毀
方休況國養住在李山頭與瞿源庄不過隔二三里路萬一果如國養
之言禍宣能避事関糾党逞兇身有責成不得不據實稟報爲此
伏乞
恩主大老爺台前迅賜施行飭差提究於公有裨甲□感上□

堂王批已批項火仁呈矣

3.(宣統二年八月)廿九日(批)甲長葉慶祐爲稟報事稟　(17214：181–182) 26.8×34.2cm

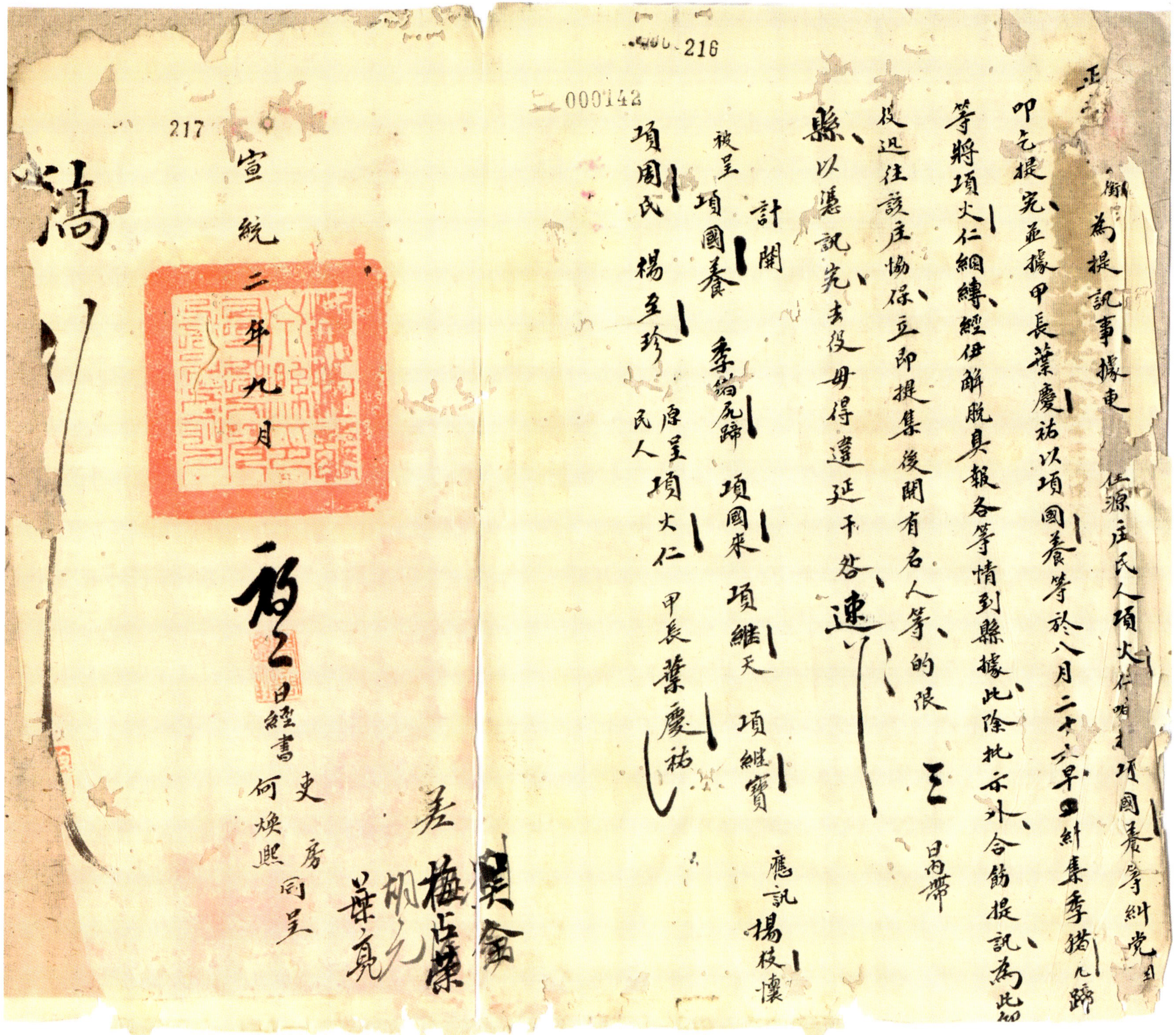

正堂王　爲提訊事。據屯仁源庄民人項火仁呈控項國養等糾黨目
叩乞提究，並據甲長葉慶祐以項國養等於八月二十六早糾集李猫兒蹄
等將項火仁綑縛，經伊解脫具報各等情到縣。據此，除批示外，合飭提訊。爲此，仰
役迅往該庄，協保立即提集後開有名人等，限　日內帶
縣，以憑訊究。去役毋得違延干咎。速速。

計開

被呈　項國養　李猫兒蹄　項國來　項繼天　項繼寶

項周氏　楊玉珍

原呈　民人　項火仁

甲長　葉慶祐

應訊　楊枝懷

宣統二年九月　日

經書吏何煥熙　房　同呈

差　梅占榮　吳金　胡元　葉亮

4.宣統二年九月初二日知縣王爲提訊項國養等事票(稿)（17214：216–217）27.5×33.3cm

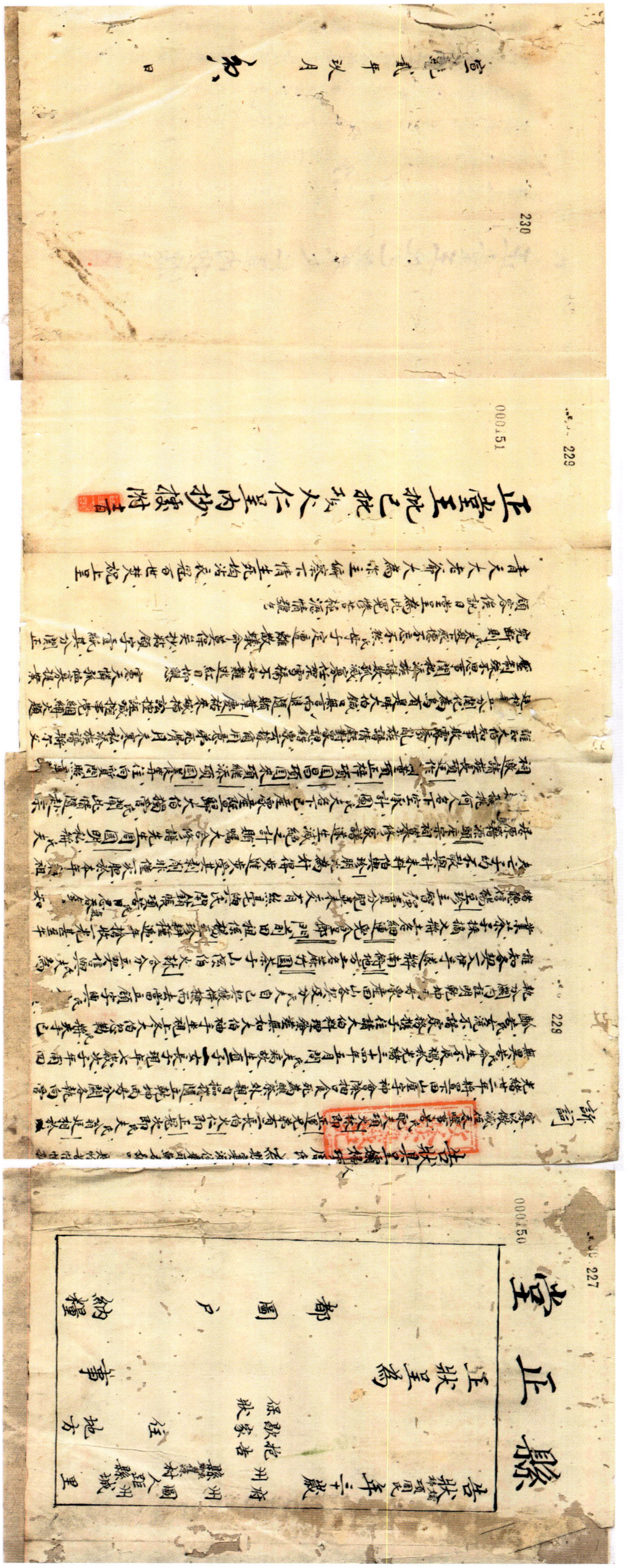

5.宣統二年九月初八日項周氏爲控項火仁欺寡滅姪乘死鯨吞事呈狀　（17214：227-230）26.1×75.0cm　圖版裁空白頁

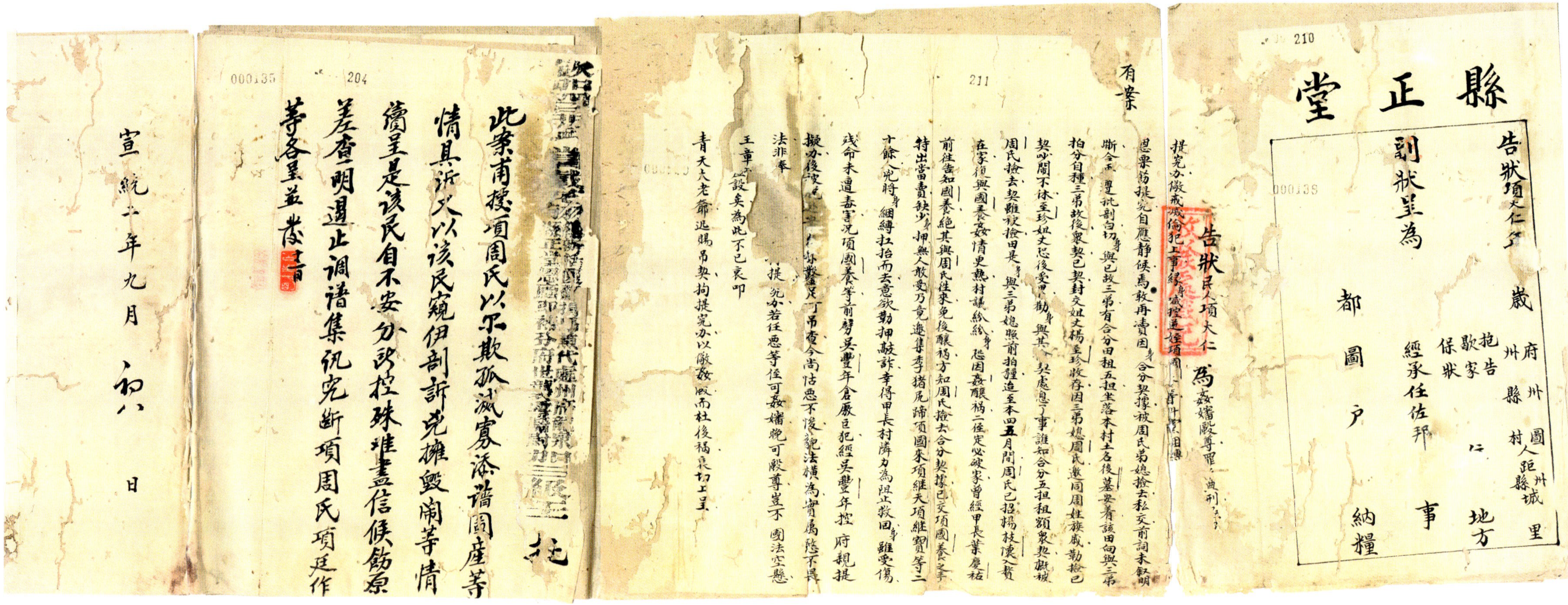

縣正堂

此案甫據項周氏以不欺孤滅寡添譜圖座等情具訴又以該民窺伊剖訴究擁毀鬧等情瀆呈是該民自不安分致控殊堪盡信候飭原差查明還止調諧集訊究斷項周氏項廷作等各呈並發

宣統二年九月初八日

6.宣統二年九月初八日項火仁爲控項國養姦孀毆尊罪□典刑事呈狀　(17214：210–211) 26.0×47.0cm；(17214：204) 26.0×30.5cm　圖版裁空白頁

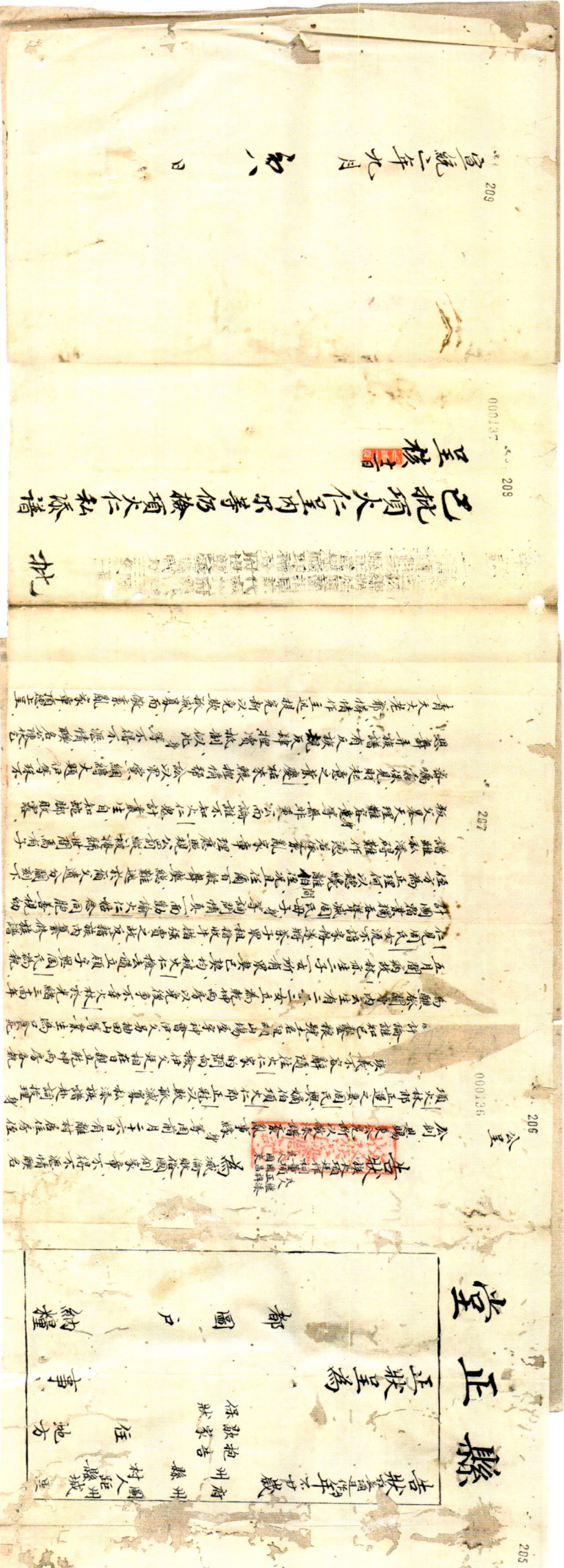

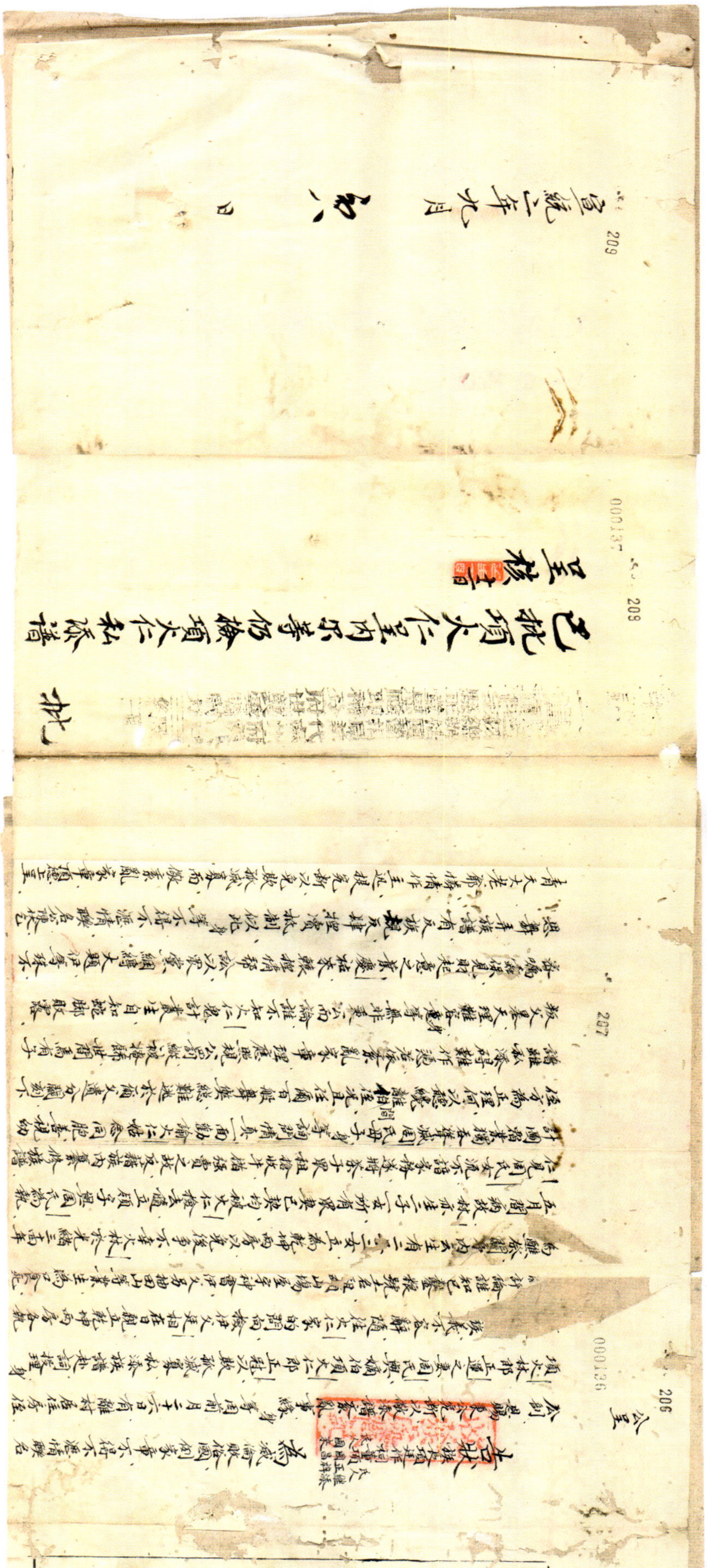

7.宣統二年九月初八日項廷作爲控項火仁滅倫敗俗團例家章事呈狀　(17214：205–209) 26.0×70.6cm

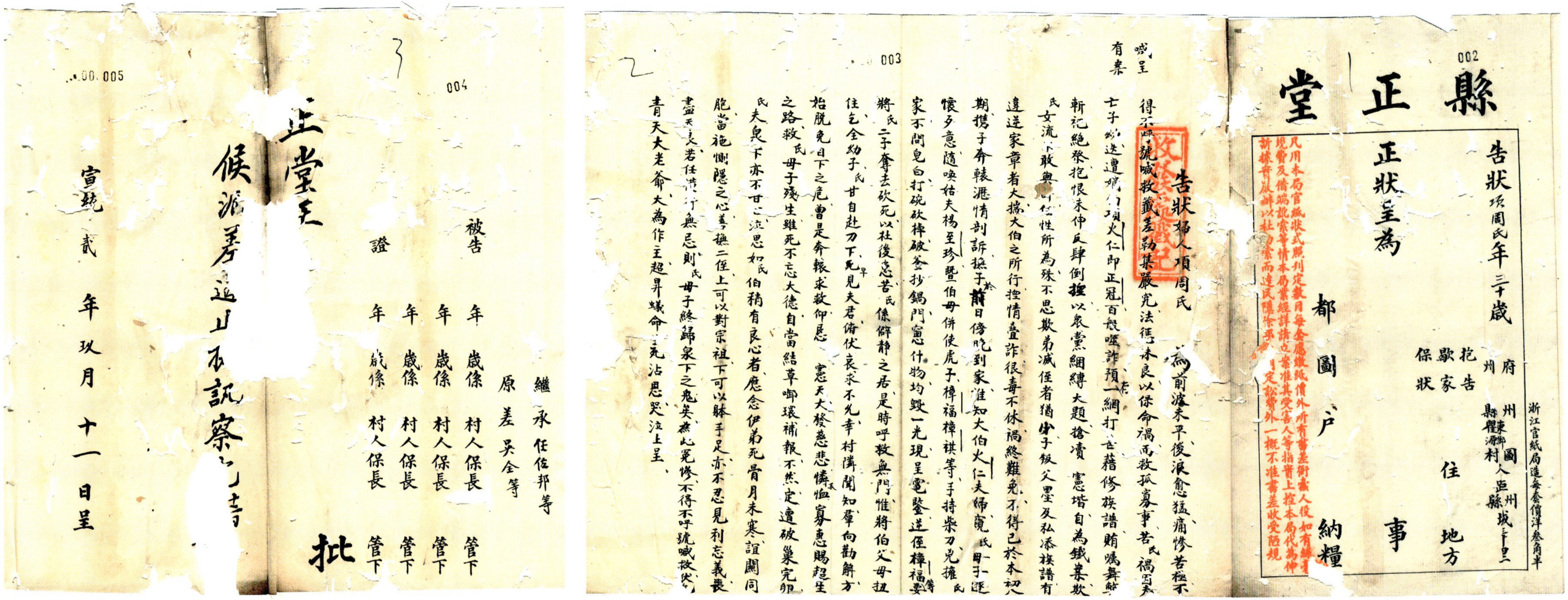

縣正堂

告狀 項周氏 年 三十歲　府 州 州東鄉 圖 縣 瞿源村人 距州縣城 三十里

抱告　歇家　保狀　住　地方

正狀呈為　事

都　圖　户　納糧

凡用本局官紙狀式照刊定數目每套應繳紙價外所有書差衙蠹人役如有藉□現費及借端訛索等情本局業經詳請立案准其受害人等指實上控本局代為伸訴據實嚴辦以杜□索而達民隱除承□□定訟費外一概不准書差收受陋規

浙江官紙局造每套價洋叁角半

告狀婦人項周氏　為前波未平後浪愈猛痛慘苦極不得不呼號喊救叩差勒集嚴究法懲未良以保命禍而救孤寡事苦氏禍罹夫亡子幼迭遭孀□項火仁即正冠百般嚇詐預一網打盡藉修族譜賄囑舞弊斬祀絕祭抱恨未伸反肆倒控以衆黨綑縛大題搶擄　憲增自為鐵案欺氏女流不敢與□任性所為殊不思欺弟滅侄者猶氏子叛父墨及私添族譜有違逆家章者大擄大伯之所行控情疊詐很毒不休禍終難免不得已於本初期携子奔轅瀝情剖訴換子於前日傍晚到家誰知大伯火仁夫婦竄氏母子匪懷歹意隨喚姑夫楊至珍暨伯母併使虎子樟福樟祺等手持柴刀兇擁氏家不問皂白打碗砍棹破釜抄鍋門窗什物均毀一光現呈電鑒迸侄樟福等要將氏二子奪去砍死以杜後患苦氏係僻靜之居是時呼救無門惟將伯父母扭住乞全幼子氏甘自赴刀下死早見夫君俯伏哀求不允幸村隣聞知羣向勸解方始脫免目下之危曾是奔轅求救仰懇　憲天大發慈悲憐恤寡恩賜超生之路救氏母子殘生雖死不忘大德自當結草啣環補報不然定遭破巢完卵氏夫泉下亦不甘亡泣思如氏伯稍有良心者應念伊弟死骨月未寒誼關同胞當施惻隱之心善撫二侄上可以對宗祖下可以睦手足亦不忍見利忘義喪盡天良若任肆行無忌則氏母子終歸泉下之鬼矣焉此冤慘不得不呼號喊救伏乞青天大老爺大為作主超昇蟻命存死沾恩哭泣上呈

喊呈　有案

被告　年　歲係　村人保長　管下

年　歲係　村人保長　管下

年　歲係　村人保長　管下

證　年　歲係　村人保長　管下

原差　吳全等

繼承　任佐邦等

正堂　批

候派差□□□訊察□請

宣統貳年玖月十一日呈

8.宣統二年九月十一日項周氏爲控項火仁前波未平後浪愈猛事呈狀

（3872：2–3）26.0×67.5cm；（3872：4–7）26.0×66.0cm；（3872：8）26.0×31.0cm　圖版裁狀式條例

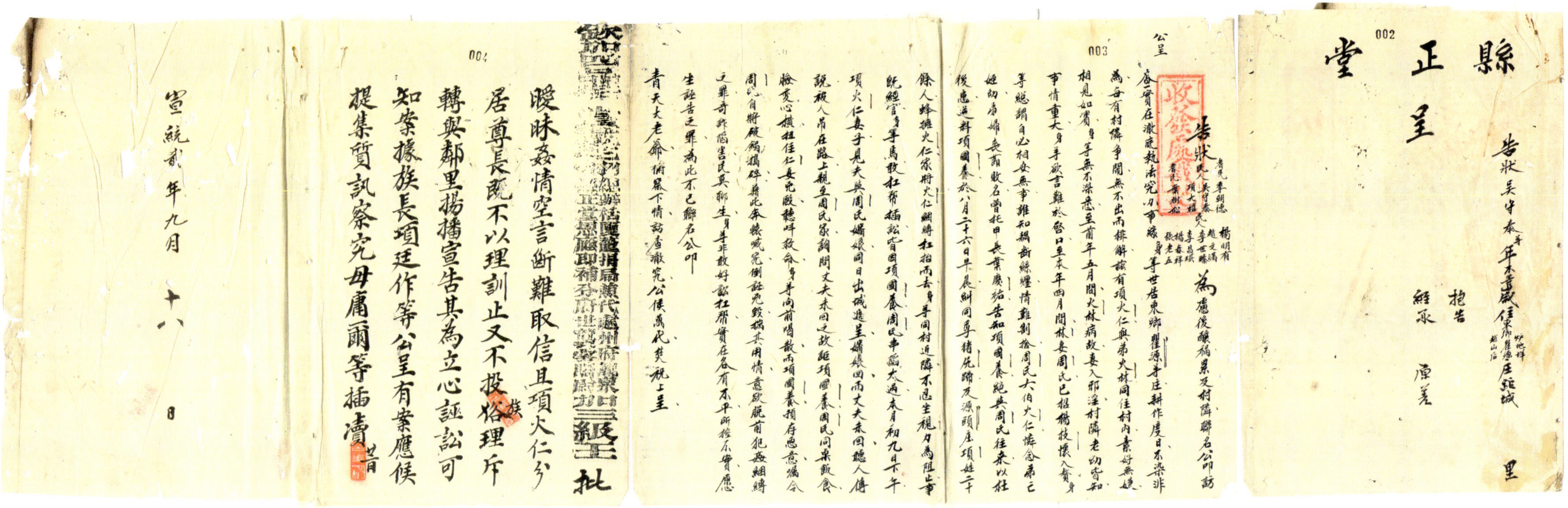

縣正堂
呈

批：曖昧姦情，空言斷難取信。且項火仁分居尊長，既不以理訓止，又不投族理斥，轉與鄰里揚播宣告，其為立心誣訟可知。案據族長項廷作等公呈有案，應候提集質訊察究，毋庸爾等插瀆。

宣統貳年九月十八日

9.宣統二年九月十八日吳守泰等爲慮後釀禍累及村鄰聯名公叩事呈狀　(10235：2-4) 23.6×78.0cm

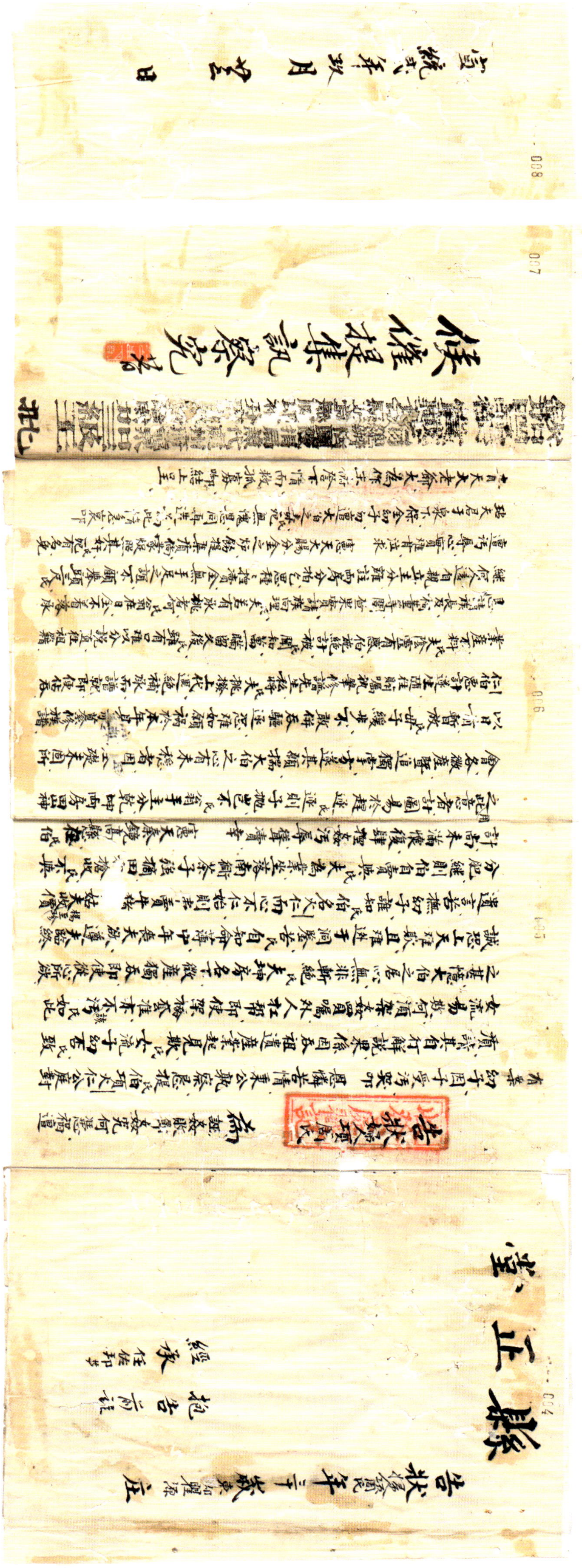

10. 宣統二年九月廿三日項周氏爲控項火仁誣姦敗節姦究何憑事呈狀　（16863：4–8）23.1×79.2cm　圖版裁空白頁

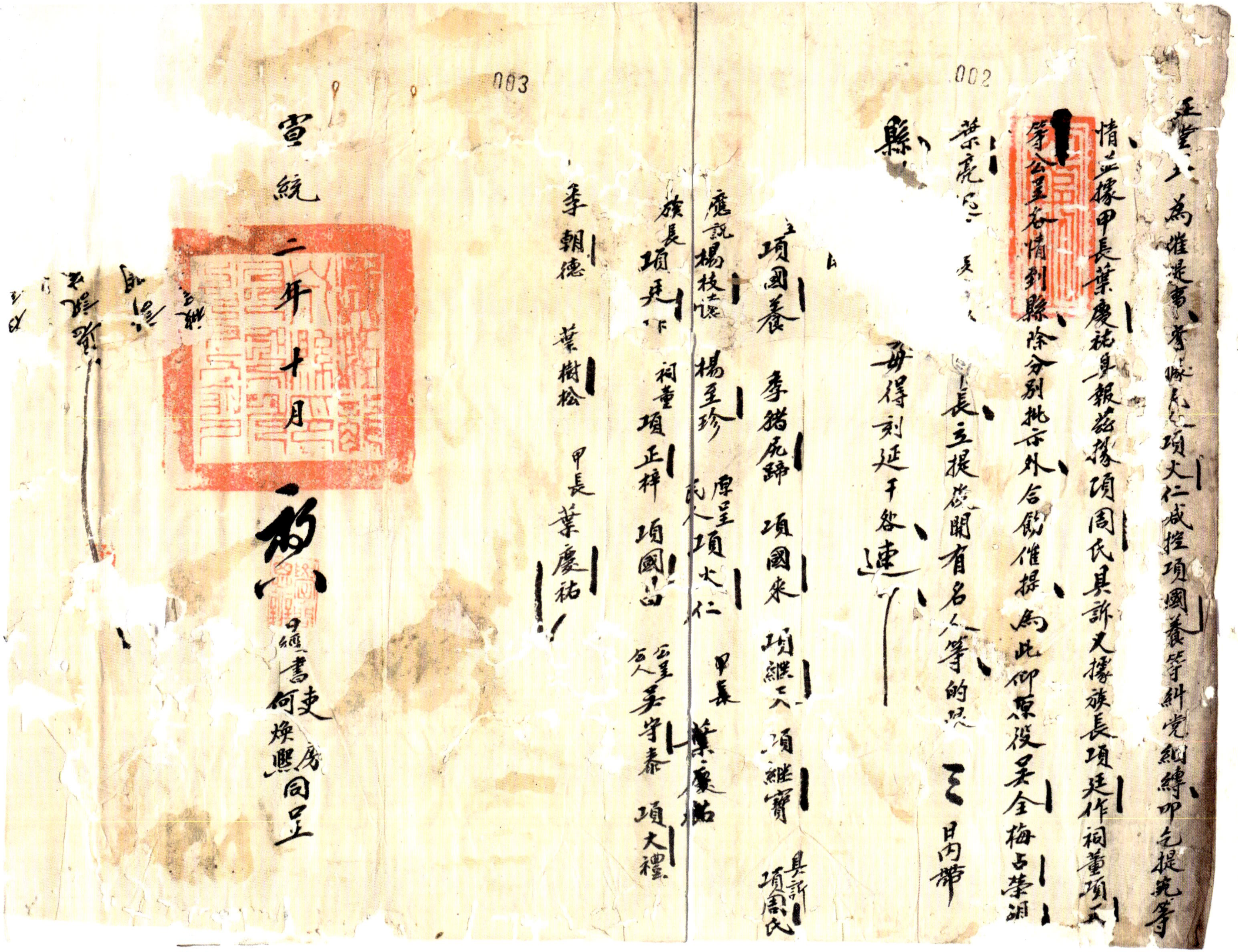

正堂王　爲催提事。案據民人項大仁喊控項國養等糾黨綑縛、叩乞提究等
情，並據甲長葉慶祐具報，茲據項周氏具訴，又據族長項廷作、祠董項[illegible]
等公呈各情到縣，除分別批示外，合飭催提。爲此仰原役吴全梅、占榮淵
葉亮[illegible]長立提後開有名人等，的限三日内帶
縣[illegible]毋得刻延干咎。速

項國養　李豬虎歸　項國來　項繼七八　項繼寶　具訴項周氏
應訊　楊枝[illegible]　楊呈珍　原呈民人項大仁　甲長葉慶祐
族長項廷[illegible]　祠董項正梓　項國[illegible]　公呈民人吴守泰　項大禮
李朝德　葉樹松　甲長葉慶祐

宣統二年十月　初八
經書吏何煥熙房同呈

11.宣統二年十月初八日知縣王爲催提項國養等事票(稿)　(16863：2–3) 24.0×32.2cm

二三　宣統二年范紹文控劉文貴越界强砍案

一、內容提要

「宣統二年（一九一零）范紹文控劉文貴越界强砍案」相關檔案保存於3829、10203、12324、13421、14426、14459、16844號卷宗，其中包括宣統二年至民國元年（一九一二）九月六日訴訟過程中形成的各式狀紙、票（稿）二件、稟、點名單、供詞堂諭等各一件。

據宣統三年正月廿三日劉文貴呈狀，該案始自宣統二年六月十三日，范紹文、范紹温呈控劉文貴於當年四月越界强砍。現存最早檔案爲宣統二年范紹文一件殘缺呈狀，時間不詳。此後王知縣曾於宣統二年九月簽發催傳劉文貴等人的信票。據該票內容可知，之前在知縣陳啓謙任上曾經簽發傳票，但未提到，而王知縣的傳票仍無結果。周琛接任龍泉知縣後的宣統三年正月至三月間，雙方反復催呈，四月初十日原差季祥等提到相關人證。四月廿一日的堂審中，據雙方及公人供詞稱，范紹文等曾請公人陳日新、郭夢華看驗山場契據，但劉文貴拒絕向陳日新等出示契據，并當堂提出請「在鄉公正紳士李方棠、周師望登山勘明界址」，獲得知縣周琛的允准。至八九月間，范紹文等多次呈狀指控劉文貴「不惟不遵諭請（李方棠、周師望）勘，反敢捏稱生（范紹文）等不爽該紳詣勘等謊」，以及在「七月下旬，捕主奉憲札駕臨詣勘」時，劉文貴再次糾兇强砍等事。民國建立後，雙方繼續互控，但及至現存時間最晚之民國元年九月六日劉文貴民事狀，該案訴訟仍未見結果。

二、檔案索引

編號	時間	作者	內容	類型	卷宗號	原卷宗頁碼
1	（宣統二年）[一]	范紹文等	爲控劉文貴契憑臆立砌圖飛佔事	呈狀	14459	2—4
2	宣統二年九月初九日	知縣王	爲照案催傳劉文貴等事	票(稿)	14459	5—6
3	時間不詳[二]	范紹文	爲控劉文貴藐法抗延任催不案事	訴狀	3829	6—7
4	宣統三年正月廿三日	劉文貴	爲控范紹文挾嫌誣控恃矜逞刁事	民事訴訟狀	3829	8—11
5	宣統三年二月初三日	范紹文等	爲控劉文貴藐法抗提案終冰擱事	民事訴訟狀	3829	2—4
6	宣統三年二月廿三日	范紹文等	爲控劉文貴欺控莫何恃蠻强運事	民事訴訟狀	10203	7—9
7	宣統三年三月初八日	劉文貴	爲控范紹文不憑契界恣意混爭事	民事訴訟狀	10203	1—3
8	宣統三年三月十八日	范紹文等	爲控劉文貴屢催故延架詞抵宕事	民事訴訟狀	10203	4—6

〔一〕時間缺失，據狀式爲宣統二年官狀紙，故推斷爲該年。

〔二〕時間缺失，批詞內稱「王前縣催差集訊，迄未到案」，據此推測這是知縣周琛繼任後接到的該案第一件呈狀。

9	宣統三年三月廿八日	知縣周琛	爲勒限嚴催劉文貴等事	票(稿)	14426	12–13	
10	宣統三年四月初十日	原差季祥等	爲稟提到劉文貴等事	稟	14426	8–9	
11	宣統三年四月十三日	范紹文等	爲控劉文貴叩察全卷片言可折事	民事訴訟狀	14426	1–6	
12	(宣統三年)四月廿二日		點名單	點名單	14426	7	
13	(宣統三年)四月廿二日		供詞、堂諭	供詞、堂諭	14426	10–11	
14	宣統三年八月初三日	范紹文等	爲控劉文貴藐法欺凌復砍復運事	民事訴訟狀	12324	6–10	
15	宣統三年八月十八日	范紹文等	爲控劉文貴勘經詳覆叩核卷宗事	民事訴訟狀	12324	11–15	
16	宣統三年九月十三日	范紹文等	爲控劉文貴恃强藐法惡極兇窮事	民事訴訟狀	12324	16–20	
17	民國元年二月八日	范紹文等	爲控劉文貴一再砍運抗玩實甚事	呈狀	16844	4–8	
18	民國元年三月十五日	范紹文等	爲控劉文貴未沐票提再叩迅飭事	呈狀	16844	1–3	
19	民國元年九月六日	劉文貴	爲控范紹文等恃焰强佔朋串賄弊事	民事狀	13421	2–7	

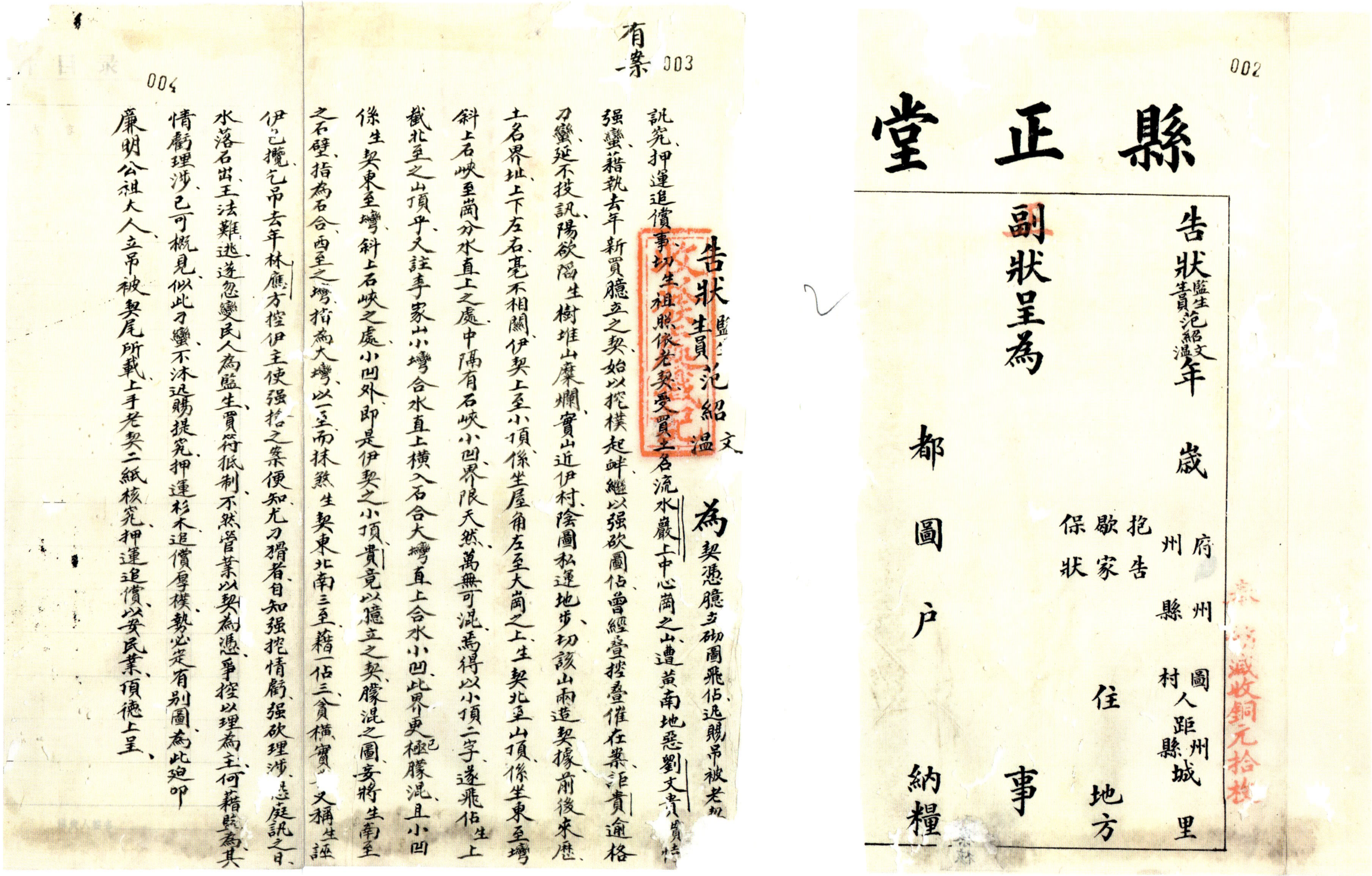

告狀監生生員范紹文溫為契憑臆立砌圖飛佔、迭賄吊被老契訊究押運追償事。切生祖照依老契受買土名流水巖上中心崗之山，遭黃南地惡劉文貴，貴恃强蠻藉執去年新買臆立之契，始以挖樸起衅，繼以强砍圖佔，曾經叠控叠催在案，詎貴逾格刁蠻延不投訊，陽欲陷生樹堆山糜爛，實山近伊村，陰圖私運地步。切該山兩造契據前後來歷、土名界址、上下左右毫不相關，伊契上至小頂，係坐屋角左至大崗之上，生契北至山頂，係坐東至彎斜上石峽至崗分水直上之處，中隔有石峽小凹，界限天然，萬無可混，焉得以小頂二字遂飛佔生上截北至之山頂乎？又註手家山小彎合水直上橫入石合大彎直上合水小凹，此界更已極朦混，且小凹係生契東至彎斜上石峽之處，小凹外即是伊契之小頂，貴竟以臆立之契、朦混之圖，妄將生南至之石壁指為石合，西至之彎指為大彎，以一至而抹煞生契東北南三至，藉一佔三，貪橫實[illegible]，又稱生誣伊已攬乞吊去年林應方控伊主使强搶之案，便知尤刁猾者，自知强挖情虧，强砍理涉，懸庭訊之日，水落石出，王法難逃，遂忽變民人為監生，買符抵制。不然，管業以契為憑，爭控以理為主，何藉賂為？其情虧理涉，已可概見。似此刁蠻不沐迅賄，提究押運杉木追償，庶樸勢必定有別圖，為此匍叩廉明公祖大人立吊被契尾所載上手老契二紙，核究押運追償，以安民業，頂德上呈。

縣正堂

告狀監生貢生范紹文溫　年　歲　府　州　縣　州　圖　村人　距州縣城　里

副狀呈為　事

抱告　住

歇家　地方

保狀

都　圖　戶　納糧

繳收銅元拾枚

1.(宣統二年)范紹文等爲控劉文貴契憑臆立砌圖飛佔事呈狀　(14459：2) 26.0×16.4cm；(14459：3–4) 26.0×23.7cm

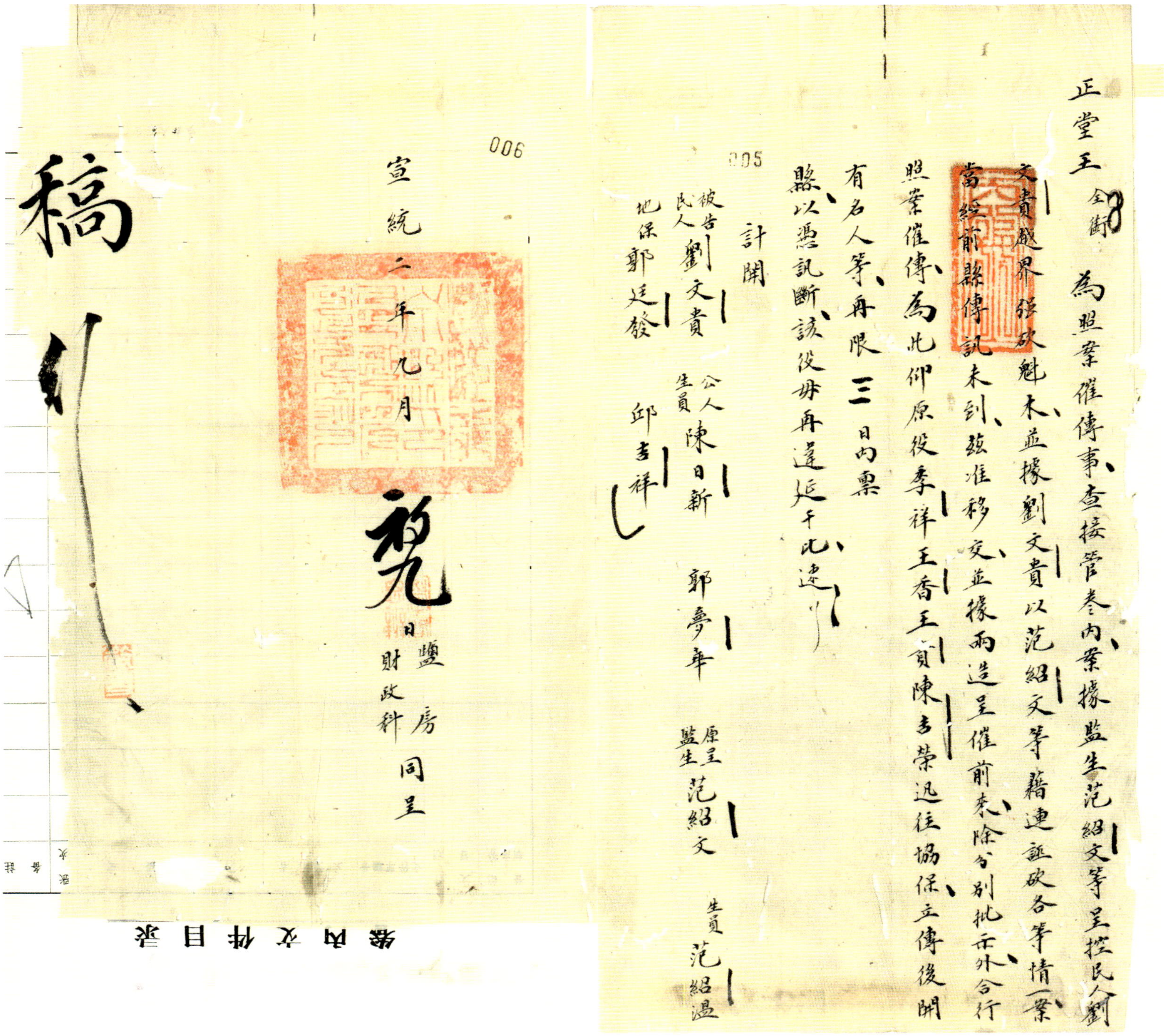
005

正堂王 全銜

爲照案催傳事。查接管卷內案據監生范紹文等呈控民人劉文貴越界强砍魁木，並據劉文貴以范紹文等藉連誣砍各等情一案，當經前縣傳訊未到，茲准移交並據兩造呈催前來，除分別批示外，合行照案催傳。爲此仰原役李祥、王香、王貴、陳秀榮迅往協保立傳後開有名人等，再限三日内稟縣，以憑訊斷。該役毋再違延干比。速。

計開

被告民人 劉文貴

地保 郭廷發

公人生員 陳日新

郭夢年

邱吉祥

原呈監生 范紹文

生員 范紹溫

006

宣統二年九月 初九 日

鹽房

財政科 同呈

稿

行

2.宣統二年九月初九日知縣王爲照案催傳劉文貴等事票(稿)

(14459：5) 29.0×15.0cm；(14459：6) 25.1×16.0cm

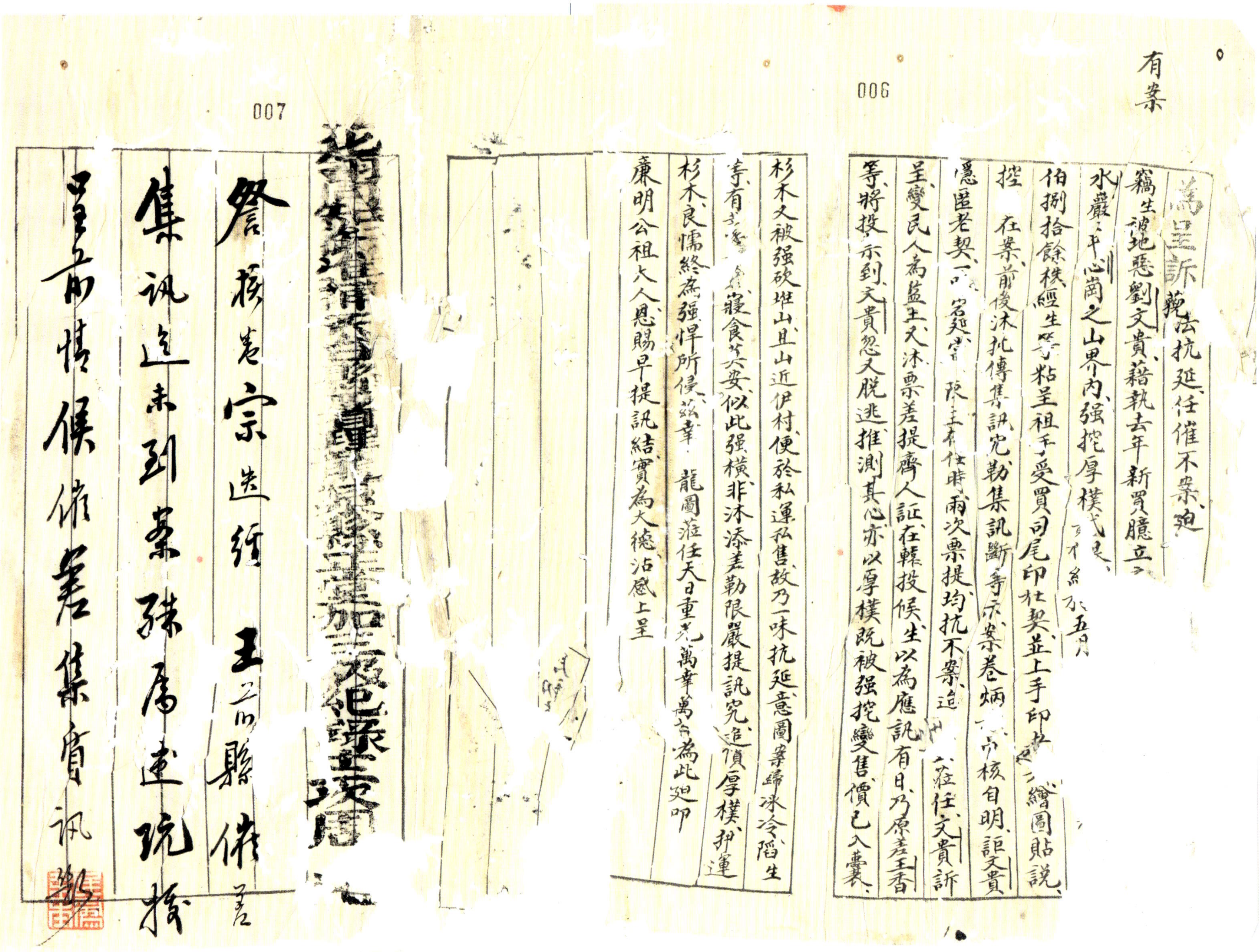

3.(時間不詳)范紹文爲控劉文貴藐法抗延任催不案事訴狀　(3829：6–7) 26.9×38.0cm

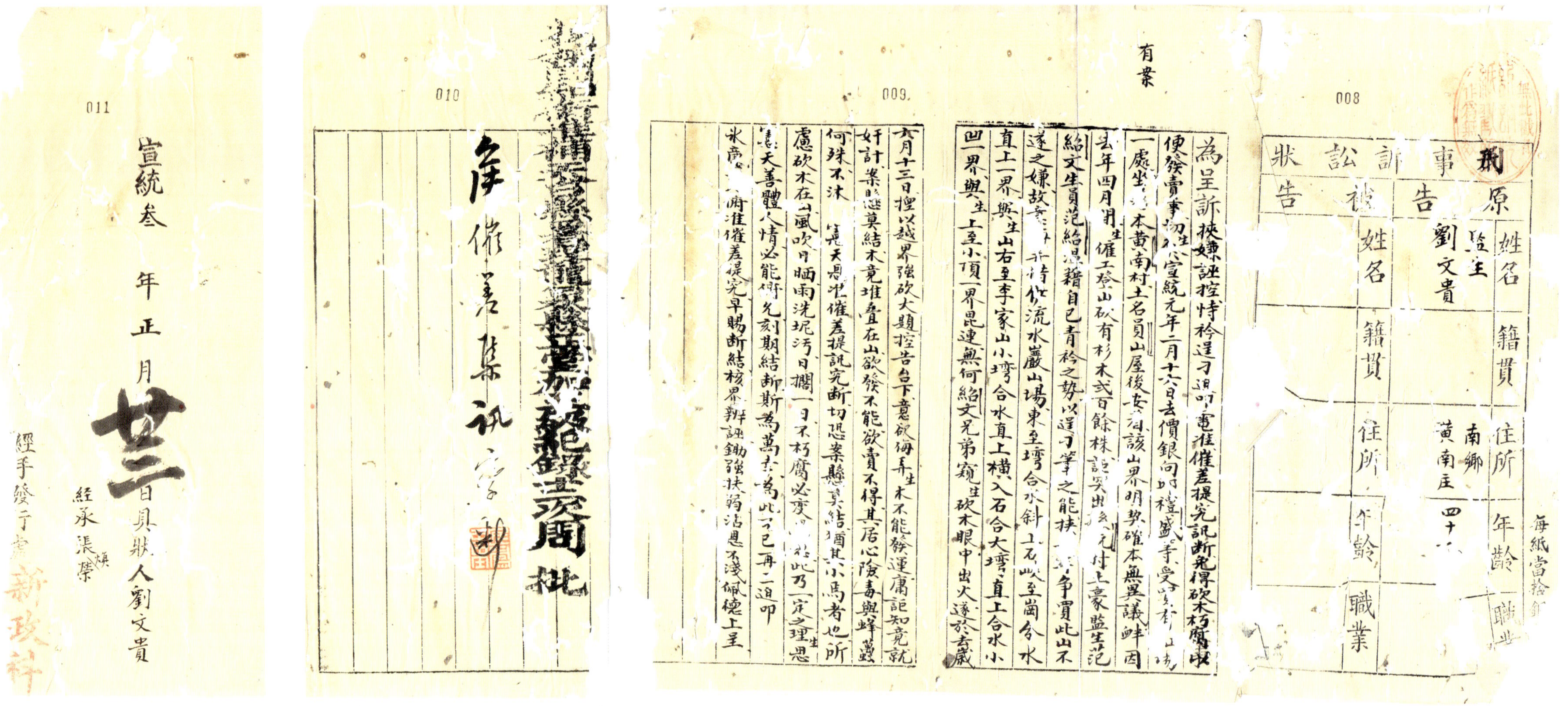

4.宣統三年正月廿三日劉文貴爲控范紹文挾嫌誣控恃矜逞刁事民事訴訟狀

（3829：8–9）27.2×38.5cm；（3829：10）27.2×20.9cm；（3829：11）27.3×21.0cm　圖版裁空白頁

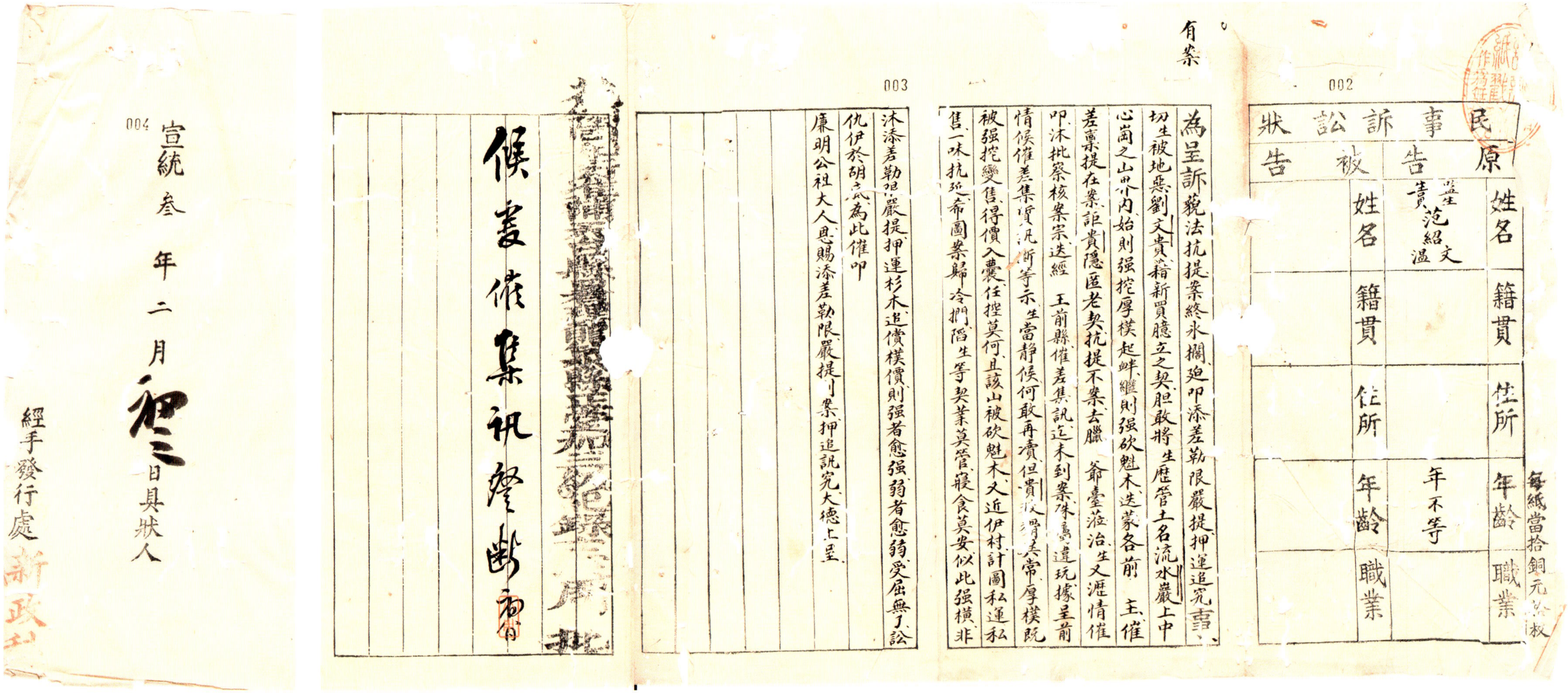
民事訴訟狀

原告		被告	
姓名	監生 范紹文 溫貴	姓名	
籍貫		籍貫	
住所		住所	
年齡	年不等	年齡	
職業		職業	

每紙當拾銅元叁枚

有案

為呈訴藐法抗提案終冰擱廹叩添差勒限嚴提押追究責事
切生被地惡劉文貴稱新買膽立之契，胆敢將生歷管土名流水巖上中心崗之山界內，始則强挖厚樸起衅，繼則强砍魁木，迭蒙各前　主催差稟提在案。詎貴隱匿老契，抗提不案。去臘　爺臺蒞治，生又瀝情催叩，沐批飭核案宗，迭經　王前縣催差集訊，迄未到案，殊屬遺玩，據呈前情，候催差集質訊，所等示。生當靜候，何敢再瀆。但貴狡猾異常，厚樸既被强挖變售，得價入囊，任控莫何。且該山被砍魁木，又近伊村，計圖私運私售，一味抗延，希圖案歸冷擱，陷生等契業莫管，寢食莫安。似此强橫，非沐添差勒限嚴提押運杉木，追償樸價，則强者愈强，弱者愈弱，受屈無了，訟仇伊於胡底。為此催叩
廉明公祖大人恩賜添差勒限嚴提到案押追，訊究大德上呈。

候差催集訊斷

宣統叁年二月初三日具狀人

經手發行處

5.宣統三年二月初三日范紹文等爲控劉文貴藐法抗提案終冰擱事民事訴訟狀　(3829：2–4) 26.9×88.4cm　圖版裁空白頁

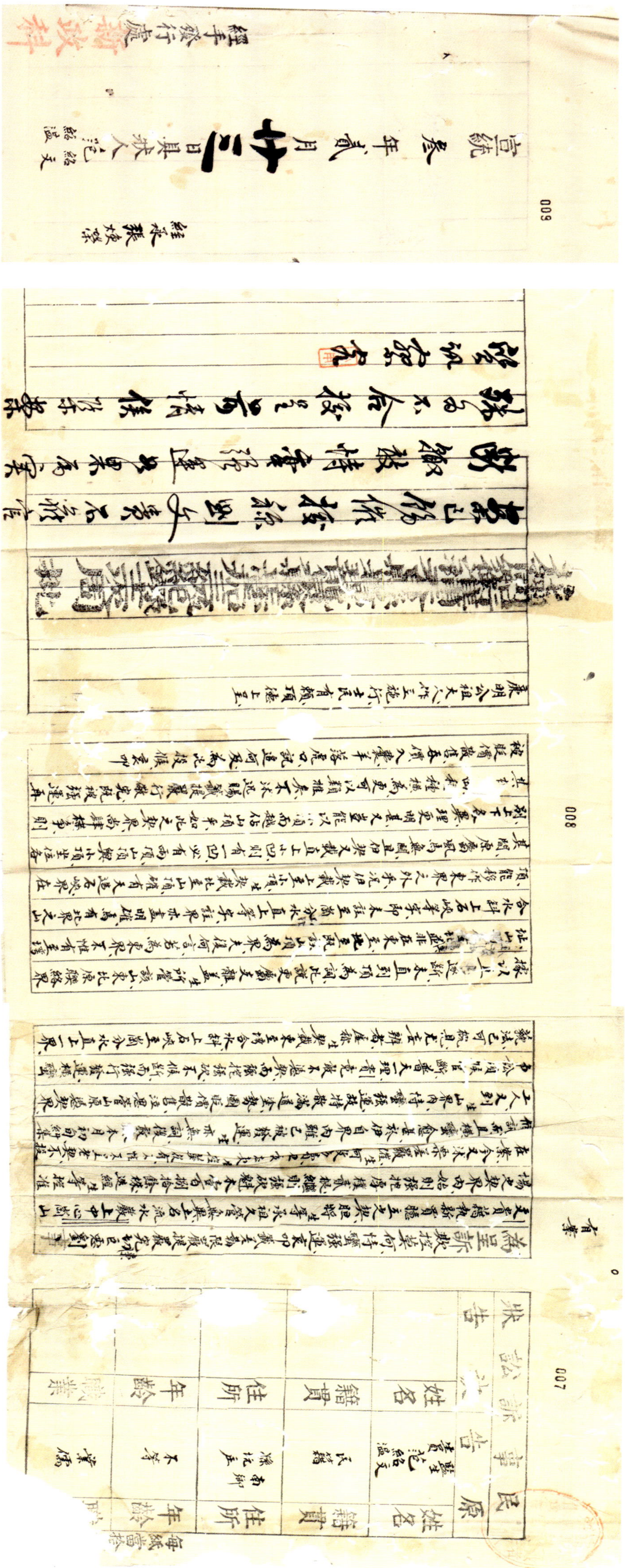

6.宣統三年二月廿三日范紹文等爲控劉文貴欺控吳何恃蠻强運事民事訴訟狀 （10203：7–9）26.9×87.8cm 圖版裁空白頁

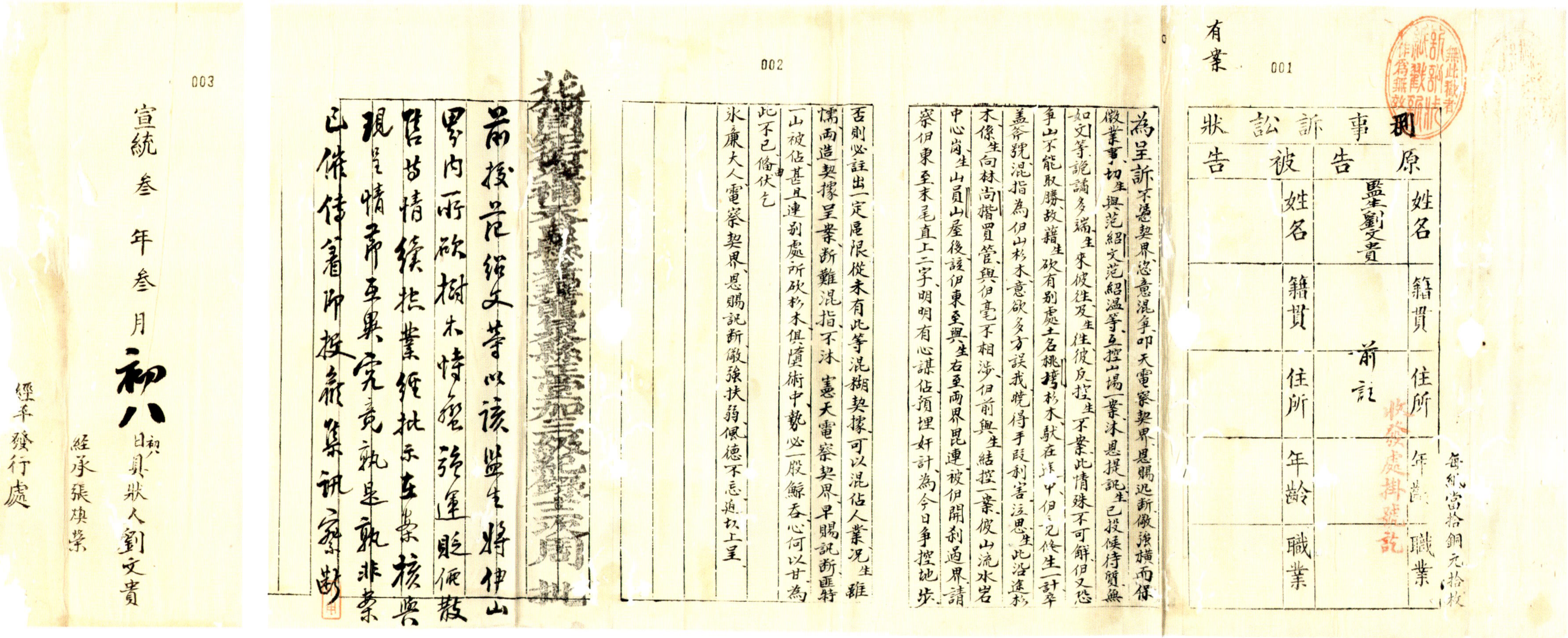

7. 宣統三年三月初八日劉文貴爲控范紹文不憑契界恣意混争事民事訴訟狀 （10203：1–3）26.9×92.2cm 圖版裁空白頁

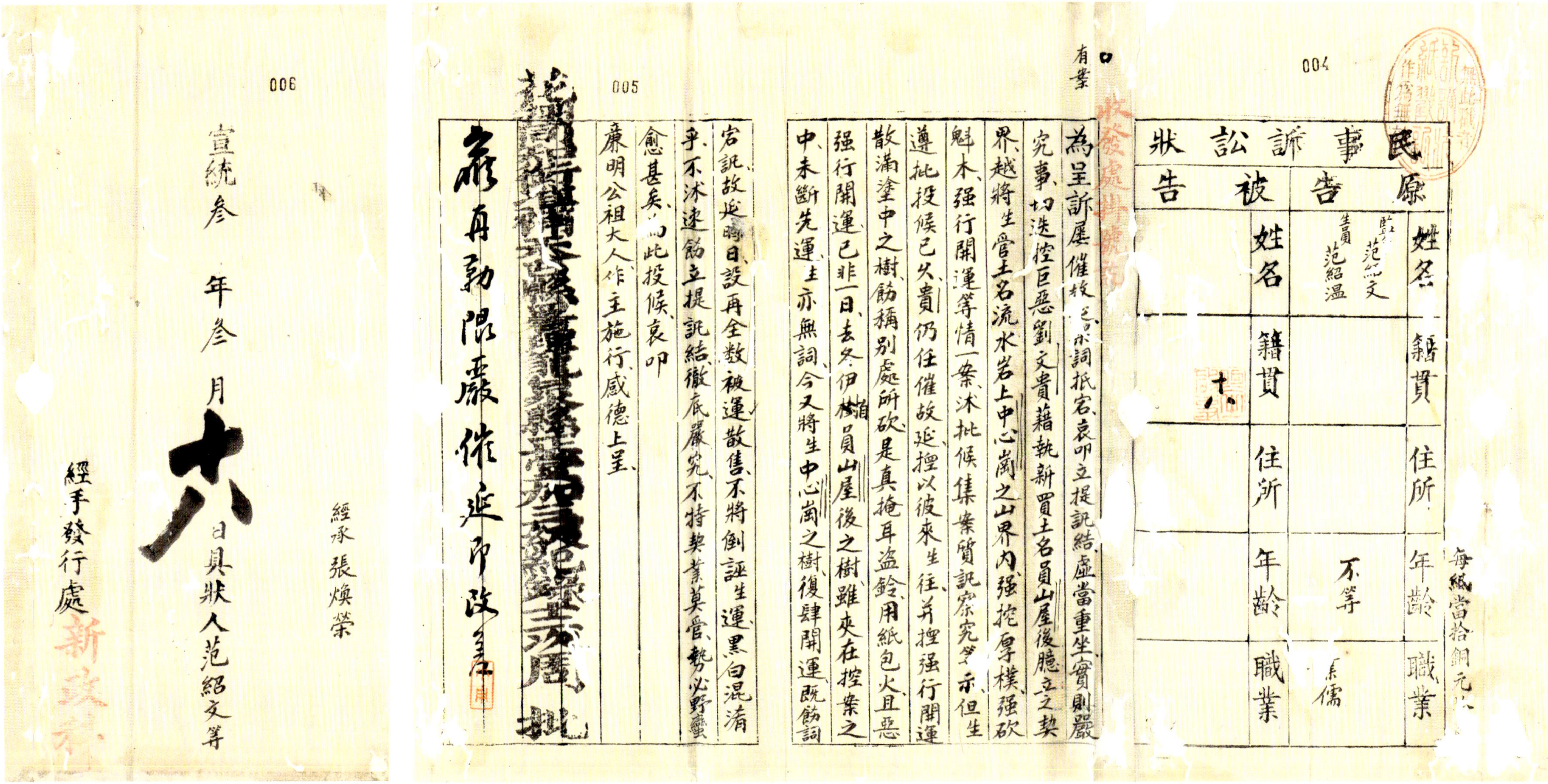
民事訴訟狀
原告　姓名　范紹文　范紹溫
被告
每紙當拾銅元
不等　業儒
有案
為呈訴屢催故延架詞抵宕，哀叩立提訊結，虛當重坐，實則嚴
究事。切迭控巨惡劉文貴藉執新買土名員山屋後聽立之契
界，越將生管土名流水岩上中心崗之山界內，强挖厚樸，强砍
魁木，强行開運等情一案，沐批候集案質訊察究，示。但生
遵批投候已久，貴仍任催故延，擅以彼來生往，並擅强行開運
散滿塗中之樹，飾稱別處所砍，是真掩耳盜鈴，用紙包火。且惡
强行開運已非一日，去冬伊於員山屋後之樹，雖夾在控案之
中，未斷先運，生亦無詞。今又將生中心崗之樹，復肆開運，既飾詞
宕訊，故延時日，設再全數被運散售，不將倒誣生運，黑白混淆
乎？不沐速飭立提訊結，徹底嚴究，不特契業莫管，勢必野蠻
愈甚矣。為此投候，哀叩
廉明公祖大人作主施行，感德上呈。
候再勒限嚴催，延即改。批
宣統叁年叁月十八日具狀人范紹文等
經承　張煥榮
經手發行處
新政

8.宣統三年三月十八日范紹文等爲控劉文貴屢催故延架詞抵宕事民事訴訟狀　（10203：4–6）27.2×97.0cm　圖版裁空白頁

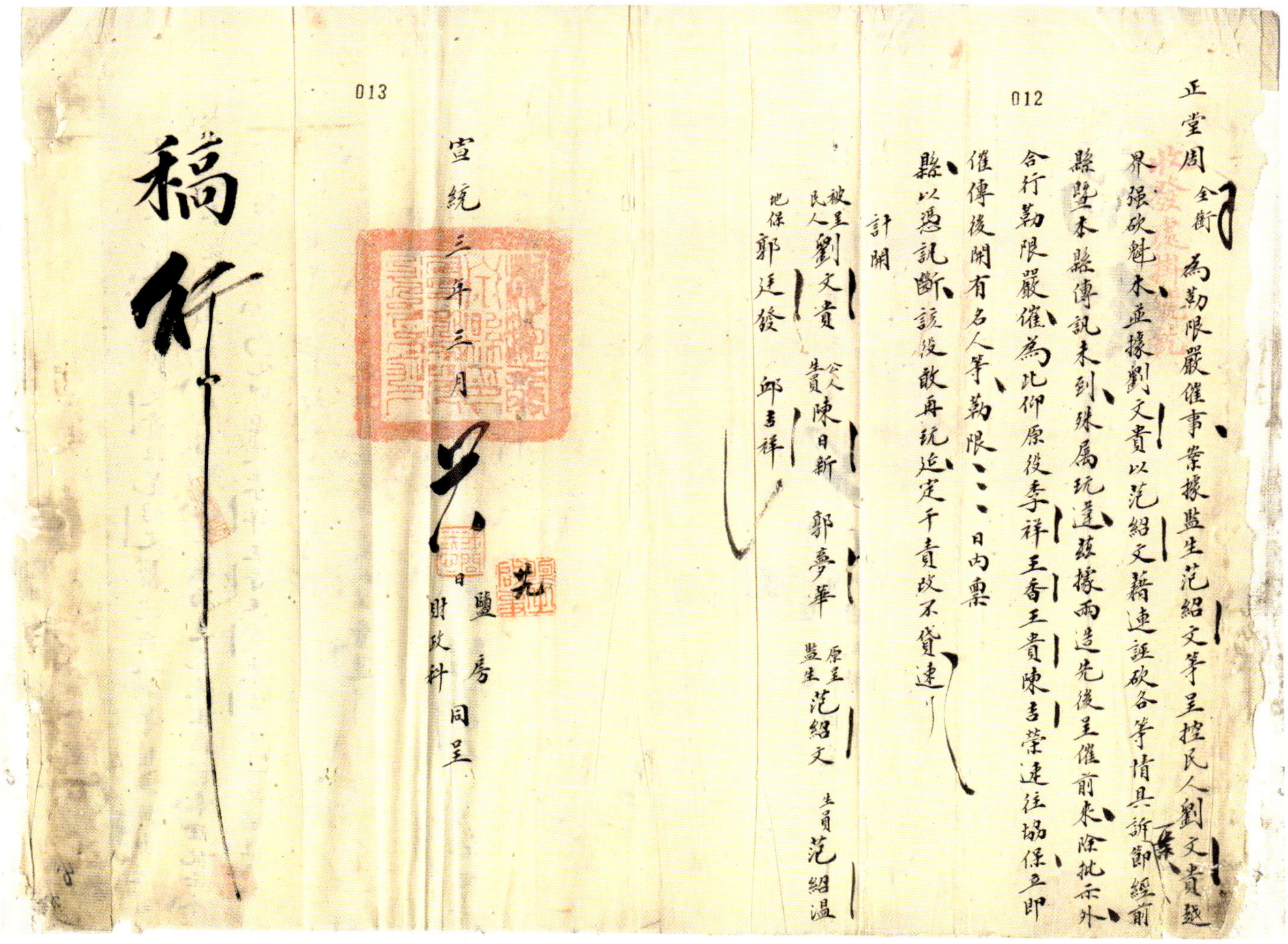

012

正堂周　全銜　為勒限嚴催事。案據監生范紹文等呈控民人劉文貴越界强砍樹木，並據劉文貴以范紹文藉逮誣砍各等情具訴。節經前縣暨本縣傳訊未到，殊屬玩違。茲據兩造先後呈催前來，除批示外，合行勒限嚴催。為此仰原役季祥、王香、王貴、陳吉棠速往協保立即催傳後開有名人等，勒限三日內稟縣，以憑訊斷。該役敢再玩延，定干責改不貸。速速。

計開

被呈民人　劉文貴　　公人生員　陳日新　郭夢華

原呈監生　范紹文　　生員　范紹溫

地保　郭廷發　鄧吉祥

013

宣統三年三月　廿八　日　鹽房　刑政科同呈

稿　行

9.宣統三年三月廿八日知縣周琛爲勒限嚴催劉文貴等事票(稿)　(14426：12—13）29.2×39.5cm

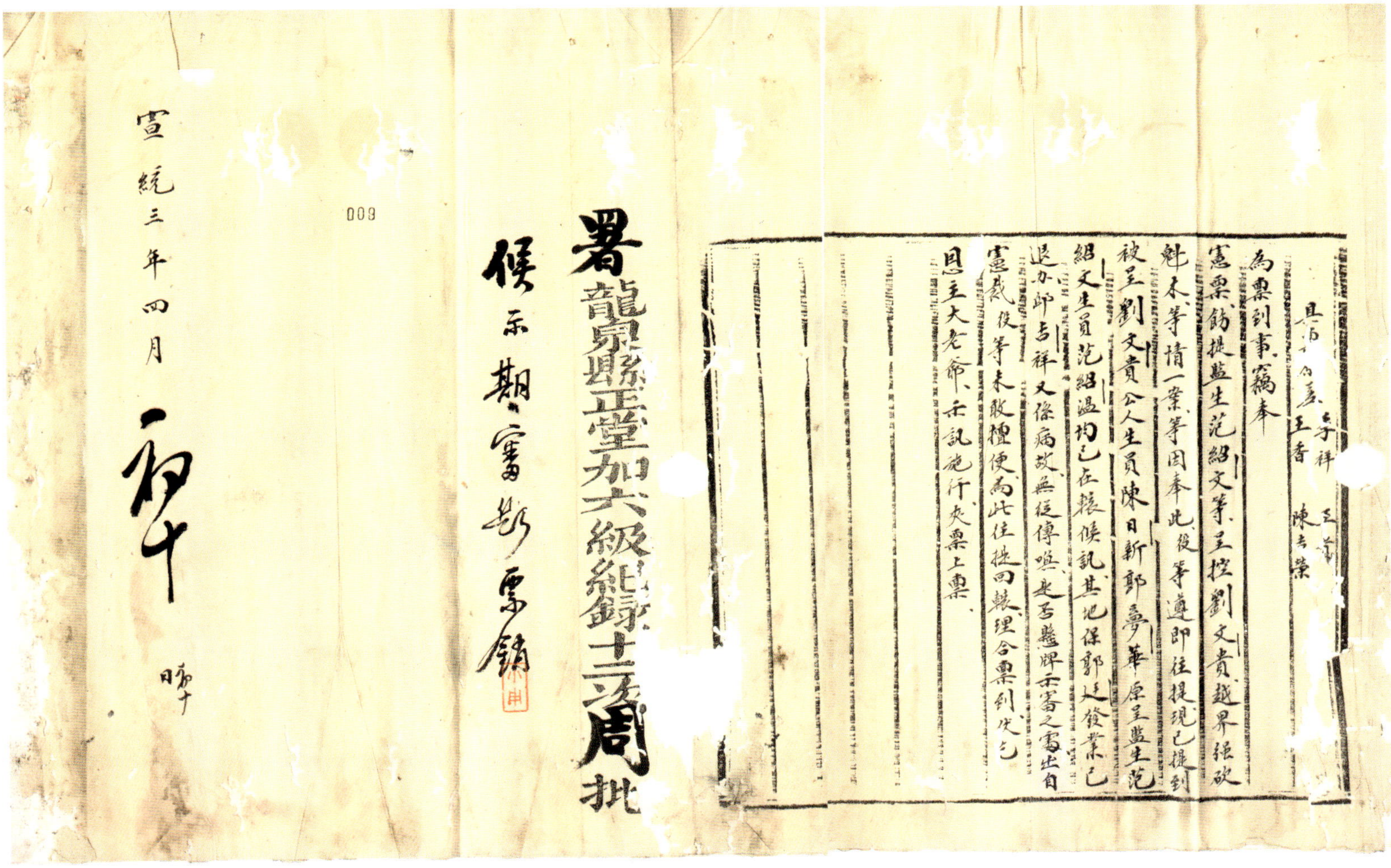

具稟原差季祥、王香、王貴、陳吉棠

為稟到事。竊奉

憲票，飭提監生范紹文等呈控劉文貴越界强砍樹木等情一案。等因奉此，役等遵即往提，現已提到被呈劉文貴、公人生員陳日新、郭夢華，原呈監生范紹文、生員范紹溫，均已在轅候訊。其地保郭廷發業已退辦，鄧吉祥又係病故，無從傳喚。是否懸牌示審之處，出自

憲裁。役等未敢擅便，為此往提回轅，理合稟到，伏乞

恩主大老爺示訊施行。央稟上稟

008

署龍泉縣正堂加六級紀錄十二次周　批

候示期審斷。票銷。

宣統三年四月　初十　日

日初十

10.宣統三年四月初十日原差季祥等爲稟提到劉文貴等事稟　(14426：8—9）29.1×54.4cm　　圖版裁封頁

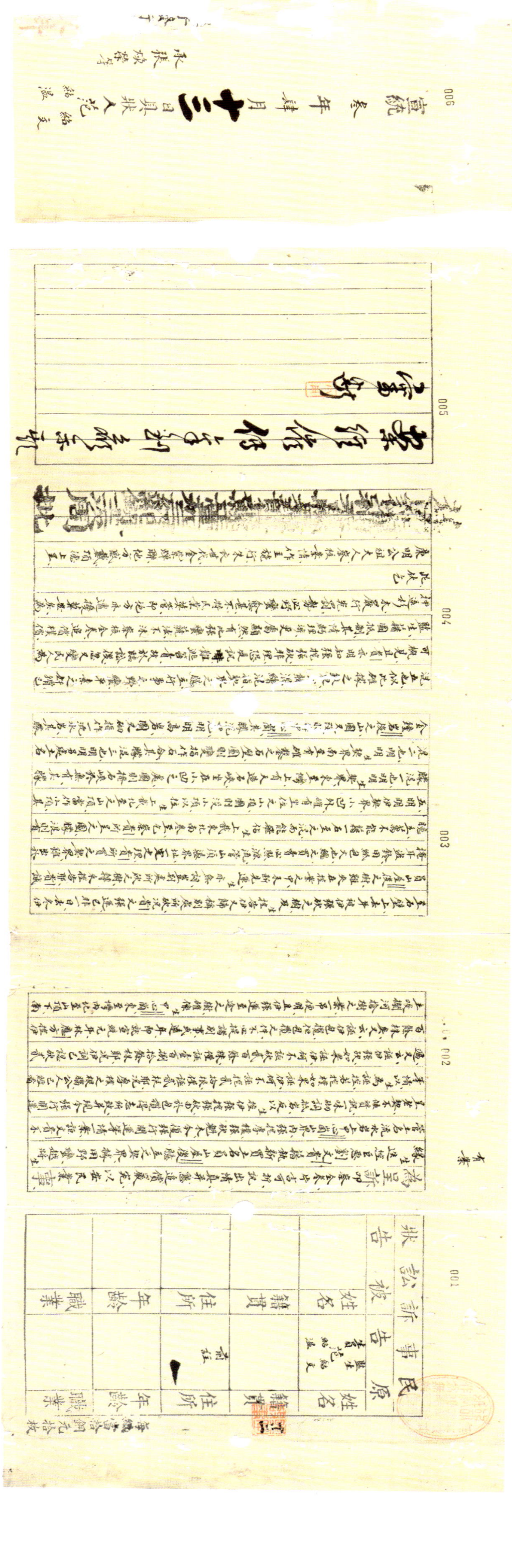

11.宣統三年四月十三日范紹文等爲控劉文貴叩察全卷片吉可折事民事訴訟狀

（14426：1–2）27.1×29.1cm；（14426：3–4）27.2×25.4cm；（14426：5）27.2×25.7cm；（14426：6）27.1×13.0cm　圖版裁空白

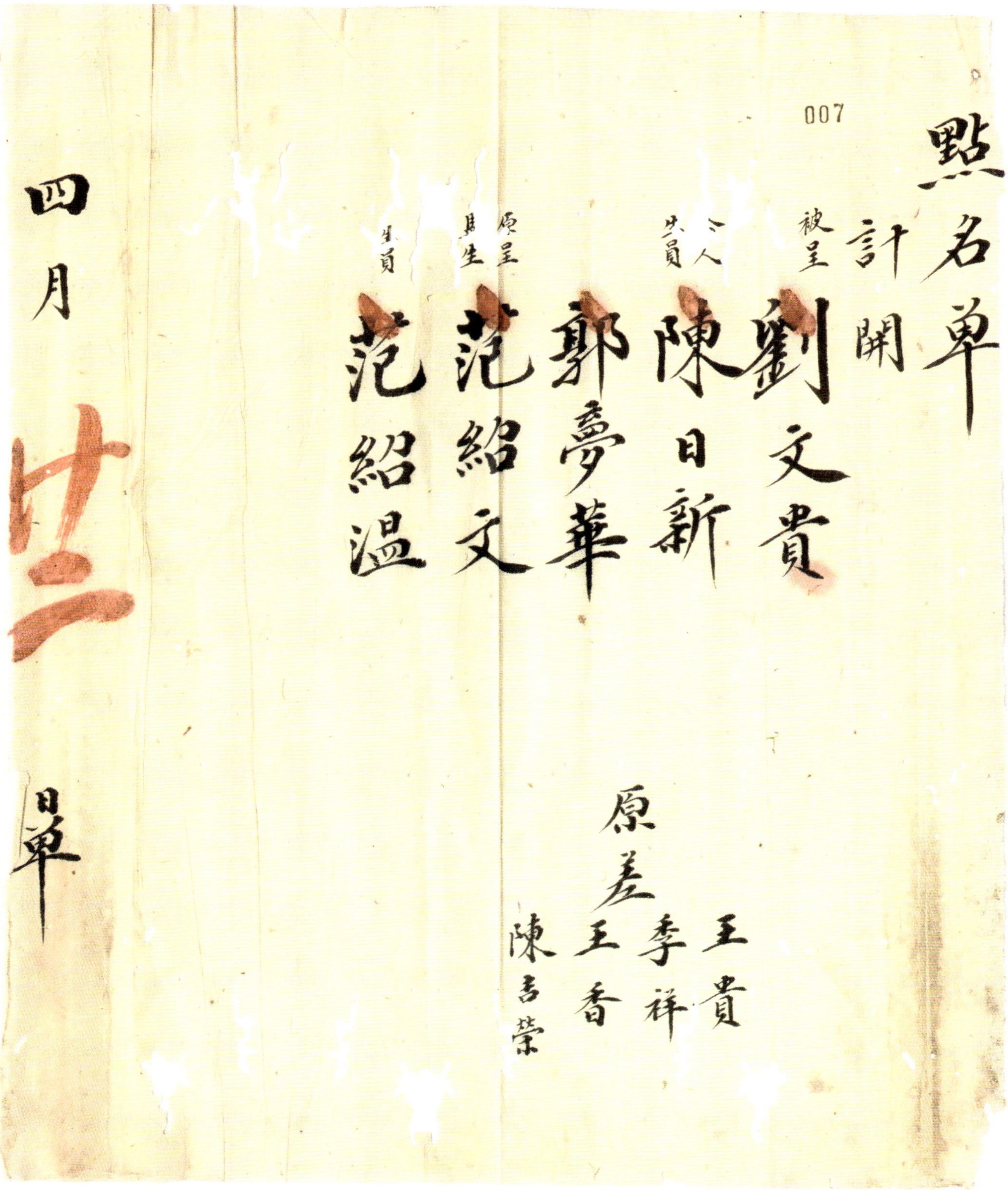

007

點名單

計開

被呈　劉文貴

二人生員　陳日新

郭夣華

原呈監生　范紹文

生員　范紹溫

原差　王貴

季祥

王香

陳吉榮

四月廿二日單

12.(宣統三年)四月廿二日點名單　(14426：7) 29.1×23.9cm

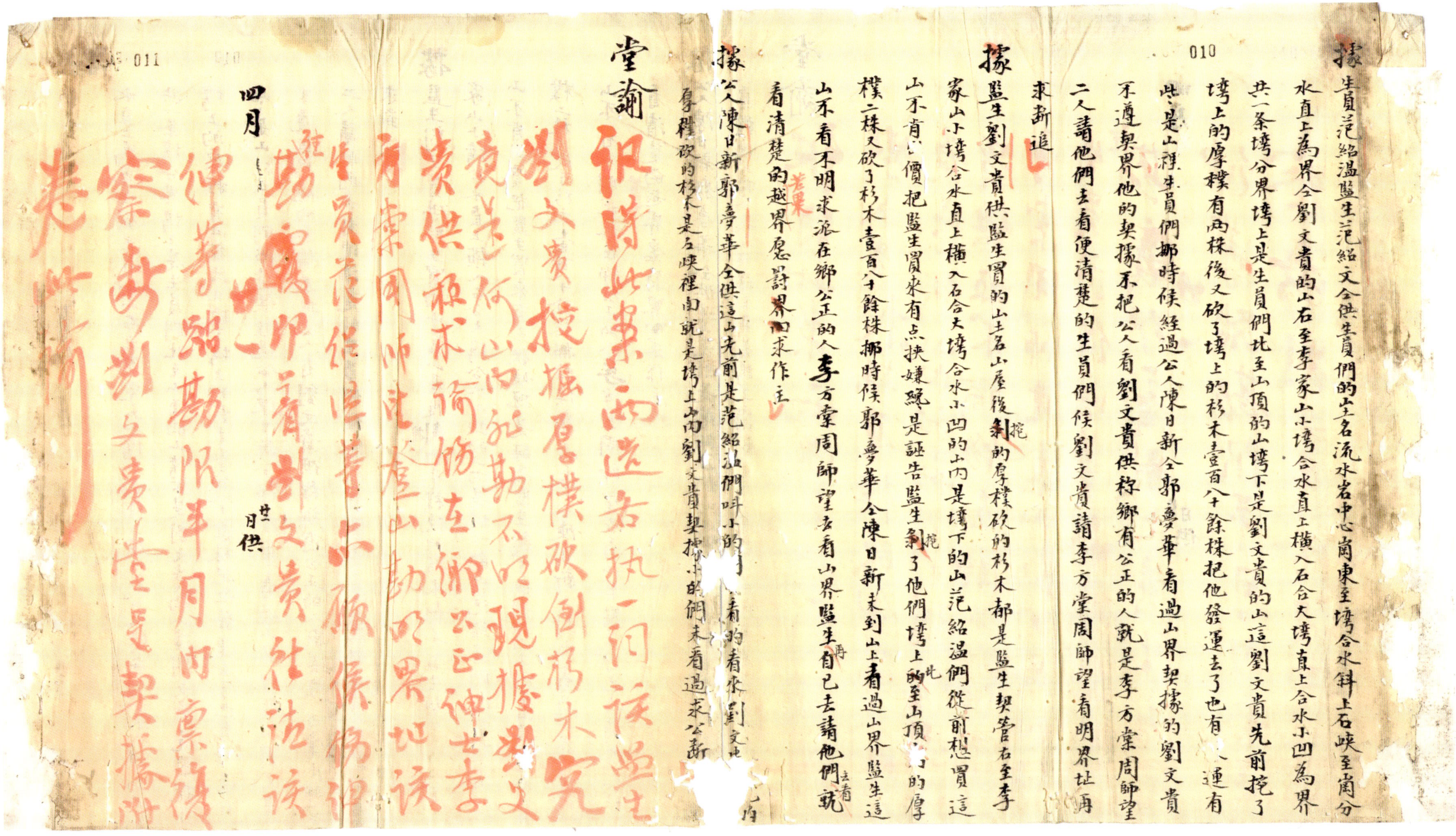

010

據生員范紹溫、監生范紹文仝供：生員們的山土名流水岩中心崗，東至塆合水斜上石峽至崗分水直上為界，仝劉文貴的山右至李家山小塆合水直上橫入石合大塆直上合水小凹為界，共一条塆分界，塆上是生員們北至山頂的山，塆下是劉文貴的山。這劉文貴先前挖了塆上的厚樸有兩株，後又砍了塆上的杉木壹百八十餘株，把他發運去了，也有人運有。此是山[illegible]生員們那時候經過公人陳日新仝郭夢華看過山界契據的。劉文貴不遵契界，他的契據不把公人看。劉文貴供稱鄉有公正的人，就是李方棠、周師望二人，請他們去看便清楚的。生員們候劉文貴請李方棠、周師望看明界址，再求斷追。

據監生劉文貴供：監生買的山土名山屋後，挖的厚樸砍的杉木都是監生契管，右至李家山小塆合水直上橫入石合大塆合水小凹的山內，是塆下的山。范紹溫們從前想買這山不肯價，把監生買來，有点挾嫌，總是誣告監生挖了他們塆上北至山頂的厚樸二株，又砍了杉木壹百八十餘株。那時候郭夢華仝陳日新未到山上看過山界。監生這山不看不明，求派在鄉公正的人李方棠、周師望去看山界。監生自己去請他們去看，就看清楚的。越界處罰，若果求作主。

據公人陳日新、郭夢華仝供：這山先前是范紹溫們叫小的[illegible]看的，看來劉文[illegible]厚樸砍的杉木是石峽裡面，就是塆上山內。劉文貴契據小的們未看過，求公斷。

011

四月廿二日供

堂諭

13.(宣統三年)四月廿二日供詞、堂諭　(14426：10–11) 28.8×50.6cm

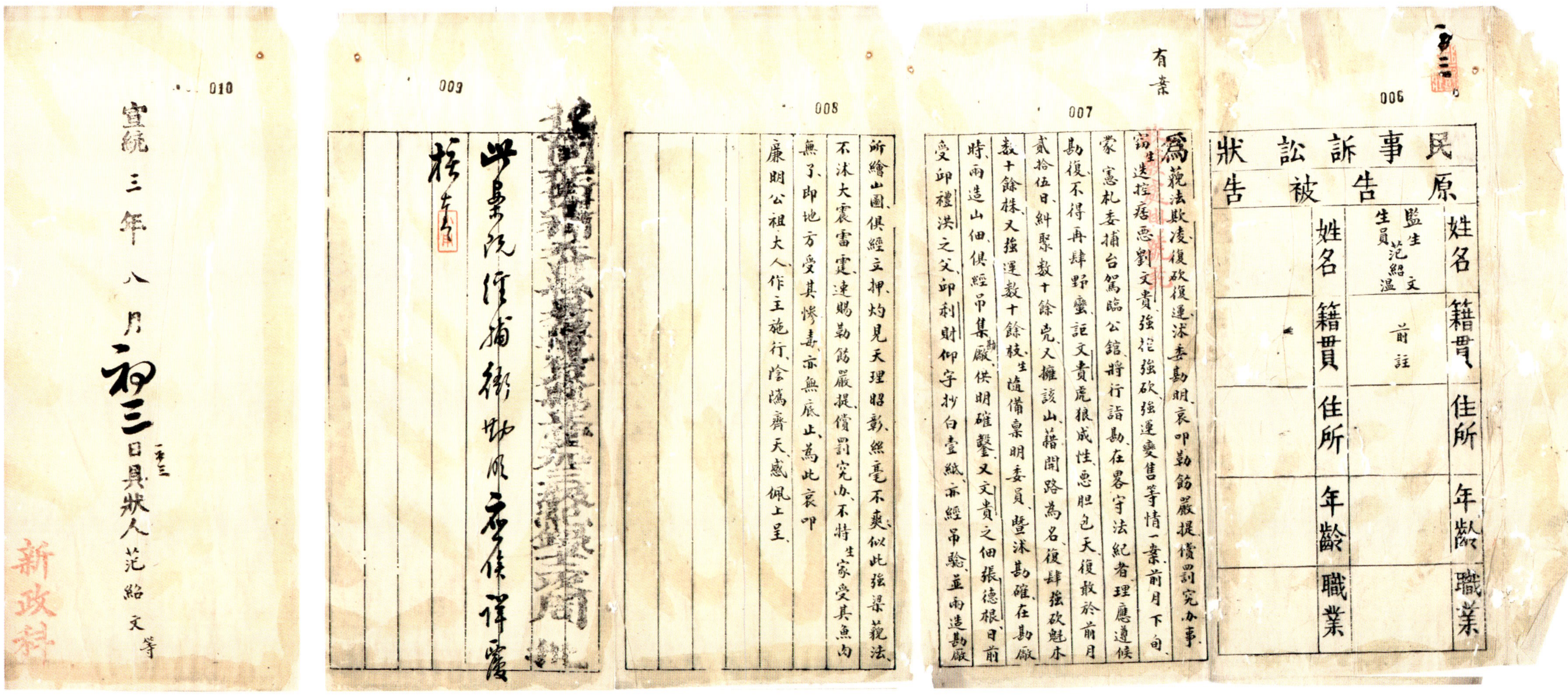
民事訴訟狀

	原告	被告
姓名	監生范紹文 生員范温	
籍貫	前註	
住所		
年齡		
職業		

有案

爲藐法欺凌、復砍復運、沭委勘明、哀叩勒飭嚴提、償罰究办事。竊生等造控痞惡劉文貴強抗強砍、強運變售等情一案，前月下旬、蒙憲札委捕台駕臨公館，將行詣勘，在畧守法紀者，理應遵候勘復，不得再肆野蠻。詎文貴虎狼成性、悪胆包天，復敢於前月貳拾伍日，糾聚數十餘兇，又擁該山，藉開路爲名，復肆強砍魁木數十餘株，又強運數十餘枝。生遺備稟明委員，暨沭勘確在勘廠時，兩造山佃俱經吊集勘廠，供明確鑿。又文貴之佃張德根，日前受卯禮洪之父卯利財仰守抄白壹紙，亦經吊驗，並兩造勘廠所繪山圖，俱經立押，灼見天理昭彰，絲毫不爽。似此強梁藐法，不沭大震雷霆、速賜勒飭嚴提、償罰究办，不特生家受其魚肉無了，即地方受其慘毒，亦無底止。爲此哀叩廉明公祖大人作主施行，陰隲齊天，感佩上呈。

宣統三年八月初三日具狀人范紹文等

新政科

14.宣統三年八月初三日范紹文等爲控劉文貴藐法欺凌復砍復運事民事訴訟狀

（12324：6—7）27.0×27.7cm；（12324：8—9）27.2×24.9cm；（12324：10）27.5×24.8cm　圖版裁空白頁

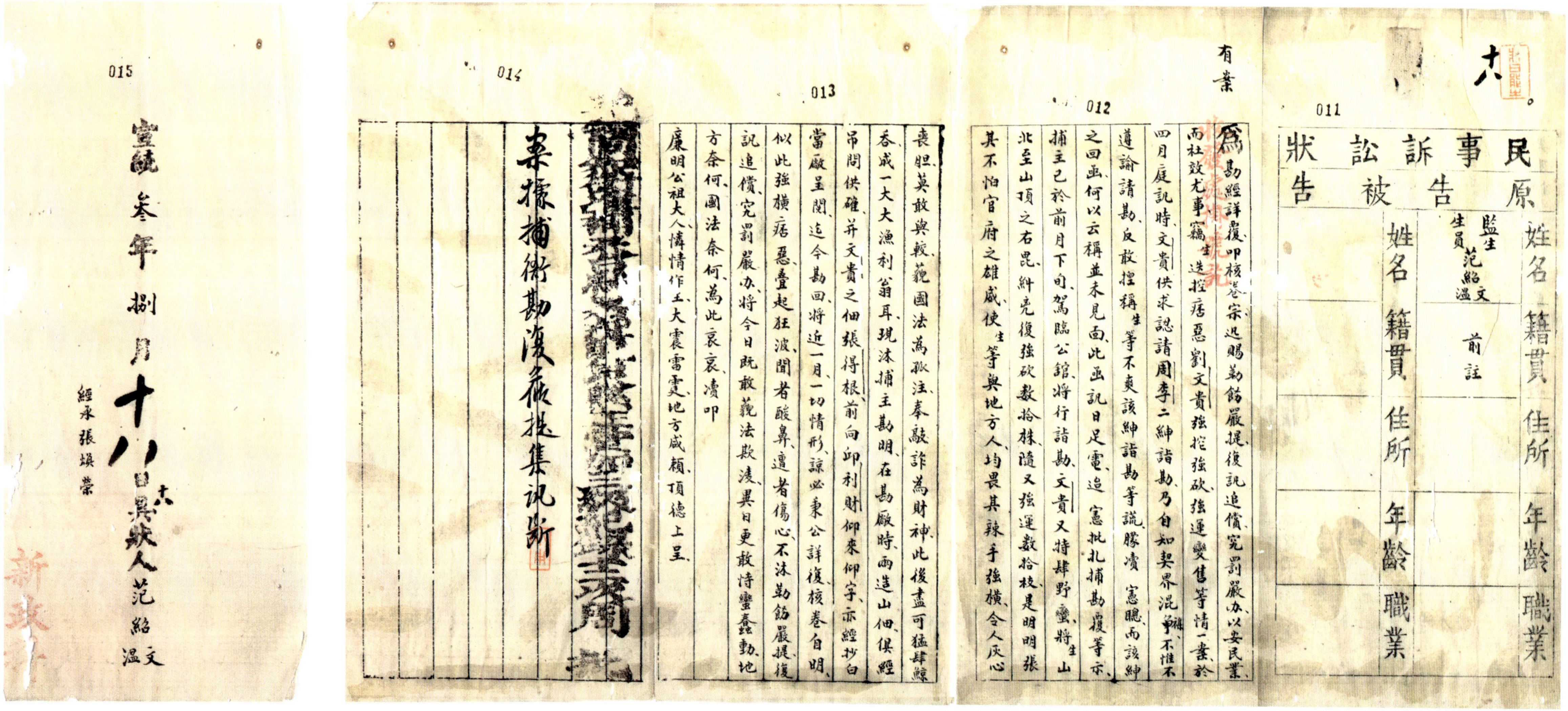

15.宣統三年八月十八日范紹文等爲控劉文貴勘經詳覆叩核卷宗事民事訴訟狀

（12324：11–12）27.2×25.5cm；（12324：13–14）27.2×25.2cm；（12324：15）27.2×24.0cm　圖版裁空白頁

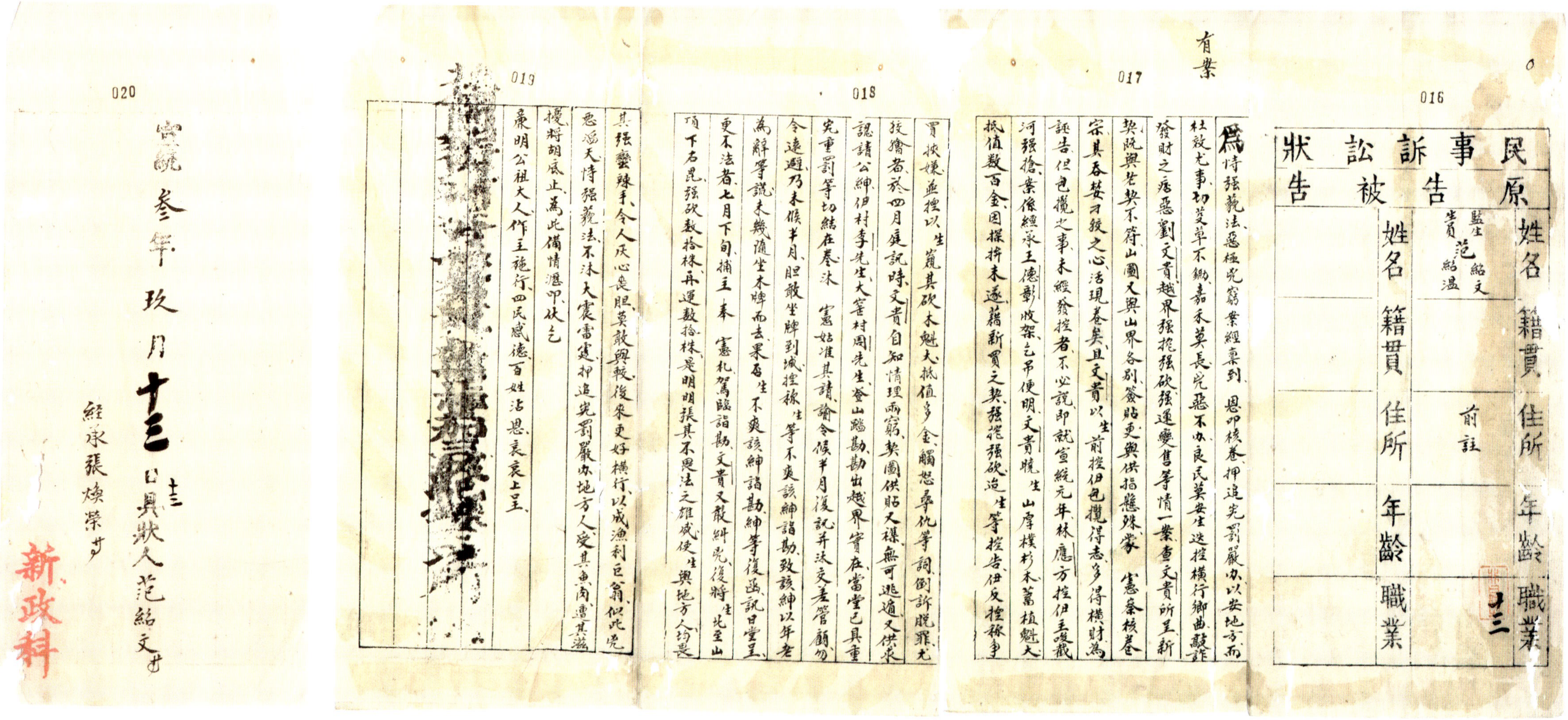

16.宣統三年九月十三日范紹文等爲控劉文貴恃强藐法惡極兇窮事民事訴訟狀

（12324：16–17）27.8×26.0cm；（12324：18–19）27.6×25.5cm；（12324：20）27.8×25.8cm　圖版裁空白頁

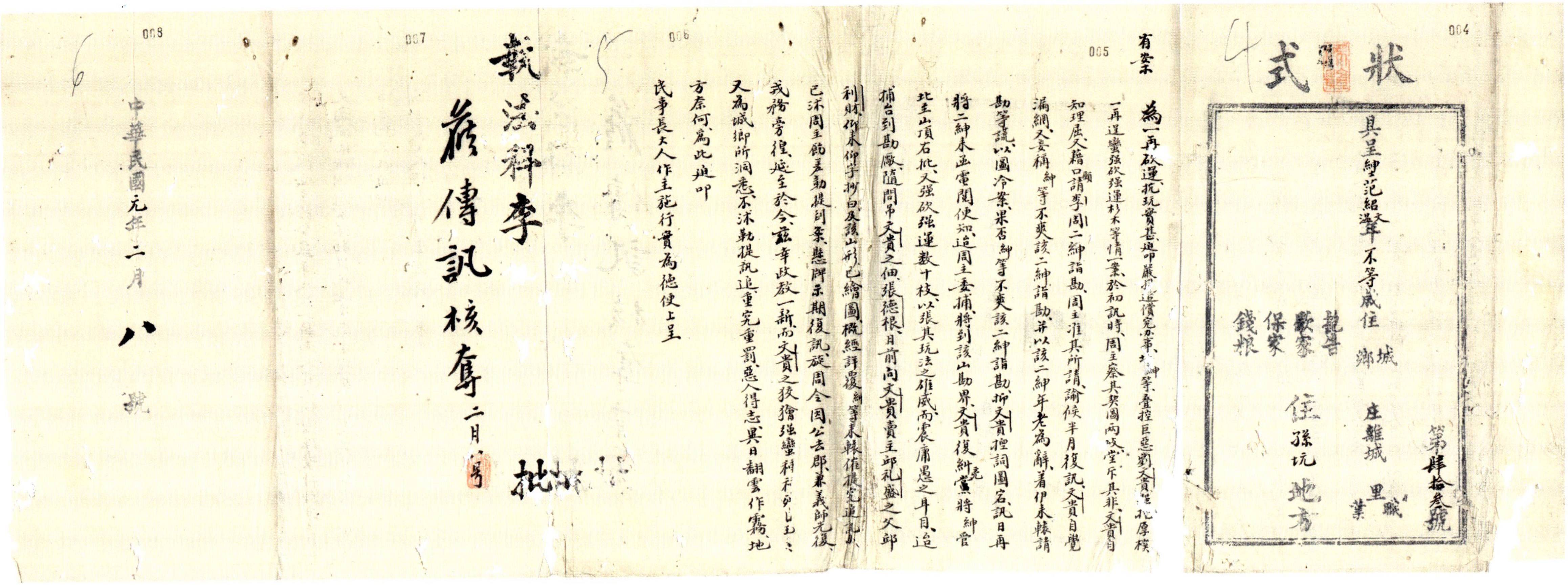

狀式

具呈紳范紹文等 不等歲 住城鄉 庄離城 里 職業

第肆拾叁號

有案

爲一再砍運，抗玩實甚，迫叩嚴拘追償究辦事。竊紳等疊控巨惡劉文貴[illegible]一再逞蠻強砍強運杉木等情一案，於初訊時，周主察其契圖兩歧，堂斥其非。文貴自知理屈，又藉口請李、周二紳詣勘。周主准其所請，諭候半月復訊。文貴自覺漏網，又妄稱紳等不爽該二紳詣勘，并以該二紳年老爲辭，着伊來轅請勘等議，以圖冷案。果否紳等不爽該二紳詣勘，抑文貴捏詞圖宕，訊日再請二紳來函電閱便知。迨周主委捕，將到該山勘界，文貴復糾黨將紳管北主山頂右批又強砍強運數十枝，以張其玩法之雄威，而震庸愚之耳目。迨捕台到勘廠，隨問弔文貴之佃張德根，目前向文貴賣主邱礼盛之父邱利財、佃來仰字[illegible]白，及該山形已繪圖，概經詳覆。紳等來轅催提究追，乃已沐周主飭差勒提到案，懸牌示期復訊，旋周令因公去郡，兼義師光復，戎務旁徨，延至於今。茲幸政教一新，而文貴之狡猾強蠻[illegible]又爲城鄉所洞悉，不沐執提訊追，重究重罰，惡人得志，異日翻雲作霧，地方奈何。爲此迫叩

民事長大人作主施行，實爲德便。上呈

載法科李

蔡傳訊核奪 二月

批

中華民國元年二月 八 號

17.民國元年二月八日范紹文等爲控劉文貴一再砍運抗玩實甚事呈狀　（16844：4–8）27.0×96.7cm　圖版裁空白頁

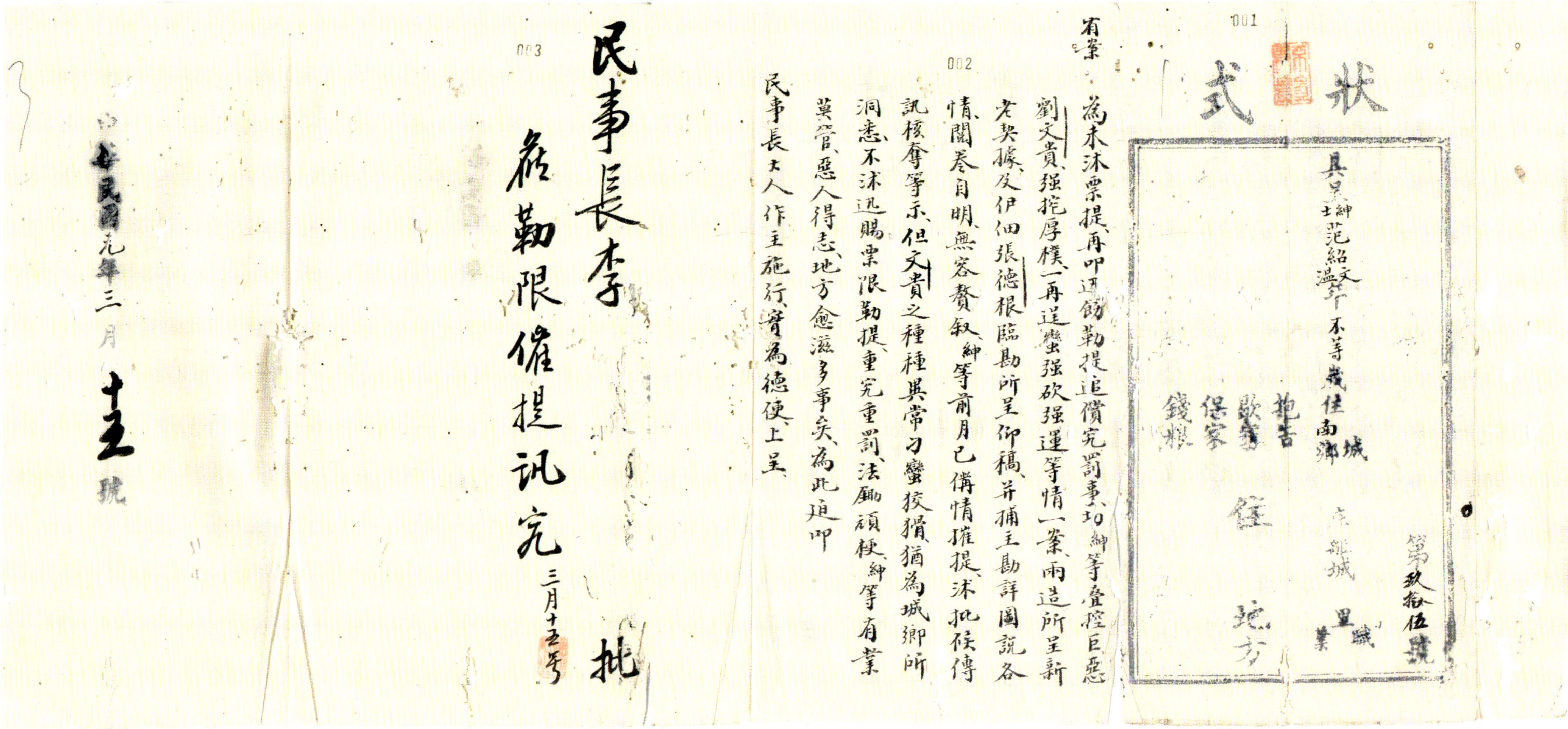

狀式

有案

爲未沐票提，再叩迅飭勒提追償究罰事。切紳等叠控巨惡劉文貴強挖厚樸，一再逞蠻強砍強運等情一案，兩造所呈新老契據及伊佃張德根臨勘所呈仰稿，并捕主勘詳圖說，各情關卷自明，無容贅叙。紳等前月已備情催提，沐批候傳訊核奪等示。但文貴之種種異常刁蠻狡猾，猶爲城鄉所洞悉，不沐迅賜票限勒提，重究重罰，法勵頑梗，紳等有業莫管，惡人得志，地方愈滋多事矣。爲此迫叩

民事長大人作主施行，實爲德便。上呈

民事長李

應勒限催提訊究

三月十五號　批

中華民國元年三月十五號

18.民國元年三月十五日范紹文等爲控劉文貴未沐票提再叩迅飭事呈狀　（16844：1–3）27.2×75.5cm　圖版裁空白頁

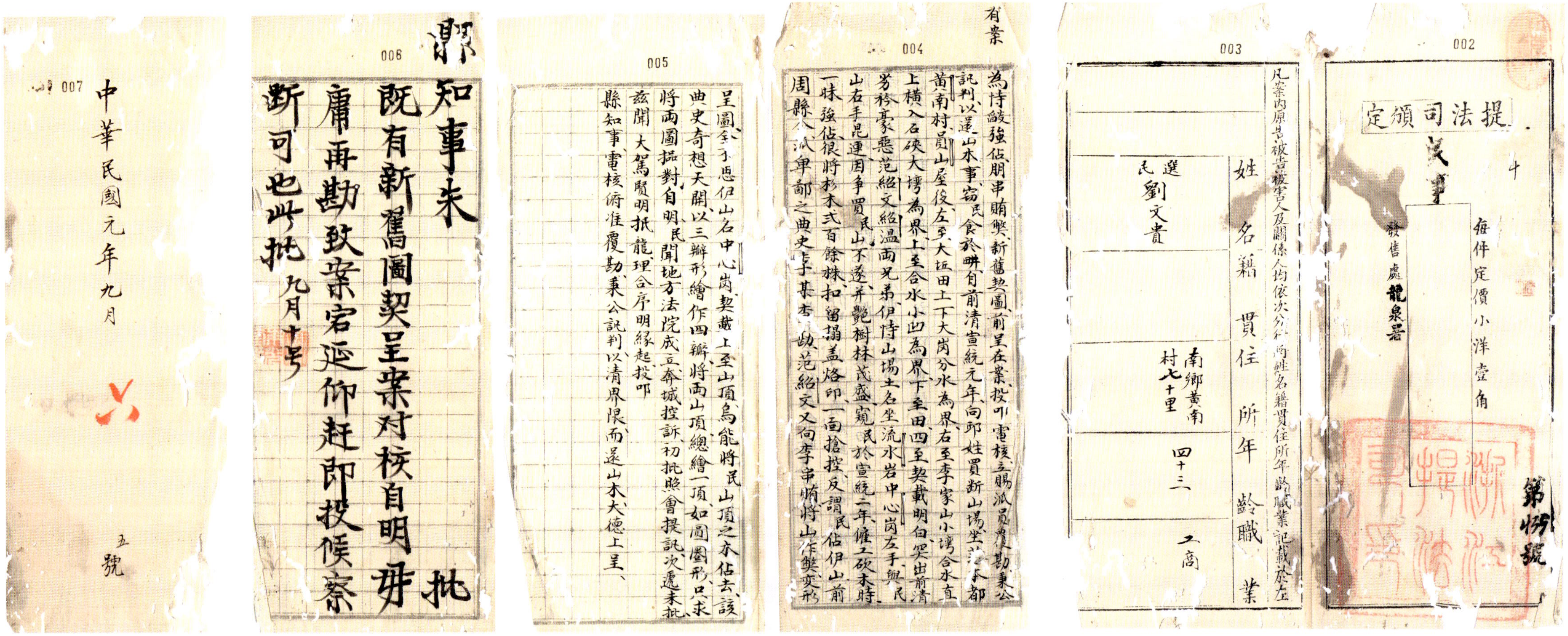

19.民國元年九月六日劉文貴爲控范紹文等恃焰强佔朋串賄弊事民事狀

（13421：2–3）28.1×24.4cm；（13421：4–5）28.1×24.5cm；（13421：6）28.2×24.0cm；（13421：7）28.0×23.5cm　圖版裁空白頁

二四　宣統二年葉以通控鍾瑞芝越界强佔案

一、内容提要

「宣統二年（一九一零）葉以通控鍾瑞芝越界强佔案」相關檔案保存於1002﹑11897﹑14532﹑15035號卷宗，其中包括宣統二年九月至民國二年（一九一三）五月訴訟過程中形成的各式狀紙五件、票（稿）四件、禀二件，以及宣統三年（一九一一）地保的收管狀二件，署典史查勘後呈知縣的申一件，民國二年浙江第十一地方審判廳致龍泉縣知事的照會一件，縣知事呈浙江第十一地方審判廳的咨呈（稿）一件。

訴訟由鍾瑞芝與葉以通互控越界强砍杉木而起。現存最早的檔案是宣統二年九月差役葉旺等人有關查封杉木的禀文，以及地保曾遇恩收管查封木材的收管狀。同年九月，鍾瑞芝去世，現存第三件文書是其子鍾漾鰲宣統三年閏六月的呈狀，其中提及知縣周琛曾「札委捕衙親勘，捕主於三月二十三日親詣該山勘過」，而葉以通於當月十六日將宣統二年查封之杉木强蓋「葉興利」斧號。由於知縣周琛之前并未得到捕衙查勘的禀覆，因此一面札催捕衙查勘，一面飭差封阻杉木，因此有差役葉旺等關於封阻的禀覆，地保曾遇恩關於阻封杉木的收管狀，以及署典史李隆焴爲查勘事的申復，知縣周琛又據這些覆文簽發傳票。該案延續至民國二年五月，其中民國元年（一九一二）十月縣知事曾將山場管業判歸鍾漾鰲所有，葉以通不服，於民國二年上訴至浙江第十一地方審判廳，審判廳維持原判。

二、檔案索引

編號	時　間	作　者	内　容	類　型	卷宗號	原卷宗頁碼
1	宣統二年九月〔一〕	地保曾遇恩	收管狀	結狀	14532	4
2	宣統二年九月卅日(批)	原差葉旺等	爲禀覆查封杉木等事	禀	14532	2–3
3	宣統三年閏六月十八日	鍾漾鰲	爲控葉以通强蓋斧號復肆搶運事	民事訴訟狀	11897	7–9
4	宣統三年閏六月廿二日	知縣周琛	爲札催事	票(稿)	11897	10–11
5	宣統三年閏六月廿二日	知縣周琛	爲飭差封阻事	票(稿)	11897	12–13
6	宣統三年閏六月廿八日	葉以通	不詳	呈狀	11897	6
7	宣統三年七月〔二〕	地保曾遇恩	收管狀	結狀	11897	5
8	宣統三年七月	原差葉旺等	爲禀覆查封杉木事	禀	11897	2–3

〔一〕日期不詳，宣統二年九月卅日(批)原差葉旺等禀覆内提及地保曾遇恩收管事，故列於該禀之前。
〔二〕日期不詳，宣統三年七月原差葉旺等禀覆内提及地保曾遇恩看管查封存杉木事，故列於該禀之前。

9	宣統三年七月廿六日	署典史李隆熇	爲申覆查勘事	申	15035	2—5
10	宣統三年八月十九日	知縣周琛	爲飭提鍾漾鰲等事	票(稿)	11897	4
11	(民國元年)十一月四日(批)	鍾漾鰲	爲控葉以通倚勢罩佔恃横串詐事	民事狀	1002	2—5
12	民國二年三月初五日	浙江第十一地方審判廳	爲調卷核辦事照會龍泉縣知事	照會	15035	17—18
13	民國二年三月十五日	縣知事朱光奎	呈浙江第十一地方審判廳長爲呈送核辦事	咨呈(稿)	15035	13—14
14	民國二年五月十二日	鍾漾鰲	爲控葉以通等照斷收益復肆霸砍事	民事狀	15035	6—10
15	民國二年五月十三日	葉以通	爲控鍾漾鰲得朧望蜀□□復砍事	民事狀	15035	15—16
16	民國二年五月廿日	龍泉縣審檢所	爲票飭執行事	票(稿)	15035	11—12

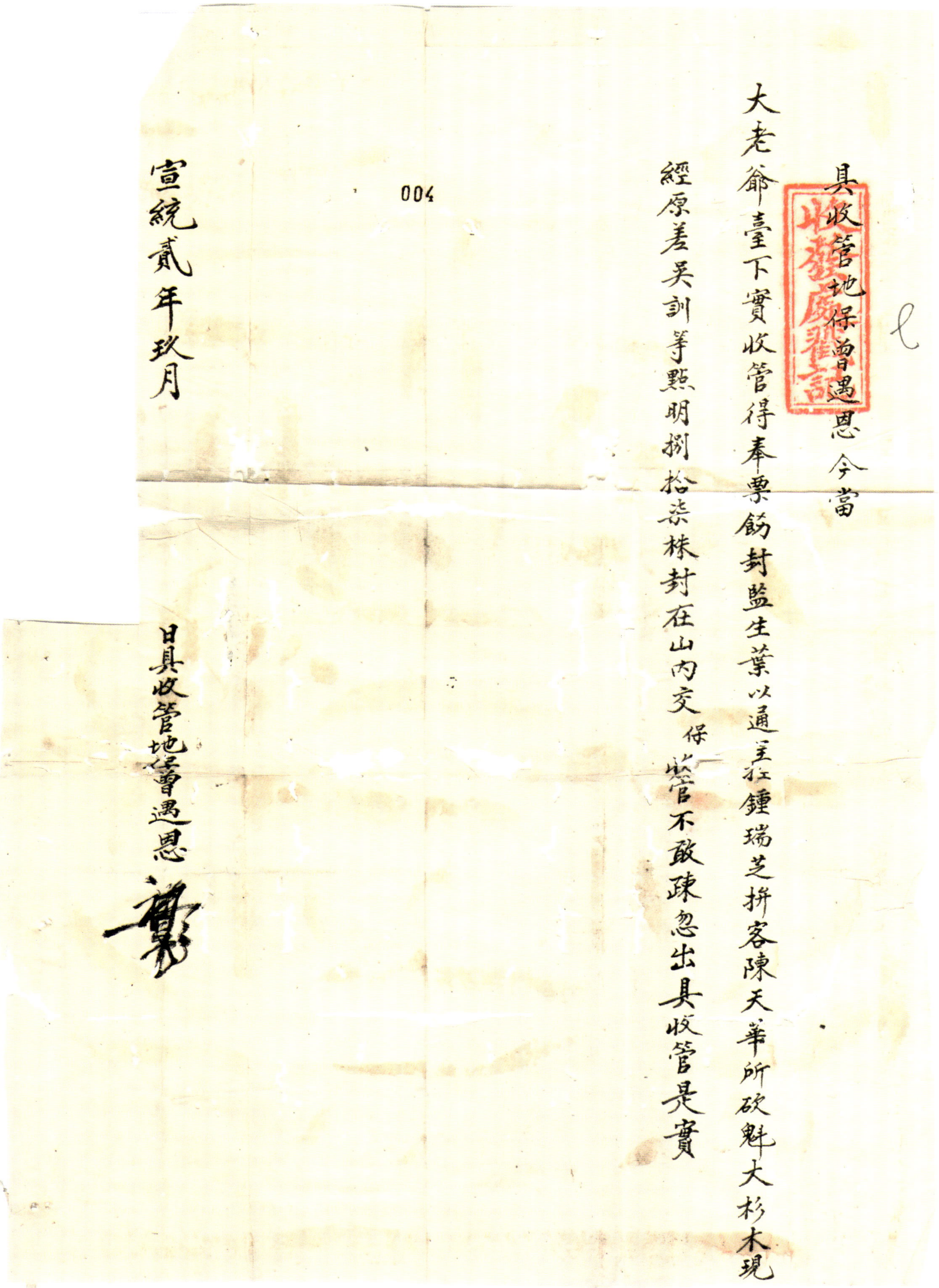
具收管地保曾遇恩今當
大老爺臺下實收管得奉票飭封監生葉以通控鍾瑞芝拚客陳天華所砍魁大杉木現
經原差吳訓等點明捌拾柒株封在山內交保收管不敢疎忽出具收管是實
宣統貳年玖月　日具收管地保曾遇恩

1.宣統二年九月地保曾遇恩收管狀　（14532：4）38.0×26.5cm

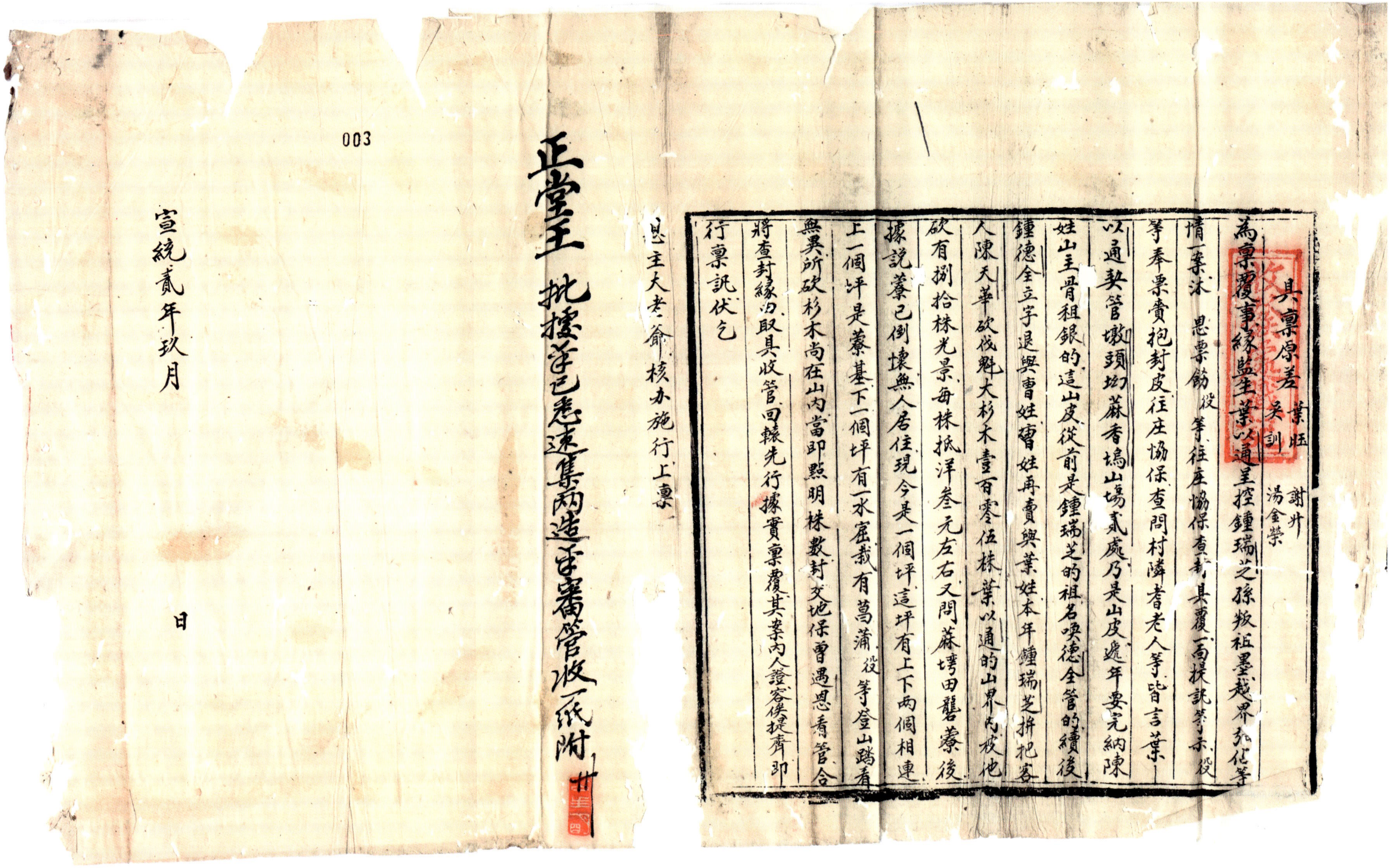
具稟原差葉旺 吳訓 謝卅 湯金榮

爲稟覆事。緣監生葉以通呈控鍾瑞芝之孫叛祖墨越界砍伐等情一案，沐恩票飭役等往莊協保查封，具覆一面提訊等示。役等奉票賫抱封皮往莊協保查問村鄰耆老人等，皆言葉以通契管墩頭圩蘇香塢山場貳處，乃是山皮，遞年要完納陳姓山主骨租銀的，這山皮從前是鍾瑞芝的祖名喚德全管的，續後鍾德全立字退與曹姓，曹姓再賣與葉姓，本年鍾瑞芝拚把客人陳天華砍伐剩大杉木壹百零伍株，葉以通的山界內被他砍有捌拾株，光景每株抵洋叁元左右。又問蘇塆田龔蓁後據說蓁已倒壞，無人居住，現今是一個坪，這坪有上下兩個相連，上一個坪是蓁基，下一個坪有一水窟，栽有菖蒲。役等登山踏看無異，所砍杉木尚在山內，當即點明株數，封交地保曹遇恩看管，合將查封緣由取具收管，可報先行據實稟覆，其案內人證容俟提齊，即行稟訊伏乞

恩主大老爺核办施行上稟

正堂王 批：據稟已悉，速集兩造來案質審。收管一紙附。 卅

宣統貳年玖月 日

003

2.宣統二年九月卅日(批)原差葉旺等爲稟覆查封杉木等事稟　(14532：2—3) 27.0×56.5cm　圖版裁封頁

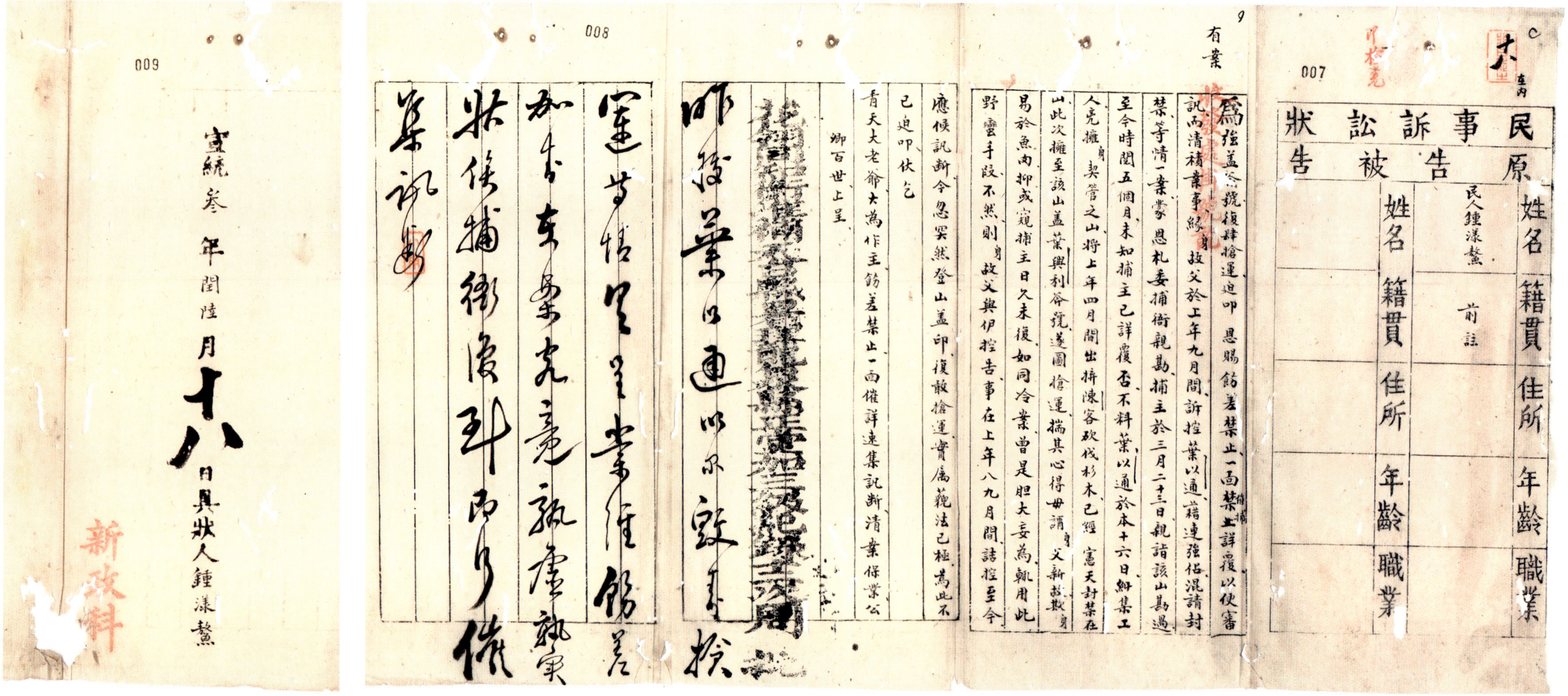

民事訴訟狀

	原告	被告
姓名	民人鍾漾鰲	
籍貫	前註	
住所		
年齡		
職業		

有案

爲强蓋斧號復肆搶運迫叩 恩賜飭差禁止一面禁止詳覆以使審訊而清積案事緣身 故父於上年九月間訴控葉以通藉連强佔混請封禁等情一案蒙 恩札委捕衙親勘捕主於三月二十三日親詣該山勘過至今時閲五個月未知捕主已詳覆否不料葉以通於本十六日糾集工人竞擁身 契管之山將上年四月間出拚陳容砍伐杉木已經 憲天封禁在山此次擁至該山蓋葉興利斧號遂圖搶運揣其心得毋謂身 父新故欺身 易於魚肉抑或窺捕主日久未復如同冷案曾是胆大妄爲輒用此野蠻手段不然則身 故父與伊控告事在上年八九月間請控至今應候訊斷今忽突然登山蓋印復敢搶運實屬藐法已極爲此不已迫叩伏乞

青天大老爺大爲作主飭差禁止一面催詳速集訊斷清案保業公卿百世上呈

宣統叁年閏陸月十八日具狀人鍾漾鰲

新政科

3.宣統三年閏六月十八日鍾漾鰲爲控葉以通强蓋斧號復肆搶運事民事訴訟狀 （11897：7–9）27.3×98.0cm 圖版裁空白頁

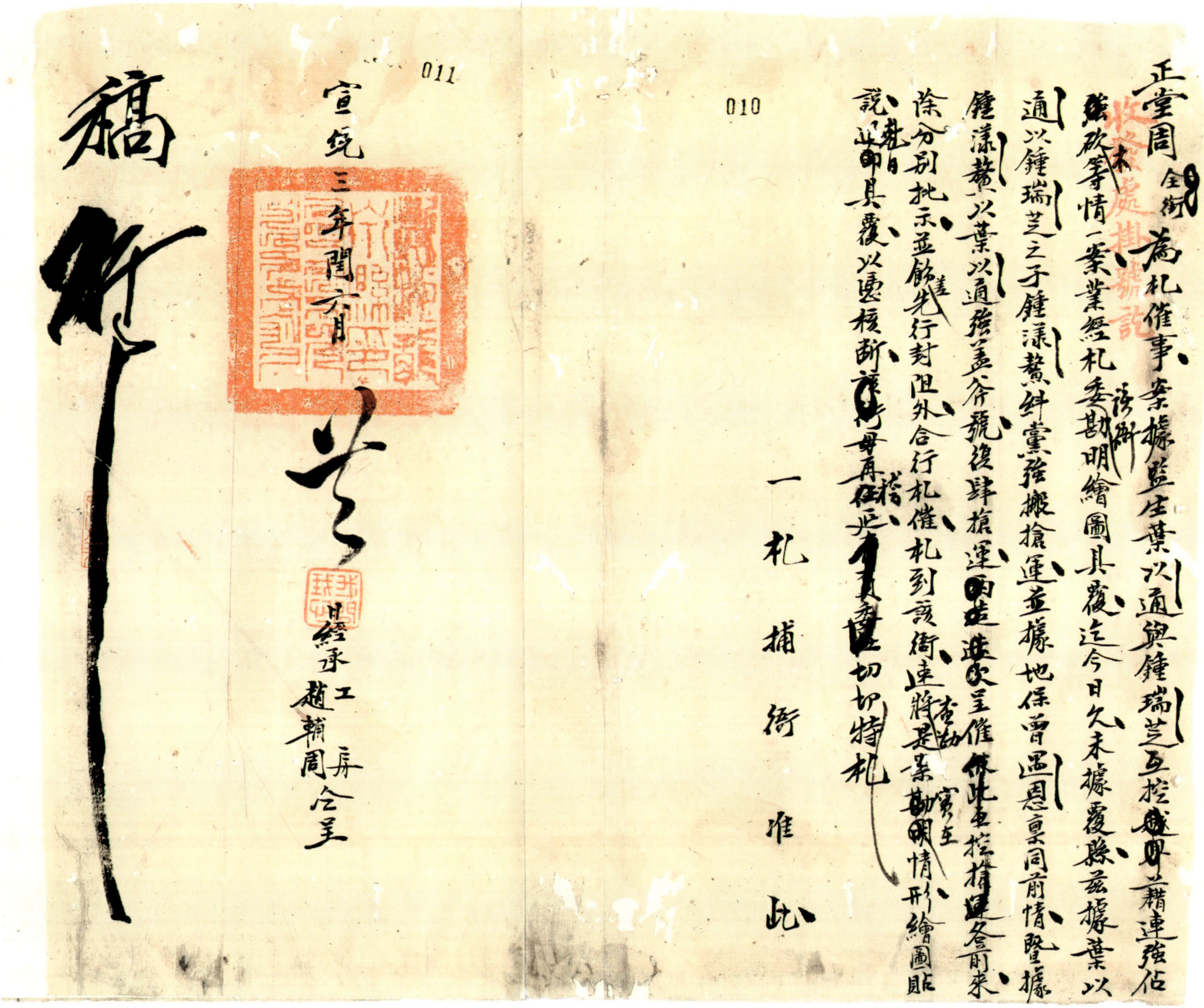
正堂周 全銜 爲札催事。案據監生葉以通與鍾瑞芝互控盛坤等藉連強佔
砍伐等情一案，業經札委該衙勘明繪圖具覆。迄今日久，未據覆縣。茲據葉以
通以鍾瑞芝之子鍾漾贊糾黨強搬搶運，並據地保曾遇恩稟同前情，暨據
鍾漾贊以葉以通強蓋奔號，復肆搶運[illegible]呈催[illegible]各前來。
除分別批示並飭差先行封阻外，合行札催。札到該衙，速將是案查勘[illegible]明情形，繪圖貼
說，即日具覆，以憑核斷。[illegible]毋再[illegible]延，[illegible]切切特札。

一札 捕衙 准此

宣統三年閏六月 廿二 日
經承王 趙輔周 全呈
行
稿

4.宣統三年閏六月廿二日知縣周琛爲札催事票(稿)（11897：10–11）26.5×32.5cm

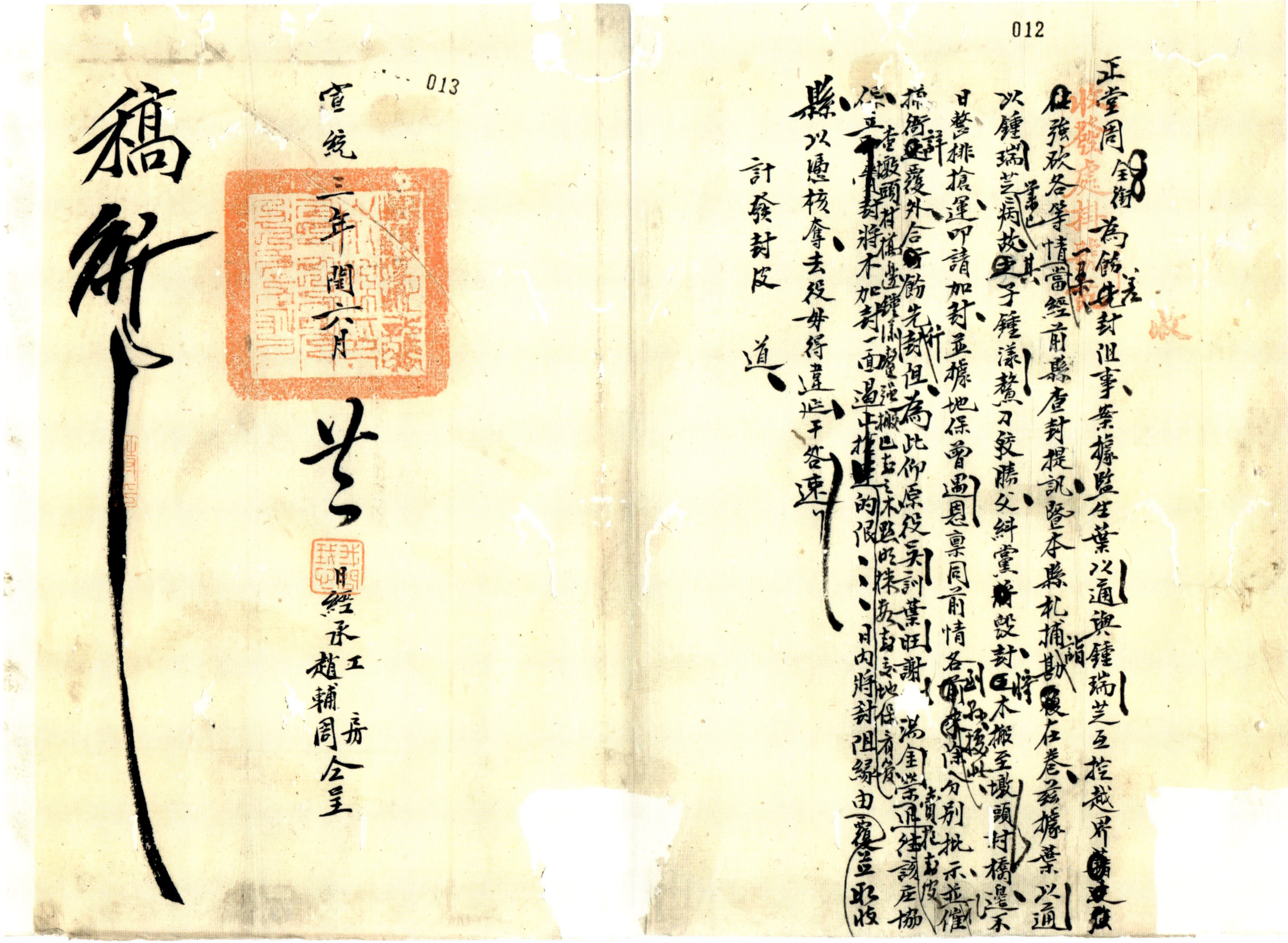

5.宣統三年閏六月廿二日知縣周琛爲飭差封阻事票(稿)　(11897：12–13) 27.0×37.6cm

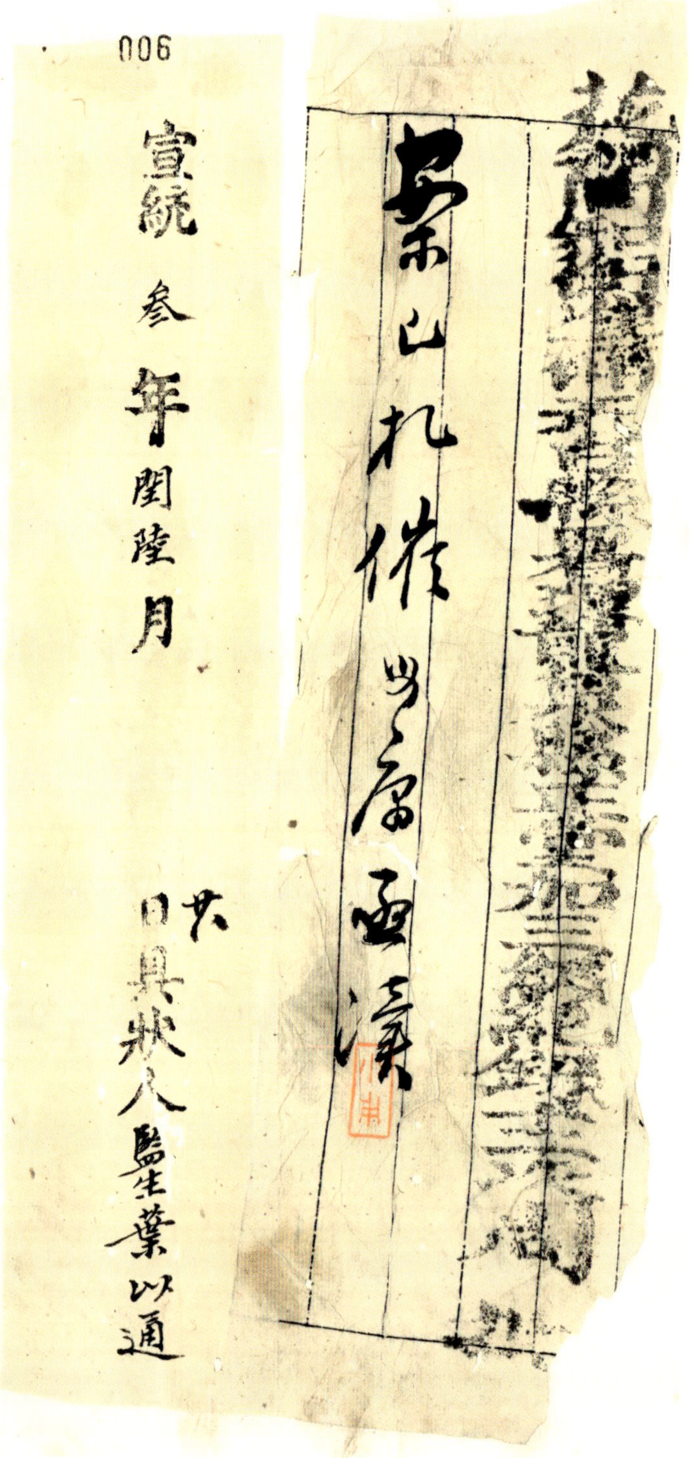

6.宣統三年閏六月廿八日葉以通呈狀狀尾
（11897：6）25.0×11.5cm

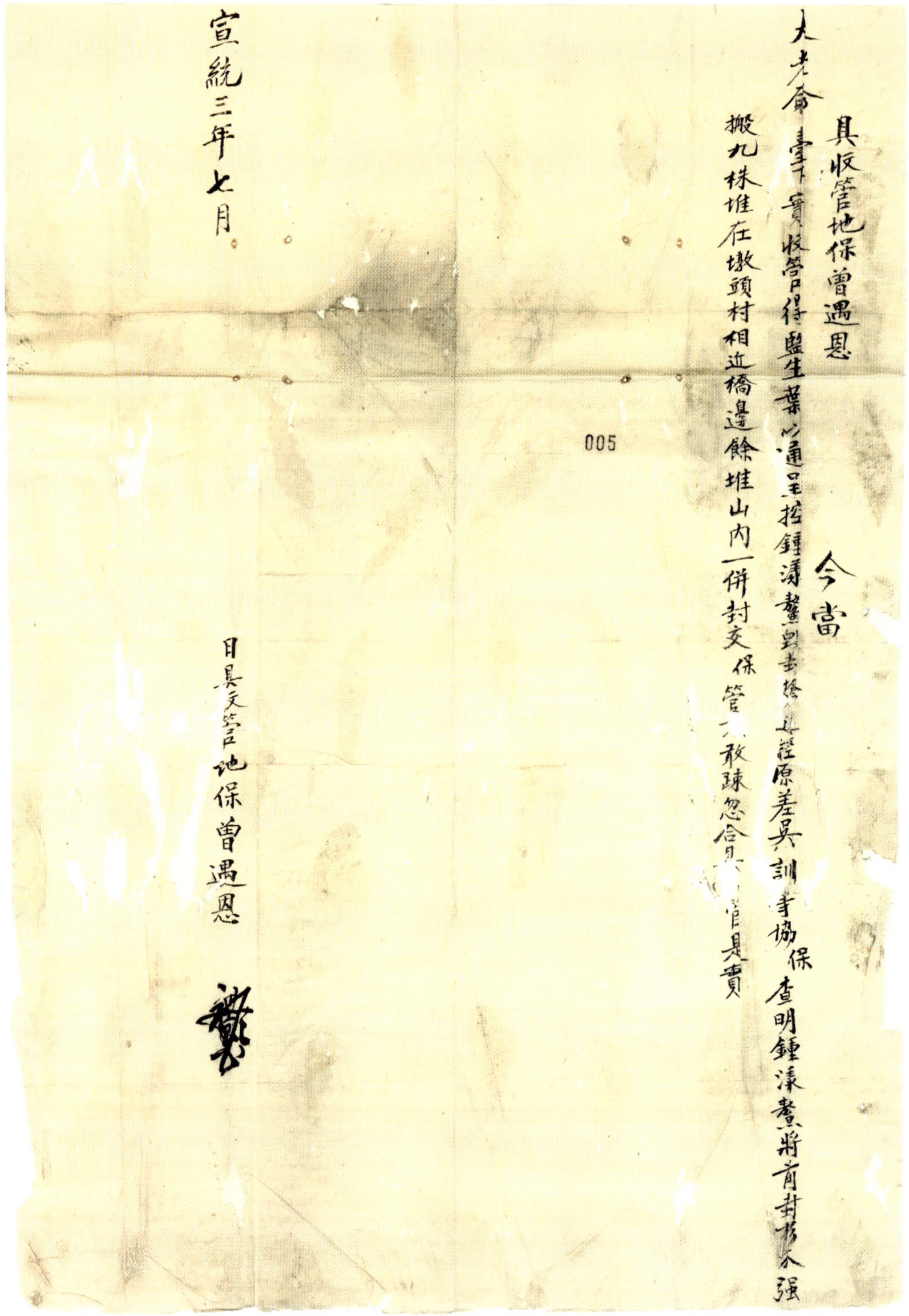

7.宣統三年七月地保曾遇恩收管狀 （11897：5）38.0×26.8cm

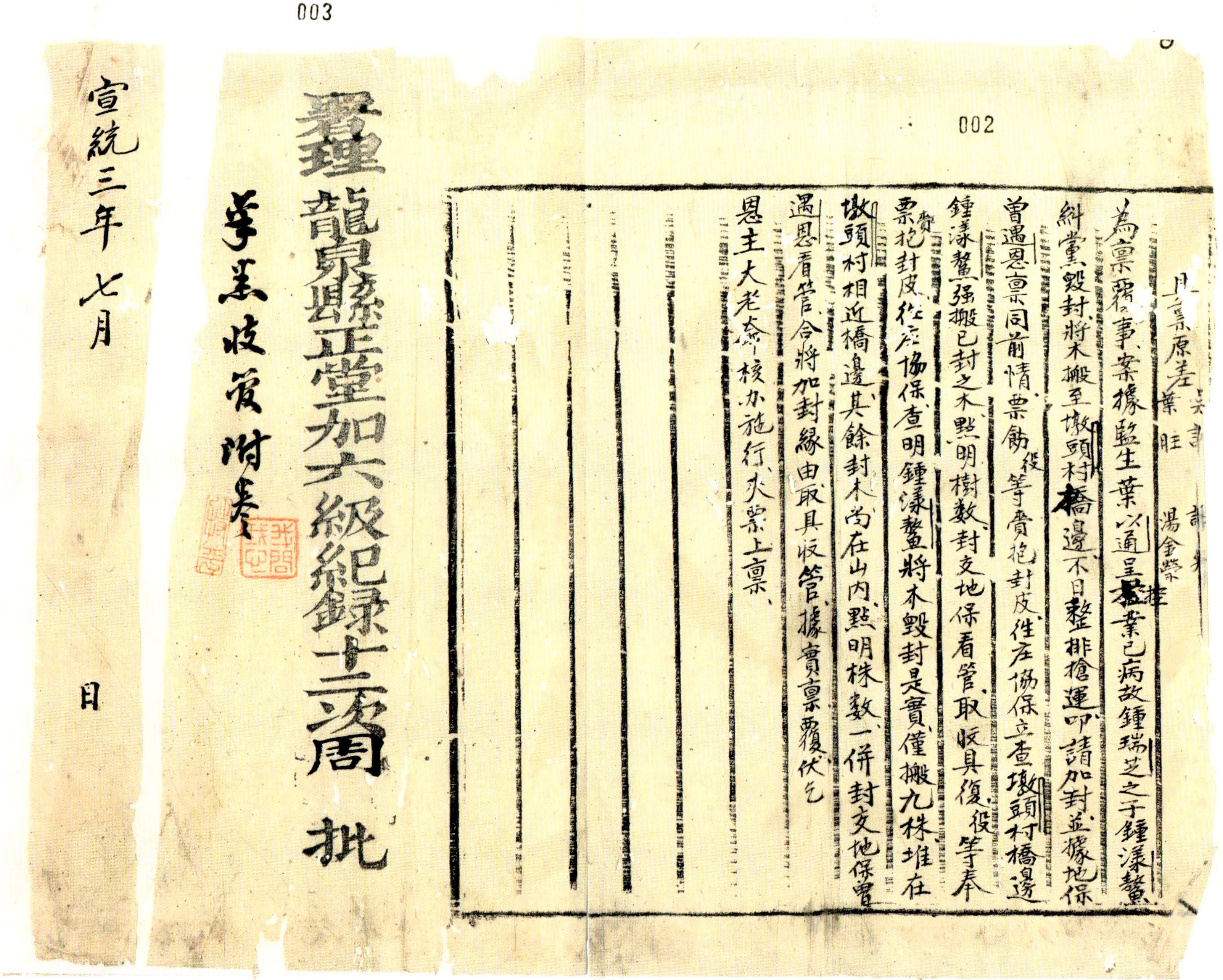

具稟原差葉旺、吳詳、湯金榮

爲稟覆事。案據監生葉以通呈控業已病故鍾瑞芝之子鍾漾鰲糾黨毀封，將木搬至墩頭村橋邊，不日整排搶運，叩請加封，並據地保曾遇恩稟同前情。票飭役等賫抱封皮，住庄協保立查墩頭村橋邊鍾漾鰲強搬已封之木，點明樹數，封交地保看管，取具收復。役等奉票賫抱封皮，往庄協保查明鍾漾鰲將木毀封是實，僅搬九株，堆在墩頭村相近橋邊，其餘封木尚在山内，點明株數，一併封交地保曾遇恩看管，合將加封緣由取具收管，據實稟覆，伏乞

恩主大老爺核办施行。爲此上稟。

署理龍泉縣正堂加六級紀錄十二次周　批

等呈收管附卷

宣統三年七月　日

8.宣統三年七月原差葉旺等爲稟覆查封杉木事稟　（11897：2–3）24.7×32.8cm

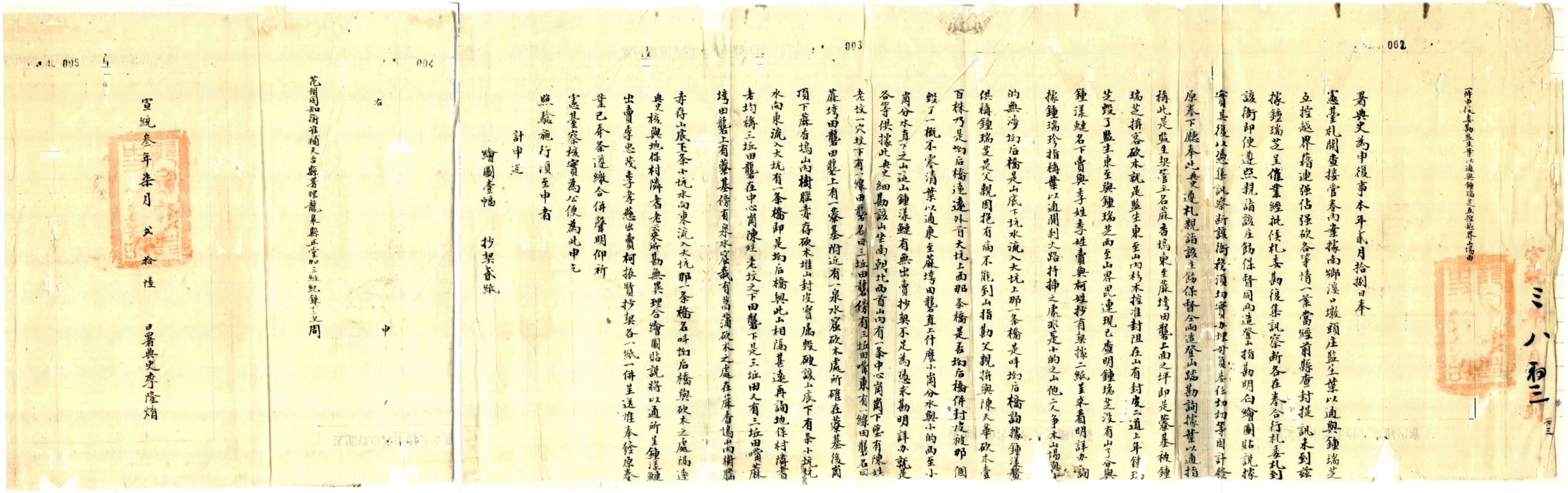

三　八　初三

一件申復委勘監生葉以通與鍾瑞芝互控越界山塲由

署典史為申復事。本年貳月拾捌日奉
憲臺札開：查接管卷內案據南鄉溪口墩頭庄監生葉以通與鍾瑞芝
互控越界藉連強佔強砍各等情一案，當經前縣查封提訊未到。茲
據鍾瑞芝呈催，業經批候札委勘復集訊察斷，各在案。合行札委。札到
該衙，即便遵照，親詣該庄，飭保督同兩造登山指勘明白，繪圖貼說，據
實具復，以憑集訊察斷。該衙務須切實辦理，毋負委任，切切等因。計發
原卷下廳。奉此，典史遵札親詣該庄，飭保督令兩造登山踏勘，詢據葉以通指
稱：此是監生契管土名蘇香塢，東至蘇塆田磐上面之坪，即是墓基，被鍾
瑞芝擠客砍木，就是監生東至山內杉木，控准封阻在山，有封皮二道，上年鍾瑞
芝毀了。監生東至與鍾瑞芝西至山界毗連，現已查明，鍾瑞芝沒有山了，分與
鍾漾鏈名下賣與李姓，李姓賣與柯姓，抄有契據二紙呈來看明，詳辦。詢
據鍾瑞珍指稱：葉以通關刹大路打掉之處，非是小的之山，他二人爭木山塲與小
的無涉。坳后橋是山底下坑水流入大坑上那一條橋，是叫坳后橋。詢據鍾漾鏈
供稱：鍾瑞芝是父親，因抱有病，不能到山指勘。父親撥與陳天華砍木壹
百株，乃是坳后橋邊遠外首大坑上面那條橋，是否坳后橋併封皮被那個
毀了，一概不零清。葉以通東至蘇塆田磐直上什麼小崗分水與小的西至小
崗分水直下之山，這山鍾漾鏈有無出賣，抄契不足為憑，求勘明詳辦。就是
各等供。據此，典史細勘該山坐南朝北，西首山內有一條中心崗，崗下塋有陳姓
老坟一穴，坟下有一線田磐，名曰三坵田磐，傍有三坵田嘴，東有一線田磐，名曰
蘇塆田磐，田磐上有一墓基，附近有一泉水窟，砍木處所確在墓基後崗
頂下蘇香塢山內，樹腦并存砍木堆山，封皮實屬毀破。該山底下有條小坑，坑
水向東流入大坑，有一條橋，即是坳后橋，與此山相隔甚遠。再詢地保村鄰耆
老，均稱三坵田磐在中心崗陳姓老坟之下，田磐下是三坵田，又有三坵田嘴，蘇
塆田磐上有墓基，傍有泉水窟，截有葛蒲砍木之處在蘇香塢山內，樹腦
亦存。山底下條小坑水向東流入大坑，那一條橋名叫坳后橋，與砍木之處隔遠。
典史核與地保村鄰耆老所供勘無異，理合繪圖貼說，將以通所呈鍾漾鏈
出賣李忠茂、李孝懋出賣柯振賢抄契各一紙，一併呈送。惟奉發原卷
業已奉札遵繳，合併聲明。仰祈
憲臺察核，實為公便。為此申乞
照驗施行，須至申者。
計申送
繪圖壹幅　抄契叁紙
右　　申
花翎同知銜准補天台縣署理龍泉縣正堂加三級紀錄十二次周
宣統叁年柒月　貳拾陸　日署典史李隆焴

9.宣統三年七月廿六日署典史李隆焴爲申復查勘事申　（15035：2–5）27.1×100.5cm　圖版裁空白頁

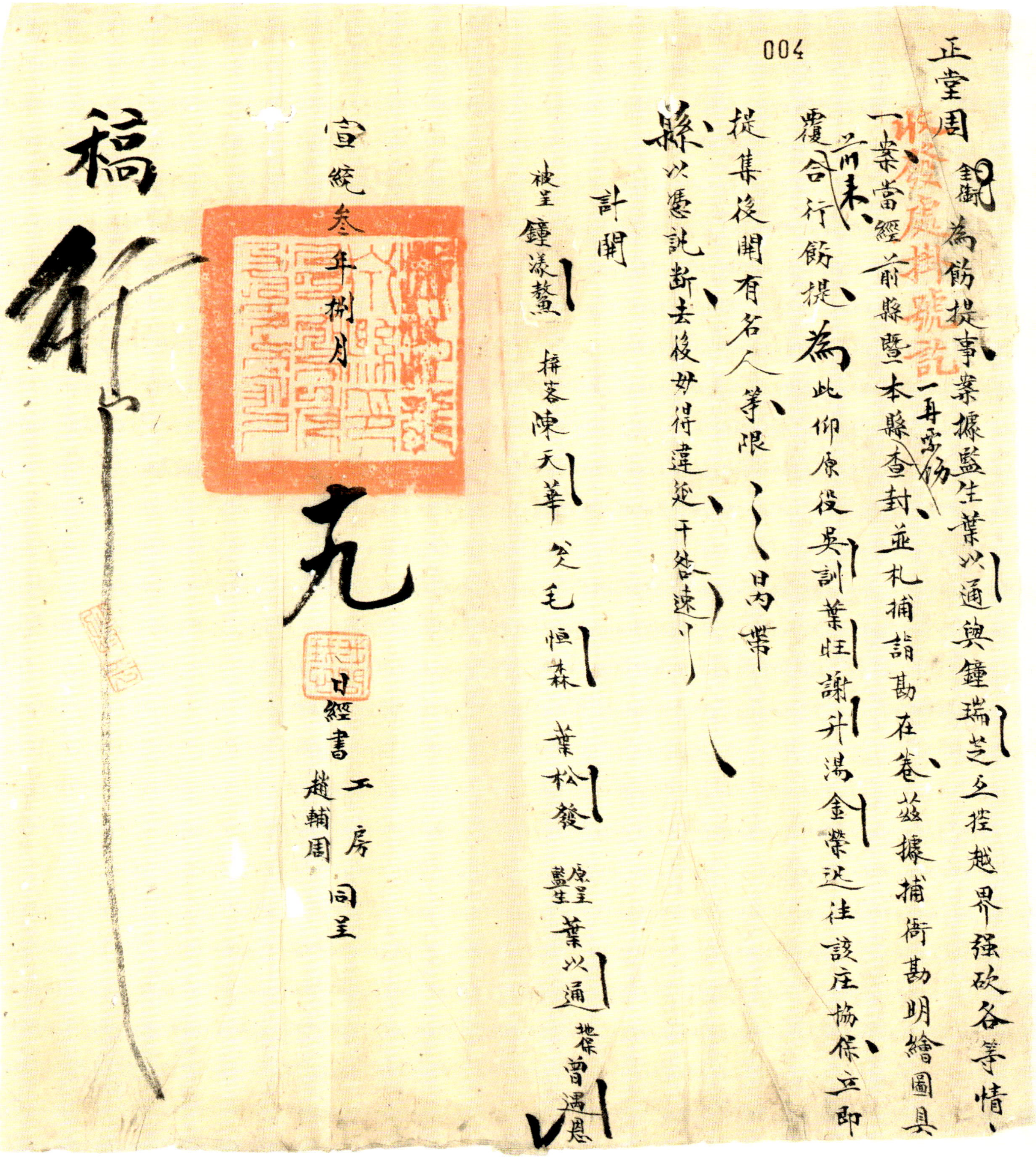

004

正堂周

諭　為飭提事案據監生葉以通與鍾瑞芝互控越界強砍各等情、

一案當經前縣暨本縣一再審訊查封、並札捕詣勘在卷茲據捕衙勘明繪圖具

覆前來、合行飭提、為此仰原役吴訓、葉旺、謝升、湯金榮迅往該庄協保立即

提集後開有名人等、限　日内帶

縣以憑訊斷、去役毋得違延干咎、速速

計開

被呈　鍾漾鰲、

排客　陳天華、

父　毛恒森、

葉松發、

原呈監生　葉以通、

地保　曾遇恩

收發處掛號訖

宣統叁年捌月十九日

經書　趙輔周

工房　同呈

稿

行

10.宣統三年八月十九日知縣周琛爲飭提鍾漾鰲等事票(稿)　(11897：4) 26.8×23.5cm

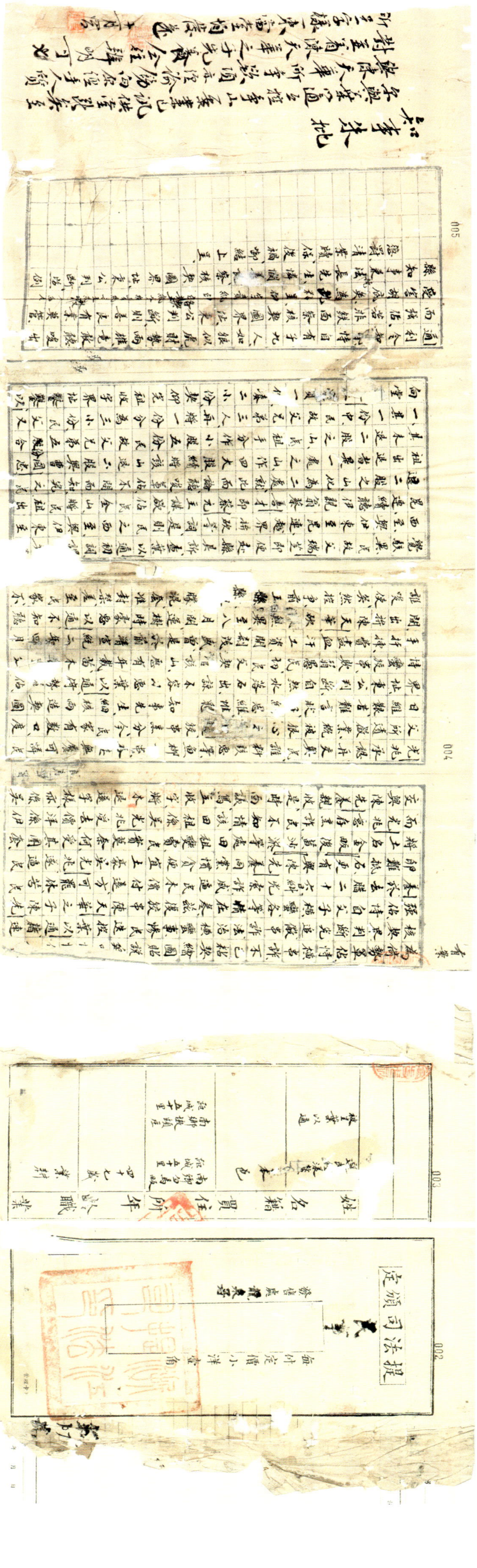

11.(民國元年)十一月四日(批)鍾漾鰲爲控葉以通倚勢罩佔恃橫串詐事民事狀　（1002：2–3）27.9×29.0cm；（1002：4–5）27.5×56.4cm

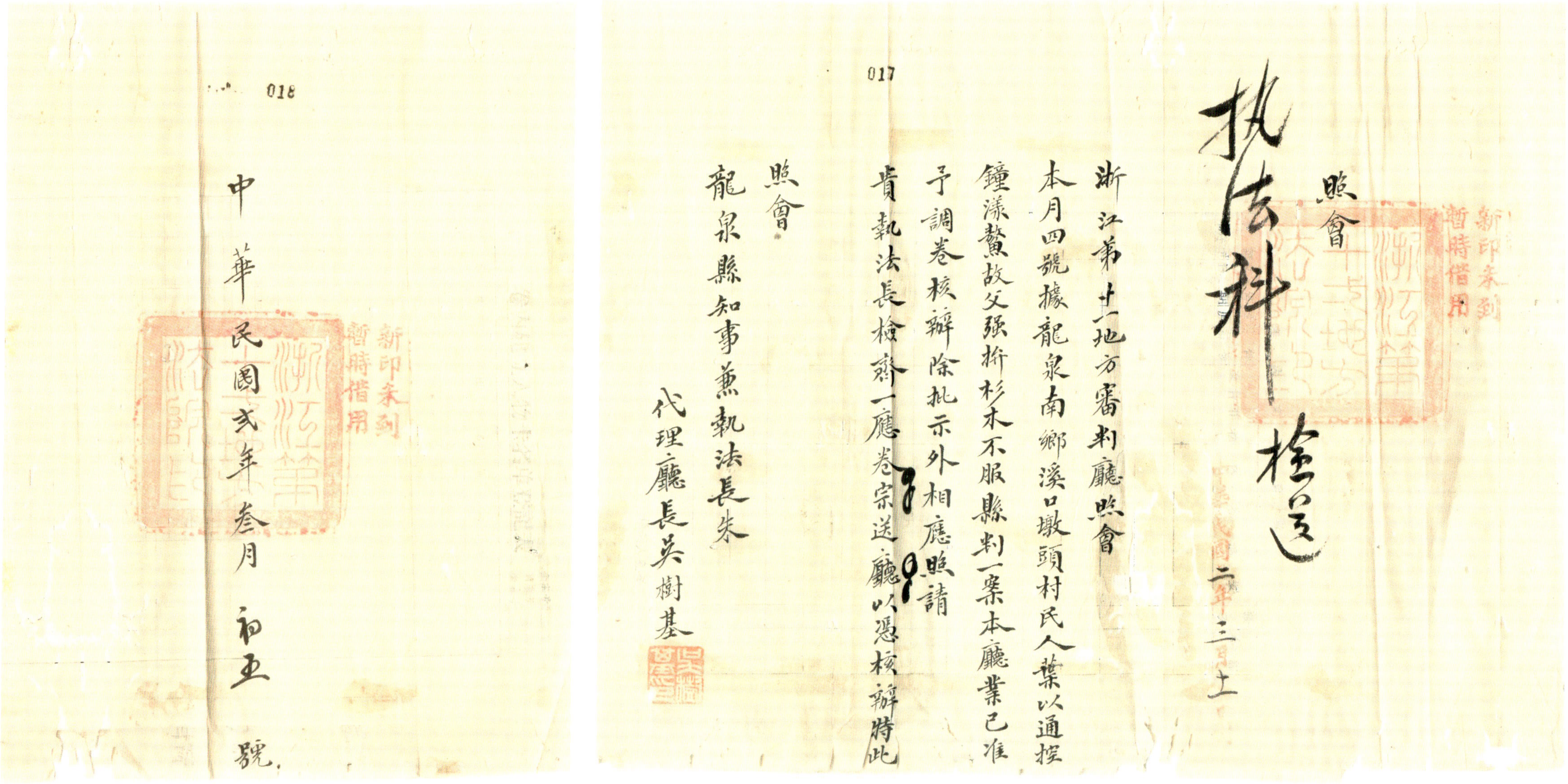
017

執法科

檢送

照會

浙江第十一地方審判廳照會

本月四號據龍泉南鄉溪口墩頭村民人葉以通控

鍾漾贅故父孫拚杉木不服縣判一案本廳業已准

予調卷核辦除批示外相應照請

貴執法長檢齎一應卷宗送廳以憑核辦特此

照會

龍泉縣知事兼執法長朱

代理廳長吳樹基

018

中華民國弍年叁月初五號

12.民國二年三月初五日浙江第十一地方審判廳爲調卷核辦事照會龍泉縣知事照會　（15035：17–18）25.2×70.8cm　圖版裁空白頁

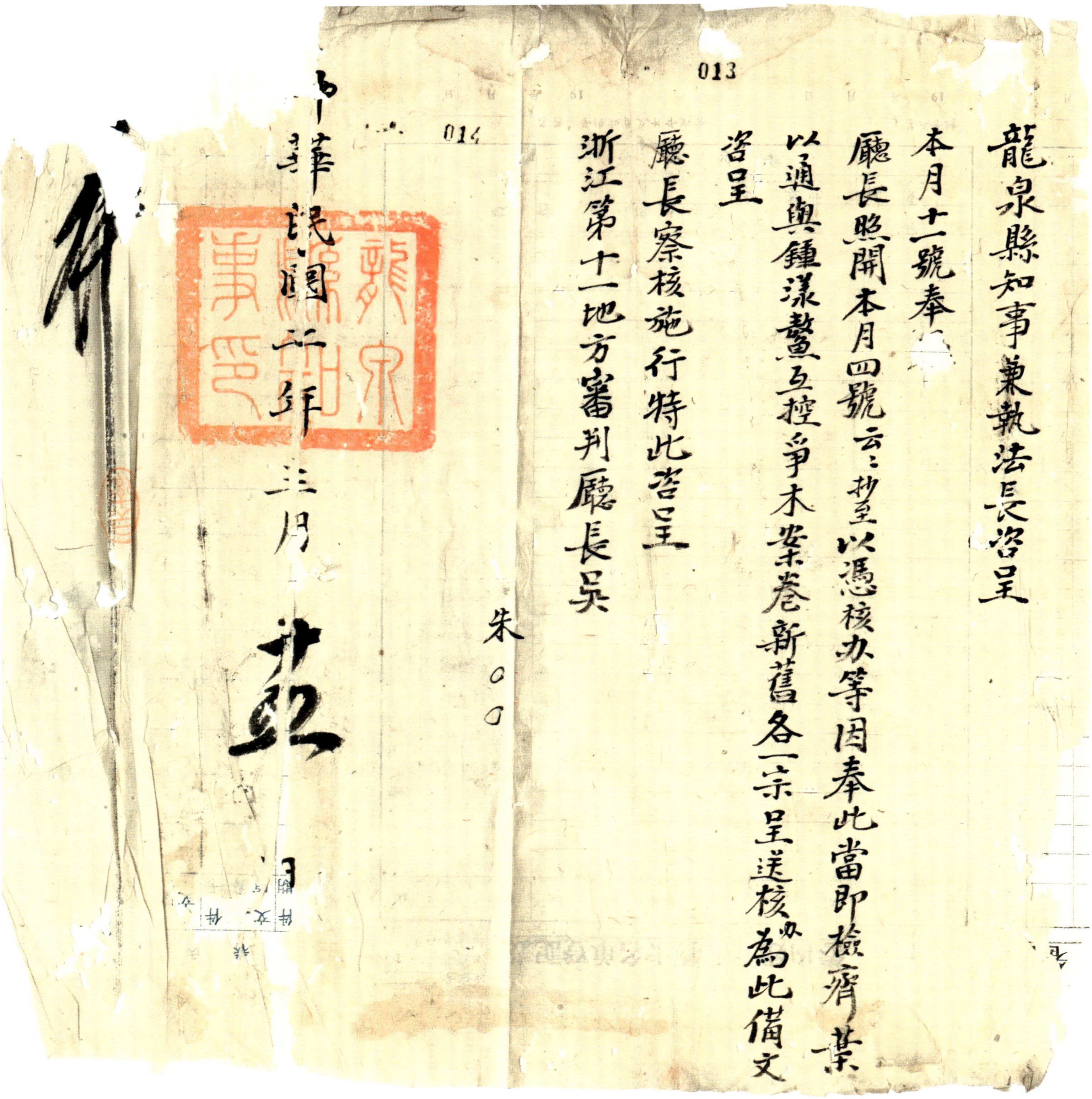

013

014

龍泉縣知事兼執法長咨呈

本月十一號奉

廳長照開本月四號云云抄呈以憑核辦等因奉此當即檢齊葉

以通與鍾漾鰲互控爭木案卷新舊各一宗呈送核辦為此備文

咨呈

廳長察核施行特此咨呈

浙江第十一地方審判廳長吳

朱○○

中華民國二年三月十五日

13.民國二年三月十五日縣知事朱光奎呈浙江第十一地方審判廳長爲呈送核辦事咨呈(稿)

（15035：13—14）29.1×28.8cm

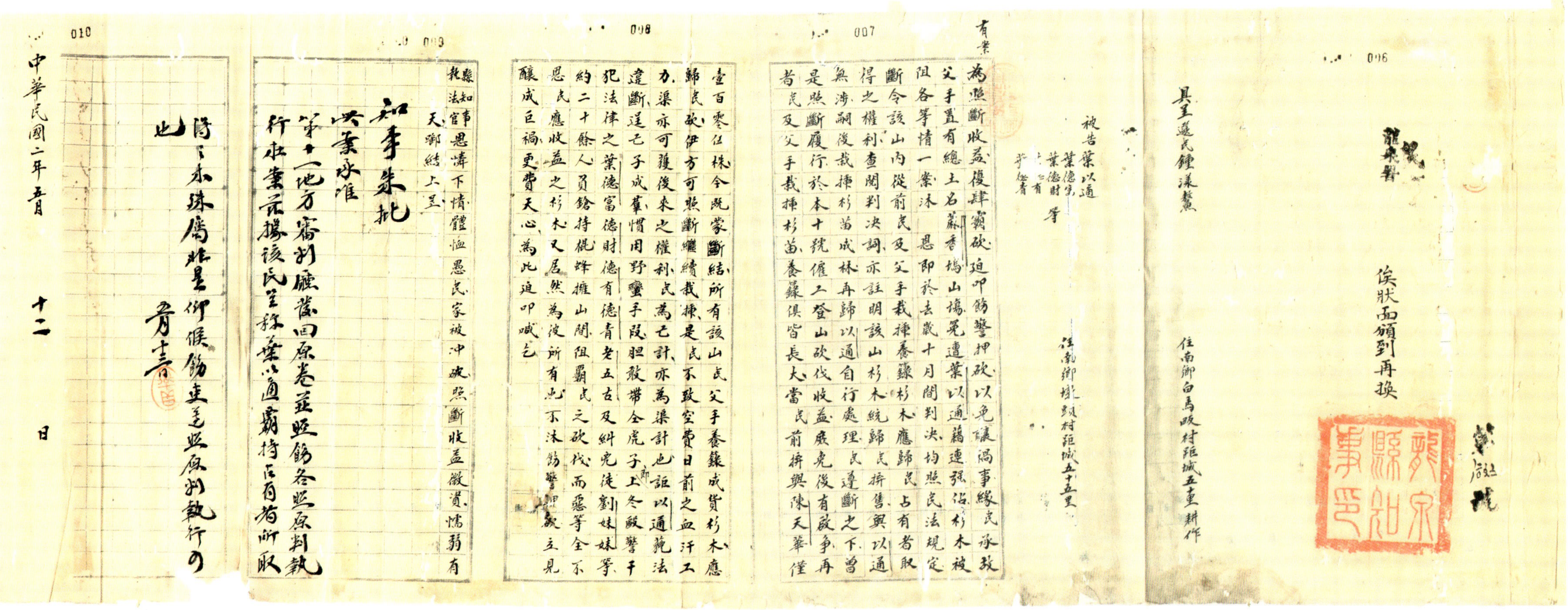
具呈選民鍾漾鰲
住南鄉白馬畈村距城五里耕作
候狀面頒到再換
被告葉以通
葉德富
葉德財等
住南鄉墩頭村距城五十五里
有業
爲照斷收益復肆霸砍迫叩飭警押砍以免釀禍事緣民承故
父手置有總土名蘇香塢山塲詎遭葉以通藉連強佔杉木被
阻各等情一案沐　恩即於去歲十月間判決均照民法規定
斷令該山內從前民及父手栽插養籙杉木應歸民占有者取
得之權利查閱判決詞亦註明該山杉木統歸民拚售與以通
無涉嗣後栽插杉苗成林再歸以通自行處理民遵斷之下曾
是照斷履行於本十號僱工登山砍伐收益豈免後有啟爭再
者民及父手栽插杉苗養籙俱皆長大當民前拚與陳天華僅
壹百零伍株今既蒙斷結所有該山民父手養籙成貨杉木應
歸民砍伊方可照斷繼續栽插是民不致空費日前之血汗工
力渠亦可獲後來之權利民爲己計亦爲渠計也詎以通藐法
違斷逞己子成葦慣用野蠻手段胆敢帶仝虎子郎上冬敵警千
犯法律之葉德富德財德有德青老五古及糾兇徒劉妹妹等
約二十餘人負鎗持棍蜂擁山間阻霸民之砍伐而惡等全不
思民應收益之杉木又居然爲彼所有也不沐飭警押毆立見
釀成巨禍更費天心爲此迫叩喊乞
縣知事
執法官　恩憐下情體恤愚民家被冲破照斷收益微貲懦弱有
天鄉結上呈
知事朱批
此案承准
第十一地方審判廳發回原卷並照飭各照原判執
行本案前據該民呈稱葉以通霸持在有者所取
隨示本珠屬非是仰候飭吏遵照原判執行可
也
中華民國二年五月十二日

14.民國二年五月十二日鍾漾鰲爲控葉以通等照斷收益復肆霸砍事民事狀　（15035：6–10）27.3×87.0cm　圖版裁空白頁

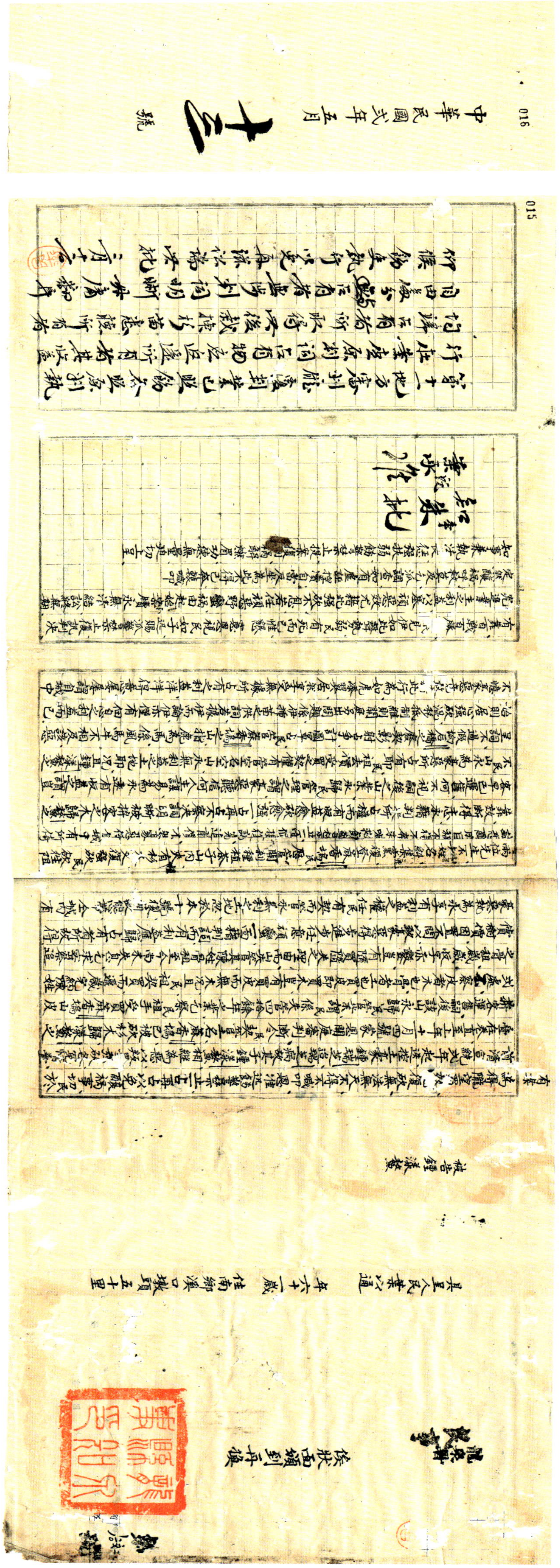

15.民國二年五月十三日葉以通控鍾漾鰲得隴望蜀□□復砍事民事狀　（15035：15-16）27.2×124.0cm　圖版裁空白頁

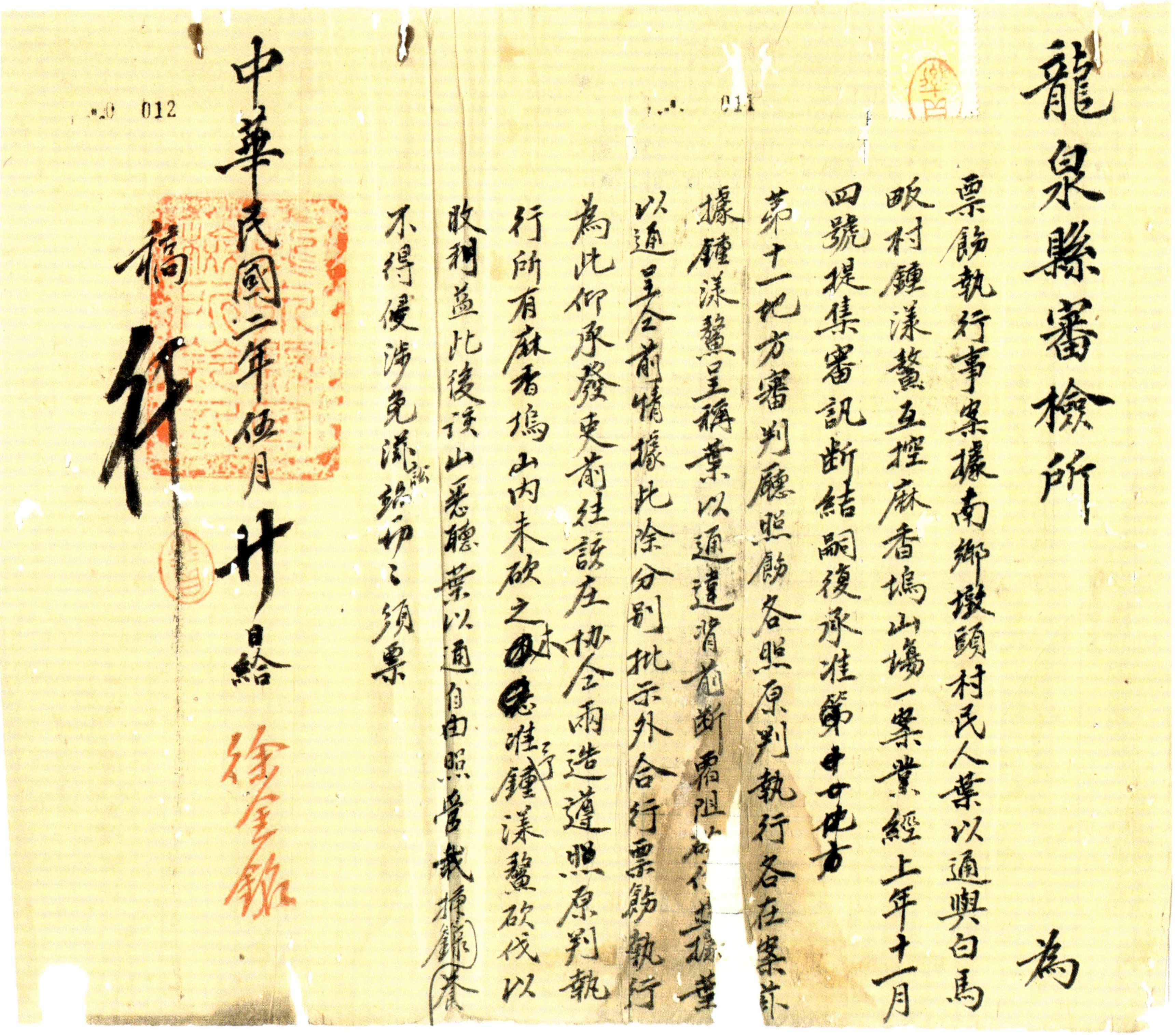

龍泉縣審檢所　為

票飭執行事。案據南鄉墩頭村民人葉以通與白馬

畈村鍾漾鰲互控麻香塢山場一案，業經上年十一月

四號提集審訊，斷結嗣後承准第十廿地方

第十一地方審判廳照飭各照原判執行，各在案。茲

據鍾漾鰲呈稱葉以通違背前斷，霸阻[illegible]據葉

以通呈同前情。據此，除分別批示外，合行票飭執行。

為此仰承發吏前往該庄，協同兩造，遵照原判執

行，所有麻香塢山内未砍之木，悉准鍾漾鰲砍伐，以

收利益，此後該山悉聽葉以通自由照管栽插，

不得侵涉，免滋訟端，切切，須票。

中華民國二年伍月廿日給

稿

行

徐金銘

16.民國二年五月廿日龍泉縣審檢所爲票飭執行事票(稿)（15035：11-12）27.1×33.0cm

二五　宣統二年廖增員控王朝信藉廢强砍案

一、內容提要

「宣統二年（一九一零）廖增員控王朝信藉廢强砍案」相關檔案保存於1867、2876號卷宗，其中包括宣統二年十一月至民國元年（一九一二）九月訴訟過程中形成的各式狀紙二十五件、票稿六件、稟二件、領狀二件、供狀及堂諭各一件。

該案中，廖增員於宣統二年十一月初八日呈遞新詞，控王朝信等以廢據爲憑，强砍其所管砿轍兒山内魁木百餘株，王知縣隨後簽發調查提訊之信票。此後至宣統三年（一九一一）八月間，雙方反復催呈，被呈王朝信等反訴廖增員等以僞契强搬魁木。知縣周琛屢次簽發調查與提訊的信票，除「查吊契實事」有回稟之外，案内人證始終不能傳齊，因此直至清朝滅亡，該案也未經堂審訊斷。因辛亥革命影響，雙方於宣統三年十一月領回相關契據。及至民國，雙方重啓訴訟，縣知事朱光奎於民國元年九月飭警封阻木材，提訊相關人員，法警王則卿等人九月廿日的稟覆中稱王朝信等强運偷放廖氏杉木。據九月卅日朱光奎在九月廿三日廖增員等人的呈狀後批詞可知，九月卅日之前曾經堂審訊斷，該堂諭現僅存殘件。

二、檔案索引

編號	時間	作者	內容	類型	卷宗號	原卷宗頁碼
1	宣統二年十一月初八日	廖增員	爲控王朝信藉廢强砍藐法糾搬事(新詞)	呈狀	1867	49—51
			附1 咸豐三年二月十六日林振選立領字抄件	粘呈	1867	43
			附2 康熙三十年三月初八日楊繼禹立限字等契約抄件	粘呈	1867	44—48
			附2 道光二十一年二月十六日廖福培立仰字抄件	粘呈	1867	53
			附4 王朝信系圖抄件	粘呈	1867	54
2	宣統二年十一月十六日	知縣王	爲飭查吊據提訊王朝信等事	票(稿)	1867	57—58
3	(宣統二年)[十][二]月十八日	廖增員	爲控王朝信砍搬毀截非法莫制事	訴狀	1867	40—42
4	宣統三年正月廿三日	王朝信	爲控廖增員等恃强欺佔乘勢阻運事	民事辯訴狀	1867	36—38
			附1 嘉慶丙辰(元)年四月廿一日陳宗壽立賣契抄件	粘呈	1867	55
			附2 雍正九年二月廿六日管承謙立遺書抄件	粘呈	1867	56
5	宣統三年二月初八日	廖增員	爲控王朝信樹搬河次運恐逞兇事	民事辯訴狀	1867	33—35

6	宣統三年二月十三日	王朝信	爲控廖增員等盜蓋鐵印殃陷禍商事	刑事訴訟狀	1867	30—32
7	宣統三年二月十七日	知縣周琛	爲飭併查吊契傳訊王朝信等事	票(稿)	1867	29
8	宣統三年二月廿三日	王朝信	爲控廖增員等弊不呈據粘抄飾混事	民事辯訴狀	1867	26—28
9	宣統三年三月十八日	王朝信	爲控廖增員蓋印截搬抗不呈契事	民事訴訟狀	1867	20—22
10	宣統三年三月十八日	廖增員等	爲控王朝信藉廢佔砍乘控强運事	民事辯訴狀	1867	23—24
11	宣統三年三月十九日	廖增員等	爲控王朝信糾黨强運情急禍烈事	刑事辯訴狀	1867	19、18
12	宣統三年三月廿一日	廖增員等	爲控王朝信等排未標封定被蹧蹋事	民事辯訴狀	1867	15—17
13	宣統三年三月廿一日	原差李源等	爲奉飭併查吊契實稟事	稟	1867	13—14
14	(宣統三年三月廿三日)〔一〕	王朝信	爲控廖增員等糾搬鋸匿貨落虎口事	民事訴訟狀	1867	10—11
15	(宣統三年三月廿三日)〔二〕	廖增員等	爲控王朝信等樹被强運非公莫止事	刑事辯訴狀	1867	12
16	宣統三年四月十八日	王朝信	爲□恩電核迅准簽提事	民事辯訴狀	2876	17—20
17	宣統三年四月廿二日	知縣周琛	爲飭催王朝信等事	票(稿)	2876	10—11
18	宣統三年五月十八日〔三〕	王朝信	爲控廖增員等冤沉案積鯨吞弊宕事	刑事辯訴狀	2876	12—16
19	宣統三年六月廿八日〔四〕	王朝信	爲控廖增員等行霸弊混鯨吞蔽冤事	民事訴訟狀	2876	1—2
20	宣統三年閏六月廿四日	知縣周琛	爲補提廖陳釗事	票(稿)	2876	3—4
21	時間不詳〔五〕	王朝信	爲控廖增員等奪鋸不止虎噬鯨吞事	民事訴訟狀	2876	5—7
22	時間不詳〔六〕	廖增員等	爲控王朝信藉僞强砍串偷堆木事	民事訴訟狀	2876	8—9
23	宣統三年七月廿九日	知縣周琛	爲催提廖永輝等事	票(稿)	1867	8—9
24	宣統三年八月十八日	廖增員等	爲控王朝信兩造在城蔽不稟審事	民事訴訟狀	1867	6—7

〔一〕年月缺失，狀頭戳記上注有「廿三」日，此處據原卷宗頁碼排列。

〔二〕年月缺失，日期據狀頭所注，批詞内稱「前據具呈已批飭查禁催訊在案」，此批即指宣統三年三月二十一日廖增員民事辯訴狀批詞「候飭差查禁，一面催集訊究」，故推斷此狀時間爲宣統三年三月二十三日。

〔三〕日期據狀頭戳記上所注。

〔四〕日期據狀頭戳記上所注。

〔五〕年月缺失，狀頭戳記上注有「十八」日，此處據原卷宗頁碼排列。

〔六〕年月缺失，狀頭戳記上注有「十八」日，此處據原卷宗頁碼排列。

25	時間不詳〔一〕	廖增員等	爲控王朝信覬覦山木捏造强砍事	民事訴訟狀	1867	1—2
26	宣統三年八月廿三日	王朝信	爲控廖增員等投候已久未沐懸牌事	民事訴訟狀	1867	3—5
27	宣統三年十一月	廖增員等	領狀	結狀	1867	25
28	宣統三年十一月	王朝信	領狀	結狀	1867	39
29	民國元年九月十日	廖增員等	爲控王朝信等木被偷運人求拘押事	民事狀	2876	21—24
30	時間不詳〔二〕	王朝信	爲控廖增員等擾害愈强今詐暴露事	民事狀	2876	27—31
31	民國元年九月十三日	縣知事朱光奎	爲飭封提訊廖增員等事	票(稿)	2876	34—35
32	民國元年九月十九日	王朝信	爲控廖增員等迅賜飭拿對質事	民事狀	2876	40—42
33	民國元年九月廿日	法警王則卿等	爲稟覆票飭封阻提訊事	稟	2876	33
34	民國元年九月廿三日	廖增員等	爲控王朝信捏真砍實强放偷□事	民事狀	2876	36、38—39、37
35	民國元年九月廿四日	王朝信	供狀	供狀	2876	43—44
36	民國元年九月廿四日	廖增員等	爲山佃已到叩恩當堂添傳質訊事	稟狀	2876	53—54
37	時間不詳〔三〕	縣知事朱光奎	堂諭	堂諭	1867	52

〔一〕年月缺失，狀頭戳記上注有「初三」日，此處據原卷宗頁碼排列。

〔二〕時間缺失，據原卷宗頁碼排列。

〔三〕時間缺失，九月二十日朱光奎在九月二十三日廖增員等人的呈狀後批詞稱，「前已堂諭明晰，王朝信假契已塗銷在案，山准爾等管業，木准交還，木若放運，着王朝信償木價七十元……案已斷結」等語，批詞中所説「堂諭」或即此殘件，推測時間當與九月卅日接近。

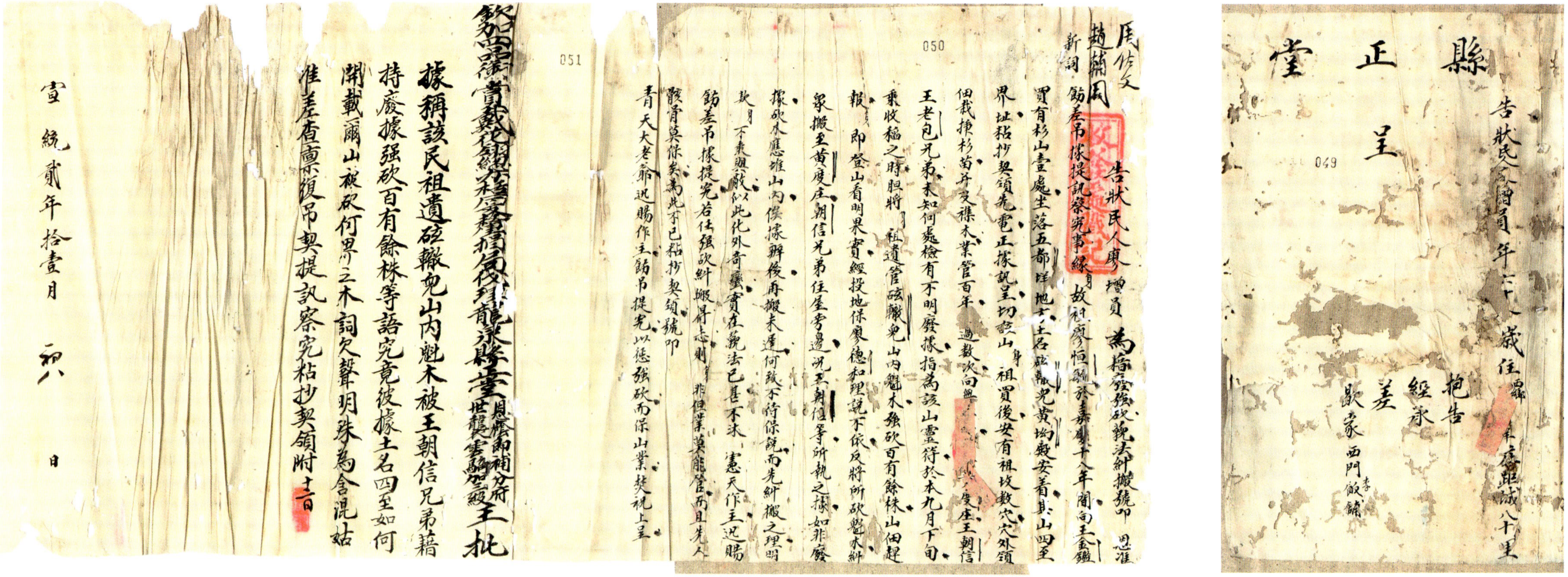

1.宣統二年十一月初八日廖增員爲控王朝信藉廢强砍藐法糾搬事(新詞)呈狀　(1867：49) 23.5×16.0cm；(1867：50–51) 23.8×61.0cm

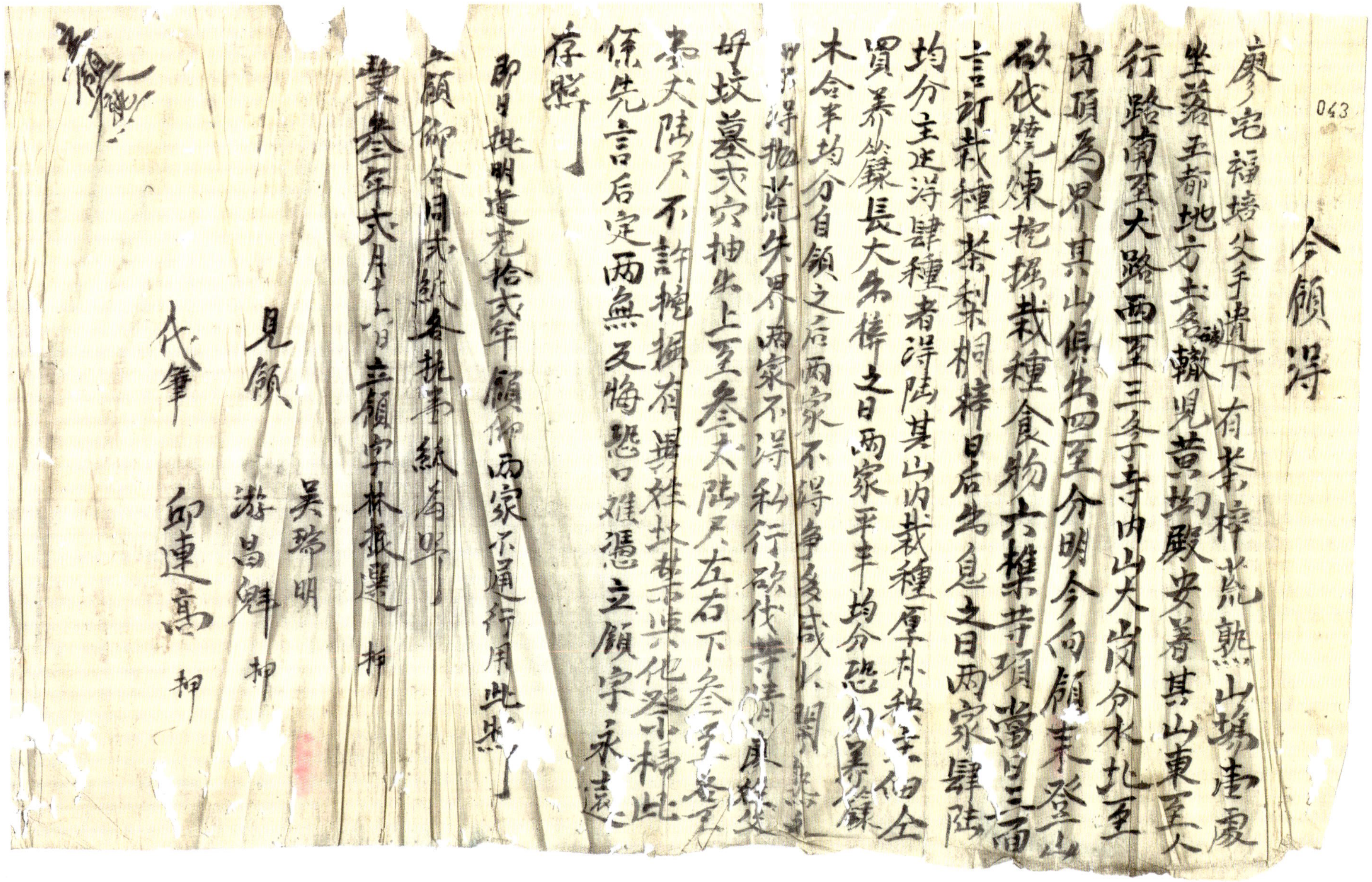
今領得
廖宅福培父手遺下有茶梓荒熟山場壹處
坐落五都地方土名[illegible]嶺兒黃均殿安着，其山東至人
行路，南至大路，西至三多寺內山大岗分水，北至
岗頂為界。其山俱出四至分明，今向領來登山
砍伐燒煉，挖掘栽種食物、六樸等項，當日三面
言訂栽種茶梨桐梓，日后生息之日，兩家肆陆
均分，主佃得肆，種者得陆。其山內栽種厚朴、[illegible]佃仝
買養[illegible]長大成樣之日，兩家平半均分，恐[illegible]
木仝半均分，自領之后，兩家不得爭多[illegible]
[illegible]搬[illegible]失界，兩家不得私行砍伐等情[illegible]
毋致墓式穴，抽出上至叁丈陆尺，左右下叁丈[illegible]
叁丈陆尺，不許挖掘，有異姓[illegible]他姓[illegible]
係先言后定，兩無反悔，恐口難憑，立領字永遠
存照。
即日批明：道光拾弍年領佃兩家不通行用，此照。
又領佃合同弍紙，各執壹紙，為照。
豐叁年弍月十六日 立領字 林振選 押
見領 吳瑞明 游昌鮮(?) 押
代筆 邱連高 押

1附1.咸豐三年二月十六日林振選立領字抄件粘呈　（1867：43）25.5×48.0cm

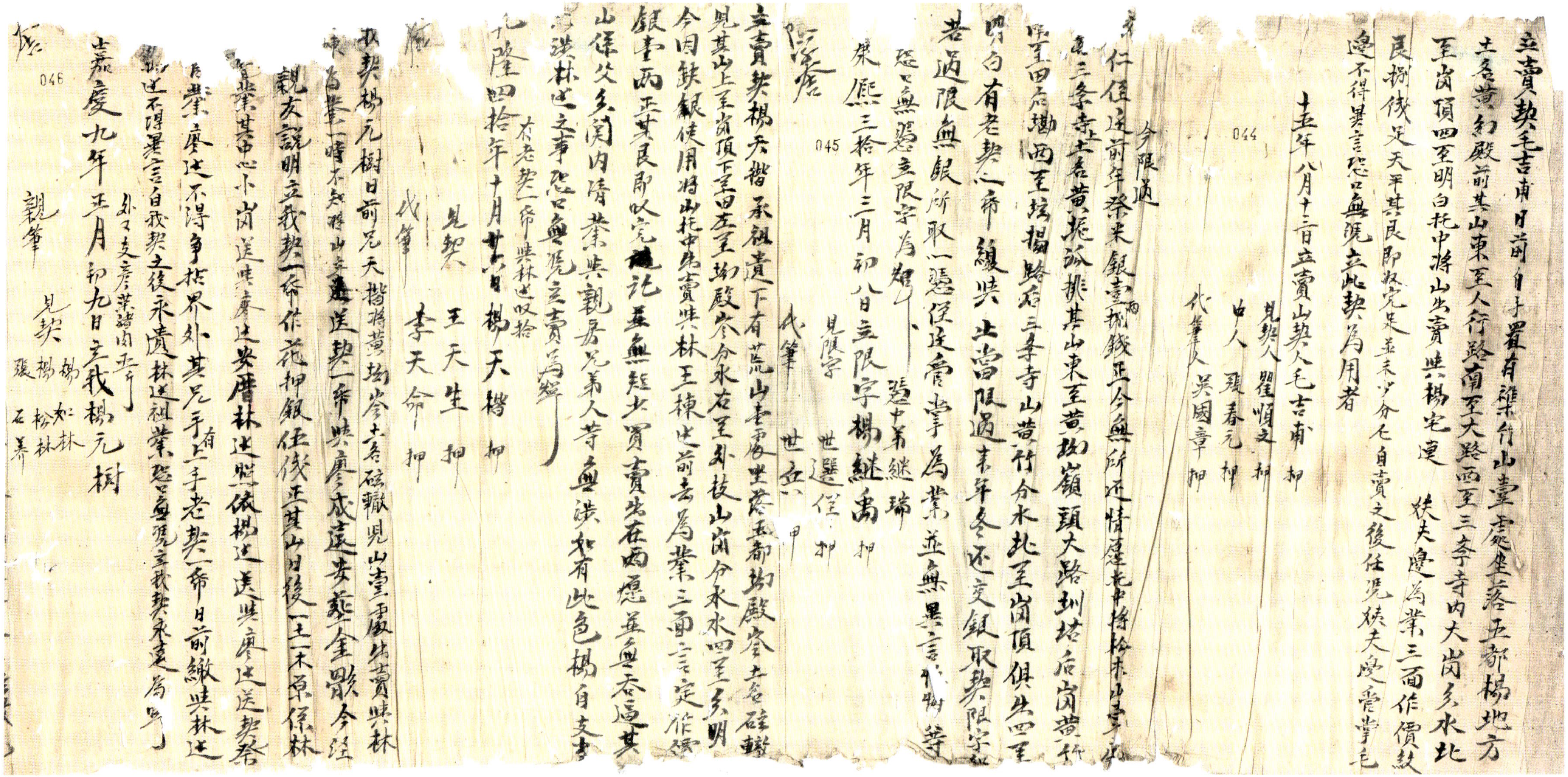
立賣契毛吉甫日前自手置有雜竹山壹處坐落五都楊地方
土名黃幼殿前其山東至人行路南至大路西至三峯寺內大崗分水北
至崗頂四至明白托中將山出賣與楊宅邊　妹夫邊為業三面作價紋
艮捌錢足天平其艮即收完足並未少分厘自賣之後任憑妹夫邊管業毛
邊不得異言恐口無憑立此契為用者
十五年八月十三日立賣山契人毛吉甫 押
見契人 瞿順之 押
中人 張春元 押
代筆人 吳國章 押

今限過
仁侄迭前年發來銀壹兩捌錢正今無所還情愿托中將[illegible]
處三峯寺上土名黃梔垅排其山東至黃坳嶺頭大路圳坵后崗黃竹
峰至田后坳西至坑揭路后三峯寺山黃竹分水北至崗頂俱出四至
明白有老契一紙鎖與　此當限過本年冬還交銀取契限字
若過限無銀所取一憑侄迭管掌為業並無異言[illegible]等
恐口無憑立限字為照　親中弟繼瑞
康熙三拾年三月初八日立限字楊繼禹 押
見限字 世選侄 押
代筆 世立 甲

立賣契楊天楷承祖遺下有荒山壹處坐落五都坳殿岺土名硿轍
見其山上至崗頂下至田左至坳殿岺分水右至外枝山崗分水四至分明
今因缺銀使用將山托中出賣與林王棟迭前去為業三面言定作價
銀壹兩正其艮即收完訖並無短少買賣出在兩愿並無吞逼其
山係父分闗內清業與親房兄弟人等無洪如有此色楊自支當
洪林迭之事恐口無憑立賣為照
右老契一紙與林迭收拾
乾隆四拾年十月廿六日楊天楷 押
見契 王天生 押
代筆 李天命 押

立收契楊元樹日前兄天楷將黃坳岺土名硿轍兒山壹處出賣與林
東為業一時不知將山立達送契一紙與廖成達安葬全骸今經
親友說明立我契一紙作花押銀伍錢正其山日後一土一木原係林
迭管業其中心小崗送與廖迭安厝林迭照依楊迭送與廖迭送契管
為業廖迭不得爭扸界外其兄手上有手老契一紙日前繳與林迭
收迭不得異言自我契立後永遠林迭祖業恐口無憑立收契永遠為照
外又支彥業諸肉五斤
嘉慶九年正月初九日立收楊元樹
見契 楊如林 楊松林 張石養
親筆

1附2-1.康熙三十年三月初八日楊繼禹立限字等契約抄件粘呈　(1867：44-48) 29.6×125.0cm

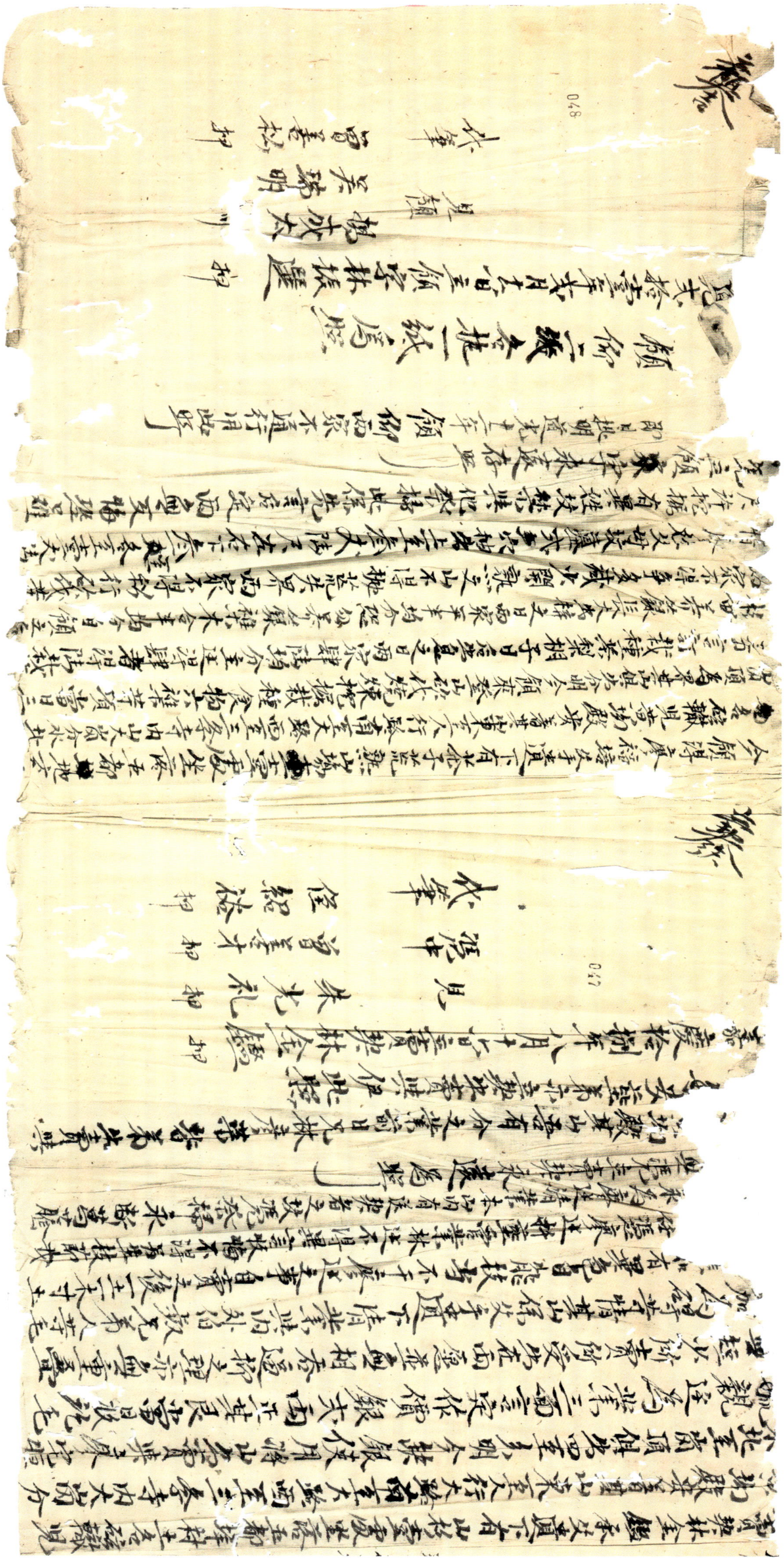

1附2–2.康熙三十年三月初八日楊繼禹立限字等契約抄件粘呈

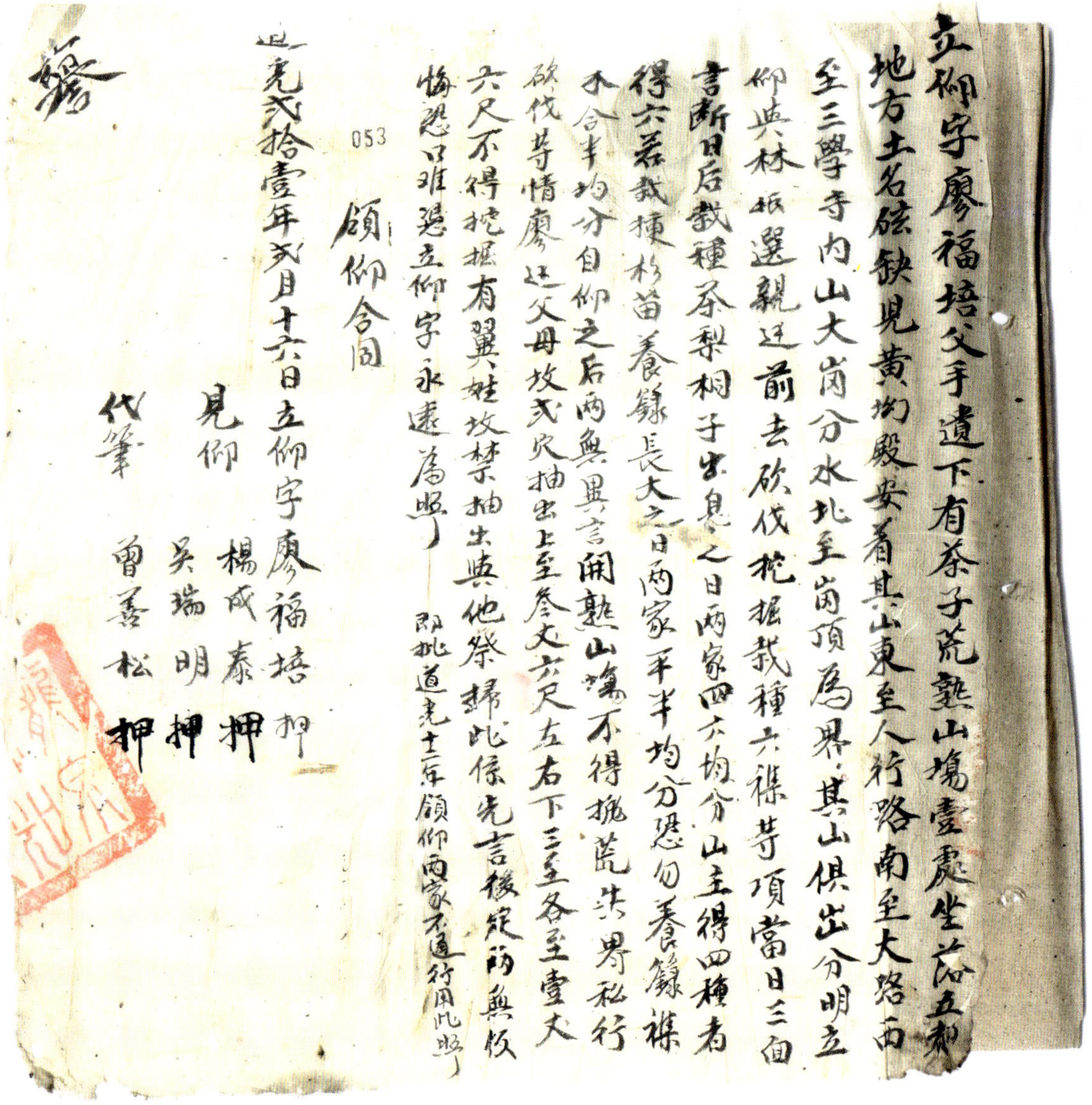

立仰字廖福培父手遺下有茶子荒熟山塲壹處坐落立和地方土名弦鉄覓黄坳殿安着其山東至人行路南至大路西至三學寺内山大崗分水北至崗頂爲界其山俱出分明立仰與林振選親手前去砍伐挖掘栽種六祿等項當日三面言斷日后栽種茶梨桐子出息之日兩家四六均分山主得四種者得六若栽種杉苗養蓄長大之日兩家平半均分恐句養蓄祿不合半均分自仰之后兩無異言開熟山塲不得挖荒失界私行砍伐等情廖姓父母墳弍穴抽出上至叁丈六尺左右下三至各至壹丈六尺不得挖掘有翼姓墳禁抽出與他祭掃此係先言後定兩無反悔恐口難憑立仰字永遠爲照

即批道光廿一年領仰兩家不通行用此照

領仰合同

道光弍拾壹年弍月十六日立仰字廖福培押

見仰 楊成泰押 吳瑞明押

代筆 曾善松押

1附3.道光二十一年二月十六日廖福培立仰字抄件粘呈

（1867：53）28.5×27.0cm

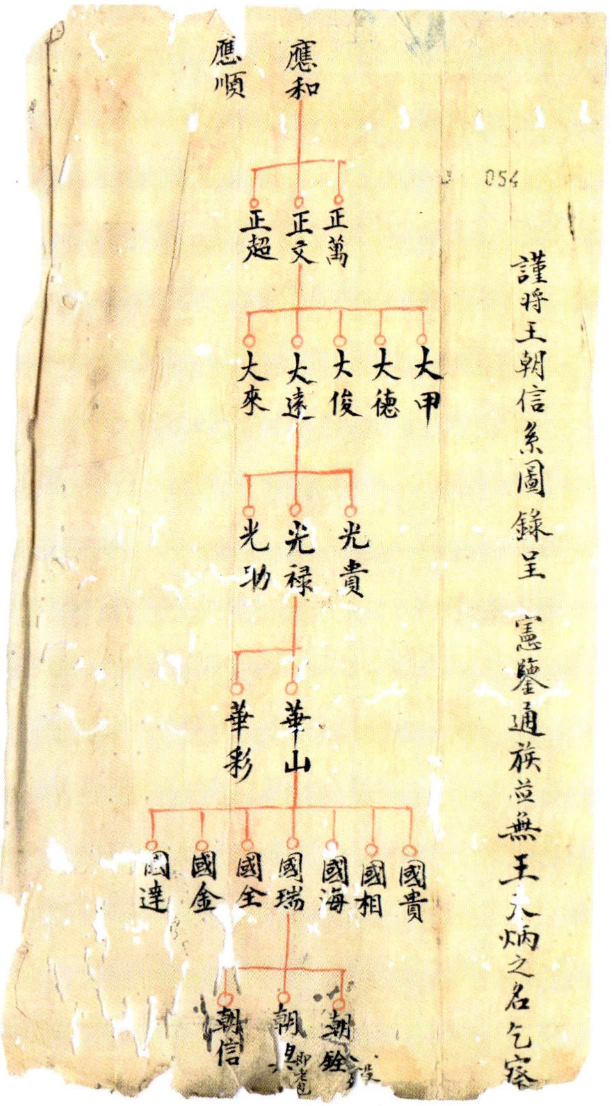

1附4.王朝信系圖抄件粘呈

（1867：54）29.0×16.5cm

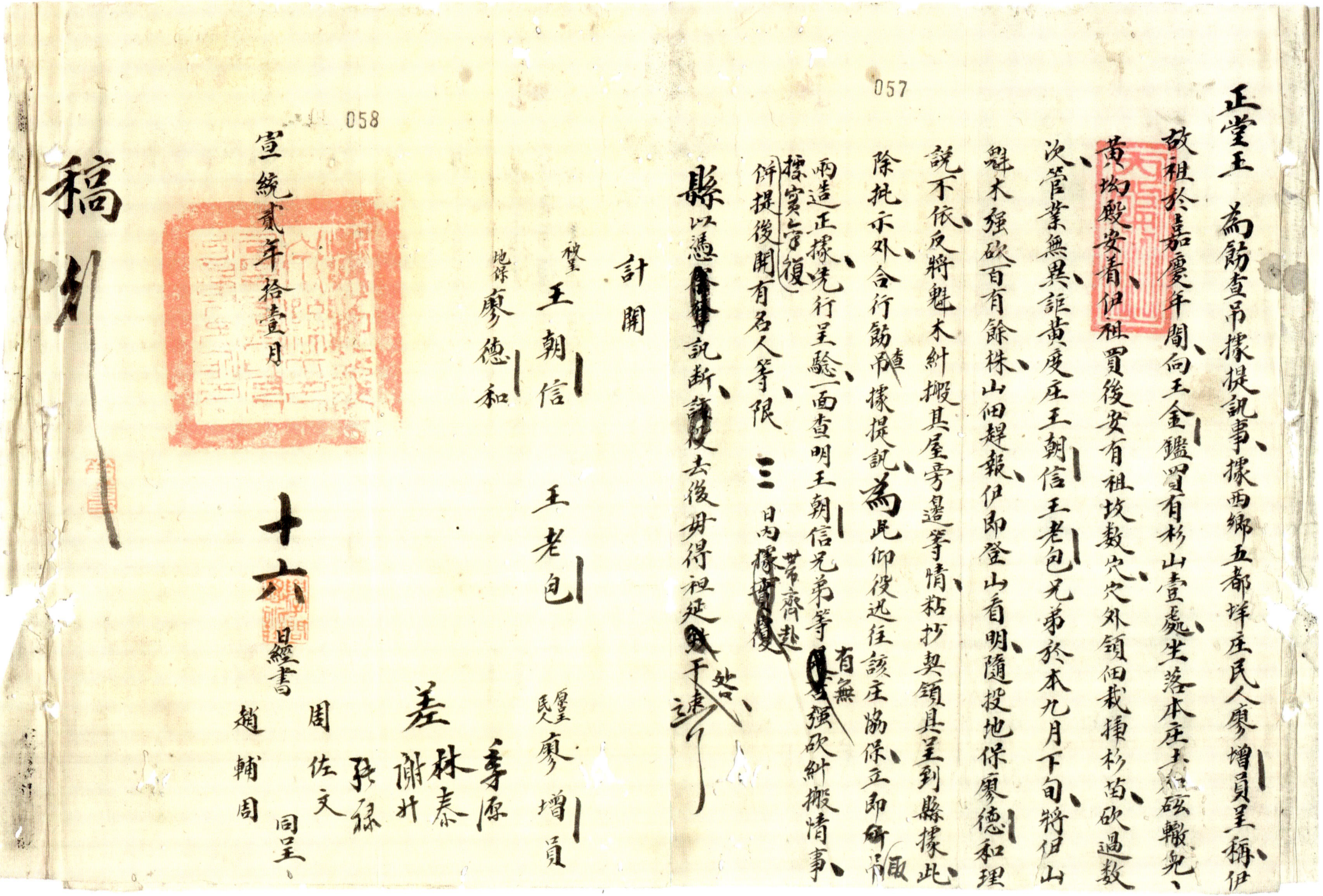

正堂王　爲飭查吊據提訊事。據西鄉五都垟庄民人廖增員呈稱：伊故祖於嘉慶年間向王金鑑買有杉山壹處，坐落本庄土名磁瓣兒、黄坳殿安着，伊祖買後安有祖坟數穴，穴外領佃栽插杉苗，砍過數次，管業無異。詎黄度庄王朝信、王老包兄弟於本九月下旬將伊山杉木強砍百有餘株，山佃趕報，伊即登山看明，隨投地保廖德和理説，不依，反將砍木糾搬，具屋旁邊等情，粘抄契領，具呈到縣。據此，除批示外，合行飭查吊據提訊。爲此仰役迅往該庄，協保立即吊取兩造正據，先行呈驗，一面查明王朝信兄弟等有無強砍糾搬情事，據實稟復，併提後開有名人等，限三日內稟帶齊赴縣，以憑訊斷。該役去後毋得私延干咎。速。

計開

被　王朝信　王老包

地保　廖德和

原　民人　廖增員

差　季原　林泰　謝廾　孫祿　周佐文　趙輔周　同呈

宣統貳年拾壹月　十六　日經書

2.宣統二年十一月十六日知縣王爲飭查吊據提訊王朝信等事票(稿)（1867：57–58）24.2×36.5cm

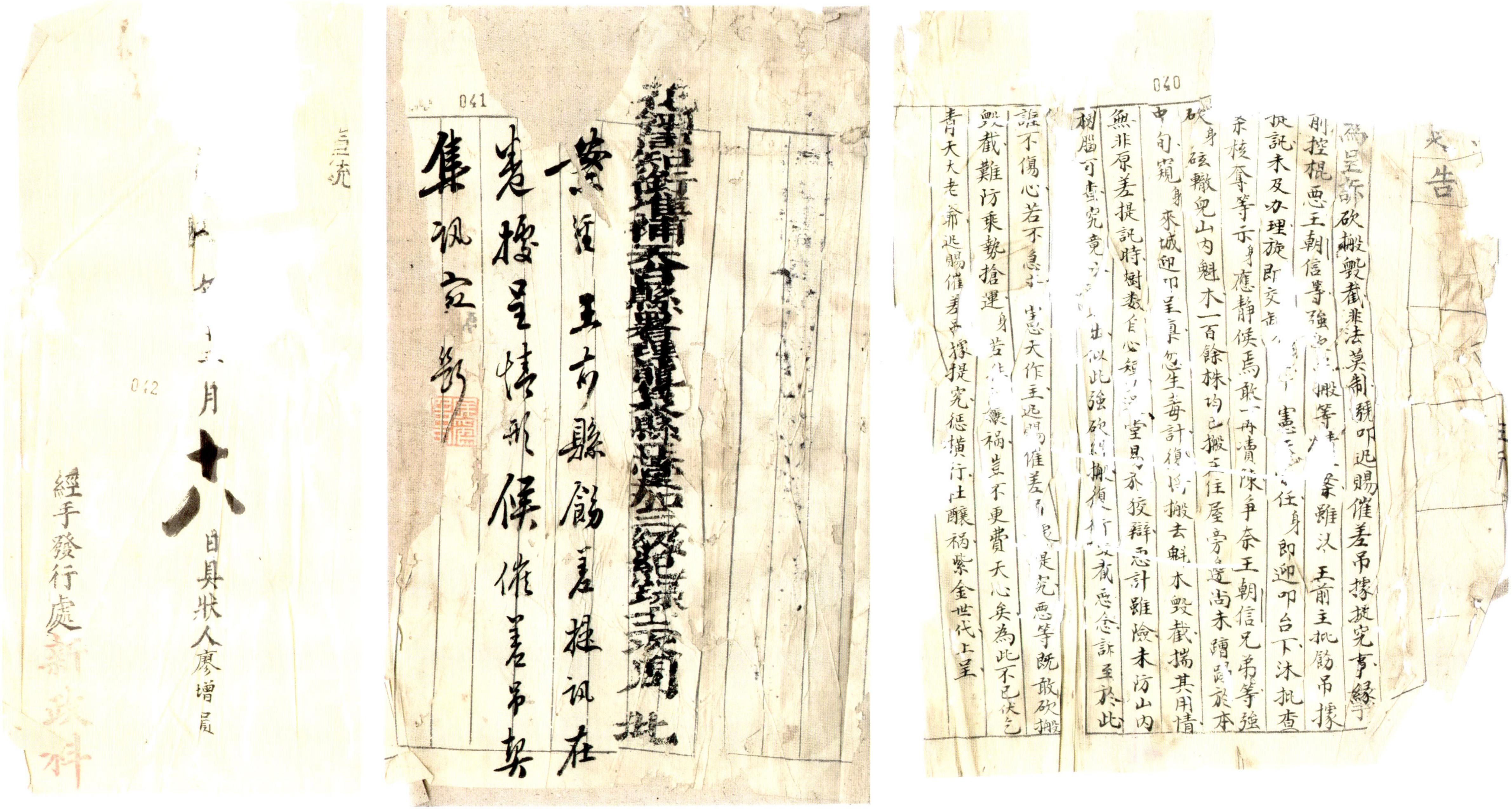

3.(宣統二年)十二月十八日廖增員爲控王朝信砍搬毁截非法莫制事訴狀

（1867：40）26.5×20.0cm；（1867：41）26.5×22.0cm；（1867：42）26.5×34.5cm　圖版裁空白頁

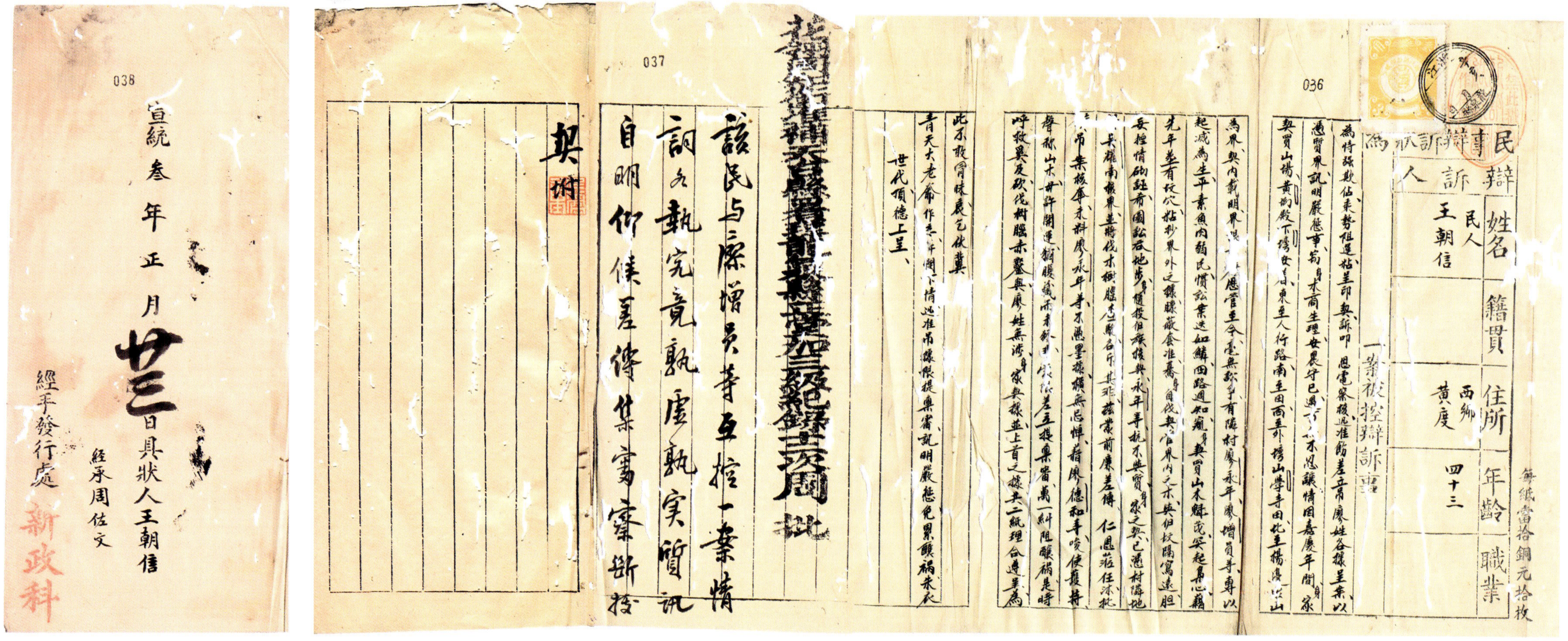

4.宣統三年正月廿三日王朝信爲控廖增員等恃强欺佔乘勢阻運事民事辯訴狀　（1867：36–38）27.0×94.5cm　圖版裁空白頁

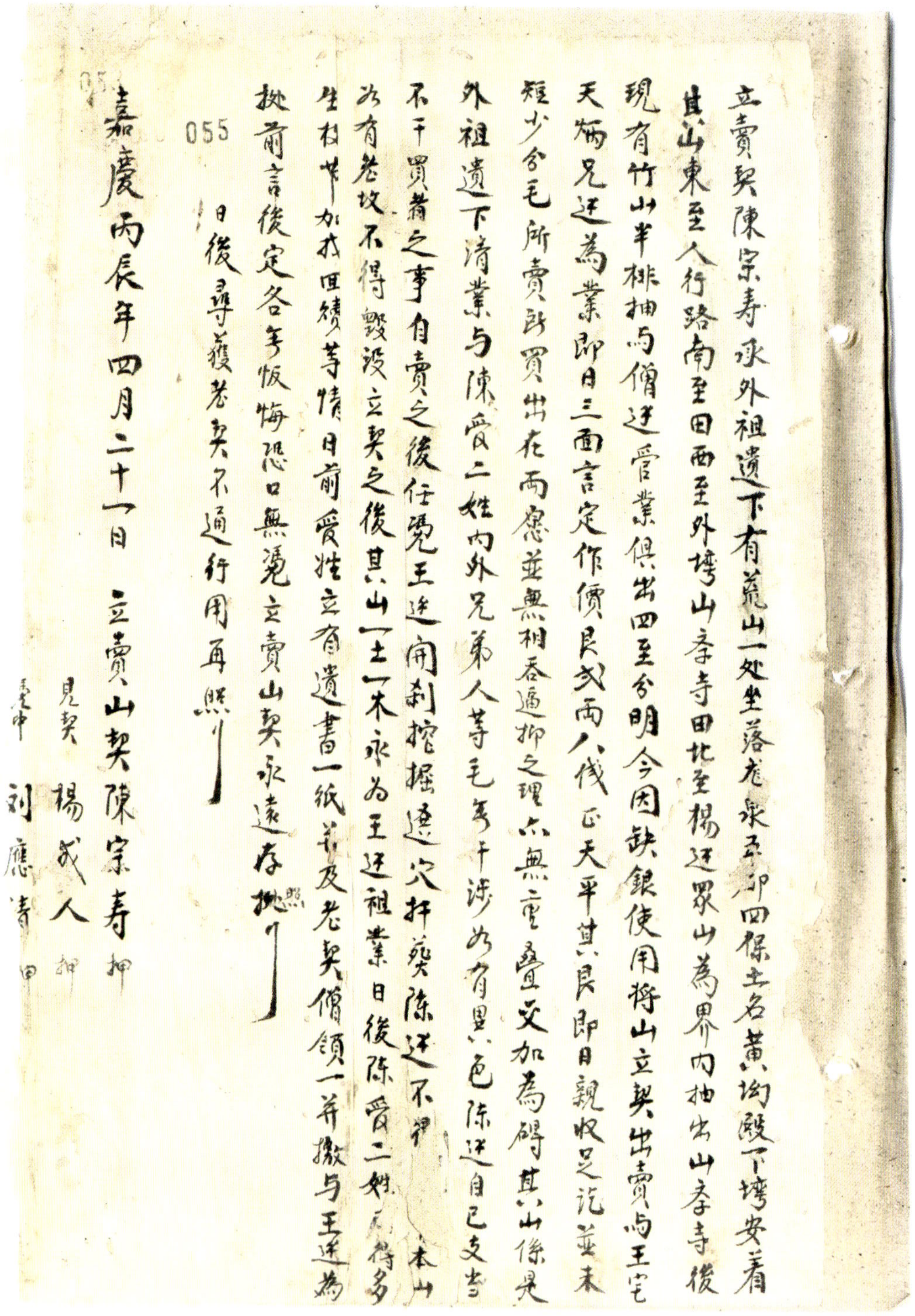

立賣契陳宗寿承外祖遺下有荒山一处坐落龍泉五都四保土名黃坳殿下墈安着
其山東至人行路南至田西至外墈山李寺田北至楊迷眾山為界內抽出山李寺後
現有竹山半排抽与僧迷管業俱出四至分明今因缺銀使用將山立契出賣与王宅
天炳兄迷為業即日三面言定作價艮弍兩八錢正天平其艮即日親收足訖並未
短少分毛所賣所買出在兩愿並無相吞逼抑之理亦無重疊交加為碍其山係是
外祖遺下清業与陳曾二姓內外兄弟人等毛無干涉如有異色陳迷自己支当
不干買者之事自賣之後任凴王迷開剎挖掘造穴扦葬陳迷不得 本山
如有老坟不得毀没立契之後其山一土一木永為王迷祖業日後陳曾二姓不得多
生枝节加找回贖等情日前曾姓立有遺書一紙並及老契僧領一并撤与王迷為
據前言後定各無悔恨口無凴立賣山契永遠存照
日後尋獲老契不通行用再照
嘉慶丙辰年四月二十一日　立賣山契陳宗寿　押
見契　楊戊人　押
在中　刘應清　押

4附1.嘉慶丙辰(元)年四月廿一日陳宗壽立賣契抄件粘呈　（1867：55）26.0×17.5cm

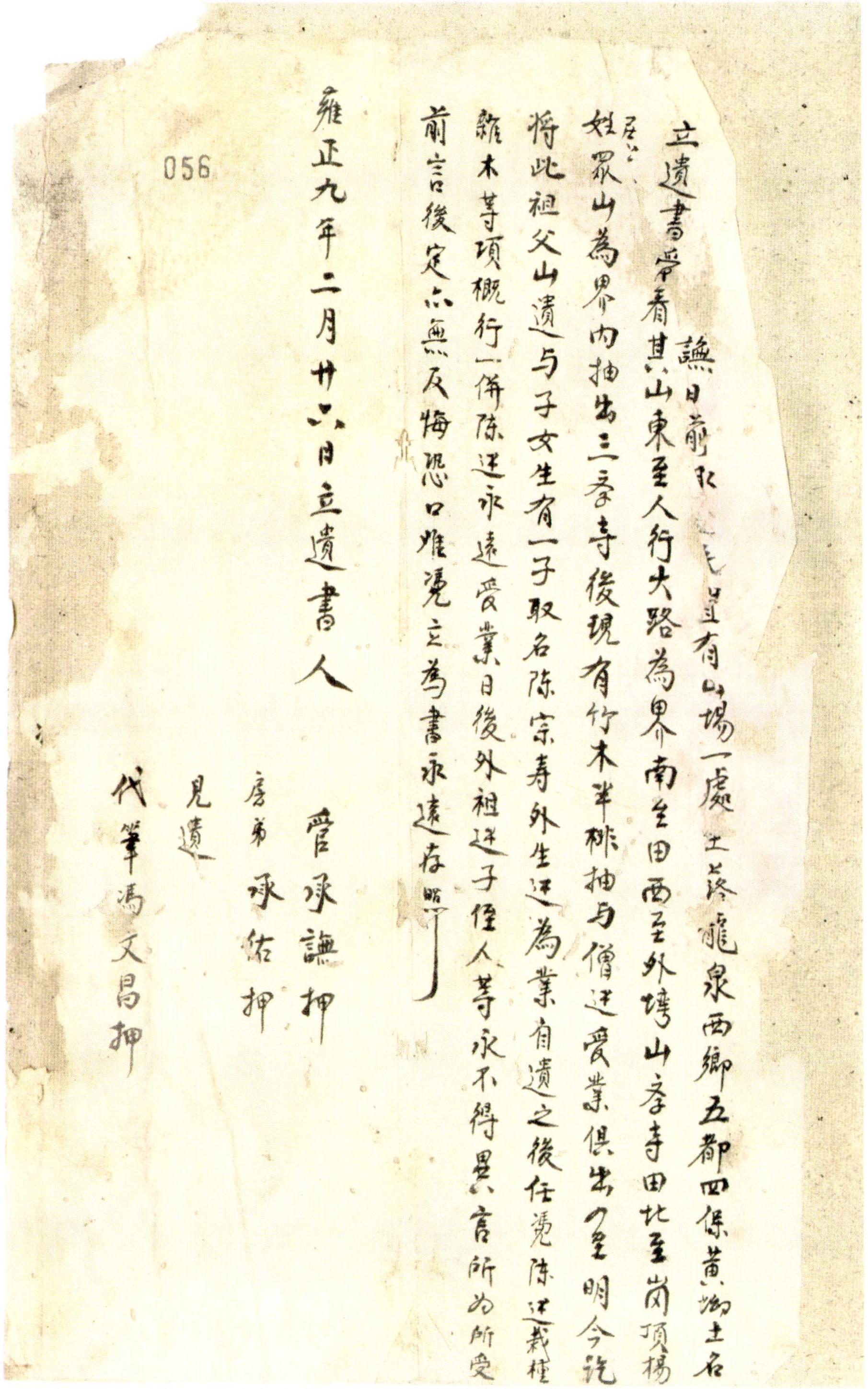

立遺書曾承譓日前有山場一處坐落龍泉西鄉五都四保黃坳土名
看其山東至人行大路為界南至田西至外墈山李寺田北至崗頂楊
姓眾山為界內抽出三孝寺後現有竹木半排抽与僧迷管業俱出四至明今訖
將此祖父山遺与子女生有一子取名陈宗寿外生迷為業自遺之後任凴陈迷栽植
雜木等項概行一併陈迷永遠管業日後外祖迷子侄人等永不得異言所为所受
前言後定亦無反悔恐口难凴立為書永遠存照
雍正九年二月廿六日立遺書人　曾承譓　押
房弟　承佑　押
見遺
代筆馮文昌　押

4附2.雍正九年二月廿六日管承譓立遺書抄件粘呈　（1867：56）26.0×16.0cm

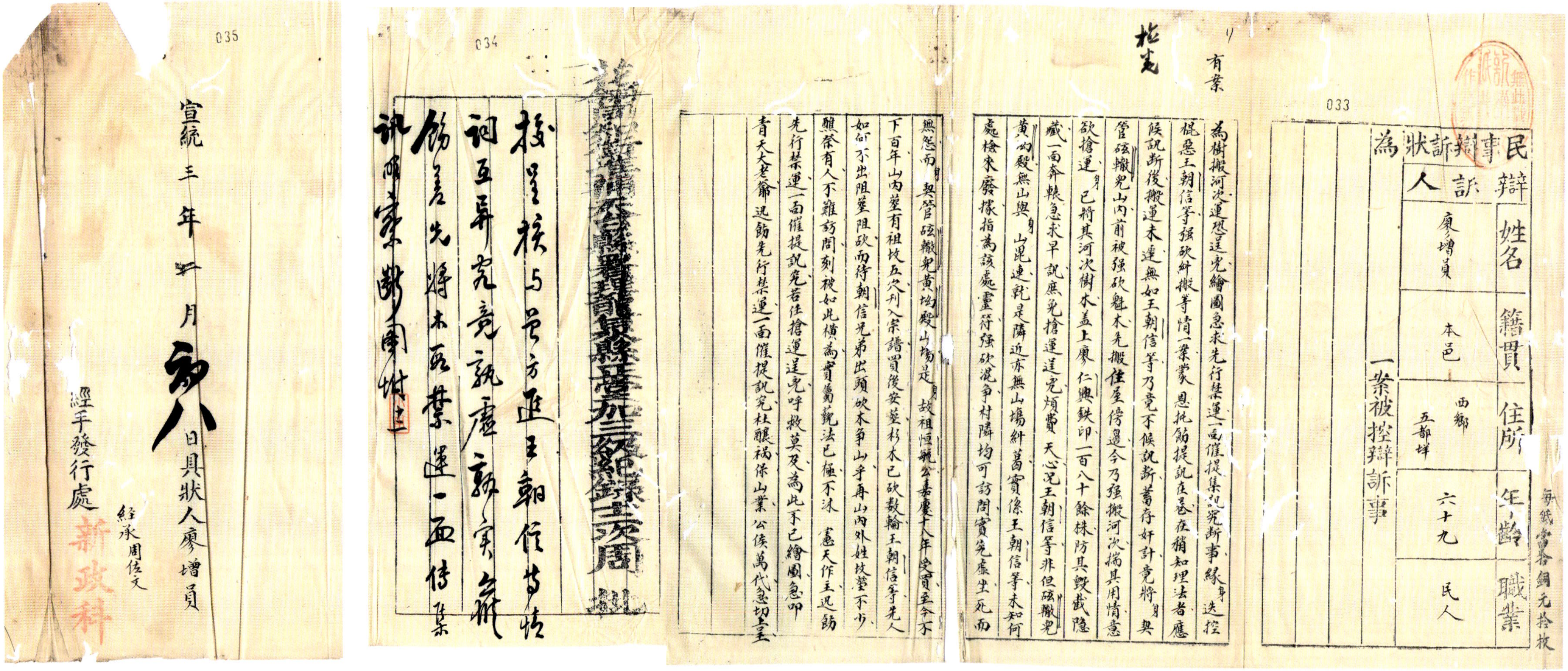

5.宣統三年二月初八日廖增員爲控王朝信樹搬河次運恐逞兇事民事辯訴狀 （1867：33–35）27.0×95.0cm 圖版裁空白頁

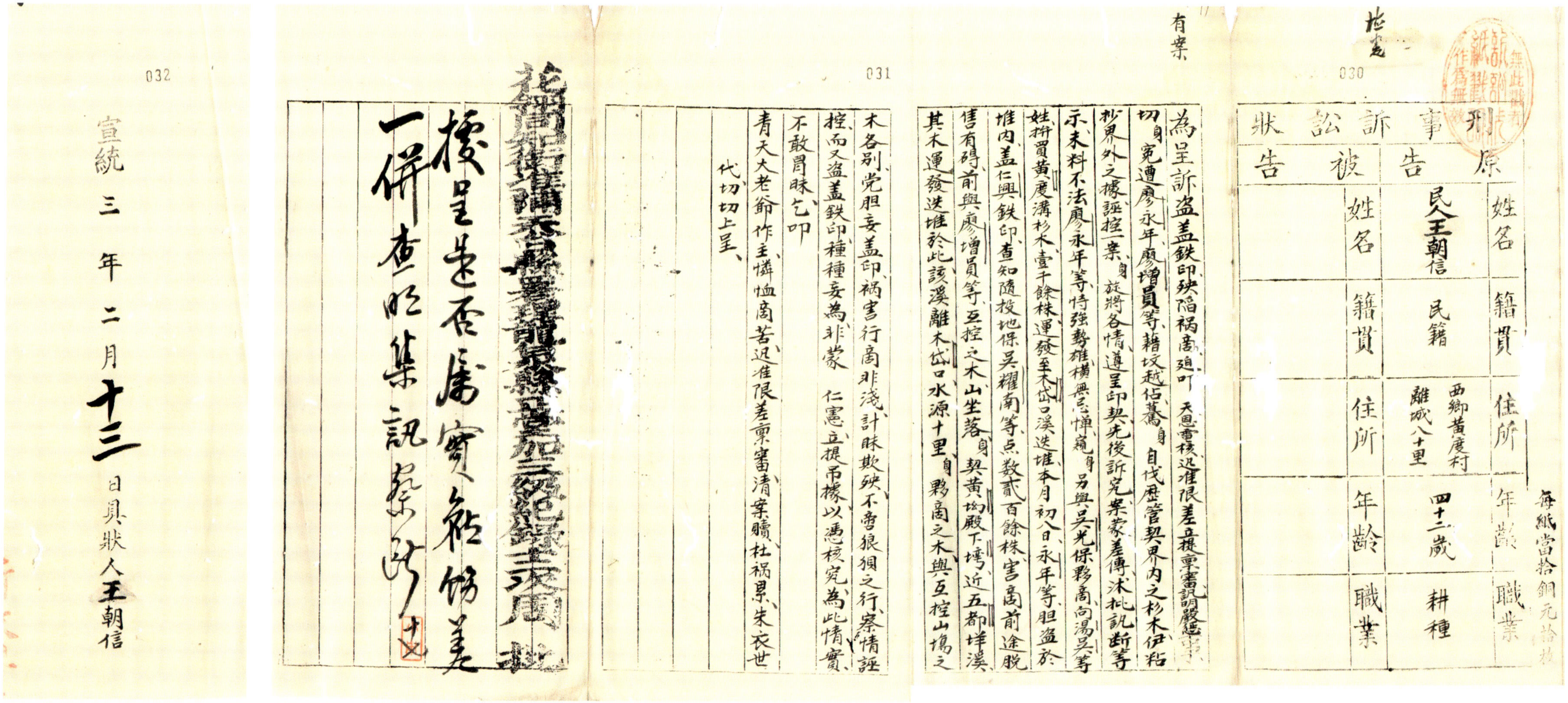

刑事訴訟狀

原告		被告	
姓名	民人王朝信	姓名	
籍貫	民籍	籍貫	
住所	西鄉黃麼村 離城八十里	住所	
年齡	四十二歲	年齡	
職業	耕種	職業	

每紙當拾銅元拾枚

為呈訴盜蓋鉄印殃陷禍商迫叩天恩電核迅准限差立提覃審詢嚴懲事

切身宪遭廖永年廖增員等藉坟越佔蓄身自代歷管契界內之杉木伊粘杉界外之據誣控一案，身旋將各情遵呈印契先後訴究案蒙差傳沐批訊斷等示。未料不法廖永年等恃強勢雄橫無忌憚竊身另與吳光保夥商向湯吳等姓拚買黃麼溝杉木壹千餘株運發至木岱口溪迸堆本月初八日永年等胆盜於堆內蓋仁興鉄印，查知隨投地保吳耀南等点數貳百餘株，害商前途脫售有碍。前與廖增員等互控之木山坐落身契黃均殿下墳近五都墰溪，其木運發迸堆於此，該溪離木岱口水源十里，身夥商之木與互控山塲之木各別，党胆妄蓋印，禍害行商非淺，計昧欺殃，不啻狼狽之行。察情誣控而又盜蓋鉄印，種種妄為非蒙

仁憲立提吊據以憑核究，為此情實

不敢冒昧乞叩

青天大老爺作主憐恤商苦，迅准限差覃審清案，贖杜禍泉，朱衣世

代切切上呈。

據呈是否屬實，飭差

一併查明，集訊察奪。

宣統三年二月十三日具狀人王朝信

6.宣統三年二月十三日王朝信爲控廖增員等盜蓋鐵印殃陷禍商事刑事訴訟狀　（1867：30–32）26.8×95.0cm　圖版裁空白頁

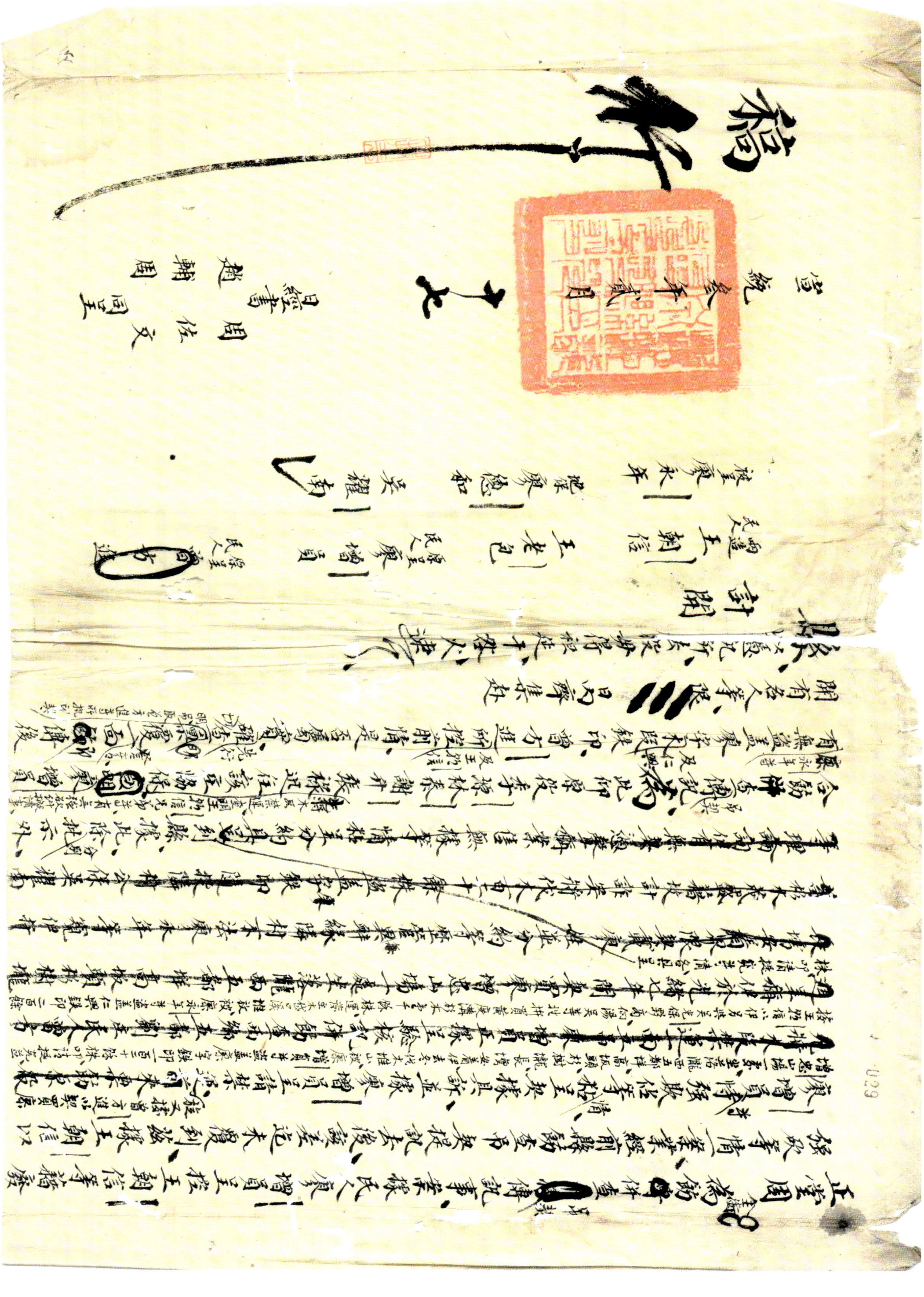

7.宣統三年二月十七日知縣周琛爲飭併查吊契傳訊王朝信等事票(稿)　(1867：29)　29.0×42.0cm

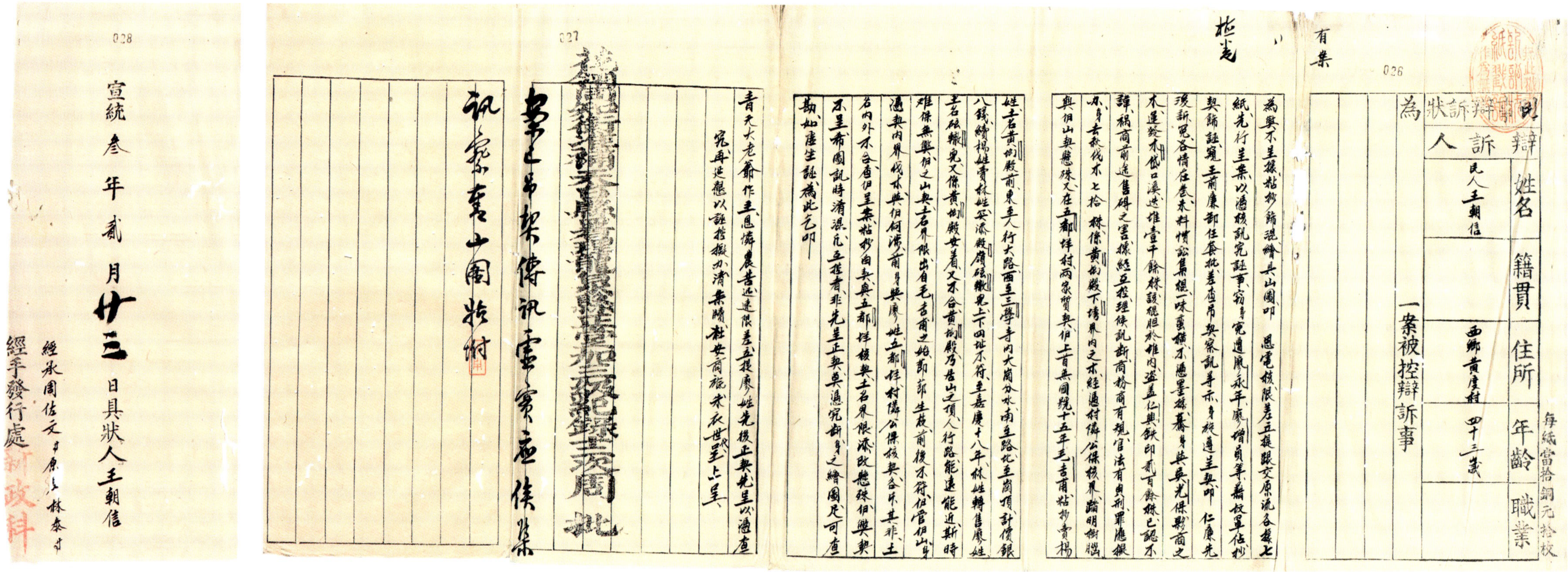

8.宣統三年二月廿三日王朝信爲控廖增員等弊不呈據粘抄飾混事民事辯訴狀　（1867：26–28）26.8×94.5cm　圖版裁空白頁

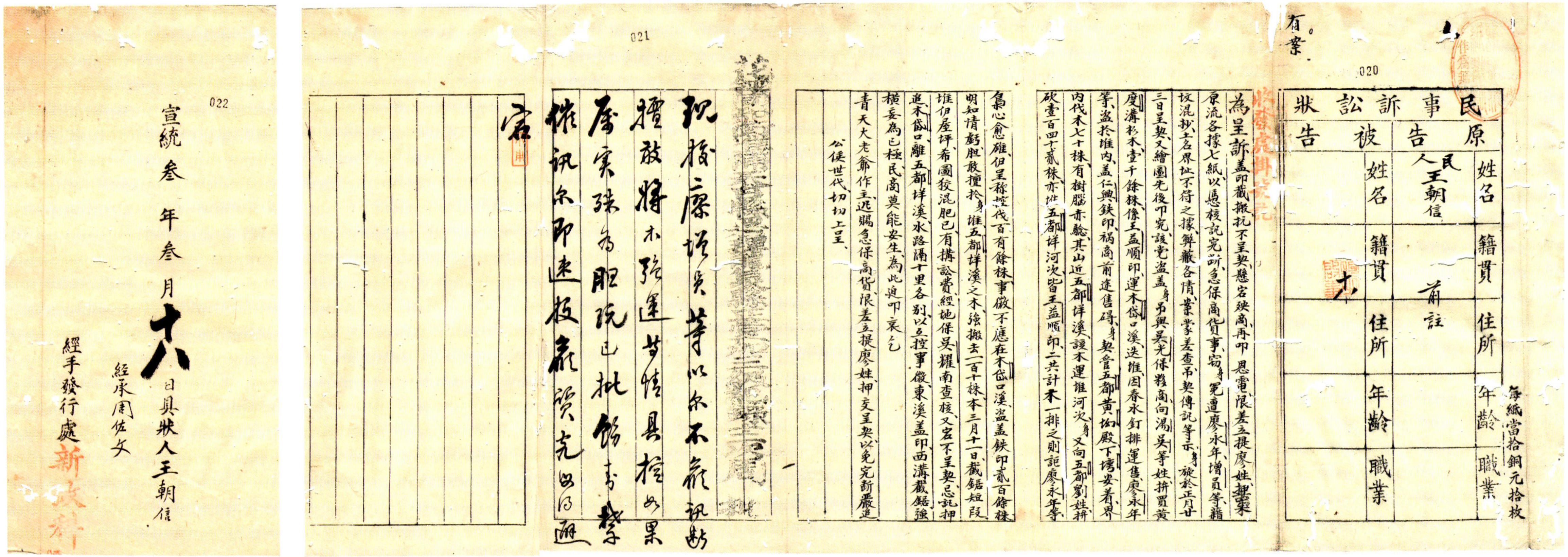

有案。

民事訴訟狀

原告		被告	
姓名	民人王朝信	姓名	
籍貫	前註	籍貫	
住所		住所	
年齡		年齡	
職業		職業	

每紙當拾銅元拾枚

為呈訴蓋印截搬、抗不呈契、懸宕狹商、再叩恩電、限差立提廖姓押案、原流各據七紙、以憑核訊究斷、急保商貨事。竊身冤遭廖永年、增員等藉坟混抄、土名界址不符之據、弊蔽各情、業蒙差查吊契傳訊等示、身旋於正月廿三日呈契、又繪圖先後叩究。該党盗蓋身弟興昊、光保夥商向瀉昊等姓拚買黃度溝杉木壹千餘株、係王益順印、運木岱口溪、迭堆、因春水釘排運售、廖永年等盗於堆内、蓋仁興鉄印、禍商前途售碍。身契會五都黃協殿下塆安着界内代木七十株、有樹腦赤驗、其山近五都垟溪、該木運堆河次。身又向五都劉姓拚砍壹百四十貳株、亦堆五都垟河次、皆王益順印、二共計木一排之則。詎廖永年等梟心愈雄、伊呈稱控伐百有餘株事、徵不應在木岱口溪盗蓋鉄印貳百餘株、明知情虧、胆敢擅於身堆五都垟溪之木强搬去一百十株、本三月十一日截鋸短段、堆伊屋坪、希圖狡混肥己、有構訟費經地保吳耀南查核、又宕不呈契、忌訊押追。木岱口離五都垟溪水路隔十里、各別、以互控事徵、東溪盖印、西溝截鋸、强横妄為已極、民商莫能安生、為此迫叩哀乞

青天大老爺作主、迅賜急保商貨、限差立提廖姓押交呈契、以免宄斷嚴追、

公侯世代、切切上呈。

現据廖增員等以尔不遵訊斷、擅放將木强運、昔結具控。如果屬實、殊為胆玩、已批飭查催訊、尔即速投案質究、毋得遷延。宿

宣統叁年叁月十八日具狀人王朝信

經承周佐文

經手發行處新

9.宣統三年三月十八日王朝信爲控廖增員蓋印截搬抗不呈契事民事訴訟狀　（1867：20–22）27.2×95.0cm　圖版裁空白頁

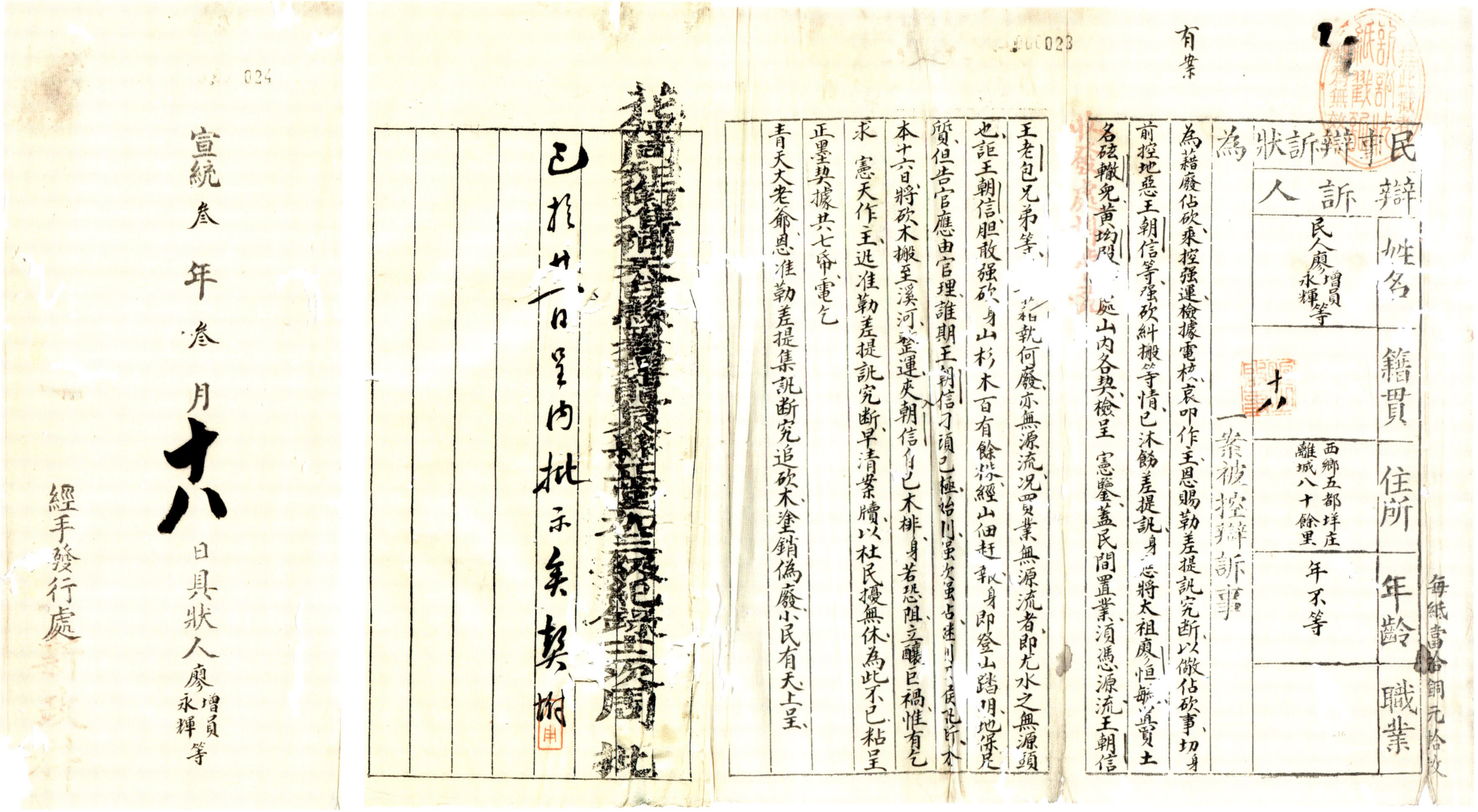
民事辯訴狀

辯訴人

姓名	籍貫	住所	年齡	職業
民人廖增員 永輝等		西鄉五都垟庄 離城八十餘里	年不等	

每紙書飾銅元拾枚

為 [illegible] 一案被控辯訴事

十八

為藉廢佔砍乘控強運檢據電核哀叩作主恩賜勒差提訊究斷以儆佔砍事切身

前控地惡王朝信等強砍斜搬等情已沐飭差提訊身恐將太祖廖恒無異貢土

名砫轍兜黃坳□處山內各契檢呈 憲鑒蓋民間置業須憑源流王朝信

王老包兄弟等□藉執何廢亦無源流況買業無源流者即允水之無源頭

也詎王朝信胆敢強砍身山杉木百有餘株經山佃赶報身即登山踏明地保凡

質但告官應由官理誰期王朝信刁頑已極始川虽欠虽占迷川民所本

本十六日將砍木搬至溪河強運夾朝信自己木排身若恐阻立釀巨禍惟有乞

求 憲天作主迅准勒差提訊究斷早清案牘以杜民擾無休為此不已粘呈

正墨契據共七紙電乞

青天大老爺恩准勒差提集訊斷究追砍木塗銷偽廢小民有天上呈

[illegible] 批

已於廾八日呈內批示矣 契附

宣統叁年叁月十八日具狀人廖增員 永輝等

經手發行處

10.宣統三年三月十八日廖增員等爲控王朝信藉廢佔砍乘控强運事民事辯訴狀　（1867：23–24）27.0×94.5cm　圖版裁空白頁

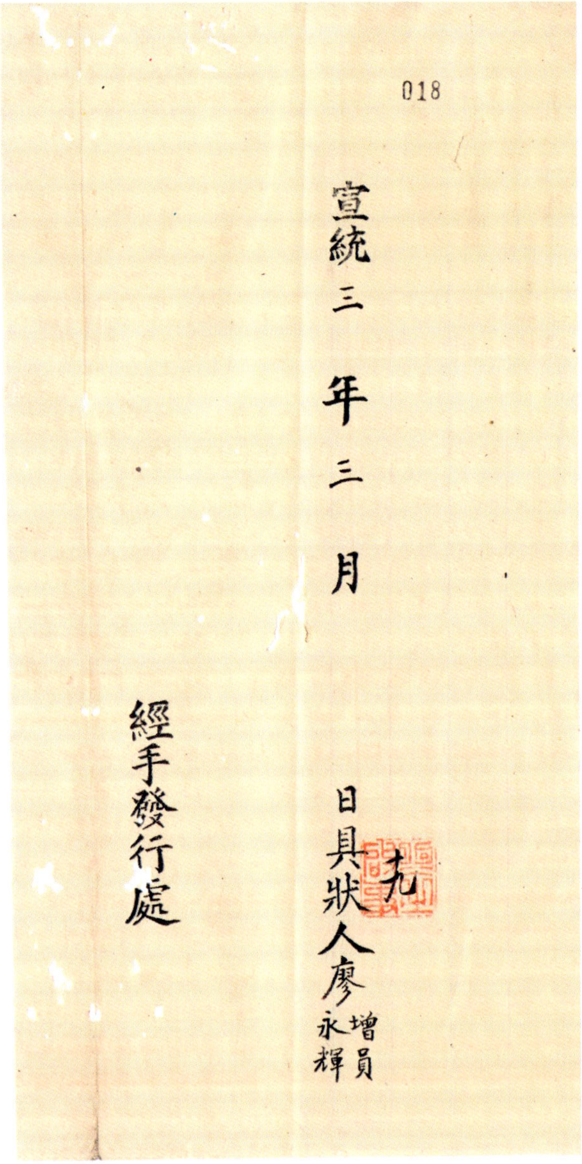

宣統三年三月十九日具狀人廖增員、永輝

經手發行處

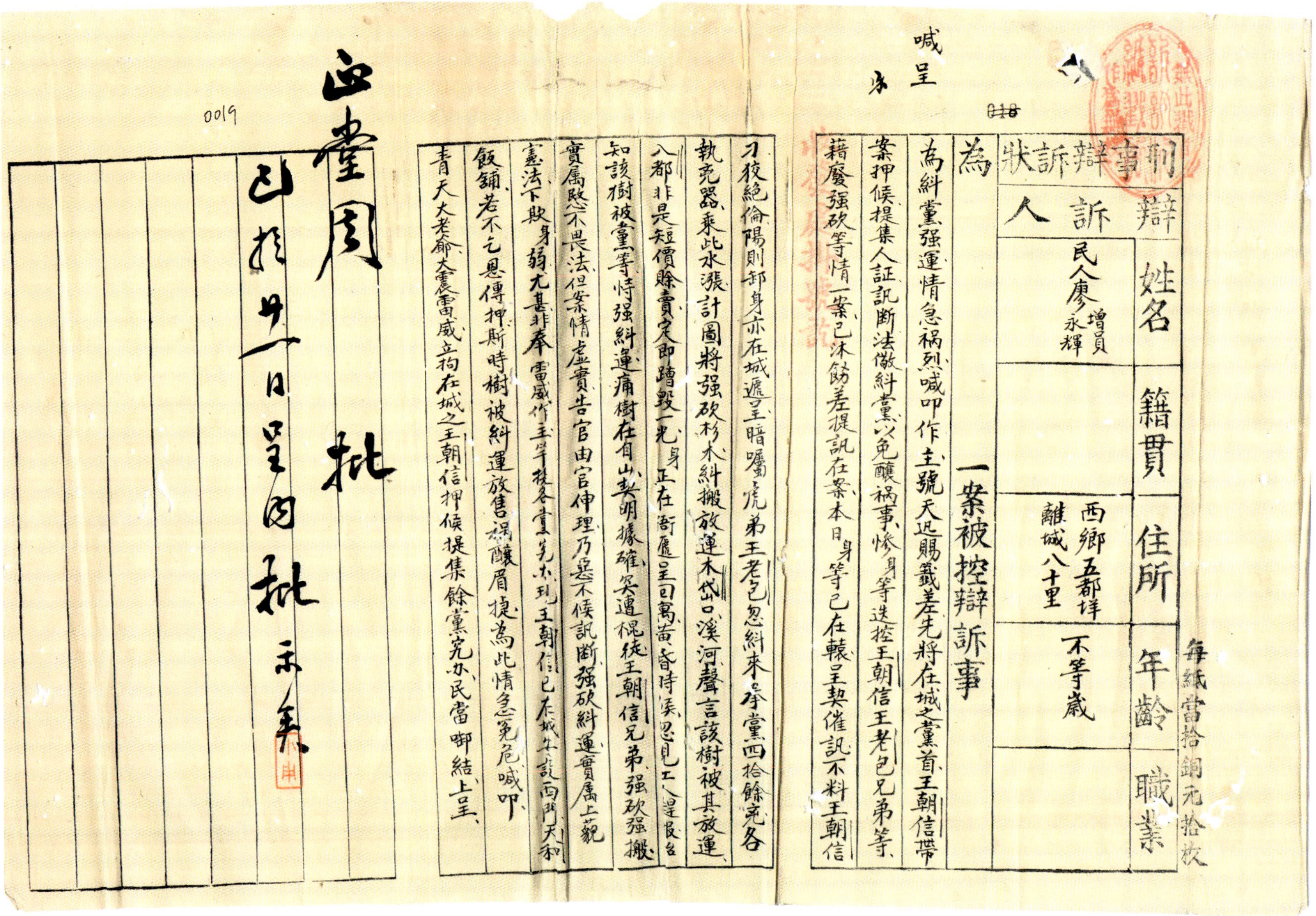

喊呈 承

刑事辯訴狀

辯訴人 姓名：民人廖增員、永輝 籍貫： 住所：西鄉五都垟，離城八十里 年齡：不等歲 職業：

每紙當拾銅元拾枚

爲一案被控辯訴事

爲糾黨强運情急禍烈，喊叩作主，號天迅賜戳差先將在城之黨首王朝信帶案押候，提集人証訊斷，法儆糾黨，以免釀禍事。慘身等迭控王朝信、王老包兄弟等藉廢强砍等情一案，已沐飭差提訊在案。本日身等已在轅呈契催訊，不料王朝信刁狡絶倫，陽則卸身亦在城遞呈，暗囑虎弟王老包忽糾來夥黨四拾餘兇，各執兇器，乘此水漲，計圖將强砍杉木糾搬放運木岱口溪河，聲言該樹被其放運八都，非是短價賤賣，定即踏毀一光。身正在衙遞呈回寓，黄昏時候，忽見工人逞報，始知該樹被黨等恃强糾運。痛樹在自山，契明據確，奚遭棍徒王朝信兄弟强砍强搬，實屬愍不畏法。但案情虚實告官，由官伸理，乃竟不候訊斷，强砍糾運，實屬上藐憲法，下欺身弱，尤甚非奉雷威作主，竿挨各黨兇，亦到王朝信已在城出設西門天和飯鋪，若不乞恩傳押，斯時樹被糾運放售，禍釀眉睫，爲此情急冤危喊叩

青天大老爺大震雷威，立拘在城之王朝信押候，提集餘黨兇亦，民當啣結上呈。

出臺周批 已於廿一日呈詞批示矣

11.宣統三年三月十九日廖增員等爲控王朝信糾黨强運情急禍烈事刑事辯訴狀

（1867：19）27.0×42.0cm；（1867：18）27.0×27.4cm　圖版裁空白頁

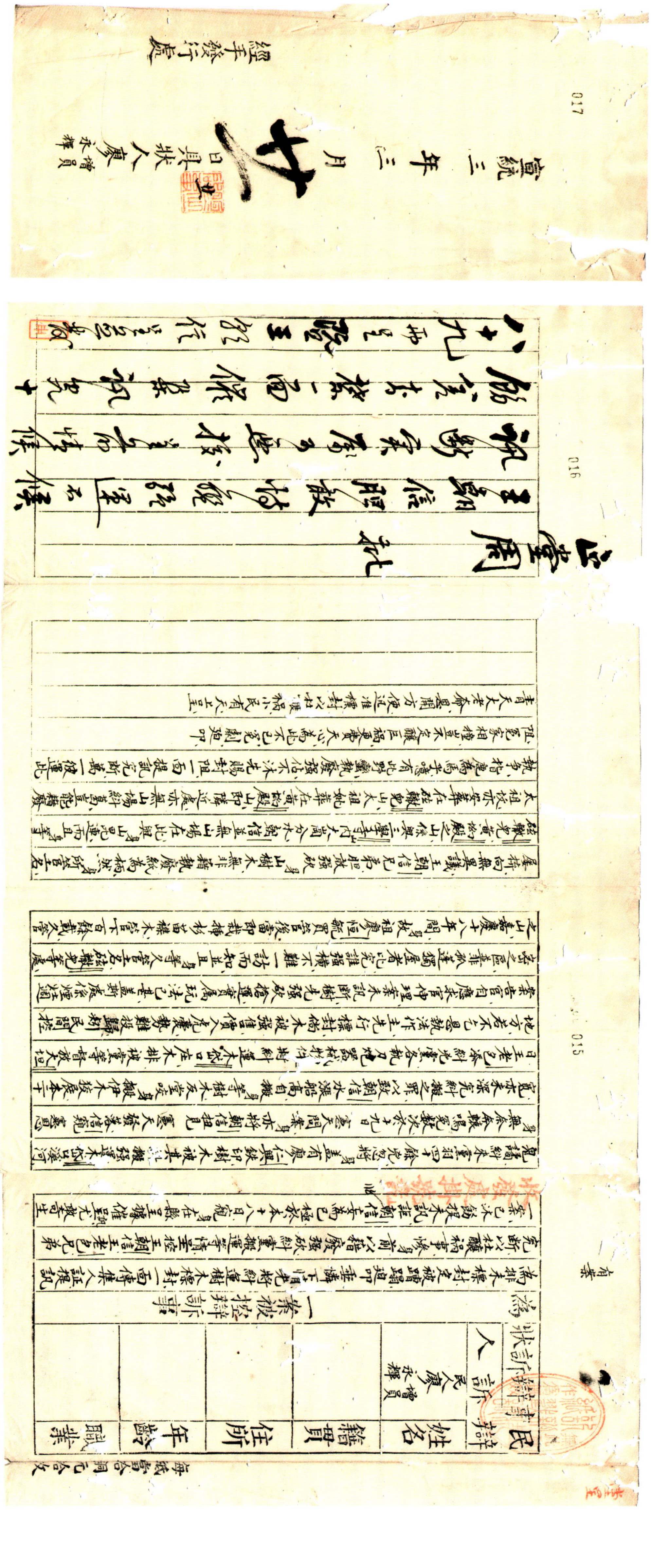

12.宣統三年三月廿一日廖增員等爲控王朝信等排木標封定被踏踢事民事辯訴狀（1867：15–17）26.8×94.5cm　圖版裁空白頁

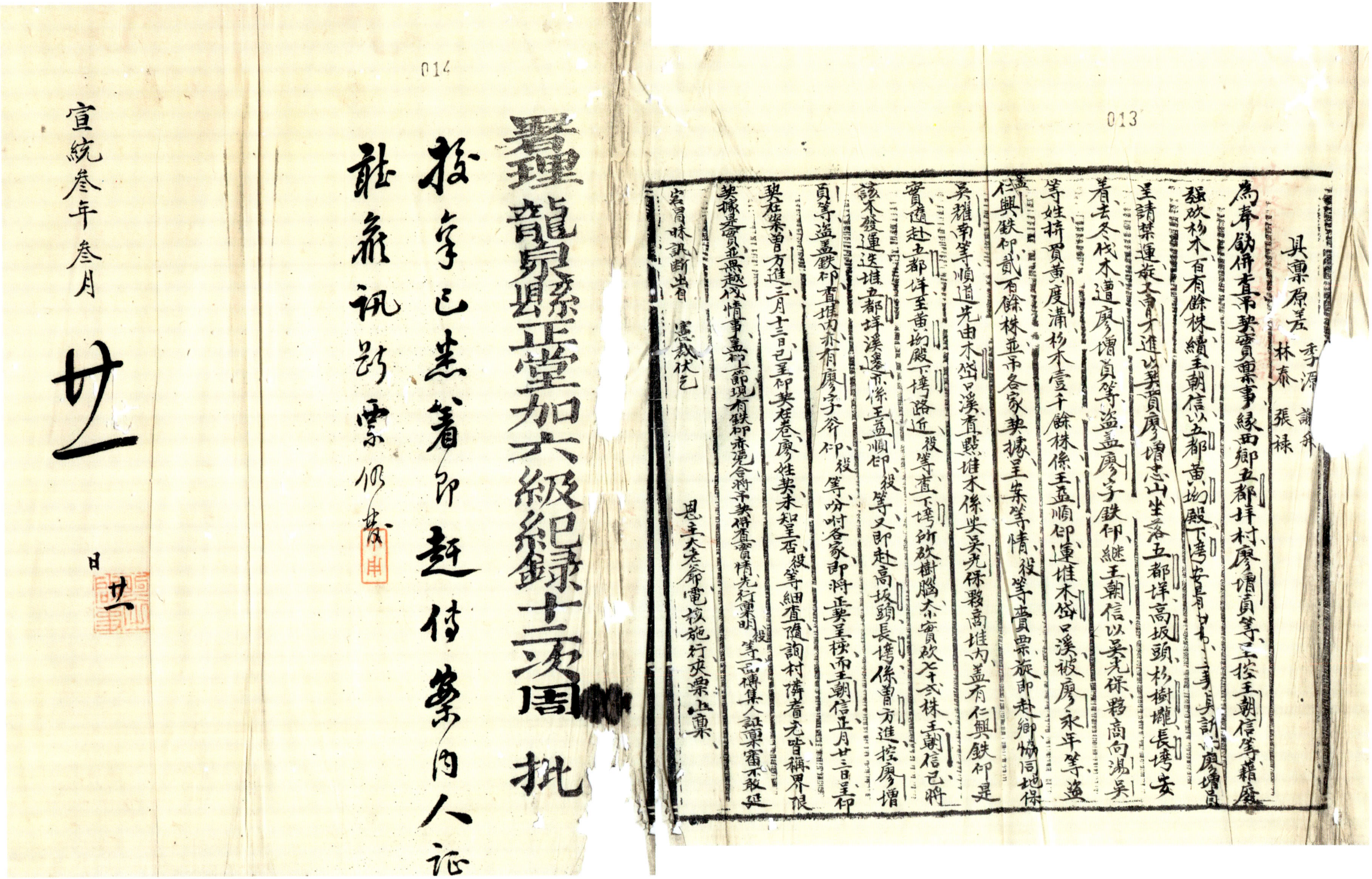

具稟原差 季源 謝升 林泰 張禄

爲奉飭併查吊契實稟事。緣西鄉五都坪村廖增貴等呈控王朝信等藉廢强砍杉木百有餘株，續王朝信以五都黄坳殿下塆安葬，事具訴，廖增貴呈請禁運，旋又曾方進以吳貴、廖增志山坐落五都坪高坂頭杉樹壠長塆安着，去冬伐木，遭廖增貴等盜盖廖子鉄印，繼王朝信以吳光保夥商向湯吳等姓拚買黄度湍杉木壹千餘株，係王益順印，運堆木岱口溪，被廖永年等盜盖仁興鉄印貳百餘株，並吊各家契據呈案等情。役等賫票，旋即赴鄉，協同地保吳耀南等順道先由木岱口溪查點堆木，係吳光保夥商堆內，盖有仁興鉄印，是實。遄赴五都坪至黄坳殿下塆路近，役等查下塆所砍樹腦，大小實砍七十六株，王朝信已將該木發運送堆五都坪溪邊，亦係王益順印。役等又即赴高坂頭長塆，係曾方進控廖增貴等盜盖鉄印，查堆内亦有廖子斧印。役等吩咐各家即將正契呈核，而王朝信正月廿三日呈印契在案，曾方進三月十三日已呈印契在卷，廖姓契未知呈否。役等細查，隨詢村鄰，着老皆稱界限契據是實，並無越伐情事。盖初十節現有鉄印，亦憑充合將吊契併查實情先行稟明。役等正傳集人証稟審，不敢延宕，冒昧訊斷，出自憲裁，伏乞

恩主大老爺電核施行。爲此上稟。

署理龍泉縣正堂加六級紀録十二次周 批

投案已悉。着即赶傳案内人証，赴縣訊斷。稟併發。

宣統叁年叁月廿一日

13.宣統三年三月廿一日原差季源等爲奉飭併查吊契實稟事稟　(1867：13–14) 29.0×63.5cm　圖版裁封頁

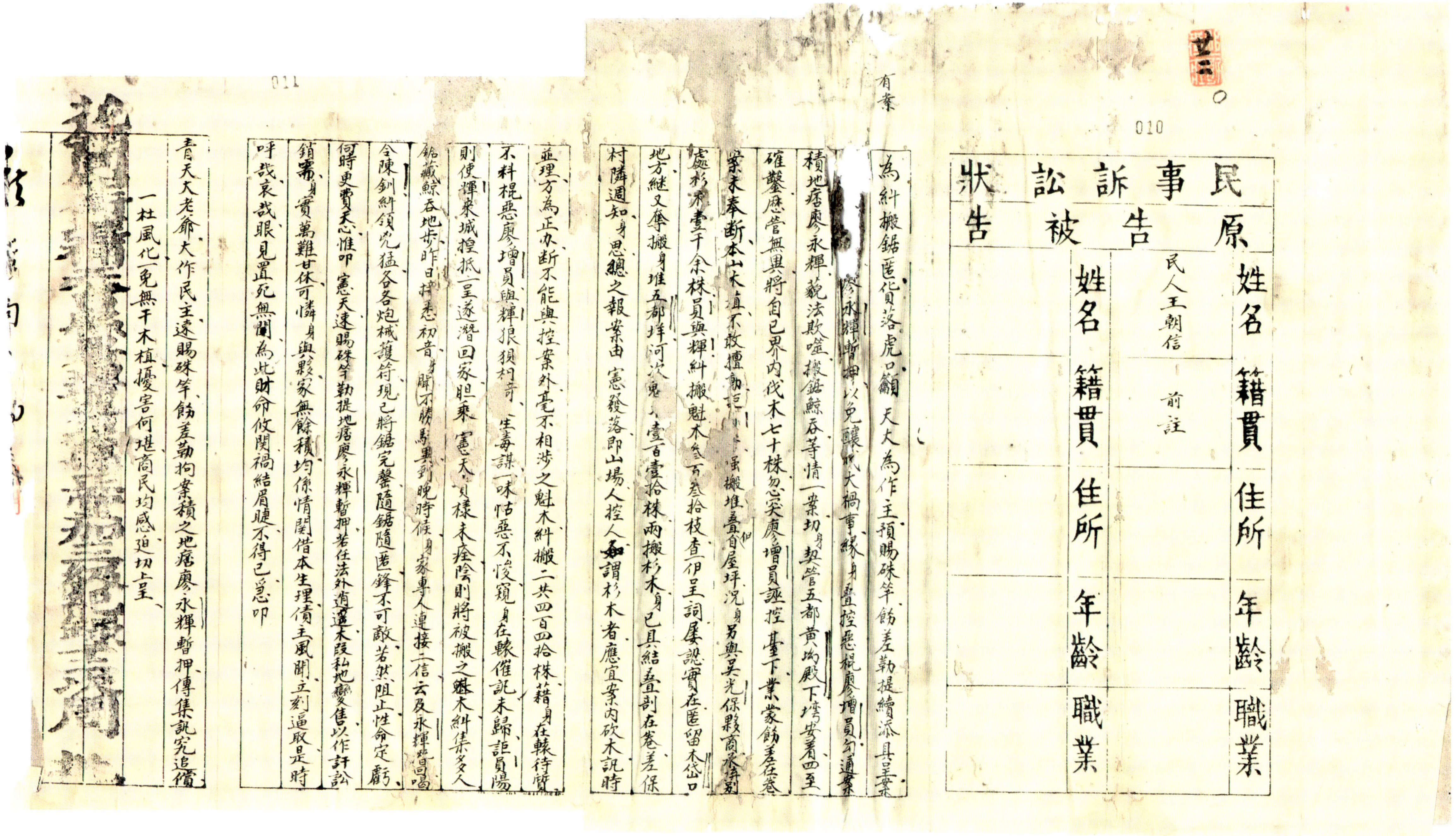
有案
民事訴訟狀
原告 姓名 民人王朝信 籍貫 前註 住所 年齡 職業
被告 姓名 籍貫 住所 年齡 職業
為糾搬鋸匿貨落虎口籲天大為作主預賜硃筆飭差勒提續添具呈案
廖永輝暫押以免釀成大禍事緣身疊控惡棍廖增員勾通案
積地痞廖永輝藐法欺噬搬鋸鯨吞等情一案切身契管五都黃坳殿下墇安着四至
確鑿歷管無異將自己界內伐木七十株忽突廖增員誣控臺下業蒙飭差在卷
案未奉斷本山木植不敢擅動但止搬堆疊自屋坪況身另與吳光保斀商承買別
處杉木壹千余株員與輝糾搬魁木叁百叁拾枝查伊呈詞屢認實在匿留木岔口
地方継又奪搬身堆五都坪河次兜壹百壹拾株兩搬杉木身已具結疊剖在卷差保
村鄰週知身思總之報案由憲發落郎山場人控人謂杉木者應宜案內砍木訊時
並理方為正办斷不能與控案外毫不相涉之魁木糾搬二共四百四拾株藉身在轅待質
不料棍惡廖增員與輝狠狽朋奇生毒謀一味怙惡不悛窺身在轅催訊未歸詎員陽
則使輝來城捏抵一呈遂潛回家胆乘憲天□樣未詮陰則將被搬之魁木糾集多人
鋸藏鯨吞地步昨日據悉初音身聞不勝駭異到晚時候身家專人連接二信云及永輝喝
令陳釗糾領兇猛各各炮械護符現已將鋸完罄隨鋸隨匿鋒不可敵若然阻止性命定虧
何時更費天心惟叩憲天速賜硃筆勤提地痞廖永輝暫押若任法外逍遥木段私地變售以作訐訟
銷需身實萬難甘休可憐身與斀家無餘積均係情閡借本生理債主風聞立刻逼取是時
呼哉哀哉眼見置死無聞為此財命攸關禍結眉睫不得已急叩
青天大老爺大作民主逮賜硃筆飭差勒拘案積之地痞廖永輝暫押傳集訊究追償
一杜風化一免無干木植擾害何堪商民均感迫切上呈

14.(宣統三年三月廿三日)王朝信爲控廖增員等糾搬鋸匿貨落虎口事民事訴訟狀　(1867：10–11) 28.0×51.0cm

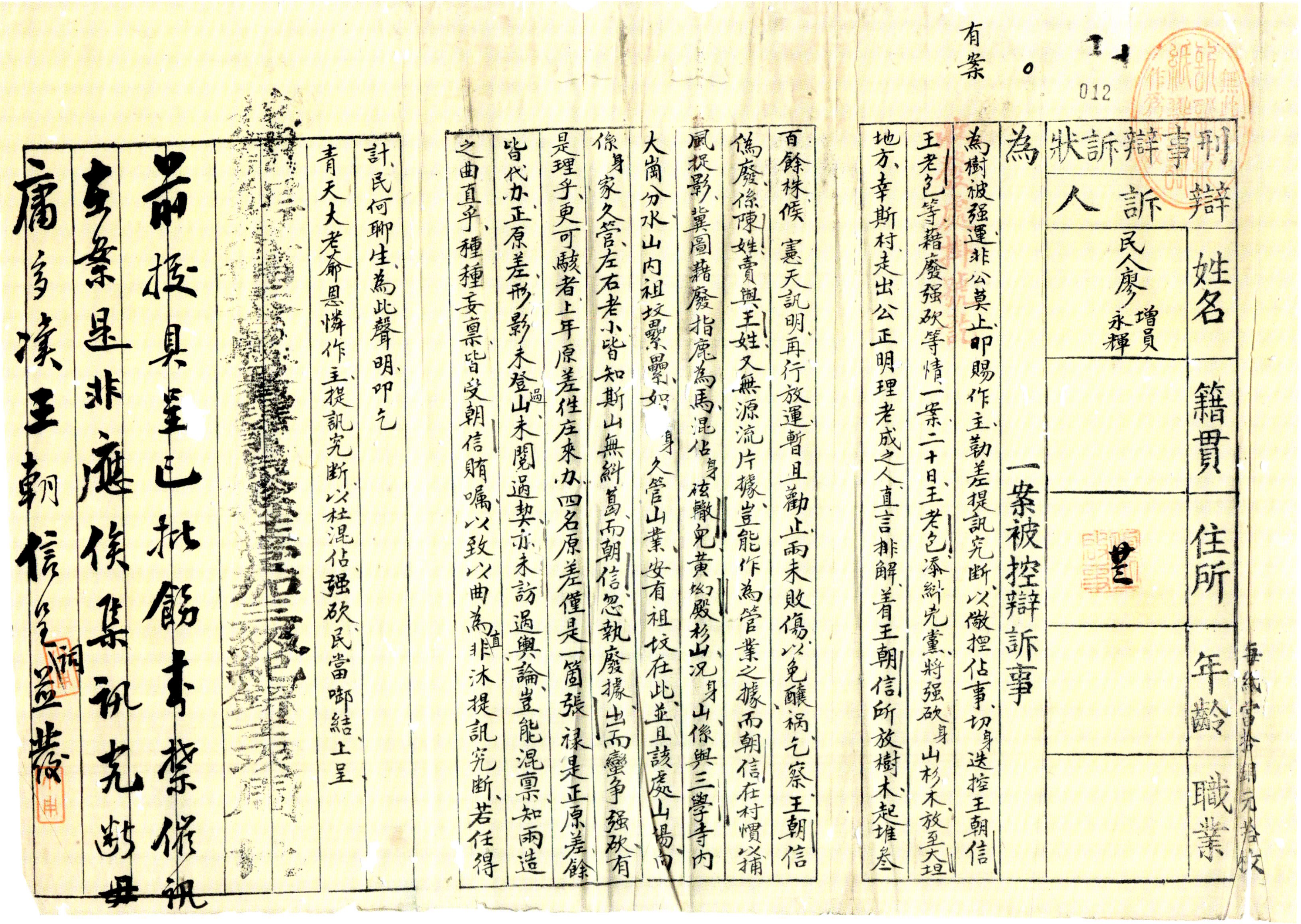

刑事辯訴狀

辯訴人

姓名	籍貫	住所	年齡	職業
民人廖增員、永輝				

有案 〇

012

為一案被控辯訴事

為樹被强運非公莫止，叩賜作主，勒差提訊究斷，以儆控佔事。切身迭控王朝信、王老乞等藉廢强砍等情一案，二十日王老乞添糾兇黨，將强砍身山杉木放至大垟地方、幸斯村，走出公正明理老成之人直言排解，着王朝信所放樹木起堆叁百餘株，候憲天訊明，再行放運，暫且勸止，而未敗傷，以免釀禍。乞察王朝信僞廢，係陳姓賣與王姓，又無源流片據，豈能作為管業之據，而朝信在村慣猶風捉影，冀圖藉廢指鹿為馬，混佔身祖絃徽兇黃㘭殿杉山，况身山係與三學寺內大崗分水山內祖坟纍纍，如身久管山業，安有祖坟在此，並且該處山場向係身家久管，左右老小皆知，斯山無糾葛，而朝信忽執廢據出而爭强砍，有是理乎？更可駭者，上年原差往庄來办四名原差，僅是一箇張禄是正原差，餘皆代办正原差形影，未登山，未閱過，契亦未訪過，輿論豈能混稟，知兩造之曲直乎？種種妄稟，皆受朝信賄囑，以致以曲為直，非沐提訊究斷，若任得計，民何聊生？為此聲明，叩乞

青天大老爺恩憐作主，提訊究斷，以杜混佔强砍，民當啣結上呈。

前據具呈，已批飭書差傳訊，本案是非應候集訊究斷，毋庸多瀆。王朝信呈詞並發。

15.(宣統三年三月廿三日)廖增員等爲控王朝信等樹被强運非公莫止事刑事辯訴狀　(1867：12) 27.0×41.0cm

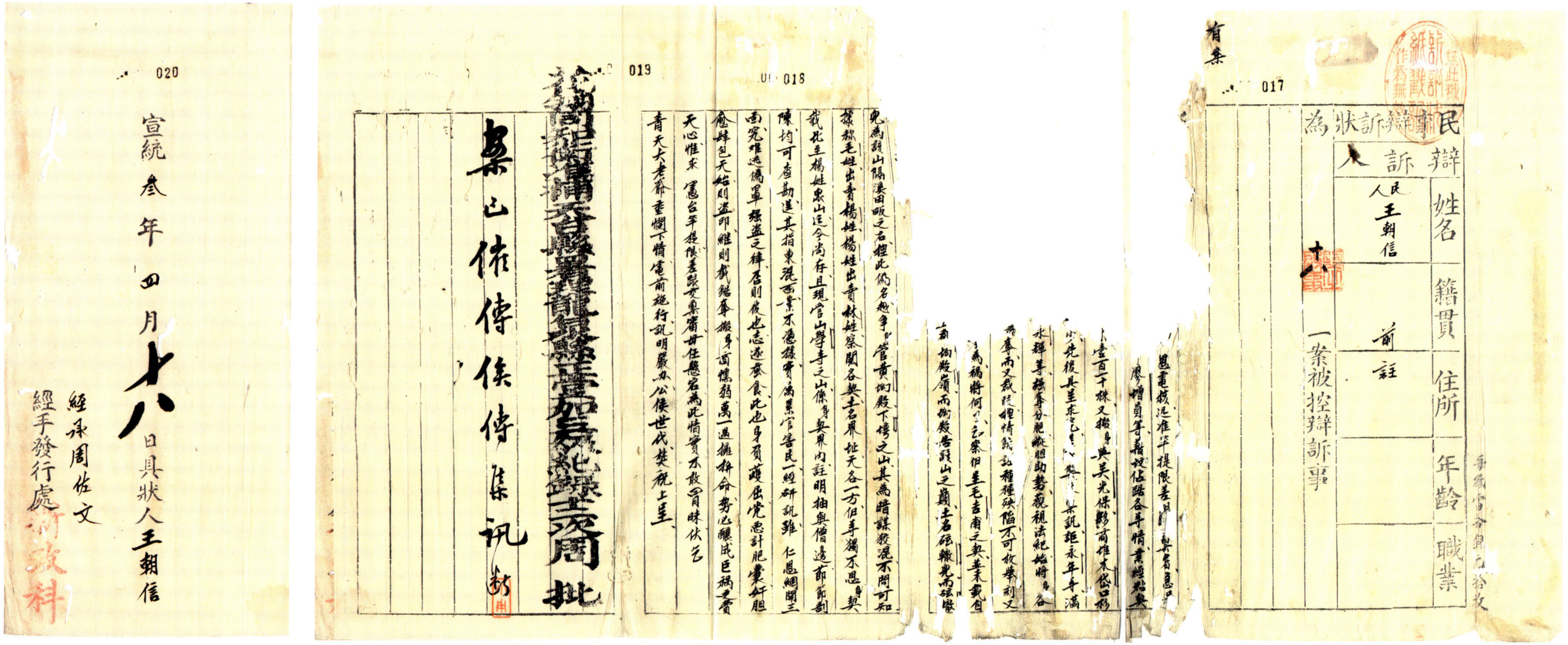

16.宣統三年四月十八日王朝信爲□恩電核迅准簽提事民事辯訴狀　(2876：17–20) 27.0×103.3cm　圖版裁空白頁

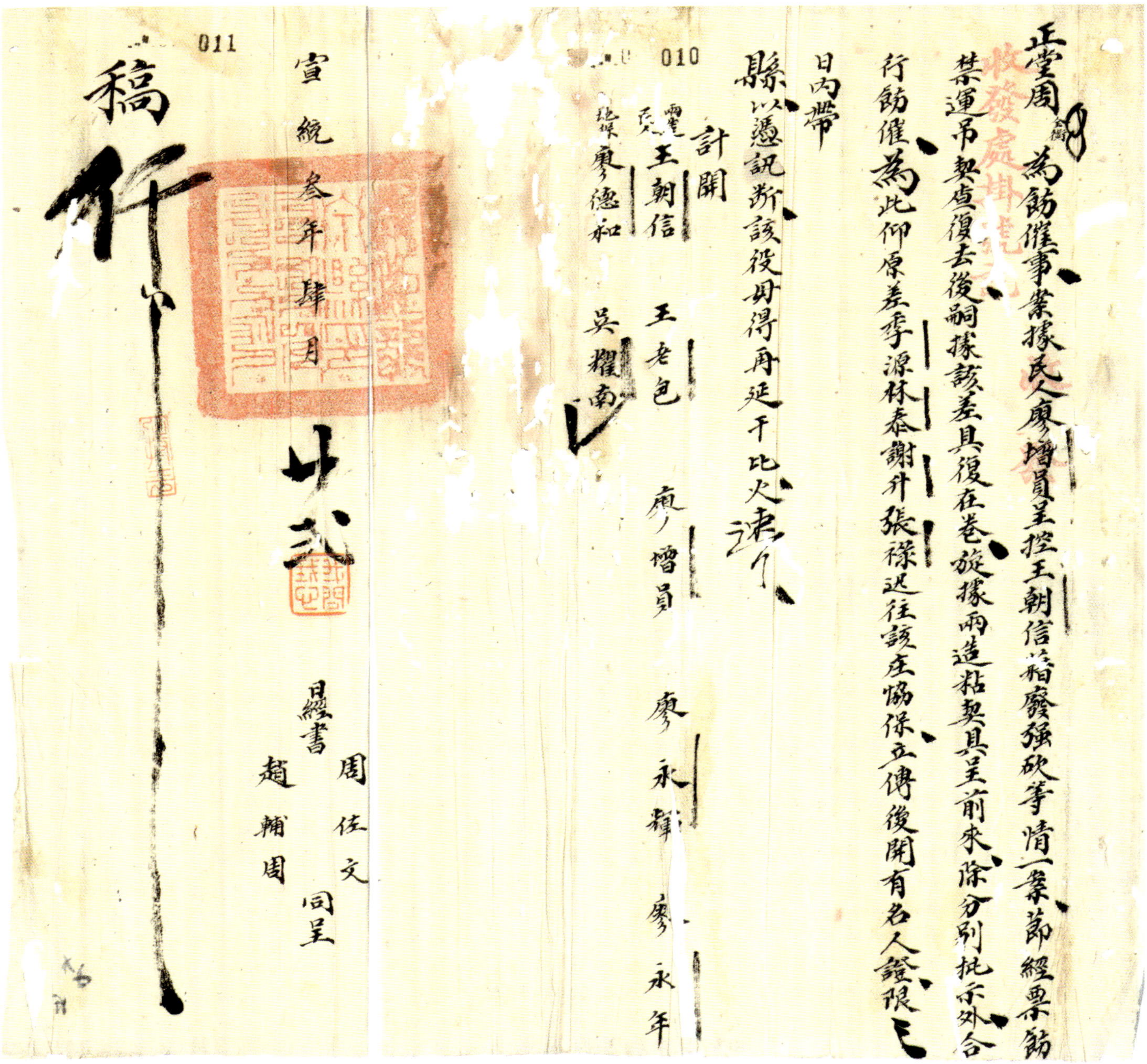
正堂周 為飭催事。案據民人廖增員呈控王朝信藉廢強砍等情一案，節經票飭
禁運吊契查覆去後，嗣據該差具覆在卷。旋據兩造粘契具呈前來。除分别批示外，合
行飭催。為此仰原差季源、林泰、謝升、張祿迅往該庄協保，立傳後開有名人證，限
日內帶
縣，以憑訊斷。該役毋得再延干比。火速！
計開
王朝信 王老包 廖增員 廖永輝 廖永年
地保廖德和 吳耀南
稿
行
宣統叁年肆月 廿二 日
經書 周佐文 同呈
趙輔周

17.宣統三年四月廿二日知縣周琛爲飭催王朝信等事票(稿) (2876：10—11) 27.3×28.5cm

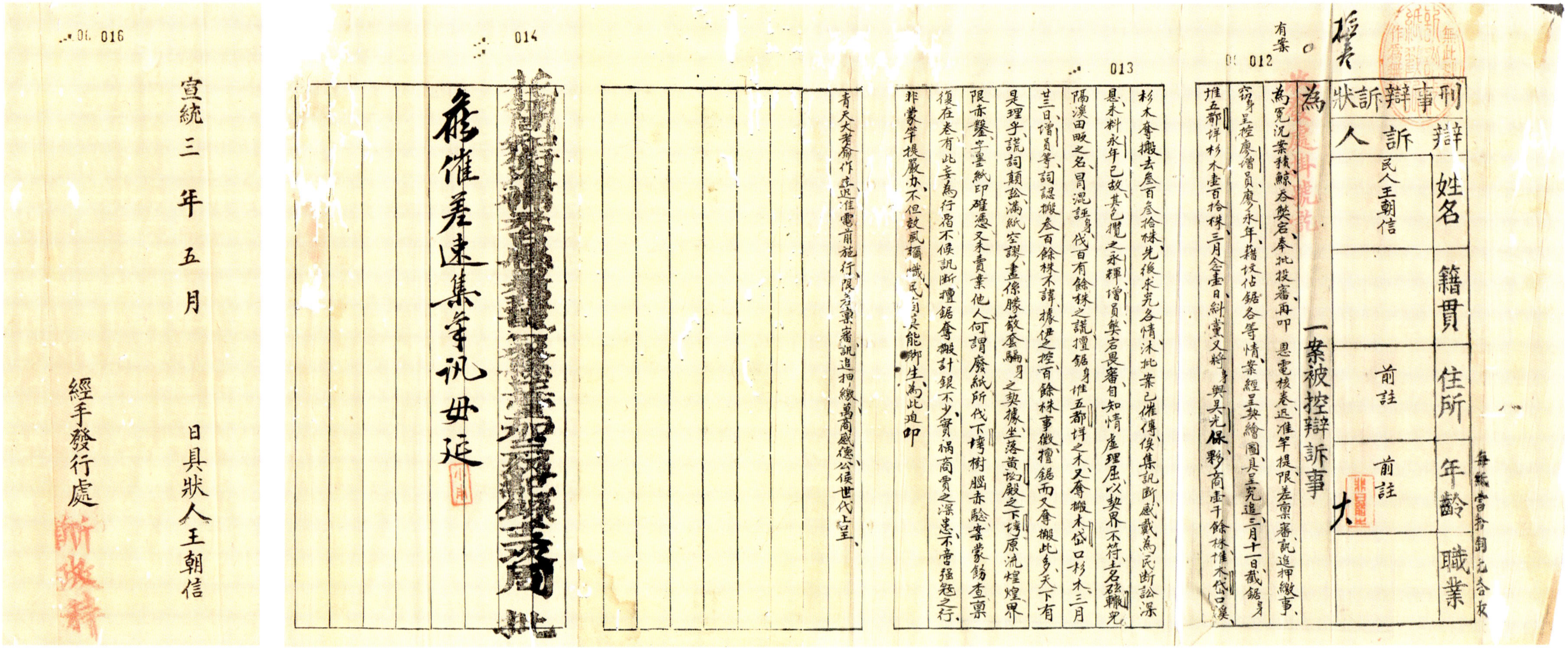
刑事辯訴狀
辯訴人　姓名　民人王朝信
籍貫
住所　前註
年齡　前註
職業
爲一案被控辯訴事
爲冤沉案積、鯨吞弊宕、奉批投審、再叩 恩電核卷、迅准竿提、限差稟審、訊追押繳事。竊身呈控廖增員、廖永年藉故佔鋸各等情，業經呈契繪圖，具呈究追，三月十一日截鋸身堆五都坪杉木壹百拾株、三月念壹日糾黨又將身與吳光保夥商壹千餘株堆木岱口溪杉木奪搬去叁百叁拾株，先後求究各情，沐批案已催傳，候集訊斷，感戴爲民斷訟深恩。未料永年已故，其包攬之永輝、增員，弊宕甚審，自知情虛理屈，以契界不符，土名弦轍，冗陽溪田畈之名，胃混誣身，伐百有餘株之謊，擅鋸身堆五都坪之木，又奪搬木岱口杉木，三月廿三日增員等詞認搬叁百餘株不諱，據伊之控百餘株事，徵擅鋸而又奪搬，此多天下有是理乎。謊詞顛訟，滿紙空謬，盡係朦蔽套騙。身之契據，坐落黃協殿之下塆原流，煌煌界限，赤鑿字墨，紙印確憑，又未賣業他人，何謂廢紙所伐下塆樹腦，赤驗案蒙，飭查稟復在卷。有此妄爲，行兇不候訊斷，擅鋸奪搬，計銀不少，實禍商賈之深患，不啻强匪之行。非蒙竿提嚴办，不但效尤，屬職民，自莫能卿生，爲此迫叩
青天大老爺作主，迅准電前施行，限差稟審，訊追押繳，萬商感德，公侯世代上呈。
着催差速集等訊，毋延。
宣統三年五月
日具狀人王朝信
經手發行處

18.宣統三年五月十八日王朝信爲控廖增員等冤沉案積鯨吞弊宕事刑事辯訴狀　（2876：12–16）27.0×103.5cm　圖版裁空白頁

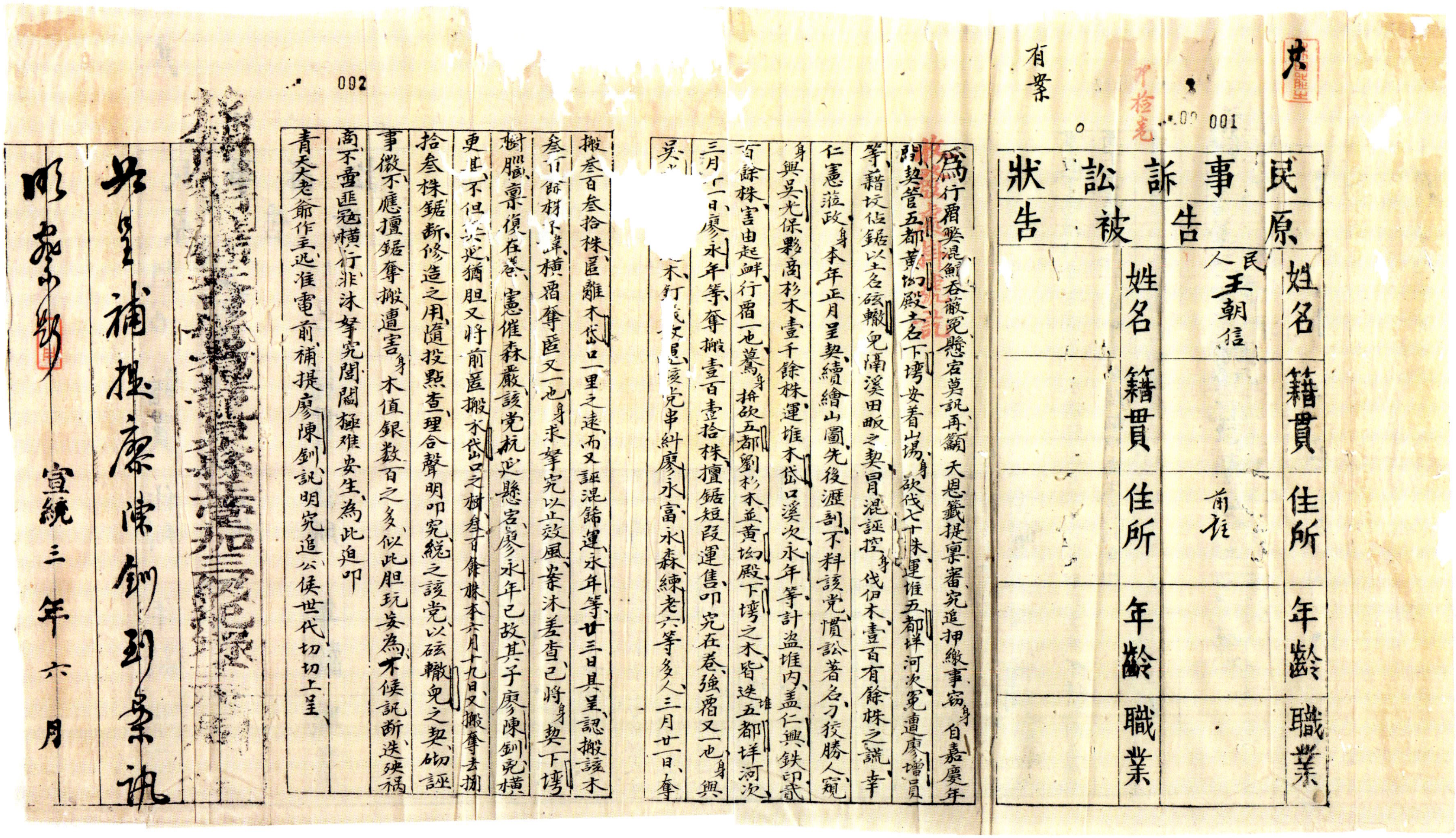
有案

001

民事訴訟狀

原告　姓名　民人王朝信　籍貫　住所　前在　年齡　職業

被告　姓名　籍貫　住所　年齡　職業

爲行霸弊混鯨吞蔽冤懇宕莫訊再籲天恩戳提稟審究追押繳事。竊身自嘉慶年間契管五都黄協殿名下壙安着山場，身砍伐七十株運堆五都洋河次，冤遭廖增員等籍坟佔鋸以土名弦轍兜隔溪田畈之契冒混誣控，身伐伊木壹百有餘株之謊。幸仁憲蒞政，身本年正月呈契繢繪山圖，先後瀝剖，不料該党慣訟著名，刁狡勝人，寵身與吳光保夥商杉木壹千餘株運堆木岱口溪次，永年等計盗堆内，盖仁興鉄印戳百餘株，害由起衅，行霸一也。蔑身拚砍五都劉杉木，並黄協殿下壙之木，皆造五都洋河次，三月十一日，廖永年等奪搬壹百壹拾株，擅鋸短段運售，叩究在卷，強霸又一也。身與吳[illegible]木行[illegible]亥兇串糾廖永富、永森、練老六等多人，三月廿一日，奪搬叁百叁拾株，匿離木岱口一里之遠，而又誣混飾運。永年等廿三日具呈，認搬該木叁百餘株，[illegible]横霸奪匿又一也。身求拏究以止效風，案沐差查，已將身契下壙樹臘稟復在卷，憲催森嚴，該党抗延懸宕，廖永年已故，其子廖陳釗兇横更甚，不但抗延，猶胆又將前匿搬木岱口之樹叁百餘株，本六月十九日又搬奪去捌拾叁株，鋸斷修造之用，隨投黙查，理合聲明，叩究繳之，該党以弦轍兜之契砌誣事，徵不應擅鋸奪搬，遺害身木值銀數百之多，似此胆玩妄爲，不俟訊斷，迭殃禍商，不啻匪寇橫行，非沐拏究，閭閻極難安生，爲此迫叩

青天老爺作主，迅准電前，補提廖陳釗，訊明究追，公侯世代，切切上呈。

002

如呈補提廖陳釗到案訊明察奪

宣統三年六月

19.宣統三年六月廿八日王朝信爲控廖增員等行霸弊混鯨吞蔽冤事民事訴訟狀　（2876：1-2）26.3×49.0cm

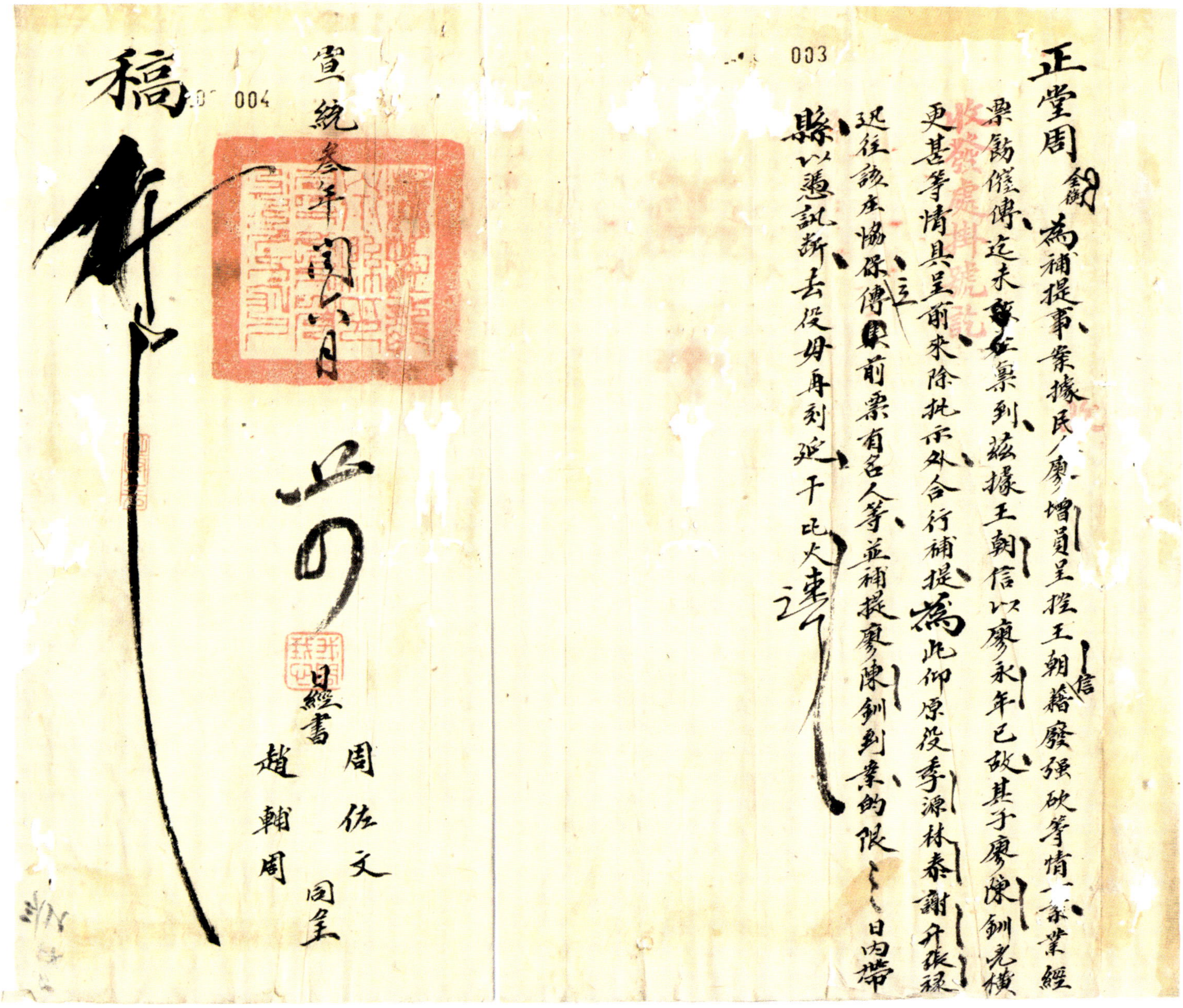

正堂周　飭

爲補提事。案據民人廖增員呈控王朝信藉廢强砍等情一案，業經票飭催傳，迄未[illegible]集到。茲據王朝信以廖永年已故，其子廖陳釧兇橫更甚等情具呈前來，除批示外，合行補提。爲此仰原役李源、林泰、謝升、張祿立迅往該處協保，傳集前票有名人等，並補提廖陳釧到案，飭限三日內帶縣以憑訊斷。去役毋再刻延干比，火速，速。

宣統叁年閏六月廿四日

行

稿

經書　周佐文　同呈

趙輔周

20.宣統三年閏六月廿四日知縣周琛爲補提廖陳釧事票(稿)　(2876：3—4)27.3×30.8cm

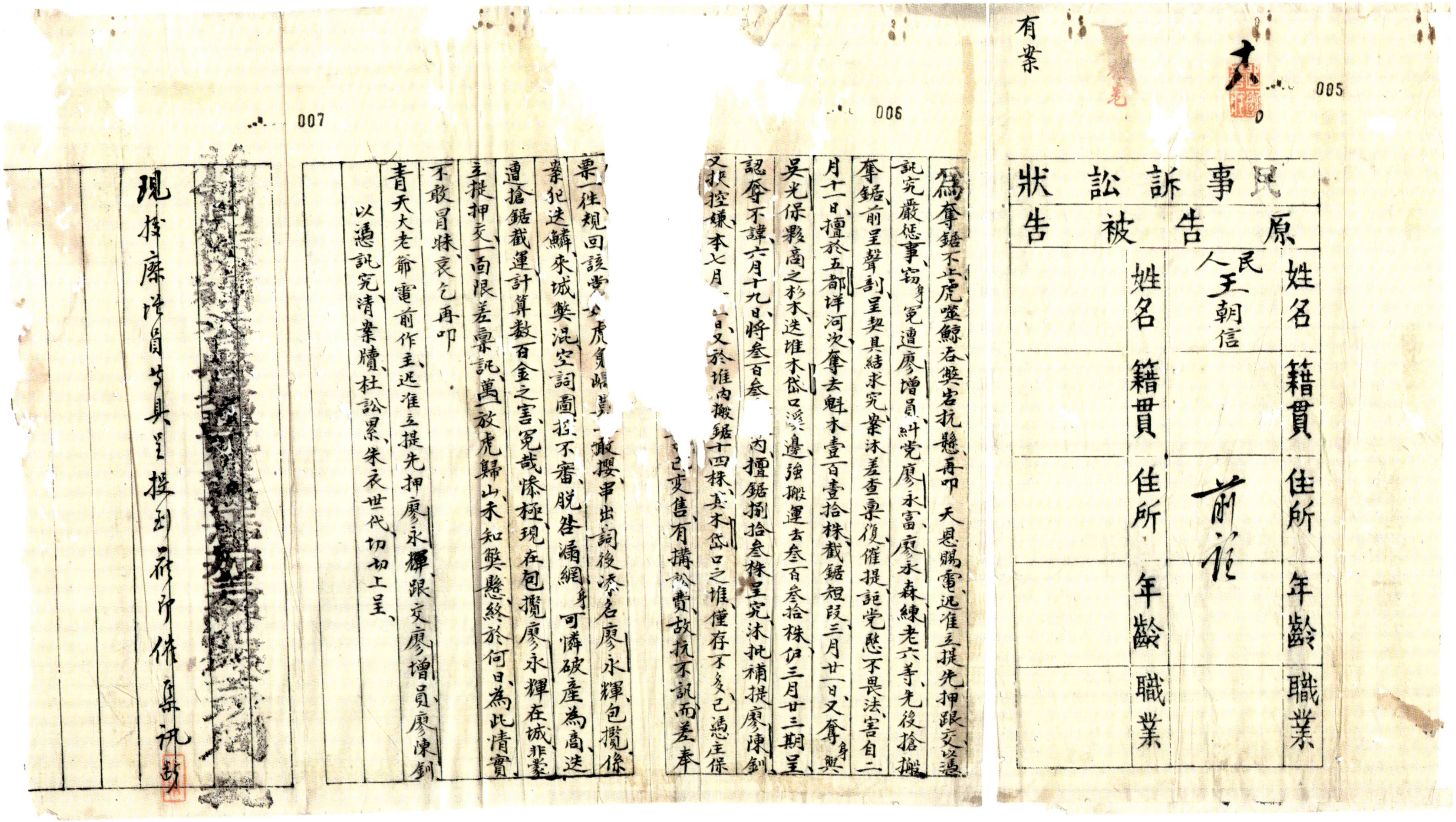

有案

005

民事訴訟狀

原告 姓名 民人王朝信 籍貫 住所 前住 年齡 職業

被告 姓名 籍貫 住所 年齡 職業

006

爲奪鋸不止、虎噬鯨吞、與宕抗懸、再叩 天恩賜電、迅准立提、先押跟交、憑
訊究嚴懲事。竊身冤遭廖增員糾党廖永富、廖永森、練老六等先後搶搬
奪鋸，前呈聲剖，呈契具結，求究，案沐差查稟復，催提詎党恐不畏法，害自二
月十一日擅於五都洋河坎奪去軿木壹百壹拾株，截鋸短段，三月廿一日又奪身與
吴光保夥商之杉木，迭堆木岱口溪邊，強搬運去叁百叁拾株，伊三月廿三期呈
認奪不諱，六月十九日將叁百叁[illegible]內擅鋸搁拾叁株，呈究沐批補提廖陳釗
又復控嫌，本七月[illegible]日又於堆內擅鋸十四株，其木岱口之堆僅存不多，已憑庄保
[illegible]已變售，有搆訟費，故抗不訊，而差奉
票往規回，該党[illegible]虎負嵎[illegible]敢攖，串出詞後，添名廖永輝，包攬係
案犯，迭鱗來城，架混空詞，圖控不審，脫咎漏網，身可憐破產爲商，迭
遭搶鋸截運，計算數百金之害，冤哉慘極，現在包攬廖永輝在城非業
立提押交，一面限差稟訊，萬一放虎歸山，未知與懸終於何日，爲此情實
不敢冒昧，哀乞再叩
青天大老爺電前作主，迅准立提先押廖永輝跟交廖增員、廖陳釗
以憑訊究清案牘，杜訟累，朱衣世代，切切上呈。

007

現據廖增員等具呈，提到府，即候集訊。

21.(時間不詳)王朝信爲控廖增員等奪鋸不止虎噬鯨吞事民事訴訟狀　(2876：5–7) 27.8×50.5cm

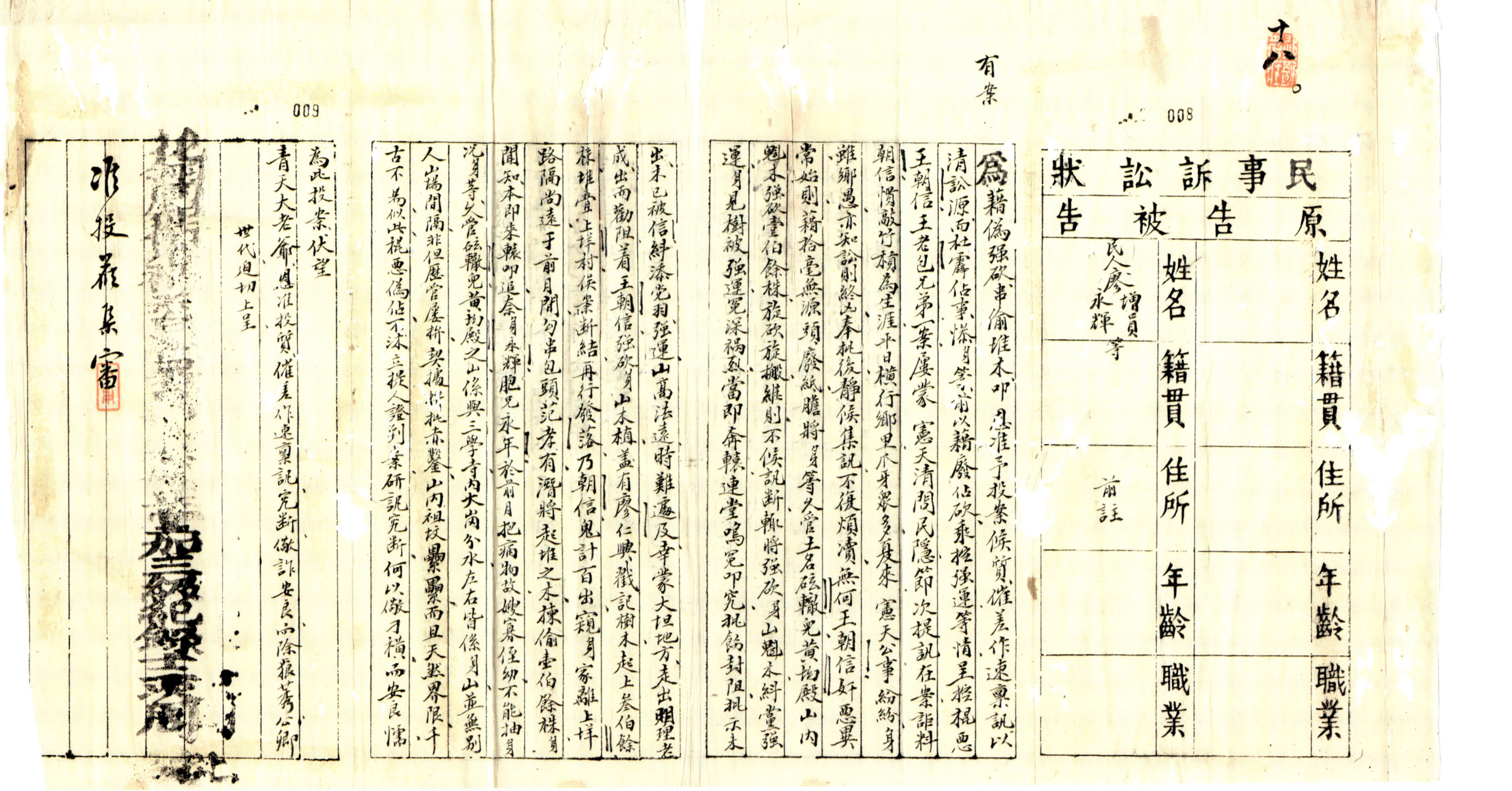

十六

有案

008

民事訴訟狀					
原告	姓名 民人廖增員、永輝等	籍貫	住所 前註	年齡	職業
被告	姓名	籍貫	住所	年齡	職業

爲藉僞强砍串偷堆木，叩恩准予投案候質，催差作速稟訊，以清訟源而杜霸佔事。緣身等前以藉廢佔砍，乘控强運等情呈控棍惡王朝信、王老包兄弟一案，屢蒙憲天清問民隱，節次提訊在案。詎料朝信慣敲竹槓，爲生涯，平日橫行鄉里，爪牙衆多，迭來憲天公事紛紛。身雖鄉愚，亦知訟則終凶，奉批後靜候集訊，不復煩瀆。無何王朝信奸惡異常，始則藉拾毫無源頭廢紙，膽將身等久管土名磁轆兒黄𡊢殿山内䰟木强砍壹佰餘株，旋砍旋搬。繼則不候訊斷，輒將强砍身山䰟木糾黨强運。身見樹被强運，冤深禍烈，當即奔轅連堂鳴冤，叩究批飭封阻，批示未出，木已被信糾黨兇羽强運。山高法遠，時難遍及，幸蒙大坦地方走出明理老成，出而勸阻，着王朝信强砍身山木植，蓋有廖仁興戳記樹木，起上叁佰餘株堆疊上洋村，俟案斷結再行發落。乃朝信鬼計百出，窺身家離上洋路隔尚遠，于前月閒勾串包頭范孝有潛將起堆之木揀偷壹伯餘株。身聞知，本即來轅叩追，奈身永輝胞兄永年於前月抱病物故，嫂寡侄幼，不能抽身。況身等久管磁轆兒黄𡊢殿之山，係與三學寺内大崗分水，左右皆係身山，並無別人山場間隔，非但歷管屢拚，契據粘批亦鑿；山内祖坟纍纍，而且天然界限，千古不易。似此棍惡僞佔，不沐立提人證到案研訊究斷，何以儆刁横而安良懦。爲此投案伏望

青天大老爺恩准投質，催差作速稟訊究斷，儆詐安良，而除狼蠹，公卿世代。迫切上呈

009

准投候集審

22.(時間不詳)廖增員等爲控王朝信藉僞强砍串偷堆木事民事訴訟狀　（2876：8–9）28.0×52.0cm

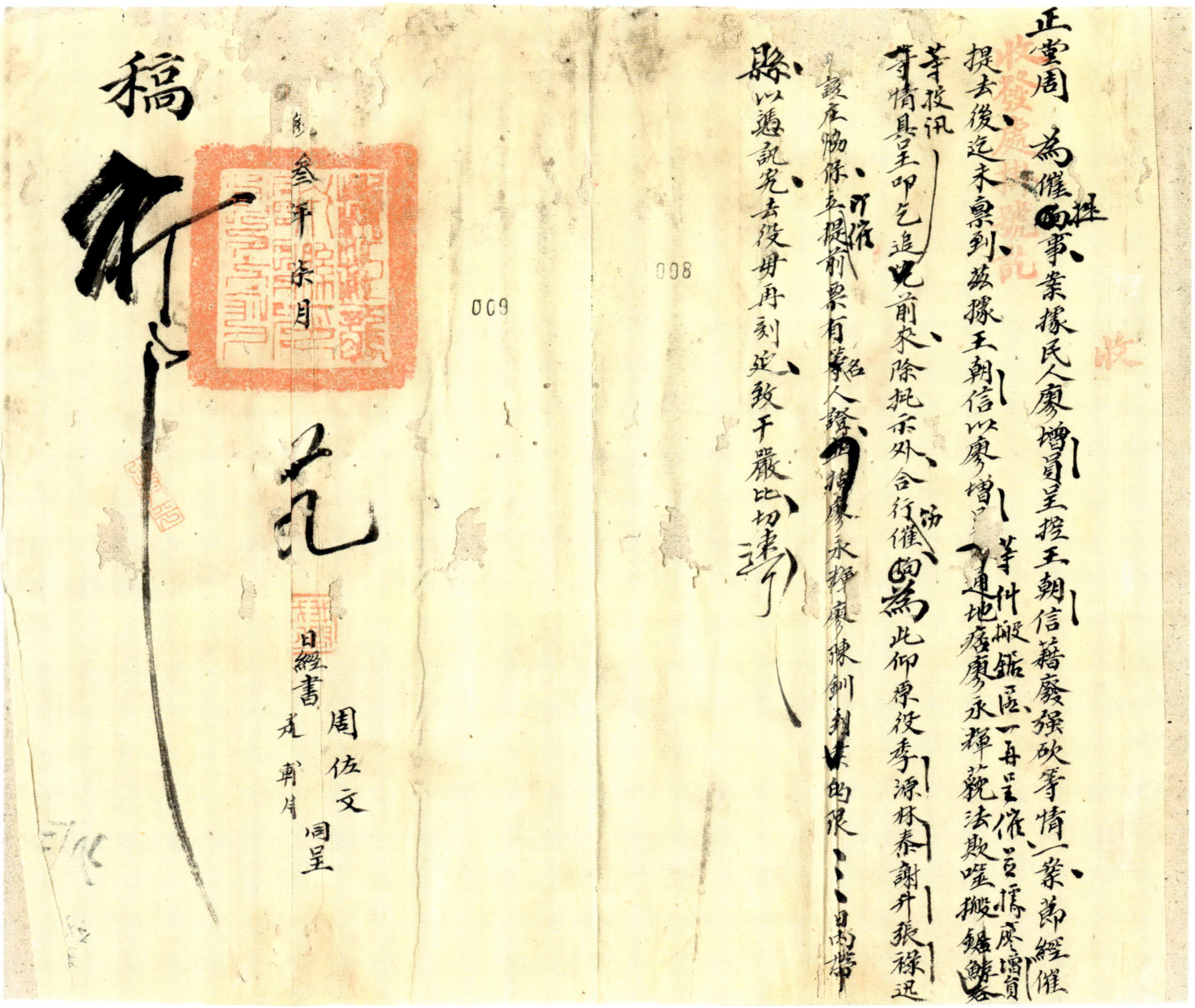
正堂周 為催提事。案據民人廖增蘭呈控王朝信藉廢殯砍等情一案，節經催
提去後，迄未稟到。茲據王朝信以廖增蘭等什搬踞匿，一再呈催 [illegible]
[illegible] 地痞廖永輝藐法欺噬，搬鑼 [illegible]
等投訊
等情具呈叩乞追究前來。除批示外，合行催提。為此仰原役季源林、泰謝升、張祿迅
該差協保立提前票有名人證，並續指廖永輝、廖祿釧、劉某 [illegible] 限 [illegible] 日內帶
縣，以憑訊究。去役毋再刻延，致干嚴比。切速。

稿

行

宣統叁年柒月 日經書 周佐文 同呈

008

009

23.宣統三年七月廿九日知縣周琛爲催提廖永輝等事票(稿) （1867：8—9）26.9×30.0cm

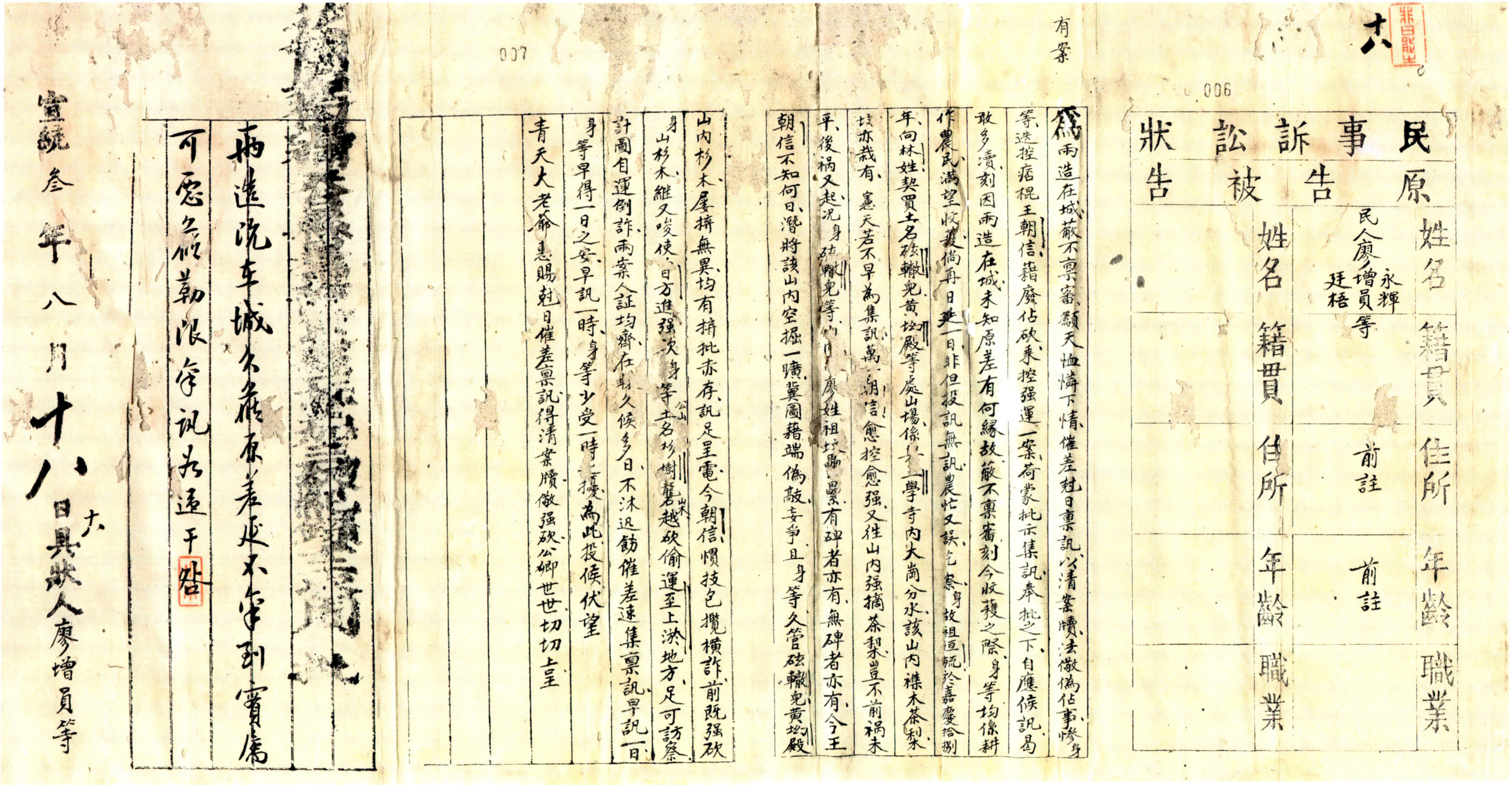

六

有案

民事訴訟狀

原告 姓名 籍貫 住所 年齡 職業

民人廖增員 永輝 廷梧 等

前註

前註

被告 姓名 籍貫 住所 年齡 職業

爲兩造在城蔽不稟審，懇天恤憐下情，催差赴日稟訊，以清案牘，法懲僞佔事。緣身等迭控痞棍王朝信藉廢佔砍，秉控强運一案，荷蒙批示集訊，奉批之下，自應候訊，曷敢多瀆。刻因兩造在城，未知原差有何緣故，蔽不稟審。刻今收穫之際，身等均係耕作農民，滿望收穫，倘再日延一日，非但投訊無訊，農忙又誤。包案身故祖亘魁於嘉慶拾捌年向林姓契買土名砵轆兜、黄坳殿等處山場，係□□學寺內大崗分水，該山內襍木茶梨均亦栽有。蹇天若不早爲集訊，萬一朝信愈控愈强，又往山內强摘茶梨，豈不前禍未平，後禍又起。況身砵轆兜等□□廖姓祖坟壘壘，有碑者亦有，無碑者亦有，今王朝信不知何日，潛將該山內空掘一壙，冀圖藉端僞跡，妄爭。且身等久管砵轆兜、黄坳殿山內杉木，屢摘無異，均有摘批亦存，訊足呈電。今朝信慣技包攬橫詐，前既强砍身山杉木，繼又唆使□日方進强次身等土名杉樹舊越砍偷運至上淤地方，足可訪察，許圖自運，例詐。兩案人証均齊在城，久候多日，不沐迅飭催差速集稟訊。早訊一日，身等早得一日之安；早訊一時，身等少受一時之擾。爲此投候，伏望

青天大老爺恩賜赴日催差稟訊，得清案牘，懲强砍，公卿世世，切切上呈。

兩造既在城，原差延不到審，實屬可惡，飭勒限帶訊，如違干咎。

宣統叁年八月十八日具狀人廖增員等

24.宣統三年八月十八日廖增員等爲控王朝信兩造在城蔽不稟審事民事訴訟狀　（1867：6–7）27.0×59.0cm

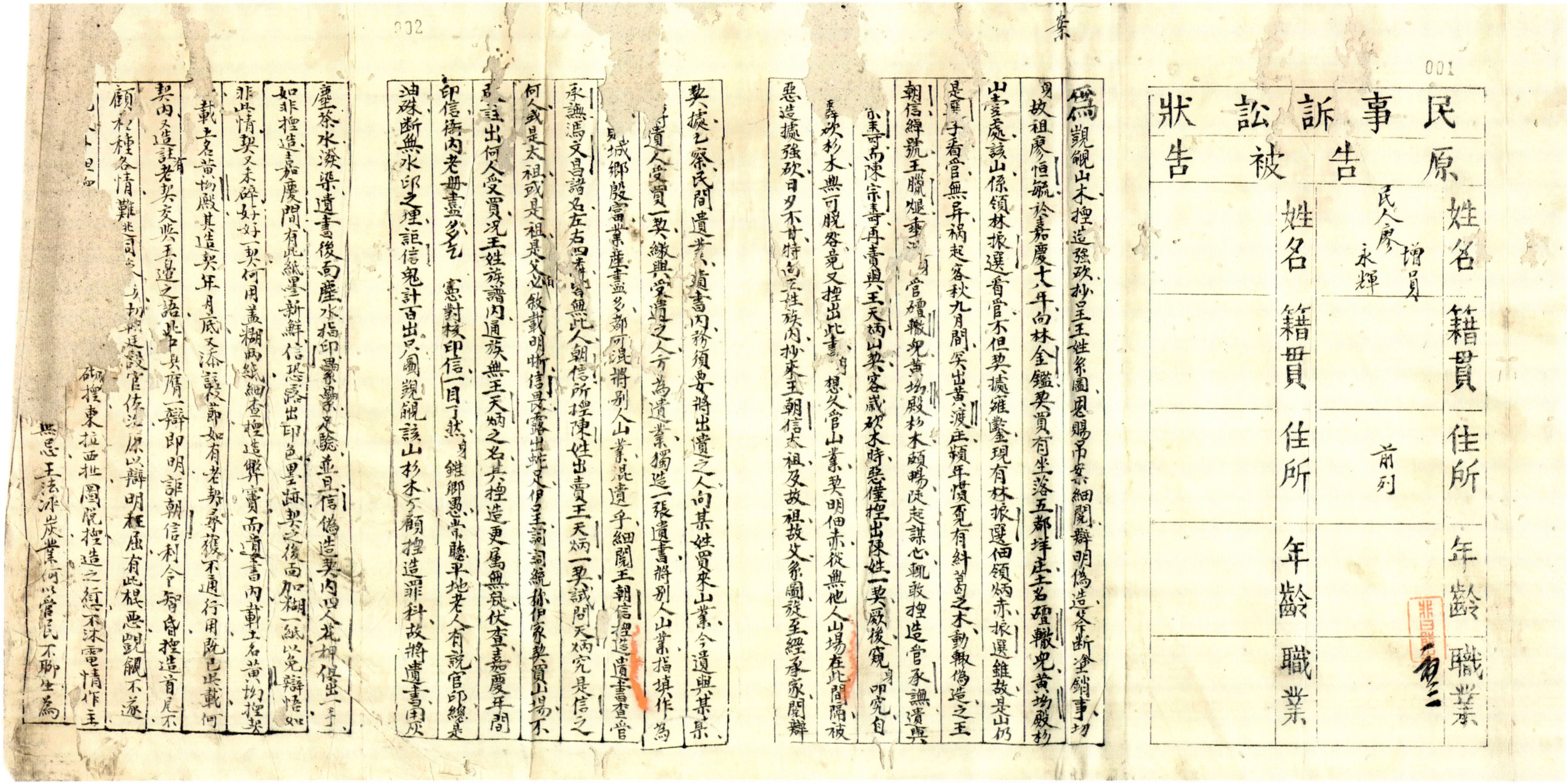

001

民事訴訟狀

	姓名	籍貫	住所	年齡	職業
原告	民人廖增員 永輝		前列		
被告					

爲覬覦山木揑造强砍，抄呈王姓系圖，恩賜吊案細閱，辯明僞造，斧斷塗銷事。切

身故祖廖恒毓於嘉慶十八年向林金鑑契買有坐落五都坪庄土名䃾轍兜黄坳殿杉

山壹處，該山係領林振選看管，不但契據確鑿，現有林振選佃領炳赤振選雖故，是山仍

是選子看管無異。禍起客秋九月間，突出黄渡庄賴年慣覔有糾首之木，動輒僞造之王

朝信綽號王臘爆，乘身管禮轍兜黄坳殿杉木頗暢，陡起謀心，輒敢揑造管承讌遺與

尔寿可向陳宗壽再賣與王天炳山契，客歲砍木時，惡僅揑出陳姓一契，厥後窺身叩究，自

覺砍杉木無可脫，容竟又揑出此書。身想久管山業，契明佃赤，從無他人山場在此間隔，被

惡造據强砍，日夕不甘，特向王姓族內抄來王朝信太祖及故祖故父系圖，旋至經承家閱辯

002

契據乙察。民間遺囑遺書，內務須要將出遺之人向某姓買來山業，今遺與某某

某遺人受買一契，繳與受遺之人，方爲遺業。獨造一張遺書，將别人山業指填作爲

身城鄉殷富業產盡多，都可混將别人山業混遺乎？細閱王朝信揑造遺書，查管

承讌馮文昌諸名左右四[illegible]皆無此人，朝信所揑陳姓出賣王天炳一契，試問天炳究是信之

何人？或是太祖，或是祖，是父，必敘載明晰，信畏恐露出破綻，伊王詞詞統稱伊家契買山場，不

敢註出何人受買，况王姓族譜內通族無王天炳之名，其揑造更屬無疑。伏查嘉慶年間

印信係內老册盡多，乞 憲對核印信，一目了然。身雖鄉愚，常聽平地老人有說，官印總是

油硃，斷無水印之理。詎信鬼計百出，只圖覬覦該山杉木，不顧揑造罪科，故將遺書因[illegible]

塵茶水潑渠遺書後，面塵水指印畫字，足驗並且信僞造契內四人花押，俱出一手。

如非揑造，嘉慶間有此紙墨新鮮，信恐露出印色黑跡，契之後面加糊一紙，以免辯悟。如

非此情，契又未碎好好一契，何用蓋糊兩紙？細查揑造弊竇，而遺書內載土名黄坳揑契

載土名黄坳殿，其造契年月底又添[illegible]節，如有老契，尋獲不適行用，既已只載何

契內又造註老契交與王遺之語？此中[illegible]一辯即明。詎朝信利令智昏，揑造首尾不

顧，杉種各情難逃 司鑒。[illegible]朝廷設官依法，原以辯明枉屈，有此根惡覬覦，不遂

砍揑東拉西扯，圖[illegible]揑造之[illegible]，不沐電情作主，

無惡王法，冰炭業，何以管民？不聊生爲

25.(時間不詳)廖增員等爲控王朝信覬覦山木揑造强砍事民事訴訟狀　(1867：1–2) 27.4×54.5cm

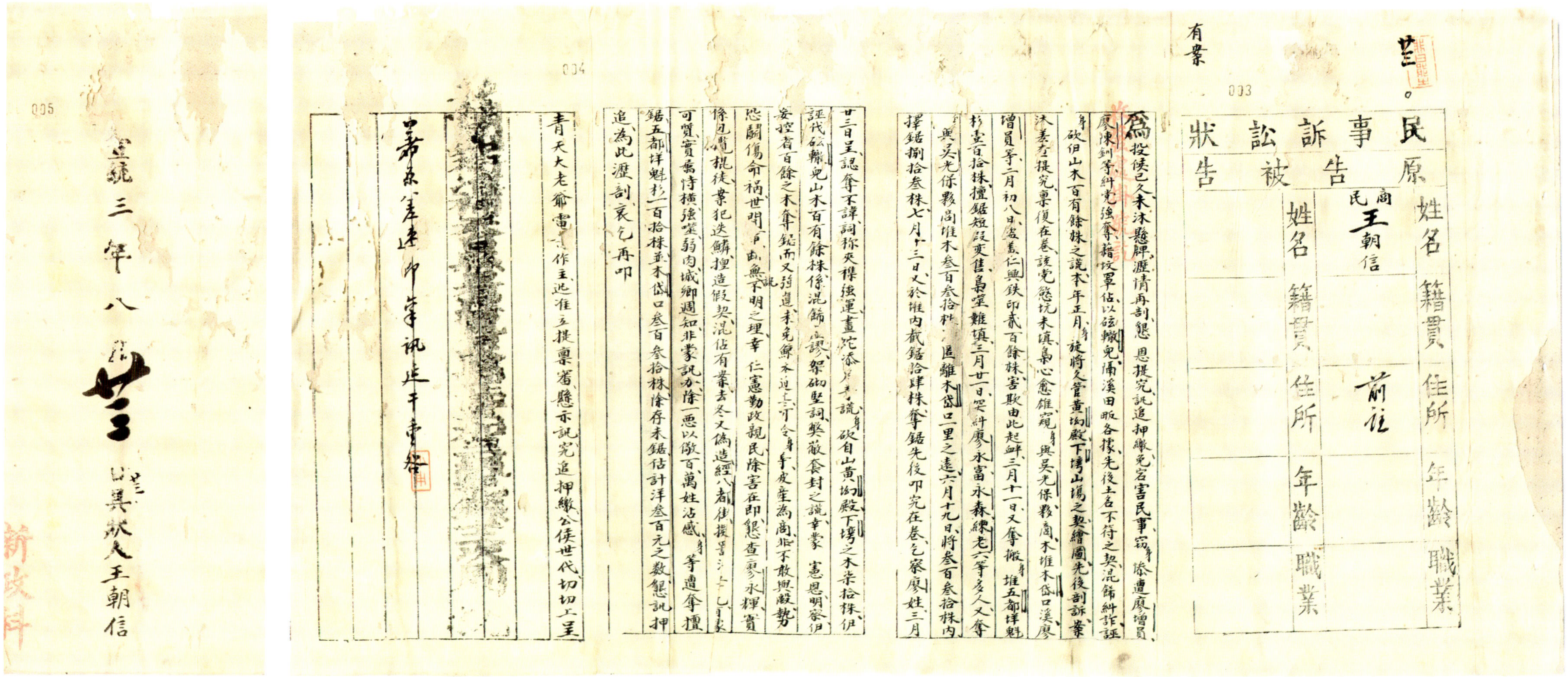

26. 宣統三年八月廿三日王朝信爲控廖增員等投候已久未沐懸牌事民事訴訟狀　(1867：3-5) 27.2×92.0cm　圖版裁空白頁

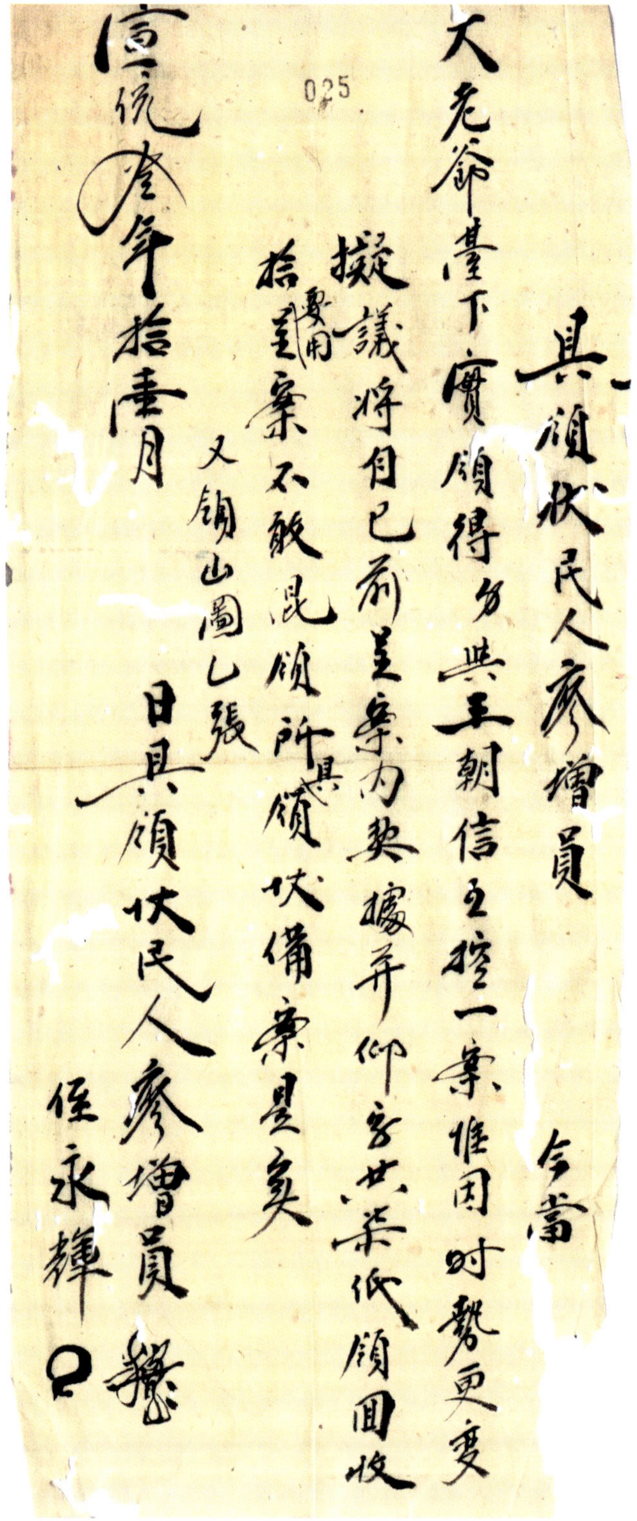
具領狀民人廖增員
今當
大老爺臺下實領得身與王朝信互控一案，惟因時勢更變，
擬議將自己前呈案內契據并仰多世業代領回收，
扵呈案不敢混領，所具領狀備案是實。
又領山圖乙張
宣統叁年拾壹月　日具領狀民人廖增員
侄永輝

27.宣統三年十一月廖增員等領狀　（1867：25）32.0×12.5cm

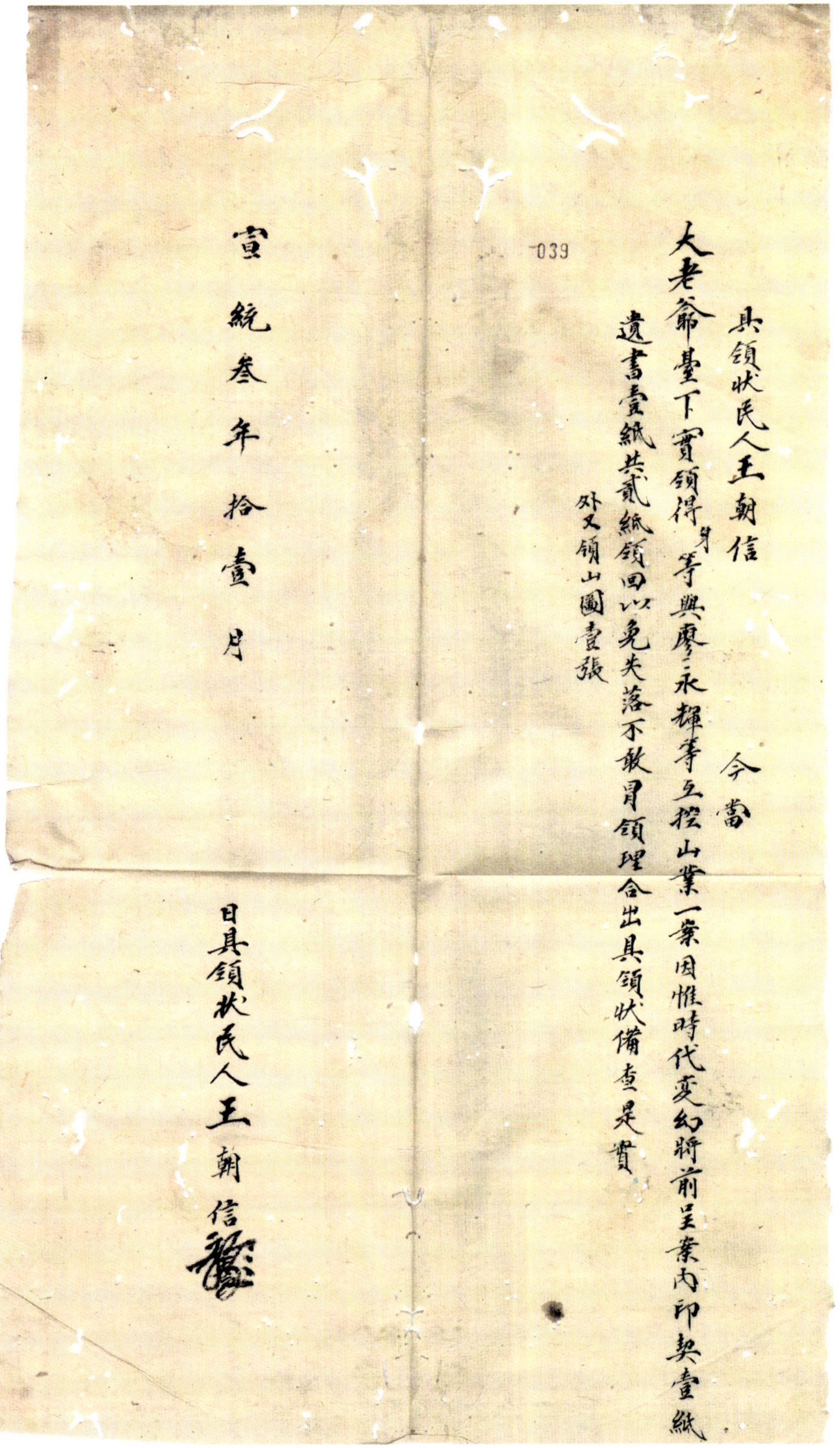
具領狀民人王朝信
今當
大老爺臺下實領得身等與廖永輝等互控山業一案，因惟時代變幻，將前呈案內印契壹紙、
遺書壹紙，共貳紙，領回以免失落，不敢冒領，理合出具領狀備查是實。
外又領山圖壹張
宣統叁年拾壹月　日具領狀民人王朝信

28.宣統三年十一月王朝信領狀　（1867：39）42.5×25.0cm

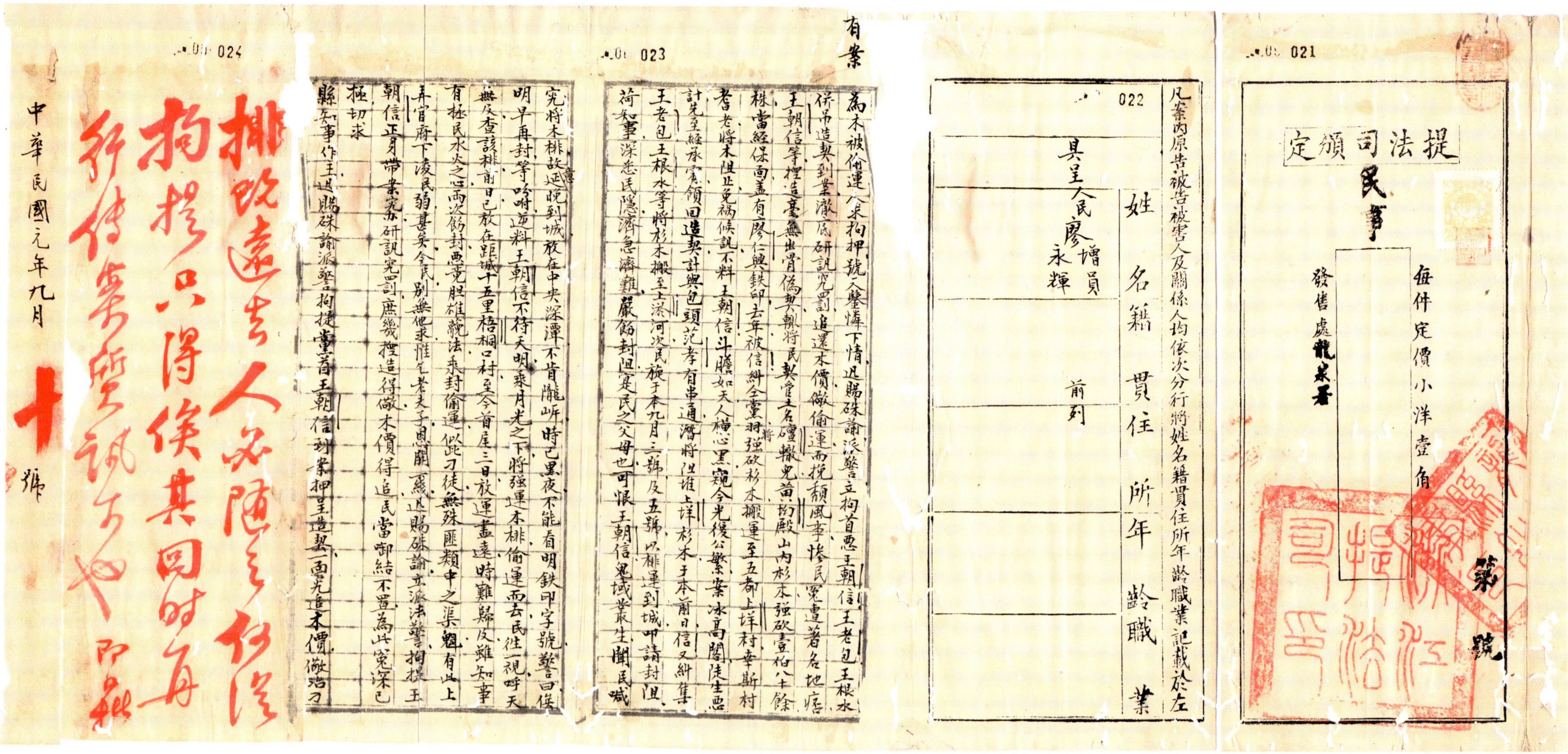
提法司頒定
民事
每件定價小洋壹角
發售處
第　號

凡案內原告被告被害人及關係人均依次分行將姓名籍貫住所年齡職業記載於左

姓名	籍貫	住所	年齡	職業
具呈人民廖增員、廖永輝		前列		

有案

為木被偷運，懇求拘押號，懇憐下情，迅賜硃諭派警立拘首惡王朝信、王老包、王根水
併吊造契到案，澈底研訊究罰，追還木價，以儆偷運而挽頹風事。慘民寃遭著名地痞
王朝信等捏造墓無出骨偽契，輒將民契管土名礶輾兜薗、均殿山內杉木強砍壹伯八十餘
株，當經保面蓋有廖仁興鉄印。去年被信糾仝黨羽將強砍杉木搬運至五都上垟村李斯村
者，老將木阻止，免禍候訊。不料王朝信斗膽如天，人橫心黑，竊今光復公繁，案冰高閣，陡生惡
計，先至經承處領回造契，計與包頭范孝有串通，潛將阻堆上垟杉木于本前日信又糾集
王老包、王根水等將杉木搬至上滾河，次民旋于本九月三號及五號以排運到城，叩請封阻，
荷知事深悉民隱，濟急濟難，嚴飭封阻，寔民之父母也。可恨王朝信鬼蜮叢生，闇民喊
究，將木排故延晚到城，放在中央深潭，不肯攏岸。時已黑夜，不能看明鉄印字號，警曰：俟
明早再封。等吩咐逆料王朝信不待天明，乘月光之下將強運之木排偷運而去。民往一視，呼天
無及。查該排前日已放在距城十五里梧桐口村，至今首尾三日，放運盡遠，時難歸反。雖知事
有拯民水火之心，兩次飭封，惡竟胆雄藐法，乘封偷運，似此刁徒，無殊匪類中之渠魁。有此上
弄官府，下凌民弱，甚矣。今民別無他求，惟乞老夫子恩關，迅賜硃諭立派法警拘提王
朝信正身帶案究辦，研訊究罰，庶幾捏造得儆，木價得追，民當啣結不置。為此寃深已
極，切求
縣知事作主，迅賜硃諭派警拘提黨首王朝信到案押呈造契，一面先追木價，儆治刁

批：既遠去，人必隨之，從何拘捉？只得俟其回時，再行傳案訊究可也。印發

中華民國元年九月十號

29.民國元年九月十日廖增員等爲控王朝信等木被偷運人求拘押事民事狀
（2876：21—22）28.0×31.1cm；（2876：23—24）28.0×34.5cm

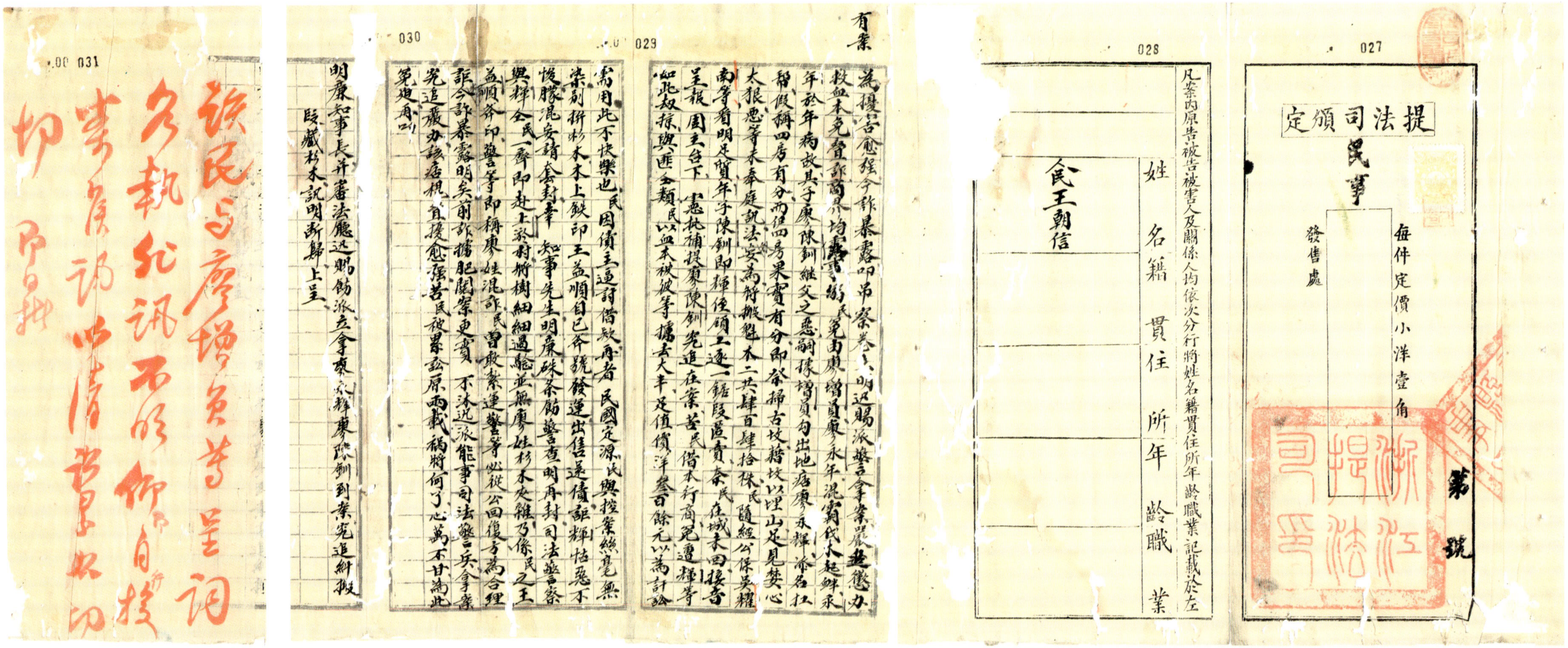

提法司頒定

民事

每件定價小洋壹角

發售處

第　號

凡案內原告被告被害人及關係人均依次分行將姓名籍貫住所年齡職業記載於左

姓名	籍貫	住所	年齡	職業
民王朝信				

有業

爲擾害愈强今詐暴露叩吊案嚴究懲办事。竊民與廖增員等均系鄉民，先因廖增員、廖永年混霸民木起衅，永年於年病故，其子廖陳釧繼父之惡嗣，孫增員勾出地痞廖永輝冒名扛幫，假稱四房有分，而但四房果實有分，即各歸古墳，舊墳以埋山足見其心太狠惡，等未奉庭訊，法安爲將搬魁木二共肆百肆拾株，民隨經公保吳耀南等看明，足賀年手陳釧即輝使領工逐一鋸段。奈民在城未回，接音呈報國主台下，蒙批補提廖陳釧究追在案。茲民借木行商，冤遭輝等如此叔掠，與匪仝類。民以血本被彼等擄去大半，足值價洋叁百餘元，以爲訴訟需用，此不快樂也。民因債主逼討借款，再者民國定源，民與控案絲毫無染，別拚杉木，木上鈌印王益順自己斧號，發運出售，還債，詎輝恬惡不悛，朦混妄請查封。幸知事先生明康，殊飭警查明，再封司法警察與輝仝民一齊即赴上茶村，將樹細細過驗，並無廖姓杉木夾雜，乃係民之王益順斧印，警等即稱廖姓混詐，民冒敢違警等，必從公回復，方爲合理。詎今詐暴露明矣，前詐據肥，閱案更實，不沐迅派能事司法警兵拿案究追，嚴办該痞棍，直擾愈强，苦民被累訟原，兩載，禍將何了，心萬不甘，爲此冤迫再叩。

明康知事長並審法廳迅賜飭派立拿廖永輝、廖陳釧到案，究追糾搬賠贓杉木，訊明斷歸上呈。

30.（時間不詳）王朝信爲控廖增員等擾害愈强今詐暴露事民事狀

（2876：27–28）28.0×31.0cm；（2876：29–30）28.0×30.6cm；（2876：31）28.0×12.2cm

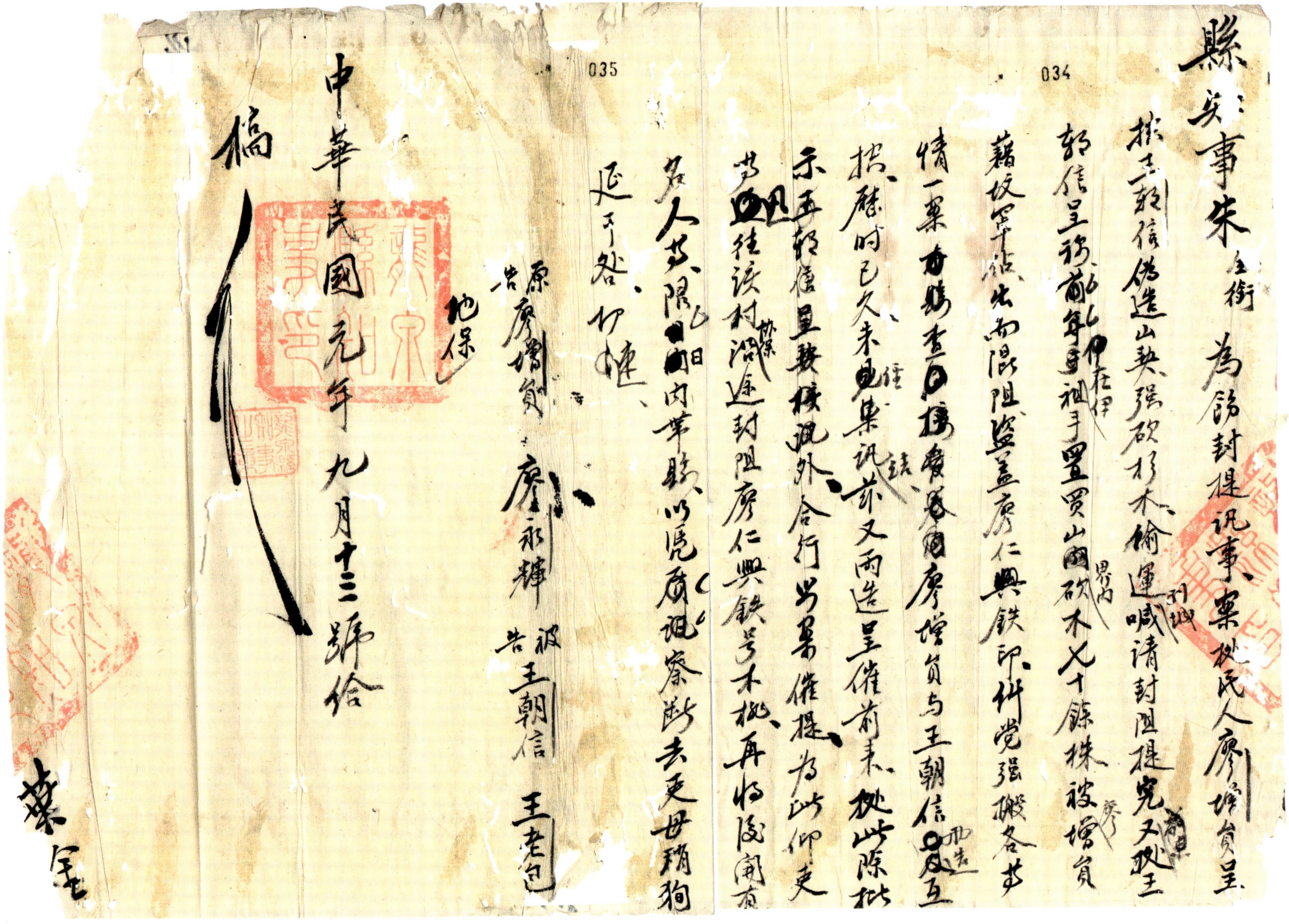

31.民國元年九月十三日縣知事朱光奎爲飭封提訊廖增員等事票(稿)（2876：34–35）28.8×41.5cm

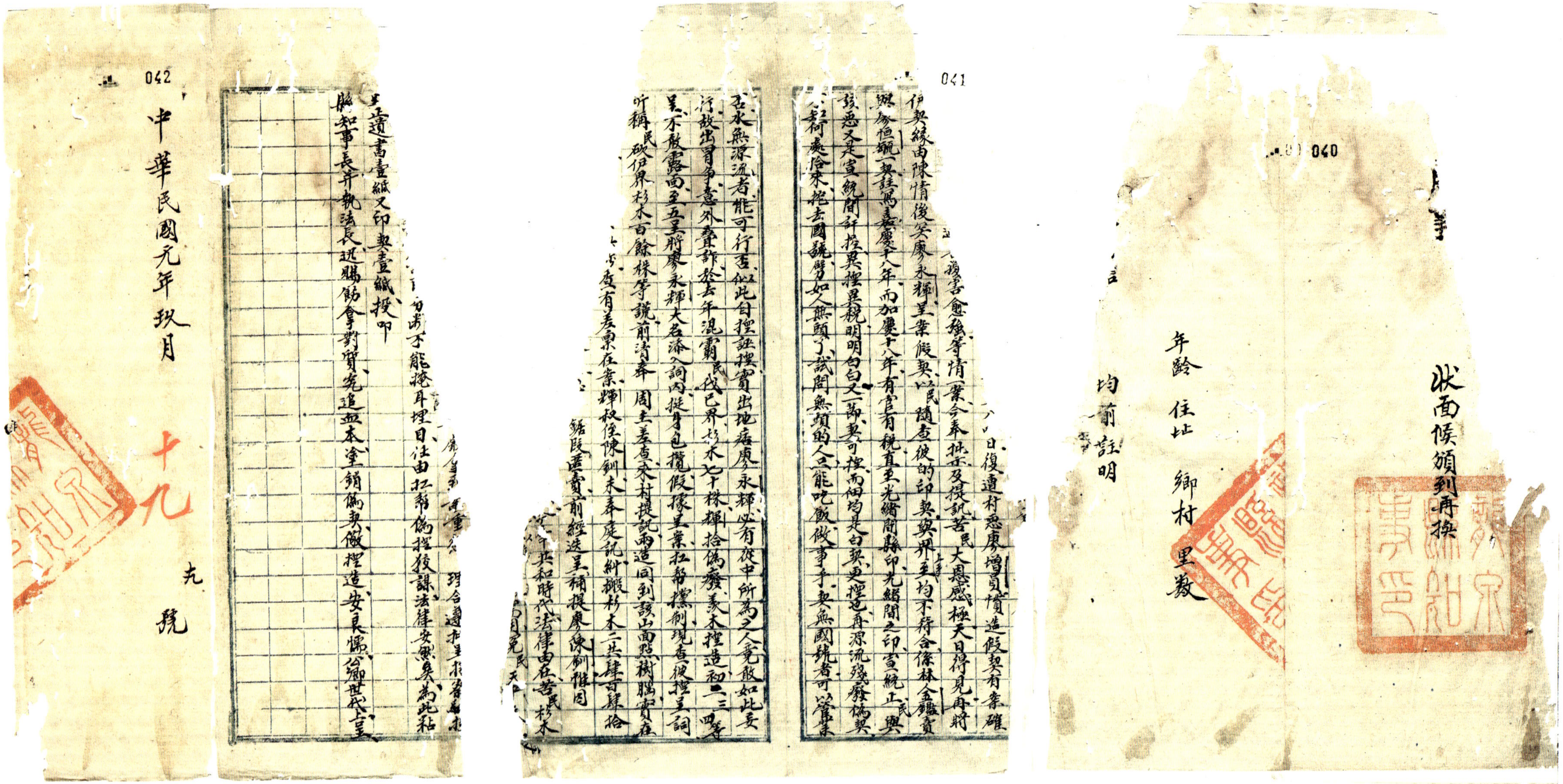

32.民國元年九月十九日王朝信爲控廖增員等迅賜飭拿對質事民事狀

（2876：40）26.5×19.2cm；（2876：41）28.0×18.5cm；（2876：42）28.0×17.0cm

為禀覆事。警等齎票協保往黄渡村王朝信家將票擡與伊看，王朝信兄弟現均已在家，彼弟運樹未回。警見面後，即往五都坪村廖增員、水輝家，警詢伊兄弟王朝信將木筏偷運外，别處尚有未運否，伊稱未運之木俱是王姓字號，没有廖家斧印。前朝信强砍砝轍見黄、坳殿杉木，已經地保三面點明株數，每株均蓋有廖仁興鉄印。本九月五號王朝木筏到城，伊説喊請封阻，詎朝信不待天明，乘月光之下，將木筏偷放而去。警又詢兩村耆老，皆云該木係是王某强運，經廖姓喊請公阻。此是上坪庄之木，近日被朝信兄弟恃强運來城偷放而去，是實。復查訪俱無少異。警將票飭封阻提訊緣由，回轅禀覆，伏乞

恩主電准施行，實為公便。上禀

法警　王則卿
　　　張勝

中華民國元年九月　二十號

033

33.民國元年九月二十日法警王則卿等爲禀覆票飭封阻提訊事禀　（2876：33）24.3×35.0cm

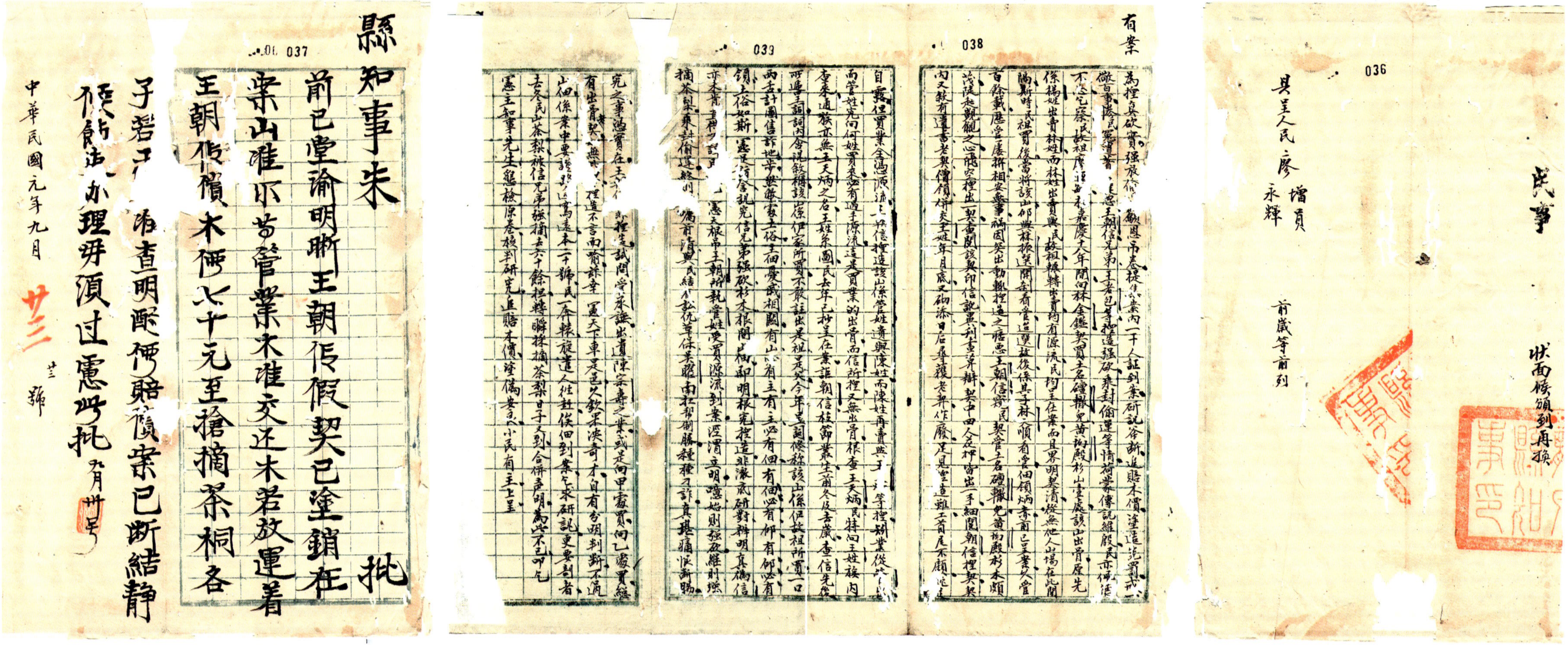
縣知事朱 批

前已堂諭明晰，王朝信假契已塗銷在案，山准爾等管業，木准交還，木若放運，着王朝信償木價七十元，至擒摘茶桐各子，着王[illegible]查明，酌令賠償，案已斷結，靜候飭法[illegible]理，毋須[illegible]過，[illegible]此批。

中華民國元年九月 廿三 號

九月廿三

有案

具呈人民廖增員 永輝

前歲等前列

民事

狀面候領到再換

34.民國元年九月廿三日廖增員等爲控王朝信捏真砍實强放偷□事民事狀

（2876：36）28.0×17.0cm；（2876：38–39）28.0×33.0cm；（2876：37）28.0×19.5cm

043

具親供人民王朝信，小的太祖王天炳置買土名黃坳土名殿下塆，東至人行路，南至田，西至外塆山學寺田，北楊邊象山為界，四至確鑿，歷管民手三代扦塟，屢次砍木無異。該山抽出竹山半排，與山學寺執管。因山杉木正旺，又坐廖姓於近，廖永輝藉有泉坟在山，眼目殘見，忽起狠心，不知何處拾來無用偽契，捏造買契，界址均不符合，私與廖增員、永年出而混爭，控告台下。輝刁惡已極之徒，慣肆捏造，案卷炳赤，此案當時不敢露面，僅抄白作抵，正契又不敢呈案。周主洞悉此情，迭飭原差吊契先行呈核，維殿永輝料抵不及，曾將假據粘呈，添名飾詞，扛幫包攬，制人擨民魁木二共四百四十株。輝叔侄陳釧陸續擴匿，先蠶以為訐訟之用。又將此洋買夫佃戶胃稱林佃入堂查現呈上手之契抽挨，若實何要抽了一紙不呈，顯見假契捏造明白，朦混憲聰一時，案難斷結，害民耗財，并惡擄去魁木，實為破家。永輝如此狡猾，包攬地棍，叩求堂提究追，求天作主。

044

中華民國元年玖月 廿四 日

號

35.民國元年九月廿四日王朝信供狀　（2876：43–44）25.0×63.5cm　圖版裁空白頁

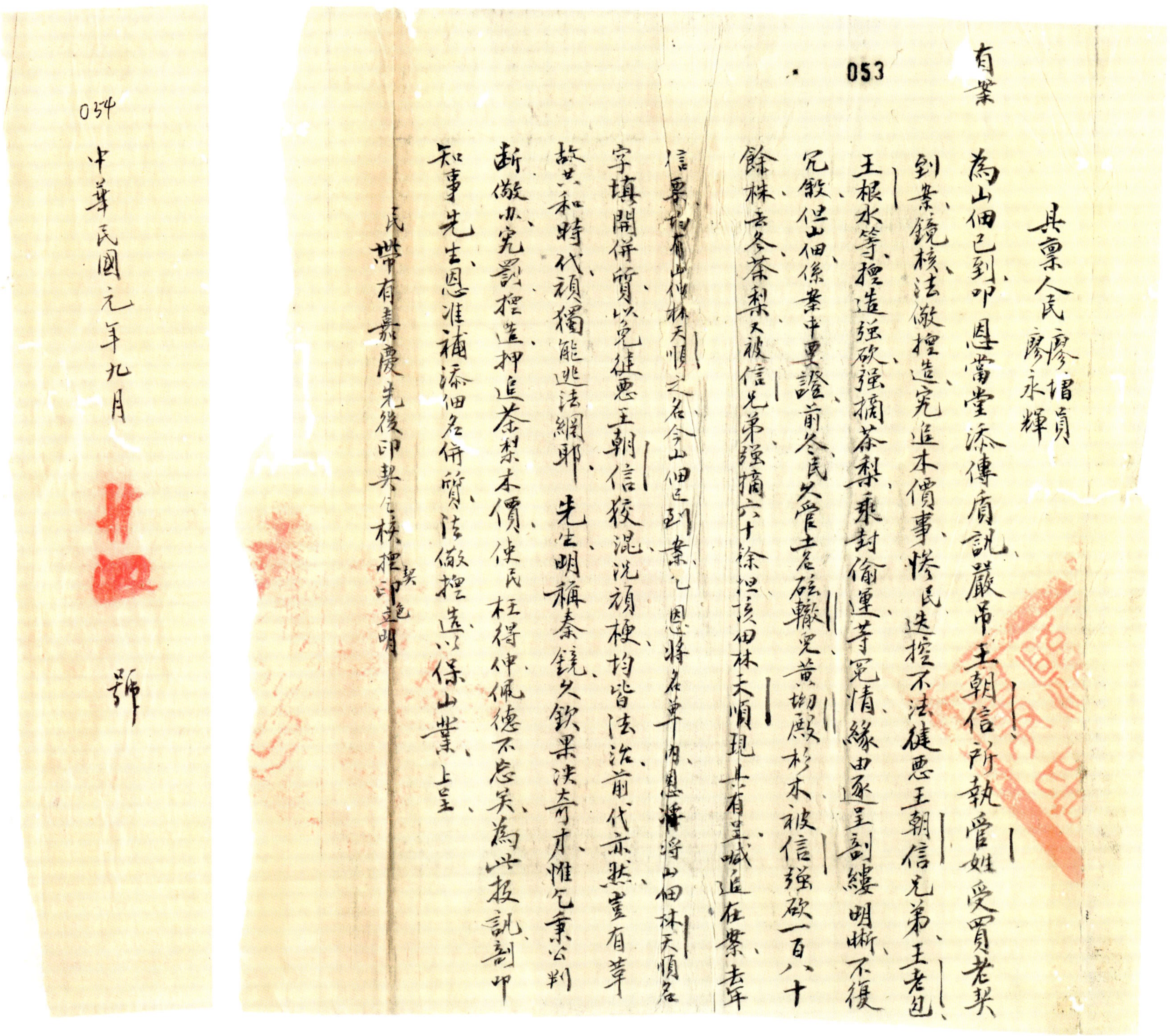

053

有案

具稟人民廖增員
廖永輝

爲山佃已到，叩恩當堂添傳質訊，嚴吊王朝信所執曾姓受買老契到案，鏡核法徵，捏造冤追木價事。慘民迭控不法徒惡王朝信兄弟、王老包、王根水等捏造强砍强摘茶梨，乘封偷運等冤情，緣由逐呈詞縷明晰，不復冗敘。但山佃係案中要證，前冬民父曾土名硋𥕢宅黄坳殿杉木被信强砍一百八十餘株，去冬茶梨又被信兄弟强摘六十餘担，該佃林天順現具有呈喊追在案。去年信稟捏有山佃林天順之名，今山佃已到案，乞恩將名單内恩準將山佃林天順名字填開，併質以免徒惡王朝信狡混。况禎梗均皆法治，前代亦然，豈有草莽共和時代，禎獨能逃法網耶？先生明鏡秦鏡，久欽果决奇才，惟乞秉公判斷，徹水究罰，捏造押追茶梨木價，使民枉得伸，佩德不忘矣。爲此投訊，剖叩

知事先生恩准補添佃名，併質法徵，捏造以保山業。上呈

民帶有嘉慶先後印契乙紙，核捏契邀明

054

中華民國元年九月廿四日呈

36.民國元年九月廿四日廖增員等爲山佃已到叩恩當堂添傳質訊事稟狀

（2876：53）25.0×23.5cm；（2876：54）24.7×17.0cm　圖版裁空白頁

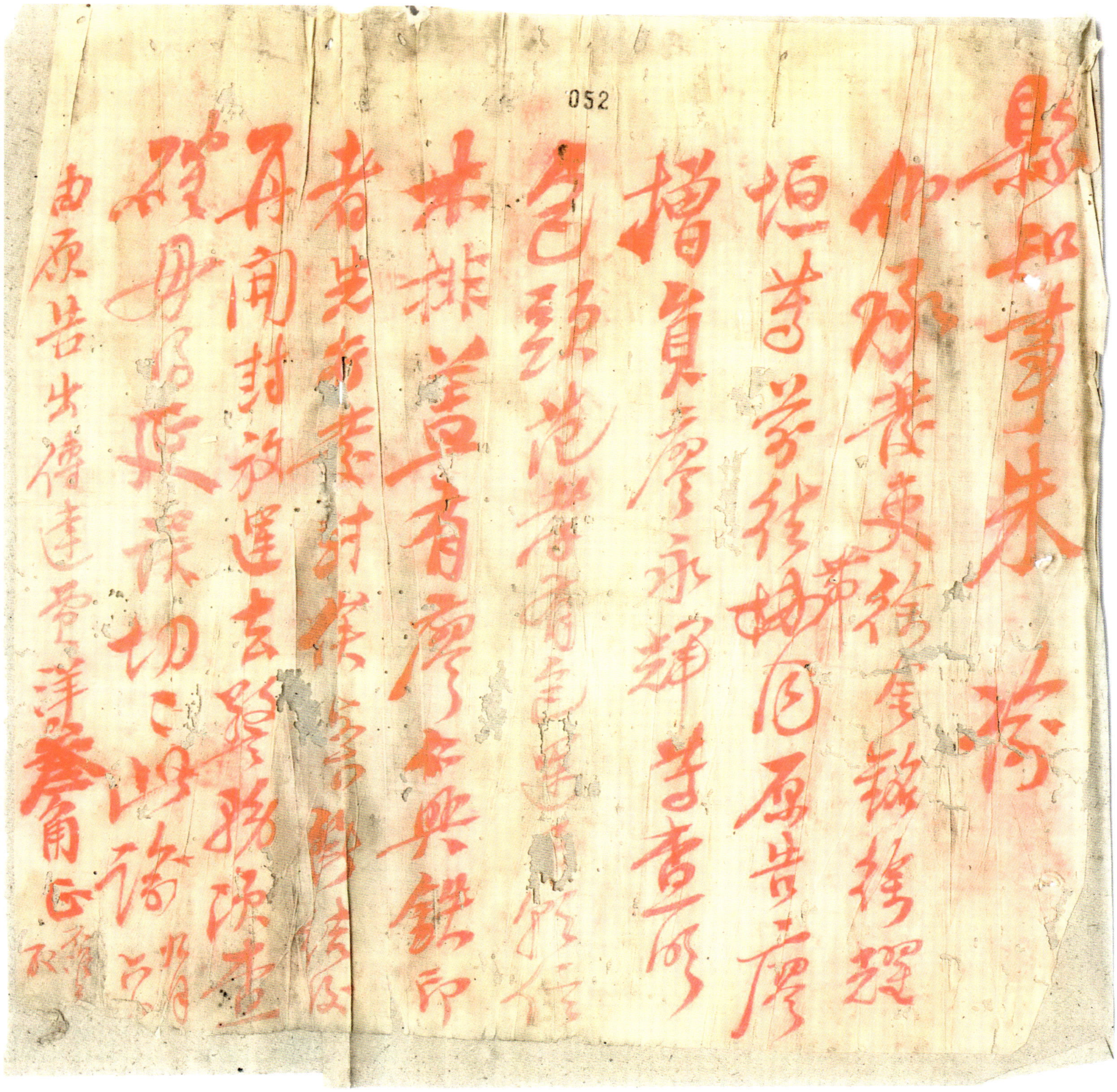
縣知事朱 諭
仰承發吏徐金鉉[illegible][illegible]
恒茂等往[illegible]同原告廖
增員廖永輝等書所
[illegible]頭范[illegible][illegible][illegible][illegible][illegible][illegible]
并排[illegible]有廖永興錢印
者先有[illegible][illegible][illegible][illegible][illegible][illegible]
再聞封放遲去辦務[illegible][illegible]
[illegible]毋得延誤切切此諭
由原告出傳達費洋[illegible]角正

37.(時間不詳)縣知事朱光奎堂諭　(1867：52) 26.6×26.8cm

二六 宣統二年仵作蔣斌驗屍報告

一、内容提要

「宣統二年（一九一零）仵作蔣斌驗屍報告」相關檔案保存於1500號卷宗，由一件册頁形式的驗屍報告與仵作的一件執結狀構成，具結時間爲宣統二年十二月，所驗周盧氏年五十二歲，屍體身長四尺五寸，多處有刃傷，致命傷在脊背右，有刃傷一處，斜長一寸，寬四分，深三分。

二、檔案索引

編號	時間	作者	内容	類型	卷宗號	原卷宗頁碼
1	時間不詳	仵作蔣斌	爲相驗周盧氏屍事	驗屍報告	1500	2—15
2	宣統二年十二月	仵作蔣斌	爲相驗事執結狀	結狀	1500	16

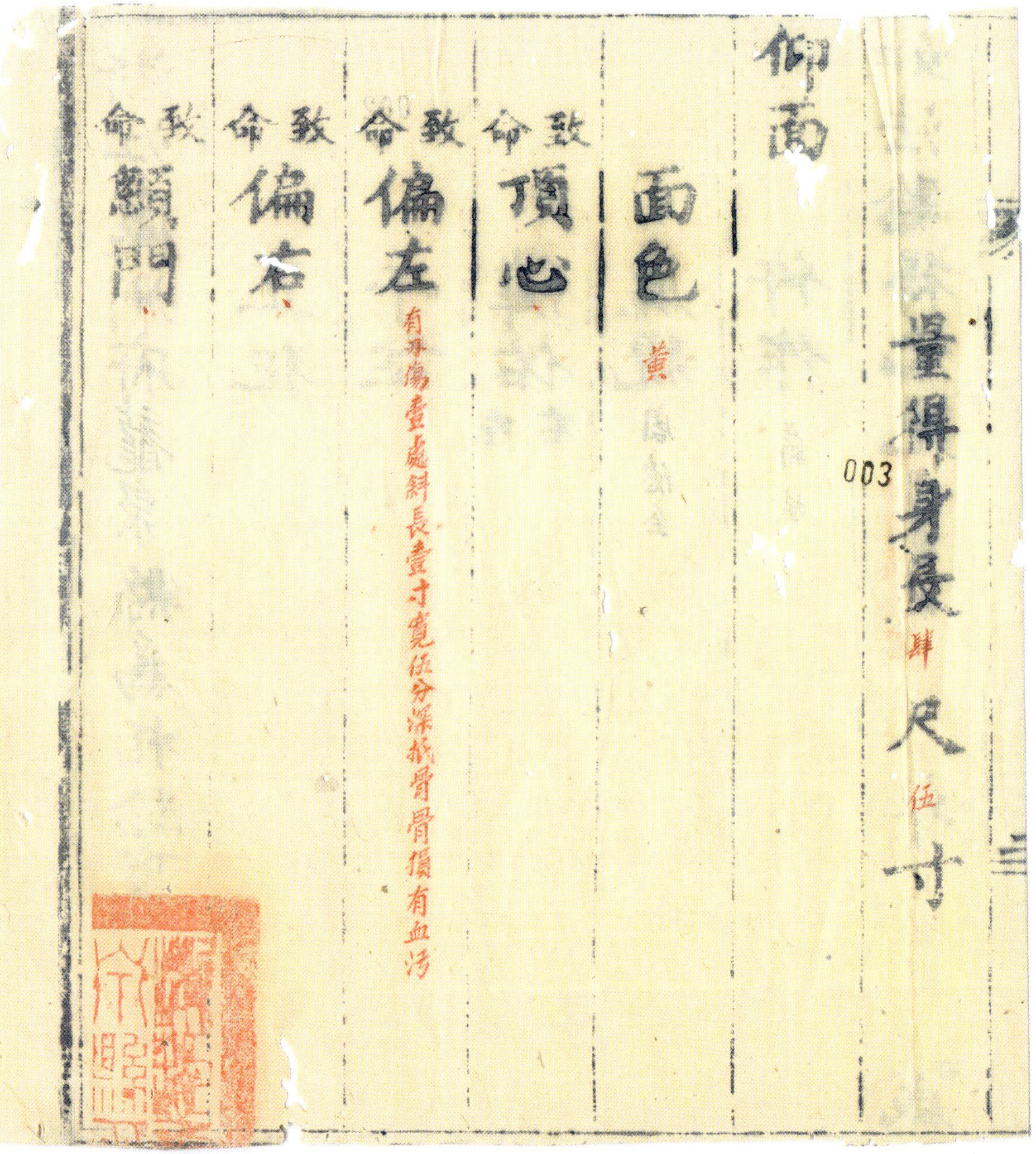
仰面
量得身長肆尺伍寸
面色黃
致命頂心
致命偏左 有刃傷壹處斜長壹寸寬伍分深抵骨骨損有血污
致命偏右
致命顖門

1-2.(時間不詳)仵作蔣斌爲相驗周盧氏屍事驗屍報告　(1500：3) 21.5×21.0cm

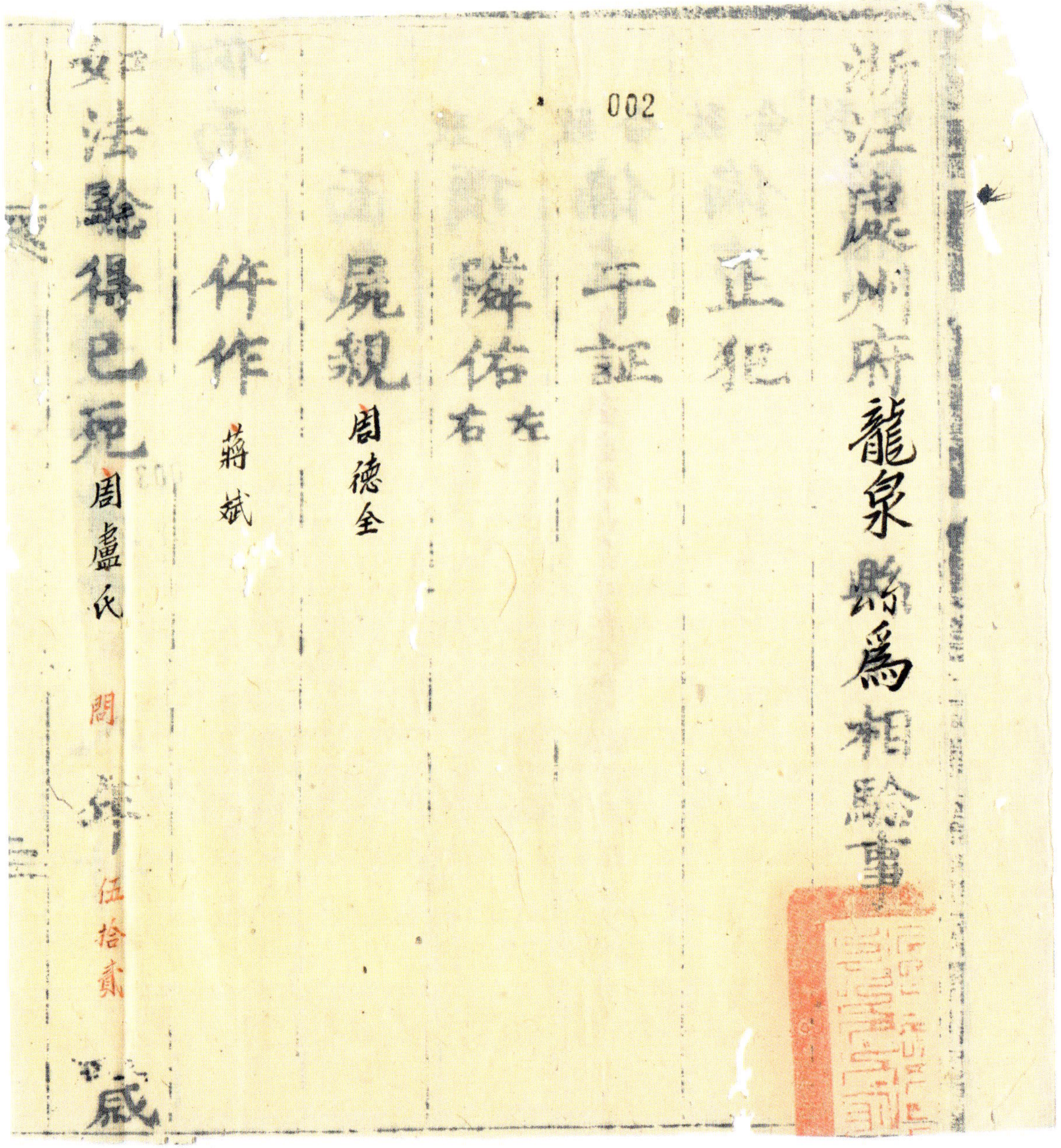
浙江處州府龍泉縣爲相驗事
正犯
干証
鄰佑 左 右
屍親 周德全
仵作 蔣斌
法驗得已死 周盧氏 問 年伍拾貳歲

1-1.(時間不詳)仵作蔣斌爲相驗周盧氏屍事驗屍報告　(1500：2) 21.5×21.7cm

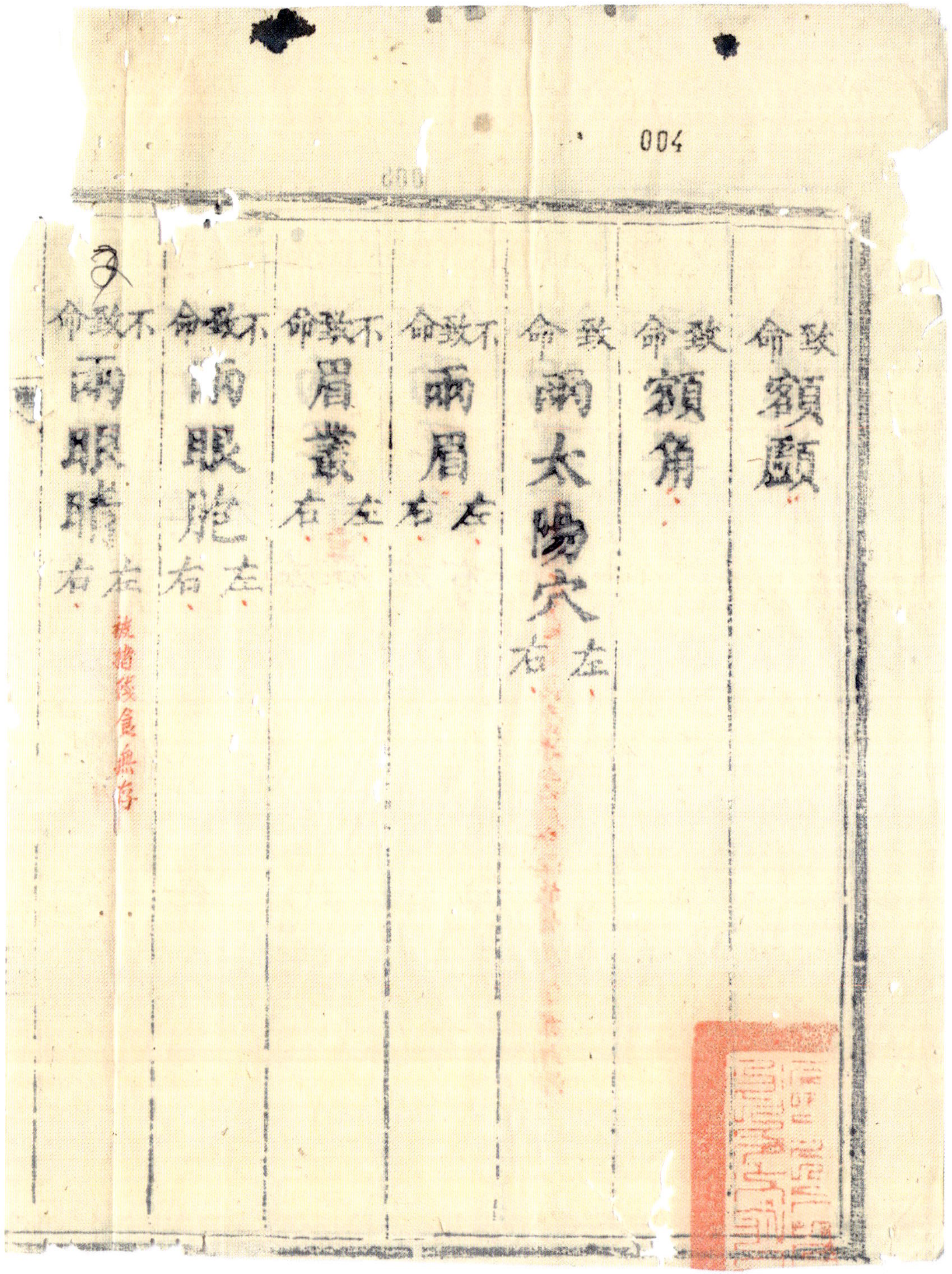

004

3

致命 額顱

致命 額角

致命 兩太陽穴 左右

不致命 兩眉 左右

不致命 眉叢 左右

不致命 兩眼胞 左右

不致命 兩眼睛 左右

被豬傷食無存

1-3.(時間不詳)仵作蔣斌爲相驗周盧氏屍事驗屍報告　(1500：4) 27.0×21.8cm

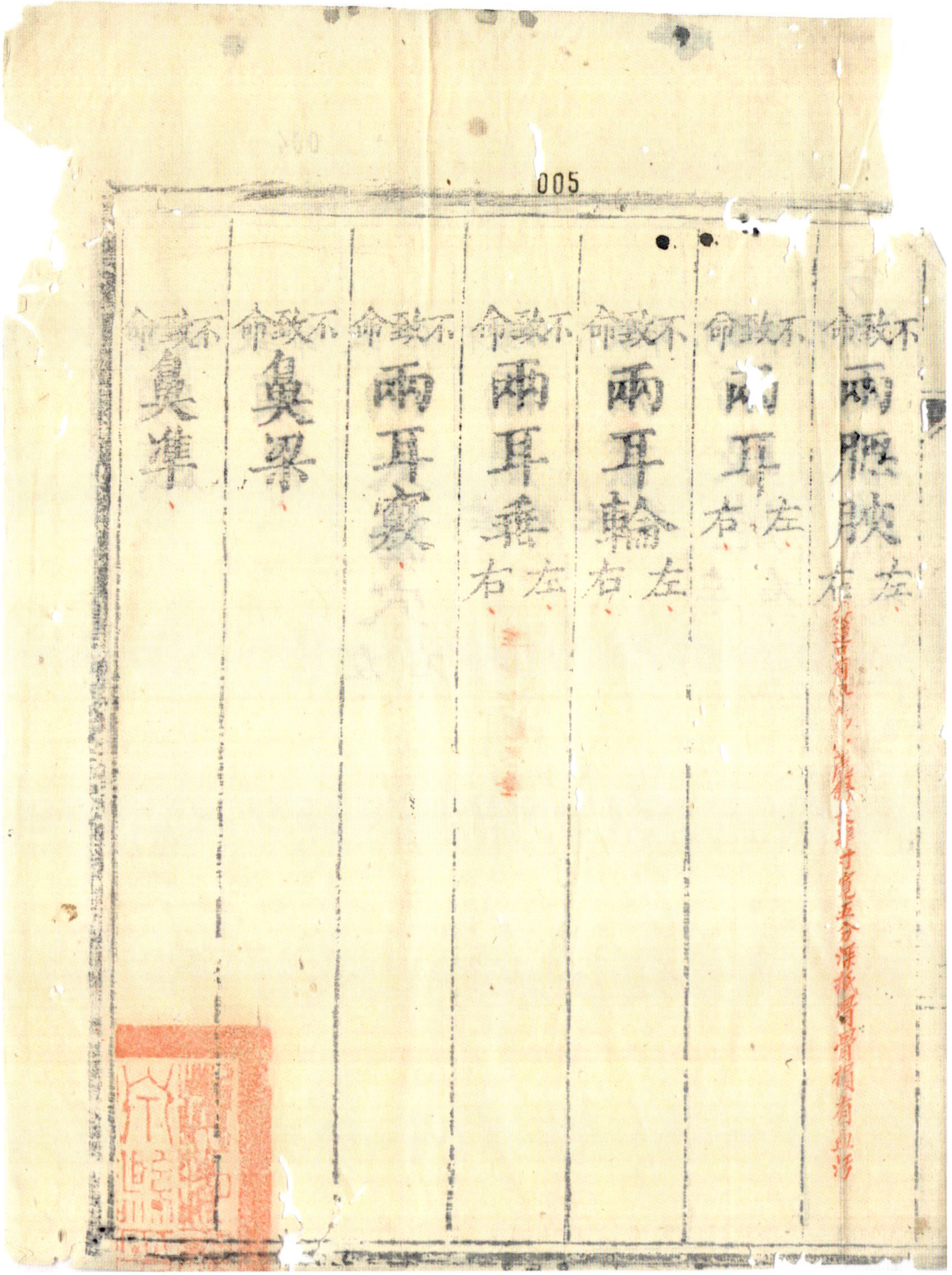

005

不致命 兩腮頰 左右

不致命 兩耳 左右

不致命 兩耳輪 左右

不致命 兩耳垂 左右

不致命 兩耳竅

不致命 鼻梁

不致命 鼻準

1-4.(時間不詳)仵作蔣斌爲相驗周盧氏屍事驗屍報告　(1500：5) 27.0×21.0cm

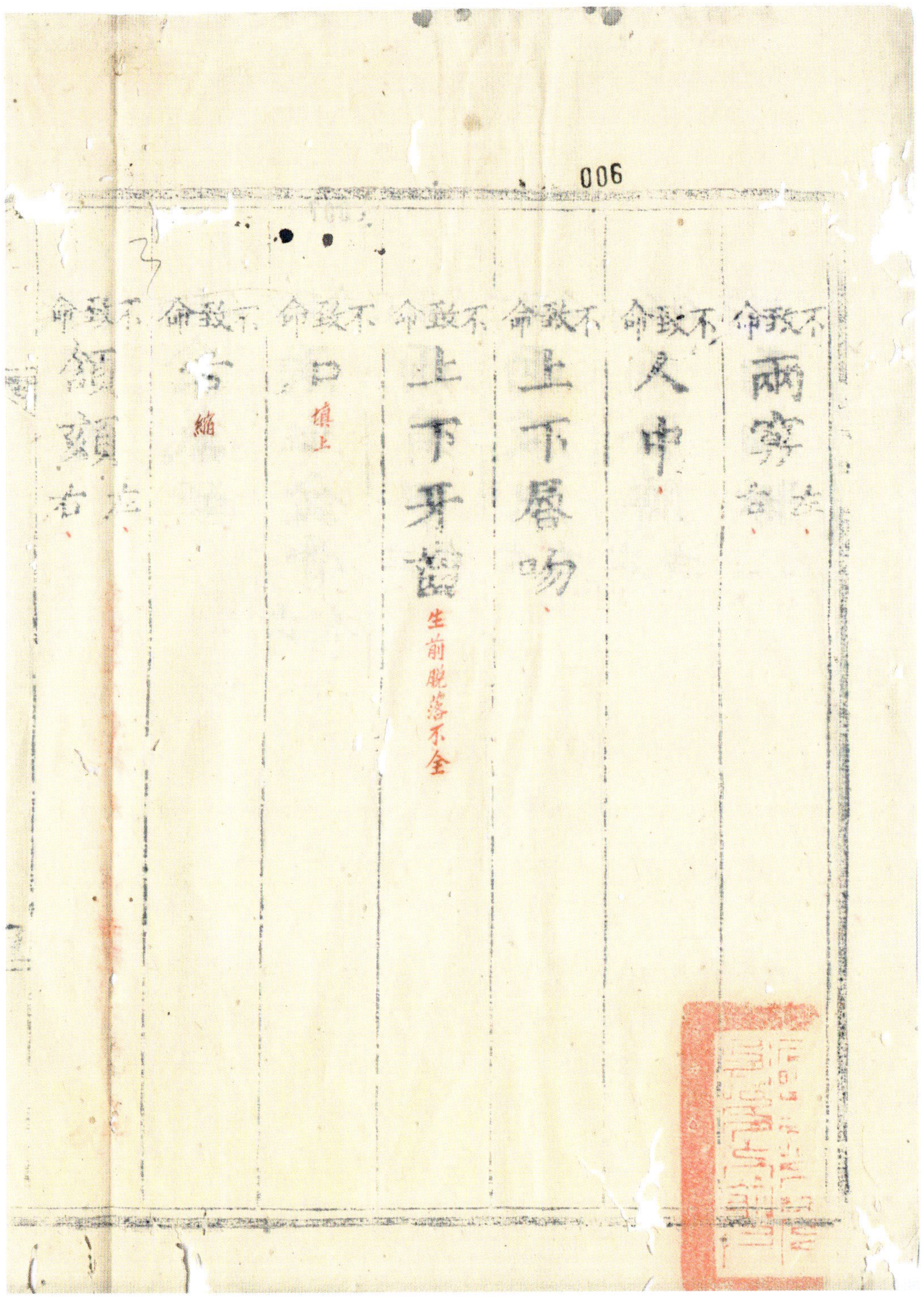
006
不致命 兩竅 左右
不致命 人中
不致命 上下唇吻
不致命 上下牙齒 生前脫落不全
不致命 口 填上
不致命 舌 縮
不致命 頷頦 左右

1-5.(時間不詳)仵作蔣斌爲相驗周盧氏屍事驗屍報告　(1500：6) 28.0×21.3cm

007
致命 咽喉
不致命 食氣顙
不致命 兩血盆骨 左右
不致命 兩肩甲 左右
不致命 兩腋胑 左右
不致命 兩胳膊 左右
不致命 兩曲脷 左右

1-6.(時間不詳)仵作蔣斌爲相驗周盧氏屍事驗屍報告　(1500：7) 28.0×20.0cm

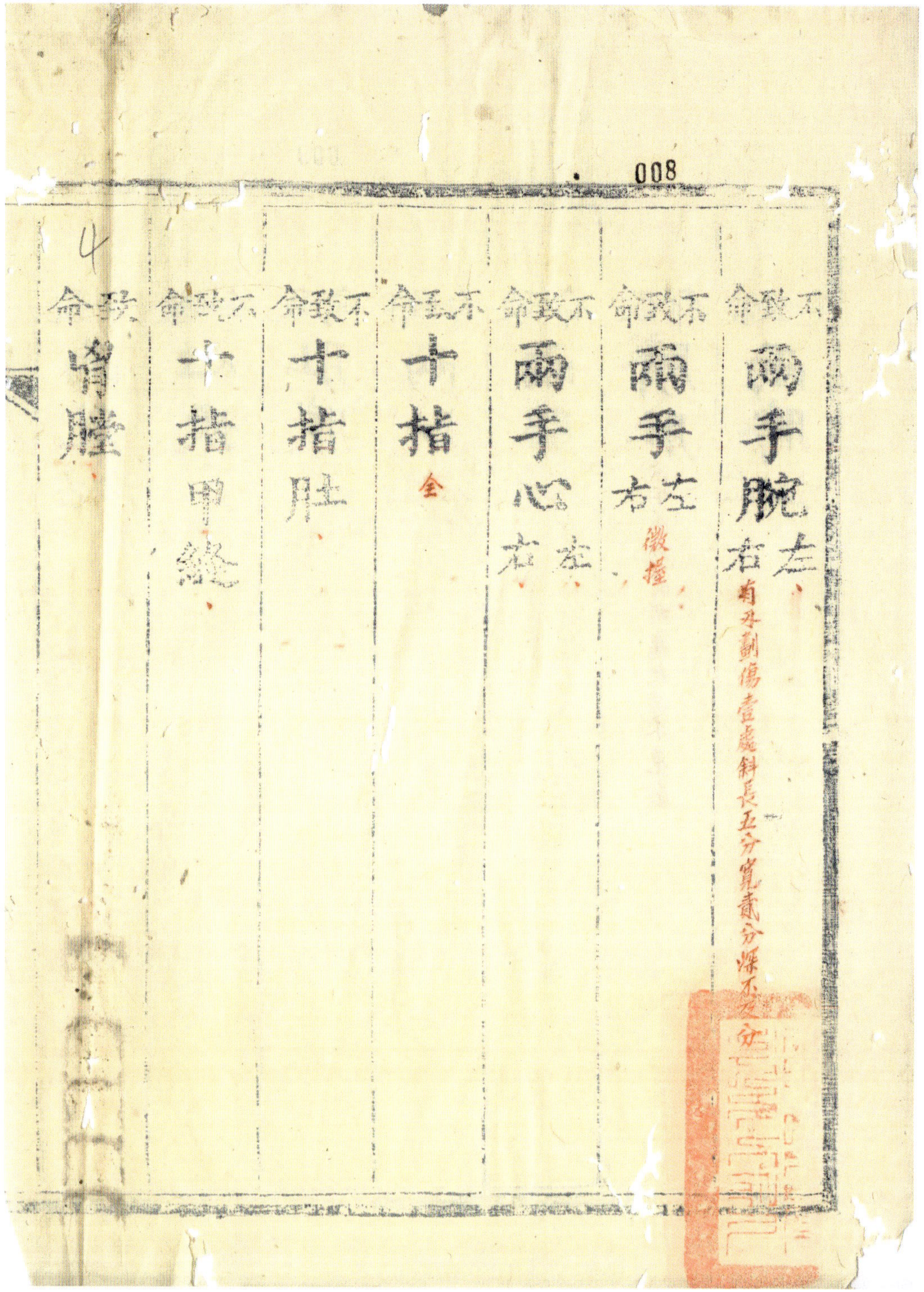

1-7.(時間不詳)仵作蔣斌爲相驗周盧氏屍事驗屍報告　(1500：8) 28.0×20.8cm

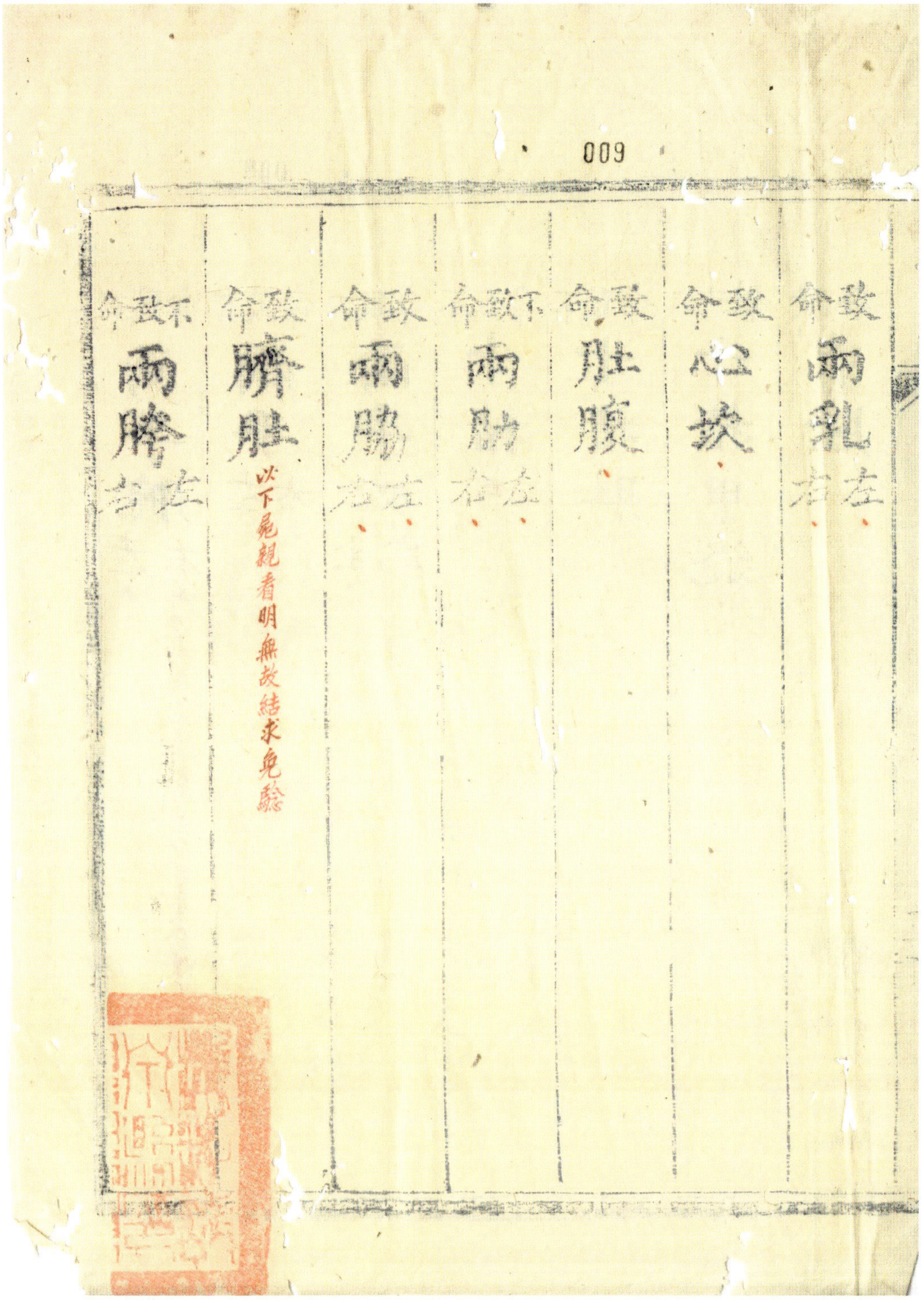

1-8.(時間不詳)仵作蔣斌爲相驗周盧氏屍事驗屍報告　(1500：9) 28.0×20.7cm

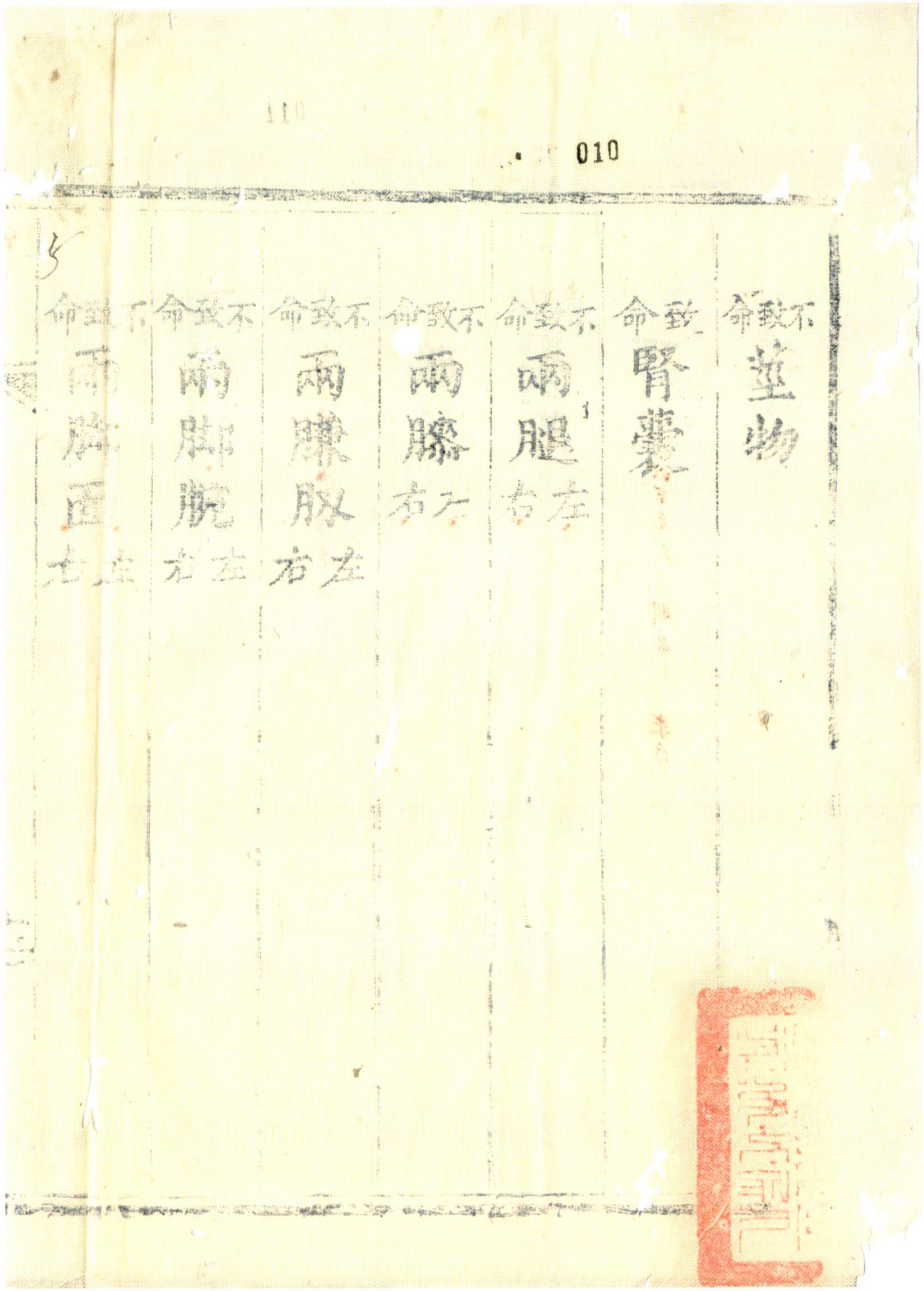

1-9.(時間不詳)仵作蔣斌爲相驗周盧氏屍事驗屍報告　(1500：10) 28.0×20.3cm

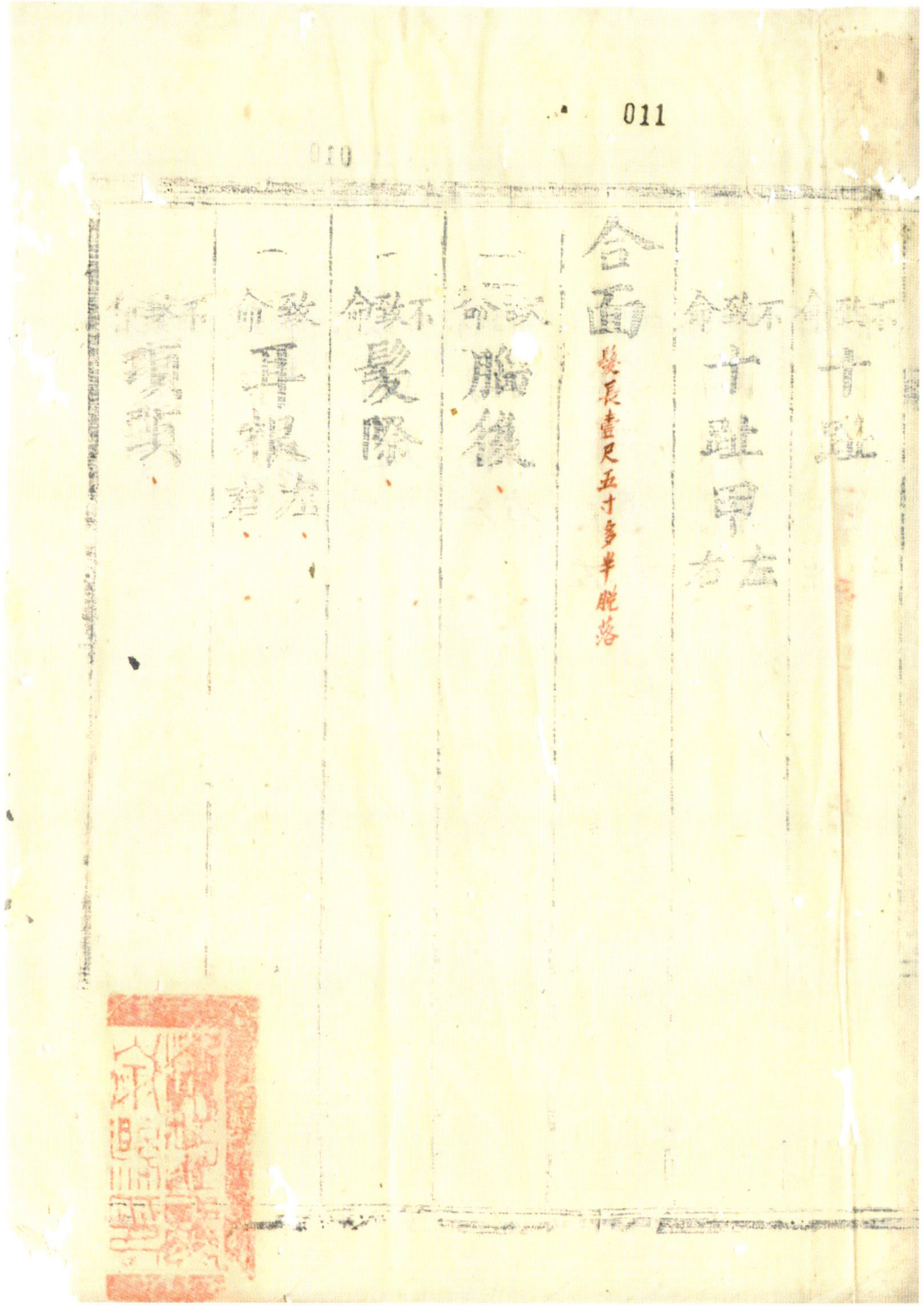

1-10.(時間不詳)仵作蔣斌爲相驗周盧氏屍事驗屍報告　(1500：11) 28.0×21.7cm

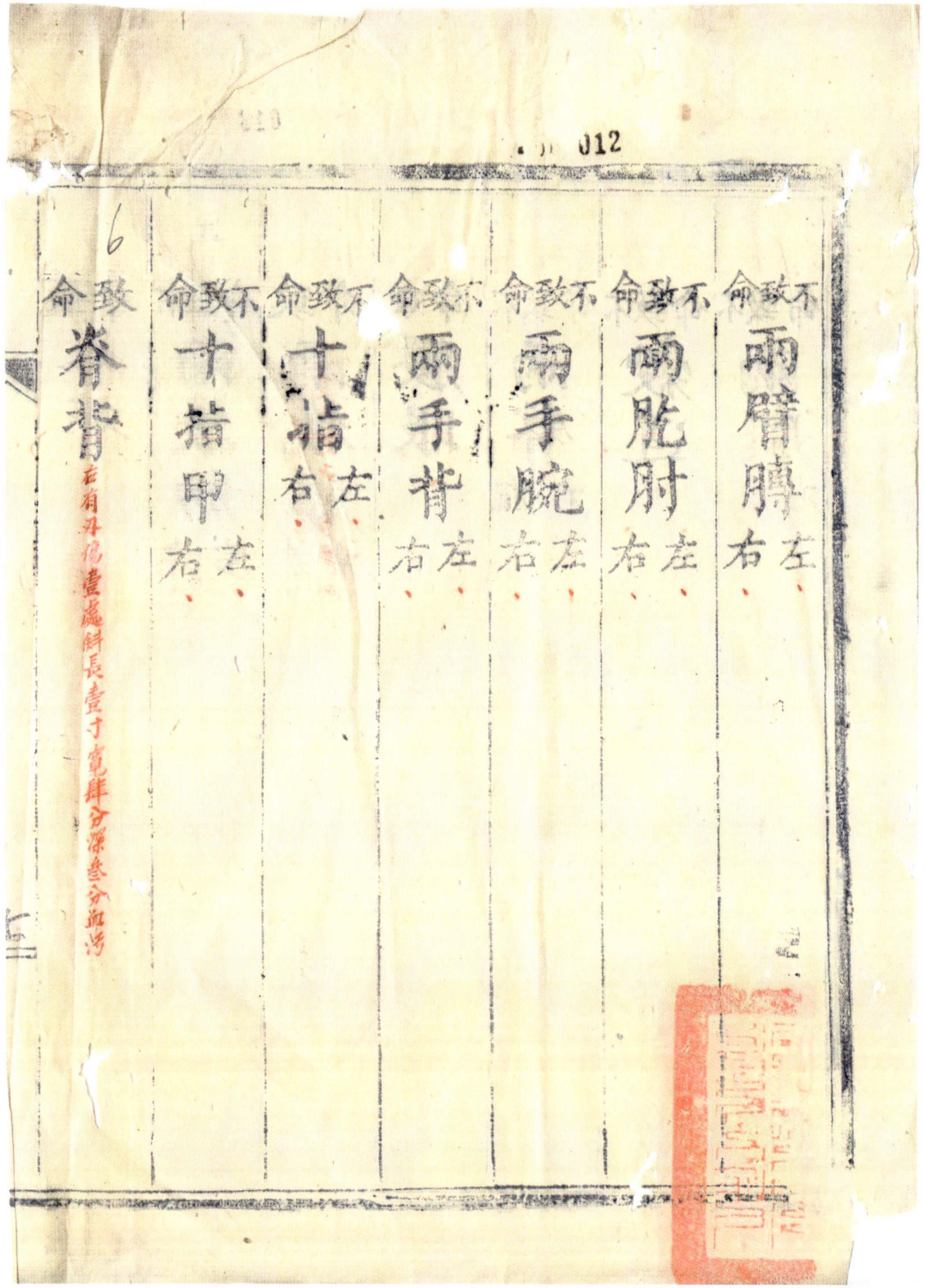
命致不 兩臂膊 右左
命致不 兩肐肘 右左
命致不 兩手腕 右左
命致不 兩手背 右左
命致不 十指 右左
命致不 十指甲 右左
命致 脊背 左有刃傷壹處斜長壹寸寬肆分深叁分血污

1-11.(時間不詳)仵作蔣斌爲相驗周盧氏屍事驗屍報告 （1500：12）28.0×20.5cm

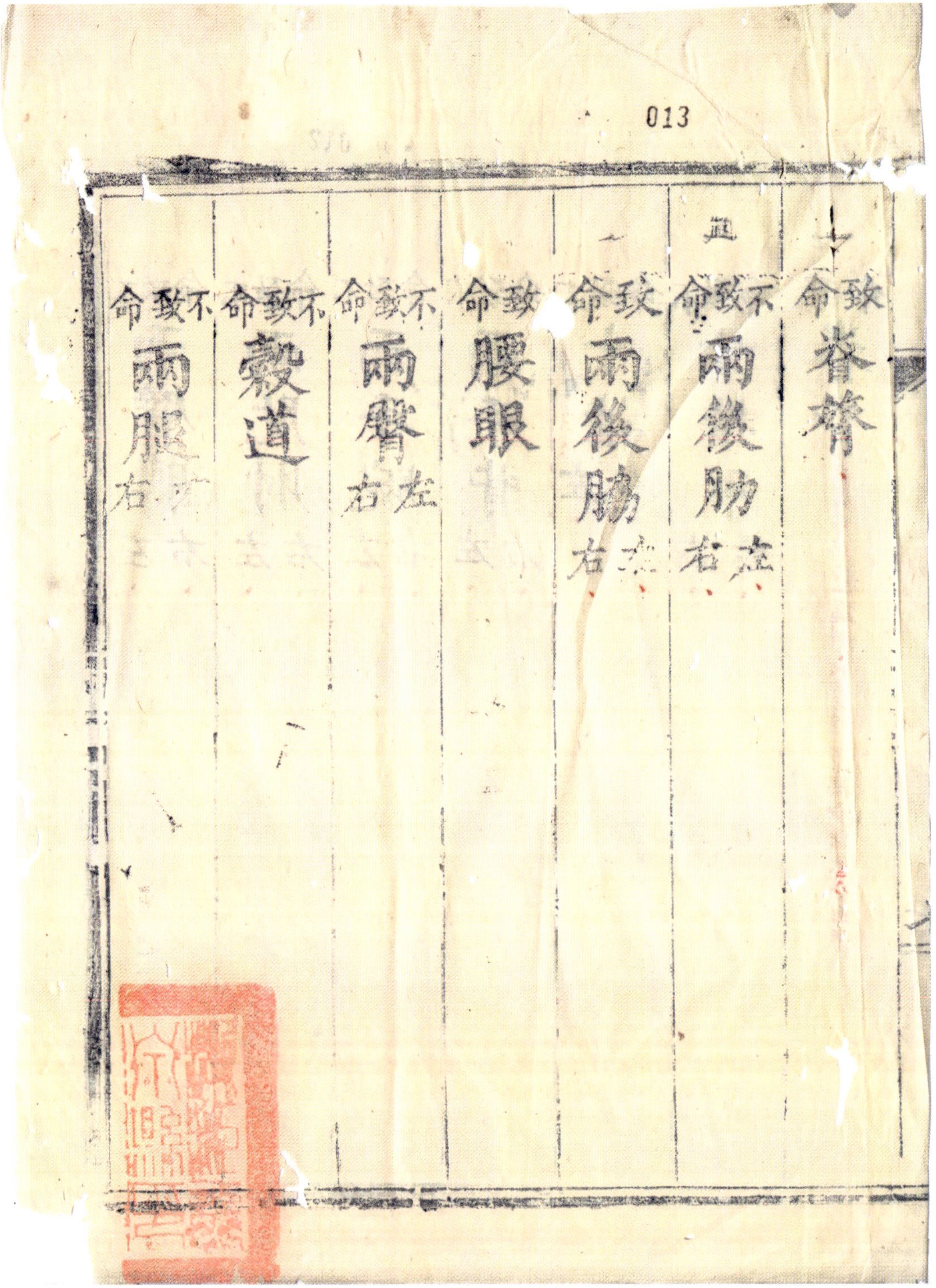
命致 脊膂
命致不 兩後肋 右左
命致 兩後脇 右左
命致 腰眼
命致不 兩臀 右左
命致不 穀道
命致不 兩腿 右左

1-12.(時間不詳)仵作蔣斌爲相驗周盧氏屍事驗屍報告（1500：13）28.0×20.8cm

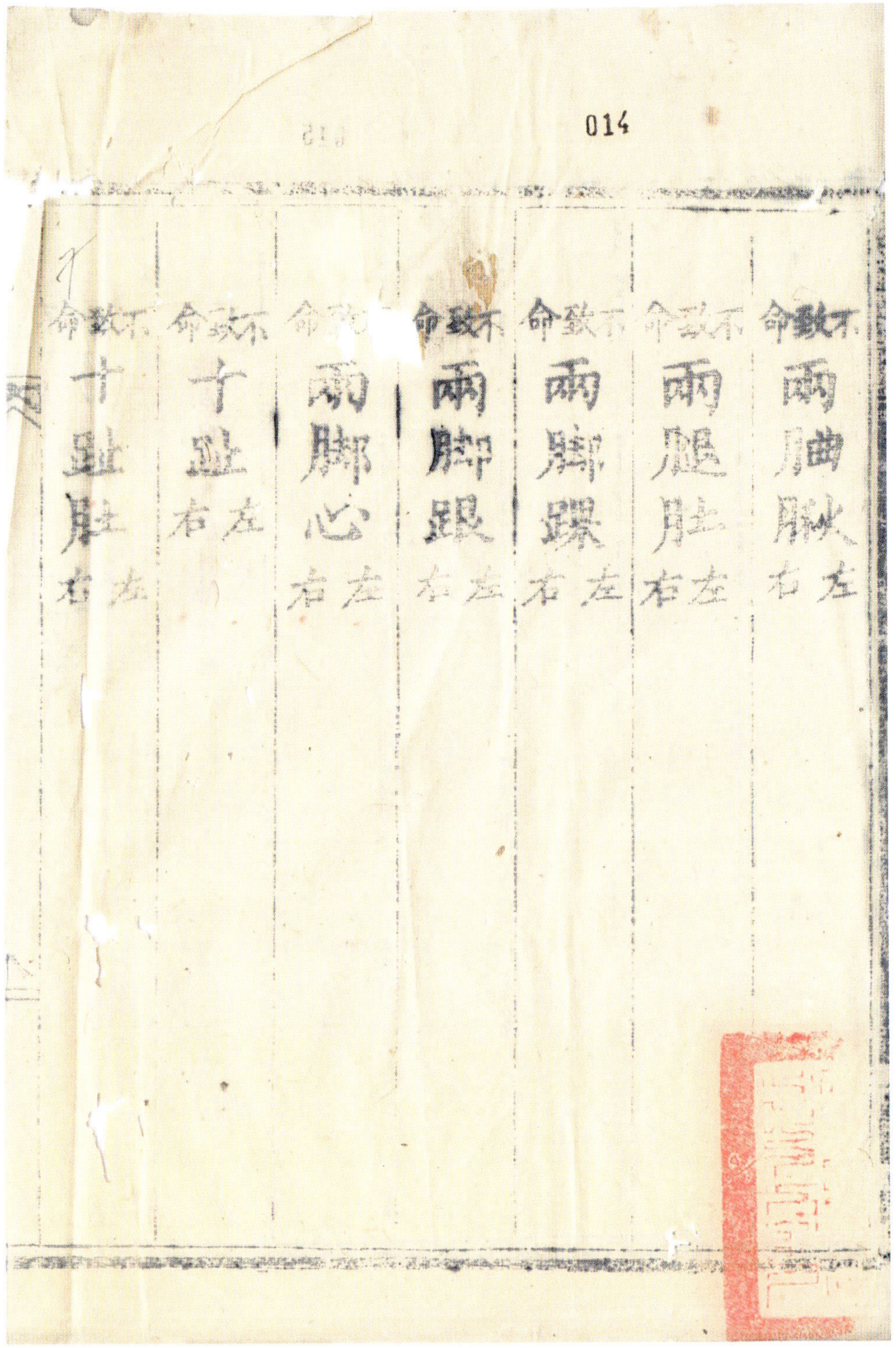
不致命 兩曲脷 左右
不致命 兩腿肚 左右
不致命 兩脚踝 左右
不致命 兩脚跟 左右
不致命 兩脚心 左右
不致命 十趾 左右
不致命 十趾肚 左右

1-13.(時間不詳)仵作蔣斌爲相驗周盧氏屍事驗屍報告　(1500：14) 28.0×20.8cm

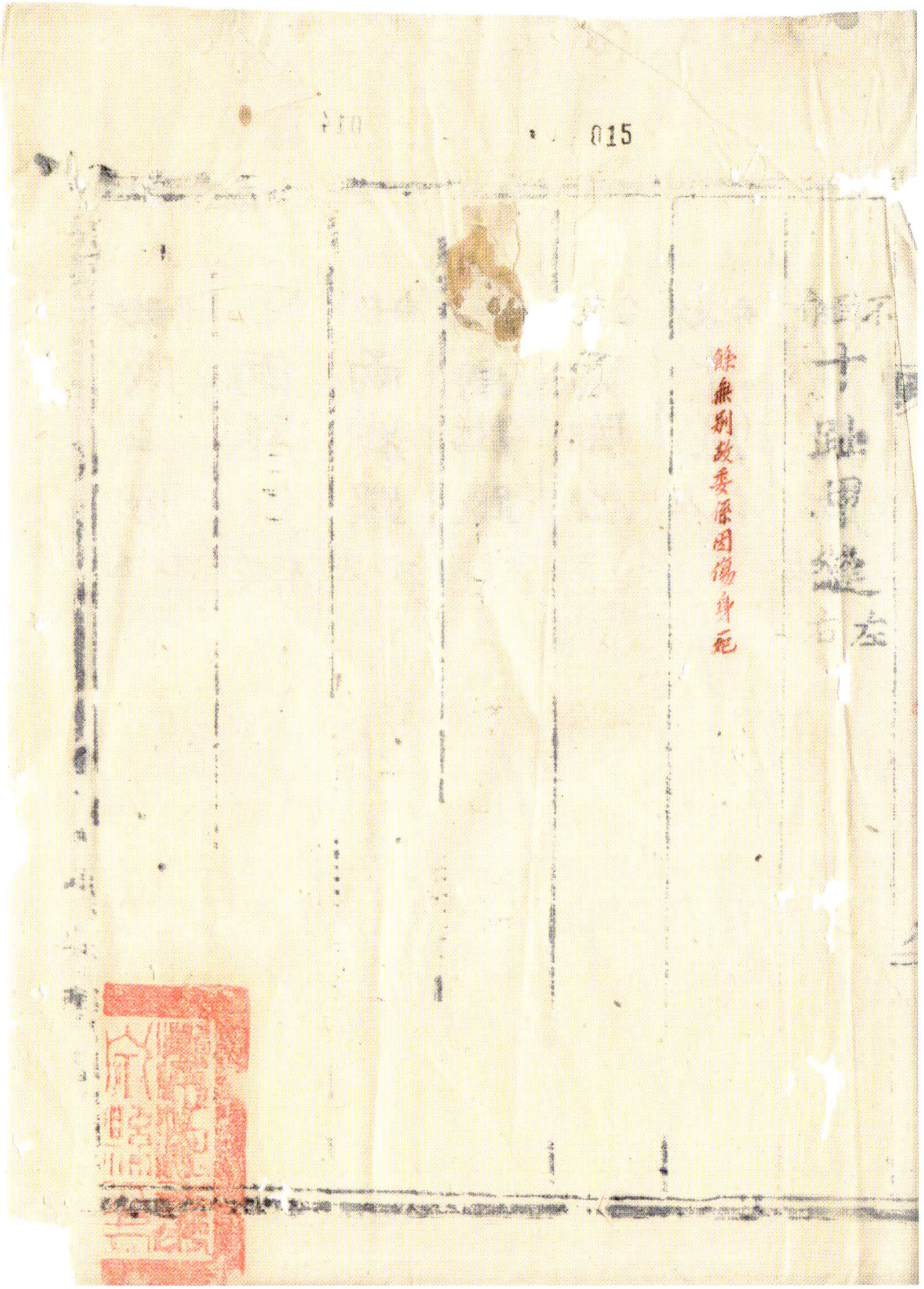
不致命 十趾甲縫 左右
餘無別故委係因傷身死

1-14.(時間不詳)仵作蔣斌爲相驗周盧氏屍事驗屍報告　(1500：15) 28.0×20.7cm

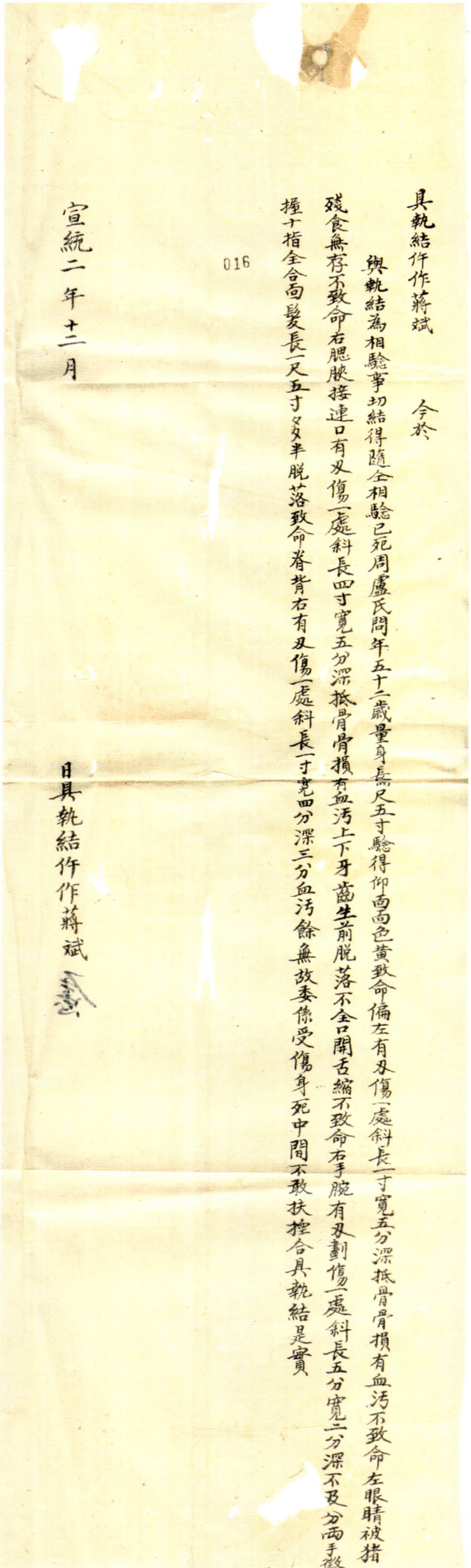

具執結仵作蔣斌　今於

與執結爲相驗事，切結得隨仝相驗已死周盧氏問年五十二歲，量身長尺五寸，驗得仰面面色黃，致命偏左有刄傷一處，斜長一寸，寬五分，深抵骨，骨損有血污，不致命左眼睛被揞

殘食無存，不致命右腮肷接連口有刄傷一處，斜長四寸，寬五分，深抵骨，骨損有血污，上下牙齒生前脱落不全，口開舌縮，不致命右手腕有刄劃傷一處，斜長五分，寬二分，深不及分，兩手微

握，十指全合，囟髮長一尺五寸，々々半脱落，致命脊背右有刄傷一處，斜長一寸，寬四分，深三分，血污，餘無故委係受傷身死，中間不敢扶捏，合具執結是實。

016

宣統二年十二月　　日具執結仵作蔣斌

2.宣統二年十二月仵作蔣斌爲相驗事執結狀　（1500：16）119.0×31.5cm

二七　宣統三年王蔡氏控王必富等争種奪貼案

一、內容提要

「宣統三年（一九一一）王蔡氏控王必富等争種奪貼案」相關檔案保存於5340、9857號卷宗，其中包括宣統三年四月十三日至民國元年（一九一二）五月廿二日形成的狀紙六件。該案因繼承問題引發田租糾紛，案情與訴訟過程均難以復原。該案中被呈王建功可能即王必富，是原呈王蔡氏之夫王福長胞兄王祚長之孫，由於福長、祚長是恕房派下德培之後，而忠房派下德蔭無後，祚長出繼忠房。後又因福長無後，祚長之後王建功等又試圖回支恕房，繼承恕房財産，但當時王蔡氏已立族人王必興爲後，王建功等人的要求侵犯到王蔡氏母子的利益，糾紛由此而起。宣統三年四月十三日王炎秀等民事訴訟狀是族中公呈，他們認爲王必興與王福長遠隔六代，支派各别，且當年忠恕兩房分鬮中本有回支之説，故支持王必富。宣統三年八月與九月王蔡氏與王建功各投呈狀，互控搶割孫屋後、黄礱等片田租。民國元年二月至五月，雙方再次呈狀，從民國元年三月王蔡氏呈狀批詞内容可知，此案在晚清應該曾經訊結，而訴訟結果有利於王蔡氏。

二、檔案索引

編號	時間	作者	內容	類型	卷宗號	原卷宗頁碼
1	宣統三年四月十三日	王炎秀等	爲奉批理處據實稟明事	民事訴訟狀	5340	2—4
			附1　道光三十年王氏忠恕兩房分鬮序抄件	粘呈	5340	5—6
2	宣統三年八月廿八日	王蔡氏	爲控王建功攔途截搶捏誣倒陷事	民事訴訟狀	9857	1—3
3	宣統三年九月初三日	王建功	爲控王必興藐法搶割毆傷堂生事	民事訴訟狀	9857	4—6
4	民國元年二月八日	王建功	爲控王必興未究搶割兇毆竟敢串收租穀事	呈狀	9857	11—12
5	民國元年三月九日	王蔡氏	爲控王建功叛斷奪貼反肆捏誣事	呈狀	9857	9—10
6	民國元年五月廿二日	王建功	爲控王必興違例混斷强滅本生事	呈狀	9857	7—8

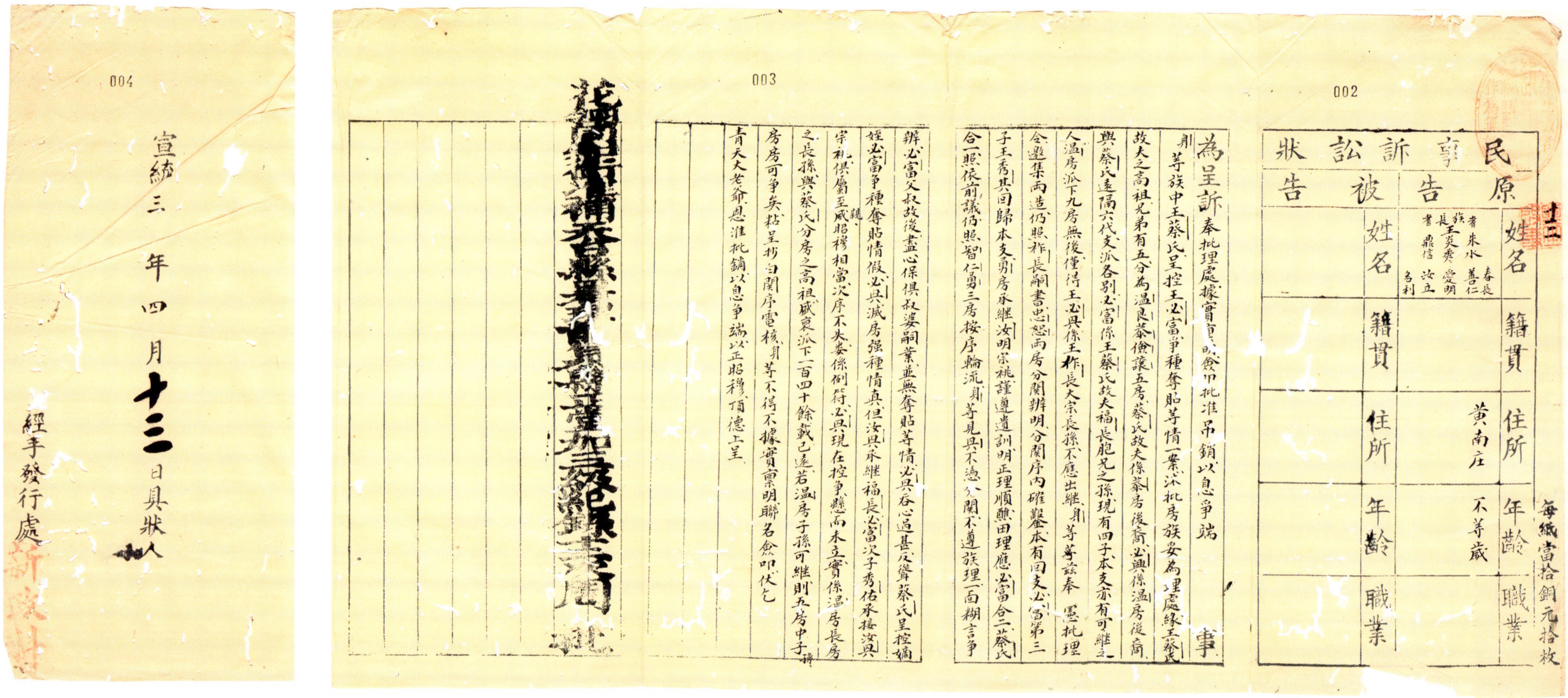

民事訴訟狀

原告		被告	
姓名	耆朱水 春長 善仁 族長王炎秀 愛明 書 鼎信 汝立 名利	姓名	
籍貫		籍貫	
住所	黄南庄	住所	
年齡	不等歲	年齡	
職業		職業	

每紙當拾銅元拾枚

為呈訴奉批理處據實禀明僉叩批准吊銷以息爭端事

竊身等族中王蔡氏呈控王必富爭種奪貼等情一案，沐批房族妥為理處。緣王蔡氏故夫之高祖兄弟有五，分為溫良恭儉讓五房。蔡氏故夫係恭房後裔，必興係溫房後裔，與蔡氏遠隔六代，支派各別。必富係王蔡氏故夫福長胞兄之孫，現有四子，本支亦有可繼之人。溫房派下九房無後，僅得王必興係王作長大宗長孫，不應出繼。身等茲奉憲批理令，邀集兩造，仍照祚長嗣書忠恕兩房分闋辨明，分闋序內確鑿，本有回支必富第三子王秀其回歸本支，勇房承繼汝明宗祧，謹遵遺訓，明正理順。醮田理應必富合二蔡氏合一，照依前議，仍照智仁勇三房按序輪流。身等見與不遵分闋，不遵族理，一面糊言爭辨，必富父叔故後，盡心保俱叔婆嗣業，並無奪貼等情。必興吞心過甚，反聳蔡氏呈控。嫡姪必富爭種奪貼情假，必興滅房強種情真。但汝興承繼福長，必富次子秀佑承接汝興宗祧，俱屬至戚，昭穆相當，次序不失，委係例符。必興現在控爭，懸而未立，實係溫房長房之長孫，與蔡氏分房之高祖威良派下一百四十餘載，已遠。若溫房子孫可繼，則五房中子孫房房可爭矣。粘呈抄白闋序電核，身等不得不據實禀明，聯名僉叩伏乞

青天大老爺恩准批銷，以息爭端，以正昭穆。頂德上呈

宣統三年四月十三日具狀人

經手發行處

1.宣統三年四月十三日王炎秀等爲奉批理處據實禀明事民事訴訟狀　（5340：2-4）27.2×103.7cm　圖版裁空白頁

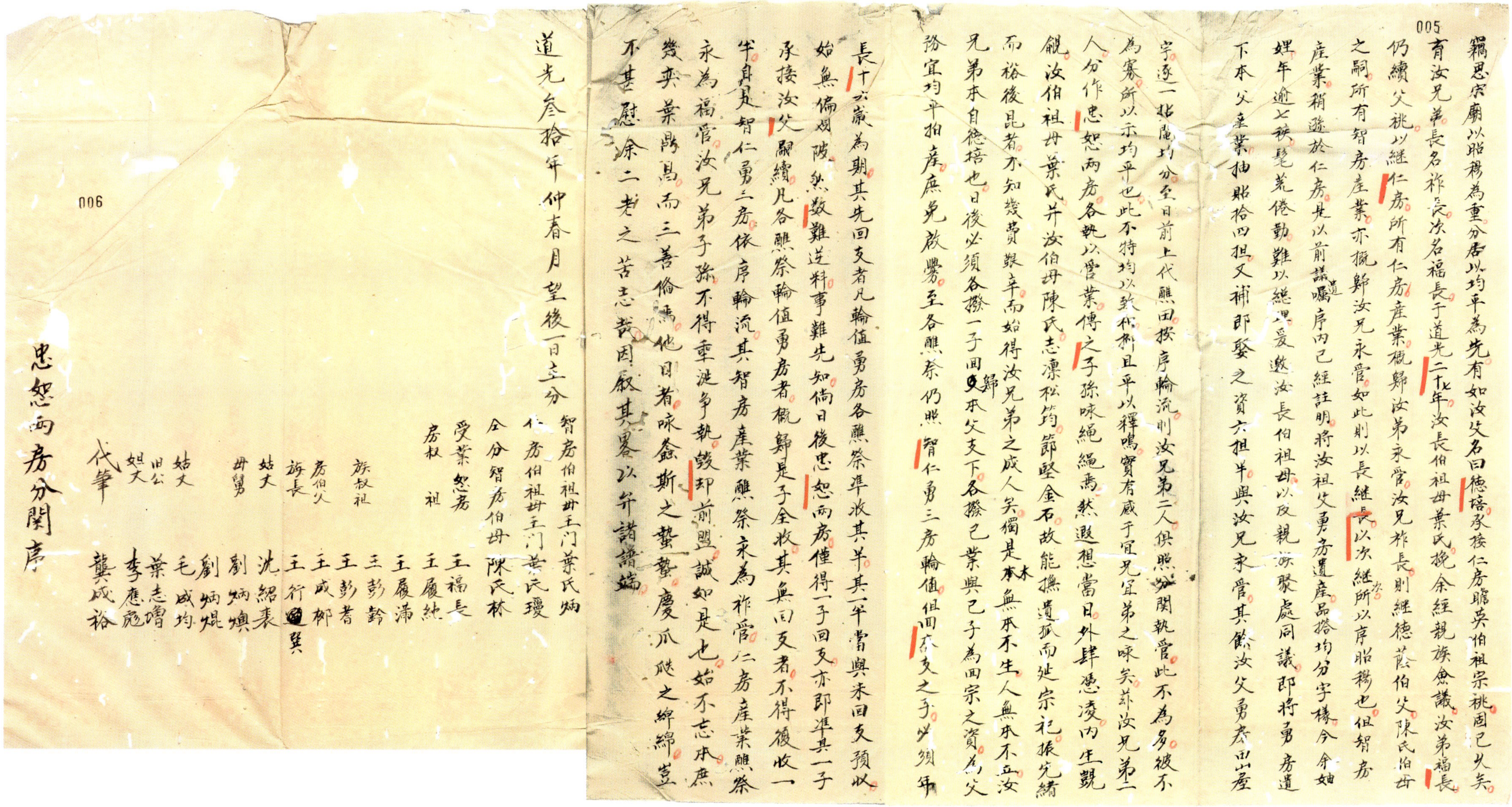

竊思宗廟以貽穀為重分居以均平為先有如汝父名曰德培承接仁房瞻奕伯祖宗祧固已久矣
育汝兄弟長名祚長次名福長于道光二十七年汝長伯祖母葉氏挽余經親族僉議汝弟福長
仍續父祧以繼仁房所有仁房產業概歸汝弟承管汝兄祚長則繼德蔭伯父陳氏伯母
之嗣所有智房產業亦概歸汝兄承管如此則以長繼長以次繼次所以序昭穆也但智房
產業稍遜於仁房是以前議囑遺序內已經註明將汝祖父勇房遺產品搭均分字樣今余妯
娌年逾七秩髦耄倦勤難以總理爰邀汝長伯祖母以及親族聚處同議即將勇房遺
下本父產業抽貽拾四担又補郎娶之資六担半與汝兄承管其餘汝父勇房田山屋
宇逐一比龐均分至日前上代醮田按序輪流則汝兄弟二人俱照分関執管此不為多彼不
為寡所以示均平也此不特均以致和抑且平以釋鳴實有感于宜兄宜弟之咏矣茲汝兄弟二
人分作忠恕兩房各執以管業傳之子孫咏繩繩焉然遐想當日外肆憑凌內生覬
覦汝伯祖母葉氏并汝伯母陳氏志凜松筠節堅金石故能撫遺孤而延宗祀振先緒
而裕後昆者不知幾費艱辛而始得汝兄弟之成人矣獨是本無本不生人無本不立汝
兄弟本自德培也日後必須各撥一子回歸本父支下各撥己業與己子為回宗之資為父
務宜均平拍產庶免啟嫐至各醮祭仍照智仁勇三房輪值但回本支之子必須年
長十六歲為期其先回支者凡輪值勇房各醮祭準收其半其一半當與未回支預收
始無偏頗然數難逆料事難先知倘日後忠恕兩房僅得一子回支亦即準其一子
承接汝父嗣續凡各醮祭輪值勇房者概歸是子全收其無回支者不得覆收一
半自是智仁勇三房依序輪流其智房產業醮祭永為祚管仁房產業醮祭
永為福管汝兄弟子孫不得垂涎爭執致却前盟誠如是也始不忘本庶
幾奕葉昌熾而三善倫焉他日者咏螽斯之蟄蟄慶瓜瓞之綿綿豈
不甚慰余二老之苦志哉因敘其畧以弁諸端

道光叁拾年仲春月望後一日立分

智房伯祖母王门葉氏炳
仁房伯祖母王门葉氏瓊
仝分智房伯母陳氏林
受業恕房 王福長
房叔祖 王履純
王履滞
族叔祖 王彭齡
王彭耆
房伯父 王成郁
族長 王行巽
姑丈 沈紹裘
母舅 劉炳熉
劉炳焜
姑丈 毛成均
旧公 姐丈 葉志增
李應彪
代筆 龔成裕

忠恕兩房分関序

1附1.道光三十年王氏忠恕兩房分關序抄件粘呈 （5340：5–6）31.1×61.8cm

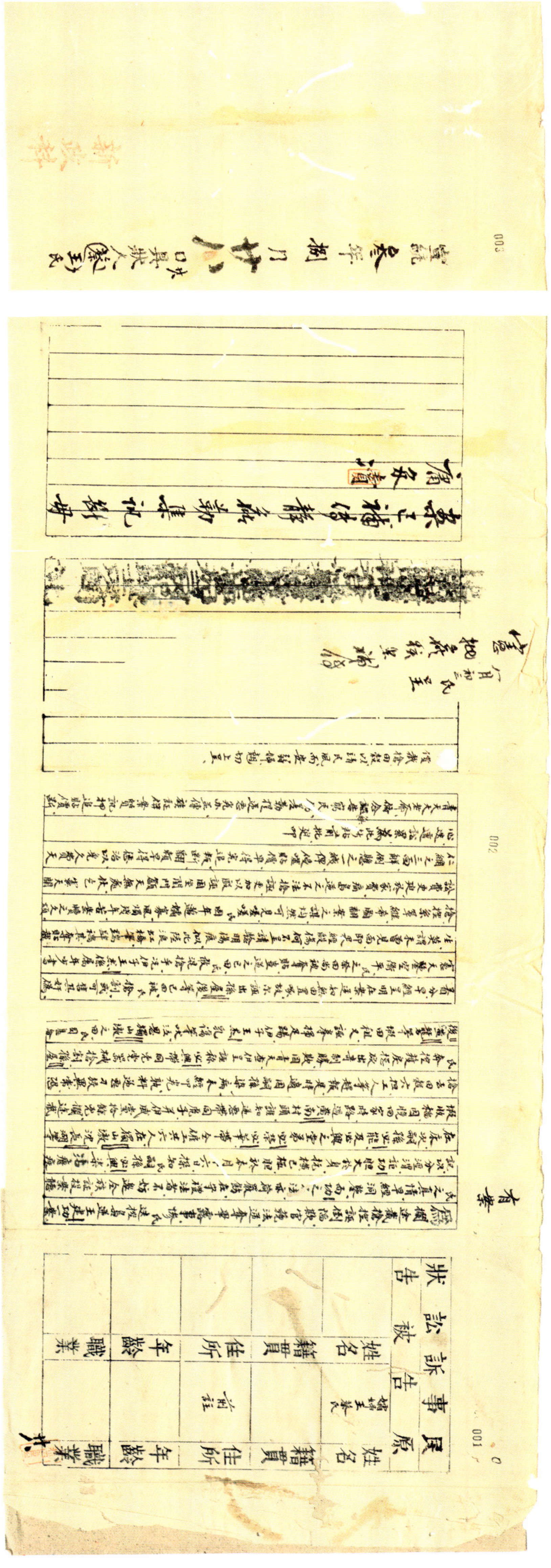

2. 宣統三年八月廿八日王蔡氏爲控王建功攔途截搶捏誣倒陷事民事訴訟狀 （9857：1–3）27.7×102.0cm 圖版裁空白頁

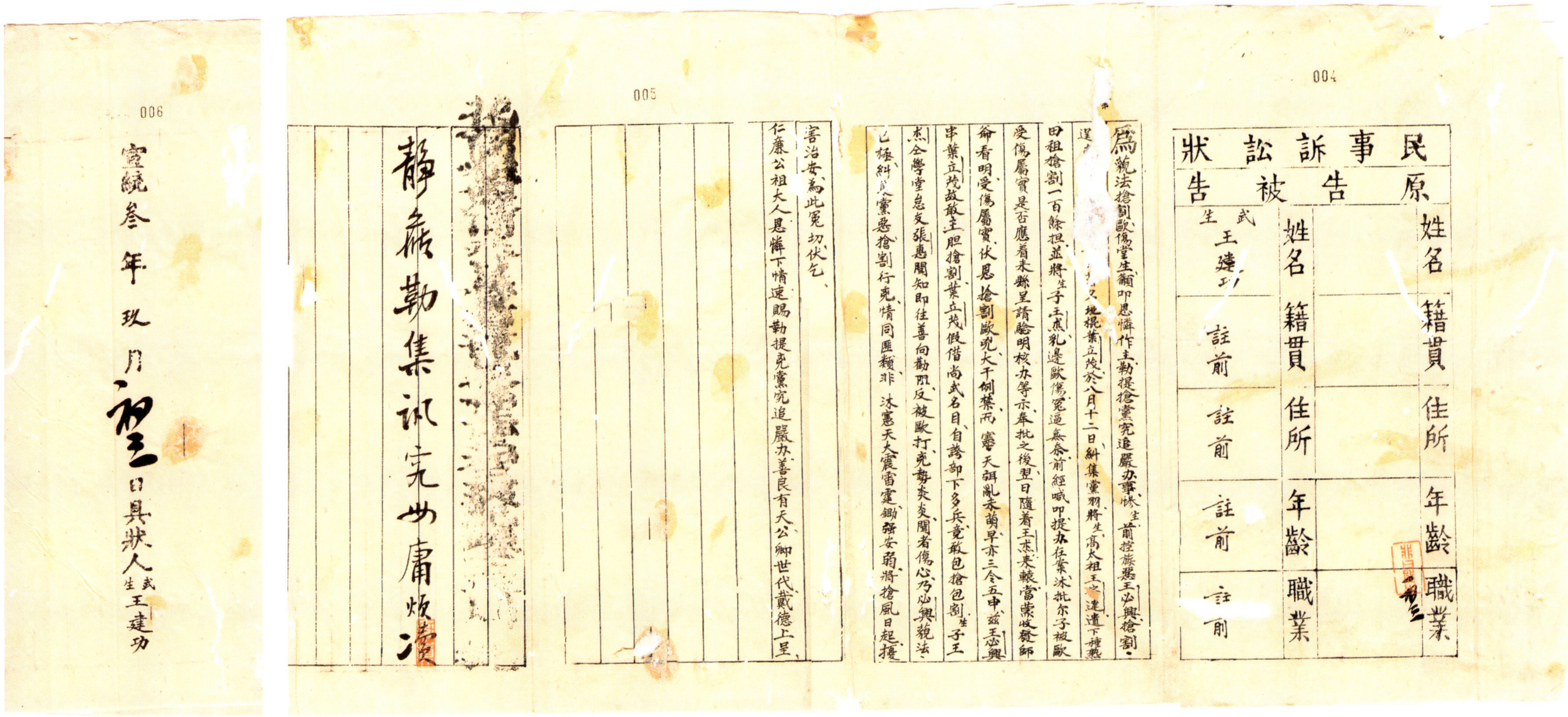

民事訴訟狀

原告　姓名　籍貫　住所　年齡　職業

被告　姓名　籍貫　住所　年齡　職業

武生王建功　註前　註前　註前　註前

爲藐法搶割歐傷堂生籲叩恩憐作主勒提搶黨究追嚴辦事。情生前控族惡王必興搶割
運[illegible]地梘葉立茂於八月十二日糾集黨羽將生高太祖王之達遺下種熟
田租搶割一百餘担，並將生子王杰乳邊歐傷，冤逼無奈，前經喊叩提辦在案，沐批尔子被歐
受傷屬實是否應着來縣呈請驗明核辦等示，奉批之後，翌日隨着王杰來轅，當蒙收發師
爺看明受傷屬實。伏思搶割歐兇，大干例禁，而憲天弭亂未萌，早亦三令五申，茲王必興
串葉立茂故敢主胆搶割，葉立茂假借尚武名目，自誇部下多兵，竟敢包搶包割，生子王
杰仝學堂息友張惠闓知即往善向勸阻，反被歐打，兇毒夾炙，聞者傷心，乃必興藐法
已極，糾黨惡搶割行兇，情同匪類，非沐憲天大震雷霆，鋤强安弱，將搶風日起，擾
害治安，爲此冤切伏乞
仁廉公祖大人恩憐下情，速賜勒提兇黨究追嚴辦，善良有天，公卿世代戴德上呈。

靜候勒集訊究毋庸炒瀆

宣統叄年玖月望日具狀人武生王建功

3.宣統三年九月初三日王建功爲控王必興藐法搶割毆傷堂生事民事訴訟狀　（9857：4–6）27.7×104.6cm　圖版裁空白頁

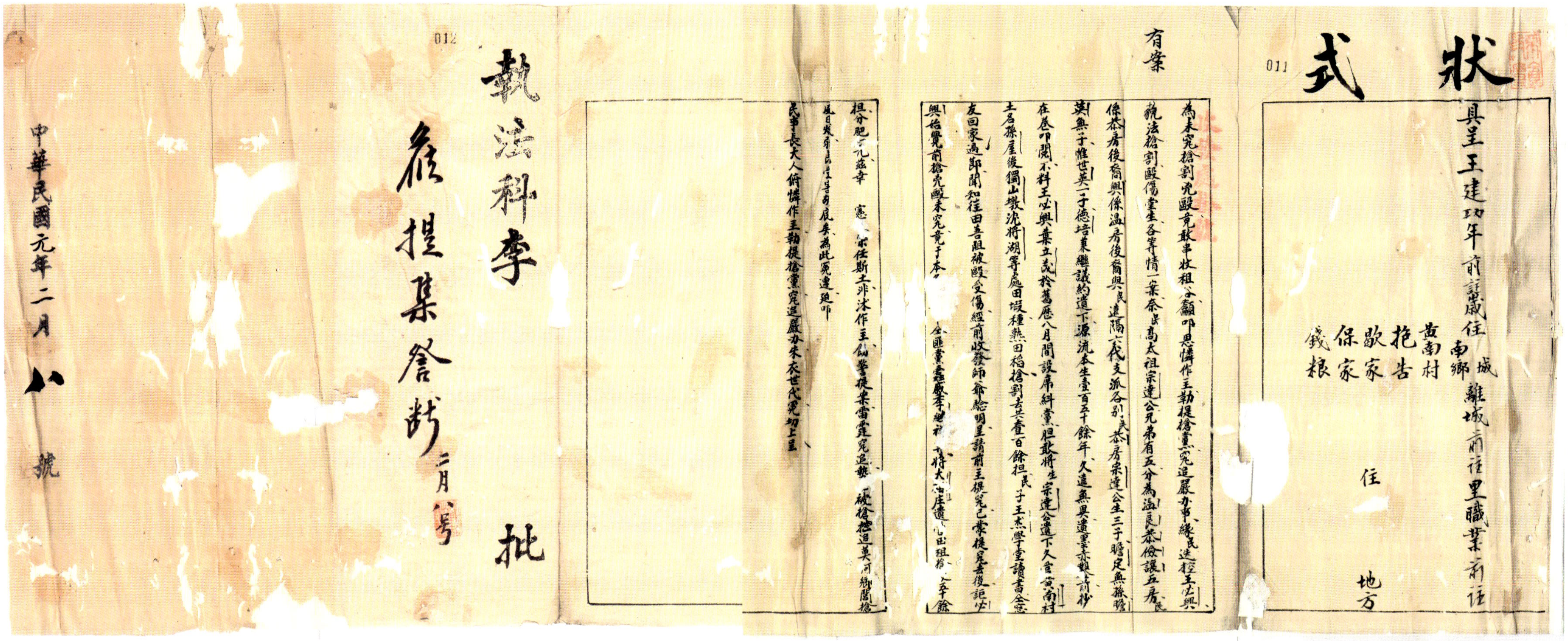

狀式

具呈王建功 年 前 歲 住南鄉 離城 前往 里 職業 前往

黄南村

抱告

歇家

保家

錢粮

住

地方

有案

爲未究搶割兇毆竟敢串收租谷，籲叩恩憐作主，勒提搶黨究追嚴办事。緣民迭控王必興

執法搶割毆傷壹生各等情一案，奈民高太祖宗達公兄弟有五，分爲溫良恭儉讓五房，民

係恭房後裔，興係溫房後裔，與民遠隔六代，支派各別。民恭房宗達公生三子，瞻定無孫，瞻

英無子，惟世英一子德培秉繼，議約遺下源流本生壹百五十餘年，久遠無異，遺業承繼，前抄

在卷叩閱。不料王必興糾立慈於舊歷八月間設帰糾黨，胆敢將生宗達公遺下久管黄南村

土名孫屋後獨山墩沈將湖等處田坵，種熟田稻搶割去共壹百餘担，民子王杰學堂讀書，全憲

友回家過鄙，聞知往田善阻，被毆受傷，經前收發師爺驗明，呈請前王提究，已蒙提究，去後詎必

興始覺前搶兇毆未究，竟于本[illegible]全匪黨[illegible]將大油庄遺下田租搶[illegible]五十餘

担分肥，兀慈幸 憲[illegible]任斯土，非沐作主飭警提案當堂究追[illegible]被搶租追莫何[illegible]搶

風日熾，有良呈具訴底矣。爲此冤遭匪叩

民事長大人俯憐作主，勒提搶黨究追嚴办，朱衣世代冤切上呈

執法科李

候提集奪斷

二月八号

批

中華民國元年二月八號

4.民國元年二月八日王建功爲控王必興未究搶割兇毆竟敢串收租穀事呈狀 (9857：11–12) 26.0×68.2cm

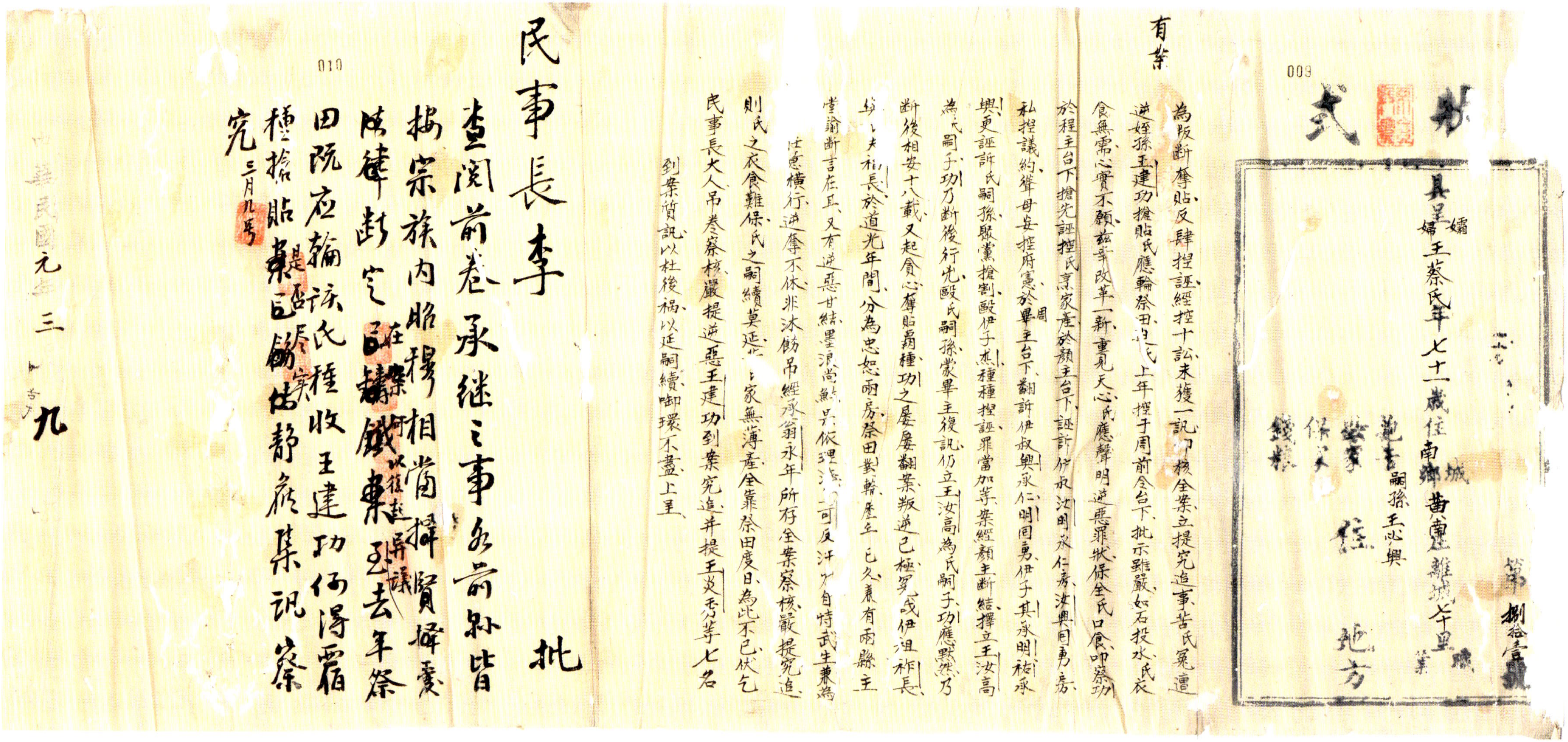

狀式

具呈孀婦王蔡氏年七十一歲住南鄉黃東里離城六十里 業

抱告 嗣孫王必興 住 地方

第捌拾壹號

有案

為叛斷奪貼、反肆捏誣、經控十訟未獲一訊、叩核全案、立提究追事。苦氏冤遭逆姪孫王建功搶貼氏應輪祭田、氏上年控于周前令台下、批示雖嚴、如石投水、氏衣食無需、心實不願。茲幸改革一新、重見天心、氏應聲明逆惡罪狀、俾全氏口食。叩祭功於程主台下、搶先誣控氏烹家產、於顏主台下、誣許伊叔汝明、汝仁房、汝興同勇房私捏議約、聳母妄控府憲、於畢主台下、翻許伊叔興承仁、明同勇、伊子其承明、祐承興、更誣許氏嗣孫聚黨搶劉毆伊子燕種、種捏誣罪當加等。案經顏主斷結、擇立王汝高為氏嗣子、功乃斷後行兇毆氏嗣孫、蒙畢主復訊、仍立王汝高為氏嗣子、功應默然、乃斷後相安十八載、又起貪心奪貼霸種、功之屢屢翻案、叛逆已極。冤伊祖祚長與夫祐長於道光年間分為忠恕兩房、祭田對輪、歷年已久、兼有兩縣主堂諭斷言在耳、又有逆惡甘結墨浪尚鮮、其依理論、可反汗乎。自恃武生兼為壯意橫行、逆奪不休、非沐飭吊經承翁永年所存全案察核、嚴提究追、則氏之衣食難保、氏之嗣續莫延。此氏家無薄產、全靠祭田度日、為此不已、伏乞民事長大人吊卷察核、嚴提逆惡王建功到案究追、并提王炎秀等七名到案質訊、以杜後禍、以延嗣續、啣環不盡上呈。

民事長李 批

查閱前卷承繼之事、前此皆據宗族內昭穆相當擇賢擇愛、業經斷定。至祭田既應輪流、氏種收王建功何得霸種搶貼、已飭傳集訊究。

中華民國元年三月九

5.民國元年三月九日王蔡氏爲控王建功叛斷奪貼反肆捏誣事呈狀　(9857：9–10) 27.2×67.7cm　圖版裁空白頁

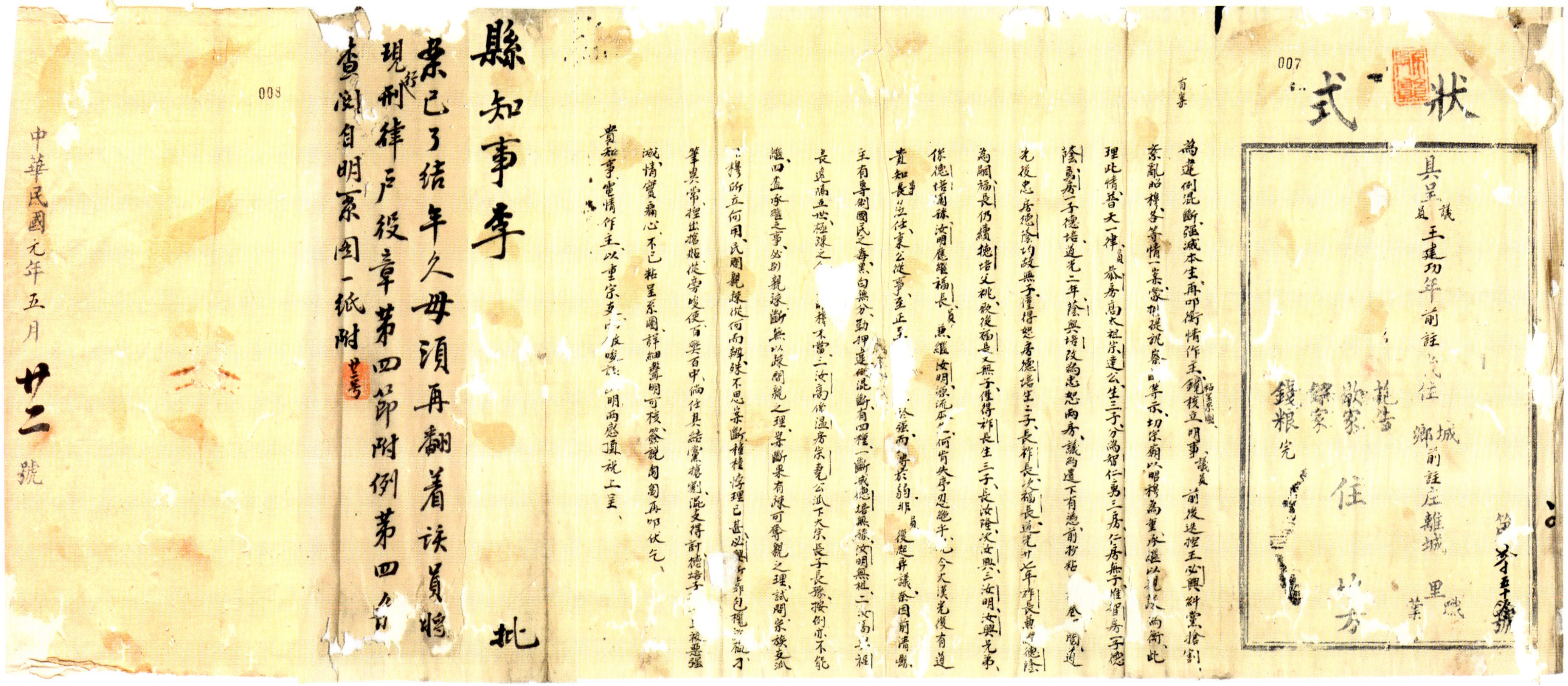

6.民國元年五月廿二日王建功爲控王必興違例混斷强滅本生事呈狀　（9857：7–8）27.3×74.0cm　圖版裁空白頁

二八　宣統三年瞿澤廣控瞿紹文聽唆妄争案

一、内容提要

「宣統三年（一九一一）瞿澤廣控瞿紹文聽唆妄争案」相關檔案保存於469、1428、2486、3388、3389、3887、4779、11406號卷宗，包括宣統三年二月十三日至民國二年（一九一三）九月九日歷次訴訟中形成的各類狀紙二十二件、票（稿）五件、稟二件、結狀二件、點名單、供詞堂諭、和解狀各一件。

該案起因，據瞿紹文稱，被呈瞿陳根、瞿自華的祖父瞿耀榮因欠錢糧，將其名下瞿氏冬至會八年一輪的祭田輪值權立議約抵押給瞿紹文的曾祖父長洲公，由長洲公代爲完糧。後來瞿耀榮一房欺瞿紹文父親及其本人年幼，多次奪走輪值權，直至宣統二年（一九一零）瞿紹文尋出字據、憑票、糧串等，方知抵押輪值一事，於是先托族尊長調解。族内調解失敗之後，又托公人李墨池等調解，調解人提出以洋八十元賠償瞿紹文祖上代交錢糧，而瞿紹文將抵押輪值權的議約還給瞿陳根等。然而瞿陳根等否認有此議約，之所以糧串在瞿紹文手上，則是因爲「小的居鄉，來城路遠，托紹文祖代完」。瞿澤廣則以瞿紹文祖上從未要求輪值權爲由，否定瞿紹文的輪值權。瞿陳根等不服調解，因此瞿紹文提起訴訟。由於訴訟長期不能訊結，訴訟過程中雙方又爆發了搶割糾紛。

該案檔案保存并不完整，訴訟過程難以完全復原。據宣統三年三月初三日瞿紹文訴狀所稱「去年十一月間喊控瞿澤廣等叛墨兇毆等情」，則該案的新詞時間在宣統二年十一月。且據宣統三年二月十三日周琛信票（稿）稱「案經前縣提訊未到」，則前任王知縣手上也曾簽發過信票。但這些文書均未見於檔案中。現存檔案中，宣統三年五月十四日堂審前爲一個階段。由於堂諭要求該案族内調解，此後瞿氏宗族應該組織了一次調解，但是宣統三年五六月間，瞿澤廣、瞿紹文以及族内支持雙方的各方紛紛呈狀，互相指控對方不遵理處，至閏六月初五日周琛簽發「勒限復訊」的傳票，這是該案的第二個階段。此後雙方互相搶割所争祭田，并由此展開又一輪互控。但據民國二年和解狀可知，周琛曾判决瞿紹文有權輪值辦祭，并收回瞿澤廣等搶割的田稻。

二、檔案索引

編號	時間	作者	内容	類型	卷宗號	原卷宗頁碼
1	宣統三年二月十三日	瞿澤廣	爲控瞿紹文背貼得□唆霸又來事	刑事訴訟狀	3887	24—26
2	宣統三年二月十三日	知縣周琛	爲催提瞿陳根等事	票(稿)	3887	23
3	宣統三年二月廿八日	瞿澤廣	爲控瞿紹文遵批投訊非吊不明事	刑事辯訴狀	3887	27—29
4	宣統三年三月初三日	瞿紹文	爲控瞿澤廣等恃□叛墨倚蠻揑虚事	民事辯訴狀	3887	30—32
5	宣統三年三月廿三日	瞿澤廣	爲控瞿紹文遵批檢呈老簿理合投案候質事	刑事辯訴狀	3887	33—35
6	宣統三年四月初八日	知縣周琛	爲勒提瞿陳根等事	票(稿)	3887	16
7	宣統三年四月十八日	瞿紹文	爲控瞿澤廣等抵祭有約墊完有串事	民事辯訴狀	3887	17—19

8	宣統三年四月廿八日	瞿澤廣	爲控瞿紹文稟到日久乞恩懸牌示審事	刑事辯訴狀	3887	12—15
9	宣統三年四月廿九日	原差季源等	爲稟提到瞿陳根等事	稟	3887	20—21
10	(宣統三年)五月十四日		點名單	點名單	3887	22
11	(宣統三年)五月十四日		供詞、堂諭	供詞、堂諭	3887	11
12	宣統三年五月廿三日	瞿澤廣	爲控瞿紹文遵諭邀理仍然不遵事	刑事辯訴狀	3887	8—10
13	宣統三年五月廿八日	瞿振文	爲理處不遵據實剖陳事	稟狀	3887	2—3
14	宣統三年五月廿八日	瞿紹文	爲控瞿澤廣等恃尊强横公理不遵事	刑事訴訟狀	1428	6—11
15	宣統三年六月初八日	瞿自富	爲誼關房族照公實陳事	呈狀	3887	5—7
16	宣統三年六月廿三日	瞿紹文	爲控瞿澤廣愈處愈强退步進步事	民事訴訟狀	1428	1—5
17	宣統三年閏六月初五日	知縣周琛	爲勒限復訊瞿陳根等事	票(稿)	3887	4
18	宣統三年閏六月十八日	瞿澤廣	爲控瞿紹文案未訊結搶割眉睫事	民事訴訟狀	2486	1—5
19	宣統三年閏六月廿二日	瞿紹文	爲控瞿澤廣等不候訊斷糾衆搶割事	民事訴訟狀	2486	6—9、11
20	宣統三年閏六月廿八日	瞿紹文	爲控瞿澤廣等復揚搶割禍睫眉間事	民事訴訟狀	2486	12—16
21	宣統三年七月(初三日)[一]	瞿紹文	爲控瞿澤廣等一再搶割藐法妄爲事	民事訴訟狀	3389	24—28
22	宣統三年七月初八日	瞿澤廣	爲控瞿紹文自割倒誣刁詐實甚事	民事訴訟狀	2486	17—22
23	宣統三年七月初九日	知縣周琛	爲勒催瞿陳根等事	票(稿)	2486	23
24	宣統三年七月十八日	瞿紹文	爲控瞿澤廣等自搶誣割飾咎顯然事	民事訴訟狀	2486	24—28
25	宣統三年七月廿六日	原差吴炎等	爲稟提到瞿陳根等事	稟	2486	29—31
26	(宣統三年七月)廿八日[二]	瞿紹文	爲控瞿澤廣等疊遭糾割於今有四事	民事訴訟狀	3389	1—2
27	宣統三年七月廿八日	瞿澤廣	爲控瞿紹文聽唆倏争遭冤已極事	民事訴訟狀	3388	2—4
28	宣統三年八月初七日	知縣周琛	爲飭差彈壓事	票(稿)	469	4
29	宣統三年八月初八日	瞿澤廣	爲控瞿紹文不候覆訊囑佃搶割事	民事訴訟狀	469	1—3

〔一〕日期不詳，依狀頭所注，推爲初三日。

〔二〕年月缺失，日期爲狀頭所注，呈詞内稱「迫叩恩賜示期復訊」，而宣統三年七月廿八日瞿澤廣呈狀亦「投叩恩准覆訊斧斷」，又其批詞稱「已示審」，兩狀均爲示期復審事，故推測時間同爲宣統三年七月廿八日。

30	宣統三年八月十三日	瞿紹文	爲控瞿澤廣等糾割八次傳遞六呈事	民事訴訟狀	11406	2—6
31	宣統三年八月十八日	俞五妹等	爲控瞿澤廣等案蒙斷結搶穀得追事	民事訴訟狀	4779	1—4
			附1　各佃貼種祭田土名貼價穀數清單	粘呈	4779	5
32	民國二年九月九日	瞿自富等	民事和解狀	和解狀	3389	12—14
33	民國二年九月九日	瞿澤廣等	結狀	結狀	3389	4—6、11
34	民國二年九月九日	瞿紹文	結狀	結狀	3389	7—10

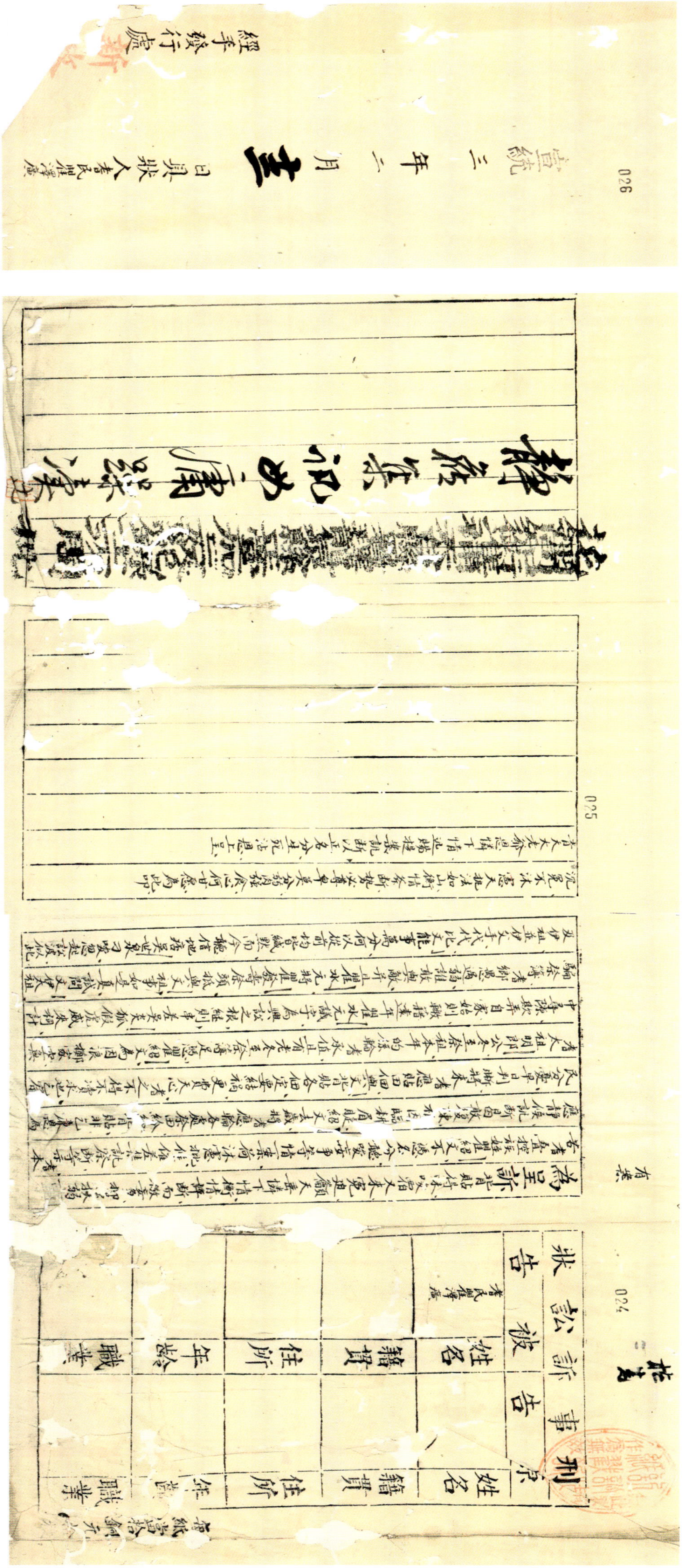

1.宣統三年二月十三日瞿澤廣爲控瞿紹文背貼得□唆霸又來事刑事訴訟狀 （3887：24–26）26.7×95.6cm 圖版裁空白頁

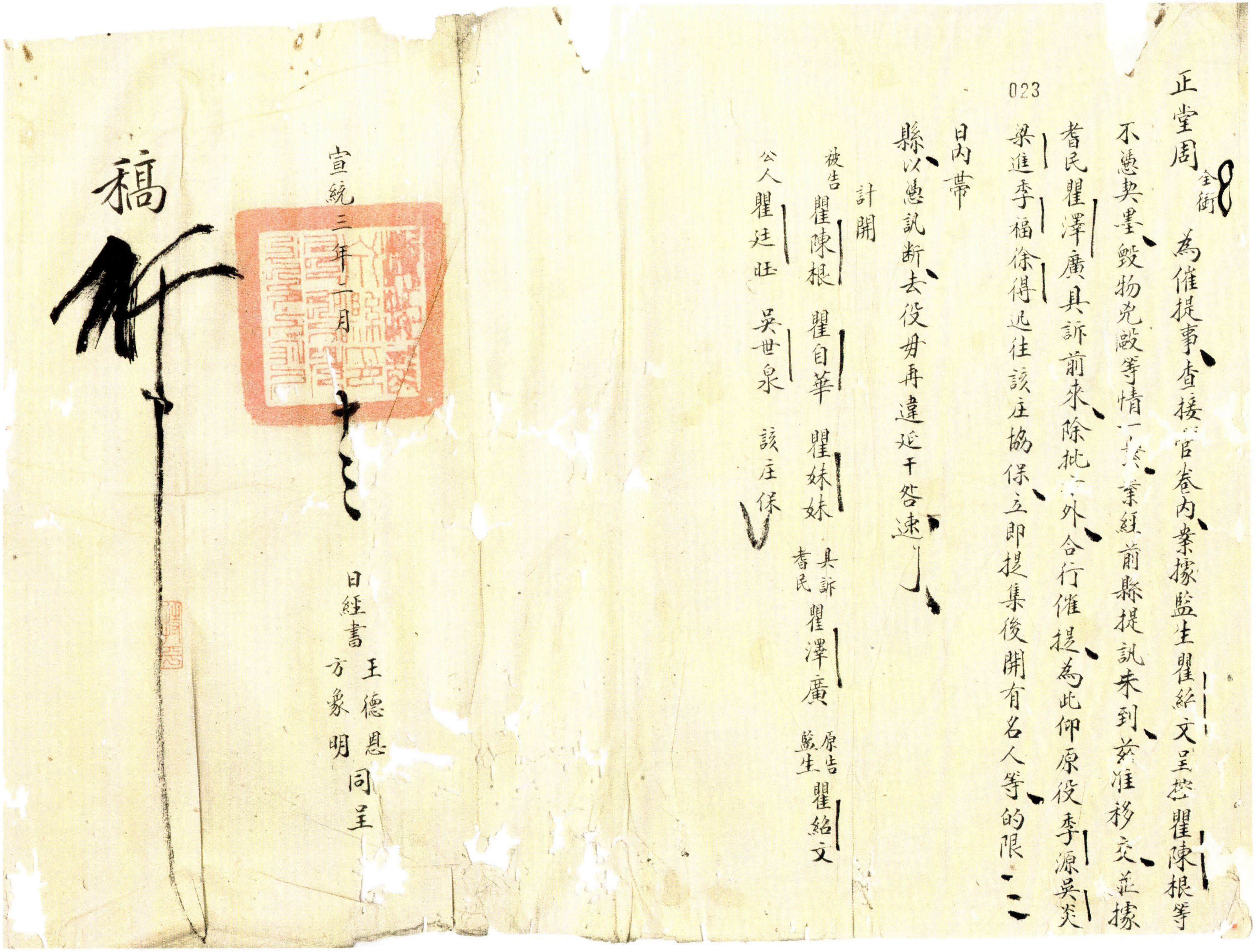

正堂周 全銜

為催提事查接官卷內案據監生瞿紹文呈控瞿陳根等

不憑契墨毀物兇毆等情一案業經前縣提訊未到茲准移交並據

耆民瞿澤廣具訴前來除批示外合行催提為此仰原役李源吳炎

梁進李福徐得迅往該庄協保立即提集後開有名人等的限二

日內帶

縣以憑訊斷去役毋再違延干咎速

計開

被告 瞿陳根 瞿自華 瞿妹妹

公人 瞿廷旺 吳世泉 該庄保

具訴耆民 瞿澤廣

原告監生 瞿紹文

宣統三年二月十三

日經書王德恩

方象明同呈

稿

行

2.宣統三年二月十三日知縣周琛爲催提瞿陳根等事票(稿)（3887：23）28.6×41.2cm

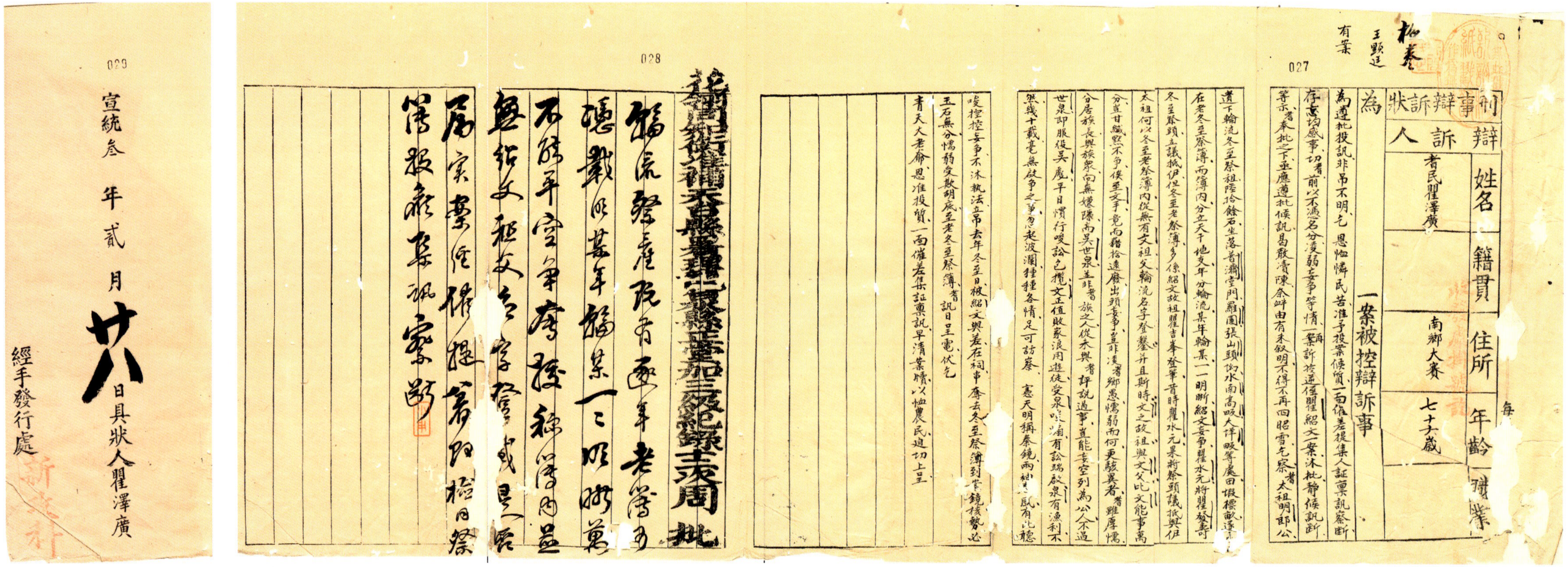

027

王顯廷

有案

刑事辯訴狀

辯訴人

姓名	籍貫	住所	年齡	職業
耆民瞿澤廣		南鄉大賽	七十六歲	

為遵批投訊非吊不明，乞恩恤憐民苦，准予投案候質，一面僉差提集人証稟訊察斷一案被控辯訴事

存忘均感事切。耆前以不遵名分，凌弱妄爭等情，一再訴控逆侄瞿紹文一案，沐批靜候訊斷等示。耆奉批之下，亟應遵批候訊，曷敢瀆陳，奈衅由有未敘明，不得不再叩昭雪乞察。耆太祖明郎公遺下輪流冬至祭祖陸拾餘石，坐落菖蒲堂門、羅園、張山頭、㘭水、南高畈、大洋畈等處田，坵標畝遂，在老冬至祭簿。而簿內分立天干地支年分輪流，某年輪某，一一明晰。紹文妄爭瞿水元將瞿發壽冬至祭頭立議抵伊，但冬至老祭簿多係紹文故祖瞿吉奉登筆，昔時瞿水元果將祭頭議抵與伊太祖，何以冬至老祭簿內從無有文祖父輪流名字登鑿，并且斯時文之故祖與文父比文能事萬分，豈甘緘默不爭，俟至文手竟而藉拾遠廢出頭妄爭，豈非凌耆鄉愚懦弱，而何更駭異者，耆雖庠懦分居，族長與族眾向無嫌隙，而吳世泉並非耆族之人，從未與耆評說過事，豈能妄空列為公人，不過世泉即服役吳慶，平日慣行唆訟，包攬，文正值敗家浪用遊徒，受泉唆煽，有訟端啟，泉有漁利，不然，幾十載毫無啟爭之事，忽起波瀾，種種各情，足可訪察。懇天明稱秦鏡，兩袖[illegible]風有比聰唆慫控妄爭不沐。執法立吊去年冬至日，被紹文與差在祠串奪去冬至祭簿，到堂鏡核，勢必玉石無分，懦弱受欺。胡底至老冬至祭簿，耆訊日呈電，伏乞

青天大老爺恩准投質，一面催差集証稟訊，早清葉牘，以恤農民，迫切上呈。

028

029

宣統叁年貳月廿八日具狀人瞿澤廣

經手發行處

3. 宣統三年二月廿八日瞿澤廣爲控瞿紹文遵批投訊非吊不明事刑事辯訴狀　（3887：27–29）26.8×102.6cm　圖版裁空白頁

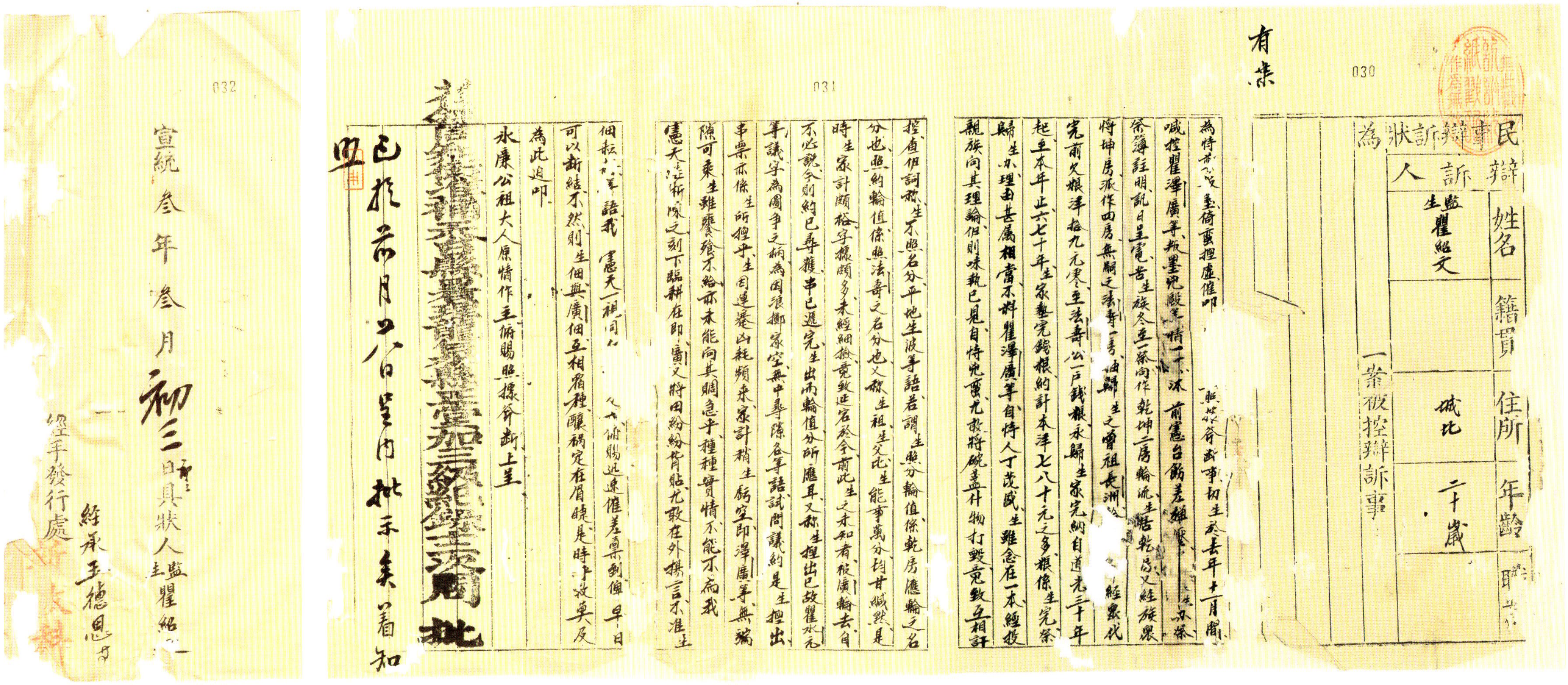

4.宣統三年三月初三日瞿紹文爲控瞿澤廣等恃□叛墨倚蠻捏虛事民事辯訴狀　（3887：30—32）26.8×92.8cm　圖版裁空白頁

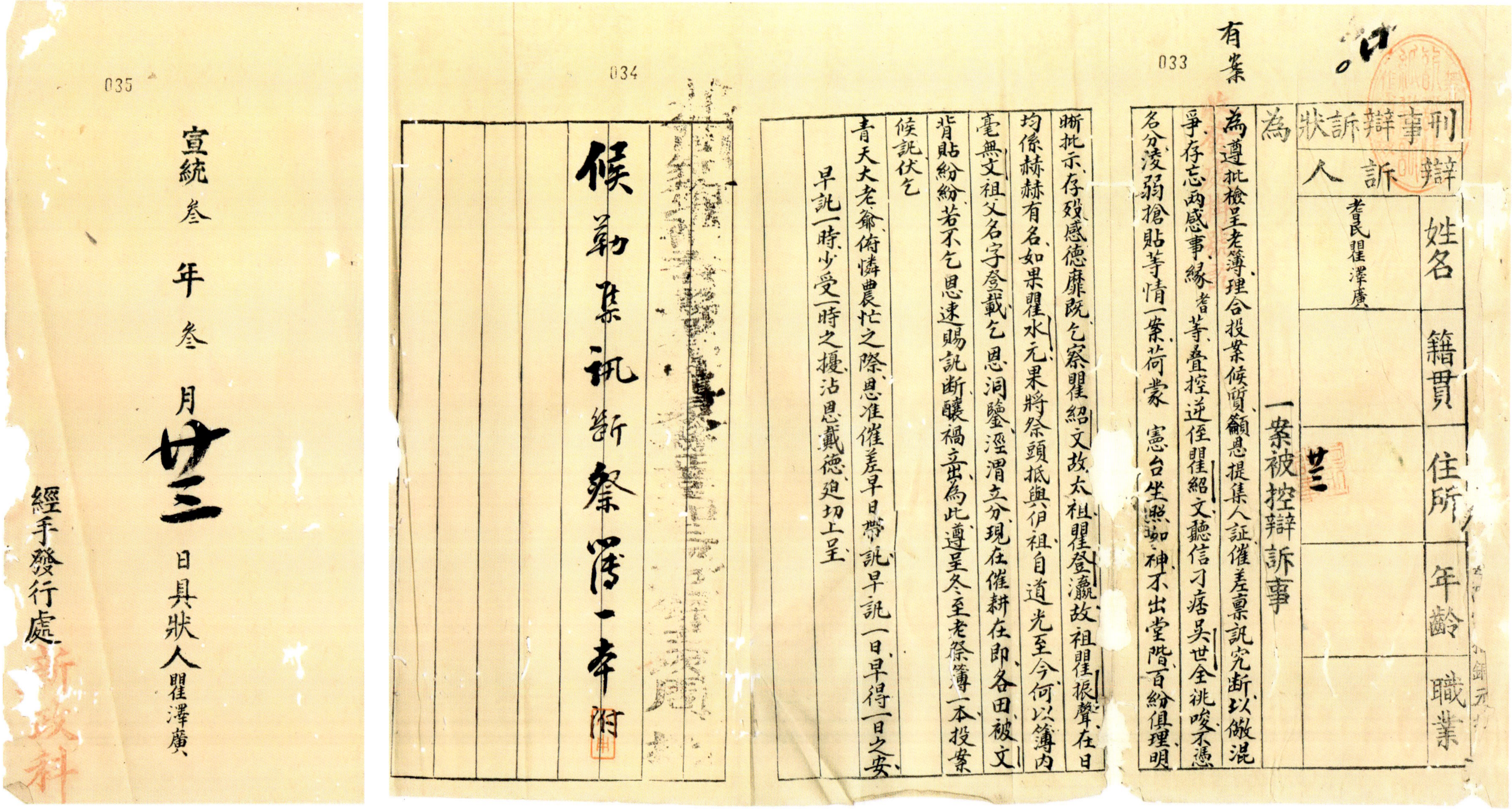

有案

刑事辯訴狀

辯訴人 耆民瞿澤廣

姓名 籍貫 住所 年齡 職業

為一案被控辯訴事

廿三

為遵批檢呈老簿理合投案候質籲懇提集人証催差稟訊究斷以儆混
爭存忘兩感事緣耆等疊控逆侄瞿紹文聽信刁痞吳世全挑唆不憑
名分淩弱搶貼等情一案荷蒙
憲台坐照如神不出堂階百絲俱理明
晰批示存殁感德靡既乞察瞿紹文故太祖瞿登瀛故祖瞿振聲在日
均係赫赫有名如果瞿水元果將祭頭抵與伊祖自道光至今何以簿內
毫無文祖父名字登載乞恩洞鑒涇渭立分現在催耕在即各田被文
背貼紛紛若不乞恩速賜訊斷釀禍立出為此遵呈冬至老祭簿一本投案
候訊伏乞
青天大老爺俯憐農忙之際恩准催差早日帶訊早訊一日早得一日之安
早訊一時少受一時之擾沾恩戴德迫切上呈

候勒集訊斷察簿一本附

宣統叁年叁月廿三日具狀人瞿澤廣

經手發行處

新政科

5.宣統三年三月廿三日瞿澤廣爲控瞿紹文遵批檢呈老簿理合投案候質事刑事辯訴狀　（3887：33–35）26.8×92.1cm　圖版裁空白頁

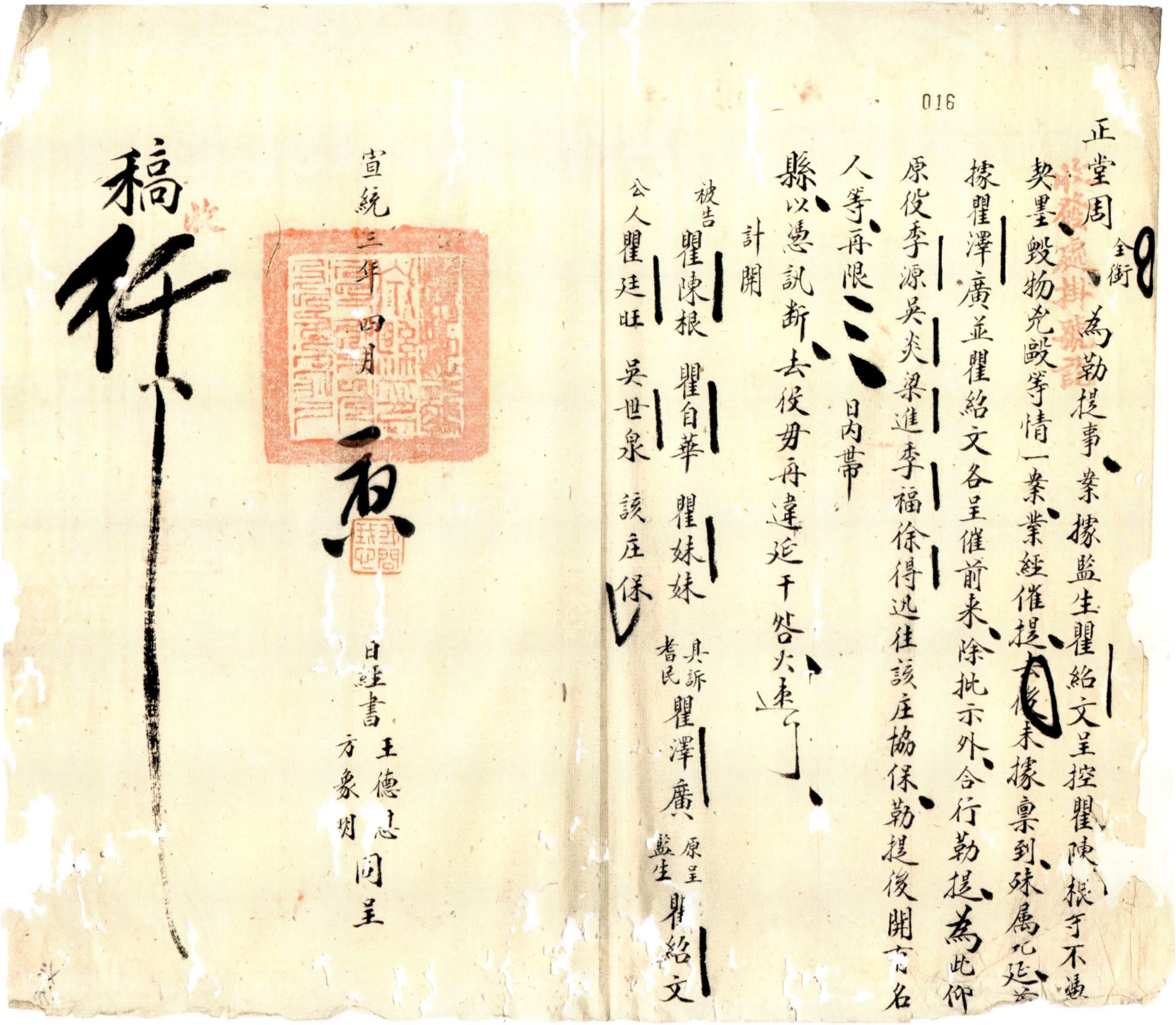

016

正堂周全銜　為勒提事。案據監生瞿紹文呈控瞿陳根等不遵
契墨、毀物充毆等情一案，業經催提，未據稟到，殊屬延宕。茲
據瞿澤廣並瞿紹文各呈催前來，除批示外，合行勒提。為此仰
原役李源、吳炎、梁進、李福，係得迅往該庄協保，勒提後開有名
人等，再限三日內帶
縣，以憑訊斷。去役毋再違延干咎。火速。

計開

被告　瞿陳根　瞿自華　瞿妹妹

公人　瞿廷旺　吳世泉　該庄保

具訴者民　瞿澤廣

原呈監生　瞿紹文

宣統三年四月　日

稿

行

經書　王德志　方象明　同呈

6.宣統三年四月初八日知縣周琛爲勒提瞿陳根等事票(稿)　(3887：16) 29.2×33.8cm

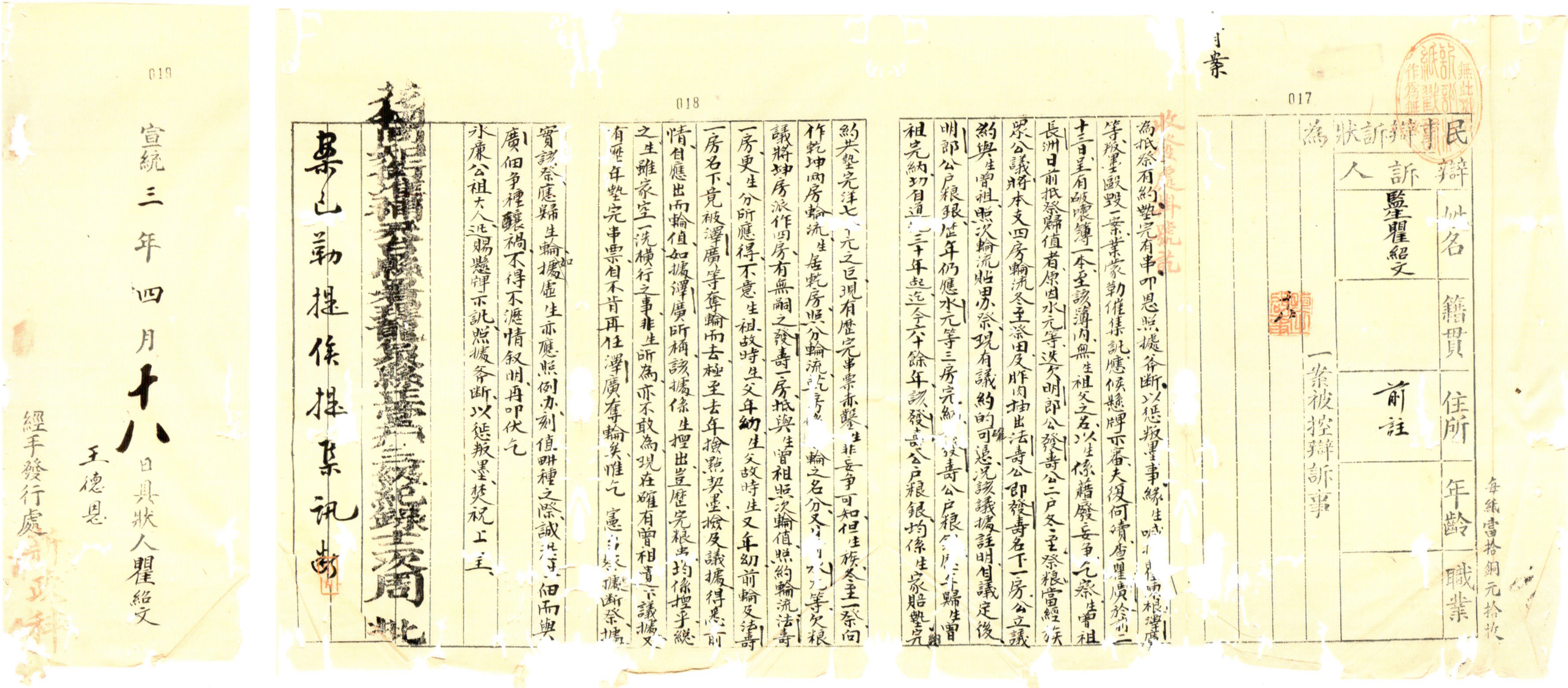

019

宣統三年四月十八日具狀人瞿紹文

王德恩

經手發行處

018

案已勒提，候提集訊斷。

永康公祖大人迅賜懸牌示訊，照據斧斷，以懲叛墨，焚祝上呈。

廣佃爭種，釀禍不得，不瀝情敘明，再叩伏乞

實，該祭應歸生輪，據如虛，生亦應照例办刻，值此種之際，誠恐[illegible]佃而與

有歷年墊完串票，自不肯再任澤廣奪輪矣。唯乞 憲[illegible]據斷祭據

之，生雖家空一洗，橫行之事非生所為，亦不敢為，現在確有曾相[illegible]示議據又

情，自應出而輪值，如據澤廣所稱，該據係生捏出，豈歷完粮串均係捏乎？縱

一房名下竟被澤廣等奪輪而去。極至去年，檢點契墨，檢及議據，得悉前

一房更生分所應得，不意生祖故時，生父年幼，生父故時，生又年幼，前輪及法壽

議將坤房派作四房，有無嗣之發壽一房抵與生曾祖，照次輪值，照約輪流，法壽

作乾坤兩房輪流，生居乾房，照分輪流，乾房[illegible]輪之名分，又[illegible]等欠粮

約，共墊完洋七[illegible]元之巨，現有歷完串票，亦鑿鑿，生非妄爭，可知。但生族冬至一祭向

017

祖完納，切自道光三十年起迄今六十餘年，該發壽公戶粮銀均係生家賠墊完

明郎公戶粮銀，[illegible]年仍應水元等三房完納，[illegible]發壽公戶粮[illegible]歸生曾

約，與生曾祖照次輪流貼[illegible]办祭，現有議約的可憑。況該議據註明，自議定後

眾公議，將本支四房輪流冬至祭田及胙肉抽出，法壽公即發壽名下一房公立議

長洲日前抵祭歸值者，原因水元等迭欠明郎公、發壽公二戶冬至祭糧，當經族

十三日呈有破壞簿一本，查該簿內無生祖父之名，以生係藉發妄爭，乞察。生曾祖

等叛墨毆毀一案，業蒙勒催集訊，應候懸牌示審。夫復何瀆，查瞿廣於前二

為抵祭有約，墊完有串，叩恩照據斧斷，以懲叛墨事。緣生[illegible]瞿澤廣

一案被控辯訴事

收發處掛號訖

民事辯訴狀		
辯訴人	姓名	監生瞿紹文
	籍貫	
	住所	前註
	年齡	
	職業	

每紙當拾銅元拾枚

7.宣統三年四月十八日瞿紹文爲控瞿澤廣等抵祭有約墊完有串事民事辯訴狀　（3887：17–19）26.8×92.0cm　圖版裁空白頁

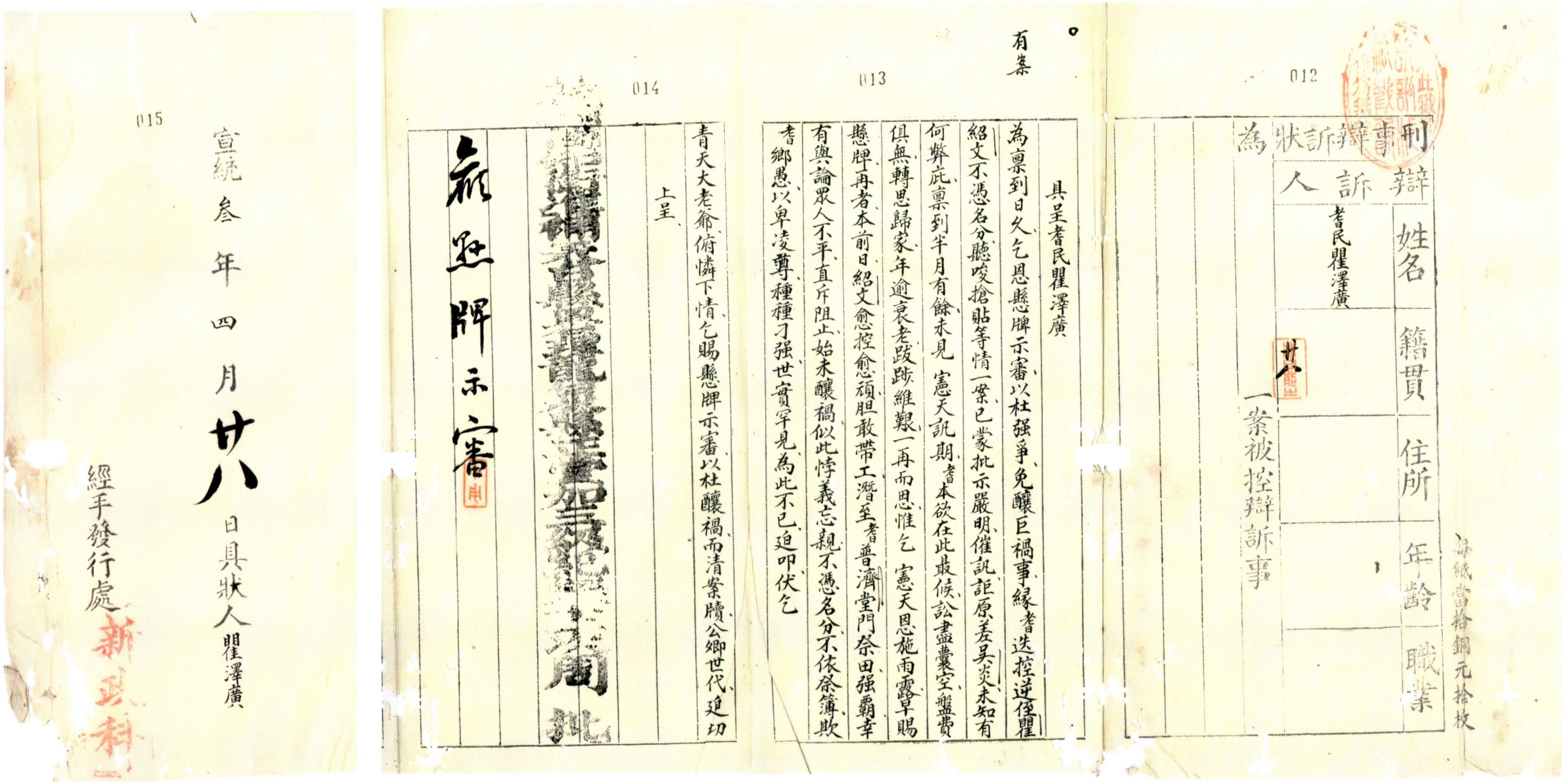
刑事辯訴狀
為
辯訴人
姓名　耆民瞿澤廣
籍貫
住所
年齡
職業
廿八
一案被控辯訴事
每紙當拾銅元拾枚

有案

具呈耆民瞿澤廣

為稟到日久，乞恩懸牌示審，以杜强爭、免釀巨禍事。緣耆迭控逆侄瞿紹文不憑名分、聽唆搶貼等情一案，已蒙批示嚴明，催訊詎原差吴炎未知有何弊庇，稟到半月有餘，未見憲天訊期。耆本欲在此最候，訟書盡囊空，盤費俱無，轉思歸家，年逾衰老，跋踄維艱，一再而思，惟乞憲天恩施雨露，早賜懸牌。再者，本前日紹文愈控愈頑，胆敢帶工潛至耆普濟堂門奈田强霸，幸有輿論衆人不平，直斥阻止，始未釀禍。似此悖義忘親，不憑名分，不依奈簿，欺耆鄉愚，以卑凌尊，種種刁强，世實罕見。為此不已，迫叩伏乞青天大老爺俯憐下情，乞賜懸牌示審，以杜釀禍，而清案牘。公卿世代，迫切上呈。

批

[illegible]延牌示審

宣統叁年四月廿八日具狀人瞿澤廣

經手發行處

8.宣統三年四月廿八日瞿澤廣爲控瞿紹文稟到日久乞恩懸牌示審事刑事辯訴狀　（3887：12–15）27.0×92.6cm　圖版裁空白頁

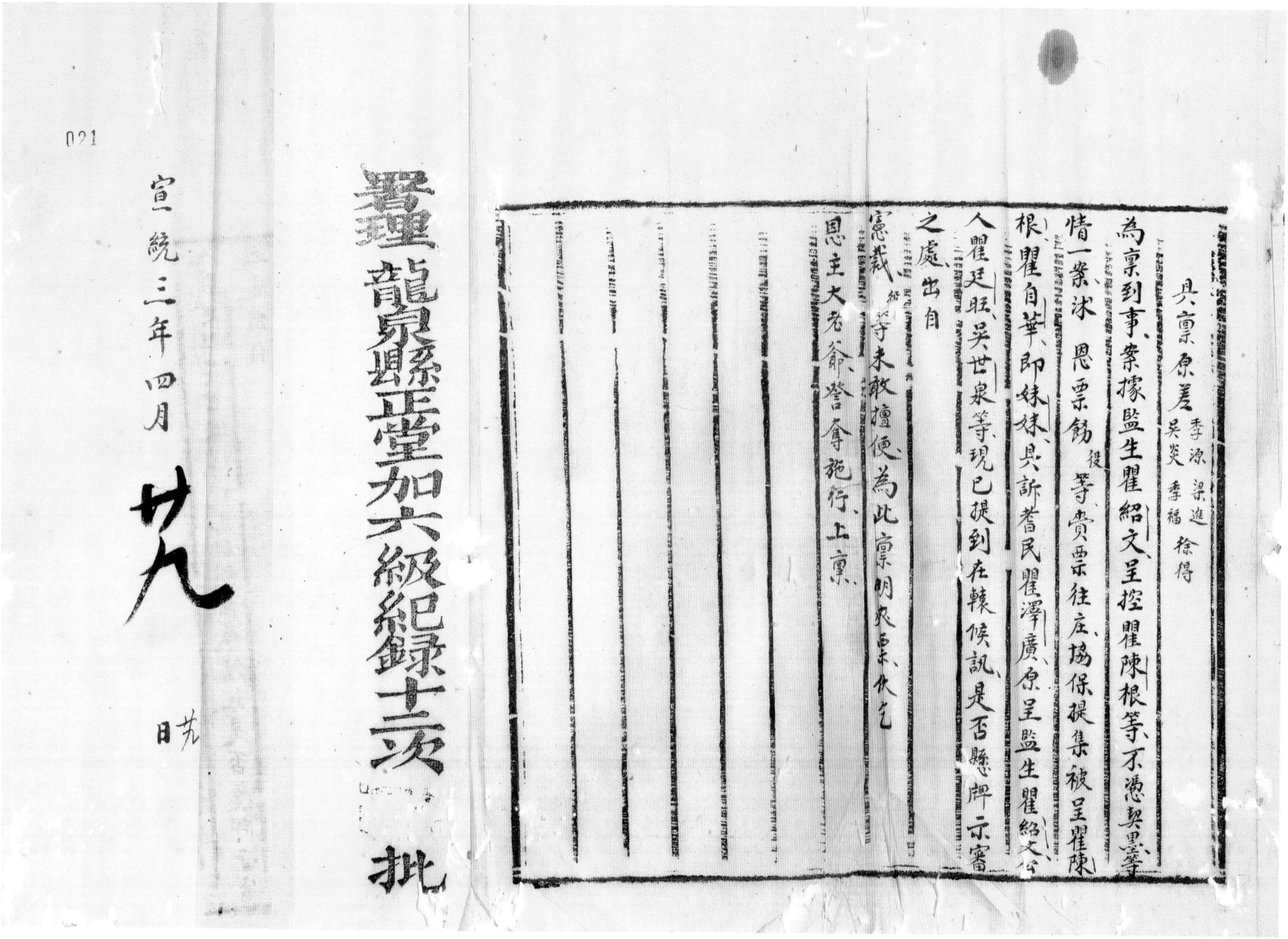

021

具稟原差季源 梁進 吳炎 季福 徐得

爲稟到事。案據監生瞿紹文呈控瞿陳根等不憑契墨等

情一案，沐　恩票飭役等賚票往庄協保提集被呈瞿陳

根、瞿自華、即妹妹、吳訴耆民瞿澤廣、原呈監生瞿紹文、公

人瞿廷旺、吳世泉等現已提到，在轅候訊。是否懸牌示審

之處，出自

憲裁，役等未敢擅便。爲此稟明，叩乞

恩主大老爺詧奪施行。上稟。

署理龍泉縣正堂加六級紀錄十二次　批

宣統三年四月廿九日

9.宣統三年四月廿九日原差季源等爲稟提到瞿陳根等事稟　（3887：20–21）28.7×61.0cm　圖版裁封頁

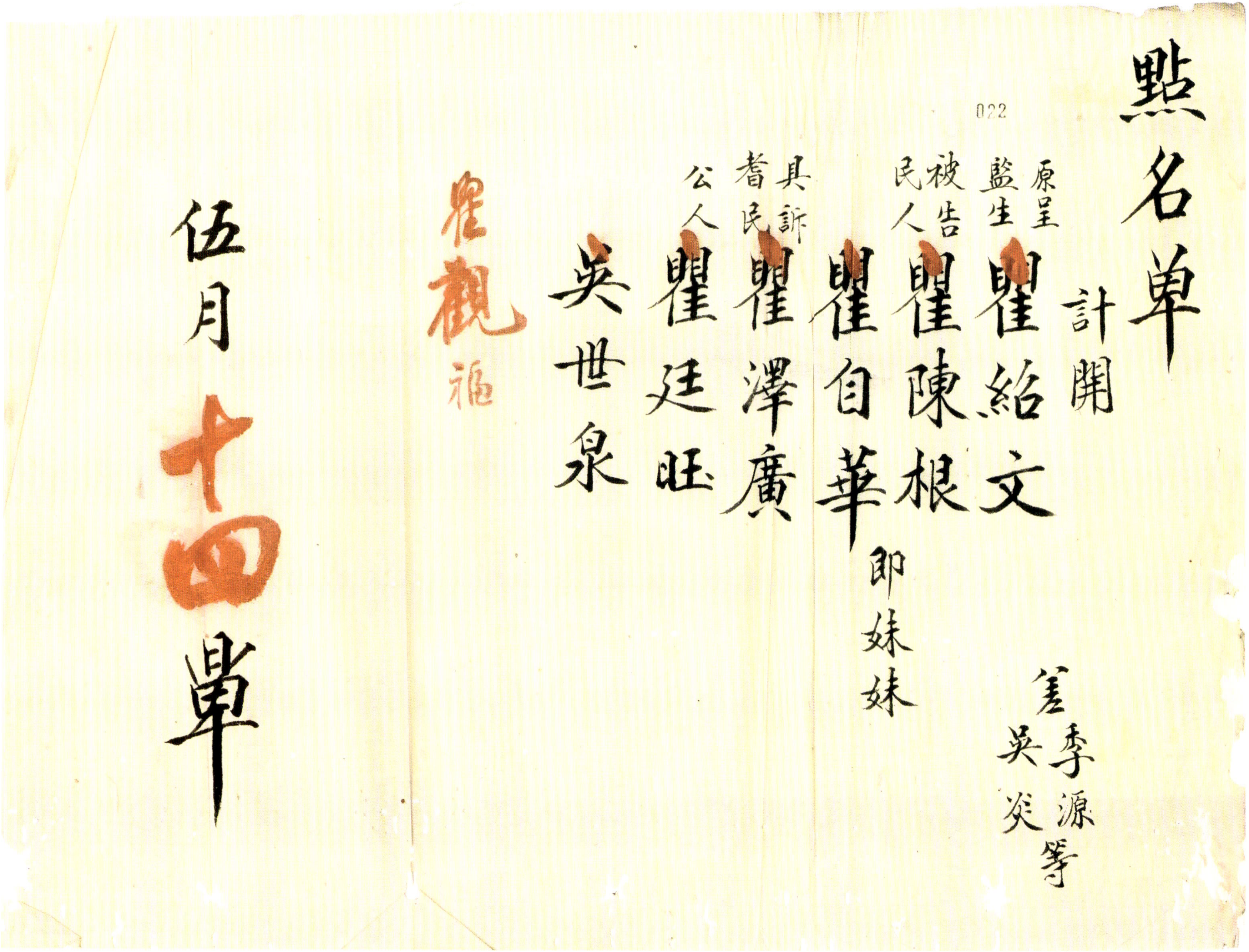

點名單

計開

原呈監生瞿紹文

被告民人瞿陳根

瞿自華即妹妹

具訴耆民瞿澤廣

公人瞿廷旺

吳世泉

差李源

吳炎等

瞿觀福

伍月十四單

10.(宣統三年)五月十四日點名單　(3887：22) 29.0×40.6cm

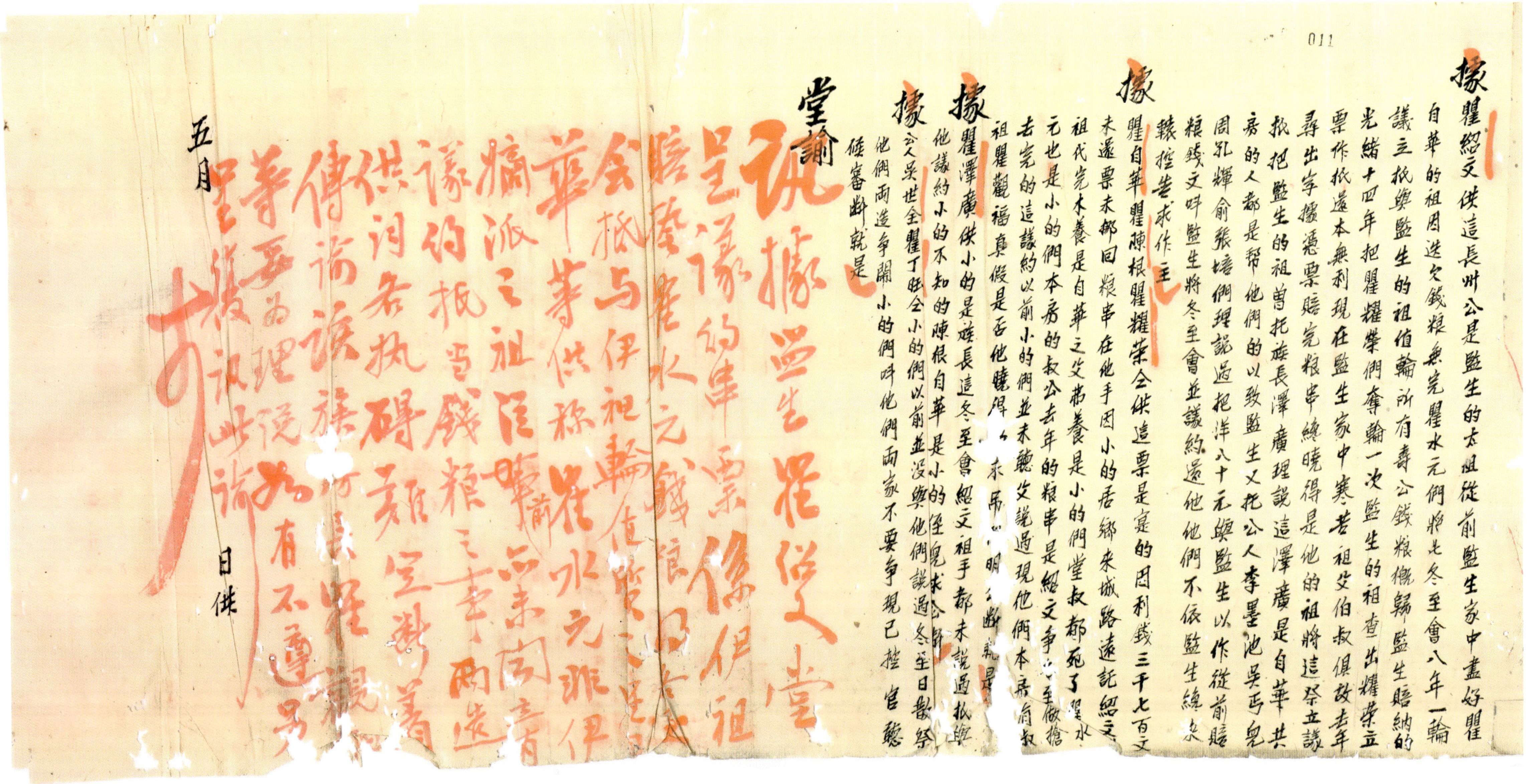

011

據瞿紹文供：這長州公是監生的太祖，從前監生家中盡好，瞿自華的祖因迭欠錢糧無完，瞿水元們將七冬至會八年一輪議立抵與監生的祖值輪，所有壽公錢糧總歸監生賠納的。光緒十四年，把瞿耀榮們奪輪一次，監生的祖查出耀榮立票作抵，這本無利。現在監生家中寒苦，祖父伯叔俱故，去年尋出字據，憑票賠完糧串，總曉得是他的祖將這祭立議抵把監生的祖，曾托族長澤廣理說，這澤廣是自華共房的人，都是幫他們的，以致監生又托公人李墨池、吳丐兒、周孔輝、俞張墙們理說，過把洋八十元與監生，以作從前賠糧錢文，叫監生將冬至會並議約還他，他們不依，監生纔來轅控告，求作主。

據瞿自華、瞿陳根、瞿耀榮仝供：這票是寔的，因利錢三千七百文未還，票未郷回，糧串在他手，因小的居鄉，來城路遠，託紹文祖代完。木養是自華之父，帶養是小的們堂叔，都死了。瞿水元也是小的們本房的叔公，去年的糧串是紹文爭[illegible]至做搶去完的。這議約以前小的們並未聽父說過，現他們本房有叔祖瞿觀福，真假是否他曉得[illegible]求[illegible]明[illegible]斷就是。

據瞿澤廣供：小的是族長，這冬至會紹文祖手都未說過抵與他，議約小的不知的，陳根、自華是小的侄兒，求公斷。

據公人吳世全、瞿丁旺仝供：小的們以前並沒與他們說過冬至日散祭，他們兩造爭鬧，小的們叫他們兩家不要爭，現已控官，聽候審斷就是。

堂諭

訊據監生瞿紹文[illegible]

五月　日供

11.(宣統三年)五月十四日供詞、堂諭　(3887：11) 28.9×60.9cm

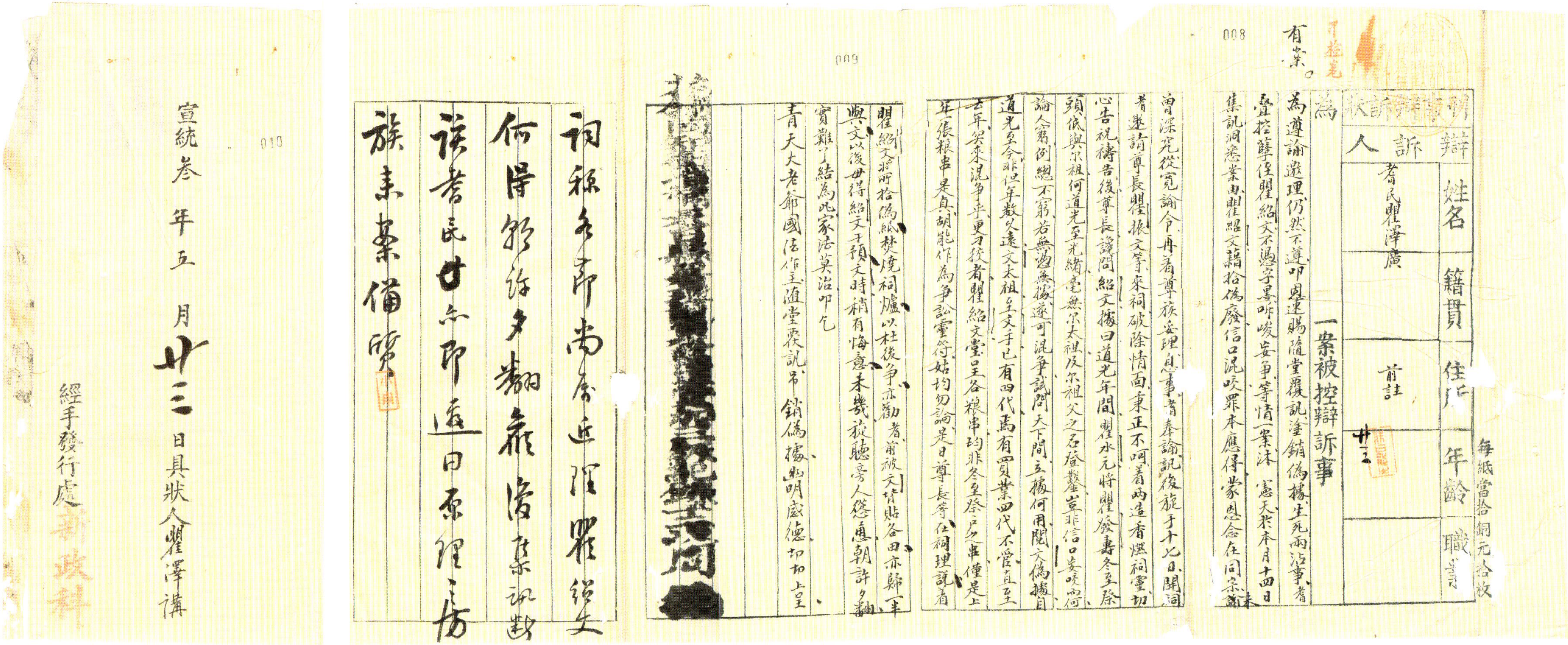
刑事辯訴狀

辯訴人	
姓名	耆民瞿澤廣
籍貫	
住所	前註
年齡	
職業	

每紙當拾銅元拾枚

有案。

為一案被控辯訴事

為遵諭邀理仍然不遵叩恩迅賜嚴堂覆訊塗銷偽據生死兩沾事。耆疊控孽侄瞿紹文不遵字墨聽唆妄爭等情一案，沐憲天於本月十四日集訊，洞悉案由，瞿紹文藉拾偽廢信口混咬，罪本應得，蒙恩念在同宗，諭曾深究，從寬諭令再着尊族妥理息事。耆奉諭訊後，旋于十七日開祠，耆邀請尊長瞿振文等來祠，破除情面，秉正不阿，着兩造香燃祠靈，切心告祝。禱告後，尊長議問紹文據曰道光年間瞿水元將瞿發壽冬至祭頭低與尔祖，何道光至光緒毫無尔太祖及尔祖父之名登鑿，豈非信口妄咬而何？論人窮例總不窮，若無過撥遂可混爭，試問天下間立據何用？閱文偽據自道光至今非但年數久遠，文太祖至文手已有四代，焉有買業四代不管，直至去年架來混爭乎？更可狡者，瞿紹文堂呈各粮串均非冬至祭戶之串，僅是上年一張粮串是真，胡能作為爭訟靈符？姑均勿論，是日尊長等在祠理說，着瞿紹文將所拾偽紙焚燒祠爐，以杜後爭，亦勸耆前被文貼各田亦歸一半與文，以後毋得紹文干預。文時稍有悔意，未幾被聽旁人慫恿，朝許夕翻，實難了結，為此家法莫治，叩乞

青天大老爺國法作主，准堂覆訊，吊銷偽據，出明感德，切切上呈。

[illegible]

宣統叁年五月廿三日具狀人瞿澤廣

經手發行處 新政科

12.宣統三年五月廿三日瞿澤廣爲控瞿紹文遵諭邀理仍然不遵事刑事辯訴狀　（3887：8—10）26.9×93.6cm　圖版裁空白頁

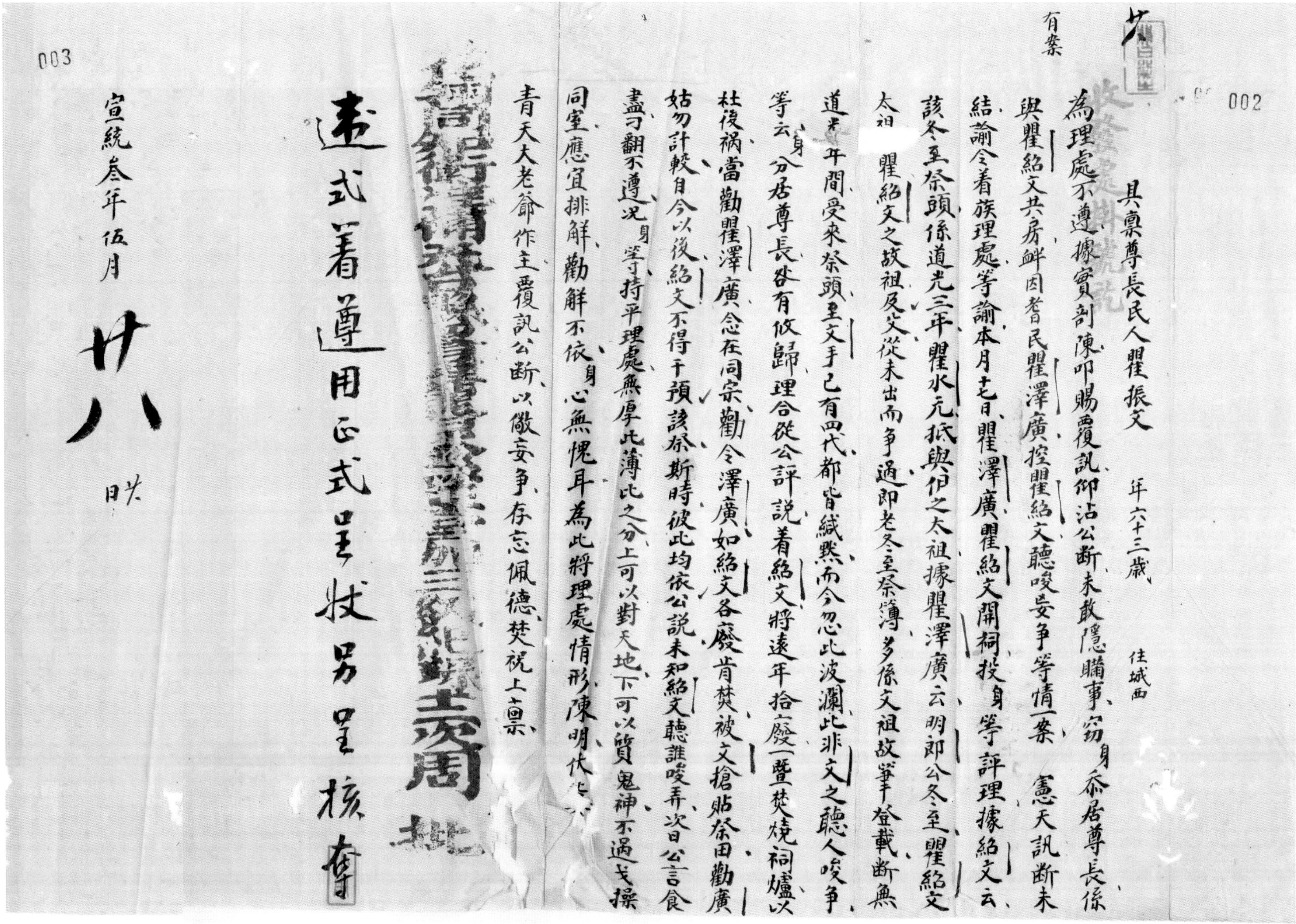

002

有案

具禀尊長民人瞿振文 年六十三歲 住城西

爲理處不遵據實剖陳叩賜覆訊仰沾公斷、未敢隱瞞事。竊身忝居尊長，係
與瞿紹文共房。緣因耆民瞿澤廣控瞿紹文聽唆妄爭等情一案，憲天訊斷未
結，諭令着族理處。等諭本月十七日，瞿澤廣、瞿紹文開祠投身等評理。據紹文云
該冬至祭頭係道光三年瞿水元抵與伊之太祖，據瞿澤廣云明、郎公冬至，瞿紹文
太祖 瞿紹文之故祖及父從未出而爭過，即老冬至祭簿多係文祖故筆登載，斷無
道光年間受來祭頭里文手，已有四代，都皆緘默，而今忽比波瀾，此非文之聽人唆爭
等云。身分居尊長，各有攸歸，理合從公評說，着紹文將遠年拾廢一暨焚燒祠爐，以
杜後禍，當勸瞿澤廣念在同宗，勸令澤廣如紹文各廢，肯焚被文搶貼祭田，勸廣
姑勿計較，自今以後紹文不得干預該祭，斯時彼此均依公說。未知紹文聽誰唆弄，次日公言食
盡，刁翻不遵。况身等持平理處，無厚此薄比之分，上可以對天地，下可以質鬼神，不過弋操
同室，應宜排解，勸解不依，身心無愧，耳爲此將理處情形陳明，伏乞
青天大老爺作主，覆訊公斷，以儆妄爭，存忘佩德，焚祝上禀。

違式，着遵用正式呈狀另呈核奪。

宣統叁年伍月廿八日批

003

13.宣統三年五月廿八日瞿振文爲理處不遵據實剖陳事禀狀　(3887：2–3) 26.7×65.2cm　圖版裁空白頁

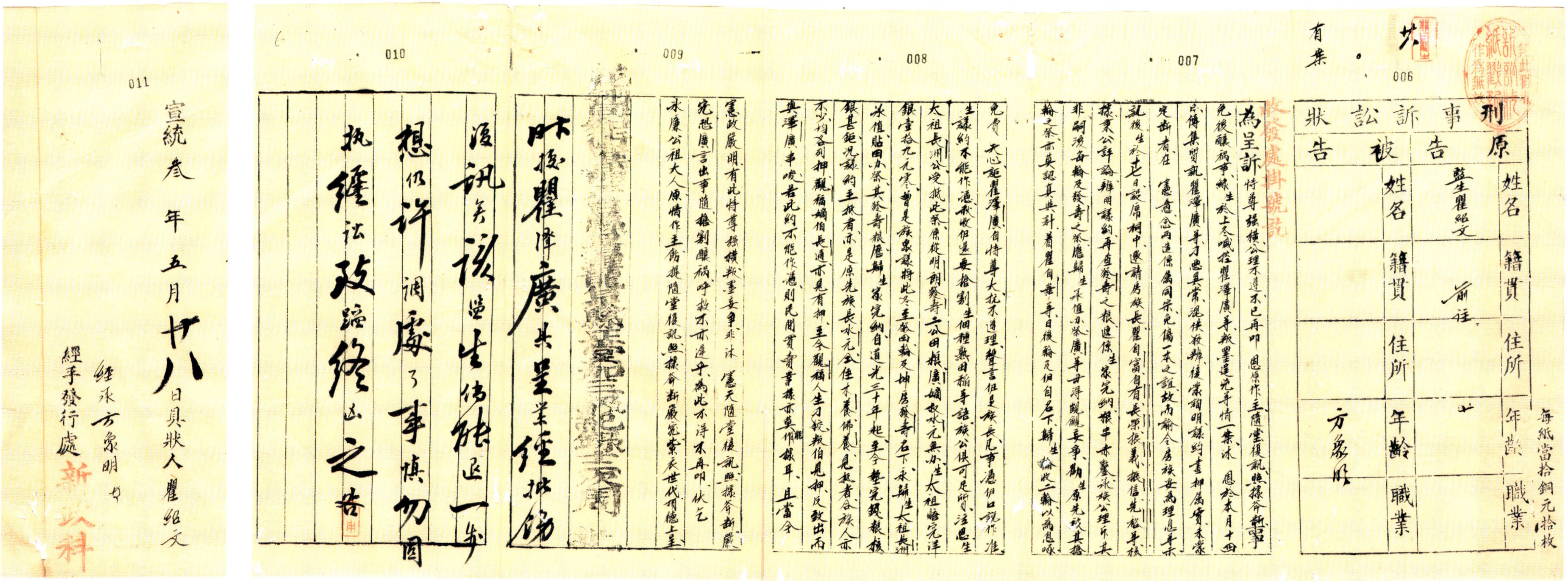
有案 共

刑事訴訟狀

原告		被告	
姓名	監生瞿紹文	姓名	
籍貫	前往	籍貫	
住所		住所	
年齡	四十	年齡	方象明
職業		職業	

每紙當拾銅元拾枚

收發處掛號訖

昨據瞿澤廣具呈業經批飭候訊矣該監生倘能退一步想仍許調處了事慎勿固執纏訟致蹈終凶之咎

宣統叁年五月廿八日具狀人瞿紹文

經承方象明

經手發行處 新政科

14.宣統三年五月廿八日瞿紹文爲控瞿澤廣等恃尊强横公理不遵事刑事訴訟狀　（1428：6–11）27.0×94.0cm　圖版裁空白頁

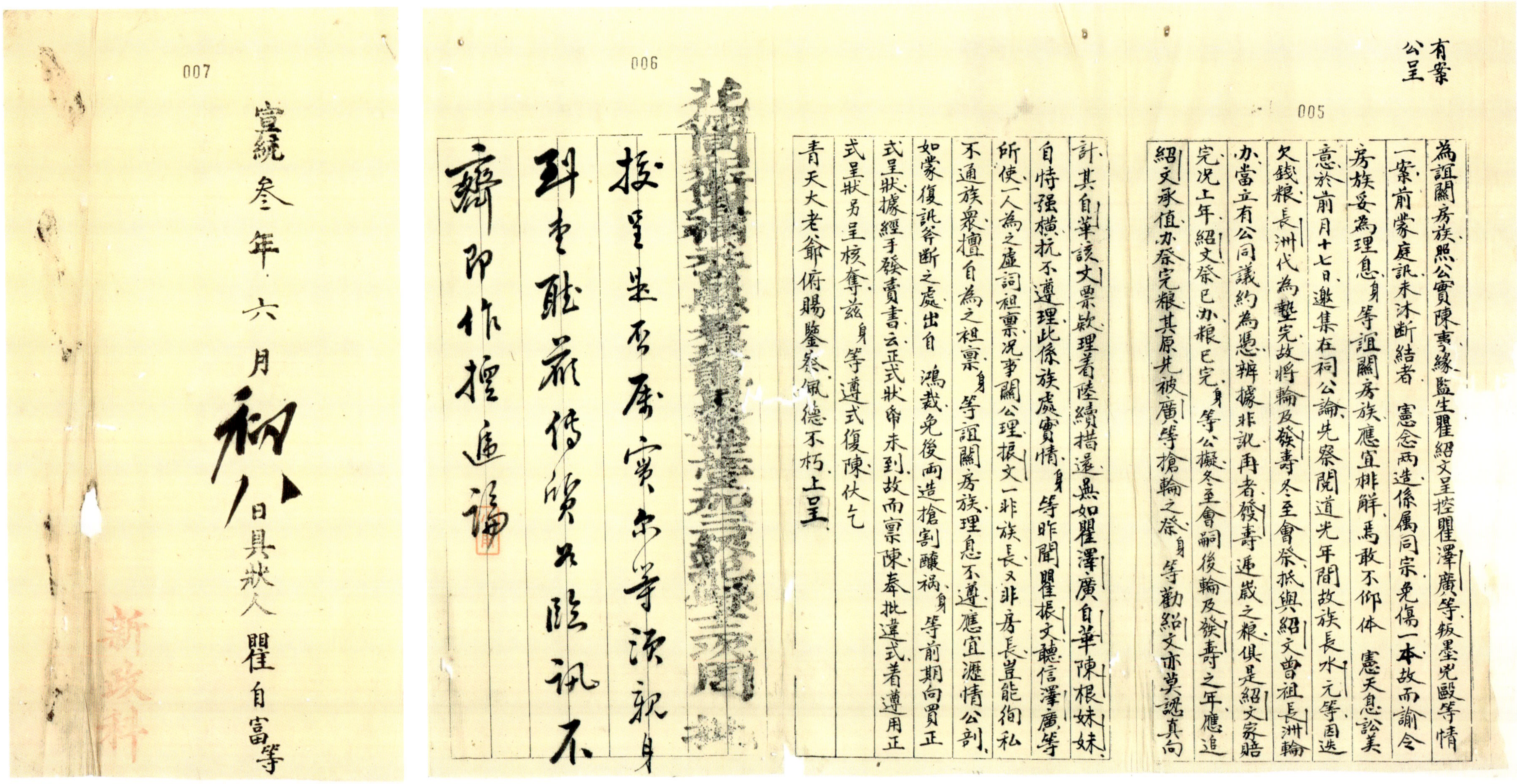
有案
公呈
為詣關房族照公實陳事。緣監生瞿紹文呈控瞿澤廣等叛墨兇毆等情
一案，前蒙庭訊，未沐斷結者。憲念兩造係屬同宗，免傷一本，故而諭令
房族妥為理息。身等詣關房族，應宜排解，焉敢不仰体憲天息訟美
意。於前月十七日邀集在祠公論，先察閱道光年間故族長水元等因迭
欠錢粮，長洲代為墊完，故將輪及發壽冬至會祭抵與紹文曾祖長洲輪
办，當立有公同議約為憑，辨據非訛。再者，發壽遞歲之粮，俱是紹文家賠
完。況上年紹文祭已办，粮已完，身等公擬冬至會嗣後輪及發壽之年，應追
紹文承值办祭，完粮，其原先被廣等搶輪之祭，身等勸紹文亦莫認真向
計。其自華該丈票欵理着陸續措還。詎如瞿澤廣、自華、陳根妹、妹
自恃強横，抗不遵理。此係族處實情。身等昨聞瞿根文聽信澤廣等
所使，一人為之虛詞粗稟，況事關公理，根文一非族長，又非房長，豈能徇私
不通族衆，擅自為之粗稟。身等詣關房族，理息不遵，應宜瀝情公剖，
如蒙復訊，爷斷之處出自鴻裁，免後兩造搶割釀禍。身等前期向買正
式呈狀，據經手發賣書云：正式狀帋未到，故而稟陳，奉批違式，着遵用正
式呈狀，另呈核奪。茲身等遵式復陳，伏乞
青天大老爺俯賜鑒察，佩德不朽。上呈。
宣統叁年六月初八日具狀人瞿自富等

15.宣統三年六月初八日瞿自富爲詣關房族照公實陳事呈狀　（3887：5–7）26.9×81.8cm　圖版裁空白頁

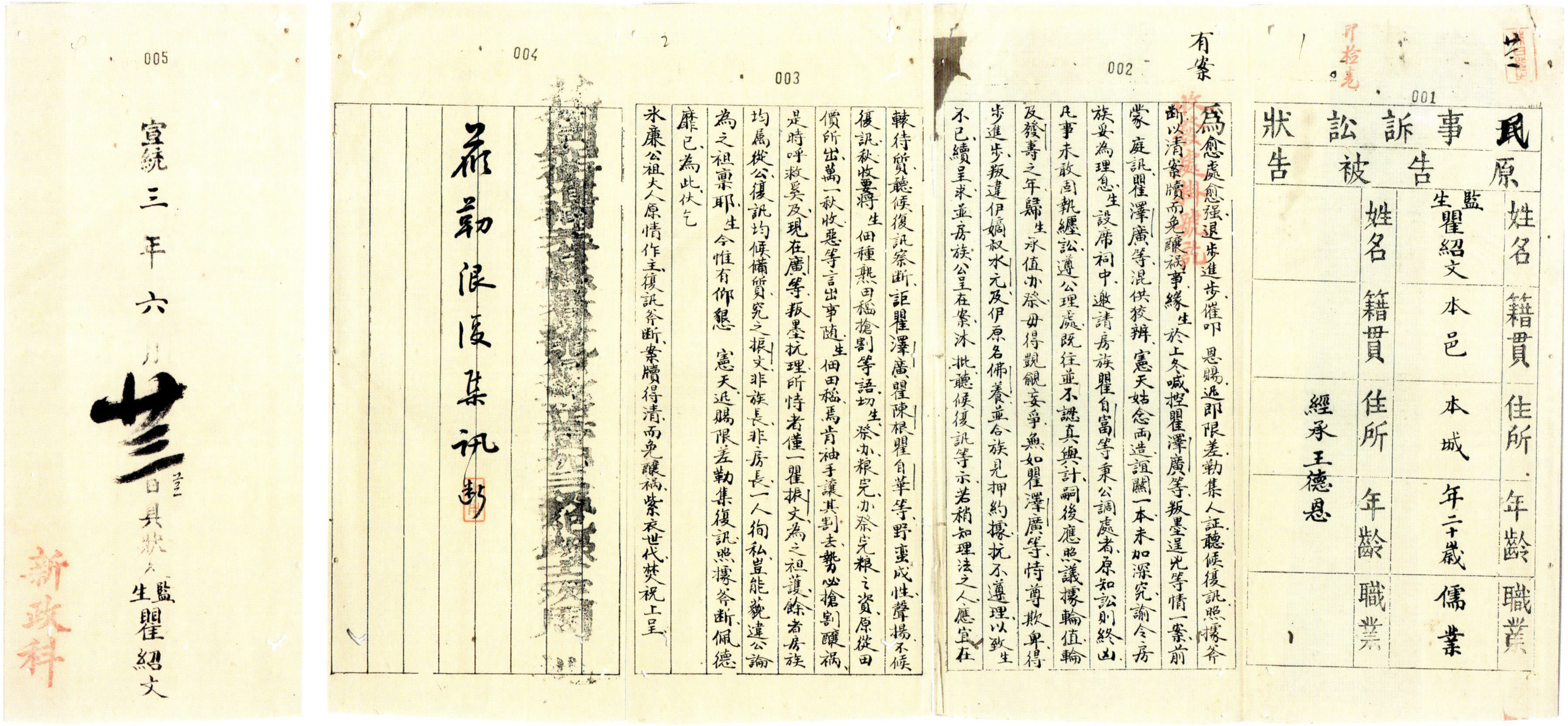

民事訴訟	姓名	籍貫	住所	年齡	職業
原告	監生瞿紹文	本邑	本城	年二十歲	儒業
被告					
狀	經承王德恩				

有案

爲愈處愈强退步進步催叩恩賜迅即限差勒集人証聽候復訊照據斧斷以清案牘而免釀禍事。緣生於上冬喊控瞿澤廣等叛墨違光等情一案，前蒙庭訊，瞿澤廣等混供狡辨，憲天姑念両造誼關一本，未加深究，諭令房族妥為理息。生設席祠中，邀請房族瞿自富等秉公調處者，原知訟則終凶，凡事未敢固執纏訟，遵公理處，既往並不謎真，與計嗣後應照議據輪值輪及發壽之年，歸生承值办祭，毋得覬覦妄爭。無如瞿澤廣等恃尊欺卑，得步進步，叛違伊嫡叔水元及伊原名佛養並合族見押約據，抗不遵理，以致生不已，續呈求並房族公呈在案，沐批聽候復訊等示。若稍知理法之人，應宜在轅待質，聽候復訊察斷。詎瞿澤廣、瞿陳根、瞿自華等野蠻成性，聲揚不候復訊，秋收要將生佃種熟田稻搶割等語。切生祭办粮完，办祭完粮之資，原從田價所出，萬一秋收，惡等言出事隨，生佃田稻焉肯袖手讓其割去，勢必搶割釀禍，是時呼救奚及。現在廣等叛墨抗理，所恃者僅一瞿振文為之袒護，餘者房族均屬從公，復訊均候備質。究之振文非族長，非房長，一人徇私，豈能藐違公論，為之袒稟耶？生今惟有仰懇憲天迅賜限差勒集復訊，照據斧斷，佩德靡已。為此伏乞

氷康公祖大人原情作主，復訊斧斷，案牘得清，而免釀禍。紫衣世代焚祝。上呈

飭勒限復集訊

宣統三年六月廿三日具狀人監生瞿紹文

新政科

16.宣統三年六月廿三日瞿紹文爲控瞿澤廣愈處愈强退步進步事民事訴訟狀

（1428：1–2）27.2×30.4cm；（1428：3–4）27.2×24.2cm；（1428：5）27.2×38.9cm　圖版裁空白頁

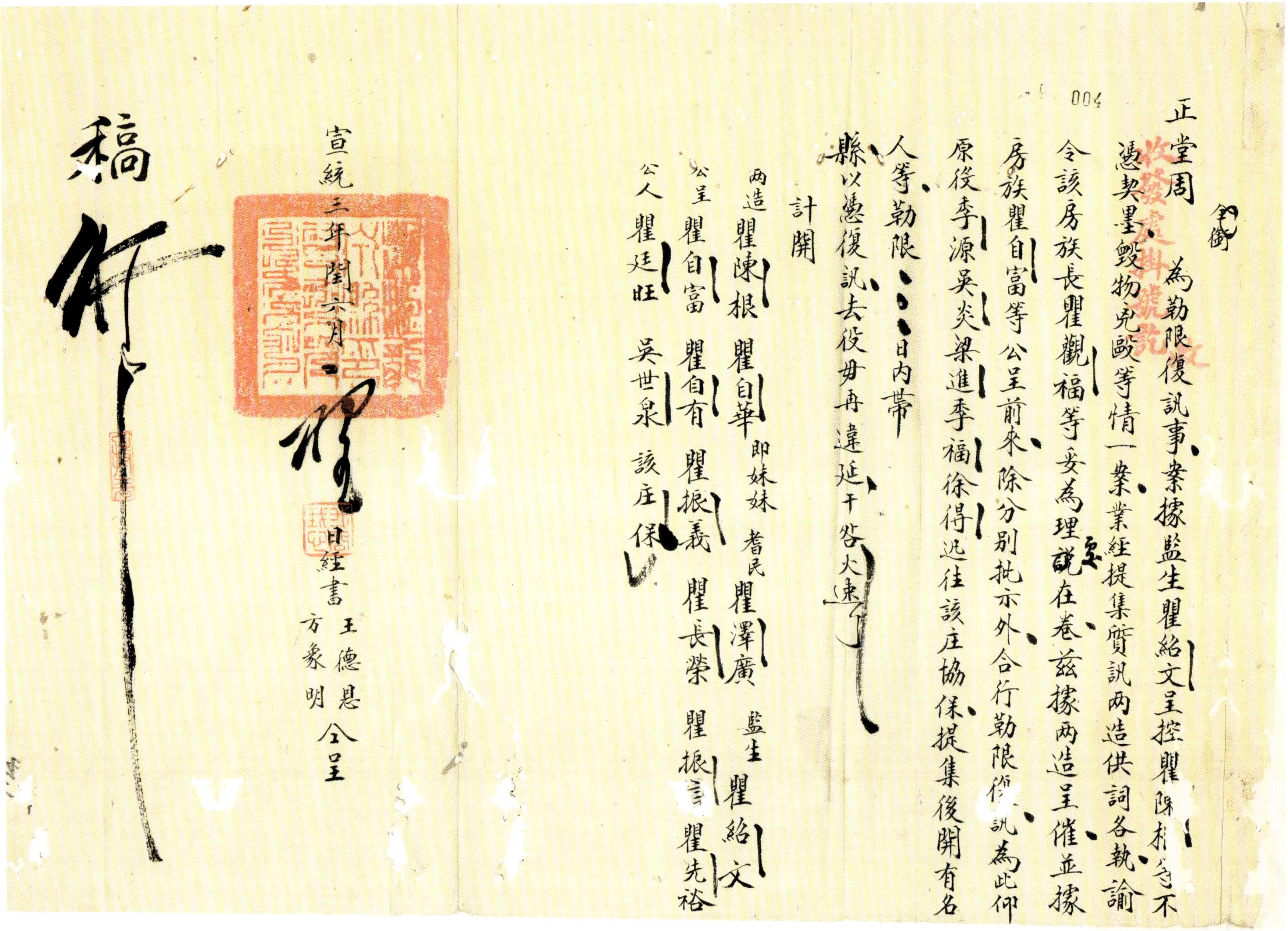

正堂周　銜

為勒限復訊事。案據監生瞿紹文呈控瞿陳根等不

憑契墨、毀物兇毆等情一案，業經提集質訊，兩造供詞各執，諭

令該房族長瞿觀福等妥為理說在卷。茲據兩造呈催並據

房族瞿自富等公呈前來，除分別批示外，合行勒限復訊，為此仰

原役李源、吴炎、梁進、李福、徐得，迅往該庄協保，提集後開有名

人等，勒限　日内帶

縣，以憑復訊，去役毋再違延干咎。火速。

計開

兩造　瞿陳根　瞿自華　即妹妹　耆民　瞿澤廣　監生　瞿紹文

公呈　瞿自富　瞿自有　瞿振義　瞿長榮　瞿振言　瞿先裕

公人　瞿廷旺　吴世泉　該庄保

宣統三年閏六月　日　經書　王德昆　方象明　仝呈

稿

行

17.宣統三年閏六月初五日知縣周琛爲勒限復訊瞿陳根等事票(稿)　(3887：4) 29.8×40.8cm

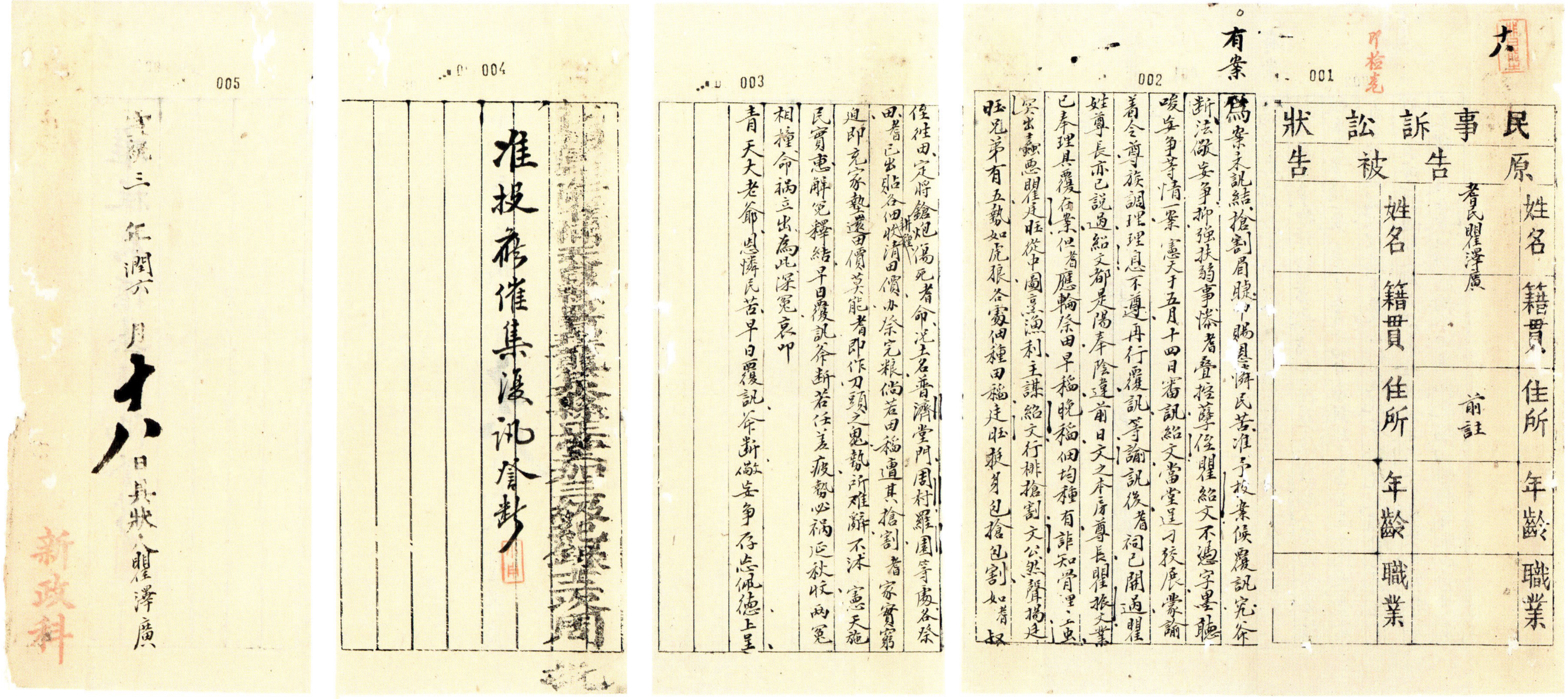

18.宣統三年閏六月十八日瞿澤廣爲控瞿紹文案未訊結搶割眉睫事民事訴訟狀

（2486：1—2）26.8×24.5cm；（2486：3）26.9×24.3cm；（2486：4—5）26.9×24.8cm　圖版裁空白頁

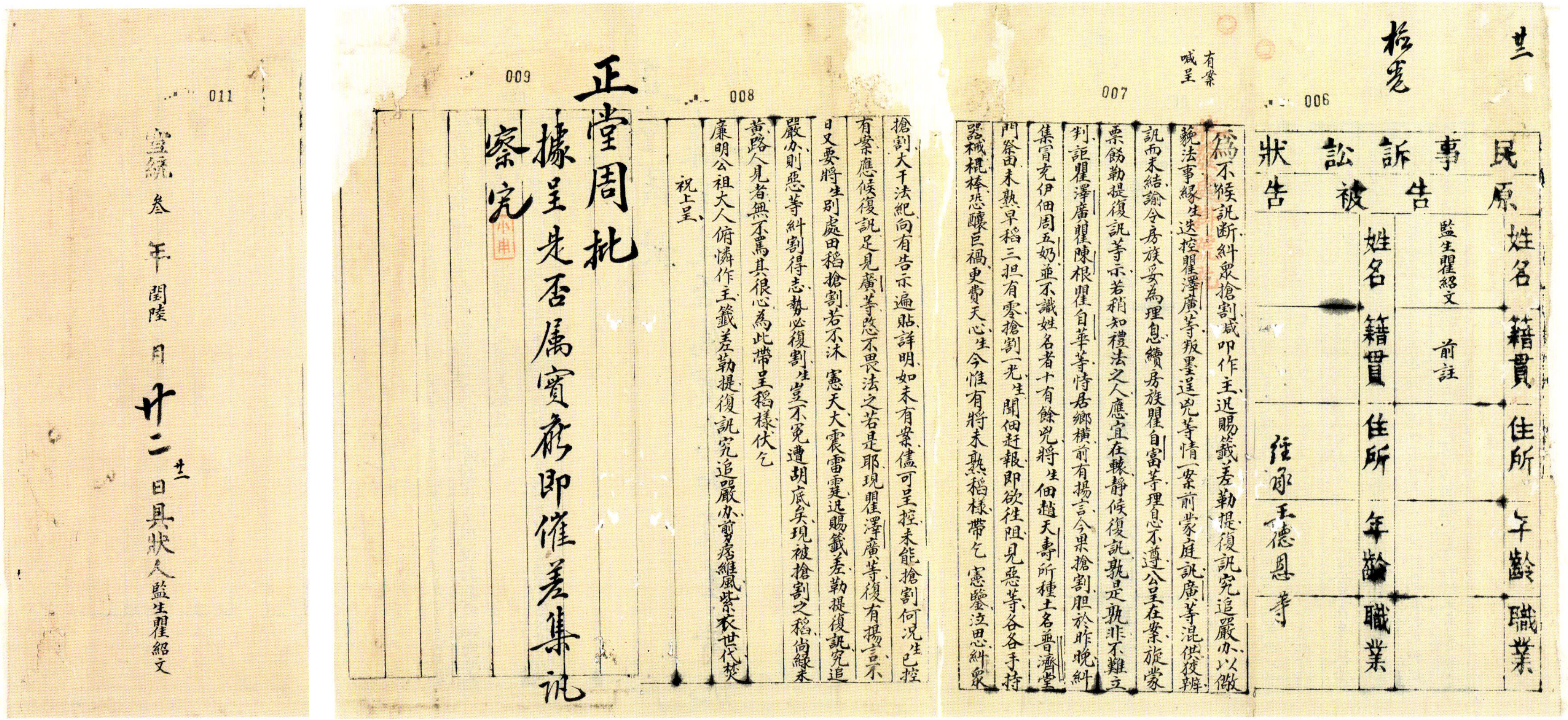
格式
民事訴訟狀
原告 姓名 監生瞿紹文 籍貫 前註 住所 年齡 職業
被告 姓名 籍貫 住所 年齡 職業
住承 王德恩 等

有案 喊呈

爲不候訊斷糾衆搶割，瀝叩作主，迅賜籤差勒提復訊，究追嚴辦，以儆藐法事。緣生迭控瞿澤廣等叛墨逞兇等情一案，前蒙庭訊，廣等混供狡辯，訊而未結，諭令房族妥爲理息，續房族瞿自富等理息不遵，公呈在案，旋蒙票飭勒提復訊。詎等示若稍知禮法之人，應宜在轅静候復訊，孰是孰非，不難立判。詎瞿澤廣、瞿陳根、瞿自華等恃居鄉横，前有揚言，今果搶割，胆於昨晚糾集冒充伊佃周五奶，並不識姓名者十有餘兇，將生佃趙天壽所種土名晉濟堂門前田未熟早稻三担有零搶割一光。生聞佃赶報，即欲往阻，見惡等各手持器械棍棒，恐釀巨禍，吏費天心，生今惟有將未熟稻様帶乞憲鑒，泣思糾衆搶割，大干法紀，向有告示遍貼，詳明如未有案，儘可呈控，未能搶割，何况生已控有案，應候復訊，足見廣等恣不畏法之若是耶？現瞿澤廣等復有揚言，不日又要將生別處田稻搶割，若不沐憲天大震雷霆，迅賜籤差勒提復訊，究追嚴辦，則惡等糾割得志，勢必復割，生豈不宪遭胡底矣。現被搶割之稻，尚係未黃，路人見者無不罵其很心，爲此帶呈稻様，伏乞
廉明公祖大人俯憐作主，籤差勒提復訊，究追嚴辦，蔭維風紀，衣世代焚
祝上呈。

正堂周批：據呈是否屬實，府即催差集訊察究。

宣統叁年閏陸月廿二日具狀人監生瞿紹文

19.宣統三年閏六月廿二日瞿紹文爲控瞿澤廣等不候訊斷糾衆搶割事民事訴訟狀
（2486：6–7）27.3×25.5cm；（2486：8–9）27.4×25.4cm；（2486：11）27.3×12.2cm　圖版裁空白頁

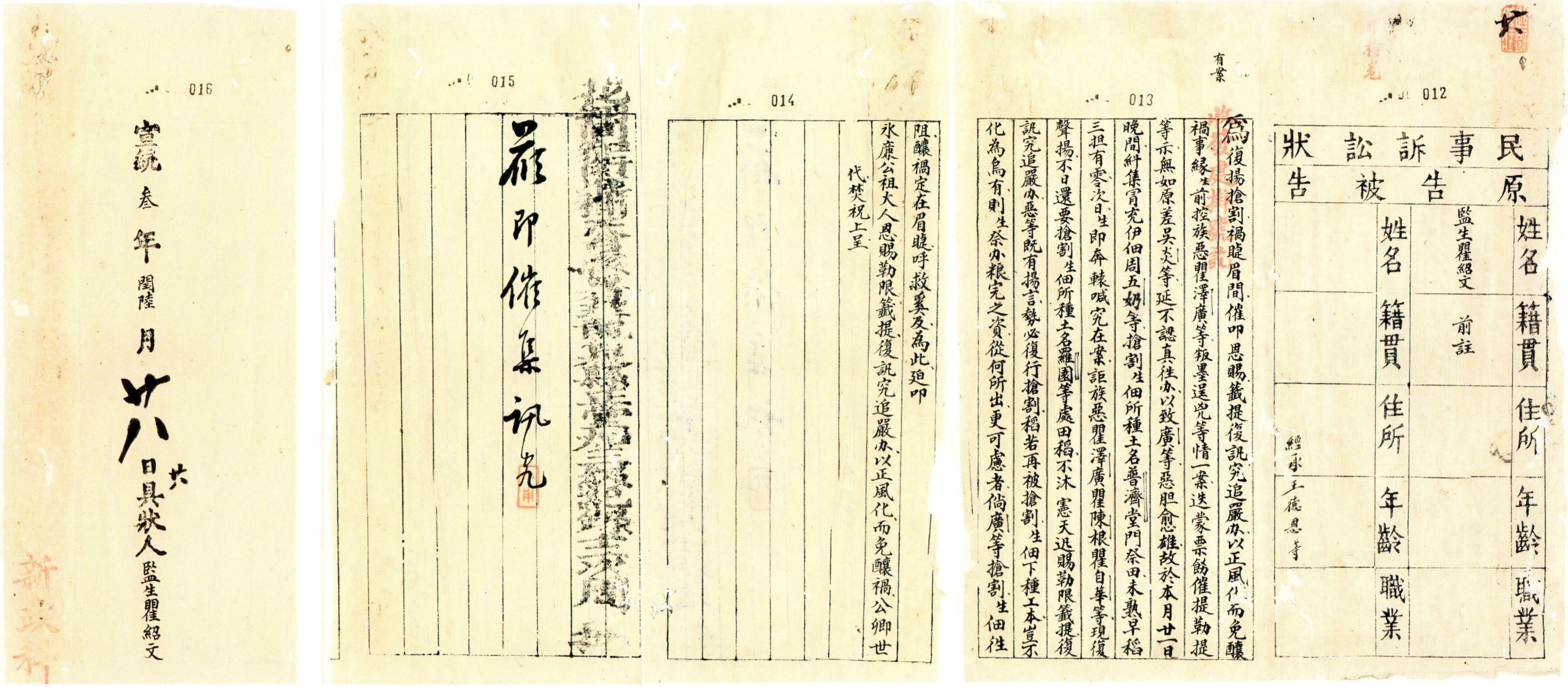
012

民事訴訟狀

	原告	被告
姓名	監生瞿紹文	
籍貫	前註	
住所		
年齡		
職業		

經承王德恩等

013

有案

爲復揚搶割禍睫眉間催叩恩賜籤提復訊究追嚴辦以正風化而免釀
禍事緣生前控族惡瞿澤廣等叛墨逞兇等情一案迭蒙票飭催提勒提
等示無如原差吳炎等延不認真往辦以致廣等惡胆愈雄故於本月廿一日
晚間糾集宵充伊佃周五奶等搶割生佃所種土名普濟堂門奈田未熟早稻
三担有零次日生即奔輳喊究在案詎族惡瞿澤廣瞿陳根瞿自華等現復
聲揚不日還要搶割生佃所種土名羅園等處田稻不沐憲天迅賜勒限籤提復
訊究追嚴辦惡等既有揚言勢必復行搶割稻若再被搶割生佃下種工本豈不
化為烏有則生奈辦糧完之資從何所出更可慮者倘廣等搶割生佃往

014

阻釀禍定在眉睫呼救奚及為此迫叩
永康公祖大人恩賜勒限籤提復訊究追嚴辦以正風化而免釀禍公卿世
代焚祝上呈

015

飭即催集訊究

016

宣統叁年閏陸月廿八日具狀人監生瞿紹文

20.宣統三年閏六月廿八日瞿紹文爲控瞿澤廣等復揚搶割禍睫眉間事民事訴訟狀

（2486：12–13）27.1×25.1cm；（2486：14–15）27.3×25.8cm；（2486：16）27.3×25.0cm　圖版裁空白頁

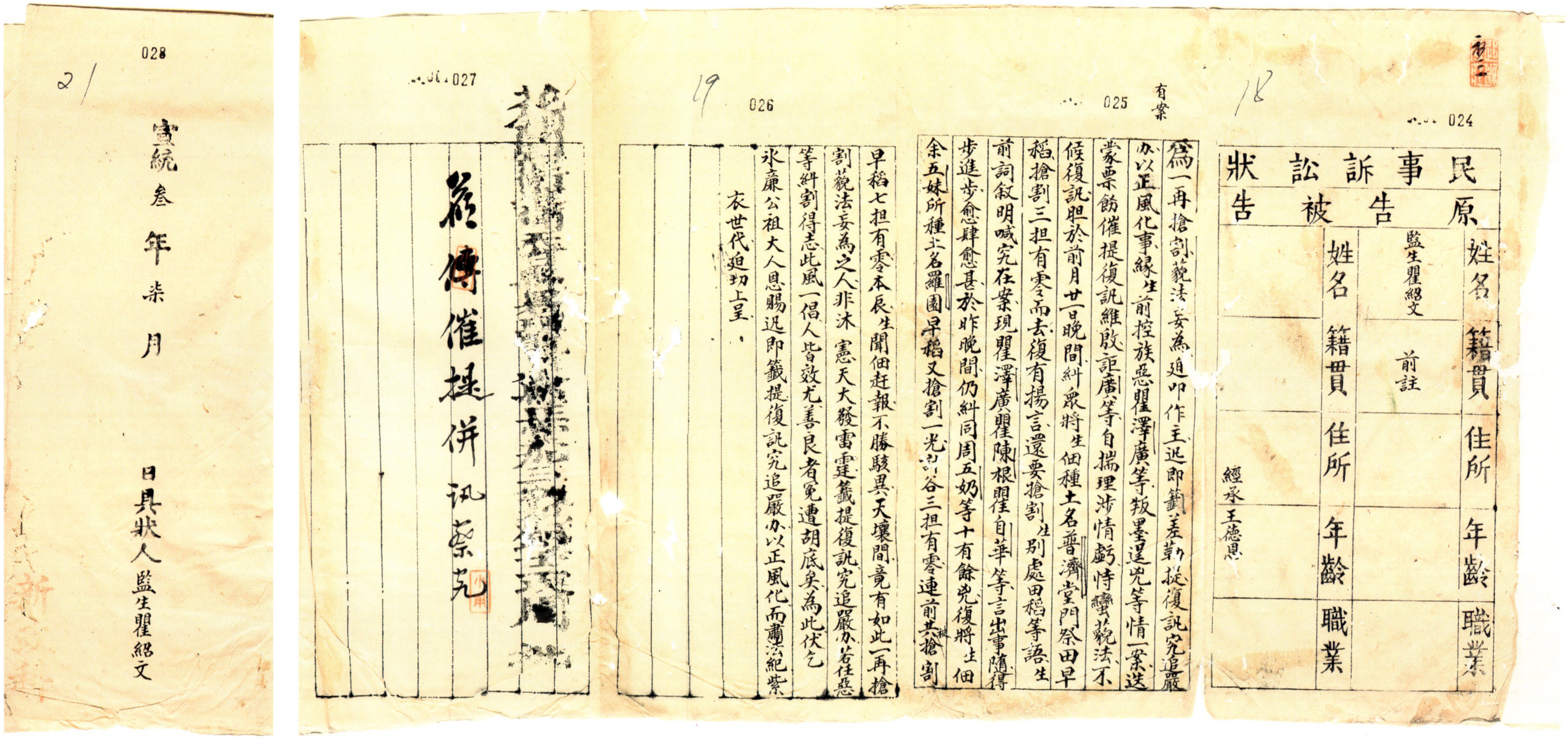
024

民事訴訟狀

原告	姓名	監生瞿紹文
	籍貫	前註
	住所	
	年齡	
	職業	
被告	姓名	
	籍貫	
	住所	
	年齡	
	職業	

經承王德恩

18

025 有案

爲一再搶割藐法妄爲迫叩作主迅即飭差勒提復訊究追嚴
辦以正風化事緣生前控族惡瞿澤廣等叛墨逞兇等情一案迭
蒙票飭催提復訊維啟詎廣等自揣理涉情虧恃蠻藐法不
候復訊胆於前月廿一日晚間糾衆將生佃種土名普濟堂門祭田早
稻搶割三担有零而去復有揚言還要搶割生別處田稻等語生
前詞叙明喊究在案現瞿澤廣瞿陳根瞿自華等言出事隨得
步進步愈肆愈甚於昨晚間仍糾同周五奶等十有餘兇復將生佃
余五妹所種土名羅園早稻又搶割一光計谷三担有零連前被共搶割

026

19

早稻七担有零本辰生聞佃赶報不勝駭異天壤間竟有如此一再搶
割藐法妄爲之人非沐憲天大發雷霆飭提復訊究追嚴辦若任惡
等糾割得志此風一倡人皆效尤善良者冤遭胡底矣爲此伏乞
永康公祖大人恩賜迅即飭提復訊究追嚴辦以正風化而肅法紀紫
衣世代迫切上呈

027

候傳催提併訊 紫光

028

21

宣統叁年柒月　日具狀人監生瞿紹文

21.宣統三年七月(初三日)瞿紹文爲控瞿澤潤廣等一再搶割藐法妄爲事民事訴訟狀　(3389：24–28) 27.6×87.6cm　圖版裁空白頁

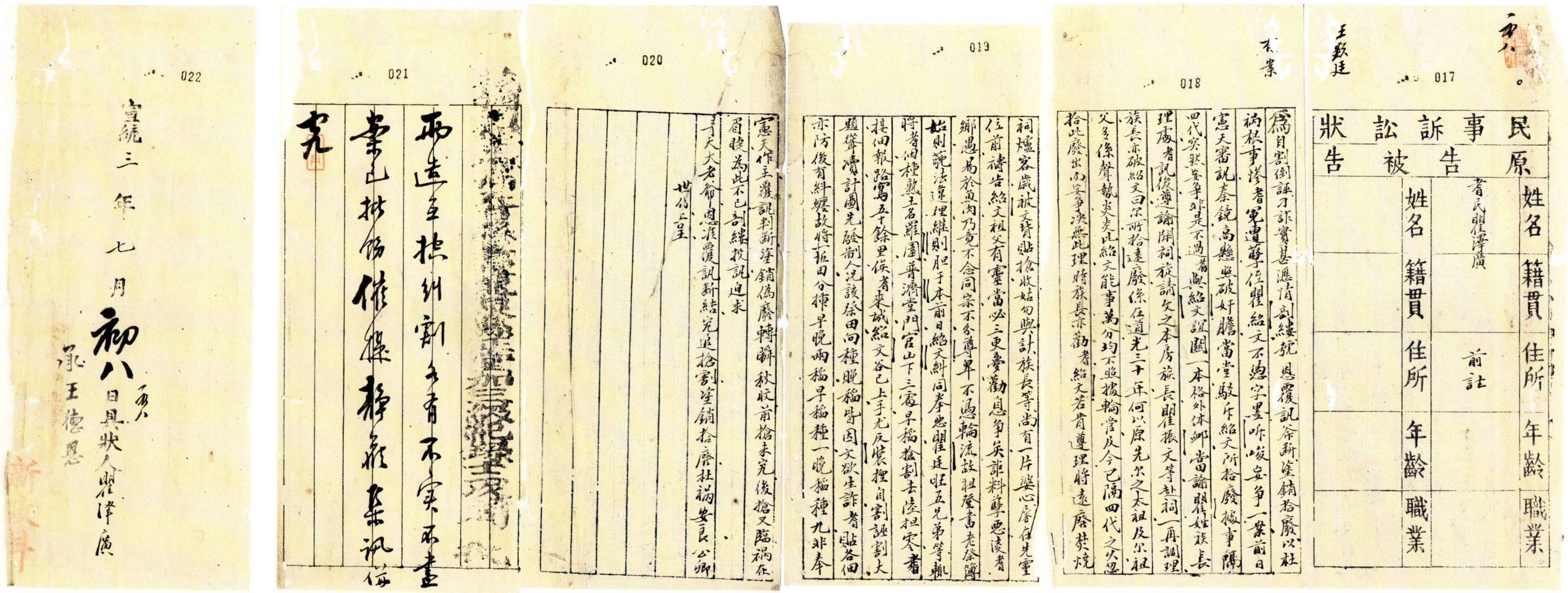

22.宣統三年七月初八日瞿澤廣爲控瞿紹文自割倒誣刁詐實甚事民事訴訟狀

（2486：17–18）27.2×25.3cm；（2486：19–20）27.5×25.1cm；（2486：21）27.2×12.2cm；（2486：22）27.2×12.2cm　圖版裁空白頁

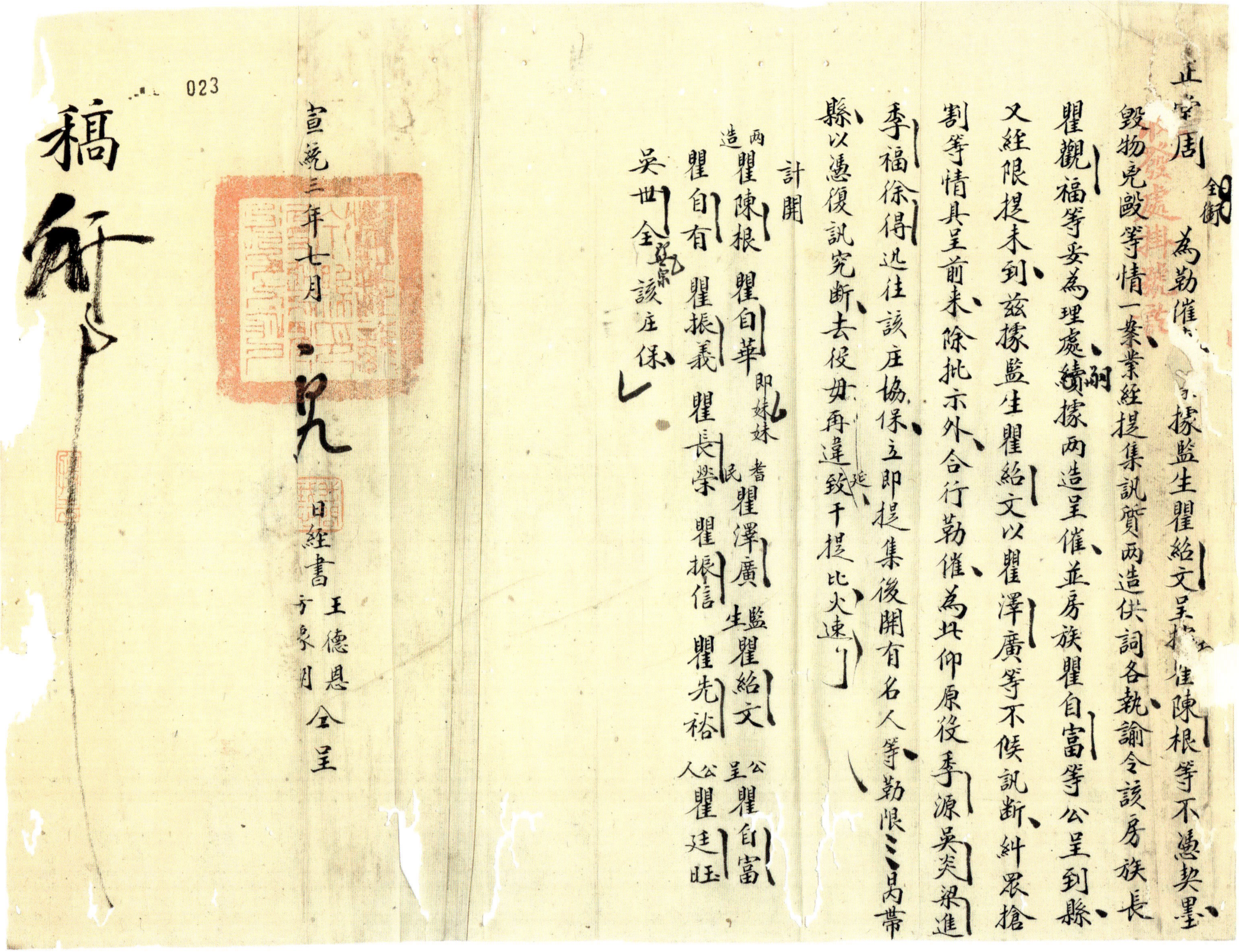

正堂周　為勸催事。據監生瞿紹文呈控瞿陳根等不憑契墨

毀物兇毆等情一案，業經提集訊質，兩造供詞各執，諭令該房族長

瞿觀福等妥爲理處。續據兩造呈催，並房族瞿自富等公呈到縣，

又經限提未到。茲據監生瞿紹文以瞿澤廣等不候訊斷、糾衆搶

割等情具呈前來。除批示外，合行勸催。爲此仰原役季源、吳炎、梁進、

季福、徐得，迅往該庄協保，立即提集後開有名人等，勒限三日内帶

縣，以憑復訊究斷。去役毋再違延，致干提比。火速。

計開

兩造　瞿陳根　瞿自華　即妹妹　告民瞿澤廣　監生瞿紹文　公呈瞿自富

瞿自有　瞿振義　瞿長榮　瞿振信　瞿先裕　公人瞿廷旺

吳世全　該庄保

宣統三年七月初九日　經書王德恩　方泉月　仝呈

稿　行

023

23.宣統三年七月初九日知縣周琛爲勸催瞿陳根等事票(稿)　(2486：23) 27.4×37.2cm

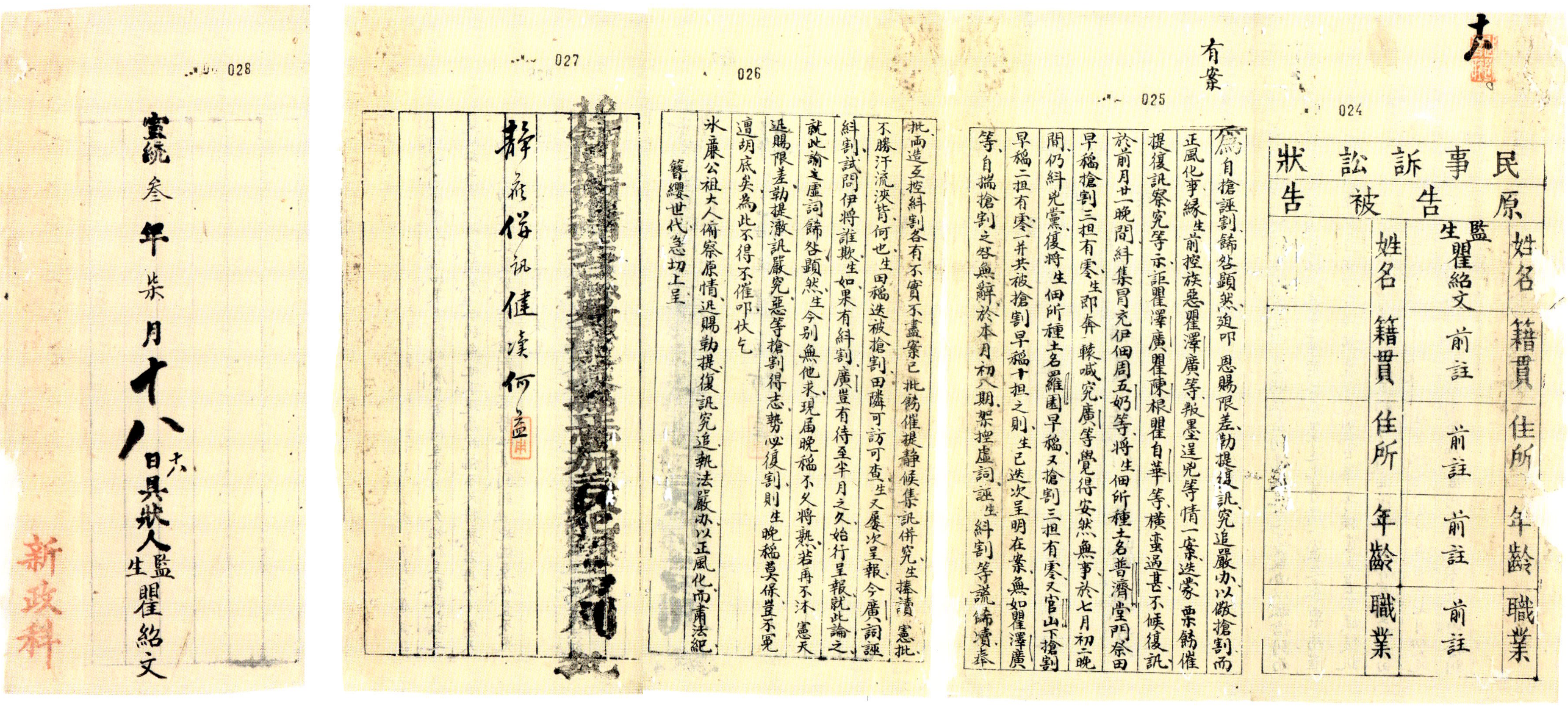

民事訴訟狀

	姓名	籍貫	住所	年齡	職業
原告	監生瞿紹文	前註	前註	前註	前註
被告					

有案

爲自搶誣割飾咎顯然，迫叩恩賜限差勒提復訊究追嚴办以儆搶割而正風化事。緣生前控族惡瞿澤廣等叛墨逞兇等情一案，迭蒙票飭催提復訊察究等示，詎瞿澤廣、瞿陳根、瞿自華等横蠻過甚，不候復訊，於前月廿一晚間糾集胃充伊佃周五奶等，將生佃所種土名普濟堂門祭田早稻搶割三担有零。生即奔騐喊究，廣等覺得安然無事，於七月初二晚間仍糾兇黨，復將生佃所種土名羅圍早稻又搶割三担有零，又官山下搶割早稻二担有零，一并共被搶割早稻十担之則。生已迭次呈明在案。無如瞿澤廣等自揣搶割之咎無辭，於本月初八期架控虛詞，誣生糾割等謊，餙凟恭批：兩造互控糾割，各有不實不盡。案已批飭催提静候集訊併究。生捧讀憲批，不勝汗流浹背。何也？生田稻迭被搶割，田鄰可訪可查，生又屢次呈報，今廣詞誣糾割，試問伊將誰欺？生如果有糾割，廣豈有待至半月之久始行呈報？就此論之，虛詞餙咎顯然。生今别無他求，現届晚稻不久將熟，若再不沐憲天迅賜限差勒提激訊，嚴究惡等搶割得志，勢必復割，則生晚稻莫保，豈不冤遭胡底矣？爲此不得不催叩伏乞

氷廉公祖大人俯察原情，迅賜勒提復訊，究追執法嚴办，以正風化而肅法紀，簪纓世代，急切上呈。

静候訊催

健凌何

宣統叁年柒月十八日具狀人監生瞿紹文

新政科

24.宣統三年七月十八日瞿紹文爲控瞿澤廣等自搶誣割飾咎顯然事民事訴訟狀

（2486：24–25）27.4×25.8cm；（2486：26–27）27.3×25.1cm；（2486：28）27.2×25.9cm　圖版裁空白頁

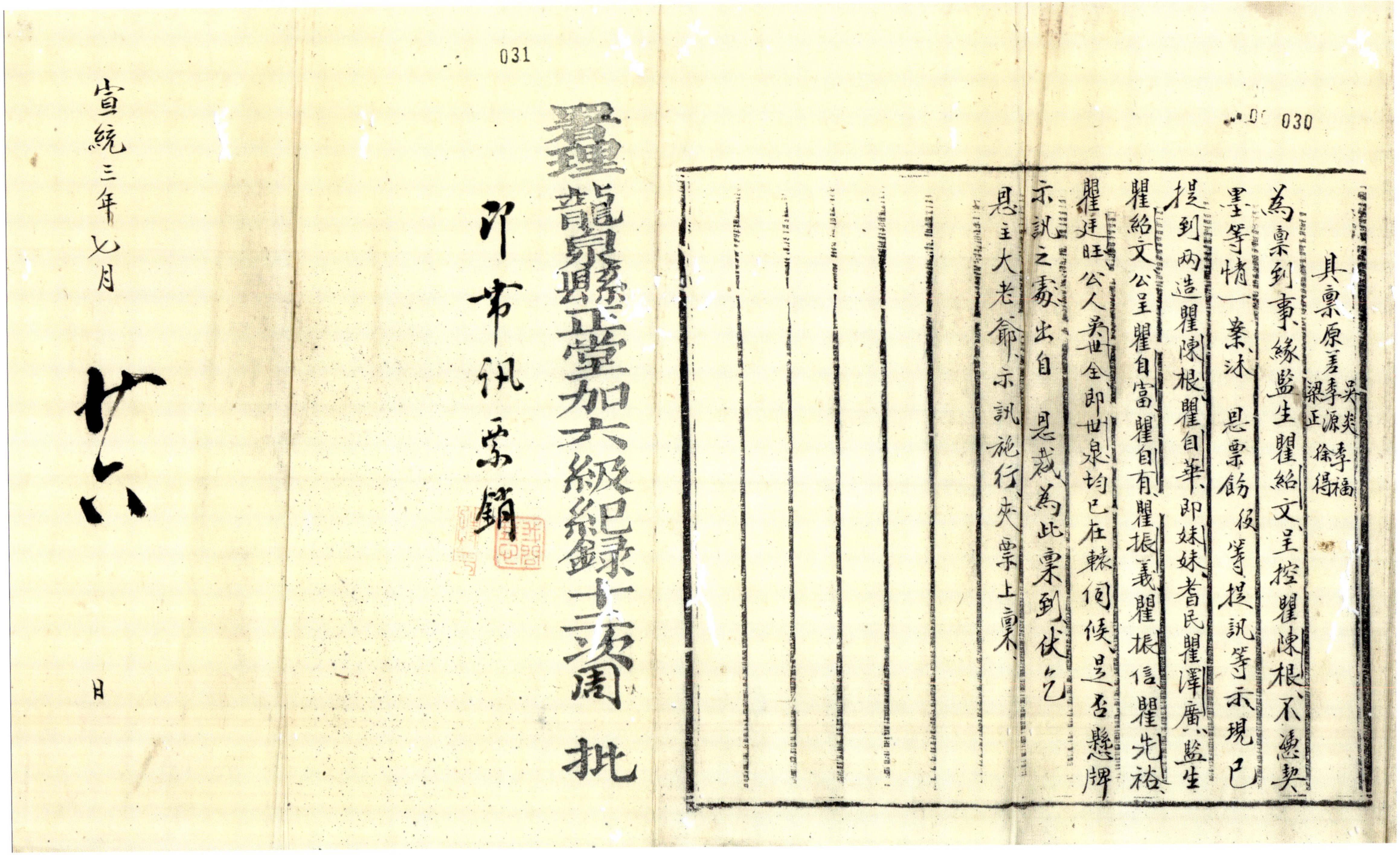

030

具稟原差吳炎、李福、梁正源、徐得

爲稟到事。緣監生瞿紹文呈控瞿陳根不憑契墨等情一案，沐恩票飭役等提訊等示，現已提到兩造瞿陳根、瞿自華，即妹妹者民瞿澤廣，監生瞿紹文、公呈瞿自富、瞿自有、瞿振義、瞿振信、瞿光裕、瞿廷旺、公人吳世全，即世泉，均已在轅伺候，是否懸牌示訊之處，出自恩裁。爲此稟到，伏乞

恩主大老爺示訊施行。爽稟上稟。

031

署理龍泉縣正堂加六級紀錄十二次周　批

即常訊。票銷。

宣統三年七月　廿六　日

25.宣統三年七月廿六日原差吳炎等爲稟提到瞿陳根等事稟　（2486：30–31）27.2×58.8cm　圖版裁封頁

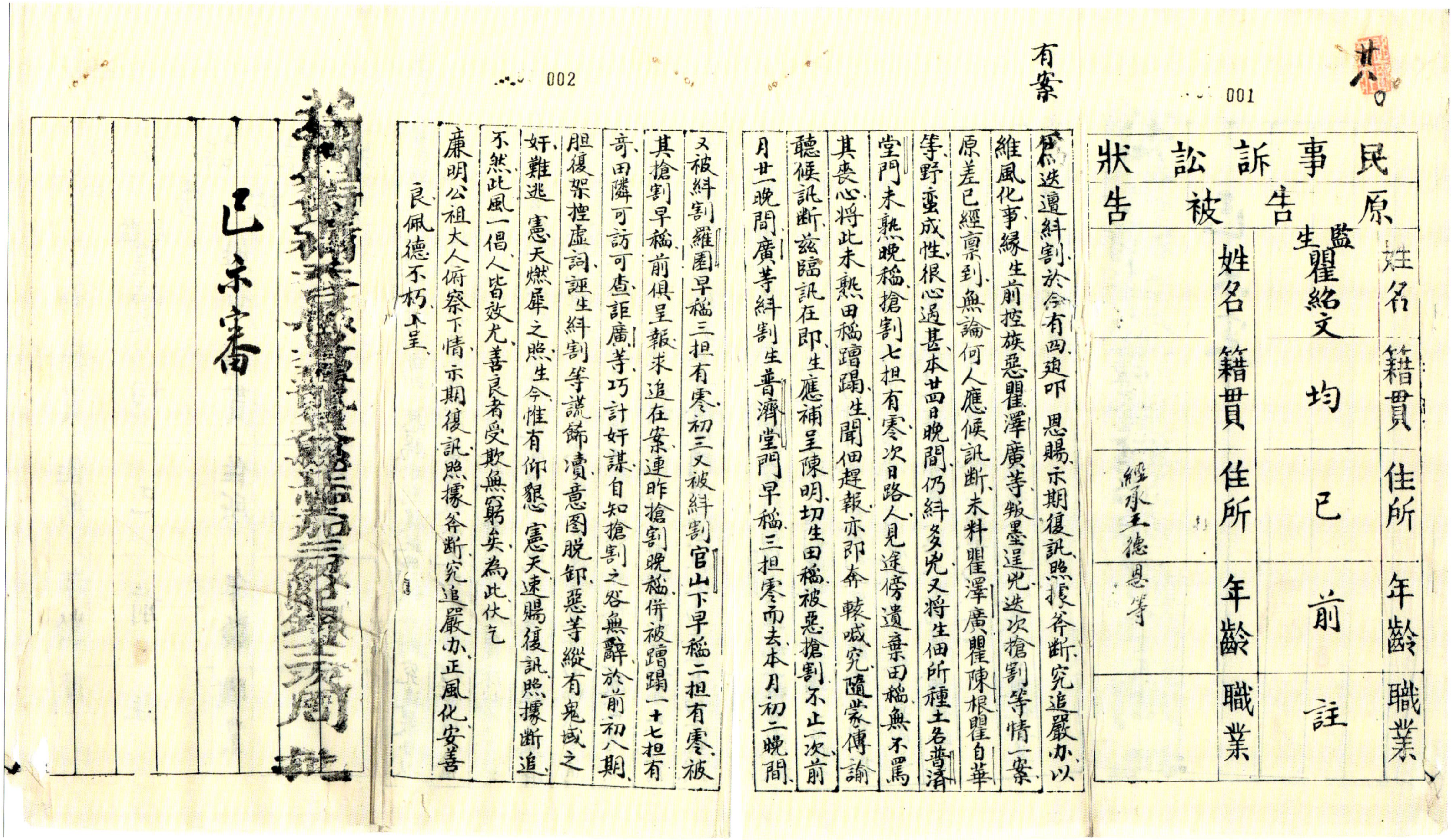

民事訴訟狀

原告	姓名	籍貫	住所	年齡	職業
	監生瞿紹文	均	已	前	註
被告	姓名	籍貫	住所	年齡	職業
	經承王德恩等				

有案

爲迭遭糾割，於今有四，瀝叩恩賜示期復訊，照據斧斷，究追嚴办，以維風化事。緣生前控族惡瞿澤廣等叛墨逞兇、迭次搶割等情一案，原差已經稟到，無論何人應候訊斷。未料瞿澤廣、瞿陳根、瞿自華等野蠻成性，狠心過甚，本廿四日晚間仍糾多兇，又將生佃所種土名普濟堂門未熟晚稻搶割七担有零，次日路人見，逆傍遺棄田稻無不罵其喪心，將此未熟田稻蹧蹋。生聞佃趕報，亦即奔轅喊究，隨蒙傳諭聽候訊斷，茲臨訊在即，生應補呈陳明。切生田稻被惡搶割不止一次，前月廿一晚間，廣等糾割生普濟堂門早稻三担零而去；本月初二晚間，又被糾割羅圍早稻三担有零；初三又被糾割官山下早稻二担有零；被其搶割早稻，前俱呈報，求追在案。連昨搶割晚稻，併被蹧蹋一十七担有奇，田隣可訪可查。詎廣等巧計奸謀，自知搶割之咎無辭，於前初八期胆復架揑虛詞，誣生糾割等謊飾瀆，意圖脫卸。惡等縱有鬼蜮之奸，難逃憲天燃犀之照。生今惟有仰懇憲天速賜復訊，照據斷追，不然此風一倡，人皆效尤，善良者受欺無窮矣。為此伏乞

康明公祖大人俯察下情，示期復訊，照據斧斷，究追嚴办，正風化，安善良，佩德不朽。上呈

已示審

26.(宣統三年七月)廿八日瞿紹文爲控瞿澤廣等疊遭糾割於今有四事民事訴訟狀　(3389：1–2) 27.2×64.0cm　圖版裁空白頁

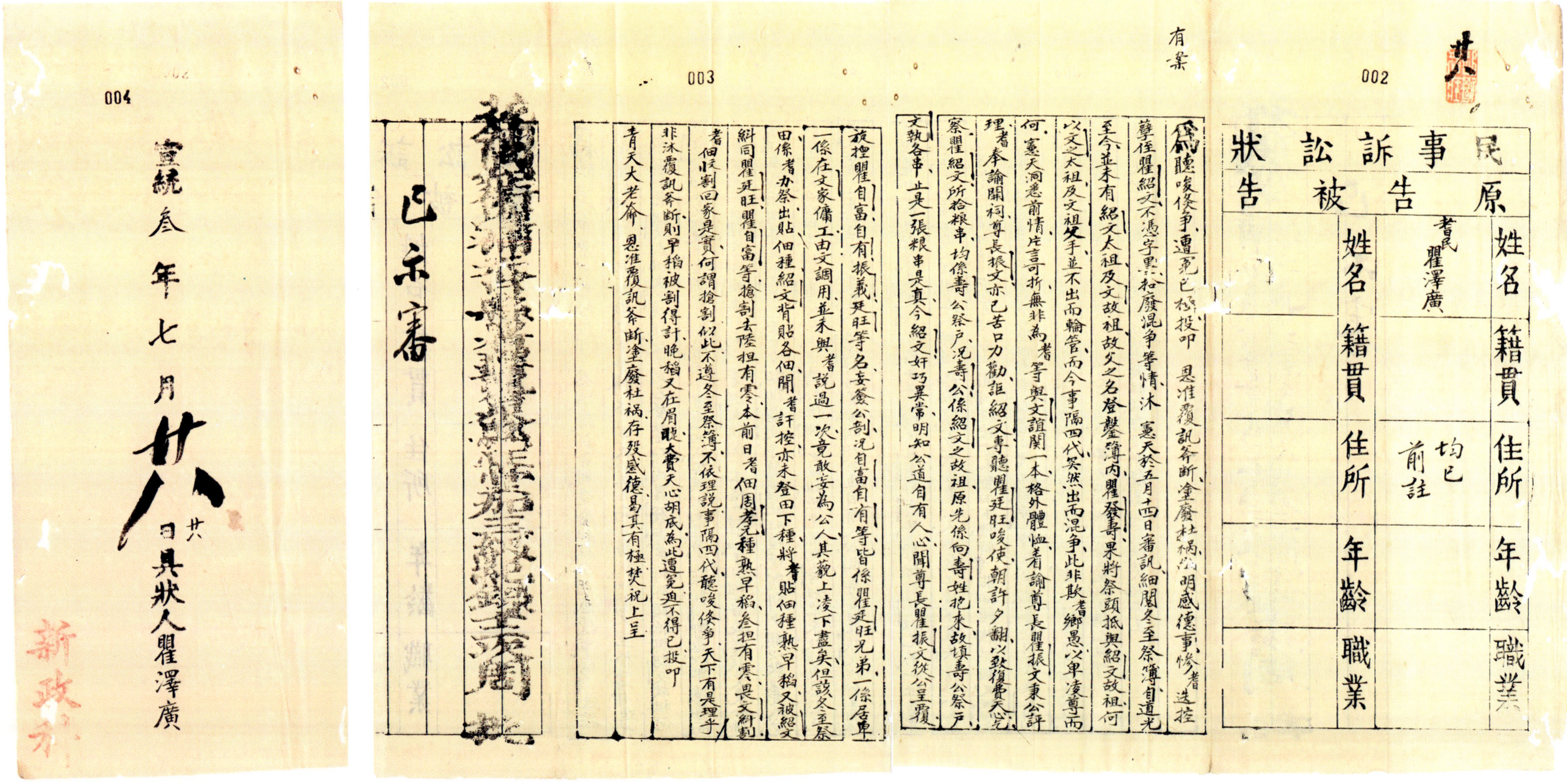

002

有案

民事訴訟狀

原告	被告
姓名 者民瞿澤廣	姓名
籍貫 均已前註	籍貫
住所	住所
年齡	年齡
職業	職業

爲聽唆傒争、遭冤已極、投叩 懇准覆訊、斧斷、塗廢杜禍、以明感德事。慘者迭控孽侄瞿紹文不憑字墨、私和廢混争等情、沐 憲天於五月廿四日審訊、細閱冬至祭簿、自道光至今並未有紹文太祖及文故祖、故父之名登簿、内瞿發壽果將祭頭抵與紹文故祖、何以文之太祖及文祖父手並不出而輪管、而今事隔四代、突然出而混争、此非欺者鄉愚、以卑凌尊而何。憲天洞悉前情、片言可折、無非爲者等與文誼關一本、格外體恤、着諭尊長瞿振文秉公評理。者奉諭關祠、尊長振文亦已苦口力勸、詎紹文專聽瞿廷旺唆使、朝許夕翻、以致復費天心。察瞿紹文所拾粮串、均係壽公祭户、況壽公係紹文之故祖原先係向壽姓抱來、故填壽公祭户、文執各串、止是一張粮串是真、今紹文奸巧異常、明知公道自有人心、鬨尊長瞿振文從公呈覆

003

旋捏瞿自富自有振義、廷旺等名妄叅公剖、況自富自有等皆係瞿廷旺兄弟、一係居卑、一係在文家傭工、由文調用、並未與者説過一次、竟敢妄爲公人、其藐上凌下盡矣。但該冬至祭田係者办祭出貼佃種、紹文背貼各佃、間者訐控、亦未登田下種、將者貼佃種熟早稻、又被紹文糾同瞿廷旺、瞿自富等搶割去陸担有零。本前日者佃周孝元種熟早稻、叁担有零、是文糾劃、者佃收割回家是實、何謂搶割。似此不遵冬至祭簿、不依理説事、隔四代、聽唆傒争、天下有是理乎。非沐覆訊、斧斷、則早稻被割得計、晚稻又在眉睫。大費天心、胡底爲此、遭冤迫不得已、投叩

青天大老爺 恩准覆訊、斧斷、塗廢杜禍、存殁感德、曷其有極。焚祝上呈

已示審

004

宣統叁年七月廿八日具狀人瞿澤廣

27.宣統三年七月廿八日瞿澤廣爲控瞿紹文聽唆傒争遭冤已極事民事訴訟狀　（3388：2–3）27.1×44.0cm；（3388：4）27.1×12.5cm　圖版裁空白頁

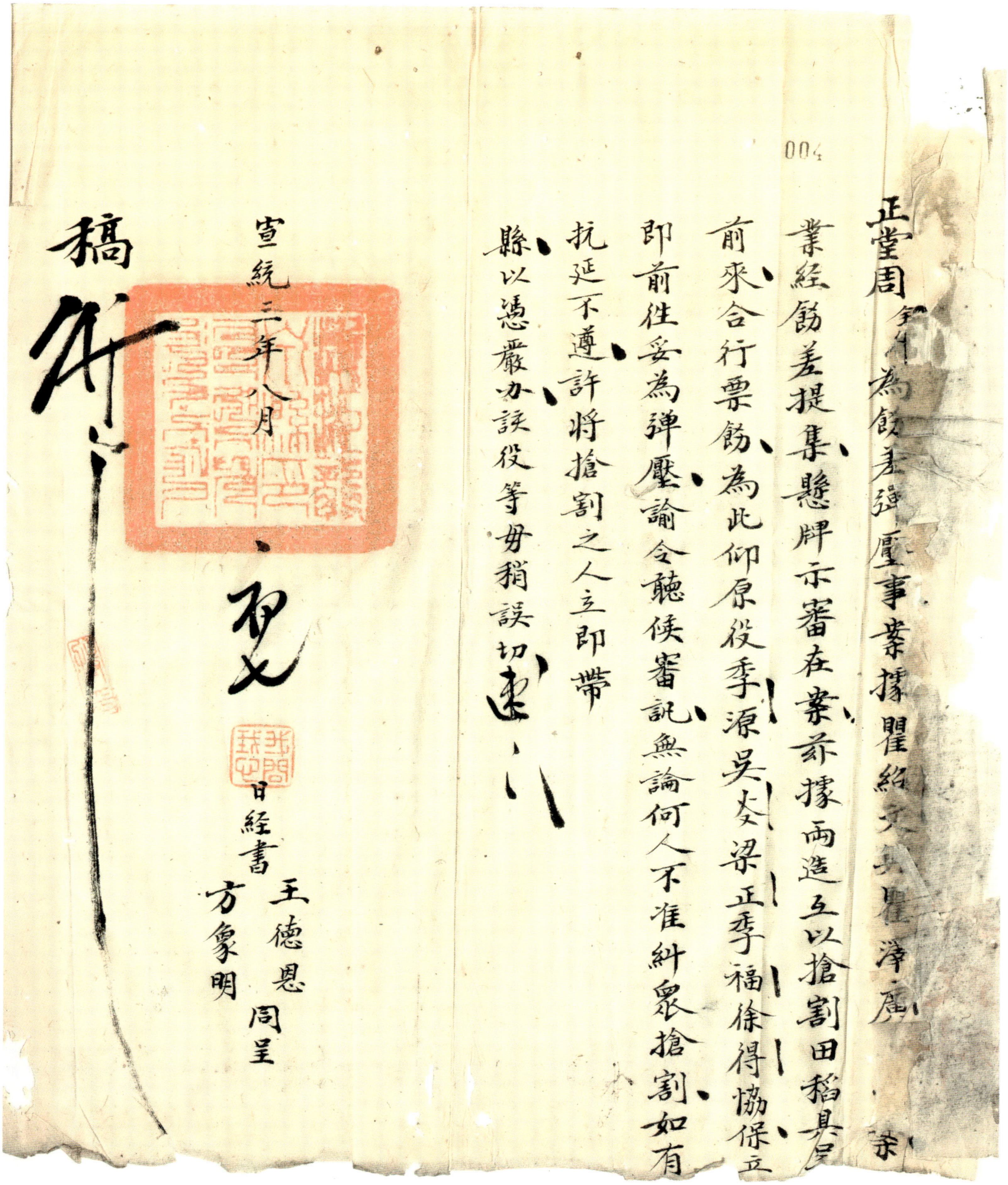
正堂周　爲飭差彈壓事。案據瞿紹文具瞿澤廣□案，業經飭差提集，懸牌示審在案。茲據兩造互以搶割田稻具呈前來，合行票飭。爲此仰原役李源、吳癸、梁正、李福、徐得、協保立即前往妥爲彈壓，諭令聽候審訊，無論何人不准糾衆搶割。如有抗延不遵，許將搶割之人立即帶縣，以憑嚴办。該役等毋稍誤，切速。

宣統三年八月初七日經書王德懇、方象明同呈

稿

行

28.宣統三年八月初七日知縣周琛爲飭差彈壓事票(稿)　(469：4) 29.2×24.0cm

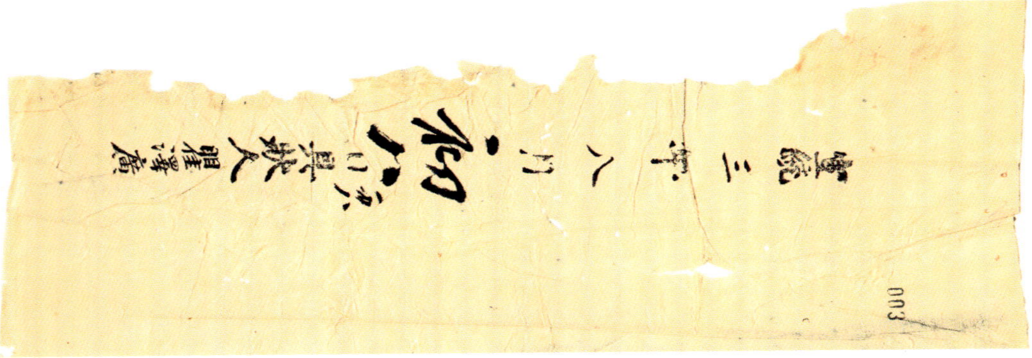

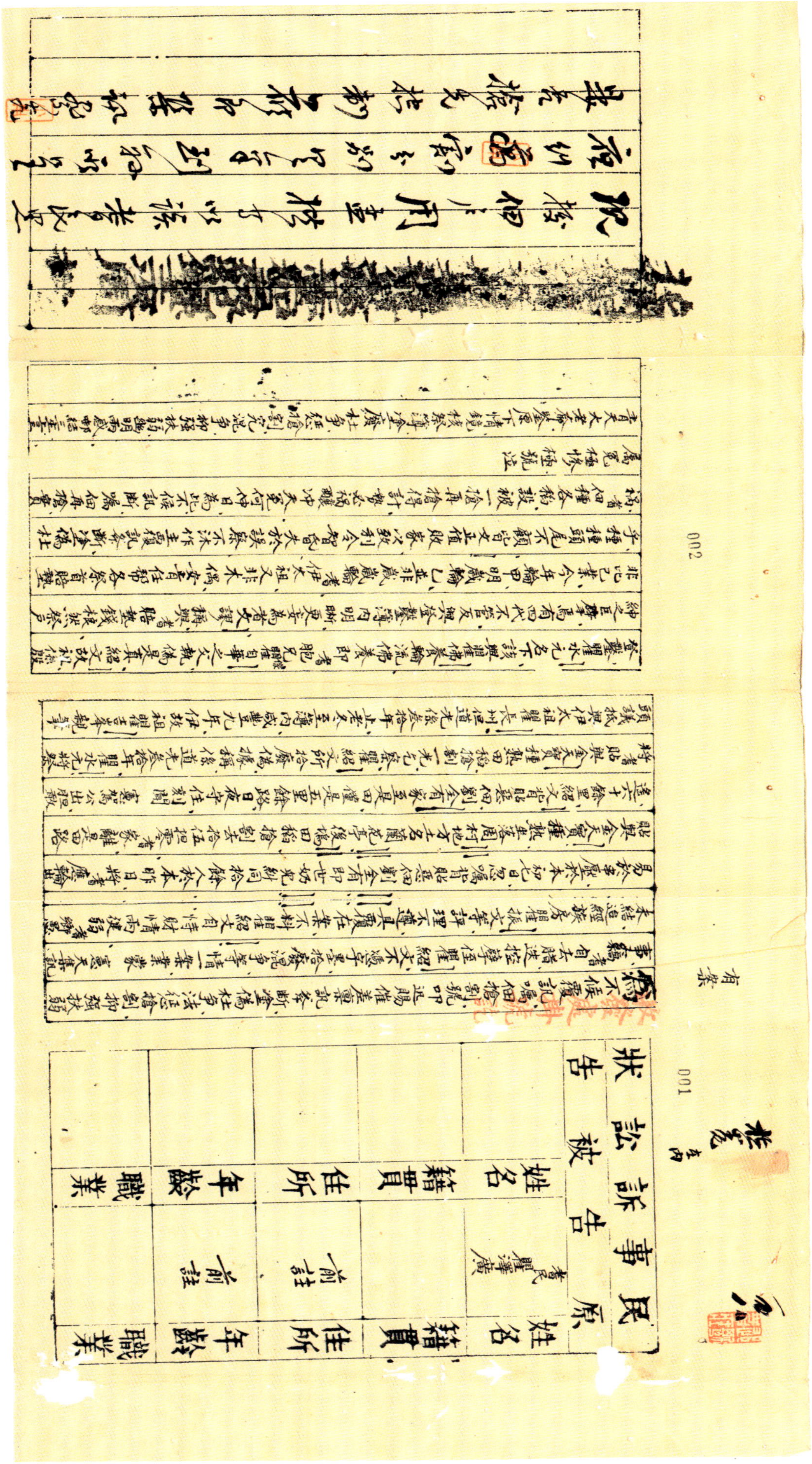

有案

001

民事訴訟狀

原告		被告	
姓名	耆民瞿澤廣	姓名	
籍貫		籍貫	
住所	前註	住所	
年齡	前註	年齡	
職業		職業	

收發處掛號訖

爲不候覆訊，囑佃搶割，號叩迅賜催差稟訊，斧斷塗僞杜爭，法懲搶割，抑强扶弱事。竊耆自去臘迭控孽侄瞿紹文不遵字墨，捨廢混爭等情一案，業蒙憲天集訊未結，追經族房瞿振文等評理，不遵具覆在案。不料瞿紹文自恃財情兩徤，弱耆鄉愚易欺，於本初七日忽囑背貼惡佃劉金有即世奶兒糾同拾餘人，於本昨日將耆應輪出貼與金天寶種熟坐落周村地方土名蘭花亭後塢田稻搶割去拾伍担零。耆家離是田路遙六十餘里，紹文背貼惡佃劉金有家至是田僅是五里餘路，日夜守住，刻聞憲駕公出，膽敢將耆貼與金天寶種熟田稻搶割一光。乞察瞿紹文所捨廢僞據，稱係道光叁拾年瞿水元將祭頭議抵與伊太祖瞿長州，但道光係叁拾年止，老冬至簿内咸豐九年，伊故祖瞿吉峯親筆

002

登鑿瞿水元名下，該與瞿佛養輪流。佛養即耆胞兄瞿自華之父，執僞是真，紹文故祀係般紳之巨孽，焉有四代不管，反興登鑿簿内明晰，更妄爲耆文謬稱與耆賠墊錢粮，然祭戶非比己業，今年輪甲，明歲輪乙，並非歲歲輪耆。伊太祖又非木偶，安肯任幫各祭首賠墊手？種種頭尾不顧，皆文正值敗家，以致利令智昏，失於誤察，不沐作主覆訊，斧斷塗僞杜禍，耆佃種各稻，設被一搶再搶，得計，勢必禍釀冲天，冤何伸日？爲此不候訊斷，囑佃再搶，實屬冤極慘極，號泣

青天大老爺鑒原下情，鏡核察簿塗廢，杜爭懲搶割，究混爭，抑强扶弱，幽明兩感，啣結三生上呈

003

宣統三年八月初八日具狀人瞿澤廣

29.宣統三年八月初八日瞿澤廣爲控瞿紹文不候覆訊囑佃搶割事民事訴訟狀　（469：1–3）27.9×87.4cm　圖版裁空白頁

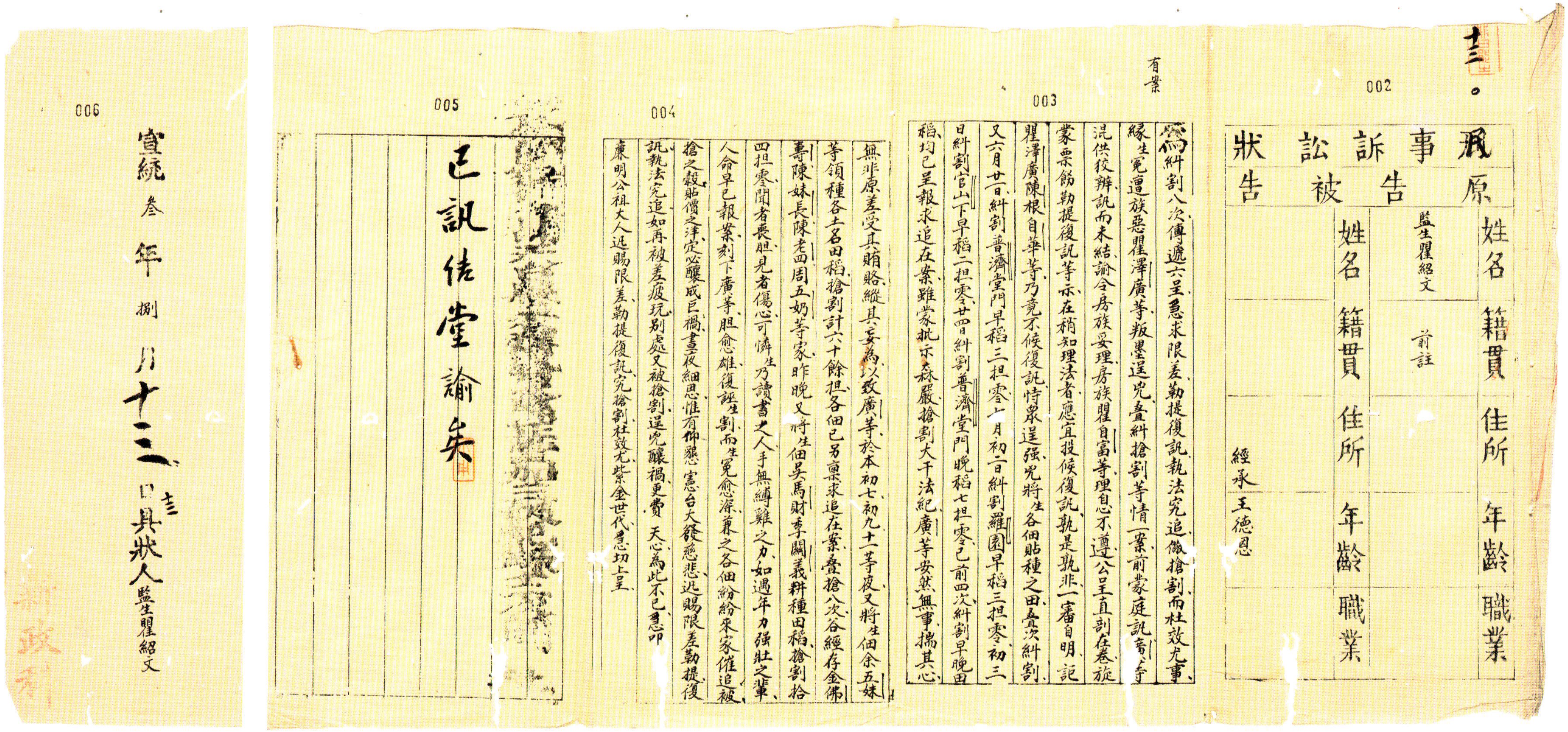

十三

民事訴訟狀

	姓名	籍貫	住所	年齡	職業
原告	監生瞿紹文	前註			
被告					

經承　王德恩

有案

為糾割八次、傳遞六呈、急求限差、勒提復訊、執法究追、懲搶割而杜效尤事。緣生冤遭族惡瞿澤廣等叛墨逞兇、疊糾搶割等情一案，前蒙庭訊斷令，混供狡辯，訊而未結，諭令房族妥理。房族瞿自富等理息不遵，公呈直剖在卷。旋蒙票飭勒提復訊，等示在稍知理法者，應宜投候復訊，孰是孰非，一審自明。詎瞿澤廣、陳根自、華等乃竟不候復訊，恃衆逞强，兇將生各佃貼種之田疊次糾割。又六月廿一日糾割普濟堂門早稻三担零，七月初二日糾割羅園早稻三担零，初三日糾割官山下早稻二担零，廿四日糾割普濟堂門晚稻七担零，已前四次糾割早晚田稻，均已呈報求追在案，雖蒙批示森嚴，搶割大干法紀，廣等安然無事，揣其心無非原差受其賄賂，縱其妄為，以致廣等於本初七、初九、十一等夜又將生佃余五妹等領種各土名田稻搶割，計六十餘担，各佃已另禀求追在案，疊搶八次，谷經存金佛壽、陳妹長、陳老四、周五奶等家。昨晚又將生佃吳馬財、季關義耕種田稻搶割拾四担零，聞者喪胆，見者傷心。可憐生乃讀書之人，手無縛雞之力，如遇年力强壯之輩，人命早已報案。刻下廣等胆愈雄，復誣生割，而生冤愈深。兼之各佃紛紛來家催追，被搶之穀貼價之洋，定必釀成巨禍。晝夜細思，惟有仰懇憲台大發慈悲，迅賜限差勒提復訊，執法究追。如再被差疲玩，別處又被搶割，逞兇釀禍，更費天心。為此不已，急叩廉明公祖大人迅賜限差勒提復訊、究搶割、杜效尤，紫金世代，急切上呈。

已訊候堂諭矣

宣統叁年捌月十三日具狀人監生瞿紹文

30.宣統三年八月十三日瞿紹文爲控瞿澤廣等糾割八次傳遞六呈事民事訴訟狀　（11406：2–6）26.6×86.6cm　圖版裁空白頁

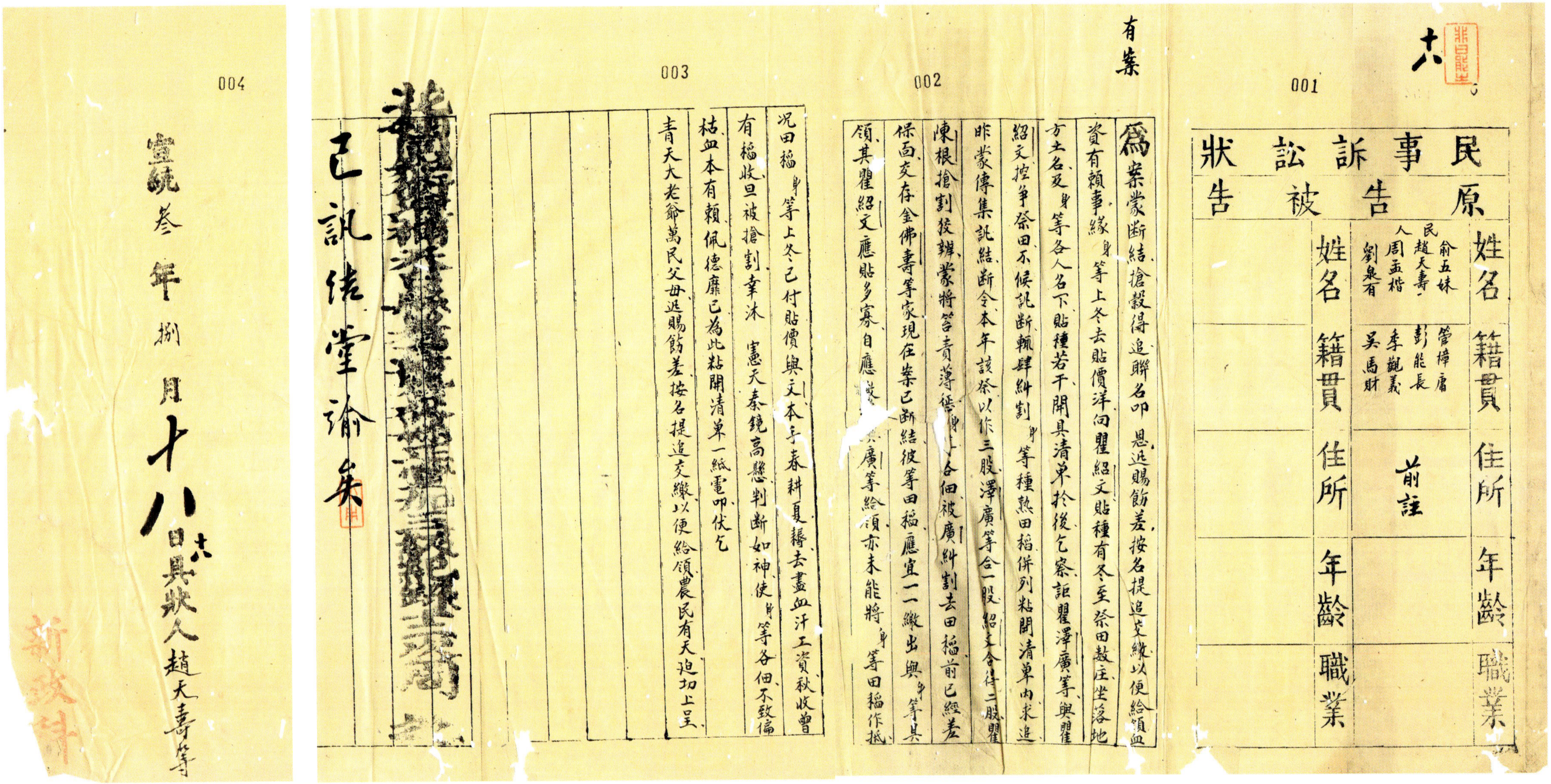
六
001
民事訴訟狀
原告 姓名 俞五妹 趙天壽 周孟楷 劉象有
籍貫 住所 年齡 職業
被告 姓名 管樟唐 彭能長 李觀義 吳馬財
籍貫 住所 前註 年齡 職業
002
有案
爲案蒙斷結搶穀得追聯名叩懇迅賜飭差按名提追交繳以便給領血
資有額事緣身等上冬去貼價洋向瞿紹文貼種有冬至祭田數庄坐落地
方土名叉身等各人名下貼種若干開具清單於後乞察詎瞿澤廣等與瞿
紹文控爭祭田不候訊斷輒肆糾割身等種熟田稻併列粘閱清單内求追
昨蒙傳集訊結斷令本年該祭以作三股澤廣等合一股紹文合得二股瞿
陳根搶割狡辯蒙將笞責薄懲身等合佃被廣糾割去田稻前已經差
保函交存金佛壽等家現在案已斷結彼等田稻應宜一一繳出與身等具
領其瞿紹文應貼多寡自應廣等給領亦未能將身等田稻作抵
003
況田稻身等上冬已付貼價與文本年春耕夏耨去盡血汗工資秋收曾
有稻收旦被搶割幸沐
憲天秦鏡高懸判斷如神使身等各佃不致偏
枯血本有賴佩德靡已爲此粘開清單一紙電叩伏乞
青天大老爺萬民父母迅賜飭差按名提追交繳以便給領農民有天迫切上呈
已訊結堂諭矣
004
宣統叁年捌月十八日具狀人趙天壽等

31.宣統三年八月十八日俞五妹等爲控瞿澤廣等案蒙斷結搶穀得追事民事訴訟狀　(4779：1-4) 27.3×91.3cm　圖版裁空白頁

謹將身等各佃貼種祭田土名貼價谷數開列於後恭呈
憲鑒
計開
身劉泉有上冬去貼價洋拾九元向瞿紹文貼來周村地方土名上坪下塢等處被廣等搶割去晚稻弍拾弍担現谷經存金佛壽家
身周孟楷上冬去貼價洋拾元向瞿紹文貼來河村地方土名坪磜上入塢等處被廣等搶割去晚稻拾肆担現谷經存陳妹長家
身彭能長上冬去貼價洋拾陸元向瞿紹文貼來灌頭地方土名大倖等處被廣等搶割去晚稻拾陸担現谷經存陳老四家
身俞五妹上冬去貼價洋陸元向瞿紹文貼來城南地方土名羅圓烏磜等處被廣等搶割去早晚稻拾担現谷經存周五奶家
身趙天壽上冬去貼價洋陸元向瞿紹文貼來城南地方土名普濟堂門等處被廣等搶割去早晚稻拾担現谷經存周五奶家
身李觀義上冬去貼價洋拾肆元向瞿紹文貼來城南地方土名官山下油蔴坵等處被廣等搶割去早晚稻拾叁担現谷經存周四妹家
身管樟庸上冬去貼價洋柒元向瞿紹文貼來城東地方土名亭兜綫晚稻捌担被廣等搶割去現谷經存王腊梨家

31附1.各佃貼種祭田土名貼價穀數清單粘呈　(4779：5) 18.4×31.5cm

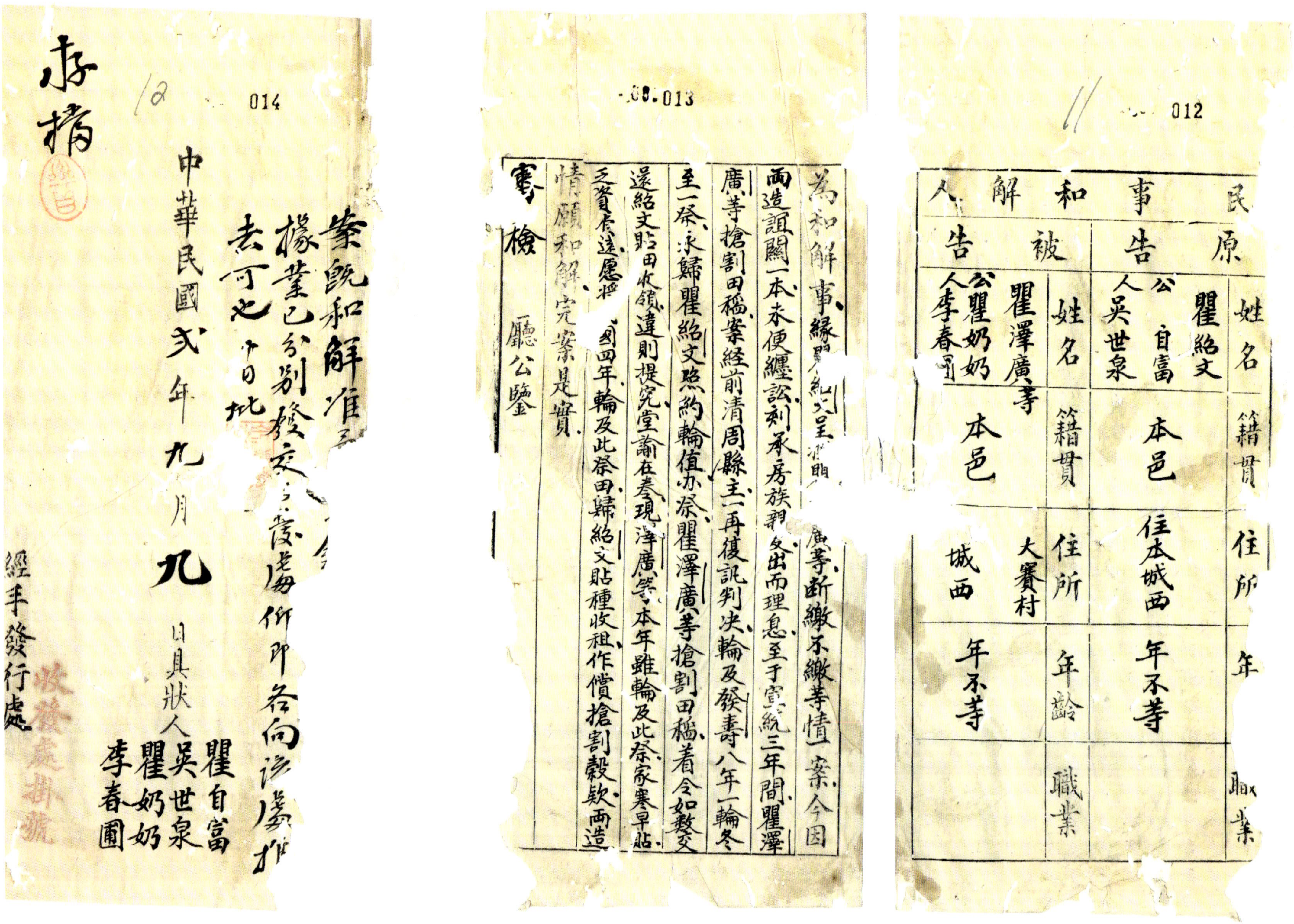

32.民國二年九月九日瞿自富等民事和解狀　（3389：12—13）26.9×24.4cm；（3389：14）27.0×27.0cm　圖版裁狀面、空白頁

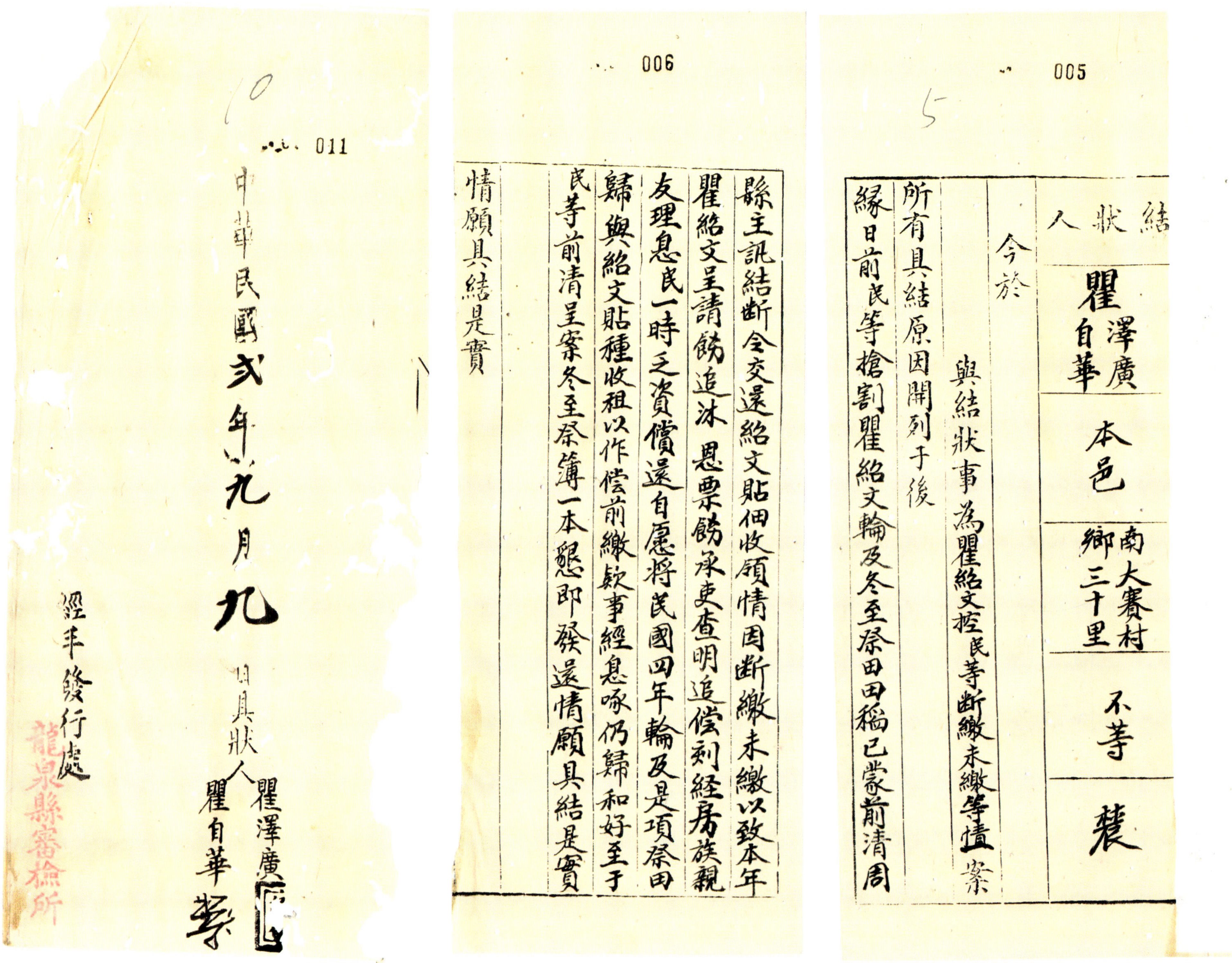
005
結狀人 瞿澤廣 瞿自華 本邑 南大賽村 鄉三十里 不等 粘
今於
與結狀事為瞿紹文控民等斷繳未繳等情一案
所有具結原因開列于後
緣日前民等搶割瞿紹文輪及冬至祭田田稻已嘗前清周

006
縣主訊結斷令交還紹文貼佃收領情因斷繳未繳以致本年
瞿紹文呈請飭追沐 恩票飭承吏查明追償剋經房族親
友理息民一時乏資償還自愿將民國四年輪及是項祭田
歸與紹文貼種收租以作償前繳欵事經息啄仍歸和好至于
民等前清呈案冬至祭簿一本懇即發還情願具結是實
情願具結是實

011
中華民國貳年九月九日具狀人瞿澤廣 瞿自華 押
經手發行處
龍泉縣審檢所

33.民國二年九月九日瞿澤廣等結狀（3389：4）27.9×24.8cm；（3389：5–6）27.2×23.6cm；（3389：11）27.2×28.9cm　圖版裁狀面、空白頁

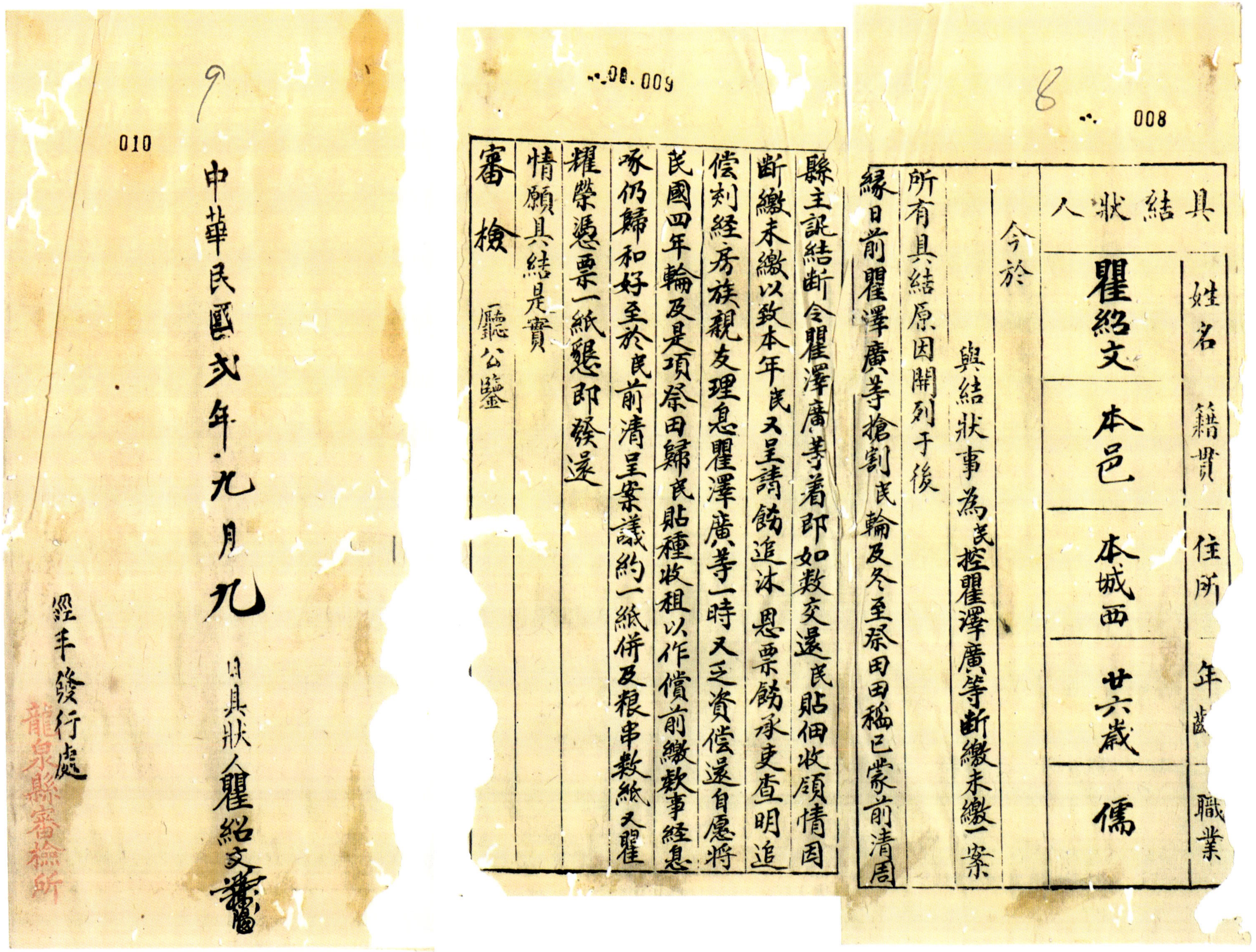
008
具結狀人
姓名 瞿紹文
籍貫 本邑
住所 本城西
年歲 廿六歲
職業 儒
今於
與結狀事為民控瞿澤廣等斷繳未繳一案
所有具結原因開列于後
緣日前瞿澤廣等搶割民輪及冬至祭田田稻已蒙前清周
009
縣主訊結斷令瞿澤廣等着即如數交還民貼佃收頑情因
斷繳未繳以致本年民又呈請飭追沐恩票飭承吏查明追
償刻經房族親友理息瞿澤廣等一時又乏資償還自愿將
民國四年輪及是項祭田歸民貼種收租以作償前繳款事經息
承仍歸和好至於民前清呈案議約一紙併及粮串數紙又瞿
耀榮憑票一紙懇即發還
情願具結是實
廳公鑒
審檢
010
中華民國弍年九月九日具狀人瞿紹文
經手發行處
龍泉縣審檢所

34.民國二年九月九日瞿紹文結狀（3389：7）27.9×24.8cm；（3389：8–9）27.2×24.1cm；（3389：10）27.3×29.0cm　圖版裁狀面、空白頁

圖版目録

七　光緒三十年金林養等控吴禮順糾黨强砍案

八　光緒三十一年季廣晁控張方恒膽肆搶割案

九　光緒三十二年洪大猷與沈陳養互争山業案

一〇　光緒三十三年吴紹唐等侵吞積穀案

一一　光緒三十四年瞿自旺控瞿長青等恃强搶貼案

一二　光緒三十四年劉紹芳控劉朝高等搶匿契票等案

一三　宣統元年劉廷滔控謝河清等冒領契據案

一四　宣統元年郭王輝等控葉大炎等涎謀湊錦案

一五　宣統元年毛樟和控毛景隆昧良賴債案

一六　宣統元年李師福控季錫璜藉連糾搬案

一七　宣統元年葉天茂控廖立漢一業兩賣案

一八　宣統二年季慶元控吴榮昌等藉買混争案

一九　宣統二年劉焕新控劉嘉旺恃强混佔案

二〇　宣統二年葉佐邦控周繼明聽唆棚詐案

二一　宣統二年朱光榮控吴正蘭挾嫌搶蓋案

二二　宣統二年項火仁控項周氏糾黨綑縛案

二三　宣統二年范紹文控劉文貴越界强砍案

二四　宣統二年葉以通控鍾瑞芝越界强佔案

二五　宣統二年廖增員控王朝信藉廢强砍案

二六　宣統二年仵作蔣斌驗屍報告

二七　宣統三年王蔡氏控王必富等争種奪貼案

二八　宣統三年瞿澤廣控瞿紹文聽唆妄争案